에듀윌과 함께 시작하면,
당신도 합격할 수 있습니다!

투자 시장이 날로 다양해지고 복잡해지면서
이를 분석하고 효율적으로 자산을 운용할 수 있는
진정한 전문가의 중요성은 그 어느 때보다 커지고 있습니다.

여러분이 지금 익히는 한 줄의 이론,
풀어보는 한 문제, 이해하는 한 공식은
단순한 시험 준비가 아니라
미래의 투자전문가로 성장하기 위한 귀중한 밑거름이 될 것입니다.

때로는 방대한 학습량과 복잡한 개념들 속에서
지치거나 흔들릴 때도 있겠지요.

하지만 잊지 마세요.
여러분은 결코 혼자가 아닙니다.
같은 목표를 향해 달리는 이들이 있고,
그 곁을 함께하는 에듀윌이 있습니다.

**마지막 페이지를 덮으면,
에듀윌과 함께
합격의 길이 시작됩니다.**

나에게 맞는 최적 학습법

2주/4주 합격 플래너

2주 합격 플랜
▶ 하루 6시간 이상 학습
▶ 관련 분야 종사자, 전공자 추천

WEEK	DAY	학습내용	완료
WEEK 1	DAY 01	1과목 1~2장	☐
	DAY 02	1과목 3장	☐
	DAY 03	1과목 총 복습	☐
	DAY 04	2과목 1~2장	☐
	DAY 05	2과목 3~4장	☐
	DAY 06	2과목 총 복습	☐
	DAY 07	3과목 1~2장	☐
WEEK 2	DAY 08	3과목 3~4장	☐
	DAY 09	3과목 5~6장	☐
	DAY 10	3과목 7~8장	☐
	DAY 11	3과목 9장	☐
	DAY 12	3과목 총 복습	☐
	DAY 13	실전 모의고사 2회 풀이&복습	☐
	DAY 14	최종 복습	☐

4주 합격 플랜
▶ 하루 3시간 이상 학습
▶ 초시생, 비전공자 추천

WEEK	DAY	학습내용	완료
WEEK 1	DAY 01	1과목 1~2장	☐
	DAY 02	복습	☐
	DAY 03	1과목 3장	☐
	DAY 04	복습	☐
	DAY 05	1과목 총 복습	☐
	DAY 06	2과목 1~2장	☐
	DAY 07	복습	☐
WEEK 2	DAY 08	2과목 3장	☐
	DAY 09	복습	☐
	DAY 10	2과목 4장	☐
	DAY 11	복습	☐
	DAY 12	2과목 총 복습	☐
	DAY 13	3과목 1~2장	☐
	DAY 14	복습	☐
WEEK 3	DAY 15	3과목 3~4장	☐
	DAY 16	복습	☐
	DAY 17	3과목 5~6장	☐
	DAY 18	복습	☐
	DAY 19	3과목 7~8장	☐
	DAY 20	복습	☐
	DAY 21	3과목 9장	☐
WEEK 4	DAY 22	복습	☐
	DAY 23	3과목 총 복습	☐
	DAY 24	실전 모의고사 1회 풀이	☐
	DAY 25	복습	☐
	DAY 26	실전 모의고사 2회 풀이	☐
	DAY 27	복습	☐
	DAY 28	최종 복습	☐

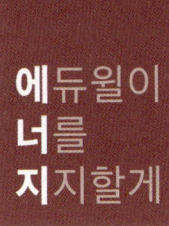

에듀윌이
너를
지지할게
ENERGY

시작하라.  그 자체가 천재성이고,
힘이며, 마력이다.

– 요한 볼프강 폰 괴테(Johann Wolfgang von Goethe)

에듀윌
투자자산운용사
과목별 빈출동형 900제(9회분)+무료특강

저자의 말

"투자자산운용사를 준비하는 수험생 여러분께"

투자자산운용사 시험은 단순한 자격 취득이 아니라, 금융전문가로서의 사고력과 실무 이해를 평가하는 과정입니다. 그동안 수험생의 시선에서 문제를 함께 만들며, 출제자의 의도와 혼동 포인트를 하나하나 검증해 왔습니다. 이 책은 그러한 과정을 바탕으로 단순 암기가 아닌 '이해 중심의 합격'을 목표로 완성되었습니다. 이 교재의 특징은 다음과 같습니다.

첫째, 최근 기출 경향과 개정 법규를 철저히 반영하여 최신 출제 흐름에 완벽히 맞춘 구성입니다.

둘째, 단순 문제풀이를 넘어 출제자의 관점과 수험생의 혼란 포인트를 함께 제시하여 실전 대응력을 높였습니다.

셋째, 각 문제마다 핵심 해설과 오답 해설을 병행해 이론과 실전을 동시에 학습할 수 있도록 했습니다.

짧은 시간에 효율적으로 공부하면서도, 깊이 있는 이해로 실력을 완성할 수 있을 것입니다. 끝까지 집중한다면, 반드시 좋은 결과가 따를 것입니다. 여러분의 합격을 진심으로 응원합니다.

저자 **김범곤**

| 약력 |

現 에듀윌, 예문사, 시대고시 금융수험서 저자
現 쿼터백자산운용 WM센터장
前 토마토패스 금융자격증(자산관리사,AFPK,CFP) 전임강사
前 골든트리투자자문 교육강사
前 이그잼잡스쿨 AFPK/CFP 전임강사
前 KG패스원 CFP 전임강사

| 커뮤니티 |

- 유튜브 김범곤의 연금수업
- 유튜브 금취사(금융자격증 취득하는 사람들)
- 네이버 카페 금취사(금융자격증 취득하는 사람들)

자격시험 Q&A

1. 투자자산운용사는 어떤 자격증인가요?

투자자산운용사는 펀드, 신탁 등 집합투자재산의 운용 업무를 수행하기 위해 필요한 전문 자격증으로, 금융투자업계에서 운용직 진출의 기본 요건으로 활용됩니다. 투자이론, 법규, 세제 등 폭넓은 금융 지식을 평가하며, 자산운용사·증권사·은행 등 금융권 전반에서 실무 역량과 취업 경쟁력을 높이는 등 다양한 활용도를 지닙니다.

2. 자격증을 취득하면 어떤 분야에서 활용할 수 있나요?

투자자산운용사 자격증은 금융권 전반에서 자산 운용과 투자 관련 직무에 폭넓게 활용할 수 있습니다. 자산운용사에서는 펀드매니저, 리서치 애널리스트, 운용보조 등으로 진출할 수 있으며, 증권사·은행·보험사 등에서는 금융상품 운용, PB(프라이빗뱅킹), 상품 기획 등의 업무에 활용 가능합니다. 또한, 공공기관이나 연기금 등에서는 기금 운용 및 투자심의 직무에도 유용하게 쓰이며, 금융권 취업을 준비하시는 분들께 경쟁력 있는 자격으로 인정받고 있습니다.

3. 비전공자나 실무 경험이 없어도 도전할 수 있나요?

금융 분야에 대한 사전 지식이 없는 수험생이라도, 4주 정도의 집중 학습으로 충분히 합격할 수 있습니다. 핵심 개념을 먼저 익히고, 문제 풀이를 반복한다면 누구나 단기에 자격증을 취득하는 것이 가능합니다. 특히 본 교재는 핵심개념부터 빈출동형문제, 모의고사까지 합격에 필요한 모든 것을 한 권에 담고 있어, 보다 효율적인 학습이 가능합니다.

4. 개정되는 법령이나 규정은 어떻게 대비해야 할까요?

투자자산운용사 시험은 매년 개정되는 금융투자협회 표준교재 내용을 기준으로 출제되며, 본 교재는 2025년판 표준교재의 개정 내용을 충실히 반영하였습니다. 이후 개정되는 법령, 규정, 기타 내용 등은 QR 코드를 통해 별도로 안내 드릴 예정이니, 반드시 확인하시고 최신 내용을 반영하여 학습해주시기 바랍니다. (p.9 하단 QR 코드 스캔)

GUIDE | 시험안내

시험정보

- 원서접수: 금융투자협회 자격시험센터(license.kofia.or.kr)
- 응시료: 50,000원
- 준비물: 수험표, 신분증, 필기도구, 일반 계산기
- 시험방법: 필기시험(객관식 4지 선다형)
- 시험시간: 10:00 ~ 12:00(120분)
- 응시자격: 제한 없음(단, 응시제한대상 제외)
  ※ 응시제한대상(응시부적격자): 금융투자협회 자격시험센터 홈페이지 참고
- 과목면제 대상
  - 종전의 일임투자자산운용사(금융자산관리사)의 자격요건을 갖춘 자는 제1, 3과목 면제
  - 종전의 집합투자자산운용사의 자격요건을 갖춘 자는 제2, 3과목 면제

※ 상기 시험과목 및 문항 수는 2013년도부터 시행되는 시험에 적용

시험일정

구분	접수기간	시험일자	합격자발표일	시험지역
40회	2024.12.23.~12.27.	2025.01.19.	2025.01.30.	서울, 대전, 부산, 대구, 광주
41회	2025.03.24.~03.28.	2025.04.20.	2025.05.01.	
42회	2025.06.23.~06.27.	2025.07.20.	2025.07.31.	
43회	2025.09.22.~09.26.	2025.10.19.	2025.10.30.	
44회	2025년 12월 말경	2026년 1월 중순경	시험일로부터 약 2주 후	
45회	2026년 3월 말경	2026년 4월 말경	시험일로부터 약 2주 후	

※ 2025년 금융투자협회 시행일정 사전공고에 따른 내용이고, 2026년 일정은 최근 5년 사이의 일정을 통해 예상한 일정입니다.
※ 시험일정은 변경될 수 있으니 반드시 시행처 금융투자협회 자격시험센터(license.kofia.or.kr)에서 확인하시기 바랍니다.

3 합격기준

다음 각 호의 요건을 모두 충족한 경우
1. 응시 과목별 정답비율이 40% 이상인 자
2. 응시 과목의 전체 정답 비율이 70%(70문항) 이상인 자

4 시험과목

시험과목		세부 과목명	문항 수	총 문항 수	과락
1과목	금융상품 및 세제	세제관련 법규/세무전략	7	20	8
		금융상품	8		
		부동산관련 상품	5		
2과목	투자운용 및 전략 II 및 투자분석	대안투자운용/투자전략	5	30	12
		해외증권투자운용/투자전략	5		
		투자분석기법	12		
		리스크관리	8		
3과목	직무윤리 및 법규/투자운용 및 전략 I 등	직무윤리	5	50	20
		자본시장 관련 법규	11		
		한국금융투자협회규정	3		
		주식투자운용/투자전략	6		
		채권투자운용/투자전략	6		
		파생상품투자운용/투자전략	6		
		투자운용결과분석	4		
		거시경제	4		
		분산투자기법	5		
합계				100	40

STRUCTURE | 이 책의 구성

시험에 나온 핵심 개념만 책에 담다

각 챕터의 주요 내용을 판서 형식으로 정리하여, 핵심 내용을 간결하고 체계적으로 정리했습니다. 또한, 풀컬러 구성으로 중요 내용과 핵심 포인트를 시각적으로 강조하여 복잡한 개념도 한눈에 쉽게 이해할 수 있도록 구성했습니다.

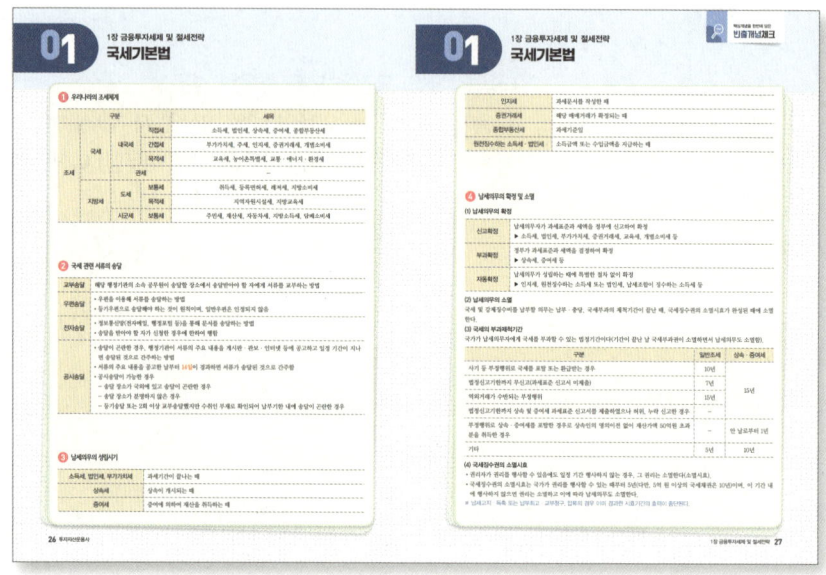

꼭 풀어야 할 과목별 빈출동형문제

각 과목별 빈출 개념 및 유형을 엄선하여 구성한 빈출동형문제를 통해, 학습한 내용을 실전 문제에 적용하는 능력을 기를 수 있습니다.

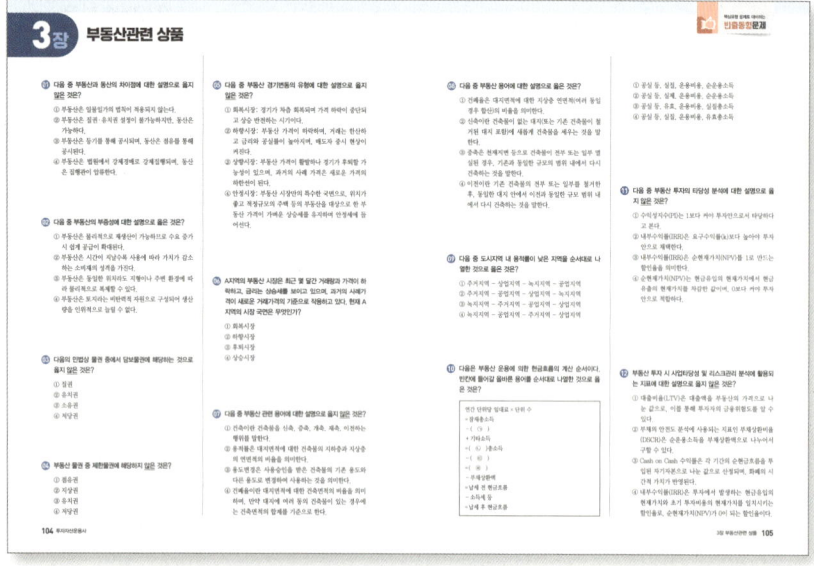

최종 점검 실전 모의고사

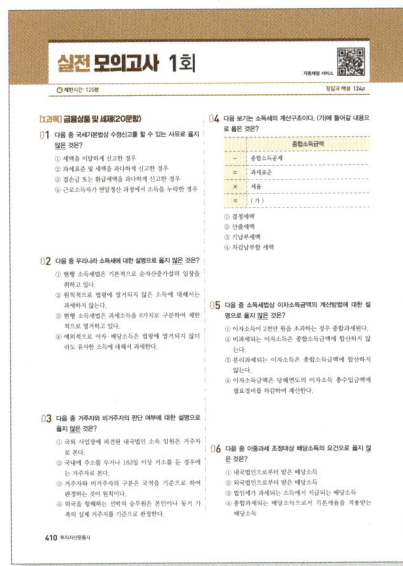

❶ 실전 모의고사 2회분
실전 모의고사 2회분을 통해 시험 직전 자신의 실력을 정확하게 점검하고 실전 감각을 극대화할 수 있습니다.

❷ 정답 및 해설
정답과 오답의 이유, 그리고 문제에 대한 개념까지 상세하게 설명한 해설을 통해, 문제를 완전히 자신의 것으로 만들 수 있습니다.

추가 제공

❶ 저자의 투자자산운용사 핵심 요약&문제풀이 강의
단기합격을 위한 저자의 투자자산운용사 핵심 요약&문제풀이 강의를 무료로 제공합니다.

※ 수강경로: • 에듀윌 도서몰 ▶ 동영상강의실 ▶ '투자자산운용사' 검색
• 유튜브에서 '에듀윌 투자자산운용사' 검색

❷ 반드시 알아야 하는 투운사 빈출공식
투자자산운용사 내 출제 빈도가 높은 핵심 공식을 체계적으로 정리한 부록을 제공합니다.

※ 이용경로: 교재 내 수록

❸ 출제예상문제를 반복 생성하는 AI 듀봇
최신 유형을 분석하고 이를 통해 출제예상문제를 제작해주는 AI 듀봇을 아래 QR 코드를 통해 제공합니다.

❹ 개정 법령·규정·기타 내용 제공
2025년 10월 이후 개정되는 법령, 규정 등에 영향을 받는 본책 내 개념 및 문제 수정 내용은 아래 QR 코드를 통해 제공합니다.

[AI 듀봇]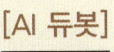

[1과목]

[2과목]

[3과목]

CONTENTS | 차례

본책

| 부록 | 반드시 알아야 하는 투운사 빈출공식 | 012 |

1과목 금융상품 및 세제

- **1장** 금융투자세제 및 절세전략 ... 026
  - 빈출동형문제 ... 043
- **2장** 금융상품 ... 051
  - 빈출동형문제 ... 075
- **3장** 부동산관련 상품 ... 085
  - 빈출동형문제 ... 104

2과목 투자운용 및 전략 II / 투자분석

- **1장** 대안투자운용·투자전략 ... 112
  - 빈출동형문제 ... 127
- **2장** 해외증권투자운용·투자전략 ... 134
  - 빈출동형문제 ... 143
- **3장** 투자분석기법 ... 149
  - 빈출동형문제 ... 177
- **4장** 리스크관리 ... 190
  - 빈출동형문제 ... 197

3과목 직무윤리 및 법규 / 투자운용 및 전략 I 등

- **1장** 직무윤리 ... 210
  - 빈출동형문제 ... 222
- **2장** 자본시장 관련 법규 ... 228
  - 빈출동형문제 ... 250
- **3장** 한국금융투자협회규정 ... 263
  - 빈출동형문제 ... 268
- **4장** 주식투자운용·투자전략 ... 272
  - 빈출동형문제 ... 290
- **5장** 채권투자운용·투자전략 ... 297
  - 빈출동형문제 ... 315

6장	파생상품투자운용·투자전략	322
	빈출동형문제	338
7장	투자운용결과분석	344
	빈출동형문제	360
8장	거시경제	365
	빈출동형문제	383
9장	분산투자기법	388
	빈출동형문제	402

실전 모의고사

1회 실전 모의고사	410
2회 실전 모의고사	426

책속의 책

정답과 해설

1과목	정답과 해설	002
2과목	정답과 해설	033
3과목	정답과 해설	069
1회 실전 모의고사	정답과 해설	124
2회 실전 모의고사	정답과 해설	139

반드시 알아야 하는 투운사 빈출공식

[1과목] 금융상품 및 세제

❶ 종합소득세 산출구조

	종합소득금액	이자＋배당＋사업＋근로＋연금＋기타
－	종합소득공제	인적＋물적＋기타 공제
＝	종합소득 과세표준	
×	세율	6~45%, 누진세율
＝	산출세액	
－	세액공제·세액감면	
＝	결정세액	
＋	가산세	
＋	추가 납부할 세액	
＝	총 결정세액	지방소득세＝총 결정세액×10%
－	기납부세액	중간예납, 수시부과세액, 예정신고납부세액, 원천납부세액, 납세조합징수세액 등
	차감납부할 세액	

❷ 각 소득별 소득금액 계산

이자소득 금액	총이자수입금액 － 비과세·분리과세 이자소득 ※ 필요경비 인정 ×
배당소득 금액	총배당수입금액(＋귀속법인세) － 비과세·분리과세 배당소득 ※ 필요경비 인정 ×
금융소득 금액	• 원천징수 ＝ 이자·배당소득 × 원천징수 세율 (14%)(－외국납부세액) • 무조건 분리과세 ＝ 무조건 분리과세 대상 소득 × 소득별 원천징수 세율 • 조건부 종합과세 ＝ 무조건 분리과세 대상을 제외한 이자·배당소득 2천만 원 초과 시 종합소득 과세표준 합산 ※ 2천만 원 이하: 분리과세
	• 무조건 종합과세 ＝ 무조건 분리과세 및 원천징수 대상이 아닌 이자·배당소득은 종합소득 과세표준 합산 ※ 2천만 원 여부 고려 ×

❸ 금융소득종합과세 산출세액 계산

• 산출세액 ＝ Max[① 일반 산출세액, ② 비교 산출세액]
① (종합소득 과세표준 － 2천만 원) × 기본세율 ＋ (2천만 원 × 14%(280만 원))
② (종합소득 과세표준 － 금융소득금액) × 기본세율 ＋ 금융소득 총수입금액 × 14%(비영업대금 이익은 25%)

❹ 배당소득의 Gross-up

배당세액공제액 ＝ MIN(①, ②)
① 귀속법인세 ＝ 조정 대상 배당소득 총수입금액 × 10%
② 한도액 ＝ 종합소득 산출세액 － 비교 산출세액
※ (－)인 경우에는 0으로 함

❺ 양도소득세 산출구조

6 양도소득세율

- 일반자산: 기본세율(6~45%)
- 미등기 자산: 70%
- 중소기업 발행 주식(대주주가 아닌 자가 양도하는 경우): 10%
- 중소기업 외의 주식으로서 대주주 1년 미만 보유주식: 30%
- 기타 주주: 20%(대주주 과세표준 3억 원 초과분은 25%)
- 파생상품: 20%(또는 10%)

7 외국인(비거주자) 과세방법

- 국내 사업장·부동산 임대사업소득이 있는 경우: 종합과세
- 국내 사업장·부동산 임대사업소득이 없는 경우: 분리과세
- 퇴직소득, 양도소득: 분류과세

8 증권거래세 산출구조

	과세표준	• 원칙: 주권의 양도가액 • 예외: 시가액, 평가액 등
×	세율	• 유가증권시장 양도주권: 0% 　(+농특세 0.15%) • 코스닥, K-OTC 양도주권: 0.15% • 코넥스 양도주권: 0.10% • 기타 증권: 0.35%
=	산출세액	

9 외국인의 원천징수 세율

- 이자·배당·사용료·기타소득: 20%(채권: 14%)
- 선박임대·사업소득: 2%
- 인적용역소득: 20%
- 유가증권양도소득
  - 원칙: 양도가액의 10%
  - 유가증권의 취득가액 및 양도비용이 확인되는 경우: 양도가액의 10%와 양도차익 20% 중 작은 금액

10 증여세액공제

- 증여세액공제 = MIN(①, ②)
- ① 상속재산에 가산한 증여재산에 대한 증여세액(증여 당시의 증여세 산출세액)
- ② 상속세 산출세액 × $\dfrac{\text{사전증여분의 과세표준}}{\text{상속세 과세표준}}$

11 연금수령한도

$$\dfrac{\text{과세기간개시일(연금개시 신청일) 현재평가액}}{11 - \text{연금수령연차}} \times 120\%$$

12 보험료의 구성

- 보험료 = 순보험료 + 부가보험료
- 순보험료 = 위험보험료 + 저축보험료
- 부가보험료 = 신계약비 + 유지비 + 수금비 등

13 집합투자재산의 기준 가격

$$\dfrac{\text{순자산총액(자산총액} - \text{부채총액} - \text{준비금)}}{\text{집합투자증권 총좌수}} \times 1{,}000\text{좌}$$

14 부동산 운용에 의한 현금흐름(Cash Flow)

	연간 임대료
×	임대 가능 면적
=	가능(잠재) 총소득
−	공실 및 대손충당금
+	기타 소득(주차장 수입 등)
=	유효(실제) 총소득
−	영업경비(운용비용)
=	순영업(순운용)소득(NOI)
−	부채상환액(DS)
=	세전 영업현금흐름
−	소득세(법인세)
=	세후 영업현금흐름

⑮ 부동산 매도에 의한 현금흐름(Cash Flow)

```
     매도 가격
  −  매도 비용
  =  매도순이익
  −  미상환 대출잔액
  =  세전 매각 현금흐름
  −  양도소득세
  =  세후 매각 현금흐름
```

⑯ 부동산 투자자금 조달

- 대출비율(LTV) = $\dfrac{\text{대출잔고}}{\text{부동산의 가격}}$

- 부채상환비율(DSR) = $\dfrac{\text{순운용소득}}{\text{부채상환액}}$

⑰ 부동산 투자분석기법_간편법

순소득승수	= $\dfrac{\text{총투자액}}{\text{순운용소득}}$
투자이율	= $\dfrac{\text{순운용소득}}{\text{총투자액}}$
자기자본수익률	= $\dfrac{\text{납세전 현금흐름}}{\text{자기자본 투자액}}$

⑱ 부동산 포트폴리오의 수익률

- 포트폴리오 수익률(R_p) = $W_a \times R_a + W_b \times R_b$
  - W_a: 포트폴리오 중 a자산이 차지하는 비중
  - W_b: 포트폴리오 중 b자산이 차지하는 비중
  - R_a: a자산의 기대수익률
  - R_b: b자산의 기대수익률

⑲ 부동산 포트폴리오의 위험

- 포트폴리오의 분산 = $w_a^2 \sigma_a^2 + w_b^2 \sigma_b^2 + 2w_a w_b \times \sigma_{ab}$
  - σ_a^2: a부동산의 분산
  - σ_b^2: b부동산의 분산
  - σ_{ab}: a, b부동산의 공분산

⑳ 부동산 감정평가 3방식_비교방식(거래사례비교법)

비준가격 = 사례 가격(단가) × 사정보정 × 시점수정 × 지역요인보정 × 개별요인보정 × 면적

㉑ 부동산 감정평가 3방식_원가방식(원가법)

적산가격 = 토지가치 + 건물가치(재조달원가 − 감가수정액)

㉒ 부동산 감정평가 3방식_수익방식(수익환원법)

수익가격 = $\dfrac{\text{순수익}}{\text{환원이율}}$ = $\dfrac{(\text{총수익} - \text{총비용})}{\text{환원이율}}$

㉓ 부동산 투자 성과 측정

- 순현재가치(NPV)
  = 현금유입의 현재가치 − 현금유출의 현재가치(투자액)
  - NPV > 0 → 투자 적합
  - NPV = 0 → 중립
  - NPV < 0 → 투자 부적합
- 내부수익률(IRR)
  = 부동산 투자에서 예상되는 미래 현금흐름(임대수익, 처분가액 등)의 현재가치 합계가 최초 투자비용과 일치하게 만드는 할인율
  - IRR > 요구수익률 → 투자 적합
  - IRR = 요구수익률 → 투자 중립
  - IRR < 요구수익률 → 투자 부적합
- 수익성지수(PI) = $\dfrac{\text{현금유입의 현재가치}}{\text{최초의 부동산 투자금액}}$
  - PI > 1 → 투자 적합
  - PI < 1 → 투자 부적합

[2과목] 투자운용 및 전략 II / 투자분석

1 Long/Short Equity 전략

- Net Market Exposure(시장 위험에 대한 노출 정도)
$$= \frac{(Long\ Exposure - Short\ Exposure)}{Capital}$$
- Long/Short Ratio(Long position과 Short position의 균형)
$$= \frac{Long\ Exposure}{Short\ Exposure}$$
- Gross Exposure(레버리지)
$$= \frac{Long\ Exposure + Short\ Exposure}{Long\ Exposure - Short\ Exposure}$$

2 국제분산투자 시 요구수익률

- 미국 투자자가 한국 주식에 투자하는 경우의 요구수익률
$E(R_K^{US}) = R_F^{US} + \beta_K^{US}(R_M^{US} - R_F^{US})$
  - R_F^{US} : 미국 시장의 무위험 수익률
  - β_K^{US} : 미국 시장 포트폴리오에 대한 한국 주식의 체계적 위험
  - R_M^{US} : 미국 시장 포트폴리오의 수익률
- 한국 투자자가 한국 주식에 투자하는 경우의 요구수익률
$E(R_K) = R_F^K + \beta_K(R_M^K - R_F^K)$
  - R_F^K : 한국 시장의 무위험 수익률
  - β_K : 한국 시장 포트폴리오에 대한 한국 주식의 체계적 위험
  - R_M^K : 한국 시장 포트폴리오의 수익률

3 본국통화로 표시한 국제투자의 수익률

- $R_{ad} = (1 + R_{af}) \times (1 + e_a) - 1$
  $\fallingdotseq R_{af} + e_a$
  - R_{ad}: 본국 통화로 표시한 투자수익률
  - R_{af}: a국 통화로 표시한 투자수익률
  - e_a: 양국 통화 간의 환율변동률

4 본국통화로 표시한 국제투자의 수익률 분산(위험)

- $VaR(R_{ad}) = VaR(R_{af} + e_a)$
  $= VaR(R_{af}) + VaR(e_a) + 2Cov(R_{af}, e_a)$
  - $VaR(R_{ad})$: 본국 통화로 표시한 투자수익률의 분산
  - $VaR(R_{af})$: a국 통화로 표시한 투자수익률의 분산
  - $VaR(e_a)$: 양국 통화 간의 환율변동률의 분산
  - $Cov(R_{af}, e_a)$: a국 통화로 표시한 투자수익률과 환율변동률 간의 공분산

5 화폐의 시간가치(TVM)

- 현재금액의 미래가치$(FV) = PV \times (1 + \frac{i}{m})^{n \times m}$
  - n: 기간
  - m: 이자지급횟수
  - i: 이자율
- 미래금액의 현재가치$(PV) = FV \times \frac{1}{(1 + \frac{i}{m})^{n \times m}}$
- 유효이자율 $= (1 + \frac{i}{m})^{n \times m} - 1$

6 현금흐름할인모형(DCF)

- $V_0 = \sum_{t=1}^{n} \frac{CF_t}{(1+k)^t}$
  - V_0: 현재 시점의 자산가치
  - CF_t: 기간 t에서의 기대현금흐름
  - k: 요구수익률(할인율)
  - n: 보유기간

7 채권의 가치평가

- 만기가 있는 채권

$$P_0 = \sum_{t=1}^{n} \frac{I}{(1+k_d)^t} + \frac{F}{(1+k_d)^n}$$

- P_0: 현재 시점의 채권가치(t=0)
- I: 이자지급액
- F: n기간 후에 상환하는 원금(액면가)
- K_d: 해당 채권에 대한 요구수익률

- 영구 채권

$$P_0 = \sum_{t=1}^{\infty} \frac{i}{(1+k_d)^t} = \frac{i}{k_d}$$

≫ 출제 유형
2과목 3장 7번(p.177)

어느 기업이 연리 6%의 만기 없는 무보증사채를 발행하였다. 요구수익률이 8%인 투자자는 이 영구채권의 가치를 얼마로 평가할 수 있는가? (액면가 80,000원, 연 1회 이자 지급)

|공식 적용 풀이| 영구채권의 가치 = $\frac{연간이자}{요구수익률}$

$= \frac{4,800원}{0.08}$

$= 60,000원$

8 채권의 만기수익률

- 만기가 있는 채권

$$P_0 = \sum_{t=1}^{n} \frac{I}{(1+YTM)^t} + \frac{F}{(1+YTM)^n}$$

- P_0: 현재가격
- I: 이자
- F: 액면가
- YTM: 만기수익률

- 영구 채권

$$P_0 = \frac{I}{YTM}$$

≫ 출제 유형
2과목 3장 9번(p.178)

연금리 5%의 만기가 없는 무보증사채의 현재가격이 50,000원일 때, 이 영구채권의 만기수익률(YTM)은 얼마인가? (액면가 100,000원, 연 1회 이자 지급)

|공식 적용 풀이| 만기수익률(YTM) = $\frac{연간이자}{현재가격}$

$= \frac{5,000원}{50,000원}$

$= 10\%$

9 우선주의 가치평가

- $P_0 = \sum_{t=1}^{\infty} \frac{D_P}{(1+k_P)^t} + \frac{D_P}{k_P}$

- P_0: 현재 시점의 우선주 가치(t=0)
- D_P: 우선주 배당금
- k_P: 요구수익률

10 보통주의 가치평가를 위한 일반모형

단일기간 배당 평가모형	$P_0 = \frac{D_1}{1+K_e} + \frac{P_1}{1+K_e}$ - P_0: 현재 시점의 보통주 가치(t=0) - D_1: 단일기간 말 배당금 - P_1: 단일기간 말 판매금액 - K_e: 요구수익률
2기간 배당 평가모형	$P_0 = \frac{D_1}{(1+K_e)^1} + \frac{D_2}{(1+K_e)^2} + \frac{P_2}{(1+K_e)^2}$
n기간 배당 평가모형	$P_0 = \sum_{t=1}^{n} \frac{D_t}{(1+K_e)^t} + \frac{P_n}{(1+K_e)^n}$

11 보통주의 가치평가를 위한 성장모형

무성장모형	$P_0 = \sum_{t=1}^{\infty} \frac{D_t}{(1+K_e)^t} = \frac{D}{K_e}$ - P_0: 현재 시점의 보통주 가치(t=0) - D: 배당금 - K_e: 요구수익률
항상 성장모형 (Gordon 모형)	$P_0 = \sum_{t=1}^{\infty} \frac{D_0(1+g)^t}{(1+K_e)^t} = \frac{D_1}{K_e-g}$ - D_0: 현재 시점의 배당금 - g: 배당성장률 - K_e: 요구수익률

≫ 출제 유형
2과목 3장 15번(p.179)

A기업의 주당순이익은 매년 8%씩 성장하고, 30%의 배당성향을 보이며 주주의 요구수익률이 12%이다. 내년 주당순이익이 2,000원일 것이라고 예상할 때 항상성장모형을 이용한 A기업의 주가는?

|공식 적용 풀이| • 내년 주당순이익이 2,000원으로 예상되므로, 내년 배당금은 2,000원(EPS$_1$) × 30% = 600원(D$_1$)이 된다.

• 항상성장모형에 의한 적정주가(P_0) = $\frac{D_1}{K_e-g}$ = $\frac{600}{12\%-8\%}$

$= 15,000원$

12 활동성 지표

비유동자산 회전율(NAT)	$= \dfrac{\text{순매출}}{\text{비유동자산}}$
재고자산 회전율(IVT)	$= \dfrac{\text{순매출(또는 매출원가)}}{\text{재고자산}}$
매출채권 회전율(ART)	$= \dfrac{\text{순매출}}{\text{순매출채권}}$
평균 회수기간(ACP)	$= \dfrac{\text{순매출채권} \times 365(\text{일})}{\text{순매출액}}$
총자산 회전율(TAT)	$= \dfrac{\text{순매출}}{\text{총자산}}$

13 이익지표

- 주당이익(EPS) $= \dfrac{\text{순이익} - \text{우선주 배당금}}{\text{총 보통주 발행주수}}$
- 완전 희석 주당이익(FDE) $= \dfrac{\text{순이익} - \text{우선주 배당금} + \text{전환우선주 배당금} + \text{전환사채 이자} - \text{이자 법인세 조정액}}{\text{전환을 가정한 경우의 총 보통주 발행 주식수}}$

14 안정성 지표

- 부채-자산비율(DAR) $= \dfrac{\text{총부채}}{\text{총자산}}$
- 부채-자기자본비율(DER) $= \dfrac{\text{총부채}}{\text{자기자본}}$

15 유동성 지표

- 현금비율(CAR) $= \dfrac{\text{현금} + \text{시장성 유가증권}}{\text{유동부채}}$
- 유동비율(CR) $= \dfrac{\text{유동자산}}{\text{유동부채}}$
- 당좌비율(QR) $= \dfrac{\text{유동자산} - \text{재고자산} - \text{선급금}}{\text{유동부채}}$

16 수익성 지표

매출액 영업이익률(OPM)	$= \dfrac{\text{영업이익}}{\text{순매출액}}$
총자산이익률 (ROA)	$= \dfrac{\text{순이익}}{\text{총자산}}$ $= \dfrac{\text{순이익}}{\text{순매출액}} \times \dfrac{\text{순매출액}}{\text{총자산}}$
자기자본이익률 (ROE)	$= \dfrac{\text{순이익}}{\text{자기자본}} = \dfrac{ROA}{\text{자기자본비율}}$ $= \dfrac{ROA}{1 - \dfrac{\text{총부채}}{\text{총자산}}}$

17 주가이익비율(PER)

- 주가이익비율(PER) $= \dfrac{\text{1주당 가격}(P_0)}{\text{주당이익}(EPS)}$

  $= \dfrac{1-b}{k-g} = \dfrac{1-b}{k - (b \times ROE)}$

  - ROE: 자기자본이익률
  - k: 주주의 요구수익률
  - P_0: 주식의 가치
  - b: 유보율
  - 1−b: 배당성향

- PEGR $= \dfrac{PER}{\text{연평균 } EPS \text{ 성장률}}$

>> **출제 유형** 2과목 3장 54번(p.184)

B기업의 배당성향은 40%, 자기자본수익률(ROE)은 12%, 자기자본비용은 10%일 때, B기업의 PER은 얼마인가? (단, PER은 현재 주가와 내년도의 주당순이익(EPS)을 기준으로 한다.)

| 공식 적용 풀이 |
- PER $= \dfrac{\text{1주당 가격}(P_0)}{\text{주당이익}(EPS_1)} = \dfrac{1-b}{k-g}$

  - b(유보율): $1 - 0.4(\text{배당성향}) = 0.6$
  - g(성장률): $b \times ROE = 0.6 \times 0.12 = 0.072$

- PER $= \dfrac{1 - 0.6}{0.1 - 0.072}$

  $= 14.3(\text{배})$

18 레버리지 분석

영업 레버리지도 (DOL)	$=\dfrac{\text{영업이익의 변화율}}{\text{판매량의 변화율}}=\dfrac{\dfrac{\triangle EBIT}{EBIT}}{\dfrac{\triangle Q}{Q}}$ - $EBIT$: 영업이익 - $\triangle EBIT$: 영업이익의 변화분 - Q: 판매량 - $\triangle Q$: 판매량의 변화분
재무 레버리지도 (DFL)	$=\dfrac{\text{주당이익의 변화율}}{\text{영업이익의 변화율}}=\dfrac{\dfrac{\triangle EPS}{EPS}}{\dfrac{\triangle EBIT}{EBIT}}$ - EPS: 주당이익 - $\triangle EPS$: 주당이익의 변화분 - $EBIT$: 영업이익 - $\triangle EBIT$: 영업이익의 변화분
결합 레버리지도 (DCL)	$=$영업레버리지$\times$재무레버리지 $=\dfrac{\dfrac{\triangle EBIT}{EBIT}}{\dfrac{\triangle Q}{Q}} \times \dfrac{\dfrac{\triangle EPS}{EPS}}{\dfrac{\triangle EBIT}{EBIT}}$

》》 출제 유형 2과목 3장 40번(p.182)

결합레버리지도(DCL)가 20이고, 재무레버리지도(DFL)가 4이며, 매출액이 240억 원, 변동비가 180억 원일 경우, 고정비는 얼마인가?

|공식 적용 풀이| • 결합레버리지도 = 영업레버리지도 × 재무레버리지도
  20 = 영업레버리지도 × 4
  ∴ 영업레버리지도 = 5

• 영업레버리지도 $=\dfrac{\text{영업이익의 변화율}}{\text{판매량의 변화율}}$

  $=\dfrac{\text{매출액} - \text{변동비}}{\text{매출액} - \text{변동비} - \text{고정비}}$

  $5 = \dfrac{240\text{억 원} - 180\text{억 원}}{240\text{억 원} - 180\text{억 원} - \text{고정비}}$

∴ 고정비 = 48억 원

19 주가순자산비율(PBR)

• 주가순자산비율(PBR)

  $=\dfrac{\text{주가}}{\text{1주당 순자산(BPS)}}$

  $=\dfrac{ROE - g}{k - g}$

  $=\dfrac{\text{순이익}}{\text{매출액}} \times \dfrac{\text{매출액}}{\text{총자산}} \times \dfrac{\text{총자산}}{\text{자기자본}} \times PER$

  = 마진 × 활동성 × 자기자본 비율의 역수 × PER
  - g: 배당성장률
  - k: 요구수익률

20 Tobin's Q

$$\dfrac{MV(\text{자본의 시장가치})}{RC(\text{자산의 대체원가})}$$

21 경제적 부가가치(EVA)

경제적 부가가치(EVA)
= 세후 순영업이익(NOPLAT) − 가중평균자본비용(WACC)
  × 영업용 투하자본(IC)
= [투하자본이익률(ROIC) − 가중평균자본비용(WACC)]
  × 영업용 투하자본(IC)
= 초과수익률 × 영업용 투하자본(IC)

》》 출제 유형 2과목 3장 74번(p.188)

어느 기업의 투하자본이익률(ROIC)이 18%, 타인자본이 40억 원, 자기자본이 60억 원, 타인자본의 조달비용은 6%, 자기자본의 기회비용은 10%, 투하자본(IC)이 100억 원일 때, EVA는 얼마인가?

|공식 적용 풀이| • EVA = 투하자본(IC) × [투하자본이익률(ROIC) − 가중평균자본비용(WACC)]
  = 100억 원 × (18% − 8.4%) = 9.6억 원

• ROIC(투하자본이익률) = (매출액 × 투하자본) × (세후 영업이익 ÷ 매출액)
  = 18%

• WACC(가중평균자본비용)
  = (타인자본비중 × 조달비용) + (자기자본비중 × 기회비용)
  = (0.4 × 0.06) + (0.6 × 0.1)
  = 8.4%

22 시장 경쟁강도의 측정

- 집중도 $(CR_n) = \sum_{i=1}^{n} S_i$
  - S_i: 기업 i의 매출액
  - n: 기업의 수
- 허핀달 지수 $(HHI) = \sum_{i=1}^{n} S_i^2$
  - S_i: i번째 기업의 시장점유율

23 부도모형(Default Mode)

예상손실(EL)
= 노출금액(EAD) × 부도율 × 부도 시 손실률(LGD)
※ 부도 시 손실률(LGD): 1 − 회수율

▶▶ 출제 유형   2과목 4장 37번(p.203)

다음 주어진 정보를 활용하여 부도 발생 시 기대손실을 계산할 때, 그 값과 가장 가까운 것은 얼마인가? (단, 부도모형을 사용하고 기대손실의 변동성은 존재하지 않는다고 가정)

- 총채권금액: 200억 원
- 부도 시 손실률: 40%
- 부도율: 5%

|공식 적용 풀이| EL = EAD × 부도율(p) × LGD
= 200억 원 × 5% × 40%
= 4억 원

24 부도거리(DD)

부도거리(DD) = $\dfrac{\text{미래시점의 자산가치} - \text{부채가치}}{\sigma(\text{표준편차})}$

▶▶ 출제 유형   2과목 4장 50번(p.205)

다음 정보를 참고했을 때 A기업의 부도거리는 얼마인가?

- A기업의 자산가치: 50억 원
- A기업의 부채가치: 20억 원
- A기업의 자산가치 변동의 표준편차: 10억 원

|공식 적용 풀이| A기업의 부도거리 = $\dfrac{\text{자산가치} - \text{부채가치}}{\text{표준편차}}$
= $\dfrac{50억 원 - 20억 원}{10억 원}$ = 3

25 VaR

- 주식의 VaR = $V \times Z \times \sigma \times 베타(\beta) \times \sqrt{T}$
- 채권의 VaR = $V \times Z \times \sigma \times 듀레이션 \times \sqrt{T}$
- 옵션의 VaR = $V \times Z \times \sigma \times 델타(\Delta) \times \sqrt{T}$
  - V: 위험노출금액
  - Z: 신뢰수준에 따른 Z값
  - σ: 변동성(표준편차)
  - T: VaR 추정기간
- 포트폴리오 VaR =
  $\sqrt{VaR_A^2 + VaR_B^2 + 2 \times 상관계수 \times VaR_A \times VaR_B}$

[3과목] 직무윤리 및 법규 / 투자운용 및 전략 I / 거시경제 및 분산투자

1 고정비율 포트폴리오 보험(CPPI) 전략

- 주식투자금액(익스포저) = 승수 × 쿠션(포트폴리오 평가액 − 최저 보장수익의 현재가치)
- 채권투자금액 = 전체 포트폴리오 평가액 − 주식투자금액

▶▶ 출제 유형   3과목 4장 39번(p.296)

다음 정보를 이용하여 고정비율 포트폴리오보험(CPPI) 전략에서 주식투자금액을 계산하면 약 얼마인가?

- 포트폴리오 평가액: 220억 원
- 원금보장액: 200억 원
- 무위험수익률: 3%
- 승수(M): 4배
- 투자기간: 1년

|공식 적용 풀이| 주식투자금액 = 승수 × (포트폴리오 평가액 − 최저 보장수익의 현재가치)
= $4 \times (220억 원 - \dfrac{200억 원}{1.03})$
= 103.3억 원

❷ 전환사채

- 패리티(%) = $\dfrac{주가}{전환가격} \times 100\%$
- 패리티 가격(원) = 패리티 × 시장 가격
- 괴리(원) = 전환사채 시장가격 − 패리티 가격(전환가치)
- 괴리율(%) = $\dfrac{전환사채\ 시장가격 - 패리티\ 가격}{패리티\ 가격} \times 100$

▶▶ 출제 유형   3과목 5장 9번(p.316)

다음을 참고하여 전환사채 가격지표를 계산한 값으로 옳지 않은 것은?

- 액면가 10,000원인 전환사채의 전환가격: 20,000원
- 전환사채 발행기업의 주가: 18,000원
- 전환사채 시장가격: 11,000원

|공식 적용 풀이|
- 패리티 가격 = $\dfrac{주가}{전환가격} \times 10,000$

  = $\dfrac{18,000원}{20,000원} \times 10,000 = 9,000원$

- 괴리 = 전환사채 시장가격 − 패리티 가격(전환가치)

  = 11,000원 − 9,000원 = 2,000원

- 괴리율 = $\dfrac{전환사채\ 시장가격 - 패리티\ 가격}{패리티\ 가격} \times 100$

  = $\dfrac{2,000원}{9,000원} \times 100 = 22.2\%$

❸ 채권 가격(할인채, 복리채 등)

- 채권 가격(P) = $\dfrac{S}{(1+r)^n (1+r \times \dfrac{d}{365})}$
- S: 만기상환금액
- n: 만기까지의 기간(연단위)
- d: 만기까지의 기간(연단위를 제외한 잔여일수)
- r: 이자율

▶▶ 출제 유형   3과목 5장 16번(p.317)

액면가 10,000원, 만기수익률 5%, 만기가 1년 145일 남은 통화안정증권(할인채)의 매매가격은?

|공식 적용 풀이|
- 통화안정증권(할인채)의 매매단가(P)

  = $\dfrac{S}{(1+r)^n (1+r \times \dfrac{d}{365})}$

  = $\dfrac{10,000}{(1+0.05) \times (1+0.05 \times \dfrac{145}{365})}$

  = 9,338원

❹ 채권수익률

- 경상수익률(CY) = $\dfrac{연이자\ 지급액}{채권의\ 시장가격}$
- 만기수익률(YTM)(간이법) = $\dfrac{C + \dfrac{(F-P)}{n}}{\dfrac{(F+P)}{2}}$
  - C: 연이자 지급액
  - F: 액면가
  - P: 채권 가격
  - n: 잔존 만기

❺ 듀레이션 및 볼록성

- 듀레이션 = $\dfrac{기간가중현금흐름의\ 현가}{매기의\ 현금흐름의\ 현가}$
- 수정 듀레이션으로 인한 가격변동 = $-\text{MD} \times \Delta y \times P$
- 볼록성으로 인한 가격변동 = $\dfrac{1}{2} \times C \times (\Delta y)^2 \times P$
  - MD: 수정 듀레이션
  - Δy: 이자율의 변동
  - C: 볼록성
  - P: 채권가격

▶▶ 출제 유형   3과목 5장 26번(p.318)

액면가 10,000원, 표면이율 8%, 잔존기간이 3년인 연단위 후급이자지급 이표채의 만기수익률이 10%일 경우 이 채권의 듀레이션은?

|공식 적용 풀이|
- 매기의 현금흐름 현가

  − 1차년도: $\dfrac{800}{(1+0.1)^1} = 727.27$

  − 2차년도: $\dfrac{800}{(1+0.1)^2} = 661.15$

  − 3차년도: $\dfrac{10,800}{(1+0.1)^3} = 8,114.19$

  − 1~3차년도 합계: 9,502.61

- 기간가중현금흐름의 현가

  − 1차년도: $\dfrac{800}{(1+0.1)^1} \times 1 = 727.27 \times 1 = 727.27$

  − 2차년도: $\dfrac{800}{(1+0.1)^2} \times 2 = 661.15 \times 2 = 1,322.31$

  − 3차년도: $\dfrac{10,800}{(1+0.1)^3} \times 3 = 8,114.19 \times 3 = 24,342.59$

−1~3차년도 합계: 26,392.18

- 듀레이션 = $\dfrac{\text{기간가중현금흐름의 현가}}{\text{매기의 현금흐름의 현가}}$

  $= \dfrac{26,392.18}{9,502.61} = 2.777(년)$

6 기간구조이론

- 불편기대이론
  $(1+R_{0,n})^n = (1+E(r_{0,1})) \times (1+E(r_{1,2})) \cdots \times (1+E(r_{n-1,n}))$
  - $R_{0,n}$: n년 만기의 장기채권수익률
  - $E(r_{n-1,n})$: 각 연도의 단기채권수익률(기대현물이자율)
- 유동성 프리미엄 이론
  $R_{0,n} = \sqrt[n]{(1+r_{0,1}) \times (1+E(r_{1,2})+L_1) \cdots (1+E(r_{n-1,n})+L_{n-1})} - 1$
  (단, $L_1 < L_2 < \cdots < L_n$)
- 편중기대이론(불편기대이론+유동성 프리미엄 이론)
  $(1+{}_tR_n)^n = (1+{}_tR_1) \times (1+{}_{t+1}f_1+L_2) \cdots \times (1+{}_{t+n-1}f_1+L_n)$
  - ${}_tR_n$: 시점 t에서 바라본 n기 만기 수익률
  - ${}_{t+k}f_1$: 시점 t+k에서 예상되는 1기 단기 선도금리
  - L_k: k기 만기 채권에 붙는 유동성 프리미엄

7 수익률 스프레드

수익률 스프레드 = 약정수익률 − 무위험수익률

8 위험조정 성과지표

- 단위 위험당 초과수익률 = $\dfrac{\text{초과수익률}}{\text{위험}}$
- 위험조정 수익률 = 수익률 − f(위험)

9 선물의 균형가격과 헤지비율

- 매수차익거래: $F > S(1+(r-d) \times \dfrac{t}{365})$
  - F: 선물가격
  - S: 현물가격
  - r: 이자율
  - d: 배당률
  - t: 잔존기간
- 매도차익거래: $F < S(1+(r-d) \times \dfrac{t}{365})$

- 주가지수선물의 균형가격: $F = S(1+(r-d) \times \dfrac{t}{365})$

- 헤지비율
  $N = h \times \dfrac{S}{F}$
  - N: 선물계약 수
  - h: 헤지비율
  - S: 헤지대상금액
  - F: 선물가격×선물단가

10 젠센의 알파

- 젠센의 알파(σ_p) = $(R_p - R_f) - \beta(R_B - R_f)$
  - R_p: 펀드 수익률
  - R_f: 무위험수익률
  - R_B: 시장평균수익률(기준 지표 수익률)

>> **출제 유형**   모의고사 2회 89번(p.438)

다음의 값들을 이용해 계산한 젠센의 알파값으로 옳은 것은?
- 포트폴리오의 베타: 1.2
- 무위험수익률: 2%
- 기준지표수익률: 7%
- 펀드의 실현된 수익률: 10%

|공식 적용 풀이|
- CAPM으로 계산한 포트폴리오 기대수익률
= 무위험수익률 + {포트폴리오의 베타×(기준지표수익률 − 무위험수익률)}
= 2 + {(1.2×(7−2))}
= 8
- 젠센의 알파 = 포트폴리오 수익률 − CAPM으로 계산한 포트폴리오 기대수익률
= 10 − 8 = 2

⑪ 샤프비율

- 샤프비율 $(SR_P) = \dfrac{R_P - R_f}{\sigma_p}$
  - R_p: 펀드의 실현수익률
  - R_f: 무위험자산 수익률
  - σ_p: 펀드 수익률의 표준편차

≫ 출제 유형 3과목 9장 34번(p.407)

주식형펀드의 주식 기대수익률은 12%, 표준편차는 5%이다. 무위험채권의 기대수익률은 4%이다. 이 펀드는 주식형펀드와 무위험채권을 60:40의 비율로 편입한다. 이 주식형펀드의 변동성보상비율(샤프비율)은 얼마인가?

|공식 적용 풀이|
- $E(R_p) = W_a \times E(R_s) + W_b \times R_f$
  $= 0.6 \times 0.12 + 0.4 \times 0.04$
  $= 8.8\%$
- 포트폴리오 표준편차 $\sigma_p = W_a \times \sigma_A$
  $= 0.6 \times 5\%$
  $= 3\%$
- 샤프비율 $= \dfrac{R_p - R_f}{\sigma_p}$
  $= \dfrac{0.088 - 0.04}{0.03}$
  $= 1.6$

⑫ 정보비율

정보비율(IR) $= \dfrac{\text{초과수익}}{\text{위험}}$

≫ 출제 유형 3과목 7장 26번(p.364)

어떤 펀드의 연간 평균 수익률은 10%, 기준 수익률은 6%이며 잔차위험은 2%이다. 이 펀드의 정보비율(IR)은 얼마인가?

|공식 적용 풀이|
- IR = (펀드 수익률 − 기준 수익률) ÷ 잔차위험
  $= (10\% - 6\%) \div 2\%$
  $= 4\% \div 2\% = 2$

⑬ RAROC(Risk-Adjusted Return On Capital)

- RAROC $= \dfrac{R_p - R_f}{VaR}$
  - R_p: 펀드 평균 수익률
  - R_f: 무위험수익률
  - VaR: 최대 손실액

≫ 출제 유형 2과목 4장 22번(p.200)

다음 중 RAROC 지표로 판단할 때 성과가 가장 우수한 포트폴리오는 어느 것인가? (투자금액은 모두 동일하다고 가정)

① 순수익 9억 원, VaR 6억 원
② 순수익 11억 원, VaR 7억 원
③ 순수익 12억 원, VaR 10억 원
④ 순수익 13억 원, VaR 9억 원

|공식 적용 풀이| RAROC의 값이 높을수록 성과가 우수함을 의미한다. 따라서 ② 포트폴리오가 $\dfrac{11}{7} = 1.58$로 숫자가 가장 높으므로 가장 우수하다.

⑭ 고용지표

- 경제활동참가율 $= \dfrac{\text{경제활동인구(취업자 + 실업자)}}{\text{생산활동 가능 인구}} \times 100$
- 실업률 $= \dfrac{\text{실업자}}{\text{경제활동인구}} \times 100$

≫ 출제 유형 3과목 8장 19번(p.386)

다음의 인구 통계 자료를 참고하여 경제활동참가율과 실업률을 구한 값으로 옳은 것은?

구분	전체인구	15세 이상 인구	비경제 활동인구	취업자수
인구수	5,000	3,500	1,000	2,250

|공식 적용 풀이|
- 경제활동인구 = 15세 이상 인구 − 비경제활동인구
  $= 2,500$
  ∴ 경제활동참가율 $= 2,500 \div 3,500 \times 100 = 71.4\%$
- 실업자수 = 경제활동인구 − 취업자수 $= 250$
  ∴ 실업률 $= 250 \div 2,500 \times 100 = 10\%$

⑮ 화폐의 유통속도

유통속도(V) $= \dfrac{\text{명목 } GDP(GDP\text{디플레이터} \times \text{실질}GDP)}{\text{통화량}(M)}$

16 경기지표

- 경기확산지수(DI)
$$= \frac{\text{전월비 증가지표의 수} + \frac{1}{2} \times \text{보합지표의 수}}{\text{구성지표의 수}} \times 100$$

- 기업경기실사지수(BSI)
$$= \frac{\text{긍정적 응답 업체 수} - \text{부정적 응답 업체 수}}{\text{전체 응답 업체 수}} \times 100 + 100$$

≫ 출제 유형
3과목 8장 24번(p.386)

전체 응답자 중 장래의 경기를 낙관적으로 보는 기업의 수가 25개이고 비관적으로 보는 기업의 수가 75개라면 기업경기실사지수(BSI)는 얼마인가?

|공식 적용 풀이|

기업경기실사지수(BSI) = (긍정 업체 수 − 부정 업체 수) + 100
= (25 − 75) + 100
= 50

∴ BSI는 50이며, 100 이하이므로 수축국면으로 판단한다.

17 포트폴리오의 기대수익과 위험

- 기대수익률(R_p) = $w_a R_a + w_b R_b$
  - w_a: a자산의 투자비중
  - w_b: b자산의 투자비중
  - R_a: a자산의 수익률
  - R_b: b자산의 수익률
- 분산(σ_p^2) = $w_a^2 \sigma_a^2 + w_b^2 \sigma_b^2 + 2 w_a w_b \sigma_a \sigma_b \rho_{ab}$
- 상관계수(ρ_{ab}) = $\dfrac{\text{공분산}(\sigma_{ab})}{\sigma_a \sigma_b}$

≫ 출제 유형
3과목 9장 3번(p.402)

다음 자료를 참고로 주식 A에 40%, 주식 B에 60%를 투자했을 때 포트폴리오 기대수익률은 얼마인가?

경제상황	확률	예상 기대수익률	
		주식 A	주식 B
호황	50%	20%	30%
불황	50%	5%	3%

|공식 적용 풀이|
- 주식 A의 기대수익률
= (호황일 확률×주식 A의 기대수익률)+(불황일 확률×주식 A의 기대수익률) = (0.5×0.2)+(0.5×0.05)
= 0.1250
- 주식 B의 기대수익률
= (호황일 확률×주식 B의 기대수익률)+(불황일 확률×주식 B의 기대수익률) = (0.5×0.3)+(0.5×0.03)
= 0.1650
- 포트폴리오 기대수익률
= (A의 비중×주식 A 기대수익률)+(B의 비중×주식 B 기대수익률)
= (0.4×0.1250)+(0.6×0.1650)
= 0.05+0.099
= 0.149 (∴14.9%)

18 트레이너비율

$$\text{트레이너비율} = \frac{\text{포트폴리오 실현수익률} - \text{무위험이자율의 평균}}{\text{포트폴리오의 베타계수}}$$

≫ 출제 유형
3과목 7장 25번(p.363)

다음 펀드의 트레이너비율로 옳은 것은?

- 펀드 평균 수익률(R_p): 10%
- 무위험수익률(R_f): 3%
- 펀드 베타(β_p): 1.4

|공식 적용 풀이|
- 트레이너비율 = $\dfrac{R_p - R_f}{\beta_p} = \dfrac{0.10 - 0.03}{1.4}$
= 0.05

19 평가비율

$$\frac{\text{초과수익률}}{\text{잔차의 표준편차}}$$

과목 1

금융상품 및 세제

1과목 개정사항
2025년 이후 개정된 법령, 규정, 기타 내용을 확인하실 수 있는 QR코드입니다.

과목공략 포인트

- ✓ 세제 관련 과목은 전반적으로 난이도가 평이하지만 출제 문항 수가 많아 고득점을 목표로 학습하는 것이 유리하다. 주요 내용은 국세기본법, 소득세법, 증권거래세법 등으로 구성되며, 단순 암기보다는 세목별 기본 구조와 핵심 원리를 이해하는 것에서 학습을 시작하는 것이 효율적이다.

- ✓ 금융상품 영역은 범위가 넓고 문항 수가 많아 부담이 큰 파트이므로, 체계적인 접근이 필요하다. 교재의 흐름에 따라 상품별 공통점과 차이를 비교하고, 예금·신탁·보험·투자성상품 등 금융기관별·상품군별로 분류하여 핵심 내용 위주로 학습하면 방대한 내용을 구조적으로 정리할 수 있다.

- ✓ 부동산 관련 상품은 부동산의 본질적 영역과 금융상품 영역을 구분하여 학습하는 것이 효과적이다. 현금흐름 분석, 감정평가 3방식 등 난이도가 높은 주제부터 단순 암기 위주의 영역까지 폭넓게 포함되어 있으므로, 출제 문항 수가 적더라도 방심하지 말고 꼼꼼히 학습해야 한다. 또한, 수익률 분석·가치평가·개발사업 타당성 평가와 같은 정량적 지표를 충분히 이해하여 사례형 문제에 대비하는 전략이 효과적이다.

장별 출제경향 분석

구분	출제 문항	빈출 키워드
1장 세제관련 법규·세무전략	7문항	국세기본법, 납세의무, 소득세법, 금융소득종합과세, 원천징수, 증여세, 상속세, 절세전략, 배당세액공제, 경정청구
2장 금융상품	8문항	금융상품, 금융투자상품, 예금자보호, ISA, 펀드, ELS, DLS, ELW, 랩어카운트, CMA
3장 부동산관련 상품	5문항	부동산투자, 간접투자, 부동산펀드, 리츠, 가치평가, 타당성 평가, PF, 담보신탁, 수익률, 위험관리

01 1장 금융투자세제 및 절세전략
국세기본법

1 우리나라의 조세체계

구분			세목
조세	국세	내국세 - 직접세	소득세, 법인세, 상속세, 증여세, 종합부동산세
		내국세 - 간접세	부가가치세, 주세, 인지세, 증권거래세, 개별소비세
		내국세 - 목적세	교육세, 농어촌특별세, 교통·에너지·환경세
		관세	–
	지방세	도세 - 보통세	취득세, 등록면허세, 레저세, 지방소비세
		도세 - 목적세	지역자원시설세, 지방교육세
		시군세 - 보통세	주민세, 재산세, 자동차세, 지방소득세, 담배소비세

2 국세 관련 서류의 송달

교부송달	해당 행정기관의 소속 공무원이 송달할 장소에서 송달받아야 할 자에게 서류를 교부하는 방법
우편송달	• 우편을 이용해 서류를 송달하는 방법 • 등기우편으로 송달해야 하는 것이 원칙이며, 일반우편은 인정되지 않음
전자송달	• 정보통신망(전자메일, 행정포털 등)을 통해 문서를 송달하는 방법 • 송달을 받아야 할 자가 신청한 경우에 한하여 행함
공시송달	• 송달이 곤란한 경우, 행정기관이 서류의 주요 내용을 게시판·관보·인터넷 등에 공고하고 일정 기간이 지나면 송달된 것으로 간주하는 방법 • 서류의 주요 내용을 공고한 날부터 **14일**이 경과하면 서류가 송달된 것으로 간주함 • 공시송달이 가능한 경우 　– 송달 장소가 국외에 있고 송달이 곤란한 경우 　– 송달 장소가 분명하지 않은 경우 　– 등기송달 또는 2회 이상 교부송달했지만 수취인 부재로 확인되어 납부기한 내에 송달이 곤란한 경우

3 납세의무의 성립시기

소득세, 법인세, 부가가치세	과세기간이 끝나는 때
상속세	상속이 개시되는 때
증여세	증여에 의하여 재산을 취득하는 때

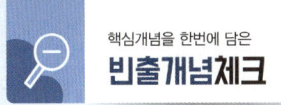

1장 금융투자세제 및 절세전략
국세기본법

인지세	과세문서를 작성한 때
증권거래세	해당 매매거래가 확정되는 때
종합부동산세	과세기준일
원천징수하는 소득세·법인세	소득금액 또는 수입금액을 지급하는 때

4 납세의무의 확정 및 소멸

(1) 납세의무의 확정

신고확정	납세의무자가 과세표준과 세액을 정부에 신고하여 확정 ▶ 소득세, 법인세, 부가가치세, 증권거래세, 교육세, 개별소비세 등
부과확정	정부가 과세표준과 세액을 결정하여 확정 ▶ 상속세, 증여세 등
자동확정	납세의무가 성립하는 때에 특별한 절차 없이 확정 ▶ 인지세, 원천징수하는 소득세 또는 법인세, 납세조합이 징수하는 소득세 등

(2) 납세의무의 소멸
국세 및 강제징수비를 납부할 의무는 납부·충당, 국세부과의 제척기간이 끝난 때, 국세징수권의 소멸시효가 완성된 때에 소멸한다.

(3) 국세의 부과제척기간
국가가 납세의무자에게 국세를 부과할 수 있는 법정기간이다(기간이 끝난 날 국세부과권이 소멸하면서 납세의무도 소멸함).

구분	일반조세	상속·증여세
사기 등 부정행위로 국세를 포탈 또는 환급받는 경우	10년	15년
법정신고기한까지 무신고(과세표준 신고서 미제출)	7년	
역외거래가 수반되는 부정행위	15년	
법정신고기한까지 상속 및 증여세 과세표준 신고서를 제출하였으나 허위, 누락 신고한 경우	–	
부정행위로 상속·증여세를 포탈한 경우로 상속인의 명의이전 없이 재산가액 50억원 초과분을 취득한 경우	–	안 날로부터 1년
기타	5년	10년

(4) 국세징수권의 소멸시효
- 권리자가 권리를 행사할 수 있음에도 일정 기간 행사하지 않는 경우, 그 권리는 소멸한다(소멸시효).
- 국세징수권의 소멸시효는 국가가 권리를 행사할 수 있는 때부터 5년(다만, 5억 원 이상의 국세채권은 10년)이며, 이 기간 내에 행사하지 않으면 권리는 소멸하고 이에 따라 납세의무도 소멸한다.
※ 납세고지·독촉 또는 납부최고·교부청구, 압류의 경우 이미 경과한 시효기간의 효력이 중단된다.

01 | 1장 금융투자세제 및 절세전략
국세기본법

⑤ 수정신고·경정청구·기한 후 신고

당초 신고한 과세표준과 세액에 오류 또는 정정 사유가 있는 경우, 이를 수정하는 절차이다.

수정신고	• 납세자가 과세표준과 세액을 과소신고(또는 환급세액 과다신고 등)한 경우, 관할 세무서장의 결정·경정 통지 전, 그리고 국세부과제척기간 내에 과세표준 수정신고서를 제출할 수 있음 • 법정신고기한 경과 후 2년 이내에 수정신고를 하면 경과 기간에 따라 과소신고 가산세가 일부 경감됨
경정청구	과세표준과 세액을 과다신고(또는 환급세액을 과소신고)한 경우, 법정신고기한 경과 후 5년 이내에 관할 세무서장에게 경정청구를 할 수 있음
기한 후 신고	• 법정신고기한 내에 과세표준 신고서를 제출하지 않은 경우, 세무서장의 결정·통지 전까지 기한 후 신고가 가능하며, 이때 세액과 가산세를 함께 납부해야 한다. • 가산세 감면 　- 1개월 이내 신고: 50% 　- 1~3개월 이내 신고: 30% 　- 3~6개월 이내 신고: 20%

⑥ 국세우선의 원칙

• 채무자의 재산이 부족할 때 원칙적으로 모든 채권자가 평등하게 변제받지만, 국세 등 공익채권은 다른 채권보다 우선적으로 징수된다.
• 단, 국세채권은 등기나 등록으로 공시되지 않아 다른 채권자에게 예상치 못한 손실을 줄 수 있으므로, 이를 조정하기 위해 아래 채권에 대해서는 국세우선의 예외 규정을 두고 있다.

　- 선집행 지방세, 공과금의 체납처분비
　- 강제집행·경매·파산절차 비용, 법정기일 전에 설정된 담보권(전세권, 질권, 저당권)
　- 우선변제보증금, 우선변제채권 등

⑦ 심사와 심판

• 국세기본법상 위법·부당한 처분을 받거나, 필요한 처분을 받지 못해 권리가 침해된 경우, 사법적 구제에 앞서 이의신청, 심사청구, 심판청구 등의 행정불복 절차를 이용할 수 있다.
　- 이의신청: 처분청에 재고를 요구하는 것
　- 심사청구: 국세청·감사원에 불복을 제기하는 것
　- 심판청구: 조세심판원에 불복을 제기하는 것
• 이의신청, 심사청구, 심판청구는 처분을 안 날로부터 90일 이내에 제기해야 하며, 심사청구와 심판청구를 반드시 거쳐야만 취소소송을 제기할 수 있다.

02 1장 금융투자세제 및 절세전략
소득세법

① 소득세의 의의 및 과세소득의 범위

소득세의 의의	일정 기간 내 경제활동으로 얻는 경제적 이익에 대해 과세하는 세금 ※ • 법인소득: 법인세법 적용 　• 개인소득: 소득세법 적용
과세소득의 범위	이자소득, 배당소득, 사업소득, 근로소득, 연금소득, 기타소득, 퇴직소득, 양도소득
소득원천설	• 현행 소득세법은 법률에 명시된 소득만 과세 대상으로 하는 **열거주의**와, 계속·반복적으로 발생하는 것만을 과세대상으로 삼는 **소득원천설**의 입장을 취하고 있음 • 다만, 이자·배당소득 등은 법에 열거되지 않은 유사 소득까지 과세하고 있어 소득원천설에 완전히 부합하지는 않으며, 순자산증가설의 입장도 부분적으로 수용하고 있음

② 우리나라 소득세 제도의 특징

종합과세제도	• 소득의 종류와 관계없이 일정한 기간을 단위로 합산하여 과세하는 방식 • 원칙: 종합과세 　– 이자소득, 배당소득, 사업소득, 근로소득, 연금소득, 기타소득은 개인별로 종합하여 과세 • 예외 　– 분류과세: 다른 소득과 합산하지 않고 과세 ⑩ 퇴직소득, 양도소득 　– 분리과세: 소득이 지급될 때 소득세를 원천징수하여 과세를 종결 ⑩ 금융소득(2천만 원 이하)
열거주의 과세방법	구체적으로 열거된 소득만을 과세 대상으로 하며, 열거되지 않은 소득은 과세하지 않음
신고납세 제도	• 납세의무자의 신고에 의해 조세채권이 확정되는 방식 • 납세의무자가 과세기간의 다음 연도 5월 1일~31일까지 과세표준을 확정신고한 경우 소득세의 납세의무가 확정
개인단위 주의	• 현행 소득세법의 원칙으로 개인별 소득을 기준으로 과세하는 방식 • 원칙: 개인단위 주의 　– 개인을 과세단위로 하여 소득세 과세 • 예외: 공동사업 합산과세 　– 가족 구성원 중 2인 이상의 공동사업으로 손익분배비율을 허위로 정한 경우 손익분배비율이 큰 가족 구성원에게 과세
초과누진세율(6~45%)	부담능력에 따른 과세와 소득 재분배 기능 강조
주소지 과세제도	소득 발생지에도 불구하고 주소지를 납세지로 함

02 1장 금융투자세제 및 절세전략
소득세법

③ 납세의무자의 구분

거주자 및 비거주자	• 거주자: 국내에 주소를 두거나 **183일** 이상 거소를 둔 개인 • 비거주자: 거주자가 아닌 개인 • 거주자와 비거주자는 국내에 주소 또는 183일 이상 거소의 유무로 구분하며, 국적은 원칙적으로 고려하지 않음 • 거소: 주소 외에 상당 기간 거주하는 장소로, 주소와 같은 밀접한 생활관계가 형성되지 않은 곳

주소여부의 판정	• 주소를 가진 것으로 보는 경우
	  – 계속하여 183일 이상 국내 거주가 통상 요구되는 직업이 있는 경우
	  – 국내에 생계를 같이하는 가족이 있고, 직업·자산 상태로 보아 계속 183일 이상 거주할 것으로 인정되는 경우
	• 국내에 주소가 없는 것으로 보는 경우: 국외 거주 또는 근무자가 외국국적이거나 영주권자이며, 국내에 생계를 같이하는 가족이 없고, 직업·자산 상태로 보아 다시 입국하여 주로 국내에 거주할 것으로 인정되지 않는 경우
	• 외국을 항해하는 선박 또는 항공기의 승무원: 승무원 본인 또는 생계를 같이하는 가족의 거주지, 또는 근무 외 기간 중 통상 체재지를 기준으로 판정
	• 국외 근무: 공무원, 거주자 또는 내국법인 소속으로 국외 사업장 등에 파견된 임원·직원은 거주자로 봄

④ 원천징수

소득을 지급하는 자가 그 지급받는 자의 조세를 차감한 잔액만 지급하고 그 원천징수세액을 정부에 납부하는 제도이다.

완납적 원천징수	• 원천징수로 과세가 종결되어, 확정신고의무가 없음
	• 거주자
	  – 분리과세 이자소득
	  – 분리과세 배당소득
	  – 분리과세 근로소득(일용근로자의 급여)
	  – 분리과세 연금소득(연간 1,500만 원 이하 저율 분리과세 선택, 연간 1,500만 원 초과 시 16.5% 분리과세 또는 종합과세 선택)
	  – 분리과세 기타소득(연간 300만 원 이하 선택)
	• 비거주자: 원천징수 대상 소득

예납적 원천징수	• 원천징수된 세액을 기납부세액으로 공제하여 소득세 납부액을 최종 정산하는 방식
	• 원천징수대상 소득
	  – 완납적 원천징수: 분리과세
	  – 예납적 원천징수: 종합과세
	• 원천징수대상이 아닌 소득: 종합과세

※ 우리나라의 소득세법상 국내에서 거주자·비거주자에게 소득을 지급하는 자는 소득세를 원천징수해 징수일의 다음 달 10일까지 정부에 납부해야 한다.

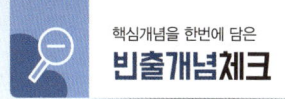

02 1장 금융투자세제 및 절세전략
소득세법

⑤ 과세기간

원칙	1월 1일~12월 31일까지
거주자의 사망·출국	1월 1일~사망·출국한 날까지 ※ 출국: 주소 또는 거소의 거주이전으로 인해 비거주자가 되는 경우
기타	• 소득세의 과세기간은 법인세와 달리 사업의 개시나 폐업 여부와 관계없이 적용됨 • 과세기간을 임의로 설정할 수 없음

⑥ 종합소득 계산구조

	종합소득금액	• 총수입금액 − 필요경비 • 이자, 배당(gross-up), 사업, 근로, 연금, 기타 소득금액 ※ 이자소득과 배당소득은 유형별 포괄주의를 택하고 있으나 원칙은 열거주의임 • 금융소득종합과세(이자배당 등 2,000만 원 초과 시) • 소득금액 계산 특례(공동사업합산과세, 결손금과 이월결손금 공제 등)
−	종합소득공제	인적공제, 연금보험료공제, 특별공제, 기타조세특례제한법상공제 등
=	과세표준	−
×	세율	6~45% 초과누진세율
=	산출세액	금융소득에 관한 세액계산 특례
−	세액공제, 감면	• 외국납부세액공제, 배당세액공제, 근로소득세액공제, 재해손실세액공제, 기장세액공제, 조세특례제한법상세액공제 • 자녀세액공제, 연금계좌세액공제, 특별세액공제
=	결정세액	−
+	가산세	−
+	추가납부할 세액	−
=	총 결정세액	지방소득세=총 결정세액×10%
−	기납부세액	중간예납, 수시부과세액, 예정신고납부세액, 원천납부세액, 납세조합징수세액
=	차감납부할 세액	−

03 1장 금융투자세제 및 절세전략
이자소득, 배당소득

1 이자소득

- 채권·증권의 이자와 할인액
- 국내·외에서 받는 예·적금의 이자
- 신용부금으로 인한 이익
- 비영업대금의 이익
- 파생결합상품의 이익
- 채권 또는 증권의 환매조건부 매매차익
- 저축성 보험의 보험차익
- 직장공제회 초과반환금
- 유사 이자소득

2 배당소득

- 이익배당(내국법인으로부터 받는 이익·잉여금의 배당)
- 의제배당
- 파생결합증권 또는 파생결합사채로부터의 이익
- 외국법인으로부터의 배당
- 출자공동사업자의 손익분배금
- 수익분배의 성격이 있는 것(유사 배당소득)
- 법인으로 보는 단체로부터 받는 배당 또는 분배금
- 국내·외 집합투자기구로부터의 이익
- 인정배당(법인세법에 따라 배당으로 처분된 금액)
- 특정 외국법인의 배당 가능 유보소득 중 내국인이 배당받는 것으로 간주되는 금액
- 파생결합상품 배당소득

3 이자소득 총수입금액의 귀속연도

양도 가능한 채권 등의 이자와 할인액	• 무기명 채권 등: 그 지급을 받은 날 • 기명 채권 등: 약정에 의한 지급일 • 채권 등 보유 기간 이자: 매도일 또는 이자 지급일

예·적금 또는 부금의 이자	• 실제로 이자를 지급받는 날
	  - 원본 전입 특약 시: 원본전입일
	  - 해약 시: 해약일
	  - 계약기간 연장 시: 연장하는 날
	• 통지예금의 이자: 인출일

채권·증권의 환매조건부 매매차익	약정된 채권·증권의 환매수일 또는 환매도일을 기준으로 하며, 기일 전에 환매가 이루어진 경우에는 실제 환매수일·환매도일을 적용
저축성 보험의 보험차익	보험금·환급금의 지급일을 기준으로 하며, 기일 전에 해지 시 해지일을 적용함
직장공제회 초과반환금	약정에 따른 납입금 초과이익 및 반환금 추가 이익의 반환금
비영업대금의 이익	약정에 의한 이자지급일을 기준으로 하며, 약정에 없거나 약정일 이전에 지급받는 경우 그 이자지급일을 적용
기타 금전사용에 따른 대가의 성격이 있는 이자와 할인액	약정에 따른 상환일을 기준으로 하며, 기일 전 상환 시 그 상환일을 적용
위 이자소득이 발생하는 재산이 상속·증여되는 경우	상속개시일 또는 증여일

03 1장 금융투자세제 및 절세전략
이자소득, 배당소득

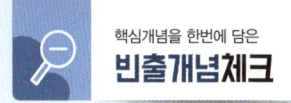

④ 배당소득 총수입금액의 귀속연도

배당소득금액 = 당해연도의 배당소득 총수입금액 + 귀속 법인세

이익배당	• 잉여금처분에 의한 배당: 당해 법인의 잉여금처분결의일 • 무기명주식의 이익이나 배당: 실제 지급일
의제배당	• 감자 등: 감자 결의일, 퇴사·탈퇴일 ※ 주식감자: 기업의 자본금 규모를 줄이는 목적으로 주식 금액을 낮추거나 주식 수를 줄이는 것으로 유상감자, 무상감자로 구분됨 • 해산: 잔여재산가액 확정일 • 합병: 합병등기일 • 분할 또는 분할합병: 분할등기 또는 분할합병등기일 • 잉여금의 자본전입: 자본전입 결의일
인정배당	당해 법인의 당해 사업연도의 결산 확정일
집합투자기구로부터의 이익	• 집합투자기구로부터의 이익을 지급받은 날 • 원본 전입 특약이 있는 경우 그 특약에 의한 원본 전입일
출자공동사업자의 배당	공동사업자의 총수입금액과 필요경비가 확정된 날이 속하는 과세기간 종료일
기타 수익분배의 성격이 있는 배당 또는 분배금	지급을 받은 날
파생결합상품 배당소득	지급을 받은 날
파생결합증권 또는 파생결합사채로부터의 이익	이익을 지급받은 날(다만, 원본에 전입하는 뜻의 특약이 있다면 그 특약에 따라 원본에 전입되는 날)

⑤ 원천징수

원천징수 의무자	국내 거주자에게 이자·배당소득을 지급하는 자
원천징수 세율	14%(지방소득세 별도)
원천징수 세액	원천징수세액 = 이자·배당소득 총수입금액 × 원천징수 세율 − 외국납부 소득세액
원천징수세 납부 기한	그 징수일이 속하는 달의 다음 달 10일까지 관할 세무서 등에 납부
원천징수 예외	귀속법인세는 제외
국외에서 지급되는 경우	원칙적으로 원천징수 대상 아님(단, 외국법인 등에서 발생한 소득을 국내 거주자에게 지급하면 원천징수함)
위임·대리 지급 시	위임 또는 대리한 자가 원천징수 의무자가 됨

03 1장 금융투자세제 및 절세전략
이자소득, 배당소득

6 이자·배당소득에 대한 과세방법

(1) 과세 순서

① 무조건 분리과세 소득	② 조건부 종합과세 소득	③ 무조건 종합과세 소득
분리과세	① 외의 이자·배당소득의 합계액이 2천만 원 이하일 경우 분리과세, 2천만 원 초과할 경우에는 종합과세	2천만 원 초과 여부를 불문하고 원천징수대상이 아닌 이자·배당소득(①, ② 제외)은 종합과세

(2) 무조건 분리과세 소득

거주자가 국내에서 지급받는 아래의 이자·배당소득은 종합소득에 합산하지 않고, 원천징수로 과세가 종결된다.

직장공제회 초과반환금	기본세율
비실명거래로 인한 이자 및 배당소득	• 금융기관을 통하지 않은 비실명거래: 45% • 금융기관을 통한 비실명거래: 90%
1거주자로 보는 단체의 이자소득 및 배당소득	14%
개인종합자산관리계좌(ISA)의 비과세 한도 초과 이자 및 배당소득	• 일반적으로 200만 원에 대해서 비과세, 서민형의 경우 400만 원에 대해서 비과세 • 비과세 한도 초과에 대해서는 9% 세율로 분리과세

(3) 조건부 종합과세 소득
- 무조건 분리과세 소득을 제외한 이자·배당소득(귀속법인세 제외)의 합계액이 연 2천만 원 이하인 경우, 해당 소득은 종합소득 과세표준에 합산하지 않고 분리과세한다.
- 반면, 2천만 원을 초과하면 전액을 종합소득 과세표준에 합산하여 종합과세한다.

(4) 무조건 종합과세 소득
- 무조건 분리과세 소득을 제외한 이자·배당소득(귀속법인세 제외) 합계액이 연 2천만 원 이하라도, 국외에서 지급받아 원천징수되지 않는 이자·배당소득은 반드시 종합과세한다.
- 단, 외국법인이 발행한 채권·증권의 이자·배당소득이라도 국내에서 지급을 대리·위임·위탁받은 자가 있는 경우에는 원천징수 대상이 되어, 조건부 종합과세 소득에 포함된다.

(5) 종합과세 방법

구분	종합과세되는 금융소득	세율 적용
판정대상금액 > 2천만 원	조건부+무조건 종합과세소득	• 2천만 원: 14% • 2천만 원 초과분: 다른 소득과 합산하여 기본세율 적용
판정대상금액 ≤ 2천만 원	무조건 종합과세소득	14%

03. 이자소득, 배당소득

7. 배당소득에 대한 이중과세의 조정(Gross-up)

(1) 법인 원천소득은 법인단계에서 법인세가 부과되고, 그 세후 소득이 주주에게 귀속되는 단계에서 소득세가 부과되는데, 이를 배당소득에 대한 이중과세라고 한다.

(2) 우리나라는 Imputation 방법(법인세 주주귀속법)을 적용해, 내국법인 배당소득 계산 시 귀속법인세를 가산하고, 가산한 금액만큼의 배당세액공제를 통해 이중과세를 조정한다.

(3) 배당소득 이중과세 조정(Gross-up) 적용 요건

- 내국법인으로부터 받은 배당소득
- 법인세가 과세되는 소득에서 지급된 배당소득
- 종합소득 과세표준에 합산되는 배당소득으로서 연 2천만 원을 초과하는 금액

※ 즉, 이중과세 조정(Gross-up)은 종합과세되는 배당소득이 연 2천만 원을 초과하는 경우에만 적용되며, 분리과세 배당소득과 2천만 원 이하 부분은 해당되지 않는다.

(4) 배당소득 합산 순서

- 여러 금융소득이 있을 경우, Gross-up 대상 배당소득이 2천만 원 초과분에 최대한 포함되도록 소득의 합산순서를 정함(납세자에게 이중과세 조정의 혜택이 최대한 돌아가도록 하기 위함)
- ① 이자소득 → ② 본래 Gross-up 대상이 아닌 배당소득 → ③ 본래 Gross-up 대상인 배당소득

(5) 배당소득 이중과세 조정 방법

배당세액공제액 = MIN(①, ②)
① 귀속법인세 = 조정대상 배당소득 총수입금액 × 10%*
② 한도액 = 종합소득 산출세액 − 비교 산출세액(음수인 경우에는 0)

→ *2023.12.31.까지 지급받는 분은 11%, 2024.1.1. 이후 지급받는 분부터는 10% 적용

(6) 이중과세 조정 제외 대상

- 법인세 과세대상이 아닌 소득을 재원으로 하는 배당소득에 대해서는 이중과세 조정 적용 제외
- 적용 제외 대상 소득
  - 자기주식의 소각 당시 시가가 취득가액을 초과하여 발생한 배당소득
  - 자기주식 소각일로부터 2년 이내 자본전입 시
  - 토지의 재평가적립금으로부터 발생한 의제배당
  - 법인세법상 소득공제를 적용받는 투자회사·투자목적회사·유동화회사 등으로부터 받는 배당소득
  - 조세특례제한법상 최저한세 비적용 세액공제·세액감면을 받은 법인으로부터 받는 배당소득
  - 지급배당에 대한 소득공제를 적용받는 인적회사로부터 받는 배당소득
  - 출자공동사업자에 대한 배당소득
  - 과세되지 않은 잉여금의 자본전입 등

04 1장 금융투자세제 및 절세전략
양도소득

① 양도소득의 범위

양도소득은 개인이 **일정한 자산**을 **양도**함으로 인해 발생하는 소득으로 정의한다.

토지와 건물	• 토지: 지적공부에 등록해야 할 지목에 해당하는 것 • 건물: 지붕과 벽 또는 기둥이 있는 토지 정착물(부속시설과 구축물 포함)
부동산 관련 권리	• 부동산 취득 가능 권리(분양권 등) • 전세권, 등기된 임차권 • 주택상환채권, 주택입주권 등

주식 및 출자지분	• 주권상장법인주식: 대주주의 양도, 장외거래 주식에 한하여 과세
	• 코스닥(코넥스)상장법인주식: 대주주의 양도, 장외거래 주식에 한하여 과세
	• 비상장법인주식: 모두 과세
	※ 대주주란?
	  – 지분율 기준: 1%(코스닥 상장법인: 2%, 코넥스 상장법인: 4%) 이상인 경우
	  – 시가총액 기준: 직전 사업연도 말 종료일 현재 시가총액이 50억 원 이상인 경우

기타 자산	• 특정 시설 이용권(골프회원권 등) • 영업권 • 특정 주식(과점주주가 소유하는 부동산 과다보유 법인의 주식 등) • 파생상품(주가지수선물, 옵션 등)

※ 양도는 자산의 유상이전 혹은 자산의 사실상 이전으로 소유권이 이전되는 것을 의미한다. 즉, 무상이전으로 이루어지는 상속 및 증여는 양도에 해당하지 않는다. 소득세법은 등기·등록을 하지 않아도 사실상 이전이 있으면 '양도'로 인정하고 있다.

② 주식 및 출자지분 과세 여부 및 적용세율

구분	주주	적용세율
상장법인	대주주	• 1년 미만 보유: 30% • 과세표준 3억 원 이하: 20% • 과세표준 3억 원 이상: 25%−누진공제 1,500만 원
	소액주주	비과세
비상장법인	대주주	• 1년 미만 보유: 30% • 과세표준 3억 원 이하: 20% • 과세표준 3억 원 이상: 25%−누진공제 1,500만 원
	소액주주	• 중소기업: 10% • 중소기업 외: 20%

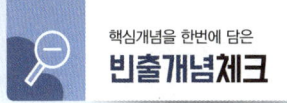

1장 금융투자세제 및 절세전략
양도소득

❸ 양도소득세 과세표준 계산

	양도가액	–
–	취득가액	–
–	필요경비	자본적 지출액, 기타 필요경비 등
=	양도차익	양도자산별로 계산
–	장기보유특별공제	토지·건물로 3년 이상만 해당
=	양도소득금액	–
–	양도소득 기본공제	부동산, 주식 각각 연 250만 원
=	양도소득 과세표준	

❹ 양도소득세율

미등기자산	70%
중소기업 발행주식 (대주주가 아닌 자가 양도하는 경우)	10%
중소기업 외의 대주주 1년 미만 보유주식	30%
그 밖의 주주	20%(단, 대주주 과세표준 3억 원 초과분은 25%)
파생상품	20%(탄력세율 10%)
일반자산(위에 해당하지 않는 것)	기본세율(6~45%)

05 증권거래세법

1장 금융투자세제 및 절세전략

1 납세의무자와 납세의무의 범위

과세대상	유가증권시장, 코스닥시장, 코넥스시장에 상장된 주권의 양도(외국 법인 발행 주권 포함) ※ 단, 뉴욕, 나스닥, 도쿄, 런던, 도이치 등 주요 외국 증권시장에 상장된 주권의 양도 및 외국 증권시장 상장 목적으로 인수인에게 주권을 양도한 경우에는 증권거래세가 부과되지 않음
비과세양도	• 국가·지자체가 주권 등을 양도하는 경우 • 회사 등이 새로 발행한 증권(주식·채권 등)을 일반 투자자나 특정인에게 판매(공모·사모)하는 발행 매출 (자본시장법 제119조에 따른 발행 매출) • 소비대차 목적의 주권
납세의무자	• 장내 또는 장외(K-OTC) 거래: 대체결제회사(예탁결제원) • 자본시장법상 금융투자업자를 통한 거래: 해당 금융투자업자 • 이외 기타 양도: 당해 양도자 • 국내 사업장이 없는 비거주자(외국법인 포함)가 금융투자업자 없이 주권 등을 양도하는 경우: 당해 주권의 양수인

2 증권거래세 세액 계산 및 납부 방법

과세표준	• 원칙: 주권 양도가액을 과세표준으로 함
	• 예외
	  – 특수관계자와 시가보다 낮게 거래 시: 시가
	  – 비거주자, 외국법인과 거래 시: 법률상 정상 가격
	  – 양도가액 확인 불가 장외거래
	    ① 상장주권: 양도일 매매체결 기준가격
	    ② K-OTC 주권: 금융투자협회가 공표하는 양도일 매매체결 기준가액
	    ③ 기타 주권: 소득세법 시행령 기준

세율	• 유가증권시장 상장주권: 0.15%(세율은 0%이나, 농특세 0.15% 포함됨) • 코스닥 / 코넥스: 0.15% / 0.10%(농특세 없음) • K-OTC: 0.15%(농특세 없음) • 기타 주권: 0.35%
거래징수	• 과세거래 발생 시 거래상대방에게 세액을 징수(중간징수) • 대체결제회사, 금융투자업자, 비거주자로부터 주권을 양수하는 양수인은 양도자의 증권거래세를 거래징수
신고 및 납부	• 예탁결제원·금융투자업자: 다음 달 10일까지 신고·납부 • 기타 납세의무자: 반기의 말일부터 2개월 이내에 신고·납부
가산세	미신고·과소신고·기한내 납부불이행 등은 가산세 부과

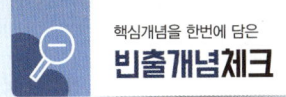

06 기타 금융세제

1장 금융투자세제 및 절세전략

❶ 비거주자 등의 과세 개요

과세대상	외국인(비거주자 및 외국법인)의 국내 원천소득
국내 원천소득의 범위	• 이자소득(국외 이자소득 제외) • 배당소득(외국법인의 배당소득 제외) • 부동산 임대 · 양도소득 • 선박 · 항공기 임대소득 • 국내 사업소득 • 인적용역소득 • 근로소득 • 퇴직 · 연금소득 • 양도소득 • 유가증권 양도소득 • 사용료소득 • 기타소득

❷ 비거주자 등의 과세 방법 및 세율

과세방법	• 국내사업장이나 부동산 임대사업소득이 있는 경우: 종합과세 • 국내사업장이나 부동산 임대사업소득이 없는 경우: 분리과세 • 퇴직 · 양도소득: **분류과세**

원천징수세율	• 이자 · 배당 · 기타 · 사용료 등 소득: 20%(채권: 14%)
	• 선박임대 · 사업소득: 2%
	• 인적용역소득: 20%
	• 유가증권 양도소득
	  – 원칙: 양도가액의 10%
	  – 취득가액 · 양도비용 확인 시: MIN(양도가액의 10%, 양도차익의 20%)

조세조약상 제한세율	• 조세조약 체결국 거주자 등의 국내 투자소득에는 조세조약상의 제한세율이 적용(국내법상 적용 최고세율을 제한) • 국내 사업장이 없는 비거주자 및 외국법인에 투자소득을 지급 시, 조세조약상 제한세율과 국내 법상 원천징수세율 중 낮은 세율을 적용해 원천징수

07 1장 금융투자세제 및 절세전략
금융소득 종합과세

❶ 금융소득 종합과세

과세 방식 구분	분리과세와 종합과세로 구분
분리과세	• 금융소득(이자, 배당 등)에 대해 일정 세율 적용(원천징수로 납부 완료) • 기본세율: 14%(지방소득세 포함 시 15.4%) • 추가 신고·납부 필요 없음
종합과세 기준	• 금융소득 합계액이 연간 **2천만 원** 초과 시 • 다른 소득(근로소득, 사업소득 등)과 합산하여 종합소득세율 적용
종합과세 세율	종합소득세율에 따라 6~45%(소득구간에 따라 누진세율 적용)
기준금액 및 초과금액	• 기준금액: 2천만 원 • 초과금액: 2천만 원을 초과한 금융소득에 종합과세(누진세율 6~45%) 적용 • 2천만 원 이하일 경우 분리과세(원천징수)로 종결(소득세 14%+지방소득세 1.4%)
원천징수와 차이	금융기관에서 이미 원천징수한 세액과 종합과세로 계산한 세액의 차이만큼 추가로 납부하거나 환급
세부담 비교	• 종합과세가 적용되면 누진세율로 인해 세 부담이 증가함 • 금융소득이 크다면 종합과세가 불리할 수도 있음

❷ 종합소득세 신고 필요성 판단

근로소득만 있는 경우 or 다른 소득이 전혀 없는 경우	• 종합과세 대상 금융소득 2,000만 원 초과 시 종합소득세 신고·납부 필요 • 종합과세 대상 금융소득 2,000만 원 이하 시 종합소득세 신고·납부 필요 × → 근로소득에 대한 세금 납부는 연말정산으로 종결
사업·기타소득이 300만 원을 초과하는 경우	종합과세 대상 금융소득 규모에 관계 없이 종합소득세 신고·납부 필요

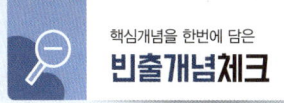

07

1장 금융투자세제 및 절세전략

금융소득 종합과세

❸ 비과세 및 분리과세 금융소득

구분	세부내용	원천징수세율
비과세 이자소득	신탁업법에 따른 공익 신탁 이익, 농어가 목돈마련 저축 등	–
비과세 배당소득	장기주택마련 저축 배당소득, 노인·장애인 비과세종합저축 등	
분리과세 이자소득	만기 10년 이상 장기채권 이자(3년 이상 장기채권·이자)	30%
	직장공제회 초과반환금	기본세율(6~45%)
	비실명금융소득(지급자가 금융기관인 경우)	90%
	비실명금융소득(지급자가 금융기관이 아닌 경우)	45%
	법원의 경락대금 등에서 발생한 이자소득	14%
	영농·영어조합법인으로부터 받는 배당소득 중 소득세가 면제되지 않는 배당소득	5%
분리과세 배당소득	특정 실질적 권리자가 받는 배당소득 등	기본세율 14%

❹ 금융소득 종합과세 시 금융거래 통보 여부

금융소득 종합과세 통보 개요	• 금융소득 종합과세제도 시행 이후, 모든 금융기관은 개인의 금융소득 발생 내역을 국세청에 통보해야 함 • 기존 금융실명제만으로는 세무서가 개인 금융소득을 파악하기 어려웠지만, 지금은 금융기관의 금융소득 발생 시 자동으로 세무서에 통보되어 세원 투명성이 강화됨
통보 내용	• 소득자의 인적사항: 성명, 주민등록번호, 주소, 거주 구분(거주자·비거주자) • 소득 지급 내역: 지급일자, 소득의 종류 및 발생 기간, 소득 금액 등 • 원천징수 내역: 세율, 소득세액, 농특세액, 지방소득세액 등 • 기타 정보: 계좌번호, 증서 번호, 지급 이력 등
통보 절차	• 금융기관이 국세청에 입법된 거래 정보 통보 및 세무조사용 자료 요청 시 제공 • 고객에게 개별 거래 내역 안내 가능
제출 대상 및 시기	• 국내 지급 금융소득(이자, 배당, 보험차익 등) 발생 시 금융기관이 국세청에 지급명세서 제출 • 제출기한: 소득 지급일 속하는 연도의 다음 해 2월 말일까지 국세청 또는 세무서 제출
소득원이 불분명한 경우	• 금융소득이 많거나 자금 출처가 불분명한 경우, 자금 출처 조사 및 차명계좌 여부 확인 가능성이 높음 • 금융소득 미신고 시, 금융기관이 지급명세서를 통해 세무서에 통보하므로 세무 당국이 파악 가능 • 증여세 신고가 누락되면 증여 추정에 따라 과세가 진행될 수 있음

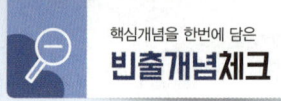

1장 금융투자세제 및 절세전략
금융소득 종합과세

⑤ 종합소득세 신고방법

종합소득세 신고대상자	• 종합소득금액이 있는 자가 원칙적으로 신고
	• 신고 제외자
	  – 근로소득만 있는 거주자
	  – 퇴직소득만 있는 거주자
	  – 근로소득 + 퇴직소득만 있는 거주자
	  – 상기의 자로서 분리과세이자 · 배당소득 · 기타소득만 있는 자
	  – 상기 외의 자로서 분리과세이자 · 배당소득 · 기타소득만 있는 자

신고 및 납부기한	다음 해 5월 1일~31일까지
신고 및 납부처	• 주소지 관할 세무서 또는 홈택스 • 금융기관, 우체국에서도 납부 가능
제출서류	• 사업소득 관련 각종 증명서류 • 사업소득 외 소득은 해당 명세서

가산세	• 무신고 가산세
	  – 복식부기의무자: Max(산출세액×20%, 수입금액×0.07%)
	  – 복식부기의무자 외: 산출세액×20%
	• 부정무신고 가산세
	  – 복식부기의무자: Max(산출세액×40%, 부정무신고수입금액×0.14%)
	  – 복식부기의무자 외: 산출세액×40%
	• 일반과소신고 가산세: $\frac{과소신고과세표준}{과세표준} \times 산출세액 \times 10\%$
	• 부정과소신고 가산세
	  – 복식부기의무자
	    ① 부정과소신고: Max($\frac{부정과소신고과세표준}{과세표준} \times 산출세액 \times 40\%$, 부당과소신고수입금액×0.14%)
	    ② 부정과소신고 외 부분: $\frac{과소신고과세표준 - 부정과소신고과세표준}{과세표준} \times 산출세액 \times 10\%$
	  – 복식부기의무자 외
	    ① 부정과소신고: $\frac{부정과소신고과세표준}{과세표준} \times 산출세액 \times 40\%$
	    ② 부정과소신고 외 부분: $\frac{과소신고과세표준 - 부정과소신고과세표준}{과세표준} \times 산출세액 \times 10\%$
	• 납부불성실 가산세: 미납부세액 $\times \frac{3}{10,000} \times$ 일수

1장 금융투자세제 및 절세전략

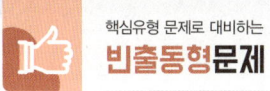

01 다음 중 과세표준 단위에 따른 조세 분류로 옳은 것은?

① 국세
② 직접세
③ 종가세
④ 보통세

02 다음 중 조세 부담의 전가성에 따른 분류로 옳은 것은?

① 보통세
② 간접세
③ 비례세
④ 목적세

03 기한에 대한 특례규정으로 옳지 않은 것은?

① 기한이 토요일에 해당할 경우 그 다음 날을 기한으로 한다.
② 우편으로 서류를 제출하는 경우 제출일에 신고된 것으로 본다.
③ 기한이 근로자의 날에 해당할 경우 그 다음 날을 기한으로 한다.
④ 국세정보통신망이 장애로 가동이 정지된 경우 그 장애가 복구되어 신고 또는 납부할 수 있게 된 날의 다음 날을 기한으로 한다.

04 다음 괄호 안에 들어갈 용어를 순서대로 바르게 나열한 것은?

> • ( ) 송달은 송달받을 자가 신청한 경우에 한하여 인터넷 등을 통한 정보통신망으로 송달하는 방법이다.
> • ( ) 송달은 서류의 주요 내용을 관보 등에 공고한 날로부터 ( )일이 지나면 송달된 것으로 본다.

① 공시, 전자, 20
② 우편, 전자, 14
③ 전자, 공시, 20
④ 전자, 공시, 14

05 국세기본법에서 전자송달과 공시송달에 대한 설명으로 옳지 <u>않은</u> 것은?

① 송달 장소가 국외에 있고 송달이 곤란한 경우에는 공시송달을 이용할 수 있다.
② 우편송달은 원칙적으로 등기우편으로 송달해야 하며, 일반우편은 인정되지 않는다.
③ 전자송달은 송달받을 자의 신청이 없어도 관할 행정기관이 필요하다고 판단하면 직권으로 송달할 수 있다.
④ 공시송달은 행정기관이 서류의 주요 내용을 게시판·관보·인터넷 등에 공고하고 일정 기간이 지나면 송달된 것으로 간주하는 방법이다.

06 다음 중 각 세목별 납세의무의 성립시기로 옳지 <u>않은</u> 것은?

① 증여세: 증여계약일
② 종합부동산세: 과세기준일
③ 인지세: 과세문서를 작성한 때
④ 원천징수하지 않는 소득세: 과세기간이 끝나는 때

07 다음 중 납세의무가 성립하는 시점이 잘못 연결된 것은?

① 종합부동산세: 과세기준일
② 상속세: 상속이 개시되는 때
③ 법인세: 과세기간이 시작되는 때
④ 증여세: 증여에 의해 재산을 취득하는 때

08 다음 중 납세의무의 확정 절차에 대한 설명으로 옳지 않은 것은?

① 증여세는 자동확정 방식으로 확정된다.
② 부과확정은 정부가 과세표준과 세액을 결정하여 확정하는 것이다.
③ 자동확정은 납세의무가 성립할 때 특별한 절차 없이 확정되는 것이다.
④ 신고확정은 납세의무자가 과세표준과 세액을 정부에 신고하여 확정하는 것이다.

09 다음 중 국세의 부과제척기간이 가장 긴 것은?

① 국세의 사기 등 부정행위
② 법정신고기한까지 무신고
③ 상속·증여세에서 국제거래가 수반되는 부정행위
④ 부정행위로 상속 개시일 이전에 명의 이전 없이 재산 가액 50억 원을 초과하여 취득

10 다음 중 납세의무가 소멸하는 사유로 옳지 않은 것은?

① 납부·충당
② 국세부과의 제척기간이 끝난 때
③ 국세채권의 소멸시효가 완성된 때
④ 국세징수권 행사 기간 내 징수 절차가 시작된 경우

11 다음 중 제2차 납세의무자에 대한 설명으로 옳지 않은 것은?

① 해산법인의 청산인은 법인의 국세에 대한 제2차 납세의무자가 된다.
② 양도한 사업에 대한 국세는 사업양수인과 양도인이 제2차 납세의무를 지게 된다.
③ 비상장법인에게 체납세액이 있는 경우 무한책임사원과 과점주주가 제2차 납세의무자가 된다.
④ 국세 납부기한 만료일 현재 무한책임사원과 과점주주의 재산으로 국세 등을 충당할 수 없는 경우에는 해당 법인이 제2차 납세의무를 진다.

12 다음 중 국세기본법상 수정신고를 할 수 있는 사유로 옳지 않은 것은?

① 세액을 미달하게 신고한 경우
② 과세표준 및 세액을 과다하게 신고한 경우
③ 결손금 또는 환급세액을 과다하게 신고한 경우
④ 근로소득자의 연말정산 과정에서 소득을 누락한 경우

13 다음 보기는 기한 후 신고에 대한 내용이다. 빈칸에 들어갈 기간으로 옳은 것은?

> 과세표준 신고서를 법정신고기한이 지난 후 ( ) 이내에 기한 후 신고한 경우에는 그 경과기간에 따라 해당 가산세액의 일부를 경감받을 수 있다.

① 1개월
② 3개월
③ 6개월
④ 9개월

14 수정신고와 경정청구에 대한 설명으로 옳지 <u>않은</u> 것은?

① 국세부과의 제척기간이 끝나기 전까지 과세표준 수정신고서를 제출할 수 있다.
② 경정청구는 법정신고기한이 지난 후 5년 이내에 관할 세무서장에게 청구할 수 있다.
③ 과세표준 수정신고서를 법정신고기한 경과 후 2년 이내 제출할 경우 가산세의 일부를 경감받는다.
④ 법정신고기한까지 과세표준 신고서를 제출하지 아니한 자는 경정청구를 통해 세액의 신고내용 중 오류를 정정할 수 있다.

15 국세우선의 원칙에 대한 설명으로 옳지 <u>않은</u> 것은?

① 임차보증금과 임금채권은 전체 금액이 국세보다 우선하여 변제된다.
② 강제집행 및 파산절차에 소요된 비용은 국세보다 우선하여 변제된다.
③ 국세의 법정기일 전에 담보가 설정된 피담보채권은 국세보다 우선하여 변제된다.
④ 국세의 법정기일 전에 담보가 설정된 채권이더라도, 해당 재산에 대해 부과된 국세와 체납 처분비보다 우선할 수는 없다.

16 다음은 국세우선의 원칙에 대한 설명이다. 빈칸에 들어갈 용어로 옳은 것은?

> 채무자가 수인에 대해 채무를 지고, 채무자 재산이 모든 채무를 변제하기에 부족할 경우 채권자 간에 ( )가 적용된다. 그러나 체납한 납세자가 국세와 함께 다른 채무를 지고, 그의 총 재산이 경합하는 채무 전액을 변제하기에 부족할 경우 조세의 ( )을 감안하여 채권자 평등의 원칙을 깨뜨리고, 국세·가산금·체납처분비를 원칙적으로 다른 모든 채권에 우선하여 징수한다.

① 조세우선주의, 공익성
② 조세우선주의, 비공익성
③ 채권자 평등주의, 공익성
④ 채권자 평등주의, 비공익성

17 조세불복제도인 이의신청, 심사, 심판청구에 대한 설명으로 옳지 <u>않은</u> 것은?

① 이의신청을 거치지 않고 행정(취소)소송을 제기할 수 없다.
② 심사청구와 심판청구는 청구인의 선택에 따라 그 중 하나를 선택해야 한다.
③ 심사청구는 국세청 또는 감사원에, 심판청구는 조세심판원에 제기하는 불복이다.
④ 이의신청, 심사청구, 심판청구는 처분청의 처분을 안 날로부터 90일 이내 제기해야 한다.

18 다음 ( ) 안에 들어갈 말로 옳은 것은 무엇인가?

> ( )은(는) 조세불복제도의 절차 중 하나로, 과세처분에 대한 불복이 있을 경우 국세청 또는 감사원에 제기하는 절차이다.

① 이의신청
② 심사청구
③ 심판청구
④ 행정소송

19 다음 ( ) 안에 들어갈 말로 옳은 것은 무엇인가?

> 현행 소득세법은 기본적으로 ( )의 입장을 취하고 있으며, 일정한 수입 원천으로부터 계속적·반복적으로 생기는 소득을 과세대상으로 한다. 다만, 이자·배당소득 등은 법에 열거되지 않더라도 유사한 소득에 대해 과세하는 예외사항을 인정하여 ( )의 입장도 일부 수용하고 있다.

① 소득원천설, 소득실현설
② 소득원천설, 순자산증가설
③ 순자산증가설, 소득원천설
④ 순자산증가설, 소득실현설

20 우리나라 소득세에 대한 설명으로 옳지 않은 것은?

① 현행 소득세법은 기본적으로 순자산증가설의 입장을 취하고 있다.
② 원칙적으로 법령에 열거되지 않은 소득에 대해서는 과세하지 않는다.
③ 현행 소득세법은 과세소득을 8가지로 구분하여 제한적으로 열거하고 있다.
④ 예외적으로 이자, 배당소득은 법령에 열거되지 않더라도 유사한 소득에 대해서 과세한다.

21 다음 중 우리나라 소득세 제도에 대한 설명으로 옳은 것은?

① 퇴직소득과 양도소득은 분리과세한다.
② 예외적으로 부부의 소득은 합산하여 과세한다.
③ 구체적으로 열거한 소득만을 과세대상으로 과세하는 열거주의 과세방법을 채택했다.
④ 종합소득세 납세의무자는 과세기간의 다음 연도 2월에 연말정산으로 과세표준을 확정신고함으로써 소득세 납세의무가 확정된다.

22 우리나라의 소득세 제도에 대해 옳은 설명으로만 모두 묶은 것은?

> ㉠ 소득 발생지를 납세지로 한다.
> ㉡ 정부부과제도에 의해 조세채권이 확정된다.
> ㉢ 개인을 과세단위로 하여 소득세를 과세한다.
> ㉣ 부양가족 등의 사정을 감안하여 인적공제제도를 두고 있다.

① ㉠
② ㉠, ㉡
③ ㉡, ㉣
④ ㉢, ㉣

23 소득세의 납세의무자에 대한 설명으로 옳지 않은 것은?

① 원칙적으로 소득세의 납세의무자는 자연인이다.
② 법인격 없는 단체는 비거주자로 보아 소득세를 부과하지 않는다.
③ 거주자와 비거주자에 따라 납세의무의 범위 및 과세방법 등에 차이를 둔다.
④ 원칙적으로 거주자와 비거주자를 구분하는 데 국적은 아무런 관계가 없다.

24 거주자와 비거주자의 판단 여부에 대한 설명으로 옳지 않은 것은?

① 국내에 주소를 두면 거주자로 본다.
② 국외에서 근무하는 공무원은 비거주자로 본다.
③ 국내에 183일 이상 거소를 둔 개인은 거주자로 본다.
④ 외국을 항해하는 선박 또는 항공기의 승무원은 그 승무원과 생계를 같이하는 가족이 거주하는 장소로 거주자 여부를 판단한다.

25 원천징수로써 과세를 종결하고 납세의무자는 따로 정산을 위한 확정신고의무를 지지 않는 경우로 옳은 것은?

① 1,000만 원의 이자소득
② 1,000만 원의 기타소득
③ 2,000만 원의 연금소득
④ 3,000만 원의 배당소득

26 원천징수제도에 대한 설명으로 옳지 <u>않은</u> 것은?

① 원천징수대상이 아닌 소득은 분류과세 된다.
② 예납적 원천징수대상 소득은 종합과세 된다.
③ 완납적 원천징수대상 소득은 분리과세로 납세의무가 종결된다.
④ 원천징수의무자는 소득세를 원천징수하여 그 징수일이 속하는 달의 다음 달 10일까지 정부에 납부해야 한다.

27 다음 중 소득세법상 과세기간에 대한 옳은 설명으로만 모두 묶은 것은?

> ㉠ 원칙적으로 과세기간은 5월 1일부터 5월 31일까지 이다.
> ㉡ 우리나라 소득세법은 과세기간을 임의로 설정하는 것이 허용되지 않는다.
> ㉢ 거주자가 출국하는 경우 1월 1일부터 출국일까지를 과세기간으로 본다.
> ㉣ 거주자가 사망하는 경우 1월 1일부터 사망한 날까지를 과세기간으로 본다.

① ㉠, ㉡
② ㉡, ㉣
③ ㉢, ㉣
④ ㉡, ㉢, ㉣

28 다음 중 소득세법상 과세기간이 달라지는 경우로 옳은 것은?

① 근로소득자가 퇴직한 경우
② 개인사업자가 폐업한 경우
③ 프리랜서가 계약 종료된 경우
④ 거주자가 해외로 출국하여 비거주자가 되는 경우

29 다음은 소득세 계산구조이다. (가)에 들어갈 내용으로 옳은 것은?

> 종합소득금액 − 종합소득공제 = 과세표준 × 세율 = (가)

① 산출세액
② 결정세액
③ 기납부세액
④ 차감납부할 세액

30 다음 중 종합과세대상 소득으로 옳지 <u>않은</u> 것은?

① 근로소득
② 연금소득
③ 퇴직소득
④ 임대사업소득

31 다음 중 종합소득금액의 구성요소에 대한 설명으로 옳지 <u>않은</u> 것은?

① 종합소득금액에는 비과세 소득과 분리과세 소득도 포함된다.
② 종합소득금액은 총수입금액에서 필요경비를 차감한 금액이다.
③ 공동사업소득은 소득금액 계산 시 공동사업합산과세 방식이 적용된다.
④ 이자소득과 배당소득은 유형별 포괄주의를 택하고 있으나 원칙은 열거주의이다.

32 다음 중 소득세법상 이자소득의 종류로 옳지 않은 것은?

① 채권의 매매차익
② 비영업대금의 이익
③ 파생결합상품의 이익
④ 직장공제회 초과반환금

33 다음 중 (가)~(다)에 들어갈 배당소득으로 옳은 것은?

- (가): 내국법인으로부터 받는 이익이나 잉여금의 배당 또는 분배금
- (나): 형식상 배당이 아니라도 회사의 이익이 주주 등에게 귀속되는 경우의 배당
- (다): 법인세법에 따라 배당으로 처분된 금액

	(가)	(나)	(다)
①	이익배당	의제배당	인정배당
②	인정배당	이익배당	의제배당
③	의제배당	인정배당	집합투자기구의 이익
④	집합투자기구의 이익	인정배당	이익배당

34 무조건 분리과세대상 금융소득으로 옳지 않은 것은?

① 직장공제회 초과반환금 2,000만 원
② 비실명거래로 인한 이자 및 배당소득 2,000만 원
③ 외국법인이 발행한 채권에서 발생하는 이자소득 2,000만 원
④ 법원에 납부한 경매보증금에서 발생하는 이자소득 2,000만 원

35 종합과세되는 금융소득의 구성순서로 옳은 것은?

① Gross-up 대상이 아닌 배당소득 → Gross-up 대상인 배당소득 → 이자소득
② Gross-up 대상인 배당소득 → 이자소득 → Gross-up 대상이 아닌 배당소득
③ 이자소득 → Gross-up 대상인 배당소득 → Gross-up 대상이 아닌 배당소득
④ 이자소득 → Gross-up 대상이 아닌 배당소득 → Gross-up 대상인 배당소득

36 양도소득 과세대상으로 옳지 않은 것은?

① 특정 시설물 이용권을 양도하는 경우
② 주가지수 관련 파생상품을 양도하는 경우
③ 소액주주가 비상장법인의 주식을 양도하는 경우
④ 소액주주가 벤처기업의 주식을 장외매매거래(K-OTC)에서 양도하는 경우

37 양도의 개념에 대한 설명으로 옳지 않은 것은?

① 자산이 유상으로 사실상 이전되는 것을 뜻한다.
② 증여나 상속 등에 의한 자산 이전은 양도소득세를 과세하지 않는다.
③ 사실상 자산이 이전되더라도 등기·등록이 없는 경우 양도로 보지 않는다.
④ 부담부증여에 있어 수증자가 채무를 인수하는 경우 채무에 상당하는 부분은 양도로 본다.

38 이자소득금액과 배당소득금액에 대한 설명으로 옳지 않은 것은?

① 이자소득은 필요경비가 인정되지 않는다.
② 배당소득은 필요경비가 인정되지 않는다.
③ 이자소득금액은 당해연도 총수입금액으로 한다.
④ 법인세와 이중과세 조정대상이 배당소득인 경우 총수입금액에 귀속법인세를 차감하여 배당소득금액을 계산한다.

39 다음은 부동산 양도소득세 과세표준을 계산하는 방법이다. ( )에 들어갈 내용을 순서대로 올바르게 나열한 것은?

```
  양도가액
- 취득가액
- (        )
= 양도차익
- (        )
= 양도소득금액
- (        )
= 양도소득 과세표준
```

① 필요경비, 양도소득기본공제, 양도소득 세율
② 필요경비, 장기보유특별공제, 양도소득 기본공제
③ 양도소득기본공제, 필요경비, 장기보유특별공제
④ 장기보유특별공제, 필요경비, 양도소득 기본공제

40 다음 중 양도소득세율로 옳지 않은 것은?

① 미등기자산을 양도한 경우: 기본세율(6~45%)
② 중소기업 발행주식(대주주 제외)을 양도한 경우: 10%
③ 중소기업 외의 주식(대주주 제외)을 양도한 경우: 20%
④ 중소기업 외의 주식(대주주가 1년 미만 보유)을 양도한 경우: 30%

41 증권거래세 세액 계산 및 납부방법에 대한 설명으로 옳지 않은 것은?

① 증권거래세는 원칙적으로 주권의 양도가액을 과세표준으로 한다.
② 상장주권의 양도가액이 확인되지 않은 경우 증권거래세가 과세되지 않는다.
③ 자본시장 육성을 위해 증권시장에서 거래되는 주권에 한하여 그 세율을 인하할 수 있다.
④ 금융투자업자는 매월 분의 증권거래세 과세표준과 세액을 다음 달 10일까지 신고·납부해야한다.

42 다음 중 증권거래세 과세표준에 대한 설명으로 옳은 것은?

① 증권거래세는 주권을 취득하는 경우 과세된다.
② 장외거래의 경우에도 항상 실제 양도금액을 과세표준으로 한다.
③ 비거주자 간의 거래는 원칙적으로 과세표준 계산이 어렵기 때문에 과세되지 않는다.
④ 원칙적으로 주권 등의 양도가액을 과세표준으로 하되, 특수관계인 간의 거래 등은 예외적으로 시가 또는 법령 기준으로 한다.

43 비거주자의 소득세법상 국내원천소득에 대한 과세방법으로 옳지 않은 것은?

① 퇴직·양도소득에 대해서는 과세소득의 예외규정이 적용된다.
② 국내 사업장이나 부동산 임대사업소득이 없는 경우 분리과세한다.
③ 국내 사업장이나 부동산 임대사업소득이 있는 경우 종합과세한다.
④ 원천징수 세율이 조세조약상의 제한세율보다 높은 경우 제한세율을 적용한다.

44 다음 중 외국인(비거주자)의 국내 원천소득으로 옳지 않은 것은?

① 국내법인의 배당소득
② 한국 소재 부동산 임대소득
③ 국내 회사 주식 양도로 인한 소득
④ 외국법인이 외국에서 지급하는 이자소득

45 증여세 절세전략에 대한 설명으로 옳지 않은 것은?

① 10년 단위로 기간을 분산하여 증여하는 것이 유리하다.
② 증여세를 자진신고 후 납부할 경우 3%의 신고세액공제가 적용된다.
③ 자녀에게 증여 시 향후 기대수익률이 높은 자산을 증여하는 것이 바람직하다.
④ 자녀가 어릴 때부터 분할해서 증여를 하는 경우 정기적으로 절세 효과를 기대할 수 있다.

46 상속세 절세전략에 대한 설명으로 옳지 않은 것은?

① 상속개시 전 미리 상속인들에게 장기적인 계획하에 증여해야 한다.
② 상속재산을 부동산과 금융자산으로 적절히 분산하는 것이 유리하다.
③ 상속개시 후 상속세를 절감할 수 있는 현실적인 대안은 원칙적으로 없다.
④ 재차 상속을 고려한다면 배우자가 상속을 포기하고 자녀들에게 상속재산을 분배하는 것이 가장 유리한 방법이다.

47 금융소득 종합과세에 대한 설명으로 옳지 않은 것은?

① 금융소득 기준금액까지는 원천징수 세율 14%로 분류과세된다.
② 금융소득 기준금액 초과금액은 사업소득, 근로소득 등 종합소득이 있다면 합산되어 과세된다.
③ 근로소득이 있고 종합과세대상 금융소득이 2,000만 원 이하인 경우 종합과세 신고납부할 필요가 없다.
④ 다른 소득이 전혀 없고 종합과세대상 금융소득이 2,000만 원 이하인 경우 종합과세 신고납부할 필요가 없다.

48 금융소득 종합과세에 대한 설명으로 옳지 않은 것은?

① 금융소득에는 예금이자, 배당소득, 보험차익 등이 포함된다.
② 만기 10년 이상 장기채권의 이자는 전액 종합과세 대상에서 제외된다.
③ 분리과세 신청 시 원천징수로 납세가 완료되며, 종합소득에 합산하지 않는다.
④ 주식 및 채권의 양도차익은 비열거 소득으로 금융소득 종합과세 대상에서 제외된다.

49 비거주자의 금융소득에 대한 설명으로 옳은 것은?

① 비거주자는 어떤 경우에도 금융소득에 대해 분리과세만 적용된다.
② 조세조약 미체결 국가의 거주자가 국내 금융소득을 얻는 경우에는 무조건 분리과세가 적용된다.
③ 비거주자는 국내에 고정사업장이 없더라도 금융소득이 발생한 경우에는 무조건 종합과세 대상이다.
④ 비거주자라 하더라도 국내에 고정사업장이 있고 금융소득이 이에 귀속되는 경우에는 종합과세 대상이 될 수 있다.

01 2장 금융상품
금융회사 및 금융상품

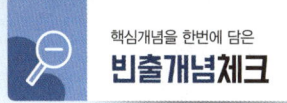

1 금융회사의 개요

정의	자금의 잉여자와 부족자 간의 자금 융통을 중개하는 금융중개기관(Financial Intermediary)
중개방식	• 간접금융: 금융회사가 자기 명의로 타인의 자금을 조달하고 운용 예 은행 등 • 직접금융: 타인의 자금 운용을 다른 타인에게 단순 중개 예 증권사 등

주요 기능	• 금융 마찰 완화: 개인 간의 금융거래에서 발생하는 비용 절감을 통한 거래 효율화
	• 자금 분산 및 공급: 여유 자금을 모아 부족한 곳에 공급
	• 위험관리: 자산을 분산해 리스크를 관리해 줌
	• 정보 비대칭의 완화
	  – 역선택(adverse selection): 차입자의 위험이나 상환 능력을 제대로 파악하지 못해 발생하는 문제
	    (거래 전 상대방의 위험을 판단하는 것이 어려움)
	  – 도덕적 해이(moral hazard): 차입자·계약자가 자신의 이익만을 추구해 의무를 다하지 않을 때 발생하는 문제(거래 후 상대방의 태만·사기 위험)

금융회사 유형	은행, 비은행 금융회사, 금융투자회사, 보험회사, 기타 금융회사, 금융보조기관 ▶ 금융업 전업주의에 따라 금융법 체계로 구분됨

2 금융회사의 종류

은행	• 일반은행
	  – 은행법에 의해 설립된 금융회사
	  – 고유업무(예·적금 수입, 증권 발행 등으로 조달한 자금 대출, 내·외국환 업무), 부수업무(지급보증, 어음인수, 상호부금 등), 겸영업무(타 법령에 따른 인허가 등이 필요한 업무 외)
	  – 시중은행, 지방은행, 외국은행 국내지점 등
	• 특수은행
	  – 은행법이 아닌 특별법에 의해 설립된 금융회사
	  – 한국산업은행, 한국수출입은행, 중소기업은행, 농업협동조합중앙회, 수산업협동조합중앙회 등

비은행 금융회사	• 은행과 비슷한 업무를 수행하지만, 상품 종류와 업무 범위가 제한적이고 자금조달·운용 방식에도 차별화된 규제를 적용받는 금융기관 • 상호저축은행, 신용협동기구(신용협동조합, 새마을금고, 상호금융), 우체국예금, 종합금융회사 등
금융투자회사	• 금융투자상품 거래를 주 업무로 하는 금융회사 • 투자매매·중개업자(증권회사, 선물회사), 집합투자업자, 투자일임·자문업자, 신탁업자 등
보험회사	• 보험위험을 인수하며, 보험료를 수취하고 보험금을 지급하는 금융기관 • 생명보험회사, 손해보험회사, 우체국보험, 공제기간 등
기타금융회사	금융지주회사, 증권금융회사, 여신전문금융회사, 대부업자, 벤처캐피탈회사, 전자금융업자, 퇴직연금사업자 등
금융보조기관	한국거래소, 신용보증기금, 한국예탁결제원, 금융결제원, 예금보험공사

01 2장 금융상품
금융회사 및 금융상품

❸ 금융상품

의의	한쪽 거래당사자에게 금융자산을 발생시키면서 다른 거래상대방에게 금융부채나 지분을 발생시키는 계약
구분	• 상품의 속성에 따른 구분: 예금성, 보장성, 투자성, 대출성 금융상품 • 원금 손실 가능성에 따른 구분: 금융투자상품, 비금융투자상품 • 원금 초과 손실 가능성에 따른 구분: 증권, 파생상품

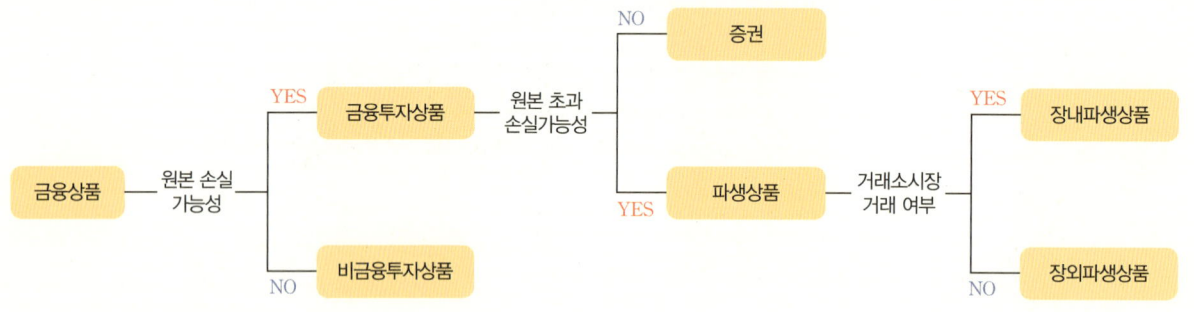

❹ 금융기관의 특징

구분	주요 상품	장점	단점	특징
은행	예·적금, CD, RP 등	• 이용 편의성 • 다양한 부대 서비스 • 환전, 송금, 대출 가능	• 낮은 금리 • 수익의 기회가 적음	안정형 상품 중심
증권	주식, 채권, 펀드, ELS 등	• 고수익 가능 • 다양한 투자처	• 손실 위험이 큼 • 부대 서비스 부족	수익 추구형 포트폴리오
보험	생명·손해보험, 연금보험, 저축성보험 등	• 보장+저축 기능 • 장기저축 시 비과세 혜택	• 중도해약 시 손해 발생 • 장기상품+높은 사업비	장기 보장형 상품 중심

02 | 2장 금융상품
재산형성 및 절세목적 금융상품

핵심개념을 한번에 담은
빈출개념체크

1 개인종합자산관리계좌(ISA)의 개요

의의	저금리·저성장 시대에 개인의 종합적 자산관리를 통해 국민의 재산 형성을 지원하려는 취지로 도입된 절세 계좌
특징	• 한 계좌에서 다양한 금융상품을 운용 • 일정 기간 경과 후 운용결과로 발생한 순이익에 대해 세제 혜택 부여 • 기존 소장펀드나 재형저축보다 가입자격 완화 • 투자자는 중개형, 일임형, 신탁형 중 한 가지 계좌만 개설할 수 있음
가입 자격	• 만 19세 이상 또는 직전 연도 근로소득이 있는 만 15~19세 미만의 대한민국 거주자 • 직전 3개년 중 1회 이상 금융소득 종합과세 대상이 아닌 자 ※ 위 두 가지 요건을 모두 충족해야 가입 가능
가입 요건	• 일반형: 만 19세 이상 또는 직전 연도 근로소득이 있는 만 15세 이상 19세 미만 거주자 • 서민형: 총급여 5,000만 원 또는 종합소득 3,800만 원 이하의 거주자 • 농어민형: 종합소득 3,800만 원 이하 농어민

세제 혜택	• 일반형
	  – 운용수익(순이익)에 대해 200만 원까지 비과세
	  – 200만 원 초과 운용수익에 대해서는 9.9% 분리과세
	• 서민형 및 농어민형
	  – 운용수익(순이익)에 대해 400만 원까지 비과세
	  – 400만 원 초과 운용수익에 대해서는 9.9% 분리과세

기타	• 의무가입기간 3년 • 납입한도는 연간 2,000만 원(당해 연도 미납분 납입한도는 다음 해로 이월 가능) ▶ 최대 **1억 원**까지 납입 가능 • 납입원금 한도 내에서 횟수에 제한 없이 중도인출 가능

2 개인종합자산관리계좌(ISA) 종류

중개형	• 가입자가 ISA에 담을 금융상품과 투자 규모를 결정하면 금융회사가 가입자의 지시대로 상품을 편입·교체 • 투자 가능 상품: 국내상장주식, 펀드, ETF, 리츠, 상장형 수익증권, 파생결합증권(ELS, ELB 등), 사채, ETN, RP 등 → **예금은 투자 불가능** • 보수 및 수수료: 투자 상품별로 상이함
신탁형	• 가입자가 ISA에 담을 금융상품과 투자규모를 결정하면 금융회사가 가입자의 지시대로 상품을 편입·교체 • 투자 가능 상품: 펀드, ETF, 리츠, 상장형 수익증권, 파생결합증권(ELS, ELB 등), 사채, ETN, RP, 예금 • 보수 및 수수료: 신탁보수
일임형	• 금융회사가 가입자의 위험성향과 자금 운용 목표를 고려하여 제시하는 모델포트폴리오 중 하나를 선택하여 투자하는 방식 • 투자 가능 상품: 펀드, ETF 등 • 보수 및 수수료: 일임수수료

02 2장 금융상품
재산형성 및 절세목적 금융상품

공통점과 차이점	• 중개형과 신탁형은 가입자의 지시가 없을 경우 다른 금융상품으로 교체할 수 없음 • 중개형 ISA는 유일하게 국내상장주식에 가입할 수 있음 • 일임형 ISA는 전문가의 투자판단에 따라 운용하고 싶은 투자자에게 적합하며 가입자의 지시 없어도 금융회사는 매 분기별로 투자된 자산의 수익성 안정성을 평가하여 자산재조정(리밸런싱)을 수행

❸ 연금저축(신탁, 연금, 보험)

가입대상	제한 없음	

납입한도	• 기본 한도: **연 1,800만 원**
	• 추가납입 허용
	  − ISA 계좌 만기금액 전환분
	  − 1주택 고령가구의 다운사이징 차액(1억 원 한도)	

세액공제 한도	**연간 600만 원**+ISA 만기 전환금액의 10%(연간 최대 300만 원)	
세액공제율	• 16.5%(종합소득 4,500만 원, 총급여 5,500만 원 이하) • 13.2%(종합소득 4,500만 원, 총급여 5,500만 원 초과)	
연금 수령	요건	가입 후 5년 경과, 만 55세 이후
	연간 한도	연금수령한도 = $\dfrac{\text{(과세기간 개시일 현재) 계좌평가금액}}{(11 - \text{연금수령연차})} \times 120\%$

	과세	• 연금 수령(연령별 차등 적용)
		  − 만 55~69세: 5.5%
		  − 만 70~79세: 4.4%
		  − 만 80세 이상: 3.3%
		• 연금 외 수령 시(중도해지, 연금수령한도 초과 인출금액)
		  − 기타소득세 16.5% 분리과세
		  − 부득이한 사유에 해당되면 3.3~5.5% 세율로 분리과세
		    └→ 천재지변, 사망, 해외이주, 개인회생, 파산선고 등

❹ 개인형퇴직연금(IRP)

가입대상	제한 없음

납입한도	• 기본 한도: **연 1,800만 원**
	• 추가납입 허용
	  − ISA 계좌 만기금액
	  − 1주택 고령가구의 다운사이징 차액(1억 원 한도)

세액공제 한도	**연간 900만 원**(연금저축 합산)+ISA 만기 전환금액의 10%(연간 최대 300만 원)

2장 금융상품
재산형성 및 절세목적 금융상품

세액공제율		• 16.5%(종합소득 4,500만 원, 총급여 5,500만 원 이하) • 13.2%(종합소득 4,500만 원, 총급여 5,500만 원 초과)
연금 수령	요건	가입 후 5년 경과, 만 55세 이후
	연간 한도	연금수령한도 = $\dfrac{(\text{과세기간 개시일 현재}) \text{ 계좌평가금액}}{(11 - \text{연금수령연차})} \times 120\%$

	과세	• 연금 수령(연령별 차등 적용)
		  – 만 55~69세: 5.5%
		  – 만 70~79세: 4.4%
		  – 만 80세 이상: 3.3%
		  – 종신형의 경우 만 55~79세는 4.4%, 만 80세 이상은 3.3%
		• 연금 외 수령 시(중도해지, 연금수령한도 초과 인출금액)
		  – 기타소득세 16.5% 분리과세
		  – 부득이한 사유에 해당되면 3.3~5.5% 세율로 분리과세
		    └→ 천재지변, 사망, 해외이주, 개인회생, 파산선고 등

❺ 주택청약종합저축

개요	국민주택 및 민영주택 공급을 위한 청약자격 확보용 저축 상품
가입대상	국내 거주 국민 및 재외동포, 외국인 거주자 ※ 1인 1통장만 가입 가능
저축방식	일시예치 또는 적립식(자유적립)

적립금액	• 월 납입액: 2~50만 원 이하 자유적립
	• 일시예치 허용
	  – 잔액 1,500만 원 미만 → 1,500만 원까지 일시예치 가능
	  – 잔액 1,500만 원 이상 → 월 50만 원 한도 내에서만 추가 납입 가능

계약기간	입주자로 선정될 때까지(청약 당첨 시)
소득공제	• 대상: 총급여 7,000만 원 이하인 무주택 세대주 근로자 • 공제한도: 연간 납입액 중 최대 300만 원의 40%까지(최대 120만 원 공제)
예금자보호	예금자보호법에 의해 보호되지 않지만, 주택도시기금의 조성 재원으로부터 정부가 관리

❻ 저축성 보험

일시납보험	• 계약기간 10년 이상
	• 1인당 납입한도
	  – 2017년 3월 이전 가입: 2억 원
	  – 2017년 4월 이후 가입: 1억 원

02 2장 금융상품
재산형성 및 절세목적 금융상품

월적립식보험	• 계약기간: 10년 이상 • 납입기간: 5년 이상 • 월 납입한도: 150만 원 이하
종신형연금보험	• 계약자=피보험자=수익자 • 연금 개시 시기: 만 55세 이후 • 수령 기간: 사망 시까지 • 보증 지급기간: 기대여명 이내 • 피보험자 사망 시 보험계약 종료 및 연금재원 소멸 • 연간 수령액: 연금수령 한도 내

※ 기대수명: 0세 출생자가 향후 몇 년을 더 생존할 것인가를 통계적으로 추정한 기대치
※ 기대여명: 현재 특정 연령에 있는 사람이 향후 얼마나 더 생존할 것인가 기대되는 연수

7 절세 목적 금융상품의 절세 유형 및 가입한도

종류	절세유형	가입한도
ISA	비과세, 분리과세	연간 2천만 원(5년간 총납입한도 1억 원)
비과세 해외주식 투자전용펀드	비과세, 분리과세	3천만 원
연금저축	세액공제	연간 1,800만 원(퇴직연금 및 연금저축 합산)
퇴직연금(IRP/DC) 가입자 추가납입분	세액공제	
주택청약종합저축	소득공제	• 월 2만 원~50만 원 • 잔액이 1,500만 원 미만이면 1,500만 원까지 일시 예치 가능 • 잔액이 1,500만 원 이상이면 월 50만 원 이내에서 자유 적립
저축성보험	비과세	• 종신형 연금보험: 금액 제한 없음 • 월적립식 보험: 월 150만 원, 총 1억 원
비과세종합저축	비과세	5천만 원
조합출자금	비과세	2천만 원
조합예탁금	세금우대	3천만 원
농어가목돈마련저축	비과세	연간 240만 원

03 2장 금융상품 — 예금의 구분

① 요구불예금

- 요구불예금이란 예금주의 요구가 있을 때 언제든지 지급 가능한 예금으로, 수시입출금이 가능하고 유동성은 크나 이율은 낮다.
- 요구불예금의 종류

보통예금	• 자유로운 입출금이 가능한 기본 예금상품으로, 예치기간이나 금액에 제한이 없음 • 거래 유연성이 높아 일반 개인 및 기업의 일상적 자금관리용으로 활용됨 • 이율은 낮으나 자금 조달비용 최소화 목적에서 금융기관이 적극적으로 유치
당좌예금	• 당좌수표, 자기앞수표 등 지급수단 발행이 가능한 예금 • 고객이 예금잔액 범위 내 또는 약정된 한도 내에서 수표 발행 가능 • 기업·법인·개인사업자 등 상거래 목적으로 주로 이용 • 이자 지급 없음(수표 발행을 위한 결제 기능 중심)
가계당좌예금	• 개인 소비자 전용 당좌예금으로, 가계수표 발행이 가능 • 자금 결제 편의성을 위한 목적이나 최근에는 체크카드·전자결제 확산으로 이용 감소 • 1인 1계좌만 개설 가능

② 저축성예금

- 저축성예금이란 일정 금액을 일정 기간 동안 인출하지 않기로 약정하고 예치하여 이에 대해 이자를 지급받는 예금으로, 형태에 따라 거치식과 적립식으로 구분된다.
- 저축성예금의 종류

정기예금	• 일정 금액을 한 번에 예치하고 약정 기간 동안 유지 • 만기 시 원금과 이자를 일시 지급 • 거치식 예금의 대표적 형태
정기적금	• 매월 일정 금액을 일정 기간 동안 납입하는 적립식 예금 • 6개월 이상 60개월 이내 계약 기간 지정 가능 • 만기 시 원리금 수령
상호부금	• 정기적금과 유사하나, 대출 자격을 얻기 위한 저축상품 • 정해진 부금 납입을 완료하면 일정 금액까지 대출 가능
시장금리부 수시 입출금식예금 (MMDA)	• 수시입출금이 가능하면서도 시장금리에 연동된 고이율 예금상품 • 단기자금 운용, 공과금 납부, 자동이체 등에 활용 • 보통예금보다 상대적으로 높은 이자율 제공

03 2장 금융상품
예금의 구분

❸ 예치 방법에 따른 구분

수시입출금식 예금	보통예금, 저축예금, MMDA, CMA
목돈운용예금	정기예금, 발행어음, 표지어음, CD 등
목돈마련예금	정기적금, 상호부금, 근로자우대저축 등

❹ 예치 기간에 따른 분류

초단기예금	• 30일 이하 여유 자금 운용 • MMDA, CMA 등
단기 예금	• 30일~1년 이하 운용 • 정기예금, 표지어음, 발행어음 등
장기 예금	• 1년 초과 운용 • 정기예·적금 등

❺ 적립방법에 따른 분류

구분	특징	예시
정기적립식	일정 금액을 일정 회차 동안 불입	정기적금, 상호부금 등
자유적립식	불입액과 시기를 자유롭게 선택 가능	근로자우대저축, 장기주택마련저축 등
거치식	• 이자지급식 거치예금과 만기지급식 거치예금으로 구분 • 일정 기간 예치 후 만기에 인출	정기예금, 거치식 적립예금, CD, 표지어음 등

04 예금의 종류

2장 금융상품

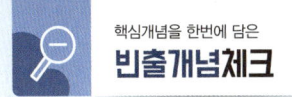

① 입출금식 예금

보통예금	• 대상: 가입대상, 금액, 기간에 제한 없이 누구나 개설 가능 • 목적: 여유자금의 일시 보관 및 자금의 수시입출금에 활용 • 이자율: 매우 낮음, 금리는 자유화되어 결산기 평균잔고 기준 적용 가능 • 세제 혜택: 없음(일반과세 15.4%) • 예금자 보호: 예금자보호법 적용 대상
저축예금	• 대상: 실명의 개인만 가입 가능하며, 예치금액·기간의 제한 없이 입출금이 자유로움 ▶ 1인이 여러 계좌 개설 가능 • 보통예금보다 높은 금리 제공 • 급여통장·인터넷뱅킹·이체통장 등 실생활 통장으로 활용 • 금리: 자유화 금리 적용(금융기관 자율 결정) • 세제 혜택: 없음(일반과세 15.4%) • 예금자보호: 예금자보호법 적용 대상

MMDA
(Money Market
Deposit Account)
	• 수시입출금이 가능하면서도 시장금리에 연동된 고금리 예금상품으로, 자금 유동성과 수익성을 동시에 추구하는 단기 운용용 예금(시장금리부 수시입출금식 예금)
	• 대상: 제한 없음(개인, 법인, 개인사업자 등 누구나 가입 가능)
	• 특징
	  – 일반 수시입출금예금보다 높은 금리 제공
	  – CMA·MMF와 경쟁적 관계에 있음
	  – 결제통장 기능 보유(자동이체, 공과금 납부 등 가능)
	  – 단기자금 운용 수단으로 적합
	• 금리: 시장금리와 연동, 금액별 차등 적용
	• 이자계산방법: 매일 잔액 기준으로 이자 계산(일별 이율 적용)
	• 세제 혜택: 없음(일반과세 15.4%)
	• 예금자 보호: 예금자보호법 미적용

04 2장 금융상품
예금의 종류

❷ 목돈마련상품

정기적금	• 매월 일정 금액을 정해진 날짜에 적립하고, 약정된 기간 후 원금과 이자를 일시에 수령하는 적립식 예금 • 가입 대상: 제한 없음(누구나 가입 가능) • 계약 기간: 6개월~5년, 통상 1개월 단위로 설정 • 금리: 자유화 금리 적용(금융기관 자율 결정)

재형저축	• 의의: 서민의 재산 형성을 돕기 위한 장기 적립식 저축상품으로, 일정 요건 충족 시 이자소득에 대한 비과세 혜택 제공
	• 가입 대상
	  – 가입 당시 국내 거주자
	  – 직전 과세기간의 총 급여 5천만 원 이하의 근로소득자 또는 종합소득금액 3천5백만 원 이하의 사업소득자
	• 계약 기간: 기본 7년(3년 이내 범위에서 1회에 한해 최대 10년)
	• 적립 방식: 분기당 300만 원 이내에서 1만 원 단위로 자유롭게 적립 가능
	• 세제 혜택
	  – 7년 이상 유지 후 해지 시 이자소득세는 없는 대신 이자소득세(14%)의 10%에 해당하는 농특세 1.4%만 납부
	  – 조기 해지 시 일반세율(14%) 적용
	• 기타사항
	  – 금융회사를 통한 점검으로 개인의 가입 가능 여부 조회 가능
	  – 감면세율적용 대상자는 매년 정기적으로 요건 충족 필요

비과세종합저축	• 기존 비과세 생계형 저축을 폐지하고, 2015년 1월 1일부터 조세특례제한법에 따라 시행된 비과세 저축제도
	• 가입 대상자
	  – 65세 이상 거주자
	  – 장애인, 독립유공자 및 가족, 상이자
	  – 국민기초생활보장 수급자, 고엽제후유증 환자, 5·18 민주화운동 부상자 등
	• 비과세 요건
	  – 1인당 저축원금 5천만 원 이하 가입 시, 해당 저축에서 발생하는 이자소득·배당소득 비과세
	  – 단, 계약기간 만료 이후 발생한 소득에는 적용 제외
	• 적용 금융기관 및 상품
	  – 금융회사, 군인공제회, 교직원·지방행정·경찰·소방·과학기술인 공제회 등이 취급하는 저축상품
	  – 대상 상품: 일반 예금, 투자신탁, 보험, 공제, 채권저축, 증권저축 등
	  – 비적용 상품
	    ① 유통 가능한 증서예금(CD, 표지어음, 무기명 정기예금 등)
	    ② 당좌예금, 가계당좌예금 등 수표·어음 지급 가능 예금
	    ③ 조세특례제한법상 별도 비과세 예금 및 외화예금
	• 신규 가입 시 '비과세종합저축'으로 신청해야 하며, 금융기관은 통장 표지·내지 또는 거래명세서에 해당 문구를 표시해야 함

04 2장 금융상품
예금의 종류

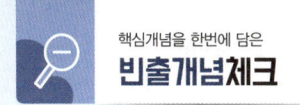

❸ 주가지수연동형 상품의 비교

구분	주가지수연동증권(ELS)	주가지수연동예금(ELD)	주가지수연동펀드(ELF)
발행주체	증권회사(인가증권사)	은행	자산운용사, 투신사
투자형태	증권 매입(청약)	정기예금 가입	펀드 매수
자금운용 구조	채권, 주식워런트증권, 주가지수옵션·선물	대출금, 증권, 주가지수 옵션	펀드
수익 상환방법	사전에 정해진 조건에 따라 결정		운용성과에 따른 실적배당(원금보존추구형, 원금비보장형)
	원금보장형, 원금비보장형	원금보장형	
상환보장 여부	발행사가 지급보장	은행이 원금 100% 보장	신탁재산 신용도 및 운용성과에 따라 지급
중도해지 가능 여부	가능(원금손실 발생 가능)	가능(유가증권시장에서 매도하는 방식으로, 원금손실 발생 가능)	중도환매 가능(원금손실 발생 가능)
장점	증권사가 제시한 수익을 달성할 수 있도록 상품구성	은행이 제시한 수익 보장	추가 수익 발생 가능
단점	추가 수익 없음		제시된 수익이 보장되지 않음
예금자보호	예금자 보호 ×	5천만 원 한도 내 보호	예금자 보호 ×

❹ 정기성 예금상품과 시장성 예금상품의 종류

정기성 예금상품	정기예금, 주가지수연동 정기예금, 주택청약예금
시장성 예금상품	양도성예금증서(CD), 환매조건부채권(RP), 표지어음, 할인채

❺ 상호부금

의의	• 일정 기간 동안 부금을 납입하면 중도나 만기에 대출자격이 부여되는 확정금리부 적립식 저축(은행에서 취급) • 만기 전 중도해지 시 약정금리보다 낮은 중도해지 금리 적용하며, 최저가입금액, 1회납입금액, 중도해지 금리는 은행마다 상이 • 예금자보호 적용
저축방법	정액적립식과 자유적립식 중 선택
가입대상	제한 없음
계약기간	6개월 이상 60개월 이내
대출	• 대출자격 발생 시기: 총 납입회수 1/4회차 이상 부금 납입 후 • 대출금액: 상호부금 계약금액 범위 내(은행마다 상이)

05 신탁상품의 개념과 특징

2장 금융상품

① 신탁의 개요 및 특징

신탁의 정의	위탁자가 특정 재산권을 수탁자에게 이전하거나 처분을 맡기고, 수익자 또는 특정 목적을 위해 자산을 관리, 처분하게 하는 법률관계
당사자 구분	• 위탁자(신탁설정자): 신탁계약을 체결하고 재산을 맡기는 자 • 수탁자(신탁인수자): 신탁계약에 따라 재산을 관리·운용하는 자 • 수익자: 신탁재산에서 발생하는 이익을 받는 자
자본시장법상 인수 가능한 신탁자산	금전, 유가증권, 금전채권, 동산, 토지와 그 정착물, 지상권, 전세권 및 토지의 임차권, 무체재산권 등 ※ 신탁재산에 속하는 금전: 금융투자상품 매수, 금융회사 예치, 채권·대출·부동산·실물자산·무형자산 투자 등 안전성·수익성을 고려해 대통령령으로 정한 방법에 한해 운용 가능(금전 처분 시 이익상충 방지를 위해 시장 매매가 원칙이며, 특정 신탁 수익률 제고 목적의 자산 임의 편출입은 금지됨)
신탁의 유형	• 금전신탁: 위탁자가 금전을 수탁자에게 맡기고, 수탁자는 이를 대출·투자 등으로 운용한 후 원금과 수익을 금전으로 수익자에게 반환하는 신탁 ※ 금전신탁은 운용방법에 따라 특정금전신탁과 불특정금전신탁으로 구분 • 금전 외(재산) 신탁: 위탁자가 금전 외 자산(유가증권, 부동산, 동산 등)을 수탁자에게 맡기고, 수탁자는 이를 관리·운용한 후 신탁 종료 시 원본과 수익을 현물 그대로 수익자에게 반환하는 신탁

채권 시가평가제도	• 의의: 채권을 주식처럼 매일 시가(시장가격 또는 기준 수익률 기반 공정가)로 평가하여 금리변동에 따른 자산가치 변화를 펀드에 반영
	• 특징 및 영향
	  – 가격변동에 따른 원금손실 가능성 존재(단, 이자 누적+재투자 수익 등을 고려하면 실제 손실 가능성은 낮음)
	  – 만기까지 보유 시 가격변동 없음
	• 장점
	  – 펀드매니저의 운용능력에 따라 채권 매매차익 실현 가능
	  – 기존 장부가 평가방식 대비 수익률 향상 가능성 존재

신탁재산 보호	신탁재산은 수탁자의 고유재산과 구분되어 보호됨
수탁자의 권한	신탁 목적에 따라 신탁재산을 관리·운용·처분(모든 권한은 수익자 이익 보호 목적으로 행사)
위탁자의 제한	수탁자의 업무에 지시하거나 간섭할 수 없음(신탁재산에 대해 직접 권리 행사 불가)
소유권 귀속	법률상 소유권은 수탁자에게 귀속되어 있으나, 경제적 실질 소유권은 수익자에게 귀속 ▶ 즉, **이중의 소유구조**를 형성
신탁재산 독립성	• 신탁재산은 수탁자의 고유재산과 법적으로 분리됨 • 따라서 수탁자의 채권자도 신탁재산에 대해서는 압류·가압류 불가
신탁의 존속성	• 법인위탁자 또는 수익자 사망 시 → 신탁은 원칙적으로 존속하며 수익권은 상속됨 • 수탁자 사망 시 → 수탁 직무는 종료되나 신탁 자체는 존속하며 새로운 수탁자를 선임하여 계속 운영 가능
겸직금지	수탁자는 원칙적으로 위탁자와 수익자를 겸할 수 없음(자기 계약 금지)

05 신탁상품의 개념과 특징

2장 금융상품

② 신탁업의 유형

구분	수탁업무	운용업무
개념	신탁계약에 따라 신탁재산을 인수·보관·관리·처분 하는 업무	신탁재산을 운용·처분하여 수익을 창출하는 업무
주요 내용	금전·증권·부동산 등 신탁재산의 인수 및 보관	금전 운용, 증권매매, 부동산 매각·개발 등 자산 운용 방식에 따라 수행
구분	금전신탁, 재산신탁 등 수탁재산의 형태에 따라 구분	대출, 증권투자, 리츠, 부동산 개발 등 다양한 운용 방식 존재
특징	계약 종료 시 원금 또는 수익자에게 재산을 인도	• 매매차익 등 수익 창출 목적 • 일정 수익률 보장이 어려움

③ 금전신탁의 분류

(1) 운용대상 지정 여부에 따른 분류

불특정금전신탁	• 위탁자가 신탁재산(금전)의 운용 방법을 지정하지 않는 신탁 • 수탁자가 자유롭게 자산에 투자하여 운용수익을 위탁자에게 배분
특정금전신탁	• 위탁자가 신탁재산(금전)의 운용대상과 방법을 지정하는 신탁 • 수탁자는 위탁자의 지시에 따라 운용해야 함(다른 신탁상품과 합동운용할 수 없음)

(2) 운용 방법에 따른 분류

합동운용신탁	여러 위탁자의 자금을 통합하여 운용하고, 그 운용수익을 수익자에게 배분하는 신탁
단독운용신탁	위탁자 및 수탁 건별로 자금을 구분하여 개별 운용하는 신탁(재산신탁, 특정금전신탁 등)

(3) 원본 또는 이익보전 여부에 따른 분류

약정배당신탁	• 사전에 약정된 방식대로 수익을 배분하는 신탁 • 수탁자산의 손실이나 이익에 대한 보장을 해서는 안 됨 ※ 신탁은 원칙적으로 실적배당형이며, 투자 수익 또는 손실은 전적으로 수익자가 부담
실적배당신탁	• 신탁재산의 운용수익에 따라 배당금을 지급하는 신탁 • 실적배당 원칙에 따라 원칙적으로 인수한 재산에 대하여 원본 또는 이익의 보전 계약은 불가함

05 신탁상품의 개념과 특징

2장 금융상품

❹ 재산신탁의 분류

(1) 유가증권신탁과 금전채권신탁

구분	정의 및 목적	세부유형 및 특징
유가증권신탁	유가증권을 수탁받고 그 목적에 따라 관리·운용·처분하는 신탁	• 관리신탁: 보관, 이자·배당 수령, 증자대금 불입 • 운용신탁: 담보 설정, 수익성 추구 • 처분신탁: 자산 정리 목적 처분
금전채권신탁	수익자 이익을 위해 금전채권을 추심·관리·처분하는 신탁	종료 시 원금과 수익을 금전으로 지급

(2) 부동산 신탁

정의	부동산을 신탁재산으로 수탁하여, 관리·개발·처분·담보 등의 신탁 목적에 따라 운용하고 그 수익을 수익자에게 교부하는 신탁
특징	• 다양한 부동산 관련 업무를 부수업무로 수행 가능 • 세무·법률·양도소득세 등 관리 효율성 • 부동산 전문가의 운영 가능성 • 매매가 수반되지 않아 양도소득세 없이 등기 가능(비용 절감)
토지신탁	• 위탁자가 토지를 신탁회사에 맡기고 개발사업을 수행한 후 수익을 교부받는 신탁(부동산 신탁회사만 취급 가능) • 분양형: 신탁토지에 택지조성, 건축 등의 사업을 시행한 후 분양하여, 분양수익을 수익자에게 교부하는 것을 목적으로 하는 신탁 • 임대형: 신탁토지에 개발사업을 시행한 후 일정 기간 임대하여 임대수익과 원본을 수익자에게 교부하는 신탁
관리신탁	• 부동산에 대한 임대, 시설 유지관리, 수익금 처리 등 일체의 관리를 대행하는 신탁 • 갑종관리신탁: 부동산의 임대차, 시설 유지보수, 세무·법률 문제, 수입금 관리 등 복합적인 권리와 운영 사항을 전반적으로 관리·운용하는 신탁(적극적인 자산 관리 목적) • 을종관리신탁: 부동산의 소유권 보존에 한정된 단순 관리를 수행하는 신탁(보관·보존 목적)
처분신탁	• 실수요자에게 부동산을 매각해주는 목적으로 설정된 신탁 • 매각이 어려운 부동산의 자산정리목적 • 소유권 이전 포함 가능
담보신탁	• 금융기관 대출을 위한 담보 제공 목적으로 부동산을 신탁하는 구조 • 저당권 대비 회수 효율성이 높고, 비용이 절감됨 • 위탁자 파산 시에도 신속한 채권 회수 가능

06 2장 금융상품
보장성 금융상품

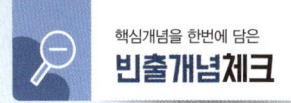

1 생명보험의 구성원리

대수의 법칙	일정한 모집단이 클수록 손해 발생률이 예측 가능해짐 ▶ 보험의 기초 통계 원리
수지상등의 원칙	보험료 수입과 보험금 및 비용 지출이 균형을 이뤄야 함 ▶ 보험회사의 건전한 운영 기반
사망률과 생명표	모집단의 생존·사망 확률을 계산해 보험료 산정의 기초로 활용 ▶ 생명보험의 위험률 기반

2 생명보험상품의 가격 체계

가격 산출 방식	예정사망률, 예정이율, 예정사업비율 등의 예정기초율을 기반으로 보험료 산출
가격의 구성요소	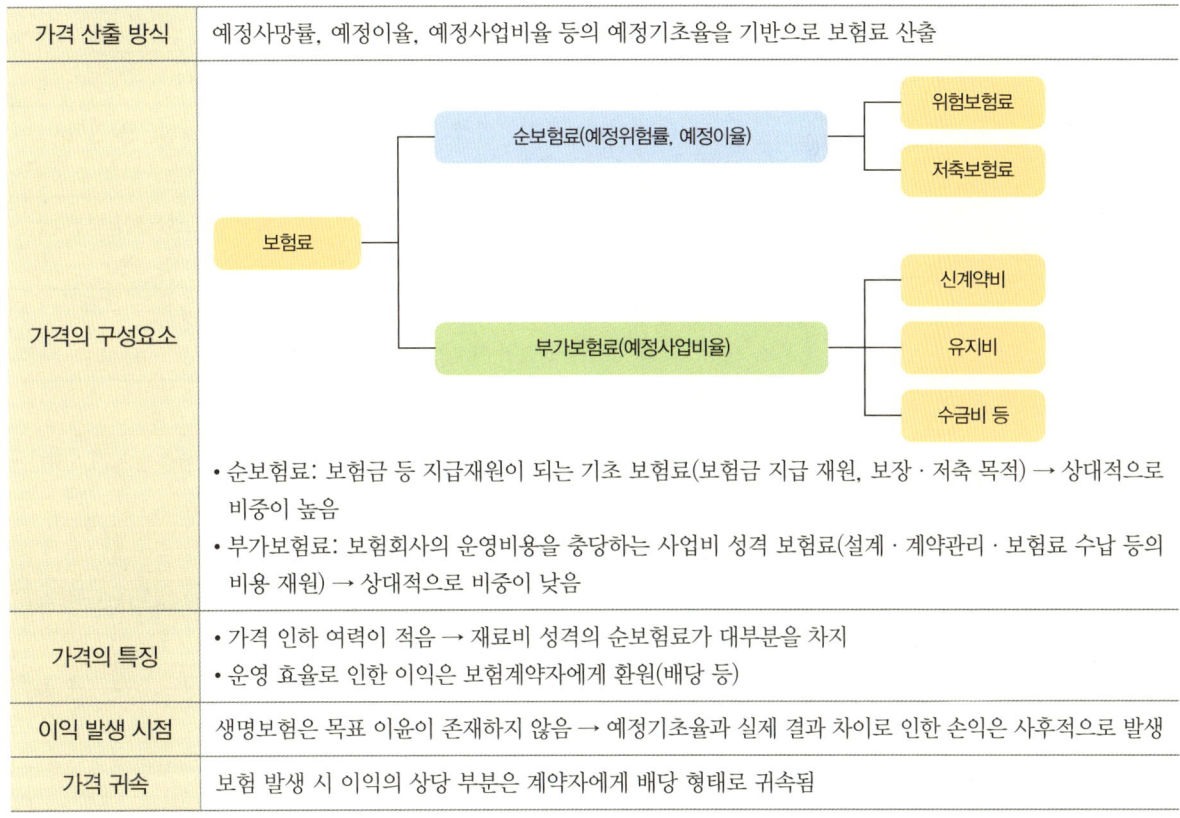 • 순보험료: 보험금 등 지급재원이 되는 기초 보험료(보험금 지급 재원, 보장·저축 목적) → 상대적으로 비중이 높음 • 부가보험료: 보험회사의 운영비용을 충당하는 사업비 성격 보험료(설계·계약관리·보험료 수납 등의 비용 재원) → 상대적으로 비중이 낮음
가격의 특징	• 가격 인하 여력이 적음 → 재료비 성격의 순보험료가 대부분을 차지 • 운영 효율로 인한 이익은 보험계약자에게 환원(배당 등)
이익 발생 시점	생명보험은 목표 이윤이 존재하지 않음 → 예정기초율과 실제 결과 차이로 인한 손익은 사후적으로 발생
가격 귀속	보험 발생 시 이익의 상당 부분은 계약자에게 배당 형태로 귀속됨

3 보험료 계산의 3요소(예정기초율)

구분	설명	보험료에 미치는 영향
예정사망률	보험사고(사망 등) 발생 확률을 예측	사망률↑ → 보험금 지급↑ → 보험료↑
예정이율	보험료 운용 시 예상되는 수익률	예정이율↑ → 운용수익↑ → 보험료↓
예정사업비율	계약관리·모집비용 등 사업비 예상 비율	사업비율↑ → 비용↑ → 보험료↑

06 보장성 금융상품

2장 금융상품

4 생명보험의 분류

구분	분류유형	정의 및 특징
보험사고	사망보험	• 피보험자가 사망 또는 제1급 장해 시 약정한 보험금이 지급되는 보험 • 정기보험: 일정 기간 내 사망 시 보험금 지급 • 종신보험: 일생을 보험기간으로 하여 사망 시 보험금 지급
	생존보험	피보험자가 일정 기간 생존 시 보험금을 지급하는 보험
	양로보험 (생사혼합보험)	피보험자가 일정 기간에 사망하거나 중도 또는 만기 생존 시 보험금이 지급되는 보험
정액 유무	체증식보험	기간이 지날수록 보험금이 증가하는 보험
	체감식보험	기간이 지날수록 보험금이 감소하는 보험
	감액보험	보장사고가 가입 시부터 일정 기간 내에 발생했을 경우 보험금을 감액하는 보험
	변액보험	운용자금을 주식 등 실적자산에 투자하여 수익률에 따라 보험금이 변동하는 보험
피보험자 수	연생보험	• 피보험자가 2인 이상인 보험 • 공동으로 생사와 관련된 사고에 대한 보험금 지급 보장
	단생보험	피보험자가 1인인 보험
	단체보험	일정한 요건을 갖춘 다수의 피보험자를 대상으로 1매의 보험증권으로 가입하는 보험(보험료가 저렴하고 행정 절차가 간편)
	단체취급보험	개인보험이나 단체보험의 중간 수준의 보험
이익 배당 여부	유배당보험	장기계약에서 발생하는 이익의 전부 또는 일부를 가입자에게 배당하는 보험
	무배당보험	이익을 분배하지 않는 보험
보험금 지급 기준	정액보험	보험금이 항상 일정액으로 확정되어 있는 보험
	부정액보험	보험금이 일정하지 않으며 실제 손해에 따라 달라질 수 있는 보험
피보험자 건강상태	우량체 보험	건강이 양호한 우량체를 대상으로 하는 보험
	표준체 보험	정상적인 건강체만을 대상으로 하는 보험
	표준 미달체 보험	사망 발생 위험도가 건강체보다 큰 사람을 대상으로 하는 보험
의사의 진단 필요 여부	진단보험	계약 체결 시 의사의 진단을 필요로 하는 보험
	무진단보험	의사의 진단이 필요 없는 보험

06 · 2장 금융상품 · 보장성 금융상품

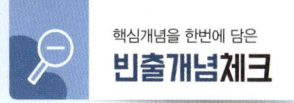

⑤ 손해보험의 개념

정의	피보험자의 우연한 사고로 인해 발생하는 재산상의 손해를 보상하기 위한 보험계약
계약 당사자	보험계약자(보험료 납입) ↔ 보험자(보험금 지급)
대상 사고	우연한 사고(질병, 상해, 재산손해 등)
보상 기준	실제 손해액을 기준으로 보상(정액보험 아님) ※ 인보험과의 차이: 손해보험은 실손보상이지만, 생명·신체 손해에 대한 인보험은 정액보상임
특징	• 피보험이익: 손해보험은 금전적 가치가 있는 피보험이익이 존재해야 하며, 피보험이익이 없는 경우 계약은 무효임 • 보험가액과 보험금액: 손해보험에는 피보험이익을 금전으로 산정한 '보험가액'과, 당사자가 정한 '보험금액'이 모두 존재함 • 보험 목적의 양도: 피보험자가 보험 목적물을 제3자에게 이전(양도)하는 것으로, 보험계약의 대상이 바뀌는 상황에서 일시적인 무보험 상태를 방지하기 위한 제도 • 보험자 대위: 보험자가 보험금 지급 후 피보험자의 권리를 승계받는 제도로, 잔존물 대위와 청구권 대위가 있으며, 이득 금지 원칙에 근거함 • 손해방지의무: 보험사고 발생 시 보험계약자와 피보험자는 손해를 줄이기 위해 노력할 의무가 있음
보험금의 성격	손해액을 보상하는 금전 보상(복구 목적)
법률적 성격	채무불이행, 불법행위 등으로 발생한 손해에 대한 손해배상 책임 이행수단의 역할 포함

⑥ 손해보험의 종류

화재
보험
	• 우연한 화재로 인한 재산 피해를 보상하는 보험(주택화재보험, 일반화재보험)
	• 재산손해보험금 계산
	  – 보험가입금액 ≥ 보험가액의 80%: 보험가입금액 내에서 손해액 전액 보상
	  – 보험가입금액 < 보험가액의 80%: 손해액 × (보험가입금액 ÷ 보험가액의 80% 금액)
	• 보상하는 손해
	  – 잔존물제거비용: 사고 현장에서 보험목적물을 제거(해체·청소·상차 등)하는 비용으로, 손해액의 10% 한도 내 보상(오염물질 제거 비용 제외)
	  – 손해방지비용: 손해를 방지하거나 줄이기 위해 지출한 필요 또는 유익한 비용
	  – 대위권 보전비용: 제3자에 대한 손해배상청구권을 보전하거나 행사하기 위해 지출한 비용
	  – 잔존물 보전비용: 보험회사가 손해 후 잔존물(남은 물건)을 보전하기 위해 지출한 비용
	  – 기타 협력비용: 보험사의 요구에 따라 조사나 절차에 협조하기 위해 지출한 비용
	※ 손해방지비용, 대위권 보전비용, 잔존물 보전비용, 기타 협력비용은 보험가입금액을 초과한 경우에도 전액 지급
	• 보상하지 않는 손해
	  – 계약자, 피보험자, 법정대리인의 고의 또는 중대한 과실로 인한 손해
	  – 화재, 폭발, 파열 중 발생한 도난·분실 손해, 핵연료물질 또는 오염물질의 방사능 누출로 인한 손해
	  – 보험목적물의 발효, 자연발열, 자연발화로 인한 손해(단, 이로 인해 연소된 다른 목적물의 손해는 보상)
	  – 화재와 무관한 수도관, 수압기 등의 파열로 인한 손해
	  – 전기기기 자체의 전기적 사고로 인한 손해(단, 이로 인한 화재손해는 보상)
	  – 지진, 화산폭발, 전쟁, 폭동, 혁명, 노동쟁의 등으로 인한 손해

06 2장 금융상품
보장성 금융상품

화재
보험
	• 주택화재보험
	  – 가입대상 물건: 주택으로만 쓰이는 건물과 그 수용가재(콘도미니엄, 오피스텔, 기숙사 건물, 공장 내 기숙사 등은 대상이 아님)
	  – 자동담보물건: 건물의 부속물, 부착물, 부속설비 등
	• 일반화재보험
	  – 가입대상 물건: 병용주택, 점포, 사무실 및 부속건물, 옥외설비와 장치, 수용가재, 집기비품, 재고자산, 그 외 주택화재보험 대상이 아닌 건물(콘도미니엄, 오피스텔, 공장건물 등)
	  – 자동담보물건: 건물의 부속물, 부착물, 부속설비 등

해상 보험	• 우연한 해상사고로 인해 발생한 손해 보상 • 적하보험: 선박이나 항공기로 운송되는 물품이 운송 중 사고로 멸실되거나 손상된 경우, 화주의 손해를 보상하는 보험 • 선박보험: 선주 또는 용선자 등 해운업자가 선박의 멸실이나 손상으로 인해 입는 손해를 보상하는 보험 • 운임보험: 운송업자(선주 또는 용선사업자)가 해양사고로 항해를 중단하거나 포기하게 되어 발생한 운임 손실을 보상하는 보험 • 선주배상책임보험: 선박 운항 중 발생한 사고로 제3자에게 손해를 입힌 경우, 그에 대한 선주의 법률상 배상책임을 담보하기 위해 선주 상호 간에 가입하는 보험

자동차
보험
	• 피보험자가 자신이 소유·사용·관리하는 자동차의 사고로 인해 발생한 법률상 배상책임 손해(대인·대물), 자기신체손해, 자기차량손해 등을 보상하는 보험(통상 만기 1년)
	• 보험계약의 성립
	  – 보험회사는 보험료 수령일로부터 **30일** 이내에 승낙 또는 거절 의사를 통지해야 하며, 통지가 없으면 승낙한 것으로 간주함
	  – 청약 승낙 전 사고도 거절 사유가 없는 한 보상 대상
	• 청약철회: 개인이면서 비사업용 계약자는 보험료 미지급 시 청약일부터 15일 이내, 보험료 지급 시 지급일부터 15일 이내에 청약 철회 가능(의무보험은 청약 철회 불가)
	• 보험기간
	  – 일반적용: 보험증권에 기재된 보험기간의 첫날 24시부터 마지막 날 24시까지(의무보험의 전 계약 기간과 중복될 시 전 계약이 끝나는 시점부터 시작)
	  – 최초 가입 시: 보험료를 처음 받은 때부터 마지막 날 24시까지
	• 담보종목
	  – 대인배상 I: 타인을 다치게 하거나 사망시킨 경우 법정 최소한도의 손해만 보상
	  – 대인배상 II: 대인배상 I을 초과하는 실제 손해까지 보상하는 선택형 담보
	  – 대물배상: 타인의 차량이나 재물을 파손시킨 경우 손해를 보상
	  – 자기신체사고(자손): 피보험자동차의 사고로 인해 피보험자가 다치거나 사망 시 보상
	  – 자기차량손해(자차): 피보험자동차가 사고나 도난 등으로 손상된 경우 손해를 보상
	  – 무보험자동차 상해: 무보험 차량에 의한 사고 손해를 보상
	• 의무보험
	  – 비사업용 자동차: 대인배상 I + 대물배상(1천만 원 이상)
	  – 사업용 자동차: 대인배상 I + 대인배상 II(1억 원 이상) + 대물배상(1천만 원 이상)

07 집합투자기구

2장 금융상품

1 집합투자기구의 개념 및 정의

집합투자기구	• 집합투자: 2인 이상의 투자자로부터 모은 금전 등을 투자자로부터 일상적인 운용지시를 받지 않고 재산적 가치가 있는 투자대상 자산을 취득·처분하거나 기타 방식으로 운용하고 그 결과를 투자자 또는 각 기금관리주체에게 배분하여 귀속시키는 것(즉, 집합투자기구는 투자자들로부터 자금을 모아 운용하는 기구를 말함) • 구성형태: 투자신탁, 투자회사(투자회사, 투자유한회사, 투자합자회사), 투자조합(투자조합, 투자익명조합) • 사모집합투자기구: 집합투자증권을 사모로만 발행하는 집합투자기구로서 일반투자자가 **49인** 이하인 기구

집합투자기구의 종류	• 증권 집합투자기구: 집합투자재산의 50%를 초과하여 증권에 투자하는 집합투자기구
	• 부동산 집합투자기구: 집합투자재산의 50%를 초과하여 부동산에 투자하는 집합투자기구
	• 특별자산 집합투자기구: 집합투자재산의 50%를 초과하여 특별자산에 투자하는 집합투자기구
	• 혼합자산 집합투자기구: 다양한 자산(증권, 부동산, 특별자산 등)을 제한 없이 섞어서 운용할 수 있는 집합투자기구(증권·부동산·특별자산 집합투자기구의 규정의 제한을 받지 않는 집합투자기구)
	• 단기금융 집합투자기구(MMF): 집합투자재산 전부를 단기금융상품에 투자하는 집합투자기구
	• 환매금지형 집합투자기구: 투자자가 집합투자기구에 투자한 이후 집합투자증권의 환매 청구에 의하여 그 투자자금을 회수하는 것이 불가능한 집합투자기구
	• 종류형 집합투자기구
	  – 집합투자기구 안에 여러 종류의 집합투자증권을 포함하여, 각기 다른 조건이나 투자전략을 가진 여러 투자자 그룹을 하나의 펀드에서 운영할 수 있게 만든 구조
	    예) Class A: 선취판매수수료가 있는 대신, 연보수가 낮은 유형
	        Class B: 판매수수료는 없지만, 연보수가 높은 유형
	        Class C: 기관투자자 전용으로 보수가 더 낮고 조건이 다름
	        위 3가지 상품이 하나의 집합투자기구로 운용되지만, 투자자마다 받는 수익이나 비용은 자신이 선택한 Class에 따라 달라짐
	• 전환형 집합투자기구: 다양한 자산과 전략을 가진 하위 투자기구들을 하나로 묶어, 투자자가 환매 없이 자유롭게 전환하며 능동적으로 자산과 투자방식을 조정할 수 있는 구조의 집합투자기구(단, 같은 법적 형태 아래에서 서로 다른 투자전략·투자대상을 가진 펀드들 사이는 자유롭게 전환이 가능하지만, 투자신탁에서 투자회사 등 법적 조직 형태가 다른 집합투자기구 사이에는 전환이 금지됨)
	• 모자형 집합투자기구: 하위 기구(자펀드)가 투자자로부터 자금을 모아 상위 기구(모펀드)에 다시 투자하는 구조로, 실질적인 운용은 모펀드에서 이루어지는 집합투자기구
	• 상장지수 집합투자기구(ETF): 특정 지수(코스피200, S&P500 등)의 수익률을 그대로 따르도록 설계된 집합투자기구로, 증권시장에 상장되어 주식처럼 자유롭게 거래할 수 있는 개방형 집합투자기구

07 집합투자기구

2장 금융상품

❷ 투자대상에 따른 집합투자기구의 종류

구분	증권	부동산	특별자산	단기금융	혼합자산
증권	O	O	O	O	O
파생상품	O	O	O	×	O
부동산	O	O	O	×	O
실물자산	O	O	O	×	O
특별자산	O	O	O	×	O

❸ 집합투자기구의 환매 절차

환매 청구 대상	• 원칙적으로 투자자는 투자매매업자 또는 투자중개업자에게 환매를 청구해야 함 • 예외 – 투자매매업자·중개업자가 환매 청구를 수령할 수 없는 경우 → 집합투자업자에게 직접 청구 – 집합투자업자도 환매 청구를 수령할 수 없는 경우 → 신탁업자에게 청구
환매청구금 지급	환매 청구를 받은 투자매매업자·중개업자, 수익증권·투자신탁의 집합투자업자에게 지체 없이 환매에 응할 것을 요구해야 함
주의사항	환매 청구는 집합투자증권 보유자 명의로만 가능하며, 대리 청구 등은 제한될 수 있음

❹ 집합투자기구의 환매 방법

환매대금 지급 기한	투자자는 집합투자업자 또는 투자회사에게 환매 청구 → 집합투자업자 또는 투자회사는 환매청구일부터 **15일** 이내에 환매대금 지급 ※ 단, 시장성 없는 자산에 10% 초과 또는 외화자산에 50% 초과 투자한 집합투자기구는, 집합투자규약에서 정한 경우에 한해 환매일을 15일 초과하여 지정할 수 있음
환매대금 지급 방법	투자회사 또는 집합투자업자가 소유 중인 금전이나 집합투자재산을 처분하여 조성한 금전으로 지급 ※ 단, 투자자 전원이 동의한 경우 집합투자재산으로도 지급 가능
환매 제한	• 투자매매·중개업자, 집합투자업자, 신탁업자는 자기 돈으로 집합투자증권을 매입하거나 타인에게 매입시키는 방식으로 환매에 대응할 수 없음 • 단, 투자자의 이익을 해할 우려가 없는 경우에 한해 제한적 환매 가능 – 단기금융 집합투자기구: 판매사가 판매규모의 5% 또는 100억 원 중 큰 금액 이내에서 당일 기준가격으로 매수 가능 – 그 외 일반 집합투자기구: 투자자가 금액 기준으로 환매 청구한 경우, 불가피한 범위 내에서 규약에 정한 환매가격과 환매일에 매수 가능

08 기타 금융투자상품

2장 금융상품

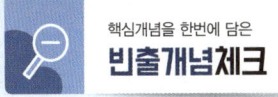

1 랩어카운트

개요	증권회사가 투자자의 성향과 목적을 정밀하게 분석한 뒤, 주식·채권·펀드 등 다양한 금융상품을 활용해 고객에게 가장 적합한 포트폴리오를 구성·운용하고, 이에 대해 거래 수수료가 아닌 일정한 자산관리 수수료를 받는 종합자산관리계좌
유형	• 자문형 랩어카운트: 증권사나 투자자문사의 자문만 받아 고객이 직접 투자를 결정하는 방식 • 일임형 랩어카운트: 증권사가 고객으로부터 자산운용을 전적으로 일임받아 고객 성향에 맞는 포트폴리오 구성부터 운용까지 전 과정을 대행하는 방식

2 랩어카운트의 장단점

구분	장점	단점
금융 투자회사 (증권사)	• 자산규모를 근거로 운용수수료를 부과함으로써 증권회사의 전략과 일치시킴 • 안정적인 수익기반 확보 가능 • 이익 상충 가능성이 적음(고객의 신뢰 획득 가능) • 고객과의 관계 긴밀화, 장기화 • 투자상담사의 독립성 약화	• 영업직원의 재교육 등 Wrap 계정에 대응하기 위한 체제 구축 필요 • 수수료 수입총액이 감소할 가능성 존재
영업직원	이익 상충 가능성이 적음(고객설득에 크게 기여, 고객 유인 효과)	• 증권회사에 대한 독립성 약화 • 고객에 대한 영향력이 상대적으로 약화 • 거래기준 시보다 보수가 감소
고객	• 이익 상충 가능성이 적음 • 비교적 소액으로 전문가의 서비스 이용 가능 • 주문형 상품으로 고객 수요 부응 • 거래가 많아도 단일수수료를 부과 • 영업직원에 대한 의존 탈피	• 주가 하락 시 상대적으로 수수료 부담 증가 • 일괄 수수료로 불필요한 서비스 대가 지불
투자 자문업자	• 고객 저변의 확대 • 수수료에 관계없이 신축적 운용 가능 • 일부 사무비용 절감	• 운용보수의 감소 • 시장 상황에 관계없이 수수료 이상의 운용 성적 요구 부담

08 2장 금융상품
기타 금융투자상품

❸ 주가연계증권(ELS), 파생결합증권(DLS), 파생연계펀드(DLF)

구분	주가연계증권(ELS)	파생결합증권(DLS)	파생연계펀드(DLF)
정의	주가지수나 개별 주식의 움직임에 연계된 수익이 결정되는 증권	금리, 환율, 원자재 등의 움직임에 따라 수익이 결정되는 파생결합증권	파생결합증권(DLS)에 투자하는 펀드 형태의 상품
기초 자산	주가지수, 개별 주식 등	금리, 통화, 금, 은, 유가, 원유 등 실물자산	DLS가 편입한 자산과 동일(간접투자 방식)
수익 구조	사전에 정해진 조건(장벽조건 등)에 따라 만기 또는 조기 상환수익결정	기초자산이 일정 범위 내에 있으면 약정된 수익 지급	기초자산 조건 충족 시 펀드 수익 발생(간접적 구조)
특징	• 투자성향 분석 후 설계 가능 • 일부 원금손실 가능 • 백투백헤지(Back to Back Hedge) 구조 사용	• 비상장증권의 일종 • 기초자산 범위 내 움직이면 안정적 수익 • 발행 주체는 증권사 외에도 있음	• 펀드형 상품으로 유동성 낮음 • 고위험 상품으로 손실 가능성 있음
위험 요소	주가 급락 시 손실 발생 가능	기초자산 급변 시 원금손실 가능	기초자산+펀드 운용 위험 중첩

❹ 주식워런트증권(ELW)

개념	특정 주식이나 주가지수 등 기초자산을 미리 정한 조건에 따라 미래에 사거나 팔 수 있는 권리가 붙은 증권(상품)
콜워런트	• (살 수 있는 권리가 부여된 상품) 기초자산을 발행자로부터 권리행사가격으로 인수하거나 차액(만기 결제가격－권리행사가격)을 수령할 수 있는 권리가 부여된 워런트 • 기초자산 가격 상승 시 이익이 발생
풋워런트	• (팔 수 있는 권리가 부여된 상품) 기초자산을 발행자로부터 권리행사가격으로 인도하거나 차액(권리행사가격－만기 결제가격)을 수령할 수 있는 권리가 부여된 워런트 • 기초자산 가격 하락 시 이익이 발생
특징	• 기초자산이 오를수록, 행사가격이 낮을수록 콜워런트는 상승, 풋워런트는 하락함 • 상품구조가 복잡하고 레버리지(ELW 가격변화율÷기초자산 가격변화율)를 이용한 매매수단으로 고수익이 가능하나 위험이 큼 • 자본소득 외에 이자 및 배당소득이 없으며 거래에 따른 매매손익만 존재함

08 기타 금융투자상품

2장 금융상품

5 자산유동화증권(ABS)

개념	기업이나 금융기관이 보유한 자산을 표준화한 뒤, 일정한 조건에 따라 하나로 묶어(pooling) 이를 기반으로 증권을 발행하고, 이후에는 그 기초자산에서 발생하는 현금흐름으로 해당 증권을 상환하는 방식

종류	• 현금수취방식
	  – 지분이전증권(Pass-Through Securities): 유동화자산을 유동화중개기관에 매각한 뒤, 이를 집합화하여 신탁을 설정하고, 그 신탁에 대한 지분을 나타내는 주식 형태의 증권으로 발행한 것
	  – 원리금이체채권(Pay-Through Bond): 유동화자산에서 발생한 현금흐름을 기반으로 하되, 균등 분배가 아닌 상환 우선순위에 따라 여러 등급의 채권을 나누어 발행하는 증권
	• 기초자산에 따른 유동화증권의 종류
	  – 기초자산의 일반적 특성
	    ① 동질적이고 집합(pooling)이 가능한 자산이 주로 유동화됨
	    ② 매매 가능하며 파산 시 분리 가능한 자산이어야 함
	    ③ 현금흐름 예측 가능성과 신용도 분석 가능성이 중요
	  – 대표적인 기초자산의 종류: 주택저당채권, 자동차 할부금융, 대출채권, 신용카드 채권, 리스채권 등
	  – 기초자산의 분류 기준: 이자율, 만기, 원리금 지불 방식, 담보 유무, 고객 신용도 등

기본
구조
	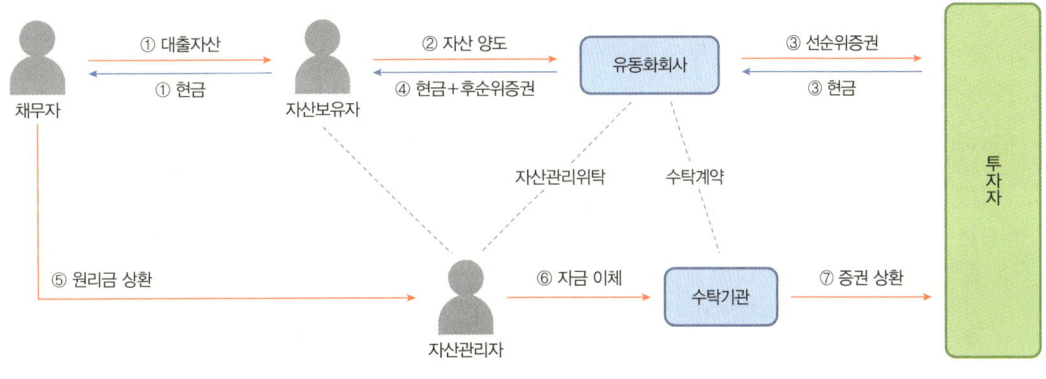
	• 발행단계
	  – 발행 타당성 검토: 자산보유자가 보유 자산의 특성과 현금흐름을 분석하고, 주관사의 자문을 받아 유동화 가능성과 효과를 검토
	  – 유동화회사(SPC) 설립: 자산유동화 전용의 특별목적회사(SPC)를 설립하며, 국내는 주로 유한회사 형태로 설립
	  – 자산 실사 및 양도: 실사를 거쳐 양도 대상 자산을 확정하고, SPC에 자산 양도
	  – 증권 발행 구조 설계: 자산의 특성에 따라 단일 또는 다계층 구조(tranche)로 유동화증권을 설계해 발행
	  – 법적 절차 이행: 「자산유동화에 관한 법률」에 따라 유동화계획 승인, 양도등록, 증권신고 등의 절차 수행
	  – 투자자에게 매각: 증권사는 증권신고서 제출 후 공모 절차를 거쳐 자산유동화증권을 시장에 판매
	• 자산관리단계: 자산유동화증권 발행 후에는 자산보유자가 자산관리자로서 회수·현금화 업무를 수행하며, 수탁회사를 통해 자금을 관리하고 사전 기준에 따라 재투자 또는 상환에 활용
	• 상환단계
	  – 자산유동화증권은 자산의 현금흐름으로 상환되며, 부족 시 신용보강이 사용됨
	  – 선순위부터 순차적으로 상환되며, 상환 완료 시 유동화회사는 청산되고 잔여자산은 자산보유자가 우선 매입할 수 있음

09 2장 금융상품
연금제도 비교

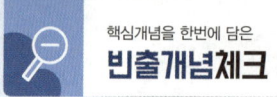

① 확정급여형(DB) vs 확정기여형(DC)

구분	확정급여형(DB)	확정기여형(DC)
개념	• 근로자가 받을 퇴직금 수준이 근속기간 및 급여수준에 따라 사전에 확정 • 기존 법정퇴직금과 동일한 연금급여를 지급 • 운용주체: **기업**(운용손익이 기업에 귀속)	• 기업이 부담할 부담금 수준이 사전에 확정 • 매년 정산되어 적립된 급부금액이 기업의 부담금이 되며, 근로자가 운용하여 손익에 따라 근로자의 퇴직급여가 변동됨 • 운용주체: **근로자**(운용손익이 근로자에 귀속)
사용자 부담금	퇴직금 추계액 또는 연금계리방식에 따라 산출된 금액으로 최저 90%*를 사외 적립해야 함(적립금 운용결과에 따라 부담금 변동) *2022년 1월 1일 이후 100%	개별 근로자 연간 임금총액의 1/12 이상 당해연도 전액 사외 적립해야 함
추가 납입	개인형 IRP를 통해 가능(연간 1,800만 원 한도)	제도 또는 개인형 IRP를 통해 가능(연간 1,800만 원 한도)
대출 가능	담보대출 가능(중도인출 불가) ▶ 대통령령에서 정한 사유 해당 시	담보대출 및 중도인출 가능 ▶ 대통령령에서 정한 사유 해당 시
퇴직급여 수준	현행 퇴직일시금과 동일(근속연수×30일분 평균임금)	근로자별 운용실적에 따라 상이
연금계리	필요	불필요
적립금 운용	원리금 비보장자산에 전체 적립금의 70%까지 투자 가능(단, 원리금 비보장자산이라도 증권에 대한 분산투자 등으로 투자위험을 낮춘 운용 방법인 경우 적립금의 100%까지 투자 가능)	주식 등 위험자산 및 펀드에 대한 투자 금지
적합한 사업장	• 임금상승률이 높고, 꾸준한 임금상승이 기대되는 경우 • 장기근속을 유도하고자 하는 기업 • 연공급 임금체계, 누진제 적용 기업 • 경영이 안정적이고 영속적인 기업	• 연봉제, 임금피크제 적용 기업 • 재무구조 변동이 큰 기업 • 근로자들의 재테크 관심이 높은 기업

② 개인형퇴직연금(IRP)

- 근로자가 이직 시 퇴직연금제도에서 수령한 퇴직금 또는 근로자 추가납입금에 대해 과세 유예를 받으면서 계속 적립·운용한 후 은퇴 시 노후자금으로 활용할 수 있는 제도이다.
- 개인형 IRP: 근로자 개인명의로 관리된다는 점 외에 적립금 운용과 수급방법은 확정기여형(DC)과 동일하다.
- 기업형 IRP: 상시근로자 10인 미만을 사용하는 특례 사업장에서 근로자대표 동의를 얻어 가입자의 개인퇴직계좌를 설정한다.
- 현재 우리나라 퇴직연금은 개인연금과 합산하여 연 900만 원 한도 내에서 추가 납입금에 대한 세액공제를 받을 수 있으며, 확정기여형(DC)뿐만 아니라 확정급여형(DB) 가입자도 개인형 IRP를 통해 연간 최대 1,800만 원까지 추가 납입할 수 있다.

2장 금융상품

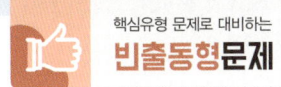

01 다음에서 설명하는 금융투자회사로 옳은 것은?

> 누구의 명의로 하든지 자기의 계산으로 금융투자상품의 매도·매수 증권의 발행·인수 또는 청약, 청약의 승낙을 영업으로 하는 금융투자업자를 말한다.

① 신탁업자
② 집합투자업자
③ 투자매매업자
④ 투자자문업자

02 개인종합자산관리계좌(ISA)에 대한 설명으로 옳지 <u>않은</u> 것은?

① 한 계좌에 다양한 금융상품을 담아 운용할 수 있다.
② 이익과 손실을 통산한 후 순이익을 기준으로 세제해택이 부과된다.
③ 일임형 ISA는 전문가의 투자판단에 따라 운용하고 싶은 투자자에게 적합하다.
④ 가입자의 소득 수준에 따라 200~400만 원까지 비과세하고 비과세 한도를 초과하는 순이익에 대해서는 15.4%로 분리과세한다.

03 개인종합자산관리계좌(ISA; Individual Savings Account)에 대한 설명으로 옳지 <u>않은</u> 것은?

① 연간 납입한도는 2,000만 원이며, 미납입분은 다음 해로 이월 가능하다.
② ISA는 일반형, 서민형, 농어민형으로 구분되며, 세 가지 유형 모두 최소 가입기간이 3년이다.
③ 중개형 ISA는 예금뿐 아니라 신탁, ELS, REITs, 국내 상장주식 등 다양한 금융상품에 투자할 수 있다.
④ ISA는 전 금융기관을 통틀어 1인이 1계좌만 보유할 수 있으며, 중개형, 신탁형, 일임형 중 한 가지 유형을 선택해 가입해야 한다.

04 다음 중 연금저축과 IRP 계좌에 대한 설명으로 옳은 것은?

① 연금저축과 IRP는 각각 연 600만 원까지 세액공제가 가능하다.
② 총급여 5,500만 원 이하 근로자의 세액공제율은 13.2%이다.
③ 연금저축에만 납입하더라도 연 900만 원 전액 세액공제를 받을 수 있다.
④ 연금저축과 IRP를 합쳐 연간 최대 900만 원까지 세액공제가 가능하다.

05 다음은 연금저축상품(세제적격 상품)에 대한 설명으로 옳은 것은?

① 증권사는 연금저축상품을 판매할 수 없다.
② 연금 수령 시 과세율은 수령자의 나이에 상관없이 동일하게 적용된다.
③ 가입자의 사망으로 인해 연금 외 수령을 하는 경우, 저율의 분리과세가 적용된다.
④ 연금계좌상품(연금저축계좌, 퇴직연금계좌, IRP 계좌 포함)의 연간 납입한도는 1,200만 원이다.

06 다음 중 요구불예금에 대한 설명으로 옳지 <u>않은</u> 것은?

① 요구불예금의 종류로는 보통예금, 당좌예금, 가계당좌예금 등이 있다.
② 자유로운 입출금이 가능하지만, 일반적인 저축성 예금보다는 이율이 낮다.
③ 예금주의 요구가 있으면 언제든지 조건 없이 지급해야 하는 통화성 예금이다.
④ 거치식 또는 적립식 방식 중 선택하여 목돈을 예치하고 수익을 얻는 형태다.

07 단기금융집합투자기구(MMF)의 운용제한에 대한 설명으로 옳지 않은 것은?

① MMF에서는 증권의 대여는 금지되나, 증권의 차입은 허용된다.
② MMF의 환매조건부 채권매도는 보유증권 총액의 5% 이내로 제한된다.
③ 남은 만기가 1년 이상인 국채는 MMF 자산의 5% 이내에서만 편입이 가능하다.
④ 환매조건부 매도는 집합투자기구에서 보유하고 있는 증권총액의 5% 이내에서만 편입이 가능하다.

08 다음 중 단기금융집합투자기구(MMF)에 편입할 수 있는 상품으로 옳은 것을 모두 고른 것은?

가. 남은 만기가 3년인 국채
나. 남은 만기가 2년인 기업어음
다. 남은 만기가 5개월인 양도성예금증서(CD)
라. 남은 만기가 15일인 금융회사 단기대출

① 가, 나
② 나, 다
③ 가, 다, 라
④ 나, 다, 라

09 MMF(단기금융집합투자기구)의 운용제한에 대한 설명으로 옳은 것은?

① 환매조건부 채권매도는 보유증권 총액의 5% 이내만 가능하다.
② 환매조건부로 지방채를 매수할 경우, 해당 지방채의 만기는 1년 이내이어야 한다.
③ 남은 만기가 1년 이상인 국채에 대해서는 집합투자재산의 10% 이내에서 운용할 수 있다.
④ 증권의 대여는 금지되지만, 증권의 차입은 만기가 3개월 이내에 한하여 운용이 가능하다.

10 다음 중 금융상품에 대한 설명으로 틀린 것을 모두 고른 것은?

가. 비과세종합저축은 65세 이상의 거주자만 가입 가능하다.
나. 재형저축이란 서민의 재산형성을 돕기 위한 장기 적립식 저축상품을 말한다.
다. 양도성예금증서(CD), 환매조건부채권(RP), 랩어카운트, 주택청약 종합저축은 모두 예금자보호 대상 금융상품이다.

① 나
② 가, 다
③ 나, 다
④ 가, 나, 다

11 주택청약종합저축에 대한 설명으로 옳지 않은 것은?

① 주택분양 또는 임대 시 청약권이 주어지는 적립식 저축상품이다.
② 예금자 비보호 상품이지만 국민주택기금의 조성재원으로 정부가 관리한다.
③ 적립식의 경우 매월 5만 원 이상 50만 원 이내에서 월단위로만 자유적립이 가능하다.
④ 총급여 7천만 원 이하인 무주택 세대주 근로소득자는 연간 최대 120만 원의 소득공제 혜택을 받을 수 있다.

12 주가지수연동형 금융상품에 대한 설명으로 옳지 않은 것은?

① ELD(주가지수연동예금)는 5천만 원 한도로 예금자보호가 된다.
② ELF(주가지수연동펀드)는 운용성과에 따라 실적배당을 받는다.
③ ELD(주가지수연동예금)는 은행이 제시한 수익 이외의 추가수익은 없다.
④ ELS(주가지수연동증권)는 원금손실 가능성으로 인해 중도해지가 불가능하다.

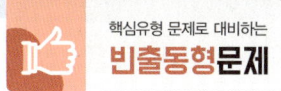

13 다음 설명에 해당하는 ELS(주가연계증권)의 수익구조로 옳은 것은?

> 투자기간 중 사전에 설정한 주가 수준에 한 번이라도 도달하면(장중 포함), 조기 상환되며 확정 수익이 지급된다. 만약 기준 주가를 초과한 이력이 있는 경우, 만기 시 주가와 무관하게 리베이트 수익률로 최종 수익이 고정된다.

① Digital형
② Knock-Out형
③ Bull Spread형
④ Reverse Convertible형

14 주가지수연동형 상품(ELS, ELD, ELF)에 대한 설명으로 틀린 항목의 개수로 옳은 것은?

> 가. ELS와 ELF 모두 증권사에서 발행한다.
> 나. ELD는 기초자산인 주가지수가 하락해도 원금이 보장되는 상품이다.
> 다. ELS와 ELD는 사전에 결정된 조건에 따라 수익 상환 방법이 결정된다.
> 라. ELS, ELD, ELF 모두 중도환매가 가능하며, 원금 손실은 발생하지 않는다.

① 0개
② 1개
③ 2개
④ 3개

15 양도성예금증서(CD)에 대해 옳은 설명으로만 모두 묶은 것은?

> ㉠ 가입 대상에 제한이 없다.
> ㉡ 만기 전에 언제든지 중도해지가 가능하다.
> ㉢ 무기명으로 발행되며, 액면금액에서 이자 차감 후 발행하는 할인식이다.
> ㉣ 환금성과 안정성이 보장되는 금융상품으로, 유통시장을 통한 양도가 가능하다.
> ㉤ 자유금리상품으로 수익률은 실세금리에 따라 매일 고시된다.

① ㉠, ㉡, ㉢
② ㉠, ㉡, ㉣
③ ㉠, ㉣, ㉤
④ ㉠, ㉢, ㉣, ㉤

16 다음 중 환매조건부채권(RP)에 대한 설명으로 옳지 않은 것은?

① 예금자보호 대상 금융상품이다.
② 주로 통장거래로 이루어지며, 30일 이내 중도환매 시 당초 약정금리보다 낮은 금리가 적용된다.
③ 환매조건부채권(RP) 매도란, 금융기관이 보유한 채권을 일정 기간 후 정해진 가격으로 다시 사들이는 조건으로 고객에게 매도하는 것을 말한다.
④ 환매조건부채권(RP) 매도자는 보유 채권을 활용하여 자본손실 없이 단기 자금을 조달할 수 있고, 환매조건부채권(RP) 매수자는 원하는 기간에 맞춰 확정이자를 얻을 수 있다.

17 시장성 예금상품에 대한 옳은 설명으로 모두 묶인 것은?

> ㉠ 표지어음은 만기 전에는 중도해지와 양도가 불가능하다.
> ㉡ 금융채의 원리금 지급은 예금자보호법에 의해 보호한다.
> ㉢ 환매조건부채권(RP)은 예금자보호 대상은 아니지만 안정성이 높은 편이다.
> ㉣ 양도성예금증서(CD)는 중도해지가 가능하여 필요할 때 즉시 현금화할 수 있다.
> ㉤ 후순위채권은 원금손실을 볼 수도 있으나 상대적으로 금리가 높아 고수익을 올릴 수 있다.

① ㉡, ㉣
② ㉢, ㉤
③ ㉠, ㉡, ㉤
④ ㉠, ㉢, ㉤

18 다음 중 특정금전신탁과 불특정금전신탁에 대한 설명으로 옳은 것은?

① 특정금전신탁은 다른 신탁상품과 합동으로 운용할 수 있다.
② 불특정금전신탁의 위탁자는 신탁재산의 운용방법을 직접 지정한다.
③ 특정금전신탁의 수탁자는 운용에 대한 일체의 지시를 위탁자에게 받을 수 없다.
④ 불특정금전신탁의 수탁자는 신탁재산을 자본시장법 등에서 정한 대상 자산에 자유롭게 투자·운용하고, 그 운용수익을 위탁자에게 배당한다.

19 다음 중 금전신탁과 예금의 비교 설명으로 옳지 않은 것은?

① 예금은 실적배당 방식으로 수익이 배분된다.
② 금전신탁은 신탁법에 따라 수탁자가 자산을 운용한다.
③ 금전신탁은 원칙적으로 원금 및 수익 보장이 되지 않는다.
④ 예금은 소비임치계약에 해당하며 계약 주체는 예금주와 은행이다.

20 다음 보기에서 설명하는 신탁상품의 종류로 옳은 것은?

> 위탁자가 신탁재산인 금전의 운용 방법을 지정하지 않는 금전신탁으로, 수탁자는 신탁재산을 자본시장법 등 관계법규에서 정한 대상 자산에 자유롭게 투자 운용하고, 그 운용수익을 위탁자에게 배당한다.

① 재산신탁
② 금전채권신탁
③ 실적배당신탁
④ 불특정금전신탁

21 다음 중 생명보험의 구성원리로 옳지 않은 것은?

① 대수의 법칙
② 수지상등의 원칙
③ 사망률과 생명표
④ 실손보상의 원칙

22 다음 중 보험상품에 대한 설명으로 옳은 것은?

① 피보험자가 2인 이상인 보험을 단체취급보험이라 한다.
② 종신보험은 정해진 기간 내에 피보험자가 사망할 경우에만 사망보험금을 지급하는 보험이다.
③ 체증식 보험이란 보험기간이 경과함에 따라 보험료가 증가하는 보험으로, 물가지수연동 보험이 대표적이다.
④ 생명보험의 영업보험료는 순보험료와 부가보험료로 구성되는데, 순보험료는 위험보험료를 말하고 부가보험료는 저축보험료를 말한다.

23 다음 중 생명보험에 대한 설명으로 옳지 <u>않은</u> 것은?

① 2인 이상을 피보험자로 하는 보험은 연생보험이다.
② 체감식 보험은 시간경과에 따라 보험료가 감소하는 보험이다.
③ 보험가입자가 납입하는 보험료 총액과 보험회사가 지급하는 보험금 및 경비의 총액이 동일하다.
④ 생존보험은 피보험자가 일정 기간 생존 시 보험금을 지급하는 보험으로 일정 기간 도달 전 사망 시에는 사망자의 몫은 모두 생존자의 몫으로 귀속된다.

24 다음 중 손해보험의 특징으로 옳지 <u>않은</u> 것은?

① 손해액을 기준으로 보장한다.
② 피보험자의 재산상 손해를 보상한다.
③ 정해진 보험금을 지급하는 정액보상방식이다.
④ 우연한 사고나 질병 등으로 발생한 손해를 보상한다.

25 다음 중 손해보험에 해당하지 <u>않는</u> 것은?

① 화재보험
② 해상보험
③ 생존보험
④ 자동차보험

26 다음 중 자본시장법상 금융투자상품으로 분류되기 위한 조건으로 옳은 것은?

① 원금 손실 가능성이 없다면 파생상품으로 간주된다.
② 투자성은 필요 없고, 손실 가능성만 존재하면 된다.
③ 원화로 표시된 양도성예금증서(CD)는 금융투자상품에 포함된다.
④ 투자자가 손익을 직접 부담해야 하며, 원금 손실 가능성이 있어야 한다.

27 다음 중 금융투자상품에 대한 설명으로 옳은 것은?

① 주식매수선택권(스톡옵션)은 금융투자상품에 포함된다.
② ELS(주가연계증권)는 파생상품이 아닌 증권으로 분류된다.
③ 금융투자상품 중 '증권'은 투자 원금 이상의 손실이 발생할 수 있다.
④ ELW(주식워런트증권)는 매수만 가능하며, 기초자산 가격이 상승할 때만 수익이 발생한다.

28 다음 집합투자기구 중에서 지분증권을 발행할 수 <u>없는</u> 것으로 옳은 것은?

① 투자신탁
③ 투자합자회사
② 투자유한회사
④ 투자익명조합

29 집합투자기구의 기준가격에 대한 설명으로, 옳지 <u>않은</u> 것은?

① 주식 등에서 평가손실이 발생한 경우 세금이 부과되지 않는다.
② 주식 등의 매매손익이나 평가손익이 발생하지 않는 경우, 기준가격과 과세기준가격은 동일하다.
③ 기준가격이란 집합투자증권의 매매나 추가 설정 시 적용되는 단위당 순자산가치를 말하며, 추가 신탁금 산정의 기준이 된다.
④ 기준가격은 일반적으로 공고일 전일 기준 자산총액에서 부채총액을 차감한 후, 전체 집합투자증권 수로 나누어 산정되며, 보통 1,000좌 기준으로 표시된다.

30 다음 중 펀드설립 시 환매금지형 집합투자기구로 설정해야 하는 펀드로 옳은 것으로만 묶인 것은?

> ㉠ 부동산 집합투자기구
> ㉡ 특별자산 집합투자기구
> ㉢ 혼합자산 집합투자기구
> ㉣ 집합투자기구 자산총액의 20%를 초과하여 시장성 없는 자산에 투자할 수 있는 집합투자기구

① ㉠
② ㉠, ㉡
③ ㉡, ㉢, ㉣
④ ㉠, ㉡, ㉢, ㉣

31 자본시장법상 집합투자기구의 법적 형태로 볼 수 없는 것은?

① 주식회사 형태의 투자회사
② 채권을 발행하는 투자증권
③ 신탁업자를 통해 운용되는 투자신탁
④ 유한책임조합의 형태를 따르는 투자조합

32 A 투자신탁사는 '안정적인 수익을 추구하는 상품'을 출시하며, 집합투자재산의 60%를 만기 6개월 이하의 양도성예금증서(CD)와 5년 이내에 발행된 국공채에 투자한다고 홍보하고 있다. 이 상품이 속하는 집합투자기구 유형으로 옳은 것은?

① 증권집합투자기구
② 부동산집합투자기구
③ 단기금융집합투자기구
④ 혼합자산집합투자기구

33 집합투자기구의 환매에 대한 설명으로 옳지 않은 것은?

① 원칙적으로 투자자는 집합투자업자에게 직접 환매청구를 해야한다.
② 환매수수료가 부과될 경우 이는 투자자가 부담하며 집합투자재산에 귀속된다.
③ 환매금지형 집합투자기구를 제외하고 투자자는 언제든지 집합투자증권의 환매를 청구할 수 있다.
④ 환매청구를 받은 집합투자업자는 일반적으로 환매청구일로부터 15일 이내에 집합투자규약에서 정한 환매일에 환매대금을 지급해야 한다.

34 다음 중 랩어카운트에 대한 설명으로 옳지 않은 것은?

① 거래 건별로 수수료가 부과된다.
② 랩어카운트는 영업직원과 고객의 이익 상충을 줄이는 데 도움이 된다.
③ 증권회사가 투자자의 성향과 목적을 분석한 뒤, 맞춤형 포트폴리오를 제시하는 종합자산관리계좌이다.
④ 자문형 랩어카운트는 고객이 직접 추천종목 등의 자문 내용을 참고하여 투자하는 것이며, 일임형 랩어카운트는 자산운용사가 투자와 관련한 완전한 일임 및 대리권을 갖는다.

35 다음 중 랩어카운트에 대한 설명으로 옳은 것은?

① 주문 집행 건마다 수수료가 부과된다.
② 영업직원과 고객 간의 이해 상충 문제가 비교적 높다.
③ 영업직원은 회사와의 독립성이 다소 약화될 수 있다.
④ 일임형 랩어카운트는 투자자문사의 자문을 바탕으로 고객이 직접 자산을 운용한다.

36 다음 중 주가지수연계증권(ELS)에 대한 설명으로 옳지 않은 것은?

① 발행 주체는 장외파생상품 거래 인가를 받은 증권회사에 한정된다.
② 법률상 파생결합증권에 해당하며, 발행에는 금융위원회의 별도 등록이 필요하다.
③ 일부 운용금은 안정자산에 투자하고, 나머지로 파생상품에 투자해 약정수익 확보를 도모한다.
④ ELS는 일반적으로 주가지수 또는 개별 주식의 움직임에 연계되어 사전에 정해진 조건에 따라 조기 또는 만기 수익률이 결정된다.

37 다음은 A씨가 가입한 ELS 상품에 대한 설명이다. 해당 상품의 수익구조 유형으로 옳은 것은?

> A씨는 '코스피200'이 기준인 ELS에 가입하였다. 이 상품은 6개월마다 기준지수가 100포인트 기준으로 10% 이상 상승하면 약정 수익을 지급하고 상품이 조기 종료된다. 만약 이 조건이 충족되지 않으면 다음 6개월 단위로 조건 충족 여부를 다시 평가하며, 최대 3년까지 조건을 평가한 후 만기지급이 이루어진다.

① Digital형
② 조기상환형
③ Knock-out형
④ Bull Spread형

38 주식워런트증권(ELW)에 대한 설명으로 옳지 않은 것은?

① 10%의 상한가 및 하한가의 가격제한폭이 적용된다.
② 풋 워런트는 기초자산의 가격 하락에 따라 이익이 발생한다.
③ 콜 워런트는 기초자산의 가격 상승에 따라 이익이 발생한다.
④ 현재 우리나라는 주식과 주가지수만을 대상으로 주식워런트증권을 발행할 수 있다.

39 주식워런트증권(ELW)의 특징으로 옳지 않은 것은?

① 높은 유동성
② 레버리지 효과
③ 위험헤지 기능
④ 상품구조의 단순성

40 다음 중 주식워런트증권(ELW)의 일반적인 위험으로 옳지 않은 것은?

① 주가 하락 시에도 원금 보장이 적용되어 손실 위험이 낮다.
② 주가가 급등하더라도 배당금이나 의결권 등 주주 권리를 행사할 수 없다.
③ 구조가 복잡하고 가격 변동성이 커 투자자가 손익구조를 이해하기 어렵다.
④ 기초자산의 가격 변동에 따라 수익이 결정되므로 레버리지로 인해 손실도 확대될 수 있다.

41 다음 중 환매조건부채권(RP)에 대한 설명으로 옳은 것은?

① 금융투자회사는 RP의 약정기간을 15일 이상으로만 설정해야 한다.
② RP는 채권을 일정 기간 동안 단순 보유 후 만기에 매도하는 거래를 의미하며, 환매 조건은 없다.
③ 은행과 증권사는 모두 소액 개인 고객을 대상으로 RP 매수·매도 거래를 자유롭게 수행할 수 있다.
④ RP는 일정 기간 후 정해진 가격으로 다시 매수 또는 매도할 것을 조건으로 채권을 거래하는 방식이다.

42 다음 중 증권사 CMA의 특징으로 옳은 것은?

① 모든 CMA는 수익률이 고정되어 있으며, 채권 금리에 따라 수시로 변하지 않는다.
② CMA는 고객이 직접 주식을 매수하는 계좌이며, 배당수익을 실시간으로 분배받는다.
③ CMA는 입금된 금액이 자동으로 장기금융상품에 묶여 만기 이전에는 인출이 불가능하다.
④ CMA-MMF형은 실적배당형이며, 예금자보호 대상은 아니지만 국공채 등 우량자산에 투자한다.

43 자산유동화증권(ABS; Asset Backed Security)에 대한 설명으로 옳지 않은 것은?

① 은행의 신용공여는 내부 신용보강 방식에 해당한다.
② 자산유동화증권은 일반적으로 자산보유자보다 높은 신용등급으로 발행된다.
③ 신용카드채권의 유동화 단계에서는 단기 신용카드채권의 만기를 장기화하기 위해 리볼빙 구조가 필요하다.
④ 자산유동화란 기업이나 금융기관이 보유한 자산을 표준화해 조건별로 묶은 후, 이를 유동화전문회사에 양도하고, 유동화전문회사가 이를 기초로 증권을 발행하여 자산의 현금흐름으로 증권을 상환하는 과정을 말한다.

44 다음 중 자산유동화증권(ABS)에 대한 설명으로 옳은 것은?

① 자산유동화증권은 파생상품의 일종으로, 자산의 손익에 따라 변동 수익이 발생한다.
② Pass-Through 방식은 유동화자산에서 발생한 현금흐름을 재구성하여 투자자에게 분배하는 방식이다.
③ ABS는 투자자의 선호에 따라 구조를 설계할 수 있으며, 자산보유자의 신용도보다 낮은 신용등급으로 발행된다.
④ ABS는 기초자산의 현금흐름을 기반으로 증권을 발행하며, 다양한 구조와 보강을 통해 높은 신용도로 설계될 수 있다.

45 자산유동화증권(ABS)의 신용보강 방법 중 외부 신용보강에 해당하는 것은?

① 지급보증
② 예치금 적립
③ 후순위증권 발행
④ 초과 스프레드 적립

46 다음 중 자산유동화증권(ABS; Asset Backed Security)에 대한 설명으로 옳지 않은 것은?

① 부실대출도 기초자산으로 활용하여 증권을 발행할 수 있다.
② 유동화 대상 자산의 동질성이 높을수록 유동화가 용이하다.
③ 유동화 대상 자산은 자산보유자가 계속해서 직접 관리한다.
④ 자산유동화증권은 자산보유자보다 높은 신용등급으로 발행될 수 있다.

47 다음 중 저당대출에 대한 설명으로 옳지 않은 것을 모두 고른 것은?

> ㉠ 원리금 동시 상환 방식이 일반적이다.
> ㉡ 신용대출에 비해 사무처리 절차가 단순하다.
> ㉢ 회수 비용 및 채무불이행 처리 비용이 크다.
> ㉣ 주로 단기 운전자금 목적의 상품이다.

① ㉠, ㉢
② ㉠, ㉡
③ ㉡, ㉣
④ ㉠, ㉢, ㉣

48 주택저당증권(MBS)에 대한 설명으로 옳지 않은 것은?

① 조기상환 발생 여부에 따라 투자수익이 변동될 수 있다.
② 주택저당대출의 만기에 연동되므로, 일반적으로 단기채로 발행된다.
③ 채권 구조가 복잡하고 현금흐름이 불확실하여, 국채나 회사채보다 수익률이 높은 편이다.
④ 담보자산이 존재하고, 보통 별도의 신용보강이 이루어져 회사채보다 높은 신용등급으로 발행되기도 한다.

49 다음 중 주택저당증권(MBS)에 대한 설명으로 올바른 것은 몇 개인가?

> ㉠ 저당대출의 소유권을 매각하는 방식으로 주택저당증권(MBS)을 발행할 수 있다.
> ㉡ 조기상환이 발생하면 투자자의 수익이 변동될 수 있다.
> ㉢ 금리가 하락할 경우, 투자자는 조기상환 위험에 노출될 가능성이 높다.
> ㉣ 저당대출에 채무불이행이 발생하면 투자자는 손실을 입을 수 있다.
> ㉤ 원리금 균등상환 고정금리부 대출 방식에서는 시간이 지날수록 이자 비중은 줄고 원금 상환 비중은 증가한다.

① 1개
② 2개
③ 3개
④ 5개

50 다음 중 주택저당증권(MBS)에 대한 설명으로 올바른 것은 몇 개인가?

> ㉠ MBS 투자자는 이자율 변동 위험과 조기상환 위험에 직면할 수 있다.
> ㉡ 저당증권은 저당대출과 담보자산을 기반으로 발행된다.
> ㉢ 자산이 담보되어 있고 보통 별도의 신용보강이 이루어지므로 회사채보다 높은 신용등급의 채권으로 발행된다.
> ㉣ 저당대출담보부채권(MBB)은 저당대출의 채무불이행 위험이 투자자에게 이전된다.

① 1개
② 2개
③ 3개
④ 4개

51 다음 중 다계층채권(CMO)에 대한 설명으로 옳지 않은 것은?

① 계층별로 상환 순서가 다르며, 일반적으로 선순위 계층부터 원리금이 지급된다.
② CMO는 다양한 만기 구조를 가진 계층(tranche)으로 구성되어 조기상환위험을 줄인다.
③ CMO는 일반적으로 복수 만기의 채권 구조를 활용하여 다양한 투자자 수요에 대응한다.
④ CMO는 단일 구조의 pass-through를 기반으로 하며, 모든 투자자에게 동일한 원리금을 배분한다.

52 신용보강방법 중 채권보험(Bond Insurance)에 대한 설명으로 옳은 것은?

① 수익률이 높은 tranche에 우선적으로 배분되는 구조로 구성된다.
② 보험사가 증권의 원리금 지급을 보장하는 외부 신용보강 수단이다.
③ 발행기관이 직접 원리금을 보증하며, 채권자에게 상환 책임을 진다.
④ 발행 시점에 별도로 설정한 준비금을 통해 손실을 흡수하는 방식이다.

53 다음 중 신용평가 시 일반적으로 고려되는 요소로 옳지 않은 것은?

① 담보 부동산의 유형
② 대출형태 및 상환구조
③ 대출채권의 지역적 분산도
④ 대출자의 투자성향과 금융소득 수준

54 역모기지론(Reverse Mortgage)에 대한 설명으로 옳지 않은 것은?

① 역모기지 계약이 체결되면, 금융기관은 대출자의 생존 기간 동안 상환을 요구할 수 없다.
② 역모기지 계약 체결 후, 대출자는 중도상환 의무 없이 매월 연금 형태로 대출금을 수령한다.
③ 역모기지론은 주택을 담보로 하여 대출이 이루어지므로, 대출자의 신용이나 상환능력보다는 향후 주택의 예상 가치를 기준으로 대출금이 산정된다.
④ 부부 모두 사망 시 주택을 처분하여 정산하며, 연금 수령액이 주택 가액을 초과하더라도 상속인에게 추가 청구하지 않지만, 반대로 주택 가액이 남을 경우에도 상속인에게 잔액이 지급되지 않는다.

55 퇴직연금제도에 대한 설명으로 옳지 않은 것은?

① 확정기여형(DC)은 연금계리가 필요하지 않다.
② 개인형 퇴직연금제도(IRP)는 가입자가 퇴직하는 즉시 퇴직연금을 지급한다.
③ 확정급여형(DB)과 확정기여형(DC) 모두 개인형 퇴직연금계좌(IRP)에 추가로 납입할 수 있다.
④ 확정기여형(DC) 제도는 기업이 부담해야 할 부담금 수준이 사전에 확정되고 근로자가 운용의 주체가 되어 적립금을 운용한 후 그 손익에 따라 근로자의 퇴직급여가 변동된다.

56 퇴직연금제도에 대한 설명으로 옳은 것을 모두 고른 것은?

> ㉠ 운용수익률이 임금상승률보다 높을 경우, 확정기여형(DC)이 더 유리할 수 있다.
> ㉡ 확정급여형(DB)과 확정기여형(DC) 모두 개인형 퇴직연금(IRP)에 추가 가입할 수 있다.
> ㉢ 근로자의 근속기간과 급여 수준에 따라, 퇴직 시 수령할 금액이 사전에 정해지는 것은 확정기여형(DC)이다.
> ㉣ 퇴직 적립금의 운용 책임이 사용자에게 있고, 운용 결과에 따라 사용자의 부담금이 달라질 수 있는 제도는 확정기여형(DC)이다.

① ㉠, ㉡
② ㉠, ㉢
③ ㉡, ㉢
④ ㉢, ㉣

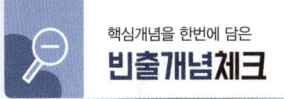

3장 부동산관련 상품

부동산의 개념과 특성

1 부동산의 개념

개요	• 부동산이란 일반적으로 토지와 그 정착물을 의미하지만, 바라보는 시각에 따라 다양한 의미를 가지고 있음 • 부동산의 개념을 파악할 때는 부동산을 바라보는 다양한 측면에서 복합적인 이해가 필요함 ▶ 부동산의 복합개념(compound concept)
유형적 측면	물리적 측면: 자연물 · 공간 · 위치 · 환경 등의 속성
무형적 측면	• 사회 · 경제적 측면: 자산 · 생산요소 · 자본 · 소비재 · 공공재 등의 속성 • 법률적 측면: 소유권 등 권리의 목적물로서의 의미

2 부동산의 일반적 특성

자연적 특성	• 부동성(지리적 위치의 고정성)
	  - 부동산은 위치가 고정되어 이동이 불가능하므로, 동산과 구별된 공시방법이 필요하며, 부동산 현상의 국지화를 초래함
	  - 이에 따라 부동산 활동은 임장활동과 정보수집 활동을 중심으로 이루어질 수밖에 없음
	• 영속성(내구성 · 불변성 · 비소모성): 부동산은 물리적으로 소모되지 않아 영속성을 가지며, 특히 토지는 감가상각이 적용되지 않는 반면 건물은 인위적 구조물이므로 내용연수에 따라 감가상각이 적용됨
	• 부증성(비생산성): 토지는 물리적으로 재생산이 불가능하며, 공급이 완전 비탄력적이기 때문에 지가 상승과 지대 형성의 원인이 됨
	• 개별성(비동질성 · 비대체성): 부동산은 동일한 위치나 조건의 복수 자산이 존재하지 않아 개별성을 가지며, 이로 인해 일물일가의 법칙이 적용되지 않으므로, 감정평가나 투자분석 시 개별적 분석이 필수적임

인문적 특성	• 용도의 다양성: 부동산은 주거용, 상업용, 공업용, 공공용, 농림어업용 등 다양한 용도로 사용될 수 있으며, 용도의 전환 또는 병존이 가능하므로 최유효 이용 판단이 중요함 • 합병 · 분할의 가능성: 토지는 이용 목적에 따라 인위적으로 합병 또는 분할이 가능하며, 이는 용도의 다양성과 밀접하게 연결됨 • 위치의 가변성: 부동산의 물리적 위치는 고정되어 있지만, 사회적 · 경제적 · 행정적 환경 변화에 따라 가치와 용도는 변할 수 있으므로, 위치의 상대적 가치가 가변적임

※ 일물일가의 법칙: 완전 경쟁시장 존재 가정 하에, 동일한 상품은 어느 국가에서든 동일한 가격을 가져야 한다는 법칙

01 부동산의 개념과 특성

3장 부동산관련 상품

❸ 부동산의 법률적 특성

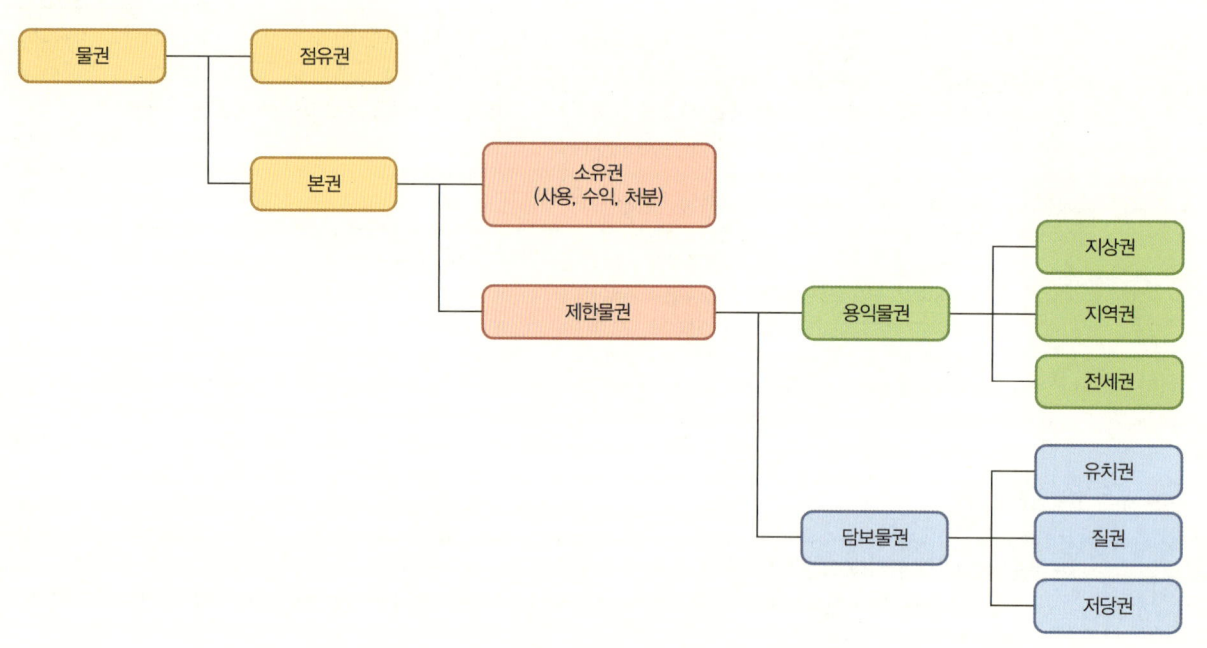

❹ 부동산 관련 주요 법률적 권리

구분	내용	특징
물권	사람이 일정한 물건을 직접·배타적으로 지배하여 이익을 얻을 수 있는 권리	지배성, 배타성, 절대성의 성질을 가짐
점유권	사실상 물건을 지배하는 자에게 인정되는 권리	등기 불요, 법률상 권리와 무관하게 보호됨
소유권	배타적·포괄적으로 물건을 지배할 수 있는 권리	사용·수익·처분 가능, 가장 강력한 물권
용익물권	타인의 물건을 일정한 목적에 따라 사용하는 권리	타인의 물건을 대상으로 하며 목적 제한적임
담보물권	채권을 담보하기 위해 물건 위에 설정하는 권리	일반 물권과 달리 채권을 담보하기 위한 부수적 권리로, 수반성·부종성·우선변제권을 가짐
유치권	채권자가 목적물을 점유하며 변제받을 때까지 반환을 거부할 수 있는 권리	담보물권, 등기 불요, 경매 청구권 없음, 유치권자의 목적물 점유 필요
저당권	목적물을 인도 없이 담보로 삼아 우선변제를 받을 수 있는 권리	무점유담보물권, 등기 필요, 실행 시 경매 가능

01 3장 부동산관련 상품
부동산의 개념과 특성

❺ 부동산 소유권 공시제도

정의	물권은 제3자에게 영향을 미치므로 이를 공시할 필요가 있으며 이를 위한 제도가 등기제도임 ※ 등기: 등기부에 부동산 표시 및 관련 권리관계를 기재하는 행위
등기기관	등기관(등기소)
등기 대상	토지, 소유권, 지상권, 지역권, 전세권, 저당권, 임차권, 환매권, 등기청구권 등
권리 구분	• 물권: 소유권, 지상권, 지역권, 전세권, 저당권 등 • 채권: 부동산임차권 등
등기의 효력	본등기 시점에 따라 다름
등기의 효력 분류	• 물권 변동적 효력: 부동산 물권 변동은 등기를 해야 효력이 발생하므로, 본등기는 권리의 발생·변경·소멸 등의 실체적 효력을 가짐 • 순위 확정적 효력: 먼저 등기된 권리가 후순위 등기보다 우선적 지위를 가지며, 이는 경매 시 배당순서 등에서 중요한 역할을 함 • 형식적 확정력: 공적 장부로서 제3자에 대한 공신력을 일정 부분 확보(누구나 등기부 열람 가능) • 대항적 효력: 등기를 통해 권리자가 제3자에게 자신의 권리를 주장할 수 있음 • 권리존재 추정력(적법추정효): 등기부에 기재된 권리는 실제로 존재하는 것으로 법적으로 추정됨 • 점유적 효력: 등기 자체가 점유와 유사한 법적 효력을 가짐
청구권 보전 등기 (가등기)	매매계약 체결 후 본등기 전 단계에서 청구권 보전의 효력 → 본등기 후에는 순위보전 효력 발생

❻ 부동산 공법 vs 부동산 공시제도

구분	부동산 공법	부동산 공시제도(사법)
법적 성격	공법(행정법) 영역 ▶ 국가·지자체 주관	사법(민법+부동산등기법) 영역 ▶ 개인이 주체
목적	공공복리와 사회정책적 목표 달성	권리관계의 명확화 및 제3자 보호
규율 대상	토지·건축물의 소유·이용·개발·보전에 관한 규제	부동산에 관한 소유권·물권변동의 공시
근거 법률	국토기본법, 국토계획법, 건축법, 농지법 등	민법, 부동산등기법
효과	소유권 행사의 제한 및 규제	물권변동의 대항력 발생

02 3장 부동산관련 상품
부동산의 경제적 측면

1 부동산 시장의 주요 특성

시장의 국지성	• 부동산은 지리적 위치의 고정성으로 인해 시장이 지역적으로 분절됨 • 지역적으로 한정된 불완전한 시장형태로 인해 적정한 시장가격의 도출이 어려우며, 감정평가 등의 전문적인 가격산정 방법이 요구됨
거래의 비공개성	• 부동산은 거래 정보가 외부에 공개되지 않는 경향이 강함 • 최근에는 실거래가공개 시스템 등으로 인해 거래의 비공개성이 일부 해소됨
비표준화성	부동산의 개별성으로 인해 표준화된 가격 형성이 어려움(일물일가 법칙 적용 불가)
시장의 비조직성	공공시장이나 거래소처럼 정형화된 구조가 없고, 중개업소나 사적 네트워크에 의존함
수요공급의 비조절성	• 부동산은 공급 탄력성이 낮아 단기간 내 공급 조절이 어려움 • 수요 증가로 가격이 상승하더라도 이에 맞춰 공급을 증가시키기가 어려워서 불완전한 시장이 됨
기타 특성	• 매매기간의 장기화 • 과다한 법적 규제 • 금융시장과의 연계성 큼

2 부동산 경기변동의 특징

- 건축순환주기를 기준으로 일반경기에 비해 약 2배 정도 주기가 길게 나타난다.
- 일반경기의 변동에 비해 저점은 깊고 정점은 높다.
- 지역적·국지적으로 나타난 후 전국적·광역적으로 확대된다(일반경기보다 시간적으로 후행함).
- 상업용·공업용은 일반경기변동과 동행하나, 주거용은 역순환을 보이는 경우가 있다.

3 부동산 경기변동의 유형

하향시장	• 부동산 가격 ↓, 거래 ↓, 금리와 공실률 ↑ • 과거의 사례가격은 새로운 거래가격의 상한선이 됨(매수자 중시 현상)
회복시장	• 부동산 가격 하락의 중단·반전으로 가격 상승 시작, 거래 ↑ • 개별 또는 지역별 회복, 과거의 사례가격은 새로운 거래가격의 기준가격 또는 하한선이 됨
상향시장	• 거래의 지속적 활발 & 부동산 가격의 지속적 상승 • 과거의 사례가격은 새로운 거래가격의 하한선이 됨(매도자 중시 현상)
후퇴시장	• 부동산 가격이 정점을 찍고 하향세로 전환 • 거래 ↓, 금리 ↑, 여유자금 ↓
안정시장	• **부동산 시장만의 특수한 국면**으로, 시장이 점차 안정되어 감 • 위치가 좋고 적정규모의 주택 등의 부동산을 대상으로 한 부동산 가격의 가벼운 상승세 유지 및 안정 • 과거의 사례가격은 새롭게 신뢰할 수 있는 거래의 기준이 됨

03 3장 부동산관련 상품
부동산 투자

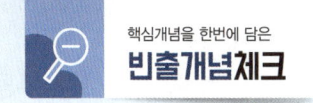

① 부동산 투자 결정 과정

투자의 목적 및 제약조건 명확화	투자자금의 규모, 유동성, 투자기간, 분석 및 예측능력, 규제 및 세금 등
▼	
부동산 투자환경의 분석	시장분석, 법적 환경분석, 사회정치적 환경분석 등
▼	
현금흐름의 예측	운영에 의한 현금흐름과 매도에 의한 현금흐름
▼	
투자의 타당성 분석	간편법, 현금흐름 할인법, 전통적인 감정평가법 등
▼	
투자의 결정	투자의 실행을 최종적으로 결정

② 부동산 운용에 의한 현금흐름

	연간 단위당 임대료	-
×	임대 단위 수	-
=	잠재 총소득(PGI)	-
-	공실 등	공실 발생으로 인한 임대료 미수입
+	기타 소득	주차장 임대료 수입, 자동판매기 수입 등
=	실제 총소득(EGI)	-
-	운용비용(OE)	• 변동비용: 관리비, 수선비, 광고료 등 • 고정비용: 재산세 등 부동산 보유세, 손해보험료 등
=	순운용소득(NOI)	-
-	부채상환액(DS)	• 평균이자율, 대출기간 및 레버리지 비율 파악 ▶ 부채의 유형·규모 및 영향 분석 • LTV(대출비율) = $\dfrac{\text{대출금}}{\text{부동산 가격}}$ • DSR(부채상환비율) = $\dfrac{\text{순운용소득}}{\text{부채상환액}}$
=	세전 현금흐름(BTCF)	-
-	소득세(TO)	-
=	세후 현금흐름(ATCF)	투자자가 가장 관심을 갖는 금액

03 3장 부동산관련 상품
부동산 투자

③ 부동산 매도에 의한 현금흐름

매도 순수익	= 예상 매도가격 − 매도비용
세전 수취 자기자본	= 매도순수익 − 미상환 저당대출잔고
세후 수취 자기자본	= 세전 수취 자기자본 − 양도소득세

④ 투자의 타당성 분석

간편법	• 순소득승수 = $\dfrac{\text{총 투자액}}{\text{순운용 소득}}$ ▶ 자본회수기간 • 투자이율 = $\dfrac{\text{순운용 소득}}{\text{총 투자액}}$ ▶ 순소득승수의 역수 • 자기자본수익률 = $\dfrac{\text{세전 현금 흐름}}{\text{자기자본 투자액}}$

현금흐름
할인법
	• 화폐의 시간가치(TVM)를 반영한 계산법(현재 부동산 가격 = 장래 현금흐름을 할인한 현재가치)
	• 순현재가치
	  − 현금유입액의 현재가치 − 현금유출액의 현재가치
	  − 현재가치가 0보다 크거나 같으면 투자안을 채택하고, 0보다 작으면 기각
	• 내부수익률
	  − 현금유입액의 현재가치와 현금유출액의 현재가치를 일치시키는 할인율
	  − 내부수익률이 요구수익률보다 크거나 같으면 투자안을 채택하고, 요구수익률보다 작으면 기각
	• 수익성지수(편익/비용비율)
	  = $\dfrac{\text{현금흐름의 현재 가치}}{\text{최초 투자액}}$
	  − 수익성지수가 1보다 크거나 같으면 투자안을 채택하고, 1보다 작으면 기각

전통적 감정평가	• 거래사례비교법: 거래사례가격 × 사정보정 × 시점수정 × 지역요인비교 × 개별요인 비교 × 면적비교 • 수익환원법: 재조달원가 − 감가누계액(감가수정 = 매년 감가액 × 경과년수) • 원가법 = $\dfrac{\text{순이익(총수입−총비용)}}{\text{환원 이율}}$

⑤ 부동산 가격의 결정

- 시장 가격: 부동산 거래현장에서 매도 · 매수 호가에 의해 정해지는 가액
- 세법상 과세표준가격
  - 기준시가 : 부동산 거래 등에 따른 양도소득세 및 상속 · 증여세 가액 산정의 기준으로 삼는 가격
  - 시가표준액: 취득세, 등록세 등 각종 지방세의 과세표준을 정하기 위해 공시된 가격
- 감정평가액: 감정평가사가 조사 · 평가한 가액
- 공시지가: 국토교통부장관이 조사 · 평가하여 매년 1월 1일 공시한 표준지의 단위면적당(m^2) 가격

03 부동산 투자

3장 부동산관련 상품

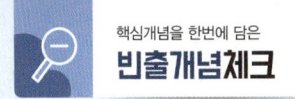

❻ 부동산 가격에 영향을 주는 요인

일반적 요인	• 사회적 요인: 인구, 가족 구성, 도시화, 교통 여건, 교육 수준 등 • 경제적 요인: 저축 및 소비 수준, 물가·금리·임금 수준, 재정·금융 정책 등 • 행정적 요인: 토지이용계획, 세제 정책, 공시지가, 부동산 관련 규제 등
지역요인	• 주택지 지역요인: 주변 환경, 일조, 도로 상황, 교통 접근성 등 • 상업지 지역요인: 고객 접근성, 경쟁 업소 현황, 유동인구 등 • 공업지 지역요인: 원재료 접근성, 교통, 상하수도 등 기반시설, 근로자 확보 용이성 등 • 농업지 지역요인: 기후, 토양 상태, 경사, 거리 등 • 임업지 지역요인: 입지, 기온·강수 등 자연적 요인
개별요인	• 토지 개별 요인: 위치, 면적, 지세, 형상, 접면 너비, 도로 접합, 용도지역 등 • 건물 개별 요인: 면적, 구조, 층수, 재료, 시공 상태, 노후도 등

❼ 부동산 투자방식별 비교

직접투자 vs 간접투자	• 간접투자는 세제 혜택, 운용의 전문성, 상품의 다양성, 높은 안정성 등의 이유로 직접투자에 비해 수익성과 안정성 면에서 유리한 측면이 있음 • 세제 효과: 간접투자는 재산세 분리과세가 적용되고, 종합부동산세가 면제되며, 법인세와 매각차익에 대한 과세도 발생하지 않음 • 운용의 전문성: 전문 부동산 인력이 투자 위험을 면밀히 분석하고 대응 방안을 마련하며, 설정 이후에도 풍부한 경험을 바탕으로 체계적인 프로젝트 관리가 가능함 • 상품의 다양성: 국내외 다양한 기관과 공동투자가 용이하며, 각 투자자의 자금 성격에 맞춘 맞춤형 상품 설계가 가능함 • 안정성 및 유동성: 주식이나 수익증권처럼 매매가 가능하여 직접 부동산 투자보다 유동성이 높으며, 보고 및 공시 의무를 통해 자금 운용의 투명성도 확보됨
공모 vs 사모	• 부동산 투자는 물건 확보 경쟁 과열, 거래의 복잡성 등의 특성으로 인해 현재까지는 사모 방식이 국내시장에서 주를 이루고 있음 • 그러나 향후 부동산 간접투자시장이 확대될 것으로 전망되며, 이에 따라 공모시장도 점차 활성화될 것으로 예상됨 • 투자 대상의 특성과 자금의 성격에 따라 공모 또는 사모 방식 중 적절한 방식을 선택할 수 있음
Equity vs Debt 투자	• Debt 투자: 프로젝트파이낸싱(PF)이나 담보대출 등 대출 기반의 안정적인 투자 방식 • Equity 투자: 부동산 실물 매입이나 개발사업 참여 등 직접적인 소유와 적극적인 수익을 추구하는 방식 • 투자자의 성향, 기대수익률, 투자기간 등의 자금 특성에 따라 Debt 또는 Equity 방식이 선택되며, 부동산 시장이 상승기일 때는 고수익을 기대할 수 있는 Equity(지분) 투자에, 시장 하락기에는 안정성이 높은 Debt(부채) 투자에 대한 선호가 높아짐

03 3장 부동산관련 상품
부동산 투자

❽ 부동산 투자기구별 비교

구분	부동산 펀드(Real Estate Fund)	부동산 투자회사(REITs)
개요	• 집합투자업자가 다수의 투자자(사모의 경우 50인 미만)로부터 자금을 모아 주식, 채권, 파생상품, 부동산, 실물자산 등에 투자한 후, 그 수익을 투자자에게 배분하는 부동산 집합투자기구 • 집합투자업자(운용사), 펀드를 판매·중개하는 투자매매업자 또는 투자중개업자(판매사), 집합투자재산을 보관·관리하는 신탁업자, 회계 및 일반사무를 처리하는 일반사무관리회사 등이 참여	• 다수의 투자자로부터 자금을 모아 부동산에 투자·운용하고, 그 수익을 투자자에게 배분하는 부동산 간접투자기구 • 주주총회, 이사회, 감사 등 일반 법인과 동일한 내부 의사결정 구조를 가짐(∵ 상법상 주식회사) • 자산관리회사(AMC)는 리츠로부터 위탁받아 보유 부동산의 관리 및 운용업무(임대차, 관리·유지보수, 부동산 서비스업무 등 부동산과 관련된 제반 실무)를 수행함 • 설립절차: 정관 작성 → 정관 인증 → 주식 발행사항 결정 → 주식 인수 및 납입 → 임원 선임 → 설립조사 보고 → 대표자 선출 → 설립등기
근거법	자본시장과 금융투자업에 관한 법률	부동산 투자회사법
설립	금융감독원 등록	발기설립 - 국토교통부의 영업인가
법적 성격	계약(법인격 없음)	상법상 주식회사
최소 자본금	제한 없음	50억(자기관리형 리츠: 70억)
자산 운용	부동산 개발·대출·실물매입 및 운용(부동산 등에 50% 이상 투자) ※ 증권형이나 특별자산형 등 다른 유형의 집합투자기구도 부동산에 일부 투자할 수는 있으나, 그 투자 비중은 50% 미만이어야 함	부동산 개발·실물매입 및 운용(부동산 등에 70% 이상 투자)
투자 기간	실물 부동산 매입 시 1년 이상 보유	
주식 분산	제한 없음	1인당 50% 이내 (단, 연기금·공제회 등의 소유지분은 제한 없음)
운용 보수	일반적으로 리츠보다 낮음	별도 관리조직 유지 등에 따라 다소 높음
자금 차입	순자산의 2배 이내(일반 사모펀드는 4배 이내)	자기자본의 2배 가능 (주총 특별결의 시 자기자본의 10배까지 가능)
자금 대여	순자산의 100% 이내	금지
법인세	법인세 과세 대상 아님	• 자기관리형: 부과 • 위탁관리형, CR REITs: 면제

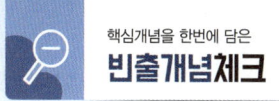

04 부동산 이용 및 개발

3장 부동산관련 상품

❶ 부동산의 이용 및 개발

의의	국토의 이용·개발 및 보전에 있어서 미래의 경제적·사회적 변동에 대응하여 국토가 지향하여야 할 발전 방향 설정 및 이를 달성하기 위한 계획
구분	국토종합계획, 도종합계획, 시·군종합계획, 지역계획, 부분별 계획 등

❷ 도시계획

의의	특별시·광역시·시 또는 군의 관할구역에 대하여 수립하는 공간구조와 발전 방향에 대한 계획으로, 도시기본계획과 도시관리계획으로 구분
도시기본계획	특별시·광역시·시 또는 군의 관할구역에 대하여 기본적인 공간구조와 장기 발전 방향을 제시하는 종합계획으로, 도시관리계획 수립의 지침이 되는 계획
도시관리계획	특별시·광역시·시 또는 군의 개발·정비 및 보전을 위하여 수립하는 토지비용·교통·환경·경관·안전·산업·정보·통신·보건·후생·안보·문화 등에 관한 구체적인 계획

❸ 용도지역·지구·구역

용도지역	• 전국의 토지를 대상으로 중복되지 않도록 지정
	• 순차적으로 지정도 가능하며, 지역의 지정이 없는 토지도 있음
	• 구분
	  – 도시지역(주거지역, 상업지역, 공업지역, 녹지지역)
	  – 관리지역(보전, 생산, 계획)
	  – 농림지역
	  – 자연환경보전지역
	• 건폐율 = $\dfrac{건축물\ 바닥\ 면적}{대지\ 면적}$
	• 용적률 = $\dfrac{건축물\ 연\ 면적}{대지\ 면적}$

용도지구	• 용도지역을 보완하기 위해 건축물의 용도 또는 형태·구조 등을 규제 • 국지적으로 지정되며 중복지정 가능 • 경관지구, 미관지구, 고도지구, 방화지구, 방재지구, 보존지구, 시설보호지구, 취락지구, 개발진흥지구, 특정용도제한
용도구역	• 도시의 무질서한 확산·시가화 방지 및 개발행위의 유보·제한 또는 수자원의 보호·육성을 위하여 이미 지정된 용도지역이나 지구와 관계없이 독자적 지정 • 구분: 개발제한구역, 도시자연공원구역, 시가화조정구역, 수산자원보호구역

04 3장 부동산관련 상품
부동산 이용 및 개발

④ 부동산 개발의 개념 및 과정

(1) 개념
- 최적입지에 만들어진 공간을 소비자에게 제공하는 것
- 부동산 최유효이용을 위한 부동산 활동
- 토지 위 건물·공작물의 건축으로 부동산공간의 창출 및 건축을 위한 택지·공장부지 등의 조성 포함

(2) 과정

단계	내용
1단계: 구상	최유효이용을 위한 아이디어의 창출
2단계: 예비적 타당성 분석	투자의 타당성 분석과 동일한 단계로, 기본 구상과 개발방향 설정
3단계: 부지의 모색과 확보	시장분석을 통하여 각 대안 부지 비교·판단
4단계: 타당성 분석	당해 부지에 대한 개발사업의 실행 가능성
5단계: 금융	개발사업의 시행을 위한 자금의 조달(건축대출·저당대출)
6단계: 건설	개발사업의 착공부터 완공까지의 단계로, 개발사업 성패에 중요한 영향을 미침
7단계: 마케팅 단계	흡수율 분석 등을 통한 시장성을 분석하고 잠재적 임차인·매수자 타겟 설정(적절한 임대료·분양가 산정)

(3) 부동산 최유효이용
- 정의: 특정 부동산을 법적으로 허용되고, 물리적으로 가능하며 재무적으로 타당하고, 가장 높은 수익성을 창출할 수 있는 이용 형태
- 요건
  - 법적 허용성: 관련 법규 내에서 가능한 이용이어야 함
  - 물리적 가능성: 토지의 위치, 면적, 형상, 환경 조건에 맞아야 함
  - 재무적 타당성: 비용 대비 수익이 확보될 수 있어야 함
  - 최대수익성: 가능한 대안 중 가장 높은 가치를 창출하여야 함

05 3장 부동산관련 상품
부동산 펀드

1 부동산 펀드의 유형별 특징

대출형
(PF 펀드)
	• 개념: 특정 프로젝트로부터 장래에 발생할 현금흐름을 담보로 자금을 조달하는 금융기법
	• 장점
	  – 비소구금융 구조를 통해 채무에 대한 책임이 프로젝트 자산에 한정됨
	  – 부외금융 효과(Off-Balance Financing)로 기업 재무제표에 부채를 직접 반영하지 않음
	  – 미래 현금흐름을 기반으로 여신이 가능하여 담보 외 자산이 적은 경우에도 자금조달 가능
	  – 이해당사자 간 위험을 분산 및 배분할 수 있는 구조
	• 단점
	  – 계약 구조 및 금융 절차가 복잡하며, 전문적인 법률·금융 지식이 요구됨
	  – 일반 금융에 비해 조달 비용이 상대적으로 높음
	  – 사업 참여자 간의 이해관계 조율이 어려워 협상이 장기화될 수 있음
	• 안정성 확보 수단
	  – 사업대상 부지 및 공사 중인 건물에 대한 물적 담보 확보(저당권 설정, 부동산 담보신탁 등)
	  – 제3자를 활용한 채권보전장치(주택도시보증공사(HUG)의 주택사업 금융보증, 한국주택금융공사의 PF 보증 등)

실물매입형
(Equity) 펀드
	• 개념: 투자자의 투자금 및 금융기관의 차입을 통한 펀드로 실물부동산을 매입한 후, 운영을 통해 발생하는 임대료, 관리비 및 기타 수입 등을 운용수익으로 배당하는 부동산 펀드
	• 수익형 부동산 가치분석 방법: 시장접근법(사례비교법), 비용접근법(원가방식), 소득접근법(수익방식)
	• 자본환원율
	  – 소득을 가치로 환원시키는 비율로서, 미래의 현금흐름을 할인하여 현재의 실질적 자산가치를 파악하기 위해 사용되는 할인율
	  – 자본환원율 = $\dfrac{\text{수익형 부동산의 순영업이익(NOI)}}{\text{부동산의 가격}}$

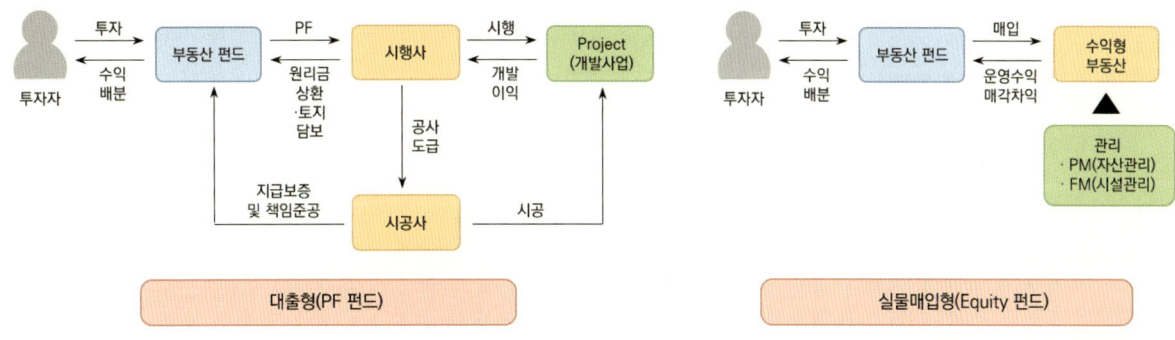

대출형(PF 펀드)   실물매입형(Equity 펀드)

부동산 펀드

3장 부동산관련 상품

❷ 부동산 위험의 종류

부동산 투자의 거시적(체계적) 위험	• 거시경제 위험 　– 재무위험: 금리나 환율 등 거시경제 지표의 변화는 부동산 투자에 필요한 자금조달 환경에 직접적인 영향을 미침 　– 유동성 위험: 부동산은 즉시 현금화하기 어려운 자산으로, 투자자 또는 채권자가 갑작스럽게 현금화를 요구할 경우 자금 회수가 지연되거나 손실이 발생할 수 있는 위험이 큼 　– 인플레이션 위험: 예상치 못한 물가 상승은 화폐 가치 하락을 초래하여 투자수익의 실질 가치를 떨어뜨릴 수 있음, 부동산이 일반적으로 인플레이션을 방어하는 실물자산으로 여겨지긴 하지만 수익이 인플레이션 속도를 따라가지 못하면 실질 수익률은 감소함 • 부동산 시장 위험 　– 정책적 위험: 정부의 부동산 시장에 대한 예기치 못한 정책 변화(세제 개편, 대출 규제 등)는 자산가치 하락, 투자수익 감소 등 직접적인 투자 손실로 이어질 수 있음 　– 수급 위험: 경기 둔화나 공급 과잉으로 인해 수요가 줄어들 경우, 부동산 가격의 하락과 거래 위축이 나타나 투자 회수 시점에 손실 가능성이 커짐
PF 개발 사업의 위험	• 시장 위험: 시장수급 및 전망, 입지요건, 시장성 분석 • 개발주체 위험: 시행사, 시공사 • 사업 위험: 토지확보, 인허가, 재원조달, 사업일정 • 채권보전 위험: 담보위험, 신용보강, 현금통제 • 재무적 위험: 상환 가능성, 현금흐름 예측가능성, 민감도 분석

❸ 부동산 위험관리 수단

PF 위험관리 수단	• 초기 사업 위험: 사업부지 하자, 인허가 지연, 민원 발생 등 • 사업성 위험: 분양성·수익성, 자금조달 계획 • 투자 안정성 위험: 시행사 및 시공사 능력, 원리금 담보확보, 사업관리 능력 • 사업 완성 위험: 공사관리 하자, 시행사 및 시공사 부도, 공사비용 증가 • 분양 위험: 목표분양률 미달 • 재무 위험: 자금관리 투명성, 자금부족 발생, 원리금 상환
실물매입 위험관리 수단	• 유동성 위험: 적절한 시점 부동산을 매각해 Exit 위험 최소화, 거래 소요기간 최소화 • 금리 위험: 부동산 담보대출을 고정금리 장기대출로 이용 • 임대시장 위험: 장기 책임임대차 계약을 통해 임대위험 관리 • 물리적 위험: 예기치 못한 천재지변이나 사고 등 대비 • 임대관리 위험: 갑작스러운 공실률 최소화 • 운영 위험: 운영비용의 증가로 인한 수익 감소 위험 → 전문기관 위탁을 통해 관리원가 등 절감

06 부동산 포트폴리오

3장 부동산관련 상품

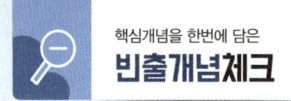

1 포트폴리오의 수익률과 위험의 측정

수익률	• 포트폴리오의 수익률은 개별 부동산의 수익률에 포트폴리오 전체에서 해당 자산이 차지하는 비중을 곱한 것을 더한(가중평균한) 값임
	• a와 b 부동산으로 구성된 포트폴리오의 수익률(R_p) = ($W_a \times R_a$) + ($W_b \times R_b$)
	  - W_a = 전체 포트폴리오에서 a가 차지하는 비중
	  - W_b = 전체 포트폴리오에서 b가 차지하는 비중
	  - R_a = a 자산의 기대수익률
	  - R_b = b 자산의 기대수익률

위험	• 부동산 포트폴리오의 위험(변동성)은 단순히 두 부동산의 분산을 가중 평균한 것이 아니며 두 자산 간의 공분산까지도 포함됨
	• a와 b 부동산으로 구성된 포트폴리오의 분산 = $W_a^2 \sigma_a^2 + W_b^2 \sigma_b^2 + 2W_a W_b \times \sigma_{ab}$
	  - σ_a^2 : a 부동산의 분산
	  - σ_b^2 : b 부동산의 분산
	  - σ_{ab} : a, b 부동산의 공분산

2 포트폴리오의 위험

총위험	부동산 투자의 전체 위험 = 체계적 위험 + 비체계적 위험
체계적 위험	• 시장의 불확실성으로 인한 시장 전체의 변동과 관련된 위험 • 분산이 불가능하여 피할 수 없는 위험
비체계 위험	• 해당 투자대상의 부동산 고유한 특성에 의해서 발생하는 위험 • 분산이 가능하여 피할 수 있는 위험

3 포트폴리오의 분산투자 효과

- 포트폴리오에 투자되는 투자안이 많을수록, 투자안들의 비체계적 위험이 서로 상쇄되며 포트폴리오의 총위험이 낮아지는 효과가 있다.
- 부동산은 주식 및 채권과 낮은 상관관계를 가지고 있으므로, 부동산을 포함한 혼합 포트폴리오를 구성 시 전반적인 위험을 낮출 수 있다.
- 주식, 채권 등에 주로 투자하는 뮤추얼펀드에 부동산·부동산에 관한 권리의 편입 시 주식, 채권, 부동산 등의 비체계적 위험이 서로 상쇄되며 뮤추얼펀드의 위험이 낮아진다.
- 부동산 펀드의 경우 부동산의 유형별과 지역별 포트폴리오 구성을 동시에 할 경우 부동산 총위험의 감소 효과가 더욱 크다.

07 3장 부동산관련 상품
부동산 가치평가

① 가격과 가치

부동산의 가격	• 부동산이 실제로 거래된 시점에, 매수자와 매도자 간에 실제로 지불, 수수된 금액 • 과거 시점의 거래를 기준으로 하며, 일정 시점에 단 하나의 가격만 존재함
부동산의 가치	• 부동산이 장래에 창출할 것으로 기대되는 편익을 현재가치로 환산한 것 • 미래를 전제로 논의하며, 동일한 부동산이라도 목적에 따라 다양한 가치 존재(시장가치, 투자가치, 과세가치, 보험가치 등)
시장가치	공정한 거래에 필요한 모든 조건이 충족된 상태의 공개된 경쟁 시장에서 충분한 정보를 가진 매수자와 매도자가 강요 없이 자발적으로 거래에 임하며, 가격이 특별한 동기에 의해 왜곡되지 않는다는 전제 하에 형성될 가능성이 가장 높은 부동산의 가격

② 부동산 가치분석 과정

가치형성요인 분석	일반요인, 지역요인, 개별요인으로 구분하여 분석

▼

가치추계의 제 원칙 입각	예측의 원칙, 수요공급의 법칙, 최유효이용의 원칙, 외부성의 원칙 등 여러 가지 원칙에 입각

▼

가치추계(감정평가)	비교사례접근법, 비용접근법, 소득접근법 등 다양한 부동산 가치 추계방법으로 가치 추정 및 이들 간의 가치조정

▼

가치결론	최종적인 부동산 가치 산정

③ 부동산 가치의 형성요인

일반요인	• 모든 지역과 용도의 부동산에 광범위하게 작용하는 사회 · 경제 · 행정적 수준의 요인 • 사회적 요인(인구 변화, 교육 · 사회복지 수준 등), 경제적 요인(소비 · 저축 · 투자 수준, 재정 · 금융 상태 등), 행정적 요인(토지제도, 용도 규제, 토지 · 주택 정책 등)으로 구분
지역요인	• 특정 부동산이 속한 지역의 입지적 · 환경적 특성에 따른 요인 • 지역의 경제력, 접근성, 자연환경, 기반시설 등이 포함됨
개별요인	• 개별 부동산의 고유한 상태나 조건에 따라 가치에 영향을 주는 요인 • 건물(면적, 높이, 구조, 재질 등)과 토지(모양, 면적, 방위, 위치 등)의 특성이 포함됨

07 부동산 가치평가

3장 부동산관련 상품

4 지역 및 개별분석

지역분석	• 대상 부동산이 속한 시장지역을 확정하고, 해당 지역 요인이 부동산 가치에 미치는 영향을 분석하여 지역 내 전반적인 부동산의 가격 수준을 판단하는 절차 • 지역분석은 먼저 대상 부동산이 속한 지역의 용도와 범위를 설정하는 것에서 시작되며, 일반적으로는 인근지역, 유사지역, 동일수급권으로 범위를 구분하고, 이후 시장 내에서 비교 가능한 거래사례를 수집하고 분석함 • 인근지역: 평가 대상 부동산 주변의 직접적인 영향권 내 지역 • 유사지역: 인근지역과 입지나 용도 특성 등이 유사한 지역 • 동일수급권: 인근지역 및 유사지역을 포함한 광역적인 수요·공급이 이루어지는 지역
개별분석	• 감정평가에서 대상 부동산의 개별적인 특성과 조건을 분석하여 가장 합리적이고 경제적인 이용 방식(최유효이용)을 판단하는 과정 • 부동산은 지리적 위치가 고정되어 이동이 불가능하고 개별성이 크며 용도가 다양하므로, 정확하고 공정한 평가를 위해 객관적이고 정밀한 개별분석이 반드시 요구됨

5 부동산 가치추계 원칙

- 예측의 원칙: 부동산의 가치는 과거보다 미래의 예상 편익에 의해 결정된다.
- 수요·공급의 원칙: 부동산의 가치도 일반 재화와 동일하게 수요와 공급에 의해 결정된다.
- 외부성의 원칙: 부동산의 가치는 주변 환경 등 외부 요인의 영향을 받는다.
- 최유효이용의 원칙: 부동산 가치는 최유효이용을 전제로 한 가격을 기준으로 형성된다(부동산 가치추계 원칙 중 가장 중추적인 원칙).

6 부동산 감정평가의 3방식(가격의 3면성)

구분	시장성	비용성	수익성
평가방식	비교방식(시장접근법)	원가방식(비용접근법)	수익방식(소득접근법)
평가특징	균형가격 (수요와 공급이 일치하는 시장가격)	공급가격	수요가격
평가방법	거래사례비교법 (매매사례비교법)	원가법(복성식 평가법)	수익환원법
시산가격	비준가격 (시장사례를 기준으로 조정)	적산가격 또는 복성가격 (건물원가 + 감가 등)	수익가격

3장 부동산관련 상품
부동산 가치평가

❼ 감정평가 3방식의 장·단점

구분	개념	장점	단점
원가방식 (원가법)	해당 부동산과 유사한 자산을 새로 짓는 데 드는 비용(재조달원가)을 기준으로 감가수정하여 평가	• 재생산 가능한 자산(건물, 기계 등)평가에 적합 • 회사재산, 비상장 부동산 등에 활용 가능 • 토지조성지, 미개발지 평가에 유리	• 시장가치나 수익성 반영이 어려움 • 감가수정 기준이 모호해 오차 발생 가능 • 건물 노후 정도 등에 따라 평가 오차 발생 가능
비교방식 (거래사례 비교법)	유사한 부동산의 실제 거래 사례를 바탕으로 비교·보정하여 평가	• 실거래 기반으로 현실성·신뢰도 높음 • 절차가 비교적 간단하고 빠름	• 유사사례 부족 시 적용 어려움 • 비교 대상 선정 및 조정 과정에서 오류 발생 가능 • 가격 왜곡 또는 외부요인에 의한 오차 발생 가능
수익방식 (수익 환원법)	부동산이 창출할 미래 수익을 현재 가치로 환산하여 평가	• 수익 중심 부동산(상가, 오피스 등) 평가에 적합 • 경제적 가치 중심으로 분석 가능	• 건물이 노후하거나 상태가 열악해도 수익이 유지되면 가치가 높게 평가되어, 노후도나 물리적 상태에 따른 가치 하락을 충분히 반영하기 어려움 • 비수익성 부동산에는 적용이 어려움 • 시장 불안정 지역에서는 순수익과 환산이율 산정이 어려워 예측 정확도가 낮아짐

❽ 원가방식(원가법)

의의	• 재조달원가(대상 부동산과 동일한 효용을 가진 부동산을 새로 공급하는 데 드는 비용)를 기준으로 감가수정을 적용하여 가액을 산정하는 감정평가방법 • 주로 건물 감정평가 시 사용되며, 원가법에 의해 산정된 가격을 적산가격이라 함

적산가격	• 토지가치 + 건물가치
	  – 토지가치: 거래사례비교법이나 잔여법 등을 통해 산출
	  – 건물가치: 재조달원가 – 감가수정액

감가수정	• 감가: 부동산이 시간의 경과나 사용 등으로 인해 경제적 가치나 효용이 감소하는 현상 • 물리적 요인: 일반적인 사용에 따른 마모·훼손, 시간 경과로 인한 노후화, 자연 작용, 우발적 사고에 의한 손상 등 • 기능적 요인: 구조나 설비의 효용 저하로 인한 가치 손실 • 경제적 요인: 외부 환경 변화로 인한 가치 하락(입지 악화 등) • 법률적 요인: 법적 하자나 규제 위반 등으로 인한 가치 손실

07 부동산 가치평가

3장 부동산관련 상품

감가수정의 방법	• 감가수정은 부동산의 사용 연한(내용연수)을 기준으로 하며, 일반적으로 정액법 또는 정률법 중 적절한 방법을 선택하여 적용
	• 정액법
	  – 매년 일정한 금액만큼 감가된다고 가정하고, 총 감가액을 내용연수로 나누어 계산하는 방법
	  – 연간감가액 $= \dfrac{\text{재조달 원가} - \text{잔존 가격}}{\text{경제적 내용 연수}}$
	• 정률법
	  – 매년 일정한 상각률로 감가된다고 가정하고, 매년 말의 잔존가치에 상각률을 곱하여 감가액을 계산하는 방법
	  – 연간감가액 = 잔존가치 × 상각률

9 비교방식(거래사례비교법)

의의	대상 부동산과 유사한 부동산의 실제 거래사례를 기준으로 가격을 비교·조정하여 가액을 산정하는 감정평가 방법
비준가격	• 거래사례의 가격에서 대상 부동산과의 차이를 보정하여 산정한 가격으로, 대상 부동산에 적용 가능한 기준가격 • 비준가격 = 사례 가격(단가) × 사정보정 × 시점수정 × 지역요인보정 × 개별요인보정 × 면적
거래사례 자료 선택	• 대상 부동산과 유사한 지역·용도·규모·시점의 부동산을 기준으로 객관적이고 신뢰성 있는 거래사례를 선택 • 위치의 유사성: 거래사례가 속한 지역의 표준적 이용과 대상 부동산의 표준적 이용을 기준으로 비교 • 시점수정의 가능성: 시간적 유사성을 의미하며, 대상 부동산의 가격시점과 유사한 시점의 거래사례여야 효과적임 • 사정보정의 가능성: 연고자나 특수관계인 등 거래사례가 특수한 사정과 관련되어 있지 않아야 하며, 그렇지 않을 경우 정상가격으로 보정해야 함
거래사례 보정방법	거래사례 부동산과 대상 부동산의 차이를 고려해 시점, 지역, 개별요인을 반영하여 가격을 보정
사례자료의 정상화	• 사정보정: 거래 당시 특수한 사정(급매, 친족 간 거래 등)으로 인해 가격이 왜곡된 경우, 이를 정상적인 시장가격으로 조정하는 과정 • 시점수정: 거래사례와 감정평가 시점이 다를 경우, 시간 경과에 따른 시장가격의 변동을 반영하여 보정하는 절차 • 지역요인 및 개별요인의 비교: 거래사례 부동산과 대상 부동산 간의 입지, 환경, 건물 상태 등의 차이를 고려해 지역적·개별적 요인을 보정하는 과정

07 3장 부동산관련 상품
부동산 가치평가

❿ 수익방식(수익환원법)

의의	미래 기대 수익(순수익 등)을 환원율로 나누거나 할인하여 현재가치(가격)를 산정하는 감정평가 기법
수익가격	수익가격 = $\dfrac{\text{순수익}}{\text{환원율}} = \dfrac{(\text{총수익} - \text{총비용})}{\text{환원율}}$

순수익	• 일정 기간 동안 대상 부동산이 창출할 수익에서 경비를 공제한 금액
	• 유형: 가능 총소득, 유효 총소득, 순영업소득(NOI), 세전·세후 현금흐름 등
	• 산정방법
	  – 직접법: 총수익과 총비용을 직접 산정
	  – 간접법: 유사 부동산 수익률에 지역·개별요인을 보정
	  – 잔여법: 복합 부동산의 경우, 일부 부문 순수익을 기준으로 나머지 평가

환원이율	• 의의: 부동산 순수익의 자본환원비율, 즉 가격 대비 순수익의 비율
	• 종류
	  – 토지환원이율
	  – 건물환원이율
	  – 종합환원이율(토지+건물 포함)
	• 산정방법
	  – 시장추출법: 유사 부동산의 실거래사례로부터 환원이율을 직접 추출
	  – 요소구성법: 무위험이자율에 위험보상률 등을 합산하여 환원이율을 산출
	  – 투자결합법: 자기자본과 타인자본(대출)의 자금 구성 비율에 따라 각 자본의 요구수익률(자기자본수익률, 대출이자율)을 가중평균하여 환원이율을 산출

순영업소득(NOI) 환원방법	• 직접환원법: 부동산의 순영업소득(NOI)을 환원이율로 나누어 수익가격을 산정하는 방법 • 할인현금수지분석법: 미래 각 기간에 발생할 것으로 예상되는 현금흐름을 현재가치로 할인하여 부동산의 시장가치를 산정하는 방법

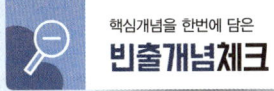

08 3장 부동산관련 상품
부동산 간접투자제도

1 부동산 투자회사의 종류

자기관리 부동산 투자회사	자산운용 전문가를 포함한 임직원을 직접 고용(자체 인력)하여, 투자와 운용을 스스로 수행하는 부동산 투자회사
위탁관리 부동산 투자회사	투자와 운용업무를 외부 자산관리회사(AMC)에 위탁하여 운영하는 부동산 투자회사
기업구조조정 부동산 투자회사	기업구조조정 관련 자산(부실채권, 기업부동산 등)을 투자 대상으로 하며, 자산의 운용을 자산관리회사에 위탁하는 부동산 투자회사

2 부동산 투자회사의 주식발행

- 부동산 투자회사는 인가 또는 등록일로부터 2년 이내에 주식 총수의 30% 이상을 일반청약에 제공해야 함
- 단, 아래의 경우는 예외로 함
  - 국민연금공단 등 대통령령으로 정한 주주가 50% 이상을 인수 또는 매수한 경우
  - 총자산의 70% 이상을 임대주택에 투자한 경우
  - 기업구조조정 부동산 투자회사인 경우

3 부동산 투자회사의 부동산 취득 후 처분제한

국내 부동산 중 주택	1년(단, 미분양주택은 정관에서 정한 기간)
국내 부동산 중 주택이 아닌 부동산	1년
국외에 있는 부동산	정관에서 정하는 기간

※ 부동산 개발사업으로 조성하거나 설치한 토지·건축물 등을 분양하는 경우, 부동산 투자회사가 합병·해산·분할·분할합병을 하는 경우에는 제한 없이 처분 가능

4 기업구조조정 부동산 투자회사

개념	• 기업의 재무구조 개선을 지원하기 위해, 구조조정 목적의 부동산에 주로 투자하는 특수한 형태의 부동산 투자회사 • 부동산 투자회사의 일반적인 요건을 갖추고, 총자산의 70% 이상을 구조조정 관련 부동산으로 투자

특례	• 기업구조조정 부동산 투자회사는 부동산 투자회사에 적용되는 아래의 규정이 적용되지 않음
	  - 영업인가 후 2년 이내 주식 총수의 30% 이상을 일반 청약에 제공해야 하는 규정
	  - 부동산 취득 후 일정 기간 내 처분 금지 규정
	  - 건축물 없는 토지는 개발사업 후에만 처분 가능하다는 규정
	  - 최저자본금 준비기간 종료 후, 총자산의 80% 이상을 부동산 등으로 구성해야 하는 규정

3장 부동산관련 상품

01 다음 중 부동산과 동산의 차이점에 대한 설명으로 옳지 <u>않은</u> 것은?

① 부동산은 일물일가의 법칙이 적용되지 않는다.
② 부동산은 질권·유치권 설정이 불가능하지만, 동산은 가능하다.
③ 부동산은 등기를 통해 공시되며, 동산은 점유를 통해 공시된다.
④ 부동산은 법원에서 강제경매로 강제집행되며, 동산은 집행관이 압류한다.

02 다음 중 부동산의 부증성에 대한 설명으로 옳은 것은?

① 부동산은 물리적으로 재생산이 가능하므로 수요 증가 시 쉽게 공급이 확대된다.
② 부동산은 시간이 지날수록 사용에 따라 가치가 감소하는 소비재의 성격을 가진다.
③ 부동산은 동일한 위치라도 지형이나 주변 환경에 따라 물리적으로 복제할 수 있다.
④ 부동산은 토지라는 비탄력적 자원으로 구성되어 생산량을 인위적으로 늘릴 수 없다.

03 다음의 민법상 물권 중에서 담보물권에 해당하는 것으로 옳지 <u>않은</u> 것은?

① 질권
② 유치권
③ 소유권
④ 저당권

04 부동산 물권 중 제한물권에 해당하지 <u>않은</u> 것은?

① 점유권
② 지상권
③ 유치권
④ 저당권

05 다음 중 부동산 경기변동의 유형에 대한 설명으로 옳지 <u>않은</u> 것은?

① 회복시장 : 경기가 차츰 회복되며 가격 하락이 중단되고 상승 반전하는 시기이다.
② 하향시장 : 부동산 가격이 하락하며, 거래는 한산하고 금리와 공실률이 높아지며, 매도자 중시 현상이 커진다.
③ 상향시장 : 부동산 가격이 활발하나 경기가 후퇴할 가능성이 있으며, 과거의 사례 가격은 새로운 가격의 하한선이 된다.
④ 안정시장 : 부동산 시장만의 특수한 국면으로, 위치가 좋고 적정규모의 주택 등의 부동산을 대상으로 한 부동산 가격이 가벼운 상승세를 유지하며 안정세에 들어선다.

06 A지역의 부동산 시장은 최근 몇 달간 거래량과 가격이 하락하고, 금리는 상승세를 보이고 있으며, 과거의 사례가격이 새로운 거래가격의 기준으로 작용하고 있다. 현재 A지역의 시장 국면은 무엇인가?

① 회복시장
② 하향시장
③ 후퇴시장
④ 상승시장

07 다음 중 부동산 관련 용어에 대한 설명으로 옳지 <u>않은</u> 것은?

① 건축이란 건축물을 신축, 증축, 개축, 재축, 이전하는 행위를 말한다.
② 용적률은 대지면적에 대한 건축물의 지하층과 지상층의 연면적의 비율을 의미한다.
③ 용도변경은 사용승인을 받은 건축물의 기존 용도와 다른 용도로 변경하여 사용하는 것을 의미한다.
④ 건폐율이란 대지면적에 대한 건축면적의 비율을 의미하며, 만약 대지에 여러 동의 건축물이 있는 경우에는 건축면적의 합계를 기준으로 한다.

08 다음 중 부동산 용어에 대한 설명으로 옳은 것은?

① 건폐율은 대지면적에 대한 지상층 연면적(여러 동일 경우 합산)의 비율을 의미한다.
② 신축이란 건축물이 없는 대지(또는 기존 건축물이 철거된 대지 포함)에 새롭게 건축물을 세우는 것을 말한다.
③ 증축은 천재지변 등으로 건축물이 전부 또는 일부 멸실된 경우, 기존과 동일한 규모의 범위 내에서 다시 건축하는 것을 말한다.
④ 이전이란 기존 건축물의 전부 또는 일부를 철거한 후, 동일한 대지 안에서 이전과 동일한 규모 범위 내에서 다시 건축하는 것을 말한다.

09 다음 중 도시지역 내 용적률이 낮은 지역을 순서대로 나열한 것으로 옳은 것은?

① 주거지역 – 상업지역 – 녹지지역 – 공업지역
② 주거지역 – 공업지역 – 상업지역 – 녹지지역
③ 녹지지역 – 주거지역 – 공업지역 – 상업지역
④ 녹지지역 – 공업지역 – 주거지역 – 상업지역

10 다음은 부동산 운용에 의한 현금흐름의 계산 순서이다. 빈칸에 들어갈 올바른 용어를 순서대로 나열한 것으로 옳은 것은?

```
연간 단위당 임대료 × 단위 수
=잠재총소득
 −( ㉠ )
 +기타소득
=( ㉡ )총소득
 −( ㉢ )
=( ㉣ )
 −부채상환액
=납세 전 현금흐름
 −소득세 등
=납세 후 현금흐름
```

① 공실 등, 실질, 운용비용, 순운용소득
② 공실 등, 실제, 운용비용, 순운용소득
③ 공실 등, 유효, 운용비용, 실질총소득
④ 공실 등, 실질, 운용비용, 유효총소득

11 다음 중 부동산 투자의 타당성 분석에 대한 설명으로 옳지 않은 것은?

① 수익성지수(PI)는 1보다 커야 투자안으로서 타당하다고 본다.
② 내부수익률(IRR)은 요구수익률(k)보다 높아야 투자안으로 채택한다.
③ 내부수익률(IRR)은 순현재가치(NPV)를 1로 만드는 할인율을 의미한다.
④ 순현재가치(NPV)는 현금유입의 현재가치에서 현금유출의 현재가치를 차감한 값이며, 0보다 커야 투자안으로 적합하다.

12 부동산 투자 시 사업타당성 및 리스크관리 분석에 활용되는 지표에 대한 설명으로 옳지 않은 것은?

① 대출비율(LTV)은 대출액을 부동산의 가격으로 나눈 값으로, 이를 통해 투자자의 금융위험도를 알 수 있다.
② 부채의 안전도 분석에 사용되는 지표인 부채상환비율(DSCR)은 순운용소득을 부채상환액으로 나누어서 구할 수 있다.
③ Cash on Cash 수익률은 각 기간의 순현금흐름을 투입된 자기자본으로 나눈 값으로 산정되며, 화폐의 시간적 가치가 반영된다.
④ 내부수익률(IRR)은 투자에서 발생하는 현금유입의 현재가치와 초기 투자비용의 현재가치를 일치시키는 할인율로, 순현재가치(NPV)가 0이 되는 할인율이다.

13 부동산 임대사업의 현금흐름이 다음과 같을 때 해당 사업의 수익성지수(PI)는 얼마인가?

- 부동산 매입금액(최초 투자액): 1,000억 원
- 부동산 매입에 따른 임대 현금흐름의 현재가치: 180억 원
- 5년 후 부동산 매도금액: 1,200억 원
- 5년 동안 발생하는 현금흐름에 대한 현재가치계수: 0.75

① 0.98
② 1.08
③ 1.32
④ 1.66

14 다음 중 부동산 투자 타당성 분석법에 대한 설명으로 옳은 것은?

① 내부수익률(IRR)은 현금 유입액과 유출액의 순현재가치를 1로 만드는 할인율이다.
② 간편법은 계산이 간단하고 정밀하며, 시간가치의 개념이 정확하게 반영되는 기법이다.
③ 전통적 감정평가에서 원가법은 감가누계액을 고려하여 재조달원가에서 차감해 평가한다.
④ 수익성지수는 현재가치를 기준으로 투자금 대비 이익률을 나타내며, 1보다 작으면 투자안은 채택된다.

15 다음은 부동산 현황 확인 관련 서류에 대한 설명이다. 빈 칸에 들어갈 말을 순서대로 나열한 것은?

부동산의 활용과 관련된 사항은 각기 다른 기준에 따라 표시된다. 면적에 관해서는 (   ), 토지의 형상에 관해서는 (   ), 토지의 용도지역지구제 적용에 따른 활용 가능성에 대해서는 (   )을(를) 통해 확인할 수 있다.

① 등기부등본, 지적도, 토지대장
② 지적도, 토지대장, 등기부등본
③ 지적도, 토지이용계획확인서, 토지대장
④ 토지대장, 지적도, 토지이용계획확인서

16 다음 중 부동산 공부에 대한 설명으로 옳지 않은 것은?

① 지적공부를 통해 해당 토지의 지목, 면적, 소유자 등의 정보를 확인할 수 있다.
② 건축물대장에서는 건축물의 구조, 용도, 층수뿐만 아니라 제한물권도 확인할 수 있다.
③ 토지대장과 등기부등본의 면적이 다를 경우, 토지대장의 면적을 기준으로 판단한다.
④ 토지이용계획확인서를 통해 도로 저촉 여부, 토지의 형상, 인접 도로의 폭 등을 확인할 수 있다.

17 다음 중 국토의 계획 및 이용에 관한 법률에 따라 용도지역으로 지정되는 지역으로 옳지 않은 것은?

① 수산지역
② 도시지역
③ 관리지역
④ 자연환경보전지역

18 다음 중 도시계획사업에 의하지 않은 개발행위 중 특별시장·광역시장·시장·군수의 허가를 받아야 하는 것으로 옳지 않은 것은?

① 토석 채취
② 토지 분할
③ 경작을 위한 토지의 형질변경
④ 녹지지역·관리지역·자연환경보전지역에 물건을 1개월 이상 쌓아놓는 행위

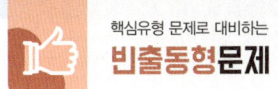

19 다음 중 용도지구 및 용도구역의 설명으로 옳지 않은 것은?

① 방재지구, 고도지구 등은 용도지구에 해당한다.
② 용도지구는 용도지역 내에서 중복지정이 가능하다.
③ 개발제한구역, 수산자원보호구역 등은 용도구역에 해당한다.
④ 용도구역은 이미 지정된 용도지역이나 용도지구에 영향을 받는다.

20 다음 중 부동산 투자회사(REITs)에 대한 설명으로 옳지 않은 것은?

① 부동산 투자회사는 발기설립으로만 가능하다.
② 부동산 투자회사는 자기관리·위탁관리·개발관리 부동산 투자회사 세 종류로 구분된다.
③ 자기관리 리츠는 영업인가를 받은 후 6개월 경과 시에는 3명 이상의 자산운용 전문인력을 상근으로 두어야 한다.
④ 부동산 투자회사가 자산의 투자·운용업무를 하기 위해서는 부동산 투자회사의 종류별로 국토교통부 장관의 영업인가를 받거나 등록해야 한다.

21 E 부동산의 연 순영업소득(NOI)는 100억 원이며, 자본환원율은 20%이다. 수익환원법에 따라 산정한 E 부동산의 수익가격으로 옳은 것은?

① 50억 원
② 100억 원
③ 250억 원
④ 500억 원

22 부동산의 감정평가 3방식에 대한 설명으로 옳은 것은?

① 토지의 가치를 평가할 때는 원가방식이 가장 적절한 방법이다.
② 수익환원법은 부동산의 시장성이나 수익성을 반영하지 못한다는 한계가 있다.
③ 비교방식은 대상 부동산의 순영업소득을 환원이율로 나누어 가치를 평가한다.
④ 비교방식으로 도출된 가격은 비준가격, 원가법으로 산정된 가격은 적산가격이라 한다.

23 프로젝트 파이낸싱(Project Financing)의 특징으로 옳지 않은 것은?

① 부외금융의 효과를 갖고 있다.
② 자금의 규모가 크고 대출기간이 장기적이다.
③ 프로젝트로부터 발생하는 미래의 개발사업의 담보가치를 바탕으로 자금을 조달한다.
④ 채권보전장치(시공사 지급보증, 책임준공, 사업부지 및 공사 중인 건물에 대한 신탁)를 통해 Project Financing의 안정성을 확보한다.

24 다음 중 프로젝트 파이낸싱(Project Financing) 사업에서의 위험관리 수단에 대한 설명으로 옳은 것은?

① 담보 설정은 저당권 설정의 방법으로만 가능하다.
② 부동산 저당제도에서는 신탁회사가 담보물의 소유권을 취득하여 직접 관리한다.
③ 부동산 담보신탁에서는 반드시 경매 절차를 거쳐야만 담보대금을 회수할 수 있다.
④ 부동산 담보신탁을 활용할 경우, 신규 임대차 계약에 대해 후순위 권리 설정을 배제할 수 있다.

25 부동산 투자회사(REITs)에 대한 설명으로 옳지 않은 것은?

① 부동산 투자회사법의 규제를 받는다.
② 자금의 차입은 순자산의 2배를 초과할 수 없다.
③ 설립을 위한 최소자기자본은 50억 원 이상이다.
④ 상법상 주식회사로 주주총회, 이사회, 감사 등의 내부 구성요소를 지닌다.

26 다음 중 아래 설명에 해당하는 부동산투자회사(REITs)로 옳은 것은?

> 자산운용 전문인력을 포함한 임직원을 상근으로 두고, 자산의 투자 및 운용을 직접 수행하는 부동산투자회사

① 자기관리 부동산 투자회사
② 위탁관리 부동산 투자회사
③ 개발전문 부동산 투자회사
④ 기업구조조정 부동산 투자회사

27 다음 중 부동산투자회사에 대한 설명으로 옳은 것으로만 모두 묶은 것은?

> ㉠ 자기관리 부동산 투자회사는 임직원을 둘 수 없다.
> ㉡ 부동산 투자회사는 금융위원회의 인가를 받아 설립해야 한다.
> ㉢ 부동산 투자회사의 유형에는 자기관리형, 위탁관리형, 기업구조조정형이 있다.
> ㉣ 부동산 투자회사는 설립 시 현금출자만 가능하며, 현물출자는 허용되지 않는다.

① ㉢
② ㉠, ㉡
③ ㉢, ㉣
④ ㉠, ㉡, ㉢, ㉣

28 다음 중 부동산 펀드와 부동산 투자회사(REITs)를 비교한 설명으로 옳은 것은?

① 부동산 펀드는 상장되어야 하며, 주식 분산 요건을 반드시 충족해야 한다.
② 리츠는 계약형 집합투자기구로서 법인격이 없고, 금융감독원에 등록하여 운용된다.
③ 부동산 펀드는 상법상 주식회사로 설립되며, 발기인과 국토교통부인가를 통해 설립된다.
④ 리츠는 상법상 주식회사이며, 자산의 보유·운용을 위탁받은 자산관리회사(AMC)가 수행한다.

29 다음 중 부동산 가치의 발생 요인으로 옳지 않은 것은?

① 부동산의 효용성
② 부동산의 동질성
③ 부동산의 유효수요
④ 부동산의 상대적 희소성

30 부동산 포트폴리오에 대한 설명으로 옳은 것은?

① 투자대상 부동산의 고유한 특성에 의해 발생하는 위험을 체계적 위험이라 한다.
② 포트폴리오 위험은 포트폴리오에 편입된 개별 부동산의 분산을 단순 가중평균하여 계산한다.
③ 포트폴리오에 편입하는 투자대상 부동산의 수를 무한히 늘린다면 체계적 위험은 결국 0에 수렴하게 된다.
④ 포트폴리오의 수익률은 각 부동산의 수익률에 해당 부동산이 포트폴리오 전체에서 차지하는 비중을 곱한 후 이를 합산하여 산출한 가중평균 값이다.

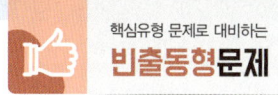

31 부동산 포트폴리오에 대한 설명으로 옳지 <u>않은</u> 것은?

① 포트폴리오의 투자 대상을 무한히 늘리더라도 체계적 위험은 제거할 수 없다.
② 부동산 포트폴리오의 위험(분산)은 편입된 개별 부동산의 분산을 단순 가중평균하여 계산한다.
③ 부동산 포트폴리오의 수익률은 각 부동산의 수익률에 해당 부동산이 차지하는 비중을 곱한 후 합산한 가중평균값이다.
④ 부동산은 주식 및 채권과 상관관계가 낮아, 이를 포함한 혼합 포트폴리오 구성 시 높은 분산투자 효과를 기대할 수 있다.

32 다음 중 부동산 포트폴리오의 체계적 위험에 해당하는 설명으로 옳은 것은?

① 지역별 공실률 차이로 발생하는 개별 부동산의 위험
② 임차인의 신용등급 하락으로 인한 자산가치 하락 위험
③ 특정 부동산의 고유한 특성으로 인해 발생하며 분산이 가능한 위험
④ 금리·환율 등 거시경제 변수의 변화로 인해 전체 시장에 영향을 주는 위험

33 다음 부동산 가치추계의 원칙 중 부동산의 가격이 해당 부동산의 가장 효율적이고 합리적인 사용 가능성에 따라 결정된다는 원칙은?

① 예측의 원칙
② 외부성의 원칙
③ 수요·공급의 원칙
④ 최유효이용의 원칙

34 다음 중 감정평가 3방식에 대한 설명으로 옳지 <u>않은</u> 것은?

① 수익방식은 과거 거래가격의 평균치를 기준으로 부동산 가치를 산정하는 방식이다.
② 비교방식은 유사 부동산의 실제 거래사례를 기준으로 평가하여 현실성과 설득력이 있다.
③ 수익방식은 임대용 부동산 등에서 발생하는 미래 수익을 환산하여 현재가치를 구하는 방식이다.
④ 원가방식은 대상 부동산을 다시 건설하는 데 필요한 비용을 기준으로 감가수정을 거쳐 평가한다.

35 다음 중 수익방식(수익환원법)에 대한 설명으로 옳은 것은?

① 감정 대상 부동산을 동일하게 재건축하는 데 드는 비용을 기준으로 평가한다.
② 실제 거래사례가 많지 않아 비교가 어려운 경우에도 가장 많이 활용되는 방식이다.
③ 감정 대상 부동산의 시장가치를 그대로 반영하므로 수익성이 없는 경우에도 활용 가능하다.
④ 미래의 순수익을 환원율로 나누어 현재가치를 산정하는 방식으로, 수익형 부동산 평가에 적합하다.

과목 2

투자운용 및 전략 II / 투자분석

2과목 개정사항
2025년 이후 개정된 법령, 규정, 기타 내용을 확인하실 수 있는 QR코드입니다.

과목공략 포인트

- ✓ 대안투자는 전통투자와 다른 성격을 지니므로, 부동산·PEF·헤지펀드·특별자산펀드·신용파생상품 등 핵심 유형의 구조와 규제를 체계적으로 정리할 필요가 있다. 특히 헤지펀드의 전략별 운용(롱숏·합병차익·전환차익거래 등)과 신용파생상품 거래구조·위험 특성은 빈출 영역이므로 사례와 함께 이해하는 것이 유리하다.

- ✓ 해외증권투자운용 및 투자전략 파트에서는 국제 분산투자 효과와 해외투자 시 기대수익률·위험의 계산 차이, 환위험과 수익률 관계를 개념적으로 익혀야 한다. 예탁증서(DR)의 종류와 복수상장의 효과, 유로채와 외국채의 차이는 출제 비중이 높으므로 구체적 특징을 비교 정리하는 것이 좋다.

- ✓ 기본적 분석에서는 재무제표와 현재가치 평가를 토대로 화폐의 시간가치, 재무비율, PER·PBR·EVA·EV/EBITDA 등 지표 산식과 의미를 숙지해야 한다. 기술적 분석에서는 이동평균선, 패턴유형(반전형·지속형), 지표분석 및 엘리어트 파동이론 용어를 구분하여 암기하고, 산업분석은 라이프사이클·경기순환 등 큰 흐름을 파악해야 한다.

- ✓ 리스크관리는 분량은 적지만 계산과 개념 문제가 자주 나오므로, 부분가치평가 개념과 델타 분석법을 이용한 주식·채권·옵션·포트폴리오 VaR 계산법을 정확히 익혀야 한다. 사례 중심으로 각 위험 유형(시장위험·신용위험·운용위험 등)의 특징을 정리해두면 문제풀이에 도움이 된다.

장별 출제경향 분석

구분	출제 문항	빈출 키워드
1장 대안투자운용·투자전략	5문항	대안투자, 전통투자, 부동산 투자, PEF, 헤지펀드, 신용파생상품, 레버리지, 공매도, 락업, 성과보수
2장 해외증권투자운용·투자전략	5문항	국제분산투자, 환위험, 수익률위험계산, 국제시장동조화, 예탁증서, 복수상장, 유로채, 외국채, 자산배분, 환헤지
3장 투자분석기법	12문항	기본적분석, 화폐시간가치, 재무비율, 공분산, 상관계수, PER, PBR, EVA, 이동평균선, 엘리어트파동
4장 리스크관리	8문항	신용위험, 신용 VaR, 델타, 감마, 세타, 부분가치평가, 정규분포, 역사적 시뮬레이션, 운용위험, 포트폴리오 분산

01 1장 대안투자운용·투자전략
대안투자상품

① 대안투자상품의 종류

투자상품의 분류	투자상품은 자산군(asset class)에 따라 전통투자자산과 대안투자자산으로 구분함
전통투자자산	주식, 채권, 환율 등에 투자하는 자산군 ▶ 펀드 형태: 주식형, 채권형, 혼합형, MMF 등
대안투자자산 (Alternative Asset)	새로운 투자대상으로, 전통자산 외 다양한 실물 및 전략 자산 포함 ▶ 헤지펀드, 부동산, 원자재 등 일반상품, 사회간접시설 등 인프라스트럭처, PEF, Credit Structure 등
대안투자상품의 국내 동향	• 자본시장법 시행 이후 상품 다양화 진행 중 • 기존에는 기관·고액자산가 중심이었지만, 유동성 개선 및 투자자 인식의 상승으로 인해 최근에는 일반투자자로 확대 중

② 대안투자상품의 특징

전통자산과의 상관관계	• 기존에는 대안투자상품과 전통자산의 낮은 상관관계로 인해 포트폴리오 분산 효과가 있었음(전통자산 포트폴리오에 대안투자상품 포함 시 위험은 작아지고 기대수익은 높아짐) • 다만, 최근에는 두 자산 간의 상관관계가 높아지는 경향이 있어, 새로운 투자 전략과 포트폴리오 전략이 필요함
유동성(Liquidity)	• 장외시장에서 거래 → 유동성 ↓ • 환매금지기간 존재 → 투자기간 ↑ 장외시장에서 거래되어 유동성이 낮고, 환매금지기간(lock-up period)이 있음(투자기간 ↑)
거래 전략의 차이	• 기존 매수 중심 투자 전략과 달리 차입, 공매도, 파생상품 등 다양한 전략 활용 ▶ 위험관리 필수 • 레버리지 및 복잡한 거래전략사용으로 규제가 많음 ▶ 기관투자가·고액자산가로 구성
투자자 구성	주로 기관투자자 중심(계약자산 또는 기탁자산형태로 구성)
성과자료 제약	과거 자료가 부족해 성과평가가 제한적이며, 고도의 운용역량을 요구함
진입장벽	• 전통투자에 비해 운용자의 스킬이 중요시됨 • 보수율은 높은 수준이며, 성공보수가 함께 청구되는 경우가 많음 • 진입장벽이 높음

02 부동산 투자

1장 대안투자운용·투자전략

❶ 부동산 금융

개념	부동산을 기초로 하여 자금을 조달하거나 투자하는 금융기법으로, 주로 주택금융과 수익형 부동산에 대한 금융으로 구분됨
주택금융 (담보대출)	개인이나 기업이 부동산을 담보로 하여 금융기관으로부터 직접 자금을 대출받는 형태로, 가장 전통적인 부동산 금융
수익형 부동산 금융	• 부동산에서 발생하는 미래의 수익을 기초로 자금을 조달하는 구조화 금융 • 주로 부동산 증권(자산유동화 방식)과 부동산 개발금융으로 구분

❷ 수익형 부동산 금융의 종류

자산담보부증권 (ABS)	• 보유하고 있는 자산을 담보로 증권화하는 상품 • 금융기관이나 일반기업이 보유한 자산(외상매출금, 대출채권, 부동산임대채권 등)을 유동화전문회사(SPC)에 양도하고, SPC는 그 자산을 담보로 ABS를 발행하여 투자자로부터 자금을 조달한 후 원자산 보유자에게 전달함 • 구조: 자산보유자 → 채권 양도 → SPC → ABS 발행 → 투자자
주택저당증권 (MBS)	• 주택자금대출로부터 발생하는 채권과 저당권을 기초자산으로 발행하는 증권 • ABS의 일종이나, 주택저당채권을 전문적으로 유동화하는 기관이 존재함 • 구조: 대출기관 → 주택저당채권 양도 → SPC·유동화 중개기관 → MBS 발행 → 투자자
부동산 투자회사 (REITs)	• 여러 투자자로부터 자금을 모아 상업용 부동산이나 개발사업에 투자한 후 발생한 수익을 배당의 형태로 투자자에게 분배하는 회사 • REITs 지분은 증권시장에 상장되므로 유동성이 높고, 일반투자자도 적은 금액으로 부동산에 투자할 수 있음

❸ 프로젝트 금융(PF)의 개념과 특징

개념	사업체와 독립된 프로젝트 자체에서 발생하는 미래 현금흐름을 담보로 자금을 조달하는 기법
자금 조달 방식	차주의 신용이나 담보에 의존하지 않고, 프로젝트 자체의 현금흐름에 근거 ※ 전통 금융: 기업의 신용을 기반으로 자금을 조달
상환청구권	출자자나 차주에 대한 상환청구권이 없음(비소구적 금융)
만기 구조	PF는 일반적으로 장기 금융구조를 갖고 있음
관계자 구성	차주, 대주, 재무조언자, 법률자문 등 다양한 관계자 참여로 복잡한 계약 구조 필요
필요성	자본력이 부족한 시행사의 대규모 개발사업에 자금을 공급함으로써 고위험·고수익 추구

02 부동산 투자

1장 대안투자운용 · 투자전략

④ 프로젝트 금융(PF)의 주요 구성요소 및 역할

시행사	• 사업의 주체로, 토지매입 및 자금 조달 주도 • 일반적으로 자금력과 신용등급이 낮은 중소업체 ※ 대부분의 시행사는 자본금이 적은 중소규모 업체로 신용등급이 낮아 일반적인 신용대출을 받기 어렵지만, 추진하는 부동산 개발사업의 가치가 충분하다면, 매입 예정 토지와 사업에서 발생할 미래 현금흐름을 담보로 프로젝트 파이낸싱(PF)을 통해 자금을 조달할 수 있음 • 사업을 총괄하는 주체로서 사업 전반의 위험을 부담하는 대신, 참여자 중 가장 큰 수익을 얻음
시공사	• 부동산 건설을 담당 • 완공에 대한 책임이 발생함에 따라, 시행사는 사업 수행 과정에서 대주단과 부동산 펀드로부터 받은 자금에 대해 필요 시 일정 금액 이상을 보증함 • 시공사의 신용은 시행사의 리스크를 보완하는 역할을 함
대주단 혹은 부동산 펀드	PF 자금을 공급하는 금융기관 또는 부동산 펀드
에스크로 계좌 (Escrow Account)	• 분양수입금 등을 관리하는 별도 계좌(전원 동의 시에만 자금 인출 가능) • 출금 순서: 제세공과금 → 필수경비 → 대출 원리금 → 공사비 → 시행사 이익
개발 프로세스	토지매입 → 사업 인허가 → 분양/착공 → 준공 및 임대 등의 단계 진행

⑤ 부동산 펀드

개요	• 펀드재산의 50%를 초과하여 부동산 및 부동산 관련 자산에 투자하는 펀드 • 국토교통부장관의 설립 인가를 받아 상법상 주식회사 형태로 설립 • 자기관리형, 위탁관리형, 기업구조조정형으로 구분됨

기초 자산	• Primary 마켓
	  – 건설 예정 공사에 자금을 대출하는 형태
	  – 부동산 펀드는 유동성 리스크가 낮고 개발이익이 완충 역할을 하는 Primary 마켓 투자가 주류임
	• Secondary 마켓: 완공된 건물을 매입해 임대수익을 얻는 방식

신용보강	개발신탁 수익권 1순위 질권 설정, 미집행 공사자금에 대한 질권 설정, 시행사 디폴트 시 시공사의 채무 인수, 시공사의 책임준공 및 지급보증, 기한이익 상실 시 투입자금의 조기 상환 등
리스크	• 시행사 채무불이행에 따른 원리금 상환 리스크 • 소유권 이전 및 인허가 지연 등 초기 단계 사업 리스크 • 입지 여건 등에 따른 분양 성과 리스크 • 시행사 부도 등으로 인한 완공 지연 · 불능 리스크

03. 1장 대안투자운용·투자전략
PEF(Private Equity Fund)

1. PEF의 개념 및 법적 형태

구분	내용
개념	비상장기업 또는 사업 구조 개선이 필요한 기업에 투자하고, 해당 기업의 경영에 관여하여 기업가치를 높인 후 주식매각(IPO)이나 M&A 등을 통해 수익을 회수(Exit)하는 펀드
운용 방식	소수의 투자자로부터 자금을 모집하며, 투자자와의 협상 및 계약 체결을 통해 비공개 방식으로 투자 진행
자금 성격	장기자금을 투자하여 기업가치 개선 및 수익 회수를 목표로 함
법적 형태	• 대부분 합자회사(Limited Partnership) 형태로 운영됨 ※ PEF는 운용자(무한책임사원)와 투자자(유한책임사원) 간의 본인-대리인 문제를 최소화하기 위해 합자회사(Limited Partnership) 형태를 주로 사용한다. 이 구조에서는 운용자(무한책임사원)도 자금을 함께 투자하고, 목표 수익을 초과하면 인센티브를 부여하여 양측의 이해관계를 일치시킨다. 여기에 더해 자기거래 금지, 유한책임사원의 감독권 부여 등의 장치를 통해 무한책임사원의 도덕적 해이를 방지한다.

2. 무한책임사원(GP)과 유한책임사원(LP)

구분	무한책임사원(GP)	유한책임사원(LP)
역할	펀드를 설립하고, 투자 대상 선정·운용·관리 전담	자본만 투자하며 펀드 운용에는 관여하지 않음
책임 범위	투자로 인한 손실이 출자액을 넘어도 전액 책임	투자한 금액 한도 내에서만 손실 부담
정보 공개	펀드 운용 주체로서 출자 비율·운용 실적 등을 투자자와 감독기관에 투명하게 공개하여 신뢰와 평판을 확보	자본만 출자하며 개별 출자내역과 신원은 외부에 비공개
주요 대상	자산운용사, 은행계 자회사, PEF 전문 운용사 등	소수의 개인 투자자, 연기금, 회사연금, 은행 등 기관투자자
성과 분배	• 수익률 초과달성 시 일정 비율만큼 성과보수로 지급 • PEF 운용 수수료로서 매년 펀드규모의 1.5~2.5% 지급	추가수익률에 대해 투자비율만큼 분배

3. PEF의 설립 요건

구분	내용
사모펀드 정의 및 모집 제한	• 신문·잡지·방송 등 불특정 다수를 대상으로 한 모집 금지 • 총 투자자(전문+일반투자자) 수 100인 이하로부터 자금 모집 • 단, 일반투자자(소액투자자)는 49인까지만 모집 가능(50인 이상 권유 시 공모펀드로 간주됨)
PEF 정관 기재사항	목적, 상호, 회사 소재지, 사업의 출자목적·가격 기준, 해산 사유, 사원 성명·주민등록번호 및 주소, 책임사원(GP·LP) 구분, 작성연월일
등기·등록 요건	• 등기사항: 목적, 상호, 회사 소재지, 해산 사유, 무한책임사원(GP)의 상호 또는 명칭·사업자등록번호 및 주소 • 금융위원회 등록사항: 등기사항+업무집행사원에 관한 사항, PEF의 운용에 관한 사항, 전담중개업무를 제공받는 경우 서비스를 제공하는 종합금융투자사업자에 관한 사항(설립등기일로부터 2주 이내 금융위원회 등록 필요) ※ 무한책임사원(GP)은 운용 실질 책임자이므로 등기·등록 대상이지만, 유한책임사원(LP)은 출자자 역할이므로 등기·등록 대상이 아님

03 1장 대안투자운용 · 투자전략
PEF(Private Equity Fund)

④ PEF의 무한책임사원 특례 규정

항목	내용	이유
일반회사의 무한책임사원(GP) 자격 허용	상법상 회사는 무한책임사원(GP)이 될 수 없으나, PEF는 예외적으로 가능	자산운용사, 투자자문사, 증권사, 은행 등 전문 기관도 PEF를 통해 자산운용이 가능해야 하기 때문
금전 출자 의무	무한책임사원(GP)은 일반적으로 노무 또는 신용 출자를 할 수 없고, 반드시 금전 또는 시장성 있는 유가증권을 출자해야 함	PEF의 투자자로서의 자격을 부여받기 위해서는 현금 또는 이와 유사한 금전적 출자가 있어야 함
경업금지 의무 면제	PEF의 무한책임사원(GP)은 상법상 경업금지 의무가 면제됨	PEF의 산업 발전을 위해 하나의 무한책임사원(GP)이 여러 개의 펀드를 운용할 수 있어야 함
임의적 퇴사 금지	무한책임사원(GP)은 다른 사원의 동의 없이 임의로 퇴사 불가	무한책임사원(GP)의 임의 퇴사 시 펀드 운용 불확실성 및 유한책임사원(LP) 보호 약화 우려 때문

⑤ 업무집행사원 관련 규정

선정 기준	• PEF의 운영자 역할을 수행하는 업무집행사원은 무한책임사원 중에서 지정됨 • 1인 또는 수인 가능
의무 사항	• 업무집행사원은 반기 1회 이상 유한책임사원에게 PEF의 재무제표 · 운용 · 재산 현황 등에 대해 공지 및 설명할 의무가 있음 • 업무집행사원은 각 사업연도 종료 후 45일 이내에 자신의 각 사업연도 재무제표를 작성하여 금융위원회에 제출해야 함
금지 행위	• PEF와 거래하는 행위(자기거래금지) • 원금 또는 수익 보장을 약속하여 사원이 되도록 권유하는 행위 • 동의 없이 제3자에게 PEF 보유 자산 관련 정보를 제공하는 행위 • 타인에게 PEF 운용을 위탁하는 행위(운용의 외주화 금지) 등
기타 원칙	• 업무집행사원은 PEF의 실질 운용 주체로서 대외적 책임을 부담함 • PEF 운용은 반드시 자기가 직접 수행해야 함

03

1장 대안투자운용 · 투자전략

PEF(Private Equity Fund)

⑥ PEF의 운용 요건

기본 원칙	자산의 일부는 다른 회사 지분 10% 이상 취득이나 임원 선임 등 경영참여를 목적으로 운용하고, 나머지 자산은 재무적 투자에도 활용할 수 있음

공동투자 허용	• 다른 회사의 경영권 참여를 목적으로 자산 운용 시 다른 PEF와 공동으로 투자 가능
	• 공동투자 인정 요건
	  – 지분증권 또는 주권 관련 사채권의 공동 취득 · 처분
	  – 지분증권 또는 주권 관련 사채권의 공동 양도 · 양수
	  – 의결권 공동 행사(의결권 위임 포함)

레버리지 규제	펀드 순자산의 400% 이내에서 차입 · 파생상품 활용 가능(단, 전문투자형 사모펀드에만 해당)
여유자금 운용	금융기관 예치, 포트폴리오 투자 등 PEF 자산의 5% 이내에서 가능
차입 가능 여부	• 원칙: 금지 • 단, 일시적 유동성 부족의 경우 PEF 자산의 10% 이내 한정 허용

⑦ PEF의 투자 회수

매각 (Trade Sale)	• PEF가 보유한 지분을 제3자에게 매각하여 자금을 회수하는 방식 • 가장 전통적이며 일반적인 회수 전략으로 매수자는 일반 기업, 전략적 투자자, 다른 PEF 등 다양함 • 일반기업에 매각 시 시장가치 이상의 매각 가능성이 있고, 다른 PEF에 매각 시에는 할인 매각(secondary fund)이 일반적임
상장(IPO)	• 공모절차를 거쳐 인수기업을 주식시장에 상장시켜 일반투자자에게 매각함으로써 자금을 회수하는 방식 • 매각과 달리 불특정 다수에게 매도하는 public exit 방식 • 일반적으로 매각보다 후순위 전략으로 활용되며, 기업가치가 일정 이상 확보되어야 가능
유상감자 및 배당 (Recapitalization)	• 기업이 차입 또는 자본 재조정을 통해 PEF에 현금배당 또는 감자대금을 지급하는 방식 • PEF가 기업에서 경영권은 유지한 채, 현금만 회수할 수 있는 방법 • 상장 이전 중간 회수 전략으로 활용되며, 지분율은 유지한 채 일부 투자금 회수가 가능 • 기업의 수명 단축, 장기 성장성 저해 등 부작용 초래
PEF 자체 상장	• PEF가 공개시장에서 직접 상장되는 방식 • 금리 상승, 유동성 경색기 등 전통적 회수 전략이 어려운 경우 사용 • 단순 인수기업 상장보다 PEF 전체 운용성과를 시장에 평가받는 구조이며, 투자자 측면에서도 유리

04. 헤지펀드

1장 대안투자운용·투자전략

❶ 헤지펀드

개념	• 주식, 채권, 파생상품, 실물자산 등 다양한 상품에 투자해 목표 수익을 달성하는 것을 목적으로 함 • 불특정 다수로부터 자금을 유치하는 공모펀드와는 달리 100인 이하(자본시장법상 49인 이하)의 소수 고액 투자자들로부터 자금을 모아 파트너십을 구성한 뒤 국제적 조세회피 지역에서 주로 활동하는 사모펀드 형태가 일반적임 • 현물과 선물을 결합하여 다양한 투자전략을 사용하고 목표 이상의 수익을 내면 펀드 운용사는 높은 수준의 운용보수 및 성과보수를 받게 됨 • 헤지펀드는 단기투자자본으로 투자내용을 공개하지 않으며 거액의 차입도 가능한 특징을 가짐 • 통상적인 집합투자기구에 부과되는 차입(leverage)규제를 받지 않아 높은 수준의 차입을 활용할 수 있음 • 펀드 운용사에게 운용보수 및 성과보수를 부과함 • 분기, 반기 또는 연별로 정기적 펀드의 매각이 인정됨 • 헤지펀드 운용자 자신이 고액의 자기 자금을 투자할 수 있음 • 투기적 목적으로 파생상품을 활용할 뿐만 아니라 공매도(short-selling)가 가능함 • 다양한 리스크 또는 복잡한 구조의 상품에 투자하는 요소를 지님
주요 특징	• 투자 목표: 절대수익률을 추구하며(벤치마크는 주로 무위험 이자율), 고수익보다는 자본 보존과 안정적인 수익을 중시 • 투자 수단: 공매도, 레버리지, 파생상품 등 다양한 전략을 활용하며, 투자대상(유니버스)에 제한이 없음 • 운용 구조: 높은 성과보수를 책정하여 최우수 운용인력을 유치하고, 합자회사 형태가 많음 • 규제·투명성: 규제가 적지만 투명성은 낮은 편이며, 제한된 수의 적격투자자(주로 기관)에만 투자 기회를 제공 • 환매 조건: 설정 및 환매가 자유롭지 않고, 주로 정해진 기간(분기·반기·연 단위)에만 환매 가능
사모펀드와 차이점	• 사모펀드는 투자 대상 기업의 경영권 참여와 구조조정 등을 통해 기업가치를 높이고 수익을 투자자에게 나눠주는 것을 목적으로 운용하므로, 위험회피 기법(시장이 어렵더라도 투자자에게 절대적인 수익을 위해 운용)으로 투자하는 헤지펀드와는 차이가 있음 • 지향점 – 사모펀드: 장기차입 매수 ▶ 유동성 부족 자산에 투자, 막대한 수익 목적 – 헤지펀드: 단기차익 목적 ▶ 유동성 높은 자산에 투자

❷ 헤지펀드 운용전략

차익거래 전략	• 공매도와 차입을 활용해 시장의 비효율성과 분리된 시장 간 가격 차이를 기반으로 차익거래 기회를 포착하고, 동시에 시장 전체 흐름에 대한 노출을 최소화하여 변동성 영향을 줄이는 중립형 투자전략 • 전환사채 차익거래, 채권 차익거래, 주식시장 중립형(동일한 규모의 롱·숏 전략)
상황의존전략 (Event Driven 전략)	• 기업의 합병, 구조조정, 청산, 파산 등 기업 가치에 큰 영향을 미치는 사건을 사전에 예측하고, 그 과정에서 발생하는 가격 변동을 활용해 공매도와 차입 등으로 수익을 창출하는 방식 • 부실채권투자, 위험(합병) 차익거래

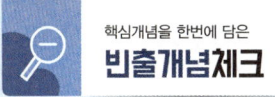

1장 대안투자운용·투자전략
헤지펀드

방향성 전략	• 특정 종목이나 시장의 방향성에 근거해 매매 기회를 포착하는 전략으로, 시장 위험을 헤지한 종목 선별로 수익을 극대화하기보다는 공매도와 차입을 활용해 증권·시장 자체의 상승 또는 하락 흐름에 맞춰 투자하는 기법 • 주식의 롱숏, 글로벌 매크로, 이머징마켓 헤지펀드, 선물거래
펀드 오브 헤지펀드 전략	• 자금을 여러 개(보통 15~30개)의 헤지펀드에 배분하여 투자하는 펀드 • 위험을 분산할 수 있고, 구매 부담이 적으며, 접근이 용이하고, 전문가에 의한 운용이 가능하며, 사전에 자산이 배분되어 있는 등의 장점이 있음 → 분산투자 효과가 큼 • 보수반환, 킥백 등 서비스 수수료 부과 → 수수료 이중부과 • 하위 펀드 운용자 통제 불가

❸ 헤지펀드의 특성

차입	차입은 자기자금 이상으로 증권을 매수할 때 발생하며, 신용매수의 경우 현금을, 공매도의 경우 주식을 차입하는 거래로, 헤지펀드는 차입을 통해 투자금액을 늘리지 않고도 투자가치를 증대시킬 수 있으며, 전통적으로는 직접 차입을 사용했으나 최근에는 파생상품도 차입 수단으로 활용됨
공매도	공매도는 보유하지 않은 증권을 매도하고 결제일에 차입한 주식을 반환하여 거래를 종결하는 방식으로, 헤지펀드는 공매도나 풋옵션 매수를 통해 증권 가격 하락에 대비하며, 필요 시 발행자에 대해 부정적 보고서를 내어 가격에 영향을 줄 수 있음
신용공여	신용공여란 증권 매매를 위해 고객이 증권회사로부터 금전이나 증권을 차입하는 거래로, 자본시장법은 증권사의 금전 융자 및 증권 대여를 원칙적으로 허용하며, 구체적 기준은 금융위원회 금융투자업규정으로 고시하도록 하고 있음
실적보수 허용	헤지펀드는 소수 투자자로부터 자금을 모아 운용하며, 운용보수와 성과보수를 동시에 부과함 ▶ 운용보수와 성과보수는 순자산가치(NAV)를 기준으로 산정하며, 성과보수는 매년 실현된 수익에 대해 산정
펀드 운용자의 펀드 참여 허용	헤지펀드 운용자는 개인 자금을 펀드에 투자하여 투자자와 위험을 공유하며, 운용자의 이익이 투자자의 이익과 밀접하게 연결되어 위험을 통제하면서 수익을 달성하도록 유인을 제공함
정기적 펀드 환매	헤지펀드는 운용기간 제한 없이 보통 분기별 환매를 허용하나, 초기 매각제한 기간에는 환매가 금지되어, 운용자는 시장 등락에 따른 환매 요청에 대응하기보다 장기투자에 집중할 수 있음
사모발행	헤지펀드는 원칙적으로 사모로 발행되어 투자자를 제한하며, 투자자가 스스로를 보호할 수 없는 경우에는 차입 활용 등 전략이 제한될 수 있음
제한 없는 자산운용	헤지펀드는 투자대상, 투자지역, 자산 구성 등에 원칙적인 제한이 없으며, 증권, 파생상품, 일반상품, 부동산 등 다양한 자산에 투자할 수 있음

05 Long/Short Equity

1장 대안투자운용 · 투자전략

❶ Long/Short Equity 전략

개념	• 매수(Long)와 매도(Short), 레버리지를 함께 사용하는 전략으로, 주가 상승이 예상되는 종목은 매수(Long), 하락이 예상되는 종목은 매도(Short)하여 시장 방향과 무관하게 수익을 추구하는 전략(롱과 숏 포지션을 동일 금액 또는 비슷한 비율로 구성해 시장 상승과 하락 양방향에 투자하여 중립적 포지션을 구축) • 공매도 가능성, 주식의 대차 거래 가능 여부 등 사전 확인 필요 • 수렴형(Convergence) 전략: 일시적으로 벌어진 두 자산의 가격 차이가 정상 범위로 되돌아가는 것을 노리는 전략(국내 지수선물 차익거래) • 발산형(Divergence) 전략: 두 자산의 가격 차이가 더 벌어질 것을 예상하고 투자하는 전략(Event driven, M&A 차익거래)
핵심 목적	• 시장 리스크 회피 + 절대 수익 추구 • 수익은 이자수익 + 종목 간 가격 차이인 스프레드에서 발생
종목 선정 기준	• 상승장에서 시장보다 더 많이 오를 주식: 매수 • 하락장에서 시장보다 더 많이 내릴 주식: 매도
중요 지표	• 실제 투자에서 많은 헤지펀드 매니저들은 Long/Short의 비율을 다르게 하여 추가수익을 추구하며, 아래 지표들을 통해 시장위험과 헤지 정도 등을 계산할 수 있음 • Net Market Exposure = $\dfrac{롱-숏}{자본}$ ▶ 시장 전체 리스크에 대한 노출 정도 • Long/Short Ratio = $\dfrac{롱}{숏}$ ▶ 헤지 비율의 정도 • Gross Exposure = $\dfrac{롱+숏}{롱-숏}$ ▶ 레버리지 수준
Long/Short Equity 전략 예시	• Long: 150 / Short: 100 • Net Exposure = $\dfrac{150-100}{100}$ = 50% • Long/Short Ratio = $\dfrac{150}{100}$ = 1.5 • Gross Exposure = $\dfrac{150+100}{150-100}$ = 5

06 | 1장 대안투자운용·투자전략
합병 차익거래(Merger Arbitrage)

❶ 합병 차익거래

개념	M&A 발표, 공개매수, 자본 재구성, 분사(spin-off) 등의 기업 이벤트를 활용한 차익거래 전략
투자 목적	인수·합병이 완료될 경우 발생하는 주가의 변화에서 이익을 창출하는 것
기본 구조	• 일반적으로 피인수 합병 기업의 주식을 매수하고, 인수기업의 주식을 매도 　▶ 피인수 기업 주식은 합병 성사 실패 위험 등으로 예상 이익 대비 낮은 가격에 거래됨 • 합병 차익거래 스프레드(Merger Arbitrage Spread): 인수자가 발표한 인수 가격과 피인수 기업의 시장 가격 간 차이 　▶ 합병 차익거래 스프레드가 발생하는 이유는 합병이 성사되지 않을 위험(재무 문제, 법적 규제, 거래 구조의 불안정, 경영진 반대, 시장 악재 등) 때문
투자 프로세스	잠재적 이익 추정 → 차익거래 포지션 구축 → 포지션 구축 후 리스크 관리
투자 원칙	• 반드시 공식 발표된 정보에 기반한 투자만 수행 • 루머나 추측 정보, 내부자 정보에 근거한 투자는 금지 • event risk에서 수익을 얻는 것을 목표로 하므로, event risk를 제외한 모든 다른 위험요소는 모두 헤지되어야 함
포지션 운용 전략	합병과 관련한 긍정적인 정보가 많은 경우 포지션을 확대하고, 부정적 정보가 존재할 경우 포지션 축소 또는 현금화

❷ 합병 차익거래의 유형

Cash Merger	피인수 합병회사의 주식을 현금으로 인수하거나, 피인수 합병회사의 주식을 기초자산으로 하는 옵션에 투자하는 전략
Stock Swap Mergers	• 피합병회사의 주주가 합병회사의 주식을 정해진 교환비율에 따라 받는 방식 • 합병회사의 주가변동이 피합병회사 주가에도 직접 영향을 줌 　→ 차익거래자는 합병 차익을 노리는 동시에 헤지 필요에 노출됨
Stock Swap Mergers With Collar	• 교환비율이 정해져 있지 않으며 합병회사의 주가 변동에 따라 교환비율을 일정 범위 내에서 조정하는 방식 • 상·하한선 정함 → 합병 불확실성을 줄이려는 장치 • 차익거래자는 변동성과 합병 무산 위험을 모두 고려해 시나리오 분석을 수행해야 함

07 전환증권 차익거래(Convertible Arbitrage)

1장 대안투자운용·투자전략

1 전환증권 차익거래

전략 개념	전환사채를 매수하고, 해당 전환사채의 기초자산(주식)을 공매도(숏포지션)하여 가격 차익을 추구하는 전략
수익 구조	전환사채의 이론 가치와 시장 가격 간의 차이를 이용해 수익을 창출하며, 동시에 이자율 변동 리스크와 신용 리스크를 회피
기초 원리	전환사채는 채권과 옵션의 결합상품으로, 이론적 가치보다 낮은 가격으로 거래되는 경우를 활용해 차익 기회를 얻음
헤지 방식	기초자산(주식)을 숏 포지션으로 보유함으로써, 주가 하락 시 손실을 줄이고 수익을 고정
전환증권 차익거래자가 선호하는 전환사채	• 델타·감마 트레이딩의 수익성이 높도록, 기초자산의 변동성이 크고 볼록성(convexity)이 큰 전환사채 • 유동성이 높고 기초주식을 손쉽게 차입할 수 있는 전환사채 • 전환 프리미엄(conversion premium)이 낮은 회사채 • 기초주식 숏 포지션 시 배당금 지급 부담을 줄이기 위해, 배당이 없거나 배당률이 낮은 기초자산의 전환사채 • 내재 변동성(implied volatility)이 낮은 전환사채

2 전환증권 차익거래의 유형

구분	개념	목적 및 특징
Cash-flow arbitrage	기초자산(주식)을 매도하고, 매도로 생긴 현금흐름으로 전환사채를 매수하는 전략	높은 현금흐름 확보를 목표로 하며, 수익률 개선 가능
Volatility Trading	• 전환증권의 델타와 감마를 활용한 전략 • 델타 헤징(Delta Hedging): 전환증권의 가격이 기초주가의 변화에 얼마나 민감한지를 나타내는 델타를 기준으로, 매도해야 할 주식 수를 산정하고 지속적으로 조정 • Balanced Convertible: 델타가 50% 내외인 전환증권 2개를 매수하고, 해당 주식을 매도해 좌우대칭형 수익구조확보	• 변동성을 활용한 차익거래 구조 • 델타 헤징(Delta Hedging): 기초자산 가격변동에 따른 포지션 조절로 리스크를 최소화 • Balanced Convertible: 중립적 수익구조 구축 가능
Gamma Trading	델타의 변화율인 감마(Gamma)를 활용해 기초자산 매매를 반복하며 수익을 추구하는 전략	변동성 확대 구간에서 추가 수익 확보
Credit Arbitrage	금리 상승 시 전환증권 가치가 하락하는 현상을 활용하여 이자율 위험은 금리스왑, 신용위험은 CDS로 각각 헤지하는 전략	금리 리스크와 발행사 신용 리스크 이중 헤지 가능

08 특별자산펀드

1장 대안투자운용·투자전략

1 특별자산 펀드의 특징

정의	펀드 자산의 **50%** 이상을 특별자산(증권과 부동산을 제외한 주로 실물자산)에 투자하는 펀드
주요 투자 대상	농산물, 축산물, 임산물, 광산물, 에너지 등
주요 특징	• 인플레이션 헤지 수단으로 활용됨 • 전통적 투자 자산군과 상관관계가 낮아 분산 투자 효과가 있음 • 실물자산은 이자율이 아닌 수요·공급에 따라 가격이 결정됨
시장 특성	• 대부분의 실물자산은 달러 기준으로 거래됨 • 가격은 글로벌 수요와 공급의 불균형에 영향받음 • 공산품·식량의 원재료로 사용, 공급 제한성 존재
투자 방식	실물자산에 직접 투자하기보다는, 선물·파생상품 또는 실물자산 관련 기업(광산업체, 에너지 기업 등)의 주식에 간접 투자함

2 특별자산 펀드의 유형

실물자산에 대한 직접투자	투자자들은 경제적 가치를 획득하기 위해 기초 실물자산을 직접 구입할 수 있으나, 실물자산과 관련된 소유로부터 발생되는 저장비용 및 문제를 부담해야 함
천연자원 관련 기업의 주식 투자	• 실물자산의 매매로부터 수익의 상당 부분을 창출하는 기업의 증권을 소유하는 방법 • 기업의 주식 투자는 결국 기업 고유의 위험뿐만 아니라 체계적 또는 시장위험에 노출되어 있음
Commodity Futures Contracts	• 실물자산 관련 선물계약에 투자하는 방법 • 거래소에서 거래되므로 주식과 동일한 장점을 지니고, 실물자산을 인도할 필요가 없으며, 실물자산에 투자에 대한 전체 금액을 지급할 필요가 없음 • 선물계약의 롤링(rolling)에 따른 비용이 발생될 수 있으며, 선물 매수 포지션에 따른 마진콜 위험이 발생할 수 있음
실물스왑, 선도거래 (Commodity Swap, Commodity Forward Contracts)	• 실물스왑, 선도거래를 통해 실물 선물과 동일한 효과를 누리는 방법 • 개인투자자에게 맞춤형 상품을 제공해주지만, 유동성이 적다는 단점이 있음
Commodity Linked Notes	• 중기 채무증서 • 투자자가 선물계약을 롤링(rolling)할 걱정 없이, 채무증서를 통해 투자제한 없이 실물자산에 투자할 수 있음 • 개별 실물자산의 가격 또는 바스켓 가격의 추적오차(tracking error)를 걱정할 필요가 없음(발행자 부담)

09 신용파생상품(Credit Structure)

1장 대안투자운용·투자전략

1 신용파생상품(Credit Structure)의 종류와 구조

개념	• 신용위험을 관리하기 위한 신용파생상품

Credit Default Swap(CDS)	• 정의: 채권 등 기초자산의 신용위험을 보장매도자에게 이전하고 프리미엄을 지급하는 계약
	• 참여자 구조
	  – 보장매입자: 신용위험을 보장매도자에게 전가함
	  – 보장매도자: 신용사건(부도 등) 발생 시 손실 보전의무를 지는 대신 프리미엄을 수취
	• 특징
	  – 보장매입자 입장: 고객과의 신뢰를 유지할 수 있음
	  – 보장매도자 입장: 초기 투자비용 없이 높은 수익률을 얻을 수 있음
	• 활용 목적: 신용위험 헤지, 수익률 향상, 자산 포트폴리오 다양화 등

Total Return Swap(TRS)	• 정의: 신용위험과 시장위험을 거래 상대방에게 이전하는 계약
	• 참여자 구조
	  – 총수익 매도자: 준거자산의 모든 현금흐름을 총수익 매입자에게 지급
	  – 총수익 매입자: 자산 소유 없이 수익을 획득하는 대신 일정한 금리(Libor+spread 등)를 총수익 매도자에게 지급
	• 특징
	  – 실물자산 없이 자산 보유 효과 가능
	  – 신용위험+시장위험 동시 이전
	  – 자본 없이 거래가 가능하므로 레버리지 효과 발생
	• 활용 목적: 신용위험/시장위험 헤지, 레버리지 전략, 규제 자본 비중 축소전략 등

신용스프레드 옵션 (Credit Spread Option)	• 정의: 신용스프레드를 일정한 행사 가격에 사거나 팔 수 있는 권리를 부여하는 계약
	• 구조
	  – 콜옵션: 미리 정한 행사 스프레드를 기준으로, 만기 시 시장 스프레드가 이를 초과하면 차액 수령
	  – 풋옵션: 미리 정한 행사 스프레드를 기준으로, 만기 시 시장 스프레드가 이를 하회하면 미달 수령
	  – 채권 만기일 이전에 스프레드가 커질수록 옵션 수익 증가
	• 특징
	  – 신용위험을 수치로 표현된 스프레드의 움직임으로 반영
	  – 옵션 형태이므로 비대칭적 수익 구조 가능
	  – 시장 불안정기에 효과적
	• 활용 목적: 신용 리스크의 가격 변동성 헤지, 신용전략의 수익 극대화

Basket Default Swap	• 정의: 다수의 기초자산을 하나의 바스켓으로 묶고, 가장 먼저 부도나는 자산에 대해 보상하는 CDS의 확장형
	• 대표 구조: First-to-Default(바스켓 내에서 첫 번째로 부도 발생 시 손실 보전)
	• 참여자 구조
	  – 보장매입자: 다수 자산을 한 번에 CDS로 커버, 비용 절감 가능
	  – 보장매도자: 다수 자산에 대한 보장 제공, 높은 프리미엄 수취
	• 특징
	  – 신용위험 분산 및 포트폴리오 수준에서 효율적 리스크 관리
	  – 특정 자산이 아닌 묶음(basket) 기준
	  – 활용 목적: 신용 포트폴리오의 보호, CDO 등 구조화 상품과 연계 투자

09 신용파생상품(Credit Structure)

1장 대안투자운용·투자전략

신용연계채권 (CLN)	• 정의: CDS와 일반 채권을 결합한 구조로, 보장매입자는 신용위험을 CLN 발행자에게 전가하고, 발행자는 채권 매도의 형태로 해당 위험을 다시 투자자에게 전가함 • 구조: 투자자가 CLN을 매입하고, CLN 발행자는 CDS에 해당하는 프리미엄을 받고 신용사건 발생 시 손실 전가 • 특징: 유동화 용이(증권화 가능), 다양한 형태로 구조 가능, 신용 이벤트에 대한 지식 필요 • 장점: 자금조달 수단, 투자자에게 다양한 신용 익스포저 제공
합성 CDO	• 정의: 부채 포트폴리오로 구성된 준거자산에 의해 현금흐름이 담보되는 여러 개의 계층(tranche)으로 구성되는 증권 • 구성: 여러 계층(tranche)으로 구성되며, 손실부담 우선순위에 따라 차등 손실 부담 • 발행목적: 자산유동화, 위험이전, 수익 창출 • 특징: 실제 자산 소유 없이 신용위험 이전 가능, 자산매각 없이 위험 분산 가능 • 활용: 금융기관의 자산조정, 위험조정자본 비율 개선, 신용위험 헤지 등
신용지수 (Credit Index)	• 정의: 복수 기업의 신용위험을 지수화한 파생상품 • 구성: CDS 스프레드를 포트폴리오처럼 묶어 가중평균한 지수 • 특징: 높은 유동성, 거래 투명성, 분산 투자 가능, 특정 국가·지역별 기업 구성 가능 • 용도: 신용위험 헤지, 신용 시장 전망 투자, 포트폴리오 신용익스포저 조절

❷ CDO(Collateralized Debt Obligation)

정의	• 다양한 채권(회사채, 대출채권 등)이나 채무자산을 묶어 특수목적회사(SPV)에 담고, 이를 담보로 여러 트렌치(tranche)의 증권을 발행하는 구조화 금융상품 • 개별적인 신용위험보다는 여러 종류의 채권, 포트폴리오의 위험을 다룸 • 발행자 입장: CDO는 보유하고 있던 신용위험을 전가(재무비율 개선)하는 거래가 됨 • 투자자 입장: CDO는 구조화된 형태의 신용위험과 시장 가격의 괴리가 발생하였을 때 이익(기초자산 − 유동화증권의 차익)을 얻기 위한 거래를 할 수 있는 도구가 됨
발행 목적	신용위험 분산, 투자자 맞춤형 수익/위험 상품 설계, 자산 유동화 및 자금조달
구조	• CLO(Collateralized Loan Obligation): 기업대출, 레버리지론(Leveraged Loan) 등 대출채권을 기초자산으로 발행되는 CDO로, 기업 신용위험을 기반으로 하며 대출 원리금 상환 흐름을 투자자에게 분배 • CBO(Collateralized Bond Obligation): 투자·투기 등급의 채권을 기초자산으로 하는 CDO로, 채권의 이자와 원금 흐름을 구조화해 투자등급별로 분리 발행 • 합성 CDO(Synthetic CDO): 실제 대출·채권을 보유하지 않고, CDS(신용부도스왑) 등 파생상품을 통해 기초자산의 신용위험에 투자하고 신용위험만 SPC에 이전하는 구조로, 실물자산 거래 없이 레버리지와 위험 노출이 가능
위험 구조	개별 자산의 위험보다 포트폴리오 전체의 위험을 구조화하여 투자자 등급에 따라 손실 분담
신용보강	CDO는 일부 구조화된 신용보강 기능(선순위 보호기능, 초과 담보 설정)을 통해 투자등급 확보
시장 영향력	• 금융위기 당시 높은 수익률을 추구하는 투자자 수요 증가 • 고위험 MBS 중심 CDO 남발로 신용위기 확대의 원인 중 하나로 작용함

1장 대안투자운용·투자전략
신용파생상품(Credit Structure)

❸ CDO(Collateralized Debt Obligation)의 구조

구분	특징	위험/수익
Super senior	Senior 트랜치에서 추가적인 손실이 발생하는 경우를 가정	높은 신용위험과 재보험 위험의 상관관계가 낮아, 재보험사는 Super senior 트랜치를 위험 헤지와 분산투자 수단으로 봄
Senior	• 가장 마지막으로 손실에 노출 • 신용등급 높고 투자자 보호 강함 • Mark-to-market 위험 존재	낮은 위험 / 낮은 수익
Mezzanine	• 중간 수준 손실 흡수 • 신용등급 중간	중간 위험 / 중간 수익
Equity	• 손실에 가장 먼저 노출되는 구간 • 초과수익이 기대되나 위험 큼 • Equity 트랜치는 부도율 상승 또는 자산 상관관계 하락 시 가장 먼저 가치 하락 • 초기에 한번에 받으며 만기에 잔여 담보자산 원금 수령	높은 위험 / 높은 수익

❹ CDO(Collateralized Debt Obligation)의 구분

구분	명칭	특징
발행목적	Arbitrage CDO	기초자산의 수익률과 유동화증권 수익률 간의 차이(스프레드)에서 발생하는 차익을 추구
	Balance Sheet CDO	거래를 통해 보유 중인 신용위험 자산을 이전하여 대차대조표상 위험자산을 줄이고 재무비율을 개선
위험 이전 방법	Cash Flow CDO	실제 자산을 SPV(특수목적회사)에 양도하고, SPV가 이를 기초로 트랜치를 발행하여 자본 조달
	Synthetic CDO	CDS(신용부도스왑)를 활용해 자산을 직접 양도하지 않고 신용위험만 이전
기초자산 운용 방식	Static CDO	포트폴리오를 운용하지 않고 만기까지 보유
	Dynamic CDO	지정된 운용자가 포트폴리오를 적극적으로 운용·교체
	Hybrid CDO	초기 램프업(Ramp-up) 기간과 자산 선지급 구조를 포함하며, 운용자산을 교체·운용 가능

1장 대안투자운용·투자전략

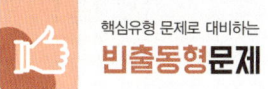

01 다음 중 대안투자상품에 해당하는 것으로 옳은 것은?

> 가. 채권
> 나. 부동산
> 다. MMF
> 라. 인프라스트럭처

① 가, 다
② 나, 라
③ 가, 나, 다
④ 가, 나, 다, 라

02 다음 중 대안투자상품의 특징으로 옳지 않은 것은?

① 대부분 장외시장에서 거래된다.
② 매수중심(long only)의 투자전략이 주를 이룬다.
③ 전통투자에 비해 운용자의 스킬이 중시되고, 운용자 보수율이 높은 수준이다.
④ 전통적인 투자상품과 낮은 상관관계를 가지고 있어 전통투자상품과 포트폴리오를 구성하면 효율적인 포트폴리오 구성이 가능하다.

03 다음 중 대안투자상품에 대한 설명으로 옳지 않은 것은?

① 장내 거래로 인해 유동성과 환금성이 높다.
② 운용관리 능력이 중요하므로 운용자의 보수가 상대적으로 높다.
③ 공매도 등을 활용한 투자 방식이 있어 위험관리가 필수적이다.
④ 대안투자에는 PEF, 원자재, 인프라스트럭처, 헤지펀드 등이 포함된다.

04 다음 중 대안투자상품과 전통적 투자상품을 비교한 설명으로 옳은 것은?

① 대안투자상품은 주로 상장주식이나 국채에 집중하여 안전성이 높다.
② 전통적 투자상품은 거래 구조가 복잡하여 일반투자자 접근이 어렵다.
③ 전통적 투자상품은 공매도, 파생상품 등을 활용한 레버리지 전략이 중심이다.
④ 대안투자상품은 차입, 공매도, 파생상품 등을 포함한 다양한 전략을 활용한다.

05 A 투자자는 전통적인 포트폴리오의 변동성을 낮추기 위해 대안투자상품을 일부 편입하려고 한다. 다음 중 그의 목적에 가장 적합한 대안투자의 일반적 특징으로 옳은 것은?

① 대안투자상품은 높은 유동성과 단기환매가 가능하여 투자기간이 짧다.
② 대안투자상품은 대부분 상장시장에 거래되어 가격이 투명하게 형성된다.
③ 대안투자상품은 전통자산과 낮은 상관관계를 가져 분산투자 효과가 있다.
④ 대안투자상품은 과거 성과자료가 풍부하여 미래 수익률 예측이 용이하다.

06 다음 중 부동산 금융에 대한 설명으로 옳지 않은 것은?

① 부동산투자회사(REITs)는 소액 자금으로도 투자할 수 있다.
② 수익형 부동산 금융은 주로 담보대출을 통해 현금흐름을 창출한다.
③ 주택담보대출 채권과 해당 채권의 변제를 위해 설정된 저당권을 기초자산으로 MBS를 발행한다.
④ 프로젝트파이낸싱(PF)은 사업자와 독립된 프로젝트에서 발생하는 미래 현금흐름을 담보로 자금을 조달한다.

07 다음 중 부동산 금융에 대한 설명으로 옳은 것은?

① 주택금융은 부동산임대채권을 유동화하는 금융을 의미한다.
② 부동산 금융은 부동산 개발사업에만 자금을 조달하는 금융을 말한다.
③ 수익형 부동산 금융은 담보 없이 자산을 양도하는 방식으로 이뤄진다.
④ 부동산 금융은 부동산을 기초로 자금을 조달하는 금융으로 주택금융과 수익형 부동산 금융으로 구분된다.

08 다음 중 부동산 개발사업에 대한 설명으로 옳지 않은 것은?

① 부동산 개발사업에서 건축을 담당하는 주체는 시행사이다.
② 사업부지 전체를 지주와 일괄 계약하고 동시에 자금을 집행하면 토지 매입대금 상승 위험을 줄일 수 있다.
③ 일정 기한 내 인허가 미승인 시 시공사 채무승인 등 트리거 조건을 설정하여 인허가 위험에 대비할 수 있다.
④ 프로젝트 파이낸싱(PF)은 사업자와 법적으로 독립된 프로젝트에서 발생하는 미래 현금흐름을 상환 재원으로 자금을 조달하는 금융기법이다.

09 다음 중 프로젝트 금융(PF)의 시행사에 대한 설명으로 옳은 것은?

① 시공사의 보증을 받아야만 PF에 참여할 수 있다.
② 시공사와 동일한 법인으로 구성되어야 하며, 공사 책임도 함께 진다.
③ PF의 주체로서 금융기관의 허가를 받아야만 시행사로 참여할 수 있다.
④ 토지매입과 자금조달을 담당하는 사업 주체로, 일반적으로 자금력과 신용등급이 낮은 중소업체인 경우가 많다.

10 다음 중 부동산 개발사업에 대한 설명으로 옳지 않은 것은?

① 부동산 개발사업에서 건축을 담당하는 주체는 시공사이다.
② 지주 수가 많은 토지의 경우, 지주별로 개별 계약을 체결하는 것이 바람직하다.
③ 에스크로 계좌의 자금은 '제세공과금 → 사업경비 → 대출 원리금 → 공사비 → 사업이익' 순으로 집행한다.
④ 프로젝트 파이낸싱(PF)은 사업자와 법적으로 독립된 프로젝트에서 발생하는 미래 현금흐름을 상환 재원으로 자금을 조달하는 금융기법이다.

11 다음 중 PEF(Private Equity Fund)에 대한 설명으로 옳지 않은 것은?

① PEF는 무한책임사원과 유한책임사원으로 구성되어 있다.
② 유한책임사원은 PEF에 투자한 금액의 범위 안에서만 책임을 진다.
③ 무한책임사원은 펀드를 설립하고 투자와 운영을 책임지는 사원이다.
④ 유한책임사원의 자기거래금지 및 무효조항은 무한책임사원의 도덕적 해이를 통제하는 보조적 수단이다.

12 다음 중 PEF의 무한책임사원(GP)에 대한 설명으로 옳지 않은 것은?

① 무한책임사원은 펀드를 설립하고 운용한다.
② 원칙적으로 유한책임사원의 정보를 외부에 공개하지 않는다.
③ 자신이 투자한 회사를 다른 PEF에 매각하는 것은 금지되어 있다.
④ 무한책임사원은 자신의 출자금액을 초과하는 손실을 부담할 수 있다.

⑬ 다음 중 PEF가 투자자금을 회수(Exit)하는 방식으로 옳지 않은 것은?

① 증자
② 배당
③ 다른 PEF에 보유지분 매각
④ 주식시장에 IPO 후 지분 매각

⑭ 다음 중 PEF(Private Equity Fund)에 대한 설명으로 옳지 않은 것은?

① 유한책임사원은 PEF 투자금액 범위 내에서만 책임을 진다.
② PEF는 투자 시 필요에 따라 특수목적기구(SPC)를 설립해 투자할 수 있다.
③ 무한책임사원과 유한책임사원의 구체적 내역은 PEF의 등기·등록을 통해 외부에 공개하는 것이 원칙이다.
④ 무한책임사원은 펀드를 설립하고 투자 및 운영을 총괄하며, 본인 출자금액을 초과하는 손실까지도 부담할 수 있다.

⑮ 다음 중 PEF(Private Equity Fund)에 대한 설명으로 옳지 않은 것은?

① PEF의 투자자는 최대 49인까지만 허용된다.
② 무한책임사원과 유한책임사원의 파트너십을 통해 PEF가 구성된다.
③ PEF의 등기·등록사항에는 유한책임사원의 내역이 포함되지 않는다.
④ 법에서 정한 연고자·전문가 외에는, 50인 이상의 일반투자자에게 사모펀드 청약을 권유할 수 없다.

⑯ 다음 중 PEF(Private Equity Fund)의 일반적인 법적 구조에 대한 설명으로 옳은 것은?

① PEF는 전적으로 금융감독원의 승인 아래에만 설립이 가능하다.
② GP와 LP는 동등한 책임을 지며 투자와 운영에 공동으로 관여한다.
③ PEF는 공모를 통해 다수의 일반투자자에게 자금을 모집하는 방식으로 운영된다.
④ PEF는 무한책임사원(GP)과 유한책임사원(LP)으로 구성된 합자회사 형태로 운영된다.

⑰ 다음 중 PEF(Private Equity Fund)의 무한책임사원의 특례 규정으로 옳지 않은 것은?

① 경업금지 의무를 배제한다.
② 임의적 퇴사권을 인정하지 않는다.
③ 일반 회사도 무한책임사원이 될 수 있다.
④ 노무 또는 신용출자 뿐만 아니라 시장성 있는 유가증권의 출자도 가능하다.

⑱ 다음 중 PEF(Private Equity Fund)의 재산운용에 대한 설명으로 옳은 것만 모두 고른 것은?

㉠ PEF는 다른 회사의 지분을 10% 이상 취득하는 방식으로만 자산 운용이 가능하다.
㉡ 사회간접자본시설에 대한 투자도 PEF의 운용 방식으로 인정된다.
㉢ 여유자금은 PEF 자산의 5% 범위 내에서만 포트폴리오 투자나 금융기관 예치가 가능하다.
㉣ PEF의 차입은 원칙적으로 금지되나, 일시적 자금 부족 시에는 예외적으로 허용된다.

① ㉠, ㉡
② ㉢, ㉣
③ ㉠, ㉢, ㉣
④ ㉡, ㉢, ㉣

19 다음 중 헤지펀드의 방향성 전략에 대한 내용으로 옳지 않은 것은?

① 방향성 전략에서도 주식의 롱·숏 전략을 활용할 수 있다.
② 글로벌 매크로 전략은 전 세계 경제 흐름을 예측하고 이에 맞춰 포트폴리오를 구성하는 탑다운(Top-down) 방식의 전략이다.
③ 매도전문펀드는 주식을 차입해 먼저 매도한 뒤, 주가가 하락했을 때 더 낮은 가격으로 매입하여 주식 대여자에게 반환함으로써 차익을 얻는다.
④ 섹터헤지펀드는 주로 신흥시장에서 거래되는 다양한 증권에 투자하는 방향성 전략으로, 신흥국은 공매도가 제한적인 경우가 많아 주로 매수 중심 전략을 활용한다.

20 다음 중 헤지펀드에 대한 설명으로 옳지 않은 것은?

① 규제가 적고 투명성이 낮다.
② 헤지펀드 운용자 자신의 헤지펀드에 대한 직접 투자는 금지된다.
③ 차입(leverage)규제를 받지 않아 높은 수준의 차입을 활용할 수 있다.
④ 투기적 목적으로 파생상품 활용 및 공매도(short-selling)가 가능하다.

21 다음에서 설명하는 헤지펀드의 운용전략으로 옳은 것은?

> 기업의 합병, 구조조정, 청산, 파산 등 기업 가치에 큰 영향을 미치는 사건을 사전에 예측하고, 그 과정에서 발생하는 가격 변동을 활용해 공매도와 차입 등으로 수익을 창출하는 전략이다.

① 방향성 전략
② 차익거래 전략
③ 펀드 오프 헤지펀드 전략
④ 상황의존전략(Event Driven 전략)

22 다음 헤지펀드의 운용전략 중 방향성 전략에 해당하는 것을 모두 고른 것은?

> ㉠ 부실채권투자
> ㉡ 글로벌 매크로
> ㉢ 주식시장 중립형
> ㉣ 전환사채 차익거래
> ㉤ 이머징마켓 헤지펀드

① ㉠, ㉤
② ㉡, ㉤
③ ㉠, ㉡, ㉢
④ ㉡, ㉢, ㉣, ㉤

23 다음 중 Long/Short Equity 전략에 대한 설명으로 옳은 것은?

① 주식시장 하락기에만 수익을 낼 수 있는 숏 전략을 의미한다.
② 롱 포지션만으로 구성하여 상승장에서 수익을 추구하는 전략이다.
③ 주가가 상승할 종목은 매도하고, 하락할 종목은 매수하여 손실을 회피하는 전략이다.
④ 주가가 시장보다 더 크게 오를 종목을 매수하고, 시장보다 더 크게 내릴 종목을 공매도하여 시장 중립적 수익을 추구하는 전략이다.

24. 다음 중 합병 차익거래(Merger Arbitrage)에 대한 설명으로 옳지 않은 것은?

① 합병 차익거래는 기업 인수·합병 등 이벤트 리스크(Event Risk)에서 발생하는 수익 기회를 활용하는 거래다.
② 일반적으로 합병 차익거래에서는 피합병기업 주식을 매도하고 인수기업 주식을 매수하는 포지션을 취한다.
③ 합병 차익거래를 수행할 때는 이벤트 리스크(Event Risk)를 제외한 다른 위험요소는 모두 헤지하는 것이 원칙이다.
④ 현금합병(Cash Merger)에서는 피합병기업 주식을 매수하거나, 해당 주식을 기초자산으로 한 옵션에 투자하는 전략을 사용한다.

25. 다음 중 합병 차익거래에 대한 설명으로 옳지 않은 것은?

① 발표되지 않은 미공개 정보를 통해 포지션을 선점하는 것 또한 좋은 전략이다.
② 인수 합병이 완료되면 발생할 수 있는 주식가치의 변화에서 이익을 창출한다.
③ 피인수 합병 기업의 주식을 매수하고, 인수기업의 주식을 매도하는 포지션을 취한다.
④ Merger arbitrage spread가 시장에서 계속 변하는 이유는 합병이 성사되지 않을 위험 때문이다.

26. 다음 중 합병 차익거래(Merger Arbitrage) 전략에 대한 설명으로 옳지 않은 것은 무엇인가?

① 공식적으로 발표되지 않은 추측성 정보에는 투자하지 않는다.
② 일반적으로 인수기업의 주식을 매수하고, 피인수기업의 주식을 매도하는 포지션을 취한다.
③ 합병 차익거래는 인수·합병 완료 시 발생할 수 있는 주가 변화를 이용해 수익을 추구하는 이벤트 투자형(Event-Driven) 차익거래전략 중 하나이다.
④ 합병 차익거래는 포트폴리오를 구축한 후에도 event risk를 재평가하고, 합병 가능성, 합병까지의 소요 시간, 교환비율의 변화 등을 모니터링하면서 포트폴리오의 위험을 관리해야 한다.

27. 다음 설명에 해당하는 합병 차익거래의 유형은?

- 거래 조건으로 정해진 최소 및 최대 교환비율범위가 존재한다.
- 투자자는 다양한 시나리오를 가정하여 전략적으로 롱/숏 비중을 조절한다.
- 주식 간 교환 조건이 불확정적이므로 시뮬레이션 분석이 필요하다.

① Cash Merger
② Stock Swap Mergers
③ Convertible Arbitrage
④ Stock Swap Mergers With Collar

28. 다음은 전환증권 차익거래의 포지션에 대한 설명이다. 빈칸에 들어갈 내용이 올바르게 연결된 것은?

> 전환증권 차익거래(convertible arbitrage)는 전환사채를 (㉠)하고, 기초자산 주식을 (㉡)하고, 이자율 변동 위험과 신용위험과 같은 위험은 (㉢)하면서 전환사채의 이론가와 시장 가격의 괴리에서 수익을 추구하는 전략이다.

	㉠	㉡	㉢
①	매수	매수	헤지
②	매수	매도	헤지
③	매수	매도	보유
④	매도	매도	헤지

29. 전환사채와 관련한 조건이 아래와 같을 때, 델타중립 포지션 구축을 위한 헤지비율(매도 주식 수)은 얼마인가?

> - 전환사채의 가격: $2,000
> - 기초자산 주식가격: $80
> - 전환 가격: $90
> - 전환 프리미엄: 50%
> - 전환사채의 델타: 0.7

① 8.7주
② 9.8주
③ 13.2주
④ 15.6주

30. 다음에서 설명하는 전환증권 차익거래의 전략으로 옳은 것은?

> 기초자산 주식을 매도해 확보한 현금흐름으로 전환사채를 매수한다. 해당 전략은 현금흐름이 크고, 금리 수익 확보에 유리하다. 주가가 일정 수준에서 크게 움직이지 않아도 수익률을 확보할 수 있는 구조이다.

① Delta Hedging
② Credit Arbitrage
③ Gamma Trading
④ Cash-flow Arbitrage

31. 다음 중 CDO(Collateralized Debt Obligation)의 세 가지 트랜치(tranche)에 대한 설명으로 옳지 <u>않은</u> 것은?

① Equity 트랜치 투자자는 초기에 한 번만 수익을 받으며, 높은 레버리지의 노출을 가진다.
② Mezzanine 트랜치는 두 번째로 손실을 부담하는 구간으로, Senior 트랜치와 Equity 트랜치 사이에 위치한다.
③ Senior 트랜치는 높은 신용등급을 보유하며, 잘 분산된 포트폴리오와 구조적 신용보강을 갖추고 있으나, 시가평가(Mark-to-Market) 위험에 노출될 수 있다.
④ 높은 등급의 신용위험과 전통적 재보험위험은 상관관계가 낮아, 재보험사는 Super Senior 트랜치 투자를 통해 높은 신용등급과 기존 위험 헤지, 분산투자 효과를 얻을 수 있으며, 투자자는 잔여이익을 수령한다.

32 다음에서 설명하는 신용파생상품으로 옳은 것은?

> 가장 단순하고 널리 사용되는 신용파생상품으로, 특정 자산(준거자산)의 신용위험을 보장매입자가 보장매도자에게 이전하는 계약이다. 보장매도자는 그 대가로 정기적으로 프리미엄(Premium)을 수취하며, 만약 준거자산에 신용사건이 발생할 경우 보장매도자는 보장매입자에게 손실보전금(Contingent default payment)을 지급한다.

① CDO
② CLN
③ CDS
④ TRS

33 다음 중 CDO(Collateralized Debt Obligation)에 대한 설명으로 옳지 않은 것은?

① 합성 CDO는 보장매입자가 보유한 기초자산을 특수목적회사(SPC)에 양도하여 신용위험을 전가하는 방식이다.
② CDO는 다양한 채권이나 채무자산을 묶어 특수목적회사(SPV)에 담고, 이를 담보로 여러 트렌치의 증권을 발행한다.
③ 일반적으로 CDO는 Equity, Mezzanine, Senior 세 가지 트렌치로 나뉘며, 이 중 Equity 트렌치가 가장 위험도가 크고 기대수익도 높다.
④ 발행자 입장에서는 보유한 신용위험을 투자자에게 전가하는 수단이 되고, 투자자 입장에서는 구조화된 신용위험에 노출될 기회를 제공한다.

34 다음에서 설명하는 CDO에 해당하는 것으로 옳은 것은?

> • 기초자산에서 발생하는 수익률과 CDO로 발행된 유동화증권의 수익률 차이를 활용해 스프레드 이익을 얻기 위해 발행되는 구조이다.
> • 특수목적회사(SPC)는 신용등급이 높은 선순위 트렌치를 발행하여 낮은 조달금리를 확보하고, 기초자산으로부터 발생하는 더 높은 수익과의 차이를 통해 차익을 남긴다.

① Arbitrage CDO
② Synthetic CDO
③ Cash Flow CDO
④ Balance Sheet CDO

35 다음에서 설명하는 CDO의 종류로 옳은 것으로만 묶인 것은?

> • 위험 전가를 목적으로 하는 CDO로, 거래를 통해 보유 중인 신용위험 자산을 이전하여 대차대조표상 위험자산을 줄이고 재무비율을 개선할 수 있음
> • 기초자산의 수익률과 발행된 유동화증권의 수익률 간의 차이(스프레드)에서 발생하는 차익 확보를 목적으로 발행되는 CDO

① Static CDO, Hybrid CDO
② Balance Sheet CDO, Synthetic CDO
③ Balance Sheet CDO, Arbitrage CDO
④ Arbitrage CDO, Balance Sheet CDO

01 해외 투자에 대한 이론적 접근

2장 해외증권투자운용 · 투자전략

① 해외 투자의 동기 및 효과

구분	주요 내용	시험 포인트 요약
분산투자	국내 자산과 상관관계가 낮은 해외 자산에 분산함으로써 위험을 줄이려는 목적	위험 분산이 가장 대표적인 동기이자 효과임
수익률 제고	해외 자산 중 고성장 국가 또는 고수익 상품에 투자함으로써 더 높은 수익률을 기대	저성장 국내 시장에서 벗어나 수익률 향상을 꾀하는 전략
환차익 기대	통화 가치 변동에 따라 환차익을 기대하거나 환헤지전략을 병행	환차익은 수익의 변동성 요인이 되므로 리스크도 있음
시장 접근 확대	국내에 없는 상품·산업에 접근하거나 글로벌 기업에 투자 가능	특정 산업(AI, 헬스케어 등)이나 글로벌 ETF 활용 가능
규제 회피 또는 절세	일부 국가의 세제 혜택 또는 투자 규제 회피 목적	세제 효율성 확보 또는 세금분산 전략 측면도 있음
거시경제 환경 대응	국내 금리, 물가, 경기 상황이 불리할 때 대체투자로 활용	경기 국면에 따른 자산 배분 전략의 하나로 자주 등장함

② 체계적 위험과 비체계적 위험

구분	체계적 위험	비체계적 위험
정의	국가 전체 시장에 영향을 미치는 공통적 위험	개별 기업 또는 산업에 특이적으로 발생하는 위험
원인	정치, 경기변동, 금리, 재정·외환 정책 등 거시 변수	개별 기업의 실적, 산업 특수 요인 등
다른 명칭	시장위험, 공통위험, 시스템 리스크	고유위험, 특수위험, 잔차위험
분산 가능성	분산 불가능(시장 전체에 영향)	분산 가능(포트폴리오 구성으로 제거 가능)
대표 예시	금리 인상, 환율 급변, 글로벌 금융위기 등	특정 기업의 부도, CEO 리스크 등
시험 포인트	베타(β)로 측정, 포트폴리오에 포함되어도 존재	분산 투자로 제거 가능, 개별 리스크에 해당함

③ 국제분산투자의 효과

기본 개념	국내 자산 외에 해외 자산까지 포함한 분산투자 전략
주요 효과	국내에서 분산되지 않던 체계적 위험까지 어느 정도 제거 가능
작동 원리	국가 간 경제 상황, 산업 구조, 정책 등이 상이하여 비상관적자산 보유 가능
조건	국가 간 상관관계가 낮을수록 분산 효과가 큼
제한 요소	세계 시장의 동조화(글로벌화)로 인해 국제분산투자의 효과가 줄어들 수 있음
그래프 해석	국제분산투자는 국내분산투자보다 위험 감소폭이 더 큼
시험 포인트 요약	체계적 위험 일부 제거 가능하며, 상관계수가 중요하고 동조화가 일어날 경우 분산투자 효과는 감소됨

01 해외 투자에 대한 이론적 접근

2장 해외증권투자운용 · 투자전략

4 국가간 상관관계 분석

상관계수의 정의	각국 주식시장 간 수익률 움직임의 연관성을 수치화한 지표
의의	국제분산투자 효과의 크기는 국가 간 상관관계에 따라 달라짐 ▶ 상관관계가 낮을수록 분산 효과가 크고, 높을수록 효과가 작아짐
분석 방법	벤치마크 지수(BM) 간의 수익률 공분산 분석으로 상관계수 추정
유의사항	분석 기간 및 전쟁, 금융위기, 경제제재 등 구조적 변화 시 상관계수가 달라질 수 있음
보충설명	• 상관계수는 −1 ~ +1 사이 값을 가지며, 0에 가까울수록 분산 효과가 큼 • +1에 가까우면 자산 간 움직임이 같아 분산 효과가 거의 없음 • 국제분산 포트폴리오를 구성할 때 국가 간 상관계수가 낮은 국가들을 조합하는 것이 중요함

5 시가총액 방식과 유동주식 방식

시가총액 방식	• 시가총액 방식=(비교 시점의 시가총액/기준시점의 시가총액)×100 • 시가총액: 상장된 주식을 모두 현재의 시장가격으로 환산하여 나타낸 가치의 합계 • 시가총액 방식은 정부 보유 지분이나 계열사 간 상호 보유 지분 등 시장에서 유통되지 않는 주식까지 합산해 실제 공개시장에 대한 영향력을 정확히 반영하지 못한다는 단점이 있음
유동주식 방식	기업이 발행한 주식 중 최대주주 보유 지분 등 유통이 제한된 주식을 제외하고 시장에서 실제로 거래 가능한 주식을 기준으로 비중을 계산

6 국제 주가지수

MSCI 지수	• 글로벌 펀드의 투자기준이 되는 대표적인 지수로 크게 미국, 유럽 등 선진국 중심의 세계지수(World Index)와 아시아, 중남미 등의 신흥시장 지수(Emerging Markers Index)로 나눌 수 있음 • MSCI 지수는 유동주식 방식(Free floating)으로 산출함 ▶ 시가총액 방식은 정부나 계열사가 보유한 비유통 주식까지 포함하여 계산하기 때문에 실제 시장에서 거래되는 주식의 영향력을 제대로 반영하지 못하는 한계가 있는 반면, 유동주식 방식은 정부 및 계열사 보유분처럼 시장에서 유통되기 어려운 지분을 제외하고 실제 거래 가능한 주식만을 기준으로 산출하므로, 시장 상황을 보다 정확하게 반영할 수 있음
FTSE 지수	• FTSE인터내셔널에서 발표하는 글로벌 지수로, 주로 유럽계 자금의 투자 벤치마크 역할을 하고 있으며, 전세계 49개 국가를 선진국 시장, 준선진국시장, 신흥시장으로 분류함 • FTSE 100: 런던증권거래소(LSE)에 상장된 100개의 우량주식으로 구성된 지수 • FTSE All World Index: 전세계 49개국 주가지수를 포괄하며 선진시장, 선진신흥시장, 신흥시장으로 분류(우리나라는 선진시장에 편입)
WGBI INDEX	FTSE 러셀이 관리하는 주요 23개국의 국채로 구성된 투자지수로, 세계 주요 기관투자자들이 추종하는 투자지표 역할을 함
Down Jones 산업지수	미국의 다우존스사가 가장 안정된 우량 30개 기업주를 표본으로 하여 시장가격을 평균산출하는 세계적인 주가지수

해외 투자에 대한 이론적 접근

2장 해외증권투자운용 · 투자전략

7 환율 변동과 해외투자의 수익률과 위험

해외투자의 수익률과 위험	외국의 주식에 투자하는 경우, 투자기간 중 환율이 변하게 되면 그로 인한 손익이 국제투자의 수익률에 큰 영향을 미침
자국통화로 표시된 해외투자 수익률	투자대상국 통화표시 투자수익률 + 환율 변동률(외국통화를 자국통화로 환산)
환율 효과 예시	주가수익이 없더라도 투자대상국 통화가치가 상승하면 양(+)의 수익률 가능
위험(분산) 요소	• 투자대상국 통화표시 주식수익률의 분산 • 환율 변동률의 분산 • 자산수익률과 환율 변동률 간의 공분산
외국 주식투자의 위험 요인	주가 수익률 + 환율 변동
중요 개념	국제주식투자에서 위험의 크기를 결정하는 데 있어, 환율 변동 위험뿐만 아니라 통화가치와 주가 간의 공분산이 중요한 비중을 차지함
위험 축소 조건	투자 대상이 되는 주식의 가격과 통화가치가 음(−)의 상관관계를 가지면, 공분산이 음의 값을 가져 전체 투자위험을 줄일 수 있음

8 환율과 주가 간의 상관관계(공분산)

관점	통화가치 상승 시 해석	상관관계 방향
국제투자자 관점	환율 하락(=통화가치 상승) → 외국인 투자자금 유입 → 주가 상승	양(+)의 상관관계
국제경쟁력 관점	환율 하락(=통화가치 상승) → 수출 경쟁력 약화 → 기업이익 감소 → 주가 하락	음(−)의 상관관계
최근 일반적 경향	글로벌 자본 흐름 중심 해석 증가 → 주가와 통화가치가 같은 방향으로 움직임	양(+)의 상관관계가 일반적

[참고] 통화가치 상승=환율 하락 / 통화가치 하락=환율 상승

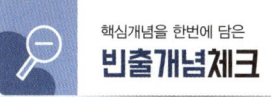

2장 해외증권투자운용 · 투자전략
해외 투자에 대한 이론적 접근

9 환위험 헤징 전략

파생상품을 이용한 헤지	• 선물환, 통화선물, 통화옵션, 롤링헤지 등 사용 • 주로 장내거래 중심, 선물환은 장외거래 • 단점: 달러 등 주요 통화 외에는 유동성 부족, 일부 투자금만 헤지 가능
통화구성의 분산	투자자들은 정치적 위험 분산, 금리위험 헤지, 환율 위험 헤지 등의 이유로 인해 국제적으로 분산된 포트폴리오 구성을 선호함
기타 환위험 헤징 방식	• 미국 달러 강세가 예상될 경우 달러 표시 자산 보유 • 달러에 연동된 환율제도를 보유한 국가에 투자(달러화 기반 투자자에게는 환율 노출 없는 투자) • 내재적 헤지: 특정 주식의 주가와 환율 간에 양(+)의 상관관계를 가질 경우, 환율 상승이 주가 상승을 상쇄하여 추가적인 헤지가 불필요할 수 있음

10 국제 투자펀드의 환헤지 전략

환헤지를 거의 하지 않거나 부분만 행하는 이유는 환율 변동을 위기로 보지 않고, 환율 예측과 적극적인 투기를 할 수 있는 수익의 원천으로 보기 때문이다.

11 자본시장 동조화 현상

동조화의 정의	각국 주식시장이 긴밀한 영향을 주고받으며 비슷한 움직임을 보이는 현상으로, 각국 주식 간 상관관계가 높아지는 현상을 의미함
국제분산투자와의 관계	각국 시장 간 상관관계가 높아질수록 국제분산투자의 효과는 감소함
원인	• 자본시장 통합 외에도 세계적인 경제 이슈, 정책 등 공통요인에 따른 구조적 동조화 발생 가능 • 세계 경제의 통합적 움직임으로 인해 별도의 통합 없이도 상관관계 상승 가능 [참고] 통합화: 차익거래 가능성, 일물일가 법칙 등으로 판단 　　　　동조화: 주가 간 상관관계를 중심으로 판단
부문별 차이	산업별로 글로벌화 정도에 따라 동조화 수준이 상이함 → IT산업이나 중간재 산업은 동조화 현상이 두드러지게 나타남
자본시장 개방 및 글로벌화	자본과 교역 증가로 한 나라의 경기변동이 다른 나라에 전염됨(전염 효과) → 미국처럼 경제 규모가 큰 국가의 부정적 전망이 전 세계에 영향
세계요인 (World factors)	원유(에너지) 가격, 미국의 금리변동, 정보통신산업 변동 등 국제적인 파급효과가 큰 변수들로 인해 국가 간 주식시장 상관관계가 높아짐

02 국제 증권시장 / 해외 증권투자전략

2장 해외증권투자운용·투자전략

❶ 해외 주식발행(복수상장)

의의		본국 및 해외 거래소에 복수상장(이중상장)하여 자금을 조달하는 것
발행 방식	DR (예탁증서)	• DR(Deporitary Receipt) 정의: 해외주식의 표시통화를 해당 거래소 국가의 통화로 전환하여 상장 • 복수상장을 통해 자금 조달이 가능하며, 소비자와 시장의 신뢰성 및 글로벌 이미지를 부여함 • ADR: 달러로 표시되어 미국 증권시장에 상장되며, 미국 SEC에 등록되어 공식 증권으로 취급됨 • GDR: 미국 이외의 시장에서 미국과 동시 발행된 주식 • EDR: 유럽의 금융기관이 발행하는 예탁증서로, 유럽 시장에서 해외 기업 주식을 매매할 수 있음 • 우리나라 기업의 해외상장의 경우 현지 제도와 상관없이 DR의 형태로 상장 및 거래됨(∵원화가 국제 통화가 아니기 때문에 해외시장에 그대로 상장될 수 없음)
	직수입 상장 (원주상장)	• 정의: 본국에서 거래되는 주식을 그대로 해외에 상장하는 방식(표시통화 전환 방식 없음) • TSE(도쿄증권거래소), Paris Bourse 등에서 별도의 시장부를 통해 거래됨 • 거래소와 본국의 통화가 다를 경우 표시통화가 달라지며, DR 방식과 달리 환위험에 노출될 수 있음
복수상장의 장점		• 외화자금 조달 가능: 해외자금 유치 • 인지도 및 투명성 상승: 기업 평판 및 신뢰도 개선 • 기업의 자본비용 감소: 낮은 금리로 자금 조달 가능 • 글로벌 투자자 기반 확대: 기업 가치 재평가 가능
복수상장의 단점		• 해외시장에서의 유동성 집중: 가격결정권이 해외시장에 넘어가고, 기업의 국적 및 정체성 약화 우려 • 해외시장 주도 시, 국내 리더십 약화 가능성 • M&A 등 주요 기업활동이 해외에서 진행될 가능성 • 총상장과정에서 비용이 추가로 발생될 수 있음

❷ 국제 채권시장

정의	기업이나 정부기관이 해외에서 채권을 발행해 자금을 조달하고, 그 채권이 국제적으로 유통·거래되는 시장
구분	• 외국채: 채권 표시통화의 본국에서 발행 ▶ 발행지 국가의 규제를 받으며 차입비용이 증가될 수 있음 • 유로채: 채권 표시통화 본국 이외의 국가에서 발행
특징	• 방대한 규모와 함께 잘 발달된 유통시장과 하부구조로 높은 유동성 보유 ▶ 국내시장의 제약에서 자유로우며 보다 유리한 조건으로 수익 추구 가능 • 차익거래가 용이하며 효율적인 가격결정성 • 국제채 시장뿐만 아니라 국내 채권시장에 투자하는 외국인들까지 아우르므로 규모가 큼
참가자	• 차입자: 세계은행, 아시아개발 등 국제기구, 각국의 중앙·지방정부, 공적 기구, 다국적 기업과 대기업 등 • 투자자: 대부분이 기관투자가이며 중앙은행, 투자신탁회사와 같은 금융기관 등 • 중개금융기관: 발행시장에서 차입자와 투자자, 유통시장에서 매도자와 매입자를 연결하는 중개 역할을 수행하며 스스로가 거래의 일방이 되어 시장 형성의 기능을 함

02 국제 증권시장 / 해외 증권투자전략

2장 해외증권투자운용·투자전략

❸ 유로채 VS 외국채

구분	유로채(Eurobonds)	외국채(Foreign Bonds)
발행 장소	표시통화국 외의 국가(역외금융센터 등)	표시통화의 본국에서 발행
대표 예시	유로달러채	양키본드(미국), 사무라이본드(일본), 김치본드(한국)
규제	자율 규제 중심으로, 현재 감독당국의 규제가 거의 없음	발행지 국가의 규제가 엄격함 ㉠ 미국 SEC 규제 및 공시·등록·신용등급 의무 등
채권 형태	무기명 형태로 익명성 보장	기명 채권으로 투자자의 실명이 필요함
원천징수	이자소득세 원천징수가 없음 ▶ 투자 유인 ↑	이자소득세를 부과하며 종합과세 대상임
신용등급	발행자·투자자 합의로 자율 결정하며 의무 아님	S&P, Moody's 등 공인 신용등급 평가 의무

❹ 국제 채권상품 분류

구분	분류기준	주요 상품	특징
만기에 따른 분류	단기채권 (Note형)	• 기업어음(CP) • 양도성예금증서(CD) • 국채(T-Note) • 머니마켓상품(MMI)	• 일반적으로 만기가 1년 이내 • 수시발행, 유통성과 환금성이 높음 • 매입확정을 위한 보증수단(facility) 사용 가능
	장기채권 (Bond형)	• 국채(T-Bond) • 회사채 • 사모채 • MBS(주택저당증권)	• 만기가 1년 이상 • 일정한 발행 규모와 만기 구조 • EMTN은 유럽 중심, 자금조달 용이성 높음
쿠폰 지급 형태에 따른 분류	변동금리채 (FRN)	FRN(Floating Rate Note)	• 만기는 장기지만, 금리는 단기금리에 연동 • 노트 성격도 일부 내포
	고정금리채	• 스트레이트 채권(straight fixed rate bond) • 전환사채(CB) • 신주인수권부사채(BW)	• 만기와 금리가 사전에 고정 • 주식 관련 권리 부여 가능(CB, BW)

02

2장 해외증권투자운용·투자전략

국제 증권시장 / 해외 증권투자전략

❺ 해외 직접 주식투자 시 세금 문제

양도소득세 과세 대상	• 해외 주식 매도 시 발생한 양도차익은 양도소득세 과세 대상 • 반드시 신고 필요
외국납부세액 공제	• 해외 투자국에서 세금을 이미 낸 경우에도 국내에서 별도 양도소득세 신고 필요 • 단, 외국에서 납부한 세금은 외국납부세액공제로 공제 가능
배당소득 주의사항	해외 주식에서 발생한 배당소득은 국내와 달리 금융소득 2천만 원 초과 여부를 묻지 않고 무조건 종합과세 대상이 됨

세율 및 계산 방식	• 해외 주식 세금: 양도소득 과세표준의 20%+주민세(양도소득세×10%)
	• 양도소득세 계산식
	  – 과세표준=양도차익 – 기본공제(250만 원)
	  – 세금=과세표준×20%

❻ 해외 채권

투자 난이도	• 채권은 표준화, 접근성, 거래 편의성이 낮고, 정보수집의 한계 및 환율 헤지 등 위험이 다양하므로 주식보다 분석이 더 어려움 • 신용등급, 금리, 환율, 발행시장 등 다양한 요소 고려 필요
투자 방식	직접 투자보다는 채권형 펀드 등을 통한 간접투자가 일반적임
수익률 구조	위험이 높을수록 요구수익률(가산금리)이 높아짐
리스크	환율 변동, 발행자의 신용위험, 유동성 위험 등

❼ 미국 국채(재무부채권)

- 미재무부 명의로 발행된 양도가 가능한 국채를 말한다.
- 미국 재무부채권은 미국 국채인 만큼 위험성이 없는 채권으로 간주되며, 기타 국가의 채권은 미재무부채권(TB) 금리에 위험도에 따라 가산금리가 붙는다.
  ※ 채권의 위험도 ↓ = 가산금리 ↓ = 채권 가격과 국가신인도 ↑
     채권의 위험도 ↑ = 가산금리 ↑ = 채권 가격과 국가신인도 ↓
- 종류

구분	만기구간	이자지급	특징
T-bill	1년 이하 단기채	없음(할인발행)	할인된 가격에 발행 후 만기 상환(할인채)
T-Note	1년 초과 ~ 10년 이하 중기채	6개월마다 지급	1,000~100만 달러의 액면가를 가지며, 이표가 있어 6개월마다 이자를 받을 수 있음(이표채)
T-Bond	10년 초과(최장 30년) 장기채	6개월마다 지급	이표가 있어 6개월마다 이자를 받을 수 있으며(이표채), 벤치마크 채권으로 사용됨

02 국제 증권시장 / 해외 증권투자전략

2장 해외증권투자운용·투자전략

⑧ 브라질 채권

특징	금리가 매우 높고, 이자소득이 비과세인 경우가 많아 종합소득세 회피 수단으로 활용됨
단점	• 국내에서 판매되는 상품은 대부분 장기채(6년 이상)임 • 단기채권은 유동성이 부족하고 실익이 적어 투자 위험이 큼

⑨ 딤섬 본드

정의	홍콩에서 외국 기업이 발행한 위안화 표시 채권
만기	주로 2~3년의 단기채, 신용등급이 높은 회사채로 채권수익률 ↓
특징	쿠폰(이자율)이 낮고 대부분의 수익은 환차익에 의존함 ▶ 위안화 가치 방향성 매우 중요
유통시장	홍콩 위안화 채권시장(온쇼어가 아닌 오프쇼어시장)
투자전략	환율 전망이 중요(환차익이 우호적일 때 수익 확보 가능)

⑩ 딤섬 본드 vs 판다본드

항목	딤섬본드	판다본드
발행지역	홍콩	중국 본토
발행자	외국기업	외국기업
표시통화	위안화	위안화
발행자격	없음	QFII 요건 충족 필요(적격 외국 기관투자자 요건)
유의사항	거래 규모 제한적, 유통시장 얕음	발행 절차가 복잡하고 규제가 있음

⑪ 공격적 전략 vs 방어적 전략

공격적 전략	• 환율과 주가 전망 예측을 포트폴리오 구성에 적극 반영하여 위험을 부담하면서도 초과수익을 추구하는 전략 • 투자 대상국의 주가 및 환율을 전망하고 가장 전망이 밝은 국가의 투자비중을 높임으로써 수익률의 극대화를 꾀하는 전략 • 목표수익률을 벤치마크의 수익률보다 높게 설정 • 주가 및 환율의 예측을 적극적으로 포트폴리오의 구성에 이용한다는 것은 시장의 비효율성이 존재한다고 믿는 것을 의미함
방어적 전략	• 환율과 주가 전망 예측을 투자 결정에 거의 반영하지 않고 벤치마크 지수의 구성을 모방함으로써, 잘 분산된 포트폴리오인 벤치마크와의 수익률 격차를 최소화하려는 소극적 전략 • 시장이 효율적인 상황에서 어떤 정보를 이용하여 예측을 하더라도 초과수익을 얻을 수 없다는 판단에 근거함 • 소극적 전략에서 목표수익률의 상한은 벤치마크의 수익률이 됨 • 인덱스 펀드 등

02 2장 해외증권투자운용·투자전략
국제 증권시장 / 해외 증권투자전략

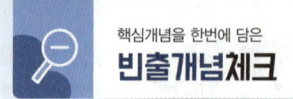

⑫ 상향식 접근방법 vs 하향식 접근방법

구분	상향식 접근방법	하향식 접근방법
출발점	기업 및 산업분석에서 시작	국가 및 거시경제 분석에서 시작
의사결정 순서	유망 기업 → 산업 → 국가 비중 순	국가 비중 → 산업 → 개별 기업 순
분석 중심	주요 산업과 기업을 글로벌 경쟁 관점에서 분석	투자대상국의 성장률, 물가, 환율 등 거시경제지표
세계경제 인식	세계경제=글로벌 산업들의 집합(통합된 구조로 봄)	세계경제=분리된 각국 경제의 결합체
장점	혁신 기업 발굴 가능, 산업·기업 차별화 기회	국가별 경제 전망 반영, 거시경제 추세 활용
위험 및 기회	• 특정 기업 및 산업의 리스크에 집중될 수 있음 • 주식 파생상품을 활용하여 낮은 거래비용으로 포지션 확대·축소 가능 • 옵션·선물 활용으로 소액 투자 대비 큰 수익·손실 가능	• 국가 전망이 빗나갈 경우 변동성이 커짐 • 특정 시점의 거시경제 상황이 균형에서 괴리될 수 있으며 괴리 조정 과정에서 주가와 환율 등이 크게 변동될 수 있음 → 초과수익의 기회를 제공하기도 함

⑬ 해외 증권투자의 성과평가

시간가중평균 수익률 (TWR)	현금인출 여부와 관계없이 달러당 수익률을 계산하는 방법으로, 인출된 현금이 기간 말까지 계속 투자되는 것을 가정하고 수익률을 계산하는 방법
내부수익률(IRR)	투자에서 발생하는 미래 현금흐름의 현재가치 합이 0이 되도록 만드는 할인율로, 투자 프로젝트의 실제 수익성을 나타내는 지표
금액가중평균수익률 (MWR)	투자자가 자금을 넣고 뺀 시점과 금액을 반영하여 산출되는 수익률로, 결과적으로 투자자가 실제로 체감하는 성과를 보여줌

2장 해외증권투자운용·투자전략

01 다음 중 해외투자 시 환헤지 방법에 대한 설명으로 옳지 않은 것은?

① 여러 통화에 분산투자하면 환율 변동에 따른 위험을 완화할 수 있다.
② 외환선물이나 통화선물을 활용하여 투자대상의 환율 변동 위험을 줄일 수 있다.
③ 롤링헤지(Rolling Hedge)는 외국 주식시장 및 개별 주식의 가치변화 민감도를 분석하여 매매하는 방법이다.
④ 본국 통화가 투자대상국 통화 대비 절하되면, 현지에서 주가차익이 발생하더라도 투자자에게는 손실이 발생할 수 있다.

02 다음 중 빈칸에 들어갈 알맞은 말은?

> 미국 투자자는 달러 가치가 상승 시 해외투자에서 환차손이 발생할 수 있는데, 이 경우 달러 가치와 양(+)의 상관관계를 보이는 주식을 매수하여 환차손을 상쇄할 수 있다. 이처럼 주가와 통화가치 간의 상관관계를 활용한 환위험 헤지 방식을 (   )이라고 한다.

① 롤링헤지
② 베타헤지
③ 내재적 헤지
④ 금리위험 헤지

03 다음 중 환위험 헤지 전략에 대한 설명으로 옳지 않은 것은?

① 환위험 관리에서는 반드시 헤지수단을 사용해야 하므로, 헤지를 하지 않는 것은 전략으로 인정되지 않는다.
② 짧은 만기의 헤지를 반복적으로 갱신하여 전체 투자기간 동안 환위험을 줄이는 방법을 롤링헤지(Rolling Hedge)라고 한다.
③ 선물환·통화선물 등 통화파생상품을 이용한 전략은 시장이 존재하더라도 유동성이 부족하면 효과적인 헤지수단이 될 수 없다.
④ 미국 투자자가 달러화 가치와 높은 상관관계를 가지는 해외 주식에 투자할 경우, 환손실을 투자수익으로 상쇄할 수 있는데 이를 내재적 헤지(implicit hedge)라 하며, 이 방식에는 별도의 비용이 발생하지 않는다.

04 다음 중 해외투자의 목적으로 볼 수 없는 것은?

① 통화 가치 변동을 이용하여 환차익을 기대하기 위함이다.
② 특정 국가의 세제 혜택을 활용하여 절세를 목적으로 하기 위함이다.
③ 국내 기준금리 인상에 따른 예금 이자 수익을 극대화하기 위함이다.
④ 국내 자산과 상관관계가 낮은 자산을 편입하여 위험을 분산하기 위함이다.

05 다음 중 국제분산투자의 위험 분산 효과가 가장 큰 경우는?

① 세계 시장의 동조화가 심화되는 경우
② 국가 간 상관계수가 0에 가까운 경우
③ 국가 간 상관계수가 +1에 가까운 경우
④ 국가 간 주식시장이 동일 산업구조를 갖는 경우

06 다음 중 국제 주가지수에 대한 설명으로 옳은 것은?

① 한국은 MSCI 선진국 지수에 포함된다.
② MSCI 지수는 시가총액과 환율 변동을 반영하여 산출된다.
③ FTSE 100 지수는 런던 증권거래소에 상장된 대표적 100개의 우량주식으로 구성된 지수이다.
④ MSCI 지수는 정부 보유 지분 등 실질적으로 시장에서 거래되지 않는 주식까지 포함하여 산출된다.

07 다음 중 국제 주가지수에 대한 설명으로 옳지 않은 것은?

① MSCI 지수는 유동주식 방식을 기준으로 산출된다.
② FTSE 100 지수는 런던증권거래소에 상장된 100개의 우량주로 구성된다.
③ MSCI EM지수는 각국의 주가 등락과 환율 변동에 따라 국가별 편입비중이 매일 변한다.
④ FTSE All World Index는 선진시장, 선진신흥시장, 신흥시장으로 나뉘며, 이 중 한국은 선진신흥시장으로 분류된다.

08 다음 중 국제 주가지수에 대한 설명으로 옳은 것으로만 연결된 것은?

> ㉠ FTSE 100 지수는 런던증권거래소에 상장된 대표 100개 우량기업의 주가로 구성된다.
> ㉡ 우리나라는 현재 MSCI World Index(선진국 지수)에 포함되지 않고, MSCI 신흥국 지수(EM)에 속해 있다.
> ㉢ MSCI EM 지수는 각국 주가의 등락과 환율 변동을 반영하여 국가별 비중이 매일 달라진다.
> ㉣ MSCI 지수는 실제 거래 가능한 주식만 반영하는 유동주식 기준(free-float) 방식으로 산출된다.

① ㉠, ㉡
② ㉢, ㉣
③ ㉠, ㉡, ㉢
④ ㉠, ㉡, ㉢, ㉣

09 다음 중 해외투자의 수익률과 위험에 대한 설명으로 옳지 않은 것은?

① 국제투자의 논리에 따르면 한 나라의 통화가치와 주가는 양(+)의 상관관계를 갖는다.
② 해외주식 투자 시 투자대상 주식의 수익률과 투자자의 투자수익률은 본국 통화로 표시된다.
③ 국제투자에서 환위험은 환율과 주가 간의 상관관계에 의한 위험요인도 큰 비중을 차지한다.
④ 투자자의 본국 통화로 표시되는 투자수익률의 분산은 자산수익률의 분산, 환율 변동률의 분산, 자산 가격과 환율 변동률 간 공분산의 세 요인의 합으로 표시된다.

10 다음 중 해외주식투자의 수익률 위험(분산)에 대한 설명으로 옳은 것은?

① 공분산이 양(+)일수록 전체 투자위험은 감소하게 된다.
② 해외투자의 수익률 위험은 환율변동만으로 결정되며, 주가 수익률은 고려되지 않는다.
③ 자국통화 기준 해외투자 수익률은 주가 수익률에서 환율 손익을 차감한 값으로 계산된다.
④ 해외투자 수익률의 위험은 주가 수익률의 분산, 환율 변동률의 분산, 두 변수 간 공분산으로 구성된다.

11 다음 중 통화가치와 주가의 상관관계에 대한 설명으로 옳지 않은 것은?

① 국제투자 측면에서 한 나라의 통화가치는 주가와 양(+)의 상관관계를 가진다.
② 국제투자 측면에서 한 나라의 통화가치 상승은 외국 투자자의 기대수익을 높여준다.
③ 국제경쟁력 측면에서 통화가치와 그 나라 주가의 변동은 음(-)의 상관관계를 가지게 된다.
④ 국제경쟁력 측면에서 통화가치의 하락은 국제경쟁력의 약화로 해석되어 주가의 하락을 가져온다.

12 다음 중 국제분산투자와 관련한 설명으로 옳은 것으로만 묶인 것은?

> ㉠ 국제시장이 동조화되면 국제분산투자의 효과는 강화된다.
> ㉡ 국가 간 상관계수가 높으면 국제분산투자의 효과는 낮아진다.
> ㉢ 국제분산투자를 통해 국내 분산투자로는 줄일 수 없는 체계적 위험을 낮출 수 있다.

① ㉠
② ㉡
③ ㉠, ㉢
④ ㉡, ㉢

13 다음 중 국제 분산투자효과에 대한 설명으로 옳은 것은?

① 글로벌 동조화가 강화될수록 국제분산투자 효과는 커진다.
② 국제분산투자를 하더라도 개별기업 특유의 요인에 의한 위험은 제거할 수 없다.
③ 시장과의 상관관계가 높은 개별증권의 비중이 클수록 전체 시장의 위험 중 체계적 위험의 비중이 커진다.
④ 국내적으로 분산이 불가능한 위험인 체계적 위험은 국제분산투자를 하더라도 분산효과를 얻을 수 없다.

14 다음 중 주식예탁증서(DR; Depository Receipt)에 대한 설명으로 옳지 않은 것은?

① 달러 표시 DR이 미국과 미국 이외의 시장에서 동시에 발행되면 이를 EDR이라 한다.
② 우리나라 기업이 해외에 상장하는 경우, 현지 제도와 무관하게 반드시 DR 형태로만 상장·거래된다.
③ 미국 증시에 상장을 원하는 기업이 발행·상장 관련 비용을 직접 부담하는 경우 이를 Sponsored DR이라 한다.
④ DR은 기업이 본국 은행에 주식을 예치하고, 이를 기초로 해외 현지 거래소에서 거래되도록 발행되는 증서로서 해외 거래 편의성과 유동성을 높일 수 있다.

15 다음 중 DR 발행기업이 복수상장을 통해 얻을 수 있는 효과로 옳지 않은 것은?

① 복수상장을 통해 기업은 해외시장에서의 인지도를 높일 수 있다.
② 국내외에 동시에 상장할 경우 총상장비용이 국내 단독 상장보다 저렴해진다.
③ 복수상장은 기업의 투명성을 향상시켜 자본조달비용을 낮추는 데 기여할 수 있다.
④ 복수상장을 하면 글로벌 투자자와 고객에게 기업을 알리는 홍보 효과가 발생한다.

16 다음에서 설명하는 해외상장의 종류로 옳은 것은?

> 2021년 3월 쿠팡은 뉴욕증권거래소에 (   ) 하면서 시가총액이 한 때 100조 원을 넘어섰다. 이처럼 국내에 상장하지 않고 바로 외국 거래소에 상장하는 것을 (   )이라고 한다.

① 직상장
② 복수상장
③ 원주상장
④ DR(주식예탁증서)

17 다음 중 예탁증서(DR; Depository Receipt)에 관한 설명으로 옳지 않은 것은?

① ADR에 투자한 투자자는 배당금을 미국 달러로 지급받는다.
② DR은 해외 주식이 당해 국가의 은행에 예탁되고, 예탁된 주식을 바탕으로 현지의 거래소에서 상장하는 형태이다.
③ EDR은 미국과 그 외 해외시장에서 동시에 상장할 때 발행되는 예탁증서이다.
④ ADR은 미국 증시에 상장할 때 발행되는 예탁증서로, 발행 시 미국 증권거래위원회(SEC)에 신고해야 한다.

18 다음 중 국제채권에 관한 설명으로 옳은 것을 고른 것은?

> ㉠ 양키본드는 유로채에 해당한다.
> ㉡ 유로채는 일반적으로 기명식으로 발행된다.
> ㉢ 딤섬본드는 홍콩에서 외국기업이 위안화로 발행하는 채권이다.

① ㉠
② ㉢
③ ㉠, ㉡
④ ㉡, ㉢

19 다음 중 국제채권에 대한 설명으로 적절하지 않은 것은?

① 한국기업이 미국에서 발행한 미 달러표시의 채권은 김치본드이다.
② 한국기업이 한국에서 미 달러표시 채권을 발행한 경우 유로본드이다.
③ 발행과 관련된 당국에 규제가 없다는 점에서 유로본드는 역외채권이다.
④ 양키본드를 발행하게 되면 미국의 채권발행 및 조세에 관한 규제가 적용된다.

20 다음 중 유로채(Euro bonds)로 볼 수 있는 것은?

① 미국 기업이 한국에서 원화로 발행한 채권
② 미국 기업이 홍콩에서 위안화로 발행한 채권
③ 한국 기업이 미국에서 발행한 미달러화 표시 채권
④ 한국 기업이 런던에서 발행한 미달러화 표시 채권

21 다음 중 국제채권(International Bond)에 대한 설명으로 옳지 않은 것은?

① 외국 기업이 중국에서 위안화로 발행하는 채권은 판다본드이다.
② 외국 기업이 채권 표시통화의 본국에서 발행하는 채권을 외국채라고 한다.
③ 미국에서 발행되는 외국채를 양키본드, 일본에서 발행되는 외국채를 사무라이본드라고 한다.
④ 유로채 발행 시에는 공시나 신용등급 평가 등에 대한 규제가 법적으로 의무화되어 있으며, 시장 참가자가 임의로 조건을 정할 수 없다.

22 다음 중 유로채(Euro bonds)에 대한 설명으로 옳지 않은 것은?

① 유로본드는 역외채권이다.
② 채권의 소지자가 청구권을 가지는 무기명채권이다.
③ 투자자 보호를 위한 신용등급평가 등에 대한 엄격한 공시 규정이 적용된다.
④ 채권에서 발생하는 수익에 대한 소득세를 원천징수하지 않은 것이 일반적이다.

23 다음 중 변동금리채(FRN)의 특징으로 옳은 것은?

① 만기는 장기이지만 금리는 단기금리에 연동된다.
② 만기 1년 이내에 수시발행되며, 주로 머니마켓에서 유통된다.
③ 금리와 만기가 모두 고정되어 있으며, 주식 전환권이 부여된다.
④ 일정한 만기와 발행 규모로 구성되며, 자금조달의 유연성이 낮다.

24 다음 중 해외 주식 직접투자 시 반드시 확인해야 할 사항으로 옳은 것은?

① 펀드의 환매 기간
② 원화 환산 기준 가격
③ 국내 기업의 발행시장
④ 거래 시간 및 거래 수수료

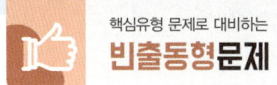

25 다음 빈칸에 들어갈 올바른 단어를 순서대로 나열한 것은?

> 미국 국채 중 만기 1년 이하의 단기채는 (   )이고, 이는 (   )로 분류된다.

① T-bill, 할인채
② T-bill, 이표채
③ T-Note, 이표채
④ T-Bond, 할인채

26 다음 중 미국 국채의 종류와 설명이 바르게 연결된 것은?

① T-note: 만기 1년 이하, 할인발행
② T-note: 만기 10년 초과, 이자 미지급
③ T-bill: 만기 10년 이상, 6개월마다 이자지급
④ T-bond: 만기 10년 이상, 6개월마다 이자지급

27 다음 중 미국 국채에 대한 설명으로 옳은 것만 묶인 것은?

> ㉠ T-Bill은 할인식으로 발행한다.
> ㉡ T-Bond는 중기채이자 복리채이다.
> ㉢ T-Note는 복리채로, 만기는 10년을 초과한다.

① ㉠
② ㉠, ㉡
③ ㉡, ㉢
④ ㉠, ㉡, ㉢

28 다음 중 국제투자에 관한 설명으로 옳지 않은 것은?

① 헤지펀드는 규모의 경제를 달성하면 이익을 얻을 수 있다.
② 주식매매회전율이 낮은 시장일수록 단기 매매차익을 추구하는 투자자의 비중이 높다.
③ 경제 규모에 비해 주식시장이 큰 국가는 일반적으로 효율적인 자본시장을 보유하고 있다.
④ 각 거래소의 규모는 해당 거래소에 상장된 주식의 시가총액이나 거래량으로 파악해 볼 수 있다.

29 다음 중 해외투자 전략에 대한 설명으로 옳지 않은 것은?

① 방어적 전략의 전형적인 예는 인덱스 펀드에 투자하는 것이다.
② 공격적 전략의 목표수익률은 벤치마크의 수익률 보다 높게 설정한다.
③ 공격적 전략은 환율과 주가전망을 투자결정에 거의 반영하지 않는다.
④ 방어적 전략은 시장이 효율적인 상황에서 초과수익을 얻을 수 없다는 판단에 근거하고 있다.

30 다음 중 공격적 투자전략에 대한 설명으로 옳은 것은?

① 환율과 주가 전망을 반영하여 수익률을 극대화하려는 전략이다.
② 벤치마크 수익률에 근접하도록 자산을 배분하는 소극적 전략이다.
③ 시장의 효율성을 신뢰하여 예측보다는 분산을 중시하는 전략이다.
④ 포트폴리오 구성 시 거래비용 최소화를 가장 중요하게 고려하는 전략이다.

31 해외 주식 투자에서 국가별 비중을 결정할 때 사용하는 하향식(Top-Down Approach) 접근방법에 관한 설명으로 옳지 않은 것은?

① 해외투자에서 하향식 접근과 상향식 접근은 모두 공격적 투자 방식에 해당한다.
② 세계 경제를 각국 경제의 단순 집합이 아니라, 글로벌화된 산업들의 모임으로 본다.
③ 투자 대상 국가의 거시경제지표의 변화를 예측하고, 전망이 긍정적인 국가의 비중을 높인다.
④ 특정 시점의 거시경제 상황은 균형에서 벗어날 수 있으며, 이때 해당 국가의 거시경제 변수를 면밀히 분석하면 초과수익 기회를 얻을 수 있다.

32 다음 중 상향식 접근(Bottom-up Approach)의 특징으로 옳은 것만을 모두 고른 것은?

> ㉠ 개별 기업의 기술력과 성장성을 분석한다.
> ㉡ 글로벌 산업 내 경쟁력 있는 기업을 선별해 투자한다.
> ㉢ 각국 경제를 단위로 한 환율 및 거시지표를 중심으로 분석한다.
> ㉣ 산업이나 기업 분석보다는 국가의 경제성장률 예측이 핵심이다.

① ㉠, ㉡
② ㉡, ㉣
③ ㉠, ㉢
④ ㉠, ㉢, ㉣

33 다음 중 국제투자에 관한 설명으로 옳지 않은 것은?

① 하향식 투자방법에서는 국가 비중을 먼저 결정한다.
② 기업 → 산업 → 국가의 순서로 분석해 투자하는 방법은 하향식 투자방법이다.
③ 상향식 투자방법에서는 각국 경제의 통합 정도가 진전되어 있어, 세계 경제를 글로벌화된 산업들의 집합이라고 본다.
④ 성장 가능성이 높은 기업을 선정하여 투자하고, 그 결과로 국가별 투자 비중이 결정되는 방식은 상향식 투자방법이다.

34 다음 중 해외 투자 시 환노출헤지 방법으로 옳지 않은 것은?

① 통화 파생상품을 이용한다.
② 투자대상국 통화로 단일화시킨다.
③ 다양한 통화에 분산 투자하여 환노출을 줄인다.
④ 투자대상 증권과 환율 간의 상관관계를 활용한 내재적 헤지를 한다.

35 다음 중 해외 투자 시 환노출에 대한 내재적 헤지 방법으로 옳은 것은?

① 통화선물이나 통화옵션을 이용한 파생상품 전략
② 환헤지 ETF에 투자하여 환위험을 회피하는 전략
③ 아무런 헤지를 하지 않고 환노출을 수용하는 전략
④ 투자대상 자산과 환율 간 상관관계를 고려하여 종목을 선택하는 전략

01 증권분석의 개념 및 기본체계

3장 투자분석기법

❶ (미래)현금흐름 추정의 기본원칙

증분 기준 추정	현금흐름은 특정 투자안을 채택했을 때 기업 전체 현금흐름에 어떤 변화가 발생하는지를 기준으로 추정해야 함
세후 기준 추정	• 감가상각비는 실제 현금 유출은 없지만 과세소득에 영향을 주어 법인세 부담을 달라지게 함 • 감가상각에 따른 절세 효과를 고려해야 하며, 감가상각 방법에 따라 현금흐름이 달라질 수 있음
간접 효과 반영	투자안으로 인해 발생하는 모든 간접적 효과를 반영해야 함 예 사업장 확장 계획으로 인해 순운전자본의 증가가 예상된다면, 그 증가분은 투자안의 순투자액에 포함시켜야 함
현금흐름 시점의 정확한 추정	• 현금유입과 현금유출이 실제로 발생하는 시점을 정확히 고려해야 함 • 회계상 이익은 현금 흐름과 시점이 다를 수 있음
매몰원가와 기회비용 고려	• 이미 지출된 매몰원가는 현재 투자 의사결정에 영향을 주지 않으므로 고려하지 않음 • 반면, 다른 용도로 활용 가능한 자원을 사용하는 경우에 발생하는 기회비용은 고려해야 함

❷ 증권분석을 위한 통계 기초

의의	통계자료의 분포 특성을 하나의 수치로 요약하는 기준
중심위치	• 자료가 어떤 값을 중심으로 분포하는가를 나타내는 대표치 • 산술평균: 변수들의 총합을 변수의 개수로 나눈 값 • 최빈값: 빈도수가 가장 높은 관찰치 • 중앙값: 관찰치의 크기를 순서대로 나열하였을 때 가장 가운데 있는 값
산포경향	• 자료가 중심위치로부터 어느 정도 흩어져 있는가를 나타내는 지표 • 범위: 최대값 - 최소값 • 평균 편차: 각각이 평균으로부터 떨어진 거리들의 평균으로 측정 • 분산: 각각이 평균으로부터 떨어진 거리의 제곱들의 평균이며, 분산의 제곱근은 표준편차임

❸ 공분산과 상관계수

항목	공분산(Covariance)	상관계수(Correlation Coefficient)
의의	• 두 확률변수 간 관계의 방향(+, -)을 측정 • 값에 제한이 없음	• 두 변수 간 관계의 방향과 강도를 동시에 측정 • 공분산을 각 변수의 표준편차의 곱으로 나눈 값
정의식	$Cov(X, Y) = E[(X-\mu_x)(Y-\mu_y)] = \sigma_{xy}$	$\rho = \sigma_{xy} \div \sigma_x \sigma_y$
값의 범위	$-\infty \sim +\infty$ (제한 없음)	$-1 \leq \rho \leq +1$ (정규화된 값)
값의 해석	+: 양의 상관관계 -: 음의 상관관계 0: 선형관계 없음	+1: 완전 양의 선형관계(정방향) -1: 완전 음의 선형관계(역방향) 0: 선형관계 없음
특징	단위에 영향을 받음(크기 해석이 어려움)	무차원지표로 단위와 상관없이 비교 가능

02 유가증권의 가치평가

3장 투자분석기법

① 자산의 가치평가

자산의 가치	해당 자산이 장래에 창출할 기대현금흐름의 현재가치(PV)
현금흐름 할인(DCF) 모형	• $V_0 = \dfrac{CF_1}{(1+k)^1} + \dfrac{CF_2}{(1+k)^2} + \cdots + \dfrac{CF_n}{(1+k)^n} = \sum\limits_{t=1}^{n} \dfrac{CF_t}{(1+k)^t}$ – V_0: 현재 자산가치(Present Value) – CF_t: t기의 기대현금흐름 – k: 요구수익률(투자자가 자산에 요구하는 최소 기대수익률) – n: 유효수명(현금흐름 지속기간)

② 채권의 가치평가

채권의 가치	미래에 지급될 이자 및 원금의 현금흐름을 현재가치로 할인한 값
일반채권의 가치 (만기가 있음)	• $P_0 = \sum\limits_{t=1}^{n} \dfrac{I}{(1+k_d)^t} + \dfrac{F}{(1+k_d)^n}$ – P_0: 현재시점(t=0)에서의 채권가치 – I: 연간 이자지급액 – k: 요구수익률 – F: n기간 후에 상환하는 원금 – t: 시점(현재=0을 기준)
영구채권의 가치 (만기가 없음)	• $P_0 = \sum\limits_{t=1}^{\infty} \dfrac{I}{(1+k_d)^t} = \dfrac{I}{k_d}$ – P_0: 현재시점에서의 채권가치 – i: 표면이자율에 따른 지급이자 – k: 요구수익률 ※ 영구채는 원금 상환 없이 매년 일정 이자만 지급하므로, F(상환원금)가 0인 채권임

③ 채권의 만기수익률(Yield to Maturity: YTM)

정의	• 채권을 현재 시장가격에 매입해서 만기까지 보유할 경우에 예상되는 연평균 수익률 • 채권의 내재수익률로서, 투자자가 만기까지 보유할 때의 실질수익률을 의미
일반채권의 만기수익률 (만기가 있음)	• $P_0 = \sum\limits_{t=1}^{n} \dfrac{I}{(1+YTM)^t} + \dfrac{F}{(1+YTM)^n}$ – P_0: 현재가격 – I: 이자 – F: 액면가 – YTM: 만기수익률

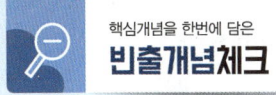

02 유가증권의 가치평가
3장 투자분석기법

영구채권의 만기수익률 (만기가 없음)	$P_0 = \dfrac{I}{YTM}$ – P_0: 현재가격 – I: 이자 – YTM: 만기수익률

④ 우선주의 가치평가

우선주의 특성	• 우선주 배당은 일반적으로 경영성과와 무관하게 미리 약정된 배당률에 따라 지급됨 • 채권보다 위험도가 높고, 보통주보다는 낮음 • 회사채보다 요구수익률이 높음
기본 평가 원리	• 우선주에 대한 현금흐름은 영구 연금(perpetuity)으로 취급 • 만기가 없고, 매년 동일한 배당금 지급 전제
우선주의 가치 평가식	• $P_0 = \sum_{t=1}^{n} \dfrac{D_P}{(1+k_P)^t} + \dfrac{D_P}{k_P}$ – D_P: 연간 우선주 배당금 – k_P: 우선주 주주들의 요구수익률

⑤ 보통주의 가치평가를 위한 일반모형

유형	계산 공식	구성요소
단기 보유(1기)	$P_0 = \dfrac{D_1}{1+K_e} + \dfrac{P_1}{1+K_e}$ • P_0: 현재 주가(가치) • D_t: t기에 받을 예상 배당금 • P_n: 마지막 매각 시점의 주가 • K_e: 자기자본비용(요구수익률)	1기 배당금 + 1기 말 주가
2기 보유	$P_0 = \dfrac{D_1}{1+K_e} + \dfrac{D_2}{(1+K_e)^2} + \dfrac{P_2}{(1+K_e)^2}$	2년간 배당금 + 2년 말 주가
n기 보유	$P_0 = \sum_{t=1}^{n} \dfrac{D_t}{(1+K_e)^t} + \dfrac{P_n}{(1+K_e)^n}$	n년간 배당금 + n년 말 주가
일반형 (무기한 보유)	$P_0 = \sum_{t=1}^{\infty} \dfrac{D_t}{(1+K_e)^t}$	모든 미래 배당금의 현재가치

02 3장 투자분석기법
유가증권의 가치평가

❻ 무성장모형

정의	기업의 배당금이 매년 일정하게 유지되고, 성장률(g)이 0이라고 가정하는 주식의 가치평가 모형
적용 조건	• 미래 배당금이 변하지 않고 영구히 지속됨(매년 일정 금액 고정) • 고정 배당 기업에만 적용 가능
평가식	• $P_0 = \sum_{t=1}^{\infty} \dfrac{D}{(1+k_e)^t} = \dfrac{D}{K_e}$ ㈎ 매년 배당금이 1,500만 원이고, 요구수익률 12%라면? ▶ $P_0 = \dfrac{1,500}{0.12} = 12,500$원

❼ 항상성장모형

정의	배당금이 매년 일정한 비율(g)로 성장한다고 가정하는 주식의 가치평가 모형
적용 조건	• 배당금이 매년 g% 만큼 지속적으로 증가 • 요구수익률(k_e) > 성장률(g)이어야 함
항상성장모형에 의한 주가 계산 공식	• $P_0 = \dfrac{D_1}{k_e - g}$ – K: 요구수익률(=예상 배당수익률 $\dfrac{D_1}{P_0}$ + 자본이득 수익률 g) – g: 성장률{내부유보율(RR) × 자기자본이익률(ROE)} – 내부유보율(RR): 1 − 배당성향(배당률) – 자기자본이익률(ROE): 순이익 ÷ 자기자본 – 차기년도 배당금 D_1: $D_0 \times (1+g)$ 또는 $EPS_1 \times$ 배당성향(배당률)

❽ 초기 고속성장모형

정의	기업이 일정 기간 동안 높은 성장률(g_1)을 유지하다가, 이후에는 정상 성장률(g_2)로 전환된다고 가정하는 주식의 평가모형
적용 배경	• 신기술, 신시장 진입 등으로 초기에는 고성장 • 일정 시점 이후 성숙기로 접어들며 성장률 하락
성장구간 구분	• 초기 고속성장기(m기 동안 g_1의 성장률 적용) • 정상 성장기(m+1기부터 g_2의 성장률 적용)
기본 평가 방식	• 초기 성장기 동안 배당을 할인해 현재가치 계산 • 이후 정상 성장기부터는 항상성장모형으로 평가
주가 계산 논리	• $P_0 = \sum_{t=1}^{m} \dfrac{D_0(1+g_1)^t}{(1+K_e)^t} + \dfrac{P_m}{(1+K_e)^m}$

03 3장 투자분석기법
기업분석(재무제표분석)

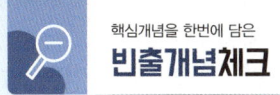

1 기업분석의 개념

기업분석의 정의	• 기업의 재무적 능력을 분석하여 주식의 가치를 평가하는 과정 • 정량적(수치) 중심 분석
기업분석 방법	• 자산에 기초한 방법 • 이익에 기초한 방법 • 현금흐름에 기초한 방법
자료의 원천	재무제표(재무상태표, 손익계산서 등)
분석 분야	• 경영현황: 경영스타일, 전략, 지배구조 등 • 재무현황: 사업구조, 산업 특성, 재무비율 등 • 이익현황: 수익성, 비용 구조, 이익 규모 등 • 시장승수: PER, PBR 등 가치 평가 지표
재무현황의 주요 지표	• 자본구조: 자산 조달 방식(부채, 우선주, 자기자본 비중) • 레버리지: 부채의존도(부채비율, 부채·자기자본 비율 등) • 유동성: 현금화 가능성(유동비율, 당좌비율, 현금비율 등)
추가 팁	• 재무비율은 수익성, 안정성, 성장성 판단의 핵심 도구 • 기업의 지속가능성 및 위기대응 능력을 평가할 때 매우 유용함

2 활동성 지표

• 기업이 보유하고 있는 자산을 얼마나 잘 활용하고 있는지를 보여주는 지표이다.

비유동자산회전율 (NAT)	• $NAT = \dfrac{순매출}{비유동자산}$ • 기업이 비유동자산에 투자한 자금을 얼마나 신속히 회전시키는지를 측정 • 비유동자산회전율이 높을수록 기업이 효율적으로 영업을 하고 있다는 것을 의미
재고자산회전율 (IVT)	• $IVT = \dfrac{순매출}{재고자산}$ 또는 $\dfrac{매출원가}{재고자산}$ • 기업이 보유하고 있는 재고자산이 판매되는 속도를 측정하는 지표 • 재고자산회전율이 높을수록 기업이 더욱 효율적으로 영업을 하고 있다는 것을 의미
매출채권회전율 (ART)	• $ART = \dfrac{순매출}{순매출채권}$ • 기업이 매출액을 얼마나 신속하게 현금화하는지를 나타내는 지표 • 매출채권회전율이 높을수록 기업이 효율적으로 영업을 수행하고 있다는 것을 의미
평균 회수기간 (ACP)	• $ACP = \dfrac{순매출채권 \times 365일}{순매출액}$ • 기업이 매출액을 현금으로 전환하는 속도를 측정하는 지표 • 평균 회수기간이 짧다는 것은 매출채권의 회수와 자산의 활용 정도가 꽤 효율적으로 이루어지고 있다는 것을 의미

03 3장 투자분석기법
기업분석(재무제표분석)

총자산회전율 (TAT)	• TAT = $\dfrac{\text{순매출}}{\text{총자산}}$ • 기업이 투자한 자산에 의하여 창출되는 매출액을 측정하는 지표 • 총자산회전율이 높다는 것은 기업이 보유한 자산 1단위로 더 많은 매출을 창출하고 있다는 뜻이며, 이는 기업이 자산을 효율적으로 활용해 영업 활동을 수행하고 있음을 의미

❸ 보상비율

• 현재 기업이 부담하고 있는 재무적 부담을 어떻게 보상할 것인지를 보여주는 지표이다.

배당성향 (DPR)	• DPR = $\dfrac{\text{보통주 배당금}}{\text{보통주 주주들의 이익}}$ • 보통주 주주들의 몫인 이익에서 실제로 그들에게 지불된 금액의 백분율을 측정하는 지표 • 낮은 DPR: 이익을 주주에게 돌려주기보다 투자에 지불하는 경우(영업손실, 낮은 수익성 등)
이자보상비율 (ICR)	• ICR = $\dfrac{\text{이자 및 법인세차감전 이익(또는 영업이익)}}{\text{이자비용}}$ • 기업이 벌어들이는 이익을 통해 이자비용을 얼마나 감당할 수 있는지를 평가하는 지표
고정비용보상비율 (FCC)	• FCC = $\dfrac{\text{고정비용 및 법인세차감전 이익}}{\text{고정비용}}$ • 기업이 벌어들인 이익으로 이자·리스료 등 고정비용을 얼마나 충당할 수 있는지를 나타내는 지표 • FCC가 높으면 채권자·리스업자 입장에서는 고정비용 감당 능력이 충분하여 안정성과 신뢰가 높을 수 있으나, 주주의 입장에서는 수익의 극대화를 기대하기 어려움

❹ 이익지표

주당이익 (EPS)	• EPS = $\dfrac{\text{순이익} - \text{우선주 배당금}}{\text{총 보통주 발행주수}}$ • 기업이 창출한 이익 중 보통주 1주당 귀속되는 이익을 나타내는 지표 • EPS의 하락: 기업의 수익성이 하락하거나 유상증자를 통해 총발행주수가 늘어난 경우임
완전 희석 주당이익 (FDE)	• FDE = $\dfrac{\text{순이익} - \text{우선주 배당금} + \text{전환우선주 배당금} + \text{전환사채 이자} - \text{이자 법인세 조정액}}{\text{전환을 가정한 경우의 총 보통주 발행 주식수}}$ • 보통주 및 잠재적 보통주 1주당 귀속되는 이익을 나타내는 지표

❺ 안정성 지표

• 주로 부채비율로 기업의 중장기적 채무이행 능력을 나타내는 지표이다.

부채-자산비율 (DAR)	• DAR = $\dfrac{\text{총부채}}{\text{총자산}}$ • 기업의 총자산 중에서 채권자들이 제공한 자금의 비율을 측정하는 지표

03 3장 투자분석기법
기업분석(재무제표분석)

핵심개념을 한번에 담은
빈출개념체크

부채-자기자본비율 (DER)	• DER = $\dfrac{총부채}{자기자본}$ • 기업이 보유한 자기자본 대비 채권자로부터 빌린 자금의 비중을 백분율로 나타내는 지표

❻ 유동성 지표

현금비율 (CAR)	• CAR = $\dfrac{현금+시장성\ 유가증권}{유동부채}$ • 기업이 보유한 현금·현금성자산 및 단기유가증권으로 단기부채를 즉시 상환할 수 있는 능력을 나타내는 지표
유동비율 (CR)	• CR = $\dfrac{유동자산}{유동부채}$ • 기업이 보유한 유동자산으로 단기부채를 상환할 수 있는 능력을 나타내는 지표 ※ 유동비율(CR)은 유동자산 전체를 포함하는 반면, 현금비율(CAR)은 즉시 사용 가능한 자산만 반영함
당좌비율 (QR)	• QR = $\dfrac{유동자산-재고자산-선급금}{유동부채}$ • 기업이 일시적인 재무위기에 직면했을 때, 재고자산을 제외한 당좌자산을 활용하여 단기부채를 상환할 수 있는 능력을 측정하는 지표(산성시험비율) • QR이 높을수록 기업은 긴급한 상황에서도 단기부채를 충당할 수 있는 현금 동원 능력이 크다는 의미임

❼ 수익성 지표

매출액영업이익률 (OPM)	• OPM = $\dfrac{영업이익}{순매출액}$ • 기업의 영업 효율성을 나타내는 지표로, 법인세 차감 전 기준에서 매출 1단위가 얼마만큼의 영업이익을 창출하는지를 보여줌 • OPM이 높다는 것은 기업이 매출을 통해 더 큰 영업이익을 창출하고 있어, 영업활동을 효율적으로 수행하고 있음을 의미
총자산이익률 (ROA)	• ROA = $\dfrac{순이익}{총자산}$ 또는 $\dfrac{순이익}{순매출액} \times \dfrac{순매출액}{총자산}$ • 기업이 보유한 자산을 얼마나 효율적으로 활용하여 이익을 창출하고 있는지를 보여주는 지표
자기자본이익률 (ROE)	• ROE = $\dfrac{순이익}{자기자본}$ 또는 $\dfrac{ROA}{자기자본비율}$ 또는 $\dfrac{ROA}{1-\dfrac{총부채}{총자산}}$ • 주주가 투자한 자기자본을 얼마나 효율적으로 활용해 이익을 창출했는지를 나타내는 지표

03 3장 투자분석기법
기업분석(재무제표분석)

8 레버리지 분석의 의의

정의	매출액이 변할 때 영업이익(EBIT) 또는 주당이익(EPS)이 같은 비율 이상으로 확대되는 현상을 분석
발생 원인	고정비용(감가상각비, 이자비용 등)이 존재하기 때문
분석 목적	고정비 존재 시 매출이 변하면 이익이 더 크게 변동되는 구조를 이해하고, 기업의 수익성 구조와 위험 수준을 파악
구성 요소	• 영업레버리지(DOL), 재무레버리지(DFL) • 결합레버리지(DCL): 영업레버리지와 재무레버리지를 곱한 값

9 영업레버리지 분석

영업레버리지의 의미	• 기업의 고정영업비 비중으로 인해 매출액 변동이 영업이익에 증폭된 영향을 미치는 현상 • 매출이 증가하면 영업이익은 더 큰 폭으로 증가하고, 매출이 감소하면 영업이익은 더 큰 폭으로 감소 • 감가상각비, 임차료, 보수 등 고정영업비용의 존재로 인해 발생 ▶ 고정비를 부담하지 않는 기업에서는 영업레버리지 효과가 발생하지 않음 • 고정영업비 비중이 높을수록 영업레버리지가 커짐
영업레버리지도 (DOL)	• 매출(판매량)의 변화율에 대한 영업이익(EBIT)의 변화율을 나타내는 비율 • $\text{DOL} = \dfrac{\text{영업이익의 변화율}}{\text{판매량의 변화율}} = \dfrac{\dfrac{\triangle EBIT}{EBIT}}{\dfrac{\triangle Q}{Q}}$ − EBIT: 영업이익 − △EBIT: 영업이익의 변화분 − Q: 판매량 − △Q: 판매량의 변화분

10 재무레버리지 분석

재무레버리지의 의미	• 기업이 경영활동을 위해 조달한 총자본 중 타인자본이 차지하는 비율을 나타내는 지표 • 재무레버리지 효과: 기업이 사용한 부채로 인해 영업이익 변화율에 비해 주당이익의 변화율이 확대되는 현상 • 즉, 재무레버리지 효과는 고정 이자비용 때문에 영업이익(EBIT)의 변동이 순이익에 더 크게 증폭되어 반영되는 현상임
재무레버리지도 (DFL)	• 영업이익(EBIT)의 변동률이 주당이익(EPS)의 변동률에 얼마나 영향을 미치는지를 나타내는 비율 • 재무레버리지도(DFL) $= \dfrac{\text{주당이익의 변화율}}{\text{영업이익의 변화율}} = \dfrac{\dfrac{\triangle EPS}{EPS}}{\dfrac{\triangle EBIT}{EBIT}}$

03 3장 투자분석기법
기업분석(재무제표분석)

⑪ 결합레버리지 분석

결합레버리지의 의미	영업레버리지(DOL)와 재무레버리지(DFL)를 결합한 개념으로, 매출액(또는 판매량)의 변화가 주당이익(EPS)에 미치는 영향을 분석하는 지표
결합레버리지도 (DCL)	결합레버리지도(DCL) = 영업레버리지(DOL) × 재무레버리지(DFL) = $\dfrac{\dfrac{\triangle EPS}{EPS}}{\dfrac{\triangle Q}{Q}}$
특징	• 영업고정비와 이자비용이 존재하면 DCL은 항상 1보다 큼 • 영업고정비와 이자비용이 커지면 DCL도 함께 커짐 • 중화학공업, 장치산업 등 영업고정비의 지출이 크거나 타인자본 의존도 높은 기업에서 DCL이 높게 나타남

⑫ 현금흐름표

정의	일정 기간 동안 현금의 조달과 운용내역을 나타내는 회계보고서로, 영업·투자·재무활동으로 분류하여 현금흐름 정보를 제공
	※ 현금의 범위는 현금 및 현금성 자산으로 구분
	  • 현금: 보유현금 및 요구불예금
	  • 현금성 자산: 유동성이 매우 높은 단기 투자자산(취득 당시 만기 3개월 이내인 채권, 환매조건부채권(RP) 등)

작성 목적	손익계산서나 재무상태표에서 파악할 수 없는 현금 흐름 정보를 보완하여 제공

작성 방법	• 영업활동으로 인한 현금흐름
	  - 원재료와 상품의 매입, 제품의 생산 및 판매에서 발생하는 현금흐름뿐만 아니라, 투자활동이나 재무활동에 해당하지 않는 모든 현금거래
	  - 직접법: 현금 유입·유출 항목을 원천별·용도별로 구분하여 직접 표시하는 방식
	  - 간접법: 당기순이익을 조정하여 현금흐름을 계산하는 방식으로, 수익·비용 중 현금 유입·유출이 없는 항목을 조정하고, 운전자산의 변동을 반영함
	• 투자활동으로 인한 현금흐름
	  - 현금의 대여와 회수, 그리고 유가증권·투자자산·비유동자산의 취득 및 처분 과정에서 발생하는 현금흐름
	  - 설비자산의 취득과 처분, 유가증권의 매입과 처분, 대여금의 대여와 회수 등
	• 재무활동으로 인한 현금흐름
	  - 기업이 자금을 조달하거나 상환하는 등 재무활동에서 발생하는 현금흐름
	  - 차입금의 차입과 상환, 자기주식의 취득과 처분, 유상증자 등

04 3장 투자분석기법
주식투자

① 주가배수 모형에 의한 기업가치분석

주가이익비율 (PER)	• $PER = \dfrac{1주당\ 가격(P_0)}{주당이익(EPS_1)} = \dfrac{1-b}{k-g}$ • 주가가 1주당 순이익(EPS)의 몇 배로 평가되고 있는지를 보여주는 지표 • PER이 높을수록 시장은 해당 기업의 미래 성장성을 높게 평가하고, 낮을수록 해당 기업의 이익이 줄거나 성장세가 둔화되어 투자자들이 해당 기업의 이익과 성장성에 신뢰를 두지 않는 신호로 해석됨 • PER과 성장률·자본비용·배당성향 간의 관계 　- 성장률(g): 양(+)의 상관관계 　- 자본비용(k): 음(−)의 상관관계 　- 배당성향(1−b): 배당성향은 PER의 분모, 분자에 모두 포함되어 있어 명확한 상관관계 도출이 어려움 　　※ ROE(자기자본이익률) < k일 때는 배당성향과 정(+)의 관계, ROE(자기자본이익률) > k일 때는 배당성향과 부(−)의 관계가 있음
주가이익성장비율 (PEGR)	• $PEGR = \dfrac{PER}{연평균\ EPS\ 성장률}$ • 기업의 성장성 대비 주가의 평가 수준을 보여주는 지표 • PEGR은 PER이 단순히 이익 규모만 보여주는 한계를 보완해, 기업의 성장성을 함께 고려하여 주가가 적정한지 판단할 수 있게 만든 지표
주가순자산비율 (PBR)	• $PBR = \dfrac{자기자본의\ 시가총액(MV)}{장부가액(BV)} = \dfrac{ROE_1 - g}{k - g}$ (성장모형 기반 유도식) 　- ROE와 양(+)의 관계 　- 위험과 음(−)의 관계 　- ROE > 자본비용(k): PBR은 1보다 크고 g가 높을수록 커짐 　- ROE < 자본비용(k): PBR은 1보다 작고 g가 높을수록 작아짐 • 기업이 보유한 순자산에 대해 시장이 얼마나 프리미엄을 부여했는지를 나타내는 지표 • 재무상태표상의 보통주 1주당 순자산가치가 기업의 실질 가치를 정확히 반영한다면 PBR은 1이 되어야 하지만, 실제로는 아래의 이유로 인해 PBR은 1이 되지 않음 　- 시간성 차이: 주가는 미래가치를 반영하지만, 주당순자산(BPS)은 과거의 취득가액을 기준으로 하여 괴리 발생 　- 집합성 차이: 주가는 기업의 전체 가치를 포괄하지만, 주당순자산(BPS)은 자산·부채기준으로 한정 　- 회계기준 차이: 주당순자산(BPS)은 회계상의 장부가액을 기준으로 하므로, 감가상각, 역사적 원가주의 등으로 인해 실제 가치 반영이 제한됨 • PER과의 관계 　- $PBR = \dfrac{순이익}{매출액}(마진) \times \dfrac{매출액}{총자산}(활동성) \times \dfrac{총자산}{자기자본}(자기자본\ 비율의\ 역수) \times PER$ 　- PBR은 PER에 기업의 수익성, 활동성, 부채비율까지 반영한 지표로, 자산가치뿐 아니라 수익가치까지 포괄적으로 평가할 수 있다는 점에서 활용 가치가 큼

04 3장 투자분석기법
주식투자

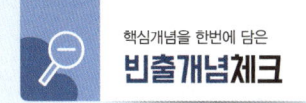

Tobin's Q	• Tobin's Q = $\dfrac{\text{자본의 시장가치}(MV)}{\text{자산의 대체원가}(RC)}$
	• 기업의 시장가치가 자산의 재취득비용 대비 고평가 또는 저평가되어 있는지를 평가하는 지표
	• 자산의 대체원가를 추정하기 어렵다는 단점에도 불구하고, 현재가치 기준을 사용함으로써 PBR의 한계 중 하나인 시간성의 차이를 극복할 수 있음
	• 지표 해석
	  – Q>1: 자본의 시장가치가 대체비용보다 높음
	    ▶ 신규투자 유인, 고평가 상태 가능성
	  – Q=1: 적정 수준의 투자 가치
	  – Q<1: 자본의 시장가치가 대체비용보다 낮음
	    ▶ 저평가 상태, M&A 대상 가능성
	• PBR과의 유사점
	  – 두 지표 모두 자산가치 대비 시장가치를 비교하여 기업 가치를 판단
	  – 토빈의 Q는 시장가치와 대체원가의 비교, PBR은 시장가치와 장부가치의 비교라는 차이점이 있음

EV/EBITDA	• 기업의 전반적인 기업가치(EV)를 영업현금흐름에 가까운 수익성 지표(EBITDA)와 비교하여 평가하는 상대가치 평가 모형
	• EV(Enterprise Value)는 주주 가치와 채권자 가치를 합계한 금액을 의미
	  – EV=주주 가치+채권자 가치
	  – EV=(주가×총발행주식수)+(이자지급성 부채－현금 및 유가증권)
	• EBITDA
	  – 이자 및 세금, 감가상각비 차감 전 영업이익
	  – 영업이익+감가상각비, 무형자산상각비
	• 상장기업의 시장가치 추정 시 유사기업의 EV/EBITDA를 산출하고 이를 상장기업의 EBITDA와 비교하여 추정 가능

❷ EVA 모형

정의	EVA(Economic Value Added)는 세후순영업이익에서 투자자본에 대한 기회비용을 차감한 경제적 부가가치
공식	EVA=IC×(ROIC－WACC)
IC(투하자본, Invested Capital)	영업에 실제 사용된 자본=운전자본(유동자산－유동부채)+유형·무형 고정자산 등 영업관련 자산
ROIC (투하자본이익률)	• 세후순영업이익(NOPLAT)÷IC ※ NOPLAT은 영업이익에서 법인세를 차감한 값 • ROIC가 WACC보다 클수록 기업이 경제적 가치를 창출하고 있음을 의미 • 기업의 자본 효율성을 측정하는 척도

04 | 3장 투자분석기법
주식투자

WACC (가중평균자본비용)	• 기업이 조달한 자본(부채＋자기자본)에 대해 부담해야 하는 평균 자본비용 • WACC＝(타인자본비중×조달비용)＋(자기자본비중×기회비용) • 투자자들이 제공한 투하자본에 대한 비용 • 외부차입에 의한 타인자본비용 외에도 주주가 제공한 자기자본비용까지 포함된 가중평균자본비용의 개념 • 일반적으로 자기자본은 타인자본보다 위험에 대한 프리미엄이 높기 때문에 자기자본비용은 타인자본비용보다 높게 나타남

❸ 잉여현금흐름(FCF) 모형

정의	미래 잉여현금흐름 중 기업가치 창출에 기여하는 부분(투하자본 초과 수익)을 현재가치로 환산해 기업가치를 평가하는 방식
FCF 계산식	FCF＝NOPLAT(세후순영업이익)＋감가상각비－투자자본의 순증가액
의의	• 본업에서 창출된 현금 중 재투자 후 남는 현금으로 배당·상환 등 자유롭게 사용할 수 있는 현금 흐름 • 투자자의 입장에서는 기업의 실질 현금창출력을 평가할 수 있는 지표
기업가치 계산	• 일정 기간 유입될 FCF의 현재가치 • 예측 기간 이후의 잔여가치(Terminal Value) 포함
기업가치 공식	기업가치＝$\sum_{t=1}^{n} PV(FCF_t)$＋잔여가치의 현가 ※ 잔여가치＝최근 3~5년 FCF_t ÷ (WACC － g)

❹ 실물옵션의 주요 유형

구분	정의 및 의미	적용 사례	가치평가 방식
콜옵션 보유	지금은 투자하지 않지만, 미래에 NPV가 (＋)될 가능성이 있어 투자 시기를 연기할 수 있는 선택권	신사업 진입, 자원 개발 대기, 특허권 확보 등	NPV(전체 투자안)＝NPV(초기 투자안)＋콜옵션 가치
확장옵션	초기 투자 결과가 성공적일 경우, 향후 투자 규모를 확대할 수 있는 옵션	공장 증설, R&D 후 생산라인 확대 등	1차 투자성과에 따라 후속투자 가치를 반영
풋옵션 보유	R&D 등 투자 중, 중간 결과가 부정적일 경우 향후 투자를 포기할 수 있는 옵션	임상실험 중간 결과에 따라 후속단계 중단 등	각 단계별 투자성과에 따른 단계적 의사결정 가치

05 기술적 분석

3장 투자분석기법

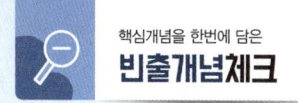

❶ 기술적 분석의 접근법

기본적 분석	• 주가는 기업의 가치에 귀결한다는 입장 • 기업의 가치를 잘 분석하는 것이 목표이며, 산출된 가치가 주가보다 높을 경우를 매수 타이밍으로 봄
기술적 분석	주가는 가치보다 가격이 더 중요하며, 가치를 포함한 모든 정보가 가격에 반영된다고 봄
랜덤워크 이론	• 과거 자료를 통한 미래의 예측은 불가능하다고 보는 입장 • 주식시장에서 초과수익률은 존재할 수 없음

❷ 기술적 분석

정의	주가의 매매 시점을 파악할 수 있도록 과거 시세 흐름과 패턴을 분석하여 향후 주가를 예측하려는 분석 기법
기본가정	• 증권의 시장가치는 수요와 공급에 의해 결정됨 • 주가는 추세에 따라 움직이는 경향이 있으며 추세의 변화는 수요·공급의 변동에 의해 발생함 • 주가모형(패턴)은 스스로 반복함
장점	• 심리 반영: 계량화하기 어려운 심리적 요인까지 반영 가능 • 변화 시점 포착: 변화할 것이라는 예측과 변화의 방향을 알 수 있음 • 실전 투자 활용: 주가 흐름과 시장 분위기를 분석해 실전 매매 전략에 활용 가능
한계점	• 비현실적 반복성: 과거 주가 패턴의 반복을 전제로 하기 때문에 현실과 괴리될 수 있음 • 해석 주관성: 동일한 주가 흐름을 해석하는 시점이 사람마다 다를 수 있음 • 투자가치 무시: 시장의 본질적 가치보다 단기 변동성에만 집착하는 경향이 있음

❸ 기술적 분석의 종류

추세분석	일정한 방향성(상승·하락·횡보)의 지속성 판단(주가의 동적인 관찰)
패턴분석	차트 패턴을 통해 향후 주가 흐름을 예측하고, 주가의 전환 시점 포착에 용이(주가의 정적인 관찰)
지표분석	이동평균선, MACD 등 수치화된 지표를 활용한 분석
시장구조이론	수급, 거래량, 심리 등 종합적으로 접근 예 엘리어트 파동 이론, 휴일효과 및 각 계절별 랠리현상 등

❹ 다우 이론

정의	주식시장은 무작위가 아니라 세 가지 추세의 영향을 받으며 움직인다고 보는 기술적 분석 이론
개념	• 주가의 움직임과 주식시장의 반복되는 패턴 또는 추세를 분석하여 체계적으로 정리한 것으로, 주가예측에 있어 기술적 분석의 시초가 된 이론 • 기본적으로 주가가 일단 어떤 방향을 잡으면 그 추세가 꺾여 반대방향으로 전환하는 신호가 나타날 때까지는 관성적으로 그 방향을 유지한다는 가설로, 주식시장은 무작위로 움직이는 것이 아니라 주기적 추세에 의해 영향을 받고, 평균주가 개념은 전체적인 주가추세를 반영한다는 것이 핵심
핵심 가설	시장은 단기, 중기, 장기의 세 가지 추세의 영향을 동시에 받으며 움직임

05 | 3장 투자분석기법
기술적 분석

❺ 다우 이론의 세 가지 추세

단기추세	매일 매일의 주가 움직임을 의미
중기추세	보통 3주에서 수개월간 지속되는 추세

장기추세	• 1년에서 10년까지 걸친 장기적인 주가 흐름
	• 장기추세의 3단계(시장 순환단계)
	  – 축적단계: 하락세가 끝난 후, 정보에 민감한 투자자들이 매수에 나서는 구간
	  – 추세추종단계: 주가 상승이 본격화되고, 대중 투자자들도 매수에 동참하게 되는 구간
	  – 분배단계: 과열 국면에서 일부 정보력 있는 투자자들이 매도에 나서며 하락을 준비하는 구간

❻ 다우 이론 중 장기추세의 진행과정

강세장 3국면	• 제1국면(매집국면)
	  – 침체된 경기 속, 일반투자자는 여전히 매도세
	  – 전문가는 경기회복을 예견하고 조용히 매수 진행
	• 제2국면(마크업국면)
	  – 경제 회복과 함께 일반투자자의 관심도 증가
	  – 주가 및 거래량 동반 상승하며 기술적 분석이 활발해짐
	• 제3국면(과열국면)
	  – 초보 투자자까지 적극 매수에 나서는 시점
	  – 시장이 지나치게 낙관적이고, 전문가들은 경계하는 국면

약세장 3국면	• 제1국면(분산국면)
	  – 전문가 중심의 매도로 수익 실현 진행
	  – 주가는 완만히 하락하고 거래량은 증가
	• 제2국면(공황국면)
	  – 경기 악화로 일반투자자가 공포에 주식을 매도
	  – 매수세가 크게 위축, 거래 급감
	• 제3국면(침체국면)
	  – 투자자들은 절망하며 시장을 외면
	  – 전문가들은 하락세 마무리를 예측하고 조심스럽게 매수

❼ 다우 이론의 활용 및 한계

활용 측면	– 일반투자자와 전문투자자는 강세·약세시장 국면에서 서로 반대의 투자패턴을 보임 – 일반투자자: 강세 3국면, 약세 1국면에서 낙관 / 강세 1국면, 약세 3국면에서는 비관 – 전문투자자: 일반투자자와 반대의 시점에서 투자 전략을 실행하는 경향으로, 2국면(상승국면)에서는 매수 전략, 3국면(과열국면)에서는 매도 전략 유효
한계점	– 다우이론은 추세의 방향(상승·하락)을 파악할 수 있지만 세부 전환점은 명확하게 제시하지 못함 – 추세 전환 확인이 늦기 때문에 실제 투자 타이밍을 파악하는 데는 한계가 있음 – 중급 이상의 분석능력이 없으면 추세의 분산 시점이나 구체적 매수·매도 방법을 제시하기 어려움

06 3장 투자분석기법
추세 분석

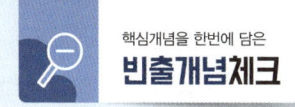

① 추세분석 개요

개념	• 추세분석은 기술적 분석의 핵심 요소로, 주가의 장기적인 방향(추세)을 파악하기 위한 분석 방법 • 추세는 한 번 형성되면 일정 기간 지속된다는 속성에 근거
중요성	단기적인 가격 등락보다 장기적인 흐름(추세)의 방향이 더 중요하다는 관점에서, 투자 결정 시 필수 고려 요소임
활용 방법	주요 분석 도구로는 지지선·저항선·이동평균선 등이 활용되며, 주로 지지와 저항, 이동평균선 교차, 추세선 등을 통해 추세 전환을 파악
예시 해석	매도 후 단기적으로는 주가가 반등했지만, 큰 흐름(추세)은 하락이었기 때문에 장기 추세를 잘 파악한 매도는 유효한 결정으로 판단할 수 있음

② 추세선의 종류와 특징

추세선의 정의	• 주가의 의미 있는 두 고점 또는 두 저점을 직선으로 연결한 선 • 추세선을 통해 추세의 방향성과 지속 가능성을 판단할 수 있음
상승 추세선	저점이 점차 높아지는 흐름을 보임(저점끼리 연결)
하락 추세선	고점이 점차 낮아지는 흐름을 보임(고점끼리 연결)
평행 추세선	추세가 명확하지 않고 횡보하는 흐름(저점끼리 연결)

③ 추세선의 수정

개념	기존 추세선과는 다른 방향으로 주가 흐름이 진행되어 새로운 추세를 형성하게 되는 것
방법	고점과 고점을, 저점과 저점을 다시 연결해 새로운 추세선 형성
해석 및 의미	• 새로운 고점이 기존 고점을 상회하면 기존 추세선을 진정한 추세선으로 확장 • 기존 고점을 넘지 못하고 하락 시, 수정된 추세선이 새로운 방향을 제시 ▶ 추세선은 시장의 흐름에 따라 동적으로 수정될 수 있음

④ 추세선의 변형

개념	주가 움직임이 가팔라지며 기존 추세선이 더 이상 주가 흐름을 설명하지 못하는 현상
특징	• 점점 급격해지는 추세는 '곡선 추세선' 혹은 '곡선형 변형 추세선'이라 부름 • 기존 추세선이 지지선 역할에서 저항선 역할로, 또는 반대로 바뀌는 경우 • 추세가 가속 또는 약화되며 추세선의 기울기 변화 발생 ▶ 추세 전환 가능성 시사
시사점	• 추세가 강화되거나 둔화되는 흐름을 포착할 수 있음 • 특히 추세가 저항선 상향 돌파 시 거래량의 증가 예측

06 3장 투자분석기법
추세 분석

❺ 지지선과 저항선

지지선	• 주가 하락의 움직임을 멈추게 하는 수준으로, 이전의 저점과 저점을 수평으로 이은 선 • 하락 저지가 예상되는 가격대
저항선	• 주가 상승의 흐름이 멈추고 하락 반전되기 쉬운 수준으로, 고점과 고점을 수평으로 이은 선 • 상승이 실패할 가능성이 큰 가격대
지지선과 저항선의 관계	저항선을 돌파하면 지지선이 되고, 지지선을 하향 돌파하면 저항선이 됨
지지선과 저항선의 중요성	• 현재 주가의 최소·최대 목표치를 설정하는 데 유용함 • 지지선과 저항선의 돌파 시도가 여러 번 실패할 경우, 해당 선은 추세 전환의 신호선으로 인식됨 • 장기간에 걸쳐 형성된 선일수록 신뢰도가 높으며 최근에 형성된 선일수록 일시적 영향력이 있음 • 매매전략에 실질적으로 활용 가능

❻ 이동평균선

(1) 개념 및 특징

개념	일정 기간의 주가 평균 이동 방향을 파악하고, 이를 현재 주가의 흐름과 비교하여 향후 주가의 움직임을 예측하려는 지표
종류	단기(5일, 20일 평균선) / 중기(60일 평균선) / 장기(120일, 200일 이동평균선)
장·단점	• 장점: 계산이 용이하고 계산 결과와 모양에 따라 매수·매도 신호 객관적으로 도출이 가능 • 단점: 과거 주가를 평균하여 미래를 분석하는 후행성 문제
특징	• 주가가 이동평균선을 돌파하는 시점이 의미있는 매매 타이밍이며 장기 이동평균선 돌파 시 주가추세가 반전될 가능성이 큼 • 분석기간이 길수록 완만해지며, 분석기간이 짧을수록 가팔라짐 • 주가가 이동평균선과 괴리가 클 경우 이동평균선으로 회귀하는 성향이 있음 • 강세국면에서 주가가 이동평균선 위에서 움직일 경우 상승세 지속 → 이동평균선 하향 돌파 시 하락 반전 가능성 높아짐 • 약세국면에서 주가가 이동평균선 아래에서 움직일 경우 하락세 지속 → 이동평균선 상향 돌파 시 상승 반전 가능성 높아짐 • 이동평균선의 밀집·수렴은 투자자들의 평균 매수가가 비슷해져 작은 자극에도 큰 가격 변동이 일어날 가능성을 의미

(2) 분석 방법

이격도 분석	주가와 이동평균선의 괴리도를 나타내는 지표로, 현 주가의 과열·침체 정도를 파악 시 중요한 척도
방향성 분석	• 5일, 20일, 60일, 120일, 200일 이동평균선의 방향을 통해 추세전환을 판단하는 방법 • 단기선 → 중기선 → 장기선 순서로 방향이 바뀌며 상승·하락 추세 전환 파악
배열도 분석	• 주가와 이동평균선들의 수직적 배열상태를 파악하는 방법 • 정배열: 현재 주가 > 단기 이동평균선 > 중기 이동평균선 > 장기 이동평균선 ▶ 상승 종목 • 역배열: 현재 주가 < 단기 이동평균선 < 중기 이동평균선 < 장기 이동평균선 ▶ 하락 종목

06 3장 투자분석기법
추세 분석

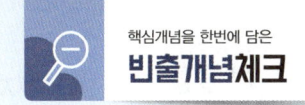

지지선 분석	주가가 상승 중일 때 단기 → 중기 → 장기 이동평균선을 지지선으로 상승하는 등 지지선의 방향을 통해 추세 파악
저항선 분석	• 이동평균선이 주가보다 위에 있을 때는 저항선이 되며, 주가는 상승 시 각 이동평균선을 돌파해야 추세 전환이 가능 • 단기·중기·장기선의 특성을 고려하여 일시적 왜곡을 피하고 수익을 극대화해야 함
크로스 분석	• 골든크로스: 단기 이동평균선이 장기 이동평균선을 아래에서 위로 상향 돌파 ▶ 매수 신호 • 데드크로스: 단기 이동평균선이 장기 이동평균선을 위에서 아래로 하향 돌파 ▶ 매도 신호 • 분석 시 20일 이동평균선과 60일 이동평균선 사용

7 갭(Gap)

정의	주가가 급등하거나 급락하면서 주가와 주가 사이에 빈 공간이 생기는 현상
발생 원인	매수세와 매도세 간의 균형이 한쪽으로 급격히 깨질 때 발생
차트상 표현	캔들 간 간격(공백) 또는 창처럼 보이는 형태
예측 의미	앞으로 주가에 예기치 못한 변화 가능성을 암시하는 지표
역할	갭은 투자 심리와 수급의 급격한 변화가 반영된 결과로, 단기적인 방향성 전환의 시그널로 사용될 수 있음

8 갭(Gap)의 종류

갭 유형	정의 및 발생 시점	특징 및 해석
보통갭 (Common Gap)	횡보 국면(조정기 등)에서 주로 발생	• 대부분 다시 메워짐(Fill) • 모형의 형성과정 중 자주 발생 • 기술적 분석에 큰 의미 없음
돌파갭 (Breakaway Gap)	• 장기간 조정 후 추세 전환 시 발생 • 주가가 중요한 지지선·저항선을 돌파할 때 발생	• 새로운 추세의 시작을 알리는 강력한 신호 • 이후 갭이 메워지지 않고 지속되면 신뢰도 상승
급진갭 (Runaway Gap, Measuring Gap)	• 주가가 거의 일직선으로 급등·급락시 발생 • 기존 추세가 더욱 강화되고 있음을 시사	• 다우이론의 추세추종국면, 엘리어트 파동의 3파와 같이 추세의 중간 지점에서 자주 발생 • 측정갭, 중간갭이라 부르기도 함
소멸갭 (Exhaustion Gap)	상승세의 막바지에서 1~2개의 갭 발생 후 곧 하락 반전되는 경우	• 상승 이후 갭을 메우며 하락 반전시 나타남 • 기존 추세 종료의 초기 신호로 해석됨
섬꼴반전 (Island Reversal, 도형반전)	• 상승 갭 후 일정 시간 머문 뒤 하락 갭으로 이탈 • 고립된 갭 구간이 생김	• 전형적인 추세 반전 신호 • 상승 추세 종료 및 하락 추세 진입 가능성 암시 • 하락장에서 반대 형태로도 나타날 수 있음

3장 투자분석기법
06 추세 분석

9 반전일

정의	특정 날 대량 거래를 수반한 주가가 최고치 또는 최저치를 기록한 후, 그 다음 날부터 추세의 반전이 시작되는 날
유형	• 하락 반전일: 최고가 기록 후 하락 전환 • 상승 반전일: 최저가 기록 후 상승 전환
특징	• 단기간에 추세 변화의 신호를 제공함 • 매매 시점 포착에 활용

10 되돌림

정의	주가가 한 방향(상승 또는 하락)으로 일정하게 움직이다가 일시적으로 반대 방향으로 되돌아가는 현상으로, 풀백(Pull-back)이라고도 함
되돌림 비율	보통 주가의 1/4, 1/3, 1/2, 2/3, 3/4 수준에서 되돌림 발생 가능성이 높음
기술적 의의	• 되돌림 비율은 지지선 또는 저항선으로 작용할 수 있음 • 되돌림은 상승·하락 추세 내 조정 국면으로 해석되며, 강한 추세의 연장 또는 반전의 힌트를 제공
활용	• 되돌림 비율을 통해 향후 주가 흐름의 전환 시점과 폭을 예측 • 지지선 및 저항선 형성 구간으로 주가 예측에 유용

07 3장 투자분석기법
패턴 분석

❶ 패턴 분석 개요

정의		주가 흐름을 정형화하고 확률적으로 발생 가능성이 높은 주가 흐름을 예측하는 분석 방법
분류	반전형 패턴 (추세 전환)	• 이전의 주가 추세와 반대 방향으로 전환되는 패턴(상승/하락추세 → 하락/상승추세) • 종류: 헤드 앤 숄더(H&S형), 역 헤드 앤 숄더, 이중 천장형과 이중 바닥형, 선형, 원형 천장형, 원형 바닥형, 확대형 등
	지속형 패턴 (추세 지속)	• 이전의 주가 방향을 계속 유지하며 진행되는 패턴(상승 추세에서의 일시 조정 후 재상승 하락 추세에서의 반등 후 재하락) • 종류: 삼각형, 깃발형과 패넌트형, 쐐기형, 직사각형, 다이아몬드형 등

❷ 반전형 패턴

패턴 유형	하락 반전 (상승 → 하락)	상승 반전 (하락 → 상승)	주요 특징 및 해설
헤드 앤 숄더형	헤드 앤 숄더 패턴, 복합 헤드 앤 숄더 패턴	역 헤드 앤 숄더 패턴	• 대표적인 추세 반전 패턴 • 상승과 하락이 세 번씩 반복 • 좌-중앙-우형태의 고점(또는 저점) 형성 • 역의 경우 거래량이 증가, 하락 → 상승 전환
이중형	이중 천장형 (Double Top)	이중 바닥형 (Double Bottom)	• M자형 / W자형 패턴 • 두 번의 저항·지지 실패 후 반전
선형	–	장기 횡보 국면 이후 급등형	• 장기간 박스권 횡보 후 거래량 동반한 급등 • 종종 선취매의 기회
원형	원형 천장형	원형 바닥형 (접시형, Saucer Bottom)	• 장기적 완만한 반전 • 거래량도 패턴과 함께 점진적 증가
확대형	주가 흐름이 불규칙한 형태(발산형, 확산형, 메가폰형 등)		• 투자심리 불안 상태에서 발생 • 변동성 확대와 함께 반전 유도
V자형	• 급격한 하락 후 급반등 (V자형) • 급격한 상승 후 급락 시의 반전		• 스파이크 패턴 • 강한 모멘텀 반전 발생 시 출현

07 3장 투자분석기법
패턴 분석

❸ 지속형 패턴

패턴 유형	하락 반전 (상승 → 하락)	상승 반전 (하락 → 상승)	주요 특징 및 해설
삼각형	하락 삼각형, 대칭 삼각형	상승 삼각형, 대칭 삼각형	• 수렴 구조 속에서 거래량 감소 • 돌파 방향으로 추세 지속 가능성 높음 • 대칭 삼각형이 약세장에 나타날 경우 큰 폭의 하락이, 강세장에 나타날 경우 큰 폭의 상승이 예측됨
깃발형	하락 깃발형(Bearish Flag), 페넌트형 포함	상승 깃발형(Bullish Flag), 페넌트형 포함	• 단기 급등락 후 소폭 조정 중 나타나는 조정형 지속 패턴 • 보통 짧은 기간 형성
페넌트형	하락 페넌트형	상승 페넌트형	깃발형과 유사하나 삼각형 모양 수렴 구조를 가짐
쐐기형	상승 쐐기형(하락 지속 신호)	하락 쐐기형(상승 지속 신호)	• 수렴형 패턴이지만 방향성이 반대인 것이 특징 • 하락 쐐기는 상승 지속, 상승 쐐기는 하락 지속 가능성
직사각형	상승 박스권 지속형	하락 박스권 지속형	• 매수·매도 세력이 균형을 이루며 횡보장세 진행 • 거래량 적고 돌파 방향에 주의
다이아몬드형	확대형 + 대칭 삼각형 조합 패턴	동일	• 가격 변동성이 큰 종목에서 자주 발생 • 초기엔 거래량이 증가하나, 후반부엔 거래량 감소 양상 • 추세 지속 여부는 이탈 방향에 달림

08 캔들 차트 분석

3장 투자분석기법

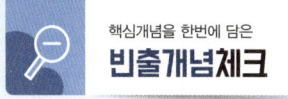

1 캔들차트의 구조

몸통(Real Body)	• 시가(open)와 종가(close) 사이의 가격 범위를 나타냄 • 양선(White): 종가 > 시가 → 상승 신호 • 음선(Black): 종가 < 시가 → 하락 신호
꼬리(그림자, Shadow)	• 몸통 위아래로 그려진 선으로, 장중 고가(high), 저가(low) 표시 • 윗 그림자(Upper Shadow): 장중 고가를 나타냄 • 아래 그림자(Lower Shadow): 장중 저가를 나타냄

2 한 개의 캔들

전환 신호	캔들 유형	구조적 특징	주요 해석 포인트
하락전환	우산형	몸통 위로 긴 꼬리(상단 출현)	과열 매수세 이후 하락 전환 시도
	살바형	시가=고가, 이후 종가까지 하락한 긴 음봉	강한 매도세 지속 가능성
	유성형	몸통 위로 꼬리 2배 이상, 갭 상승 후 출현	고점권 경계 시 하락 반전 신호
	일자형	시가=종가(몸통 없음), 위아래 꼬리 있음	매도·매수세 균형 → 방향 전환 위험
상승전환	우산형	몸통 아래 긴 꼬리(저점에서 출현)	매도세 후 매수 반격 → 반등 기대
	살바형	시가=저가, 이후 종가까지 상승한 긴 양봉	강한 매수세 지속 기대
	역전된 망치형	몸통 위로 꼬리 길고 작음, 하락 말기에 출현	상승 시도 가능성, 신뢰도는 낮음
	일자형	시가=종가, 저점에서 균형 형성	추세 전환의 초기 징후

3 두 개의 캔들

전환 신호	캔들 유형	구조적 특징	주요 해석 포인트
하락전환	장악형	두 번째 캔들이 첫 번째 캔들의 몸통을 완전히 감쌈	고점에서 큰 음봉이 전일 양봉을 덮는 구조 → 하락세 전환
	먹구름형	고점에서 전일 양봉 절반 이상을 침범하는 음봉 출현	매도 전환 가능성 ↑
	잉태형	첫 캔들의 몸통 안에 둘째 캔들이 내포됨	상승세 둔화 후 하락 시도(신뢰도 중간)
	잉태형(십자형)	둘째 날이 십자형 캔들로 출현	상승 추세 종결의 강력한 경고 신호
	격리형	갭 상승 → 양봉 출현 → 이후 갭 하락 음봉 출현	이격 발생 후 하락 전환 신호
	꼭지집게형	고점에서 저항선 형성 후 하락	고점 저항 확인 시 하락 가능성 ↑

08 캔들 차트 분석

3장 투자분석기법

상승전환	장악형	두 번째 캔들이 첫 번째 음봉을 완전히 덮음	저점에서 매수세 유입 → 상승 전환 신호
	관통형	하락 추세 중 상승 시도 신호	매수 전환 가능성 ↑
	잉태형	작은 양봉이 음봉 내에 포함	하락 후 안정을 찾고 반등을 모색하는 구조
	잉태형(십자형)	둘째 날이 십자 캔들	저점에서 나타나면 강한 상승 시도 신호
	격리형	갭 하락 → 음봉 출현 → 이후 갭 상승 양봉 출현	이격 발생 후 상승 전환 신호
	바닥집게형	저점에서 지지선 형성 후 반등	바닥 지지 확인 시 상승 가능성 ↑

④ 세 개의 캔들

전환 신호	캔들 유형	구조적 특징	주요 해석 포인트
하락전환	석별형	• 장대 양봉 • 짧은 몸통(갭 발생) • 음봉출현	상승 추세 후 갭 → 전환 징후 → 강한 음봉으로 하락 확정
	까마귀형	• 장대 양봉 • 갭 상승한 음봉 • 또 다른 음봉이 갭을 메우며 하락	천장권에서 갭 메우는 3일 연속 음봉 → 하락 신호
상승전환	샛별형	• 장대 음봉 • 짧은 몸통(갭 발생) • 양봉 출현	하락 추세 후 갭 → 전환 징후 → 강한 양봉으로 반등 확정

⑤ 사께다 전법

명칭		기본 개념	발생 조건 및 형태	전환 신호	보충 설명
삼공		상승 갭 3연속	주가 상승 시 갭이 3일 연속 발생	상승 지속	강한 매수세 존재. 주가 과열 여부 병행 판단 필요
삼병	적삼병	연속 상승 양봉 3개	바닥 탈피 후 봉 3개가 연속 출현	상승 전환	추세 전환 강도 높음, 거래량 증가 시 신뢰도 ↑
	흑삼병	연속 하락 음봉 3개			
삼산		3개의 고점(봉우리) 형성	큰 상승 이후 3개의 고점 형성	하락 전환	헤드 앤 숄더형과 유사, 강력한 매도 전환 구조
삼천		3개의 저점(바닥) 형성	하락 후 3개의 바닥 형성	상승 전환	바닥 다지기 후 반등, 기술적 매수 포인트
삼법		거래 없음(관망)	매수·매도 시점 탐색 중 거래 부재	유보 상태	추세 전환 전 정체 구간, 이후 방향성 확인 필요

09

3장 투자분석기법

지표 분석 / 엘리어트 파동이론

❶ 지표의 종류

지표 유형	주요 예시 지표	분석 목적 및 해석
추세추종형지표	MACD, MAO, SONAR 차트	• 주가의 추세 방향과 강도를 확인 • 이동평균선의 수렴·확산을 통해 매수·매도 타이밍 포착
추세반전형 지표	스토캐스틱, RSI(상대강도지수), ROC, CCI	• 과매수/과매도 구간식별로 반전 가능성 탐색 • 단기 반등 또는 되돌림 구간포착에 유용
거래량 지표	OBV, VR, 역시계곡선(주가-거래량 상관곡선), 이퀴볼륨(Equi-volume) 차트	• 가격 변화 대비 거래량의 흐름 분석 • 매수세 유입 또는 매도세 약화 여부 판단
범위성 지표	P&F(Point & Figure) 차트, 삼선전환도	• 일정한 가격 변동폭 기준으로 추세 전환 포착 • 복잡한 가격 움직임을 단순화하여 분석
기타 지표	볼린저밴드, 앤빌로프(Envelope), 이격도, ADL(등락주선), 코포크 지표, TI 지수	• 가격 밴드 또는 시장 전반 강도파악에 활용 • 추가 보조지표로 활용도 높음

❷ 엘리어트 파동이론

정의	주가는 상승 5파 + 하락 3파의 반복 구조를 가지며, 이 구조가 영구적으로 순환한다는 가격 파동 이론
기본 구조	• 하나의 사이클은 상승 5파동(Impulse wave) + 하락 3파동(Corrective wave)으로 구성 • 충격파동: 1번, 3번, 5번, a, c • 조정파동: 2번, 4번, b
시간 구조	하나의 전체 사이클을 마치는 데 보통 3년 정도가 소요됨
파동의 분해	상승 5파와 하락 3파는 각각 세부 파동으로 분할되어, 전체로는 21개 소파동까지 세분화될 수 있음

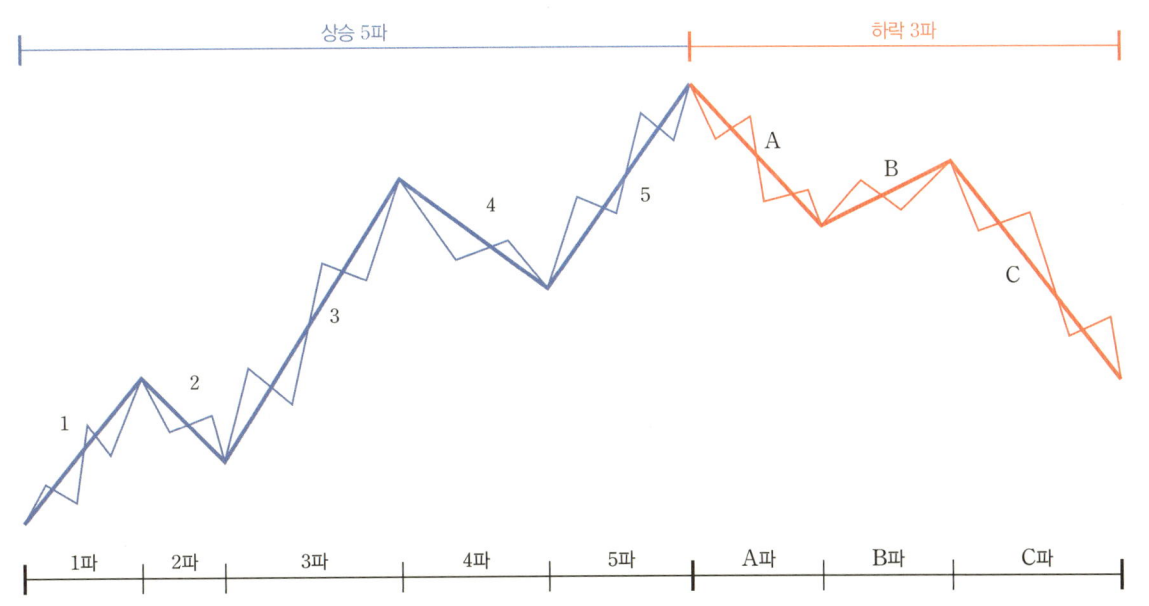

09 지표 분석 / 엘리어트 파동이론

3장 투자분석기법

❸ 엘리어트 파동의 특징(상승파동)

파동	주요 특징	보완 설명
1번 파동	• 상승 추세의 초기 전환 시점에서 나타남 • 1~5번 파동 중 가장 짧음 • 5개의 파동 구조로 구성되는 충격파(impulse wave)	• 상승 초기라 거래량이 적고 파동 길이가 짧은 경우가 많음 • 보통 외부 재료보다는 기술적 반등 성격이 강함
2번 파동	• 1파 상승분의 38.2% 또는 61.8% 수준까지 되돌림 • 100% 이상 되돌림은 없음 • 조정파동으로 반드시 3개의 파동으로 구성	• 하락 반락(되돌림)으로 나타나며 조정파동에 해당 • 이익 실현 매물이나 의심스러운 시장 심리가 반영
3번 파동	5파동 중 가장 강력한 상승세를 보이며, 가장 길고 급격한 상승이 일반적	• 보통 호재(실적, 정책, 수급 등)가 반영되며 대중의 주목을 받음 • 가장 거래량이 활발하고, 가장 신뢰도 높은 충격파
4번 파동	• 3파의 38.2% 수준으로 되돌리는 것이 일반적 • 조정파동으로 복잡하고 시간이 오래 걸리는 경우 많음	• 2파와는 성격이 다름(보통 플랫형, 삼각형 등의 패턴 등장) • 상승 피로감 조정이나 차익실현 매물 출현구간
5번 파동	• 상승 마무리 단계로, 3파와 유사한 강도의 상승세 • 길이는 일반적으로 1파와 같거나 1~3파 전체의 61.8% 수준 형성	• 다이버전스(Divergence)출현 시 꼭지 가능성 높음 • 투자자의 과열 기대 심리가 반영되며 실적과 괴리되기도 함

❹ 엘리어트 파동의 특징(하락파동)

파동	특징	보완 설명
a 파동	• 상승 5파가 끝난 후, 추세가 반대로 전환되는 최초의 하락 파동 • 구조상 5개의 소파동으로 구성되는 충격파(impulse wave)	• 초기 하락 구간으로, '단기 조정'으로 착각되기 쉬움 • 상승세에 익숙해진 투자자들이 하락 신호를 무시하는 경향 많음
b 파동	• 일시적인 반등 구간, 많은 이들이 상승이 재개되었다고 착각하는 구간 • 매입 포지션을 청산할 수 있는 마지막 기회	• 상승처럼 보이지만 구조상 조정파동(correction) • 저항선에서 다시 하락 전환되는 경우가 많음 • 기술적으로 '속임수 반등'이라 부름
c 파동	• 가장 강한 하락세가 나타나며 거래량도 증가 • 충격파 형태로 진행되며, 하락의 본질이 드러나는 구간	• a파보다 하락 폭이 크고 속도도 빠름 • 하락 중 후반부로 갈수록 투매 현상나타남 • 일반적으로 상승 5파의 전체 상승분을 상당 부분 되돌림

10 산업분석

3장 투자분석기법

1 산업분석의 의미

정의	산업의 성과와 구조를 분석함으로써, 해당 산업에 속한 기업의 수익성 및 성장 가능성을 예측하는 분석
출발점	기업의 미래성과와 프로젝트의 수익률에 산업의 전반적인 성과가 큰 영향을 미친다는 점에서 출발
중장기적 관점	산업의 성장성이 해당 산업 내 기업들의 수익성에 직접적인 영향을 미침 ▶ 산업 성과=기업 성과로 연결
분석 대상	산업 전체(구조, 성과, 정책, 경쟁구조, 미래전망 등) 또는 특정 산업군
분석 내용	• 산업의 현재 수익성 및 성장성 • 산업구조 및 경쟁구조 • 국제 분업관계, 산업 정책 방향 • 향후 미래 수익 전망과 기업의 대응 전략등
활용 목적	• 산업분석을 통해 개별 기업의 투자분석 시 참고자료 제공 • 해당 산업 소속 기업의 경쟁력 평가에 효과적

2 산업의 분류 체계

분류 기준	세부 분류	설명 또는 예시
산업의 특성	1차 산업	농림어업 등(자연에서 직접 획득)
	2차 산업	제조업, 건설업 등(가공·생산)
	3차 산업	서비스업 등(소비 및 서비스)
산업 활동 기준	제조업	원재료를 가공·생산 예) 기초소재산업, 조립가공산업 등
	비제조업	서비스업, 금융업, 전력 등
제조업 내 세분류	기초소재산업	석유화학, 금속, 비금속, 광물, 일차금속등
	조립가공산업	전자, 자동차, 조선, 기계, 정밀기기 등
	소비재산업	식음료, 섬유, 가구 등
경기 민감도 기준	경기민감산업	건설, 기계, 자동차 등(경제 영향 크게 받음)
	경기방어적 산업	필수소비재, 공공요금, 전력, 가스 등(경기침체에도 안정적 수요)
경기변동과의 선후행성	경기선행산업	투자선행형, 경기 회복 초기에 움직이는 산업
	경기동행산업	경기와 동반 움직임
	경기후행산업	소비와 밀접, 경기 회복 후 움직임

10 산업분석
3장 투자분석기법

❸ 경기종합지수(CI)

구분	개념	주요 지표
경기선행지수	경기의 향후 방향성(예측)을 판단하기 위한 지표군	• 재고순환지표(재고·출하 비율) • 경제심리지수(기업·소비자 기대심리) • 기계류내수출하지수(기업투자 선행) • 건설수주액(실질)(건설경기 예고) • 수출입물가비율(수출 경쟁력 반영) • 코스피 지수(주가 선행성) • 장단기금리차(수익률 곡선, 미래 경기 예측)
경기동행지수	현재 경기 상황을 실시간 반영하는 지표군	• 비농업취업자수(실제 고용수준) • 광공업생산지수(제조업 생산활동) • 서비스업생산지수(비제조업 경기 수준) • 소매판매액지수(소비 활동의 강도) • 내수출하지수(내수 중심 출하 실적) • 건설기성액(실질)(진행 중인 건설 실적) • 수입액(실질)(소비 및 산업 수요 반영)
경기후행지수	경기 흐름에 시차를 두고 반응하는 지표군	• 취업자수(고용이 늦게 반영됨) • 생산자제품재고지수(경기 하강 후 재고 증가) • 소비자물가지수변화율(서비스)(인플레이션 반응 지연) • 소비재수입액(실질)(사후적 소비 수준 반영) • CP유통수익률(기업의 자금 여력 반영)

❹ 산업구조 변화 분석

정의	산업구조 변화란 산업 간 성장속도의 차이(불균형 성장)로 인해 산업의 비중이 변화하는 현상
의미	산업 간 성장률이 일정하지 않음 ▶ 특정 산업이 더 빠르게 성장하면서 구조 변화 유발
특징	경제 발전에 따라 산업구조는 지속적으로 변화함 ▶ 구조 변화는 일시적 현상이 아닌 동태적 변화
변화 방향	• 1차 산업 중심 → 제조업 중심 → 지식기반·서비스 산업 중심으로 이동 • 산업 고도화의 일반적 경로

10 3장 투자분석기법
산업분석

❺ 산업 간 불균형 성장과 관련된 법칙

법칙	주요 내용	보완 설명
Petty의 법칙	• 경제가 발전할수록 산업구조가 1차 → 2차 → 3차 산업 중심으로 이동함 • 소득 수준 상승 → 1차 산업 종사자 비중 감소 → 2차·3차 산업 종사자 비중 증가	• 노동력뿐만 아니라 생산·자본 측면에서도 동일한 흐름 • 쿠즈네츠도이를 경험적으로 입증함
Hoffman의 법칙	• 경제발전이 진행되면 2차 산업 내에서도 소비재보다 생산재 부문 비중이 증가 • 즉, 중간재 중심의 산업구조로 전환됨	• 소득수준 상승 → 생산재 수요 증가 • 이는 뵘바베르크의 생산 우회 이론과 유사(생산 공정의 고도화에 따라 중간재 수요 증가)

❻ 산업구조 변화에 대한 전통적 국제무역이론

이론	핵심 내용	산업구조 변화와의 연관성
Ricardo의 비교우위 이론	국가 간 노동생산성 차이에 따른 비교우위 존재하여 각국은 비교우위 제품에 특화·수출	수출산업이 빠르게 성장 → 특화 산업 중심의 산업구조 변화초래
헥셔 – 올린 모형	생산요소(노동, 자본)의 상대적 풍부함에 따라 무역패턴결정 → 노동풍부국가는 노동집약적 상품 수출, 자본풍부국가는 자본집약적 상품 수출	경제 발전에 따라 자본 비중↑ → 산업구조도 자본집약산업 중심으로 전환됨
전통이론의 한계	완전경쟁시장 전제, 산업 간 이질성 무시 등 비현실적 가정으로 실제 산업구조 변화 설명에는 한계 존재	실제 산업 내 기술 격차, 기업 간 다양성, 정부 정책 등은 충분히 반영하지 못함

❼ 산업구조 변화에 대한 새로운 이론

이론명	핵심 개념	산업구조 변화와의 연관성
제품수명주기 이론	• 기술혁신 또는 신제품 개발 능력에 따라 공급 능력 변화가 산업구조에 큰 영향을 미침 • 제품의 도입 → 성장 → 성숙 → 쇠퇴 단계를 따름	• 신제품 도입 산업이 빠르게 성장하면서 기존 산업구조를 재편 • 기술개발이 활발한 국가는 수출 중심 산업으로 전환 가능
신무역이론	• 규모의 경제, 불완전경쟁, 시장실패 상황에서 산업 내 무역 발생 • 정부의 전략적 산업정책 개입 필요성 강조	• 산업정책의 정당성을 뒷받침 • 소수 선도기업의 시장지배력 강화 → 집중적 구조로의 전환 유도

10 산업분석

3장 투자분석기법

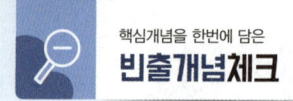

내생적 성장 이론	• 성장의 원인을 인적자본, 기술혁신, 연구개발 등 내생적 요인으로 설명 • 요소의 창출 능력에 초점	• 단순 요소부존도보다 '요소 창출력'이 중요한 시대 • 산업 간 차이는 결국 혁신역량의 차이로 설명됨
경쟁우위론 (포터)	국가 산업의 경쟁력은 요소 창출, 고도화, 기업의 전략·구조, 정부 정책 등에 의해 결정됨	• 요소의 질적 차이와 전략적 집중이 산업구조 고도화로 연결 • 경쟁력 있는 산업 중심으로 구조가 집중화·특화됨

❽ 산업 라이프사이클의 단계별 특징

도입기	• 신제품이 시장에 처음 진입하는 단계 • 수요 창출 단계로 수요가 불확실함 • 과도한 고정비, 마케팅비, 경쟁 등으로 적자 발생이 보통 • 판매능력과 시장 진입 전략이 중요
성장기	• 매출과 이익이 급증 • 생산자 간 경쟁은 약화되어 고수익 실현 가능 • 수요 증가에 맞춰 공급력도 확장 • 성장 후반부에 접어들면 경쟁 심화로 이익률 점차 감소
성숙기	• 시장점유율 유지 중심의 경쟁이 치열해짐 • 가격 경쟁 심화 및 제품 차별화·연구개발 필요 • 매출은 완만한 증가세 유지 • 기업 간 영업력 차이로 실적 격차 발생
쇠퇴기	• 수요 감소로 인해 매출·이익 감소 국면 • 퇴출하는 기업 증가, 산업 내 구조조정 • 사업 철수·업종 전환 또는 다각화 전략추진 필요

3장 투자분석기법

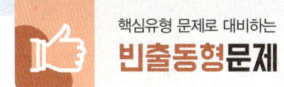

01 유가증권 가치평가를 위한 현금흐름 추정의 기본원칙으로 옳지 않은 것은?

① 현금흐름은 증분 기준으로 추정되어야 한다.
② 현금흐름은 세전 기준으로 추정되어야 한다.
③ 현금흐름 추정할 때 기회비용을 고려해야 한다.
④ 현금흐름의 추정에는 모든 간접적 효과가 고려되어야 한다.

02 다음 중 유가증권 가치평가를 위한 현금흐름 추정의 기본원칙으로 옳지 않은 것은?

① 현금흐름은 세후 기준으로 추정되어야 한다.
② 현금흐름 추정 시 매몰원가(Sunk Cost)를 반드시 반영해야 한다.
③ 현금흐름을 추정할 때 기회비용(Opportunity Cost)을 고려해야 한다.
④ 현금흐름의 추정에는 해당 투자안에 의한 간접적 효과도 고려되어야 한다.

03 다음 중 산포경향(Degree of Dispersion)을 나타내는 것으로 옳지 않은 것은?

① 분산
② 범위
③ 최빈값
④ 표준편차

04 통계자료의 분석 특성을 하나의 수치로 요약하는 기준인 중심위치를 나타내는 대표치로 옳지 않은 것은?

① 범위(range)
② 최빈값(mode)
③ 중앙값(median)
④ 산술평균(mean)

05 공분산 및 상관계수에 관한 설명으로 옳지 않은 것은?

① 공분산은 두 확률변수 간 관계의 방향을 나타낸다.
② 공분산이 양수이면 두 변수는 음의 관계를 가진다.
③ 상관계수는 공분산의 값을 표준편차의 곱으로 나눈 정규화 지표이다.
④ 상관계수는 두 변수 간 선형 관계의 강도를 나타내며 −1에서 +1 사이의 값을 가진다.

06 증권분석의 통계기초에 대한 내용으로 옳지 않은 것은?

① 상관계수는 공분산을 각각의 분산으로 나누어 준 값이다.
② 공분산은 −∞에서 +∞ 사이의 어떤 값이든 가질 수 있다.
③ 중앙값은 관찰치를 크기 순서대로 나열하였을 때 정 가운데에 있는 값을 의미한다.
④ 분산은 자료가 중심위치로부터 어느 정도 흩어져 있는가를 나타내는, 즉 산포경향을 나타내는 지표이다.

07 어느 기업이 연리 6%의 만기 없는 무보증사채를 발행하였다. 요구수익률이 8%인 투자자는 이 영구채권의 가치를 얼마로 평가할 수 있는가? (액면가 80,000원, 연 1회 이자 지급)

① 6,000원
② 60,000원
③ 75,000원
④ 80,000원

08 연리 3%의 만기 없는 무보증사채가 발행되었다. 요구수익률이 6%일 경우, 투자자는 이 영구채권의 가치를 얼마로 평가할 수 있는가? (액면가 100,000원, 연 1회 이자 지급)

① 3,000원
② 6,000원
③ 50,000원
④ 80,000원

09 연리 5%의 만기가 없는 무보증사채의 현재가격이 50,000원일 때, 이 영구채권의 만기수익률(YTM)은 얼마인가? (액면가 100,000원, 연 1회 이자 지급)

① 4%
② 8%
③ 10%
④ 12%

10 우선주의 가치평가에 대한 설명으로 옳은 것은?

① 우선주 배당은 일반적으로 회사의 이익이 날 때에만 지급된다.
② 우선주는 만기와 원금상환 조건이 있는 채권과 동일하게 평가한다.
③ 우선주의 현금흐름은 일정하지 않으므로 영구연금으로 간주하지 않는다.
④ 우선주의 가치는 매년 지급되는 배당금을 요구수익률로 나누어 계산한다.

11 보통주의 가치평가 일반모형에 대한 설명으로 옳은 것은?

① 보통주 가치평가는 영구채가치공식과 동일하게 계산된다.
② 보통주의 가치는 고정된 만기일과 고정수익률을 기준으로 산정한다.
③ 보통주의 평가는 오직 배당금 흐름만을 고려하며 자본이득은 무시한다.
④ 보통주의 가치는 미래 배당금과 매각 시점의 주가를 현재가치로 환산해 합산하여 계산한다.

12 보통주의 가치평가 공식에 사용되는 자기자본비용(K_e)에 대한 설명으로 옳은 것은?

① 채권자에게 지급되는 이자율과 동일한 개념이다.
② 보통주 투자자가 기대하는 최소 수익률을 의미한다.
③ 미래 주가 예측 오차를 줄이기 위한 변동성 지표이다.
④ 기업이 지급해야 하는 고정 배당금의 비율을 나타낸다.

13 A 주식의 주당 순이익 성장률은 10%, 배당성향은 20%, 요구수익률은 12%이다. 1주당 예상 순이익이 10,000원일 때, 항상성장모형을 이용하여 산출한 적정 주가는 얼마인가?

① 10,000원
② 50,000원
③ 100,000원
④ 1,000,000원

14 배당평가모형과 관련하여 빈칸에 들어갈 것으로 옳은 것은?

> A기업의 배당성향은 20%이고 배당성장률은 4%로 예상된다. 당기 주당순이익이 15,000원이며 현재 주가가 23,000원일 때, 투자자의 요구수익률은 (   )이다.

① 14%
② 17.6%
③ 19.2%
④ 21%

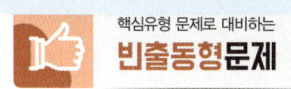

15 A기업의 주당순이익은 매년 8%씩 성장하고, 30%의 배당성향을 보이며 주주의 요구수익률이 12%이다. 내년 주당순이익이 2,000원일 것이라고 예상할 때 항상성장모형을 이용한 A기업의 주가는?

① 6,000원
② 12,000원
③ 15,000원
④ 24,000원

16 A기업의 주당순이익(EPS)은 내년에 3,000원으로 예상되며, 배당성향은 40%, 배당성장률은 6%, 주주의 요구수익률은 11%이다. 이 기업의 주식을 항상성장모형(Gordon모형)을 이용해 평가했을 때 주당 가치는 얼마인가?

① 16,000원
② 18,000원
③ 15,000원
④ 24,000원

17 초기 고속성장모형에 대한 설명으로 옳은 것은?

① 기업이 일정한 배당금만을 지급할 것으로 가정하는 평가모형이다.
② 배당이 일정한 비율로 영구히 성장하는 경우에 적용하는 모형이다.
③ 초기에는 고성장률을 적용하고 일정 시점 이후에는 정상 성장률로 전환되는 구조이다.
④ 항상성장모형은 초기 고속성장모형의 일종으로, 배당이 급격히 증가하다가 사라지는 구조이다.

18 다음 중 Gorden의 항상성장모형에 대한 설명으로 옳지 않은 것은?

① 주주들의 요구수익률은 배당성장률보다 크다.
② 미래 배당금이 매 기간 일정한 비율로 지속적으로 성장한다.
③ 투자자들의 요구수익률은 예상 배당수익률(D_1/P_0)와 자본이득 수익률의 합으로 나타난다.
④ 내년도 배당금이 주당 500원이고 투자자의 요구수익률은 10% 성장률은 5%인 Gorden의 항상성장모형에 의한 적정주가는 5,000원이다.

19 다음 중 기업분석 방법으로 옳지 않은 것은?

① 자산에 기초한 방법
② 이익에 기초한 방법
③ 시장가격에 기초한 방법
④ 현금흐름에 기초한 방법

20 다음 중 재무현황의 주요 지표에 해당하지 않는 것은 무엇인가?

① PER
② 유동성
③ 자본구조
④ 레버리지

21 재무상태표와 손익계산서를 함께 사용하여 구할 수 있는 재무비율로 옳지 않은 것은?

① 이자보상비율
② 총자산이익률
③ 자기자본이익률
④ 재고자산회전율

22 다음 중 수익성 지표에 해당하는 것은 무엇인가?

① 당좌비율
② 총자산회전율
③ 자기자본이익률
④ 고정부담보상환비율

23 다음 중 활동성 지표에 해당하지 않는 것은?

① 총자산회전율
② 부채 – 자산비율
③ 재고자산회전율
④ 매출채권회전율

24 다음 중 평균 회수기간에 대한 설명으로 옳은 것은?

① 보유한 재고를 얼마나 자주 판매하는지를 나타낸다.
② 매출채권과 비유동자산의 합을 분석하는 유동성 지표이다.
③ 순매출을 총자산으로 나눈 수치로 자산의 활용도를 평가한다.
④ 외상매출금이 현금으로 회수되기까지 걸리는 평균 기간을 나타낸다.

25 다음 중 총자산회전율에 관한 설명으로 옳지 않은 것은?

① 총자산회전율은 순매출을 총자산으로 나누어 계산된다.
② 총자산회전율은 자산의 수익성이나 안전성을 종합적으로 판단하는 데 사용된다.
③ 총자산회전율이 낮을 경우, 자산 운용이 비효율적일 수 있다는 신호로 해석될 수 있다.
④ 총자산회전율이 높다는 것은 보유한 자산이 매출 창출에 효율적으로 기여하고 있음을 의미한다.

26 다음 중 재무비율에 관한 설명으로 옳지 않은 것은?

① 성장률이 둔화되는 기업에서는 일반적으로 배당성향이 높아지는 경향이 나타난다.
② 고정비용보상비율이 높을수록 레버리지를 효과적으로 활용한 것으로 해석할 수 있다.
③ 총자산회전율이 지나치게 높으면 필요한 자산이 부족하거나 자산이 노후화되었을 가능성이 있다.
④ 매출채권회전율이나 재고자산회전율이 급격히 증가하면 회사의 자금 사정이 악화된 것으로 추정할 수 있다.

27 다음 중 재무비율에 관한 설명으로 옳지 않은 것은?

① 유동비율은 높지만 당좌비율이 낮다면, 이는 재고자산의 비중이 높음을 의미한다.
② 고정비용보상비율이 높다는 것은 해당 기업이 레버리지 효과를 충분히 활용하지 못하고 있음을 의미한다.
③ 부채비율(부채/자기자본)이 높을수록 기업의 재무위험이 증가하고, 이에 따라 주주의 기대수익률도 하락한다.
④ 매출채권회전율이 급격히 증가했다면, 기업이 자금 부족으로 매출채권 할인율을 높여 조기 회수를 시도한 것으로, 기업의 상황이 좋지 않다고 해석할 수 있다.

28 다음 중 이자보상비율에 대한 설명으로 옳은 것은?

① 이자보상비율은 배당금이 이자비용을 얼마나 초과하는지를 나타낸다.
② 이자보상비율이 높을수록 기업의 레버리지 과다 위험이 크다는 것을 뜻한다.
③ 이자보상비율은 기업이 창출한 이익으로 이자비용을 감당할 수 있는 능력을 나타낸다.
④ 이자보상비율이 1보다 낮다는 것은 기업이 차입금 이자를 모두 감당할 수 있는 상태를 의미한다.

29 다음 중 보상비율의 개념과 설명이 올바르게 연결된 것은?

① 고정비용보상비율(FCC): 배당금을 순이익으로 나눈 지표이다.
② 배당성향(DPR): 순이익 중 주주에게 배당금으로 지급한 비중을 나타내는 지표이다.
③ 이자보상비율(ICR): 이자 및 임차료 등을 이익으로 감당할 수 있는지 측정하는 지표이다.
④ 보상비율: 보유하고 있는 자산을 기업이 얼마나 잘 활용하고 있는지 그 효율성을 측정하는 지표이다.

30 다음 중 주당이익(EPS)에 대한 설명으로 옳지 않은 것은?

① EPS는 전환 가능한 모든 우선주가 주식으로 전환된 상황을 가정해 계산된다.
② EPS가 높을수록 주당 수익성이 높고, 투자 가치가 높게 평가될 가능성이 있다.
③ EPS는 기업의 전반적인 수익 창출 능력과 경영성과를 나타내는 대표적 지표이다.
④ EPS는 순이익에서 우선주 배당금을 차감한 후 보통주 주식 수로 나누어 계산된다.

31 다음 중 완전 희석 주당이익(FDE)에 대한 설명으로 옳은 것은?

① FDE는 단기 수익성이 아닌 장기 채무 상환 능력을 평가하는 대표 지표이다.
② FDE는 주식 수가 줄어드는 기업 분할 가능성을 반영해 EPS보다 높게 나타난다.
③ FDE는 일반적으로 EPS보다 높게 나타나며, 희석 가능성이 낮다는 것을 의미한다.
④ 전환 가능한 우선주나 스톡옵션 등으로 인해 주식 수가 증가할 경우를 가정해 계산된다.

32 다음 중 재무상태표와 손익계산서의 항목으로 구성된 재무비율로 옳은 것은?

① 부채비율
② 이자보상비율
③ 매출액영업이익률
④ 총자산투자수익률

33 다음 중 부채비율(DR)이 높을 경우 일반적으로 나타날 수 있는 현상으로 옳은 것은?

① 기업의 지급 능력이 우수하다는 신호로 받아들여진다.
② 부채비율이 높을수록 배당 성향이 증가하는 경향이 뚜렷하다.
③ 재무 위험이 증가하며, 우선주·채권자 입장에서 불리할 수 있다.
④ 주가의 변동성이 낮아지고, 신용등급이 상승할 가능성이 커진다.

34 다음 중 부채비율 또는 부채–자기자본비율(DER)에 대한 설명으로 옳지 않은 것은?

① 부채비율은 총자산 중 부채가 차지하는 비중을 나타내는 지표이다.
② DER이 높을수록 레버리지효과는 커지지만 재무위험도 증가할 수 있다.
③ 부채비율이 높을수록 이자부담이 증가하여 수익성에 악영향을 줄 수 있다.
④ 부채–자기자본비율은 100%를 초과하면 무조건 재무구조가 안정적이라고 해석한다.

35 다음 중 레버리지에 관한 설명으로 옳은 것은?

① 재무레버리지도는 영업이익 변동률을 판매량 변동률로 나눈 값이다.
② 결합레버리지는 영업레버리지도와 재무레버리지도를 더하여 산출된다.
③ 동일한 영업이익이라도 타인자본 사용이 많을수록 재무레버리지도는 커진다.
④ 영업레버리지도는 1주당 순이익 변동률을 영업이익 변동률로 나눈 값이다.

36 다음 중 재무레버리지도(DFL)에 대한 설명으로 옳은 것은?

① 매출액의 변동에 따른 고정비 부담의 크기를 의미한다.
② 고정영업비가 전혀 없는 기업에서 DFL이 가장 높게 나타난다.
③ 영업이익이 변할 때 매출이익률이 얼마나 민감하게 반응하는지를 나타낸다.
④ 영업이익의 변동에 따라 주당순이익(EPS)이 얼마나 민감하게 변화하는지를 나타낸다.

37 결합레버리지도(DCL)에 대한 설명으로 옳지 않은 것은?

① DCL은 DOL과 DFL을 곱한 값으로 계산할 수 있다.
② DCL이 높을수록 매출 변화에 대해 EPS가 크게 변동한다.
③ 중화학공업이나 장치산업에서 DCL이 높게 나타날 수 있다.
④ 영업비용, 재무비용이 모두 큰 기업은 일반적으로 DCL이 낮다.

38 C기업의 현재 판매량은 2,000이고, 영업이익은 80억 원이다. 판매량이 2,400로 증가할 경우, 영업이익은 120억 원으로 예상된다. 이 경우, 영업레버리지도(DOL)는 얼마인가?

① 1.5
② 2.0
③ 2.5
④ 3.0

39 T기업의 판매량이 200개에서 250개로 증가할 때 영업이익이 10억 원에서 25억 원으로 증가하였다. 이 때 판매량이 200개라면 영업레버리지도는 얼마인가?

① 4
② 5
③ 6
④ 7

40 결합레버리지지수(DCL)가 20이고, 재무레버리지지수(DFL)가 4이며, 매출액이 240억 원, 변동비가 180억 원일 경우, 고정비는 얼마인가?

① 40억 원
② 45억 원
③ 48억 원
④ 50억 원

41 결합레버리지도(DCL)가 36, 재무레버리지도(DFL)가 6, 매출액 200억 원, 변동비 140억 원일 때, 고정비용은 얼마인가?

① 20억 원
② 30억 원
③ 40억 원
④ 50억 원

42 A기업의 재무레버리지도(DFL)가 3, 매출총이익 30,000원, 영업이익이 4,500원일 때 이자비용은 얼마인가?

① 1,000원
② 2,500원
③ 3,000원
④ 5,500원

43 레버리지 분석에 대한 설명으로 옳지 <u>않은</u> 것을 모두 고른 것은?

> ⊙ 영업이익이 증가하더라도 고정비용이 없으면 영업레버리지는 1이 된다.
> ⓒ 결합레버리지는 영업레버리지와 재무레버리지를 더한 값으로 나타낸다.
> ⓒ 고정비 및 이자비용이 존재할수록 결합레버리지는 1보다 커지기 쉽다.
> ⓔ 재무레버리지도는 타인자본의존도가 높고 이자비용이 작을수록 커진다.

① ㉠, ㉡
② ㉠, ㉢
③ ㉡, ㉣
④ ㉡, ㉢, ㉣

44 다음 중 현금흐름표에 관한 설명으로 옳지 <u>않은</u> 것은?

① 매출채권의 증감은 영업활동 현금흐름에 포함된다.
② 차입금의 차입 및 상환은 투자활동 현금흐름에 해당한다.
③ 현금흐름표에서 '현금'은 보유 현금과 요구불예금을 의미하며, '현금성자산'은 유동성이 매우 높은 단기 투자자산을 뜻한다.
④ 원재료·상품의 매입, 제품 생산과 판매 등 기업의 본질적 영업활동에서 발생한 현금흐름은 영업활동 현금흐름으로 분류된다.

45 다음 중 영업활동으로 인한 현금흐름에 해당하는 거래로 옳은 것은?

① 공장설비의 처분
② 유가증권의 매입
③ 장기차입금의 상환
④ 제품 판매로 인한 현금 수취

46 다음 중 재무활동으로 인한 현금흐름에 해당하지 <u>않는</u> 것은?

① 유상증자
② 회사채 발행
③ 설비자산 처분
④ 자기주식의 취득

47 다음 중 간접법으로 영업활동 현금흐름을 작성할 때, 당기순이익에서 차감(−)해야 할 항목으로 옳은 것은?

① 감가상각비
② 매입채무 증가
③ 재고자산 감소
④ 유가증권 평가이익

48 다음 중 재무활동으로 인한 현금유출에 해당하는 것은?

① 대여금 대여
② 설비자산 취득
③ 자기주식 취득
④ 유가증권 매입

49 간접법으로 현금흐름표를 작성할 때 현금유입이 발생되는 항목으로 옳지 않은 것은?

① 매입채무의 증가
② 재고자산의 증가
③ 유가증권 처분손실
④ 실비자산 처분손실

50 다음 중 현금흐름 측면에서 거래의 결과가 다른 하나를 고르면?

① 공장설비를 처분했다.
② 유상증자를 실시했다
③ 자기주식을 취득했다.
④ 은행에서 자금을 차입했다.

51 다음 중 현금흐름표에서 영업활동 현금흐름에 가산되지 않는 항목은?

① 감가상각비
② 재고자산 평가손실
③ 전기 대비 매입채무 증가액
④ 전기 대비 매출채권 증가액

52 다음 중 간접법으로 영업활동 현금흐름을 작성 시에 현금흐름에 가산되는 항목으로 옳지 않은 것은?

① 매입채무의 감소
② 매출채권의 감소
③ 재고자산의 감소
④ 유가증권 평가이익의 감소

53 다음 중 PER(주가수익비율)에 대한 설명으로 옳은 것은?

① PER이 낮을수록 기업의 성장 기대가 높다고 해석한다.
② PER이 높을수록 기업의 재무 안정성이 높다고 해석한다.
③ PER은 기업의 주가를 주당순자산(BPS)으로 나눈 지표이다.
④ PER은 주가와 주당순이익(EPS) 간의 비율로, 수익성 판단 지표이다.

54 B기업의 배당성향은 40%, 자기자본수익률(ROE)은 12%, 자기자본비용은 10%일 때, B기업의 PER은 얼마인가? (단, PER는 현재 주가와 내년도의 주당순이익(EPS)을 기준으로 한다.)

① 약 8배
② 약 10배
③ 약 14배
④ 약 16배

55 다음 중 PER의 해석 및 한계점으로 옳지 않은 것은?

① PER은 동일 산업군내에서 비교할 때 유용하게 사용된다.
② PER이 높다는 것은 주가에 비해 이익이 작음을 의미한다.
③ PER은 기업의 자산가치와 시장가치 간의 괴리를 평가하는 데 적합한 지표이다.
④ PER이 낮으면 저평가되어 있다고 볼 수 있으나, 낮은 수익성일 가능성도 존재한다.

56 다음 중 주가수익비율(PER)에 대한 설명으로 옳지 않은 것은?

① PER이 높을수록 성장 기대감이 크다고 해석할 수 있다.
② PER은 배당성향이 클수록 작아진다고 일반적으로 해석된다.
③ PER은 경기에 따라 민감하게 반응하여 변동성이 적은 안정적 지표이다.
④ PER은 주가를 주당순이익(EPS)으로 나눈 값으로, 주가가 이익의 몇 배인지 나타낸다.

57 PER을 활용할 때 유의사항으로 옳지 않은 것은?

① PER은 성장률(g)이 높을수록 상승하는 특성이 있다.
② PER이 높을수록 주가가 저평가되어 있을 가능성이 높다.
③ PER 산정 시 분모의 EPS는 다음 회계연도 예측치를 사용할 수 있다.
④ PER 계산 시 주가(P)는 현재가 외에도 비교기업의 주가를 사용할 수 있다.

58 다음에서 설명하는 지표로 옳은 것은?

> • PER이 당기순이익을 기준으로 산정한다는 단점을 보완한 지표이다.
> • 기업의 자본구조(부채와 자본의 비율)를 함께 반영한다.

① PBR
② EVA
③ Tobin's Q
④ EV/EBITDA

59 PBR(주가순자산비율)에 대한 설명으로 옳지 않은 것은?

① PBR은 자기자본의 총시장가치를 총장부가치로 나눈 비율이다.
② ROE가 요구수익률(k)보다 낮을 경우 PBR은 1보다 크게 나타난다.
③ PBR은 장부가치를 기준으로 하므로 시가와 장부가 간 괴리가 발생할 수 있으며, 이러한 한계는 Tobin's Q 지표로 보완이 가능하다.
④ PER에 기업의 수익성, 활동성, 부채비율이 추가로 반영된 지표로, 자산가치뿐만 아니라 수익가치까지 포괄적으로 평가할 수 있다는 점에서 활용도가 높다.

60 다음 중 PBR(주가순자산비율)에 대한 설명으로 옳은 것은?

① PBR은 기업의 현금흐름을 기준으로 시장가치를 평가한 것이다.
② PBR은 기업의 전체 시가총액을 총자산으로 나눈 비율로 계산한다.
③ PBR이 낮을수록 시장이 그 기업의 자산을 고평가한 것으로 해석된다.
④ PBR은 기업의 주가를 주당순자산(BPS)으로 나눈 비율로, 시장이 자본에 부여한 프리미엄 수준을 나타낸다.

61 주가순자산비율의(PBR)의 특성으로 옳지 않은 것은?

① 기업의 위험과는 (+)의 관계이다.
② 자기자본이익률(ROE)과 (+)의 관계이다.
③ ROE > 요구수익률(k)이면 PBR은 1보다 크고 성장률(g)가 높을수록 커진다.
④ ROE < 요구수익률(k)이면 PBR은 1보다 작고 성장률(g)가 높을수록 작아진다.

62 다음 중 토빈의 Q(Tobin's Q)에 대한 설명으로 옳은 것은?

① PBR의 역수가 토빈의 Q이다.
② 토빈의 Q 계산 시 자산의 대체원가는 장부가액으로 산정한다.
③ 토빈의 Q는 자산의 대체원가를 자본의 시장가치로 나눈 비율이다.
④ Q 비율이 낮을수록 기업은 적대적 M&A의 대상이 될 가능성이 크다.

63 다음 중 Tobin's Q 비율에 대한 설명으로 옳지 않은 것은?

① 자산의 대체원가를 추정하기 어렵다.
② PBR의 시간성의 차이를 극복하는 지표이다.
③ 자본의 시장가치에 대한 보유자산의 대체원가의 비율이다.
④ Q 비율이 1보다 크면 적대적 M&A의 대상이 되는 경향이 있다.

64 다음은 기업 A와 기업 B의 토빈의 Q 비율에 대한 설명이다. 이에 대한 판단으로 옳은 것은?

- 기업 A는 토빈의 Q 비율이 1.4이며, 현재 자산의 시장가치가 자본의 대체원가보다 높은 상태이다.
- 기업 B는 토빈의 Q 비율이 0.6으로, 자산가치가 대체원가보다 낮게 평가되고 있으며, 업계에서는 인수합병(M&A) 대상 기업으로 주목받고 있다.

① 기업 A는 투자 유인이 낮고, 기업 B는 고평가상태에 있다.
② 기업 A는 자본 효율성이 낮으며, 기업 B는 시장에서 적정 평가를 받고 있다.
③ 기업 A는 투자 유인이 크며, 기업 B는 저평가 상태로 M&A 대상이 될 수 있다.
④ 기업 A는 자산 효율성이 낮아 구조조정 대상이며, 기업 B는 성장성이 높아 투자 매력이 있다.

65 다음 중 EV/EBITDA 비율에 대한 설명으로 옳은 것은?

① EV/EBITDA는 순이익을 기준으로 기업의 가치를 측정한다.
② EV는 기업의 자산총계에서 부채총계를 뺀 금액을 의미한다.
③ EBITDA는 감가상각 후의 영업이익이며, 자본지출을 반영한다.
④ EV/EBITDA는 기업의 시장가치를 수익창출능력과 비교하는 상대가치평가 지표이다.

66 현재 증자를 고려하고 있는 E기업의 정보가 다음과 같다. 공모 후 E기업의 1주당 주가로 옳은 것은? (단, 발행주식수와 유통주식수는 동일함)

- EBITDA: 80억 원
- 비교기업의 EV/EBITDA: 15
- 부채가치(채권자가치): 500억 원
- 발행주식수: 250만 주

① 13,000원
② 28,000원
③ 33,000원
④ 42,000원

67 다음 중 EV/EBITDA 비율을 활용하는 목적으로 옳지 않은 것은?

① 자본 비용을 고려한 절대가치 평가 수행
② 비상장기업의 상대가치를 추정하기 위해 활용
③ PER 지표의 한계 보완을 통한 유사 기업 비교
④ 자산 구조의 회계적 차이를 제거하여 비교 가능성 확보

68 다음 주식배당 모형 중 〈보기〉에 공통적으로 들어갈 모형으로 옳은 것은?

> - ( )은/는 순수하게 벌어들인 기업의 이익에 대한 기업 가치의 비율이다.
> - ( )은/는 당기순이익으로 평가하는 PER 모형의 한계를 보완한다.

① PBR
② PEGR
③ Tobin's Q
④ EV/EBITDA

69 다음 자료를 참고하여 상장예정기업 A의 주당가치를 구한 것은?

> - A기업과 유사기업 B의 EV/EBITDA의 비율: 6
> - A기업의 EBITDA: 500억 원
> - A기업의 채권가치: 400억 원
> - A기업의 발생주식 수: 1,000만주

① 12,000원
② 16,000원
③ 20,000원
④ 26,000원

70 공모예정인 A기업과 유사기업인 B기업의 EV/EBITDA 비율은 4이며, 공모기업인 A기업의 EBITDA는 500억 원, A기업의 채권자가치는 400억 원이다. A기업의 공모 후 발행주식수가 1,000만주일 경우, A기업의 주당가치는?

① 10,000원
② 13,000원
③ 16,000원
④ 20,000원

71 EVA(Economic Value Added)와 당기순이익의 관계에 대한 설명으로 옳은 것은?

① 주주자본비용의 기회비용적 성격을 명확히 반영하는 지표는 당기순이익이다.
② EVA는 세전 순영업이익으로부터 투하자본과 가중평균자본비용을 곱한 금액을 차감하여 산출한 잔액을 의미한다.
③ EVA를 영업성과 측정의 도구로 사용할 경우, 기업은 자기자본비용을 초과하는 경제적 이익 실현을 투자목표로 삼게 된다.
④ EVA는 회계관습과 발생주의 회계원칙의 결과로 산출된 회계적 이익으로부터 경제적 이익을 반영하게끔 수정하는 대체적 회계처리에 해당한다.

72 다음 중 EVA(경제적 부가가치)에 대한 설명으로 옳은 것은?

① EVA가 음수이면 자본비용을 초과 달성한 상태를 의미한다.
② 회계상 당기순이익을 기준으로 경영성과를 측정하는 지표이다.
③ 자본비용을 고려하지 않고 수익률 중심으로 경영성과를 판단한다.
④ EVA는 세후영업이익에서 자본비용을 차감하여 경제적 부가가치 창출 여부를 평가한다.

73 다음 중 EVA와 당기순이익을 비교한 설명으로 옳지 않은 것은?

① EVA는 자본제공자의 기대수익률을 고려할 수 있다.
② 당기순이익은 회계기준에 따라 산출되므로 자본비용이 반영된다.
③ EVA는 회계상의 수익이 아닌 경제적 부가가치 중심으로 측정된다.
④ EVA는 자본비용을 반영하므로 전략적 의사결정 지표로 활용 가능하다.

74. 어느 기업의 투하자본이익률(ROIC) 18%, 타인자본 40억 원, 자기자본 60억 원, 자기자본의 조달비용은 6%, 자기자본의 기회비용은 10%, 투하자본(IC)가 100억 원일 때, EVA는 얼마인가?

① 6억 원
② 7.2억 원
③ 8.4억 원
④ 9.6억 원

75. ROIC(투하자본이익률) 20%, WACC(가중평균자본비용) 12%, 투하자본(IC)이 100억 원일 때, EVA(Economic Value Added)는 얼마인가?

① 2억 원
② 4억 원
③ 6억 원
④ 8억 원

76. 다음 중 기술적 분석(Technical Analysis)에 대한 설명으로 옳지 <u>않은</u> 것은?

① 기술적 분석은 주식시장에 반영된 투자자 심리를 고려하여 해석한다.
② 기술적 분석은 주가가 수요와 공급의 원리에 의해 결정된다고 본다.
③ 기술적 분석은 주가 변동의 원인을 근본적으로 규명하는 데 초점을 둔다.
④ 주가에는 과거의 움직임이 반복되는 패턴이 존재하며, 이를 분석해 미래 주가를 예측하려 한다.

77. 기술적 분석에 대한 설명으로 옳지 <u>않은</u> 것은?

① 추세의 변화는 수요와 공급의 변동에 의해 일어난다.
② 시장의 변동에만 집착하기 때문에 시장이 변화하는 원인을 분석할 수 없다.
③ 패턴 분석은 주가 움직임을 동적으로 관찰하여 주가 흐름의 방향을 예측한다.
④ 계량화하기 어려운 심리적 요인까지도 반영하여 기본적 분석의 한계점을 보완할 수 있다.

78. 다음 중 이동평균선(Moving Average)을 활용한 추세분석에 대한 설명으로 옳지 <u>않은</u> 것은?

① 주가가 이동평균선을 위에서 아래로 돌파하면 향후 하락 반전 신호로 해석할 수 있다.
② 약세 국면에서 주가가 이동평균선 아래에서 움직이는 경우, 일반적으로 상승 신호로 보아야 한다.
③ 주가와 이동평균선 사이의 괴리가 크게 벌어지면, 이동평균선은 일정 수준으로 되돌아오는 경향이 있다.
④ 이동평균선은 과거 주가의 평균값을 기초로 산출되므로, 미래 주가 흐름에 대해서는 후행적 성격을 지닌다.

79. 다음 이동평균선(Moving Average)의 특징으로 옳은 것을 모두 고른 것은?

㉠ 주가가 장기 이동평균선을 돌파할 경우, 주요 추세가 반전될 가능성이 크다.
㉡ 일반적으로 주가가 이동평균선을 돌파하는 시점은 중요한 매매 신호로 해석된다.
㉢ 이동평균선은 분석 기간이 길수록 더 완만해지고, 짧을수록 가팔라진다.
㉣ 약세 국면에서 주가가 이동평균선 아래에서 움직이면, 상승 반전 신호로 판단한다.
㉤ 강세 국면에서 주가가 이동평균선 위에서 움직이면, 하락 반전 신호로 해석한다.
㉥ 상승하고 있는 이동평균선을 주가가 하향 돌파할 경우, 조만간 하락 반전의 가능성이 커진다.
㉦ 하락 추세에 있는 이동평균선을 주가가 상향 돌파할 경우, 조만간 상승 반전의 가능성이 커진다.
㉧ 주가와 이동평균선 사이의 괴리가 과도하게 벌어지면 주가는 이동평균선을 더욱 벗어나려는 경향이 강해진다.

① ㉠, ㉡, ㉢
② ㉣, ㉥, ㉦
③ ㉠, ㉡, ㉢, ㉥, ㉦
④ ㉣, ㉤, ㉥, ㉦, ㉧

80 다음에서 설명하는 기술적 분석의 보조지표로 옳은 것은?

> • 단기 이동평균값에서 장기 이동평균값을 차감하여 그 래프에 표시함으로써, 현재 주가 흐름의 진행 방향을 파악하는 추세 분석 기법이다.
> • 지표 값이 양수(+)이면 상승 추세, 음수(−)이면 하락 추세에 있음을 의미한다.

① VR
② RSI
③ MAO
④ 스토캐스틱

81 스토캐스틱(Stochastics) 지표에 대한 설명으로 옳지 않은 것은?

① 일정 기간 동안의 주가 변동폭 중 금일 종가의 위치를 백분율로 나타낸 지표이다.
② 스토캐스틱은 %K와 %D 두 선으로 구성되며, %K가 주요선이고, %K의 이동평균선이 %D이다.
③ 150%를 보통 수준으로 산정하여 70% 이하는 만기 매입 시점, 450% 이상은 단기적으로 주가의 경계신호로 인식한다.
④ 상승 국면에서는 종가가 변동폭의 최고가 부근에, 하락 국면에서는 종가가 변동폭의 최저가 부근에 형성된다.

82 산업정책에 대한 설명으로 옳은 것은?

① 산업정책은 기본적으로 수요지향적 정책에 해당한다.
② 산업정책은 국민경제의 성장잠재력이 훼손되는 상황에서도 중요하게 강조되는 경향이 있다.
③ 산업정책은 각국의 경제발전 단계와 관계없이, 정책 방향과 수단이 대체로 유사한 경향이 있다.
④ 산업정책은 국민경제의 실제 생산수준을 잠재 생산수준에 근접시켜, 실업을 줄이고 인플레이션 압력을 완화하는 것을 목적으로 한다.

83 다음 중 산업구조변화 이론에 대한 설명으로 옳지 않은 것은?

① 헥셔-올린(Heckscher-Ohlin) 이론에 따르면, 각 국가의 생산요소 상대적 부존량의 차이에 의해 산업구조가 결정된다.
② 포터(M. Porter)의 다이아몬드 모형은 산업의 경쟁력을 결정하는 요인이 4개의 직접 요인과 2개의 우발적 요인으로 구성된다고 본다.
③ 리카도(D. Ricardo)는 각국이 상대적으로 생산비가 낮은 산업에 특화하기 때문에, 산업구조는 생산비 수준에 따라 변화한다고 설명한다.
④ 내생적 성장 이론은 요소 부존량보다는 요소 창출이 산업구조 변화에 더 중요하다고 강조하며, 제품수명 주기 이론은 기술혁신이나 신제품 개발이 산업구조 변화에 중요한 영향을 미친다고 본다.

84 허핀달(Herfindahl) 지수에 대한 설명으로 옳지 않은 것은?

① 시장점유율을 소수로 표시할 경우, 허핀달지수의 최대값은 1이 된다.
② 동일한 규모의 기업 수가 무한히 많아지면, 허핀달지수는 1에 수렴한다.
③ 한 시장에서 모든 기업의 시장점유율이 동일하다면, 허핀달지수의 역수는 동일 규모 기업의 수를 의미한다.
④ 상위 n개 기업의 점유율 분포가 달라지면, 상위 n개 기업의 집중률지수는 변하지 않을 수 있으나 허핀달지수는 반드시 변동한다.

01 4장 리스크관리
리스크와 리스크 관리의 중요성

❶ 리스크의 정의

리스크의 정의	미래에 발생할 손실 가능성
재무위험(Financial Risk)	금융시장에서의 손실 가능성과 관련되어 있는 위험

❷ 재무위험의 종류

유형	설명	예시
시장위험	시장가격의 변동으로 발생하는 위험	이자율위험, 환위험, 주식위험, 상품가격위험 등
신용위험	거래 상대방이 약속한 금액을 지급하지 못할 때 발생하는 위험	기업 채권 투자 시 채무불이행(디폴트)
운영위험	내부 시스템, 관리 실패, 오류, 사기 등으로 인해 발생하는 손실 위험	직원의 실수, 전산 시스템 장애 등
유동성위험	자산을 제때 적절한 가격에 매각하지 못할 때 발생하는 위험	매수자가 없어 자산 매각이 곤란한 경우
법적위험	계약 불이행 등 법적 문제로 인한 손실 위험	계약 불이행, 소송 등

❸ 베어링은행 파산사건

구분	설명
사건 개요	닉 리슨(Nick Leeson)의 파생금융상품 불법거래로 인해 약 13억 달러의 손실이 발생하여 1995년 베어링은행이 파산함
운용상 문제점	• 주가지수선물 매입과 국채선물 매각전략이 헤지포지션이 아닌 투기적 포지션으로 운영됨 • 주가지수선물에 대한 스트래들 매각전략이 지수 급등 또는 급락에 매우 취약한 구조였음
관리상 문제점	• 거래 손실을 보는 투기적 거래임에도 내부 관리·감독 미비 • 불법적 거래를 사전에 방지할 내부 통제 제도 및 외부 감독 기능 미흡
교훈	• 내부 통제 및 외부 감독의 중요성 • 파생상품에 대한 경영진의 인식 부족 • 은행업무와 증권업무 경계 불분명 → 제도적 장치 미비로 인해 은행이 증권사처럼 투기적 거래 수행이 가능했음

02 시장 리스크(Market Risk)의 측정

4장 리스크관리

1 VaR

VaR의 정의	• 시장 상황이 불리하게 움직일 경우, 일정 기간 동안 최대 손실 가능 금액을 주어진 신뢰수준 하에서 통계적으로 추정한 수치 • 포트폴리오 내 다양한 포지션의 리스크를 동일한 지표로 측정하고 비교하기 위해 개발된 것으로, 수치화된 리스크 측정 방법
예시	'1일 VaR 95%'가 10억 원이라는 뜻은 향후 1일 동안 10억 원을 초과하는 손실이 발생할 확률이 5%라는 의미임(즉, 10억 원 이하 손실을 볼 확률이 95%)
특징	• 측정기간, 신뢰구간, 측정모형에 따라 VaR 수치는 달라짐 • 회사 전체 보유자산의 VaR는 개별 상품 VaR의 단순 합보다 작게 나타남 ▶ 상품 간 상관관계 고려한 분산 효과 때문

2 델타-노말 분석법(부분가치 평가법)

개념	복잡한 포트폴리오(주식, 채권, 옵션, 스왑 등 포함)의 리스크를 계산할 때, 각 자산 가격 변동 요인(risk factor)에 대한 민감도(Δ, 델타)를 사용하여 전체 포트폴리오 가치 변동을 추정하는 방법
측정 절차	• 포지션에 포함된 각 자산의 리스크 요인 결정 • 각 리스크 요인의 변동성과 상관관계 추정 • 델타(민감도)를 이용해 포지션의 변동성 추정
한계점	• 델타에 의존하여 시장 리스크를 측정하기 때문에 옵션과 같은 비선형 수익구조를 가진 상품이 포트폴리오에 포함되어 있는 경우에는 측정된 시장 리스크가 부정확해진다는 단점이 있음 • 이러한 단점 보완을 위해 델타 외에 감마(델타의 민감도)까지 감안하여 시장 리스크를 측정하는 방법이 사용되고 있음
특징	• 정규분포를 가정하여 계산이 간단하고 빠름 • 포트폴리오 내 자산들의 공분산 행렬이 핵심 • 정교성은 떨어지나 실무에서 간편한 리스크 측정 수단으로 활용됨

계산 공식	• 공식: $VaR = \alpha \times V \times \sigma$
	• α(알파): 신뢰수준에 따른 계수
	  - 95% 신뢰수준 → 1.65
	  - 97.5% 신뢰수준 → 1.96
	  - 99% 신뢰수준 → 2.33
	• V: 보유 포지션의 현재 가치
	• σ(시그마): 해당 포지션의 변동성(표준편차)

02 시장 리스크(Market Risk)의 측정

4장 리스크관리

❸ 역사적 시뮬레이션 방법(완전가치 평가법)

개념	과거 일정 기간 동안 관찰된 위험요인의 변동을 미래에도 동일하게 발생할 것으로 가정하고, 이를 현재 보유 포지션에 적용하여 가치 변동을 산출한 뒤 그 분포로부터 VaR을 계산하는 기법
특징	• 분산, 공분산 등과 같은 모수(parameter)에 대한 추정을 요구하지 않음 • 수익률의 정규분포와 같은 가정이 필요하지 않음 • 옵션과 같은 비선형의 수익구조를 가진 상품이 포함된 경우에도 사용할 수 있음
장점	• 과거 가격데이터만 있으면 비교적 쉽게 VaR 측정 가능 • 분산, 공분산, 정규분포 가정이 불필요함 • 비선형 수익구조를 가진 옵션 등에도 적용 가능 • 계산과 해석이 직관적이고 설명이 쉬움
단점	• 표본기간이 제한적이라 변동성이 임의적으로 확대될 경우 적절한 측정 어려움 • 결과의 질이 표본기간의 질에 의존 • 과거 자료가 부족하거나 수가 적을 경우 신뢰도 낮음 • 극단적인 시장상황(위기 등)에는 적용이 어려움

❹ 구조화된 몬테카를로 분석법(완전가치 평가법)

개념	향후 위험요인의 변동을 몬테카를로 시뮬레이션을 통해 추정하고, 이를 현재 보유 포지션에 적용하여 가치 변동의 분포를 도출한 뒤 그 분포로부터 VaR을 산출하는 기법
특징	• 위험요인에 대한 확률분포를 사전에 설정 • 이 확률분포에 따라 무작위 수치를 생성하고, 이를 반복 적용하여 가치분포 추정 • 기존 역사적 시뮬레이션과 달리, 과거 데이터가 아닌 이론적 분포 기반
장점	• 위험요인에 적절한 확률모형을 사용하면 가장 정교한 VaR 측정 가능 • 비선형 구조를 가진 포지션에도 적용 용이(옵션 포함 포트폴리오 등)
단점	• 계산비용이 매우 큼(수천~수만 회 시뮬레이션 필요) • 확률모형가정이 부정확할 경우, VaR 결과가 왜곡될 위험 존재

❺ 스트레스 검증법(완전가치 평가법)

개념	• 포트폴리오의 주요 변수에 큰 변동이 발생했을 때 가치가 얼마나 변화하는지를 측정하기 위해 사용되며, 시나리오 분석(scenario analysis)이라고도 함 • VaR 측정방법의 보완적 기법(정규 VaR 방식과 병행 사용)

02 4장 리스크관리
시장 리스크(Market Risk)의 측정

특징	• 최악의 상황의 시나리오를 작성해서 VaR을 측정하는 방법 • 비정상적인 시장에서 위험요인의 극단적인 변화가 포트폴리오에 미치는 손실을 측정하는 방법 • 극단적인 사건을 고려한 측정방법으로, VaR을 측정하는 대체수단이라기보다는 VaR 측정의 보완적인 방법 • 과거의 데이터가 없어도 VaR을 측정할 수 있음 • 시나리오의 가정이 주관적이므로 과학적으로 VaR을 계산하지 못함 • 시나리오가 잘못 작성된 경우 VaR의 측정치도 잘못 계산됨 • 포트폴리오 리스크의 상관관계를 충분히 반영하지 못하므로, 주로 단일 충격 요인을 가정하여 극단적 상황에서 포트폴리오의 민감도를 측정하는 데 적합함
활용 목적	극단적 상황(최악의 경우)에 대한 손실 규모를 사전에 측정하여 리스크 대비 능력 확보
적용 방법	과거 금융위기 사례나 특정 가정(금리 급등, 환율 폭등 등)을 시나리오로 설정한 후 포트폴리오 영향을 측정
장점	• 과거 데이터가 없어도 사용 가능 • 극단적 상황에 대비 가능하여 리스크 관리 체계 강화
단점	• 상관관계 반영 어려움: 포트폴리오 내 리스크 요인 간 상관관계를 제대로 계산하지 못함 • 시나리오의 주관성: 잘못된 시나리오 설정 시 VaR 결과도 왜곡될 수 있음

6 VaR의 유용성

정보로서의 가치	• VaR은 리스크를 공용 언어로 수치화함으로써 조직 내 의사소통 효율을 높임 • 회계자료로는 확인할 수 없는 리스크 정보를 수치로 제공하여 경영진의 인식 제고에 기여

거래 관련 의사결정의 효율성 제고	• 투자대안 비교 및 선택 시 유용
	• Marginal VaR 개념 활용: 특정 포지션을 포트폴리오에 편입하거나 제외할 때 VaR이 얼마나 증가 또는 감소하는지를 측정
	  – Marginal VaR 값이 작은 포지션이 우월한 투자대안으로 간주됨
	  – Marginal VaR가 작다는 것은, 해당 자산이 기존 포트폴리오에 미치는 위험이 적다는 의미(분산효과가 큼)

7 VaR의 한계점

과거의 데이터	과거의 데이터에 의존하여 추정되므로 과거가 미래를 잘 설명하지 못할 경우 신뢰도가 떨어짐
자료 이용의 제한	거래가 활발하지 않거나 의미 있는 정산 가격이 없는 자료의 경우 잠재적 손실 계량화가 어려움
방법론 차이	어떤 모형을 사용하여 VaR을 계산하느냐에 따라 측정치에 차이가 발생함
보유기간 설정	비선형적인 리스크 요인이나 옵션의 리스크 요인을 고려하기 어렵기 때문에 보유기간 설정에 따라 측정치가 달라질 수 있음

02 시장 리스크(Market Risk)의 측정

4장 리스크관리

❽ 신용 리스크

정의	거래상대방이 계약상의 의무를 이행하지 않으려 하거나, 이행할 수 없을 때 발생하는 손실 가능성을 의미
전통적 신용평가모형	• 상대방의 부도 여부를 중심으로 평가 • 신용등급, 재무비율, 산업분석 등을 활용 • 주요 기법: 신용분석모형, 신용평점모형, 신경망 분석 모형 등
거래상대방의 부도율 측정법	특정 거래상대방의 부도확률을 정량화하여 신용 리스크 산출
신용손실 분포 기반 측정법	신용손실 분포(Credit Loss Distribution)를 이용해 손실 가능성과 규모를 함께 고려한 정교한 방식

❾ KMV의 부도율 측정모형

정의	• KMV의 부도율 측정모형(채무불이행 예측모형)은 자산가치와 표준편차를 이용하여 부도거리를 구하고 이 부도거리를 실제 부도율과 대응시켜 EDF(기대 채무불이행 빈도)를 구하는 실증적 EDF(기대 채무불이행 빈도)를 사용 • KMV는 특정 기간 내에 기업의 자산가치가 상환해야 할 부채규모 이하로 떨어질 확률을 계산하고 이 확률과 실제 부도율과의 관계를 파악하여 기대 채무불이행 빈도(EDF)를 계산하는 모형
특징	• 주가의 옵션적 속성을 이용해 기업 도산 가능성 예측 • 기업의 주식가치를 자산가치가 기초자산이고, 부채금액이 행사 가격인 콜옵션으로 간주 • 자산가치가 부채를 상환할 수 있는지 여부에 따라 부도 여부 판단
핵심 개념	• 자산가치가 부채상환기일에 부채보다 작을 확률=부도확률 • 자산가치와 부채 사이의 거리를 표준화한 값=부도거리(DD, Distance to Default) • 부도 거리로부터 기대 채무불이행 빈도(EDF)를 추정

수식 요약	• 부도거리(DD)란 기업의 자산가치가 채무불이행점으로부터 떨어진 거리를 표준화하여 구하는 것으로, 2표준편차라는 것은 자산가치가 부채가치로부터 자산가치의 변동성(표준편차)의 2배 정도 멀리 떨어져 있다는 것임
	• 부도거리상 표준편차 거리가 높게 나올수록 신용위험이 낮은 것을 의미함
	• 부도거리(DD)$=\dfrac{A-D}{\sigma_A}$
	  − A: 기대자산 가치
	  − D: 부채가치
	  − σ_A: 표준편차

부도모형에서 기대손실	• 기대손실=EAD(신용 리스크 노출금액)×부도율×LGD(손실률) • 손실률=1−회수율

02 시장 리스크(Market Risk)의 측정

4장 리스크관리

⑩ 신용 리스크와 신용손실 분포의 특징

신용 리스크의 개념	• 신용 리스크는 신용손실 분포로부터 도출되는 예상외 손실(UL; Unexpected Loss)로 정의 • 예상되는 손실(EL; Expected Loss)은 리스크가 아닌 비용으로 인식됨(대손충당금 등으로 사전 대비 가능) • 신용 리스크의 측정치는 신용 리스크에 따른 손실의 불확실성(신용손실 분포)에 의해 결정됨

신용손실 분포의 특징	• 비대칭성(skewed) 및 긴꼬리(fat-tail) 분포
	  – 신용수익률은 시장수익률에 비해 비대칭성이 강하여, 한 쪽으로 두꺼우면서도 긴 꼬리를 가진 분포를 보임
	  – 대부분은 작은 이익, 드물게 상당한 손실 발생
	  – 이는 채무불이행이 드물지만 한 번 발생하면 손실 규모가 큼을 의미
	  – 따라서 손실분포는 단순히 평균·분산으로 추정하는 모수적 방법보다는 백분위수 기반 측정이 신용 리스크의 실제 위험(특히 극단적 손실 가능성)을 더 잘 포착할 수 있음
	• 금융기관의 대응 방식
	  – 기대손실(EL)은 사전적으로 충당금 등으로 대응
	  – 기대손실을 초과하는 부분(UL)은 자기자본 등으로 대응

⑪ 부도모형(Defalut Mode)

정의	• 부도가 발생한 경우에만 신용손실이 발생한다고 간주하여 리스크를 추정하는 모형 • 신용손실은 EAD(Exposure at default), 부도율(default probability)과 부도 시의 손실률(LGD; Loss Given Default)에 의해 결정됨

기대(예상)손실 (EL)	• 부도모형에서 신용 리스크는 EL의 불확실성으로 측정됨
	• EL = EAD × 부도율(p) × LGD
	  – EAD: 신용 리스크에 노출된 금액(exposure)
	  – 부도율(p): 신용 상대방이 일정 기간 동안에 부도가 날 확률
	  – LGD: 특정 포지션에 부도가 발생할 경우 입을 수 있는 경제적 손실의 크기(1 – 회수율)

02

4장 리스크관리

시장 리스크(Market Risk)의 측정

12 MTM모형(Marking-to-market mode)

정의	부도 발생뿐 아니라 신용등급 변화에 따른 자산가치 변화까지 포함하여 신용 리스크를 측정하는 모형
특징	• 시장가치 기준(market value basis)의 평가 • 신용등급 상승/하락에 따른 채권 가치의 변동성까지 리스크로 간주
신용 VaR 개념	거래상대방의 신용이 하락(등급 강등)또는 상승(등급 상승)할 때 포트폴리오의 가치가 변동되며, 이 변동을 VaR로 측정
측정 방식	일정한 보유기간 동안 신용등급 변화에 따라 채권 가격이 어떻게 변하는지를 통계적으로 추정(신뢰수준 하에 손실 가능성을 수치화)
대표 모델	J.P. Morgan이 개발한 CreditMetrics 모형

13 Credit VaR과 신용 리스크 관리

Credit VaR의 개념	신용등급 하락, 부도 등의 신용 이벤트로 인해 포트폴리오 가치가 손실되는 최대 가능 손실 규모를 VaR 개념으로 수치화하여 측정
신용집중 리스크 개념	• 포트폴리오 내에서 동일한 차입자군(또는 동일 특성의 집단)에 대출이 과다하게 몰릴 경우 발생하는 리스크 • 특정 집단에 대한 노출 증가가 추가적 손실 위험 유발
신용 VaR의 활용	신용 VaR는 개별 자산의 변동성과 상관관계를 반영하여 포트폴리오 전체 리스크를 측정하므로 신용한도 설정 및 집중 리스크 관리에 효과적
신용리스크를 포트폴리오 관점에서 측정해야 하는 이유	• 신용한도 설정이 쉬워짐 • 어떤 차입자/부문/업종에 집중 투자할 것인지 결정 용이 • 대출을 분산하면 신용 리스크도 분산 효과로 감소 가능

4장 리스크관리

01 다음 중 시장위험(Market Risk)과 가장 관련이 없는 재무위험은?

① 환위험
② 운영위험
③ 주식위험
④ 이자율위험

02 다음 중 부적절한 내부시스템, 관리 실패, 잘못된 통제, 사기, 인간의 오류 등으로 인해 발생하는 손실에 대한 위험으로 적절한 것은?

① 운영위험
② 부도위험
③ 시장위험
④ 신용위험

03 다음에서 설명하는 재무위험으로 옳은 것은?

- 포지션을 마감하는 데에서 발행하는 비용에 대한 위험
- 기업이 소유하고 있는 자산을 매각하고자 할 때 매입자가 없어 매우 불리한 조건으로 자산을 매각해야 할 위험

① 운영위험
② 신용위험
③ 법적위험
④ 유동성위험

04 파생상품의 불법거래에 따른 막대한 손실로 인하여 파산한 리스크 관리의 실패사례는?

① 베어링은행(Barings) 파산사건
② 오렌지카운티(Orange County)의 파산사건
③ LTCM(Long-Term Capital Management) 사건
④ 메탈게젤샤프트(Metallgesellschaft)사 파산사건

05 다음 중 VaR(Value at Risk)의 개념 및 특징에 대한 설명으로 옳은 것은?

① VaR값은 신뢰구간이 낮을수록 커지며, 신뢰수준이 높아질수록 작아진다.
② VaR은 자산 간 상관관계를 무시하고 개별 상품 VaR을 단순히 합산한 결과로 측정된다.
③ VaR은 포트폴리오 손실의 평균값을 측정하는 수치로, 손실의 실제 발생 여부와 무관하다.
④ VaR은 시장상황이 불리하게 움직일 경우 일정 기간 내에 발생 가능한 최대 손실 금액을 주어진 신뢰수준 하에서 추정한 수치이다.

06 신뢰수준 99%(Z = 2.33)에서 1일 VaR이 5억 원일 때, 신뢰수준 95%(Z = 1.65)에서 9일 VaR은 얼마인가? (단, 근사치로 계산)

① 8.6억 원
② 9.6억 원
③ 10.6억 원
④ 11.3억 원

07 VaR를 측정하는 방법 중 부분가치평가법으로 옳은 것은?

① 델타분석법
② 스트레스 테스트
③ 역사적 시뮬레이션
④ 몬테카를로 시뮬레이션

08 다음 중 델타–노말 분석법(Delta–Normal Method)에 대한 설명으로 옳은 것은?

① 완전가치평가법에 해당한다.
② 별도의 가치평가 모형이 필요하지 않다.
③ 옵션과 같은 비선형 상품의 평가 정확도를 높일 수 있다.
④ 델타–노말법으로 산출한 VaR 값은 몬테카를로 시뮬레이션으로 산출한 VaR 값과 동일하다.

09 다음 중 몬테카를로 시뮬레이션(Monte Carlo Simulation) 기법에 대한 설명으로 옳은 것은?

① VaR 산출 시 부분가치평가법을 적용한다.
② 주가의 움직임은 일반적으로 기하학적 브라운 운동모형을 가정한다.
③ 과거 데이터를 이용하여 리스크 요인의 확률분포를 추정한 후 VaR를 계산한다.
④ 옵션과 같은 비선형 자산이 포함될 경우 추정오차가 커져 결과의 신뢰성이 낮아진다.

10 역사적 시뮬레이션 방법(Historical Simulation Method)에 대한 설명으로 옳지 않은 것은?

① 분산·공분산과 같은 모수 추정을 요구한다.
② 완전가치평가법을 사용하므로 별도의 가치평가모형이 필요하다.
③ 옵션과 같은 비선형 수익구조를 가진 상품이 포함되어 있어도 적용이 가능하다.
④ 과거 일정 기간 동안의 위험요인 변동이 미래에도 동일하게 발생할 것으로 가정하고, 이를 현재 보유 포지션에 적용하여 가치 변동을 측정한 뒤 그 분포로부터 VaR을 계산하는 방식이다.

11 델타–노말 분석법에 대한 설명으로 옳지 않은 것은?

① 비선형 증권의 리스크를 적절히 반영하지 못한다.
② 각 자산의 가치를 평가하는 가격 모형을 요구하지 않는다.
③ 리스크 요인에 대한 민감도를 이용하여 포지션의 가치변동을 추정한다.
④ 분산, 공분산 등과 같은 모수(parameter)에 대한 추정을 요구하지 않는다.

12 VaR 측정방법 중 스트레스 검증법(Stress Test)에 대한 설명으로 옳지 않은 것은?

① 과거 데이터가 없어도 적용할 수 있다.
② 포트폴리오의 위험을 완전가치 평가 방식으로 측정한다.
③ 포트폴리오가 여러 리스크 요인에 의존할 경우 특히 적합하다.
④ 다른 VaR 측정법을 보완하는 수단으로, 극단적인 상황에서의 변화를 측정하는 데 유용하다.

13 옵션의 VaR를 델타-노말 방식으로 계산할 때 요구되는 데이터가 아닌 것은?

① 옵션의 델타
② 무위험이자율
③ 기초자산의 가격
④ 기초자산 가치 변동의 표준편차

16 채권 투자금액이 120억 원, 채권 수정듀레이션 3.5년, 만기수익률 변동의 표준편차 0.8%, 신뢰수준 99%(Z = 2.33)일 때 1일 VaR과 가장 가까운 값은?

① 6.72억 원
② 7.83억 원
③ 8.50억 원
④ 9.20억 원

14 어느 투자자가 A 주식에 100억 원을 투자한다고 가정하자. 이 주식은 1일 수익률이 정규분포를 하고 1일 수익률의 표준편차가 3%이며, 95% 신뢰도 1일 VaR이 4.95억 원일 때, 신뢰수준 99%에서 1일 VaR는 얼마인가?

① 4.6억 원
② 6.99억 원
③ 8.4억 원
④ 15.65억 원

17 3년 만기 국채의 만기수익률이 정규분포를 따른다고 가정한다. 1일 수익률 변동의 표준편차가 1.5%, 수정듀레이션이 2.5년인 채권을 800억 원 보유하고 있을 때 99% 신뢰수준(Z = 2.33)에서의 1일 VaR은 얼마인가?

① 46.6억 원
② 62.3억 원
③ 69.9억 원
④ 93.2억 원

15 수익률 분포가 시간에 따라 동일하고 또한 시간에 따른 상관관계도 존재하지 않는다고 가정할 때 수익률의 연간 변동성이 25%이면 일별 변동성은 얼마인가? (연간 거래일수는 260일로 가정)

① 1.05%
② 1.55%
③ 1.95%
④ 1.25%

18 10일 보유기간과 99% 신뢰수준에서 일일단위로 200일 동안 산출한 VaR을 사후검증(Back Testing)할 때, 만일 VaR이 정확히 산출되었다면 실제의 손실이 내부모형으로 산출한 VaR을 초과하는 횟수는?

① 1회
② 2회
③ 4회
④ 6회

⑲ KOSPI200 지수가 380포인트이고, 옵션 델타는 0.6이다. 기초자산(KOSPI200) 1일 수익률의 표준편차가 2.0%일 때, 델타-노말 방법으로 추정한 99% 신뢰수준(Z = 2.33)의 1일 VaR에 가장 가까운 값은?

① 8.9Point
② 9.7Point
③ 10.6Point
④ 11.3Point

⑳ A자산의 VaR는 8억 원, B자산의 VaR은 6억 원이다. A자산과 B자산의 상관계수가 0일 때, 두 자산으로 구성된 포트폴리오의 VaR는 얼마인가?

① 4억 원
② 6억 원
③ 10억 원
④ 12억 원

㉑ A자산의 VaR는 10억 원, B자산의 VaR은 7억 원이다. A자산과 B자산의 상관계수가 0.7일 때, 두 자산으로 구성된 포트폴리오 VaR는 얼마인가?

① 5.79억 원
② 6.93억 원
③ 12.93억 원
④ 15.72억 원

㉒ 다음 중 RAROC 지표로 판단할 때 성과가 가장 우수한 포트폴리오는 어느 것인가? (투자금액은 모두 동일하다고 가정)

① 순수익 9억 원, VaR 6억 원
② 순수익 11억 원, VaR 7억 원
③ 순수익 12억 원, VaR 10억 원
④ 순수익 13억 원, VaR 9억 원

㉓ 다음 중 거래량 지표에 대한 설명으로 옳은 것은?

① OBV는 특정 시점의 거래량을 분석하여 과열 구간을 파악하는 데 초점을 둔 지표이다.
② VR은 상승일과 하락일 거래량의 차이를 누적하여 매일 갱신하는 추세 추종 지표이다.
③ VR은 주가와 거래량의 교차점에서 역시계 곡선 형태로 흐름을 분석하는 순환 지표이다.
④ OBV는 주가 상승일과 하락일의 거래량 누적 차이를 통해 수급의 방향성과 에너지를 판단하는 데 활용된다.

㉔ OBV와 VR에 대한 설명으로 옳지 않은 것은?

① OBV는 주가 상승일의 누적 거래량에서 주가 하락일의 누적 거래량을 차감하여 산출한다.
② 주가지수 OBV는 저가주의 대량 거래가 전체 시장 거래량을 왜곡할 수 있으므로 주의가 필요하다.
③ OBV의 기산일을 활황장세에서 설정하면, 주가가 하락으로 전환될 때 오히려 매매 신호가 조기 발생하여 분석이 과도하게 민감해진다.
④ VR의 보통 수준(균형 상태)은 거래량의 상승 편향을 감안해 일반적으로 150%로 보며, VR이 450%를 초과하면 단기적으로 주가 경계 신호로, 70% 이하일 경우 단기 매수 신호로 해석한다.

25 다음 중 엘리어트 파동이론(Elliott Wave Theory)에 대한 설명으로 옳지 않은 것은?

① 충격 파동은 일반적으로 5개의 상승파와 3개의 하락파로 이루어진 사이클을 반복한다.
② 1번 파동은 기존 추세가 전환되는 지점에서 새로운 추세의 출발을 의미한다.
③ 3번 파동은 일반적으로 거래량이 최고에 이르며, 갭이 발생하는 경우가 많다.
④ 4번 파동은 5개의 상승파동 중 가장 강력한 파동으로, 길고 급격한 상승을 보이는 것이 특징이다.

26 엘리어트 파동이론 상 조정파동에 해당하는 파동을 모두 고른 것은?

① 1파, 2파, 3파
② 1파, 3파, 5파
③ 2파, 4파, B파
④ A파, C파, 5파

27 엘리어트 파동이론에 대한 설명으로 옳은 것은?

① 조정파동은 항상 상승 방향으로만 형성된다.
② 3파는 일반적으로 5개 파동 중 가장 짧고 약한 파동이다.
③ 1, 3, 5, A, C파는 충격파동이며 주가의 진행 방향과 같다.
④ 파동은 상승 3파, 하락 5파로 구성되어 총 8개의 파동이 형성된다.

28 다음 중 엘리어트 파동이론의 하락파동에 대한 설명으로 옳은 것은?

① a 파동은 일반적으로 가장 강한 하락세가 나타나는 구간으로, 하락 후반부에 위치한다.
② b 파동은 매입 포지션을 청산할 수 있는 마지막 기회로, 일시적 반등 구간의 성격을 가진다.
③ b 파동은 상승과 동일한 충격파(impulse wave) 구조로 구성되며, 하락세를 강화하는 구간이다.
④ c 파동은 하락 초기 단기 조정으로 착각되기 쉬우며, 상승세가 재개될 것이라 오해되는 경우가 많다.

29 다음 중 신용손실 분포의 특징에 대한 설명으로 옳지 않은 것은?

① 평균과 분산 두 가지 척도만으로도 수익률의 분포를 정확히 얻을 수 있다.
② 신용수익률은 비대칭성이 강하여 한쪽으로 두꺼우면서도 긴 꼬리를 가진 분포를 한다.
③ 신용 리스크의 측정치는 신용 리스크에 따른 손실의 불확실성, 즉 신용손실 분포에 의해 결정된다.
④ 신용 리스크는 신용손실 분포로부터 예상외 손실(UL)로서 정의되며, 예상되는 손실(EL)은 위험이라고 하지 않는다.

30 다음 중 신용손실 분포에 대한 설명으로 올바른 것은?

> ㉠ 일반적인 정규분포보다 꼬리가 두꺼운 특성을 가진다.
> ㉡ 과거의 신용위험 데이터를 활용하여 확률분포를 추정할 수 있다.
> ㉢ 평균과 분산과 같은 모수를 이용해 분포를 추정할 수 있다.

① ㉠
② ㉠, ㉡
③ ㉡, ㉢
④ ㉠, ㉡, ㉢

31 다음 중 신용 리스크의 정의로 옳은 것은?

① 시장의 금리 변화로 인해 자산 가격이 하락할 가능성을 의미한다.
② 기업의 회계 투명성 부족으로 인해 발생하는 경영 리스크를 의미한다.
③ 계약상 의무를 초과 달성함으로써 생기는 초과 수익 가능성을 의미한다.
④ 거래상대방이 계약상의 의무를 이행하지 않거나 이행할 수 없을 때 발생하는 손실 가능성을 의미한다.

32 어느 기업의 1년 후 기대하는 기업가치는 50억 원이고 부채가치는 35억 원이다. 표준편차는 5억 원이며, 이 기업의 1년 후 기업가치는 정규분포를 이룬다고 가정할 때 부도거리(DD)는 얼마인가?

① 1표준편차
② 3표준편차
③ 5표준편차
④ 7표준편차

33 다음 중 KMV 모형의 핵심 개념으로 옳지 않은 것은?

① 자산가치가 부채보다 낮을 확률을 부도확률로 정의한다.
② 기업의 주식가치를 콜옵션처럼 보고, 옵션 이론을 적용한다.
③ 부도율은 신용등급 하락 가능성을 반영한 상관계수로 측정한다.
④ 자산가치와 부채금액의 차이를 표준화하여 부도거리(DD)를 계산한다.

34 KMV에 의해 개발된 EDF(기대 채무불이행 빈도)모형에 대한 설명으로 옳지 않은 것은?

① KMV는 이론적 EDF를 사용한다.
② 미래의 자산가치가 부채를 감당할 수 없을 정도로 낮아질 때 채무불이행이 나타난다고 본다.
③ 기업의 주식가치는 자산가치를 기초자산으로 하고, 부채금액은 행사 가격인 콜옵션으로 간주한다.
④ 특정 기간 내에 기업의 자산가치가 상환해야 할 부채규모 이하로 떨어질 확률을 계산하여 채무불이행 빈도를 계산한다.

35 신용위험 측정모형으로서 KMV의 EDF 모형에 대한 설명 중 옳지 않은 것은?

① 부도거리(DD)가 2표준편차일 경우, 부도율은 표준정규분포상 2표준편차 이내에 해당하는 확률을 의미한다.
② 이론적 EDF는 부도거리(DD)가 표준정규분포를 따른다는 가정하에 산출되지만, 실제 시장에서 부도거리의 분포는 표준정규분포와 일치하지 않을 가능성이 크다.
③ 전통적인 신용평가기관들은 과거 회계자료에 의존하는 경향이 강지만, EDF 모형은 현재 기업의 상황을 반영하는 주가 정보를 활용한다는 장점을 가진다.
④ 기업의 주식가치를 자산가치를 기초자산으로 하고, 부채금액을 행사가격으로 하는 콜옵션으로 간주하며, 미래에 자산가치가 부채를 감당하지 못할 수준으로 하락하면 채무불이행이 발생한다고 보는 모형이다.

36 부도모형(Default Model)에 대한 설명으로 옳지 않은 것은?

① 부도율은 정규분포를 활용한다.
② 신용손실은 EAD, 부도율과 부도 시의 손실률에 의해 결정된다.
③ 부도모형에서 신용 리스크는 예산손실(EL)의 불확실성으로 측정된다.
④ 100억 원의 대출에서 부도율은 1% 손실률은 30%일 때 기대손실은 3천만 원이다.

37 다음 주어진 정보를 활용하여 부도 발생 시 기대손실(Expected Loss)을 계산할 때, 그 값과 가장 가까운 것은 얼마인가? (단, 부도모형을 사용하고 기대손실의 변동성은 존재하지 않는다고 가정)

- 총채권금액: 200억 원
- 부도 시 손실률: 40%
- 부도율: 5%

① 2억 원
② 3억 원
③ 4억 원
④ 5억 원

38 다음 중 부도모형(Default Mode)을 통해 부도위험을 계산할 때 필요하지 <u>않은</u> 항목은?

① 신용등급
② 부도 확률
③ 신용노출 금액
④ 부도 후 회수 가능 금액

39 다음 중 신용 리스크와 관련된 설명으로 옳지 <u>않은</u> 것은?

① CreditMetrics 모형의 주요 입력 변수에는 신용위험에 노출된 자산 규모, 부도율, 상관계수 등이 포함된다.
② KMV 모형은 블랙-숄즈 옵션가격결정 모형을 활용하여 자산가치를 평가하고, 이를 통해 이론적 EDF를 산출한다.
③ 신용 리스크는 현재 시점에서 미래 신용변화로 인해 발생할 수 있는 예상 손실을 의미하며, 금융기관은 이에 대비해 자기자본을 적립한다.
④ 부도모형(Default Mode)은 채무불이행으로 인한 손실만 추정하지만, MTM 모형은 부도뿐만 아니라 신용등급 변동에 따른 손실까지 반영한다.

40 다음 중 Credit VaR의 정의로 옳은 것은?

① 신용집중 리스크를 평가하기 위한 특수한 스트레스 테스트 방법이다.
② 자산 간 상관관계를 제거하고 독립적인 위험만 측정하는 신용평가 도구이다.
③ 신용 이벤트로 인해 발생 가능한 최대 손실 규모를 VaR개념으로 수치화한 것이다.
④ 포트폴리오 내 개별 자산의 손익 시뮬레이션을 통해 신용등급을 예측하는 지표이다.

41 다음 중 신용 리스크를 포트폴리오 관점에서 측정해야 하는 이유로 옳지 <u>않은</u> 것은?

① 신용 VaR을 통해 전체 리스크 측정이 가능해진다.
② 어떤 차입자나 부문에 집중 투자할지를 결정하기 용이하다.
③ 대출을 분산하면 신용 리스크도 분산 효과로 감소할 수 있다.
④ 특정 자산의 과거 수익률로 전체 포트폴리오 손실을 예측할 수 있다.

42 K은행은 기업들에게 총 100억 원을 대출해주었다. 대출의 부도율은 5%이고, 회수율은 70%일 때 기대손실은 얼마인가?

① 1.5억 원
② 2.3억 원
③ 2.8억 원
④ 3.5억 원

43 F은행은 기업들에게 총 500억 원의 대출을 하고 있다. 예상손실(기대손실)금액이 6억 원이고 회수율이 60%일 때, 이 대출의 부도율은 얼마인가?

① 1%
② 2%
③ 3%
④ 4%

44 어느 은행이 총 50억 원의 대출을 하고 있다. 대출의 부도율은 15%이고, 손실률은 50%이다. 이 경우 부도모형(Default Mode) 상의 신용위험액은 얼마인가? (단, 부도율은 베르누이 분포를 따른다고 가정한다.)

① 3.75억 원
② 4.25억 원
③ 5.42억 원
④ 5.65억 원

45 다음 중 신용 리스크에 대한 설명으로 옳지 않은 것은?

① 손실률이 60%인 경우 회수율은 40%이다.
② 신용손실 분포는 대체로 정규분포의 특성을 갖는다.
③ 신용 리스크는 거래상대방이 계약의무를 이행하지 않을 때 발생한다.
④ 신용손실 분포로부터 신용 리스크를 측정하는 부도모형(Default Mode)에서 신용 리스크는 예상손실의 변동성(표준편차)으로 측정하는데, 예상손실의 변동성은 부도율의 표준편차에 의해 추정될 수 있다.

46 신용 리스크와 신용손실 분포의 특징으로 옳지 않은 것은?

① 신용 리스크는 신용손실의 예상되는 손실로 정의된다.
② 신용 리스크의 측정치는 신용손실 분포에 의해 결정된다.
③ 손실분포는 한쪽으로 치우친 특성과 꼬리가 두꺼운 특성을 가지고 있다.
④ 부도모형에서 신용 리스크의 측정은 EL(예상되는 손실)의 변동성을 측정하는 것이다.

47 다음 중 부도거리(DD)로 판단할 때 부도율이 가장 낮은 자산으로 옳은 것은?

구분	A	B	C	D
기대자산가치 (억 원)	100	200	300	400
부채금액 (억 원)	80	150	200	250
표준편차(억 원)	5	10	20	25

① A
② B
③ C
④ D

48 다음 중 빈칸에 들어갈 내용으로 옳은 것은?

> 부도확률분포는 일반적으로 (　　)를 따른다(부도 여부가 0 또는 1로 이산적으로 나타남).

① 정규분포
② 표준정규분포
③ 대수정규분포
④ 베르누이 분포

49 부도모형에 대한 설명으로 옳지 <u>않은</u> 것은?

① 부도율은 정규분포를 활용한다.
② 신용손실은 EAD, 부도율과 부도 시의 손실률에 의해 결정된다.
③ 부도모형에서 신용 리스크는 예산손실(EL)의 불확실성으로 측정된다.
④ 100억 원의 대출에서 부도율은 1% 손실률은 30%일 때 기대손실은 3천만 원이다.

50 다음 정보를 참고했을 때 A기업의 부도거리(DD, Distance to Default)는 얼마인가?

- A기업의 자산가치: 50억 원
- A기업의 부채가치: 20억 원
- A기업의 자산가치 변동의 표준편차: 10억 원

① 1 ② 2
③ 3 ④ 4

51 자산을 매도하려 할 때 시장에서 매입자를 찾지 못하여 불리한 조건으로 매각하게 되는 경우, 이에 따라 발생하는 위험은 무엇인가?

① 시장위험
② 운영위험
③ 법적위험
④ 유동성위험

52 다음 중 RAROC가 가장 큰 것은? (단, 투자금액은 동일하다고 가정한다.)

① 수익률 5%, VaR 4억 원
② 수익률 6%, VaR 5억 원
③ 수익률 7%, VaR 6억 원
④ 수익률 8%, VaR 7억 원

53 기존 포트폴리오에 신규 포트폴리오인 자산 A 또는 자산 B를 편입하려 한다. 두 포트폴리오 중 편입했을 때 성과가 더 우수할 것으로 기대되는 자산은 무엇이며, 이때의 한계(Marginal) VaR값은 얼마인가? (단, 현재 포트폴리오의 VaR은 100억 원이다.)

구분	기대수익률	VaR	편입 후 포트폴리오의 VaR
자산 A	10%	60억 원	140억 원
자산 B	10%	70억 원	150억 원

① 자산 A, 40억 원
② 자산 A, 50억 원
③ 자산 B, 40억 원
④ 자산 B, 50억 원

54 다음 중 VaR(Value at Risk)에 대한 설명으로 옳지 <u>않은</u> 것은?

① 자산의 보유기간이 달라도 VaR 값은 변하지 않는다.
② VaR은 회계자료로는 알 수 없는 리스크 정보를 제공한다.
③ VaR은 하나의 수치로 표현되므로 기업 리스크 측정이 구체적이며, 다른 회사와의 비교도 가능하다.
④ 성격이 다른 금융상품의 포지션 리스크를 동일한 척도로 나타내므로, 각 거래 부문 또는 딜러별 한도 설정 시 총량 규제보다 효율적이다.

55 Marginal VaR는 무엇에 대한 위험 기여도를 수량화한 것인가?

① 손실이 발생할 확률
② 보유 기간에 따른 총 VaR 변화율
③ 포트폴리오 내 특정 포지션의 기대수익
④ 포트폴리오 내 특정 포지션의 위험 기여도

56 다음을 참고하여 Marginal VaR(한계 VaR)에 대한 설명으로 옳지 않은 것은?

- 기존 포트폴리오 VaR: 100억 원
- 투자대안 A: VaR 100억 원, 기대수익률 15%, 변경 후 포트폴리오 VaR 130억 원
- 투자대안 B: VaR 80억 원, 기대수익률 15%, 변경 후 포트폴리오 VaR 160억 원

① 투자대안 A가 우월한 투자대안이 된다.
② 투자대안 B가 우월한 투자대안이 된다.
③ 투자대안 A의 Marginal VaR은 30억 원이다.
④ 투자대안 B의 Marginal VaR은 60억 원이다.

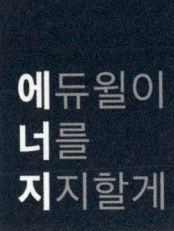

자신의 능력을 믿어야 한다.
그리고 끝까지 굳세게 밀고 나가라.

– 엘리너 로절린 스미스 카터(Eleanor Rosalynn Smith carter)

과목 3

직무윤리 및 법규/ 투자운용 및 전략 Ⅰ / 거시경제 및 분산투자

 3과목 개정사항
2025년 이후 개정된 법령, 규정, 기타 내용을 확인하실 수 있는 QR코드입니다.

과목공략 포인트

- ☑ 직무윤리는 표준윤리준칙 13개 조항을 '고객·본인·회사·사회'로 나누고, 핵심 원칙과 내부통제·제재 절차를 사례와 함께 이해한다.

- ☑ 자본시장 관련 법규는 자본시장법과 금융위원회 규정을 통합해 법 취지와 구조를 이해하고, 건전성 규제와 금융소비자보호 중심으로 반복 학습한다.

- ☑ 주식투자운용·투자전략은 전략적·전술적 자산배분과 포트폴리오 보험(CPPI·OBPI)의 차이를 중심으로 이론과 실행 방법을 명확히 이해하고 기존 금융 지식을 활용해 차분히 정리하면 고득점이 가능한 장이다.

- ☑ 채권투자운용·투자전략은 말킬의 정리에서 듀레이션 도출과 볼록성 보완까지 채권 운용 논리를 이해하고, 수익률 구조와 적극적·소극적 운용전략을 중심으로 문제 풀이를 반복해 학습하면 전략 과목으로 활용할 수 있다.

- ☑ 파생상품투자운용·투자전략은 선물과 옵션 중심으로 보유비용모형, 헤지·차익거래, 옵션 가치분해·합성전략·풋콜패리티와 민감도 지표를 이해하고 핵심 개념 위주로 학습해야 한다.

- ☑ 투자운용결과분석은 금액·시간가중 수익률, 절대·상대 위험, 샤프·트레이너 등 RAPM 지표 차이를 중심으로 성과평가 목적을 이해하며 핵심 지표 위주로 학습하면 고득점이 가능하다.

장별 출제경향 분석

구분	출제 문항	빈출 키워드
1장 직무윤리	5문항	고객우선 원칙, 신의성실 원칙, 이해상충 방지, 금융소비자 보호, 내부통제, 제재 절차, 준법감시인, 설명의무, 사적이익 금지
2장 자본시장 관련 법규	11문항	인가/등록, 자기자본 요건, 전문투자자/일반투자자, 금융위원회, 금융감독원, 투자자 보호, 건전성 규제
3장 한국금융투자협회규정	3문항	핵심설명서, 위험고지, 투자권유대행인, 투자광고, 재산상 이익, 영업행위 규제, 준수 의무, 조사 및 검토, 기록 및 보고, 위탁 및 대행 규정
4장 주식투자운용·투자전략	6문항	전략적/전술적 자산배분, 포트폴리오 보험(CPPI), 효율적 투자기회선, 기대수익률, 위험 배분, 비체계적 위험, 분산투자, 최적 포트폴리오, 시장 균형
5장 채권투자운용·투자전략	6문항	말킬의 정리, 듀레이션, 볼록성, 수익률 곡선, 채권 수익률 구조, 만기 수익률, 적극적 운용, 소극적 운용, 이자율 변화, 채권 가격 변동
6장 파생상품투자운용·투자전략	6문항	보유비용 모형, 헤지, 차익거래, 옵션의 본질/시간가치, 합성전략, 풋-콜 패리티, 델타, 감마, 세타 등 민감도 지표, 이항 모형, 옵션 가격 결정, 선물 가격 모형
7장 투자운용결과분석	4문항	금액/시간가중 수익률, 절대적/상대적 위험, 샤프 지수, 트레이너 지수, 베타, 알파, 위험조정 수익률
8장 거시경제	4문항	IS/LM 곡선, 유동성 함정, 구축효과, 이자율 기간 구조 기대 인플레이션, GDP, GNI, 실업률, 경기선행/동행/후행 지표, 통화정책, 재정정책
9장 분산투자기법	5문항	분산투자 효과, 효율적 투자기회선, 자본시장선(CML), 증권시장선(SML), 증권특성선, 단일지표 모형, 다요인 모형, 기대수익률과 위험, 무차별곡선

01

1장 직무윤리

직무윤리 일반

❶ 윤리경영과 직무윤리가 강조되는 이유

의의	윤리경쟁력은 기업과 개인의 경쟁력을 평가하는 중요한 잣대 중의 하나가 되고 있음
환경의 변화	현대 사회는 고도의 정보화 기술 및 시스템에 의해 움직이는 사회인데, 이를 잘못 사용하는 경우에 초래될 재난을 방지하기 위하여 이를 다루는 자들에게 고도의 직무윤리가 요구됨
위험과 거래비용	• 위험(Risk)은 직접적으로 감지되지는 않지만 예측하기 어렵고 불안감을 유발함 • 경제주체는 거래수수료와 같은 명시적 비용뿐 아니라 상대방의 부실 행위로 인한 위험비용까지 거래비용에 포함시켜 총비용이 가장 적은 선택을 하며, 이 과정에서 위험을 줄이기 위해 거래 상대방에게 직무윤리를 요구함
생산성 제고	직무윤리는 더 많은 경제적 효용의 산출을 위하여 필요한 투입으로, 생산성의 제고를 통한 장기적 생존의 목적으로 윤리경영의 중요성을 강조
신종 자본	신용, 믿음과 같은 직무윤리가 새로운 무형의 자본으로 인정되고 있음
인프라 구축	경쟁은 성장의 원동력이 되고, 윤리는 지속 가능한 성장을 뒷받침하는 '윤리적 인프라'로 작용함
사회적 비용의 감소	비윤리적 행동은 더 큰 사회적 비용(규제비용 등)을 가져옴

❷ 금융투자업에서의 직무윤리

구분	내용
산업의 속성	• 금융투자업: 타인의 재산을 위탁받아 운용·관리하는 것이 주된 업무 ▶ 산업 속성상 운용자가 자신 또는 제3자의 이익을 위해 고객의 이익을 해치는 이해상충 가능성이 일어날 확률이 다른 산업보다 훨씬 높음 • 종사자의 직무윤리:「자본시장과 금융투자업에 관한 법률」,「금융소비자보호에 관한 법률」,「금융회사의 지배구조에 관한 법률」 등으로 규제
상품의 특성	• 예·적금 등과 달리 금융투자상품은 원금이 보장되지 않으며 투자 결과에 따라 손실 발생 가능성 존재 • 고객과 금융회사 간의 책임소재, 설명의무, 손실 원인 등에 대한 분쟁 발생 가능성이 높음
금융소비자의 질적 변화	상품의 전문화·복잡화·다양화로 인해, 금융소비자 보호를 위해서는 단순한 정보의 정확성 확보를 넘어 법적 최소 기준 이상을 충족하는 적극적이고 윤리적인 업무 자세가 요구됨
안전장치 역할	직무윤리 준수는 금융투자업 종사자 보호를 위한 안전장치 기능을 수행함

02 1장 직무윤리
직무윤리의 적용대상

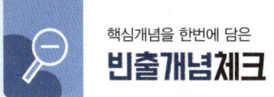

❶ 금융투자업상 직무윤리의 적용대상

적용 범위	• 금융투자업 종사자 내지 금융투자전문인력의 직무행위에 해당하는 자 ※ 직무행위: 자산시장과 금융투자업 관련된 일체의 직무행위 포함(회사에 대한 직무행위뿐만 아니라 고객과 자본시장에 대한 직무행위까지 확대 적용) • 금융투자전문인력(투자권유자문인력, 투자권유대행인, 투자자산운용사, 금융투자분석사, 재무위험관리사 등 금융 관련 전문자격증 보유자) • 자격 보유자뿐만 아니라 실질적으로 투자 관련 업무에 종사하는 자 • 회사와 정식 고용 관계가 없는 무보수자 또는 계약직, 잠재적 고객 상대자도 포함
법적 기준	• 금융투자회사 표준내부통제기준 제1조 • 지배구조법 제24조 제3항(임직원 및 일시 직원 포함)

❷ 직무윤리의 성격

법규와의 관계	• 윤리는 법규가 규율하지 않는 영역을 보완함 • 법과 윤리는 상호 보완적이나 구별되는 개념임(법은 위반 시 강제적 제재가 따르는 사회 규범이나, 윤리는 자율적 실천에 의존하는 규범임) ▶ 직무윤리는 자율적 준수라는 장점에도 불구하고 강제력이 약해 구호에 그치기 쉬우므로, 실효성 있는 제재와 구제 수단의 마련이 요구됨 • 다만, 직무윤리는 법규와 불가분의 관계가 있으므로, 직무윤리 위반 시 실정법 위반행위로서 행정제재, 민사상 배상책임, 형사처벌 등의 타율적 규제와 제재의 대상이 되는 경우가 많음
윤리의 역할	• 사회 구성원 간 신뢰 형성 및 공정성 확보 • 법률로 규정되지 않은 위험에 대한 사전 예방 기능 수행
내부통제와의 연계	내부위험관리(IRMS), 사전예방(Compliance) 제도 등과 연계하여 윤리기준 반영

❸ 직무윤리의 핵심

- 자신과 상대방의 이해가 상충하는 상황에서는 상대방의 이익의 입장에서 자신에 대한 상대방의 신뢰를 저버리지 않는 행동을 선택하는 것이다.
- 즉, 직무윤리의 핵심이자 가장 근본이 되는 원칙은 **고객우선의 원칙**과 **신의성실의 원칙**이다.

03 금융투자업 직무윤리

1장 직무윤리

1 금융투자업 직무윤리의 기본원칙

기본 원칙	금융투자업 종사자와 금융소비자 간에는 신임관계(신의관계)가 존재하며, 금융투자업 종사자는 금융소비자에 대해 신임의무가 발생함 ※ 신임의무: 위임자로부터 신뢰를 받은 자는 성실하고 진실하게, 충분한 주의를 기울여 업무를 수행해야 한다는 의무
고객 우선의 원칙	회사와 임직원은 항상 고객의 입장에서 생각하고 고객에게 보다 나은 금융서비스를 제공하기 위해 노력하여야 함 ※ 금융투자상품: 이익을 얻거나 손실을 회피할 목적으로 현재 또는 장래의 특정 시점에 금전, 그 밖의 재산적 가치가 있는 것을 지급하기로 약정함으로써 취득하는 권리로서 그 권리를 취득하기 위하여 지급하였거나 지급하여야 할 금전 등의 총액이 그 권리로부터 회수하였거나 회수할 수 있는 금전 등의 총액을 초과하게 될 위험(투자성)이 있는 상품
신의성실의 원칙	• 회사와 임직원은 정직과 신뢰를 가장 중요한 가치관으로 삼고, 신의성실의 원칙에 입각하여 맡은 업무를 충실히 수행하여야 함 • 신의성실의 원칙은 금융투자회사 임직원이 반드시 지켜야 할 직무윤리이자 법적 의무로, 이를 위반하여 선관주의의무나 충실의무를 다하지 않을 경우 불법행위로 인한 손해배상 책임을 지게 됨

2 이해상충 방지의무

법적 근거	• [자본시장법 제37조 제2항] 금융투자업자는 금융투자업을 영위함에 있어서 정당한 사유 없이 투자자의 이익을 해하면서 자기가 이익을 얻거나 제3자가 이익을 얻도록 하여서는 아니 된다. • [금융소비자보호법 제14조 제2항] 금융상품판매업자 등은 금융상품판매업등을 영위할 때 업무의 내용과 절차를 공정히 하여야 하며, 정당한 사유없이 금융소비자의 이익을 해치면서 자기가 이익을 얻거나 제3자가 이익을 얻도록 해서는 아니 된다.
핵심 의무	• 금융투자업 종사자는 신의성실의 원칙에 입각하여 금융소비자의 이익을 최우선으로 하여 업무를 수행하여야 함 • 금융소비자의 이익을 최우선으로 한다는 것은 단순히 소비자의 희생을 피하는 수준이 아니라, 가능한 범위 내에서 소비자에게 최선의 이익을 적극적으로 추구하는 것(최선집행의무)이며, 이는 단순히 높은 수익률을 보장하는 것이 아니라 과정과 결과 모두에서 최선을 다해야 함을 의미함

03 1장 직무윤리
금융투자업 직무윤리

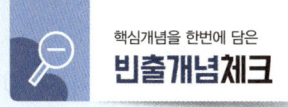

③ 이해상충의 발생 원인

내부 문제	금융투자회사가 공적 업무 수행 중 보유한 비공개 정보(자산관리, 종목추천 등)를 사적으로 이용하거나, 소속 직원이 개인적인 이익을 위해 정보를 활용하는 경우
고객과의 정보 비대칭	금융소비자보다 우월한 정보력을 가진 금융투자업자가 소비자의 이익을 희생시키고 자기 또는 제3자의 이익을 추구하는 경우
법률 및 제도 미비	자본시장법상 허용된 겸영 업무의 허용범위가 넓어, 금융투자업자에게 이익 추구 동기를 제공함으로써 이해상충의 위험이 높아짐

④ 이해상충의 방지체계

이해상충의 관리	• 금융투자업자는 이해상충 발생 가능성을 파악·평가하여 그 위험이 있다고 인정되면 이를 사전에 투자자에게 알리고, 내부통제기준에 따른 절차를 통해 금융소비자 보호에 지장이 없을 수준으로 낮춘 후에 매매 등 거래를 해야 함 • 그럼에도 이해상충 가능성을 충분히 낮출 수 없다고 판단되면, **금융투자업자는 해당 매매나 기타 거래를 해서는 안 됨**
정보교류의 차단 (Chinese Wall) 의무	금융투자업자는 부수업무를 수행할 때 미공개 중요정보가 회사 내부나 계열사 등 제3자에게 유출되지 않도록, 이해상충을 방지할 수 있는 내부통제기준을 마련해 정보교류를 적절히 차단해야 함 [참고] Chinese wall: 중국의 만리장성을 가리키는 표현에서 유래한 말로, 금융기관이나 법률사무소에서 서로 다른 부서 간 정보 교류를 철저히 차단하기 위해 사용하는 비유적 표현
조사분석자료의 작성 대상 및 제공 제한	투자분석업무에서는 금융투자회사와 투자정보이용자 간 이해상충 가능성이 크므로, 금융투자업자가 자기와 관련된 법인에 대해 조사분석자료를 공표·제공하는 것을 금지하고 있음
자기계약(자기거래)의 금지	투자매매업자 또는 투자중개업자는 금융투자상품에 관한 같은 매매에 있어 자신이 본인이 됨과 동시에 상대방의 투자중개업자가 되어서는 안 됨

04 1장 직무윤리
금융소비자 보호 의무

❶ 금융소비자의 기본개념

정의 및 범위	• 금융상품에 관한 계약의 체결 또는 계약 체결의 권유를 하거나 청약을 받는 것에 관한 금융상품판매업자의 거래상대방 또는 금융상품자문업자의 자문업무의 상대방인 전문금융소비자 또는 일반금융소비자 • 금융회사와 거래 중인 당사자뿐만 아니라 잠재소비자도 포함
보호 필요성	• 금융시장 참여자 간 정보·교섭력의 불균형으로 인해 소비자 피해 가능성 존재 • 불공정 거래 방지 및 건전한 시장 형성을 위해 보호 필요
보호 원칙	공정성·신뢰성 확보를 통한 금융질서 유지와 투자자 권익 보호가 목표
기준 원칙	신중한 투자자의 원칙(Prudent Investor Rule) ▶ 수탁자의 투자판단에 관한 의무이행뿐만 아니라 충실의무와 공평의무와 같이 투자관리자가 수익자의 이익을 위하여 행동하여야 하는 의무와 수익전념의무를 포함함(의무의 포괄성)
전문가로서의 주의의무	• 금융투자업 종사자는 일반인의 평균보다 높은 수준의 전문성과 주의의무가 요구됨 • 금융상품의 개발~판매 이후 과정까지 소비자 보호 원칙이 적용됨 • 금융투자업 종사자가 고의 또는 과실로 전문가로서의 주의의무를 다하지 않으면, 위임인에 대한 의무 위반으로 채무불이행책임(민법 제390조)과 불법행위책임(민법 제750조) 등 법적 책임을 지게 됨

❷ 상품개발 단계의 금융소비자보호

사전협의 절차	• 사전협의는 금융상품 개발부서, 마케팅 부서, 금융소비자보호 총괄기관 간에 이루어짐 • 검토항목 　– 신상품(또는 금융서비스)의 개발·변경 여부 검토 　– 신상품의 개발 중단 또는 판매 중단 검토 　– 안내장, 약관, 신청서 등 관련 서류의 적정성 검토 　– 상품 판매절차의 개발·변경 검토 　– 이벤트·프로모션 등 판매촉진 전략의 적정성 검토 　– 상품판매 평가기준의 수립·변경 시 금융소비자 보호 적정성 검토
금융상품 개발 관련 점검 절차	• 금융소비자보호 총괄기관은 금융상품 개발 시 소비자에게 불리한 점이 없는지 점검할 항목을 마련해 상품개발부서에 제공해야 함 • 금융상품 개발과정 관련 내부규정에 포함되어야 하는 항목 　– 금융상품 개발부서명과 연락처를 상품설명 자료에 명시하여 책임성 강화 　– 금융상품 개발부서의 금융상품 판매자에 대한 충분한 정보 공유 책임 강화
외부 의견 청취	금융상품 개발 초기부터 민원, 소비자만족도 등 과거 소비자 의견을 반영하여 불만 예방과 신속한 피해 구제가 이루어지도록 업무절차를 마련·운영해야 함

04 1장 직무윤리
금융소비자 보호 의무

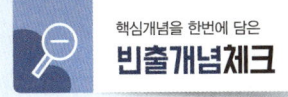

❸ 금융상품 판매 전 절차

교육체계의 마련	• 판매직원은 금융소비자에게 상품을 정확히 설명하고 권유할 수 있도록 개별상품별 교육을 필수 이수해야 함 • 금융회사는 임직원에게 금융소비자보호 관련 법규와 내부통제기준 교육을 의무화하고, 교육을 이수하지 않은 자는 금융상품을 판매할 수 없도록 하여 불완전판매를 예방함
판매자격의 관리	• 금융상품을 판매할 수 있는 적격 인력을 사전에 관리함으로써 불완전판매를 예방해야 함 • 상품군별로 자격 보유 여부, 교육 이수 여부 등을 기준으로 판매 가능 여부를 제한
판매과정별 관리절차 및 확인 절차 마련	금융회사는 판매임직원 등이 금융소비자보호법 및 내부통제기준을 준수하도록 각 판매과정별 관리절차를 마련하여 판매과정에서의 위험요소를 사전에 차단

❹ 금융상품 판매 후 절차

고객 이해도 확인	금융소비자가 실제로 상품 내용을 정확히 이해했는지, 불완전판매가 발생하지 않았는지 확인
위험 상품에 대한 추가적 보호 조치	금융회사는 불완전판매 위험이 큰 상품에 대해 재설명, 청약철회, 위법계약해지 등 소비자보호 절차를 마련해야 하며, 판매단계에서 반드시 설명해야 할 사항을 임직원 교육과 미스터리 쇼핑 등을 통해 점검
사후통지 체계 운영	금융회사는 문자·이메일 등을 통한 투자상품 매매 및 운용내역 통지 체계를 마련·운영하고, 그 적정성을 수시·정기적으로 점검해 개선해야 함

❺ 상품 판매 단계의 금융소비자보호

핵심 직무윤리의 의무화	금융투자업 종사자는 신의성실의 원칙과 고객우선의 원칙을 준수해야 하며, 이는 단순한 윤리기준이 아니라 법적 의무임
공평한 금융소비자 취급	업무 수행 시 개인적 관계 등으로 금융소비자를 차별해서는 안 되며, 모든 금융소비자를 공평하게 대우하여 사회적 신뢰를 유지해야 함
공평의 의미와 적용	• 공평은 반드시 동일 대우를 의미하는 것이 아니라, 소비자의 투자목적·지식·경험·정보제공 대가에 따라 필요한 정보를 적절히 차등 제공하는 것을 허용함 • 동일한 성격을 가진 소비자군에 대해 서비스의 질·양·시기가 동일하다면 공정성이 유지된 것으로 봄

04 1장 직무윤리
금융소비자 보호 의무

❻ 금융상품의 6대 판매원칙

적합성의 원칙	• 금융투자업 종사자는 신의성실의 원칙에 따라 선량한 관리자로서 주의의무를 지며, 투자권유 시 소비자의 투자목적·경험·자금력·위험성향을 고려해 가장 적합한 상품을 권유해야 함 • 일반금융소비자에게만 적용됨

적정성의 원칙	• 적정성의 원칙은 금융투자업자가 계약체결을 권유하지 않았음에도 일반금융소비자가 스스로 투자성 상품 계약을 원하는 경우 적용됨
	• 금융회사는 소비자의 투자목적·경험·재산상황 등을 파악한 뒤, 상품이 적정하지 않다고 판단되면 즉시 알리고, 서명 등 절차를 통해 고지 사실을 확인받아야 함
	※ 적합성의 원칙 VS 적정성의 원칙
	  – 적합성의 원칙: 금융투자업자가 일반금융소비자에게 계약 체결을 권유할 때 적용
	  – 적정성의 원칙: 금융소비자가 스스로 투자성 상품 계약을 자발적으로 요청할 때 적용
	• 일반금융소비자에게만 적용됨

설명의무	• 금융투자업자 등 금융상품 판매자는 상품 권유 여부와 관계없이, 금융소비자의 이해에 중대한 영향을 미칠 수 있는 사항을 알리고 소비자가 이를 이해할 수 있도록 설명해야 함
	• 일반금융소비자에게만 적용됨
	• 상품유형별 설명의무
	  – 투자성 상품: 상품 내용, 위험 및 최대손실액, 위험등급, 수수료, 해지·해제 관련 사항
	  – 대출성 상품: 금리와 변동 여부, 기간, 수수료율, 상환방법, 담보권 설정 등
	  – 보장성 상품: 보장 내용, 보험료, 환급금, 보험금 지급 제한 사유
	  – 예금성 상품: 주요 내용, 이자율, 해지 시 적용이자율·산출근거, 해지 불이익
	• 청약철회권
	  – 금융회사는 금융소비자에게 청약철회권에 대한 내용을 설명해야 함
	  – 일반금융소비자는 예금성 상품을 제외한 3가지 상품(투자성·대출성·보장성)에 대해 청약 후 일정 기간 내 서면으로 철회 가능
	  – 금융회사의 귀책사유 여부와 관계없이 행사할 수 있는 권리로, 소비자 권익을 크게 강화한 제도임
	  – 소비자는 정해진 기간 내 '청약철회요청서' 등 서면으로 철회를 요구해야 하며, 금융회사는 철회 접수일(대출성 상품은 반환일)로부터 3영업일 이내에 받은 금전·재화 등을 반환해야 하며, 지체 시 지연이자를 지급해야 함
	    ① 투자성 상품, 금융상품자문: 계약서류를 제공받은 날 또는 계약체결일로부터 **7일** 이내
	    ② 대출성 상품: 계약서류를 제공받은 날 또는 계약체결일로부터 **14일** 이내
	  – 투자성 상품은 원금을 반환하며, 대출성 상품은 대출금＋약정이자율에 의한 이자＋제3자에게 지급한 수수료 등이 포함됨
	  – 청약이 철회된 경우, 금융상품판매업자는 일반금융소비자에게 청약 철회와 관련된 손해배상이나 위약금 등 금전을 청구할 수 없음

불공정영업행위의 금지	• 불공정영업행위란 금융회사가 우월적 지위를 이용해 금융소비자에게 불리한 조건을 요구하는 행위를 말함 • 불공정영업행위 시 금융소비자보호법에 따라 금융회사에게 해당 계약으로 얻은 수입의 최대 **50%**까지 과징금 부과가 가능하며, 별도로 최대 **1억 원**의 과태료를 부과할 수 있음 • 일반금융소비자 및 전문금융소비자 모두 적용됨

04 금융소비자 보호 의무

1장 직무윤리

부당권유 행위 금지	• 금융상품판매업자는 계약 체결 권유 시 다음과 같은 부당권유 행위를 하면 안 됨 　- 불확실한 사항을 단정적으로 말하거나 확실하다고 오인시킬 수 있는 행위 　- 금융상품 내용을 사실과 다르게 알리는 행위 　- 금융상품 가치에 중대한 영향을 미치는 사실을 알고도 알리지 않는 행위 　- 비교 기준이나 근거 없이 다른 상품과 비교해 우수·유리하다고 알리는 행위 　- (투자성 상품) 소비자가 권유를 요청하지 않았는데 방문·전화로 실시간 권유하는 행위 　- (투자성 상품) 소비자가 거부 의사를 밝혔는데도 권유를 계속하는 행위 　- 그 밖에 금융소비자 보호나 건전한 거래질서를 해칠 우려가 있는 행위 • 부당권유 행위 시 금융소비자보호법에 따라 금융회사에게 해당 계약으로 얻은 수입의 최대 **50%**까지 과징금 부과가 가능하며, 별도로 최대 **1억 원**의 과태료를 부과할 수 있음 • 일반금융소비자 및 전문금융소비자 모두 적용됨
광고 관련 준수사항	• 금융상품 광고는 금융소비자보호법상 등록된 금융상품판매업자 등만 할 수 있으며, 예외적으로 금융투자협회 등 업권별 협회나 금융회사를 자회사·손자회사로 두고 있는 일정한 지주회사도 광고를 할 수 있음 • 광고는 금융소비자가 금융상품의 내용을 오해하지 않도록 명확하고 공정하게 전달되어야 하며, 반드시 다음 사항을 포함해야 함 　- 금융상품 계약 체결 전 설명서 및 약관 확인 권유 　- 금융회사의 명칭과 금융상품의 주요 내용 　- 보장성, 투자성, 예금성 상품의 위험과 조건 등 법에서 정한 주요 사항

🔴 7 상품판매 이후 단계의 금융소비자보호

보고 및 기록의무	• 처리결과의 보고의무 　- 금융투자업 종사자는 금융소비자로부터 위임받은 업무를 처리한 경우, 그 결과를 지체 없이 보고하고 필요한 조치를 취해야 함 　- 보고의무는 금융소비자가 자신의 거래 상황을 신속히 파악하고 적절한 지시를 내릴 수 있도록 하며, 거래의 투명성을 확보하고 위법·부당 거래를 예방하는 기능을 가짐 　- 보고는 단순 통지가 아니라 업무 처리의 구체적 내용(예: 매매 시기, 종류, 수량, 가격 등)을 알리는 것을 포함하고, 보고 방법에는 제한이 없으며 구두·문서·전화·팩스·이메일 등 다양한 방식이 가능(단, 객관적 증빙이 남는 방식이 바람직) • 기록 및 유지·관리 의무: 금융투자업 종사자는 업무 처리 과정에서 발생한 기록과 증거물을 금융소비자보호법에서 정한 절차에 따라 보관해야 함(업무의 적정성을 보장하고 분쟁 발생 시 금융소비자와 종사자 모두를 보호하기 위함) • 자료열람요구권 　- 금융소비자가 분쟁조정이나 소송 등 권리구제를 위해 금융회사가 보관·관리하는 자료의 열람·제공·청취를 요구할 수 있는 권리(금융소비자의 권리 구제 목적) 　- 금융소비자는 열람요구서를 제출해야 하며, 금융회사는 요구를 받은 날로부터 **6영업일** 이내에 자료 열람이 가능하도록 해야 함(정당한 사유로 6영업일 내 열람이 불가능한 경우에는 문서로 연기 사유를 알리고, 사유 해소 후 지체 없이 열람을 허용해야 함) 　- 영업비밀 침해 우려, 타인의 생명·신체·재산 등 권익 침해 우려가 있는 경우 등에는 자료 열람을 제한하거나 거절할 수 있음

04 1장 직무윤리
금융소비자 보호 의무

정보의 누설 및 부당이용 금지	• 금융소비자의 개인정보와 신용정보는 금융소비자에게 귀속되며, 금융투자업 종사자는 이를 업무상 불가피하게 보관·관리할 뿐 임의로 누설하거나 이용할 권한은 없음 • 금융소비자 정보의 누설이나 부당 이용은 단순한 윤리 위반을 넘어 강행법규 위반에 해당하며, 법적 제재를 수반함

기타	• 판매 후 모니터링 제도(해피콜): 계약 후 7영업일 이내에 제3자가 소비자에게 연락해 판매직원의 설명 의무 이행 여부를 확인하는 절차
	• 고객의 소리(VOC) 등: 금융회사는 고객의 소리, 만족도 조사, 고객패널 제도 등을 통해 소비자 의견을 반영하여 서비스와 만족도 개선
	• 미스터리 쇼핑(Mystery Shopping): 금융소비자로 가장한 평가자가 영업점을 방문해 불완전판매 여부와 규정 준수 상황을 점검하는 제도로, 회사 자체 또는 금융감독원 등 외부기관이 실시(외부기관 실시 시 결과 공표)
	• 위법계약해지권
	  – 금융회사가 적합성·적정성 원칙, 설명의무, 불공정영업행위 금지, 부당권유행위 금지 등을 **위반**하여 계약을 체결한 경우, 금융소비자가 그 계약을 해지할 수 있는 권리
	    ※ 청약철회권과는 달리 계약이 최종 체결된 이후에, 그리고 금융회사의 귀책사유가 있을 때 행사
	  – 계속적 거래가 이루어지고 해지 시 재산상 불이익이 발생하는 금융상품에 적용
	  – 계약 체결일로부터 **5년** 이내 & 위법 사실을 안 날로부터 **1년** 이내에 행사해야 함
	  – 금융회사는 해지 요구를 받은 날로부터 **10일** 이내에 수락 여부를 통지해야 하며, 거절 시 사유를 명시해야 함(정당한 사유 없이 거절 불가능)

❽ 본인, 회사 및 사회에 대한 윤리

본인에 대한 윤리	• 법규준수: 금융투자업 종사자는 직무와 관련된 윤리기준과 관련된 모든 법규·하부규정, 정부·공공기관 및 자율규제단체의 규정을 숙지하고 이를 철저히 준수하기 위해 노력해야 함
	• 자기혁신: 금융투자산업은 변화 속도가 빠르고 사회적 영향이 큰 분야이므로, 종사자와 회사는 경영환경 변화에 유연하게 대응할 능력을 기르고, 새로운 문제 해결을 위해 창의적 사고와 지속적 자기 혁신을 추구해야 함(직무 및 관련 업무에 관한 전문능력 함양 등)
	• 품위유지: 직업적 체면과 위신을 해치는 행위를 하지 않아야 하며, 금융투자업 종사자가 윤리나 법규를 위반하면 개인뿐 아니라 회사의 품위와 사회적 신뢰까지 훼손될 수 있음
	• 공정성 및 독립성 유지
	  – 공정성: 금융투자업 종사자가 다양한 이해관계 속에서 어느 한쪽으로 치우치지 않고, 특히 금융소비자 보호를 위해 객관적이고 균형 있는 판단을 내려야 함
	  – 독립성: 자기 또는 제3자의 이해관계나 상급자의 부당한 지시에 영향을 받지 않고, 합리적 주의를 기울여 객관성을 유지하며 직무를 수행해야 함
	• 사적 이익 추구 금지
	  – 부당한 금품 등의 제공 및 수령 금지: 직무수행 관련 대가로 받은 모든 금전·물품·편의 제공은 금지 대상임을 명확히 구분해야 함
	  – 직무 관련 정보를 이용한 사적 거래 제한: 금융투자업종사자는 직무수행 중 알게 된 중요 정보(특히 미공개 정보)를 자신이나 타인의 이익을 위해 사용하거나 전달해서는 안 됨
	  – 직위의 사적 이용 금지: 금융투자업 종사자는 자신의 직위나 회사 명칭을 사적인 이익을 위해 공표하거나 활용해서는 안 됨

04 1장 직무윤리
금융소비자 보호 의무

빈출개념체크

회사에 대한 윤리	
	• 상호존중: 임직원 간의 자유와 창의를 존중하고, 서로의 의사소통과 협조를 통해 활기찬 조직 문화를 만들어야 한다는 윤리 기준
	• 공용재산의 사적 사용 및 수익 금지: 금융투자업 종사자는 회사의 재산을 부당하게 사용하거나 정당한 사유 없이 사적으로 이용해서는 안 되며, 공사를 명확히 구분해야 함
	• 경영진의 책임: 금융투자업 종사자가 법규를 위반하지 않고 직무윤리를 준수할 수 있도록, 회사와 경영진은 이에 필요한 지도와 지원을 제공해야 함
	• 정보보호
	– 금융투자업 종사자는 업무 수행 과정에서 금융소비자의 개인정보뿐만 아니라 소속 금융투자회사의 정보도 취득하게 되며, 이 중 일부는 규정상 비밀정보로 분류되어 특별한 관리가 요구됨
	– 비밀정보의 범위
	① 회사의 재무건전성이나 경영에 중대한 영향을 미칠 수 있는 정보
	② 고객 또는 거래상대방(및 그 임직원)의 신상정보, 매매내역, 계좌번호, 비밀번호 등
	③ 회사의 경영전략, 신상품 및 비즈니스 관련 정보
	④ 위와 유사한 성격의 미공개 정보
	– 금융투자회사는 종사자가 업무 수행에 필요한 최소한의 정보만 접근할 수 있도록, 업무 특성·규모·이해상충 정도를 고려해 정보교류 차단장치(Chinese Wall)를 마련해야 함
	• 내부제보제도(위반행위의 보고): 임직원이 직무와 관련된 법규 위반이나 부조리·부당행위 등 윤리기준 위반 사실 또는 가능성을 신분 노출 없이 제보할 수 있도록 한 제도
	• 대외활동
	– 외부 강연·교육·기고, 언론매체 접촉, 회사 외 커뮤니티·SNS 활동 등 회사 외부와 접촉하여 영향을 미칠 수 있는 활동
	– 금융투자업 종사자가 대외활동을 하려면 성격·목적·이해상충 정도 등을 고려해 소속 부점장·준법감시인·대표이사의 사전승인을 받아야 하며, 불가피한 경우 사후보고도 가능
	– 미승인 중요자료를 배포하거나 불확실한 내용을 단정적으로 표현하는 등 오해 유발, 합리적 근거 없는 시장·상품·기업 관련 언급 등은 금지됨
	– 대외활동으로 인해 본래 업무 수행에 지장을 주거나, 고객·회사와 이해상충이 확대되는 경우 회사는 활동 중단을 요구할 수 있으며, 임직원은 이에 따라야 함
사회 등에 대한 윤리	
	• 시장질서 존중
	– 금융투자업 종사자는 금융시장의 건전성과 질서를 해치는 행위가 발생하지 않도록 유의해야 함
	– 시장질서 교란행위는 기존 불공정거래행위와 달리 **제재 대상 범위가 확대**되어 내부자·준내부자뿐 아니라 정보를 전달받거나 유통한 자, 부정한 방법으로 정보를 취득한 자까지 포함되고, **목적성 여부와 관계없이** 시세에 부당한 영향을 주는 행위도 제재 대상이 됨
	– 시장질서 교란행위 대상 정보 요건
	① 상장증권·장내파생상품 및 관련 파생상품의 매매 여부나 조건에 중대한 영향을 줄 가능성이 있을 것
	② 금융소비자가 알지 못하는 사실로, 불특정 다수에게 공개되기 전의 정보일 것
	– 시장질서 교란행위에 대한 과징금
	① 시장질서 교란행위에 따른 이익 또는 손실회피액 × 1.5 ≤ 5억 원: 5억 원 이하
	② 시장질서 교란행위에 따른 이익 또는 손실회피액 × 1.5 > 5억 원: 이익 또는 손실회피액
	• 주주가치 극대화: 회사와 임직원은 합리적 의사결정과 투명한 경영을 통해 주주와 이해관계자의 가치를 극대화하기 위해 최선을 다해야 함

05 1장 직무윤리
직무윤리의 준수절차 및 위반 시의 제재

1 내부통제

내부통제의 의의	• 임직원이 업무를 수행할 때 법규를 준수하고, 조직 운영의 효율성과 재무보고의 신뢰성을 확보하기 위해 회사 내부에서 이루어지는 모든 절차와 과정 • 금융투자업자는 이를 위해 조직구조, 위험평가, 업무분장과 승인절차, 의사소통, 모니터링, 정보시스템 등을 포함한 종합적 체계인 내부통제체제를 구축해야 함

내부통제의 주체	• 이사회: 회사 내부통제체제의 구축·운영에 관한 기본 기준을 정함
	• 대표이사
	  - 내부통제체제 구축·운영 총괄 책임
	  - 위법·부당행위 예방, 인적·물적 자원 지원, 부서별 임무와 책임 부여
	  - 매년 1회 이상 내부통제 점검 및 이사회 보고
	• 준법감시인
	  - 준법감시인 임면은 이사회 의결 사항이며, 해임은 이사 총수의 3분의 2 이상의 찬성이 필요함
	  - 임명은 사내이사 또는 임원급 이상에서 선임해야 하며, 임기는 2년 이상으로 보장됨
	  - 임면 시 금융위원회에 7영업일 이내 보고해야 함
	  - 권한·의무
	    ① 내부통제기준 준수 여부 정기·수시 점검, 전사적 업무 접근 및 자료 제출 요구권
	    ② 임직원 위법·부당행위에 대한 보고 및 시정 요구
	    ③ 이사회·감사위원회 등 주요 회의 참석 및 의견 진술
	    ④ 전문성 제고를 위한 연수 이수, 이사회가 인정하는 기타 사항 수행
	  - 범위와 책임의 한계가 명확히 구분된 경우 일부 준법감시업무를 임직원에게 위임 가능
	• 지점장: 소관 영업의 내부통제를 정기 점검해 대표이사에게 보고하고, 위반 발생 시 재발방지 대책을 시행해야 하며, 대표이사는 해당 보고 업무를 준법감시인에게 위임할 수 있음
	• 임직원: 임직원은 직무 수행 시 법령·내부통제기준·윤리강령을 숙지·준수해야 하며, 위반 또는 위반 가능성을 인지한 경우 지체 없이 상급자와 준법감시인에게 보고해야 함
	• 내부통제위원회
	  - 금융회사는 대표이사를 위원장으로 하는 내부통제위원회를 설치해야 함
	  - 구성: 대표이사(위원장), 준법감시인, 위험관리책임자, 기타 내부통제 관련 임원
	  - 회의: 매 반기 1회 이상 개최
	  - 주요 역할: 내부통제 점검결과 공유 및 개선방안 검토, 금융사고 및 취약부분 점검·대응방안 마련, 임직원 윤리·준법 의식 제고 등
	  - 일정 규모 미만의 금융회사(최근 사업연도말 현재 자산총액 7천억 원 미만 상호저축은행, 최근 사업연도말 현재 5조 원 미만 금융투자업자·보험회사·여신전문금융회사 등)는 설치 의무 면제
	    ※ 단, 최근 사업연도 말 현재 금융투자업자의 운용재산 합계액이 20조 원 이상이거나 상장사 자산총액 2조 원 이상인 경우는 예외 대상에서 제외됨
	• 준법감시부서
	  - 금융회사는 준법감시업무가 효율적으로 수행될 수 있도록 충분한 경험과 능력을 갖춘 적절한 수의 인력으로 구성된 준법감시부서를 설치하여 준법감시인의 직무수행을 지원하여야 함(필요 시 IT 전문 인력을 포함하고, 자문 기능 수행을 위해 준법감시위원회를 운영할 수 있음)
	  - 준법감시인 및 부서 직원의 직무 독립성을 보장해야 하며, 인사상 불이익을 주어서는 안 됨
	  - 준법감시부서는 자산운용, 본질적 업무, 겸영업무, 위험관리 업무를 수행할 수 없음
	    ※ 단, 일정 규모 미만(상호저축은행 7천억 원, 금융투자업자·보험사·여신전문금융회사 5조 원 미만) 금융회사의 준법감시부서는 위험관리 업무 수행 가능(단, 상장사이면서 자산총액 2조 원 이상인 경우에는 병행 불가)

05 직무윤리의 준수절차 및 위반 시의 제재

1장 직무윤리

❷ 영업점에 대한 내부통제

영업점별 영업관리자	• 자격 요건 – 영업점 또는 준법감시·감사업무 1년 이상 수행한 경력 & 해당 영업점 상근 – 과중한 업무로 준법감시 수행이 곤란하지 않을 것 – 영업점장이 아닌 책임자급(영업점의 직원 수가 적어 영업점장을 제외한 책임자급이 없는 경우에는 예외) – 충분한 경험·능력·윤리성을 갖출 것 ※ 예외 요건(감독 규모·범위에 특별한 어려움이 없을 것, 최소 1개 영업점에는 상근할 것, 업무량이 감독에 지장을 주지 않을 것)을 모두 충족 시 영업관리자 1명이 2개 이상 영업점 관리 가능 • 주요 역할 – 금융소비자(특히 지식·경험 부족 고객) 계좌를 별도 구분·점검 – 직원이 투자권유 및 거래 수행 시 법규·내부통제 준수 여부 감독 • 운영 규정 – 준법감시인은 영업관리자에게 연 1회 이상 법규·윤리 교육 실시 – 임기는 1년 이상 보장하며, 인사·급여 등 불이익 금지, 성과에 따른 보상 가능
내부통제활동	• 세부기준 제정: 본사의 통제 방식, 직원 인사·보수의 독립성, 본사와 직원 간 계약 등을 포함한 내부통제기준을 마련·운영해야 함 • 고객전용공간(사이버룸) 관리: 직원과 분리·개방형 설치, 고객을 직원으로 오인하지 않도록 고객에게 명패, 명칭, 개별 직통전화 등 제공 금지, 영업점장·관리자가 거래 적정성 모니터링 후 이상 시 즉시 보고해야 함 • 자체점검 의무: 영업점은 자체점검(체크리스트 활용 등)을 정기적으로 실시하고, 회사는 점검 방법·항목·주기를 규정해야 함

❸ 내부통제기준 위반 시 회사의 조치 및 제재

개인에 대한 조치	• 처리기준 마련: 회사는 위반자에 대한 사전 처리기준을 규정하고 공정하게 조치해야 함 • 위반자 범위: 직접 위반자뿐만 아니라 지시·묵인·은폐자, 보고의무 불이행자, 내부통제 운영을 저해한 자도 포함됨 • 제재 및 조치: 위법·부당행위 발견 시 재발 방지 위해 제재와 제도 개선 등을 신속히 실시하며, 법령 우선 적용 후 사규에 따른 징계 절차 적용 • 이의신청권: 제재를 받은 임직원은 회사 절차에 따라 사유와 증빙자료를 제출해 이의를 신청할 수 있음
회사에 대한 조치	• 1억 원 이하 과태료 – 내부통제기준을 마련하지 않은 경우 – 준법감시인을 두지 않은 경우 – 사내이사·업무집행책임자 중에서 준법감시인을 선임하지 않은 경우 – 이사회 결의 없이 준법감시인을 임면한 경우 – 금융위원회의 제재조치를 이행하지 않은 경우 • 3천만 원 이하 과태료 – 준법감시인 보수·평가기준을 마련·운영하지 않은 경우 – 준법감시인이 자산운용, 본질적·부수업무, 겸영업무 등을 겸직한 경우 – 이해상충 우려로 내부통제·위험관리 전념이 어려운 업무를 겸직한 경우 • 2천만 원 이하 과태료: 준법감시인 임면 사실을 금융위원회에 보고하지 않은 경우

1장 직무윤리

01 다음 중 금융투자산업에서 직무윤리가 특히 강조되는 이유로 옳은 것은?

① 금융투자상품은 정부가 손실을 전액 보장하는 특수 상품이기 때문이다.
② 고객의 자산을 수탁받아 운용·관리함에 따라 이해상충 가능성이 높기 때문이다.
③ 금융투자업 종사자는 고객과의 계약이 아닌 구두 합의만으로 업무를 수행하기 때문이다.
④ 금융소비자는 대부분 투자에 대한 전문지식을 갖추고 있어 자율적으로 판단할 수 있기 때문이다.

02 다음 중 금융투자업에서 직무윤리의 중요성이 더욱 강조되는 이유로 옳지 않은 것은?

① 업무 특성상 고객의 이익을 침해할 가능성이 높기 때문이다.
② 직무윤리를 준수하는 것은 금융소비자만을 보호하는 안전 장치의 역할을 한다.
③ 금융투자상품은 원본 손실 가능성을 내포하고 있어 고객과의 분쟁가능성이 상존하기 때문이다.
④ 금융투자상품의 전문화·복잡화·다양화로 단순한 정보제공의 차원을 넘어 금융소비자 보호를 위한 노력이 요구되기 때문이다.

03 다음 중 신의성실의 원칙에 대한 설명으로 옳은 것은?

① 금융투자업자는 이해상충 상황에서 자신의 이익을 우선적으로 고려해야 한다.
② 신의성실의 원칙은 직무윤리의 기준이긴 하나, 고객우선의 원칙과는 별개로 적용된다.
③ 신의성실의 원칙은 도덕적 권고 수준에 불과하며, 위반하더라도 법적 책임은 발생하지 않는다.
④ 신의성실의 원칙에 따라 금융투자업자는 고객과의 신뢰를 바탕으로 성실하게 행동해야 하며, 위반 시 법적 책임이 발생할 수 있다.

04 다음에서 설명하는 금융투자업 직무윤리로 옳은 것은?

> 금융투자업자는 금융투자업을 영위함에 있어 정당한 사유 없이 투자자의 이익을 해하면서 자기가 이익을 얻거나 제3자가 이익을 얻도록 하여서는 아니 된다.

① 고객우선의 원칙
② 부당권유의 금지
③ 이해상충 방지의무
④ 금융소비자보호 의무

05 다음 중 자본시장법상 이해상충 방지의무 또는 방지체계에 대한 설명으로 옳지 않은 것은?

① 투자상품 매매 시 본인이 동시에 상대방이 되는 구조는 원칙적으로 금지된다.
② 자기거래(자기계약)는 투자자 보호를 위해서라도 예외적으로 자유롭게 허용된다.
③ 금융투자업자는 이해상충 발생 가능성을 사전에 고지하고, 필요한 경우 거래를 거절할 수 있다.
④ 정보교류 차단(Chinese Wall)은 계열사 또는 부서 간 정보의 불필요한 교류를 막기 위한 제도이다.

06 다음 중 고객과의 이해상충 발생에 대한 설명으로 옳지 않은 것은?

① 이해상충 가능성을 낮추는 것이 곤란한 경우, 고객의 동의나 각서를 받고 해당 거래를 진행할 수 있다.
② 금융투자업자가 자신이 발행하거나 관련된 대상에 대한 조사·분석자료의 공표와 제공은 원칙적으로 금지된다.
③ 투자매매업자 또는 투자중개업자는 동일한 금융상품 매매에서 본인이자 동시에 상대방의 투자중개업자가 되어서는 안 된다.
④ 금융투자업자는 이해상충 가능성을 사전에 파악·평가하고, 그 결과 발생 가능성이 있다고 인정되면 투자자에게 이를 알려야 한다.

07 다음 중 상품개발 단계에서 금융소비자 보호를 위한 절차에 대한 설명으로 옳은 것은?

① 사전협의 절차는 판매 후 민원 발생 시 대응을 위한 절차이다.
② 금융소비자보호 총괄기관은 상품 개발의 마케팅 전략만을 검토하는 역할을 수행한다.
③ 상품개발 부서는 내부 절차만 검토하면 되며, 소비자보호 기준에 대한 별도 검토는 불필요하다.
④ 외부 의견 청취 절차에서는 소비자 의견을 수집해 관련 부서에 전달하고, 상품 설계에 반영할 수 있다.

08 다음 중 요청하지 않은 투자권유 금지와 관련하여 옳지 않은 것은?

① 투자자가 권유를 거부한 경우에는 동일 금융상품에 대해서는 1개월이 지나더라도 다시 권유할 수 없다.
② 일반금융소비자의 경우, 고난도금융투자상품·사모펀드·장내외 파생상품 등에 대해 요청하지 않은 권유가 금지된다.
③ 장외파생상품은 고위험 상품으로서, 일반금융소비자뿐 아니라 전문금융소비자에게도 요청하지 않은 권유가 금지된다.
④ 금융소비자의 사전 요청 없이 자택 방문, 무작위 전화, 길거리 호객행위 등으로 투자권유를 하는 것은 원칙적으로 금지된다.

09 다음 중 금융소비자보호를 위한 상품 판매 단계의 원칙 가운데 일반금융소비자와 전문금융소비자 모두에게 공통적으로 적용되는 원칙은?

① 설명의무
② 부당권유 금지
③ 적정성의 원칙
④ 적합성의 원칙

10 다음 중 적합성 원칙에 관한 설명으로 옳지 않은 것은?

① 전문금융소비자를 대상으로는 적합성 원칙이 적용되지 않는다.
② 계약체결 권유에 앞서 해당 금융소비자가 권유를 원하는지 여부를 확인해야 한다.
③ 금융소비자의 정보를 고려했을 때 해당 금융상품이 적합하지 않다고 판단되면 계약체결 권유를 해서는 안 된다.
④ 취득한 고객정보는 서명·기명날인·녹취 등의 방법으로 확인받아 보관해야 하며, 고객에게 제공할 필요는 없다.

11 다음 중 적합성 원칙에 관한 설명으로 옳지 않은 것은?

① 적합성 원칙은 상품 권유 시점 이전에 판단되어야 한다.
② 일반금융소비자와 전문금융소비자를 구분하여 적합성 판단을 수행한다.
③ 소비자가 정보를 제공하지 않아도 적합성 원칙은 반드시 적용되어야 한다.
④ 금융회사는 소비자의 투자 목적과 재산 상황 등을 고려해 적합한 상품을 권유해야 한다.

12 다음 중 자본시장법상 적합성의 원칙에 대한 설명으로 옳지 않은 것은?

① 전문투자자에게는 적용되지 않는다.
② 과잉권유는 적합성의 원칙을 위반한 것이다.
③ 투자권유 없이 고위험 상품을 판매하고자 할 때 이를 적용한다.
④ 일반투자자에게 적합하지 아니하다고 인정되는 투자권유를 해서는 안 된다.

13 다음 중 적정성의 원칙에 대한 설명으로 옳지 <u>않은</u> 것은?

① 적정성 원칙은 투자 권유를 하지 않더라도 적용될 수 있다.
② 소비자가 원하지 않는 경우, 적정성 원칙은 적용되지 않는다.
③ 상품이 적정하지 않은 경우에는 사전 고지 및 확인 절차가 필요하다.
④ 적정성 원칙은 보장성·투자성·대출성 상품을 일반금융소비자에게 판매할 때 적용된다.

14 다음은 적정성 원칙 위반과 관련된 위법계약해지권에 관한 설명이다. 빈칸에 들어갈 기간을 올바르게 짝지은 것은?

> 금융소비자가 적정성 원칙에 위반되는 계약을 체결한 경우, 위법계약 사실을 안 날로부터 ( ) 이내이면서, 계약 체결일로부터 ( ) 이내인 경우에 한하여 위법계약의 해지를 요구할 수 있다.

① 1년, 3년
② 1년, 5년
③ 3년, 5년
④ 3년, 7년

15 다음 중 설명의무에 대한 설명으로 옳지 <u>않은</u> 것은?

① 소비자가 설명을 원하지 않는 경우에도 설명의무는 적용된다.
② 설명의무 대상에는 투자성상품, 대출성상품, 계약 해지 관련 사항 등이 포함된다.
③ 설명의무는 대면뿐만 아니라 전자우편, 문자메시지 등 비대면 방식으로도 가능하다.
④ 설명의 대상에는 민원 및 분쟁조정 절차, 청약철회권, 위법계약해지권, 자료열람요구권 등이 포함된다.

16 다음 중 설명의무에 관한 설명으로 옳지 <u>않은</u> 것은?

① 설명의무는 일반금융소비자만을 대상으로 적용된다.
② 설명의무는 금융소비자보호법상 4대 금융상품(예금성, 보장성, 투자성, 대출성 상품) 모두에 적용된다.
③ 설명의무를 위반한 금융회사에 대해서는 해당 금융상품으로부터 얻은 수익의 최대 50% 범위 내에서 과징금이 부과될 수 있으며, 별도로 1억 원 이하의 과태료도 부과될 수 있다.
④ 금융상품판매업자는 계약 체결을 권유하기 전 해당 금융상품별 설명서를 반드시 서면으로 제공하고, 설명 이행 후에는 금융소비자가 이해하였음을 반드시 서명으로 확인받아 이를 기록·보관하여야 한다.

17 다음 중 청약철회권에 대한 설명으로 옳지 <u>않은</u> 것은?

① 투자성 상품은 계약서류 제공일로부터 7일 이내에 철회가 가능하다.
② 대출성 상품은 계약서류 제공일로부터 14일 이내에 철회가 가능하다.
③ 청약 철회 시 손해배상 및 위약금을 일정한 조건 하에 소비자에게 청구할 수 있다.
④ 청약철회권이 행사된 경우, 철회 의사 표시가 회사에 도달한 시점부터 효력이 발생한다.

18 다음 중 청약철회권 행사에 따른 금전 및 재화 반환에 관한 설명으로 옳은 것은?

① 대출성 상품은 반환 대상 금전에서 제외된다.
② 이미 수령한 금전이나 재화가 있더라도 반환 의무는 없다.
③ 청약철회권이 접수된 날부터 7영업일 이내에 금전을 반환해야 한다.
④ 일정 기간을 초과한 경우, 대통령령에 따라 이자를 포함하여 반환해야 한다.

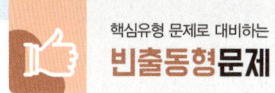

19 다음 중 금융상품 광고 관련 준수사항에 대한 설명으로 옳지 <u>않은</u> 것은?

① 보장성·투자성 상품의 주요 위험조건은 광고에 포함되어야 한다.
② 광고 내용에는 금융회사 명칭과 금융상품 명칭이 반드시 포함되어야 한다.
③ 광고는 소비자의 오인을 방지하기 위해 명확하고 공정하게 작성되어야 한다.
④ 등록된 금융상품판매업자가 아닌 일반 법인도 자유롭게 금융상품 광고를 할 수 있다.

20 다음 중 매매명세 통지의무에 대한 설명으로 옳지 <u>않은</u> 것은?

① 매매가 체결된 경우 지체 없이 해당 거래 내용을 통지해야 한다.
② 매매명세의 통지 방법은 투자자와 사전에 합의된 방식에 따라 이루어져야 한다.
③ 매매가 체결된 달의 다음 달 20일까지 월간 매매내역 및 손익내역 등을 통지해야 한다.
④ 투자자가 통지를 원하지 않는 경우에도, 투자매매업자 또는 투자중개업자는 매매명세서를 반드시 통지해야 한다.

21 다음 중 매매명세 통지의무에 대한 설명으로 옳지 <u>않은</u> 것은?

① 매매 체결일로부터 지체없이 투자자에게 통지해야 한다.
② 매매명세 통지 내용에는 투자자의 투자목적과 자산현황이 반드시 포함되어야 한다.
③ 집합투자증권의 매매가 체결된 경우 모든 비용을 반영한 실질 투자수익률, 투자원금 및 환매예상 금액을 매월 마지막 날까지 통지해야 한다.
④ 매매명세 통지는 서면 교부 외에도 문자메시지, 인터넷 조회 등 다양한 방식으로 가능하다.

22 다음 중 상품판매 이후 단계의 자료열람요구권에 대한 내용으로 옳지 <u>않은</u> 것은?

① 금융소비자가 자료열람권을 행사한 경우, 금융회사는 정당한 사유가 있는 경우 열람을 제한하거나 거절할 수 있다.
② 금융소비자는 금융회사가 기록·유지·관리하는 자료의 열람을 요구할 수 있으며, 이때 열람의 사유에는 제한이 없다.
③ 금융회사는 금융소비자의 열람 요구를 받은 날로부터 6영업일 이내에 해당 자료를 열람할 수 있도록 조치해야 한다.
④ 금융회사는 자료 우송료나 자료 생성 시 발생한 수수료 등, 자료 열람에 소요된 비용을 금융소비자에게 청구할 수 있다.

23 금융소비자보호법상 자료열람요구권에 대한 설명으로 옳지 <u>않은</u> 것은?

① 열람요청이 있을 경우, 금융회사는 3영업일 이내에 반드시 승인을 완료해야 한다.
② 금융회사는 자료 열람, 복사, 제공 요청에 대해 수수료 또는 실비를 청구할 수 있다.
③ 금융소비자가 요청한 자료가 제3자의 생명·신체 침해 우려가 있는 경우에는 열람을 거절할 수 있다.
④ 자료열람요구권은 금융소비자가 금융회사에 기록·보존된 자료의 열람, 제공, 청취를 요청할 수 있는 권리이다.

24 금융소비자의 정보 보호와 관련된 설명으로 옳은 것은?

① 금융소비자의 정보를 삭제하는 경우에는 따로 책임이 발생하지 않는다.
② 금융소비자의 정보를 수집할 때에는 금융회사 내부 감사의 승인만 있으면 된다.
③ 금융소비자의 정보는 수집 시 명확한 목적이 없더라도 업무 편의를 위해 활용 가능하다.
④ 신용정보는 금융소비자의 신뢰 기반 정보로서, 누설 시 업무수행능력과 조직 신뢰성에 영향을 줄 수 있다.

25 다음은 금융상품 판매 이후의 단계에서 실행되는 금융소비자 보호 관련 제도이다. 빈칸에 들어갈 내용을 순서대로 나열한 것은?

> • 판매 후 모니터링 제도: 금융소비자와 판매계약을 맺을 날로부터 ( ) 이내에 금융소비자와 통화하여 불완전 판매가 없었는지에 대해서 확인하는 제도이다.
> • 위법계약해지권: 금융소비자는 금융상품판매업자 등이 계약 체결에 있어 반드시 준수해야 할 적합성, 적정성, 설명의무, 불공정 영업행위 금지 및 부당권유행위 금지 조항을 위반한 경우 계약 체결일로부터 ( ), 그리고 위법 사실을 안 날로부터 1년 이내에 서면 등으로 해당 계약의 해지를 요구할 수 있다.

① 5영업일, 3년 이내
② 5영업일, 5년 이내
③ 7영업일, 3년 이내
④ 7영업일, 5년 이내

26 다음 중 '판매 후 모니터링 제도(해피콜 서비스)'에 대한 설명으로 옳은 것은?

① 금융회사의 판매직원 신뢰도 평가를 위한 사내 인사관리 제도이다.
② 금융소비자가 직접 서비스 제공을 요청하면 시행되는 선택적 제도이다.
③ 계약 체결 전 투자 권유의 적절성 여부를 점검하기 위한 사전통지 제도이다.
④ 판매계약 체결 후 7영업일 이내 설명의무 이행 여부 등을 확인하는 절차이다.

27 다음 중 '미스터리 쇼핑(Mystery Shopping)'에 대한 설명으로 옳지 않은 것은?

① 조사 요원이 금융소비자로 가장하여 비공개로 점검한다.
② 조사 결과는 개별 회사 또는 시장 전체에 공표되기도 한다.
③ 금융회사가 자체적으로 또는 외부기관 위탁으로 시행할 수 있다.
④ 조사 대상은 금융소비자가 계약 해지를 요청한 상품에 한정된다.

28 다음 빈칸에 들어갈 말을 순서대로 올바르게 짝지은 것은?

> 금융소비자는 금융상품 계약을 체결한 경우, 위법계약 사실을 안 날로부터 ( ) 이내, 계약 체결일로부터 ( ) 이내라면 위법계약의 해지를 요구할 수 있다. 또한, 금융회사는 금융소비자가 해지를 요구한 날로부터 ( ) 이내에 수락 여부를 결정하고 그 결과를 금융소비자에게 통지해야 한다.

① 6개월, 3년, 5일
② 6개월, 5년, 5일
③ 1년, 3년, 10일
④ 1년, 5년, 10일

29 다음 중 직무 중 알게 된 정보를 사적으로 이용한 행위에 해당하는 것은?

① 사내 공지된 상품 설명 자료를 고객에게 전달한 경우
② 외부 보도자료에 나온 기업 정보를 종합하여 투자한 경우
③ 홈페이지에 게시된 과거 시장 리포트를 참고하여 자문한 경우
④ 직무 중 알게 된 미공개 정보를 이용해 가족 명의로 주식을 매수한 경우

30 다음 중 대외활동에 관한 설명으로 옳지 않은 것은?

① 회사의 공식 입장이 아닌 개인적인 의견은 밝힐 수 없다.
② 대외활동으로 금전적 보상을 받을 경우 회사에 반드시 신고해야 한다.
③ 회사가 관리하지 않는 온라인 커뮤니티에서의 활동도 대외활동에 해당한다.
④ 임직원과 고객 간의 이메일은 장소와 관계없이 대외활동으로 간주되므로 관련 윤리기준을 준수해야 한다.

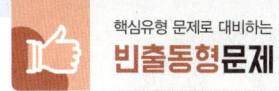

31 다음 중 임직원의 대외활동과 관련한 설명으로 옳은 것은?

① 금융투자회사의 임직원은 외부 강연, 연설, 교육, 기고 등의 활동을 할 수 없다.
② 임직원이 근무시간에 작성한 자료는 개인 홍보 목적이더라도 자유롭게 배포·활용할 수 없다.
③ 회사의 공식 의견이 아닌 자신의 의견을 대외적으로 표현할 경우, 반드시 사견임을 밝힐 필요는 없다.
④ 임직원은 인터넷 게시판이나 웹사이트에 금융투자상품의 분석이나 권유 내용을 자유롭게 게시할 수 있다.

32 다음 중 시장질서 교란행위와 관련된 설명으로 옳지 않은 것은?

① 교란행위로 인한 과징금은 회피한 손실액의 최대 2배까지 부과될 수 있다.
② 목적성 여부와 관계없이 시세에 부당한 영향을 주는 경우 교란행위로 간주되어 처벌될 수 있다.
③ 교란행위는 분석자료 제공자나 정보 수집·전달자 등도 직무 연관자라면 적용 대상이 될 수 있다.
④ 시장질서 교란행위는 기존 불공정거래뿐만 아니라 금융상품의 개발 및 판매 과정에서 발생할 수 있는 행위까지 포함한다.

33 다음 중 내부통제기준 위반 시 회사에 대한 조치로서 1억 원 이하의 과태료(3천만 원 이하 제외) 부과 대상이 아닌 것은?

① 준법감시인을 두지 않은 경우
② 내부통제기준을 마련하지 않은 경우
③ 이사회의 의결 없이 준법감시인을 임명하거나 해임한 경우
④ 준법감시인에게 자산운용 관련 업무를 겸직하도록 한 경우

34 다음 중 준법감시인에 대한 설명으로 옳지 않은 것은?

① 준법감시인은 이사회와 대표이사의 지휘를 받아 금융투자회사의 내부통제 전반을 수행한다.
② 금융투자회사가 준법감시인을 임면한 경우, 임면일로부터 7영업일 이내에 금융위원회에 보고하여야 한다.
③ 금융투자회사는 준법감시인에 대하여 회사의 재무적 성과와 연동되지 않는 별도의 보수 지급 및 평가 기준을 마련·운영하여야 한다.
④ 금융투자회사가 준법감시인을 임명 또는 해임하려는 경우에는 반드시 이사회의 의결을 거쳐야 하며, 해임 시에는 주주총회의 결의를 거쳐야 한다.

35 금융투자회사의 내부통제위원회에 대한 설명으로 옳은 것은?

① 내부통제위원회는 매 분기마다 최소 1회 이상 회의를 개최해야 한다.
② 최근 사업연도 말 기준 자산총액이 8천억 원인 상호저축은행은 내부통제위원회를 설치하지 않아도 된다.
③ 금융투자회사는 준법감시인을 위원장으로 하고, 위험관리책임자 및 내부통제 관련 임원을 위원으로 하는 내부통제위원회를 설치해야 한다.
④ 금융투자회사는 최근 사업연도 말 자산총액이 5조 원 미만이라도, 운용 중인 고객자산이 20조 원 이상이면 내부통제위원회를 설치해야 한다.

01 2장 자본시장 관련 법규
총설

1 자본시장법 개관

구분	주요 내용	보완 설명
열거주의에서 포괄주의로 전환	기존에는 금지된 행위 외에는 허용하는 방식(열거주의)이었으나 자본시장법에서는 금지된 것 외에는 허용하는 포괄주의로 전환	• 신상품 및 금융혁신 대응력을 높이기 위한 원칙 중심의 규제체계 구축 • 다양한 파생상품 및 구조화상품 출시 가능
기관별 규제에서 기능별 규제로 전환	기존에는 금융기관 종류(증권사, 자산운용사 등)에 따라 규제했으나 자본시장법에서는 금융기능(투자중개, 자문 등) 중심으로 규제	동일한 기능에는 동일한 규제를 적용하여 형평성과 효율성 제고
업무범위의 확장	금융투자업자의 영업 가능 범위 확대	• 증권회사가 자산운용, 투자자문, 신탁업무 등을 겸업 가능 • 복합 금융서비스 제공 기반 마련
투자자보호 제도 도입	투자자 보호를 위한 제도적 장치 마련	적합성·적정성 원칙, 설명의무, 불공정거래 금지 등 도입

2 감독기관

금융위원회	• 금융위원회 설치법에 근거한 중앙행정기관으로 국무총리 소속의 합의제 행정기관 • 금융정책, 외국환업무 및 금융감독에 대한 최상위 심의·의결기관 • 구성 　- 총 9인: 위원장, 부위원장, 상임위원 2인, 비상임위원 5인 　- 금융위원회의 상임위원 2인은 위원장이 추천하는 금융 전문가이며, 비상임위원 4인은 당연직으로 기획재정부 차관, 금융감독원 원장, 예금보험공사 사장, 한국은행 부총재가 맡고, 나머지 1인은 대한상공회의소 회장이 추천하는 경제계 대표로 함 • 운영 　- 금융위원회 회의는 위원장 소집 또는 위원 3명 이상의 요구가 있을 때 개최되며, 의안은 위원장 단독 또는 위원 3명 이상의 찬성으로 제안할 수 있음 　- 의결은 재적위원 과반수의 출석과 출석위원 과반수의 찬성으로 이루어짐 　- 금융위는 의사록을 작성·공개해야 하며, 의결 시에는 의결서를 작성하고, 의결에 참여한 위원은 이름을 기재하고 날인 또는 서명해야 함 • 소관사무 　- 금융정책 및 제도에 관한 사항 　- 금융기관의 감독·검사·제재와 인가(설립·합병·전환·영업 양수도·경영 등) 관련 사항 　- 자본시장 관리·감독 및 감시에 관한 사항 　- 금융 중심지 조성 및 발전에 관한 사항 　- 금융 관련 법령·규정의 제·개정 및 폐지 　- 금융·외국환업무 취급기관의 건전성 감독, 국제협력 및 협상에 관한 사항

01 2장 자본시장 관련 법규
총설

증권선물위원회	• 자본시장과 기업회계 관련 주요 업무를 담당하기 위해 설치된 의결기구
	• 소관업무
	  – 자본시장의 불공정거래 조사
	  – 기업회계 기준 제정 및 회계감리 업무
	  – 금융위원회 소관 중 자본시장 관리·감독·감시 관련 주요 사항의 사전 심의
	  – 자본시장 관리·감독·감시를 위해 금융위원회로부터 위임받은 업무 수행

금융감독원	• 금융위원회 및 증권선물위원회의 지도·감독을 받아 금융기관의 검사·감독 업무를 수행하기 위해 설치된 기관
	• 금융감독원은 원장 1명, 부원장 4명 이내, 부원장보 9명 이내, 감사 1명으로 구성되며, 임직원은 원장이 임면
	  – 원장은 금융위원회의 의결을 거쳐 금융위원장의 제청으로 대통령이 임명
	  – 부원장은 원장의 제청으로 금융위가 임명하며, 부원장보는 원장이 임명
	  – 원장·부원장·부원장보·감사의 임기는 3년이며, 1회에 한해 연임할 수 있음
	• 소관 업무
	  – 금융기관의 업무 및 재산상황 검사
	  – 검사 결과에 따른 제재 조치
	  – 금융위·증선위·사무처 지원
	  – 금융민원 해소 및 금융분쟁 조정
	• 검사 대상: 은행, 금융투자업자, 증권금융회사, 종합금융회사, 명의개서 대행회사, 보험회사, 상호저축은행 및 중앙회 및 금감원이 검사를 하도록 법령에 규정된 기관 등

❸ 금융투자업 관계기관

한국거래소
시장감시위원회
	• 유가증권·코스닥·파생상품·코넥스 시장에서의 시세조종 등 불공정거래 행위를 감시하는 기관
	• 업무
	  – 실시간 시장 연계를 통한 상시 감시(이상거래 탐지, 풍문 수집, 지분변동 신고 관리 등)
	  – 이상거래 발생 시 정밀 심리 및 조치로 피해 확산 방지와 투자자 보호
	  – 금융투자회사의 의무 준수 감리 및 투자자와 회원사 간 분쟁 조정

한국금융투자협회	• 회원 간 업무질서 유지, 공정한 거래질서 확립, 투자자 보호 및 금융투자업의 건전한 발전을 목적으로 설립
	• 업무
	  – 회원 간 건전한 영업질서 유지 및 투자자 보호를 위한 자율규제 업무
	  – 회원의 영업행위와 관련된 분쟁 자율조정 업무
	  – 투자권유자문인력, 조사·분석인력, 투자운용인력 등 주요 직무 종사자의 등록 및 관리
	  – 증권시장에 상장되지 않은 주권의 장외매매거래 관리
	  – 금융투자업 관련 제도에 대한 조사·연구
	  – 투자자 교육 및 이를 위한 재단 설립·운영
	  – 금융투자업 관련 연수 업무
	• 회원: 투자매매업자, 투자중개업자, 집합투자업자, 투자자문업자, 투자일임업자, 신탁업자, 종합금융투자사업자, 겸영 금융투자업자 및 금융투자업과 관련된 업무를 영위하는 자

01

2장 자본시장 관련 법규

총설

한국예탁결제원	• 증권의 집중예탁, 계좌 간 대체, 매매거래에 따른 결제 및 원활한 유통을 위해 설립된 기관 • 업무 – 증권 등의 집중예탁 업무 – 증권 등의 계좌 간 대체 업무 – 증권시장에서의 매매거래에 따른 증권 인도, 대금 지급 및 결제, 불이행 시 거래소 통지 업무 – 증권시장 외부에서 이루어지는 매매거래에 따른 증권 인도 및 대금 지급 업무 – 외국 예탁결제기관과의 계좌 설정을 통한 예탁, 계좌 간 대체, 매매거래 결제 업무 – 증권 등의 보호 예수 업무 등
증권금융회사	• 자기자본 500억 원 이상을 갖춘 주식회사(금융위원회 인가 후 설립) ※ 현재 한국증권금융㈜가 유일하게 인가받은 증권금융회사임 • 업무 – 금융투자상품의 매매, 증권의 발행·인수 및 청약과 관련하여 투자매매업자 또는 투자중개업자에게 필요한 자금이나 증권을 대여하는 업무 – 증권시장 및 파생상품시장에서 매매거래에 필요한 자금 또는 증권을 거래소를 통해 대여하는 업무 – 증권 담보 대출 업무 등
금융투자상품거래 청산회사	• 자본시장법에 따라 금융위원회로부터 청산업 인가를 받아, 청산업무 단위의 전부 또는 일부를 수행할 수 있는 회사 • 금융투자상품거래청산업: 금융투자업자 및 청산대상업자를 상대방으로 하여 청산 대상업자가 청산 대상거래를 함에 따라 발생하는 채무를 인수, 경개(변경 또는 갱신), 기타 방법으로 부담하는 것을 영업으로 하는 것
신용평가회사	금융투자상품, 기업, 집합투자기구 및 대통령령으로 정하는 자의 신용상태를 평가하고, 그 결과를 기호나 숫자 등으로 표시한 신용등급을 부여하여 발행인·인수인·투자자 등 이해관계자에게 제공하거나 열람하게 하는 행위를 영업으로 하는 회사

02

2장 자본시장 관련 법규

금융투자상품 및 금융투자업

❶ 금융투자상품

정의	• 이익을 얻거나 손실을 회피할 목적으로 현재 또는 장래의 특정 시점에 금전, 기타 재산적 가치가 있는 것을 지급하기로 약정함으로써 취득하는 권리로서, 그 권리를 취득하기 위해 지급하였거나 지급하여야 할 금전 등의 총액(판매수수료 등 제외)이 그 권리로부터 회수하였거나 회수할 수 있는 금전 등의 총액(해지수수료 등 포함)을 초과하게 될 위험이 있는 것(투자성) • 즉, 투자성이 있으면 금융투자상품, 투자성이 없으면 비금융투자상품으로 구분함
투자성 판단 기준	• 투자성 = 원금 손실 가능성 • 투자금액 산정 시 제외 항목: 투자자가 지급하는 판매수수료 및 보수, 보험계약에 따른 사업비 및 위험보험료 • 회수금액 산정 시 포함 항목: 중도해지 시 지급하는 환매·해지 수수료, 각종 세금, 발행인 또는 거래상대방의 채무불이행으로 인한 미지급액
금융투자상품 불인정 대상	양도성예금증서(CD), 관리형신탁의 수익권, 주식매수선택권(스톡옵션)

❷ 증권

정의	투자자가 취득 시 지급한 금전 외에 추가 지급 의무를 지지 않으며(즉, 원금 초과 손실 가능성이 없는), 내국인 또는 외국인이 발행한 금융투자상품
채무증권	발행인에 의해 원금이 보장되나 유통 과정에서 원금 손실 발생 가능성을 가진 증권(국고채, 지방채, 특수채, 사채권, 기업어음증권 등)
지분증권	법률에 의해 설립된 법인이 발행한 출자증권 또는 출자지분 권리를 나타내는 증권(주식, 신주인수권증권, 출자지분증권 등)
수익증권	금전신탁 또는 투자신탁의 수익권이 표시된 증권(한국주택금융공사 발행 주택저당증권(MBS), 유동화전문회사 발행 수익증권 등)
투자계약증권	타인과의 공동사업에 금전 등을 투자하고, 결과에 따른 손익을 귀속받는 계약상 권리를 표시한 증권
파생결합증권	• 기초자산의 가격, 이자율, 지표 등과 연계된 지급 또는 회수권리가 있는 증권 • 기초자산 종류: 금융투자상품, 통화, 일반상품, 신용위험 등 • 파생증권 예시: ELS, ELW, DLS, CLN, 재해연계증권 등 • 파생결합증권 제외대상: 이자연계 파생결합채권, 옵션 파생상품의 권리, 주권상장법인이 발행하는 전환사채, 상각형 조건부자본증권 등
증권예탁증권	외국에서 발행된 증권을 예탁받아 국내에서 권리를 표시하여 발행한 증권(국내·외국 증권예탁증권)

02 2장 자본시장 관련 법규
금융투자상품 및 금융투자업

❸ 파생상품

정의	금전 등의 지급 시기가 장래의 일정 시점이고, 투자원금 이상의 손실이 발생할 수 있는 계약상의 권리
파생상품시장 거래 여부	• 장내파생상품: 한국거래소(KRX) 파생상품시장 또는 해외의 정형화된 파생상품거래소에서 거래되는 파생상품 • 장외파생상품: 장내파생상품 이외의 모든 파생상품
거래구조에 따른 분류	• 선도(Forward): 기초자산(또는 그 가격·이자율·지표·단위, 이를 기초로 한 지수 등)에 의해 산출된 금전을 장래의 특정 시점에 인도하기로 약정하는 계약 • 옵션(Option): 당사자 일방의 의사표시만으로 기초자산(또는 그 가격·이자율·지표·단위, 이를 기초로 한 지수 등)에 의해 산출된 금전을 수수하는 거래를 성립시킬 수 있는 권리를 부여하는 계약 • 스왑(Swap): 장래 일정 기간 동안 미리 정한 가격에 따라 기초자산(또는 그 가격·이자율·지표·단위, 이를 기초로 한 지수 등)에 의해 산출된 금전을 상호 교환하기로 약정하는 계약

❹ 금융투자업

투자매매업	명의에 관계없이 자기 계산으로 금융투자상품을 매매하거나, 증권의 발행·인수 또는 청약의 권유·청약·청약의 승낙을 영업으로 하는 것
투자중개업	명의에 관계없이 타인 계산으로 금융투자상품을 매매하거나, 증권의 발행·인수 또는 청약의 권유·청약·청약의 승낙을 영업으로 하는 것
집합투자업	2인 이상의 투자자로부터 금전 등을 모아 집합투자기구(펀드 등)로 운용하고, 그 결과를 투자자에게 귀속시키는 영업
신탁업	위탁자와 수탁자의 신임관계에 따라 특정 재산권을 수탁자에게 이전하거나 처분하게 하여, 수익자의 이익이나 특정 목적을 위해 재산권을 관리·처분하는 업무
투자자문업	금융투자상품 또는 그 외 자산의 가치에 대해 투자판단과 관련된 자문을 제공하는 것을 영업으로 하는 업
투자일임업	투자자로부터 투자판단의 전부 또는 일부를 일임받아 자산을 취득·처분 등으로 운용하는 업무
전담중개업무 (프라임 브로커)	전문사모집합투자기구 등을 대상으로 증권의 대여, 대리업무, 재산 보관관리, 신용공여 등의 업무를 수행하며, 이들의 효율적인 업무수행을 위해 연계된 서비스를 제공하는 업무
온라인소액투자 중개업	명의에 관계없이 온라인상에서 타인의 계산으로 채무증권, 지분증권, 투자계약증권의 모집 또는 사모에 관한 중개를 영업으로 하는 투자중개업자

02 2장 자본시장 관련 법규
금융투자상품 및 금융투자업

❺ 투자자

- **전문투자자**: 금융투자상품에 대한 전문성이 있으며, 소유한 자산이 많아 투자에 따른 위험감수능력이 있다고 판단되는 투자자

절대적 전문투자자	• 전문성 있는 기관 및 단체 　- 국가, 한국은행, 금융기관(은행 · 보험 · 증권 등) 　- 예금보험공사, 자산관리공사, 한국예탁결제원, 외국정부 · 국제기구 등 • 일반투자자 대우를 받을 수 없음
상대적 전문투자자	• 금융투자업자에게 일반투자자 대우를 받겠다는 의사를 서면으로 통지한 경우 일반투자자로 간주 • 주권상장법인, 지방자치단체, 기타 기관 및 자발적 전문투자자 　- 주권상장법인 등이 장외파생상품 거래 시, 별도 의사를 표시하지 않으면 일반투자자로 대우 　- 주권상장법인 등이 장외파생상품 거래 시 전문투자자 대우를 받기를 희망할 경우 금융투자업자에게 서면으로 통지하여야 함 • 금융투자업자는 정당한 사유 없이 상대적 전문투자자의 서면 요청 거부 불가
자발적 전문투자자	• 일정 요건을 갖춘 법인 · 개인이 전문투자자로 인정받고자 할 경우 금융위원회에 신고해야 함 • 법인 요건: 지정신청일 전일 기준 금융투자상품 잔고 100억 원 이상(외부감사 대상 법인은 50억 원 이상) • 개인 요건 　- 투자경험: 최근 5년 중 1년 이상, 월말 평균 잔고 5천만 원 이상 보유 　- 소득기준: 본인 직전연도 소득 1억 원 이상 또는 부부 합산 소득 1억 5천만 원 이상 　- 자산기준: 총자산-(거주부동산 · 임차보증금 · 총부채)≥5억 원 　- 전문성: 해당 분야에서 1년 이상 종사한 회계사 · 감평사 · 변호사 · 변리사 · 세무사, 투자운용인력, 재무위험관리사 등 시험 합격자, 금융투자업 주요 직무 종사자 　- 위에 준하는 외국인

- **일반투자자**

절대적 일반투자자	전문투자자(절대적 · 상대적)에 해당하지 않는 투자자
상대적 일반투자자	상대적 전문투자자로서 일반투자자 대우를 받겠다는 의사를 금융투자업자에게 서면으로 통지한 자

❻ 금융투자상품의 구분

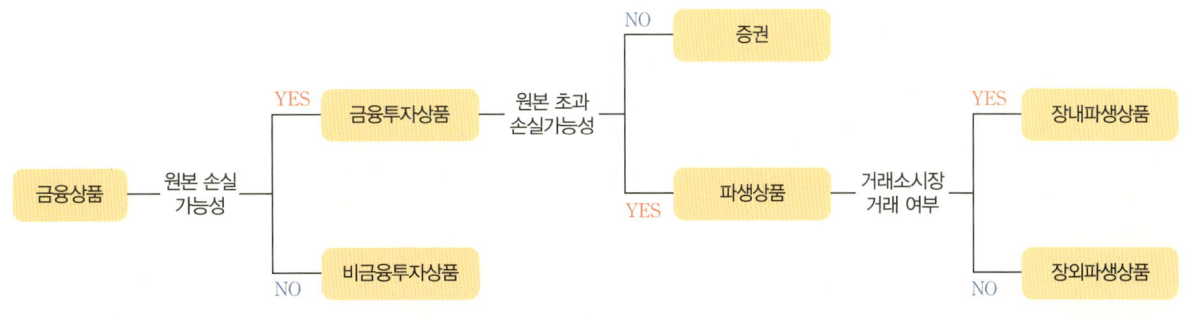

03 금융투자업자에 대한 규제·감독

2장 자본시장 관련 법규

❶ 금융투자업 인가·등록

진입규제 원칙	동일한 금융기능은 동일하게 규율하는 기능별 규제체계 적용
인가 대상 금융투자업	투자매매업, 투자중개업, 집합투자업, 신탁업
등록 대상 금융투자업	투자자문업, 투자일임업, 온라인소액투자중개업, 일반사모집합투자업

❷ 금융투자업 인가 요건

법인 요건	주식회사, 금융기관 및 외국 금융투자업자로서 지정되거나 영업소를 설치한 자
자기자본 요건	금융투자업자의 자기자본이 인가업무 단위별 5억 원 또는 대통령령으로 정하는 금액 이상
인력 요건	• 임원의 요건: 아래에 해당하지 않은 자 　- 자격상 제한: 미성년자, 피성년후견인, 피한정후견인 　- 재산상 제한: 파산선고를 받고 복권되지 않은 자 　- 형사상 제한 　　① 금고 이상 실형 → 집행 종료·면제 후 5년 미경과한 자 　　② 금고 이상 집행유예 → 유예기간 중인 자 　　③ 금융관계법령 위반으로 벌금 이상 형 → 5년 미경과한 자 　- 행정처분 관련: 금융관계법령에 따른 허가·인가·등록 취소, 적기시정조치, 행정처분을 받은 임직원으로 처분일부터 5년 미경과한 자 　- 임직원 제재조치를 받은 자: 조치별로 대통령령으로 정한 기간이 미경과한 자 　- 기타: 금융투자업자의 공익성·건전경영·신용질서를 해칠 우려가 있는 자(대통령령으로 규정) • 최소 전문인력 요건 　- 집합투자업 및 신탁업: 각 필요업무에 2년 이상 종사한 경력이 있는 전문인력 　- 집합투자증권의 투자매매업자·투자중개업자: 투자권유자문인력 5인 이상 확보
물적시설 요건	투자자 보호와 금융투자업 영위를 위해 충분한 전산설비 및 기타 물적 설비 확보
사업계획 요건	• 실현 가능성: 수지전망이 현실적이고 타당하며, 경영 건전성을 유지할 수 있을 것 • 투자자 보호: 내부통제 장치를 갖추고 법령을 위반하지 않는 범위에서 투자자를 보호할 수 있을 것 • 신뢰성: 건전한 금융거래질서를 해치지 않고 신뢰성을 확보한 계획일 것
대주주 요건	• 기본 요건: 충분한 출자능력, 건전한 재무상태, 사회적 신용을 갖춰야 함 • 심사대상 대주주 범위: 최대주주, 주요 주주, 최대주주의 특수관계인인 주주, 최대주주가 법인인 경우 그 법인의 최대주주(사실상 지배자 포함) 및 대표자 • 대주주 요건: 대주주의 형태(금융기관, 내국법인, 내국 개인, 외국법인, 사모투자전문회사, 투자목적회사)에 따라 별도의 요건이 적용 • 대주주 요건 완화: 겸영 금융투자업자 및 금융투자업자가 다른 회사와 합병·분할·분할합병을 하는 경우 금융위원회는 대주주 요건을 완화할 수 있음
이해상충 방지체계 요건	금융투자업 수행 중 발생 가능한 이해상충 방지를 위한 장치 구비 필요

03 2장 자본시장 관련 법규
금융투자업자에 대한 규제·감독

❸ 금융투자업 인가 요건 유지 의무

의무 유지	금융투자업자는 인가·등록 후에도 인가 요건을 계속 유지해야 하며, 위반 시 금융위가 인가를 취소할 수 있음
자기자본 요건	매 회계연도 말 기준으로 자기자본이 인가업무단위별 최저 자기자본의 **70% 이상** 유지해야 함(다음 회계연도 말까지 보완되지 않으면 요건 미충족으로 간주)
대주주 요건	• 대주주의 출자능력, 재무건전성, 부채비율은 인가 요건 유지 의무에서 배제됨 • 최대주주의 경우 최근 5년간 벌금 5억 원 이상의 벌금형만을 적용 • 금융산업의 구조개선에 관한 법률에 따라 부실금융기관으로 지정된 금융기관의 최대주주, 주요주주, 특수관계인에 해당하지 않아야 함

❹ 금융투자업 등록 심사

신청인	금융위원회	금융감독원	금융위원회
금융위원회에 등록 신청	▶ 금융감독원에 등록 심사 의뢰	▶ 등록심사(요건확인, 사실조회) 후 금융위원회에 심사의견 송부	▶ 신청인에게 등록사실 공고 또는 등록 거부 통보

❺ 금융투자업 등록 요건

법인격 요건	주식회사, 금융기관 및 외국 금융투자업자로서 지정되거나 영업소를 설치한 자
자기자본 요건	• 등록업무 단위별로 일정 수준 이상의 자기자본을 갖출 것 • 둘 이상 등록업무 단위 영위 시 각 등록업무별 최저 자기자본 합산
인력 요건	• 임원의 요건: 아래에 해당하지 않은 자 　- 자격상 제한: 미성년자, 피성년후견인, 피한정후견인 　- 재산상 제한: 파산선고를 받고 복권되지 않은 자 　- 형사상 제한 　　① 금고 이상 실형 → 집행 종료·면제 후 5년 미경과한 자 　　② 금고 이상 집행유예 → 유예기간 중인 자 　　③ 금융관계법령 위반으로 벌금 이상 형 → 5년 미경과한 자 　- 행정처분 관련: 금융관계법령에 따른 허가·인가·등록 취소, 적기시정조치, 행정처분을 받은 임직원으로 처분일부터 5년 미경과한 자 　- 임직원 제재조치를 받은 자: 조치별로 대통령령으로 정한 기간이 미경과한 자 　- 기타: 금융투자업자의 공익성·건전경영·신용질서를 해칠 우려가 있는 자 • 전문인력: 투자자문업 1인 이상, 투자일임업 2인 이상, 둘 다 영위 시 각각의 인력 요건 충족하는 자(총 3인 이상) 확보 필요

03 금융투자업자에 대한 규제·감독

2장 자본시장 관련 법규

대주주 요건	• 최근 5년간 금융 관련 법령 위반으로 벌금형 이상 처벌을 받은 사실이 없는 자 • 최근 5년간 채무불이행 등으로 신용질서를 해친 사실이 없는 자 • 부실금융기관(금산법상) 또는 영업허가·인가 취소된 금융기관의 대주주·특수관계인이 아닌 자 • 금융위가 정한 건전한 금융거래질서를 해친 사실이 없는 자
이해상충 방지체계 요건	금융투자업 수행 중 발생 가능한 이해상충 방지를 위한 장치 구비 필요

6 건전성 규제

회계처리	• 회계처리 기준
	  - 금융투자업자의 회계처리는 한국채택국제회계기준(K-IFRS)에 따름
	  - 한국채택국제회계기준(K-IFRS)에 규정되지 않은 사항은 금융투자업규정과 시행세칙을 따름
	  - 투자중개업자는 투자자의 예탁재산과 자신의 재산을 구분하여 관리해야 함
	• 적용 기준
	  - 종속회사가 연결되지 않은 금융투자업자의 재무제표를 기준으로 함
	  - 자체 작성 재무제표와 외부감사인 수정본이 다를 경우, 외부감사인 수정본을 기준으로 산정
	  - 금융투자업자가 실질적으로 자신의 계산과 판단으로 운용하는 금전·재산을 타인 명의로 신탁한 경우, 금융투자업자 소유로 간주

자산건전성	• 자산건전성의 분류
	  - 금융투자업자는 매 분기마다 자산·부채를 정상·요주의·고정·회수의문·추정손실의 5단계로 분류하고, 분기 말 기준 '고정' 이하 자산에 대해서는 회수예상가액을 산정해야 함
	  - 금융감독원장은 자산건전성 분류·충당금 적립의 적정성을 점검하고, 부적정 시 시정을 요구할 수 있음
	  - 금융투자업자는 '회수의문' 또는 '추정손실' 자산의 조기 상각을 통해 건전성을 확보해야 함
	  - 금융투자업자는 분류기준의 설정·변경, 분류 결과, 충당금 적립 결과를 금융감독원장에게 보고해야 함
	• 충당금의 적립기준
	  - 건전성 분류가 필요한 자산에 대해 한국채택국제회계기준(K-IFRS)에 따라 대손충당금을 적립
	  - 대손충당금 적립액이 아래 합계액에 미달할 경우, 부족분은 대손준비금으로 추가 적립해야 함
	    ① 정상 분류자산의 0.5%
	    ② 요주의 분류자산의 2%
	    ③ 고정 분류자산의 20%
	    ④ 회수의문 분류자산의 75%
	    ⑤ 추정손실 분류자산의 100%
	• 예외: 채권중개전문회사와 다자간매매체결회사에는 자산건전성 분류 및 대손충당금 적립기준 규정이 적용되지 않음

순자본 비율 규제	• 금융투자업자가 보유한 자기자본으로 위험 대비 건전성을 유지하여 투자자를 보호하도록 하는 제도(금융감독당국의 주요 감독수단이자, 금융투자업자의 경영활동에 핵심적인 제도)
	• 적기시정조치
	  - 금융투자업자는 순자본비율 100% 이상을 유지해야 함
	  - 순자본비율이 일정 수준에 미달하는 금융투자업자에 대해 단계별 경영개선조치
	    ① 순자본비율 50% 이상~100% 미만: 경영개선 권고
	    ② 순자본비율 0% 이상~50% 미만: 경영개선 요구
	    ③ 순자본비율 0% 미만: 경영개선 명령

03 금융투자업자에 대한 규제·감독

2장 자본시장 관련 법규

순자본 비율 규제	• 기본원칙 – 순자본비율 산정의 기초가 되는 금융투자업자의 자산·부채·자본은 연결재무제표에 계상된 장부가액에서 평가성 충당금을 차감한 금액을 기준으로 함 – 시장위험과 신용위험을 동시에 내포한 자산에 대해서는 시장위험액과 신용위험액을 모두 산정함 – 원칙적으로 영업용순자본 차감항목에 대해서는 위험액을 산정하지 않음 – 영업용순자본 차감항목과 위험액 산정대상 자산 간에 위험회피 효과가 있는 경우, 해당 자산의 위험액은 감액 가능 – 원칙적으로 부외자산과 부외부채도 위험액을 산정 • 영업용순자본 = 자산 − 부채 − 차감항목 + 가산항목 ▶ 기준일 현재 금융투자업자의 순자산 가치 – 차감항목: 재무상태표상 자산 중 즉시 현금화가 어려운 자산 – 가산항목: 재무상태표상 부채로 계상되어 있으나 실질적으로 채무이행 의무가 없거나 자본의 보완적 기능을 수행하는 항목 • 총위험액 = 시장위험액 + 신용위험액 + 운영위험액 ▶ 금융투자업자가 영업 과정에서 직면할 수 있는 손실을 사전에 예측·계량화한 것 • 필요 유지 자기자본: 금융투자업자가 영위하는 인가업무 또는 등록업무 단위별 요구 자기자본을 합산한 금액 • 순자본비율 = $\dfrac{\text{영업용순자본} - \text{총위험액}}{\text{필요 유지 자기자본}}$

❼ 경영실태평가

개념	금융감독원장이 금융투자업자(전업투자자문·일임업자제외)의 경영 및 재무건전성 판단을 위해 자산과 업무상태 및 위험을 검사를 통해 종합적·체계적으로 분석·평가하는 절차
대상	금융투자업자의 본점, 해외 현지법인, 해외지점 등
평가 구분	금융투자업자의 종류에 따라 공통부분(자본적정성, 수익성, 내부통제)과 업종부분(유동성, 안전성 등)으로 구분하여 다음의 5등급 체계로 평가 ① 1등급(우수) ② 2등급(양호) ③ 3등급(보통) ④ 4등급(취약) ⑤ 5등급(위험)

❽ 적기시정조치

구분	발생 요건(다음 중 하나 이상)	주요 조치사항
경영개선 권고	• 순자본비율이 100% 미만 • 경영상태평가 결과 종합평가등급 3등급 이상이면서 자본적정성 부문이 4등급 이하 • 금융사고·부실채권 등 위험 발생 • 2년 연속 적자이며 레버리지 비율 900% 초과 • 레버리지 비율 1,100% 초과	• 인력 및 조직운영의 개선 • 경비절감 • 점포·조직의 효율화 • 부실사업정리 • 신규 업무 진출 제한 • 자본금 증액·감액 • 영업용순자본비율 산정 기준 변경 또는 특별대손충당금 설정 • 보고의무 부과: 금융투자업자는 순자본비율 100% 미만 시 익월 20일까지 금융감독원장에게 매달 보고해야 함(100% 이상 회복 시까지)

03 2장 자본시장 관련 법규
금융투자업자에 대한 규제·감독

경영개선 요구	• 순자본비율 50% 미만 • 경영상태평가 결과 종합평가등급이 4등급 이하 • 2년 연속 적자이며 레버리지 비율 1,100% 초과 • 레버리지 비율 1,300% 초과	• 고위험자산 보유 제한 및 자산 처분 • 점포의 폐쇄, 통합 또는 신설 제한, 영업 일부 정지 • 조직 축소, 자회사 정리, 임원 교체 요구 • 합병, 제3자 인수, 영업의 전부·일부 양도, 금융지주회사 자회사 편입 등 계획수립 조치
경영개선 명령	• 순자본비율 0%(영업용순자본비율의 경우 100% 미만) • 부실금융기관에 해당하는 경우	• 주식의 일부 또는 전부 소각 • 임원 직무집행 정지 및 관리인 선임 • 합병 또는 금융지주회사 자회사 편입, 제3자의 인수 • 영업의 전부 또는 일부 양도, 6개월 이내의 영업정지 • 계약의 전부 또는 일부 이전
적기시정조치 유예	경영개선 권고·요구·명령 요건에 해당하더라도 자본확충 또는 자산매각 등으로 단기간 내 회복 가능하다 판단되는 경우	일정 기간 조치 유예 가능

9 경영개선 계획의 제출 및 평가

제출 기한	적기시정조치를 받은 금융투자업자는 조치일로부터 2개월 이내에 조치권자가 정한 기한 내 경영개선 계획을 금융감독원장에게 제출해야 함
승인 기한	금융감독원장은 계획서 제출일로부터 1개월 이내에 승인 여부 결정
경영개선 계획의 이행기한	• 경영개선 권고: 계획 승인일로부터 6개월 이내 • 경영개선 요구: 계획 승인일로부터 1년 이내 • 경영개선 명령: 금융위가 정한 기한 이내
이행 상황 보고	금융투자업자는 매 분기 말부터 10일 이내, 경영개선 계획의 이행 실적을 금융감독원장에게 제출해야 함
추가 조치 가능성	경영개선 계획의 이행이 미흡하거나, 관련 제도 변경 등 외부 사유로 이행 곤란 판단 시 수정요구 또는 일정 기한 내 이행 촉구 등의 조치 가능

10 긴급조치

사유 (긴급조치 발동 요건)	• 발행한 어음이나 수표가 부도 처리되거나 은행과의 거래가 정지·금지된 경우 • 유동성이 급격히 악화되어 투자자 예탁금 등을 지급할 수 없는 상태에 이른 경우 • 휴업이나 영업정지 등 돌발사태로 정상적인 영업이 불가능하거나 곤란해진 경우
조치 (금융위가 명할 수 있는 조치사항)	• 투자자예탁금 등의 일부 또는 전부 반환 방법 지정 또는 지급 정지 • 투자자예탁금 등의 수탁 금지 또는 타 금융투자업자로 이전 • 재무제표 작성 및 공시 금지, 경영개선 명령 조치 • 증권 및 파생상품 매매 제한

04. 투자매매·중개업자에 대한 영업행위규제

2장 자본시장 관련 법규

① 매매 또는 중개업무 관련 규제

매매형태의 명시	• 투자매매업자 또는 중개업자는 투자자에게 자신이 투자매매업자인지 중개업자인지 사전에 명시해야 함 • 미이행 시 1년 이하 징역 또는 3천만 원 이하 벌금
자기계약의 금지	• 동일 상품을 자기 명의로 매매하여 상대방이 투자중개업자인 줄 알게 해서는 안 됨 • 단, 증권시장 등에서 가격이 공정하게 형성되고, 법령상 예외가 인정된 경우 허용
최선집행의무	• 투자자의 청약·주문을 대통령령으로 정하는 기준에 따라 최선의 조건으로 집행해야 함 • 적용 제외: 비상장주식, 장외파생, 집합투자증권 등 • 집행기준에는 가격, 수수료, 주문규모 등 고려사항 포함 • 투자자가 청약·주문 집행 후 최선집행기준에 따른 처리 여부 증명을 요구하면, 금융위 고시 기준과 방법에 따라 이를 서면 등으로 제공해야 함
자기주식의 예외적 취득	• 투자매매업자가 발행한 자기주식 중 증권시장에서의 매매단위 미만 주식에 대해 투자자가 매도 청약을 한 경우, 투자매매업자는 이를 증권시장 밖에서 취득할 수 있음 • 다만, 이렇게 취득한 자기주식은 취득일로부터 3개월 이내에 처분해야 함
임의매매 금지	• 투자매매업자 또는 중개업자는 투자자 또는 대리인의 사전 청약 또는 주문 없이 투자자로부터 예탁받은 재산을 매매해서는 안 됨 • 투자자로부터 매매에 대한 위탁 또는 위임이 있는 일임매매와 구분 • 위반 시 5년 이하 징역 또는 2억 원 이하 벌금

② 불건전 영업행위의 금지

개요	• 투자매매업자·중개업자는 투자자 보호와 시장의 건전성을 해칠 우려가 있는 행위가 금지됨 • 위반 시 5년 이하의 징역 또는 2억 원 이하의 벌금

선행매매금지	• 투자중개업자·투자매매업자는 투자자로부터 시장에 중대한 영향을 줄 수 있는 매수·매도 청약이나 주문을 받은 경우, 그 주문을 체결하기 전에 자기 계산으로 매매하거나 제3자에게 매매를 권유하는 행위는 금지됨
	• 선행매매에 해당하지 않는 경우
	  – 투자자의 매매주문 정보를 이용하지 않았음을 명확히 입증한 경우
	  – 증권시장과 파생상품시장 간의 가격차이를 이용한 차익거래 등 투자자 정보를 의도적으로 이용하지 않았음이 객관적으로 명백한 경우

조사분석자료 공표 후 매매금지	• 투자매매업자 또는 투자중개업자는 특정 금융투자상품의 가치에 대한 주장이나 예측이 담긴 조사분석자료를 공표할 때, 그 내용이 사실상 확정된 시점부터 공표 후 24시간이 지나기 전까지는 해당 금융투자상품을 자기 계산으로 매매(스캘핑)할 수 없음
	• 조사분석자료 공표 후 매매금지 적용 예외
	  – 조사분석자료가 특정 금융투자상품의 매매를 직접·간접적으로 유도하지 않는 경우
	  – 공표로 인한 매매 유발이나 가격 변동을 의도적으로 이용하지 않은 경우
	  – 공표된 조사분석자료를 이용하지 않았음을 입증한 경우
	  – 해당 자료가 이전에 공표된 조사분석자료와 비교하여 새로운 내용이 없는 경우

04. 투자매매·중개업자에 대한 영업행위규제

2장 자본시장 관련 법규

작성자 성과보수 금지	• 조사분석자료 작성자는 일정한 기업금융업무와 연동된 성과보수를 받을 수 없음
	• 성과보수 연동 금지 대상 업무
	  – 기업의 인수업무
	  – 모집·사모·매출 주선 업무
	  – 기업 M&A 중개·주선·대리 업무, 기업 M&A 관련 자문 업무
	  – 경영참여형 사모집합투자기구의 집합투자재산 운용 업무
	  – 프로젝트 금융 자문·주선 업무 및 이에 수반되는 프로젝트 금융

모집·매출 관련 자료 공표 금지	투자매매업자나 투자중개업자는 주권 등 특정 증권의 모집·매출 계약을 체결한 날부터 해당 증권이 최초로 증권시장에 상장된 후 40일 이내에는 조사분석자료를 공표하거나 특정인에게 제공할 수 없음
투자권유 제한	투자매매업자나 투자중개업자는 투자권유대행인 또는 투자권유자문인력이 아닌 자에게는 투자권유를 시킬 수 없음
일임매매 금지	투자매매업자나 투자중개업자는 투자자로부터 투자판단을 전부 또는 일부 일임받아, 투자자별로 구분하여 금융투자상품을 취득·처분하거나 운용하는 일임매매를 할 수 없음

❸ 신용공여에 관한 규제

개요	• 신용공여란 증권과 관련하여 금전 융자 또는 증권 대여 방식으로 투자자에게 신용을 제공하는 행위를 말함(청약자금대출, 신용거래융자 등) • 신용공여는 원칙적으로 투자매매업자·투자중개업자의 고유업무가 아니나, 증권 관련인 경우에 한해 예외적으로 허용됨

기준과 방법	• 투자매매업자 또는 투자중개업자는 다음 중 어느 하나에 해당하는 방법으로만 투자자에게 신용을 공여할 수 있음
	  – 증권 매매대금을 융자하거나 매도 증권을 대여
	  – 보유·예탁 증권을 담보로 금전 융자
	• 구체적인 기준과 담보비율 및 징수방법
	  – 신용공여 약정: 투자자와의 약정 체결 및 본인 확인(기명날인 또는 서명)
	  – 회사별 총 한도: 자기자본 범위 내
	  – 담보비율: 신용공여금액의 140% 이상(신용거래 대주는 105% 이상)
	• 담보 평가
	  – 청약주식: 취득가액(상장 후에는 당일 종가)
	  – 상장주권·ETF: 당일 종가
	  – 채권·ELS: 채권평가회사 2곳 이상이 제공하는 정보로 산정한 가격
	  – 집합투자증권: 당일에 고시된 기준가격
	• 임의상환방법: 투자매매업자·투자중개업자는 투자자가 채무상환·추가담보·수수료 납입을 이행하지 않을 경우, 다음 영업일에 투자자 계좌의 현금을 우선 충당하고, 부족분은 담보증권 등 예탁증권을 임의 처분해 채무 변제에 사용할 수 있음
	• 신용거래 등의 제한: 신용거래로 매매할 수 있는 증권은 상장주권(관련 예탁증권 포함)과 상장지수집합투자증권(ETF)에 한함
	• 투자매매업자는 증권 인수일부터 3개월 이내에는 투자자에게 해당 증권 매수를 위한 금전 융자나 기타 신용공여를 할 수 없음

05 집합투자업자의 영업행위 규칙

2장 자본시장 관련 법규

1 집합투자업자 행위 규칙

선관의무 및 충실의무	자본시장법은 모든 금융투자업자에게 신의성실의 원칙을, 집합투자업자·자문·일임업자·신탁업자에게는 선관주의와 충실의무를 부과하고 있음
투자신탁재산의 자산운용의 지시 및 실행	• 투자신탁은 법인격이 없으므로 집합투자업자는 운용지시만 내리고, 실제 거래와 보관은 신탁업자의 명의로 이루어짐 • 투자회사는 법인격이 있으므로 집합투자업자가 대표기관(법인이사)으로서 회사 명의로 직접 자산을 운용(단, 투자신탁의 경우에도 대통령령이 정한 특정 자산에 대해서는 집합투자업자가 직접 취득·처분이 가능함)

자산운용의 제한	• 동일종목 증권 투자 제한
	  − 각 집합투자기구 자산총액의 10%를 초과하여 동일종목 증권 투자 금지
	  − 예외
	    ① 100% 투자 가능: 국채, 한국은행통화안정증권, 정부보증채 등
	    ② 30% 투자 가능: 지방채·특수채, 금융기관 발행 어음·CD·채권 등
	• 동일 지분증권 투자 제한
	  − 전체 집합투자기구 기준: 동일 법인이 발행한 지분증권 총수의 20% 초과 투자 금지
	  − 개별 집합투자기구 기준: 동일 법인이 발행한 지분증권 총수의 10% 초과 투자 금지
	  − 예외(발행 총수의 100%까지 투자 가능): 부동산 개발회사 발행 지분증권, 부동산 투자목적회사 발행 지분증권 등

자기 집합투자 증권의 취득 제한	집합투자기구는 자기 계산으로 자사의 집합투자증권을 취득하거나 이를 질권 목적으로 받을 수 없음

금전차입, 대여 등의 제한	• 집합투자업자는 집합투자재산 운용 시 집합투자기구의 계산으로 금전을 차입할 수 없음
	  − 예외: 대량 환매청구 발생, 대량 매수청구 발생
	  − 차입한도 = 순자산 총액의 10% 이하
	• 집합투자업자는 집합투자재산 운용 시 금전을 대여할 수 없음
	  − 금융기관에 대한 30일 이내 단기대출은 예외적으로 허용
	• 집합투자재산은 해당 집합투자기구 외의 제3자를 위한 채무보증이나 담보 제공에 사용할 수 없음

이해관계인과의 거래 제한 등	• 이해관계인과의 거래는 원칙적으로 금지되나, 아래의 경우에는 예외적으로 허용
	  − 이해관계인이 되기 6개월 이전에 체결한 계약에 따른 거래
	  − 증권시장 등 공개시장을 통한 거래
	  − 일반적 조건과 비교해 집합투자기구에 유리한 거래
	• 이해관계인: 집합투자업자 및 계열회사의 임직원과 그 배우자, 집합투자업자의 대주주·배우자 등

성과보수의 제한	• 공모 집합투자기구는 운용실적과 연동된 성과보수를 미리 정해진 산정방식에 따라 받는 것이 원칙적으로 금지됨
	• 단, 아래 요건 모두 충족 시 성과보수 취득 가능
	  − 집합투자업자가 임의로 변경할 수 없는 객관적인 지표·수치(기준 지표 등)를 기준으로 산정
	  − 운용성과가 기준 지표보다 낮으면 성과보수를 적용하지 않고, 일반 운용보수도 더 적게 받는 보수 체계를 갖출 것
	  − 환매금지형 집합투자기구는 최소 존속기한이 1년 이상, 기타 집합투자기구는 존속기한이 없을 것
	  − 성과보수의 상한을 정할 것

06 신탁업자의 영업행위 규칙

2장 자본시장 관련 법규

❶ 신탁

의의	위탁자와 수탁자 간의 특별한 신임관계에 기반하여 설정되는 법률관계

성립	• 신탁의 법률관계를 창설하는 행위를 신탁의 설정이라 하며, 이를 위해서는 신탁행위가 필요함
	• 신탁의 설정방법
	  – 위탁자와 수탁자의 신탁계약
	  – 위탁자의 유언
	  – 신탁선언

주요 특징	• 신탁재산의 독립성
	  – 위탁자로부터의 독립: 신탁이 설정되면 재산은 수탁자 명의의 독립된 재산이 되어, 위탁자의 채권자가 강제집행할 수 없음
	  – 수탁자로부터의 독립: 신탁 설정으로 이전된 재산은 수탁자 명의의 독립된 목적재산으로, 수탁자의 고유재산과 구분·관리·계산되며, 따라서 신탁재산은 수탁자 채권자의 강제집행이나 수탁자 도산절차에서도 보호됨
	• 신탁재산의 물상대위성: 신탁재산의 관리·처분·운용·개발·멸실·훼손 등으로 수탁자가 새로 얻은 재산도 신탁재산에 속함

❷ 신탁업

의의	신탁업은 자본시장법상 금융투자업의 하나로 금융위 인가를 받은 금융투자업자가 영업할 수 있으며, 신탁관계는 신탁법에 따라 규율되지만 신탁업은 자본시장법에 따라 규율됨

인가	• 자본시장법은 신탁업자가 수탁할 수 있는 재산의 범위를 열거하고, 재산의 종류에 따라 신탁업 인가단위를 구분함
	• 신탁업자가 수탁할 수 있는 재산: 금전, 증권, 금전채권, 동산, 부동산, 부동산 관련 권리, 무체재산권 등
	• 신탁업 인가업무단위
	  – 종합신탁: 금전, 증권, 금전채권, 동산, 부동산, 지상권 등 부동산 관련 권리, 무체재산권 수탁 가능
	  – 금전신탁: 금전만 수탁 가능
	  – 재산신탁: 금전을 제외한 재산만 수탁 가능
	  – 부동산신탁: 동산, 부동산, 지상권, 임차권 등 부동산 관련 권리만 수탁 가능

종류	• 금전신탁
	  – 불특정금전신탁: 위탁자가 금전의 운용방법을 지정하지 않는 금전신탁
	  – 특정금전신탁: 위탁자가 금전의 운용방법을 지정하는 금전신탁
	• 재산신탁: 신탁업 인가업무단위, 인가조건 등에 따라 다양하게 구분
	• 부동산신탁: 토지개발신탁, 토지관리신탁, 관리신탁, 처분신탁, 담보신탁, 분양관리신탁

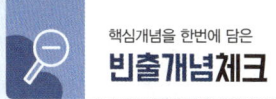

07 증권 발행·유통시장 공시제도

2장 자본시장 관련 법규

❶ 증권신고서 제도

개요	불특정 다수인을 대상으로 증권시장이 아닌 곳에서 증권을 발행하거나 분매할 때, 해당 증권과 발행인에 관한 정보를 투자자에게 알리기 위해 마련된 제도
모집·매출	• 모집: 신규 발행 증권의 청약 권유 　- 일정한 방법에 따라 산출한 50인 이상의 투자자에게 새로 발행되는 증권의 취득을 청약하게 하는 행위 • 매출: 기존 발행 증권의 매도 권유 　- 증권시장 외부에서 일정한 방법에 따라 산출한 50인 이상의 투자자에게 이미 발행된 증권을 매도 또는 청약 권유하는 행위 • 50인 산정방법 　- 청약 권유일 이전 6개월 이내에, 해당 증권과 동일한 종류의 증권을 모집이나 매출 방식이 아닌 다른 방식으로 청약 권유받은 자는 모두 합산(동일 종류 증권을 분할하여 판매함으로써 사모의 형식을 가장하는 것을 방지하기 위한 취지) 　- 전문가(전문투자자, 회계법인, 신용평가업자, 회계사, 변호사, 세무사 등), 연고자(최대주주 및 지분 5% 이상 주주, 임원 및 우리사주조합원 등)는 합산 제외됨 • 청약 권유 대상이 50인 미만이라도, 발행 후 1년 이내에 50인 이상에게 양도될 가능성이 있으면 모집으로 간주(간주모집)
적용 면제증권	국채·지방채, 법률에 의해 직접 설립된 법인이 발행한 채권 등 대통령령으로 정한 충분히 공시되고 투자자 보호가 보장된 증권은 증권신고서에 관한 규정이 적용되지 않음
신고대상 모집 또는 매출 금액	• 모집가액 또는 매출가액의 합계가 10억 원 이상인 경우, 발행인은 금융위원회에 증권신고서를 제출해야 함 • 소액공모 공시제도: 증권신고서 제출의무가 없는 모집 또는 매출의 경우에도 발행인은 투자자 보호를 위해 재무상태에 관한 사항 등 일정한 사항을 공시하는 등의 조치를 취해야 함
신고의무자	해당 증권의 발행인

❷ 정기공시

제출 대상	• 주권상장법인 및 해당 법인은 사업보고서, 반기보고서, 분기보고서를 일정한 기한 내에 금융위와 거래소에 제출하여야 함 • 해당 법인 　- 주권 외의 지분증권, 무보증사채권, 전환사채권 등을 증권시장에 상장한 발행인 　- 주권 및 지분증권 등을 모집 또는 매출한 발행인 　- 외부감사대상 법인으로, 증권별로 금융위가 정하여 고시하는 방법에 따라 계산한 증권의 소유자 수가 500인 이상인 발행인
제출 면제	• 파산하거나 해산사유가 발생해 사업보고서 제출이 사실상 불가능한 경우 • 상장폐지 요건 충족＋발행인에게 책임이 없는 사유로 제출 불가한 점을 금융위에 확인 받은 경우 • 모집·매출한 증권별 소유자 수가 모두 25인 미만인 경우(다만, 감소한 연도의 보고서는 제출) • 주주 500인 이상 발행인 중 증권별 소유자 수가 모두 300인 미만인 경우(다만, 감소한 연도의 보고서는 제출)

07 증권 발행·유통시장 공시제도

2장 자본시장 관련 법규

제출 기한	사업보고서 제출대상 법인은 사업보고서는 사업연도 종료 후 **90일** 이내, 반기·분기보고서는 종료일로부터 **45일** 이내에 각각 금융위와 거래소에 제출해야 함
기재 사항	• 대표이사와 담당 이사의 서명 • 회사 개요 • 이사회 등 기관 및 계열회사 현황 • 주주 현황 • 임원 및 직원 관련 사항 • 대주주 및 특수관계인, 임직원과의 거래 내용 • 재무사항 및 부속명세 • 회계감사인의 감사의견 • 금융위가 정한 기타 공시 필요사항

❸ 주요 사항 보고제도

개요	• 보고 사항: 회사 존립·조직 재편성·자본 증감 등 중요한 사항과 일부 특수공시 사항 → 주요 사항 보고서로 규정 • 제출기한: 사유 발생 다음 날까지 금융위에 제출 • 이외의 공시사항은 거래소가 운영하는 자율공시제도(수시공시)로 이원화되었으며, 이는 사업보고서 제출대상 법인과 거래소 간의 자율공시 방식에 따름(법적 제재 불가)
제출대상	주요 사항 보고제도는 정기보고서(사업·반기·분기보고서)를 보완하기 위한 제도로서, 제출 대상은 사업보고서 제출대상 법인과 동일함

❹ 수시공시제도

개요	기업에 관한 중요한 변화가 발생하는 경우 이를 거래소에 신고하는 제도

유형	• 주요 경영사항 신고·공시: 주권상장법인은 거래소 공시규정에서 정하는 주요 경영사항이 발생하거나 결정된 경우, 그 내용을 사유 발생 당일 또는 다음 날까지 거래소에 신고해야 함
	• 자율공시: 기업의 자율적인 판단 및 책임하에 공시
	• 조회공시
	  – 풍문이나 시황 변동 발생 시, 거래소가 상장기업에 중요 정보 여부를 확인·공시하도록 요구하는 제도
	  – 풍문·보도 관련 조회공시: 요구 시점이 오전이면 당일 오후까지, 오후면 다음 날 오전까지 답변해야 함
	  – 시황 급변 관련 조회공시: 요구받은 날로부터 1일 이내(다음 날까지) 답변해야 함

공정공시	• 상장기업이 애널리스트나 기관투자자 등 특정인에게만 중요 정보를 제공하려는 경우, 모든 투자자가 동등하게 알 수 있도록 사전에 증권시장을 통해 먼저 공시하도록 한 제도 • 수시공시제도를 보완하기 위한 제도이므로, 공정공시를 이행하였다고 해서 다른 수시공시의무가 면제되는 것은 아님

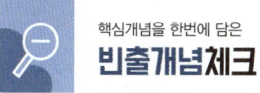

08 기업의 인수합병(M&A) 관련 제도

2장 자본시장 관련 법규

① 공개매수제도

정의	증권시장 외에서 불특정 다수를 대상으로 주식 등의 장외 매수에 대해 절차, 방법 등을 규정하고 내용을 공시하도록 하는 제도
공개매수 의의	• 불특정 다수인에게 의결권 있는 주식 등의 매수·매도 청약을 권유하거나 증권시장 밖에서 이를 매수하는 행위 • 증권시장 외 경쟁매입이 아닌 방법으로 체결되는 경우도 포함
공개매수 의무	주식 등을 6개월간 증권시장 밖에서 10인 이상으로부터 매수하려는 자가, 그 결과 본인과 특별관계자의 보유주식 합계가 발행주식 총수의 5% 이상이 되는 경우 반드시 공개매수를 해야 함

적용대상 증권	• 주권상장법인이 발행한 증권
	  - 주권, 신주인수권 표시된 것, 전환사채권, 신주인수권부사채권
	  - 위와 교환 가능한 교환사채권
	  - 위를 기초자산으로 한 파생결합증권
	• 주권상장법인 외의 자가 발행한 증권
	  - 위와 동일한 관련 증권들로서 교환·기초자산 기능이 있는 경우 포함

공개매수 의무자	• 특정인에 한정되지 않고, 본인과 일정한 관계가 있는 자까지 확대하여, 특별관계자는 특수관계인과 공동보유자를 말함 • 특수관계인이 보유한 주식 수가 1,000주 미만이거나 공동보유자가 아님을 입증한 경우에는 공개매수 및 5% 보고제도 적용 시 특수관계인에서 제외됨
공개매수 적용 면제	• 소각 목적으로 주식을 매수하는 경우 • 주식매수청구권 행사에 응한 주식 매수 • 신주인수권·전환사채·신주인수권부사채·교환사채 권리행사에 따른 주식 매수 • 파생결합증권 권리행사에 따른 주식 매수 • 특수관계인으로부터의 주식 매수 • 그 밖에 다른 투자자의 이익을 해칠 우려가 없는 경우로, 금융위가 정하여 고시한 주식 매수

② 공개매수 절차

공고	공개매수를 하고자 하는 자는 공개매수신고서를 제출하기 전에, 공개매수 관련 사항(공개매수인, 공개매수 주식등의 발행인 등)을 전국 보급 일반 일간신문 또는 경제 전문 일간신문 중 2종 이상에 공고해야 함

▼

공개매수 신고서의 제출	공개매수자는 공개매수공고일에 금융위와 거래소에 공개매수기간·가격·결제일 등 조건을 기재한 공개매수신고서를 제출하고, 그 사본을 대상 회사에 송부해야 함

▼

08 2장 자본시장 관련 법규
기업의 인수합병(M&A) 관련 제도

발행인의 의견표명	• 공개매수신고서 사본 송부 및 공고
	  – 공개매수자(또는 정정신고서 제출자)는 지체 없이 그 사본을 발행인에게 송부해야 함
	  – 정정신고서를 제출한 경우에는 정정 사실과 공고사항을 지체 없이 공고해야 함
	• 발행인의 의견표명 방법
	  – 발행인은 광고·서신(전자우편 포함) 등 문서 방식으로 찬성·반대·중립 의견과 그 이유를 표명해야 함
	  – 의견에 중대한 변경이 생기면 같은 방법으로 즉시 변경 사실을 통지해야 함
	  – 발행인이 의견을 표명한 경우, 그 문서를 지체 없이 금융위와 거래소에 제출해야 함

▼

공개매수의 실시	• 공개매수기간
	  – 신고서 제출일로부터 20일 이상~60일 이내
	  – 정정신고서 제출 시 종료일
	    ① 종료일 전 10일 이내 제출: 제출일로부터 10일 경과 시
	    ② 종료일 전 10일 이내에 제출하지 않은 경우: 공개매수기간이 종료하는 날
	• 공개매수설명서 작성 및 제출
	  – 공개매수자는 공고일에 금융위·거래소에 설명서를 제출해야 함
	  – 설명서는 사무취급자 본점·지점·금융위·거래소에 비치해 열람이 가능해야 함
	  – 설명서 내용은 신고서와 동일해야 하며 누락·불일치 불가
	• 공개매수설명서 교부
	  – 공개매수자는 설명서를 미리 교부하지 않고는 매도자의 주식을 매수할 수 없음
	  – 공개매수설명서가 전자문서의 방법에 따르는 때에는 다음의 요건을 모두 충족하는 때에 이를 교부한 것으로 간주
	    ① 수신자가 전자문서 수령에 동의할 것
	    ② 수신자가 받을 매체와 장소를 지정할 것
	    ③ 수신자가 실제로 수령한 사실이 확인될 것
	    ④ 내용이 서면 설명서와 동일할 것
	• 공개매수기간 중 별도 매수 금지
	  – 공개매수자, 그 특수관계인, 사무취급자는 공시일부터 종료일까지는 공개매수 외의 방법으로 주식을 매수할 수 없음
	  – 예외적으로 허용되는 경우
	    ① 공개매수 공고 전에 이미 체결된 계약으로서, 그 계약이 공시·신고서에 기재된 경우
	    ② 사무취급자가 공개매수자·특수관계자가 아닌 제3자로부터 매수 위탁을 받은 경우

▼

공개매수의 철회	• 원칙적으로 공개매수자는 공고일 이후에 공개매수를 철회할 수 없지만, 대항공개매수가 있는 경우, 공개매수자가 사망·해산·파산한 경우, 기타 투자자 보호에 지장이 없는 예외적 사유가 있는 경우 등에는 공개매수기간의 말일까지 철회할 수 있음 • 공개매수자가 공개매수를 철회하려면 반드시 철회신고서를 금융위와 거래소에 제출해야 하며, 동시에 그 내용을 공고하고 철회신고서 사본은 발행인에게 송부해야 함

08

2장 자본시장 관련 법규
기업의 인수합병(M&A) 관련 제도

③ 주식등의 대량보유상황 보고제도

개요	주권상장법인의 주식 등을 총수의 5% 이상 보유하거나 이후 보유비율·목적이 변경되는 경우, 이를 보고하여 공시하도록 하는 제도(5% Rule)
보고의무자	본인과 특별관계자를 합하여 주권상장법인의 주식 등을 5% 이상 보유하게 된 자 또는 보유하고 있는 자
보고사유	• 신규보고: 주식등을 새로 5% 이상 보유하게 되는 경우 • 변동보고: 5% 이상 보유자가 보유비율의 1% 이상 변동되는 경우
보고의무의 면제	• 보유 주식 수가 변동되지 않은 경우 • 주주가 가진 주식 수에 따라 배정된 신주만 취득한 경우 • 주주배정으로 받은 신주인수권에 의해서만 보유 주식 수가 늘어난 경우 • 자본감소로 보유 주식 비율만 변동된 경우 • 신주인수권부사채, 전환사채, 교환사채의 권리행사로 인한 발행·교환 시 가격 조정만으로 주식 수가 증가한 경우
보고내용	• 대량보유자 및 특별관계자 현황 • 보유주식 등의 발행인 관련 사항 • 보유 변동 사유 • 취득·처분 일자, 가격, 방법 • 보유 형태 • 취득 자금 조성 내역(차입 시 차입처 포함) • 기타 위와 관련된 세부사항
보고기준일	• 주권비상장법인이 발행한 주권이 상장된 경우: 상장일 • 흡수합병을 한 경우: 합병일 • 신설합병을 한 경우: 상장일 • 증권시장에서 주식등을 매매한 경우: 계약 체결일 • 증권시장 밖에서 주식등을 취득한 경우: 계약 체결일 • 증권시장 밖에서 주식등을 처분한 경우: 대금 수령일과 주식 인도일 중 먼저 도래하는 날 • 유상증자로 배정된 신주를 취득한 경우: 주금 납입일의 다음 날 • 주식등을 차입한 경우: 차입 계약 체결일 • 주식등을 상환한 경우: 해당 주식등을 인도한 날 • 주식등을 증여받은 경우: 민법상 효력 발생일 • 주식등을 증여한 경우: 해당 주식등을 인도한 날 • 상속으로 주식등을 취득한 경우(상속인 1인): 단순승인·한정승인 확정일 • 상속으로 주식등을 취득한 경우(상속인 2인 이상): 재산분할 종료일

09 2장 자본시장 관련 법규
집합투자기구

❶ 집합투자기구

개념	• 집합투자란 2인 이상의 투자자로부터 자금을 모아 투자자부터 일상적인 운용지시 없이 재산적 가치가 있는 투자대상 자산을 취득·처분·운용하고 그 결과를 투자자 또는 각 기금관리주체에게 배분하는 것을 말함(즉, 집합투자기구는 투자자들로부터 자금을 모아 운용하는 기구를 말함) • 구성형태: 투자신탁, 투자회사(투자회사, 투자유한회사, 투자유한책임회사, 투자합자회사), 투자조합(투자합자조합, 투자익명조합) • 사모집합투자기구: 집합투자증권을 사모로만 발행하는 집합투자기구로서 일반투자자가 49인 이하인 기구

집합투자기구의 종류	• 증권 집합투자기구: 집합투자재산의 50%를 초과하여 증권에 투자하는 집합투자기구
	• 부동산 집합투자기구: 집합투자재산의 50%를 초과하여 부동산에 투자하는 집합투자기구
	• 특별자산 집합투자기구: 집합투자재산의 50%를 초과하여 특별자산에 투자하는 집합투자기구
	• 혼합자산 집합투자기구: 다양한 자산(증권, 부동산, 특별자산 등)을 제한 없이 섞어서 운용할 수 있는 집합투자기구(증권·부동산·특별자산 집합 투자기구의 규정의 제한을 받지 않는 집합투자기구)
	• 단기금융 집합투자기구(MMF): 집합투자재산 전부를 단기금융상품에 투자하는 집합투자기구
	• 환매금지형 집합투자기구: 투자자가 집합투자기구에 투자한 이후 집합투자증권의 환매 청구에 의하여 그 투자자금을 회수하는 것이 불가능한 집합투자기구
	• 종류형 집합투자기구
	  – 집합투자기구 안에 여러 종류의 집합투자증권을 포함하여, 각기 다른 조건이나 투자전략을 가진 여러 투자자 그룹을 하나의 펀드에서 운영할 수 있게 만든 구조
	    예) Class A: 선취판매수수료가 있는 대신, 연보수가 낮은 유형
	        Class B: 판매수수료는 없지만, 연보수가 높은 유형
	        Class C: 기관투자자 전용으로 보수가 더 낮고 조건이 다름
	        위 3가지 상품이 하나의 집합투자기구로 운용되지만, 투자자마다 받는 수익이나 비용은 자신이 선택한 Class에 따라 달라짐
	• 전환형 집합투자기구: 다양한 자산과 전략을 가진 하위 투자기구들을 하나로 묶어, 투자자가 환매 없이 자유롭게 전환하며 능동적으로 자산과 투자방식을 조정할 수 있는 구조의 집합투자기구
	• 모자형 집합투자기구: 하위 기구(자펀드)가 투자자로부터 자금을 모아 상위 기구(모펀드)에 다시 투자하는 구조로, 실질적인 운용은 모펀드에서 이루어지는 집합투자기구
	• 상장지수 집합투자기구(ETF): 특정 지수(예: 코스피200, S&P500)의 수익률을 그대로 따르도록 설계된 집합투자기구로, 증권시장에 상장되어 주식처럼 자유롭게 거래할 수 있는 개방형 집합투자기구

09 2장 자본시장 관련 법규
집합투자기구

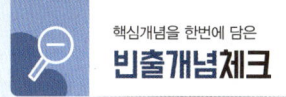

❷ 집합투자기구 관련 금융위원회 규정

환매금지형 집합투자기구	• 집합투자기구가 자산총액의 20%를 초과하여 금융위가 정한 시장성 없는 자산에 투자하는 경우, 환매금지형 집합투자기구로 설정·설립해야 함
	※ 시장성 없는 자산
	  – 부동산(부동산 관련 증권·파생상품 등 시가 또는 공정가액으로 조기에 현금화 가능한 경우는 제외)
	  – 특별자산(자산 특성상 시가 또는 공정가액으로 조기에 현금화 가능한 경우는 제외)
	  – 비시장성 증권
	• 일반투자자 대상 집합투자기구(단기금융집합투자기구 및 ETF 제외)가 자산총액의 50%를 초과하여 금융위원회가 정하여 고시하는 자산에 투자하는 경우에도 환매금지형 집합투자기구로 설정·설립해야 함
	※ 금융위원회가 정하여 고시하는 자산
	  – 현금, 예·적금, 양도성예금증서, 당일 인출가능한 대출약정 등
	  – 국채증권, 정부가 원리금 상환을 보증한 채무증권, 지방채증권, 특수채증권, 그리고 둘 이상의 신용평가업자로부터 모두 상위 2개 등급에 해당하는 신용등급을 받은 채무증권
	  – 기타 집합투자기구의 투자대상자산의 현금화가 용이한 것으로서 금융감독원장이 정하는 자산
	• 환매금지형 집합투자기구 설정 의무대상
	  – 부동산 집합투자기구
	  – 특별자산 집합투자기구
	  – 혼합자산 집합투자기구
	  – 각 집합투자기구 자산총액의 20%를 초과하여, 금융위원회가 정해 고시하는 시장성 없는 자산에 투자하는 경우

모자형 집합투자기구	• 사모 집합투자기구가 아닌 자집합투자기구는 사모 집합투자기구인 모집합투자기구의 집합투자증권을 취득할 수 없음
	• 공모 소규모펀드는 아래 방법 중 하나로 집합투자재산을 이전할 수 있음
	  – 투자대상 자산 등이 유사한 둘 이상의 집합투자기구 재산을 모두 합쳐 새로 설립된 모집합투자기구로 이전할 수 있음
	  – 기존에 이미 설립된 모집합투자기구가 있고, 그 펀드가 이전하려는 펀드들과 투자대상 자산 등이 유사하다면, 각 집합투자기구의 재산을 해당 모집합투자기구로 이전할 수 있음

❸ 등록대상 집합투자기구 및 등록요건

등록대상 집합투자기구	자본시장법상 집합투자기구(단, 사모 집합투자기구는 면제)
등록주체	• 투자신탁·투자익명조합: 집합투자업자 • 투자회사·투자유한회사·투자합자회사·투자유한책임회사·투자합자조합: 집합투자기구
등록요건	• 집합투자업자, 신탁업자, 투자매매·중개업자, 일반사무관리회사(투자회사에 한함)는 업무정지 상태가 아니어야 함 • 집합투자기구가 적법하게 설정·설립되어 있어야 함 • 집합투자규약은 법령을 위반하거나 투자자의 이익을 명백히 침해하지 않아야 함 • 기타 집합투자기구의 형태 등을 고려하여 시행령으로 정하는 요건을 갖추어야 함

2장 자본시장 관련 법규

01 다음 중 자본시장법 제정의 주요 내용으로 옳은 것은?

① 금융기관별 고유 업무에 따라 규제를 차등 적용하였다.
② 금융상품의 다양성을 제한하고 규제 일관성을 해소하였다.
③ 금융투자업자의 영업 범위를 축소하여 투자자 보호를 강화하였다.
④ 포괄주의 원칙을 도입하여 금지된 행위 외에는 허용되는 체계를 구축하였다.

02 다음 중 자본시장법 제정 내용과 설명이 옳게 연결된 것은?

① 기능별 규제 → 금융기관 종류에 따른 차등 규제
② 포괄주의로 전환 → 금지된 것 포함 전면 규제 강화
③ 영업범위의 축소 → 자산운용과 투자자문 겸업 금지
④ 투자자 보호 제도 도입 → 설명의무, 적합성 원칙, 불공정거래 금지 도입

03 다음 중 감독기관의 구성 및 역할에 대한 설명으로 옳지 않은 것은?

① 금융위원회는 국무총리 소속의 합의제 중앙행정기관으로, 금융정책 및 제도 수립을 담당한다.
② 증권선물위원회는 금융위원회 내에 설치되며, 자본시장 불공정거래 조사 및 회계감리제도를 운영한다.
③ 금융감독원은 금융위원회의 의결사항을 집행하는 무자본 특수법인이며, 금융정책 입안 기능도 수행한다.
④ 금융감독원은 금융기관의 업무 및 재산상황에 대한 검사와 금융분쟁조정 등 소비자 보호 업무를 수행한다.

04 금융투자업 감독기관 및 관련기관에 대해 옳은 설명으로만 모두 묶인 것은?

> ㉠ 공적규제기관으로는 금융위원회, 증권선물위원회, 금융감독원이 있다.
> ㉡ 금융감독원은 자본시장의 불공정거래 조사업무를 담당한다.
> ㉢ 금융위원회는 금융민원해소 및 금융분쟁조정 업무를 담당한다.
> ㉣ 증권금융회사는 증권시장의 매매거래에 필요한 자금을 거래소를 통하여 대여하는 업무를 담당한다.

① ㉠, ㉡
② ㉠, ㉣
③ ㉡, ㉢
④ ㉢, ㉣

05 다음 중 금융위원회가 금융투자업자에게 가할 수 있는 제재로 옳은 것은?

> ㉠ 과태료의 부과
> ㉡ 금융투자업 인가·등록의 취소
> ㉢ 금융투자업자 임원의 해임요구 및 직원의 면직
> ㉣ 금융투자업자의 임원에 대한 6개월 이내의 직무정지

① ㉠, ㉡
② ㉢, ㉣
③ ㉠, ㉡, ㉢
④ ㉠, ㉡, ㉢, ㉣

06 금융위원회의 행정제재에 대한 내용으로 옳지 않은 것은?

① 금융투자업자의 임원에 대한 해임 및 직원에 대한 면직을 요구할 수 있다.
② 금융위원회는 투자자보호 및 건전한 거래질서 유지를 위해 금융투자업자의 고유재산 운용에 관한 사항 등에 대한 조치명령권을 행사할 수 있다.
③ 금융위원회는 금융투자업자가 거짓 또는 기타 부정한 방법으로 금융투자업의 인가를 받거나 등록한 경우, 금융투자업 인가 또는 등록을 취소할 권한이 있다.
④ 금융투자업자가 금융위원회의 처분이나 조치에 불복하는 경우, 고지를 받은 날부터 60일 이내에 이의신청을 할 수 있으며, 금융위원회는 접수일부터 60일 이내에 결정해야 하고, 부득이한 경우 10일 범위에서 그 기간을 연장할 수 있다.

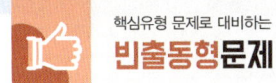

07 자본시장법상 금융투자상품의 정의에 관한 설명으로 옳지 <u>않은</u> 것은?

① 취득 시 추가적인 지급의무가 전혀 없는 금융투자상품은 증권이다.
② 주식매수선택권(스톡옵션)은 자본시장법상 금융투자상품에 해당하지 않는다.
③ 발행인이 원금을 보장하더라도 유통 과정에서 원금손실이 발생할 수 있는 증권은 지분증권이다.
④ 금융투자상품은 투자성이 있는 것으로, 투자성이란 그 권리를 취득하기 위해 지급하였거나 지급하여야 할 금전 등의 총액이 그 권리로부터 회수하였거나 회수할 수 있는 금전 등의 총액을 초과하게 될 위험이 있는 것을 말한다.

08 다음 중 금융투자상품의 정의 또는 판단 기준에 대한 설명으로 옳은 것은?

① 원화표시 양도성예금증서(CD)는 금융투자상품에 해당한다.
② 투자자가 부담하는 판매수수료 및 보수는 투자금액산정 시 포함된다.
③ 투자자가 손해를 입지 않도록 원금을 보장하는 상품이어야 금융투자상품으로 분류된다.
④ 회수 가능한 금액이 투자금액을 초과할 수 있는 위험이 있어야 금융투자상품으로 분류된다.

09 다음에서 설명하는 증권으로 옳은 것은?

> 기초자산의 가격·이자율·지표·단위 또는 이를 기초로 한 지수의 변동과 연계되어, 미리 정한 방법에 따라 지급금액이나 회수금액이 결정되는 권리가 표시된 증권이다.

① 수익증권
② 파생상품
③ 파생결합증권
④ 증권예탁증권

10 다음 중 금융투자상품으로 구분되는 것으로 옳은 것은?

① 신주인수권
② 주식매수선택권
③ 관리신탁의 수익권
④ 원화표시 양도성예금증서

11 다음 중 금융투자업의 종류에 대한 설명으로 옳지 <u>않은</u> 것은?

① 투자자문업은 금융투자상품 또는 그 외 자산의 가치에 대해 투자판단과 관련된 자문을 제공하는 영업이다.
② 투자매매업은 자기 계산으로 금융투자상품을 매매하거나 청약 권유·청약의 승낙 등을 영업으로 하는 것이다.
③ 투자일임업은 투자자별로 자산의 상태나 목적을 고려하여 금융투자상품을 일임받아 취득·처분하는 영업이다.
④ 집합투자업은 투자자의 일상적인 운용지시에 따라 자산을 취득·운용·처분하며 그 결과를 투자자에게 귀속시키는 영업이다.

12 투자일임업에 대한 설명으로 옳지 <u>않은</u> 것은?

① 고객에게 대가 없이 자산 운용에 관한 조언을 제공하는 행위는 투자일임업에 해당하지 않는다.
② 투자일임업자는 원칙적으로 고객으로부터 금전·증권 등 재산을 보관하거나 예탁받을 수 없다.
③ 투자중개업자가 고객의 매매주문을 처리하는 과정에서 일부 권한의 위임이 필요한 경우, 이를 투자일임업으로 본다.
④ 투자일임재산으로 투자일임업자의 고유재산과 거래하는 것은 원칙적으로 금지되나, 거래조건이 투자일임재산에 유리한 경우에는 예외적으로 허용된다.

13 다음 중 투자매매업에 대한 설명으로 옳은 것은?

① 금융투자상품과 관련된 정보를 취합하여 외부에 중개하는 것
② 자문을 받아 취득한 자산을 직접 운용하거나 투자자에게 분배하는 것
③ 타인 계산으로 금융투자상품을 매매하거나, 증권의 발행·인수 등을 대행하는 것
④ 자기 계산으로 금융투자상품을 매매하거나, 증권의 발행·인수 또는 청약의 권유·청약·청약의 승낙을 영업으로 하는 것

14 다음 중 금융투자업 적용 배제에 관한 설명으로 옳지 않은 것은?

① 자기 계산으로 투자신탁의 수익증권을 발행하는 행위는 투자매매업에 해당한다.
② 투자권유대행인이 투자권유를 대행하는 행위는 투자중개업에 해당하지 않는다.
③ 종합금융회사가 어음관리계좌(CMA)를 판매·운용하기 위해서는 집합투자업 인가를 받아야 한다.
④ 집합투자기구평가회사, 채권평가회사, 공인회계사 등이 법령에 따라 자문용역을 제공하면서 그와 관련된 분석정보를 제공하는 경우는 투자자문업으로 보지 않는다.

15 다음 중 전문투자자의 분류와 그 설명이 바르게 연결된 것은?

① 절대적 일반투자자 – 상대적 전문투자자 중 투자경험이 부족한 자
② 상대적 전문투자자 – 금융기관, 국가 등과 같이 전문성이 인정되는 기관
③ 전문적 전문투자자 – 일정 요건 충족 시 일반투자자 대우를 받을 수 있는 개인
④ 자발적 전문투자자 – 금융위원회에 신고한 자로 요건 충족 시 전문투자자 대우 가능

16 다음 중 자발적 전문투자자가 되기 위한 조건으로 옳지 않은 것은?

① 금융위원회에 신고할 것
② 일정 기간 계좌 유지 경험이 있을 것
③ 금융투자상품 잔고가 일정 수준 이상일 것
④ 일반투자자 대우를 포기하겠다는 서면 제출만으로 가능

17 다음 중 자본시장법상 인가대상 금융투자업으로 옳지 않은 것은?

① 신탁업
② 집합투자업
③ 투자매매업
④ 일반사모집합투자업

18 다음 중 금융투자업의 인가와 등록에 대한 설명으로 옳지 않은 것은?

① 인가요건을 유지하지 못할 경우 영업정지 조치가 취해질 수 있다.
② 투자자문업과 투자일임업, 온라인소액투자중개업은 등록대상 금융투자업에 해당한다.
③ 금융위원회는 인가신청서 접수 후 3개월 이내에 인가 여부를 결정하여 신청인에게 통지한다.
④ 매 회계연도말 기준 자기자본이 인가업무 단위별 최저 자기자본의 70% 이상을 유지해야 자기자본 요건을 충족한 것으로 본다.

19 다음 중 금융투자업 인가 요건에 해당하지 않는 것은?

① 법인 요건
② 인력 요건
③ 자기자본 요건
④ 지점 설치 요건

20 다음 중 금융투자업 인가 요건에 대한 설명으로 옳은 것은?

① 인가 대상 금융투자업에는 투자자문업과 투자일임업이 포함된다.
② 사업계획 요건은 수익성, 성장성, 시장지배력 등의 기준에 따라 심사된다.
③ 자기자본 요건은 인가 후 유지 의무가 없으며, 최초 인가 시에만 충족하면 된다.
④ 이해상충 방지체계는 금융투자업인가 시 반드시 갖추어야 하는 요건 중 하나이다.

21 다음 중 금융투자업 등록 절차에 대한 설명으로 옳은 것은?

① 등록 심사 결과는 금융감독원이 신청인에게 직접 통보한다.
② 신청인은 금융위원회에 등록 신청하고, 심사는 금융감독원이 수행한다.
③ 등록 신청은 금융감독원에 제출하며, 금융위원회는 심사 결과를 통보받는다.
④ 등록 심사는 금융위원회가 직접 수행하며 요건 심사와 사실조회까지 맡는다.

22 다음 중 금융투자업 등록 요건에 해당하는 항목으로 옳은 것은?

① 자기자본 요건은 투자일임업만 별도로 규정되며, 투자자문업에는 적용되지 않는다.
② 채무불이행 이력이 있어도 금융위원회의 승인을 받으면 대주주 요건은 면제된다.
③ 전문인력은 투자자문업의 경우 2인 이상, 투자일임업의 경우 1인 이상 확보해야 한다.
④ 최근 5년간 자본시장법 등 위반으로 벌금형 이상 형사처벌이 있으면 대주주 요건에 위배된다.

23 다음 중 금융투자업자의 회계처리 또는 적용기준에 대한 설명으로 옳은 것은?

① 투자자 예탁재산과 자기자산은 동일 계정으로 통합 처리할 수 있다.
② 신탁부문 회계는 고유부문과 통합하여 관리하되, 별도 공시만 하면 된다.
③ 외부감사인의 수정 재무제표가 금융투자업자의 원장 기준과 달라도 무시할 수 있다.
④ 금융투자업자가 제3자 명의로 신탁하였으나 실질적으로 판단·운용하는 경우, 해당 자산은 금융투자업자가 소유한 것으로 본다.

24 다음 중 자산건전성 규제에 대한 설명으로 옳지 <u>않은</u> 것은?

① 금융투자업자는 매 분기마다 자산과 부채의 건전성을 '정상·요주의·고정·회수의문·추정손실'의 5단계로 분류한다.
② 정상으로 분류된 자산에 대해서는 원칙적으로 해당 자산의 2% 이상을 대손충당금으로 적립해야 한다.
③ 금융투자업자는 자산건전성 분류기준의 설정·변경, 해당 기준에 따른 자산건전성 분류 결과 및 대손충당금 적립 결과를 금융감독원장에게 보고해야 한다.
④ 분기말 현재 고정 이하로 분류된 자산에 대해서는 적정한 회수예상가액을 산정해야 하며, 회수의문 및 추정손실로 분류된 자산은 조기에 상각하여 자산 건전성을 확보해야 한다.

25 다음 중 대손충당금 적립기준에 대한 설명으로 옳은 것은?

① '요주의'로 분류된 자산은 분류자산의 5%를 대손충당금으로 적립해야 한다.
② '고정'으로 분류된 자산은 분류자산의 10%를 대손충당금으로 적립해야 한다.
③ '추정손실'로 분류된 자산은 분류자산의 100%를 대손충당금으로 적립해야 한다.
④ '회수의문'으로 분류된 자산은 분류자산의 50%를 대손충당금으로 적립해야 한다.

26 다음 중 자산건전성 분류 및 회계처리에 대한 설명으로 옳지 않은 것은?

① 외국환 회계처리기준은 금융감독원장이 정한다.
② 금융투자업자는 분기마다 가결산을 실시해야 한다.
③ 신탁부문은 고유부문과 통합된 계정으로 회계처리할 수 있다.
④ 금융투자업자는 투자자 예탁재산과 자기자산을 분리하여 계리해야 한다.

27 다음 중 순자본비율에 대한 설명으로 옳은 것은?

① 순자본비율이 50% 이상일 경우 경영개선 명령이 내려진다.
② 순자본비율이 0% 미만일 경우에는 경영개선 권고 수준에 해당한다.
③ 순자본비율이 8% 이상 50% 미만일 경우 경영개선 요구 조치가 적용된다.
④ 순자본비율 제도는 금융투자업자의 영업활동을 제한하기 위한 감독 목적에만 존재한다.

28 다음 중 금융투자업자에 대하여 영업의 전부 또는 일부의 매각을 명할 수 있는 상황에 해당하지 않는 것은?

① 경영개선 명령을 받은 경우
② 부실금융기관에 해당하는 경우
③ 영업용 순자본비율이 100% 미만인 경우
④ 경영실태 평가에서 종합평가등급이 4등급 이하로 판정된 경우

29 다음 중 영업용 순자본비율의 산정원칙으로 옳은 것은?

① 부외자산과 부외부채에 대해서는 위험액을 산정하지 않는다.
② 영업용순자본 산정 시 차감항목에 대해서만 위험액을 산정한다.
③ 시장위험과 신용위험을 동시에 내포하는 자산에 대해서는 시장위험액과 신용위험액을 모두 산정한다.
④ 영업용순자본의 차감항목과 위험액 산정대상 자산 사이에 위험회피 효과가 있더라도 위험액 산정대상 자산의 위험액을 감액할 수 없다.

30 다음 중 영업용 순자본비율의 기본원칙으로 옳지 않은 것은?

① 영업용순자본 차감항목에 위험액을 산정하는 것을 원칙으로 한다.
② 부외자산과 부외부채에 대해서도 위험액을 산정하는 것을 원칙으로 한다.
③ 금융투자업자의 자산, 부채, 자본은 연결 재무제표에 계산된 장부가액을 기준으로 한다.
④ 시장위험과 신용위험을 동시에 내포하는 자산에 대하여는 시장위험액과 신용위험액을 모두 산정한다.

31 다음 중 경영개선 요구 조치의 대상이 되는 요건으로 옳은 것은?

① 순자본비율이 90% 이상이며 경영실태평가 2등급
② 순자본비율이 0% 이상이고 레버리지 비율이 500% 이하
③ 자본적정성과 무관하게 임직원의 윤리 위반 행위가 발생한 경우
④ 순자본비율이 50% 미만이고, 경영실태 평가 결과 자본적정성 부문이 4등급 이하

32 휴업 또는 영업의 중지 등 돌발사태가 발생하여 정상적인 영업이 불가능한 경우 금융위원회가 취할 수 있는 긴급조치 내용으로 옳지 않은 것은?

① 경영개선 권고 조치
② 채무변제행위의 금지
③ 투자자예탁금 등의 수탁금지
④ 투자자예탁금 반환명령 또는 지급정지

33 다음 중 긴급조치의 사유 및 조치사항에 대한 설명으로 옳은 것은?

① 긴급조치가 발동되면 경영개선 계획 제출은 면제된다.
② 경영개선 명령을 받은 경우에는 긴급조치의 대상이 될 수 없다.
③ 유동성이 일시적으로 부족한 경우에는 긴급조치 발동이 불가능하다.
④ 투자자예탁금 등의 수탁금지 또는 타 금융투자업자로의 이전은 긴급조치로 명할 수 있다.

34 다음 중 대주주와의 거래제한에 대한 설명으로 옳은 것은?

① 금융투자업자는 예외 없이 대주주 발행 증권을 전혀 취득할 수 없다.
② 금융투자업자는 대주주 및 특수관계인에 대해 담보 목적의 신용공여는 가능하다.
③ 계열회사의 발행증권은 자기자본의 1/10을 초과하더라도 이사회 결의 없이 취득할 수 있다.
④ 계열회사의 증권을 예외적으로 취득할 경우에도 금융위원회 보고 및 홈페이지 공시 의무가 발생할 수 있다.

35 금융투자업자는 대주주가 발행한 증권을 소유할 수 없지만, 예외적으로 인정되는 사유가 있다. 다음 중 그 사유로 옳지 않은 것은?

① 특수채증권을 취득하는 경우
② 담보권의 실행 등 권리행사에 필요한 경우
③ 인수와 관련하여 해당 증권을 취득하는 경우
④ 차익거래 등 투자위험회피 거래에 필요한 경우

36 다음 중 금융투자업자의 공통 영업행위 규칙에 대한 설명으로 옳은 것은?

① 금융투자업자가 '투자자문'이라는 문구를 사용하는 것은 언제나 금지된다.
② 금융투자업자는 정당한 사유가 없어도 제3자의 이익을 위해 투자자의 이익을 해할 수 있다.
③ 금융투자업자는 다른 금융업무를 겸영하려는 경우, 업무 개시 2주 이내에 금융위원회에 보고해야 한다.
④ 금융투자업자가 부수업무를 새롭게 영위하고자 하는 경우, 사전 승인을 받지 않으면 업무 개시가 불가능하다.

37 다음 중 금융투자업자의 업무위탁에 대한 설명으로 옳은 것은?

① 위험관리책임자의 업무는 타인에게 위탁할 수 있다.
② 업무위탁 시 계약 체결일 기준 7일 이내에 금융위원회에 보고하면 된다.
③ 일부 부수업무나 단순업무, 외화자산의 운용·보관업무 등은 재위탁이 가능하다.
④ 금융투자업의 본질적 업무도 제3자에게 위탁이 가능하며, 이때 제3자의 조건에는 제한이 없다.

38 다음 중 금융투자업자가 제3자에게 업무를 위탁할 때 반드시 준수해야 할 의무사항으로 옳은 것은?

① 위탁계약의 유효기간은 1년 이내로 제한된다.
② 위탁 시 투자자에게 사전 동의를 반드시 받아야 한다.
③ 위탁한 경우 투자자에게 별도 고지를 하지 않아도 무방하다.
④ 위탁계약 체결 및 실제 업무 개시일 7일 전까지 금융위원회에 보고해야 한다.

39 다음 중 정보교류 차단장치(Chinese Wall)의 원칙적 금지사항에 해당하는 것은?

① 투자자문업무의 외부 위탁
② 미공개 중요정보의 외부 유출
③ 차단대상 정보의 사후적 통보
④ 정보차단 관련 조직체계 미작성

40 다음 중 자본시장법상 투자일임업자의 불건전 영업행위 금지에 대한 설명으로 옳지 않은 것은?

① 투자일임업자는 투자일임재산으로 자신이 운용하는 다른 집합투자재산이나 신탁재산과 거래해서는 안 된다.
② 투자일임업자는 정당한 사유 없이 투자자의 운용방법 변경 요구나 계약 해지 요구에 응하지 않아서는 안 된다.
③ 투자일임업자는 원칙적으로 투자일임재산에 속하는 증권의 의결권을 투자자로부터 위임받아 행사해서는 안 된다.
④ 투자일임업자는 일반적인 거래조건에 비추어 투자일임재산에 유리한 경우에도 자기 고유재산과 거래해서는 안 된다.

41 다음 중 투자자문업자 또는 투자일임업자의 금지행위로 옳지 않은 것은?

① 자기 이익을 위한 선매매 후 투자권유를 하는 행위
② 로보어드바이저를 통해 투자권유인이 아닌 일반인에게 투자권유를 하는 행위
③ 투자자로부터 금전 또는 증권을 수령하여 보관·예탁하는 행위
④ 투자 권유 전에 투자자의 투자성향을 분석하지 않고 권유하는 행위

42 다음 중 투자일임업자가 수행할 수 있는 행위로 예외적으로 허용되는 것은?

① 전자적 장치 없이 투자 권유를 하는 행위
② 제3자에게 투자자의 금전을 증여하는 행위
③ 투자자의 서면 동의 없이 일반인에게 업무 위임
④ 투자자 보호 침해가 없을 경우 선매매 후 투자 권유

43 다음 중 투자일임업자의 금지행위에 해당하는 것은?

① 투자자의 계약 해지 요청에도 정당한 사유 없이 응하지 않는 행위
② 투자자의 사전 승인을 받고 관계인이 발행한 증권에 투자하는 행위
③ 투자자별 자산을 구분하여 운용하고, 수익·손실을 별도로 계산하는 행위
④ 투자자의 요청에 따라 계약을 조기 해지하고 그 사유를 서면으로 통보하는 행위

44 다음 중 투자매매업자 또는 투자중개업자에 대한 신용공여에 대한 내용으로 옳지 않은 것은?

① 신용공여의 한도는 총자산 범위 이내로 한다.
② 신용공여는 투자매매업자나 투자중개업자의 고유업무는 아니지만, 증권과 관련된 경우에는 예외적으로 허용된다.
③ 투자자의 신용상태와 종목별 거래상황 등을 고려하여, 신용공여금액의 140% 이상에 해당하는 담보를 징구해야 한다.
④ 투자매매업자는 증권 인수일로부터 3개월 이내에, 투자자에게 본인이 인수한 증권을 매수하게 할 목적으로 신용공여를 해서는 안 된다.

45 다음 중 투자자예탁금의 별도예치에 대한 설명으로 옳지 않은 것은?

① 예치 금융투자업의 인가취소, 해산결의, 파산선고 등의 사유가 있는 경우, 예치기관에 예치 또는 신탁된 투자자예탁금은 인출하여 투자자에게 우선적으로 지급되어야 한다.
② 겸영금융투자업자는 증권금융회사에 예치하지 않고 신탁업자에게 신탁할 수 있으나, 겸영금융투자업자 중 은행과 보험회사는 자기 자신을 신탁업자로 하여 투자자예탁금을 보관할 수 없다.
③ 투자자예탁금은 투자자로부터 금융투자상품의 매매 등 거래와 관련하여 예탁받은 금전을 말하며, 투자매매업자 또는 투자중개업자는 이를 고유재산과 구분하여 원칙적으로 증권금융회사에 예치해야 한다.
④ 누구든지 예치기관에 예치 또는 신탁된 투자자예탁금을 상계하거나 압류할 수 없으며, 이를 예치 또는 신탁한 투자매매업자·투자중개업자는 시행령으로 정한 경우 외에는 해당 투자자예탁금을 양도하거나 담보로 제공할 수 없다.

46 다음 중 투자자예탁금의 별도예치제도에 대한 설명으로 옳지 않은 것은?

① 누구든지 예치기관에 예치 또는 신탁된 투자자예탁금을 상계하거나 압류할 수 없다.
② 예치 금융투자업자가 인가취소나 파산선고 등의 사유가 발생한 경우, 예치기관에 예치 또는 신탁된 투자자예탁금은 인출하여 투자자에게 우선 지급되어야 한다.
③ 투자매매업자 또는 투자중개업자가 증권금융회사 또는 신탁업자에 투자자예탁금을 예치하거나 신탁하는 경우, 해당 투자자예탁금이 투자자의 재산임을 명시해야 한다.
④ 예치 금융투자업자가 다른 회사에 흡수합병되거나 금융투자업의 전부 또는 일부를 양도하는 경우에도, 투자자 보호를 위해 투자자예탁금을 양도하거나 담보로 제공할 수는 없다.

47 다음 중 예치 금융투자업자가 투자자예탁금을 우선 지급해야 할 사유로 옳지 않은 것은?

① 인가 취소
② 해산 결의 및 파산선고
③ 다른 회사에 흡수 합병된 경우
④ 투자매매업 또는 투자중개업 전부 양도 승인

48 다음 중 자산운용보고서에 대한 설명으로 옳지 않은 것은?

① 투자자가 서면·전화·전자우편 등으로 수령 거부 의사를 밝힌 경우, 자산운용보고서 제공을 생략할 수 있다.
② 집합투자업자는 기준일부터 2개월 이내에 판매회사나 예탁결제원을 통해, 직접 또는 전자우편으로 교부해야 한다.
③ 집합투자업자는 자산운용보고서를 작성하여 신탁업자의 확인을 받은 후, 2개월마다 1회 이상 투자자에게 제공해야 한다.
④ 자산운용보고서에는 기준일 현재의 자산·부채 및 집합투자증권 기준 가격, 집합투자기구의 투자운용인력에 관한 사항 등이 포함되어야 한다.

49 신탁재산의 독립성에 대한 설명으로 옳지 않은 것은?

① 신탁재산은 수탁자의 상속재산에 포함된다.
② 신탁재산에 속한 채권과 채무는 상계처리가 가능하다.
③ 수탁자의 채권자는 신탁재산에 대해 강제집행할 수 없다.
④ 신탁재산은 수탁자의 고유재산과 구분되어 강제집행 시에도 보호된다.

50 다음 중 신탁의 설정방법으로 옳지 않은 것은?

① 위탁자의 유언에 따라 신탁이 성립되는 방식
② 수탁자가 신탁재산의 수익을 직접 취득하는 방식
③ 수탁자가 스스로 신탁을 설정하겠다고 선언하는 방식
④ 위탁자와 수탁자 간의 계약으로 신탁을 설정하는 방식

51 다음 중 증권신고서에 대한 설명으로 옳지 않은 것은?

① 증권의 발행인에 관한 사항이 포함된다.
② 신고서의 효력이 발생한 후 투자설명서를 사용하여 청약의 권유를 할 수 있다.
③ 모집가액 또는 매출가액이 10억 원 미만인 경우 증권신고서 제출의무가 면제된다.
④ 증권신고서의 효력 발생은 정부에서 그 증권의 가치를 보증 또는 승인하는 효력을 가진다.

52 다음 중 모집에 해당하는 행위로 옳은 것은?

① 기존에 발행된 증권을 30명에게 매도 권유하는 행위
② 장내거래를 통해 발행된 채권을 일반투자자에게 판매하는 행위
③ 6개월 이내 동일 증권을 청약한 임원에게 재청약을 권유하는 행위
④ 일정한 방식에 따라 50인 이상의 투자자에게 신규 발행 증권을 청약 권유하는 행위

53 다음 중 모집·매출 시 50인 산정에서 제외되는 자로 옳은 것은?

① 일반 개인 투자자
② 회계자문을 담당한 공인회계사
③ 투자설명서를 받은 법률상 소송 당사자
④ 청약일 기준 1년 전 청약에 응한 투자자

54 다음 중 간주모집에 대한 설명으로 옳은 것은?

① 일정한 방법 없이 증권을 불특정 다수에게 자유롭게 매도하는 행위
② 증권신고서를 제출하지 않고 증권을 발행할 수 있도록 허용하는 제도
③ 금융회사가 모집 요건 없이 일반인을 대상으로 청약을 권유하는 제도
④ 실질적인 모집 효과가 있는 경우, 금융위원회가 정한 기준에 따라 모집으로 간주하는 제도

55 다음 중 간주모집에 해당하지 않는 것은?

① 만기 1년 이상의 기업어음을 다수 투자자에게 판매하는 경우
② 발행일로부터 6개월 만기의 단기사채를 불특정 다수에게 권유하는 경우
③ 이미 모집 또는 매출된 실적이 있는 지분증권을 다시 청약 권유하는 경우
④ 전환권이 부여된 증권으로서 권리행사 금지기간을 1년 이상으로 정한 경우

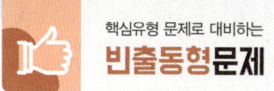

56 다음 중 일괄신고서 제도에 대한 설명으로 옳은 것은?

① 일괄신고대상 증권에는 파생결합증권 및 외국집합투자증권이 포함된다.
② 일괄신고서는 단일발행 시에도 효력이 있으며, 사후보고만으로 갈음할 수 있다.
③ 정정신고서 제도는 발행인이 청약 이후에 오류를 발견한 경우, 무조건 철회신고서로 갈음해야 한다.
④ 동일 종류의 증권을 지속적으로 발행하는 경우, 일정기간 동안 일괄신고로 갈음하고 추가서류 제출만으로 효력 발생이 가능하다.

57 다음 중 정정신고서 제도에 대한 설명으로 옳지 않은 것은?

① 정정신고는 오류, 변경 등으로 인해 투자자 보호 차원에서 제출될 수 있다.
② 정정신고는 이미 제출한 증권신고서의 기재사항을 변경하고자 할 때 사용할 수 있다.
③ 금융위원회가 정정요구를 한 경우, 발행인은 6개월 이내에 정정신고서를 제출해야 한다.
④ 정정신고서가 제출된 경우에는 그 정정신고서가 수리된 날에 당초 제출한 증권신고서가 수리된 것으로 본다.

58 다음 중 철회신고서 제도에 대한 설명으로 옳은 것은?

① 철회신고서는 증권이 효력 발생된 이후에도 제출할 수 있다.
② 청약이 시작된 이후에도 철회신고서를 제출하면 증권 발행이 무효 처리된다.
③ 철회신고서가 제출되면 해당 증권의 취득, 청약, 전환 등의 행위는 모두 유효하게 처리된다.
④ 발행인이 증권신고서를 자진 철회하려는 경우에는 청약 전 단계에서 철회신고서를 제출해야 한다.

59 다음 중 투자설명서에 관한 설명으로 옳지 않은 것은?

① 전문투자자에게는 투자설명서를 제공하지 않아도 된다.
② 투자자가 투자설명서 수령 거부 의사를 밝혀도, 투자설명서는 반드시 제공해야 한다.
③ 예비투자설명서는 증권신고서가 수리된 후, 신고 효력이 발생하기 전 단계의 문서이다.
④ 투자설명서에는 원칙적으로 증권신고서에 기재된 내용과 다른 내용을 표시하거나 기재사항을 누락할 수 없다.

60 다음 중 투자설명서의 작성 및 공시에 대한 설명으로 옳지 않은 것은?

① 투자설명서는 원칙적으로 증권신고서에 기재된 내용과 다른 내용을 표시할 수 없다.
② 개방형 집합투자증권의 모집 또는 매출을 중지한 경우 투자설명서의 제출·비치 및 공시를 생략할 수 있다.
③ 발행인은 증권신고서의 효력이 발생하는 날 금융위에 예비투자설명서 및 간이투자설명서를 제출해야 한다.
④ 개방형 집합투자기구의 투자설명서 및 간이투자설명서는 제출한 후 1년마다 1회 이상 수정된 투자설명서 및 간이투자설명서를 금융위에 제출해야 한다.

61 다음 중 투자설명서의 교부가 면제되는 자로 옳지 않은 것은?

① 전문투자자
② 투자금액 100만 원 이하의 소액 투자자
③ 서면으로 투자설명서의 수령거부 의사를 밝힌 자
④ 이미 취득한 집합투자증권을 계속하여 추가로 취득하려는 자

62 다음 중 정기공시 제출대상에 대한 설명으로 옳은 것은?

① 상장법인만 정기공시 대상이며, 비상장법인은 제외된다.
② 정기공시 제출대상은 금융위 등록이 반드시 선행되어야 한다.
③ 외부감사 대상이 아닌 법인이라도 모두 정기공시대상이 된다.
④ 상장 여부와 관계없이 일정 요건을 충족한 법인은 정기공시 대상이 된다.

63 다음 중 공개매수 의무가 발생하는 경우로 옳은 것은?

① 주식 3%를 매수한 후 30일이 경과한 경우
② 자사주를 매수하여 자본금 감소를 꾀하는 경우
③ 거래소를 통한 매수로 인해 보유비율이 증가한 경우
④ 특수관계자와 함께 6개월 내 10인 이상에게 매수 후 보유 주식이 총수의 5%를 초과한 경우

64 다음 중 주식공개매수와 관련하여 옳지 않은 것은?

① 공개매수 대상 주식의 발행인은 공개매수에 대해 의견을 표명할 수 있다.
② 공개매수 기간은 공개매수신고서 제출일부터 20일 이상 60일 이내여야 한다.
③ 공개매수 대상 주식을 보유한 투자자는 장내시장을 통해 공개매수에 응해야 한다.
④ 공개매수자는 공개매수서를 제출하고, 그 사본을 공개매수 대상 주식의 발행인에게 송부해야 한다.

65 다음 중 주식 공개매수 면제 사유에 해당하지 않는 것은?

① 자사주 소각을 위한 매수
② 권리행사로 인한 주식 매수
③ 전환사채 행사로 인한 주식 취득
④ 경영권 확보를 위한 특수관계인으로부터의 매수

66 다음 중 주식등의 대량보유상황 보고제도(5% Rule)에 대한 설명으로 옳지 않은 것은?

① 보고대상증권은 '주식등'으로서 공개매수의 주식등과 동일한 개념이다.
② 보고의무자는 본인 명의 보유분만을 기준으로 하며, 특별관계자의 보유 주식은 합산 대상이 아니다.
③ 이 제도는 M&A 시도 등 대주주 변동 가능성에 대한 정보를 신속히 공시함으로써 시장의 투명성을 제고하고자 한다.
④ 이 제도는 주권상장법인의 주식등을 5% 이상 보유하거나 이후 목적·보유비율이 변경되는 경우 이를 공시하도록 하는 제도이다.

67 다음 중 5% Rule(주식등의 대량보유상황 보고제도)에 대한 설명으로 옳은 것은?

① 보유비율이 1% 미만으로 변동되면 변동보고의무가 발생한다.
② 보고의무자는 본인 단독으로 5% 이상을 보유한 경우에만 해당된다.
③ 보고의무는 대주주에 한정되며, 일반 투자자에게는 적용되지 않는다.
④ 주권상장법인의 주식등을 총수의 5% 이상 보유하거나 이후 보유비율·목적이 변경되는 경우 이를 보고해야 한다.

68 다음은 주식등의 대량보유상황 보고제도에 대한 내용이다. 빈칸(㉠ ~ ㉣)에 들어갈 숫자의 합으로 옳은 것은?

> - 본인과 특별관계자를 합하여 주권상장법인 주식등을 (㉠)% 이상 보유하게 된 자 또는 보유하고 있는 자가 적용대상이며, 대량보유자는 그날부터 (㉡)일 이내에 보고해야 한다.
> - 대량보유자의 보유비율이 (㉢)% 이상 변동된 경우에는 그 변동된 날부터 (㉣)일 이내에 보고해야 한다.

① 15
② 16
③ 17
④ 18

69 집합투자기구의 등록에 대한 설명으로 옳지 않은 것은?

① 사모 집합투자기구에 대해서는 등록의무를 면제하고 있다.
② 투자신탁과 투자익명조합의 경우 집합투자기구 자체가 등록주체가 된다.
③ 등록 심사기간은 금융위에 등록신청서를 제출한 날로부터 20일 이내 결정된다.
④ 등록된 사항이 변경된 경우 투자자 보호를 해할 우려가 없다면 2주 이내 금융위에 변경등록을 해야 한다.

70 공모 집합투자기구의 등록이 완료된 것으로 간주되기 위한 요건으로 옳은 것은?

① 등록신청서만 제출한 경우
② 증권신고서만 제출한 경우
③ 금융위원회의 심사 이후 등록공시를 한 경우
④ 등록신청서와 증권신고서를 모두 제출한 경우

71 다음 중 환매금지형으로 설정해야 하는 집합투자기구로 옳지 않은 것은?

① 부동산 집합투자기구
② 혼합자산 집합투자기구
③ 특별자산 집합투자기구
④ 각 집합투자기구 자산총액의 10%를 초과하여, 금융위원회가 정해 고시하는 시장성 없는 자산에 투자하는 경우

72 집합투자기구를 평가하고 이를 투자자에게 제공하는 업무를 영위하는 자는?

① 채권평가회사
② 일반사무관리회사
③ 외국 집합투자기구
④ 집합투자기구 평가회사

73 다음 중 집합투자기구의 수익자총회에 관한 설명으로 옳지 않은 것은?

① 수익증권 총좌수의 5% 이상을 보유한 수익자는 수익자총회를 소집할 수 있다.
② 수익자총회는 자본시장법 또는 신탁계약에서 정한 사항에 한해 결의할 수 있다.
③ 수익자총회를 소집할 때에는 1주일 전에 각 수익자에게 서면 또는 전자문서로 통지를 발송해야 한다.
④ 수익자총회 통지가 수익자의 주소에 3년 이상 도달하지 않은 경우에는 해당 수익자에 대한 통지를 생략할 수 있다.

74 다음 중 집합투자자산의 이익금 분배에 관한 설명으로 옳지 <u>않은</u> 것은?

① MMF는 이익금을 집합투자기구에 유보할 수 있다.
② 이익금은 집합투자업자 또는 투자회사가 투자자에게 금전이나 신규 발행하는 집합투자증권으로 분배해야 한다.
③ 이익금을 초과 분배할 필요가 있는 경우, 투자회사는 순자산액에서 최저 순자산가액을 뺀 금액을 넘어서는 범위로 분배할 수 없다.
④ 투자신탁·투자익명조합의 집합투자업자나 투자회사가 이익금을 초과하여 금전으로 분배하려는 경우, 집합투자규약에 이를 명시하고 분배 방법과 시기를 사전에 정해야 한다.

75 다음 중 집합투자자산의 이익금 분배에 관한 설명으로 옳지 <u>않은</u> 것은?

① 집합투자기구의 안정성을 위해 이익금을 초과한 분배는 원칙적으로 허용되지 않는다.
② 집합투자업자는 집합투자재산 운용으로 발생한 이익금을 투자자에게 금전 또는 신규 발행 집합투자증권으로 분배해야 한다.
③ 집합투자기구의 특성에 따라 이익금 분배를 기구에 유보할 수 있으나, MMF(단기금융집합투자기구)는 유보가 허용되지 않는다.
④ 투자회사가 이익금 전액을 신주 발행으로 분배하려는 경우, 발행 주식 수와 발행 시기 등을 미리 정해야 하며, 이때 이사회 결의를 거쳐야 한다.

76 다음 중 자본시장법상 부정거래행위에 해당하는 것으로 옳은 것은?

① 투자자에게 손해를 입히지 않은 정보제공 행위
② 투자권유 시 상품의 과거 수익률을 예시하는 행위
③ 주주총회에서 배당 관련 공시를 누락한 단순 행정 실수
④ 금융투자상품의 매매에 부정한 수단이나 기교를 사용하는 행위

77 다음 중 부정거래행위 금지 규정을 위반한 자에 대한 제재로 옳지 <u>않은</u> 것은?

① 손해배상 외에 형사처벌은 적용되지 않는다.
② 위반행위로 인해 매매, 그 밖의 거래를 한 자는 손해배상 책임을 진다.
③ 회피한 손실액이 명확하지 않은 경우에는 최대 5억원 이하의 벌금이 부과될 수 있다.
④ 위반행위로 인한 이익 또는 회피한 손실액의 3배 이상 5배 이하에 해당하는 벌금을 부과할 수 있다.

01 금융투자회사의 영업 및 업무에 관한 규정

3장 한국금융투자협회규정

① 투자권유 및 판매 관련 규칙

적합성 확보	• 투자자 정보 확인 의무 　- 금융상품 계약 체결이나 자문 시, 금융소비자가 일반투자자인지 여부 확인 　- 일반투자자에게 권유 시 면담·질문 등을 통해 투자목적, 재산상황, 투자경험 등을 파악해야 함 • 투자자 정보 확인 방법 　- 일반투자자로부터 파악한 투자자 정보는 서명·기명날인·녹취 등으로 확인받아 보관 　- 확인한 내용은 지체 없이 투자자에게 제공해야 함 • 투자권유의 적합성: 일반투자자의 정보에 비추어 상품이 적합하지 않다고 판단되는 경우, 그 사실을 일반투자자에게 알리고 서명 등의 방법으로 확인을 받아야 함 • 파생상품 등에 대한 특례: 파생상품 등(투자성 상품)의 경우, 투자를 권유하지 않더라도 면담·질문을 통해 투자자 정보를 반드시 파악해야 함 • 부적합투자자·투자권유 불원투자자 판매 현황 공시: 금융투자회사는 투자자 정보 확인 결과 적합하지 않다고 판단된 일반투자자(부적합투자자), 투자자 정보를 제공하지 않거나 권유를 원하지 않는 일반투자자(투자권유 불원투자자)를 대상으로 한 판매 실적을 협회 홈페이지에 공시해야 함
설명 의무	• 투자설명서 　- 금융투자회사는 일반투자자에게 투자권유 시 설명서(제안서·투자설명서 등)를 반드시 제공해야 함 　- 단, 공모집합투자기구 집합투자증권의 간이투자설명서, 일반 사모집합투자기구 집합투자증권의 핵심상품설명서 등은 일반투자자가 수령을 거부한 경우 제공하지 않아도 됨 • 금융투자회사는 다음에 해당할 시 핵심설명서를 추가 교부하고, 그 내용을 충분히 설명해야 함 　- 일반투자자가 공모 방식으로 발행된 파생결합증권(주식워런트증권, 상장지수증권, 금적립계좌 등 제외)을 매매하는 경우 　- 일반투자자 또는 개인전문투자자가 공모·사모로 발행된 고난도금융투자상품을 매매하거나, 고난도금전신탁계약·고난도투자일임계약을 체결하는 경우 　- 일반투자자가 신용융자거래 또는 유사 해외통화선물거래를 하고자 하는 경우
위험 고지	• 일중매매거래(day trading) 　- 동일 종목을 같은 날 매수 후 매도하거나 매도 후 매수하여 일중 가격차익을 얻을 목적으로 하는 거래 　- 주식·주식워런트증권·장내파생상품 계좌 개설 시, 회사는 일중매매거래 위험고지서를 교부하고 충분히 설명해야 함 　- 회사는 홈페이지 및 온라인거래 화면에 일중매매거래 위험 설명서를 게시해야 함 • 시스템매매 　- 투자자의 판단을 배제하고, 사전에 설정된 조건에 따라 전산소프트웨어가 자동으로 매매 의사결정 및 주문을 내는 투자방법 　- 일반투자자가 시스템매매를 신청하는 경우, 수익 보장이 없고 손실 가능성이 크다는 유의사항을 고지하고, 회사가 정한 시스템매매 위험고지서를 교부·설명해야 함 　- 일반투자자가 시스템매매를 신청하는 경우, 프로그램의 가격예측 이론 및 사용방법 등에 대한 사전교육 이수 여부를 확인하고 별도의 신청서를 받아야 함 　- 회사는 홈페이지 및 온라인거래 화면에 시스템매매 위험고지서를 게시해야 함

01 금융투자회사의 영업 및 업무에 관한 규정

3장 한국금융투자협회규정

❷ 투자권유대행인

개념	• 금융투자회사의 임직원이 아닌 자로서 금융투자회사와의 계약에 의하여 투자권유업무를 위탁받은 개인 • 파생상품등에 대해서는 투자권유를 위탁할 수 없음
업무 범위	• 펀드투자권유대행인: 펀드(파생상품등은 제외)의 매매를 권유하거나, 투자자문계약·투자일임계약·신탁계약(파생상품등에 투자하는 특정금전신탁계약·고난도금전신탁계약·고난도투자일임계약은 제외)의 체결을 권유하는 자 • 증권투자권유대행인: 증권(펀드 및 파생상품등은 제외)과 MMF형 CMA의 매매를 권유하거나, 투자자문계약·투자일임계약·신탁계약의 체결을 권유하는 자

❸ 조사분석자료 작성 및 공표

개요	• 조사분석자료: 금융투자회사의 명의로 공표되거나 제3자에게 제공되는 자료로서, 특정 금융투자상품(집합투자증권 제외)의 가치에 대한 주장과 예측이 담긴 자료 • 금융투자분석사: 금융투자회사 임직원 중 조사·분석자료의 작성, 심사 및 승인 업무를 수행 • 조사분석 담당부서: 조사분석자료의 작성, 심사 및 승인 등의 업무를 수행하는 부서
독립성 확보	• 금융투자회사 및 임직원은 금융투자분석사에게 부당한 압력이나 권한을 행사해서는 아니 됨 • 조사분석업무의 독립적 수행을 위해 내부통제기준 제정 등 필요한 조치를 이행해야 함 • 조사분석자료는 공표 전 내부기준에 따른 승인 절차를 거치지 않고 제3자에게 사전제공해서는 안 됨 • 조사분석자료 사전제공 금지대상을 명확히 규정해야 함 • 금융투자분석사와 기업금융 업무 관련 부서 간의 의견 교환은 원칙적으로 제한됨(준법감시부서의 통제하에 예외적으로 허용) • 조사분석 담당 임원은 기업금융·법인영업 및 고유계정 운용업무를 겸직할 수 없음(임원수의 제한 등으로 겸직이 불가피하다고 인정되는 경우에는 예외)
조사분석 대상법인의 제한	• 금융투자회사는 아래 금융투자상품에 대해 조사분석자료를 공표하거나 특정인에게 제공해서는 안 됨 – 자신이 발행한 금융투자상품 – 자신이 발행한 주식을 기초자산으로 하는 주식선물·주식옵션 및 주식워런트증권(ELW) – 자신이 안정조작 또는 시장조성 업무를 수행하고 있는 증권을 발행한 법인 등이 발행한 주식 및 주권 관련 사채권과 해당 주식을 기초자산으로 하는 주식선물·주식옵션 및 주식워런트증권
의무 공표	회사는 증권시장에 주권의 최초 상장을 목적으로 대표주관업무를 수행한 경우, 해당 법인에 대해 최초 거래일로부터 1년간 2회 이상 조사분석자료를 무료로 공표해야 함
공표 중단 사실 고지	• 금융투자회사가 최근 1년간 3회 이상 조사분석자료(투자의견·목표가격 등 상세 분석 포함)를 공표한 경우, 최종 공표일이 속하는 월말로부터 6개월 이내에 추가 공표해야 함 • 다만, 공표를 중단하려는 경우에는 중단 사실과 사유를 고지해야 함

01 금융투자회사의 영업 및 업무에 관한 규정

3장 한국금융투자협회규정

4 투자광고

개념	• 자본시장법상 투자광고: 투자성 상품을 취급하는 금융상품판매업자나 금융상품자문업자의 업무에 관한 광고 또는 투자성 상품에 관한 광고 • 협회 규정상 투자광고: 금융투자회사가 금융투자회사의 영위업무 또는 투자성 상품, 대출성 상품 등을 널리 알리는 행위

의무표시사항	• 일반적 의무표시사항(펀드 및 대출성 상품 제외)
	  - 금융상품 계약 체결 전에 설명서와 약관을 읽어볼 것을 권유하는 내용
	  - 금융상품 판매업자의 명칭과 금융상품의 주요 내용(상품명, 이자율, 수수료 등)
	  - 투자에 따른 위험, 즉 원금 손실 가능성과 이에 대한 소비자의 책임
	  - 과거 운용실적 광고 시, 해당 실적이 미래 수익률을 보장하지 않는다는 사실
	  - 일반 금융소비자는 금융회사로부터 상품 및 기타 설명을 받을 권리가 있다는 사실
	  - 법령 및 내부통제기준에 따른 광고 절차의 준수 여부
	  - 예금보험 관계의 성립 여부와 그 구체적 내용
	  - 광고의 유효기간이 있는 경우 그 기간, 통계나 도표 인용 시 자료의 출처 명시
	  - 수수료 부과 기준과 절차, 손실 발생 가능 상황 및 예상 손실액, 과거 실적 표시 시점과 미래 변동 가능성, 최소비용 표기 시 최대비용, 최대수익 표기 시 최소수익 표시 등
	• 펀드 투자광고 시 의무표시사항
	  - 금융상품 계약 체결 전에 설명서와 약관을 읽어볼 것을 권유하는 내용
	  - 금융상품 판매업자의 명칭과 금융상품의 주요 내용(상품명, 이자율, 수수료 등)
	  - 투자에 따른 위험(원금 손실 가능성과 이에 대한 소비자의 책임)
	  - 과거 운용실적 광고 시, 해당 실적이 미래 수익률을 보장하지 않는다는 사실
	  - 일반 금융소비자는 금융회사로부터 상품 및 기타 설명을 받을 권리가 있다는 사실
	  - 법령 및 내부통제기준에 따른 광고 절차 준수 여부
	  - 예금보험 관계의 성립 여부와 그 내용
	  - 환매수수료 및 환매 신청 후 금액 수령 시기
	  - 증권거래비용 발생 가능성과 투자자가 부담하는 각종 보수 및 수수료
	  - 집합투자기구의 고유한 특성과 위험성에 관한 설명
	  - 광고의 유효기간이 있는 경우 그 기간, 통계나 도표 인용 시 자료의 출처 명시
	  - 수수료 부과 기준과 절차, 손실 발생 가능 상황 및 예상 손실액, 과거 실적 표시 시점과 미래 변동 가능성, 최소비용 표기 시 최대비용, 최대수익 표기 시 최소수익
	• 대출성 상품 투자광고 시 의무표시사항
	  - 금융상품 계약 체결 전, 설명서와 약관을 반드시 읽어볼 것을 권유하는 내용
	  - 금융상품 판매업자의 명칭과 금융상품의 주요 내용(상품명, 이자율, 수수료 등)
	  - 대출조건(필요한 신용수준, 원리금 상환방법 등)
	  - 일반 금융소비자는 금융회사로부터 설명을 받을 권리
	  - 상환능력 대비 대출금이 과도하면 개인신용평점 하락 및 금융거래 불이익이 발생할 수 있다는 내용
	  - 담보비율이 부족할 경우, 기한 내 추가 담보를 제공하지 않으면 담보증권이 임의 처분될 수 있다는 내용

01 금융투자회사의 영업 및 업무에 관한 규정

3장 한국금융투자협회규정

금지행위	• 손실보전을 암시하거나 오인 가능성 있는 표현 사용 금지 • 과거 운용실적 강조, 세후·세전누락, 과장된 수익률, 지나치게 작거나 눈에 띄지 않게 표시 금지 • 목표수익률 등 미래 예측 표현 사용 시 기준 및 가정을 명확히 제시해야 하며, 일부 예외 외 전면 금지 • 명칭, 종류, 투자목적, 운용전략 등 법령 외 정보 표시 금지 • 사모 방식임에도 공모처럼 오인할 수 있는 표시 금지, 금융투자상품의 구분 등 오해 유도 광고 금지 • 근거 없는 수익률 비교, 모호한 표현으로 다른 금융상품과 비교하는 광고 금지 • 투자일임자산과 타 자산을 함께 운용하는 것처럼 광고 금지 • 투자자별로 운용되는 신탁재산을 합산해 수익률 등을 표시하는 행위 금지 • 특정부동산신탁 등에서 수익 보장식의 표현 금지 • 금융투자회사의 경영실태를 타사와 비교해 유리한 점만 부각 금지 • 수수료 우대, 통계수치 등 광고 시 과장된 크기, 굵기, 색상 사용 금지 • 사진·문구·타이포 등으로 법인 이미지 훼손 우려 있는 표현 금지 • 중요 정보를 숨기거나 권리·의무에 중대한 영향 미치는 사실을 고지하지 않는 행위 금지 • 금투업법상명령 위반 금지행위 예 광고기준위반 등 • 문자·알람, 이메일 등에 파생결합증권 등의 수익률, 만기, 조기상환조건 기재 행위(단, 협회 기준 준수 시에는 예외) • 대출이자율의 산정방식, 시기, 수수료 등 중요 정보를 불명확하게 표시하거나, 일 단위로 표시해 오인 유도하는 행위 • 불확실한 사항을 확정적 사실처럼 단정하거나 오인하게 하는 행위 • 금융소비자가 광고매체를 금융상품직접판매업자로 오인하게 유도하는 행위 • 특정 거래조건이 모두에게 적용되는 것처럼 오인 유도하는 행위 • 글자 색상, 크기, 음성 속도 등을 활용해 혜택만 강조하고 불이익은 축소하는 행위

⑤ 투자광고 내 집합투자기구의 운용실적 표시

대상	• 설정일 또는 설립일로부터 1년 이상 경과하고 순자산총액이 100억 원 이상인 집합투자기구 • 적립식수익률 표시 희망 시, 설립일로부터 3년 이상 경과 필요
표시방법	• 과거 1개월 이상 수익률을 사용하되, 6개월·1년 수익률을 함께 표시 • 3년 이상된 펀드인 경우 1년·3년·설립일로부터 기준일까지의 수익률을 함께 표시 • 적립식은 기간말영업일로부터 연 단위로 과거 3년 이상의 적립식수익률과 기간말영업일로부터 과거 3년 수익률을 함께 표시
의무표시사항	집합투자기구의 유형, 설정일, 기준일, 순자산총액, 수익률 산출기간, 세전·세후여부, 벤치마크 수익률(MMF, 부동산 펀드 등은 생략 가능)
준수사항	• 방송광고 금지 • 기준일 현재 가격으로 평가된 운용실적을 사용하며, 종류별 집합투자증권 간 수수료 차이 등의 정보 표시 • 과거 수익률 표시 시 '과거 수익률이 미래 성과를 보장하지 않음' 명시 필요
비교광고 준수사항	• 동일 유형의 집합투자기구 비교 • 협회·공시자료·평가회사 자료를 활용하며 평가자료의 출처 및 공표일 명시 • 과거 1·2·3년 수익률과 설정일·설립일로부터 기준일까지의 수익률 표시(연 단위 비교대상 내의 백분위 순위 또는 서열 순위 등 병기)

01 금융투자회사의 영업 및 업무에 관한 규정

3장 한국금융투자협회규정

⑥ 재산상 이익의 제공 및 수령

수수 대상	거래상대방에게 제공하거나 거래상대방으로부터 제공받는 금전·물품·편익 등 재산상 이익은 일반인이 통상적으로 이해할 수 있는 범위를 벗어나지 않아야 함
재산상 이익으로 보지 않는 범위	• 가치분석·매매정보·주문 집행 등을 위한 자체 개발 소프트웨어 및 관련 하드웨어(컴퓨터 등) • 금융투자회사가 자체적으로 작성한 조사·분석자료 • 3만 원 이하의 물품, 식사, 신유형 상품권, 포인트 및 마일리지, 20만 원 이하의 경조사비·꽃·화환 • 국내에서 불특정 다수를 대상으로 개최되는 세미나·설명회의 경우, 1인당 제공금액 산정이 곤란한 비용(대표이사 또는 준법감시인이 적정성을 사전에 확인해야 함)
재산상 이익의 가치산정	• 금전은 그 해당 금액, 물품은 구입 비용을 한도로 함 • 접대: 접대에 소요된 비용(단, 금융투자회사 임직원과 거래상대방이 함께 참석한 경우에는 전체 비용 중 거래상대방이 차지한 비율에 해당하는 금액으로 산정) • 연수·기업설명회·기업탐방·세미나: 거래상대방에게 직접적으로 제공되었거나 제공받은 비용 • 기타: 해당 재산상 이익의 구입 또는 제공에 소요된 실비
재산상 이익 제공 및 수령내역 공시	• 공시대상: 최근 5개 사업연도 합산 금액이 10억 원을 초과하여 특정 투자자 또는 거래상대방에게 금전·물품·편익 등을 제공하거나, 그로부터 제공받은 경우 • 공시내용: 제공(수령) 기간, 제공·수령 당사자가 속한 업종, 제공(수령) 목적, 제공(수령) 경제적 가치의 합계액 • 공시방법: 인터넷 홈페이지 등
제공 한도	• 금융투자회사의 영업 자율성을 보장하기 위해 재산상 이익 제공 한도 규제는 폐지되었으나, 위험성이 높은 파생상품의 경우 고객 유치 경쟁을 제한하기 위해 예외적으로 재산상 이익 제공 한도 규제가 유지됨 ▶ 추첨 등 우연적 방법이나 특정 행위의 결과로 선정된 동일 일반투자자에게는 1회당 300만 원을 초과하는 재산상 이익을 제공할 수 없음 • 유사해외통화선물 및 주식워런트증권의 경우에는 추첨 등을 통한 재산상 이익 제공이 전면 금지
수령 한도	1회당 한도 및 연간 한도 등을 회사가 스스로 정하여 준수

⑦ 신상품 보호

정의	• 새로운 비즈니스 모델이 적용된 금융투자상품 또는 이에 준하는 서비스 • 금융공학 등 신금융기법을 활용해 개발된 금융투자상품 또는 이에 준하는 서비스 • 기존 금융투자상품과 차별화되는 독창성을 가진 금융투자상품 또는 이에 준하는 서비스
배타적 사용권	• 신상품을 개발한 금융투자회사가 일정 기간 동안 독점적으로 신상품을 판매할 수 있는 권리 • 배타적 사용권을 침해당한 금융투자회사는 협회 신상품 심의위원회에 침해배제를 신청할 수 있으며, 심의위원회 위원장은 침해배제 신청 접수일로부터 7영업일 이내에 심의위원회를 소집하여 배타적 사용권 침해배제 신청에 대하여 심의해야 함
금지행위	• 다른 금융투자회사의 배타적 사용권을 침해하는 행위 • 심의위원회에 제출하는 자료를 고의적으로 조작하는 행위 • 근거 없는 빈번한 이의신청으로 심의위원회의 업무나 배타적 사용권 행사를 방해하는 행위

3장 한국금융투자협회규정

01 일반투자자와의 계약 체결 시 금융투자회사가 지켜야 할 규정에 대한 설명으로 옳은 것은?

① 투자자 정보는 구두로 파악하더라도 별도의 서면 확인 절차는 필요 없다.
② 파생상품이 적합하지 않다고 판단되면 투자자의 서면 동의 없이 판매해도 무방하다.
③ 일반투자자가 투자자문을 원하지 않는다고 해도 확인 없이 자문 계약 체결이 가능하다.
④ 투자권유가 적합하지 않다고 판단되면, 반드시 투자자에게 서면으로 고지하고 확인을 받아야 한다.

02 ELW, ETN, ETF에 대한 금융투자협회의 투자자보호 특례 내용으로 옳지 않은 것은?

① 외국인의 경우 사전 교육 의무 대상에서 제외된다.
② 위탁매매거래계좌가 있다면 주식워런트증권을 별도의 절차 없이 매매할 수 있다.
③ 일반투자자가 레버리지 ETF 상품을 매매하기 위해서는 협회가 인정하는 사전 교육을 이수해야 한다.
④ 일반투자자가 최초로 변동성지수선물의 가격을 기초로 하는 상장지수증권을 매매하고자 한다면 발생할 수 있는 위험 등을 고지하고 매매의사를 추가로 확인해야 한다.

03 다음 중 일중매매거래(데이 트레이딩)에 대한 설명으로 옳지 않은 것은?

① 일중매매거래는 단기차익을 목적으로 하는 거래로, 장내파생상품에도 적용될 수 있다.
② 회사는 일중매매계좌 개설 시 투자자에게 위험고지서를 교부하고 충분히 설명해야 한다.
③ 일중매매거래는 동일 종목을 같은 날 매수 후 매도하거나 매도 후 매수하는 거래를 말한다.
④ 일중매매거래 관련 고지는 인터넷 홈페이지 또는 온라인 거래화면에 게시하지 않아도 된다.

04 다음 중 조사분석자료 작성 및 공표에 관한 설명으로 옳지 않은 것은?

① 기업금융 관련 부서와 조사담당 부서 소속 금융투자분석사 간의 의견 교류는 전면적으로 금지된다.
② 조사분석자료의 작성·심사·승인 업무를 수행하려면 협회가 인정하는 금융투자분석사 자격을 보유해야 한다.
③ 임원 수 부족 등 불가피한 사유가 없는 한, 조사분석 담당 부서의 임원은 기업금융·법인영업·고유계정 운용업무를 겸직할 수 없다.
④ 금융투자회사는 조사분석자료를 공표하기 전, 내부 기준에 따른 승인 절차를 거치지 않고는 제3자에게 주요 내용을 제공할 수 없다.

05 조사분석자료의 작성 및 공표에 대한 설명으로 옳은 것은?

① 금융투자분석사와 기업금융업무 관련 부서 간의 의견 교환은 어떠한 경우에도 금지된다.
② 금융투자회사가 제3자가 작성한 조사분석자료를 외부에 공표하는 것은 어떠한 경우에도 금지된다.
③ 금융투자회사가 자기 발행주식총수의 1% 이상을 보유한 기업이 발행한 금융투자상품에 대해서는 조사분석자료를 작성하거나 공표할 수 없다.
④ 금융투자회사가 최근 1년간 3회 이상 조사분석자료(투자의견·목표가격 등 상세 분석 포함)를 공표한 경우, 최종 공표일이 속하는 월말로부터 6개월 이내에 추가 공표해야 한다.

06 다음 중 조사분석자료의 작성 및 공표에 대한 설명으로 옳지 않은 것은?

① 조사분석자료는 금융투자회사의 임직원 외에는 작성할 수 없다.
② 조사분석자료는 협회에 등록된 금융투자분석사에 의해 작성되어야 한다.
③ 작성·심사·승인 업무를 수행하는 자는 금융투자분석사 자격을 보유해야 한다.
④ 제3자가 작성한 자료를 공표할 경우, 제3자의 성명과 명확한 출처를 기재해야 한다.

07 다음 중 투자설명서 관련 제도에 대한 설명으로 옳지 않은 것은?

① 일반투자자가 신용융자거래를 하는 경우, 핵심설명서를 교부해야 한다.
② 일반투자자가 주식워런트증권(ELW)을 매매하는 경우, 핵심설명서를 추가로 교부해야 한다.
③ 일반투자자가 레버리지 주식워런트증권(ELW)을 매매하려는 경우, 사전에 협회가 인정하는 교육을 이수해야 한다.
④ 일반투자자가 최초로 상장지수증권(ETN)을 매매할 때에는 기존 위탁매매계좌가 있더라도 별도의 매매의사 확인을 받아야 한다.

08 다음 중 투자광고 관련 설명으로 옳지 않은 것은?

① 자본시장법상 투자권유에는 신탁계약 체결 권유도 포함된다.
② 펀드 투자광고에는 증권거래비용 등 투자자 부담사항도 고지해야 한다.
③ 투자광고는 금융투자상품에 대한 정보를 널리 알리는 모든 활동을 포함한다.
④ 투자광고는 반드시 금융투자업자에 의해 수행되어야 하며, 협회나 금융지주회사는 광고할 수 없다.

09 집합투자기구의 투자광고에 관한 설명으로 옳지 않은 것은?

① 비교 대상은 동일한 유형의 집합투자기구여야 한다.
② 수익률 평가자료의 출처와 공표일을 반드시 표시해야 한다.
③ MMF나 부동산펀드는 벤치마크 수익률 제공을 생략할 수 있다.
④ 펀드 운용실적을 표시할 때에는 과거 1개월 이상의 수익률을 사용해야 한다.

10 다음 중 집합투자기구의 투자광고에 반드시 표시해야 하는 항목으로 올바른 것으로 묶인 것은?

> ㉠ 수수료와 운용보수
> ㉡ 원금 손실 발생가능성
> ㉢ 최대수익을 표기하는 경우 그 최소수익
> ㉣ 최소비용을 표기하는 경우 그 최대비용
> ㉤ 환매수수료 및 환매금액의 수령 가능 시기

① ㉠, ㉡, ㉢
② ㉡, ㉣, ㉤
③ ㉡, ㉢, ㉣, ㉤
④ ㉠, ㉡, ㉢, ㉣, ㉤

11 투자광고 내 주요 매체별 위험고지 표시기준 강화 규정에 관한 설명으로 옳지 않은 것은?

① 위험과 관련된 내용은 바탕색과 구별되는 색상으로 선명하게 표시하여 고지해야 한다.
② 인터넷 배너를 이용한 투자광고 시 위험고지내용이 3초 이상 보일 수 있도록 해야 하지만, 파생상품의 경우 위험고지를 생략할 수 있다.
③ A4용지 기준 9포인트 이상의 활자체로 투자자가 쉽게 알아볼 수 있도록 표시하며, 신문 전면 광고의 경우 10포인트 이상으로 표시해야 한다.
④ 영상매체 광고는 1회당 전체 시간의 3분의 1 이상 동안 위험고지를 표시하거나, 10분 미만은 1회 이상·10분 이상은 2회 이상 음성과 자막으로 명확히 설명해야 한다.

12 집합투자기구의 운용실적 표시와 관련한 설명으로 옳지 않은 것은?

① 수익률을 표시할 수 있는 집합투자기구는 설립일로부터 1년 이상 경과해야 한다.
② 적립식수익률을 표시할 경우, 설립일로부터 1년 이내의 수익률을 표시해야 한다.
③ 과거 수익률을 표시할 경우 과거 수익률이 미래 성과를 보장하지 않음을 명시해야 한다.
④ 동일 유형의 집합투자기구를 비교할 때는 협회 또는 공시자료평가회사의 자료를 활용해야 한다.

13 다음 중 재산상 이익에 포함되지 않는 것은?

① 20만 원을 초과하는 경조비
② 경제적 가치 3만 원을 초과하는 물품
③ 외부전문가로부터 작성된 조사분석 자료의 제공
④ 금융투자상품에 대한 가치분석 및 매매정보 제공을 위해 자체적으로 개발한 소프트웨어

14 다음 중 재산상 이익의 제공 및 수령에 관한 설명으로 옳지 않은 것은?

① 금융투자회사는 재산상 이익 제공 현황 및 적정성 점검 결과를 매년 이사회에 보고해야 한다.
② 금융투자회사가 이사회에서 정한 금액을 초과하는 재산상 이익을 제공하려는 경우 사전에 이사회 의결을 받아야 한다.
③ 금융투자회사가 거래상대방과의 재산상 이익 제공 또는 수령한 내역은 5년 이상 기록·보관해야 한다.
④ 금융투자회사가 금전·물품·편익 등을 5억 원을 초과하여 특정 투자자 또는 거래상대방에게 제공하거나, 이들로부터 제공받은 경우 이를 인터넷 홈페이지 등에 공시해야 한다.

15 다음 중 재산상 이익의 가치를 산정하는 방식으로 옳지 않은 것은?

① 금전: 해당 금액 전액
② 물품: 구입 비용 전액
③ 금융투자회사 임직원과 거래상대방이 공동으로 참석한 접대: 접대 비용 전액
④ 연수·기업설명회·기업탐방·세미나: 거래상대방에게 직접 제공되었거나 제공받은 비용 전액

16 재산상 이익의 제공 및 수령에 대한 설명으로 옳지 않은 것은?

① 재산상 이익의 1회당 한도 및 연간 한도는 금융회사가 스스로 정하여 준수하도록 하고 있다.
② 파생상품과 관련하여 추첨 및 기타 우연성을 이용하는 방법으로 일반투자자에게 재산상의 이익을 제공할 수 없다.
③ 금융투자회사가 거래상대방에게 재산상 이익을 제공하거나 제공받은 경우 제공목적, 제공내용 등을 5년 이상 기록 보관해야 한다.
④ 최근 5개 사업연도를 합산하여 금전·물품 등을 10억 원을 초과하여 거래상대방에게 제공한 경우 인터넷 홈페이지 등에 공시해야 한다.

17 다음 중 신상품 보호와 관련된 설명으로 옳지 않은 것은?

① 외국에서 판매된 상품을 단순히 국내에 도입한 경우는 신상품으로 보지 않는다.
② 신상품 보호는 개발한 회사가 일정 기간 동안 해당 상품을 독점적으로 판매할 수 있는 권리를 의미한다.
③ 신상품에 대해 배타적 사용권을 부여받은 금융투자회사는 직접적인 침해가 발생한 경우, 협회 신상품 심의위원회가 정한 서식에 따라 침해배제 신청을 할 수 있다.
④ 배타적 사용권을 침해당한 금융투자회사는 침해배제를 신청할 수 있으며, 금융투자협회는 신상품 침해가 접수되면 10일 이내에 심의위원회를 소집하여 심의해야 한다.

18 다음 중 신상품 보호에 관한 규정으로 옳지 않은 것은?

① 신상품이란 새로운 비즈니스 모델을 적용한 금융투자상품 또는 이에 준하는 서비스를 포함한다.
② 배타적 사용권이란 신상품을 개발한 금융투자회사가 일정 기간 동안 독점적으로 신상품을 판매할 수 있는 권리이다.
③ 배타적 사용권을 부여받은 금융투자회사는 배타적 사용권에 대한 직접적인 침해가 발생하는 경우 금융감독원에 침해배제를 신청할 수 있다.
④ 심의위원회 위원장은 침해배제신청 접수일로부터 7영업일 이내 심의위원회를 소집하여 배타적 사용권 침해배제신청에 대하여 심의해야 한다.

19 다음 중 불성실 수요예측과 관련된 설명으로 옳지 않은 것은?

① 기업공개와 관련하여 불성실 수요예측 참여자로 지정된 자는 위반금액 규모에 따라 최대 36개월간 수요예측 참여가 제한된다.
② 자율규제위원회가 제재금을 부과하는 경우, 불성실 수요예측 참여자로 지정된 자의 고유재산에 한해 수요예측 참여 제한을 병과할 수 있다.
③ 수요예측에 참여해 공모주식을 배정받은 고위험고수익투자신탁 등이 설정일 또는 설립일로부터 1년 이내에 해지되는 경우, 불성실 수요예측 참여행위로 본다.
④ 사모 방식으로 설정된 벤처기업투자신탁이 수요예측에 참여해 공모주식을 배정받은 후 최초 설정일로부터 1년 6개월 이내에 환매되는 경우, 불성실 수요예측 참여행위로 본다.

20 불성실 수요예측의 참여행위 및 수요예측 참여제한 등에 대한 설명으로 옳지 않은 것은?

① 무보증사채 공모 시 불성실 수요예측 등 참여자로 지정된 자에 대해서는 1~4개월간 수요예측 등 참여가 제한된다.
② 단순히 수요예측 등에 참여한 후 주식 또는 무보증사채를 배정받고 청약을 하지 않은 정도는 불성실 수요예측에 참여했다고 보지 않는다.
③ 수요예측에 참여해 공모주식을 배정받은 벤처기업투자신탁이 설정일 또는 설립일로부터 1년 이내에 해지되는 경우, 불성실 수요예측 참여행위로 본다.
④ 수요예측에 참여하여 공모주식을 배정받은 벤처기업투자신탁의 신탁계약이 공모주식 배정일로부터 3개월 이내에 해지되는 경우에는 불성실 수요예측 등의 참여행위로 간주한다.

21 다음 중 유사해외통화선물거래(FX마진거래)의 개념 및 특성에 대한 설명으로 옳은 것은?

① 거래단위가 없으며, 거래금액은 자유롭게 설정 가능하다.
② 이종통화 간 환율 변동을 이용해 시세차익을 추구하는 장외파생상품 거래이다.
③ 위탁증거금은 원화로 납입 가능하며, 거래단위는 기준통화당 10,000단위이다.
④ 동일한 종목에 대해 매수·매도 포지션을 동시에 보유할 수 있으며, 장내 거래로 규정된다.

01 4장 주식투자운용 · 투자전략
운용과정과 주식투자

1 자산운용의 계층적 성격

자산운용조직의 특성	기업리서치, 전략 수립, 매매, 리스크 관리, 컴플라이언스, 사후관리 등 다양한 기능이 결합된 집단 운용체계를 보편화함
개인 운용의 한계	개인이 자산별 종목을 분석하고 운용하는 것은 비효율적이며, 불법행위를 방지하기 어려움
시장 상황의 영향	시장이 안정적이면 문제 없을 수 있으나, 급변 시 효과적인 대응이 어려움
집단 운용체계의 장점	다양한 기능을 결합한 체계를 통해 각 참여자에게 권한과 책임을 부여하여 전문적이고 효율적인 자산운용 가능

2 전략·전술 수립과 증권 선택 기능의 분리

- 분리의 목적: 운용의 투명성과 효율성 제고를 위해 증권선택과 자산배분 기능을 분리
- 자산운용의 원칙: 조직 전체의 통제를 통해 투자자 편익 중심의 독단적 행위 방지
- 펀드운용의 구조: 독립성과 유연성을 갖춘 구조를 통해 운용조직이 독립적 의사결정 가능
- 위원회 구성: 자산별로 전담팀을 구성하고, 비용 · 범위 · 위험한도 등의 기준 설정
- 제도적 장치: 각종 제한 등을 설정하고 펀드매니저가 이를 준수하도록 강제

3 효율적 시장가설과 포트폴리오 관리방식

효율적 시장가설	• 시장가격에 정보가 얼마나 반영되어 있는지를 기준으로 약형, 준강형, 강형으로 구분 • 약형(weak form): 과거 주가의 움직임은 미래 주가의 방향이나 크기를 예측하는 데 아무런 정보를 제공하지 않으며, 따라서 기술적 분석은 의미가 없음 • 준강형(semi-strong form): 일단 정보가 공개되면 즉시 주가에 반영되므로, 공개된 정보는 종목 선정에 도움이 되지 않으며 이를 통해 이익을 얻는 것도 불가능함 • 강형(strong form): 기업에 대해 이미 알려졌거나 예측 가능한 정보(재무제표 등)는 주가에 반영되어 분석에 도움이 되지 않으며, 예측 불가능한 정보는 그 효과가 불규칙적임
시사점	• 강형 효율적 시장가설을 신뢰한다면 어떤 형태의 액티브 운용도 무의미하나 약형이나 준강형을 신뢰한다면 액티브 운용을 완전히 배제할 필요는 없음 • 불확실성이 커질수록 투자자들은 과잉반응을 보이며, 이로 인해 초과이익(알파)을 얻을 기회가 발생

4 패시브(보수적) 운용과 액티브(적극적) 운용의 구분

액티브 운용	• 마켓타이밍, 테마선택, 종목선택 전략을 활용하여 벤치마크 이상의 초과수익(α)을 추구함 • 마켓타이밍: 주식시장에 진입/이탈할 시점을 결정하는 전략(자산배분 전략과 유사) • 테마선택: 특정 산업이나 주제에 따라 세부 자산군을 선택하는 전략(소형주 중심, 특정 국가 · 산업 집중 등) • 종목선택: 시장 · 업종지수 대비 수익성 높은 종목을 선정하여 포트폴리오 구성
패시브 운용	시장 예측보다는 광범위한 분산투자를 통해 벤치마크와 유사한 성과를 목표로 하는 전략(마켓타이밍, 테마 · 종목선택과는 무관)

02 자산배분 전략의 정의 및 준비사항

4장 주식투자운용·투자전략

❶ 자산배분 전략의 정의

정의	• 위험 수준을 고려해 다양한 자산집단(asset class)에 투자자금을 배분하여 포트폴리오를 구성하는 일련의 투자과정 • 자산집단(자산군): 자산보다 세분된 개념으로, 주식의 경우 소형주, 중형주, 대형주로 세분화 가능

도입 목적	• 체계적인 자산운용전략 수립
	   – 자금운용자들이 종목 선택활동에 치중할 수 있도록 기금의 자산 구성비 정교화
	   – 투자자의 투자목표 정확하게 수용
	   – 투자위험을 통제하고 높은 성과를 달성할 수 있도록 새로운 투자전략 수립 유도
	• 상품개발과정의 체계화: 자산집단의 구성비율 결정 시 투자자산에 대한 기대수익 수준과 투자위험을 동시에 고려
	• 투자자의 투자목표 적극 수용: 투자자의 위험감수 성향에 따라 기금·펀드 관리
	  ▶ 투자자별 특성에 맞춘 운용전략 가능
	• 투자성과의 관리평가: 운용성과를 자산배분활동과 주식선택활동으로 인한 결과로 분리 가능
	  ▶ 자금운용자의 책임과 권한을 구분하여 투자성과의 체계적 관리 가능

전략적 자산배분	투자목표를 달성하기 위해 사전에 자산군별로 포트폴리오를 구성하는 의사결정 과정이며, 장기적인 관점에서 설정
전술적 자산배분	시장 전망 등을 고려해 단기적으로 자산 비중을 조정하는 행위로서 전략적 자산배분과는 구분됨
자산배분 전략의 특징	시장 예측보다는 포괄적이고 과학적인 전략으로 투자자의 제약조건, 투자목표, 위험관리 등을 종합적으로 반영함
적용 대상	시장 예측활동은 증권브로커 등 개인투자자 중심, 자산배분 전략은 기관투자자(기금, 운용회사 등)에 적합함

❷ 자산집단의 기본적인 성격

동질성	자산집단 내의 자산들은 상대적으로 동일한 특성을 가져야 함
배타성	자산집단이 서로 배타적이어서 겹치는 부분이 없어야 함을 의미
분산가능성	각 자산집단은 분산투자를 통한 위험 감축으로 효율적 포트폴리오를 구성하는 데 기여해야 하며, 이를 위해서는 각 자산집단이 서로 독립적이어야 함
포괄성	자산배분 대상은 가능한 한 폭넓게 투자 가능한 자산을 포함해야 하며, 투자대상이 넓을수록 동일 위험 수준에서 더 높은 기대수익률을 얻을 수 있어 효율적 투자기회선이 확대됨
충분성	각 자산집단의 규모와 수가 충분히 커서 실제 투자 시 유동성 문제가 발생하지 않아야 함

02 자산배분 전략의 정의 및 준비사항

4장 주식투자운용·투자전략

❸ 자산집단의 기대수익률 추정

추세분석법 (Technical Analysis)	• 자산집단의 과거 장기 수익률을 분석하여 미래 수익률을 추정하는 방법 • 과거 평균 수익률이 미래에도 지속된다는 가정에 기반 • 우리나라처럼 과거 데이터가 부족하고 변화의 폭이 큰 경우에는 적용 어려움
시나리오 분석법 (Multi-scenario Analysis)	• 다양한 시나리오를 설정하고 이에 따른 수익률을 예측한 뒤 가중평균하여 기대수익률을 추정하는 방법 • 경제상황 변화 등을 반영할 수 있으나, 시나리오 설정이 주관적일 수 있음 • 자산배분 전략의 모의분석 시 주로 사용
근본적 분석법 (Fundamental Analysis)	• 재무모형(CAPM, APT 등)을 활용하여 과거 자료를 기반으로 미래의 발생 가능 상황에 대한 기대치를 반영하여 수익률을 예측하는 방법 • 무위험 채권수익률을 추정한 뒤 신용 리스크와 잔존만기에 따른 리스크 프리미엄을 가산하여 국채·회사채의 기대수익률을 산출하고, 주식은 이에 추가로 주식투자 리스크 프리미엄을 더해 기대수익률을 추정하는 벽돌쌓기 방식으로 진행됨 • 단, 이는 장기요구수익률로 실제 기대수익률과는 다를 수 있음
시장공통 예측치 사용법	• 시장의 평균적 기대수익률을 활용하여 수익률 곡선(yield curve)이나 현재 자산 가격에 내재된 수익률(implied return) 등을 사용해 기대수익률을 역산하는 방법 • 채권의 기대수익률은 수익률 곡선(yield curve)에서 추정하며, 주식의 기대수익률은 배당할인모형이나 현금흐름할인법 등을 통해 산정
기타 방법	경기순환 접근법, 시장 타이밍 방법, 전문가의 주관적인 의견 등

❹ 자산집단의 위험, 상관관계 추정

위험	• 자산집단 수익률의 표준편차를 활용해 추정 • 추정치를 사용하는 기대수익률과 다르게 상당한 안정성과 지속성을 가지고 있으며 최근에는 GARCH와 같은 추정방법을 사용해 좀 더 정교하게 위험을 추정하는 경향
상관관계	• 과거 일정 기간 동안의 자료를 활용하여 추정 • 일반적인 상관관계 추정방법에 경기사이클을 고려한 상관관계와 회귀분석 등을 추가로 사용하여 보다 정확하게 측정하는 기법들이 개발되고 있음

03 전략적 자산배분

4장 주식투자운용·투자전략

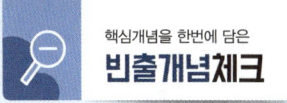

① 전략적 자산배분의 정의

개요	장기적인 투자목표 달성을 위해 기금의 자산구성을 결정하는 의사결정
특징	장기적으로 유지될 자산구성을 사전에 결정하고, 일정한 변경 한계 내에서만 조정이 허용됨 ⑩ 주식 50% 비중 ±10% 조정
안정성	• 전략 수립에 사용된 각종 변수들에 대한 가정이 근본적으로 크게 변화되지 않는 이상 처음 구성하였던 자산배분을 변경하지 않고 계속하여 유지해 나가는 매우 장기적인 의사결정 • 단, 처음 수립했던 자본시장에 대한 가정이 크게 변화하게 된다면 수정 필요
투자자 조건 반영	투자자의 투자목표(최소 달성수익률, 기대수익률, 위험허용도 등), 제약조건(투자기간, 유동성, 세금 등)을 충분히 반영해 자산구성을 결정해야 함

② 전략적 자산배분의 실행단계

투자자의 투자목적 및 제약조건 파악	투자자의 나이, 직업, 재산, 투자성향, 세금 등의 요소에 따라 투자목적과 제약조건 등을 결정

▼

자산집단의 선택	주식, 채권, 부동산, 원자재, 창업상품 등 다양한 자산군 중 목적에 맞는 자산군을 선택

▼

자산군별 기대수익률, 위험, 상관관계 추정	과거 자료를 통해 자산군별 미래 수익률과 위험, 상관관계 등을 추정

▼

최적 자산구성의 선택	효율적 투자기회선 분석을 통해 가장 적절한 자산 배분 비중을 도출하고, 동일 기대수익 시 위험이 가장 낮은 포트폴리오 또는 동일 위험 시 기대수익이 가장 높은 포트폴리오 선택

③ 효율적 투자기회선(Efficient Frontier)

개요	• 전략적 자산배분은 포트폴리오 이론을 기반으로 하며, 위험 대비 수익률이 가장 높은 포트폴리오를 '효율적 포트폴리오'라고 함 • 효율적 포트폴리오들을 위험과 수익률의 좌표상에서 연속적으로 연결한 선을 효율적 투자기회선(Efficient Frontier)이라 함
자산배분에서의 의미	일반 포트폴리오 이론에서는 개별 종목을 대상으로 하지만, 전략적 자산배분에서는 자산집단을 대상으로 하여 효율적 투자기회선을 구성함

03 전략적 자산배분

4장 주식투자운용·투자전략

한계	• 효율적 투자기회선을 정확히 규명하기 위해서는 기대수익률, 위험, 자산 간 상관관계를 정확히 추정해야 하지만, 입력자료의 불확실성 때문에 어려움이 존재함 • 평균-분산 최적화(mean-variance optimization)에 필요한 증권이나 자산집단의 기대수익률, 기대표준편차, 기대 상관관계가 정확하다면 효율적인 포트폴리오 구성이 가능하지만, 입력자료는 대부분 과거 자료를 기반으로 한 통계적 추정치이므로, 필연적으로 오류와 추정 오차가 내재되어 있음
최적 자산배분의 선택	투자자의 최적 자산배분(optimal asset mix)은 효율적 투자기회선과 투자자의 무차별곡선(indifference curve)이 접하는 점에서 결정됨

❹ 추정 오차를 반영한 효율적인 투자기회선(퍼지 투자기회선)

정의	변수 추정에 내재된 오류로 인해 미래 기대수익률과 위험을 정확히 추정할 수 없음을 반영하여, 효율적 투자기회선을 선이 아닌 영역 또는 밴드 형태로 표현한 개념
효과	진정한 효율적 포트폴리오는 퍼지 투자기회선내에 존재하게 되며, 이 영역 안의 포트폴리오들을 모두 효율적 포트폴리오로 간주할 수 있음
문제점 및 해결 방법	• 퍼지 투자기회선의 폭은 변수 추정치의 오류 크기에 따라 결정되며, 기대수익률, 표준편차, 상관관계 등의 추정치가 흔들리면 효율적 투자기회선도 상하좌우로 이동하여 밴드(영역)를 형성하게 됨 • 문제점 해결을 위해 제약조건을 반영한 제약 최적화(constrained optimization) 기법을 사용(특정 자산집단에 대한 최소·최대 투자비중 등의 제약조건을 설정하여 편향된 투자비중 배분 방지)
비교 효율적 포트폴리오	퍼지 투자기회선 내에서 가장 우월한 수익-위험 조합을 보여주는 여러 개의 포트폴리오가 존재하며, 이들은 실제 운용에서 유사한 성과를 보임

❺ 전략적 자산배분의 실행방법

시장가치 접근방법	여러 투자자산들의 포트폴리오 내 구성 비중을 각 자산이 시장에서 차지하는 시가총액의 비율과 동일하게 포트폴리오를 구성하는 방법
위험수익 최적화법	기대수익과 위험 간의 관계를 고려한 것으로, 동일한 위험 수준 하에서 최대한으로 보상받을 수 있는 지배원리에 따라 포트폴리오를 구성하는 방법
투자자별 특수상황을 고려하는 방법	운용기관의 위험과 최소 요구수익률, 다른 자산과의 잠재적인 결합 가능성 등을 고려하여 수립하는 투자전략으로, 투자자의 요구사항 반영 가능
다른 유사한 기관투자가들의 자산배분을 모방	기관투자가들에 의해 이미 시장에서 실행되고 있는 자산배분을 모방하여 자산구성을 하는 방법으로, 상당히 보편화됨

04 4장 주식투자운용·투자전략
전술적 자산배분

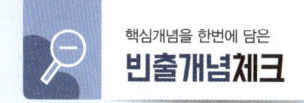

1 전술적 자산배분의 정의

개요	• 시장 변화 방향을 예측하여 사전적으로 자산 구성 비중을 유동적으로 조정하는 전략 • 고평가된 자산을 매도하고, 저평가된 자산을 매수하는 등 투자성과를 높이는 전략
전략적 자산배분과의 차이	전략적 자산배분은 장기적인 기준에 따라 고정된 자산 구성 비중을 유지하지만, 전술적 자산배분은 시장 상황 변화에 따라 일정 주기로 자산 구성을 조정함
목적	상대적 가치 변화에 따른 투자기회를 포착하여 추가 수익 달성
운용 시 유의점	• 펀드 운용자가 투자자산의 과대·과소 평가 여부를 정확히 판단하기 어렵다면 최초 수립한 전략적 자산배분 기준을 유지해야 함 • 펀드 운용자가 각 투자자산의 가치가 균형가격에서 벗어나 있음을 정확히 평가할 수 있다면, 자산운용자의 책임하에 구성자산의 투자비중을 적극적으로 조정할 수 있음

2 전술적 자산배분의 운용과정 및 운용상의 권한과 책임

운용과정	• 전술적 자산배분은 전략적 자산배분에 따라 결정된 포트폴리오를 투자 전망에 따라 단기적으로 조정하는 실질적 실행 과정임 • 연간, 분기, 월간 등 일정 주기로 주식, 채권 등의 미래 수익률을 예측하여 자산군의 비중을 조정함 • 이는 운용담당자가 자산 가격의 과소평가 또는 과대평가 여부를 판단하여 중단기적인 가격 착오(mis-pricing)를 활용하는 능동적인 전략임
운용상의 권한과 책임	• 자산배분 변경으로 인한 포트폴리오 조정은 해당 의사결정자가 책임져야 함 • 자산가치 급변 등 불가피한 상황에서는 예외적으로 조정이 가능하나, 그 경우에도 사전 책임소재와 명확한 대응체계가 필요함

3 전술적 자산배분의 이론적 배경

역투자전략	• 시장 가격이 지나치게 상승하여 내재가치 대비 고평가되면 매도, 지나치게 하락하여 내재가치 대비 저평가되면 매수하는 전술적 자산배분 방식으로, 시장 움직임과 반대로 투자하는 전략으로, 전술적 자산배분은 본질적으로 역투자전략임 • 전술적 자산배분은 평가된 내재가치(intrinsic value)와 시장 가격(market price) 간의 비교를 통해 전략 실행 여부를 판단함
증권시장의 과잉반응 현상	• 과잉반응(overreaction)이란 새로운 정보에 대해 투자자들이 과도하거나 비합리적으로 반응하여 자산 가격이 내재가치로부터 크게 벗어나는 현상임 • 증권 가격이 비효율적으로 움직일 경우 미래 가격을 예측할 수 있으며, 전술적 자산배분은 이를 활용하여 초과수익을 추구하는 적극적 투자전략임

04 4장 주식투자운용·투자전략
전술적 자산배분

❹ 전술적 자산배분의 실행과정

자산집단의 가치 평가	• 자산집단 간 기대수익률(내재가치) 변화를 추정하는 과정으로, 자산배분 전략 수립의 기초가 됨 • 자산별 기대수익률, 위험, 상관관계 등의 변화를 예측하는 능력이 중요
투자위험 인내 과정	• 가치평가 결과를 실제의 투자활동으로 연결하기 위해서는 위험 허용도가 뒷받침되어야 함 • 전술적 자산배분은 자산 간 상대적 수익률 변화를 예측하여 저평가 자산을 매수하고 고평가 자산을 매도하는 데 초점을 두지만, 실제로는 시장이 상승하면 투자자의 위험 인내력이 커져 낙관적 태도를 보이고, 하락하면 위험 인내력이 줄어들어 비관적 태도를 갖게 되므로 가치판단만으로 자산배분을 조정하기는 어려움

❺ 전술적 자산배분의 실행 도구

가치평가모형	• 자산 가격은 단기적으로 균형가격이나 적정가치에서 일시적으로 벗어날 수 있으나, 중장기적으로는 다시 균형가격으로 회귀한다는 가정을 바탕으로 하는 투자전략 • 기본적 분석방법(fundamental analysis): 주식은 이익할인, 배당할인, 현금흐름 할인 모형 등이, 채권은 기간구조를 반영한 현금흐름 할인 모형이 표준적으로 사용됨 • 요인 모형 방식(Factor Model): CAPM, APT, 다변량 회귀분석 등 활용
기술적 분석	• 가치평가를 정확하게 하기 위한 방법으로, 과거 자산운용자의 경험치와 결합하여 기술적 분석을 활용할 수 있음 • TAA, 이격도 등 과거 일정 기간 동안의 변화 양상 측정 기술 활용

포뮬러 플랜	• 주가가 하락하면 주식을 매수하고, 주가가 상승하면 주식을 매도하는 역투자전략
	• 정액법: 일정 금액 단위로 주식을 사고파는 방식
	• 정률법: 전체 포트폴리오에서 일정 비율을 기준으로 조정
	• 장점: 주식과 채권 가격의 상대적 수익 움직임을 단순하게 활용할 수 있음
	• 단점
	  – 주가가 하락했는데도 매수 신호가 발생하는 등 맹목적인 대응 가능성
	  – 주가가 일정 박스권 내에서 등락을 거듭하면 수익을 올릴 수 있지만 그렇지 못할 경우 손실 발생

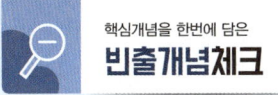

05 보험자산배분

4장 주식투자운용 · 투자전략

1 보험자산배분의 정의 및 특징

정의	• 투자자가 목표하는 특정 투자성과를 달성하기 위해 기금이나 펀드의 자산 구성비율을 상황에 따라 동적으로 조정해 나가는 전략 • 자산배분을 초단기적으로 변경하는 전략으로, 미래 예측치를 활용하지 않고 시장 가격의 변화 추세만을 반영하여 운용하는 수동적 전략
특징	• 일정 기간 동안 반드시 목표수익률을 달성해야 하는 특수 목적 자금에 적용되는 전략 • 목표수익률을 제시하는 펀드, 최소 보장수익률이 있는 보장형 펀드에 적용 • 일반 펀드 중 투자기간 내 최소 수익을 확보하면서 동시에 주식시장의 상승에 참여할 수 있는 전략으로 이용 가능
투자자의 특성	• 포트폴리오 보험 전략은 정상적인 투자자보다 비정상적(비전통적)투자자에게 적합 • 위험자산에 투자하면서 극단적인 손실 회피를 목표로 함

2 보험자산배분 전략의 실행 매커니즘

보험 포트폴리오	• 보험자산배분 전략의 이론적 배경 • 위험자산인 주식에 투자하면서, 주가 하락을 대비해 미리 설정한 행사가격으로 매도할 수 있는 풋옵션을 결합한 포트폴리오 • 주가수익률이 큰 폭으로 하락 시에도 목표·최저수익률 달성 가능하며, 주가 상승 시 추가 수익 가능
기본 방식	• 위험자산과 무위험자산 간에 투자비중을 조절하는 방식 • 포트폴리오의 가치 변화에 의존하며, 시장예측이나 투자성과 전망은 위험자산의 선택에만 영향을 줄 뿐 투자비중 결정에 반영하지 않음
비중 조절 원리	• 포트폴리오 가치 하락 시 무위험자산 비중 증가 • 포트폴리오 가치 상승 시 위험자산 비중 증가 ▶ 자산배분 비중이 포트폴리오 가치에 따라 자동 조절됨
리스크 관리	위험자산의 시장 가격이 하락하여 최저 보장수익이 어려워질 경우, 사전에 포트폴리오를 전부 무위험자산으로 전환
실행 방식	• 포트폴리오 보험방식은 위의 특성을 바탕으로 위험자산에서 주식가격 변화에 따라 자동 매매 수행 • 상승장에서는 매수, 하락장에서는 매도하는 전략
가치투자자와의 차이	• 가치투자자는 저가 매수, 고가 매도 추구(buy low, sell high) • 포트폴리오 보험전략은 반대로 고가 매수, 저가 매도 성격을 띠므로 가치투자와 전략상 반대되는 점이 있음

05 4장 주식투자운용 · 투자전략
보험자산배분

❸ 옵션모형을 이용한 포트폴리오 보험(OBPI)

개요	옵션의 델타 헤징에서 발전된 개념으로, 주식과 채권 간의 투자비율을 동적으로 조정하여 마치 위험자산과 풋옵션을 동시에 보유한 것과 같은 방어적 풋(protective put)의 성과를 모방해 내고자 하는 전략 ※ 델타 헤징(delta hedging): 옵션의 가격 변동과 기초 자산의 가격 변동의 비율인 델타를 위험자산 투자비중과 일치시키는 기법
문제점	• 연속성 가정의 한계: 모형은 주가가 연속적으로 움직인다고 가정하지만, 실제로는 불연속적인 움직임이 존재하여 목표 도달 효율성이 떨어질 수 있음 • 자산 비중 조정의 어려움: 자산 구성비율의 조정이 주가 움직임과 실시간으로 일치해야 하지만, 현실에서는 재조정 간격이 존재하여 전략 효율성이 저하됨 • 극단적 포트폴리오 구성: 만기 직전 주가 급변 시 포트폴리오가 주식 100% 또는 채권 100% 등 극단적으로 구성될 수 있음 • 실무적 한계: 주기적으로 재구성하기에는 비용과 시간이 많이 소요되며, 기술적 난이도도 높음 • 기타: 주가 변동성 추정이 어려움, 무위험 수익률의 변동 가능성, 투자시간의 변동 가능성 등
변동성 추정 문제	• 포트폴리오 보험 전략은 풋옵션을 복제하여 최소 보장수익을 확보하면서 시장 상승 시 수익을 추구하는 전략이므로 무위험이자율, 위험자산 현재 가격, 잔존기간, 기초자산 가격의 변동성과 같은 모수가 필요하며, 이 중 변동성이 가장 중요한 요소임 • 변동성은 과거 주가 자료를 바탕으로 추정할 수 있으나 현재나 미래의 변동성을 직접 알 수 없으며, 변동성을 잘못 추정하면 전략의 성과가 크게 왜곡됨 • 변동성을 과대 추정하면 위험을 과도하게 평가하여 위험자산 비중을 줄임으로써 시장 상승 시 수익을 충분히 반영하지 못하며, 변동성을 과소 추정하면 위험을 과소평가하여 위험자산 비중을 늘림으로써 시장 하락 시 손실이 확대됨 • 주가가 크게 하락하면 변동성 추정과 관계없이 최소 보장수익은 확보되지만, 상승 시 과대 추정하면 수익 참여가 낮아짐 • 운용자는 미래 시장 전망에 따라 변동성을 조정할 수 있지만, 주관적 판단은 포트폴리오 보험의 본질인 최소 보장수익 확보를 훼손할 수 있으므로, 변동성 추정은 주관적 판단보다 계량적 예측 모형을 활용하는 것이 바람직함

❹ 고정비율 포트폴리오 보험(CPPI)

개요	일정한 안전자산 비율을 유지하면서 위험자산의 투자 비중을 시장 상황에 따라 자동으로 조정하는 전략
특징	• 포트폴리오 가치는 사전에 정해진 각 시점별 최저 보장가치 이하로 하락하지 않음 • 각 시점별 최저 보장가치는 만기 시 최저 보장가치의 현재가치이며 최저 보장가치는 무위험수익률만큼 매일 증가 • 계산이 매우 단순하여 합성 풋옵션 전략과 달리 블랙-숄즈 옵션모형이나 변동성 추정이 필요하지 않음 • 투자기간은 사전에 정하지 않아도 됨

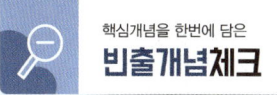

05 4장 주식투자운용·투자전략
보험자산배분

투자공식	• 주식투자금액 = 승수 × (포트폴리오 평가액 − 최저 보장수익의 현재가치) • 채권투자금액 = 전체 포트폴리오 평가액 − 주식투자금액
용어 설명	• 쿠션(Cushion): 포트폴리오 평가액에서 최저 보장수익의 현재가치를 뺀 금액 • 승수(Multiplier): 자금운용자의 경험에 따라 결정되며, 일반적으로 3~5 사용 • 익스포저(Exposure): 쿠션에 승수를 곱한 주식투자금액
전략적 특징	• 승수가 1이면 보수적 운용(Buy & Hold 전략에 가까움) • 승수를 높이면 수익 가능성은 증가하나, 위험도 증가 • 주가 하락 시 주식 비중은 급격히 줄어드는 구조
투자 실행단계	• 1단계: 포트폴리오의 가치 평가 • 2단계: 하한의 현재가치 및 쿠션 계산 • 3단계: 익스포저를 결정 후 포트폴리오를 재조정 • 4단계: 주식 투자 후 남은 금액을 채권부문에 배분
유의사항	• 투자 시작 시점에 승수와 만기 시 최저 보장가치를 결정해야 함 • 쿠션 × 승수금액을 주식에 투자하고 나머지는 무위험자산에 투자하며, 리밸런싱을 자주 수행하면 수수료 부담 및 오차 발생 가능성 존재 • 투자 대상 주식의 성격, 변동성, 시장 여건등을 고려하여 승수를 설정해야 함

5 포트폴리오 보험의 속성 및 장단점

속성	• 투자 만기 시 최소 보장가치의 투자성과가 보장됨 • 포트폴리오 가치가 최소 보장 수준 이상일 경우, 포트폴리오의 가치는 완전히 위험자산에 투자했을 때 얻을 수 있는 이익의 일정 비율이며, 예측 가능함 • 주식과 채권에만 투자할 수 있고 주식의 기대수익률이 채권보다 높은 경우, 위 조건을 만족하는 모든 투자전략 중 보험 포트폴리오의 기대수익률이 가장 높음
장점	• 목표수익률 달성 가능: 운용자금에서 최저수익률을 목표로 설정할 수 있음 • 수익-리스크 구조 조정 가능: 시스템 기반 운용으로 목표수익률 체계적 관리 • 투자자 요구 반영 가능: 안정성과 수익성 모두를 원하는 투자자 요구 충족 • 기초전략으로 활용 가능: 복잡한 펀드성과에 응할 수 있는 기초전략으로 사용 가능
단점	• 마케팅 전략상 한계: 위험회피 성향이 높은 일부 투자자만을 대상으로 하며 일반투자자 대상 마케팅은 어려움 • 자본시장 여건상 문제: 매수·매도 시 발생하는 거래비용 절감을 위해 금융선물 등 파생상품을 활용해야 함 • 주가 상승 추정 실패 가능성: 주가 급등 시 상승분을 반영하지 못하는 문제 • 주가 상승 국면에서 성과 제한: 조정된 상승만 반영하므로 초과성과 달성이 어려움

06 주식 포트폴리오 운용전략

4장 주식투자운용·투자전략

❶ 패시브 운용

개념	• 벤치마크(지수)의 수익률을 그대로 추종하는 운용 방식 • 효율적 시장가설에 기반하여, 시장 예측 및 종목 선택보다 시장 전체를 추종 • 공개된 벤치마크의 성과를 내도록 설계된 인덱스펀드가 대표적임

주가지수	• 개요
	  – 주가지수는 포트폴리오 성과평가의 벤치마크로 활용됨
	  – 자산집단 성과 측정뿐만 아니라 운용자가 투자대상으로 삼는 범위 파악 가능
	  – 다양한 펀드 간 비교 지표로 활용
	• 활용 목적: 시장 수익률 측정, 기술적 분석, 시스템 리스크 측정 등
	• 주가지수는 모집단의 범위, 지수에 편입하는 기준, 종목의 가중치 결정 방법, 수익률 계산 방법에 따라 특성이 달라짐
	• 주가가중(price weighted) 주가지수
	  $$= \frac{\text{주가의 합}}{\text{조정된 주식 수}}$$
	  – 주가지수 산정에서 절대적인 주당 가격이 가중치로 사용되며, 조정된 주식 수를 활용하는 이유는 주식분할, 합병, 유·무상 증자 등으로 인해 주가가 변동하더라도 지수가 왜곡되지 않도록 하기 위함
	  – 지수를 구성하는 모든 종목을 각각 1주씩 매입하여 보유하면, 주가가중 방식에 따른 주가지수 수익률을 그대로 얻을 수 있음
	  – 주가에 따라 가중치가 변동되는 문제점이 있으나 성과 측정이 단순하여 다우존스 산업평균, 일본의 NIKKEI 225 등에서 사용
	• 시가가중(value weighted) 주가지수
	  – 시가총액(발행 주식 수 × 주가)이 가중치가 됨
	  – 지수를 구성하는 종목의 모든 발행 주식을 보유했을 때의 성과가 나타남
	  – 유동시가가중 주가지수: 유동주식 수에 주가를 곱한 값인 유동시가총액을 가중치로 사용하는 지수
	    ▶ KOSPI, KOSPI 200에서 사용
	  – 주식으로의 현금 유출·유입을 가장 잘 반영하므로 인덱스 포트폴리오를 위한 표준으로 인식됨
	• 동일가중(equal weighted) 주가지수
	  – 각 종목에 동일한 금액을 투자했을 때의 성과를 반영하는 방식으로, 모든 종목에 동일한 가중치가 적용됨
	  – 각 종목의 상승률이 달라지면 가중치가 변동되므로, 이를 일정하게 유지하기 위해 주기적으로 가중치를 재조정해야 함
	  – 시장 내 소형기업이 훨씬 많기 때문에 소형기업의 가중치가 높아지고 거래비용이 많이 발생함

주식 포트폴리오 운용전략

4장 주식투자운용 · 투자전략

인덱스펀드	• 인덱스펀드는 벤치마크 지수의 수익률을 그대로 따르기 위한 펀드로, 현물 구성 방식과 선물·스왑 등 파생상품 활용 방식으로 구분됨
	• 일반적으로 펀드에서는 현물 기반 방식이 주로 활용되며, 이는 다시 완전복제법, 표본추출법, 최적화법으로 나뉨
	• 완전복제법(Full replication)
	  – 벤치마크를 구성하는 모든 종목을 동일 비중으로 편입하여 펀드를 구성함
	  – 가장 단순하고 직접적인 방식으로, 추종오차가 거의 없어 벤치마크를 완벽하게 추종함
	  – 운용·관리 보수와 포트폴리오 조정을 위한 거래비용 등으로 인해 실제 수익률은 벤치마크보다 낮게 나타남
	• 표본추출법(Representative sampling)
	  – 벤치마크에 포함된 대형주는 모두 편입하되, 중소형주는 펀드 성격이 벤치마크와 유사해지도록 일부 종목만 포함
	  – 중소형주는 산업별로 분류 후 대표 종목을 선정하거나, 시가총액 규모·배당수익률·성장주·가치주 구분 등 다양한 기준을 활용하여 구성할 수 있음
	  – 모든 종목을 보유하지 않더라도 벤치마크의 핵심 특징을 반영해 포트폴리오를 구성함으로써 관리비용과 거래비용을 절감하면서도 벤치마크와 유사한 성과를 달성할 수 있음
	• 최적화법(Optimization)
	  – 포트폴리오 모형을 활용하여 벤치마크 대비 잔차위험이 허용 수준 이하가 되도록 설계하는 방식
	  – 완전복제법이나 표본추출법보다 훨씬 적은 종목으로 구성하면서도 낮은 수준의 잔차위험을 유지할 수 있다는 장점이 있음
	  – 다만, 모형이 과거 가격정보에 기반하고 주식의 특성을 완벽히 반영하지 못한다는 한계가 존재함
	  – 특히 시장 환경이 과거와 크게 달라질 경우, 실제 실현되는 잔차위험이 추정치와 크게 괴리될 가능성이 있음

맞춤형 인덱스펀드	• 일반적으로 공개된 시장지수를 그대로 추종하는 전통적 인덱스펀드와 달리, 특정 목적이나 제약 조건에 맞게 설계된 맞춤형 벤치마크를 기준으로 운용되는 패시브 펀드
	• 법규상의 제한(특정 산업 투자 제한 등), 사회적 요인(ESG·윤리적 투자 기준 등), 또는 투자자의 고유 목적(기관의 특수한 투자정책 반영)으로 인해 일반 시장지수를 그대로 추종할 수 없는 경우 맞춤형 인덱스를 별도로 산출하여 이를 추종함
	• 시장대표성보다는 투자자의 제약 조건 충족과 맞춤화된 운용 목적 달성에 초점을 두며, 패시브 운용의 효율성과 동시에 전략적 제약을 반영하는 특징을 가짐
	• 스타일 펀드
	  – 시장 전체가 아니라 특정 요인이나 성과 지표를 반영한 지수를 추종하는 펀드
	    ⑩ 고성장주, 중소형주, 고배당주와 같은 투자 스타일, 또는 금융·IT 등 특정 산업만을 집중적으로 추종
	  – 전통적 패시브 펀드보다 더 정교한 투자원칙을 적용하여 액티브 운용의 대안으로 활용될 수 있음
	  – 장점은 낮은 비용으로 특정 스타일이나 섹터에서 초과수익을 기대할 수 있다는 점이며, 이는 시장 상황에 따라 전체 주가지수보다 유리한 성과를 낼 수 있음
	  – 스타일 펀드는 액티브 펀드와 패시브 펀드의 중간형태로 볼 수 있으며, 실제로 특정 스타일·섹터에 투자하는 패시브 상품이 다양하게 출시되어 있음

06 4장 주식투자운용·투자전략
주식 포트폴리오 운용전략

② 액티브 운용

개념	· 주어진 위험 범위와 제약조건 내에서 벤치마크 대비 초과수익(알파)을 목표로 하는 운용 방식 · 가능한 최대한의 초과수익(α, Alpha)을 실현하는 것을 목표로 하며, 단순히 시장수익률을 추종하는 것이 아니라 이를 능동적으로 초과하려고 시도 · 철저한 정보 수집, 분석 능력, 통찰력, 투자원칙의 일관된 실행이 필요하며, 주식 가치평가 모형 등 다양한 투자지원 도구를 활용

운용 스타일	· 운용 스타일은 투자자가 어떤 방식으로 자산을 운용하는지를 나타내며, 유사한 수익 패턴을 보이는 투자 성향 또는 전략의 집합을 의미함
	· 가치투자 스타일(value investment style)
	  - 현재 가치 대비 저평가된 주식(저 PER, 저 PBR, 고 배당수익률 등)에 투자
	  - 기업의 이익이 평균보다 낮아도 평균 회귀 효과(Mean Reversion)로 이익이 증가하면 주가가 오를 수 있다는 점에 주목
	  - 자산 대비 가격이 낮은 종목, 성장성은 낮지만 가치가 확실한 기업을 중심으로 투자
	  - 저 PER 투자, 역행투자(Contrarian), 고배당 전략 등
	· 성장투자 스타일(growth investment style)
	  - 미래의 수익 증가(EPS 증가 등)를 기대하고 고성장 종목에 투자
	  - 현재 주가는 비싸지만 향후 실적이 좋아질 것으로 예상되는 종목에 투자(고 PER, 고 PBR기업 포함)
	  - EPS 성장률 예측이 빗나갈 경우, 손실 가능성도 커짐
	  - 이익의 탄력성(Earning Momentum), 상대강도지수(RSI) 등 기술적 지표도 병행 활용
	· 혼합투자 스타일(hybrid investment style)
	  - 가치투자와 성장투자를 절충한 시장지향 스타일
	  - 가치주나 성장주와 관계없이 내재가치보다 주가가 낮다고 판단되는 종목을 매입
	  - 가치 편향 혼합투자, 성장 편향 혼합투자, 적정 가격을 가진 성장 투자, 스타일 선택형(style rotator) 투자 등
	· 시장가치(size)에 의한 투자 스타일: 주식의 시가총액을 기준으로 대형(large-cap), 중형(mid-cap), 소형(small-cap) 등으로 구분하여 각 그룹에 투자하는 스타일

③ 준액티브 운용

개념	· 벤치마크 대비 큰 괴리를 발생시키지 않으면서 추가적인 위험을 최소화하고 초과수익을 추구하는 전략 · 액티브 운용은 벤치마크 대비 큰 초과수익을 추구하므로 위험 통제가 중요하지만, 준액티브는 투자 통찰력을 반영하되 리스크를 제한함 · 큰 성과를 기대할 수 있는 종목이나 사건보다는, 조그만 성과를 낼 수 있는 종목이나 사건을 많이 발견하는 데에 중점을 둠
인핸스드 인덱스펀드	· 인덱스펀드의 안정성을 유지하면서도 초과수익을 추구하여, 인덱스펀드 대비 더 나은 성과를 달성하는 것을 목표로 함(인덱스 + 알파 펀드) · 낮은 운용비용, 낮은 회전율, 분산투자 성향 유지 + 초과수익을 추구하기 위한 전략

주식 포트폴리오 운용전략

4장 주식투자운용·투자전략

인핸스드 인덱스펀드	• 인덱스 구성 방법의 변경 　- 기존 지수 대신 운용사가 자체적으로 지수를 만들어 사용 　- 특정 종목 제외 또는 가중치 조정 등을 통해 수익률 개선 목적 • 거래를 통한 초과수익 추구: 거래에 따른 가격 변동 위험을 최소화하거나 시장적인 요소로 인해 주가가 낮게 형성된 종목을 효과적으로 거래함으로써 초과수익을 추구 • 포트폴리오 구성 방식의 조정: 매매 신호가 발생하더라도 일정 기간 동안 유예기간을 줌으로써 회전율을 낮춤(초과이익보다는 벤치마크 추종에 우선순위) • 세부 자산군 선택 전략: 전체시장의 인덱스보다는 목표 성과를 기대하며 특정 섹터·스타일 중심 지수 추종
계량분석방법	• 과거 데이터를 이용한 계량적 시뮬레이션 분석을 통해 최적의 운용전략을 수립하는 방식 • 전략의 특징 　- 과거 전략의 성공을 미래에도 적용 가능하다는 전제 　- 명시적이고 계량적인 전략 　- 과거 데이터로 최적 전략 확인 가능 • 주가가 평균으로 회귀한다는 가정이 계량적 투자 전략의 기초가 되며, 이를 통해 과거 자료를 분석하여 가장 효율적인 전략을 도출할 수 있음

④ 델타 헤징 전략

개념	• 투자기간의 만기까지 원하는 수익 위험구조와 동일한 델타를 가지도록 주식이나 선물 등의 포지션을 지속적으로 변화시킴으로써, 결과적으로 만기에 원하는 수익 위험 구조가 달성되도록 하는 운용 방식 • 포트폴리오 인슈런스 전략이 대표적임
단계	• 1단계: 기초자산과 동일한 위험, 수익구조를 가진 파생상품 찾기 • 2단계: 델타 계산 = $\dfrac{\text{옵션의 가격변화}}{\text{기초자산의 가격변화}}$ • 3단계: 계산한 델타만큼 기초자산 매수·매도 • 4단계: 가격이 상승하던 하락하던 헤징상태를 유지 • 5단계: 일정 기간 지난 후 다시 델타를 계산하여 조정
델타 헤징 운용의 장점	• 투자 기간에 대한 제한이 없음 • 사전에 지불해야 하는 비용이 없음 • 운용기간 동안 실제 시장 상황을 반영하여 수익·위험구조가 결정됨 • 현물 운용 시 액티브 운용을 통해 추가적인 수익을 기대할 수 있음
델타 헤징 운용의 단점	• 사전에 수익 위험구조가 확정되지 않고 운용능력에 따라 변화할 가능성이 존재 • 델타 헤징에 따른 매매수수료가 과다하게 발생하여 파생상품의 거래수수료보다도 높은 비용이 발생할 수 있음 • 실제의 모수가 미래의 모수보다 불리한 경우에는 수익률이 낮아질 수 있음

07 주식 포트폴리오 구성의 실제

4장 주식투자운용·투자전략

1 주식 포트폴리오의 구성 과정

단계	명칭	주요 내용
1단계	투자 유니버스 선정	• 전체 시장에서 투자 가능한 종목들을 대상으로 필터링 • 거래 유동성, 재무제표, 기업규모 등을 고려하여 부적합 종목 제외
2단계	모델 포트폴리오 구성	• 실제 포트폴리오를 구성하기 위한 기준 설정 • 펀드매니저의 운용 스타일에 맞춰 목표 포트폴리오 설계 • 패시브의 경우 벤치마크 추종, 액티브의 경우 다양한 전략 활용
3단계	실제 포트폴리오 구성	• 모델 포트폴리오 기반으로 시장 상황 고려하여 실제 운용 포트폴리오 구성 • 현실적으로 모든 종목의 복제가 어려운 경우 복제 비율 제한
4단계	트레이딩(Trading)	• 실제 매매 수행 단계 • 펀드매니저가 의도한 포트폴리오를 구성하기 위해 종목 매매 진행
5단계	포트폴리오 재조정(Rebalancing) 및 업그레이드(Upgrading)	• 기존 모델 대비 실제 포트폴리오의 성과, 구성 차이 평가 • 목표와의 괴리 보완을 위해 조정 또는 새로운 모델 포트폴리오 구성 • 시장 변화 반영한 투자 전략 수정

2 포트폴리오 리밸런싱과 업그레이드

리밸런싱	기존의 모델 포트폴리오에서 주가의 변동으로 인하여 발생된 투자 비중의 변화를 원래의 의도대로 복구시키는 과정으로, 초기 모델 포트폴리오를 구성할 때의 모든 가정이 변화하지 않았을 경우 이루어짐
업그레이딩	주가의 변동으로 인해 변화된 포트폴리오를 기준으로 그 시점에서 다시 최적의 포트폴리오를 구성하는 방법으로, 처음 모델 포트폴리오를 구성할 때 대비 시장 상황에 변동이 있어 새로운 포트폴리오를 구성할 필요가 있을 경우 이루어짐

3 주식 포트폴리오의 종목 선정 방법

구분	하향식 방법(Top-Down Approach)	상향식 방법(Bottom-Up Approach)
중점 요소	섹터, 산업, 테마 등 거시적 요소	개별 종목의 내재가치 등 미시적 요소
선정 순서	거시적 요소 → 종목 선정	종목 분석 → 포트폴리오 구성
방법 설명	거시경제·산업 흐름에 기초하여 유망 산업이나 테마 선정 후 그 안에서 종목 선정	개별 종목의 분석을 통해 저평가되거나 유망한 종목을 먼저 선별
종목 평가 기준	섹터 내의 종목은 섹터의 성격을 대표하거나 종목 특성이 섹터를 설명해야 함	개별 종목의 수익성, 성장성, 가치 등 내재가치를 우선 분석
비중 결정	섹터 비중부터 결정 후, 각 섹터별로 종목 비중을 결정	개별 종목의 내재가치에 따라 비중을 결정

07 주식 포트폴리오 구성의 실제

4장 주식투자운용 · 투자전략

4 포트폴리오 구성 시 고려사항

벤치마크	• 운용성과 평가 시 기준이 되는 구체적인 포트폴리오로서, 평가기준임과 동시에 운용자가 추구해야 할 이상적인 포트폴리오 • 투자자가 미리 벤치마크를 결정하는 경우 펀드매니저는 이를 통해 포트폴리오를 구성하지만, 투자 목적에 따라 협의를 거쳐 적절한 벤치마크를 새로 설정할 수도 있음 • 벤치마크에는 기대수익률과 위험이 포함되며, 이는 곧 투자자의 위험선호도를 반영함 • 벤치마크의 기본 조건 　- 편입 종목과 가중치 등 구체적인 내용이 운용 이전에 명확히 확정되어야 함 　- 펀드매니저가 벤치마크의 성과를 추적할 수 있어야 함 　- 실제 운용 목표와 부합하는 운용상을 반영해야 함
위험	• 투자자가 원하는 기대수익을 얻기 위해 부담하는 일정 수준의 비용 • 위험에 대한 허용 범위는 투자자가 주관적으로 결정하여 펀드매니저에게 지정하는 수치로, 투자자의 성향에 따라 달라짐 • 투자자 입장에서의 펀드매니저의 운용 성과에 따른 리스크 판단 기준 　- 정보비율: 펀드 수익률에서 벤치마크 수익률을 뺀 초과수익을 펀드 수익률과 벤치마크 수익률 간의 추적오차(Tracking Error)로 나누어 계산한 수치로, 초과성과의 효율성을 나타냄 　- VaR: 포트폴리오의 가치나 수익률이 정규분포를 따른다고 가정할 때, 일정 신뢰수준에서 특정 기간 동안 발생할 수 있는 최대 손실 금액
투자가능 종목군	• 주식 포트폴리오의 대상 종목 수 • 펀드매니저는 현실적으로 1차적인 선정 기준을 두어 투자에 부적합한 종목을 제외하고 이를 통해 투자 가능 종목군을 형성하며, 이는 제한된 자원 하에서 효율적인 종목 선택을 위해 필요한 과정임 • 투자종목 선정 시 펀드매니저의 주의사항 　- 모든 종목에 대하여 판단하고 주의를 기울여야 함 　- 임의적인 잣대로 확실히 부적당하지 않은 종목을 제외시키지 않도록 해야 함
포트폴리오 편입종목 수	• 펀드매니저가 관리 편의성을 이유로 종목 수를 지나치게 제한하면 효율적인 투자처럼 보일 수 있으나, 이는 객관성을 상실할 위험이 있으며 동시에 분산투자의 효과를 약화시킬 수 있음 • 단순히 종목 수가 많다고 해서 인덱스펀드와 동일한 것은 아니며, 펀드매니저는 적극적인 투자전략을 통해 차별화된 위험을 추구할 수 있음
매매비용과 매매원칙	• 종목 교체의 필요성 　- 고평가 종목은 추가 수익에는 기여하지 못할 수 있으나, 위험 분산 · 헤지에는 도움이 될 수 있음 　- 교체 과정에서 발생하는 비용까지 고려하면 교체는 신중히 판단해야 함 • 교체 전략의 원칙 　- 저평가 종목을 발굴하여 편입하고, 가치가 적정 수준에 도달하면 매도 　- 매입 가격 대비 일정 수준 이상 상승 시 이익 실현, 일정 수준 이하 하락 시 손절매 전략 활용 • 매매회전율과 투자 스타일 　- 가치 투자(Value style): 매매회전율 낮음 　- 성장 투자(Growth style): 매매회전율 높음 • 매매비용의 고려 　- 단순 중개수수료뿐 아니라 시장 충격 비용까지 포함해야 함 　- 대형주는 시장 충격이 적지만, 중소형주는 충격 비용이 크므로 주의 필요

07 주식 포트폴리오 구성의 실제

4장 주식투자운용 · 투자전략

❺ 주식 포트폴리오 모형의 종류

다중 요인 모형	• 가장 대표적인 리스크 모델 • 주식의 리스크를 베타, 규모, 성장성, 레버리지, 해외시장 노출도, 산업 등 다양한 체계적 요인으로 구분 • 펀드매니저는 체계적 요인들을 포트폴리오 관점에서 합산하여 벤치마크 대비 자신이 취한 위험의 정도와 특정 분야의 위험 노출을 파악할 수 있음
2차 함수 최적화 모형	• 기대수익률과 추정 위험 간 최적의 균형점을 찾는 모형 • 기대수익과 기대위험 추정치에는 오류가 존재 → 높은 수익 · 낮은 위험으로 추정된 종목은 과도하게 투자되고, 반대의 경우는 투자비중이 과소 배분되는 문제 발생 • 현실적으로 정확한 추정은 불가능하므로, 다양한 위험요인을 고려한 제약조건하 최적화 기법을 활용 • 제약조건 기반 최적화는 일반적 위험요소뿐만 아니라 투자자의 위험선호도 반영할 수 있는 장점이 있음
선형계획 모형	• 2차 함수 최적화 모형의 대안으로, 일정한 제약조건을 만족하는 포트폴리오 중 기대수익률을 최대화하는 값을 찾음 • 제약조건에는 규모, 산업별 분산 정도, 배당수익률, 거래비용, 유동성 등이 포함될 수 있음 • 일반적으로 제약조건은 벤치마크에서 차지하는 비중을 기준으로 일정한 변동 범위를 설정하여 적용

❻ 포트폴리오 모형의 활용

운용의사결정 지원 목적	• 액티브 운용이 초과수익을 올리기 위해서는 적절한 위험만을 택해서 부가가치를 올려야 하므로 매니저는 어떤 종목이 어떤 성과를 보일지를 판단해야 함 • 특정 위험요소로부터 기대되는 예상수익률을 추정하거나 혹은 개별 종목의 예상 수익률을 추정하고 각각의 위험요소의 예상 위험의 크기를 표준편차 등 공통된 위험지표로 추정 • 제약조건을 가진 최적화 과정을 통해 투자대상 종목과 투자비중을 결정하고, 포트폴리오 모형을 이용한 포트폴리오 리밸런싱 과정을 거침 • 패시브 운용에서의 모형 활용: 포트폴리오의 위험요인의 크기와 벤치마크의 위험요인의 크기를 일치시키기 위해 사용 • 인핸스드 인덱스에서의 모형 활용: 각 위험요소별 기대수익률과 위험의 크기 측정 시 사용
성과 요인 분석	• 포트폴리오 모형을 이용한 벤치마크 성과 분석을 통해 각 위험요소로부터 나타난 수익률의 정도와 수준을 판단 • 포트폴리오가 취한 위험요인과 각 위험요인별 수익률을 비교하여 위험노출 정도가 적합했는지 판단

08 ESG

4장 주식투자운용·투자전략

1 ESG의 기본 개념과 배경

개념	• 환경(Environment), 사회(Social), 지배구조(Governance)의 약자로, 기업이나 기관 등이 재무적 성과뿐만 아니라 지속가능성과 사회적 책임을 고려한 경영 방식 • 자본시장에서 기업을 평가하는 새로운 기준으로 발전함
배경	• 1900년대 초반 이후 유럽시장의 금융기관을 중심으로 발전 • 2008년 금융위기 당시 금융자본의 바람직한 역할이 강조되었으며, 2020년 COVID-19 당시 위기에 대한 회복탄력성이 부각되면서 ESG가 중요한 요소이자 대안으로 떠오름

2 ESG 투자 방식

네거티브 스크리닝	특정 산업이나 기업을 투자대상에서 제외하는 방식 예 무기·담배·석탄발전 기업 등은 제외
포지티브 스크리닝	ESG 성과가 우수한 기업을 선별하여 투자 예 탄소배출 절감 성과가 좋은 기업에 투자
베스트 인 클래스	같은 산업군 내에서도 ESG 성적이 좋은 기업만 선별하여 투자
ESG 통합	전통적인 재무분석과 ESG 요소를 동시에 고려하여 투자 의사 결정을 하며 리스크 관리와 수익 기회를 함께 반영
임팩트 투자	사회·환경에 긍정적인 영향을 미치면서 재무적 수익도 추구하는 투자 예 재생에너지, 사회적기업 지원
주주 관여	주주로서 의결권 행사, 주주제안 등을 통해 기업의 ESG 경영에 참여하고, 개선을 유도하여 장기적으로 기업가치 제고를 목표로 하는 투자
테마 투자	친환경 에너지, 전기차, 빈곤퇴치 등 특정 ESG 주제를 중심으로 투자하는 방식

3 ESG 정보 공시

ESG 워싱 논란	• ESG 투자가 확산되면서 기준과 공시제도가 미비한 틈을 타 마케팅 중심으로 ESG 워싱이 확대되고, 시민 단체 등이 ESG 워싱 기업을 상대로 소송을 하는 등 그린워싱이 전개됨 • ESG 워싱: 과장하거나 허위로 ESG 활동을 홍보하는 행위 • 각국은 지속 가능 정보 공시 규정을 강화하고 있으며, 금융당국 역시 ESG 상품 기준 및 공시제도 정비를 추진함
SFDR	• 유럽의 지속가능금융공시 규제 제도 • 지속가능성 위험 정책과 지속가능성의 영향에 대해 설명하며 실사정책 또한 설명 대상임 • 라이트 그린 펀드, 다크 그린 펀드 등 상품 단위 세분화
TCFD	• 2015년 G20 정상 요청으로 금융안정위원회 설립 후 파리협약 이행과 금융시장 참여자의 기후 관련 정보 수요 증가에 대응하기 위한 이니셔티브 • 영국, 뉴질랜드, 홍콩 등은 TCFD 기반의 기업·금융기관 기후공시 의무화 • 지배구조, 경영전략, 리스크관리, 지표 및 목표에 대한 공시 지침(2017년) → 2021년 개정되면서 금융산업의 탄소배출량 공시 규정을 구체화

4장 주식투자운용·투자전략

01 다음 중 자산운용조직의 특성에 대한 설명으로 옳은 것은?

① 자산운용조직은 투자자의 주문에 따라 자동 매매되는 시스템만을 의미한다.
② 자산운용조직은 개별 투자자에게 종목 선정 권한을 위임하는 체계를 의미한다.
③ 자산운용조직은 증권사와 달리 매매 기능이 없으며, 전략 수립과 리서치에만 집중한다.
④ 자산운용조직은 단순한 운용이 아닌 다양한 기능이 결합된 집단 운용체계를 보편화한 것이다.

02 다음 중 효율적 시장가설에 대한 설명으로 옳은 것은?

① 효율적 시장가설은 패시브 운용을 반대하는 논거로 이용된다.
② 약형(weak form)의 효율적 시장가설에 의하면 기술적 분석은 아무런 가치가 없다.
③ 강형(semi-strong from)의 효율적 시장가설에 의하면 공개된 정보로부터 이익을 얻는 것은 불가능하다.
④ 준강형(strong form)의 효율적 시장가설을 신뢰한다면 어떤 형태의 액티브 운용도 시도할 필요가 없다.

03 다음 중 효율적 시장가설과 관련하여 빈칸에 들어갈 단어로 옳은 것은?

> (　　)의 효율적 시장가설에 의하면, 일단 정보가 공개되면 즉시 주가에 반영되므로, 공개된 정보는 종목 선정에 도움이 되지 않으며 이를 통해 이익을 얻는 것도 불가능하다.

① 약형
② 강형
③ 준강형
④ 준약형

04 다음 중 액티브 운용과 패시브 운용의 비교에 대한 설명으로 옳지 않은 것은?

① 액티브 운용은 마켓타이밍, 테마선택 등을 통해 초과수익을 추구한다.
② 패시브 운용은 시장을 예측하여 벤치마크를 초과하는 수익을 목표로 한다.
③ 액티브 운용은 특정 산업에 집중하거나 종목 선정을 전략으로 활용할 수 있다.
④ 패시브 운용은 시장 수익률을 그대로 추종하기 위해 광범위한 분산투자를 활용한다.

05 다음 중 전략적 자산배분에 대한 설명으로 옳은 것은?

① 자산 비중을 시장전망에 따라 탄력적으로 조정하는 방식이다.
② 위험자산의 수익률을 최대화하기 위한 종목 중심 운용방식이다.
③ 단기적 관점에서 유동성을 확보하기 위한 포트폴리오 구성 전략이다.
④ 투자목표 달성을 위해 사전에 자산군별로 비중을 설정하는 장기적 의사결정 방식이다.

06 다음 중 전략적 자산배분과 전술적 자산배분의 비교에 대한 설명으로 옳은 것은?

① 전략적 자산배분은 주로 단기 매매와 기술적 분석에 기반하여 설정된다.
② 전술적 자산배분은 시장 전망 등을 반영하여 단기적으로 자산비중을 조정한다.
③ 전략적 자산배분은 시장 변화에 따라 수시로 자산비중을 조정하는 것을 의미한다.
④ 전술적 자산배분은 투자자의 목표와 위험선호를 반영한 장기적 포트폴리오 구축 전략이다.

07 다음 중 자산배분 전략의 의사결정이 되는 자산집단의 기본적인 성격으로 옳지 않은 것은?

① 동질성
② 배타성
③ 다양성
④ 충분성

08 다음에서 설명하는 자산집단의 요건으로 옳은 것은?

> • 자산배분에 포함되는 자산집단은 가능한 한 다양한 투자자산을 포괄하는 것이 바람직하다.
> • 투자대상이 넓어질수록 효율적 투자기회선이 확장되어 더 나은 투자기회가 제공된다.
> • 이를 통해 액티브 운용 시 초과수익을 달성할 가능성이 높아진다.

① 충분성
② 포괄성
③ 동질성
④ 분산 가능성

09 다음 중 자산집단의 기대수익률을 추정하는 방법으로 옳지 않은 것은?

① GARCH
② 근본적 분석방법
③ 시나리오 분석법
④ 시장공통 예측치 사용방법

10 다음 중 자산집단의 기대수익률 추정 방법에 대한 설명으로 옳지 않은 것은?

① 추세분석법은 과거 수익률이 미래에도 지속된다는 가정을 기반으로 한다.
② 시나리오 분석법은 시장의 평균 기대수익률을 활용하여 역산하는 방식이다.
③ 근본적 분석법은 자산의 내재가치와 리스크를 고려해 기대수익률을 산정한다.
④ 시장공통 예측치 사용법은 수익률 곡선이나 내재된 수익률을 이용해 기대수익률을 추정한다.

11 다음은 자산운용 담당자 A씨의 수익률 추정 방식이다. A씨가 사용한 수익률 추정 방법으로 옳은 것은?

> CAPM과 같은 재무모형을 활용하여 자산의 내재가치 및 리스크 프리미엄을 분석하고, 이를 바탕으로 기대수익률을 산정하였다.

① 추세분석법
② 근본적 분석법
③ 시나리오 분석법
④ 시장공통 예측치 사용법

12 다음 중 자산집단의 기대수익률 추정방법 중 근본적 분석법에 대한 설명으로 옳지 않은 것은?

① 과거 자료를 기초로 하되 미래 발생 가능 상황에 대한 기대치를 반영하여 수익률을 예측하는 방식이다.
② 과거 시계열 자료를 토대로 각 자산집단별 리스크 프리미엄 구조를 반영하여 기대수익률을 추정하는 방식이다.
③ 실질금리에 물가상승률과 자산별 리스크 프리미엄을 순차적으로 더하는 방식으로, 일명 '벽돌쌓기(building block)' 방식이라고 한다.
④ 시장의 평균적 기대수익률을 활용하여 수익률 곡선(yield curve)이나 현재 자산 가격에 내재된 수익률(implied return) 등을 사용해 기대수익률을 역산하는 방법이다.

13 다음 자료를 참고하여 근본적 분석방법으로 구한 주식집단의 기대수익률로 옳은 값은?

실질금리	물가상승률	채권리스크 프리미엄	주식리스크 프리미엄
1.5%	2.0%	1.5%	5.5%

① 5%
② 8.5%
③ 9%
④ 10.5%

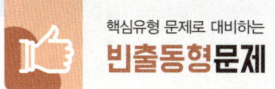

14 다음 중 전략적 자산배분 실행단계를 순서대로 나열한 것은?

① 자산군의 선택 → 투자목표 및 제약조건 파악 → 최적 자산구성 선택 → 자산군별 수익률 추정
② 투자목표 및 제약조건 파악 → 자산군의 선택 → 최적 자산구성 선택 → 자산군별 수익률 추정
③ 투자목표 및 제약조건 파악 → 자산군의 선택 → 자산군별 기대수익률, 위험, 상관관계 추정 → 최적 자산구성 선택
④ 자산군별 기대수익률, 위험, 상관관계 추정 → 투자목표 및 제약조건 파악 → 최적 자산구성 선택 → 자산군의 선택

15 다음 중 전략적 자산배분 실행과정의 설명으로 옳지 않은 것은?

① 자산군 선택은 내부규정에 따라 가능한 투자 대상이 제한될 수 있다.
② 투자자의 제약조건은 연령, 투자성향, 세금 등 다양한 요소에 의해 결정된다.
③ 과거 데이터를 활용한 수익률 및 위험 추정에는 시뮬레이션 기법이 사용될 수 있다.
④ 동일 기대수익률을 가정할 경우, 효율적 투자선에서는 가장 위험이 큰 포트폴리오를 선택한다.

16 다음 중 효율적 투자기회선의 개념에 대한 설명으로 옳은 것은?

① 과거 수익률의 평균과 분산만을 고려하여 작성된 자산배분 경로이다.
② 위험 대비 수익률이 가장 높은 포트폴리오들의 집합으로 구성된 곡선이다.
③ 동일한 자산군에 대해 투자 비중을 고정해 구성한 분산 포트폴리오를 의미한다.
④ 자산운용자의 주관적 판단을 기반으로 예측된 수익률을 반영한 자산배분 결과이다.

17 다음은 한 자산운용팀의 보고서 일부이다. 이 내용에 부합하는 이론적 개념으로 옳은 것은?

> 우리 운용팀은 수익률·위험·상관관계 추정의 불확실성을 고려하여, 단일한 효율적 투자선이 아닌 범위 형태로 투자기회선을 구성하고, 그 안의 모든 포트폴리오를 효율적인 것으로 간주하였다.

① 퍼지 투자기회선
② 평균-분산 최적화
③ Black-Litterman모형
④ 효율적 투자기회선의 발전 과정

18 다음 중 '위험수익 최적화법'에 대한 설명으로 옳은 것은?

① 자산을 시장에서의 시가총액 비중에 따라 구성하는 방법이다.
② 연기금 등 타 기관투자가의 자산배분 사례를 그대로 모방하는 방식이다.
③ 특정 운용기관의 제약사항과 위험요소를 반영하여 자산을 배분하는 방식이다.
④ 기대수익과 위험 간의 관계를 고려하여 동일 위험 수준에서 최대 보상을 추구하는 방식이다.

19 다음 중 전술적 자산배분(Tactical Asset Allocation)에 대한 설명으로 옳은 것은?

① 자산 구성 비중을 장기적으로 고정하여 유지하는 것이 핵심이다.
② 자산 비중을 재조정할 때 항상 동일한 주기와 고정 기준을 따른다.
③ 펀드매니저가 아닌 외부 위원회가 모든 의사결정을 단독 수행한다.
④ 시장 상황의 변화에 따라 자산 비중을 유동적으로 조정하는 전략이다.

20 다음 중 주식운용에 대한 설명으로 옳지 않은 것은?

① 전술적 자산배분은 본질적으로 역투자 전략의 성격을 가진다.
② 전술적 자산배분은 전략적 자산배분에 의해 설정된 포트폴리오를 단기적으로 조정하는 것이다.
③ 전략적 자산배분을 최적화 기법으로 수행할 경우, 입력자료의 작은 변화에도 포트폴리오가 크게 변동하는 불안정성이 발생할 수 있다.
④ 전략적 자산배분은 시장이 비효율적이라고 가정하고, 전술적 자산배분은 시장이 효율적이라고 가정한다.

21 다음 중 전술적 자산배분에 대한 설명으로 옳지 않은 것은?

① 전술적 자산배분은 자산가격이 평균회귀 과정을 따른다는 가정에 기반한다.
② 전술적 자산배분은 시장가격이 내재가치에서 크게 벗어난 가격착오 현상을 활용한다.
③ 전술적 자산배분은 시장가격이 내재가치보다 높을 때 매수하고, 낮을 때 매도하는 방식이다.
④ 전술적 자산배분은 본질적으로 역투자 전략이며, 내재가치의 변동성이 시장가격보다 낮아 전략 수행이 용이하다.

22 다음 중 과잉반응 현상에 관한 설명으로 옳지 않은 것은?

① 자산 가격이 내재가치에서 크게 벗어나는 현상을 의미한다.
② 과잉반응을 활용한 전술적 자산배분 전략이 존재할 수 있다.
③ 과잉반응은 시장 참여자들이 새로운 정보에 이성적으로 반응하여 발생한다.
④ 평균반전가정이 성립한다고 보면 고평가된 자산은 매도 전략을 취할 수 있다.

23 다음 중 전술적 자산배분의 실행과정인 '가치평가 과정'에 대한 설명으로 옳지 않은 것은?

① 가치평가 과정은 위험허용도를 기준으로 자산군을 분류하는 절차를 포함한다.
② 전략적 자산배분이 성립되기 위해서는 가치평가가 전문적으로 이루어져야 한다.
③ 자산집단 간의 내재가치 변화를 추정하는 것이 가치평가의 핵심 목적 중 하나이다.
④ 가치평가는 자산별 기대수익률, 위험, 상관관계 변화 등을 예측하는 능력이 중요하다.

24 다음 중 '투자위험 인내 과정'에서 발생할 수 있는 문제 상황을 설명한 것으로 옳은 것은?

① 투자자의 태도와 관계없이 자산 수익률 예측만으로 일관된 자산배분이 유지된다.
② 가치평가 결과는 자산배분 조정과는 무관하게 장기적으로 고정된 비중에 따라 수행된다.
③ 실현수익률이 높아질수록 자산 가치판단은 더욱 명확해져, 객관적인 자산배분 유지가 쉬워진다.
④ 시장 가격이 상승하여 실현수익률이 높아질수록, 투자자는 위험을 더 회피하려는 경향이 강해져 자산배분에 변화가 생긴다.

25 다음 중 전술적 자산배분 전략에서 포뮬러 플랜에 대한 설명으로 옳은 것은?

① 자산 간 상관관계를 고려해 리스크 최소화를 추구하는 분산투자 전략이다.
② 일정한 규칙에 따라 주가가 하락하면 매수, 상승하면 매도하는 역투자전략이다.
③ 자산의 내재가치를 계산하여 장기 균형가격으로 회귀할 것으로 가정하는 전략이다.
④ 일정한 추세에 따라 시장을 추종하는 전략이며, 주가 상승 시 추가 매수를 진행한다.

26 다음 중 포뮬러 플랜(formula plan)에 대한 설명으로 옳은 것은?

① 시장지수를 추종하는 대표적인 패시브 운용 방식이다.
② 주가가 상승하면 매수하고, 하락하면 매도하는 전략이다.
③ 주식의 고점에서 전량 매도하고, 저점에서 일괄 매수하는 전략이다.
④ 일정 기준에 따라 주가가 하락하면 매수하고, 상승하면 매도하는 역투자전략이다.

27 다음 중 전술적 자산배분의 가치평가모형에 대한 설명으로 옳은 것은?

① 자산의 미래 수익률 변화를 예측하는 감정적 판단이 핵심이다.
② 단일 변수에만 의존하여 시장가치를 간단히 추정하는 방식이다.
③ 가격이 항상 시장의 감정에 따라 결정된다고 보고 이를 정성적으로 분석한다.
④ 주식 할인모형, 배당할인모형, 현금흐름 할인모형 등을 활용하여 자산가치를 평가한다.

28 다음 중 전술적 자산배분(TAA)에서 실제 자금운용자의 행동 특성으로 옳은 것은?

① 시장 상승 시 위험 회피 성향이 강해져 보수적 투자 형태를 보인다.
② 자금운용자는 항상 일정한 위험허용 한도를 고수하며 투자 전략을 실행한다.
③ 시스템 투자모형은 자금운용자의 주관적 판단에 따라 의사결정이 이루어진다.
④ 시장 상황에 따라 자금운용자의 위험 허용 범위가 유동적으로 변하는 경향이 있다.

29 다음 중 전술적 자산배분(TAA)에서 가치평가모형의 역할로 옳은 것은?

① 주관적 판단의 한계를 보완하고, 투자성과에 직접적인 영향을 줄 수 있다.
② 시스템 투자모형은 시장가격 변동성을 반영하여 수시로 가치평가모형을 바꾼다.
③ 자금운용자의 직관과 감각을 활용한 정성적 의사결정을 강화하는 기능을 수행한다.
④ 자금운용자의 심리적 성향에 따라 평가모형이 수시로 조정되는 유연성이 중요하다.

30 다음 중 보험자산배분(Insured Asset Allocation)의 특징으로 옳은 것은?

① 장기 예측에 기반하여 자산 비중을 고정시키는 수동적 전략이다.
② 극단적인 위험자산 회피 없이 수익 극대화를 추구하는 전략이다.
③ 단기 가격 변화에 따라 자산을 동적으로 조정하는 목표달성형 전략이다.
④ 일정한 수익률을 보장하지 않고 시장 수익률을 그대로 추종하는 전략이다.

31 다음은 A투자자의 성향과 투자 목적에 대한 설명이다. A투자자에게 가장 적합한 전략은?

- 위험자산에 일부 투자하고 싶으나 손실은 최소화하고 싶어한다.
- 주식시장 상승 시에는 일정 부분 수익을 얻고 싶어한다.
- 연금 상품을 활용 중이며, 매년 최소 수익률 확보를 원한다.

① 보험자산배분　② 전략적 자산배분
③ 전술적 자산배분　④ 글로벌 자산배분

32 보험자산배분 및 포트폴리오 보험 전략에 대한 설명으로 옳은 것을 모두 고른 것은?

> ㉠ 손절매(stop-loss)는 포트폴리오 보험 전략의 구현 방식 중 하나이다.
> ㉡ 포트폴리오 보험 전략은 평균적인 위험선호 투자자에게 적합한 전략이다.
> ㉢ 보험 전략을 선호하는 투자자는 연금 상품 등 정기 수익을 목표로 한다.
> ㉣ 보험자산배분은 특정 목표수익률 달성을 위해 자산구성을 동적으로 조정한다.

① ㉠, ㉡
② ㉡, ㉢
③ ㉠, ㉢
④ ㉠, ㉢, ㉣

33 다음 중 보험자산배분전략(Insured Asset Allocation)에 대한 설명으로 옳지 않은 것은?

① 보험자산배분전략 중 OBPI(옵션기반 포트폴리오 보험)은 내재변동성 추정의 문제가 발생할 수 있다.
② 포트폴리오 보험 전략을 선호하는 투자자는 일반 투자자보다 하락위험(downside risk)에 대한 회피 성향이 더 강하다.
③ 자산배분을 매우 단기적으로 변경하며, 미래 예측보다는 시장가격의 추세 변화를 반영하는 수동적(passive) 전략이다.
④ 보험자산배분전략은 옵션을 사용하지 않고 보험적 수익구조를 만들기 위한 방법으로, 포트폴리오 가치가 하락하면 위험자산 비중을 늘리는 방식으로 운용된다.

34 보험자산배분 전략의 리스크 관리 방식에 대한 설명으로 옳은 것은?

① 시장 상황과 관계없이 포트폴리오 비중은 고정된다.
② 포트폴리오 내 자산가치가 하락하면 위험자산 비중을 확대한다.
③ 시장이 상승하면 손실 방지를 위해 무위험자산비중을 확대한다.
④ 시장이 하락하여 최저 보장수익이 어려운 경우, 사전에 포트폴리오를 전부 무위험자산으로 전환한다.

35 다음 중 OBPI 전략의 설명으로 옳은 것은?

① 채권과 주식의 비중 조절을 통해 주식의 델타를 모사하는 전략이다.
② 위험자산 비중을 사전 고정하고 수익률에 따라 재조정하는 전략이다.
③ 일정한 승수를 기준으로 쿠션 금액만큼 위험자산에 투자하는 전략이다.
④ 시장 상황에 따라 위험자산의 수익률을 예측하고 베타로 운용하는 전략이다.

36 다음은 투자 전략을 실행 중인 투자자의 상황이다. 설명에 가장 부합하는 전략의 특징은?

> 현재 포트폴리오의 일부는 채권에, 나머지는 주식에 투자되고 있다. 주가가 하락하면 채권 비중이 늘어나고, 주가가 상승하면 주식 비중이 커지도록 설계되어 있다. 옵션을 직접 거래하지는 않지만, 주가의 변동에 따라 비중이 자동 조절된다.

① CPPI 전략에서 쿠션이 증가하는 상황
② 델타 추정을 반영한 변동성 매칭 전략
③ CPPI 전략의 승수를 낮춰 안정성을 확보하는 방식
④ OBPI 전략에서 풋옵션델타를 기반으로 위험자산 비중을 조절하는 방식

37 고정비율포트폴리오 보험(CPPI) 전략에 대한 설명으로 옳은 것은?

① 옵션가격모형과 변동성 추정에 기초한 복잡한 전략이다.
② 특정 시점에 반드시 투자기간을 설정하고 운용하여야 한다.
③ 시점별 보장가치는 고정된 일정 수치로 유지되며 변하지 않는다.
④ 선형 재조정 법칙(linear rebalancing rule)을 기반으로 투자비중을 조절한다.

38 다음 중 고정비율포트폴리오 보험(CPPI) 전략의 특징에 해당하는 내용을 모두 고른 것은?

> ㉠ 사전 설정된 투자기간이 필수인 전략 구조
> ㉡ 복잡한 옵션모형을 기반으로 하는 계산방식
> ㉢ 투자 변수 값에 따라 수시로 조정 가능한 유연성
> ㉣ 거래량 계산이 쉬우며 컴퓨터 없이도 운용 가능한 단순성

① ㉠, ㉡
② ㉠, ㉢
③ ㉡, ㉣
④ ㉢, ㉣

39 다음 정보를 이용하여 고정비율포트폴리오 보험(CPPI) 전략에서 주식투자금액을 계산하면 약 얼마인가?

> • 포트폴리오 평가액: 220억 원
> • 원금보장액: 200억 원
> • 무위험수익률: 3%
> • 승수(M): 4배
> • 투자기간: 1년

① 67억 원
② 103억 원
③ 122억 원
④ 147억 원

40 고정비율을 이용한 포트폴리오 보험(CPPI)전략에서 최초 투자금액과 보장 수준이 100억 원(완전보장)이며, 무위험수익률은 연 4%이다. 이 때 투자기간은 1년, 승수가 10이라면 주식투자금액은 얼마인가?

① 1억 원
② 3.85억 원
③ 4억 원
④ 10억 원

41 다음 중 준액티브(Semi-Active) 운용에 대한 설명으로 옳지 않은 것은?

① 소수의 대형 호재보다는 작은 성과를 낼 수 있는 종목이나 사건을 다수 발굴하는 데 초점을 맞춘다.
② 인덱스 대비 초과수익을 지향하기 때문에 추적오차가 일반적인 액티브 운용보다 더 크게 나타나는 경향이 있다.
③ 인덱스펀드의 장점을 유지하면서도 초과수익을 추구하여, 안정적으로 벤치마크보다 높은 성과를 내는 것을 목적으로 한다.
④ 과거 데이터를 활용한 계량적 시뮬레이션을 통해 도출된 최적 운용전략에 따라 운용하는 방식도 준액티브 운용에 포함된다.

42 다음에서 설명하는 주식 포트폴리오 운용전략으로 옳은 것은?

> • 과거 데이터의 관점에서 최적인 전략을 확인할 수 있다.
> • 과거의 전략이 왜 성공적이였으며, 미래에도 성공적일 것이라는 것에 나름대로의 이론적 근거를 가진다.

① 최적화법
② 표본추출법
③ 완전복제법
④ 계량분석방법

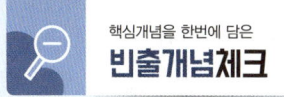

5장 채권투자운용 · 투자전략
채권의 개요

1 발행주체에 따른 채권의 분류

국채	• 정부가 발행 및 원리금 지급을 보장하며 공공사업, 사회복지 등 재정지출 재원 마련 목적으로 발행 • 유통시장 거래 규모가 가장 큼 • 국고채, 국민주택채권, 외국환평형기금채권 등
지방채	• 지방자치단체가 지방재정법 규정에 근거하여 자금 조달 목적으로 발행 • 국채보다 발행 규모가 작고 유통성이 낮음 • 서울시채, 지역개발채 등
특수채	• 한국전력공사 등 법률에 의해 설립된 공공기관이 발행 • 공채와 사채의 성격이 혼합되어, 안정성과 수익성이 높음 • 한국도로공사채, 예금보험공사채 등
회사채	• 일반 기업이 자금조달 목적으로 발행 • 만기 3~5년이 일반적 • 신용도 및 회사 성격에 따라 금리와 구조가 다름 • 주주보다 우선하여 이자 및 원금 청구 가능 • 보증사채, 무보증사채, 전환사채, 교환사채, 신주인수권부사채, 후순위채 등

2 이자지급 방식에 따른 채권의 분류

이표채	• 채권에 이표(이자 지급권)가 부착되어 일정 주기로 이자를 지급하는 채권 • 우리나라 회사채 대부분이 이표채이며, 국고채는 6개월마다, 회사채는 보통 3개월마다 이자를 지급함
할인채(무이표채)	• 만기 이전 이자 지급이 없고 할인 발행되는 채권(만기에 원금을 전액 상환) • 통화안정증권 등 일부 금융채가 이에 해당되며, 발행비중이 높아 거래가 활발함
복리채	• 이자와 원금을 만기에 한 번에 지급하는 채권(이자는 지급기간 동안 재투자되어 원금에 합산) • 국민투자채권, 지역개발공채, 일부 금융채 등
거치분할상환채	• 일정 거치기간 동안 이자만 지급하고 이후 원금을 분할 상환하는 채권 • 다양한 구조로 발행 가능

3 통화 표시에 따른 채권의 분류

자국 통화 표시 채권	• 발행국의 자국 통화로 표시되는 채권 • 외국인이 발행하는 경우에도 해당 통화로 표시되면 자국 통화 표시 채권으로 분류됨 • 아리랑본드(외국인이 원화로 발행), 양키본드(미국), 팬더본드(중국), 사무라이본드(일본), 불독본드(영국)
외국 통화 표시 채권	• 자국 외 통화로 표시되는 채권으로, 외환의 수급과 관련된 권리가 표시됨 • 유로본드(Euro bond), 김치본드(외국 통화로 한국에서 발행), 쇼군본드(외국 통화로 일본에서 발행), 딤섬본드(외국 통화로 중국에서 발행)
비고	자국 통화 표시 채권과 외국 통화 표시 채권을 포함하여 '국제채(International Bond)'라고도 함

01 채권의 개요

5장 채권투자운용·투자전략

④ 상환기간에 따른 채권의 분류

단기채	• 상환기간이 1년 이하인 채권 • 통화안정증권(91일물, 182일물), 1년 만기 금융채 등
중기채	• 상환기간이 1년 초과~10년 미만인 채권 • 국고채 중기물, 국민주택 1종, 지역개발공채, 일부 회사채 등
장기채	• 상환기간이 10년 이상인 채권 • 국고채 장기물, 일부 장기 회사채 등
미국의 분류 기준	• 단기채: 1년 이하(T-Bill) • 중기채: 2~10년 (T-Note) • 장기채: 10년 또는 20년 이상(T-Bond)

⑤ 이자금액의 변동 유무에 따른 채권의 분류

고정금리부채권	• 확정된 고정 이자율로 이자를 지급하는 채권 • 일반적으로 국고채, 회사채 대부분이 해당됨
변동금리채권(FRN)	• 일정 기간마다 기준금리 + 스프레드에 따라 이자율이 변동되는 채권 • LIBOR, CD금리 등 기준 • 이자지급은 보통 분기말 또는 반기말에 이루어짐
역변동금리채권 (Inverse FRN)	• 기준금리와 반대로 움직이는 채권 • 기준금리가 오르면 이자율이 낮아지고, 기준금리가 내리면 이자율이 상승함 • 고정금리채와 변동금리채의 가격 차이를 이용하여 수익률을 확보하는 구조
참고사항	변동금리채권은 시장금리 변동에 따라 가격이 덜 민감한 반면, 역변동금리채권은 반대로 금리 변동에 따른 민감도가 매우 높음

⑥ 원금지급형태에 따른 분류

만기 일시 상환채권 (bullet bonds)	• 만기에 원금 전액을 일시에 상환하는 채권 • 대부분의 채권이 이에 해당
액면분할 상환채권	• 일정 거치기간 경과 후 원금을 일정하게 분할하여 상환하는 채권 • 지하철 공채 및 도로공사채 중 일부가 이에 해당

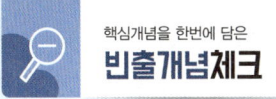

01 채권의 개요

5장 채권투자운용·투자전략

7 감채기금사채

정의	발행회사가 감채기금을 적립해 발행된 사채의 일부를 매년 상환하는 채권
설정 목적	만기 전에 일부를 상환해 만기일의 대규모 상환 부담 및 채무불이행 위험을 줄이기 위함
장점	채무불이행 위험 감소로 인해 낮은 금리로 자금 조달 가능
단점	강제 조기상환 발생 시 투자자의 수익 제한 가능성 있음
국내 상황	우리나라에서는 감채기금사채가 거의 존재하지 않음

8 전환사채(CB)

정의	• 일정 조건에 따라 채권을 발행회사의 주식으로 전환할 수 있는 권리가 부여된 채권 • 전환 전에는 사채로서 확정이자를, 전환 후에는 주식의 이익을 취득할 수 있음
발행자 장점	• 낮은 금리로 자금조달 가능 • 사채와 주식의 장점이 결합된 상품성 • 전환 시 재무구조 개선 효과 기대
투자자 장점	• 안정성과 성장성 겸비 • 주가 상승 시 높은 수익 기대 가능
단점	• 주가 하락 시 전환권리 미행사로 전환 효과 미흡 • 기업의 기존 주주에 희석효과 발생 가능성 존재
하한선	Max(일반채권으로서의 가치, 전환가치)
거래 특성	• 일반채권으로서의 가치 > 전환가치 → 일반채권처럼 거래 • 일반채권으로서의 가치 < 전환가치 → 주식가치가 반영되어 거래됨 • 일반채권으로서의 가치 = 전환가치 → 전환사채는 복합 증권처럼 거래

9 신주인수권부사채(BW)

정의	• 신주인수권부사채는 일정 기간이 경과한 후 미리 정해진 가격(행사가격)으로 발행회사의 신주를 인수할 수 있는 권리(신주인수권)가 부여된 사채 • 사채와 신주인수권이 분리되어 행사 가능하며, 행사되면 자본과 자산이 동시에 증가함
장점	• 발행회사 측면: 자금조달의 촉진, 낮은 표면이자율로 자금조달 비용 절감, 인수금액과 시가차이로 자금유입 증가, 재무구조 개선 효과 등 • 투자자 측면: 안정성과 수익성 확보, 주가 상승에 따른 이익 기대, 신주인수권 분리를 통한 다양한 전략 가능
단점	• 발행회사 측면: 인수권 행사 후에도 사채가 존속하며 자본구조 불확실성 우려, 대주주 지분 희석 위험 • 투자자 측면: 주가가 행사 가격 이하일 경우 인수권 무의미, 인수권 행사 후 낮은 이율의 사채만 남게 되는 한계 존재

01

5장 채권투자운용·투자전략

채권의 개요

⑩ 교환사채

정의	발행회사가 보유하고 있는 다른 상장회사의 주식으로 교환할 수 있는 교환권이 부여된 사채
교환대상	발행회사가 보유한 상장회사의 주식(전환사채는 발행회사의 주식)
교환조건	사전에 정해진 교환조건과 기간 내에 교환 가능
자산 구조 영향	교환 시 자산(보유 중인 주식)과 부채(교환사채)가 동시에 감소
자금유입 여부	교환 시 추가적인 자금유입 없음(전환사채와 유사하나, 신주인수권부사채와는 다름)
자본금 증가 여부	자본금이 증가하지 않음(전환사채와 차이)

⑪ 수의상환채권과 수의상환청구채권

수의상환 채권	• 발행기업이 일정 기간 동안 미리 정해진 가격(콜 가격)으로 채권을 상환할 수 있는 권리가 부여된 채권
	• 특징
	  – 시장금리가 하락하면 발행기업은 콜 옵션을 행사하여 기존 채권을 상환하고, 더 낮은 금리로 재발행할 수 있음
	  – 이는 투자자에게 불리하므로, 수의상환채권은 일반채권보다 더 높은 액면이자율과 만기수익률을 제공하는 것이 일반적
	  – 가치 계산식: 일반채권가치 − 콜옵션가치
	• 투자자 불리 요인
	  – 현금흐름이 일정하지 않음
	  – 금리 하락 시 조기상환으로 인해 재투자위험에 노출

수의상환 청구채권	• 채권 보유자가 일정 기간 동안 정해진 가격(풋 가격)으로 발행자에게 상환을 청구할 수 있는 권리가 부여된 채권
	• 특징
	  – 시장금리가 상승해 채권 가격이 풋 가격 이하로 하락하면 투자자는 풋 옵션을 행사하여 원금 상환을 청구
	  – 가치 계산식: 일반채권가치 + 풋옵션가치

5장 채권투자운용 · 투자전략

채권의 개요

12 자산유동화증권(ABS)

개념	• 기업이나 금융기관이 보유한 자산을 표준화하고, 일정 조건에 따라 집합(pool)하여 이를 기반으로 증권을 발행하고, 기초자산의 현금흐름으로 상환하는 금융상품
	• 유동화 대상 자산의 조건
	  – 유동성이 낮지만 현금흐름 예측이 가능한 자산
	  – 자산의 동질성이 어느 정도 보장되는 자산
	  – 자산 양도가 가능한 자산
	  ※ 동질성이 낮은 자산을 유동화하면 현금흐름 예측이 어렵고, 신용보강 비용과 평가 비용이 증가함

종류	• 현금수취 방식
	  – Pass-through 방식
	    ① 유동화자산을 유동화증권기관에 매각하고, 중개기관이 집합화하여 신탁을 설정한 뒤 지분권 형태로 발행
	    ② 자산 매각으로 인해 발행자의 금융위험이 투자자에게 전가됨
	  – Pay-through 방식
	    ① 유동화자산의 현금흐름을 이용하여 다단계 채권(tranche)으로 발행
	    ② Credit Tranching: 신용위험에 따라 선순위 · 후순위 채권으로 나누는 구조(CBO)
	    ③ Prepayment Tranching: 조기상환 위험에 따라 다단계 구조화(CMO)
	• 기초자산별 분류
	  – 주요 기초자산
	    ① 주택저당채권(Mortgage)
	    ② 자동차 할부금융
	    ③ 상업용 부동산 담보채권
	    ④ 대출채권, 신용카드 계정, 리스채권, 기업대출, 회사채 등
	  – 기타: 지방정부 세수, 미래 현금흐름, 부실대출, 임대료 등도 유동화 가능

13 주택저당채권(MBS)

개념	• 차주의 채무변제를 담보하기 위해 부동산에 설정되는 저당권 또는 우선변제권 • 저당(Mortgage)은 저당대출, 저당증서, 저당금융제도 등 다양한 의미로 사용됨 • Mortgage 자체는 주택금융과 동일하지 않지만, 미국에서는 Mortgage 제도가 주택금융제도로 발전하여 일반적으로 동일하게 이해됨
특징	• 주택저당대출(Mortgage Loan)을 기초자산으로 하여 발행되는 유동화증권 • 장기 발행: 주택저당대출 만기와 대응 • 담보 기반: 기초 자산이 담보되어 있어 일반 회사채보다 높은 신용등급과 미국 기준 높은 유동성 확보 • 현금흐름 변동: 조기상환(prepayment)으로 인해 수익과 현금흐름이 불확실 • 콜옵션과 유사: 금리 하락에도 조기상환으로 인해 가치 상승이 제한될 수 있음 • 조기상환 위험 완화: 다단계화(tranching)를 통해 CMO(Collateralized Mortgage Obligation) 형태로 발행 • 상환 구조: 매월 대출 원리금 상환액에 따라 증권 원리금 상환(자산관리수수료 등 각종 수수료 발생)

02 채권의 발행시장

5장 채권투자운용 · 투자전략

① 발행시장의 기능

자본조달 기능	• 개별 기업이 직접 장기자금을 조달하기 어려움 • 채권 발행을 통해 불특정 다수 투자자의 자금을 산업자금화 • 국민경제 발전을 위한 민간 자본의 간접 조달 수단
공개시장조작 기능	• 통화조절용 채권, 외국환평형기금채권 등의 매매를 통해 시장유동성을 조절 • 통화관리 수단으로 발행시장 활용

② 채권의 발행형태_사모발행

정의	소수의 투자자와 사전 교섭을 통해 증권을 매각하는 방식
특징	• 유동성이 낮고, 회사채 발행에 주로 활용 • 공모보다 이자율 높고 만기가 짧음 • 발행자–매입자 간 맞춤 규정 가능 • 한국 기준으로는 일반투자자 50인 미만에게 발행 시 사모발행으로 간주

③ 채권의 발행형태_공모발행

직접 발행	• 매출발행: 채권 발행액을 미리 확정하지 않고, 일정 기간 동안 투자자에게 개별적으로 매출하여 발행총액을 결정하는 방식 • 공모 입찰발행: 발행조건을 미리 정하지 않고 다수 응찰자의 가격 또는 수익률 제출을 통해 발행조건을 결정하는 방식 　– 복수 가격 낙찰: 응찰자가 제시한 수익률을 낮은 순으로 배열하여 발행 예정액이 채워질 때까지 낙찰하고, 각 낙찰자는 자신이 제시한 수익률로 채권 인수(복수 가격 발생) 　– 단일 가격 낙찰: 낮은 수익률 응찰분부터 발행 예정액 충족 시까지 순차 낙찰하고, 모든 낙찰자에게 최고 낙찰수익률 일괄 적용(단일 가격 발행) 　– 차등 가격 낙찰: 최고 낙찰수익률 이하 응찰수익률을 일정 간격(bps)으로 그룹화하여 각 그룹별 최고 낙찰수익률 적용(낙찰자 평균수익률보다 높은 비용 문제, 응찰 의욕 저하 문제 해결)
간접 발행	• 위탁모집(Best Effort) 　– 채권 발행 관련 업무를 인수인에게 위임하여 발행하고 인수인은 발행회사의 대리인 역할 수행 　– 모집 · 매출이 총액에 미달할 경우 발행회사가 손실 위험 부담 • 잔액인수방법(Stand-by Agreement) 　– 발행업무를 인수기관에 위탁하고, 채권 모집 · 매출을 진행 　– 모집 · 매출액이 총액에 미달하면 인수기관이 부족분을 책임지고 인수 　– 발행회사는 최소 발행액 확보 가능 • 총액인수방법(Firm Commitment) 　– 인수기관이 채권 발행 총액을 일괄 인수한 후, 책임 하에 모집 · 매출 수행 　– 모집 · 매출 시 발생하는 가격차익은 인수기관에 귀속 　– 발행회사는 모집 성공 여부와 상관없이 총액 확정 　– 현재 무보증사채 대부분 이 방식을 사용

03 5장 채권투자운용·투자전략
채권의 유통시장

① 유통시장의 개요

정의	이미 발행된 채권이 투자자 간에 매매되는 시장(제2차 시장, Secondary Market)
대조 개념	발행시장: 채권이 최초로 발행되는 시장(제1차 시장, Primary Market)
의의	• 투자자 간 채권의 유통 및 수익률 조정 기능 수행 • 시장은 조직적·지속적으로 운영됨 • 채권 보유자는 만기 전에도 자금이 필요할 수 있으므로 중도 매각 가능성을 전제로 유통시장이 필요
기타	유통시장은 채권의 가치를 형성하고, 발행시장과 함께 투자자의 자금 회수 통로의 역할
주요 기능	• 채권의 양도 가능성을 통해 유통성과 시장성을 부여함 • 투자자에게 투자원금 회수 및 수익 실현을 가능하게 함 • 공정한 가격 형성을 가능하게 함 • 채권의 담보력을 높여줌 • 발행시장 내 채권 가격 결정 기능을 지원함

② 장내시장과 장외시장

항목	장내거래(거래소 시장)	장외거래(OTC / IDB)
거래장소	거래소	증권회사 장외시장 브로커 창구, IDB회사 창구
대상채권	상장채권, 주식 관련 사채	제한 없음(단, 주식 관련 사채 제외), 매출채는 소액 공모채만 허용
거래방법	경쟁매매, 전산매매	상대매매
거래조건	표준화된 조건	조건 없이 다양한 조건으로 모든 채권 거래 가능
매매계약서	작성하지 않음	작성 필요
거래비용	만기별 수수료율에 의거	제한 없음
표준규모	10억 원	제한 없음
매매수량단위	• 주식 관련 사채: 10만 원 • 소액채권: 1천 원	제한 없음
결제방법	당일결제 및 익일결제	T+30일, 일부는 익일결제(단, RP매매, MMF편입채권, 소매채권매매는 당일결제)
호가단위	가격 및 수익률 호가	제한 없음

※ IDB회사: 채권 자기매매업자 간 중개회사로, 딜러의 호가제시를 유도하여 채권딜러가 보유물량을 원활히 조절할 수 있도록 도우며 채권 중개를 실시간으로 투명하게 수행하는 회사(증권사 브로커의 채권중개업무와 비슷)

04 채권의 가격결정

5장 채권투자운용 · 투자전략

1 자산 가격결정의 기본원리

기본 개념	금융자산(주식, 채권, 옵션 등)의 가치는 보유기간 동안 발생할 것으로 예상되는 기대현금흐름에 기초하여 결정됨
기대현금흐름의 구성	• 이자 • 배당 • 자산 처분 시 수취 가능 금액 등
핵심 원리	금융자산의 가격은 해당 자산으로부터 기대되는 미래 현금흐름의 현재가치로 설명 가능

2 채권가격결정의 특성

가격과 수익률의 관계	채권 가격과 수익률은 서로 역의 관계를 가지며 볼록(convex)한 형태를 가짐
이표율과 수익률의 관계	• 이표율 = 수익률: 액면가에 거래 • 이표율 > 수익률: 액면가보다 비싸게 거래 • 이표율 < 수익률: 액면가보다 저렴하게 거래
시간 경과에 따른 채권 가격의 진행 경로	시간이 지날수록 즉, 만기가 짧아질수록 채권의 가격은 액면가에 수렴(pull-to-par 현상)

3 할인채

개념	이자를 따로 주지 않고, 표면금액보다 싸게 팔고 만기에 전액 상환하는 채권
단가계산	남은 일수만큼의 이자율을 감안해서 현재가치를 할인하는 방식
투자자 수익	매입가격(P)과 만기상환금액(S)의 차이
공식	• $P = \dfrac{S}{1 + r \times \dfrac{t}{365}}$ – P: 현재의 매입가격(단가) – S: 만기상환금액 – r: 시장 만기수익률 – t: 잔존일수

5장 채권투자운용·투자전략
채권수익률

① 경상수익률

정의	채권의 시장가격 대비 연이자 지급액의 비율
계산식	$CY = \dfrac{\text{연이자 지급액}}{\text{채권의 시장가격}}$
의미	주식의 배당수익률과 유사하게, 현재 가격 기준으로 발행자로부터 직접 수령하는 이자의 수익률
장점	실제 수령하는 이자 기준으로 수익률을 판단할 수 있음
단점	할인채 매입 시 잠재적 이익 반영 불가, 할증채 매입 시 자본손실 반영 불가(자본이익·손실 고려 부족)

② 만기수익률(YTM)

정의	채권의 내부수익률(IRR)로서, 채권으로부터 발생하는 미래 현금흐름의 현재가치와 채권의 시장가격을 일치시키는 할인율
계산 방법	• 시행착오법(trial and error) • 재무계산기(financial calculator) • 간이법(approximation formula) 등
간이 계산식	• $YTM \fallingdotseq \dfrac{C + \dfrac{(F-P)}{n}}{\dfrac{(F-P)}{2}}$ – C: 연이자 지급액 – F: 액면가 – P: 채권 가격 – n: 잔존 만기
활용 목적	채권의 호가(시장가) 또는 채권의 가치를 산출하는 할인율로 활용됨
유의사항 (수익률의 연율화 문제)	연간 두 번 이상 이자가 지급되는 경우, 채권 등가 수익률(BEY)은 실효 연수익률(EAY)보다 낮게 나타날 수 있음 ※ 채권 등가 수익률(BEY): 기간수익률 × 연간 이자 지급 횟수

채권수익률

5장 채권투자운용 · 투자전략

③ 채권투자 수익의 원천

기간별 이자 지급액	정기적으로 지급받는 쿠폰이자 수익
자본이득 또는 손실	채권의 매매에 따른 가격 변동으로 인한 수익 또는 손실
이자 재투자 수익	이자 지급액을 재투자하여 얻는 추가 수익

④ 만기수익률(YTM)과 재투자위험

만기수익률(YTM)의 개념	채권을 만기까지 보유 시, 이자와 원금으로 실현 가능한 약속된 수익률
재투자 위험	• 만기수익률을 실현하려면 이자 수익을 동일한 이율로 재투자해야 하므로, 이자율 하락 시 재투자 위험이 존재 • 무이표채의 경우 이자가 없고 단일 현금흐름(만기 상환금액)만 존재하므로 재투자 위험이 없음

⑤ 말킬의 채권 가격 정리

수익률과 가격의 관계	채권의 가격은 수익률과 반대로 움직이며, 수익률이 상승하면 채권 가격은 하락하고, 수익률이 하락하면 가격은 상승함
잔존기간의 영향	채권의 잔존기간이 길수록 동일한 수익률 변동에 대한 가격 변동폭은 증가
잔존기간과 변동률의 체감효과	채권 수익률 변동에 따른 가격 변동은 만기가 길수록 증가하지만, 변동률은 점차 체감됨 ▶ 지나치게 긴 만기의 채권은 시세차익 전략에서 필요성이 낮아짐
볼록성 (Convexity)	동일한 폭의 수익률 변동이라도 수익률 하락으로 인한 가격 상승폭이 수익률 상승으로 인한 가격 하락폭보다 큼
표면이자율과 이자 지급주기 영향	• 표면이자율이 높을수록 동일한 수익률 변동에 따른 가격변동률 감소 • 이자 지급 주기가 짧을수록 가격 변동률이 감소

⑥ 채권 가격 변동성의 특징

가격 변동성	• 수익률 변화에 따른 채권 가격의 변화($\Delta BP/\Delta y$)를 의미함 • 즉, 수익률이 변하면 채권 가격도 변하게 되며, 이 변화의 민감도를 설명함
가격과 수익률의 관계	• 가격과 수익률은 역의 관계이며, 이 관계는 볼록한(convex) 형태임 • 수익률이 작게 변할 때 → 가격 변화는 대칭적이고, 완만한 곡선 형태 • 수익률이 크게 변할 때 → 가격 상승폭 < 가격 하락폭 • 따라서 수익률 변화가 클수록, 하락에 더 민감함
변동성에 영향을 주는 요인	• 이자율이 낮을수록 채권 가격 변동성이 커짐 • 만기가 길수록 채권 가격 변동성이 커짐 • 만기수익률이 낮을수록 채권 가격 변동성이 커짐

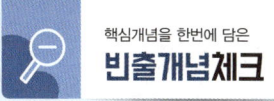

5장 채권투자운용·투자전략

듀레이션

1 듀레이션(Duration)의 개념

정의	채권의 현금흐름 회수까지 걸리는 가중평균 만기
맥컬레이 듀레이션 (Macaulay Duration)	각 시점별 현금흐름의 현재가치를 총 현재가치로 나눈 비율을 가중치로 하여, 이 가중치를 각 시점의 시간(연도)에 곱해 산출한 가중평균 회수기간
의의	• 채권투자의 평균 회수기간을 보여주며, 이자율 변화에 대한 민감도 측정 지표로도 활용됨 • 듀레이션은 '각 현금흐름의 시간 × 현재가치 가중치'의 총합으로 계산됨 • 즉, '각 시점 현금흐름의 현재가치 비율 × 시점(t)'의 총합임

2 맥컬레이 듀레이션의 의의와 특징

면역 전략과의 관계	듀레이션은 투자자가 최초 투자 시의 만기수익률에 따른 수익을 수익률 변동 위험 없이 실현할 수 있는 투자 회수의 가중평균 기간으로도 활용됨
등가 전환 관점	듀레이션은 시점이 다른 일련의 현금흐름을 가진 채권을 현금흐름이 한 번만 발생하는 채권으로 등가 전환했을 때의 잔존만기와 동일하게 해석 가능
무게 중심 역할	듀레이션은 채권 현금흐름 현재가치들의 무게 중심 역할을 하는 균형점으로 작용
특수 사례	무액면채권의 경우 만기와 듀레이션이 같음
이표채권	이표채권은 액면금리가 낮을수록 듀레이션이 길어짐
채권의 만기	• 만기가 길수록 듀레이션이 길어짐 • 단, 액면가(원금) 대비 매입가격이 매우 낮게 형성된 할인채는 예외가 될 수 있음
영구채권	이자율이 i인 영구채권의 듀레이션은 $\dfrac{1+i}{i}$로 계산함

3 듀레이션의 결정요인

만기와 듀레이션	정(+)의 관계
수익률과 듀레이션	역(−)의 관계
표면이자율과 듀레이션	역(−)의 관계

4 듀레이션의 용도

위험 측정 (Risk Measure)	• 맥컬레이 듀레이션은 자산과 부채의 듀레이션을 일치시켜 금리변동에 대비한 면역화 전략(Immuzation)을 구성할 때 사용됨 • 채권 가격의 민감도를 나타내므로 금리 위험을 측정하는 지표로도 활용됨
가법성(Additivity)	포트폴리오의 듀레이션은 개별 채권의 듀레이션과 시장가치 비중을 이용한 가중평균으로 계산함
헤지비율의 계산	듀레이션을 활용해 채권 선물 거래 시 헤지 비율을 산정할 수 있음

06 듀레이션

5장 채권투자운용 · 투자전략

5 볼록성

정의	채권의 수익률 변화와 가격 변화 간 관계를 더 정확히 설명하기 위해 듀레이션으로 설명되지 않는 채권 가격 변화의 곡선 효과를 보완하는 지표
필요성	• 수정 듀레이션은 수익률 변화가 작을 때에는 채권 가격 변동 위험을 정밀하게 설명 가능 • 그러나 수익률 변화가 커지면 가격-수익률 곡선과 수정 듀레이션 직선의 간격이 멀어져서 수정 듀레이션만으로는 설명력이 부족하여, 이때 볼록성 개념이 필요

특징	• 수익률이 상승할 때: 듀레이션만으로 측정한 가격 하락보다 실제 가격 하락이 작음
	• 수익률이 하락할 때: 듀레이션만으로 측정한 가격 상승보다 실제 가격 상승이 큼
	  ▶ 듀레이션에 볼록성 보정을 추가하면 예측 정확도 향상
	• 듀레이션 동일 시 볼록성 영향
	  - 동일한 듀레이션의 채권이라도 볼록성이 큰 채권이 더 높은 가격을 가짐
	  - 이는 수익률 상승 또는 하락에 관계없이 적용됨
	• 수익률과 볼록성 관계: 수익률이 하락하면 채권의 볼록성은 증가함
	• 표면이자율과 볼록성: 일정 수익률과 만기 조건에서, 표면이자율이 낮은 채권일수록 볼록성이 커짐
	• 듀레이션 증가와 볼록성: 채권의 듀레이션이 증가할수록 볼록성도 가속적으로 증가함
	• 볼록성과 달러 듀레이션(DD)
	  - 볼록성은 달러 듀레이션의 변화율을 나타냄
	  - 볼록성이 클수록 DD 변화도 더 크게 나타남
	• 현금흐름 분산도와 볼록성: 동일한 듀레이션이라도 채권의 현금흐름 분산도가 클수록 볼록성이 더 높음

효과	• 채권의 수익률과 가격 간 관계는 직선이 아니라 볼록한 곡선 형태(Convex) • 듀레이션이 일정해도 볼록성이 크면 금리 변화에 따른 가격 변동폭이 더 작게 또는 크게 나타남
활용	• 볼록성은 시장 상황에 따른 채권 가격 민감도 측정 능력 보완 • 금리 리스크 관리에 있어 듀레이션과 함께 고려됨

6 볼록성의 가치

기본 개념	볼록성은 수익률 변화에 따라 채권 가격 상승폭이 하락폭보다 크기 때문에 투자자에게 가치가 있음
선호 채권	볼록성이 큰 채권이 선호됨 ▶ 동일한 수익률 하락 시, 가격 상승폭이 크고 수익률 상승 시, 가격 하락폭이 작기 때문
시장 반영	시장은 볼록성을 고려하여 채권 가격 결정 ▶ 볼록성이 큰 채권은 더 높은 가격(낮은 수익률)을 형성
비용 지불 여부	투자자는 향후 수익률이 하락할 것이라 예상되면 더 높은 볼록성에 대해 프리미엄을 지불하려 하지만 반대 상황(수익률 상승 예상)에서는 그렇지 않음
볼록성에 영향을 주는 요인	• 수익률이 하락할수록 볼록성 증가 • 표면이율이 낮을수록 볼록성 커짐 • 듀레이션이 클수록 볼록성도 가속도로 증가

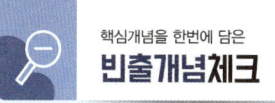

07 5장 채권투자운용·투자전략
금리체계

❶ 수익률 곡선

정의	동일한 조건(위험, 세금 등)에서 만기만 다른 채권들의 특정 시점 수익률을 만기별로 나타낸 곡선으로 만기 구조에 따라 수익률 변동을 보여줌
형태 분류	• 정상형(Normal, Upward Sloping): 만기가 길수록 수익률 증가(우상향) • 역전형(Inverted, Downward Sloping): 만기가 길수록 수익률 감소(우하향) • 수평형(Flat): 만기에 관계없이 수익률이 비슷함 • 낙타형(Humped): 중간 만기에서 수익률이 가장 높음
곡선 구성	• 일반적으로 Par Yield Bond 기반으로 작성 • 해당 채권의 발행금리는 만기수익률(YTM) 사용
한계와 보완	• 거래가 활발한 신규채권(on-the-run issue) 위주로 구성 시, 정보가 부족해 왜곡 가능성 존재 • 보완 방법: Spot Yield Curve(현물수익률곡선)를 활용하여 듀레이션 등을 반영한 그래프 작성

❷ 수익률 곡선의 유형과 의미

유형	설명	경제적 해석 및 형성 조건
우상향형 (Upward Sloping)	• 일반적으로 많이 관찰되는 형태 • 장기금리가 단기금리보다 높음	완화적 통화정책, 경기확장기, 인플레이션 기대가 반영된 상태로, 단기채보다는 장기채를 선호할 때 형성됨
우하향형 (Downward Sloping)	장기금리가 단기금리보다 낮은 형태	긴축적통화정책, 경기침체 예상, 향후 금리 하락 기대 시 나타나며, 투자자들이 단기채권보다 장기채권에 더 많이 투자하려는 경우 형성됨
수평형(Flat)	장기금리와 단기금리가 거의 동일	수익률 변동 예측이 어려운 경우나 불확실성 커진 시기, 경기전환기나 방향성이 모호할 때 형성됨
낙타형 (Humped, Bell-shaped)	수익률이 일정 만기까지 상승하다가 이후 다시 하락	금리 하락 안정기, 단기적으로 채권시장에 충격 발생 가능성이 있는 경우 나타나며, 단기적으로 금리가 하락할 것이라는 기대를 반영함

❸ 선도(forward), 현물(spot) 그리고 만기(par) 수익률 곡선 관계

개요	현물 이자율은 현물 이자율과 선도 이자율의 기하평균으로 나타낼 수 있으며 만기수익률은 현물 이자율의 가중평균으로 나타낼 수 있음
관계	• 이자율 상승(upward-sloping) 기간구조: 선도(forward curve) > 현물(spot rate curve) > 만기 수익률(par yield curve) • 이자율 하락(downward-sloping) 기간구조: 선도(forward curve) < 현물(spot rate curve) < 만기 수익률(par yield curve)

07
5장 채권투자운용 · 투자전략
금리체계

❹ 불편 기대 이론

정의	투자자들이 미래 이자율에 대하여 정확한 동질적 기대를 가지면 수익률 구조는 이에 따른 기대수익률에 의해 결정된다는 이론 ※ • 정확한 기대: 투자자들이 미래 단기이자율을 편향 없이 예측하는 것 • 동질적 기대: 모든 투자자가 같은 정보와 같은 예측을 가지고 있다고 가정하는 것 • 즉, 정확한 동질적 기대란, 모든 투자자들이 같은 미래 금리를 편향 없이 예측하며, 그 예측이 통계적으로 정확한 것을 의미한다.
주요 주장	장기채권 수익률은 해당 기간 동안 예상되는 단기 현물이자율의 기하평균값과 같음
수익률 곡선과의 관계	• 현재 이자율이 낮고 미래 이자율이 상승할 것으로 기대 ▶ 우상향 곡선 • 현재 이자율이 높고 미래 이자율이 하락할 것으로 기대 ▶ 우하향 곡선
선도 이자율의 의미	• 미래 특정기간에 대한 이자율을 현재 시점의 현물 이자율로부터 유도한 것 • 미래 단기이자율 기대치로 해석됨
성립 조건	• 투자자는 위험중립적이어야 함 • 무차익거래(Arbitrage)가 가능해야 함 • 장기수익률은 기대 단기수익률의 평균이라는 가정 • 이자율 예측 분포를 고려할 수 있어야 함
한계	• 미래 이자율을 예측할 때 단기이자율에 위험 프리미엄이 반영될 수 있어 실제 장기수익률은 단기이자율의 단순 평균과 다를 수 있음 • 투자자들이 항상 위험중립적이지 않음

❺ 유동성 프리미엄 이론

의의	• 채권에 대한 위험을 고려할 경우 일반적으로 장기채권은 단기채권에 비해 위험이 크며 현금화 가능한 유동성도 작은 편임 • 모든 투자가들은 기본적으로 유동성을 선호하기 때문에 만기가 길수록 증가하는 위험에 대한 보상으로 유동성 프리미엄을 요구하게 된다는 이론
주장 내용	• 투자자들은 단기채권을 더 선호하므로, 장기채권은 유동성 프리미엄을 추가로 제공해야 투자 유인이 생김 • 장기채권 수익률은 '기대 현물이자율 + 유동성 프리미엄'으로 구성됨
형태	유동성 프리미엄은 만기가 길수록 커지므로, 일반적으로 수익률 곡선은 우상향하게 됨
L값 관계	유동성 프리미엄을 L_n이라 할 때, $L_1 < L_2 < \cdots < L_n$으로 증가한다고 가정
시장 균형 요건	유동성 프리미엄이 포함되지 않으면 초과공급 현상이 발생하며 수익률이 왜곡되고, 시장 불균형이 초래됨
해석	수익률 곡선의 우상향구조를 '기대수익률 + 유동성 프리미엄' 관점에서 설명할 수 있음

07 금리체계

5장 채권투자운용·투자전략

6 편중 기대 이론

의의	수익률 곡선이 단순히 기대 이자율만 반영하는 것이 아니라, 특정 시기의 기대 선도 이자율과 유동성 프리미엄을 동시에 반영한다는 이론
곡선 형태	수익률 곡선이 처음엔 우상향하다가, 일정 시점 이후 최고점을 찍고 하락하는 '낙타형 곡선(humped curve)'을 잘 설명함
해석	초기에는 기대 이자율 상승 + 유동성 프리미엄으로 인해 수익률이 상승하고, 이후에는 기대 이자율 하락 효과가 커져 수익률이 하락함

7 시장분할 이론

의의	• 채권시장을 단기, 중기, 장기 시장으로 나누어 설명하며, 금융기관들이 이자율 변동 위험을 회피하기 위해 부채와 만기가 일치하는 채권에 투자한다는 점에서 이론적 근거를 가짐 • 컬버슨(Culbertson) 등에 의해 제시되었고, 불편 기대 이론과 대조됨
기본 가정	• 투자자는 각자의 선호 만기에 따라 특정 만기의 채권만 선호하며, 다른 만기로 대체하지 않음 • 또한, 시장은 완전히 분할되어 있고, 투자자는 위험회피 성향을 가짐
주요 특징	• 수익률은 각 만기별 시장의 수요와 공급에 의해 독립적으로 결정됨 • 장단기 금리 간의 관계는 체계적이지 않으며, 각 만기 시장의 수급 상황에 따라 달라짐
수익률 곡선 해석	수익률 곡선은 각 만기 시장의 수요와 공급 요인에 따라 우상향, 우하향, 수평 등 다양한 형태로 나타날 수 있음
비판점	모든 만기 채권시장이 완전히 분리되어 있다는 가정은 현실적이지 않으며, 경제 주체가 특정 만기에만 투자한다는 전제가 지나치게 강함
보완이론	선호 영역 가설(Preferred Habitat Hypothesis)은 투자자가 특정 만기를 선호하지만, 충분한 보상이 주어지면 다른 만기의 채권에도 투자할 수 있다고 보아 시장분할 이론을 현실적으로 보완함
유동성 프리미엄과의 관계	유동성 프리미엄 L_n은 선호 영역에 따라 0보다 클 수도, 작을 수도 있으며, 따라서 시장분할 이론에서는 완전한 대체관계가 성립하지 않음

08 채권운용전략

5장 채권투자운용·투자전략

1 적극적 채권운용전략

개념	단기적인 관점에서 위험을 일정 부분 감수하면서 채권 투자의 수익을 최대화하려는 전략
금리예측 전략	• 금리 변동이 예상될 때, 장기 및 단기 채권의 구성 비율을 조정하여 포트폴리오를 방어적 혹은 공격적으로 운용함으로써 수익을 극대화 • 금리 예측이 어렵기 때문에, 예측이 빗나갈 경우 감수할 수 있는 위험의 범위를 설정하고, 만기 구성의 다양성도 고려하여 투자해야 함

채권 교체 전략	• 포트폴리오 내 채권을 다른 채권으로 바꾸어 투자 효율을 높이는 전략
	• 동종 채권 교체: 동일하거나 유사한 조건의 채권으로 교체하되, 일시적인 시장 요인으로 인해 가격이 낮게 평가된 채권을 선택하는 방식
	• 이종 채권 교체
	  - Yield Give-Up Swap: 경기 불황 시 현재 보유 채권의 만기수익률보다 더 낮은 수익률의 채권(신용등급이 높은 채권)으로 교체하는 전략(안전성 제고)
	  - Yield Pick-Up Swap: 경기 호황 시 현재 보유 채권의 만기수익률보다 더 높은 수익률의 채권(신용등급이 낮은 채권)으로 교체하는 전략(수익률 제고)
	  - Sector(Rotation) Swap: 산업별 또는 종목별 역사적 수익률 스프레드를 참고하여 채권을 교체하는 전략
	  - Credit Swap: 보유 채권이나 발행자의 신용도가 악화될 때, 신용 상태가 개선될 가능성이 있는 채권으로 교체하는 전략

스프레드(Spread) 운용전략	서로 다른 두 채권의 수익률 차이가 일시적으로 확대되거나 축소되었다가 시간이 지나면서 정상적인 수준으로 회복되는 현상을 활용하는 전략
수익률 곡선 타기 전략 (Yield Curve Riding Strategy)	• 채권 포트폴리오에서 잔존기간이 긴 채권을 매수한 뒤 롤링 효과와 숄더 효과를 활용해 시세차익과 경과 이자를 함께 얻는 전략으로, 수익률 곡선이 우상향일 때 가능한 전략임 • 롤링 효과(Rolling Effect): 일정한 금리 수준에서 장기 채권을 보유할 경우 시간이 지나 잔존기간이 짧아지면서 수익률이 낮아지고 채권 가격이 오르는 현상으로, 투자자는 이를 이용해 잔존기간이 줄어든 시점에서 채권을 매각하고 다시 장기 채권에 투자함으로써 투자 효율을 높일 수 있음 • 숄더 효과(Shoulder Effect): 수익률 곡선에서 단기 또는 중기 구간의 수익률이 잔존기간 단축에 따라 급격히 하락하는 현상

수익률 곡선 전략	• Barbell형 채권운용
	  - 단기채권과 장기채권만 보유하고 중기채권은 제외하는 포트폴리오 운용 방식
	  - 단기와 장기 채권에 비해 중기 채권의 수익률이 상대적으로 더 오르거나 덜 하락할 것으로 예상되는 상황에서 유용
	  - 투자자의 유동성 필요 정도에 따라 단기채의 비중이 결정됨
	  - 관리가 어렵고 비용이 높다는 단점이 있음
	• Bullet형 채권운용
	  - 중기채를 중심으로 포트폴리오를 구성하는 방식
	  - 단기와 장기 채권에 비해 중기 채권의 수익률이 상대적으로 덜 오르거나 더 하락할 것으로 예상되는 경우 적합함
	  - Bullet to Barbell Trade: 중기채를 매각하고 장단기 채권을 매입하여 수익률 변동에 대응하는 전략
	  - Barbell to Bullet Trade: 장단기 채권을 매각하고 중기채 중심으로 포트폴리오를 재편하는 전략
	• Barbell형 포트폴리오는 현금 흐름이 분산되어 있어 Bullet형보다 항상 더 높은 볼록성(Convexity)을 가짐

08 5장 채권투자운용·투자전략
채권운용전략

② 소극적 채권운용전략

개념	투자자는 투자 목표에 맞춰 채권 포트폴리오를 구성한 뒤, 만기 또는 중도 상환 시까지 보유하고 상환 후 동일한 원칙으로 포트폴리오를 재구성하는 방식으로, 금리 예측 없이 기계적으로 운용하는 전략
만기보유 전략	• 채권을 매입한 뒤 만기까지 보유함으로써 투자 시점에서 수익을 확정하는 전략 • 금리 예측이 필요 없고 간단함
사다리형 만기 전략	• 각 잔존기간별로 채권을 균등하게 편입하여 시세 변동 위험을 분산시키고, 만기 상환금으로 장기채에 재투자하여 평균 수익률을 높이는 전략 • 장점: 금리 예측이 필요 없고 관리가 용이하며, 다양한 만기 채권 보유로 유동성 확보가 쉬움 • 수익 측면: 장기채 재투자를 통해 평균 수익률이 높고, 단기·장기 채권을 상황에 맞게 매각하여 매매차익을 얻을 수 있음 • 단점: 효율적이고 적극적인 운용보다는 수익이 다소 낮을 수 있으며, 투자자가 타이밍과 수익률 동향에 집착하면 전략의 장점이 감소함

채권 면역 전략	• 전통적 채권 면역 전략(Bond Immunization)
	  - 투자자가 목표 투자기간 동안 금리 변동에 관계없이 목표 수익률을 실현하도록 채권 포트폴리오를 구성하는 전략
	  - 원리: 금리 상승 시 채권 가격 하락 → 재투자 수익 증가, 금리 하락 시 채권 가격 상승 → 재투자 수익 감소의 상충 효과를 이용
	  - 방법: 목표 투자기간과 채권 또는 포트폴리오의 듀레이션을 일치시켜 면역 상태를 달성
	  - 장점: 금리 예측 불필요, 목표 시점의 수익률 고정 가능, 일정 투자기간 내 안정적 운용 가능
	  - 단점: 적절한 듀레이션을 가진 채권이나 포트폴리오 필요, 포트폴리오 리밸런싱 필요, 시장 상황 변화에 따른 위험 존재
	• 자산-부채 연계 면역 전략(Asset-Liability Management, 순자산가치 면역)
	  - 개념: 자산과 부채의 시장가치 가중 듀레이션을 일치시켜 순자산가치 변동성을 최소화하는 전략
	  - 원리: 금리 변화에 따라 자산과 부채 가치 변동이 상쇄되도록 관리
	  - 적용 예시: 은행의 경우 단기 듀레이션을 가진 예금(부채)과 장기 듀레이션 대출(자산)의 차이를 조정하여 금리 상승 시 순자산가치 하락 방지
	  - 핵심 관리: 듀레이션 갭 관리를 통해 자산과 부채의 듀레이션 차이를 일정 수준 이하로 제한
	• 상황대응적 면역 전략(Contingent Immunization)
	  - 최소한의 목표수익률을 확보할 수 있는 안전선(최소 자산가치선)을 정해두고, 여유가 있을 때는 적극적 운용을 하다가 손실로 인해 안전선에 도달하면 즉시 면역 전략으로 전환하는 혼합형 전략
	  - 원리
	    ① 현재 성과가 목표수익률을 초과 → 적극적 투자 전략 유지
	    ② 손실로 인해 안전선(최소 자산가치선)에 도달 → 즉시 면역 전략 전환
	    ③ 따라서 목표한 최소 수익은 반드시 보장하면서 초과 수익 기회도 추구할 수 있음
	  - 특징
	    ① 적극적 운용과 면역 운용을 상황에 따라 유연하게 전환하는 동적 자산배분(Dynamic Asset Allocation, DAA)의 일종
	    ② 최소한의 투자 목표는 안전하게 지키면서 추가 수익 기회를 활용 가능

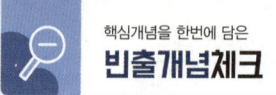

5장 채권투자운용·투자전략
채권운용전략

현금흐름 일치 전략	채권 포트폴리오에서 발생하는 현금유입이 향후 예상되는 현금유출과 정확히 맞도록 구성하여 부채 상환을 보장하고 금리 변동 위험을 제거하는 채권 투자 전략

채권 인덱싱 전략	• 채권시장의 전체 흐름을 그대로 따라가는 포트폴리오를 구성하여 시장 평균 수익률을 달성하려는 방법으로, 효율적 시장 가설을 전제로 함
	• 특징
	  – Broad market index, Bond subindex, Customized index 등을 활용하여 투자 목표에 맞는 지수를 선택
	  – 지수와 포트폴리오 간의 차이를 최소화하기 위해 트래킹 에러(tracking error) 관리가 중요
	• 장점
	  – 매니저의 자의성을 줄여 금리예측 실패 위험을 낮춤
	  – 매매회전율이 낮아 거래비용과 수수료가 저렴함
	  – 지수가 기준이 되므로 실적평가의 객관성이 높음
	• 단점
	  – 지수 산정 시점과 실제 매입 시점의 가격 차이 및 유통물량 부족 문제가 있음
	  – 현금흐름 재투자 차이로 수익률 괴리가 발생할 수 있음
	  – 지수 변동이 크면 재조정 비용이 증가함
	  – 지수 위주의 투자로 고수익 기회를 놓칠 수 있음
	• 지수 산출 방식에 따른 분류
	  – 총수익지수(Total Return Index): 채권의 자본손익, 이자수익, 재투자수익을 모두 반영한 지수
	    예 JP Morgan
	  – 가격지수(Price Index): 채권 가격 변동을 지수화하고 이자율 지수를 보완한 것 예 S&P, Financial Times
	  – 수익률 지수(Yield Index): 채권 수익률 변화를 지수화한 것 예 Nikkei, Moody's
	• 편입 종목 기준 분류
	  – All Bond Index: 투자 가능한 모든 채권을 편입한 지수
	  – Tracker Bond Index: 시장가치와 유동성이 높은 채권을 편입한 지수
	  – Bellwether Bond Index: 유동성이 높은 소수의 대표 채권만 편입한 지수
	• 채권 가격 기준 분류
	  – 순가격지수(Clean Price Index): 경과이자를 제외하고 자본손익만 지수화
	  – 시장가격지수(Gross Price Index): 경과이자를 포함한 지수
	  – 총수익지수(Total Return Index): 재투자수익까지 포함한 지수
	• 기타 분류
	  – Broad Market Index: 채권시장 전체를 포함하는 지수
	  – Bond Subindex: 특정 채권 종류별 지수
	  – Customized Index: 고객 요구에 맞게 설계된 맞춤형 지수
	  – 국내 주요 지수: 삼성-매경지수, 협회-Bloomberg, 매경-Bloomberg, 한경-KIS지수 등이 있음

5장 채권투자운용·투자전략

01 다음 중 채권의 종류와 분류 방식의 연결이 옳지 않은 것은?

① 특수채: 발행주체에 따른 분류
② 단기채: 상환기간에 따른 분류
③ 외화표시 채권: 통화 표시에 따른 분류
④ 변동금리채권: 이자지급 방법에 따른 분류

02 다음 중 분류 기준이 다른 채권으로 옳은 것은?

① 할인채　　② 회사채
③ 이표채　　④ 복리채

03 액면가액 10,000원, 표면이율 10%, 만기가 3년인 3개월 단위 이자지급 금융복리채의 만기상환금액은 얼마인가?

① 12,449원
② 12,899원
③ 13,449원
④ 13,899원

04 다음 중 변동금리채권에 대한 설명으로 옳지 않은 것은?

① 기준금리가 상승하면 현금흐름이 감소하도록 설계되었다.
② 변동금리채권의 가치는 시장이자율의 변화에 민감하지 않다.
③ 액면이자율은 기준금리에 연동되어 매 기간 초마다 정해진다.
④ 기준금리는 LIBOR, prime rate, 우리나라 91일 CD 수익률을 적용한다.

05 다음 채권에 관련된 설명 중 옳지 않은 것은?

① 금리가 하락하면 할인채는 재투자 위험에 노출된다.
② 통화안정채권은 액면가보다 할인된 가격으로 발행된다.
③ 국채는 경쟁입찰 방식과 추가소요분 교부 방식으로 발행된다.
④ 복리채는 만기 전까지 투자자에게 현금흐름이 지급되지 않는다.

06 다음 중 전환사채에 대해 옳은 설명으로만 모두 묶인 것은?

> ㉠ 발행자 측면에서 일반사채보다 높은 금리로 발행된다.
> ㉡ 주식으로 전환 시 고정부채가 자기자본이 되므로 재무구조 개선효과를 지닌다.
> ㉢ 패리티가 100을 초과하면 주가가 전환사채시장 가격을 변동시키는 큰 요인이 된다.
> ㉣ 괴리율이 양(+)의 값이면 전환사채에 투자한 후 곧바로 전환하여 전환차익을 볼 수 있음을 의미한다.

① ㉠, ㉢
② ㉡, ㉢
③ ㉡, ㉣
④ ㉡, ㉢, ㉣

07 다음에서 설명하는 전환사채의 용어로 옳은 것은?

> 주식적 측면에서 본 전환사채의 이론가치로서 현재의 주가가 전환가격을 몇 % 상회하고 있는가를 나타낸다.

① 괴리
② 괴리율
③ 패리티
④ 전환가치

08 다음 중 전환사채(CB)에 대한 설명으로 옳지 않은 것은?

① 일반사채보다 낮은 금리로 발행된다.
② 사채와 주식의 중간 형태를 취한 채권이다.
③ 주식으로 전환할 경우 자본금의 증가가 수반된다.
④ 주식으로 전환할 경우 고정부채가 자기자본이 된다.

09 다음을 참고하여 전환사채 가격지표를 계산한 값으로 옳지 않은 것은?

- 액면가 10,000원인 전환사채의 전환가격: 20,000원
- 전환사채 발행기업의 주가: 18,000원
- 전환사채 시장가격: 11,000원

① 패리티: 90%
② 괴리: 1,000원
③ 괴리율: 22.2%
④ 패리티 가격: 9,000원

10 다음 중 전환사채(CB, Convertible Bond)에 대한 설명으로 옳은 것은?

① 일반 회사채보다 높은 이자율로 발행된다.
② 전환가치가 일반채권 가치보다 클 때에도 일반채권처럼 거래된다.
③ 전환사채의 전환권을 행사하면 회사의 자본과 자산이 동시에 늘어난다.
④ 주가가 오르면 패리티(parity) 가치가 상승하고, 주가가 내리면 패리티 가치도 하락한다.

11 액면가 10,000원인 전환사채의 전환가격은 20,000원이며, 이 전환사채의 발행기업의 주가는 19,000원이다. 이때 패리티와 패리티 가격은 각각 얼마인가?

	패리티	패리티 가격
①	95%	9,500원
②	100%	10,000원
③	105%	10,500원
④	110%	11,000원

12 다음 중 국채를 발행하는 방법으로 옳지 않은 것은?

① 교부발행
② 경쟁입찰
③ 첨가소화
④ 공모발행

13 다음 중 채권유통시장에 대한 설명으로 옳지 않은 것은?

① 채권의 거래는 대부분 한국거래소에서 이루어진다.
② 유통시장의 가격은 발행시장의 가격결정지표 역할을 한다.
③ 장내시장은 경쟁매매, 장외시장은 상대매매방식으로 거래가 이뤄진다.
④ 채권의 담보력을 높여주고 투자자에게 투자원본 회수와 이익실현을 가능하게 한다.

14 다음 중 수의상환채권의 특징으로 옳지 않은 것은?

① 발행자가 중도상환 권리를 보유한다.
② 일반사채보다 액면이자율 및 만기수익률이 높다.
③ 시장금리가 하락할 때 채권투자자에게 불리하다.
④ 수의상환채권의 가치는 일반채권 가치에 풋옵션의 가치가 더해진다.

15 다음 중 자산유동화증권(ABS)에 대한 설명으로 옳지 않은 것은?

① 자산보유자의 신용등급보다 높은 신용도로 자금조달이 가능하다.
② 무형자산을 기초자산으로 하는 자산유동화증권도 발행할 수 있다.
③ 자산유동화증권에 적합한 자산은 동질성이 높고 현금흐름 예측이 안정적인 자산이다.
④ 자산의 원래 소유자가 기초자산을 유동화전문회사가 아닌 본인이 만기까지 계속 보유한다.

16 액면가 10,000원, 만기수익률 5%, 만기가 1년 145일 남은 통화안정증권(할인채)의 매매가격은?

① 9,338원
② 9,548원
③ 9,675원
④ 9,768원

17 다음 중 채권수익률에 대한 설명으로 옳지 않은 것은?

① 만기수익률은 채권의 내부수익률을 의미한다.
② 실효 연수익률은 채권 가격을 산출하기 위해 사용되는 할인율이다.
③ 경상수익률은 연이자 지급액을 현재의 채권시장가격으로 나눈 값이다.
④ 액면가 미만으로 거래되는 채권의 콜옵션행사 수익률은 만기수익률보다 항상 높다.

18 다음 중 채권 가격결정에 대한 설명으로 옳지 않은 것은?

① 이표율 < 수익률인 경우 액면가보다 싸게 거래된다.
② 채권가격과 수익률은 역의 관계에 있고 볼록한 형태를 가진다.
③ 시간이 지날수록, 만기가 짧아질수록 채권의 가격은 발행가격에 수렴한다.
④ 가격결정요인에는 요구수익률, 채권만기, 액면가 및 표면이율, 원리금지급방식 등이 있다.

19 다음 중 채권가격 변동에 대한 설명으로 옳지 않은 것은?

① 동일한 이자율 변동 시, 잔존만기가 길수록 채권가격의 변동폭은 더 크다.
② 동일한 조건에서, 이자지급주기가 짧은 채권은 이자율 변동에 따른 가격 변동폭이 더 작다.
③ 다른 조건이 동일할 때, 표면이자율이 높을수록 이자율 변동에 따른 채권가격의 변동폭은 작아진다.
④ 동일한 조건에서, 이자율이 하락할 때의 채권가격 상승폭은 이자율이 상승할 때의 채권가격 하락폭보다 작다.

20 다음 중 채권가격의 변동성이 커지는 경우로 옳은 것은?

① 이표율이 낮을수록 변동성은 커진다.
② 채권의 만기가 짧을수록 변동성은 커진다.
③ 채권의 잔존기간이 짧을수록 변동성은 커진다.
④ 만기수익률의 수준이 높을수록 변동성은 커진다.

21 다음 중 말킬의 채권가격 정리에 대한 설명으로 옳지 않은 것은?

① 채권의 잔존기간이 길수록 동일한 수익률 변동에 대한 가격 변동폭은 커진다.
② 표면이자율이 높을수록 동일한 크기의 수익률 변동에 대한 가격 변동률도 함께 커진다.
③ 채권수익률 변동에 의한 채권 가격 변동은 만기가 길어질수록 증가하나 그 증감률(변동률)은 체감한다.
④ 볼록성으로 인해 만기가 일정할 때 채권수익률 하락으로 인한 가격 상승폭은 같은 폭의 채권수익률 상승으로 인한 가격 하락보다 크다.

22 다음은 말킬의 채권가격 정리에 대한 내용이다. 빈칸에 들어갈 말의 순서로 옳은 것은?

> • 동일한 수익률 변동에 대해, 잔존만기가 ( ) 채권일수록 가격 변동폭이 커진다.
> • 동일한 수익률 변동에 대해, 채권의 표면이자율이 ( ) 채권일수록 가격 변동폭이 작아진다.

① 짧은, 낮은
② 짧은, 높은
③ 긴, 낮은
④ 긴, 높은

23 다음은 말킬의 채권가격 변동성의 특성에 대한 설명이다. 빈칸(㉠)~(㉢)에 들어갈 내용이 순서대로 나열한 것은?

> • (㉠)(이)가 낮을수록 채권의 변동성은 커진다.
> • (㉡)(이)가 길어질수록 채권의 변동성은 커진다.
> • (㉢)(이)가 낮을수록 채권의 변동성은 커진다.

① 시장이율, 잔존만기, 표면이율
② 표면이율, 잔존만기, 만기수익률
③ 시장이율, 만기수익률, 잔존만기
④ 잔존만기, 시장이율, 만기수익률

24 말킬의 채권가격 정리가 성립할 경우, 다음 설명 중 옳지 않은 것은?

① 채권의 잔존만기가 길수록, 동일한 수익률 변동에 대한 가격 변동폭이 커진다.
② 이자 지급 횟수가 많아질수록, 금리 변화에 대한 채권 가격 변동폭이 감소한다.
③ 표면이자율이 높을수록, 동일한 크기의 수익률 변동에 대한 가격 변동률이 작아진다.
④ 만기가 일정할 때, 수익률 하락에 따른 채권 가격 상승폭은 같은 폭의 수익률 상승에 따른 가격 하락폭보다 작다.

25 다음 중 이자율이 10%인 영구채권의 듀레이션은 얼마인가?

① 10년 ② 11년
③ 12년 ④ 13년

26 액면가 10,000원, 표면이율 8%, 잔존기간이 3년인 연단위 후급이자지급 이표채의 만기수익률이 10%일 경우 이 채권의 듀레이션은?

① 2.58년
② 2.78년
③ 2.80년
④ 2.92년

27 다음 중 듀레이션이 가장 큰 순서대로 올바르게 나열한 것은?

채권펀드	종류	잔존만기	표면이율
A	이표채	2년	5%
B	복리채	3년	5%
C	복리채	3년	4%
D	이표채	2년	4%

① A - B - C - D
② B - C - D - A
③ C - B - D - A
④ D - A - B - C

28 표면이자 연 8%, 액면가 10,000원인 3년 만기채권(1년 단위 후급 이표채)의 현재 채권수익률이 6%인 경우, 이 채권의 가격은 9,700원이며 듀레이션은 2.78년이다. 만약 채권수익률이 1% 하락할 경우 듀레이션을 이용하여 계산한 채권가격 상승분은 얼마인가?

① 254.14원 ② 258.54원
③ 278.14원 ④ 288.54원

29 다음 중 맥컬레이 듀레이션의 특징으로 옳은 것을 모두 고르면?

> ㉠ 만기가 길수록 듀레이션은 길어진다.
> ㉡ 듀레이션은 채권가격의 민감도를 나타낸다.
> ㉢ 무액면금리채권의 만기와 듀레이션은 일치한다.
> ㉣ 이표채권은 액면금리가 낮을수록 듀레이션이 길어진다.

① ㉠
② ㉠, ㉡
③ ㉠, ㉡, ㉢
④ ㉠, ㉡, ㉢, ㉣

30 다음 중 맥컬레이 듀레이션(Macaulay Duration)에 대한 설명으로 올바른 것만 짝지어진 것은?

> ㉠ 할인채의 듀레이션은 만기와 동일하다.
> ㉡ 복리채의 듀레이션은 만기와 동일하다.
> ㉢ 만기수익률이 8%인 영구채의 듀레이션은 12.5년이다.
> ㉣ 이표채의 듀레이션은 표면이자율이 높아질수록 짧아진다.

① ㉠, ㉡
② ㉢, ㉣
③ ㉠, ㉡, ㉣
④ ㉠, ㉡, ㉢, ㉣

31 다음 중 유동성 프리미엄 이론에 대한 설명으로 옳지 않은 것은?

① 수익률 곡선은 유동성 프리미엄의 영향으로 우상향하는 형태를 가진다.
② 모든 투자자들은 미래의 이자율을 확실하게 예측할 수 있다고 가정한다.
③ 유동성 프리미엄은 만기까지의 기간이 길어질수록 체감적으로 증가한다.
④ 장기채권의 수익률은 기대 현물 이자율에 유동성 프리미엄을 가산한 값의 기하평균이다.

32 다음 중 채권수익률의 기간구조이론에 대해 옳은 설명으로만 모두 묶인 것은?

> ㉠ 선호 영역 가설은 완화된 구조의 시장분할 이론으로 볼 수 있다.
> ㉡ 시장분할 이론에 의하면 장기채권과 단기채권은 완전 대체관계이다.
> ㉢ 불편 기대 이론은 낙타형 모습의 수익률 곡선을 잘 설명할 수 있다.
> ㉣ 유동성 프리미엄 이론에 의하면 만기가 서로 다른 채권들은 완전한 대체제가 될 수 없다.

① ㉠, ㉢
② ㉠, ㉣
③ ㉡, ㉢
④ ㉡, ㉣

33 다음에 해당하는 채권수익률곡선 이론으로 옳은 것은?

> • '금융기관들은 이자율변동위험을 회피하기 위해서 그들의 부채와 만기가 일치하는 자산에 투자한다'는 햇징의 형태에서 이론적 근거를 찾고 있다.
> • 각 하위시장에서의 채권의 수요·공급의 상태에 따라 단기채의 수익률이 장기채의 수익률보다 높을 수도 있고 낮을 수도 있다.

① 불편 기대 이론
② 편중 기대 이론
③ 시장 분할 이론
④ 선호 습관 가설

34 액면 100,000원, 표면금리 12%, 연단위 후급 이표채인 A기업의 회사채 만기와 만기수익률이 다음과 같을 때 2년 만기 현물 이자율은?

만기(년)	채권가격(원)	현물이자율(%)
1년	103,000	8.74
2년	102,000	?

① 9.16%
② 9.36%
③ 10.26%
④ 10.96%

35 서로 다른 종목 간 수익률 격차가 일시적으로 확대 또는 감소했다가 시간이 지남에 따라 다시 정상적으로 돌아오는 특성을 이용하는 채권투자전략은?

① Bullet형 운용전략
② Barbell형 운용전략
③ 순자산가치 면역전략
④ 스프레드(Sparead) 운용전략

36 다음 채권운용전략 중 소극적 운용전략으로 옳지 않은 것은?

① 채권교체전략
② 만기보유전략
③ 채권면역전략
④ 채권인덱싱전략

37 다음 중 채권운용전략에 대한 옳은 설명으로 모두 묶인 것은?

㉠ 수익률 상승이 예상되면 현금보유 비중을 늘리거나, 상대적으로 듀레이션이 짧고 표면금리가 높은 금리연동부채권 등을 매입하면 투자손실을 줄일 수 있다.
㉡ 잔존기간이 단축됨에 따라 수익률이 하락하는 효과를 이용하는 전략은 숄더효과이다.
㉢ 단기채권과 장기채권은 매도하고 중기채권만을 보유하는 전략을 불릿전략이라고 한다.
㉣ 미래상황의 예측에 따라 상대적으로 저평가된 다른 성격의 채권으로 교체하는 전략이 이종 채권 교체 전략이다.

① ㉠, ㉣
② ㉡, ㉢
③ ㉢, ㉣
④ ㉠, ㉢, ㉣

38 채권운용전략 중 다음에 해당하는 전략으로 옳은 것은?

> 수익률 곡선이 우상향할 때, 금리가 일정하더라도 채권의 잔존기간이 짧아지면 수익률이 낮아져 채권 가격이 상승하는 원리를 활용하여 시세차익을 추구하는 투자 전략이다.

① 롤링효과
② 숄더효과
③ 면역전략
④ 스프레드운용전략

39 다음 중 면역 전략에 대한 설명으로 옳지 않은 것은?

① 투자기간과 채권 포트폴리오의 듀레이션을 일치시킨다.
② 금리 변동 등 외부 환경이 변화하면 채권 포트폴리오를 재조정해야 한다.
③ 금리 변동에 따른 채권 포트폴리오 가치 변동을 헤지하기 위해 개발된 투자 전략이다.
④ 금리가 하락하면 채권 가격이 오르고 재투자 수익률도 증가하는 성질을 이용하여 채권 가치를 유지하는 전략이다.

40 다음 중 적극적인 채권운용전략으로 옳지 않은 것은?

① 금리예측 전략
② 현금흐름 일치 전략
③ 스프레드 운용 전략
④ 수익률 곡선타기 전략

41 다음 중 소극적(패시브) 채권운용전략에 대한 설명으로 옳지 않은 것은?

① 사다리형 만기 전략은 단기채와 장기채만을 편입하고 중기채를 제외하여, 시세 변동 위험을 분산시키면서 적정 수준의 수익을 확보하려는 전략이다.
② 순자산가치 면역 전략은 자산의 시장가치 가중 듀레이션과 부채의 시장가치 가중 듀레이션을 일치시켜, 순자산 가치의 변동성을 최소화하려는 전략이다.
③ 전통적 채권 면역 전략은 투자자의 목표 투자기간과 채권의 듀레이션을 일치시켜, 시장 수익률 변동과 상관없이 채권 매입 시 설정한 수익률을 목표 기간 말에 실현하도록 하는 전략이다.
④ 채권 인덱싱 전략은 채권시장 전체의 흐름을 그대로 반영하는 포트폴리오를 구성하여 채권시장의 전체 수익률을 달성하는 전략으로, 채권시장이 효율적이라는 전제를 기반으로 한다.

42 다음 중 국채 전문 딜러(PD)에 대한 설명으로 옳지 않은 것은?

① 국채 전문 딜러는 매분기별 자기매매용 국고채 보유 평균잔액을 1조 원 이상 유지해야 한다.
② 국채 전문 딜러로 지정받기 위해서는 자본시장법에 따른 국채에 대한 투자매매업 인가를 받아야 한다.
③ 국채 전문 딜러는 각 지표종목에 대해 매수·매도 호가를 각 20개 이상씩 장내시장 개장 시간 동안 제출해야 한다.
④ 국채 전문 딜러는 지표종목별로 매월 경쟁입찰 발행 물량의 최소 10% 이상을 의무적으로 인수해야 하며, 독점적으로 최대 30%까지 인수할 수 있다.

01

6장 파생상품투자운용 · 투자전략

파생상품 개요

1 파생상품의 기본 분류

구분	정의	특징	주요 사용처
선도(Forward)	특정 자산을 미래의 정해진 시점에 약정된 가격으로 매매하는 계약	장외거래, 맞춤형 계약, 유동성 낮음, 청산기관 없음	기업 간 거래, 환헤지
선물(Futures)	표준화된 계약을 거래소에서 매매하는 파생상품	장내거래, 계약 조건 표준화, 청산기관존재, 유동성 높음	개인 및 기관 투자자 거래
옵션(Option)	일정한 가격에 자산을 살 권리(Call) 또는 팔 권리(Put)를 부여하는 계약	권리 행사 선택 가능, 프리미엄 지급 필요, 레버리지 효과 존재	주식·통화·금리 변동에 대한 투자·헤지
스왑(Swap)	일정한 조건에 따라 현금흐름(이자, 통화 등)을 교환하는 계약	장외거래 중심, 장기 맞춤형 계약, 구조화 가능	금리 스왑, 통화 스왑 등 기관 간 거래

2 파생상품의 거래

구분	정의	특징	주요 차이점
장내 파생상품	거래소에 상장되어 규격화된 파생상품	표준화된 계약, 청산기관 존재, 유동성 및 투명성 우수, 일일정산, 증거금 필요	소액 투자자 접근 가능, 거래 안정성 높음
장외 파생상품 (OTC)	거래소 외의 장소에서 1:1 맞춤 계약으로 거래되는 상품	계약 조건 자율 설정, 비표준화, 유동성 낮음, 신용위험 존재	기관 간 거래 중심, 복잡한 구조화 계약 가능

3 파생상품의 거래대상(기초자산)

구분	예시	설명
금융자산	주가지수, 개별주식, 금리, 채권, 통화(외환, 환율)	• 가장 일반적인 기초자산 • 금융시장의 주요 변수에 기반
실물자산	원유, 금, 곡물 등 원자재(Commodity)	• 실물 상품 가격과 연동 • 선물시장에서 활발히 거래
신용자산	CDS(신용부도스왑), CLN(신용연계채권)	• 특정 기업 또는 국가의 신용위험을 대상으로 한 파생상품 • 금융위기 이후 급성장

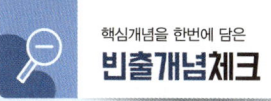

01 파생상품 개요

6장 파생상품투자운용·투자전략

④ 파생상품의 투자전략

구분	정의	주요 특징	투자 목적
헤지거래 (Hedging)	현물시장 가격 변동 위험을 회피하기 위해 파생상품 시장에서 반대 포지션을 취하는 거래	• 손실을 방어하는 목적 • 현물시장과 파생시장 간 반대 포지션 설정	위험 회피(Risk Management)
투기거래 (Speculation)	시장 방향을 예측하고 매수 또는 매도 포지션을 취해 차익 실현을 노리는 거래	• 현물 보유 여부 무관 • 고위험 · 고수익 • 레버리지 효과(수익 · 손실 확대)	차익 추구(High Return)
차익거래 (Arbitrage)	동일 또는 유사 자산 간 가격 차이를 이용해 동시에 매수·매도하여 무위험 수익을 얻는 거래	• 가격 왜곡을 이용 • 거의 무위험 거래 • 고빈도 매매 전략에 활용	무위험수익 추구(Risk free Profit)
스프레드거래 (Spread)	서로 연관성이 높은 두 선물·옵션 계약 간 가격차의 변동을 이용해 수익을 얻는 거래	• 단순 방향성 매매가 아닌 상대적 가격차 움직임에 배팅 • 두 계약 간 관계성이 중요 • 차익거래와 달리 위험이 존재	상대가치 투자 전략

02 | 6장 파생상품투자운용·투자전략
선도거래

❶ 거래형태별 비교

구분	정의	주요 특징	비교 포인트
현물거래 (Spot)	계약 체결과 동시에 상품의 인도 및 대금결제가 이루어지는 거래	• 실물거래 중심 • 가격변동 위험 존재 • 위험 회피 필요	계약 시점 = 인수도 시점 = 결제 시점(모두 현재 시점)
선도거래 (Forward)	계약 시점과 인수도·결제 시점이 다른 시점(미래)에 이루어지는 거래	• 비표준계약 • 장외거래 ▶ 중도청산 곤란 • 신용위험 존재	당사자 간 1:1 계약(맞춤형), 장외거래
선물거래 (Futures)	선도거래를 거래소에 상장하여 표준화하고 청산소를 통해 거래 안정성 확보	• 표준화된 계약 • 장내거래 ▶ 청산소 존재 ▶ 중도청산 가능 • 반대매매 가능	거래 안정성 확보(청산소를 통하여 계약 이행 보증), 일일정산제도 운영

❷ 선도거래의 일반적인 특징

가격 변동에 대비해 미리 거래 조건 확정 가능	미래 가격이 불확실할 때 미리 가격을 정해두어 손실 가능성을 줄일 수 있음 ▶ 위험 회피(Hedging) 수단으로 활용
기업의 파산 위험 관리에 도움	가격이 급락할 경우 기업이 손해를 볼 수 있지만, 선도계약을 통해 일정 수익을 확보함으로써 현금흐름 안정성 확보 가능
제로섬(Zero-Sum) 게임 구조	한 쪽이 이익을 보면 다른 한 쪽은 반드시 손실을 보며, 전체적으로는 합이 0이 되는 구조 ▶ 선도거래의 본질적 특성
계약불이행 위험 (Default Risk) 존재	손실을 본 당사자가 계약을 이행하지 않을 경우 신용 리스크 발생 가능

❸ 차액결제 선물환(NDF, Non-Deliverable Forward)

정의	실물(달러 등 외화)을 실제로 주고받지 않고, 계약 시점의 선물환율과 만기 시점의 실제 현물환율 간의 차이만 정산하는 파생상품
구조적 특징	• 실물 결제가 없고, 차액만 원화로 정산 • 비전달 조건(Non-Deliverable)계약 • 주로 통화통제가 있는 국가의 통화에 사용됨 ⓔ 위안화, 원화 등
결제 방식	• 환율이 계약가격보다 상승 시 → 매도자가 매수자에게 차액 지급 • 환율이 계약가격보다 하락 시 → 매수자가 매도자에게 차액 지급
주요 사용처	• 외환통제 국가의 기업·투자자가 환율변동 위험을 회피할 때 • 현물 외환거래가 어려운 통화에 대한 위험 회피(Hedging) 수단으로 사용
비교 포인트	선물환(FX Forward)은 실물 외화를 인도하는 반면, NDF는 실물 인도가 없고 차액만 결제하며 실물 부담이 없는 구조로, 투기적 목적에도 사용됨

03 선물거래

6장 파생상품투자운용 · 투자전략

1 선물거래

구분	내용
정의	특정 기초자산을 미래의 일정 시점(만기일)에 미리 정해진 가격으로 사거나 파는 계약으로, 거래소에 상장되어 표준화된 형태로 거래됨
핵심 특징	• 장내파생상품 • 계약 조건이 표준화되어 있음 • 청산소(Clearing House)가 개입하여 거래 안정성 확보 • 반대매매(포지션 청산) 자유롭게 가능
신용위험 제거를 위한 제도	• 증거금 제도 – 투자자는 일정 수준 이상의 증거금을 예치해야만 거래 가능 – 계약 이행을 보증하기 위한 제도적 장치 • 일일정산 제도 – 포지션을 하루 넘길 경우, 그날의 시장가격으로 손익을 현금 정산 – 평가손익이 실현손익으로 전환됨
포지션 청산 방식	• 반대 포지션을 취해 청산 ⑩ 매수 후 매도 • 실물 인수도 없이 차익 정산으로 종료 가능(현금결제 중심)
활용 목적	• 위험회피(Hedging): 가격 변동 리스크 회피 • 투기(Speculation): 가격 예측에 따른 수익 추구 • 차익거래(Arbitrage): 시장 간 가격 차 이용

2 증거금

구분	정의 및 역할	주요 특징
증거금(Margin)	선물거래 계약자가 결제를 이행하지 않을 위험을 방지하기 위해 거래소에 예탁해야 하는 보증금	• 계약이행을 담보 • 거래소가 설정한 규칙에 따라 강제 정산 또는 추가 납부 가능
개시증거금 (Initial Margin)	거래를 시작할 때 필요한 최소한의 자금	• 최초 주문 시 필요 • 계좌에 개시증거금 이상이 있어야 주문 가능
유지증거금 (Maintenance Margin)	일일정산 결과 잔고가 이 수준 이하로 떨어지면 추가 납입이 필요한 기준선	• 일종의 위험관리 임계값 • 잔고가 하락하면 변동증거금이 요구됨
변동증거금 (Variation Margin)	일일정산 결과로 인해 유지증거금 미만이 되었을 때, 추가로 납부해야 하는 금액	• 매일 실현손익반영 • 손실 발생 시 증거금이 줄어들면 보충 요구됨
추가증거금 (Margin Call)	증거금이 개시증거금보다 더 낮아진 경우, 계좌를 원래 상태로 회복하기 위해 요구되는 금액	투자자는 개시증거금 수준으로 즉시 복구해야 함

03

6장 파생상품투자운용 · 투자전략

선물거래

❸ 거래량과 미결제약정

구분	정의	특징 및 이해 포인트
거래량 (Trading Volume)	일정 시점까지 체결된 누적 거래 건수를 의미	• 매수자와 매도자가 한 번 체결될 때마다 거래량은 1건 증가 • 누적 개념으로, 하루 동안 얼마나 활발하게 거래되었는지를 나타냄
미결제약정 (Open Interest)	일정 시점 기준으로 청산되지 않고 남아 있는 계약 건수	• 선물·옵션 거래에서 반대매매가 이루어지지 않은 계약 수 • 실제로 시장에 남아 있는 미청산포지션의 크기
비교 포인트	• 거래량은 "오늘 몇 건 거래되었나?" • 미결제약정은 "지금 시장에 남아 있는 계약은 몇 건인가?"	• 거래량은 누적형 지표, 미결제약정은 시점형 잔존 계약 수 • 일일정산의 대상이 되는 계약 수는 미결제약정 기준으로 산정됨

❹ 선물거래의 만기결제 방식

구분	실물 인수도 방식	현금결제 방식
정의	만기까지 반대매매 없이 포지션을 유지한 경우, 실제 기초자산을 인수하거나 인도해야 하는 방식	만기 시점까지 일일정산을 모두 마치면 별도의 실물 인도 없이 현금으로 차액만 정산하는 방식
결제 대상 자산	• 상품선물(원유, 금, 농산물 등) • 외환선물(미국 달러선물 등)	금융선물 중심(주가지수선물, 금리선물 등)
의무 발생 조건	만기까지 포지션을 청산하지 않은 경우, 계약 당사자가 실제 자산을 주고받아야 함	만기일까지의 평가손익(일일정산)만으로 계약이 종료됨
거래 특성	실물 자산의 보관·운송 등 현실적 부담이 따름	실물 부담 없음, 단순 차익 정산으로 간편

03 선물거래

6장 파생상품투자운용·투자전략

❺ 선도거래와 선물거래

항목	선도거래(장외)	선물거래(장내)
표준화 여부	계약조건 비표준화(맞춤형 계약)	거래소가 표준화된 계약 제공
인수도 여부	대부분 만기일에 실물 인수도	대부분 만기 이전 반대매매로 청산
거래소 유무	장외거래(비공식적 시장)	정형화된 거래소에서 거래
신용위험	계약 당사자 간 이행위험 존재	청산소가 개입하여 이행 보증
결제시점	만기일에 일괄 결제	매일매일 손익을 정산(일일정산 제도)
유동성	거래 상대방을 직접 찾아야 함 → 유동성이 낮음	거래소를 통해 거래 → 유동성이 높음
가격/거래 제한	없음	거래소의 가격 제한 및 규제 존재
참여자 범위	기관 등 한정된 거래자 중심	개인 포함 다수의 투자자 참여 가능

※ • 선도거래는 맞춤형, 비공식 계약 → 신용위험, 유동성 문제 있음
  • 선물거래는 거래소 중심의 표준화 계약 → 안정성·투명성·유동성이 우수
  • 시험에서는 선도 vs 선물의 유동성, 청산소 유무, 일일정산 여부 등 차이점이 자주 출제됨

❻ 선물거래의 경제적 기능_가격발견 기능

구분	정의	발생 시점	선물가격과 현물가격의 관계	예시
Contango (정상시장)	선물가격이 현물보다 높은 상태	대부분의 일반적인 시장 (보관비, 이자 등 비용 반영)	선물가격 F > 현물가격 S	배추를 3개월 뒤 받기로 하면 저장비용이 들기 때문에 비싸게 계약함
Backwardation (역조시장)	선물가격이 현물보다 낮은 상태	당장 물건이 부족해서 현물가격이 급등한 경우	선물가격 F < 현물가격 S	지금 당장 배추가 부족해서 비싼데, 3개월 후엔 공급이 풀릴 거라 싸게 계약함
Normal Contango	선물가격이 미래 예상 현물가격보다 높음	미래에도 가격이 낮을 것 같지만, 지금 선물은 비싸게 거래됨	$F > E(S_t)$	너무 보수적으로 예측한 시장 참여자가 많을 때
Normal Backwardation	선물가격이 미래 예상 현물가격보다 낮음	실제보다 너무 싸게 선물이 거래됨(매도자가 많을 때)	$F < E(S_t)$	매도자가 많아져 가격이 낮게 형성됨

※ • F = 선물가격, S = 현물가격, E(S) = 미래의 예상 현물가격
  • 선물가격은 미래의 시장 기대심리 + 보관비용 등 거래 비용이 반영되어 결정됨
  • Contango는 '비용이 포함된 정상적인 구조', Backwardation은 '물건이 급히 필요한 시장'

03

6장 파생상품투자운용 · 투자전략

선물거래

❼ 선물거래의 경제적 기능_위험전가 기능

구분	내용
위험전가의 의미	선물시장은 미래 가격의 불확실성 속에서 한 투자자에서 다른 투자자에게 위험을 이전시키는 시장임
핵심 구조	• 현물시장의 위험을 선물시장으로 전가 • Hedger(위험회피자)가 자신의 위험을 투기거래자(Speculator)에게 넘김
경제적 기능	• 불확실한 가격위험을 분산시켜 시장 참여자의 리스크 관리 가능 • 선물거래의 가장 중요한 경제적 역할 중 하나

❽ 선물거래의 경제적 기능_매도 헤지 vs 매수 헤지

구분	정의	예시
매도 헤지	현물자산가격이 하락할 위험을 회피하기 위해 선물 매도 계약을 체결	• 수출업자가 환율 하락을 우려할 때 • 앞으로 외화를 받을 예정이라, 환율이 떨어질 경우를 대비해 선물환 매도
매수 헤지	현물자산가격이 상승할 위험을 회피하기 위해 선물 매수 계약을 체결	• 수입업자가 환율 상승을 우려할 때 • 외화를 지급해야 하므로, 환율이 오르면 손해 → 선물환 매수로 대비

※ • 헤지(Hedge)란 손실을 줄이기 위한 방어 전략
  • 선물시장은 이 위험을 투기자에게 전가함으로써 기능을 다함
  • 매도/매수 헤지는 언제 쓸지 상황(수출 vs 수입, 가격 상승 vs 하락)에 따라 판단 필요

❾ 선물거래의 경제적 기능_효율성 증대기능, 거래비용 절약, 부외거래

항목	개념	예시
효율성 증대 기능	선물시장이 현물시장과의 차익거래 기회를 제공함으로써 시장 가격이 더 빠르고 정확하게 반영되도록 유도	현물과 선물 가격 간 차이가 발생하면 투자자들이 바로 거래 → 가격 왜곡 해소 → 시장 전체가 효율적으로 작동함
거래비용 절약	주가지수선물 등은 적은 자금으로도 전체 시장에 투자하는 효과를 제공	선물은 레버리지 상품이라 소액으로도 전체 포지션 가능 → 대규모 주식을 직접 매입하는 것보다 비용이 절감됨
부외거래	계약 시점에는 자금이 실제 이동되지 않아 재무제표에 나타나지 않음(대차대조표 외 거래)	실제 돈이 오가지 않아도 미래 수익이나 손실 예상되면 회계상 반영함 → 최근에는 시가평가로 기타포괄손익계정에 포함

※ • 효율성: 선물시장 덕분에 현물시장도 더 정확한 가격 형성 가능
  • 거래비용: 소액으로 큰 효과 → 레버리지 + 낮은 진입비용
  • 부외거래: 장부에는 안 보이지만 회계상으로는 수익·손실로 반영됨

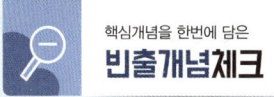

03 선물거래

6장 파생상품투자운용 · 투자전략

❿ 선물의 균형 가격

개념	선물가격은 '현물가격 + 보유비용 - 보유수익'으로 결정됨
보유 비용	자산을 보유하는 데 들어가는 비용(이자, 창고비, 보험 등)
보유 수익	자산 보유로 인해 얻는 수익(배당금, 임대수입, 계란 판매 등)
공식	선물가격 = 현물가격 + 비용 - 수익 = 현물가격 + 순보유비용(총비용 - 수익)

※ 순보유비용이 클수록 선물가격은 현물보다 높아지고, 반대로 보유수익이 많아지면 선물가격은 내려감

⓫ 차익거래

구분	조건	발생 상황	기본 공식
매수차익거래 (자국통화 차입)	$F > F^*$ (실제 선물환율 > 이론 선물환율) ▶ 선물환 고평가	자국통화를 차입하여 현물환 매입 → 외화 운용 → 선물환 매도 ▶ 수익 창출 가능	$F_t > S_t\left(1+(r-r^f)\times\dfrac{T-t}{365}\right)$ - r^f: 외국 이자율(달러), r: 국내 이자율(원화)
매도차익거래 (외국통화 차입)	$F < F^*$ (실제 선물환율 < 이론 선물환율) ▶ 선물환 저평가	외국통화를 차입하여 현물환 매도 → 자국통화 운용 → 선물환 매입 ▶ 수익 창출 가능	$F_t < S_t\left(1+(r-r^f)\times\dfrac{T-t}{365}\right)$ - r^f: 외국 이자율(달러), r: 국내 이자율(원화)

⓬ 거래전략_투기적 거래

개념	• 현물 보유 여부와 상관없이, 선물가격의 방향성을 예측하여 시세차익을 노리는 거래 • 가격 변동의 위험을 감수하며 수익 추구
저가매수 후 고가매도 전략 (Buy Low, Sell High)	저가에서 매수 포지션 진입 → 가격 상승 후 전매도로 차익 실현
고가매도 후 저가매수 전략 (Sell High, Buy Low)	고가에서 매도 포지션 진입 → 가격 하락 후 환매수로 차익 실현
투기거래자의 역할	헤지거래자의 위험을 인수 → 시장의 유동성 공급 → 미래 가격에 대한 시장 참여자의 기대를 반영

※ • 투기적 거래: 방향성에 베팅하는 거래
   • 투기자는 시장의 가격 발견 기능과 유동성 공급에 기여

03 선물거래

6장 파생상품투자운용·투자전략

⑬ 거래전략_헤징(Hedging)

기본 개념	자산 가격 변동으로 인한 손실 위험을 회피하기 위해 선물거래를 활용하는 전략
거래 구조	현물시장과 반대 포지션을 선물시장에 취함 → 현물에서 손해 발생 시 선물에서 이익 발생(상쇄)
전략 목적	• 가격 하락 위험 회피: 매도헤지 • 가격 상승 위험 회피: 매수헤지

⑭ 매도헤지 vs 매수헤지

구분	매도헤지(Short Hedge)	매수헤지(Long Hedge)
목적	가격 하락 위험 회피	가격 상승 위험 회피
현물 보유 여부	보유 중이거나 곧 매도 예정	향후 매입 예정(아직 없음)
선물시장 포지션	선물 매도	선물 매수
이용자	• 수출 예정 기업 • 농산물 재고 보유 농가 등	• 수입 예정 기업 • 곡물 등 향후 구매 예정인 기관 등

⑮ 베이시스(Basis)

개념	베이시스는 선물가격과 현물가격 간의 차이를 의미
이론 베이시스	이론 베이시스 = 이론 선물가격(F^*) − 현물가격(S) ▶ 이론적으로 순보유비용(Cost of Carry)에 해당
이론가격 계산식	$F^*_{t,T} = S_t \left(1 + (r-d) \times \dfrac{T-t}{365}\right)$ • S_t: 현물가격 • r: 이자율 • d: 배당수익률 • $T-t$: 잔존만기(일수 기준)
시장 베이시스	시장 베이시스 = 실제 선물가격(F) − 현물가격(S)
베이시스 변화 특성	• 만기일에 가까워질수록 베이시스는 0에 수렴 • 즉, 선물가격과 현물가격이 같아짐

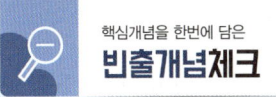

6장 파생상품투자운용·투자전략
03 선물거래

16 베이시스 위험(Basis Risk)

정의	• 현물과 선물의 가격 변동 폭이 불규칙하게 움직이면서 발생하는 위험 • 만기 이전에는 베이시스의 변화가 일정하게 움직이지 않는 경향이 있는데, 이러한 베이시스의 불규칙한 변동(현물과 선물의 가격 변동폭이 달라질 위험)을 베이시스 위험이라고 함
의미	베이시스가 예상과 다르게 움직이면 헤지 효과가 떨어짐
특징	• 베이시스 위험으로 인해 완전한 헤지가 어려움 • 만기 전에는 베이시스의 예측이 어려움

17 헤지와 베이시스

구분	개념	특징 및 리스크
Zero Basis Hedge (제로 베이시스 헤지)	선물 만기 시점까지 현물과 선물 포지션을 보유하여 청산하는 헤지	• 만기 시점의 베이시스=0 ▶ 베이시스 위험 없음 • 완전한 헤지 가능
Random Basis Hedge (랜덤 베이시스 헤지)	선물 만기 전에 선물 또는 현물을 청산하는 헤지	• 청산 시점에 베이시스 ≠ 0 ▶ 베이시스 위험에 노출 • 실제 수익·손실이 예측과 다르게 변동 • 결과적으로 불완전한 헤지 가능성
추가 해설	• 랜덤 베이시스 헤지는 시장 리스크(주식가격 변동 등)를 피하기 위한 전략이지만, 그 과정에서 베이시스 위험을 감수하게 됨 • 완벽한 헤지를 원하면 → Zero Basis Hedge(만기 보유) • 시장 위험 회피 목적 → Random Basis Hedge(중도 청산 가능) • 베이시스 위험이 존재하는지 여부가 핵심 구분 포인트 • 헤지 시점과 청산 시점의 베이시스 차이가 수익·손실에 영향	

18 헤지비율

정의	현물 포지션(주식 등)에 대해 얼마만큼 선물 포지션으로 헤지할 것인지 나타내는 비율
기본 공식	헤지비율(h^*)=헤지할 선물포지션 금액 ÷ 헤지대상 현물포지션 금액
해지계약 수(N)	(주식포트가치 × h^*) ÷ (선물가격 × 거래승수) ※ 거래승수: KOSPI200 기준 50만 원 등

04 옵션

6장 파생상품투자운용 · 투자전략

❶ 옵션의 정의

정의	특정 자산을 미래의 일정 시점에 사전에 정해진 가격으로 매수 또는 매도할 수 있는 권리
특징	• 행사 가격에 따라 만기 시점의 수익구조가 비대칭적 • 비대칭 수익구조로 인해 다양한 파생상품 설계가 가능

다섯 가지 요소	• 기초자산(Underlying Asset): 옵션의 대상이 되는 자산(주식, 채권, 통화, 지수, 상품 등)
	• 만기(Maturity): 권리를 행사할 수 있는 최종 시점
	• 행사가격(Strike/Exercise Price): 권리를 행사할 때 적용되는 가격
	• 콜옵션(Call Option)과 풋옵션(Put Option)
	  – 콜옵션: 정해진 가격으로 기초자산을 매수할 권리
	  – 풋옵션: 정해진 가격으로 기초자산을 매도할 권리
	• 옵션의 행사 시점
	  – 유럽식 옵션(European Option): 만기일에만 행사 가능
	  – 미국식 옵션(American Option): 만기일까지 언제든지 행사 가능

❷ 옵션의 공급과 수요

구분	옵션 발행자(공급)	옵션 매수자(수요)
기본 개념	프리미엄을 받고 옵션을 발행(매도)하는 투자자	프리미엄을 내고 옵션을 사는 투자자
권리 · 의무	• 프리미엄 수취 시 권리를 얻음 • 만기 시 의무(손실 발생 가능) 여부가 결정됨	• 프리미엄 지급 시 의무 종료 • 만기 시 권리 발생 여부만 결정됨
결과	• 당첨 시: 권리 행사에 응해야 함 → 손실 발생 • 낙첨 시: 수익=받은 프리미엄 전액	• 당첨 시: 권리 행사 → 수익 확보 • 낙첨 시: 손실=낸 프리미엄
특징	• 이익 한도=받은 프리미엄 • 손실은 이론상 무제한	• 손실 한도=낸 프리미엄 • 무제한 수익 가능성
거래 자유도	증거금 규정때문에 제한적	누구나 자금만 있으면 매수 가능

04 옵션

6장 파생상품투자운용 · 투자전략

❸ 옵션을 이용한 합성전략

수평 스프레드와 수직 스프레드	• 수평 스프레드: **만기**가 서로 다른 두 개의 옵션에 대해 매수 · 매도를 동시에 취하는 전략 • 수직 스프레드: **가격**이 서로 다른 두 개 이상의 옵션에 대해 매수 · 매도를 동시에 취하는 전략
불 스프레드 (Bull Spread)	• 콜 불 스프레드 　– 같은 만기에서 행사가가 낮은 콜옵션을 **매수**하고, 행사가가 높은 콜옵션을 **매도**하여 주가 상승 시 제한된 수익을 추구하는 옵션 전략 　– 초기 비용 발생: 매수 옵션 가격이 더 높아 초기 순지출이 있음 　– 손실 제한: 최대 손실 = 초기 비용 　– 수익 제한: 주가가 높은 행사가를 초과하면 최대 수익 고정 　– 상승장 대응: 주가가 상승할 때 이익이 발생하지만, 무제한 상승 수익은 아님 • 풋 불 스프레드 　– 행사가가 낮은 풋옵션을 **매수**하고 행사가가 높은 풋옵션 **매도**로 구성된 전략으로, 주가가 상승하거나 크게 하락하지 않을 것으로 예상될 때 제한된 이익과 제한된 손실을 갖는 포지션 　– 제한된 손실과 제한된 이익: 최대 손실과 최대 이익이 모두 명확함 　– 상승장 대응: 기초자산 가격이 상승하거나 크게 하락하지 않을 것으로 예상될 때 유용 　– 시간가치 감소(Time Decay)에 대한 내성 　　① 매수한 옵션은 시간가치 감소로 손실 발생 가능 　　② 매도한 옵션은 시간가치 감소가 투자자에게 유리하게 작용 　　③ 전체적으로 손실과 이익이 상쇄되어, 상승이 늦어져도 포지션을 유지하기 용이
스트래들 (Straddle)	• 롱 스트래들 　– 동일한 만기와 동일한 행사 가격을 가진 콜옵션과 풋옵션을 동시에 **매수**하는 전략으로, 기초자산 가격이 크게 상승하거나 하락할 경우 이익을 얻고, 가격이 횡보할 경우 손실을 보는 포지션 　– 가격 방향과 상관없이 변동성 증가에 베팅 　– 옵션 이외의 자산으로는 거의 구성 불가능한 독특한 전략 • 숏 스트래들 　– 동일한 만기와 동일한 행사 가격을 가진 콜옵션과 풋옵션을 동시에 **매도**하는 전략으로, 기초자산 가격이 크게 변동하지 않을 것으로 예상될 때 수익을 얻고, 가격이 크게 변동하면 손실을 보는 포지션 　– 변동성이 작을 것이라는 예상 하에 포지션을 취함
스트랭글 (Strangle)	• 롱 스트랭글 　– 콜옵션과 풋옵션을 동시에 **매수**하는 전략으로, 스트래들과 유사하지만 두 옵션의 행사가격이 서로 다르다는 차이가 있음 　– 기초자산 가격이 크게 변동할 것으로 예상될 때 수익을 얻기 위해 사용됨 　– 스트래들보다 초기 투자비용이 적게 들어감 • 숏 스트랭글 　– 콜옵션과 풋옵션을 동시에 **매도**하는 전략으로, 기초자산 가격이 두 행사가 사이에서 움직일 것으로 예상될 때 수익을 얻음 　– 숏 스트래들에 비해 수익 구간은 더 넓지만 최대 수익 규모는 작음

05 옵션 프리미엄과 풋-콜 패리티

6장 파생상품투자운용 · 투자전략

① 풋-콜 패리티

풋-콜 패리티 조건	• 만기와 행사 가격이 동일한 유럽식 풋현물옵션과 콜현물옵션 프리미엄 사이에는 아래의 관계가 성립함 　▶ 풋옵션 가격+기초자산의 현재 가격=콜옵션 가격+만기 시점 행사 가격만큼 지급하는 채권의 할인가치 • 단, 기초자산은 무배당주식
포지션의 동등성	• 만기 시점 수익이 같고 현재 시점에서의 가치도 동일한 두 포트폴리오 사이에는 동등성이 성립 　▶ 투자비용과 만기수익이 동일하므로 어느 쪽에 투자해도 결과는 동일함 • 동등성 성립 관계 　- 콜옵션 매수+채권 매수(자금 운용)+주식 대차거래=풋옵션 　- 콜옵션 매수+채권 매수+풋옵션 발행=주식 매수 　- 풋옵션 매수+주식 매수+채권 발행(자금 조달)=콜옵션 　- 풋옵션 매수+주식 매수+콜옵션 발행=채권
옵션을 이용한 차익거래	• 컨버전(conversion) 　- 합성 매도 포지션과 현물 매수 포지션을 동시에 취하는 전략으로, 옵션만기 시점에서 무위험 차익을 실현하기 위해 사용됨 　- 합성 매도 포지션 　　① 동일한 행사 가격의 풋옵션 매수+콜옵션 매도를 통해 구성됨 　　② 기초자산 가격이 행사 가격보다 하락하면 이익을, 상승하면 손실을 보는 구조로, 선물 매도 포지션과 동일한 효과를 가짐 　- 전략 수행 　　① 고평가된 포트폴리오 매도: 콜옵션 매도와 채권 매도를 통해 자금을 조달하고 프리미엄을 확보 　　② 저평가된 포트폴리오 매수: 풋옵션 매수와 현물 주식 매수를 통해 기초자산을 확보 　　③ 결과적으로 합성 매도 포지션+현물 매수 포지션이 동시에 이루어짐으로써, 무위험 차익거래 포지션을 구축할 수 있음 • 리버설(Reverse conversion): 컨버전 전략과 반대로 합성 매수 포지션과 현물 매도 포지션을 동시에 취하는 전략으로, 이를 통해 주가지수에 대한 매도 차익거래를 실현할 수 있음

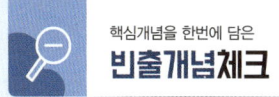

05 옵션 프리미엄과 풋-콜 패리티

6장 파생상품투자운용·투자전략

❷ 풋-콜 패리티와 포트폴리오 보험

• 포트폴리오 보험 전략

정의	주식 가격이 오르면 그만큼의 이익을 확보하면서, 일정 수준 이하로는 하락하지 않도록 방어벽을 구축하는 전략
구조	• 상승 포텐셜 + 하락 방어 • 기초자산(주식 포트폴리오)을 보유하면서 풋옵션을 매수하거나 콜옵션과 무위험자산을 조합해 구축
의의	사전에 위험관리를 전제한 투자전략으로, 실제 운용에서는 보험처럼 최소 보장 가치의 확보 가능

• 전략 종류

방어적 풋 전략	• 주식 포트폴리오를 보유하면서 동일한 기초자산에 대한 풋옵션을 매수하는 전략 • 목적: 주가 하락 시 포트폴리오 가치 하락을 풋옵션 이익으로 방어 • 특징: 상승 시 주식 가격 상승분은 그대로 수익, 하락 시 손실은 옵션 행사 가격 수준에서 방어 가능 • 단점: 풋옵션 매수에 따른 프리미엄 비용 부담이 있음
이자추출 전략	• 채권 매수 + 콜옵션 매수를 병행하는 전략 • 목적: 원금을 보존하면서 주식 가격 상승 시 이익을 추구 • 방법: 채권 투자로 원금 보장, 남는 자금을 콜옵션 등 레버리지 상품에 투자 • 특징: 주가 상승 포텐셜은 옵션으로 확보, 하락 위험은 채권으로 방어 • 응용: 전환사채(CB) 투자도 이 전략으로 해석 가능

동적 자산배분 전략(협의의 포트폴리오 보험 전략)	• 주식과 채권을 동시에 운용하며 주가 변동에 따라 편입 비율을 조정하는 전략
	• 목적: 상승 포텐셜 극대화 + 하락 위험 방어
	• 운용 방법: 주가 상승(하락) 시 주식 편입 비율 증가(감소), 채권 편입 비율 감소(증가)
	• 특징
	  – 옵션 프리미엄 없이 포트폴리오 보험 효과 구현 가능(콜옵션 델타값 기반 편입)
	  – 편입 비율을 지속적으로 조정하여 자산가치 방어
	  – 동적 자산배분에서 주식 편입 비율은 주가 변화에 따라 조정하며, 콜옵션 델타값과 풋-콜 패리티를 활용하면 포트폴리오를 일정 수준에서 방어할 수 있음

동적 헤징 전략	• 채권 대신 주가지수선물 매도 + 현물 주식 매수를 통해 합성 채권 효과 구현 • 목적: 선물 만기 시 금리 수준에 해당하는 안정적 수익 확보 • 장점: 채권 매도 대신 선물 포지션 조정으로 주식 편입 비율 변경이 가능하여 실행이 편리

06 옵션 가격결정

6장 파생상품투자운용 · 투자전략

❶ 이항 모형 가격결정

정의	0시점과 1시점만이 존재하는 1기간 구조에서 주식이 만기에 두 가지 가격만 가질 수 있다고 가정하여 옵션 가격을 결정하는 방법
특징	• 블랙-숄즈 공식의 논리를 단순화하여 적용하며, 옵션과 주식을 결합한 커버드 콜 전략을 이용해 무위험 포지션을 구성할 수 있음 • 주식, 옵션, 채권 간의 관계를 활용하여 옵션 프리미엄을 계산하며, 포트폴리오의 초기 투자비용과 무위험이자율을 기반으로 가격을 유도할 수 있음 • 단순화된 모형이지만, 옵션 가격 결정의 핵심 원리를 직관적으로 이해할 수 있음

❷ 이항 모형과 위험중립 확률

- 이항 모형에서는 주식의 만기 가격이 두 가지 경우만 존재한다고 가정하며, 옵션 가격을 결정할 때 실제 주가 상승·하락 확률이 필요하지 않다.
- 주식과 옵션을 결합한 커버드 콜 전략 등을 통해 무위험 포지션을 구성하면, 확률 구조와 상관없이 옵션의 적정 가치가 도출된다.
- 이때 모형 내에서 옵션 가치 계산을 위해 한 가지 가상의 확률 구조를 설정할 수 있는데, 이를 위험중립 확률이라 부른다.
- 위험중립 확률을 사용하면, 기대 수익을 무위험이자율로 할인하여 옵션을 포함한 자산의 적정가치를 간편하게 산출할 수 있으며, 주어진 조건에서는 이 확률값이 하나로 고정되어 유일하게 결정된다.

❸ 블랙-숄즈 공식

개념	유럽형 옵션의 이론적 가격 산출 모형으로, 기초자산이 기하 브라운운동을 따른다고 가정하여 옵션의 공정가치를 수학적으로 제시함
의의	• 최초의 체계적이고 수학적인 옵션 가격결정 공식 ▶ 파생상품 시장 발전의 기초 • 옵션 가격을 결정짓는 요인인 주가, 행사가격, 무위험이자율, 만기, 변동성 등을 명확히 제시 • 위험중립가치 평가 개념을 정립

❹ 기초자산의 변동성과 변동성 계수

과거 변동성 (Historical Volatility)	• 실현된 과거 가격 자료로 계산한 변동성 계수 • 가격 자체가 아니라 수익률 시계열을 이용해 표준편차를 구해야 함 • 수익률 계산 시 일반 퍼센트 대신 연속복리 수익률(log difference) 사용
내재 변동성 (Implied Volatility)	• 미래 변동성 예상치로, 옵션 가격(프리미엄)에 반영되어 있음 • 실제 변동성은 만기가 지나야 알 수 있으므로, 현재 시점에서의 추정치 역할을 함 • 과거 변동성은 과거 데이터를 기반으로 한 추정치이고, 내재 변동성은 옵션 시장이 반영한 미래 변동성 기대치임

07 옵션 및 옵션 합성 포지션의 분석

6장 파생상품투자운용·투자전략

❶ 옵션 프리미엄의 민감도 지표

델타(Δ)	• 기초자산 가격 변동에 따른 옵션 가격 변화 정도 • 옵션가격을 기초자산가격으로 미분한 값으로, 그래프상 '기울기'로 해석됨 • 헤지비율 및 델타중립 전략의 핵심요소로 활용 • 콜옵션의 델타는 0~1 사이의 값을, 풋옵션의 델타는 -1~0까지의 값을 가짐
감마(Γ)	• 기초자산 가격 변화에 따른 델타의 변화율 • 옵션 프리미엄의 기초자산 가격에 대한 2차 미분치 • 콜옵션·풋옵션의 매수 포지션과 같이 프리미엄 구조 그래프가 아래로 볼록할 경우 감마값은 양수임 • 감마 = 델타의 변화 속도 ▶ 기초자산의 변화에 따른 옵션 프리미엄 변화의 가속도 • 만기에 근접할수록 감마값의 첨도가 커져서 뾰족한 형태가 됨
쎄타(Θ)	• 시간 경과에 따른 옵션 가치 감소 속도 • 감마와 쎄타는 서로 반대부호를 가지며, 절대치는 서로 정의 관계를 가짐
베가(V)	• 변동성 변화에 따른 옵션 가격 민감도 • 콜옵션·풋옵션 모두 베가는 양수이며, 베가는 기초자산 가격이 행사가격 부근일 때 가장 큼
로우(P)	• 금리 변동에 따른 옵션 가격 민감도 • 금리가 상승하면 콜옵션의 로우는 증가하고, 풋옵션의 로우는 감소함 • 콜옵션의 로우값은 양수, 풋옵션의 로우값은 음수

❷ 옵션 민감도 지표와 포지션의 관계

구분	콜옵션	풋옵션
델타(Δ)	+	−
감마(Γ)	+	+
쎄타(Θ)	−	−
베가(V)	+	+
로우(P)	+	−

6장 파생상품투자운용·투자전략

01 원래 포지션을 그대로 둔 채 추가 포지션을 취하여 전체적으로 손익을 중립적으로 만드는 기법을 활용한 파생상품 투자전략은 무엇인가?

① 헤지거래　　② 차익거래
③ 투기거래　　④ 스프레드 거래

02 다음 중 선물거래의 특징으로 옳지 않은 것은?

① 일일정산 제도는 실현손익만이 존재한다.
② 만기 전이라도 언제든지 포지션을 청산할 수 있다.
③ 콘탱고 상태에서 선물 가격은 시간의 경과에 따라 하락하게 된다.
④ 개시증거금이 200만 원이고 유지증거금이 140만 원일 때 일일정산 후 증거금이 100만 원이 되었다면 변동 증거금으로 최소 40만 원 이상을 납부해야 한다.

03 선물시장이 콘탱고 상태일 때 이를 이용한 차익거래 포지션은? (이론선물가격이 선물가격보다 낮은 상태를 가정)

① 현물 매수 + 선물 매수
② 현물 매수 + 선물 매도
③ 현물 매도 + 선물 매수
④ 현물 매도 + 선물 매도

04 KOSPI200 지수가 200포인트이고 이자율은 연 4%, 주가지수에 대한 배당률이 연 1%일 경우, 만기가 3개월 남은 KOSPI200 주가지수선물의 균형가격은 얼마인가?

① 200.50pt　　② 201.50pt
③ 203.10pt　　④ 205.50pt

05 현재 100억 원의 주식 포트폴리오를 보유하고 있는 투자자가 KOSPI200 선물을 이용하여 헤지거래를 하고자 한다. 보유한 주식 포트폴리오의 베타는 1.2, KOSPI200 선물가격이 250pt일 때 선물계약 수와 포지션은? (단, KOSPI200 선물의 거래승수는 25만 원)

① 160계약 매수
② 160계약 매도
③ 192계약 매수
④ 192계약 매도

06 현물환율 1,200원/달러, 1년 만기 선물환 가격 1,230원, 원화이자율 4%, 달러이자율 연 2% 일 때 차익거래 포지션에 대한 설명으로 옳지 않은 것은?

① 매도차익거래가 발생한다.
② 1년 만기 균형선물환율은 1,224원이다.
③ 현재 선물환율은 균형가격대비 고평가 상태이다.
④ 현물달러를 매수하고 선물환시장 달러를 매각한다.

07 다음 중 선물거래 전략에 대한 설명으로 옳지 않은 것은?

① 투기적 거래는 방향성 베팅이 중요하다.
② 베이시스 위험으로 인해 완전헤지는 현실적으로 불가능하다.
③ 헤지를 위해서는 현물 포지션과 동일한 선물 포지션을 취해야 한다.
④ 랜덤 베이시스 헤지는 시장 리스크를 피하기 위해 베이시스 리스크를 취하는 전략이다.

08 다음 중 선물의 스프레드 거래에 대한 설명으로 옳지 않은 것은?

① 만기 또는 종목이 서로 다른 두 개의 선물을 이용한다.
② 시간스프레드는 동일한 품목 내에서 만기가 서로 다른 선물계약에 동일한 포지션을 취하는 전략이다.
③ 근월물가격이 원월물가격보다 오를 것으로 예상될 때 근월물을 매도하고 원월물을 매수하는 전략을 강세(bull spread)스프레드라고 한다.
④ 단기재무성채권과 유로달러 금리 선물에 서로 반대의 포지션을 취함으로써 두 금리선물의 움직임 폭의 차이에서 오는 이익을 향유하는 것은 상품 간 스프레드 전략이다.

09 KOSPI200지수 선물가격 3월물이 200포인트이고 9월물 가격이 220포인트 일 때, 향후 스프레드가 줄어들 것으로 예상될 때 바람직한 전략은?

① 3월물 매수 + 9월물 매수
② 3월물 매수 + 9월물 매도
③ 3월물 매도 + 9월물 매수
④ 3월물 매도 + 9월물 매도

10 다음 중 속성이 다른 옵션전략은?

① 콜옵션 매수
② 풋옵션 매수
③ 풋옵션 매도
④ 강세콜 스프레드

11 현재 KOSPI200 지수가 205pt, 행사가격이 200pt인 풋옵션의 프리미엄이 2.5p일 경우, 풋옵션의 시간가치와 현재 가격상태를 올바르게 나열한 것은?

① 시간가치 2.5p, 외가격상태
② 시간가치 2.5p, 내가격상태
③ 시간가치 5.0p, 외가격상태
④ 시간가치 5.0p, 내가격상태

12 옵션의 내재가치와 옵션가격에 대한 설명으로 옳지 않은 것은?

① 권리행사 시 손실이 났다면 이는 외가격옵션이다.
② 권리행사 시 이익이 났다면 이는 내가격옵션이다.
③ 풋옵션에서 행사가격이 기초자산 가격보다 크다면 이는 외가격옵션이다.
④ 콜옵션의 내재가치는 '기초자산 가격 − 행사가격'이며 기초자산 가격이 클수록 내재가치도 커진다.

13 행사가격이 200포인트인 콜옵션이 있다. 현재 기초자산 가격이 203포인트이고 옵션 프리미엄이 5포인트일 때 이 콜옵션의 시간가치는 얼마인가?

① 0
② 2
③ 3
④ 5

14 KOSPI200 옵션의 투자자는 만기 3개월, 행사가격 253pt 콜옵션을 2에 매수하였다. 현재 주가지수가 250pt라고 할 때 콜옵션의 시간가치는?

① −3　　　　② 0
③ 2　　　　　④ 3

15 KOSPI200 지수가 250p일 때 행사가격 250p인 콜옵션 1계약을 1.5p에 매입하여 만기까지 보유했다. 만기 시 KOSPI200 지수가 255p가 되었을 때 투자자의 손익으로 적절한 것은? (1계약당 거래단위 승수 25만 원)

① 875,000원 손실
② 875,000원 이익
③ 1,250,000원 손실
④ 1,250,000원 이익

16 다음 중 옵션을 이용한 합성전략에 대한 설명으로 옳지 않은 것은?

① 풋 불 스프레드(Put Bull Spread) 전략은 프리미엄 순수입으로 시작한다.
② 스트래들(Long Straddle) 매수 전략은 행사가격이 동일한 콜옵션과 풋옵션을 동시에 매수하는 전략이다.
③ 콜 불 스프레드(Call Bull Spread) 전략은 행사가격이 높은 콜옵션을 매수하고, 낮은 콜옵션을 매도하는 전략이다.
④ 스트랭글(Short Strangle) 매도 전략은 행사가격이 큰 콜옵션과 행사가격이 작은 풋옵션을 동시에 매도하는 전략이다.

17 동일한 만기와 동일한 행사가격을 가지는 두개의 옵션, 즉 콜옵션과 풋옵션을 동시에 매수함으로써 구성되는 옵션전략으로 옳은 것은?

① 스트래들 매수
② 스트랭글 매수
③ 강세 스프레드
④ 콜 불 스프레드

18 다음 중 변동성이 감소할수록 유리한 전략은?

① 롱 스트랭글
② 숏 스트래들
③ 콜 불 스프레드
④ 풋 불 스프레드

19 다음 스트래들 매수 포지션에 대한 내용 중 빈칸에 들어갈 내용을 올바르게 연결한 것은?

> 행사가격이 200pt인 콜과 풋옵션을 동시에 매수할 경우 콜옵션의 프리미엄이 3, 풋옵션의 프리미엄이 2일 때 이 포지션을 구축한 투자자는 200pt을 기준으로 기초자산의 가격이 (㉠) 이상으로 상승하거나 (㉡) 이하로 하락했을 때 이익을 볼 수 있다.

① 197pt, 195pt
② 203pt, 198pt
③ 205pt, 195pt
④ 210pt, 190pt

20 다음 중 기초자산의 가격 변동성이 크게 증가할 것으로 예상될 때 적합한 옵션거래 전략으로 모두 묶인 것은?

> ㉠ 콜 매수
> ㉡ 풋 매도
> ㉢ 스트래들 매수
> ㉣ 스트랭글 매수

① ㉠, ㉡　　　　② ㉠, ㉢
③ ㉢, ㉣　　　　④ ㉡, ㉢, ㉣

21 다음 중 풋—콜 패리티가 성립할 때 '콜옵션 매수 + 채권 매수' 포지션과 동등한 포지션은?

① 풋옵션 매수 + 주식 매수
② 풋옵션 매수 + 주식 매도
③ 풋옵션 매도 + 주식 매수
④ 풋옵션 매도 + 주식 매도

22 KOSPI200 현물지수가 206pt, 행사가격이 206pt인 콜옵션의 현재가격이 10pt경우 만기와 행사가격이 동일한 유럽형 풋옵션의 가격은 얼마인가? (잔존만기 1년, 이자율은 연 4%)

① 1.98pt
② 2.00pt
③ 2.07pt
④ 2.10pt

23 다음 보기는 옵션을 이용한 차익거래 전략에 대한 설명이다. 빈칸에 들어갈 내용이 올바르게 연결된 것은?

> ( )전략은 합성 매도 포지션과 현물 매수 포지션을 병행하는 전략이다. 여기서 합성 매도는 동일한 행사가격의 풋옵션 ( ) + 콜옵션 ( )를 통해서 기초자산 가격의 하락 시 이익을 보도록 포지션을 구축하는 방법이다.

① 컨버전, 매수, 매도
② 컨버전, 매도, 매수
③ 리버설, 매수, 매도
④ 리버설, 매도, 매수

24 다음 중 포트폴리오 보험전략으로 옳지 않은 것은?

① 동적헤징 전략
② 이자추출 전략
③ 방어적 풋 전략
④ 스트랭글 매수 전략

25 옵션 프리미엄의 민감도 지표인 델타에 대한 설명으로 옳지 않은 것은?

① 등가격(ATM)일수록 절대값은 1까지 증가한다.
② 콜옵션의 델타는 0에서 1 사이의 값을 풋옵션의 델타는 −1에서 0까지의 값을 가진다.
③ 기초자산의 가격이 200에서 210으로, 옵션의 가격은 9에서 10으로 변동했다면 이 옵션의 델타는 0.1이다.
④ '콜옵션 한 계약 매도 + 주식 델타 계약 매수' 포지션은 무위험 포지션이 되므로 델타를 헤지비율로 해석할 수 있다.

26 금리가 변화할 때 옵션가격이 얼마나 변화하는가를 나타내는 옵션의 민감도 지표는?

① 베가
② 감마
③ 로우
④ 쎄타

27 옵션의 민감도 지표의 부호가 다른 하나는?

① 콜옵션 매수의 델타
② 콜옵션 매수의 베가
③ 풋옵션 매수의 감마
④ 풋옵션 매수의 로우

28 다음 중 옵션의 민감도 지표 감마에 대한 설명으로 옳지 않은 것은?

① 감마는 만기가 짧고 내가격 옵션일수록 크다.
② 옵션의 만기가 다가올수록 감마는 점점 더 커진다.
③ 기초자산 변화에 따른 옵션 프리미엄 변화의 가속도로 해석할 수 있다.
④ 옵션 프리미엄의 기초자산 가격에 대한 2차 미분치라고 정의할 수 있다.

29 어느 투자자가 콜옵션 매수 포지션일 때, 민감도 지표에 대한 설명으로 옳지 않은 것은?

① 변동성이 증가하면 이익이다.
② 이자율이 상승하면 이익이다.
③ 기초자산이 상승하면 이익이다.
④ 다른 변화 없이 시간만 경과할 경우 이익은 극대화된다.

30 스트래들 매도 포지션일 때 민감도 분석에 대한 설명으로 옳지 않은 것은?

① 포지션 델타는 음수이다.
② 포지션 감마는 음수이다.
③ 포지션 쎄타는 양수이다.
④ 포지션 베가는 음수이다.

31 주가지수를 기초자산으로 하는 행사가격이 200인 콜옵션과 풋옵션을 동시에 매수하였다. 이때 콜옵션 프리미엄은 5, 풋옵션 프리미엄은 3이다. 해당 전략으로 수익이 발생하기 위한 주가지수 가격의 범위는?

① 주가지수 < 192
② 주가지수 < 195
③ 주가지수 > 205 또는 < 195
④ 주가지수 > 208 또는 < 192

32 만기가 서로 다른 두 선물계약 간의 스프레드 전략 중 강세 스프레드(bull spread)에 대한 설명으로 옳지 않은 것은?

① 강세 스프레드는 시간스프레드(Calendar Spread) 전략에 해당한다.
② 강세장에서는 근월물 가격이 원월물보다 더 크게 상승할 것으로 예상할 때 사용한다.
③ 약세장에서는 근월물 가격이 원월물보다 상대적으로 덜 하락할 것으로 예상할 때 사용한다.
④ 선물시장이 정상적인 상태(콘탱고)라고 가정하고, 두 선물계약의 가격차이가 현재보다 더 확대될 것이라고 예상할 때 활용한다.

33 다음 중 기초자산 가격이 상승할 것으로 예상될 경우 가장 적합한 포지션은?

① 풋옵션 매수
② 콜옵션 매도
③ 강세콜 스프레드
④ 약세콜 스프레드

34 다음 중 장외파생상품(OTC)에 대한 설명으로 옳지 않은 것은?

① 다양한 상품이 거래된다.
② 거래 상대방 위험이 존재한다.
③ 경쟁 매매를 통해 가격이 결정된다.
④ 맞춤형 설계가 가능하여 유연성이 높다.

35 선물거래의 개시증거금이 100, 유지증거금이 70이다. 오늘 거래 후 일일정산 결과 계좌에 남아 있는 증거금이 80일 때 추가로 납입해야 하는 증거금은 얼마인가?

① 0
② 10
③ 20
④ 30

36 다음 중 현물가격이 선물가격보다 높은 경우를 지칭하는 용어는 무엇인가?

① 콘탱고
② 정상시장
③ 기대가설
④ 백워데이션

37 옵션 민감도 지표에 대한 설명으로 옳은 것은?

① 델타는 변동성 변화에 따른 옵션 가격 민감도를 나타낸다.
② 로우는 기초자산 가격 변화에 따른 델타 변화를 나타낸다.
③ 감마는 기초자산 가격 변화에 따른 옵션 가격 변화를 나타낸다.
④ 쎄타는 시간 경과에 따라 옵션 가격이 어떻게 변하는지를 나타낸다.

38 풋-콜 패리티 조건에 따를 때, 풋옵션 매수와 동일한 경제적 포지션은 무엇인가?

① 콜옵션 매수 + 채권 매수 + 주식 매수
② 콜옵션 매도 + 채권 매도 + 주식 매수
③ 콜옵션 매수 + 채권 매수 + 주식 대차거래
④ 콜옵션 매도 + 채권 매도 + 주식 대차거래

39 다음 중 옵션 합성전략에 대한 설명으로 옳지 않은 것은?

① 풋-불 스프레드 포지션을 구축하면, 포지션 구축 시 초기 현금 유입이 발생한다.
② 스트랭글 매도는 행사가격이 높은 콜옵션과 낮은 풋옵션을 매도하여 구축할 수 있다.
③ 스트래들 매수는 행사가격이 동일한 콜옵션과 풋옵션을 각각 1개씩 매수하여 구축한다.
④ 콜-불 스프레드는 높은 행사가격의 콜옵션을 매수하고, 낮은 행사가격의 콜옵션을 매도하여 구축한다.

40 다음 중 포트폴리오 보험(Portfolio Insurance)에 대한 설명으로 옳지 않은 것은?

① 방어적 풋 전략은 기초자산을 매수하고 동시에 풋옵션을 매수하는 방식이다.
② 이자추출 전략은 채권을 매수하고 남는 자금을 활용해 콜옵션을 매도하는 방법이다.
③ 주식과 채권을 이용해 옵션을 모사할 수 있으며, 주가 변동에 맞춰 주식 비중을 주기적으로 조정해야 한다.
④ 포트폴리오 보험에서는 주가가 오르면 주식 비중을 줄이고, 주가가 내리면 주식 비중을 늘린다.

41 다음 중 옵션을 활용하여 기초자산을 직접 매수한 것과 동일한 손익 구조를 만드는 포지션은 어느 것인가?

① 콜옵션 매수 + 풋옵션 매수
② 콜옵션 매수 + 풋옵션 매도
③ 콜옵션 매도 + 풋옵션 매도
④ 콜옵션 매도 + 풋옵션 매수

42 다음 중 블랙-숄즈 모형으로 옵션 가치를 계산할 때 필요하지 않은 변수는 무엇인가?

① 무위험이자율
② 기초자산의 가격
③ 기초자산의 기대수익률
④ 기초자산 가격의 변동성

01 7장 투자운용결과분석
성과평가

❶ 성과평가의 정의

정의	• 수익률과 위험뿐 아니라 포트폴리오 구성까지 포함해 운용과정을 종합적으로 평가하는 것 • 성과=f(수익률, 위험, 포트폴리오 구성 등)
성과평가의 위치	• 투자 프로세스의 3단계 중 마지막 단계 • 운용계획 수립(Plan) → 운용 실행(Do) → 성과 평가(See)
성과평가의 강점	• 펀드평가는 특정 펀드 상품만을 대상으로 평가 • 반면, 성과평가는 특정 상품이나 사후분석에 한정되지 않고, 모든 것을 포함하는 포괄적 평가임

❷ 성과평가 프로세스 7단계

투자자산의 회계처리	• 투자자산의 가치평가 + 회계처리 ▶ 가장 기초적인 정보 생성 • 시가평가를 원칙으로 하되 시장가격이 없는 경우 이론가치 등을 보완적으로 사용할 수 있는 공정가치 평가방법을 채택하며, 발생주의 회계처리 적용

▼

수익률 계산	• 다양한 방식으로 수익률 산출이 가능하나 효율적 의사소통을 위해 일정한 수익률 방식 채택 • 기간 수익률(주/월/분기/연/연간), 시가가중 수익률 등이 대표적 • 운용성과 비교·평가 및 투자전략 수립에 활용

▼

위험 계산	• 수익률 달성을 위해 부담한 위험의 크기를 측정 • 표준편차, 변동성, 베타 등 지표 활용 • 목표수익률 대비 초과위험분석 포함

▼

성과의 비교	• 산출된 성과를 벤치마크나 동류 그룹(Peer Group)과 비교 • 수익률과 위험을 동시에 고려한 위험조정 성과지표를 비교해야 함

▼

성과 특성 분석	• 성과가 운·실력 중 무엇에 기인했는지 분석 • 자산군별, 종목별 기여도 및 포트폴리오 구성요소 등을 분석하여 미래 대응전략 도출

▼

정성평가	• 운용사의 장기적·질적 특성을 분석 • 조직·인력·운용철학·프로세스·리스크 관리 체계 등을 종합 평가하여 장기성과 예측

▼

성과 발표 및 보고	• 수익률, 위험 등 성과를 고객과 투자자에게 보고 • 동일 전략·펀드 전체의 성과를 객관적 기준으로 측정·비교하여 보고서 작성

01 7장 투자운용결과분석
성과평가

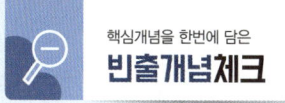

③ 성과평가의 주제

구분	주요 내용	세부 포인트
성과평가의 목적	• 성과율을 측정하여 투자 효율성 및 운용능력 측정 • 성과 원인과 특성 분석	투자를 얼마나 잘했는지(측정)와 왜 그렇게 되었는지(분석)를 구분
투자 효율성 및 운용능력의 측정	수익률과 위험을 종합해 투자 효율성 평가, 운용자의 능력 파악	• 기준·비교 성과: 동일 위험수준의 벤치마크·유사 펀드와 비교 • 위험조정 성과 지표 활용 • 적극 운용의 부가가치 창출 여부 확인 • 운용기간 중 달성한 부가가치의 크기 측정 • 과거 성과 중 운용능력 판단이 가능한 증거 유무
성과 원인과 특성 분석	• 성과·수익이 어떻게 발생했는지 원인 규명 • 수익향상 기여요소 분석	• 구성 기여도: 펀드 내 증권·섹터별 수익률 비중 • 상품 효과: 선물·옵션 등 파생상품이 성과에 미친 영향 • 스타일 일치성: 추가 성과가 운용자의 투자 스타일과 일치 여부 • 자산배분·의사결정 기여도: 기준 대비 초과 성과 분석 • 의사결정 구조별 기여도: 종목 선정·섹터·타이밍 등 총수익기여 분석

④ 내부평가와 외부평가

구분	내부성과평가	외부성과평가
평가의 특성	• 운용목표·전략, 기준지표 등 운용 관련 정보에 대한 정확한 이해 • 보유 포트폴리오와 매매정보 보유 • 기준지표 대비 성과 비교 가능	• 개괄적인 운용목표·전략만 파악 가능 • 제한된 포트폴리오·매매정보만 보유 • 공시자료 등 제한적 정보 기반 상대 평가
기준지표(BM)	• 운용 시작 전에 정의 • 운용 포트폴리오에 맞춘 기준지표 사용	• 운용 개시 후 확인되는 경우 많음 • 시장 인덱스나 사후 적정 기준 사용
성과지표	• 운용수익률, 위험조정 수익률 등 실측치 활용 • 사전적·자전적 정보 활용 가능	• 전체 운용기간의 사후 자료 활용 • 위험조정 수익률, 초과수익률 등 계산 예) 젠센의 알파
스타일 분석방법	• 자산군 변화에 따라 스타일 변화 민감하게 측정 • 사전 정보로 스타일 변화 예측 가능 • 포트폴리오에 기초	• 시장 자료 기반, 스타일 변화 확인 후 분석 • 샤프 등 수익률 기초
성과요인 분석	기준 대비 자산배분·종목선정·스타일 변화 기여도 분석 가능	• Treynor-Mazuy모형 등 사후 분석 위주 • 단기·중기 타이밍 및 종목 선정 기여도 분석

02 7장 투자운용결과분석
성과평가 기초사항

1 펀드의 회계처리

구분	주요 내용	핵심 포인트
공정가치 평가 (fair value)	• 시장가격이 존재하면 해당 가격 적용 • 거래가 활발하지 않거나 시장가격이 없는 경우, 최근 거래가격(최근 종가 등) 또는 이론가격 사용 • 이론가격: 미래 현금흐름을 할인한 가격 또는 일정 기간 내 매도 가능한 예상가격 등 • 채권의 경우, 거래 가능 시가로 평가(거래가 드물면 공정가격 산정 곤란) • 비상장주식·부동산·실물자산 등은 시장가격 측정 어려움 • 자산·부채를 시장에서 거래되는 공정한 가격으로 평가 • 시장가격이 없으면, 최근 거래가격이나 이론가격 사용 ㈜ 현금흐름 할인 등	• 장부가(book-value) 원가(cost) 주의 • 시장가격 존재 시 ▶ 시가 적용 • 시장가격 부재 시 ▶ 이론가 또는 전문가 제공가격 활용
발생주의 회계 (accrual basis)	• 거래 발생 시점에 손익 인식(현금 유입·지출 시점과 무관) • 수익 인식: 결정적 사건 또는 거래 발생 시 수익 인식 • 비용 인식: 발생 원가와 관련 수익 인식 시 비용 처리 • 펀드의 경우 투자자의 정확한 산출을 위해 발생주의 채택 필요 • 이자·배당 등이 아직 지급되지 않아도 발생이 확실하면 수익으로 인식 • 비용도 지급 여부와 관계없이 발생 시점 기준으로 인식	• 현금주의(cash basis) • 수익·비용 인식은 현금흐름과 무관 • 투자성과 왜곡 방지 위해 주로 사용
체결일 기준 회계처리 (execution date)	• 거래 이행이 확실시되는 체결일에 회계 장부 반영 • 거래가 체결되면, 결제 전이라도 체결일 기준으로 회계에 반영 • 해외상품 등은 결제 기간이 더 길 수 있음 • 유가증권 매수·매도 체결 시 결제 지연과 무관하게 인식 • 소유권 이전이나 결제금 수수 여부와 관계없이 체결 시점 기준 회계처리 • 체결일 가격과 이후 손익을 명확히 인식 가능	• 결제 시점(settlement date) • 체결일=거래 기준일 • 결제 지연과 무관하게 체결일 기준 인식

2 GIPS(Global Investment Performance Standards)의 회계처리 규칙

- 국제 성과평가기준 준수를 위해 필요한 모든 자료와 정보는 확보·유지해야 한다.
- 포트폴리오는 공정가치 정의와 부합하며 GIPS 평가원칙과 일치하도록 가치평가되어야 한다.
- 최소 월간 단위로, 모든 대량 현금흐름 발생일에 포트폴리오 가치가 평가되어야 한다.
- 체결일 기준(trade date) 회계를 사용해야 한다.
- 발생주의 회계는 확정 이전 증권·이자수익을 포함한 모든 투자상품에 적용된다.
- 확정 이전 증권의 가치는 미수수익을 포함해야 한다.
- 컴포지트(Composite, 운용사통합계정)는 연 단위로 일관된 가치평가 시작일과 종료일을 가져야 하며, 달력연도가 아닌 회계연도로 보고하는 경우에도 종료일은 반드시 해당 연도의 말일 또는 마지막 영업일이어야 한다.

02 성과평가 기초사항

7장 투자운용결과분석

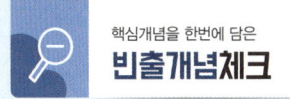

❸ 투자수익률 계산

투자수익률 계산 개요	• 펀드 수익률 = 기말가치 ÷ 기초가치로 계산 • 계산기간 중 자금 유출·유입이 있으면 실제 성과와 차이가 발생할 수 있음 • 시간가중 수익률 사용이 원칙
GIPS의 수익률 계산 규칙	• 수익률 계산에는 반드시 총수익률이 사용되어야 함 • 회사는 외부 현금흐름을 반영한 시간가중 수익률을 계산해야 하며, 주기별 및 하위 기간 수익률은 기하적으로 연결되어야 함 • 포트폴리오 내 현금 및 현금성 자산에서 발생하는 수익은 모든 수익률 계산에 포함되어야 함 • 모든 수익률은 실제 발생한 매매비용을 차감하여 계산해야 하며, 추정된 매매비용은 사용해서는 안 됨 • 통합보수에 포함된 매매비용을 분리할 수 없는 경우, 보수공제 전 수익률은 통합보수 전체 또는 매매비용을 포함한 해당 부분을 공제해야 하며, 보수공제 후 수익률은 통합보수 전체 또는 매매비용과 운용보수를 포함한 부분을 공제해야 함 • 컴포지트 수익률은 개별 포트폴리오 수익률을 자산가중하여 산출해야 하며, 이때 기준은 기간 초 가치 또는 기간 초 가치와 외부 현금흐름을 모두 반영하는 방식이어야 함

❹ 금액가중 수익률

정의	펀드에 투자한 현금흐름(현금유출·현금유입)의 현재가치와 펀드로부터 발생한 수익의 현재가치를 일치시키는 할인율(IRR, 내부수익률) ▶ 기간별로 투자된 금액과 관련이 있어 금액가중 수익률이라고 함
특징	• 펀드매니저의 능력과 투자자의 판단(추가투자·인출 시점·규모) 결과가 반영된 수익률 • 투자자 관점에서 직접투자 성과 측정에 가장 적합함 • 펀드매니저의 순수한 운용성과 측정에는 부적합(투자자의 행동이 반영되기 때문)
계산식	$$\sum_{t=0}^{T} \frac{CF_t}{(1+r)^{t/T}} = 0$$ (CF_t : 순현금흐름 = t기 동안의 현금유입 − 현금유출, T: 세부기간 수)

❺ 시간가중 수익률

정의	펀드매니저가 통제할 수 없는 투자금의 유출·유입에 따른 수익률 왜곡을 제거하고, 펀드매니저의 운용능력을 측정하기 위해 사용하는 방법
계산방식	• 총 투자기간을 세부기간으로 구분 • 각 세부기간별 수익률을 계산하고, 이를 기하평균으로 연결하여 총수익률 산출 ▶ 세부기간이 짧을수록 수익률 왜곡 현상 감소
특징	• 펀드 기준가격(투자단위당 순자산가치)의 변화율과 동일 • 기준가격을 활용하면 시간가중 수익률을 지속 측정 가능(Daily Valuation Method)

02 성과평가 기초사항

7장 투자운용결과분석

6 수익률 측정 시 고려사항

평균 수익률	• 산술평균 수익률
	  – 항상 기하평균 수익률보다 크거나 같음
	  – 포트폴리오 투자성과 측정에는 적합하지 않음
	• 기하평균 수익률: 복리효과를 반영하여 투자성과 측정에 바람직함

연환산 수익률	• 측정기간이 1년이 아닐 경우, 연간 단위로 환산한 수익률 • 1년 미만 수익률을 연율화하면 과대·과소평가가 가능하므로 주의해야 함 • GIPS에서는 1년 미만 수익률은 연율로 표시하지 않을 것을 권고

7 운용사의 수익률

의의	운용사의 수익률은 투자자가 새로운 투자 계획을 세우고 상품을 선택할 때 반드시 분석해야 하는 성과 지표로, 개별 펀드보다 운용사의 평균적 성과를 종합적으로 평가해야 함
분석 목적	개별 펀드 성과보다 운용사의 전반적 운용 능력을 파악하고, 향후 투자 전략 수립 및 펀드 선택에 활용
주의점	운용사의 성과는 펀드매니저 개인 능력뿐 아니라 운용 환경, 리스크 관리, 지원체계 등에 따라 달라질 수 있음
결론	운용사의 성과에 대한 객관적 판단을 위해 평균적인 수익률을 계산·분석해야 함

8 운용사의 수익률 측정 시 주요 문제점

대표펀드의 문제	여러 펀드 중 대표로 선정된 펀드만 보고 전체 성과를 판단하는 오류로, 대표펀드가 실제 운용성과를 왜곡할 수 있음
생존계정의 편의	• 성과 측정 시 현재 운용 중인 펀드만 평가하면, 과거 부진하여 청산된 펀드가 제외되어 실제보다 성과가 좋게 나타남 • 생존계정의 오류를 피하기 위해서는 성과평가 기간 동안 운용되었던 모든 펀드를 평가 대상으로 하여야 함
성과의 이전 가능성	• 펀드매니저가 다른 운용사로 이직 시 운용능력을 어느 시점에서 측정할지 불명확 • 환경·지원·리스크 관리 등도 성과에 영향을 주며, 환경의 동질성을 담보할 수 없다면 성과의 연속성을 주장하기 어려움
기간별 성과 변동	• 측정 기간에 따라 성과의 차이가 큼 • 특정 기간만 보면 편향된 결론이 나올 수 있으므로 적정 기간을 설정하는 것이 필요

02 성과평가 기초사항

7장 투자운용결과분석

9 투자위험의 개요

의미	• 투자위험은 수익률의 변동성, 기대수익률 미달 가능성, 현금흐름 부족 가능성, 미래 불확실성 등 다양한 요소를 포함 • 수익률-위험 차원(return-risk basis)에서 평가하여 투자전략 수립에 반영해야 함
기대수익률 대비 위험	• 실현수익률이 기대수익률과 다를 가능성이 크면 위험이 높음 • 실현수익률이 기대수익률과 다를 가능성이 낮으면 위험이 낮음
투자자의 선택 경향	• 동일 수익률이면 위험이 낮은 포트폴리오를 선호 • 동일 위험이면 수익률이 높은 포트폴리오를 선호

10 투자위험의 종류

구분	세부유형	지표	사용 용도
절대적 위험 (absolute risk)	전체 위험	표준편차	수익률 안정성을 중시하는 전략
	하락 위험(downside risk)	• 절대 VaR • 하락 편차 • 반편차 • 절대 위험	• 목표수익률 추구 전략 • 보다 정확한 위험 측정
상대적 위험 (relative risk)	전체 위험	• 베타 • 잔차위험 • 추적오차	• 자산배분 전략 기반 장기투자 전략 • 기존 지표 기반의 사전 위험관리 투자
	하락 위험	상대 VaR	

11 하락 위험

의미	• 실현수익률이 특정 기준수익률(목표수익률·최소요구수익률)보다 낮을 가능성 • 표준편차가 전체 변동성을 반영하는 것과 달리, 하락위험은 손실 발생 가능성에 초점
측정 필요성	수익률 분포가 비정규분포(왜도 음(-), 첨도 > 3)일 경우, 표준편차만으로 측정 시 위험이 실제보다 과소평가될 수 있으므로 하락위험지표를 적용
하락 위험 측정치의 특징	• 특정 수익률은 평균 수익률이 아니라 투자 전략에 따라 정해지며, 무위험 수익률·원금보장 수익률·기준 수익률 등 다양한 형태로 설정될 수 있음 • 특정 수익률 이하로 하락한 경우에만 위험으로 간주 • 비정규분포에서는 표준편차보다 하락 위험이 더 정확한 위험지표가 됨

02 7장 투자운용결과분석
성과평가 기초사항

⑫ 하락 위험의 측정지표

측정지표	개념	특징·주의점
절대 VaR (Absolute Value-at-Risk)	일정 신뢰수준 하에서 미래 특정 기간 동안 발생할 수 있는 최대 손실 가능액	• 일정 확률 수준에서 발생할 수 있는 최대 손실 가능액을 금액 또는 % 단위로 제시 • 통합 위험지표로서, 자산별 위험 특성을 무시하고 전체 위험을 하나의 수치로 표현할 수 있음 • 과거 자료에 의존하므로 통계모형의 예측력이 제한적이며, 시장 전망·운용전략에 따라 VaR이 달라져, 절대적 기준으로 위험관리에 쓰기 어려움 • 펀드 운용 목적은 절대 위험 최소화가 아니라 허용된 범위 내 초과수익 추구이므로, 획일적 VaR 활용은 부적절할 수 있음
하락편차 (Downside Deviation)	최소 수용 가능 수익률(MAR)을 기준으로, 실제 수익률이 MAR 이하로 하락한 경우만을 대상으로 계산한 표준편차	• MAR 이상 수익률은 편차 계산에 포함되지 않음 • MAR은 투자전략에 따라 다르게 설정될 수 있으며, 목표수익률·무위험수익률·평균 수익률·기준지표 수익률 등을 활용할 수 있음
반편차 (Downside Semi-Deviation)	수익률이 평균 수익률 이하로 하락한 경우만을 대상으로 계산한 표준편차	• 평균 이상의 수익률은 편차 계산에 포함되지 않음 • 반편차는 평균 이하의 수익률 하락에만 영향을 받음
적자 위험 (Shortfall Risk)	수익률이 특정 수익률 이하로 하락할 가능성	• 실현수익률이 정규분포라면, 표준 정규분포로 변환하여 목표수익률 이하가 발생할 확률을 산출할 수 있음 • 정규분포가 아닐 경우에는 해당 분포를 이용하거나, 실제 발생 빈도를 기반으로 확률을 측정 • 자산운용계획 시 자금 부족 가능성을 통제하기 위해 활용 • 목표수익률(target return)을 설정하면, 실현수익률이 그 수준 이하로 나타날 확률을 계산할 수 있음

⑬ 상대적 위험

개념		• 특정 자산군이나 포트폴리오의 위험을 기준지표(종합주가지수 등)와 비교하여 측정하는 위험 지표 • 투자자가 여러 자산군(국내·해외 주식 채권 등)에 자금을 배분했을 때, 각 자산군의 위험을 비교하고 측정하기 위해 사용
지표	베타	• 펀드(또는 증권) 수익률이 시장 수익률 변화에 얼마나 민감하게 반응하는지를 나타내는 지표 • $\beta > 1$: 시장 변동보다 민감하게 반응 → 공격적 운용 • $\beta < 1$: 시장 변동보다 덜 반응 → 방어적 운용 • $\beta = 1$: 시장 변동과 동일하게 반응
	잔차 위험	초과 수익률의 변동성으로, 펀드가 동일한 초과 수익률을 올려도 변동성이 크면 위험이 높다고 판단
	상대 VaR	• 기준지표 대비 펀드가 정해진 기간 동안 특정 확률 수준에서 입을 수 있는 최대 손실액 • 초과 수익률이 정규분포를 따르면, 상대 VaR은 잔차위험만으로 계산 가능하며, 이 경우 상대 VaR과 잔차위험은 동일한 개념 • 그러나 초과수익률이 정규분포가 아닌 경우, 잔차위험만으로는 상대 VaR을 측정할 수 없음

03 기준지표

7장 투자운용결과분석

① 기준지표의 의의

정의	• 펀드매니저가 펀드 운용 시 설정하는 목표와 기준이 되는 지표(benchmark) • 펀드 평가자는 운용 효율성을 판단하고, 투자자는 투자전략 수립과 실행 시 참고하는 기준으로 활용
역할	• 투자전략 수립 및 점검: 투자자는 기준지표를 참고하여 운용 계획을 세우고 성과를 확인함 • 성과 공유: 투자자와 펀드매니저 간 성과 및 위험을 공유·평가하는 기준 • 수익률과 위험 평가 기준: 펀드 운용의 효율성을 판단하는 독립적 기준 역할
성과 평가 시 사용	• 주로 기준지표 지수(index)를 활용(단, 지수 ≠ 기준 지표임에 유의) • 단순히 오래 사용된 지표가 아니라, 투자전략을 효율적으로 수행했는지 판단할 수 있는 핵심 기준으로 선정 • '투자전략을 효율적으로 수행했는지'를 판단하는 독립적 수익률 기준으로 사용
기타 기능	• 자산운용 제약조건: 최소한의 기준 역할 수행 • 투자 성과 비교·평가 척도: 사후 평가 시 기준으로 활용 • 운용 전략·방법에 따라 달라질 수 있음 • 계약 명시 필수: 펀드매니저와 투자자 간 계약을 통해 운용 전 반드시 명확히 설정

② 기준지표의 바람직한 특성

명확성(Unambiguous)	구성 종목과 비중이 분명히 드러나야 하며, 체계적이고 객관적인 방식으로 설계되어야 함
투자 가능성(Investable)	실제로 투자가 가능한 대안이어야 하며, 적극적 운용을 하지 않더라도 기준지표 구성 종목에 투자하여 보유할 수 있어야 함
측정 가능성(Measurable)	공개 정보만으로도 수익률 산출이 가능해야 하고, 원하는 기간마다 기준지표의 성과를 측정할 수 있어야 함
적합성(Appropriate)	펀드매니저의 운용 스타일과 전략적 목표에 잘 맞아야 함
투자 의견 반영 (Reflective of current investment opinions)	펀드매니저가 구성 종목에 대해 투자 의견(긍정·부정·중립)을 가지고 있어야 하며, 해당 종목 상태를 판단할 수 있어야 함
사전적 결정 (Specified in advance)	벤치마크는 평가기간 시작 전에 미리 정해져야 함

03 7장 투자운용결과분석
기준지표

❸ 기준지표의 종류

종류	설명	사례
시장지수 (Market index)	• 자산 유형에 속한 모든 종목을 포함하는 가장 폭이 넓은 지수 • 운용에 제약조건이 없는 경우에 적합	종합주가지수, 종합채권지수
섹터/스타일 지수 (Sector/Style index)	• 특정 산업 분야 또는 성격을 지닌 대상만 포함 • 특정 분야 집중 투자 시 적합	중소형주, 가치주, 성장주, 국공채, 회사채
합성지수 (Synthesized index)	• 2개 이상의 시장·섹터 지수를 합성하여 계산 • 여러 자산에 동시 투자 시 적합	혼합형 펀드를 위한 벤치마크
정상 포트폴리오 (Normal portfolio)	• 일반적인 상황에서 구성한 표준 포트폴리오 • 채권형 벤치마크 용도로 사용	KOBI120, KOBI30
맞춤 포트폴리오 (Customized PF)	• 특정 펀드의 운용 목적에 맞춘 포트폴리오 • 소규모 펀드에 활용	보험형, 펀드평가용

❹ 정상 포트폴리오

개념	• 일반적으로 펀드매니저가 선택하는 종목의 집단 • 정상 포트폴리오를 기준으로 산출한 수익률을 정상 포트폴리오 수익률이라 함
채권 포트폴리오	• 운용회사의 리스크관리위원회가 사전에 승인한 채권 • 유동성이 확보된 매매 가능 채권으로 구성 • 해당 채권으로 성과 측정 지표 생성 가능
주식 포트폴리오	• 실제 투자 가능한 주식으로 구성 • 제한 없는 일반 지수(KOSPI 등)보다 정상 포트폴리오 기반 지수 사용 권장
장점	펀드매니저의 능력 평가에 가장 적합한 기준 지표
한계	투자자 입장에서 명확성과 측정 가능성의 조건 충족이 어려워 대외적 기준지표로는 부적합함

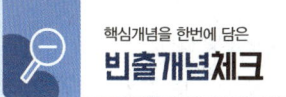

7장 투자운용결과분석
03 기준지표

❺ 동류 집단 수익률

개념	• 동류 집단: 투자목적, 운용자산, 투자전략, 투자 스타일, 특징 등이 유사한 펀드를 묶은 집단 • 동류 집단 수익률: 동류 집단 내 펀드들의 평균·중위 수익률을 기준으로 상대적 성과 우열을 판단하기 위한 기준치(벤치마크의 대체 지표로 활용 가능)
필요성	• 투자자가 펀드 선택과 운용 성과 판단 시 상대적 평가 기준 제공 • 동일한 위험 구조를 가진 펀드 간 공정 비교 가능 • 벤치마크 부재 시에도 비교 기준으로 활용 가능
분류 원칙	• 법률 및 표준약관에 근거한 공신력 있는 평가사 기준 활용 권장 • 주식형: 국가·지역, 시가총액(대·중·소형), 성장/가치/혼합 스타일 • 채권형: 듀레이션(장·중·단기), 신용등급(국채/투자등급/하이일드), 통화·지역기준 • 혼합형/멀티에셋: 주식·채권 비중, 전술·전략적 자산배분 특성 • 해외투자/테마형: 시장 접근 방식과 규제·투자제약 반영 ⓔ 중국주식, ESG, 이머징
활용 방법	• 동류 집단 평균/중위수 대비 초과수익, 상·하위 백분위로 상대순위 평가 • 운용사·연기금: 집단적 위험 수준 모니터링 • 투자자: 펀드 선택 및 운용 성과 검증 근거 제공 • 벤치마크가 적절치 않을 때 보조 기준으로 활용(단, 공식 BM 대체는 신중)
장점	• 투자자들을 위한 투자대안으로서, 유효 가능한 포트폴리오의 결과물을 의미 • 거래비용을 감안하여 투자자들이 행한 의사결정을 확인할 수 있음
주의·한계	• 실시간 BM 정보 부재: 지수처럼 구성·가중치가 공개되지 않음 • 대표성 통제 어려움: 집단이 전체 자산 유형·스타일을 완전히 대표하지 못할 수 있음 • 생존편의(Survivorship bias): 성과가 부진한 펀드의 탈락이 집단 수익률을 왜곡 가능 • 복제 불가: 동류 집단은 투자 대상이 아니라 비교 집단이므로 중립 포지션 구축 어려움 • 운용사의 이질성: 수수료, 운용규모, 제약 차이로 성과 차이가 순수 운용능력만을 반영하지 않을 수 있음 • 분류 기준 공개 필요: 금융투자협회·평가사 공시 기준 확인 필수(동일 집단 사용 일관성 중요)

❻ 시장지수의 역할

역할	• 투자대상 시장의 평균 성과를 보여주어 운용성과 비교·평가 가능(투자전략 성과 평가) • 과거 데이터를 활용해 연간수익률, 누적수익률, 변동성, 다른 시장과의 상관관계 등을 산출(전략적 자산배분 참고자료) • 인덱스 운용전략의 기준이 됨(시장 성과 복제 전략)
주요 지수	• 국내: KOSPI, KOSPI 200, KOSDAQ 종합지수 • 해외: MSCI World Index

03 기준지표

7장 투자운용결과분석

❼ 주식운용의 기준지표

KOSPI	• 한국 주식시장을 대표하는 시가총액식 주가지수(기준일 1983년 1월 4일) • 권리락 등으로 주가에 변동이 발생하는 경우 산식에 따라 연속성을 유지하기 위하여 기준 시가총액을 수정
KOSPI 200	• KOSPI 종목 중 시가총액과 유동성을 고려한 200종목으로 구성(기준일 1990년 1월 3일) • 유동 시가총액을 가중치로 사용한 유동 시가총액식 주가지수 • 지수산출·연속성 유지 방법은 KOSPI와 동일
KOSDAQ 종합지수	• 코스닥시장 전체 종목을 대상으로 산출하는 시가총액식 지수 • 산정 방식은 KOSPI와 유사
MSCI 지수	• 전 세계 대형주를 대상으로 주식지수를 발표하며, 해외 기관투자가들이 해외투자 시 기준지표로 가장 많이 활용 • 유동주식 비율(free float) 기준 시가총액 사용
스타일 지수	• 특정 스타일(가치, 성장, 규모)에 따라 분류된 지수(규모·가치·성장 기준으로 분류) • 미국의 경우 S&P, Russell 등 다양한 기관이 산출

❽ 채권운용의 기준지표

개념	• 특정 집단의 일정 기간 동안 채권 가치의 변화를 지수화한 기준지표 • 채권의 시장가치 변화나 각종 수익을 모두 포함하여 산출하며, 투자자들이 합리적으로 채권투자를 실행할 수 있는 기준이 됨
특징	• 주식처럼 종합지수가 존재 ▶ 채권 잔존만기, 발행주체-신용등급의 두 가지 축으로 구분되어 발표 • 산정방식에 따른 분류: 총수익지수, 가격지수, 이자지수, yield 지수 등 • 모집단에 따른 분류: 시장지수, 맞춤지수
한국의 채권지수	• 가능한 많은 채권을 포함할 수 있는 총수익지수를 주로 사용 • 채권 성격에 따른 분류(국채·지방채·특수채·통안채·금융채·회사채 등) 후 3개월-1년, 1년-2년, 2년-3년 등 채권만기별로 기간을 나누어 지수를 산출 • 특수 성격 지수: KOBI 30(듀레이션이 1.0 가지도록 매월 종목 조정), KOBI 120 등
외국의 채권지수	• 시장지수: 투자 가능한 모든 채권의 시장가치의 변화를 지수화한 것 ▶ 광역 시장지수와 부분 시장지수로 구분되며 대부분의 시장지수는 광역 시장지수에 속함 • 광역 시장지수: 글로벌국채지수(WGBI), 글로벌채권지수(GBI) 등

04. 위험조정 성과지표

7장 투자운용결과분석

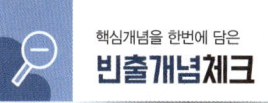

1 단위 위험당 초과수익률

단위 위험당 초과수익률	• 정의: 초과수익률 ÷ 위험 • 대표 지표: 샤프지수, 트레이너비율, 정보비율 등
특징	• 무위험자산·기준 포트폴리오에 무제한적인 차입·투자가 가능하다고 가정 • 무위험자산 비중 조정으로 수익률 극대화 가능(규모에 영향을 받지 않는 지표) • 단, 현실에서는 무제한 차입·대출이 불가능하며, 레버리지 효과에도 제한이 있음
평가시 유의점	• 위험과 수익률 특성이 유사한 펀드끼리 비교 권장 • 초과수익률과 위험 측정치 간 밀접 관계 필요 • 무위험수익률·기준지표를 명확히 정의해야 함 • 무위험수익률이나 기준지표 수익률과 유사한 펀드 평가 시 결과가 매우 민감함
한계점	• 평가결과가 투자전략과 무관할 수 있음 • 위험 측정치 선택에 따라 결과가 달라질 수 있음 • 무위험수익률 수준에 따라 평가결과에 영향이 큼

2 위험조정 수익률

정의	• 젠센의 알파, 효율 함수처럼 수익률에서 위험에 따른 적정수익률을 차감한 형태 • 단위 위험당 초과수익률과 다르게 단순 비율이 아닌 수익률의 형태로 비교 가능
측정 방식	• 위험조정수익률 = 수익률 − f(위험) • f(위험)는 부담한 위험에 대한 적정수익률을 측정하는 함수임
특징	• 무위험자산(또는 기준포트폴리오)에 대한 차입이나 대출 가능성과 관계없이 해당 펀드 자체의 성과를 측정할 수 있음 • 이해와 적용이 용이함
위험 측정 방법	• 위험의 종류는 한 가지뿐 아니라, 여러 위험 측정 지표를 동시에 고려할 수 있음(예를 들어, 표준편차 외에도 절대값, 첨도 등을 포함할 수 있음) • 특히, 수익률이 정규분포를 따르지 않는 경우에는 여러 위험 지표를 포함하여 산출할 수 있음 • 위험에 따른 적정수익률은 시장 평균선이나 투자자의 위험선호도에 따라 달라질 수 있음
차이점	• 단위 위험당 초과수익률과 달리, 무위험자산 차입이나 대출 가정을 하지 않고 펀드 자체의 성과를 측정함 • 이해와 적용이 용이하며, 투자자의 위험선호도 및 시장 상황을 반영할 수 있음

04 위험조정 성과지표

7장 투자운용결과분석

❸ 젠센의 알파(Jensen's Alpha)

개념	포트폴리오 성과 분석 시 수익률을 위험과 함께 고려해야 한다는 지표로, CAPM의 상수항(α_p) 의미를 가짐

정의식	• $R_p = R_f + \beta_p(R_B - R_f) + \alpha_p$
	• $\alpha_p = (R_p - R_f) - \beta_p(R_B - R_f)$
	  – R_p: 펀드 수익률
	  – R_f: 무위험수익률
	  – R_B: 기준지표 수익률
	  – β_p: 펀드의 시장 민감도(공분산/분산)

해석	• $\alpha_p > 0$: 시장 대비 초과성과(우수한 성과) • $\alpha_p < 0$: 시장 대비 저조한 성과
의의	• 펀드매니저의 능력을 측정하는 지표로 사용 • 예측 불가능한 펀드매니저는 α가 0에 수렴
특징	• 위험 대비 요구되는 수익률 초과분을 측정 • 단순 시장 추종이 아닌 능동적 운용 성과를 반영

❹ 젠센의 알파 추정 시 유의사항

수익률 추정구간	• 젠센의 알파를 추정하려면 회귀분석이 필요하며, 변수 분포의 정규성 가정을 충족해야 함 • 월간 이상 기간의 수익률 사용 권장
분석기간	• 유의성 확보를 위해 최소 30개 이상의 수익률 데이터 필요 • 월간 기준 시 약 3년 이상의 자료 요구
무위험수익률	단기 국공채 수익률 사용 권장(미국: 3개월물 T-Bill, 한국: CD 수익률 등)
기준 포트폴리오 수익률	• 펀드 투자목적에 부합하는 지수를 선택 • 주식형 펀드는 종합주가지수, 대형가치형 펀드는 대형거래지수 등 맞춤 적용
추가 유의점	• 기준 포트폴리오 선택에 따라 알파 값이 달라지므로 적합한 지수 선정이 중요 • 회귀분석 시 통계적 유의성 확보 여부를 반드시 해석해야 함

04 7장 투자운용결과분석
위험조정 성과지표

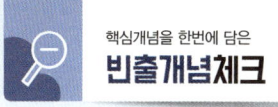

5 샤프지수

정의	투자수익률이 위험(총위험·표준편차)에 비해 얼마나 효율적인지를 평가하는 성과지표
가정	모든 증권의 수익률은 공통요인(시장 전체 변동) + 개별요인(기업 고유 변동)에 의해 결정됨
산출 목적	투자수익률 대비 변동성(위험)의 비율, 즉 단위 위험당 수익을 측정하여 투자성과 비교
산식	• $\dfrac{R_p - R_f}{\sigma_p}$ - R_p: 포트폴리오 P의 실현수익률 - R_f: 무위험이자율의 평균
평가 의미	샤프비율이 클수록 위험 대비 수익이 우수함을 의미하며, 투자성과가 뛰어난 것으로 평가

6 샤프지수 활용방법

비교 조건	• 운용기간이 동일한 펀드끼리 비교 • 평가대상 펀드는 동일한 기준 포트폴리오를 보유해야 함
목적	동일 조건에서 샤프비율을 활용해 펀드 성과 우열 및 순위 부여
활용 시 유의사항	• 수익률 측정 단위기간(일, 주, 월) 및 평가기간(1년 ~ 3년)에 따라 결과가 달라질 수 있음 • 최소 3년 이상 월간 수익률을 측정해야 정규분포를 따르는 통계적 속성 확보 가능 • 분산투자가 충분치 않은 투자자에게는 트레이너비율보다 샤프비율이 적합한 평가방법

04

7장 투자운용결과분석
위험조정 성과지표

❼ 트레이너비율

정의	• 투자 위험 측정 시 표준편차 대신 체계적 위험(베타계수)를 사용한 평가지표 • 포트폴리오가 잘 분산되어 있다면, 투자자가 부담하는 위험은 주로 체계적 위험이며, 비체계적 위험은 대부분 분산투자 효과로 제거된다는 전제에 기반함 • 트레이너비율은 체계적 위험 1단위당 실현된 위험 프리미엄을 의미함 • 주로 클래식 포트폴리오 성과 비교에 사용됨 • 샤프비율과 대비하여 RVOL(reward-to-volatility ratio)라고도 불림
산식	• $TR_p = \dfrac{R_p - R_f}{\beta_p}$ 　- TR_p: 펀드의 트레이너비율 　- R_p: 펀드의 평균 수익률 　- R_f: 무위험자산의 평균 수익률 　- β_p: 펀드의 베타 • 펀드의 트레이너비율이 기준지표의 트레이너비율보다 크면 펀드매니저의 성과가 우수하고, 작으면 성과가 열등함
의미와 활용	• 시장이 균형 상태라면, 포트폴리오의 체계적 위험 1단위당 실현된 위험 프리미엄은 기준 포트폴리오와 동일해야 함 • 동일 운용기간과 동일 기준 포트폴리오 조건에서만 펀드 간 비교가 가능함

❽ 트레이너비율 활용 시 유의사항

수익률 측정 단위·기간 영향	수익률 측정 단위(월간, 주간)와 평가대상 기간(1년, 2년, 3년)에 따라 결과가 달라질 수 있음
자료 기간 확보	최소 3년 이상 월간 수익률 자료를 사용해야 정규분포 등 통계적 속성을 확보 가능
분산투자 시 결과 유사성	전체 자산을 충분히 분산 투자하는 경우, 트레이너비율과 샤프비율의 평가 결과가 유사함

❾ 정보비율

정의	• 적극적인 투자성과 평가 시 위험을 고려하여 평가하는 지표 • 투자자는 수익을 선호하고 위험을 회피하려 한다고 가정
계산식	정보비율(IR) = $\dfrac{초과수익}{위험}$
특징	• 펀드의 위험조정 후 수익률이 잔차위험(Tracking Error) 또는 분산 가능한 위험 대비 달성된 성과인지 평가 • 초과수익(value added) 대비 위험(risk) 측정

04 위험조정 성과지표

7장 투자운용결과분석

⑩ 정보비율의 두 가지 형태

초과수익률을 이용한 정보비율	• 펀드 수익률과 기준 수익률 간의 차이를 분자로, 잔차위험을 분모로 하는 평가지표 • 잔차위험: 펀드 수익률과 기준 수익률 차이의 변동성 • 의미: 기준 초과수익을 얻기 위해 부담한 위험 대비 부가가치(Value Added) 측정
회귀분석모형을 이용한 정보비율	• 산출: 젠센의 알파 ÷ 회귀분석 표준오차(standard error) ▶ 펀드의 위험조정 후 수익률을 비체계적 위험으로 나누어 평가하는 지표 • 사전에 정의된 수익률 없이도 적용 가능하며, 젠센의 알파는 초과수익률이, 회귀모형의 표준오차는 잔차위험이 됨

⑪ 하락 위험을 이용한 평가지표

소티노 비율
(Sortino Ratio)
	• 정의
	  - 최소 수용 가능 수익률(MAR)을 초과하는 수익률을 하락 위험으로 나눈 비율
	  - 하락위험은 수익률이 최소 수용 가능 수익률 이하가 발생한 경우만을 반영
	• 소티노 비율 = $\dfrac{R_p - MAR}{DD}$
	  - R_p: 펀드 평균 수익률
	  - MAR: 최소 수용 가능 수익률
	  - DD: 하락 편차
	• 장점
	  - 최소 수용 가능 수익률(MMAR, Minimum Acceptable Return) 이하의 수익률 변동만을 위험으로 간주하여 샤프비율보다 하방 위험을 정확히 평가할 수 있음
	  - 소티노 비율이 높다는 것은 큰 손실이 발생할 가능성이 낮음을 의미
	  - 헤지펀드, 파생상품 펀드처럼 수익률 분포가 정규분포를 따르지 않거나 극단적 위험이 있는 경우 샤프비율보다 적합
	• 단점
	  - 하락 편차보다는 표준편차가 더 널리 인지되어 있어 샤프비율이 더 많이 사용됨
	  - 주식형·채권형 펀드 수익률 분포가 정규분포에 가까워, 샤프비율과 평가 결과 차이가 크지 않음
	  - 일반적인 펀드 비교보다는 특정 전략이나 극단적 위험 평가에 주로 사용됨

RAROC	• VaR(Value-at-Risk)을 분모로 사용하는 위험조정 성과지표로, 은행 등 금융기관이 자본(Capital) 대비 성과를 평가할 때 활용
	• RAROC = $\dfrac{R_p - R_f}{VaR}$
	  - R_p: 펀드 평균 수익률
	  - R_f: 무위험수익률
	  - VaR: 최대 손실액
	• VaR이 극단적 상황 하에서의 손실 가능성을 의미하므로, 모든 분산 정도를 반영하는 표준편차보다 위험을 더 적절하게 평가함
	• 펀드에 대한 개별적인 평가지표로는 잘 사용되지 않으며, 주로 금융기관의 위험관리 목적으로, 자산 유형별·부서별 성과 평가에 제한적으로 활용

7장 투자운용결과분석

01 성과분석을 위한 회계처리 원칙에 대한 설명으로 옳지 않은 것은?

① 평가일 현재 신뢰할 만한 시가가 없는 경우 공정가액으로 평가한다.
② 현금의 수입 시점에 수익을 인식하는 현금주의 회계처리를 사용해야 한다.
③ 거래의 체결이 확인되면, 실제로 현금흐름에 따라 결제가 일어나지 않았더라도 회계상에 반영한다.
④ 유동성이 부족하여 현재의 시장가격을 알 수 없는 경우 현금흐름을 시장금리로 할인한 이론가격을 사용할 수 있다.

02 다음 중 공정가치 평가(Fair Value)에 대한 설명으로 옳은 것은?

① 비상장주식·부동산은 항상 원가로만 평가해야 한다.
② 시장가격이 존재하더라도 전문가 제공 이론가격을 우선 사용한다.
③ 시장가격이 존재하지 않는 경우, 무조건 원가(Book Value)로 평가한다.
④ 시장가격이 존재하지 않는 경우, 최근 거래가격이나 이론가격을 사용할 수 있다.

03 다음 중 발생주의 원칙(Accrual Basis)의 특징으로 옳은 것은?

① 결제일이 도래해야만 회계에 반영할 수 있다.
② 이자나 배당은 실제 지급된 이후에만 수익으로 인식한다.
③ 현금 수수 여부와 관계없이 수익과 비용을 발생 시점 기준으로 인식한다.
④ 투자성과 왜곡 방지를 위해 현금 흐름 발생 시점에만 수익과 비용을 인식한다.

04 다음 중 펀드의 회계처리에 대한 설명으로 옳은 것은?

① 신뢰할 만한 시장가격이 없으면 장부가(원가)로 평가한다.
② 유가증권 거래는 거래일을 기준으로 회계장부에 기록한다.
③ 현금주의 회계처리는 발생 시점 기준으로 수익과 비용을 인식한다.
④ 이익창출과 관련하여 거래가 발생하면 결제일과 무관하게 수익을 인식할 수 있다.

05 GIPS(Global Investment Performance Standards)의 회계처리 규칙으로 옳지 않은 것은?

① 거래일(Trade Date)기준 회계를 사용하여야 한다.
② 포트폴리오는 공정가치의 정의와 부합되며 GIPS의 평가원칙과 일치하도록 가치평가 되어야 한다.
③ 국제 성과평가기준에 따랐음을 입증하기 위해 필요한 모든 자료와 정보는 확보되고 유지되어야 한다.
④ 발생주의 회계는 확정이자부 증권과 이자수입을 얻는 모든 투자상품에 대해 사용되어야 하고, 확정이자부 증권의 가치는 미수수익을 제외하여야 한다.

06 금액가중 수익률(IRR, Internal Rate of Return)의 특징으로 옳은 것은?

① 펀드 기준가격 변화를 활용하여 지속 측정이 가능하다.
② 세부기간별 수익률을 기하평균으로 연결하여 계산한다.
③ 펀드매니저의 순수 운용성과를 측정하는 데 가장 적합하다.
④ 투자자의 추가 투자 및 인출 시점·규모가 수익률에 반영된다.

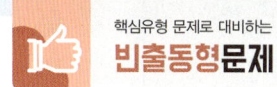

07 다음 중 시간가중 수익률에 대한 옳은 설명으로만 모두 묶인 것은?

> ㉠ 투자자가 얻는 수익성을 측정한다.
> ㉡ 펀드매니저의 운용능력을 측정한다.
> ㉢ 측정기간 동안 얻은 수익금액을 반영하는 성과지표이다.
> ㉣ 투자자금의 유출입에 따른 수익률 왜곡현상을 해결한 방법이다.

① ㉠, ㉡
② ㉠, ㉣
③ ㉡, ㉣
④ ㉢, ㉣

08 다음 중 금액가중 수익률과 시간가중 수익률의 비교 설명으로 옳은 것은?

① 시간가중 수익률은 IRR 방식을 사용하며, 펀드 기준가격과 무관하다.
② 시간가중 수익률은 투자자의 행동이 반영되므로 직접 투자 성과 측정에 적합하다.
③ 금액가중 수익률은 투자자의 현금흐름 영향을 제거하여 펀드매니저의 운용능력을 측정한다.
④ 금액가중 수익률은 IRR(내부수익률) 방식으로 계산되며, 투자자의 자금 유출·유입이 반영된다.

09 다음 중 평균 수익률에 대한 설명으로 옳지 <u>않은</u> 것은?

① 기하평균 수익률은 장기 투자성과 평가 시 활용된다.
② 산술평균수익률은 기하평균 수익률보다 항상 크게 나타난다.
③ 산술평균 수익률은 포트폴리오 투자성과 측정에 바람직하다.
④ 기하평균 수익률은 복리효과를 반영하여 투자성과 측정에 적합하다.

10 다음 자료를 참고하여 산술평균 수익률과 기하평균 수익률 계산한 값으로 올바르게 나열한 것은? (2년 말 시점에 투자자금은 전액 매도하여 회수함)

시점(기간 말)	1주당 시장가격	1주당 배당금
0	15,000	–
1	18,000	300
2	19,000	350

① 14.75%, 14.52%
② 16.50%, 15.92%
③ 17.92%, 16.50%
④ 18.45%, 17.20%

11 운용사의 성과를 평가할 때 '대표펀드의 문제'에 해당하는 설명으로 옳은 것은?

① 운용사의 성과를 측정할 때, 측정 시점에 따라 편차가 발생하는 문제를 의미한다.
② 운용사의 성과를 평가할 때, 펀드매니저의 이직 여부에 따라 운용능력이 달라지는 문제를 의미한다.
③ 운용 중인 펀드만을 대상으로 평가하여 과거 청산된 펀드의 성과를 반영하지 못하는 오류를 의미한다.
④ 특정 펀드를 대표로 선정하여 해당 펀드의 성과만을 보고 전체 성과를 판단할 경우 실제 운용성과와 차이가 발생할 수 있다.

12 다음 보기에서 설명하는 내용으로 옳은 것은?

> 성과평가 시 특정 기간에만 좋은 성과를 기록한 경우, 전체 운용성과를 실제보다 좋게 보이게 할 수 있다. 예를 들어, 시장 상황이 유리한 기간을 선택해 평가하면 운용능력이 과대평가될 가능성이 높다. 정확한 평가를 위해서는 장기간의 데이터를 사용해 다양한 시장 상황에서의 성과를 검증해야 한다.

① 대표펀드의 문제
② 성과의 이전 가능성
③ 생존계정의 오류 문제
④ 시간에 따른 성과 변동 문제

13 다음 중 현금유출액의 현재가치와 현금유입액의 현재가치를 일치시키는 할인율은?

① 내부수익률
② 평균 수익률
③ 총자산이익률
④ 자기자본이익률

14 다음 중 투자위험의 의미에 대한 설명으로 옳은 것은?

① 투자위험은 수익-위험 차원 평가와 무관하게 측정된다.
② 투자위험은 과거 수익률이 낮았던 자산을 매입했을 때만 발생한다.
③ 투자위험은 수익률의 변동성만을 의미하며, 미래 불확실성은 포함하지 않는다.
④ 투자위험은 수익률의 변동성, 기대수익률 미달 가능성, 현금흐름 부족 가능성 등을 포함한다.

15 다음 중 절대적 위험(absolute risk)의 하락 위험(downside risk) 지표에 해당하지 않는 것은?

① 절대 VaR
② 상대 VaR
③ 하락 편차
④ 절대 위험

16 표준편차에 대한 설명으로 옳은 것은?

① 표준편차가 0이면 반드시 무위험자산이다.
② 표준편차는 수익률이 평균에서 벗어난 절대적인 거리를 나타내며, 값이 작을수록 변동성이 크다.
③ 표준편차는 수익률의 변동성을 나타내는 지표로, 연간표준편차는 월간표준편차에 12를 곱해 계산한다.
④ 표준편차는 수익률의 변동성을 나타내며, 정규분포 가정 시 ±2 표준편차 범위 내에 약 95.5%의 확률로 수익률이 존재한다.

17 다음 중 왜도(Skewness)와 첨도(Kurtosis)에 대한 설명으로 옳지 않은 것은?

① 첨도가 3보다 크면 꼬리가 두꺼워 평균보다 낮은 수익이 발생할 가능성이 높다.
② 첨도가 3보다 작으면 꼬리가 두꺼워 평균보다 낮은 수익이 발생할 가능성이 높다.
③ 왜도가 (+)이면 평균 기준 왼쪽으로 치우쳐 평균보다 높은 수익이 발생할 가능성이 높다.
④ 왜도가 (−)이면 평균 기준 오른쪽으로 치우쳐 평균보다 낮은 수익이 발생할 가능성이 높다.

18 다음 중 하락 위험 측정이 필요한 이유로 옳은 것은?

① 하락 위험 지표는 옵션 가격 산출 시만 활용된다.
② 수익률이 정규분포를 따를 경우, 하락 위험은 측정할 필요가 없다.
③ 표준편차가 전체 변동성을 반영하기 때문에 하락 위험과 동일한 지표다.
④ 수익률 분포가 비정규분포(왜도, 첨도 등)를 가질 경우 표준편차만으로 위험을 측정하면 과소·과대평가 될 수 있다.

19 다음 중 절대 VaR(Absolute Value-at-Risk)에 대한 설명으로 옳은 것은?

① 최소 요구수익률(MAR)의 미달 수익률만 고려하여 손실 위험을 측정한다.
② 목표수익률 미달 가능성을 확률로 나타내어 장기 자금 운용 계획에 활용된다.
③ 수익률이 평균 이하일 확률을 측정하는 지표로, 목표 수익률 대비 하락 가능성을 나타낸다.
④ 일정 신뢰수준 하에서 미래 특정 기간 동안 발생할 수 있는 최대 손실 가능액을 의미하며, 투자자산 규모 기준으로 손실 위험을 수치화한다.

20 다음 중 상대적 위험을 측정하는 척도로 옳지 않은 것은?

① 베타
② 공분산
③ 잔차위험
④ 표준편차

21 다음에서 설명하는 위험지표는 무엇인가?

- 투자위험을 측정할 때 가장 일반적으로 사용되는 것으로 투자수익률이 평균으로부터 얼마나 떨어져 있는가를 나타내는 통계지표이다.
- 운용 목표를 절대적인 수익률의 안정성에 둔다면 바람직한 위험지표로 사용된다.

① 베타
② VaR
③ 공분산
④ 표준편차

22 다음 중 기준지표(benchmark)에 대한 설명으로 옳지 않은 것은?

① 투자전략 수립·점검, 성과 공유 등 투자자와 펀드매니저 간의 소통 기준이 된다.
② 펀드 운용 시 목표와 기준이 되는 지표로, 운용 효율성을 평가하는 기준이 된다.
③ 성과 측정을 위한 핵심 기준을 선정해야 하며, 주로 기준지표 지수(index)를 활용한다.
④ 기준지표는 반드시 시장 전체 평균 수익률만을 사용해야 하며, 운용 전략에 따라 달라질 수 없다.

23 다음 중 동류 집단 수익률의 필요성에 대한 설명으로 옳은 것은?

① 펀드의 미래 수익률을 예측하는 데 활용된다.
② 개별 펀드의 절대 수익률을 평가하는 기준을 제공한다.
③ 모든 펀드가 동일한 스타일과 운용전략을 사용하도록 강제한다.
④ 벤치마크 부재 시 상대평가 기준을 제공하고, 동일 위험구조내 공정 비교를 가능하게 한다.

24 다음 중 트레이너비율과 샤프비율의 차이로 옳은 것은?

① 두 지표 모두 체계적 위험만 사용한다.
② 트레이너비율은 비체계적 위험, 샤프비율은 총위험을 사용한다.
③ 트레이너비율은 총위험(표준편차), 샤프비율은 체계적 위험(베타)을 사용한다.
④ 트레이너비율은 체계적 위험(베타), 샤프비율은 총위험(표준편차)을 사용한다.

25 다음 펀드의 트레이너비율로 옳은 것은?

- 펀드 평균 수익률(R_p): 10%
- 무위험수익률(R_f): 3%
- 펀드 베타(β_p): 1.4

① 4.5%
② 5.0%
③ 5.5%
④ 6.0%

26 어떤 펀드의 연간 평균 수익률은 10%, 기준 수익률은 6%이며 잔차위험(Tracking Error)은 2%이다. 이 펀드의 정보비율(IR)은 얼마인가?

① 1.5
② 2.0
③ 2.5
④ 3.0

27 다음 중 포트폴리오 분석의 개념에 대한 설명으로 옳은 것은?

① 펀드의 스타일은 결과 분석 이후에만 파악할 수 있다.
② 포트폴리오 분석은 거래 빈도나 매매패턴 분석과는 무관하다.
③ 포트폴리오 분석은 수익률, 위험 등 결과 중심의 성과를 평가하는 것이다.
④ 포트폴리오 자체의 특성을 분석하며, 자산 비중 및 배분 구조를 파악하는 데서 시작한다.

28 다음 중 스타일 분석의 주요 분류 기준에 해당하지 않는 것은?

① 채권형 : 평균 신용등급 및 평균 듀레이션
② 주식형 : 대형주·중형주·소형주로 분류 가능
③ 주식형 : 보유 종목의 매매회전율과 거래빈도
④ 주식형 : 보유 종목의 시가총액 및 가치평가 정도

01 8장 거시경제
경제모형과 경제정책의 분석

1 경제분석의 방법

- 5단계 경제분석의 방법

1단계: 공급곡선 규정	공급량과 가격의 관계를 나타내는 공급곡선의 수식을 설정
▼	
2단계: 수요곡선 규정	수요량과 가격의 관계를 나타내는 수요곡선의 수식을 설정
▼	
3단계: 균형식 도출	공급=수요의 조건을 적용하여 균형 가격과 균형 거래량을 도출
▼	
4단계: 균형 이탈 분석	특정 경제변수가 변동하여 기존의 균형이 깨지는 상황을 살펴봄
▼	
5단계: 새로운 균형 회복 과정 파악	균형 복귀를 위해 다른 대응변수들이 어떤 방향(증가·감소)으로 변동하는지 확인

- 시장의 분류와 균형 분석

시장의 분류	• 재화시장(Goods Market): 상품과 서비스가 거래되는 시장을 말하며, 1년 동안 국민경제에서 생산된 상품과 서비스의 최종 거래 합계를 국민소득(Y)이라고 함
	• 화폐시장(Money Market)
	  – 화폐가 거래되는 시장
	    ※ 화폐: 이자율이 0%인 금융자산
	  – 실물과 화폐의 거래가 증가하면 경기가 좋아짐 ▶ 총수요(aggregate demand)
	• 노동시장(Labor Market)
	  – 노동이 거래되는 시장
	  – 자본의 변동이 불가한 단기에서는 노동시장과 생산함수가 결합 ▶ 총공급(aggregate supply) 결정
	• 그 외 시장
	  – 채권시장(Bond Market)
	  – 외환시장(Foreign Exchange Market)
	  – 폐쇄경제 가정 시 채권시장과 외환시장은 분석에서 제외 가능

균형 분석	• 왈라스의 법칙: n개의 시장 중 (n−1)개의 시장이 균형에 도달하면 나머지 한 시장도 자동으로 균형을 이룬다는 법칙 • IS곡선: 재화시장을 분석하여 도출 • LM곡선: 화폐시장을 분석하여 도출 • 총수요 결정: 재화시장과 화폐시장의 동시 균형을 통해 총수요의 크기가 결정됨 • 총공급 결정: 노동시장과 생산함수를 통해 총공급의 크기가 결정됨
균형 국민소득 결정	• 현대 선진국형 경제는 수요 부족 경제의 특징을 가지고 있기 때문에 균형의 크기는 총수요에 의해 결정됨 • 물가가 불변이라고 가정하면 IS-LM 모형으로 균형 국민소득을 분석할 수 있음 • 물가가 변동한다고 가정하면 총수요−총공급 모형을 통해 균형 국민소득을 분석

01 8장 거시경제
경제모형과 경제정책의 분석

❷ 재화시장의 균형: IS곡선

재화시장 균형의 개념	• 재화시장은 국민소득(Y)과 이자율(R)의 조합으로 균형을 이루는 시장으로, 이 두 변수는 경제활동의 결과로서 내생변수임 • 반면, 정부지출(G)과 조세(T)는 외생변수로서 모델 외부에서 결정됨

국민소득의 공급과 수요	• 공급(Y^s)
	  - 국민소득의 공급은 대량생산 등으로 충분히 이루어진다고 가정하며, 특별한 제약이 없다고 봄
	  - 국민소득이 1단위 증가하면 공급도 1단위 증가함
	• 수요(Y^d): 국민소득 수요는 가계의 소비지출수요(C), 기업의 투자지출수요(I), 정부의 정부지출소요(G) 합계로 정의됨
	• 소비(C): 가계의 소비는 가처분소득(Y − T)에 따라 결정되며, 대부분 소득에서 소비가 발생함
	• 투자(I): 기업의 투자는 금융기관으로부터 대출을 받을 때 이자율(R)에 따라 달라지며, 이자율이 높으면 투자가 감소함
	• 정부지출(G): 정부는 재원 조달에 제약이 없으며, 조세(T) 이상 지출 시 국채 발행이나 화폐 발행으로 조달함
	• 국민소득의 수요(Y^d) = C(Y − T) + I(R) + G

재화시장의 균형식	• 재화시장에서 공급과 수요가 일치할 때 균형이 성립함 • Y = C(Y − T) + I(R) + G • 소비(C)는 한계소비성향(MPC) 0 < MPC < 1의 증가함수임 • 투자(I)는 이자율(R) 증가 시 감소하는 함수임

변수 간 관계와 안정성	• Y와 R
	  - 국민소득(Y)이 증가하면 투자(I)가 감소하여 수요가 줄어듦
	  - 균형 회복을 위해 이자율(R)이 하락해야 하므로 Y와 R은 반비례 관계임
	• Y와 G: 정부지출(G)이 증가하면 총수요가 늘어나고, 균형 회복을 위해 국민소득(Y)도 증가하므로 Y와 G는 정비례 관계임
	• Y와 T: 조세(T)가 증가하면 가처분소득이 줄어 소비가 감소하고, 균형 회복을 위해 Y도 감소하므로 Y와 T는 반비례 관계임

IS곡선과 재화시장 영향	• IS곡선 기울기: Y−R 그래프에서 IS곡선은 음의 기울기를 가짐
	  ▶ 국민소득(Y)이 증가하면, 투자(I)가 감소하여 총수요가 줄고, 균형을 맞추기 위해 이자율(R)이 하락해야 하기 때문임
	• 곡선 이동 요인
	  - 정부지출(G) 증가: 정부가 지출을 늘리면 총수요가 증가하고, 균형 국민소득(Y)을 높이기 위해 IS곡선이 오른쪽으로 이동함
	  - 조세(T) 증가: 조세가 늘어나면 가처분소득이 줄어 소비가 감소하고, 균형 국민소득(Y)이 낮아지므로 IS곡선이 왼쪽으로 이동함
	• 경제에 미치는 영향
	  - 이자율(R) 상승 → 투자와 소비 감소 → 경기가 침체됨
	  - 이자율(R) 하락 → 투자와 소비 증가 → 경기가 활성화됨
	  - 정부지출 확대 → 총수요 증가 → 경기가 활성화됨
	  - 조세 증가 → 총수요 감소 → 경기가 억제됨

01 경제모형과 경제정책의 분석

8장 거시경제

③ 화폐시장의 균형: LM곡선

화폐시장 균형의 개념	• 화폐시장은 국민소득(Y)과 이자율(R)의 조합으로 균형을 이루는 시장임 • 이 두 변수는 경제활동의 결과로서 내생변수임 • 명목화폐공급(M_s)은 중앙은행이 모형 외부에서 독자적으로 결정하는 외생변수임 • 만약 화폐공급이 내생적이면, 화폐공급은 이자율 증가함수가 됨
화폐수요	• 화폐수요(M_d) = M_d(Y, R) • 화폐수요(M_d)는 거래적 화폐수요와 투기적 화폐수요로 구성됨 • 거래적 화폐수요: 국민소득(Y)이 증가하면 거래 활동이 늘어나 화폐보유가 증가함 • 투기적 화폐수요: 재산 중 무수익 자산으로서 화폐 보유 비중을 고려함 • 화폐의 기회비용은 수익자산(채권, 주식, 부동산 등)의 평균 수익률(i)과 화폐보유의 이자손실 차이로 결정되며, 기회비용이 크면 화폐보유가 감소함
화폐시장 균형식	• 명목화폐공급(M_s) = M_d(Y, R) • 균형에서 국민소득(Y)과 이자율(R)은 내생변수임 • 명목화폐공급(M_s)은 외생변수로, 중앙은행이 독자적으로 결정함

변수 간 관계와
안정성
	• Y와 i(이자율): 이자율이 상승하면 화폐수요가 감소하고, 균형 회복을 위해 국민소득(Y)이 증가해야 함
	  ▶ Y와 i는 **정비례** 관계임
	• Y와 M_s(화폐공급): 화폐공급이 증가하면 화폐수요가 증가하며, 균형 회복을 위해 Y가 증가함
	  ▶ Y와 M_s는 **정비례** 관계임
	• Y와 P(물가): 물가가 상승하면 실질화폐공급($\frac{M}{P}$)이 감소하며, 균형 회복을 위해 국민소득(Y)이 감소함 → Y와 P는 **반비례** 관계임

LM곡선과
그래프 해석
	• LM곡선 기울기: Y-R 그래프에서 LM곡선은 양의 기울기를 가짐
	  ▶ 국민소득(Y)이 증가하면 거래적 화폐수요가 늘어나 이자율(R)이 상승해야 화폐시장이 균형을 유지할 수 있기 때문임
	• 곡선 이동 요인
	  – 화폐공급(M_s) 증가: 중앙은행이 화폐공급을 늘리면 실질화폐공급($\frac{M}{P}$)이 증가하여 국민소득(Y)이 더 높아도 화폐시장이 균형을 유지할 수 있으므로 LM곡선이 오른쪽으로 이동함
	  – 물가(P) 상승: 물가가 오르면 실질화폐공급($\frac{M}{P}$)이 줄어 화폐수요를 만족시키기 위해 국민소득(Y)이 낮아야 하고, 이자율(R)이 올라야 하므로 LM곡선이 왼쪽으로 이동함
	• 기타 상황
	  – 화폐공급(M_s)이 감소하면 LM곡선은 왼쪽으로 이동함
	  – 물가(P)가 하락하면 실질화폐공급이 늘어나 LM곡선이 오른쪽으로 이동함

01 8장 거시경제
경제모형과 경제정책의 분석

④ 재화시장과 화폐시장의 균형: IS-LM곡선

시장 전체 균형	• 시장 전체의 균형은 재화시장과 화폐시장이 동시에 균형을 이룰 때 달성됨 • IS곡선(재화시장의 균형)과 LM곡선(화폐시장의 균형)을 동시에 분석함으로써 시장 전체 균형을 찾을 수 있음 • IS곡선과 LM곡선의 교점이 시장 균형이며, 이때의 국민소득(Y)과 이자율(R)을 각각 균형 국민소득과 균형 이자율이라고 함
IS곡선 이동 요인	• 정부지출(G) 증가: IS곡선을 오른쪽으로 이동시킴 → 국민소득(Y) 증가 효과 발생함 • 조세(T) 증가: IS곡선을 왼쪽으로 이동시킴 → 국민소득(Y) 감소 효과 발생함
LM곡선 이동 요인	• 화폐공급(M_s) 증가: LM곡선을 오른쪽으로 이동시킴 → 국민소득(Y)이 더 높아도 화폐시장이 균형을 유지 • 화폐공급(M_s) 감소: LM곡선을 왼쪽으로 이동시킴 → 국민소득(Y)이 낮아야 균형 유지 가능 • 물가(P) 상승: LM곡선을 왼쪽으로 이동시킴 → 실질화폐공급 감소로 국민소득(Y) 감소 • 물가(P) 하락: LM곡선을 오른쪽으로 이동시킴 → 실질화폐공급 증가로 국민소득(Y) 증가
균형 변화 요약	• 재화시장(IS)과 화폐시장(LM) 곡선의 이동에 따라 균형 국민소득(Y)과 균형 이자율(R)이 결정됨 • IS곡선 이동 → 국민소득과 이자율 변화 • LM곡선 이동 → 국민소득과 이자율 변화 • 따라서 경제정책(재정·통화) 변화가 IS-LM 교점을 이동시켜 시장 균형을 조정함

⑤ 재정정책

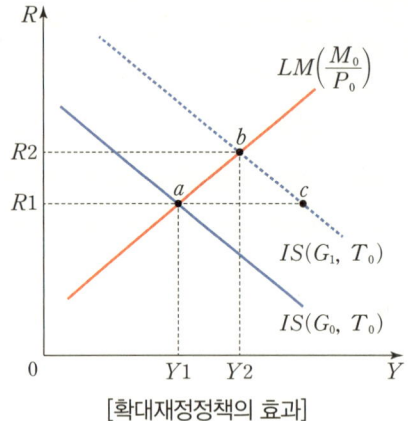

[확대재정책의 효과]

재정정책의 구분	• 재정정책은 경기 상황에 따라 구분됨 • 확대재정정책: 경기 침체 상황에서 시행함 • 긴축재정정책: 경기 과열 상황에서 시행함

01 경제모형과 경제정책의 분석

8장 거시경제

확대재정정책	• 정부지출(G) 증가 또는 세율 인하 시 IS곡선이 오른쪽으로 이동함 • 균형은 점 a에서 b로 이동하며, 국민소득(Y)과 이자율(R) 모두 증가함 • 확대재정정책 시행 시, 국민소득 증가와 함께 이자율 상승으로 투자가 일부 위축됨 • 이러한 투자 위축으로 국민소득 증가가 완전히 이루어지지 않고 일부 제한되는 현상을 구축효과(crowding-out effect)라고 함 • 확대재정정책의 균형 이동 순서는 점 a → c → b로 나타남
긴축재정정책	• 세율 인상 또는 정부지출 감소 시 IS곡선이 왼쪽으로 이동함 • 균형 국민소득(Y)은 감소하고, 균형 이자율(R)도 하락함

6 통화정책

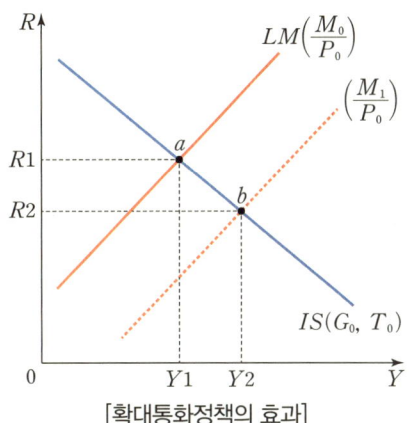

[확대통화정책의 효과]

통화정책과 LM곡선 이동	• 재정정책이 IS곡선을 이동시키는 것과 달리, 통화정책은 LM곡선을 이동시킴 • LM곡선 이동은 화폐시장 균형 변화에 따른 국민소득(Y)과 이자율(R) 변화로 나타남
확대통화정책	• 중앙은행이 화폐공급(M_s)을 증가시키면 LM곡선이 오른쪽으로 이동함 • 물가 수준(P)이 하락하는 경우에도 LM곡선 이동 효과는 동일하게 나타남 • 균형은 점 a에서 b로 이동하며, 국민소득(Y)은 증가하고 이자율(R)은 하락함 • 확대통화정책 시행 시, 낮은 이자율로 인해 투자가 촉진되고 경제활동이 활성화됨
긴축통화정책	• 화폐공급(M_s)을 축소하면 LM곡선이 왼쪽으로 이동함 • 균형 국민소득(Y)은 감소하고, 균형 이자율(R)은 상승함 • 긴축통화정책은 경제 과열을 억제하고 인플레이션을 조절하는 효과가 있음

01

8장 거시경제

경제모형과 경제정책의 분석

🔴 재정정책과 통화정책에 대한 논의

구축효과	• 확대재정정책의 기본 효과 　– 확대재정정책 시행 시, IS곡선이 오른쪽으로 이동함 　– 이로 인해 국민소득(Y)은 증가하고 이자율(R)도 상승함 • 이자율 상승과 민간투자 　– 투자(I)는 이자율(R)의 감소함수로, 이자율이 상승하면 민간투자가 감소함 　– 민간투자가 감소하면 국민소득(Y)의 증가 폭이 일부 제한됨 • 구축효과(Crowding-out effect) 　– 확대재정정책이 이자율을 상승시켜 민간투자를 위축시키는 현상 　– 구축효과 때문에 재정정책의 국민소득 증가 효과는 일부 반감됨 • 구축효과의 정도 　– 완전 구축효과: 정부지출(G) 증가분만큼 민간투자(I)가 감소하여 국민소득(Y)은 변화하지 않음 　　▶ 재정정책 효과가 사라짐 　– 부분 구축효과: 민간투자 감소가 정부지출 증가분보다 작아 국민소득(Y)이 일부 증가함 　– 무 구축효과: 민간투자 감소가 거의 없거나, IS곡선이 수평일 경우 나타나며 국민소득(Y)이 최대로 증가함
유동성 함정	• 케인즈의 이론으로, 이자율이 임계이자율(R) 이하로 하락 시 사람들이 채권 보유를 포기하고 모든 자금을 화폐로 보유하면서 화폐수요가 폭발적으로 증가하는 현상을 의미 • 통화정책의 무력화 　– 화폐수요의 이자율 탄력성이 무한대가 됨 　– LM곡선이 수평이 되므로, 화폐공급(M_s)을 증가시키는 확대통화정책을 시행해도 균형 국민소득(Y)과 이자율(R)에 변화가 없음 　– 따라서 유동성 함정에서는 통화정책이 사실상 무력함 • 재정정책의 효과 　– 유동성 함정 상황에서는 이자율의 변화가 없기 때문에 재정정책의 구축효과가 나타나지 않음 　– 정부지출 확대 또는 세율 인하 등 확대재정정책을 시행하면 LM곡선이 우측으로 이동하여 국민소득(Y)만 증가하고, 이자율(R)은 불변임 　– 따라서 재정정책의 효과가 극대화됨 • 발생 조건: 일반적으로 경제가 극심한 불황 상태에 있을 때 발생함 • 해결 방법 　– 통화정책은 무력하고 재정정책이 경기확대에 가장 효과적임 　– 재정정책으로 경기 회복 및 화폐수요 구조를 정상화시키고 통화정책과 결합되면 유동성 함정 상태 해결 가능

01 경제모형과 경제정책의 분석

8장 거시경제

피구 효과	• 정의
	  – 경기불황이 심해질 때 물가가 급속히 하락하면서 경제 주체들이 보유한 화폐의 실질가치가 증가하는 현상
	  – 실질 부(wealth)가 증가함에 따라 민간 소비가 늘어나고 총수요가 증가함
	• 경제주체 부의 구성
	  – 경제주체의 부는 실질 잔액($\frac{M}{P}$), 채권(B), 자본(K)의 합으로 구성됨
	  – 소비는 단순히 가처분소득이 아니라 부의 함수로 결정될 수 있음
	• 유동성 함정과 피구 효과
	  – 극심한 경기불황으로 경제가 유동성 함정에 빠진 경우에도, 물가가 하락하면 실질 잔액($\frac{M}{P}$)의 가치가 상승함
	  – 이로 인해 민간 소비가 증가하여 IS곡선과 LM곡선 모두 오른쪽으로 이동함
	  – 결과적으로 재정정책 없이도 경제가 유동성 함정에서 벗어나고 균형 국민소득(Y)과 이자율(R)이 조정됨
	• 한계와 부작용
	  – 경기 침체 시 물가 하락이 항상 바람직한 결과를 낳는 것은 아님
	  – 물가 하락으로 실물자산 가치가 떨어지면 경제주체의 실질 부채 부담이 증가함
	  – 이로 인해 소비가 위축되고 경기불황과 디플레이션이 지속될 수 있음
	  – 이러한 현상을 부채-디플레이션 이론(Debt-Deflation theory)이라고 함

리카르도 불변 정리	• 정부지출 증가와 세금 감소 비교
	  – 정부지출(G) 증가는 총수요에 직접적으로 영향을 미침
	  – 반면, 세금(T) 감소는 총수요에 간접적 영향을 미치며, 소비가 증가하는지가 핵심
	• 케인즈학파(절대소득가설) 관점
	  – 소비는 당기 가처분소득(current disposable income)에 의존
	  – 따라서 세금 감면이 일시적이든 영구적이든 총수요에 영향을 줌
	  – 그러나 케인즈학파의 확대재정정책은 주로 일시적 세금 감면이므로, 실제 총수요에는 큰 변동이 없음
	• 통화주의자(항상소득가설) 관점
	  – 소비는 항상 소득(permanent income)에만 의존
	  – 일시적 세금 감소: 항상 소득을 변동시키지 못해 소비에 영향 없음
	  – 영구적 세금 감소: 항상 소득을 변화시켜 소비에 영향 발생
	• 합리적 기대학파(Ricardian Equivalence Theorem, RET) 관점
	  – 리카르도 불변 정리를 주장함
	  – 경제주체는 현재 세금 감소를 미래 세금 증가로 인식함
	  – 세금 감소 시 민간 저축이 증가할 뿐, 총수요에는 변화 없음
	  – 정부 공채를 부(wealth)로 간주하지 않기 때문에 소비가 늘지 않음

01 경제모형과 경제정책의 분석

8장 거시경제

8 통화정책 효과에 대한 세 학파 비교

구분	케인즈학파	통화주의자	합리적 기대학파
기본 전제	유효수요 부족 시 정부의 적극적 개입 필요	화폐는 장기적으로 중립적이지만, 단기적으로는 실물에 영향	경제주체는 합리적 기대를 형성 → 예측된 정책은 무력함
통화량 증가 효과	이자율 하락 → 투자 증가 → 국민소득과 고용 증가	• 단기: 총수요 증가 → 산출량·고용 증가 • 장기: 물가만 상승, 산출량·고용은 자연수준으로 복귀	• 예상된 통화 증가: 물가만 상승 • 예상치 못한 통화: 단기적 산출·고용 증가 가능
정책 활용 가능성	적극적 통화정책(재정정책 병행)으로 경기 조절 가능	통화정책은 단기적 경기안정 수단일 뿐이며, 장기적으로는 물가안정에 집중해야 함	장기적으로 통화정책은 무효하며 오직 물가에만 영향을 줌
장기적 시사점	정부정책으로 총수요와 실물경제 관리 가능	장기에는 물가안정 중심, 통화공급 관리가 핵심	정책 충격도 반복되면 무력화되며 통화정책은 물가변수만 결정

02 8장 거시경제
이자율의 결정과 기간구조

❶ 이자율의 개념과 성격

이자율의 정의	• 이자율은 화폐 서비스(money service)의 가격 또는 신용(credit)·대출(loan)의 가격으로 정의됨
	• 여러 이자율 중에서 완전 무위험 상태의 기업이 자금을 빌릴 때 지급해야 하는 가격을 순수이자율(pure rate of interest)이라 함
	• 이자율은 경제 전반에 중요한 영향을 미치는 대표적인 경제변수이며, 정책적으로 쉽게 조작하기 어려운 시장 변수임
	• 케인즈학파의 이자율 결정 이론
	  – 이자율은 화폐의 수요와 공급에 의해 결정되는 화폐적 현상(monetary phenomenon)으로 설명됨
	  – 화폐 공급은 외생적으로 주어지고, 화폐 수요는 거래적·투기적·예비적 수요로 구성
	  – 화폐 보유의 기회비용은 금융자산의 수익률이며, 재정거래(arbitrage)에 의해 금융자산 간 수익률은 일치하는 경향을 가짐
	    ▶ 이 과정을 통해 금융시장에서의 시장 이자율(market rate of interest)이 결정됨
	  – 케인즈는 금융시장의 투기에 의해 이자율이 안정되더라도, 실물자산의 수익률과는 괴리가 발생할 수 있으며, 이로 인해 투자 감소와 총수요 부족이 나타날 수 있다고 봄
	• 고전학파의 이자율 결정 이론
	  – 이자율을 실물적 현상(real phenomenon)으로 간주
	  – 이자율은 자금 수요(투자)와 자금 공급(저축)의 상호작용에 의해 결정됨
	  – 생산성은 투자를 위한 자금 수요를, 검약은 저축을 통한 자금 공급을 결정함
	  – 정의 시간선호율로 인해 자금공급곡선은 우상향, 자본의 한계생산체감으로 인해 자금수요곡선은 우하향하며, 이 둘의 교차점에서 결정되는 이자율이 자연이자율(natural rate of interest)임

이자율의 역할	• 이자율은 실물부문(소비, 저축, 투자, 노동공급)과 화폐부문(화폐수요, 화폐공급)에 모두 영향을 미침 • 실물부문에서는 실질이자율이 중요하며, 화폐부문에서는 명목이자율이 중요 • 실질이자율: 현재 소비를 선택할 경우 포기하는 미래 수입의 현재가치 • 소비·저축: 실질이자율 상승 → 현재 소비 감소 → 저축 증가 → 미래 소비 확대 • 투자: 실질이자율 상승 → 투자 위축, 실질이자율 하락 → 투자 증가 • 노동공급: 실질이자율 상승 → 현재 노동공급 증가 → 미래 노동공급 감소

❷ 고전적 이자율 결정이론

고전학파의 이자율 결정이론	• 이자율은 저축과 투자 등 실물적 요인에 의해 결정됨 • 궁극적으로 사회의 시간선호율과 자본의 한계생산성이 결정요인임 • 따라서 이자율은 기본적으로 실물적 현상임

빅셀(Wicksell)의
이자율 결정이론
	• 이자율 구분: 시장이자율(대부시장에서의 화폐적 이자율) vs 자연이자율(실물자본의 수요·공급으로 결정되는 이자율)
	• 균형 시: 시장이자율 = 자연이자율
	• 불균형 시
	  – 시장이자율 < 자연이자율 ▶ 투자 증가, 경기 팽창, 물가 상승
	  – 시장이자율 > 자연이자율 ▶ 투자 위축, 경기 수축, 물가 하락
	• 이자율은 실물적 요인과 화폐적 요인 모두 반영

02 8장 거시경제
이자율의 결정과 기간구조

케인즈의 유동성 선호설	• 이자율은 화폐 보유에 따른 유동성 희생의 보상임 → 화폐적 현상으로 인식
	• 화폐수요 동기: 거래적 · 투기적 · 예비적 동기
	• 화폐수요 함수: $M^d = L_1(Y) + L_2(R)$
	   – 소득(Y) 증가 → 화폐 수요 증가(거래적 수요)
	   – 이자율(R) 하락 → 화폐 수요 증가
	• 균형 이자율: 화폐공급(M_s)과 화폐수요(M_d)가 일치하는 수준에서 결정됨
	• 화폐공급 증가 → 이자율 하락

고전학파의 이자율이론과 케인즈의 유동성 선호설 비교	• 분석 방식
	   – 고전학파: 현재 생산물을 저축하고 이를 투자로 전환하는 흐름을 중시 → 유량(flow) 분석
	   – 케인즈: 이미 보유한 소득을 화폐로 둘지 금융자산으로 둘지 선택을 중시 → 저량(stock) 분석
	• 결정 시장
	   – 고전학파: 저축과 투자 균형이 이루어지는 재화시장에서 이자율이 결정됨
	   – 케인즈: 화폐수요와 화폐공급의 균형을 통해 화폐시장에서 이자율이 결정됨
	• 통화량 영향
	   – 고전학파: 이자율은 실물적 요인에 의해 결정되므로 통화량과 무관
	   – 케인즈: 화폐공급이 늘면 이자율이 하락하는 등 통화량 변화가 직접적 영향

❸ 현대적 이자율 결정이론

현대적 대부자금설	• 고전학파(실물부문)와 케인즈(화폐부문)의 이론을 종합한 유량분석 이론 • 대부자금 공급 요인: 가계 · 기업 · 정부의 저축 + 화폐공급 변동(신용창조) • 대부자금 수요 요인: 개인 · 기업의 투자 + 정부의 재정적자 + 화폐수요 변동 • 이자율은 대부자금(신용)의 가격으로서, 공급과 수요의 상호작용에 의해 결정됨

피셔 방정식 (명목금리 결정 이론)	• 핵심 관심: 실질이자율 + 물가상승률 → 명목이자율 결정
	• 기본식: $i = r + \pi^e$
	   – i: 명목이자율
	   – r: 실질이자율
	   – π^e: 기대인플레이션율
	• 완전한 피셔 효과: 기대인플레이션이 명목이자율에 1:1로 반영 → 실질이자율 불변
	• 현실에서는 기대인플레이션이 명목이자율에 완전히(1:1) 반영되지 않고, 부분적으로만 반영됨
	   – 오쿤(Okun): 사람들이 물가상승 기대에 적응하는 데 시간이 걸리므로, 명목이자율이 즉각적으로 완전 반영되지 못한다고 주장
	   – 섬머스(Summers): 시장이 불완전해 투자자들이 인플레이션에 맞춰 포트폴리오를 조정하려 해도 대체 투자 수단이 부족하고 자금조달에 제약이 있어, 명목이자율이 부분적으로만 반영된다고 주장
	   – 먼델-토빈 효과(Mundell-Tobin effect): 인플레이션 발생 → 실질 화폐잔고 감소 → 사람들이 소비를 줄이고 저축을 늘림 → 저축 증가로 자금 공급이 확대 → 실질이자율 하락

02 이자율의 결정과 기간구조

8장 거시경제

4 이자율의 기초 개념

단기이자율과 장기이자율	• 장기이자율은 미래의 단기이자율 기대치에 의해 결정되며, 이를 이자율의 기간구조라고 함 • 단기채권은 만기가 짧아 이자율 변동 위험이 작고, 유동성이 높아 가격 변동폭이 제한적임 • 장기채권은 이자율 변동 위험이 크고 자본손실 가능성이 크므로, 투자자에게 보상 개념의 유동성 프리미엄(liquidity premium)이 붙어 단기채권보다 높은 이자율을 요구함 • 정부채권은 민간채권보다 채무불이행 위험(default risk)이 낮아 수익률이 더 낮게 형성됨

수익률 곡선 (yield curve)과 통화정책	• 수익률 곡선이란 채권 만기와 이자율 간의 관계를 나타낸 곡선임
	• 일반적으로 우상향하는 정상 수익률 곡선 형태를 보임
	• 형태 변화
	  – 장기채권일수록 유동성 프리미엄이 붙어 수익률이 상승하는 경향을 보임
	  – 그러나 중·장기 구간에서는 유동성 격차가 크지 않아 곡선이 점차 평탄화(flattening)되는 특징이 있음
	• 전도된 수익률 곡선(inverted yield curve)
	  – 단기이자율이 장래에 하락할 것으로 예상될 때 발생함
	  – 보통 긴축적 통화정책으로 단기금리가 급등한 후 미래에는 금리 하락이 예상될 때 형성되며, 이는 경기 침체(불황) 신호로 해석됨
	• 통화정책과 곡선 이동
	  – 경기불황 + 확장적 통화정책 → 단기금리가 크게 하락 → 곡선 기울기 가팔라짐
	  – 경기확장 기대 → 미래 금리 상승 예측 → 장기금리 상승 → 곡선이 더 가파른 형태로 변함
	  – 수익률 곡선의 변화 요인은 유동성 프리미엄뿐 아니라 미래 이자율에 대한 예측(expectation)이 핵심적임
	• 실물경제와의 연결: 통화정책은 단기금리에 직접 작용하고, 이는 장기금리와 수익률 곡선을 통해 총수요·재화시장 균형·실물경제에 파급됨

5 이자율의 기간구조이론

(불편)기대 이론 (Unbiased Expectations Theory)	• 핵심 가정
	  – 장·단기 채권은 완전 대체 가능함
	  – 투자자는 장기 채권과 단기 채권에 투자할 때 예상 수익률이 같다고 판단함
	  – 미래 단기금리에 대한 합리적인 기대가 반영됨
	• 주요 내용
	  – 장기금리는 예상되는 단기금리들의 기하평균으로 결정됨
	  – 미래 단기금리 상승 예상 → 현재 장기금리 상승 → 수익률 곡선 우상향
	  – 미래 단기금리 하락 예상 → 현재 장기금리 하락 → 수익률 곡선 우하향
	• 장점
	  – 민간 경제주체의 미래 금리 기대가 장기금리에 반영되는 과정을 설명할 수 있음
	  – 수익률 곡선의 이동(shift)을 이해하는 데 유용함
	• 한계: 수익률 곡선이 대체로 우상향한다는 사실, 즉 장기금리가 항상 높다는 점은 설명하지 못함

02 이자율의 결정과 기간구조

8장 거시경제

시장분할 이론 (Market Segmentation Theory)	• 핵심 가정 – 장기채권과 단기채권은 대체 불가능함 – 단기채권 시장과 장기채권 시장이 서로 분리되어 있음 • 주요 내용 – 가계는 안전을 위해 단기채권을 선호하므로 단기채권에 초과수요가 발생 → 단기금리 하락 – 기업은 장기자금 확보를 위해 장기채권 발행을 선호하므로 장기채권에 초과공급이 발생 → 장기금리 상승 – 따라서 수익률 곡선은 대체로 우상향함 • 장점: 단기금리 하락과 장기금리 상승으로 수익률 곡선이 우상향하는 현상을 설명 가능 • 한계: 장·단기금리 간 연계가 없으므로 수익률 곡선의 이동(shift)을 설명할 수 없음
유동성 프리미엄 이론 (Liquidity Premium Theory)	• 핵심 가정 – 기대 이론을 기반으로 하되, 장단기 채권의 불완전 대체를 가정 – 장기채권 보유 시 단기채권보다 더 높은 위험 부담이 존재 • 주요 내용 – 장기금리 = 만기까지의 예상 평균 단기금리(기대 이론) + 유동성 프리미엄 – 유동성 프리미엄: 장기채권 보유로 인한 유동성 포기에 대한 대가로, 항상 양수임 – 만기가 길수록 유동성 프리미엄이 증가하여 장기금리는 상승함 • 설명 가능 사항 – 수익률 곡선의 우상향 구조 설명 가능 – 장·단기금리 연계로 수익률 곡선 이동(shift)도 설명 가능

특정 시장 선호 이론
(Preferred Habitat Theory)
	• 핵심 가정
	– 장단기 채권 간 불완전 대체 관계를 가정하며, 기대 이론과 시장분할 이론을 결합
	– 투자자는 만기가 서로 다른 채권들의 예상 수익률을 고려하지만, 특별히 선호하는 채권 만기가 존재할 수 있음
	• 주요 내용
	– 장기금리 = 만기까지의 예상 평균 단기금리(기대 이론) + 기간 프리미엄(term premium)
	– 기간 프리미엄: 단기채권 선호 투자자가 장기채권을 구입하도록 효용 감소를 보상하는 프리미엄
	  ① 단기채권 선호 투자자 → 기간 프리미엄 양(+)
	  ② 장기채권 선호 투자자 → 기간 프리미엄 음(−)일 수 있으나 일반적으로 양(+)
	• 설명 가능 사항
	– 장기금리가 단기금리보다 높을 가능성을 높여 수익률 곡선의 우상향 구조를 어느 정도 설명 가능
	– 장·단기금리 연계가 평균식에 의해 확보되므로 수익률 곡선의 이동(shift)도 설명 가능

03

8장 거시경제
이자율 변동요인 분석

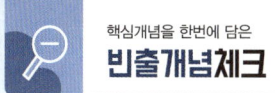

❶ 이자율 변동의 기본적 요인

자금수요와 자금공급	• 경기와 금리 관계 　- 경기 상승기: 기업의 생산 및 투자 증가 → 자금수요 증가 → 금리 상승 　- 경기 하락기: 기업의 생산 및 투자 감소 → 자금수요 감소 → 금리 하락 • 자금수요 요인 　- 기업의 투자 및 운용자금 수요(경기 변동과 밀접) 　- 계절적 수요: 세금 납부, 명절 자금(설·추석), 연말 자금 등 • 자금공급 요인 　- 경제성장 및 소득 증가 　- 소비 감소 　- 기업 내부 유보금 　- 통화 및 신용정책
기대인플레이션	물가 상승 → 상품 구매력 감소 → 화폐 보유의 기회비용 증가 → 이자율 상승
경제외적 요인 (정치·사회적 변화)	파업 발생 → 정치·사회 불확실성 증가 → 위험 프리미엄 증가 → 이자율 상승
이자율 변화의 예측방법	• 장기 이자율 추세: 경기상황의 변화 • 중기 이자율 예측: 기대물가 상승률, 기업자금수요 변화, 통화신용정책의 변화 • 단기 이자율 예측: 계절적 자금수요, 통화수위, 채권수급상황

❷ 경기변동국면과 이자율의 변동

경기 확장국면	• 초기 단계: 기업 매출 증가 → 내부 유보금 증가 → 외부자금 수요 감소 → 이자율 하락 • 진행 단계: 기업 투자·생산 확장 → 내부자금 비중 감소 → 외부자금 수요 증가 → 이자율 상승
경기 수축국면	• 초기 단계: 매출 감소 → 내부 유보금 감소 → 이미 결정된 투자 프로젝트 진행 → 외부자금 수요 증가 → 이자율 상승 • 진행 단계: 기업 투자규모 조정 → 외부자금 수요 감소 → 이자율 하락

❸ 거시경제변수와 이자율의 변동

물가와 이자율	• 기대인플레이션 상승: 경제주체들이 미래 물가 상승을 높게 예상하면, 일정한 실질금리 하에서 명목금리가 상승 • 설명 근거: 피셔 방정식(명목금리 ≈ 실질금리 + 기대인플레이션) • 특징: 금리는 인플레이션을 후행(lag)하여 반영하므로, 인플레이션이 발생해도 금리는 서서히 조정됨 • 결론: 일반적으로 물가와 금리는 같은 방향으로 움직임

03 이자율 변동요인 분석

8장 거시경제

통화량과 이자율	• 유동성 효과(Liquidity Effect)
	  – 통화량(M_s)이 증가하면 화폐 공급이 확대되어 단기 명목이자율(i)이 하락
	  – 단기적으로만 나타나는 효과
	• 소득효과(Income Effect)
	  – 이자율 하락으로 투자가 증가하면 국민소득(Y)이 증가하고, 이에 따라 화폐수요(M_d)가 늘어나 명목이자율(i)이 다시 상승함 ▶ 따라서 초기의 유동성 효과는 일부 상쇄됨
	• 피셔 효과(Fisher Effect, 기대인플레이션 효과)
	  – 통화량 증가로 기대인플레이션이 상승하고 물가(P)가 오르면 명목이자율(i)도 상승
	  – 장기적으로 명목이자율 상승에 영향을 미침
	• 결론
	  – 단기적으로는 통화량 확대가 명목이자율을 하락시키지만, 장기적으로는 통화량 증가가 기대인플레이션을 높여 명목이자율을 상승시킴
	  – 따라서 통화량과 명목이자율은 장기적으로 **정(+)의 관계**에 있음
	    ※ 깁슨의 역설(Gibson's paradox): 초기에는 통화량 증가와 이자율이 역관계로 보였으나, 피셔 효과를 고려하면 장기적으론 정(+) 관계가 됨

❹ 경상수지와 이자율

경상수지 흑자	외화가 국내로 유입 → 국내에서 원화로 교환 → 국내 화폐공급 증가 → 이자율 하락
경상수지 적자	외화가 국외로 유출 → 국내 화폐공급 감소 → 이자율 상승
관계	경상수지와 이자율은 강한 **음(−)의 상관관계**를 가짐
자본수지와 이자율	• 과거: 경상수지 균형 보전 역할 → 금리에 영향 적음 • 현재: 자본시장 개방 및 글로벌 금융시장 연동 → 자본수지 변동도 금리에 영향 가능

❺ 환율과 이자율

원화절상
(환율 하락,
원화 강세)
	• 단기적 영향
	  – 원화표시 자산의 기대수익률 상승 → 원화 자산 수요 증가 → 원화 채권 가격 상승 → 국내 금리 하락
	  – 원자재 등 수입 가격 하락 → 물가 하락 → 금리 하락
	  – 해외부채 원리금 상환액 감소 → 원화자금 수요 감소 → 금리 하락
	• 중장기적 영향: 수출 감소 → 경상수지 악화 → 해외 부문을 통한 통화유출 → 금리 상승

원화절하
(환율 상승,
원화 약세)
	• 단기적 영향
	  – 원화표시 자산의 기대수익률 하락 → 외국자금 유입 감소 → 원화 채권 수요 감소 → 원화 채권 가격 하락 → 금리 상승
	  – 원자재 등 수입 가격 상승 → 물가 상승 → 금리 상승
	  – 해외부채 원리금 상환액 증가 → 원화자금 수요 증가 → 금리 상승
	• 중장기적 영향: 수출 증가 → 경상수지 개선 → 해외 부문을 통한 화폐유입 → 금리 하락

관계	환율과 금리는 상황에 따라 다르게 작용하며 단기적 효과와 중장기적 효과가 반대 방향으로 나타날 수 있음

04. 경기변동과 경기예측

8장 거시경제

1 주요 경제변수

국민 소득	• 일정 기간 동안 한 나라의 가계, 기업, 정부 등 경제주체가 새로 생산한 재화와 서비스의 가치를 금액으로 합산한 것 　▶ 한 나라의 경제 수준과 국민 생활수준을 종합적으로 나타내는 대표적인 지표 • 국민소득의 구성 및 평가 　- 재화와 서비스 　　① 재화: 쌀, 의복, 자동차 등 물질적 생산물 　　② 서비스: 의료, 교육, 문화활동 등 무형적 생산물 　- 생산액과 부가가치 　　① 생산액: 산출액에서 원재료 등 중간투입액을 차감한 부가가치 　　② 국민소득 = 부가가치 총합 • 국민소득의 측정 방식 　- 생산국민소득: 기업이 생산활동을 통해 창출한 부가가치 　- 분배국민소득: 생산에 참여한 경제주체에게 분배된 소득(임금, 이자, 임대료, 이윤) 　- 지출국민소득: 분배된 소득이 소비, 투자 등으로 지출되어 최종 수요로 나타난 금액 　▶ 생산·분배·지출국민소득은 각각 다른 관점에서 계산한 것일 뿐, 그 금액은 동일함(국민소득 3면 등가의 원칙) • 국민소득의 주요 지표 　- 국내총생산(GDP): 국내에 거주하는 모든 생산자가 생산한 최종 부가가치의 합계 　- 국민총소득(GNI): 국내총생산 + 국외순수취 요소소득(해외 수취 소득 – 외국인 지급 소득) 　　▶ 해외 거래로 발생하는 순소득을 반영하여 국민의 실제 소득 수준을 측정 • 기타 고려 사항 　- 교역조건 변화, 실질 무역손익 등은 국민소득과 경제 후생 수준에 영향을 미침 　- 국민소득 지표를 통해 경제성장률, 경제구조, 투자율, 저축률, 노동소득분배율 등 분석 가능
산업 활동	• 광공업생산지수 　- 광업, 제조업, 전기·가스업 등 광공업 생산활동의 수준을 나타내는 지표 　- 전체 경기 흐름과 유사하게 움직이는 대표적인 동행지표임 　- 최근 서비스업 비중이 증가함에 따라 광공업만으로는 경기 동향을 파악하기 어려워, 서비스업 경제활동 수준도 반영할 수 있는 신규 지표 개발이 필요함 • 생산자제품출하지수 　- 일정 기간 동안 광업·제조업·전기·가스업의 판매 활동 수준을 나타내는 지표 　- 내수와 수출로 구분하여 작성함 　- 지수에서 '출하'란 장소 이동을 의미하며, 소유권 이전을 반드시 의미하지는 않음 • 생산자제품재고지수 　- 생산자가 보유하고 있는 제품 재고 변동을 파악하기 위한 지표 　- 원재료, 반제품, 유통업자의 재고는 포함되지 않음 • 제조업 생산능력·가동률지수 및 평균가동률 　- 생산능력지수: 제조업의 공급능력 수준과 변화 추이를 나타냄 　- 가동률지수: 생산실적 대비 생산능력 비율을 지수화한 것으로, 경기 동향 분석의 기초 자료로 활용됨 　- 평균가동률: 업종별 가동률 차이로 인한 단순 비교의 어려움을 보완하기 위해 산출함

04 | 8장 거시경제
경기변동과 경기예측

고용	• 경제활동인구, 비경제활동인구, 경제활동참가율 　- 생산활동 가능 인구: 군인과 재소자를 제외한 만 15세 이상 인구를 말하며, 생산연령 인구 또는 근로연령 인구라고도 함 　- 경제활동인구: 일할 능력과 취업 의사를 모두 가진 사람을 의미하며, 취업자와 실업자로 구분됨 　　① 취업자: 조사 대상 주간(매월 15일 포함) 동안 수입을 목적으로 1시간 이상 근로한 사람, 또는 가족이 소유·경영하는 사업체에서 주당 18시간 이상 일한 무급 가족종사자 포함(일시적 질병, 휴가, 노동쟁의 등으로 근로하지 못한 사람도 취업자로 포함) 　　② 실업자: 조사 대상 주간에 수입 있는 일을 하지 않았고, 지난 4주간 적극적으로 구직 활동을 한 사람으로서, 일자리가 주어지면 즉시 취업 가능한 사람 　- 비경제활동인구: 경제활동인구에 포함되지 않는 사람으로, 일할 능력은 있지만 취업 의사가 없는 사람(가정주부, 학생, 고령자, 심신장애자, 구직단념자 등) 　- 경제활동참가율 　　① 생산활동 가능 인구 중 경제활동인구가 차지하는 비율 　　② $\dfrac{\text{경제활동인구(취업자 + 실업자)}}{\text{생산활동 가능 인구}} \times 100$ • 실업률 　- 경제활동인구 중 실업자가 차지하는 비율 　- $\dfrac{\text{실업자}}{\text{경제활동인구}} \times 100$
계절 조정법	• 시계열 자료의 특징 　- 계절적 변화, 사회적 관습·제도 등으로 인해 1년 주기로 반복되는 단기적 변동이 나타남 　- 연말연시, 추석, 설 등의 명절 • 계절조정 필요성: 반복적 계절 요인을 제거하여 경제 동향을 정확하게 파악하기 위해 수행 • 계절조정 및 증감률 산출 방법 　- 전년 동기 대비 증감률 　- 단순평균법 　- 이동평균법 　- X-12 ARIMA 모형

② 경기·물가지수 및 통화 관련 지표

경기 지수	• 선행 종합지수: 재고순환지표, 경제심리지수, 가계류내수출하지수, 건설수주액(실질), 수출입물가비율, 코스피, 장단기 금리차 • 동행 종합지수: 비농림어업취업자수, 광공업생산지수, 서비스업생산지수, 소매판매액지수, 내수출하지수, 건설기성액(실질), 수입액(실질) • 후행 종합지수: 취업자수, 생산자제품재고지수, 소비자물가지수변화율(서비스), 소비재수입액(실질), CP 유통수익률
물가 지수	• 소비자물가지수(CPI): 가계의 주요 소비지출 대상인 최종 소비재와 서비스 가격 변동 측정 • 생산자물가지수(PPI): 국내 시장에서 첫 번째 거래 단계에서 기업 간 거래되는 상품 가격 변동 측정 • GDP 디플레이터: 명목 GDP ÷ 실질 GDP 비율 → 국민경제 전체의 물가압력을 측정

04 8장 거시경제
경기변동과 경기예측

통화량	• 실물거래 시 자금거래가 반드시 수반되므로 자금거래의 수단인 통화량의 변화는 경제적으로 중요한 변수임 • 통화량의 변화는 단기적으로는 실물부문, 장기적으로는 시차를 두고 물가변화에 파급효과를 미침 • 통화량 변화의 실물부문과 물가부문에 대한 상대적 파급효과의 크기는 경제구조, 경기상황 등에 따라 달라짐 • 경제 내에 잉여자원(슬랙, slack)이 있는 경기 침체기에는 통화량 증가에 따른 물가압력은 별로 없지만, 우리 경제와 같이 고도성장을 지속하는 경제에서는 경제 내의 잉여자원이 적으므로 통화량 변화에 따른 물가압력이 상대적으로 큰 편임

유통
속도
	• 유통속도는 명목 GDP를 통화량으로 나눈 값으로, 일정 기간 동안 통화가 얼마나 자주 경제 내에서 회전했는지를 나타내는 지표임
	• 유통속도(V) = $\dfrac{\text{명목 } GDP(P,\ Y)}{\text{통화량}(M)}$
	  - V: 유통속도
	  - P: GDP 디플레이터
	  - Y: 실질 GDP
	  - M: 통화량
	• 유통속도는 자금흐름의 속도를 반영하며, 일정 기간 동안 일정 통화량이 얼마나 거래를 뒷받침했는지를 보여줌
	• 사후적으로만 추정 가능하므로 경기 변화나 인플레이션 압력을 예측하는 데에는 한계가 있음

금리	• 금리는 자본의 한계수익률, 현재 소득과 미래 소득의 교환비율, 장기 경상성장률, 자금시장의 수급상황 등 다양한 경제적 의미를 갖지만, 실제로는 서로 밀접하게 연관되어 있음
	• 금리의 기간구조(Term Structure)
	  - 금융시장이 발달하고 금융심화가 진행됨에 따라 금리의 기간구조의 중요성이 높아짐
	  - 기간구조란 금융상품의 만기(장단기)에 따른 금리 차이를 의미하며, 선진국에서는 이를 통해 미래 인플레이션 예측에 활용되기도 함

❸ 경기순환의 의미와 관련 지표

정의 및 주기	• 경기순환이란 경기 확장국면(회복과 호황)과 경기 수축국면(후퇴와 불황)이 반복되는 현상을 의미함 • 순환주기란 경기 저점에서 경기 정점을 거쳐 다음 경기 저점까지의 기간을 의미하며, 반드시 일정하지는 않음
발생 원인	• 경기순환은 실물요인과 금융요인의 변화가 경제 전체로 파급되면서 발생함 • 실물요인: 원유 가격 변동, 해외 경기 변화, 기업의 투자심리 변화 등 • 금융요인: 통화량 변화, 금리 변동 등 • 경기변동의 파급 경로와 형태는 요인과 경제 구조에 따라 달라짐
한국의 경기순환 특징	• 한국 경제는 장기 성장 추세선을 중심으로 경기의 기복이 나타나는 성장순환(Growth Cycle) 형태를 보임 • 경기수축기에도 성장률이 마이너스를 기록하는 경우는 거의 없으며, 단지 추세보다 둔화되는 현상을 나타냄 • 정치적 혼란이나 외부 충격(오일쇼크, IMF 위기 등)을 제외하면 마이너스 성장은 거의 발생하지 않음 • 1972년 3월 이후 총 10번의 경기순환을 경험했으며, 현재는 제11순환기를 겪고 있음

04. 경기변동과 경기예측

8장 거시경제

4 경기예측방법

경기지표에 의한 경기예측	• 경기확산지수(Diffusion Index, DI) 　- 경제 특정 부문에서 발생한 경기동향 요인이 다른 부문으로 확산·파급되는 과정을 파악하기 위한 지표 　- 경기변동의 진폭이나 속도는 측정하지 않고, 경기변동의 방향과 전환점을 식별하는 데 사용됨 　- 경기확산지수(DI) $= \dfrac{\text{전월비 증가지표의 수} + \dfrac{1}{2} \times \text{보합지표의 수}}{\text{구성지표의 수}} \times 100$ 　- DI가 50% 이상이면 상승국면, 50% 이하이면 하강국면으로 판단 • 경기종합지수(Composite Index, CI) 　- 경기에 민감한 대표 지표들을 선정하여, 각 지표의 움직임을 통계적으로 종합한 지수형태의 종합 경기지표 　- 전월 대비 변화율이 (+)이면 경기상승, (−)이면 경기하강을 나타냄 　- 증감률의 크기는 경기변동의 진폭을 반영하며, 변화 방향뿐만 아니라 속도도 분석 가능 　- 경기국면과의 상관관계에 따라 선행, 동행, 후행지수로 구분 　　① 선행지수: 경기 예측 　　② 동행·후행지수: 경기 동향 확인
설문조사에 의한 경기예측	• 기업경기실사지수(BSI, Business Survey Index) 　- 기업 활동 및 경기동향에 대한 기업가의 판단, 전망, 계획을 조사하여 분석 　- 조사 항목: 업황, 채산성 등 기업 활동 주요 항목의 전기 대비 변화 방향 　- 계산: BSI = (x − y) + 100 　　① x: 증가를 예상한 업체 비율(긍정적 의견) 　　② y: 감소를 예상한 업체 비율(부정적 의견) 　　③ BSI ≥ 100 → 경기 확장, BSI < 100 → 경기 수축 • 소비자태도지수(CSI, Consumer Sentiment Index) 　- 소비자의 경기 전망 및 태도를 조사하여 경기국면 변화를 예측 　- 특히 경기 수축기에 기업실사지수보다 일정 기간 선행하는 경향을 보임 　- 우리나라에서 주로 사용하는 소비자태도지수는 소비자동향지수임 　- 해석: CSI ≥ 100 → 경기 확장, CSI < 100 → 경기 수축
경제모형에 의한 경기예측	• 거시경제계량모형(Macroeconomic Econometric Model) 　- 기본 구조: 동태적 연립방정식으로 구성되며, 경제이론을 바탕으로 내생변수, 외생변수, 시차 내생변수로 구분하고, 방정식은 표본으로 추정이 필요한 행태방정식과 정의식으로 이루어짐 　- 모형 해법: 경제이론에 따라 행태방정식을 정식화하고 표본을 통해 추정한 뒤, 연립방정식을 풀어 모형의 해를 계산 　- 모형 평가: 역사적 시뮬레이션을 통해 예측 오차를 계산하고, 오차가 허용 범위 내이면 모형의 내적 정합성이 확보된 것으로 판단하며, 예측 오차 기준으로는 RMSE(Root Mean Squared Error)를 주로 사용함 • 시계열 모형(Time Series Model): 거시경제계량모형처럼 경제 구조를 기반으로 하는 것이 아니라, 관심 있는 변수의 과거 행태를 분석하여 동태적 모형을 만든 후 미래를 예측하는 모형

8장 거시경제

01 다음 중 IS-LM모형에서 IS곡선이 우측으로 이동하는 요인으로 옳지 않은 것은?

① 조세의 증가
② 독립투자의 증가
③ 절대소비의 증가
④ 정부지출의 증가

02 다음 중 확대재정정책이 국민소득에 미치는 효과가 가장 크게 나타나는 경우는?

① 투자수요와 화폐수요가 모두 이자율에 대해 탄력적인 경우
② 투자수요와 화폐수요가 모두 이자율에 대해 비탄력적인 경우
③ 투자수요가 이자율에 대해 탄력적이고, 화폐수요가 이자율에 대해 비탄력적인 경우
④ 투자수요가 이자율에 대해 비탄력적이고, 화폐수요가 이자율에 대해 탄력적인 경우

03 IS곡선과 LM곡선의 식이 다음과 같이 주어진 경우, 재정정책이 가장 효과적인 경우는 어느 것인가? (단, r은 이자율)

	IS 곡선	LM 곡선
①	Y = 150−50r	Y = 100 + 200r
②	Y = 150−50r	Y = 100 + 300r
③	Y = 150−100r	Y = 100 + 100r
④	Y = 150−200r	Y = 50 + 100r

04 IS-LM 모형에서 IS곡선은 우하향, LM곡선은 우상향이라고 가정할 때, 각 변수 변화에 따른 시장이자율의 변동과 관련한 설명으로 옳지 않은 것은?

① 물가가 하락하면 시장이자율은 하락한다.
② 조세를 감소시키면 시장이자율은 하락한다.
③ 통화량을 증가시키면 시장이자율은 하락한다.
④ 정부지출을 감소시키면 시장이자율은 하락한다.

05 정부지출 증가의 효과에 관한 설명으로 옳지 않은 것은?

① 케인즈학파는 완전 구축효과를 주장한다.
② 케인지언 모형보다 고전학파 모형에서 구축효과가 더 크게 나타난다.
③ IS-LM 모형에서 재정정책의 구축효과는 LM곡선의 기울기가 이자율에 비탄력적일수록 구축효과는 커지게 된다.
④ 확대재정정책을 실시하게 될 경우 소득증가는 LM곡선의 기울기가 수평적일수록, 즉 이자율에 대한 화폐수요의 탄력성이 높을수록 크게 나타난다.

06 다음 중 유동성 함정에 대한 설명으로 옳지 않은 것은?

① 재정정책의 효과가 극대화된다.
② 경기가 호황일 때 주로 발생한다.
③ 통화정책은 아무런 효과가 없게 된다.
④ 확대재정정책을 시행하면 이자율은 불변인 채로 국민소득을 크게 증가시킬 수 있다.

07 다음 중 통화정책과 유동성 함정에 관한 설명으로 옳지 않은 것은?

① 유동성 함정에서는 이자율에 대한 화폐수요의 탄력성이 작아서 이자율이 낮아져도 화폐 수요가 증가하지 않는다.
② 유동성 함정에서는 이자율이 극단적으로 낮은 가운데 IS곡선이 수직에 가깝고 LM곡선이 수평에 가까워서 통화정책은 거의 효과가 없다.
③ 유동성 함정에서는 화폐공급을 증가시켜도 화폐시장에서 초과공급이 발생하지 않고 투자가 증가하지 않기 때문에 국민소득은 증가하지 않게 된다.
④ 유동성 함정에서는 이자율이 낮기 때문에 화폐보유의 기회비용이 낮고 채권가격은 높아 채권가격이 앞으로 하락할 수밖에 없을 것으로 기대하므로 채권투자가 없어 기업은 자금조달이 어려워진다.

08 다음 중 구축효과와 유동성 함정에 대한 설명으로 옳지 않은 것은?

① 유동성 함정 구간에서 화폐수요의 이자율 탄력성은 완전비탄력적이다.
② 확대재정정책을 시행하면 IS-LM 모형에서 IS 곡선은 우측으로 이동한다.
③ 확대재정정책은 이자율을 상승시켜 민간투자를 위축시키는 구축효과를 발생시킨다.
④ 유동성 함정 구간에서 통화정책은 아무런 효과가 없게 되고, 재정정책의 효과가 극대화된다.

09 다음 중 물가하락에 따른 실질화폐공급 증가로 인하여 부(Wealth)가 증가하여 소비수요가 증가하는 효과는?

① 외부 효과
② 유동성 효과
③ 피구(Pigou) 효과
④ 리카르도(Ricardo) 불변 정리

10 다음 보기에서 설명하는 합리적 기대학파의 주장은 무엇인가?

> 합리적 경제주체는 현재 세금의 감소를 미래 세금의 증가로 인식하기 때문에, 세금 감소는 민간의 저축을 증가시킬 뿐 총수요에는 변동이 없다고 본다. 합리적 기대학파는 정부 공채를 부(wealth)로 간주하지 않음으로써, 소비가 증가하지 않아 총수요가 변동하지 않게 된다고 주장했다.

① 피구 효과
② 피셔 효과
③ 리카르도 불변 정리
④ 고전학파의 정책 무용성 정리

11 다음 중 케인즈의 유동성 선호설에 관한 설명으로 옳지 않은 것은?

① 고전학파와 달리 케인즈는 이자율을 기본적으로 화폐적인 현상으로 봤다.
② 이자율은 한계생산물의 소비를 미래로 연기한 것에 대한 보상이라고 생각했다.
③ 화폐수요함수가 소득에 대한 양(+)의 함수, 이자율에 대한 음(−)의 함수임을 밝혔다.
④ 케인즈는 화폐보유의 동기를 거래적 동기, 투기적 동기, 예비적 동기로 구분하였다.

12 다음 중 이자율 결정이론에 대한 설명으로 옳지 않은 것은?

① 케인즈 이론에서 이자율은 화폐적 현상으로 설명한다.
② 고전학파는 이자율 수준이 통화량의 영향을 받는다고 본다.
③ 고전학파는 이자율은 생산성과 검약 등 실물적 요인에 의해 결정된다고 본다.
④ 현대적 대부자금설은 고전학파와 케인즈의 저량분석을 유량변수로 통합한 이론이다.

13 다음에서 설명하는 이자율의 기간구조이론은?

> • 수익률 곡선이 미래 시장금리의 움직임에 대한 투자자들의 예상에 의해 결정된다.
> • 현재시점에서 금리의 기간구조에 내재된 선도금리는 미래의 현물금리의 불편추정치라는 논리이다. 즉, 장기금리는 단기금리의 기하평균이다.

① 불편기대 이론
② 시장분할 이론
③ 특정 시장 선호 이론
④ 유동성 프리미엄 이론

14 다음 중 수익률 곡선에 관한 설명으로 옳지 않은 것은?

① 만기가 길수록 수익률곡선은 평탄화(Flat)된다.
② 이자율과 채권의 만기 간의 관계를 나타낸 곡선을 수익률 곡선이라고 한다.
③ 일반적인 수익률 곡선은 단저장고의 형태로서 우상향하며 시기적으로 이동해 왔다.
④ 우하향하는 수익률 곡선은 어떤 경제체제의 소득수준이 낮아서 금융당국이 확장정책을 실시하는 경우에 발생한다.

15 다음 보기는 통화량과 이자율에 대한 설명이다. 빈칸 (㉠)~(㉢)에 들어갈 내용을 순서대로 나열한 것은?

> • 정책당국이 이자율을 일정한 수준으로 조절하기 위해 통화량을 증가시키면 단기적으로 명목이자율은 하락하게 되는데 이를 (　)라고 한다.
> • 그러나 이자율 하락은 투자를 증가시키므로 국민소득이 증대되고 이는 화폐수요를 증가시켜 명목이자율은 다시 상승하게 된다. 이를 (　)라고 부른다
> • 또한, 통화량이 증가하여 기대인플레이션이율이 상승하고 물가가 상승하면 명목이자율이 상승하는데 이를 (　)라고 한다.

① 소득 효과, 유동성 효과, 피셔 효과
② 피셔 효과, 소득 효과, 유동성 효과
③ 유동성 효과, 피셔 효과, 소득 효과
④ 유동성 효과, 소득 효과, 피셔 효과

16 다음 중 이자율의 기간구조이론과 관련하여 옳지 않은 것은?

① 시장분할 이론은 수익률 곡선의 이동을 설명하지 못한다.
② 유동성 선호 이론에서는 장기채권과 단기채권이 완전히 대체되는 것은 아니라고 본다.
③ 특정 시장 선호 이론에서는 장기채권의 금리가 만기까지 예상된 단기이자율의 평균에 유동성 프리미엄을 더한 값으로 결정된다.
④ 불편기대 이론에서는 장단기 채권이 완전한 대체관계에 있으므로, 장기채권에 투자하든 단기채권에 투자하든 동일기간에 대한 예상수익률은 동일하다.

17 다음에서 설명하는 주요경제변수로 옳은 것은?

> 한 나라의 국민이 생산활동에 참여한 대가로 받은 소득의 합계로서 해외로부터 국민(거주자)가 받은 소득(국외수취요소소득)은 포함되고 국내총생산 중에서 외국인에게 지급한 소득은 제외된다.

① 국민소득(NI)
② 국민총소득(GNI)
③ 국내총생산(GDP)
④ 국민순생산(NNP)

18 다음 중 실업자로 분류되는 사람은?

① 전업주부
② 일자리를 찾다가 포기해버린 구직자
③ 겨울이라 농사일이 없어 쉬고 있는 농민
④ 대학생, 공무원 시험을 준비하고 있는 대졸자

19 다음의 인구 통계 자료를 참고하여 경제활동참가율과 실업률을 순서대로 올바르게 나열한 것은?

구분	전체 인구	15세 이상 인구	비경제 활동인구	취업자 수
인구수(명)	5,000	3,500	1,000	2,250

① 경제활동참가율(70%), 실업률(10%)
② 경제활동참가율(70%), 실업률(20%)
③ 경제활동참가율(71.4%), 실업률(10%)
④ 경제활동참가율(71.4%), 실업률(20%)

20 취업자수 20명, 경제활동인구 30명, 생산활동가능인구는 40명일 때, 실업률과 경제활동참가율은 각각 몇 %인가? (단, 근사치를 구하시오)

	실업률	경제활동 참가율
①	25%	50%
②	33%	75%
③	50%	50%
④	67%	75%

21 경기종합지수(CI)를 구성하는 지표 중 선행 종합지수에 해당하는 지표로 옳은 것은?

① 소비재수입액
② 장단기 금리차
③ 광공업생산지수
④ 생산자제품재고지수

22 경기변동의 요인으로 옳지 <u>않은</u> 것은?

① 계절요인
② 실물요인
③ 순환요인
④ 불규칙요인

23 다음 중 경기지표에 의한 경기예측방법에 대해 옳은 설명으로만 모두 묶인 것은?

> ㉠ 경기종합지수(CI)가 100 이상이면 경기상승을 의미한다.
> ㉡ 경기종합지수(CI)는 경기변동의 진폭이나 속도를 측정할 수 없다.
> ㉢ 경기확산지수(DI)가 50% 이상이면 경기는 상승국면에 있음을 의미한다.
> ㉣ 경기확산지수(DI)는 경기변동의 변화 방향과 전환점을 식별하기 위한 지표이다.

① ㉠, ㉡
② ㉠, ㉣
③ ㉡, ㉢
④ ㉢, ㉣

24 전체 응답자 중 장래의 경기를 낙관적으로 보는 기업의 수가 25개이고 비관적으로 보는 기업의 수가 75개라면 기업경기실사지수(BSI)는 얼마인가?

① 25
② 50
③ 60
④ 75

25 다음 경제지표에 대한 설명 중 옳지 <u>않은</u> 것은?

① 경기확산지수(DI)가 40%이면 경기 상승 국면을 의미한다.
② 경기종합지수(CI)를 통해 경기의 상승 또는 하강 국면을 확인할 수 있다.
③ 경기종합지수(CI)가 전월 대비 음수로 나타나는 것은 역성장을 의미하는 것으로 해석할 수 있다.
④ 경기확산지수(DI)는 경기 변동의 진폭이나 속도를 측정하지 않고, 경기 변동의 방향과 전환점을 파악하는 지표이다.

26 다음 경제분석 전문가들의 향후 경기예측에 관한 토론 내용 중 가장 타당한 견해라고 생각되는 것은?

> - 전문가 A: 최근 들어 소비재수입액이 급증하는 것으로 볼 때, 조만간 경기는 상승국면으로 진입할 것으로 예측한다.
> - 전문가 B: 재고순환지표가 꾸준히 호조세를 보이고 있는 것으로 볼 때, 향후 경기의 상승국면이 이어질 것으로 예측한다.
> - 전문가 C: CSI가 전월의 180에서 금월에 150으로 하락하였기 때문에 경기는 본격적으로 하락국면에 진입한 것으로 판단한다.
> - 전문가 D: BSI가 전월의 75에서 금월에는 90으로 상승하였기 때문에, 경기는 이달부터 본격적으로 상승국면에 진입한 것으로 판단한다.

① 전문가 A
② 전문가 B
③ 전문가 C
④ 전문가 D

27 다음 거시경제지표 설명으로 옳지 <u>않은</u> 것은?

① 실업률은 실업자 수를 경제활동인구로 나누어 계산한다.
② 통화유통속도는 명목 GDP를 통화량(M)으로 나누어 계산한다.
③ GDP 디플레이터는 명목 GDP를 실질 GDP로 나누어 계산한다.
④ 총 100개 업체 중 경기가 좋아질 것으로 응답한 업체가 30, 경기가 안 좋아질 것으로 응답한 업체가 70이면 BSI 지수 값은 140이다.

28 지난 달의 경기확산지수(DI)가 80%이었고, 이번 달에 50%가 됐다면 올바른 경기 분석은?

① 경기가 저점이다.
② 경기가 하강국면이다.
③ 경기가 상승국면이다.
④ 경기가 전환점을 맞았다.

01 9장 분산투자기법
포트폴리오 관리의 기본체계

❶ 통합적 포트폴리오의 개요

포트폴리오와 포트폴리오 관리	• 포트폴리오 개념 – 투자자는 둘 이상의 자산에 분산 투자하여 특정 자산에 편중될 경우 발생할 수 있는 위험을 줄이려 함 – 이처럼 둘 이상의 자산이나 증권을 결합한 것을 포트폴리오(portfolio), 포트폴리오를 관리하는 것을 포트폴리오 관리(Portfolio Management)라 함 • 포트폴리오 관리의 핵심 – 투자수익과 투자위험 측면에서 성격이 다른 여러 자산에 투자자금을 효율적으로 배분하여 투자목표를 달성하는 것임 – 이를 위해 계획(plan) → 실행(do) → 사후통제(see)의 단계를 통합적으로 관리해야 하며, 이를 통합적 포트폴리오 관리(Integrated Portfolio Management)라 함
투자 실행 단계 (do 단계)	• 자산배분(Asset Allocation): 단기자금, 주식, 채권 등 자산군(Asset Class)에 투자자금을 배분하는 것 • 증권선택(Securities Selection): 자산군에 배분된 자금을 실제 투자할 개별 증권을 선택하는 것 • 시점선택(Market Timing): 선택된 증권의 투자 시점을 결정하는 것
접근 방법	• 자산배분 → 증권선택 → 시점선택의 순서대로 하향식 접근법(top-down approach)을 통해 투자관리를 실행하는 것이 일반적임 • 다수의 개인투자자는 자산배분이나 시점선택을 고려하지 않고 증권을 선택하여 투자하는 경우가 많으며, 이는 바람직하지 않은 투자행태임

❷ 통합적 포트폴리오의 관리 과정

투자목표의 설정	• 투자목표 설정 시 고려사항 – 투자기간(Time Horizon): 투자회수 시점은 언제인지, 현재의 투자결정이 얼마 동안 지속될 것인지 고려해야 함 – 세금관계: 면세 및 종합금융소득세 적용 여부 등을 검토해야 함 – 법적·제도적 제약: 기관투자자는 투기등급 채권에 대한 투자금지, 특정 주식 투자비율 상한 제한 등 규제를 고려해야 함 – 투자자금의 성격: 장기자금인지 단기자금인지, 자금의 융통 가능 여부, 신규자금 유입 여부 등을 확인해야 함 – 고객의 특별 요구사항: 필요한 유동성 요구액(Liquidity Requirements) 등을 반영해야 함 – 위험선호도: 투자자는 위험에 대한 선호도를 고려해야 하며, 일반적으로 허용되는 최대 예상 손실 수준인 위험수용도(risk tolerance level)로 측정함 • 투자목표 – 제약조건과 위험선호도를 종합적으로 반영하여 투자목표가 설정됨 – 투자목표에는 기대수익 수준(수익률과 금액), 위험, 환금성 등 투자 기본방침이 포함됨
투자전략 수립을 위한 준비	• 구체적인 투자전략 수립을 위해 사전적으로 거시경제 및 시장에 관한 예측 필요 • 장·단기 경제예측(경기순환, GDP 성장률 등), 정치·사회적 돌발변수 예상을 통해 자산군에 대한 예측을 하고, 자산군별 기대수익과 위험을 추정

01 9장 분산투자기법
포트폴리오 관리의 기본체계

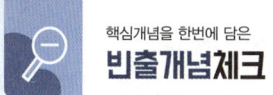

투자실행	• 자산배분(Asset Allocation) 　– 자산군별(단기자금, 주식, 채권 등) 기대수익과 위험 예측에 근거하여 투자비중을 결정함 　– 장기적 비중 결정을 전략적 자산배분(strategic asset allocation), 단기적 조정을 전술적 자산배분(tactical asset allocation)이라 함 　– 산업배분(sector allocation): 자산군 내에서 세부자산군별로 다시 배분하는 경우 예 산업별 • 증권 선택(Securities Selection) 　– 자산군에 배분된 자금으로 실제 투자할 증권을 선택하는 과정임 　– 소극적 관리(passive management): 시장이 효율적이라는 전제하에 시장지수를 추종하여 평균수익을 추구함 　– 적극적 관리(active management): 시장이 비효율적이라는 전제하에 저평가 증권에 더 투자하고, 고평가 증권 비중을 줄여 초과수익을 추구함 • 시점선택(Market Timing) 　– 선택된 증권의 투자 시점을 결정하는 단계임 　– 대규모 투자 시에는 시장충격(market impact)을 고려하여 분할투자가 바람직함 　– 단기 가격 움직임을 고려하여 상승 예상 시 투자시기를 앞당기고, 하락 예상 시 투자시기를 늦추는 방식이 활용됨 　– 단기 예측이 어려운 경우에도 분할투자가 유리함
사후통제	• 사후 조정 · 통제 단계 　– 통합적 포트폴리오 관리의 마지막 단계는 사후적으로 포트폴리오를 수정하고 성과를 평가하는 과정임 • 포트폴리오 성과평가(Performance Evaluation) 　– 일정한 척도에 의해 포트폴리오의 투자성과를 측정하는 통제 과정임 　– 투자위험을 감안하여 평균 이상의 성과를 달성했는지를 평가함 　– 성과의 원인이 자산배분, 증권 선택, 시점선택 중 어느 단계에서 비롯되었는지를 분석함 • 성과평가의 활용 　– 자산배분 · 증권 선택 · 시점선택 의사결정자의 보상 수준을 결정하는 데 활용됨 　– 향후 투자 의사결정 과정(자산배분 · 증권 선택 · 시점선택)의 개선에도 활용됨

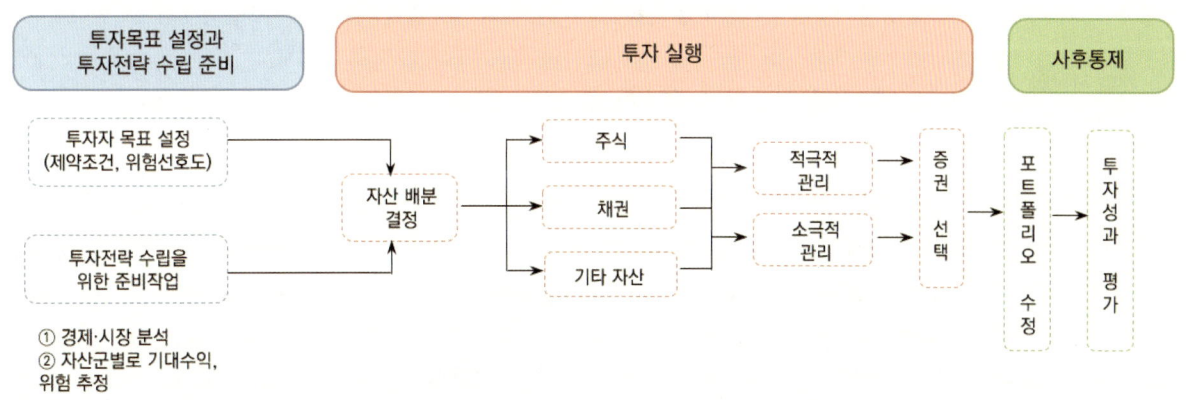

02 포트폴리오 관리

9장 분산투자기법

1 포트폴리오 관리

의의	• 여러 투자자산에 분산 투자하는 활동을 체계적으로 계획하고 실행하며, 사후적으로 통제하는 과정 • 특징 　- 투자수익과 투자위험은 상반관계(trade-off)에 있음 　- 따라서 일정한 기대수익 수준에서는 위험을 최소화하고, 일정한 위험 수준에서는 기대수익을 최대화하는 것을 목표로 함 • 효율적 분산투자(efficient diversification)를 통해 투자목표를 달성하는 것이 목적
포트폴리오 분석	• 관점의 차이 　- 포트폴리오 분석은 개별 자산이 아니라 포트폴리오 전체의 관점에서 투자가치를 평가함 　- 기본적 분석이 개별 자산의 가치평가에 초점을 두는 것과 구별됨 • 위험 측정 방식 　- 특정 자산의 투자위험은 그 자산 자체의 위험만으로 결정되지 않음 　- 포트폴리오 내 다른 자산들과의 상관관계에 따라 위험의 크기가 달라짐 • 분석의 초점 　- 효율적 위험분산(risk diversification)의 방법을 찾는 것임 　- 이를 통해 최적 포트폴리오를 구성하는 것이 최종 목표임

2 개별 자산의 기대수익과 위험

개별 자산의 기대수익률	• 개별 자산의 가치는 기대수익(expected return)과 위험(risk)에 의해 결정됨 　▶ V(자산의 가치) = $\int$(기대수익, 위험) • 투자대상은 기대되는 수익뿐만 아니라 그에 따른 불확실성(위험)까지 고려하여 평가해야 함 • 위험 고려 방법 　- 미래 발생 가능한 여러 상황을 설정하고, 각 상황의 발생 확률과 예상 수익률을 추정함 　- 이를 통해 가능한 수익률의 확률분포(probability distribution)를 작성함 • 기대수익률(expected rate of return) 　- 기대수익률은 각 상황에서 발생 가능한 수익률에 확률을 곱하여 평균한 값임 　- 즉, '미래 수익률의 확률가중평균'으로 정의됨 　- $E(R) = \sum_{i=1}^{m} p_i r_i$ 　　① $E(R)$: 개별 자산의 기대수익률 　　② P_i: 상황 i가 발생할 확률(일어날 상황은 m가지) 　　③ r_i: 상황 i 발생 시 수익률 　　▶ 개별 자산의 기대수익률: 확률을 가중치로 사용한 가중평균수익률
개별 자산의 위험(수익률의 변동성)	• 실제 수익률은 기대수익률과 다르게 실현되는 것이 일반적임 • 미래 불확실성으로 인한 수익률의 변동성(volatility)을 위험이라 함 • 위험 측정 방법: 분산(variance)과 표준편차(standard deviation) 　- 분산: 수익률이 기대수익률에서 벗어난 정도(편차)의 제곱에 확률을 곱한 가중평균 　- 표준편차: 분산의 제곱근으로, 수익률 변동의 크기를 직관적으로 나타냄

02 9장 분산투자기법
포트폴리오 관리

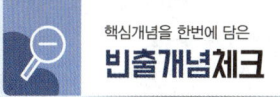

③ 포트폴리오의 기대수익과 위험

의의	• 포트폴리오도 개별 자산과 마찬가지로 확률분포를 통해 기대수익률과 분산을 추정할 수 있으며, 이를 바탕으로 효율적 포트폴리오(efficient portfolio)와 최적 포트폴리오(optimal portfolio)를 결정 • 포트폴리오의 수익률 확률분포는 단순히 개별 자산 확률분포의 합으로 결정되지 않음 ▶ 자산 간 상관관계(correlation)가 영향을 미치기 때문

포트폴리오 수익률	• $R_p = W_A R_A + W_B R_B$
	  – R_p: 포트폴리오의 수익률
	  – W_A, W_B: 개별 자산의 투자비중
	  – R_A, R_B: 개별 자산의 수익률

포트폴리오 기대수익률	• $E(R_p) = \sum_{i=1}^{m} p_i r_{pi}$
	  – $E(R_p)$: 포트폴리오의 기대수익률
	  – p_i: 상황 i가 발생할 확률(일어날 상황은 m가지)
	  – r_{pi}: 상황 i 발생 시 포트폴리오의 예상수익률
	• $E(R_p) = \sum_{j=1}^{m} w_j E(R_j)$
	  – $E(R_p)$: 포트폴리오의 기대수익률
	  – W_j: 개별 자산 j에 대한 투자비율
	  – $E(R_j)$: 개별 자산 j에 대한 기대수익률

포트폴리오 위험 (분산, 표준편차)	• $VaR(R_p) = w_X^2 \sigma_X^2 + w_Y^2 \sigma_Y^2 + 2w_X w_Y \sigma_{XY}$
	  – σ_X, σ_Y = 주식 X와 Y의 표준편차
	  – σ_{XY} = 주식 X와 Y의 공분산
	• 공분산(σ_{XY})
	  – 증권들의 수익률 변동이 같은 방향으로 움직이는지, 반대 방향으로 움직이는지를 측정하는 지표
	  – 두 증권 수익률 편차의 곱의 평균으로 계산
	  – $\sigma_{XY} = COV(R_X, R_Y) = E[(R_X - E(R_X))(R_Y - E(R_Y))]$
	  – 공분산 > 0 : 수익률이 같은 방향으로 움직임
	  – 공분산 < 0 : 수익률이 반대 방향으로 움직임
	  – 공분산 값의 범위는 제한이 없음
	• 상관관계(ρ_{XY})
	  – 공분산을 각각의 표준편차의 곱으로 나누어 표준화시킨 것
	  – 공분산과는 달리 **범위에 제한이 있음**($-1 \leq \rho_{XY} \leq +1$)
	  – $\rho_{XY} = \dfrac{COV(R_X, R_Y)}{\sigma_X \sigma_Y}$
	  – 상관관계가 완전 양(+)일 경우: 투자위험 분산효과 없음
	  – 상관관계가 완전 음(−)일 경우: 투자위험 분산효과 완벽(포트폴리오 분산을 0으로 만들어 완전 헤지 가능)
	  – 상관관계가 0일 경우: 개별 자산 간의 상관관계가 완전 양의 관계에 있지 않으면 분산투자 효과가 발생

03 자본자산 가격결정 모형

9장 분산투자기법

1 자본자산 가격결정 모형의 의의와 가정

개념	• CAPM: 자본시장이 균형(equilibrium) 상태일 때 자본자산(capital asset)의 기대수익과 위험 간의 관계를 설명하는 모형 • 자본자산: 주식, 회사채 등 미래 수익에 대한 청구권(claim)을 가지는 금융자산 • 균형 상태: 자본시장에서 수요와 공급이 일치하여 가격이 형성된 상태 • CAPM의 목적: 시장이 균형 상태일 때 개별 자산의 기대수익률과 위험 간 균형 관계를 예측

CAPM의 기본 가정	• 평균·분산 기준의 가정
	  – 투자자는 수익률의 평균과 분산만을 고려하여 투자 결정을 내림
	  – 상대적으로 높은 평균, 상대적으로 낮은 분산을 가진 자산을 선택
	• 동일한 투자기간의 가정: 모든 투자자는 동일한 단일 투자기간을 갖고, 이후 발생하는 결과는 무시
	• 완전시장의 가정: 개인투자자는 가격 수용자(price taker)이며, 거래비용과 세금이 없고 자본과 정보의 흐름에 마찰이 없음
	• 무위험자산 존재 가정
	  – 투자대상은 공개적으로 거래되는 금융자산에 한정
	  – 무위험자산(risk-free asset)이 존재하며, 모든 투자자는 동일한 무위험이자율로 자유롭게 차입·대여 가능
	• 균형시장 가정: 자본시장은 수요와 공급이 일치하는 균형 상태임
	• 동질적 미래예측 가정
	  – 모든 투자자는 동일한 방법으로 증권을 분석하고 경제상황을 예측
	  – 미래 증권 수익률의 확률분포에 대해 동질적 기대(homogeneous expectation)를 가짐

2 자본시장선(CML)

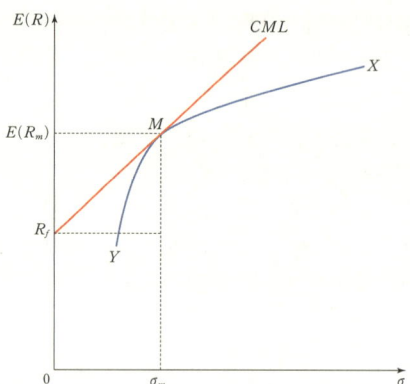

- 자본시장선은 위험자산과 무위험자산을 결합하여 구성할 수 있는 효율적 포트폴리오들의 기대수익률과 위험(표준편차) 사이의 선형 관계를 나타낸 선이다.
- 무위험자산과 효율적 위험자산 포트폴리오를 결합한 자본배분선(CAL)이 자본시장선의 본질이다.
- CML 상의 모든 포트폴리오는 동일한 위험 대비 최대 기대수익률을 제공하며, 효율적 포트폴리오임을 의미한다.
- CML의 기울기는 시장위험 1단위당 기대 초과수익률 즉, 위험 보상률(risk premium)이며, 이는 균형 시장에서 모든 투자자에게 동일하다.
- 균형 시장에서는 투자자들이 선택하는 효율적 위험자산 포트폴리오가 시장 포트폴리오와 일치한다.

03 자본자산 가격결정 모형

9장 분산투자기법

③ 증권시장선(SML)

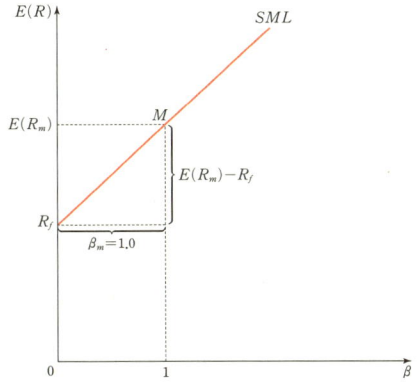

- 증권시장선은 개별 자산의 기대수익률과 위험(체계적 위험, β) 사이의 관계를 선형적으로 나타낸 선이다.
- 개별 자산의 위험은 전체 포트폴리오의 분산에 대한 기여도를 기준으로 평가하며, 투자자에게 의미 있는 것은 포트폴리오의 총 위험이다.
- 투자자들은 효율적 포트폴리오를 구성할 때 시장 포트폴리오에 투자하므로, 개별 자산의 위험은 시장 포트폴리오의 위험에 대한 기여도로 측정하는 것이 타당하다.
- 균형 상태에서는 모든 자산의 위험 보상률(risk premium)이 동일해야 하며, 불균형 시 가격 조정을 통해 균형이 회복된다.
- SML 식은 CAPM에 의해 도출되며, 자산의 기대수익률은 무위험수익률과 시장 포트폴리오 초과수익률, 그리고 자산의 베타(β) 계수에 의해 결정됨.
- 베타(β)는 개별 자산의 수익률이 시장 포트폴리오 수익률 변동에 얼마나 민감한지를 나타내며, 균형 상태에서 자산의 위험 보상률은 이 베타에 비례한다.
- 결과적으로 분산투자가 충분히 이루어지면 투자자는 비체계적 위험을 제거하고 체계적 위험(시장위험)만 부담하게 되며, 이에 따라 개별 자산의 초과수익률은 베타에 비례한다.

④ 자본시장선(CML)과 증권시장선(SML)의 차이

구분	자본시장선(CML)	증권시장선(SML)
공식	기대수익률 E(R) – 표준편차 σ	기대수익률 E(R) – 베타 β
대상	효율적 포트폴리오	모든 개별 자산 및 포트폴리오
위험 척도	총위험	체계적 위험
절편	무위험수익률	무위험수익률
기울기	시장 포트폴리오의 위험보상률	시장 포트폴리오 초과수익률
특징	완전분산 투자된 효율적 포트폴리오만 위치	개별 증권은 비체계적 위험 포함

04. 단일 지표 모형

9장 분산투자기법

1. 단일 지표 모형

개요	• 단일 지표 모형은 개별 증권 수익률의 변동이 두 가지 요인에서 비롯된다고 전제 • 시장 공통요인: 거시적 사건 등 시장 전체에 영향을 미치는 요인 • 개별 기업 고유 요인: 특정 기업만에 영향을 미치는 미시적 사건 • 시장 공통요인은 증권 수익률의 변동에 광범위한 영향을 미치며, 개별 증권은 이에 대한 민감도 차이로 반응함 • 개별 기업 고유 요인은 특정 종목에만 영향을 주며, 다른 증권이나 시장 전체에는 영향을 미치지 않음 • 단일 지표 모형에서는 시장 공통요인을 종합주가지수와 같은 시장 지표로 나타내어, 개별 증권 수익률과의 직선 관계식으로 표현함 ▶ 이를 통해 포트폴리오 위험을 시장 위험과 개별 위험으로 간단히 분해할 수 있음

증권특성선	• 증권특성선은 개별 증권의 수익률과 시장 수익률 간의 선형적 관계를 나타내는 회귀선임
	• 수직축에는 증권의 수익률, 수평축에는 시장 포트폴리오 수익률(시장지표)을 두고 회귀분석을 수행하여 도출
	• 회귀식의 기울기(β, 베타계수)는 시장 수익률 변동에 대한 증권 수익률의 민감도를 나타냄
	  – 베타가 크면 시장수익률 변화에 증권 수익률이 더 민감하게 반응함
	  – 베타는 CAPM에서의 β 계수와 수학적으로 동일함
	  – 증권 수익률은 시장 변동으로 설명되지 않는 잔차(residual) 부분도 포함함
	• 잔차는 특정 증권의 고유 요인(미시적 사건)에 의한 변동을 의미함
	• 단일 지표 모형 가정에 따라, 증권 간 잔차 수익률의 공분산은 0으로 가정되며, 증권 간 공통적인 변동은 오직 시장요인으로 설명됨

2. 단일 지표 모형에 의한 포트폴리오 분산 측정

체계적 위험과 비체계적 위험	• 증권 수익률의 변동 요인이 시장 전체의 공통요인과 개별 기업 고유 요인 두 가지로 구분됨
	• 체계적 위험(Systematic Risk)
	  – 시장 전체와 연동된 위험으로, 개별 증권 수익률의 변동 중 증권특성선 상에서 설명되는 부분임
	  – 분산 계산 시 시장 포트폴리오의 변동성과 해당 증권의 베타 계수에 의해 결정됨
	• 비체계적 위험(Unsystematic Risk, Residual Variance)
	  – 특정 주식 고유의 위험으로, 시장 요인과 무관한 증권 수익률의 잔차(residual) 부분에 해당함
	  – 개별 기업의 특성이나 사건에 의해 발생하며, 분산 계산 시 증권특성선으로부터의 편차 크기로 측정됨
	• 따라서 단일 지표 모형에서는 개별 증권의 총 분산이 체계적 위험 + 비체계적 위험으로 분해됨

포트폴리오 분산과 베타와의 관계	• 포트폴리오의 분산도 체계적 위험과 비체계적 위험으로 분해됨
	• 포트폴리오 분산
	  – 체계적 위험: 시장 공통요인과 연동된 포트폴리오 변동으로, 포트폴리오 베타와 시장 분산에 의해 결정됨
	  – 비체계적 위험: 포트폴리오 내 개별 증권의 잔차 분산에 투자 비율의 제곱을 곱한 합으로 계산됨
	• 포트폴리오 베타(β): 포트폴리오 수익률과 시장수익률 간 공분산을 시장 분산으로 나눈 값으로 정의됨
	• 따라서 포트폴리오 위험은 체계적 위험(시장 요인 관련) + 비체계적 위험(개별 증권 요인 관련)으로 표현할 수 있으며, 포트폴리오의 베타와 개별 증권 잔차 분산을 이용해 간단히 계산 가능

04 단일 지표 모형

9장 분산투자기법

❸ 인덱스펀드

단일 지표 모형과 뮤추얼펀드 활용	• 단일 지표 모형은 뮤추얼펀드 등 전문 투자기관의 포트폴리오 운용에 활용됨 • 적극적 관리(active management): 과소평가된 증권을 식별하여 초과수익을 추구 • 소극적 관리(passive management): 투자위험에 상응하는 시장 평균 수익률 확보 목적
지수펀드 (Index Fund) 운용	• 종합주가지수를 추적하도록 포트폴리오 구성 • 모든 종목을 동일 비율로 편입하는 방법은 거래비용과 관리비용 때문에 비현실적임 • 실용적 방법 − 일부 종목만 포함하여 포트폴리오의 베타(β)=1이 되도록 조정 − 베타가 1이면 시장 평균 수익률을 추적 가능: 포트폴리오 잔차 분산 최소화가 중요 − 잔차 분산이 작을수록 시장 수익률을 정확히 추적 가능 − 따라서 우수한 지수펀드는 '베타=1'과 '잔차 분산 최소화'라는 두 가지 조건을 만족하는 포트폴리오 구성 문제로 볼 수 있음

❹ 베타계수의 예측과 추정 베타의 조정기법

의의	포트폴리오 구성에서 원하는 위험과 수익률을 선택하는 것은 포트폴리오 베타(β) 선택과 동일함
역사적 베타 (Historical Beta)	• 단일 지표 모형을 이용하여 일정 기간 동안의 증권 수익률과 시장 수익률을 회귀분석해 추정 • 과거 데이터를 기반으로 하므로 현실 투자에서 활용 가능
문제점	• 역사적 베타는 시간이 지남에 따라 안정적이지 않음 • 기업 특성과 위험이 변동하거나, 개별 기업 베타가 시장 평균(β=1)으로 회귀하는 경향으로 인해 불안정하게 나타남 • 따라서 역사적 베타를 그대로 미래 예측에 사용하는 것은 한계가 있으며, 미래 투자 분석에는 역사적 베타를 적절히 조정하는 방법이 필요함

❺ 다지표 모형(Multi-Index Model)

개념	• 단일 지표 모형은 시장지표 하나만으로 증권수익률 변동을 설명하기 때문에 한계가 있음 • 잔차항 간 공분산이 0이 아니라는 실증적 증거가 존재하여, 추가 공통요인을 포함할 필요가 있음
특징	• 증권 수익률 변동을 두 개 이상의 공통요인(common factor)과의 관계에서 설명 • 단일 지표 모형과 달리, 증권 수익률은 시장지수 외에도 공통요인(경제 변수들)에 민감하게 반응한다고 가정 • 공통요인: 산업생산 성장률, 물가상승률, 통화량 증가율, 원유 가격 변화 등 경제 전반의 요인
목적	단일 지표 모형의 한계를 보완하고, 증권 수익률의 변동을 보다 정밀하게 설명

05 차익거래 가격결정이론

9장 분산투자기법

1 차익거래의 의의와 활용

차익거래(Arbitrage)	• 동일 자산이 서로 다른 가격으로 거래될 때, 높은 가격 자산을 공매도하고 낮은 가격 자산을 매입하여 추가 투자나 위험 부담 없이 이익을 얻는 거래 • 현실에서는 일시적으로 존재할 수 있으나 지속적으로 존재하지 않음
균형(Equilibrium)	• 차익거래 기회가 완전히 사라진 상태 • 수요와 공급 조정을 통해 가격이 변화하여, 더 이상 무위험 이익을 얻을 수 없는 상태 • 이를 차익거래 해소의 조건(no-arbitrage condition)이라고 부름

2 요인 모형(factor model)

개념	자산의 수익률이 GNP 성장률, 통화량, 이자율 등 어떤 공통요인의 영향을 받아서 변동한다고 보는 수익률 생성 모형

단일 요인 모형
(single-factor model)
	• 요인 모형 중 가장 단순한 형태로, 자산 수익률에 영향을 미치는 공통요인(common factor)이 1개인 경우
	• CAPM은 시장 포트폴리오 수익률을 공통요인으로 하는 단일 요인 모형의 대표적 사례임
	• 예시
	  - 주식시장의 수익률이 GNP 성장률이라는 하나의 공통요인에 의해 움직인다고 가정
	  - 투자자들의 GNP 성장률 기대치가 10%라면, 주식 a의 기대수익률도 이에 따라 결정됨
	  - 현실에서는 GNP 성장률이 불확실하므로 실제 수익률은 기대수익률＋공통요인 변동 영향＋개별 주식 고유 오차로 결정됨
	• 특징
	  - 자산 수익률은 공통요인(F)에 대한 민감도(예: 1.5)와 고유 오차항으로 구성됨
	  - 수익률 변동은 공통요인과 개별 요인으로 분해 가능

다요인 모형
(multi-factor model)
	• 자산 수익률은 여러 공통요인(multiple common factors)의 영향을 받음
	• 단일 요인 모형의 확장형으로, 현실적인 수익률 변동을 보다 정밀하게 설명 가능
	• 특징
	  - 자산 수익률은 2개 이상의 거시적 요인 또는 경제 변수에 민감하게 반응
	    예) 2요인 모형에서는 자산 수익률이 두 가지 공통요인에 의해 결정됨
	• 자산 수익률＝기대수익률＋(공통요인 1 영향)＋(공통요인 2 영향)＋개별 자산 고유 오차
	• 목적
	  - 단일 요인 모형에서 설명하지 못하는 잔차항 공분산 문제를 보완
	  - 증권 수익률 변동을 보다 정확히 설명하고 포트폴리오 위험 측정에 활용

05 9장 분산투자기법
차익거래 가격결정이론

③ 차익거래 가격결정이론(APT)의 의의와 가정

의의	• APT(차익거래 가격결정 모형)는 CAPM과 비슷하게 자산의 기대수익률을 설명하는 모형이지만 CAPM처럼 '시장 포트폴리오가 유일한 요인'이라는 엄격한 가정을 요구하지 않음 ▶ CAPM의 한계 보완 • 무차익 기회의 원리에 기초 ▶ 시장의 균형을 설명하는 방법으로 활용됨
가정	• 투자자는 부를 더 선호함 → 같은 조건이면 더 많은 돈을 가지려 함 • 투자자는 위험회피적임 → 위험을 부담하는 만큼만 수익을 원함 • 자산 수익률은 다요인 모형을 따름 → 단일 시장 요인 외에도 여러 경제 요인에 민감하게 반응함

④ 포트폴리오를 이용한 차익거래

기본 전제	• 충분히 분산투자된 포트폴리오는 비체계적 위험을 거의 제거할 수 있음 • 따라서 이러한 포트폴리오에서는 체계적 위험만 남아 수익률 결정에 영향을 줌 • 이를 활용하면, 동일한 체계적 위험(베타)을 가진 포트폴리오 간에도 차익거래가 가능함
차익거래 원리	• 동일한 위험을 가진 두 포트폴리오의 기대수익률이 다르면, 기대수익률이 높은 포트폴리오를 매수하고 낮은 포트폴리오를 공매함으로써 무위험 차익거래를 실현할 수 있음 • 이러한 거래 기회는 시장 가격 조정을 통해 곧 해소되며, 균형이 형성됨
서로 다른 베타의 경우	• 체계적 위험(베타)이 다른 포트폴리오 간에도 차익거래가 가능함 • 이를 위해서는 무위험자산을 적절히 결합하여 체계적 위험을 동일하게 조정한 후 거래를 수행 • 이 과정에서 비체계적 위험은 이미 분산으로 제거되었으므로, 투자액 추가 없이 위험 없는 차익거래가 가능함
핵심 요점	• 충분히 분산된 포트폴리오에서는 비체계적 위험이 제거되어 체계적 위험과 기대수익률의 관계만 고려하면 됨 • 차익거래 기회는 시장 가격 조정을 통해 자동으로 해소되며, 이로써 균형 가격이 형성됨

05 차익거래 가격결정이론

9장 분산투자기법

5 단일 요인 차익거래 가격결정이론과 다요인 차익거래 가격결정이론

단일 요인 차익거래 가격결정이론	• 균형 형성 원리 – 충분히 분산투자된 포트폴리오에서는 비체계적 위험이 제거되므로, 포트폴리오 간 차익거래는 체계적 위험만 고려하면 됨 – 특정 포트폴리오에 초과수요가 발생하면 가격이 상승하고 기대수익률이 하락함 – 반대로 초과공급이 발생하면 가격이 하락하고 기대수익률이 상승함 – 이러한 과정으로 포트폴리오들의 기대수익률이 같아질 때 차익거래 기회가 해소되어 균형 상태에 도달함 • 차익거래 해소 조건 – 충분히 분산투자된 모든 포트폴리오에 대해, 1단위 체계적 위험에 동일한 위험 프리미엄이 주어질 때 균형이 형성됨 – 이 상태에서 무위험 차익거래로 얻을 수 있는 이윤은 0이 됨 • CAPM과의 차이 – CAPM의 베타: 시장 포트폴리오에 대한 민감도 – 단일 요인 APT의 베타: 특정 공통요인에 대한 민감도 • 개별 자산에 대한 적용 – 충분히 분산된 포트폴리오에서 성립하는 단일 요인 APT는 개별 자산에도 적용 가능 – 만약 자산의 기대수익률이 APT에서 요구하는 값보다 높거나 낮으면, 이를 활용한 무위험 차익거래가 가능해짐
다요인 차익거래 가격결정이론	• 요인 포트폴리오(factor portfolio) – 충분히 분산투자된 포트폴리오로서, 특정 공통요인 하나에 대해 베타=1, 다른 모든 공통요인에 대해 베타=0인 포트폴리오를 말함 – 공통요인의 수만큼 요인 포트폴리오가 존재함 ⑩ 2요인 모형 → 요인 1 포트폴리오, 요인 2 포트폴리오 – 요인 포트폴리오의 기대수익률은 해당 요인에 대해 1단위 체계적 위험을 부담함으로써 얻는 위험 프리미엄을 나타냄 • 차익거래 조건 – 만약 포트폴리오 P의 기대수익률이 위 공식에서 계산된 값과 다르면, 무위험 차익거래가 가능 – 차익거래를 통해 포트폴리오 간 가격이 조정되어, 균형 상태에서는 위 기대수익률 공식이 성립함 • 무위험자산의 대체 – 현실적으로 완전한 무위험자산은 존재하지 않음 – 모든 공통요인에 대해 베타가 0인 포트폴리오를 무위험자산 대신 사용하여 동일한 효과를 얻을 수 있음

06 포트폴리오 투자전략과 투자성과평가

9장 분산투자기법

❶ 소극적 투자전략(Passive Investment Strategy)

의의	• 증권시장이 효율적이라는 전제하에, 초과수익을 추구하지 않고 시장 전체 평균 수준의 수익을 얻거나 투자위험을 감수하는 전략 • 개별 종목 분석이나 독자적 판단을 최소화하여 정보비용과 거래비용을 줄이는 특징이 있음
단순 매입·보유 전략 (naive buy-and-hold strategy)	• 특정 우량증권이나 포트폴리오를 선별하려는 노력 없이 무작위로 선택한 증권을 매입·보유함 • 종목 수를 늘릴수록 포트폴리오 위험은 체계적 위험만 남게 됨
지수펀드 전략 (index fund strategy)	• 주식시장지수펀드: 주가지수 구성 종목과 동일한 투자비중으로 구성하여 시장 평균 수준의 수익과 위험 확보 • 자금시장펀드: 단기국공채, CD 등 안전자산에 투자하여 거의 무위험 수익 확보 • 투자비율을 고정할 경우 정보·거래비용 최소화가 가능하지만, 시장 상황 변화에 따라 자산배분을 조정하면 정보비용과 거래비용 증가

평균 분할투자 전략
(dollar cost averaging)
	• 주가 등락과 상관없이 정기적으로 일정 금액을 투자
	• 주가 하락 시 더 많은 수량을 매입하여 평균 매입 가격을 하락시키고, 이후 주가 상승 시 매각하여 자본이득 가능
	• 특징
	  – 기본적으로 정보비용과 거래비용을 극소화
	  – 하지만 실제 운용에서는 시황에 따른 탄력적 자산배분을 통해 점차 적극적 투자 성향을 띨 수 있음

❷ 적극적 투자전략(Active Investment Strategy)

의의	• 일정한 위험 수준에서 기대수익 이상의 초과수익을 추구하는 전략(beat the market 전략) • 시장이 비효율적이라는 가정하에 내재가치와 시장 가격의 차이를 이용하여 과소평가된 자산 매입, 과대평가된 자산 매각 • 독자적인 증권분석과 예측에 기반하여 위험이 동일한 자산 중 수익이 높은 자산 선택 • 특정 종목·산업에 집중투자할 수 있어 정보비용과 거래비용 증가

자산배분 결정	• 주식, 채권, 현금 등 각 자산군에 대한 투자비율 결정
	• 특징
	  – 적극적 투자관리로 초과수익 추구 가능
	  – 정보비용과 거래비용 증가
	• 시장 투자적기 포착법(market timing)
	  – 주식시장과 채권시장 동향 예측을 통해 자산배분 시점 결정
	  – 주식시장 예상 수익률이 높으면 주식 비중 확대, 낮으면 무위험자산 비중 확대
	  – 차트분석, 경기순환, 거시경제 변수 등을 활용
	• 포뮬러 플랜(formula plan/ratio plan): 기계적 규칙에 따라 자산배분을 조정하는 방법
	  – 불변금액법(constant dollar plan)
	    ① 주식과 채권 투자금액을 일정하게 유지
	    ② 주가 상승 시 주식 매각 → 채권 매입
	    ③ 주가 하락 시 채권 매각 → 주식 매입

06

9장 분산투자기법

포트폴리오 투자전략과 투자성과평가

자산배분 결정	- 불변비율법(constant ratio plan) 　① 주식과 채권 투자 비율을 일정하게 유지 　② 주가 변화에 따라 비율 유지 위해 매매 수행 　③ 빈번한 거래수수료 부담(불변금액법과 동일) - 변동비율법(variable ratio plan) 　① 주가 예측에 따라 주식·채권 비율을 유동적으로 조정 　② 주가가 낮으면 주식 비중 확대, 주가가 높으면 축소 　③ 단, 정확한 추세 예측이 전제되어야 함
증권 선택	• 내재가치 추정 　- 개별 증권의 내재가치를 분석하여 시장가격과 비교 　- 잘못 형성된 증권(mispriced securities)을 선별 • 변동성 보상비율(RVAR) 활용 　- 포트폴리오의 기대수익률 대비 표준편차를 계산 　- $RVAR = \dfrac{기대수익률 - 무위험수익률}{표준편차}$ 를 최대화하도록 포트폴리오 구성 • 베타 계수 활용 　- 강세시장에서는 베타가 큰 증권, 약세시장에서는 베타가 작은 증권 선택 　- 시장상황에 따른 투자 타이밍(market timing)에 이용 • 트레이너-블랙(Treynor-Black) 모형 활용 　- 소수의 초과수익 가능 증권 선택 후, 적절히 분산투자하여 비체계적 위험 최소화 　- 최적 투자비율 = 각 증권의 초과수익(α) ÷ 비체계적 위험(σ^2) 비율에 비례 　- 비체계적 위험 대비 초과수익이 큰 증권일수록 투자비중을 높게 배분 • 시장 이상현상(Market anomalies) 활용 　- 특정 시장 패턴이나 정보에 따라 초과수익 가능성을 추구하는 전략 　- 기업규모 효과, 저PER·PBR 효과, 소외기업 효과, 주말 효과, 주식분할 등
포트폴리오 수정	• 정의 　- 포트폴리오를 구성한 후, 미래 투자 상황 예측 오류나 새로운 환경 변화로 인해 투자목표 달성을 위해 기존 포트폴리오를 변경·개편하는 것 　- 변화 요인: 기업 이익·배당에 영향을 주는 영업·재무 효율성 변화, 위험의 변화, 경제외적 환경 변화 등 • 포트폴리오 리밸런싱(Portfolio Rebalancing) 　- 목적: 포트폴리오의 원래 특성(투자비율, 체계적 위험)을 유지 　- 방법: 상대 가격 변동으로 달라진 투자비율을 원래 비율로 환원 　- 특징: 자금 재배분을 통해 자본이득 가능성이 낮은 종목에서 높은 종목으로 이동 가능 　- 전략 유형: 고정목표 수정전략(Fixed-Target Revision) • 포트폴리오 업그레이딩(Portfolio Upgrading) 　- 목적: 위험 대비 상대적으로 높은 기대수익을 추구하거나, 기대수익 대비 낮은 위험을 부담하도록 포트폴리오 개선 　- 방법: 증권 매입·매각을 통해 포트폴리오 구성 수정 　- 특징: 주로 손실이 큰 증권을 제거하고 더 효율적인 증권으로 대체하여 기대수익과 위험을 조정

06 포트폴리오 투자전략과 투자성과평가

9장 분산투자기법

③ 포트폴리오 투자성과평가

운용 투자수익률의 측정

- 단일기간 투자수익률(One-Period Rate of Return)
  - 정의: 투자기간이 단일기간일 때, 투자수익률 = 총투자수익 ÷ 기초투자액
  - 구성
    ① 주식: 배당수익 + 시세차익
    ② 채권: 이자수익 + 시세차익
- 다기간 투자수익률(Multi-Period Rate of Return)
  - 다기간 투자 시, 중도 자금 회수, 추가 투자, 재투자 등이 발생하면 단순 계산 불가
  - 사용되는 계산법: 산술평균, 기하평균, 내부수익률
- 산술평균 수익률(Arithmetic Average Rate of Return, ARR)
  - 계산: 기간별 단일기간 수익률 합 ÷ 관찰기간 수
  - 특징
    ① 투자금액의 크기를 고려하지 않음
    ② 매기간 동일 투자금액 가정 시 적합
    ③ 중도 투자금액이나 회수금액이 없는 경우 적절
- 기하평균 수익률(Geometric Average Rate of Return, GRR)
  - 계산: 투자기간 전체의 복리 증식을 고려
  - 특징
    ① 수익률 변동이 있는 경우에도 적용 가능
    ② 중도 현금흐름은 고려하지 않음
    ③ 과거 일정 기간 수익률 계산에 적합, 미래 기대수익률 계산에는 부적합
- 내부수익률(Internal Rate of Return, IRR)
  - 정의: 현금유출과 현금유입의 현재가치를 일치시키는 할인율
  - 특징
    ① 기간별 상이한 투자금액에 가중치를 주어 계산
    ② 금액가중평균 수익률(amount-weighted rate of return)
    ③ 중도 투자금액이 큰 기간은 수익률에 큰 영향

성과평가를 위한 투자위험의 조정

- 투자성과는 단순 수익률만으로 평가할 수 없으며, 투자기간 동안 부담한 위험도 함께 고려해야 함
- 샤프지수(Sharpe's Measure): 포트폴리오 운용성과를 총위험(표준편차)을 기준으로 평가
- 트레이너지수(Treynor's Measure)
  - 포트폴리오의 운용성과를 체계적 위험(베타)을 기준으로 평가
  - 충분히 분산투자된 포트폴리오에서는 비체계적 위험이 대부분 제거되므로, 체계적 위험만 고려하는 것이 타당함
- 젠센지수(Jensen's Measure)
  - 포트폴리오의 실제 수익률과 요구수익률(증권시장선 기준)의 차이를 측정하여 성과를 평가
  - 특정 체계적 위험 수준에서 포트폴리오가 시장 기대수익률보다 얼마나 초과수익을 달성했는지를 나타냄
- 평가비율(Appraisal Ratio)
  - 초과수익률을 비체계적 위험(잔차위험)으로 나눈 비율로 평가
  - 비체계적 위험을 감수한 만큼의 초과수익 효율을 보여주며, 소수종목이나 무위험자산과 혼합된 포트폴리오의 운용성과 평가에 적합함

9장 분산투자기법

01 다음 중 통합적 포트폴리오 관리 과정을 순서대로 옳게 나타낸 것은?

> ㉠ 투자목표의 설정
> ㉡ 투자실행
> ㉢ 거시경제 및 시장예측
> ㉣ 사후통제

① ㉠ → ㉡ → ㉢ → ㉣
② ㉠ → ㉢ → ㉡ → ㉣
③ ㉡ → ㉠ → ㉢ → ㉣
④ ㉢ → ㉡ → ㉠ → ㉣

02 포트폴리오 위험의 결정요인으로 옳지 않은 것은?

① 개별주식의 위험
② 개별주식의 기대수익률
③ 구성주식 간의 공분산(상관관계)
④ 각 주식에 대한 투자금액의 비율

03 다음 자료를 참고로 주식 A에 40%, 주식 B에 60%를 투자했을 때 포트폴리오 기대수익률은 얼마인가?

경제상황	확률	예상 기대수익률	
		주식 A	주식 B
호황	50%	20%	30%
불황	50%	5%	3%

① 11.9%
② 13%
③ 14.9%
④ 15%

04 투자자금의 70%는 기대수익률이 15%의 위험자산에 투자하고 나머지 30%는 기대수익률 7%의 무위험자산에 투자하려고 한다. 또한 위험자산의 표준편차는 10%, 무위험자산의 표준편차는 0일 때 포트폴리오의 기대수익률과 표준편차의 값으로 옳은 것은?

① 포트폴리오 기대수익률 8.4%, 포트폴리오 표준편차 7%
② 포트폴리오 기대수익률 10.4%, 포트폴리오 표준편차 10%
③ 포트폴리오 기대수익률 12.6%, 포트폴리오 표준편차 7%
④ 포트폴리오 기대수익률 16.6%, 포트폴리오 표준편차 10%

05 포트폴리오의 기대수익률과 위험에 대한 설명으로 옳은 것은?

① 상관계수가 높을수록 분산투자효과가 극대화된다.
② 포트폴리오 위험과 기대수익은 투자종목 수가 많을수록 증가한다.
③ 포트폴리오 위험은 개별증권 사이에 존재하는 공분산 또는 상관관계를 고려하여 계산한다.
④ 분산투자를 통해 감소되지 않는 위험을 분산가능위험, 비체계적위험, 기업고유위험, 개별위험이라고 한다.

06 포트폴리오의 기대수익률과 위험에 대한 설명으로 옳은 것은?

① 포트폴리오의 기대수익은 개별자산의 기대수익을 가중평균한 것과 같다.
② 포트폴리오의 위험(분산)은 개별자산의 위험(분산)을 가중평균한 것과 같다.
③ 포트폴리오를 구성하는 개별자산 간의 상관관계가 높을수록 포트폴리오의 위험은 감소한다.
④ 포트폴리오를 구성하는 개별자산에 대한 투자비중은 포트폴리오의 위험에 영향을 미치지 못한다.

07 A주식의 차기 배당금(D_1)이 1,500원이고, 연간 성장률은 10%로 일정하리라고 예상된다. 한편 무위험이자율(R_f)은 8%, 시장 포트폴리오의 기대수익률과 분산은 각각 15%, 0.02, A주식과 시장 포트폴리오의 공분산은 0.03일 때, A주식의 요구수익률과 내재가치로 옳은 것은?

① 16.5%, 23,076원
② 18.5%, 17,647원
③ 20.5%, 14,285원
④ 22.5%, 12,000원

08 주식 X의 분산은 $(0.3)^2$, 주식 Y의 분산은 $(0.2)^2$이고 두 주식 간의 상관계수가 0이라면 두 주식 간의 공분산(σ_{XY})은?

① −0.5
② 0
③ +0.5
④ +1.0

09 자본자산 가격결정 모형(CAPM)의 가정으로 옳지 않은 것은?

① 모든 투자자는 투자기간이 같고 미래증권수익률의 확률분포에 대하여 동질적으로 예측한다.
② 투자위험이 없는 무위험자산이 존재하며 모든 투자자들은 무위험수준으로 얼마든지 자금을 차입하거나 빌려줄 수 있다.
③ 개인투자자는 자본시장에서 가격 결정자이고, 자본과 정보의 흐름에는 마찰이 없어 거래 비용과 세금이 존재하지 않는다.
④ 마코위츠 모형에 의해서 포트폴리오를 선택하고 투자 결정을 내릴 때 오로지 알 필요가 있는 투자기준은 기대수익과 분산 뿐이다.

10 다음 중 시장 포트폴리오에 대한 설명으로 옳지 않은 것은?

① 모든 위험자산을 포함하는 완전 분산 투자된 포트폴리오이다.
② 증권 선택 결정과 자본 배분의 결정은 서로 별개의 문제로 본다.
③ 이성적 투자자는 위험선호도과 관계없이 시장 포트폴리오에 대한 투자비중은 동일하다.
④ 이성적 투자자는 자신들의 위험선호도와 관계없이 모두 동일하게 시장 포트폴리오를 선택한다.

11 자본시장선(CML)에 대한 설명으로 옳은 것은?

① 무위험이자율과 최소분산 포트폴리오를 연결하는 선이다.
② 무위험이자율에서 시작하여 표준편차를 나타내는 축과 평행하게 그린 선이다.
③ 무위험이자율과 위험자산으로 구성되는 효율적 투자선에 접하는 점을 연결하는 선이다.
④ 무위험이자율과 위험자산으로 구성되는 효율적 투자선상의 가장 수익률이 높은 포트폴리오를 연결하는 선이다.

12 다음 중 자본자산 가격결정 모형의 가정으로 옳지 않은 것은?

① 자본시장은 수요와 공급이 불일치하는 불균형 상태에 있다.
② 투자자는 상대적으로 높은 평균, 상대적으로 낮은 분산을 가진 자산을 선택한다.
③ 투자자들은 동일한 무위험이자율 수준으로 얼마든지 자금을 차입하거나 빌려줄 수 있다.
④ 투자자는 동일한 단일 투자기간을 갖고 이 단일 투자기간 이후에 발생하는 결과는 무시한다.

13 자본시장선(CML)에 대해 옳은 설명으로만 모두 묶인 것은?

> ㉠ 기대수익률과 베타의 공간
> ㉡ 기대수익률과 표준편차의 공간
> ㉢ 체계적 위험만 고려
> ㉣ 완전분산된 효율적 포트폴리오

① ㉠, ㉢
② ㉡, ㉢
③ ㉡, ㉣
④ ㉢, ㉣

14 다음 중 시장 포트폴리오에 대한 설명으로 옳지 않은 것은?

① 증권 선택 결정과 자본 배분 결정은 동일한 단계에서 이루어진다.
② 모든 위험자산을 포함하는 완전 분산된 효율적인 포트폴리오이다.
③ 투자자의 위험선호도에 따라 시장포트폴리오의 투자비중은 달라진다.
④ 이성적 투자자라면 자신들의 위험선호도와 관계없이 시장포트폴리오를 선택하게 된다.

15 다음 중 시장 포트폴리오에 대한 설명으로 옳지 않은 것은?

① 시장 포트폴리오는 시장에서 거래되는 모든 위험자산을 포함한다.
② 투자자의 위험선호도와 관계없이 시장 포트폴리오에 대한 투자비율은 일정하다.
③ 시장 포트폴리오는 개별자산의 비체계적 위험이 완전히 제거된 효율적 포트폴리오이다.
④ 무위험자산이 존재하고 동질적 기대를 가정한다면, 시장 포트폴리오는 위험자산의 최적 포트폴리오이다.

16 다음 중 자본자산 가격결정 모형(CAPM)이 투자결정에 어떻게 이용되는지를 설명한 내용으로 옳지 않은 것은?

① 증권분석이나 시계열 분석결과 추정된 기대수익률에서 증권시장선(SML)으로 계산된 요구수익률을 뺀 값이 양이면 과소평가된 증권이다.
② 투자사업의 체계적 위험에 상응하는 요구수익률을 투자사업의 예상수익률과 비교하여 투자사업의 경제적 타당성을 평가하는 데 활용할 수 있다.
③ 증권시장선(SML)상에 표시되는 요구수익률은 자기자본비용 내지 주주들의 기대투자수익률로 이용할 수 있으며 주식의 내재적 가치를 구하는 데 활용할 수 있다.
④ 균형상태의 시장에서 투자자산의 기대수익률은 베타에 의해 선형적으로 결정되어 자본시장선(CML)상에 오게 되므로 자본시장선(CML)상의 기대수익률은 균형상태에서 투자위험을 감안한 적정수익률이다.

17 시장 포트폴리오의 기대수익률은 15%, 무위험이자율은 8%, 증권 A의 추정된 기대수익률과 베타가 각각 17%, 1.25일 때, CAPM을 이용하여 증권 A를 옳게 분석한 것은?

① 증권 A의 알파는 1%이다.
② 증권 A는 과대평가되어 있다.
③ 증권 A는 과소평가되어 있다.
④ 증권 A의 알파는 -0.15%이다.

18 A주식의 시장 포트폴리오의 기대수익률은 12%, 무위험이자율은 6%, A주식의 추정된 기대수익률은 12.5%, 베타가 1.25일 때 자본자산가격결정(CAPM)모형을 이용한 주식 A에 대한 설명으로 옳지 않은 것은?

① A주식은 알파는 -1%이다.
② A주식은 과대평가되어 있다.
③ A주식의 요구수익률은 13.5%이다.
④ A주식의 베타 값이 1.1로 변경된다면 A주식의 알파는 -0.1%로 과소평가 되었다고 평가한다.

19 무위험이자율은 6%, 시장 포트폴리오의 기대수익률과 분산은 각각 15%, 0.02, K주식과 시장 포트폴리오와의 공분산은 0.03일 때, K주식의 요구수익률로 옳은 것은?

① 15%
② 18.7%
③ 19.5%
④ 21.4%

20 A주식의 무위험이자율은 4%, 시장 포트폴리오의 기대수익률은 15%, 분산은 0.02, A주식과 시장 포트폴리오와의 공분산은 0.03일 때 A주식의 요구수익률은?

① 15.0%
② 17.5%
③ 20.5%
④ 21.2%

21 A주식의 차기 배당금(D_1)이 2,000원이고 연간 성장률(g)가 6%로 매년 일정하리라 예상된다. 한편 무위험이자율(R_f)은 8%, 시장 포트폴리오의 기대수익률과 분산은 각각 12%, 0.02, A주식과 시장 포트폴리오의 공분산은 0.03일 때, A주식의 요구수익률과 내재가치로 옳은 것은?

① 요구수익률 10.67%, 내재가치 25,000원
② 요구수익률 10.67%, 내재가치 42,857원
③ 요구수익률 14%, 내재가치 25,000원
④ 요구수익률 14%, 내재가치 26,500원

22 다음 중 샤프의 단일 지표 모형에 대한 설명으로 옳지 않은 것은?

① 개별 증권의 가격 변동은 개별기업의 고유 요인에 연관된 변동만 포함된다.
② 증권의 수익률을 단 하나의 공통요인인 시장수익률과 선형적인 관계를 갖는 것으로 표시한다.
③ 포트폴리오의 베타는 개별 주식의 베타 계수를 그 주식에 대한 투자비율에 따라 가중평균하여 구할 수 있다.
④ A주식의 증권특성선의 기울기가 1.5일 때 시장수익률이 10% 만큼 증가하면 A주식의 수익률은 평균적으로 15% 만큼 증감하게 된다.

23 다음 중 단일 지표 모형에 대한 설명으로 옳지 않은 것은?

① 개별주식 잔차수익률 간의 공분산이 0이라고 가정한다.
② 포트폴리오의 베타는 개별주식 베타를 투자비중으로 가중평균하여 구할 수 있다.
③ 시장수익률과 개별주식 수익률 간의 관계를 설명하는 선을 증권시장선(SML)이라고 한다.
④ 시장수익률 변동에 대한 개별주식 수익률 변동의 민감도를 나타내는 지표로 P를 사용한다.

24 다음 중 샤프의 단일 지표 모형에 대한 설명으로 적절하지 않은 것은?

① 개별 증권의 분산(위험)은 표준편차로 나타난다.
② 증권의 수익률을 단 하나의 공통요인인 시장수익률과 선형적인 관계를 갖는 것으로 표시한다.
③ 샤프의 단일 지표 모형에서는 개별 주식의 공분산이 시장수익률의 분산과 두 주식의 베타값의 곱으로 설명되며, 잔차수익률 간 공분산은 0이라고 가정한다.
④ A주식의 증권특성선의 기울기가 1.8일 때 시장수익률이 10% 만큼 증가하면 A주식의 수익률은 평균적으로 18% 만큼 증감하게 된다.

25. 다음 정보를 이용하여 독립변수가 한 개 있는 단일 지표 모형에서 차익거래가 발생하지 않기 위해서 X자산의 베타를 계산한 것으로 옳은 것은? (단, Y자산의 기대수익률은 균형수익률이라고 가정함)

- 무위험수익률: 4%
- Y자산 기대수익률: 9%
- Y자산의 베타: 0.6
- X자산 기대수익률: 10%

① 0.375
② 0.500
③ 0.720
④ 1.000

26. 시장포트폴리오의 기대수익률은 12%, 무위험이자율은 4%, 베타가 1.7이고 A주식의 기대수익률이 17.5% 일 때, CAPM을 이용하여 A주식을 올바르게 평가한 것은?

① A주식의 요구수익률은 13.2%로 현재 과소평가 되어 있다.
② A주식의 요구수익률은 13.2%로 현재 과대평가 되어 있다.
③ A주식의 요구수익률은 17.6%로 현재 과소평가 되어 있다.
④ A주식의 요구수익률은 17.6%로 현재 과대평가 되어 있다.

27. 다음 중 단일 지표 모형에 대한 설명으로 옳지 <u>않은</u> 것은?

① 뮤추얼펀드 등의 자금운용에 적절히 활용되고 있다.
② 증권수익률의 변동을 시장지수라는 단일 지표와의 선형적 관계에서 설명하고자 한다.
③ 개별증권의 가격움직임은 시장공통요인과 개별기업 고유요인의 두가지로 단순화한다.
④ 시장수익률 변동에 대한 개별주식 수익률 변동의 민감도를 나타내는 지표로 알파를 사용한다.

28. 주식 A, B에 대한 증권특성선을 다음과 같이 추정하였다. 단일지표모형의 가정 하에서 주식 A, B 간의 공분산의 값으로 옳은 것은?

- $R_A = 3\% + 0.7R_M$
- $R_B = -2\% + 1.2R_M$
- $\sigma_m = 20\%$

① 0.0336
② 0.0542
③ 0.1125
④ 0.3116

29. 자산 X의 표준편차가 0.1, 자산 Y의 표준편차가 0.4이며, 두 자산 간의 상관계수가 -0.25일 때, 최소분산포트폴리오에서 자산 X의 비중으로 옳은 것은?

① 약 33%
② 약 42%
③ 약 61%
④ 약 89%

30. 다음 중 최적 투자결정 방법 중 지배원리에 따라 증권을 선택하는 경우 가장 효율적인 자산으로 옳은 것은?

	기대수익률	표준편차
①	3%	4%
②	3%	5%
③	7%	4%
④	7%	5%

31 균형시장에서 자산 X의 베타가 0.6이고 기대수익률이 9%이며, 자산 Y의 기대수익률이 11.5%일 때, 무위험수익률이 4%라면, 두 자산 간 차익거래 기회가 존재하지 않도록 하기 위해 자산 Y의 베타의 값으로 옳은 것은?

① 0.90
② 1.05
③ 1.10
④ 1.25

32 채권형 펀드 B의 기대수익률이 7%, 표준편차가 3%, 무위험자산의 수익률이 2%일 때, 채권형 펀드를 40%, 무위험자산을 60%로 하는 새로운 포트폴리오를 구성하면, 새로운 포트폴리오의 표준편차로 옳은 것은?

① 0.8%
② 1.2%
③ 1.6%
④ 2.0%

33 X, Y, Z 자산의 기대수익률과 위험이 동일할 경우, 각 자산의 상관계수 값이 아래와 같을 때 포트폴리오의 위험을 최소화하는 자산 조합으로 옳은 것은?

구분	X자산	Y자산	Z자산
X자산	+1	+0.5	+0.1
Y자산	+0.5	+1	-0.3
Z자산	+0.1	-0.3	+1

① X자산에 100% 투자
② X자산에 50%, Y자산에 50% 투자
③ X자산에 50%, Z자산에 50% 투자
④ Y자산에 50%, Z자산에 50% 투자

34 주식형펀드의 주식 기대수익률은 12%, 표준편차는 5%이다. 무위험채권의 기대수익률은 4%이다. 이 펀드는 주식형펀드와 무위험채권을 60:40의 비율로 편입한다. 이 주식형펀드의 변동성보상비율(샤프비율)로 옳은 것은?

① 1.6
② 1.8
③ 2.0
④ 2.3

35 포트폴리오 투자전략에 대한 설명으로 옳은 항목으로만 연결한 것은?

> ㉠ 소극적인 투자전략은 시장평균 정도의 위험을 감수하는 전략으로 설명된다.
> ㉡ 적극적인 투자전략은 정보비용과 거래비용이 많이 발생하는 전략으로 정의된다.
> ㉢ 포트폴리오 업그레이딩은 포트폴리오 구성 종목의 상대가격 변동에 따라 변화한 투자비율을 원래의 목표비율로 환원시키는 투자기법을 의미한다.
> ㉣ 포뮬러 플랜은 주식시장과 채권시장 동향에 대한 예측을 근거로, 주식시장펀드 혹은 무위험자산펀드에 대한 투자비율을 유리하게 조정하는 적절한 투자시점을 포착하려는 전략을 의미한다.

① ㉠, ㉡
② ㉢, ㉣
③ ㉠, ㉡, ㉢
④ ㉡, ㉢, ㉣

모바일 OMR
채점 & 성적 분석

QR 코드를 활용하여, 쉽고 빠른
응시 – 채점 – 성적 분석을 해 보세요!

| STEP 1 | QR 코드 스캔 |

| STEP 2 | 모바일 OMR 작성 |

| STEP 3 | 채점 결과 & 성적 분석 확인 |

해당 서비스는 2026. 12. 31까지만 이용하실 수 있습니다.

▶ QR 코드는 어떻게 스캔하나요?

① 네이버앱 ⇨ 그린닷 ⇨ 렌즈
② 카카오톡 ⇨ 더보기 ⇨ 코드 스캔(우측 상단 모양)
③ 스마트폰 내장 카메라 사용(촬영 버튼을 누르지 않고 카메라 화면에 QR 코드를 비추면 URL이 자동으로 뜬답니다.)

실전 모의고사

실전 모의고사 **1**회   410

실전 모의고사 **2**회   426

실전 모의고사 1회

[1과목] 금융상품 및 세제(20문항)

01 다음 중 국세기본법상 수정신고를 할 수 있는 사유로 옳지 않은 것은?

① 세액을 미달하게 신고한 경우
② 과세표준 및 세액을 과다하게 신고한 경우
③ 결손금 또는 환급세액을 과다하게 신고한 경우
④ 근로소득자가 연말정산 과정에서 소득을 누락한 경우

02 다음 중 우리나라 소득세에 대한 설명으로 옳지 않은 것은?

① 현행 소득세법은 기본적으로 순자산증가설의 입장을 취하고 있다.
② 원칙적으로 법령에 열거되지 않은 소득에 대해서는 과세하지 않는다.
③ 현행 소득세법은 과세소득을 8가지로 구분하여 제한적으로 열거하고 있다.
④ 예외적으로 이자·배당소득은 법령에 열거되지 않더라도 유사한 소득에 대해서 과세한다.

03 다음 중 거주자와 비거주자의 판단 여부에 대한 설명으로 옳지 않은 것은?

① 국외 사업장에 파견된 내국법인 소속 임원은 거주자로 본다.
② 국내에 주소를 두거나 183일 이상 거소를 둔 경우에는 거주자로 본다.
③ 거주자와 비거주자의 구분은 국적을 기준으로 하여 판정하는 것이 원칙이다.
④ 외국을 항해하는 선박의 승무원은 본인이나 동거 가족의 실제 거주지를 기준으로 판정한다.

04 다음 보기는 소득세의 계산구조이다. (가)에 들어갈 내용으로 옳은 것은?

	종합소득금액
−	종합소득공제
=	과세표준
×	세율
=	(가)

① 결정세액
② 산출세액
③ 기납부세액
④ 차감납부할 세액

05 다음 중 소득세법상 이자소득금액의 계산방법에 대한 설명으로 옳지 않은 것은?

① 이자소득이 2천만 원을 초과하는 경우 종합과세된다.
② 비과세되는 이자소득은 종합소득금액에 합산하지 않는다.
③ 분리과세되는 이자소득은 종합소득금액에 합산하지 않는다.
④ 이자소득금액은 당해연도의 이자소득 총수입금액에 필요경비를 차감하여 계산한다.

06 다음 중 이중과세 조정대상 배당소득의 요건으로 옳지 않은 것은?

① 내국법인으로부터 받은 배당소득
② 외국법인으로부터 받은 배당소득
③ 법인세가 과세되는 소득에서 지급되는 배당소득
④ 종합과세되는 배당소득으로서 기본세율을 적용받는 배당소득

07 다음 중 금융소득 종합과세 시 금융거래 통보 내용으로 옳지 않은 것은?

① 소득지급내역
② 원천징수내역
③ 소득자의 인적사항
④ 금융자산에 투자한 원금

08 다음 중 절세 금융상품의 종류와 절세 유형의 연결이 옳지 않은 것은?

① ISA – 비과세
② 연금저축 – 세액공제
③ 조합예탁금 – 세금우대
④ 주택청약종합저축 – 세액공제

09 다음 중 비과세종합저축의 가입대상으로 옳지 않은 것은?

① 장애인
② 독립유공자
③ 만 60세 이상 거주자
④ 국민기초생활보장법에 따른 수급자

10 다음 중 ELS(주가연계증권)에 대한 설명으로 옳지 않은 것은?

① 예금자보호가 되지 않는다.
② 원금비보장형으로만 발행된다.
③ ELS의 발행은 인가받은 증권사에 한한다.
④ 중도해지가 가능하나 원금손실 가능성이 있다.

11 다음 중 금전신탁과 예금을 비교한 내용으로 옳지 않은 것은?

① 돈을 맡긴다는 의미에서 유사한 상품이다.
② 금전신탁과 예금 모두 운용방법에 제한이 없다.
③ 이익분배에 있어 금전신탁은 실적배당을, 예금은 약정이자를 지급한다.
④ 금전신탁은 원칙적으로 원금 및 수익에 대해 보장할 의무가 없으나, 예금은 원금 및 약정이자 지급의무가 있다.

12 다음 중 예금자보호대상에서 제외되는 금융상품으로 옳은 것은?

① 표지어음
② 종금형 CMA
③ 원금보전신탁
④ 증권사 발행 채권

13 다음 중 생명보험 분류에 대한 설명으로 옳지 않은 것은?

① 이익을 분배하지 않는 보험을 무배당보험이라 한다.
② 의사의 진단이 필요없는 보험을 무진단보험이라 한다.
③ 피보험자의 수가 2인 이상인 보험을 연생보험이라 한다.
④ 보험금 정액유무에 따라 정액보험과 증액보험으로 분류된다.

14 다음 중 장기손해보험의 보험료 구성에 대한 설명으로 옳지 않은 것은?

① 순보험료와 위험보험료로 구성된다.
② 저축보험료는 만기 또는 해지환급금의 재원이 된다.
③ 위험보험료는 사고 발생 시 보험금 지급의 재원이 된다.
④ 부가보험료는 사용용도에 따라 신계약비, 유지비, 수금비로 구분한다.

15 다음 중 집합투자기구의 구성 형태로 옳지 <u>않은</u> 것은?

① 투자신탁
② 투자조합
③ 투자증권
④ 투자회사

16 다음 중 부동산에 관한 권리에 대한 설명으로 옳은 것은?

① 저당권은 점유를 필요로 하지 않으며, 반드시 등기를 해야 한다.
② 물건을 사실상 지배하는 자에 대해 인정해주는 물권은 소유권이다.
③ 유치권은 타인의 물건 또는 유가증권의 점유를 필요로 하지 않는다.
④ 점유권은 특정 물건에 대하여 배타적·포괄적으로 사용, 수익, 처분할 수 있는 권리이다.

17 부동산 경기의 측정 지표에 대한 설명으로 옳지 <u>않은</u> 것은?

① 건축의 착공량은 측정지표로 매우 빈번하게 사용된다.
② 건물의 공실률의 동향은 부동산 경기의 선행지표가 될 수 있다.
③ 부동산 가격 변동을 경기변동의 유일한 지표로 삼는 것은 바람직하지 않다.
④ 부동산 투기현상은 지가의 상승을 유발하므로 부동산 경기가 호황임을 나타낸다.

18 투자의 타당성 분석방법에 대한 설명으로 옳지 <u>않은</u> 것은?

① 간편법에서 투자이율은 순소득승수의 역수이다.
② 감정평가에 의한 가격이 최초의 부동산 투자액보다 큰 경우 투자안이 채택된다.
③ 요구수익률은 순현재가치를 0으로 만드는 할인율로 내부수익률과 비교하여 그 값이 작으면 투자안이 채택된다.
④ 수익성지수는 순현재가치가 투자규모의 차이를 충분히 고려하지 못한다는 단점을 보완하는 투자결정의 기준이 된다.

19 다음 중 부동산 가치추계 원칙 중에서 가장 중추적인 기능을 담당하고 있는 것은?

① 기대의 원칙
② 시장균형의 원칙
③ 수요·공급의 원칙
④ 최유효이용의 원칙

20 부동산 투자회사법상 부동산 투자회사(REITs)의 종류로 옳지 <u>않은</u> 것은?

① 개발관리 부동산 투자회사
② 위탁관리 부동산 투자회사
③ 자기관리 부동산 투자회사
④ 기업구조조정 부동산 투자회사

[2과목] 투자운용 및 전략II 및 투자분석(30문항)

21 PEF(Private Equity Fund)의 설립요건에 대한 설명으로 옳지 <u>않은</u> 것은?

① 불특정 다수를 대상으로 한 사원모집을 금지한다.
② 설립등기일로부터 2주 이내 금융위원회에 등록해야 한다.
③ 유한책임사원과 무한책임사원을 등기·등록의 대상으로 규정한다.
④ PEF 지분의 양도는 사원의 수가 49인을 초과하지 않는 범위 내에서 가능하다.

22 다음 중 PEF의 운용 요건에 대한 설명으로 옳지 <u>않은</u> 것은?

① PEF는 일시적인 유동성 부족 시에 한하여 자산의 10% 이내 범위에서 차입이 허용된다.
② PEF는 유형에 관계없이 펀드 순자산의 400% 이내에서 차입 및 파생상품 거래가 가능하다.
③ PEF는 다른 회사의 경영권 참여를 목적으로 자산을 운용할 수 있으며, 이 경우 다른 PEF와 공동으로 투자가 가능하다.
④ PEF는 자산의 일부를 다른 회사의 지분 10% 이상 취득이나 임원 선임 등 경영 참여 목적에 사용할 수 있으며, 재무적 투자에도 활용할 수 있다.

23 다음은 헤지펀드의 운용전략과 그에 대한 설명이다. 빈칸에 들어갈 헤지펀드의 운용전략으로 옳은 것은?

> - (㉠) 전략은 두 개의 서로 다른 주식을 동시에 매수하고 매도함으로써 이익을 추구하는 전략이다.
> - (㉡) 전략의 가장 큰 장점은 분산투자 효과가 크다는 점이다.
> - (㉢)은 파생상품이나 차입을 이용하므로 수익률과 위험이 다른 전략에 비해 크다.
> - (㉣) 전략은 예상대로 주식 가격이 하락하면 이익이 발생하지만 주식 가격이 상승하면 손실이 발생한다.

① ㉠: 매도전문 펀드
② ㉡: Long-short 전략
③ ㉢: 글로벌 매크로 전략
④ ㉣: 펀드 오브 헤지펀드

24 다음 중 전환증권 차익거래자가 선호하는 전환사채로 옳지 않은 것은?

① 기초자산인 주식에서 배당률이 높은 전환사채
② 낮은 내재변동성(implied volatility)으로 발행된 전환사채
③ 낮은 전환프리미엄(conversion premium)을 가진 전환사채
④ 기초자산의 변동성이 크고 볼록성(convexity)이 큰 전환사채

25 특별자산 펀드의 투자유형에 대한 설명으로 옳지 않은 것은?

① 실물자산에 대한 직접투자는 저장비용 등의 문제가 발생한다.
② 실물자산의 가격에 투자하는 가장 쉬운 방법은 선물계약이다.
③ 천연자원 기업에 대한 투자는 실물자산의 가격 움직임에 높은 베타를 가지고 있다.
④ 실물스왑은 투자자들이 원하는 실물투자를 제공해주는 반면 유동성이 적은 단점이 있다.

26 다음 각국의 주가지수의 연결이 옳지 않은 것은?

① 독일: DAX
② 미국: MSCI
③ 일본: TOPIX
④ 영국: FTSE100

27 다음 중 기업의 입장에서 본 복수상장의 효과로 옳지 않은 것은?

① 인지도 상승
② 거래비용 절감
③ 자본비용 절감
④ 외화자금의 조달 용이

28 해외 직접 주식투자 시 발생하는 세금문제에 대한 옳은 설명으로만 모두 묶인 것은?

> ㉠ 해외주식 양도소득 계산시 기본공제 250만 원이 적용된다.
> ㉡ 해외주식에 대한 양도소득세는 양도소득 과세표준에 16.5%(지방소득세 포함)이다.
> ㉢ 주식을 투자한 해당 국가에서 이미 세금을 원천징수했다면 국내에서는 양도소득세를 과세하지 않는다.
> ㉣ 국내 거주자가 해외 비상장 외국법인의 주식을 매매하고 발생한 양도차익은 양도소득세 과세대상에서 제외된다.

① ㉠
② ㉢
③ ㉠, ㉣
④ ㉡, ㉣

29 다음 중 딤섬본드에 대한 설명으로 옳지 않은 것은?

① 위안화 가치보다는 표면이율이 중요하다.
② 신용등급이 높은 회사채로 채권수익률이 낮은 편이다.
③ 외국기업이 홍콩에서 위안화 표시 채권을 발행하는 것이다.
④ 만기가 2~3년 정도의 단기채가 많아 만기보유 전략이 선호되므로 회사채의 신용도가 중요하다.

30 해외 투자 시 환노출 헤지 방법으로 옳지 않은 것은?

① 통화 파생상품을 이용한다.
② 아무런 헤지도 하지 않는다.
③ 투자대상국 통화로 단일화시킨다.
④ 투자대상 증권과 환율 간의 상관관계를 이용한 내재적 헤지를 한다.

31 재무활동으로 인한 현금흐름 중 현금유입 항목으로 옳지 않은 것은?

① 유상증자
② 차입금 상환
③ 차입금 차입
④ 자기주식 처분

32 A기업의 올해 총자산이익률(ROA)은 20%이다. 만약 총자산회전율이 2일 경우 매출액순이익률으로 옳은 것은?

① 2%
② 4%
③ 10%
④ 40%

33 안정성 지표에 대한 설명으로 옳지 않은 것은?

① 부채-자기자본 비율은 100%를 초과할 수 있다.
② 기업이 활용하고 있는 레버리지의 크기를 나타낸다.
③ 부채-자기자본 비율은 주주들의 기대수익률과 음(-)의 관계이다.
④ 부채비율이 50%를 상회하면 지나친 레버리지를 사용하고 있는 것으로 간주한다.

34 다음 중 자기자본이익률(ROE)을 결정하는 구성요소로 옳지 않은 것은?

① $\dfrac{매출액}{총자산}$
② $\dfrac{순이익}{매출액}$
③ $\dfrac{영업이익}{순매출액}$
④ $\dfrac{총자산}{자기자본}$

35 사내유보율이 40%, 요구수익률(k)은 12%, 자기자본이익률(ROE)이 20%일 경우, 항상성장모형을 이용한 PER의 값으로 옳은 것은?

① 5
② 10
③ 15
④ 20

36 어느 기업의 투하자본이익률(ROIC) 20%, 타인자본 50억 원, 자기자본 50억 원, 타인자본의 조달비용은 8%, 자기자본의 기회비용은 12%, 투하자본(IC)이 100억 원일 때, EVA의 값으로 옳은 것은?

① 4억 원
② 6억 원
③ 8억 원
④ 10억 원

37 다음 중 주가 이동평균선을 이용한 기술적 분석방법으로 옳지 않은 것은?

① 거래량 분석
② 방향성 분석
③ 이격도 분석
④ 저항선 분석

38 다음에서 설명하는 지속형 패턴의 종류로 옳은 것은?

- 그래프상 가장 빈번하게 나타나는 지속형 패턴 중 하나이다.
- 최소한 4번 이상 주가의 등락이 있어야 한다.
- 고점이 저항에 직면하지만 저점을 높이면서 매수세가 강화되는 패턴이다.

① 깃발형 ② 삼각형
③ 직사각형 ④ 다이아몬드형

39 다음 중 추세반전형 지표에서 매수신호로 볼 수 없는 것은?

① ROC가 1선을 중심으로 1선을 상향 돌파할 때
② 스토캐스틱이 30% 이하로 내려갔다가 다시 재상승할 때
③ 스토캐스틱의 %K선이 %D선을 상향 돌파하여 상승할 때
④ RSI가 25% 수준에서 하한선을 나타내는 경계신호로 약세장이 지속되어 하향 돌파할 때

40 다음 중 산업연관분석에 대한 설명으로 옳지 않은 것은?

① 산업 간의 연관관계를 회귀분석 모형을 이용하여 파악한다.
② 국민소득통계에서 제외된 중간 생산물의 산업 간 거래를 포괄한다.
③ 각 산업의 경제성과 경기변동의 시차를 분석하여 투자성과를 극대화하는 데 유용하다.
④ 전·후방 산업의 수요와 공급 및 가격의 변화가 개별 산업에 미치는 파급효과의 예측이 가능하다.

41 경제가 발전하여 고급요소 경쟁력의 상승이 두드러지게 나타나지만 국민들의 욕구가 높아지고 임금상승이 급속히 이루어져 단순 요소경쟁력이 빠르게 하락하는 시기가 속하는 경제발전 단계로 옳은 것은?

① 성숙기 ② 성장기
③ 2차 전환점 ④ 구조조정기

42 다음 내용 중 ㉠에 들어갈 내용으로 옳은 것은?

(㉠)은(는) 집중률과 달리 산업내 모든 기업의 시장점유율을 의미하므로 기업분포에 관한 정보를 정확히 내포하고 있다. 특히 대기업의 규모가 변화할 때 집중률은 불변이지만 (㉠)은(는) 이러한 분포변화를 반영한다. 따라서 (㉠)은(는) 기업규모간의 불균등도와 대규모 소수기업의 집중도의 복합된 영향을 잘 반영하는 지수이다.

① HHI ② 신무역이론
③ Petty의 법칙 ④ 시장집중률지수

43 다음 중 시장위험으로 옳지 않은 것은?

① 환위험 ② 신용위험
③ 주식위험 ④ 상품 가격위험

44 특정 회사의 거래포지션을 측정한 결과 신뢰구간 95% 하에서 계산한 1일 VaR이 10억 원이 의미하는 바로 옳은 것은?

① 향후 1일 동안 10억 원을 초과하여 손실을 보게 될 확률이 5%이다.
② 향후 1일 동안 10억 원을 초과하여 손실을 보게 될 확률이 95%이다.
③ 향후 1일 동안 10억 원을 초과하여 이익을 보게 될 확률이 5%이다.
④ 향후 1일 동안 10억 원을 초과하여 이익을 보게 될 확률이 95%이다.

45 옵션과 같은 비선형상품의 VaR을 측정할 경우 오차 없이 측정할 수 있는 방법으로 옳지 <u>않은</u> 것은?

① 델타분석법
② 스트레스 검증법
③ 역사적 시뮬레이션
④ 몬테카를로 시뮬레이션

46 옵션의 VaR을 델타-노말 방법으로 측정한 경우로 옳은 설명으로만 모두 묶인 것은?

> ㉠ 델타중립에 가까운 포지션을 취한 경우의 델타분석법에 의한 VaR은 1에 가깝다.
> ㉡ 옵션과 같은 비선형 수익구조 상품의 오차를 줄이기 위해 델타 외에 감마까지 고려하여 VaR을 구한다.
> ㉢ 감마가 (+)인 옵션 매입 포지션의 VaR 값은 실제보다 과대하게 측정되는 경향이 있다.

① ㉠
② ㉠, ㉡
③ ㉡, ㉢
④ ㉠, ㉡, ㉢

47 A자산의 개별 VaR은 3억 원이고, B자산의 개별 VaR은 2억 원이다. A자산과 B자산으로 구성된 포트폴리오를 보유하고 있을 때 포트폴리오 VaR에 대해 옳은 설명으로만 모두 묶인 것은?

> ㉠ 상관계수가 +1일 때 포트폴리오 VaR은 5억 원이다.
> ㉡ 상관계수가 -1일 때 포트폴리오 VaR은 1억 원이다.
> ㉢ 상관계수가 0일 때 포트폴리오 VaR은 3.6억 원이다.

① ㉠, ㉡
② ㉠, ㉢
③ ㉡, ㉢
④ ㉠, ㉡, ㉢

48 어느 투자자가 A주식에 100억 원을 투자한다고 가정하자. 이 주식의 1일 수익률이 정규분포를 하고 1일 수익률의 표준편차가 3%이며, 95% 신뢰도 1일 VaR이 3억 원이다. 이 경우 99% 신뢰도 1일 VaR와 99% 신뢰도 10일 VaR의 합은 얼마인가? (95%의 신뢰수준은 1.65, 99%의 신뢰수준은 2.33임)

① 17.6억 원
② 19.2억 원
③ 21.3억 원
④ 21.7억 원

49 다음 중 VaR의 한계점에 대한 설명으로 옳지 <u>않은</u> 것은?

① VaR은 보유기간에 따라서도 달라지게 된다.
② VaR을 어떤 모형에 사용하는가에 따라 그 측정치가 차이가 난다.
③ VaR 측정이 과거와 현재의 데이터에 의존하여 추정된다는 사실이다.
④ VaR 측정시 모든 상품의 가격 자료를 필요로 하므로 이용에 제한이 있을 수 있다.

50 스트레스 검증법에 대한 설명으로 옳지 <u>않은</u> 것은?

① 다른 VaR 측정법의 대체방법으로 활용된다.
② 과학적으로 VaR을 계산하지 못한다는 단점이 있다.
③ 과거 데이터가 없는 경우에도 사용할 수 있다는 장점이 있다.
④ 포트폴리오 리스크의 기본적인 구성요소인 상관관계를 제대로 계산하지 못한다.

[3과목] 직무윤리 및 법규/투자운용 및 전략Ⅰ/거시경제 및 분산투자

51 고객바로알기제도(Know-Your-Customer-Rule)에 대한 설명으로 옳은 것은?

① 모든 투자자를 대상으로 한다.
② 금융소비자 보호의무 중 금융상품판매 이후단계에 해당한다.
③ 고객바로알기제도(KYC)에 의하여 얻어진 금융소비자의 정보를 토대로 적합한 투자권유를 해야 한다.
④ 고객의 투자목적, 재산상황, 투자경험 등의 정보를 파악하고 반드시 서면으로 그 내용을 확인 받아야 한다.

52 설명의무에 대한 내용으로 옳지 않은 것은?

① 정보의 비대칭성으로 발생할 수 있는 불공정한 거래를 막기 위한 것이다.
② 투자자의 이해수준에 따라 설명의 정도를 달리하는 것은 설명의무 위반이다.
③ 설명의무의 위반으로 일반투자자에게 손해가 발생한 경우 손해를 배상할 책임이 있다.
④ 설명의무를 위반하여 계약을 체결한 때에는 해당 약관을 계약의 내용으로 주장할 수 없다.

53 다음 중 손실보전 등의 금지원칙에 해당하지 않는 것은?

① 투자자에게 일정한 이익을 사후에 제공하는 행위
② 투자자에게 일정한 이익을 보장할 것을 사전에 약속하는 행위
③ 투자자가 입은 손실의 전부 또는 일부를 사후에 보전하여 주는 행위
④ 회사가 자신의 위법행위 여부가 불명확한 경우 사전 화해의 수단으로 손실을 보상하는 행위

54 다음 중 금융투자상품 판매 이후 단계의 금융소비자 보호 관련 제도에 대한 설명으로 옳지 않은 것은?

① 판매수수료 반환 서비스: 금융소비자가 5영업일 이내에 환매, 상환, 또는 계약의 해지를 요청하는 경우 판매수수료를 반환해야 한다.
② 불완전판매 배상제도: 불완전판매행위가 발생하였을 경우 금융투자상품 가입일로부터 15일 이내에 금융투자회사에 배상을 신청할 수 있다.
③ 보고 및 기록 의무: 매매가 체결된 날의 다음달 20일까지 월간 매매·손익내역 월말 현재 잔액현황 및 미결제약정현황 등을 통지해야 한다.
④ 판매 후 모니터링 제도: 금융소비자와 판매계약을 맺은 날로부터 7영업일 이내에 판매직원이 금융소비자와 통화하여 설명의무 이행여부를 확인해야 한다.

55 영업장에 금융소비자를 위하여 전용공간을 제공하는 경우 준수해야 할 사항으로만 모두 묶인 것은?

⊙ 고객 전용 공간은 직원과 분리되어야 한다.
ⓒ 고객 전용 공간에서 이루어지는 매매거래의 적정성을 모니터링해야 한다.
ⓒ 사이버룸을 이용할 때 고객의 편의를 위해 개별 직통전화 등을 사용할 수 있도록 제공해야 한다.
ⓔ 사이버룸의 경우 반드시 "사이버룸"임을 명기(문패 부착)하고 외부에서 내부를 관찰할 수 없도록 해야 한다.

① ⊙, ⓒ
② ⊙, ⓒ
③ ⓒ, ⓒ
④ ⓒ, ⓔ

56 다음 중 자산건전성의 분류에 대한 설명으로 옳은 것은?

① 금융투자업자는 매 분기마다 보유자산에 대해 '정상-요주의-고정-추정손실'의 4단계로 분류해야 한다.
② 금융투자업자는 매 분기말 '고정' 이하로 분류된 채권에 대하여 조기에 대손상각하여 자산의 건전성을 확보해야 한다.
③ 금융투자업자는 자산건전성 분류기준의 설정 및 변경, 동 기준에 따른 자산건전성 분류 결과 및 대손충당금 등 적립 결과를 감독원장에게 보고해야 한다.
④ 금융투자업자는 '추정손실'로 분류된 부실자산에 대하여 적정한 회수예상가액을 산정하지 않아도 된다.

57 영업용 순자본비율 규제에 대한 설명으로 옳지 않은 것은?

① 금융투자업자는 순자본비율은 100% 이상 유지해야 한다.
② 순자본비율이 50% 미만인 경우 경영개선 조치를 요구한다.
③ 순자본비율이 150% 미만이 된 경우 금융감독원장에게 보고해야 한다.
④ 총위험액은 시장위험액과 신용위험액 그리고 운영위험액의 합으로 계산한다.

58 투자자예탁금에 대한 옳은 설명으로만 모두 묶인 것은?

> ㉠ 투자자예탁금을 장외파생상품에 운용하는 것은 불가능하다.
> ㉡ 어떠한 경우에도 투자자예탁금을 양도하거나 담보로 제공할 수 없다.
> ㉢ 예치 금융투자업자의 인가가 취소된 경우 투자자예탁금을 투자자에게 우선지급해야 한다.
> ㉣ 은행, 한국산업은행, 중소기업은행, 보험회사의 투자자예탁금은 신탁업자에게 신탁할 수 있으며, 자기계약도 가능하다.

① ㉠
② ㉡, ㉢
③ ㉢, ㉣
④ ㉣

59 투자자문업자와 투자일임업자의 공통 금지행위로 옳지 않은 것은?

① 선행매매
② 투자자의 자산을 집합하여 운용하는 행위
③ 계약으로 정해진 수수료 이외의 대가를 추가로 받는 행위
④ 금융투자인력이 아닌 자에게 투자권유나 투자일임을 수행하는 행위

60 다음 중 투자일임업자의 투자일임보고서에 대한 설명으로 옳지 않은 것은?

① 3개월마다 1회 이상 일반투자자에게 투자일임보고서를 교부해야 한다.
② 투자일임수수료를 부과하는 경우 그 시기 및 금액에 대하여 기재해야 한다.
③ 투자일임보고서 작성대상 기간이 지난 후 2개월 이내에 반드시 투자자에게 직접 교부해야 한다.
④ 일반투자자가 전자우편을 통하여 투자일임보고서를 받는다는 의사표시를 한 경우 전자우편을 통하여 보낼 수 있다.

61 대주주와의 거래 제한에 대한 설명으로 옳지 않은 것은?

① 원칙적으로 금융투자업자는 대주주가 발행한 증권을 소유할 수 없다.
② 대주주 및 대주주의 특수관계인은 금융투자업자로부터 신용공여를 받는 것이 금지된다.
③ 대주주의 계열회사가 발행한 주식, 채권, 약속어음은 자기자본의 8%를 초과하여 소유할 수 없다.
④ 금융투자업자는 계열회사 발행 증권을 한도 내에서 예외적으로 취득하거나 한 경우 재적이사 과반수의 찬성에 의한 이사회의 결의를 거쳐야 한다.

62 다음 중 집합투자업자의 금전차입과 대여에 대한 설명으로 옳지 않은 것은?

① 대량 환매청구 발생 시 순자산총액의 10%까지 차입이 가능하다.
② 집합투자재산으로 부동산을 취득하는 경우 순자산의 200%까지 차입이 가능하다.
③ 부동산 금전차입 특례에 의한 차입금은 부동산을 운용하는 방법 이외의 투자는 금지된다.
④ 부동산 개발사업을 영위하는 법인에 대해 예외적으로 순자산 총액의 100%까지 금전대여가 가능하다.

63 신탁업자의 자산보관·관리보고서의 교부의무가 면제되는 경우로 옳지 않은 것은?

① 상장지수 집합투자기구의 경우
② 환매금지형 집합투자기구의 경우
③ 투자자가 수령거부의사를 서면으로 표시한 경우
④ 투자자가 소유한 집합투자증권의 평가금액이 50만 원 이하인 경우

64 금융투자업자의 경영공시 사유로 옳지 않은 것은?

① 임직원의 형사처벌
② 회계감사를 받은 경우
③ 경영개선 권고의 적기시정조치를 받은 경우
④ 직전 분기 말 자기자본의 100분의 10을 초과하는 부실채권이 발생할 경우

65 투자매매업자 또는 투자중개업자가 증권의 대차거래를 할 경우 준수할 사항으로 옳지 않은 것은?

① 차입자로부터 담보를 받아야 한다.
② 증권의 대차거래 내역을 협회를 통하여 T+2일 이내 공시해야 한다.
③ 담보비율 관리·대차거래의 공시방법 등에 관한 필요 사항은 금융위원회가 정하여 고시한다.
④ 외국인 간의 대차거래 시에는 예외적으로 대상 증권의 인도와 담보 제공을 동시에 이행하지 않아도 된다.

66 시장질서 교란행위 규제에 대한 설명으로 옳지 않은 것은?

① 정보이용형과 시세관여형 교란행위로 구분된다.
② 매매유인이나 부당이득의 목적이 없다면 규제 대상에서 제외된다.
③ 시장질서 교란행위에 대해 5억 원 이하의 과징금을 부과할 수 있다.
④ 풍문을 유포하여 상장증권 등의 수급 및 가격에 대해 오해를 유발하는 행위는 규제 대상이 된다.

67 다음 중 설명의무에 대한 금융투자협회 규정으로 옳지 않은 것은?

① 설명의무는 일반투자자에게 적용된다.
② 일반투자자가 설명서의 수령을 거부한다면 교부하지 않아도 된다.
③ 금융투자회사는 협회의 권고안을 참고로 자율적으로 정한 설명서를 사용할 수 있다.
④ 투자자가 주식워런트증권 및 상장지수증권을 매매하는 경우 핵심설명서를 추가로 교부하고 그 내용을 충분히 설명해야 한다.

68 조사분석자료의 작성원칙에 대한 설명으로 옳지 않은 것은?

① 금융투자회사의 임직원을 제외한 제3자의 작성은 금지된다.
② 조사분석자료가 타인의 부당한 압력이나 간섭 없이 작성되었음을 명시해야 한다.
③ 조사분석의 대가로 이해관계인으로부터 부당한 재산적 이득을 제공받으면 안 된다.
④ 조사분석자료는 금융투자분석사의 확인 없이 공표하거나 제3자에게 제공해서는 안 된다.

69 증권 인수업무 등에 관한 협회규정으로 옳지 않은 것은?

① 유가증권시장 상장을 위한 기업공개의 경우 우리사주조합원에게 공모주식의 20%를 배정한다.
② 금융투자회사는 대표주관계약을 체결할 경우 계약체결일로부터 5영업일 이내에 협회에 신고해야 한다.
③ 기업공개를 위한 주식의 공모가격 산정 방법은 금융투자협회가 제시하는 가격평가모형에 의해 결정한다.
④ 기업공개를 위한 주식의 인수회사는 일반청약자에게 배정하는 전체 수량의 10% 이내에서 1인당 청약한도를 설정한다.

70 다음 중 아래에서 설명하는 효율적 시장가설로 옳은 것은?

> 어떤 투자자라도 정보가 공개되면 즉각적으로 주가에 반영되기 때문에 공개된 정보는 종목을 선정하는 데 아무런 도움이 되지 않는다. 따라서 공개된 정보로부터 이익을 얻는 것은 불가능하다.

① 비효율 시장가설
② 약형 효율적 시장가설
③ 준강형 효율적 시장가설
④ 강형의 효율적 시장가설

71 다음 중 전략적 자산배분의 실행방법 중 보편적으로 사용되고 있는 방법으로 옳은 것은?

① 시장가치 접근방법
② 위험수익 최적화 방법
③ 투자별 특수상황을 고려하는 방법
④ 다른 유사한 기관투자가의 자산배분을 모방

72 포트폴리오 보험전략에 대한 설명으로 옳지 않은 것은?

① 미리 설정한 최소한의 수익률을 보장한다.
② 풋옵션을 결합하여 포트폴리오 보험의 수익구조를 만든다.
③ 최저 보장수익률 또는 목표수익률은 반드시 무위험자산수익률 이하에서 정해야 한다.
④ 미래 시장 상황에 대한 견해와 투자성과에 대한 예측을 반영하여 위험자산과 무위험자산의 투자자금의 비중을 결정한다.

73 다음에서 설명하는 주가지수의 종목별 가중치로 옳은 것은?

- 많은 거래비용이 발생한다.
- 소형기업의 가중치가 높아지는 경향이 있다.
- 각 종목의 상승률이 동일하지 않으면 가중치를 일치시키기 위하여 주기적으로 가중치를 조절해야 한다.

① 동일 가중방식
② 시가 가중방식
③ 주가 가중방식
④ 유동시가 가중방식

74 인핸스드 인덱스 펀드에서 초과수익을 내는 방법으로 옳지 않은 것은?

① 거래를 통한 초과수익을 추구한다.
② 시장 전체를 대상으로 하는 지수를 이용한다.
③ 더 나은 성과를 낼 수 있는 지수를 만들어 사용한다.
④ 매매 신호가 발생하더라도 일정 기간 동안 유예기간을 줌으로써 회전율을 낮춘다.

75 델타 헤징전략의 단점으로 옳지 않은 것은?

① 투자기간에 제한이 있다.
② 매매수수료가 과다하게 발생할 수 있다.
③ 사전에 수익·위험구조가 확정되지 않는다.
④ 실제의 모수가 미래의 모수보다 불리한 경우 수익률이 낮아질 수 있다.

76 다음을 참고하여 전환사채 가격지표를 계산한 값으로 옳지 않은 것은?

- 액면가 10,000원인 전환사채의 전환가격은 20,000원
- 전환사채 발행기업의 주가는 18,000원
- 전환사채 시장가격은 11,000원

① 패리티 90%
② 괴리 1,000원
③ 괴리율 22.2%
④ 패리티 가격 9,000원

77 다음에서 설명하는 전환사채의 용어로 옳은 것은?

> 주식적 측면에서 본 전환사채의 이론가치로서 현재의 주가가 전환가격을 몇 % 상회하고 있는가를 나타낸다.

① 괴리
② 괴리율
③ 패리티
④ 전환가치

78 다음 중 전환권 행사 후 발행회사의 사채권이 존속하는 합성채권은?

① 교환사채
② 전환사채
③ 이익참가부사채
④ 신주인수권부사채

79 채권 가격결정에 대한 설명으로 옳지 <u>않은</u> 것은?

① '이표율 < 수익률'인 경우 액면가보다 싸게 거래된다.
② 채권가격과 수익률은 역의 관계에 있고 볼록한 형태를 가진다.
③ 시간이 지날수록, 만기가 짧아질수록 채권의 가격은 발행가격에 수렴한다.
④ 가격결정요인에는 요구수익률, 채권만기, 액면가 및 표면이율, 원리금지급방식 등이 있다.

80 맥컬레이 듀레이션의 특징으로 옳은 것을 모두 고른 것은?

> ㉠ 만기가 길수록 듀레이션은 길어진다.
> ㉡ 듀레이션은 채권가격의 민감도를 나타낸다.
> ㉢ 무액면금리채권의 만기와 듀레이션은 일치한다.
> ㉣ 이표채권은 액면금리가 낮을수록 듀레이션이 길어진다.

① ㉠
② ㉠, ㉡
③ ㉠, ㉡, ㉢
④ ㉠, ㉡, ㉢, ㉣

81 다음 중 채권운용전략에 대한 옳은 설명으로만 모두 묶인 것은?

> ㉠ 잔존기간이 단축됨에 따라 수익률이 하락하는 효과를 이용하는 전략은 숄더효과이다.
> ㉡ 단기채권과 장기채권은 매도하고 중기채권만을 보유하는 전략을 불릿전략이라고 한다.
> ㉢ 미래상황의 예측에 따라 상대적으로 저평가된 다른 성격의 채권으로 교체하는 전략이 이종 채권 교체전략이다.
> ㉣ 수익률 상승이 예상되면 현금보유비중을 늘리거나, 상대적으로 듀레이션이 짧고 표면금리가 높은 금리연동부 채권 등을 매입하면 투자손실을 줄일 수 있다.

① ㉠, ㉣
② ㉡, ㉢
③ ㉢, ㉣
④ ㉡, ㉢, ㉣

82 선물시장이 콘탱고 상태일 때 이를 이용한 차익거래 포지션으로 옳은 것은? (이론선물가격이 선물가격보다 낮은 상태를 가정)

① 현물 매수 + 선물 매도
② 현물 매도 + 선물 매수
③ 현물 매수 + 선물 매수
④ 현물 매도 + 선물 매도

83 현재 100억 원의 주식 포트폴리오를 보유하고 있는 투자자가 KOSPI200 선물을 이용하여 헤지거래를 하고자 한다. 보유한 주식 포트폴리오의 베타는 1.2, KOSPI200 선물가격이 250pt일 때 선물 계약 수와 포지션으로 옳은 것은? (단, KOSPI200 선물의 거래승수는 25만 원)

① 160계약 매수
② 160계약 매도
③ 192계약 매수
④ 192계약 매도

84 KOSPI200 현물지수가 206pt, 행사가격이 206pt인 콜옵션의 현재가격이 10pt인 경우 만기와 행사가격이 동일한 유럽형 풋옵션의 가격은 얼마인가? (잔존만기 1년, 이자율은 연 4%)

① 1.98pt
② 2.00pt
③ 2.07pt
④ 2.10pt

85 풋-콜 패리티가 성립할 때 '콜옵션 매수 + 채권 매수' 포지션과 동등한 포지션으로 옳은 것은?

① 풋옵션 매도 + 주식 매도
② 풋옵션 매도 + 주식 매수
③ 풋옵션 매수 + 주식 매도
④ 풋옵션 매수 + 주식 매수

86 다음은 옵션을 이용한 차익거래전략에 대한 설명이다. 빈칸 ㉠~㉢에 들어갈 내용이 올바르게 연결된 것은?

> (㉠) 전략은 합성 매도포지션과 현물 매수포지션을 병행하는 전략이다. 여기서 합성 매도는 동일한 행사가격의 풋옵션(㉡) + 콜옵션 (㉢)를 통해서 기초자산 가격의 하락 시 이익을 보도록 포지션을 구축하는 방법이다.

① 컨버전, 매도, 매수
② 컨버전, 매수, 매도
③ 리버설, 매도, 매수
④ 리버설, 매수, 매도

87 다음 중 옵션의 민감도 지표인 감마에 대한 설명으로 옳지 않은 것은?

① 감마는 만기가 짧고 내가격 옵션일수록 크다.
② 옵션의 만기가 다가올수록 감마는 점점 더 커진다.
③ 기초자산 변화에 따른 옵션 프리미엄 변화의 가속도로 해석할 수 있다.
④ 옵션 프리미엄의 기초자산 가격에 대한 2차 미분치라고 정의할 수 있다.

88 펀드의 회계처리에 대한 설명으로 옳지 않은 것은?

① 신뢰할 만한 시장가격이 없다면 공정가격으로 평가한다.
② 체결일 기준 회계처리 시 유가증권 거래는 결제일을 기준으로 회계장부에 기록한다.
③ 현금의 수입 및 지출과 무관하게 거래가 발생한 시점에서 손익을 인식한다.
④ 이익창출 활동과 관련하여 결정적 사건 또는 거래가 발생될 때 수익을 인식한다.

89 다음 중 기준지표에 대한 설명으로 옳은 것은?

① 정상 포트폴리오는 채권형 BM으로 많이 활용된다.
② 시장지수는 일반성이 적은 펀드를 평가할 때 적합하다.
③ 맞춤 포트폴리오는 자산유형 중 특정한 분야나 특정한 성격을 지니는 대상만을 평가할 때 적합하다.
④ 섹터/style 지수는 운용에 특이한 제약조건이 없는 경우에 적합하다.

90 다음 중 위험조정 성과지표의 종류로 옳지 않은 것은?

① 샤프지수
② 잔차위험
③ 젠센알파
④ 트레이너지수

91 다음 중 스타일 분석에 대한 설명으로 옳지 않은 것은?

① 펀드의 특징과 성과 원인을 가장 명확하게 설명해준다.
② 다양한 투자스타일에 대한 노출 정도를 판단하기 위해 사용된다.
③ 펀드 내 자산의 배분비율 및 배분비율 변화 추이를 분석하는 것이다.
④ 샤프의 방법은 포트폴리오에 포함된 종목구성에 대한 정보 없이 포트폴리오와 스타일 지수의 수익률만을 이용하여 분석한다.

92 구축효과에 대한 설명으로 옳지 않은 것은?

① LM곡선이 수평일 때 구축효과는 발생하지 않는다.
② 구축효과에 의해 재정정책의 효과는 반감하게 된다.
③ 확대통화정책이 이자율을 상승시켜 민간투자를 위축시키는 현상이다.
④ 완전구축효과가 발생한다면 정부지출의 증가에 의한 국민소득 증가 효과는 없게 된다.

93 다음 중 재정정책과 통화정책과 관련된 이론에 대한 설명으로 옳은 것은?

① 피셔 효과는 예상 인플레이션율이 상승할수록 명목이자율이 하락한다고 설명하며, 실질이자율은 장기적으로 변동한다고 본다.
② 피구 효과는 명목임금이 하락하면 실질임금이 상승하여 고용이 감소한다고 설명하는 이론으로, 총수요를 증가시키는 요인으로는 작용하지 않는다.
③ 리카르도 불변 정리는 정부의 세금 감면을 경제주체들이 미래의 세금 증가로 인식하여 저축을 늘리므로, 총수요에는 변화가 없다고 보는 이론이다.
④ 고전학파의 정책무용성 정리는 정부의 재정정책이나 통화정책이 단기적으로는 총수요를 조절할 수 있으나, 장기적으로는 실질변수에도 지속적으로 영향을 미친다고 본다.

94 경기종합지수(CI)를 구성하는 지표 중 선행지표로 옳지 않은 것은?

① 코스피지수
② 상용근로자수
③ 재고순환지표
④ 소비자기대지수

95 경기확산지수(DI)에 대한 설명으로 옳지 <u>않은</u> 것은?

① 경기확산지가 50일 때 경기의 전환점으로 본다.
② 경기변동의 진폭이나 속도의 측정은 불가능하다.
③ 경기확산지수가 40일 때 경기는 하강국면으로 판단한다.
④ 경기확산지수가 90에서 60으로 하락했다면 이는 하강국면으로 판단한다.

96 A주식의 차기배당금 (D_1)이 2,500원 연간 성장률은 12%로 일정하리라고 예상되고 있다. 한편 무위험이자율(R_f)은 10%, 시장 포트폴리오의 기대수익률과 분산은 각각 16%, 0.04, A주식과 시장 포트폴리오의 공분산은 0.05이다. A주식의 요구수익률과 내재가치로 옳은 것은?

① 16.5%, 51,075원
② 17.5%, 45,455원
③ 18.5%, 32,185원
④ 20.5%, 24,000원

97 다음 중 체계적 위험에 대한 옳은 설명으로만 모두 묶은 것은?

> ㉠ 시장수익률 변동과 관련된 위험이다.
> ㉡ 시장수익률과의 공분산을 나타낸 것이다.
> ㉢ 충분한 분산투자로 제거 가능한 위험이다.
> ㉣ 개별기업 고유 요인에 의해 발생되는 위험이다.

① ㉠, ㉡
② ㉠, ㉢
③ ㉡, ㉣
④ ㉢, ㉣

98 다음 중 증권시장선과 자본시장선에 대한 설명으로 옳지 <u>않은</u> 것은?

① 증권시장선(SML)은 개별증권의 기대수익률과 위험의 관계를 나타낸다.
② 자본시장선(CML)상의 모든 점들은 효율적 포트폴리오를 나타내고 있다.
③ 베타는 균형상태에서 투자자들이 요구하는 개별증권에 대한 체계적 위험을 말한다.
④ 어느 자산의 요구수익률이 13%, 기대수익률이 15%라면 증권시장선(SML) 위에 위치하므로 과대평가된 상태이다.

99 투자자금의 30%를 A주식에 투자하고 나머지 70%를 무위험자산에 투자하는 포트폴리오를 구성하였다. A주식의 베타가 1.2일 때 포트폴리오의 베타값으로 옳은 것은?

① 0.25
② 0.36
③ 0.58
④ 알 수 없음

100 다음 소극적 투자전략에 대한 설명으로 옳지 <u>않은</u> 것은?

① 증권시장이 효율적일 것을 전제로 한다.
② 단순매입·보유전략은 비체계적 위험만 부담하게 된다.
③ 평균분할투자 전략으로 탄력적인 자산배분을 실행하면 점차 적극적인 투자관리 성향을 갖게 된다.
④ 증권시장 전망에 따라 주식시장지수펀드의 비중을 조절한다면 정보비용과 거래비용이 많아지게 된다.

모든것은 꿈에서 시작된다.

꿈 없이 가능한 일은 없다.

먼저 꿈을 가져라.

오랫동안 꿈을 그리는 사람은

마침내 그 꿈을 닮아간다.

– 앙드레 말로

실전 모의고사 2회

⏱ 제한시간: 120분　　　　　　　　　　　　　　　정답과 해설 **140p**

[1과목] 금융상품 및 세제(20문항)

01 다음 중 각 세목별 납세의무와 성립시기가 올바르게 연결되지 <u>않은</u> 것은?

① 증여세: 증여계약일
② 종합부동산세: 과세기준일
③ 소득세: 과세기간이 끝나는 때
④ 인지세: 과세문서를 작성한 때

02 다음 중 우리나라 소득세 제도에 대한 설명으로 옳지 <u>않은</u> 것은?

① 퇴직소득과 양도소득은 종합과세에서 제외되어 분류과세한다.
② 우리나라 소득세는 법에 열거된 소득만 과세하는 열거주의를 채택한다.
③ 분리과세는 원천징수로 과세가 종결되는 방식으로, 일부 금융소득 등에 적용된다.
④ 근로소득만 있는 거주자도 다음 해 5월에 종합소득세 확정신고를 반드시 해야 납세의무가 확정된다.

03 다음 중 소득세법상 과세기간에 대한 옳은 설명으로만 모두 묶은 것은?

> ㉠ 원칙적으로 과세기간은 5월 1일부터 5월 31일까지이다.
> ㉡ 거주자가 출국하는 경우 1월 1일부터 출국일까지를 과세기간으로 본다.
> ㉢ 우리나라 소득세법은 과세기간을 임의로 설정하는 것이 허용되지 않는다.
> ㉣ 거주자가 사망하는 경우 1월 1일부터 사망한 날까지를 과세기간으로 본다.

① ㉠, ㉡
② ㉡, ㉣
③ ㉢, ㉣
④ ㉡, ㉢, ㉣

04 다음 중 비거주자의 납세의무에 관한 설명으로 옳지 <u>않은</u> 것은?

① 비거주자는 법령에 열거된 국내원천소득에 한해 소득세 납세의무가 있다.
② 증권거래세는 유가증권의 양도사실이 확인되는 때 납세의무가 성립한다.
③ 비거주자가 국내에서 상장주식을 양도하는 경우, 거래 형태나 지분율과 무관하게 원칙적으로 과세되지 않는다.
④ 국내법상 원천징수세율이 조세조약 제한세율보다 높으면 조세조약을 우선 적용할 수 있다.

05 의제배당의 수입시기로 옳지 <u>않은</u> 것은?

	구분	수입시기
①	감자 등	감자 결의일, 퇴사·탈퇴일
②	해산	해산일
③	합병	합병등기일
④	잉여금의 자본전입	자본전입 결의일

06 양도소득세 과세요건으로 옳지 <u>않은</u> 것은?

① 사업용 유형자산과 함께 일괄 양도된 영업권의 대가
② 등기된 부동산임차권·전세권을 양도하여 발생한 차익
③ 과점주주가 보유하던 비상장주식을 양도하여 얻은 차익
④ 집합투자기구(펀드)에 편입된 채권을 처분하여 발생한 이익

07 증권거래세 과세대상 증권으로 옳지 않은 것은?

① 코넥스시장에서의 주식 양도는 증권거래세가 과세된다.
② 뉴욕증권거래소(NYSE) 등 해외 거래소에서 매매한 상장주식에도 국내 증권거래세가 부과된다.
③ 장외(K-OTC)에서 이루어진 주권의 양도에 대해서도 원칙적으로 증권거래세 납세의무가 성립한다.
④ 코스피 상장주식을 거래소에서 매매하는 경우 증권거래세율은 0%지만, 농어촌특별세가 별도로 부과된다.

08 자본시장법 시행 이후 금융투자업의 분류로 옳지 않은 것은?

① 증권업
② 집합투자업
③ 투자자문업
④ 투자중개업

09 다음 중 개인종합자산관리계좌(ISA)에 대한 설명으로 옳지 않은 것은?

① 일반형의 비과세 한도는 200만 원이다.
② 의무보유기간 3년 이전에 중도해지하더라도 세제혜택을 받을 수 있다.
③ 중개형 ISA는 국내 상장주식·ETF·채권 등 다양한 상품에 투자할 수 있다.
④ 연간 납입한도는 2,000만 원이며, 해당 연도에 쓰지 못한 잔여한도는 다음 해로 이월된다.

10 다음 중 금융투자상품의 분류 및 특성에 대한 설명으로 옳은 것은?

① ELW는 매수만 가능하며, 기초자산 가격이 상승할 때만 수익이 발생한다.
② 증권은 구조상 원본 초과 손실이 발생하도록 설계되어 있다.
③ 임직원 보상용 스톡옵션은 일반투자자에게 판매되는 금융투자상품으로 분류된다.
④ ELS는 기초지수나 주가에 연동되어 수익이 결정되는 파생결합증권에 해당한다.

11 다음 중 요구불예금에 대한 설명으로 옳지 않은 것은?

① 수시입출금이 가능하지만 일반적으로 저축성 예금보다 금리가 낮다.
② 예금자가 청구하면 조건 없이 즉시 지급되는 통화성 예금에 해당한다.
③ 요구불예금의 종류로는 보통예금·당좌예금·정기예금·별단예금 등이 있다.
④ 요구불예금은 만기 제한이 없고, 예금주의 지급지시에 따라 언제든 인출할 수 있다.

12 다음 중 퇴직연금에 대한 설명으로 옳지 않은 것은?

① DB형의 운용주체는 사용자이다.
② DC형의 운용이익은 금융회사에 귀속된다.
③ DC형은 적립금의 운용책임이 근로자에게 있다.
④ IRP는 근로자가 퇴직급여 수령계좌로 활용하거나 추가 납입으로 자금을 모아 스스로 운용할 수 있는 개인형 계좌이다.

13 다음에서 설명하는 신탁의 종류로 옳은 것은?

> 투자자는 자신이 맡긴 돈의 운용대상, 운용방법 및 운용조건 등을 은행에 지시하고, 은행은 고객이 지시한 내용대로 운용하고 운용수익에서 일정한 비용(신탁보수 등)을 차감 후 실적배당하는 상품

① 재산신탁
② 금전채권신탁
③ 특정금전신탁
④ 불특정금전신탁

14 생명보험 상품의 보험료 산출 방식으로 옳지 않은 것은?

① 순보험료는 '위험보험료+저축보험료'로 구성된다.
② 영업보험료는 '순보험료+유지비+수금비'로 구성된다.
③ 부가보험료는 '신계약비+유지비+수금비'로 구성된다.
④ 순보험료는 예정위험률과 예정이율에 의해 결정되는 보험료이다.

15 다음에서 설명하는 파생결합증권의 종류로 옳은 것은?

> 2년 이내 A산업이 발행한 무보증회사채에 대해 지급불이행 및 채무조정이 일어나지 않는다면 연 8%의 수익률을 지급한다.

① 신용연계채권(CLN)
② 주가연계증권(ELS)
③ 파생결합증권(DLS)
④ 주가워런트증권(ELW)

16 다음 중 부동산 등기법상 본등기의 효력으로 옳지 않은 것은?

① 권리존재 추정력
② 물권 변동적 효력
③ 순위 확정적 효력
④ 청구권 보존의 효력

17 부동산의 경기변동에 대한 설명으로 옳지 않은 것은?

① 부동산 경기는 일반경기의 변동에 비해 저점과 정점이 높다.
② 부동산 경기는 일반경기보다 시간적으로 뒤쳐지는 경향이 있다.
③ 부동산 경기변동은 확장, 후퇴, 수축, 회복의 네 가지 국면으로 구성된다.
④ 부동산 경기는 지역적·국지적으로 나타난 후 전국적·광역적으로 확대되는 경향이 있다.

18 PF(Project Financing) 사업의 시공업체를 통한 채권보전 수단으로 옳지 않은 것은?

① 책임분양
② 책임준공약정
③ 부동산 담보신탁
④ 차주에 대한 자금 보충

19 시장접근법(비교방식)에 대한 설명으로 옳지 않은 것은?

① 거래사례의 보정방법으로 비율수정법을 많이 사용한다.
② 토지와 같이 재생산이 불가능한 자산에 적용하기 어렵다.
③ 사례자료의 정상화를 위해 사정보정과 시점수정의 과정을 거친다.
④ 대상 부동산과 동일성 또는 유사성이 있는 부동산의 거래를 찾는 것이 중요하다.

20 부동산 투자회사는 부동산을 취득한 후 일정 기간 이내에는 부동산을 처분하면 안 된다. 다음 중 부동산 취득 후 처분 기간으로 옳지 않은 것은?

① 국내에 있는 주택: 1년
② 국내에 있는 주택 외 부동산: 1년
③ 국외에 있는 부동산: 정관에서 정한 기간
④ 부동산 개발사업으로 조성하거나 설치한 건축물 등의 분양: 정관에서 정한 기간

[2과목] 투자운용 및 전략Ⅱ/투자분석(30문항)

21 프로젝트 금융(PF)의 안정성 확보 장치 중 담보신탁제도와 관련된 설명으로 옳지 않은 것은?

① 신탁회사가 신탁등기를 통해 담보권을 직접 확보한다.
② 신탁회사는 담보 부동산의 관리 및 변동 상황을 담당한다.
③ 담보신탁을 활용하면 후순위 담보권 설정을 제한할 수 있다.
④ 신탁회사는 담보신탁된 부동산을 공매하거나 처분할 권한이 없다.

22 PEF(Private Equity Fund)의 재산운용에 대해 옳은 설명으로만 모두 묶인 것은?

> ㉠ 다른 PEF와의 공동 투자는 불가능하다.
> ㉡ 전문투자형은 순자산의 최대 400%까지 차입이나 채무보증을 할 수 있다.
> ㉢ 경영 참여를 목적으로 자산의 일부를 타회사 지분의 10% 이상 취득할 수 있다.
> ㉣ 동일한 상호출자제한기업집단에 속하는 금융회사가 동일 PEF에 출자하는 경우 그 PEF 출자총액의 20%를 초과하여 출자할 수 없다.

① ㉠, ㉡
② ㉠, ㉢
③ ㉡, ㉢
④ ㉢, ㉣

23 헤지펀드 운용전략 중 방향성 전략에 해당하는 것만을 짝지은 것은?

① 글로벌 매크로, 선물거래
② 합병 차익거래, 전환사채 차익거래
③ 합병 차익거래, 이자율 스프레드 거래
④ 전환사채 차익거래, 고정수익 차익거래

24 다음에서 설명하는 합병 차익거래 유형으로 옳은 것은?

> • 피인수 합병회사 주식을 매수한다.
> • 인수회사의 주식을 매도한다.
> • 교환비율에 의해 Long / Short ratio가 결정된다.

① Cash Merger
② Stock Swap Mergers
③ Convertible Arbitrage
④ Stock Swap Mergers With Collar

25 특별자산 펀드의 투자대상인 실물자산의 특징으로 옳지 않은 것은?

① 대부분 달러로 표시된다.
② 미래 현금흐름의 순현재가치로 평가된다.
③ 물가가 오르면 동반 상승하는 인플레이션 헤징 효과가 있다.
④ 이자율은 실물자산의 가격을 결정하는 데 큰 영향을 미치지 않는다.

26 다음 중 분산투자로 제거할 수 없는 위험은 모두 몇 개인가?

> ㉠ 외환정책
> ㉡ 산업 특유의 요인
> ㉢ 경쟁회사와의 관계
> ㉣ 최고경영자의 특성

① 1개
② 2개
③ 3개
④ 4개

27 다음 중 해외 주식발행에 대해 옳은 설명으로만 모두 묶인 것은?

> ㉠ 한국거래소에 상장된 주식은 ADR 발행을 통해 뉴욕거래소에 상장할 수 있다.
> ㉡ 한국거래소에 상장된 주식을 해외시장에 상장하기 위해서 대부분 DR 형태로 상장한다.
> ㉢ 한국거래소에 상장된 주식을 EDR 발행을 통해 뉴욕거래소와 런던거래소에 동시상장할 수 있다.
> ㉣ 한국거래소에 상장된 주식을 달러 표시로 미국 이외의 시장에서 상장하기 위해서는 GDR 발행을 통해 가능하다.

① ㉠
② ㉠, ㉡
③ ㉡, ㉢
④ ㉢, ㉣

28 국제 채권상품의 분류에서 단기채권으로 옳지 않은 것은?

① CD
② CP
③ T-bill
④ T-Bond

29 해외 투자의 공격적 전략에 대한 설명으로 옳지 않은 것은?

① 헤지펀드를 활용하여 공격적인 투자가 가능하다.
② 포트폴리오의 구성 비중을 결정하는 자산배분이 가장 중요한 의사결정 사항이다.
③ 환율 예측에 따른 국가 비중의 조정은 성공적인 해외투자의 중요한 결정요인이다.
④ 벤치마크보다 높은 수익률을 추구하면서 거래비용을 줄이는 것이 중요한 과제이다.

30 해외 포트폴리오 자산배분 결정을 위한 하향식 접근(Top-down Approach) 방법에 대한 특징으로 옳지 않은 것은?

① 국가 분석을 중요하게 생각한다.
② 세계경제는 분리된 각국 경제의 결합체로 본다.
③ 국가의 비중은 산업 및 기술분석이 연구의 중심이 된다.
④ 거시경제지표의 변화를 예측하고 낙관적으로 전망되는 국가의 투자비중을 높인다.

31 A기업의 전년도 주당배당금은 4,000원이며 내년부터 순이익의 40%를 배당금으로 지급한다. 자기자본이익률이 8%이고 요구수익률이 12%라면 A기업의 적정주가로 옳은 것은?

① 28,222원   ② 38,222원
③ 48,222원   ④ 58,222원

32 다음은 재무비율의 계산식이다. 올바르게 연결된 것은?

㉠ 유동비율 = $\dfrac{\text{유동부채}}{\text{유동자산}}$

㉡ 총자산이익률 = $\dfrac{\text{순이익}}{\text{총자산}}$

㉢ 총자산회전율 = $\dfrac{\text{총자산}}{\text{순이익}}$

㉣ 이자보상비율 = $\dfrac{\text{영업이익}}{\text{이자비용}}$

① ㉠   ② ㉠, ㉡
③ ㉡, ㉣   ④ ㉢, ㉣

33 다음에서 설명하는 재무비율의 종류와 지표가 올바르게 연결된 것은?

> 현재 기업이 부담하고 있는 재무적 부담을 이행할 수 있는 능력을 측정하고자 한다.

① 안정성 지표: 부채비율, 부채·자기자본비율
② 유동성 지표: 유동비율, 당좌비율, 현금비율
③ 보상비율: 배당성향, 이자보상비율, 고정비용보상비율
④ 수익성비율: 매출액영업이익률, 총자산이익률, 자기자본이익률

34 다음 중 레버리지 분석에 대한 설명으로 옳지 않은 것은?

① 타인자본의 의존도가 크면 재무레버리지 효과는 더욱 커진다.
② 고정적 비용의 존재로 나타나는 손익 확대 효과를 분석하는 것이다.
③ 영업고정비용과 이자비용이 존재하는 한 결합레버리지는 항상 0보다 크다.
④ 영업이익이 클수록, 타인자본 의존도가 낮을수록 재무레버리지(DFL)도는 작게 나타난다.

35 PER(주가이익비율) 이용 시 유의할 사항으로 옳지 않은 것은?

① 1주당 가격은 현재 주가를 사용하는 것이 적절하다.
② PER은 경기에 매우 민감하게 반응하는 문제점이 있다.
③ EPS는 이론적으로 미래에 예측된 주당이익을 이용하는 것이 합당하다.
④ EPS 계산 시 발행주식수에는 전환증권 발행 등으로 희석되는 주식을 제외시켜야 한다.

36 다음 중 기업가치분석 지표에 대한 설명으로 옳지 않은 것은?

① PBR은 ROE와 (+)의 관계, 위험(K)과는 (−)의 관계에 있다.
② EVA는 자본비용까지 고려한 진정한 경영성과지표로 평가된다.
③ EV/EBITDA 비율은 PBR의 장부가 평가 문제를 보완한 것이다.
④ Tobin's Q 비율이 1보다 크다는 것은 기업경영을 효율적으로 하고 있다는 의미이다.

37 다음 중 다우이론의 한계점으로 볼 수 없는 것은?

① 주추세와 중기추세를 명확하게 구분하기 어렵다.
② 추세전환 시점이 늦게 확인되어 투자에 도움을 주지 못한다.
③ 시장이 변동에만 집착하기 때문에 시장이 변화하는 원인을 분석할 수 없다.
④ 증권시장의 추세를 예측하는 것으로 분산투자의 방법을 알려주는 단서가 될 수 없다.

38 이동평균선에 관한 설명으로 옳은 것은?

① 주가가 이동평균선을 위에서 아래로 돌파할 때는 향후 강세 전환 가능성을 시사한다.
② 약세국면에서 주가가 이동평균선 아래에 머무는 경우, 이는 주가 상승 신호로 해석된다.
③ 이동평균선은 과거의 주가를 기준으로 산출되므로 미래 주가 방향에 대해 후행적 성격을 지닌다.
④ 이동평균선과 주가 사이의 괴리가 커질수록 이동평균선은 계속 괴리가 커지는 방향으로 움직인다.

39 경제발전에 따른 요소경쟁력 변화에 대한 설명으로 옳지 않은 것은?

① 성숙기에는 단순요소 경쟁력의 하락이 멈춘다.
② 구조조정기에 고급요소 경쟁력의 상승이 가속화된다.
③ 성장기에는 단순요소와 고급요소의 경쟁력 모두 성장한다.
④ 1차 전환점 이후 단순요소 경쟁력은 더 이상 상승하지 못한다.

40 다음 중 산업경쟁력 분석에 대해 옳은 설명의 개수는?

> ㉠ 포터의 다이아몬드 모형은 국가와 산업의 경쟁우위를 설명하는 틀로 활용한다.
> ㉡ 산업경쟁력은 경쟁자산의 축적보다는 단순한 자원의 부존량에 의해 주로 결정된다고 본다.
> ㉢ 산업경쟁력 요인은 요소조건·수요조건·기업전략과 경쟁여건·지원사업으로 구성되며, 정부와 우발적 요인은 간접적 요인이다.

① 0개 ② 1개
③ 2개 ④ 3개

41 다음 중 산업연관표에 관한 설명으로 옳지 않은 것은?

① 세로방향은 각 상품의 투입구조를, 가로방향은 각 산업부문의 배분구조를 나타낸다.
② 중간수요와 최종수요를 합하면 총수요액이 되며, 총산출액과 총수요액은 항상 일치한다.
③ 생산유발계수는 최종수요가 1단위 증가할 때 각 산업에서 발생하는 총산출의 크기를 의미한다.
④ 후방연쇄효과는 특정 산업에 대한 최종수요 1단위의 증가가 전 산업의 생산활동에 미치는 영향을 의미한다.

42 A산업에는 7개의 기업이 있고 1위 기업의 시장점유율은 30%, 2위 기업의 시장점유율은 20%, 나머지 5개 기업의 시장점유율이 동일하다고 할 때, 시장집중률로 옳은 값은?

① 50% ② 60%
③ 70% ④ 80%

43 메탈게젤샤프트사 파산사건과 관련된 리스크 요인으로 옳지 않은 것은?

① 운용 리스크
② 갱신 리스크(롤 오버)
③ 신용 리스크(스왑계약)
④ 자금조달 리스크(마진콜)

44 일반적으로 VaR를 측정하는 방법 중 부분가치평가법으로 옳은 것은?

① 사후검증
② 델타분석법
③ 역사적 시뮬레이션
④ 몬테카를로 시뮬레이션

45 Risk Factor들이 독립항등분포를 가정할 경우, 1일 보유기간의 VaR이 1억 원일 때, 22일 보유기간의 VaR로 옳은 값은?

① 2.29억 원 ② 2.79억 원
③ 4.69억 원 ④ 5.59억 원

46 다음 중 역사적 시뮬레이션에 의한 VaR 추정의 특징으로 옳은 것은 몇 개인가?

> ㉠ 분산, 공분산과 같은 모수를 추정하여 계산하는 방식이다.
> ㉡ 옵션과 같은 비선형 수익구조를 가진 자산에도 적용할 수 있다.
> ㉢ 과거 일정 기간의 위험요인 변동이 향후에도 발생할 것이라는 가정을 전제로 한다.
> ㉣ 포트폴리오 전체를 실제 시장가격 변동에 따라 다시 평가하는 완전가치평가 모형이다.

① 0개 ② 1개
③ 2개 ④ 3개

47 주식투자에 대한 개별 VaR은 300억 원이고, 채권 투자에 대한 개별 VaR은 400억 원이다. 두 포지션 간의 상관계수가 0.7일 때, 두 포지션으로 구성된 포트폴리오의 VaR로 옳은 값은?

① 500억 원 ② 546억 원
③ 600억 원 ④ 646억 원

48 등가격에 가까운 콜옵션과 풋옵션을 동시에 매도한 스트래들 매도 포지션을 델타분석법에 의해 VaR을 계산했을 때 옳은 값은?

① −1에 가깝다.
② −1에 가깝다고 볼 수 없다.
③ 0에 가깝다.
④ 0에 가깝다고 볼 수 없다.

49 AA등급의 채권에 대한 투자금액이 100억 원이고, 순수익은 0.5%, VaR은 2%일 때 채권에 대한 RAROC으로 옳은 것은?

① 10% ② 15%
③ 25% ④ 35%

50 다음은 신용손실 분포의 특징에 대한 설명이다. 빈칸 ㉠~㉡에 들어갈 말을 순서대로 바르게 나열한 것은?

> • 신용 리스크는 신용손실 분포로부터의 예상외 손실로서 정의가 된다. 즉, 예상되는 손실은 리스크라고 하지 않는다.
> • 신용손실 분포와 Credit VaR에서 금융기관은 기대손실은 (㉠)으로 대비하고, 기대치 못한 손실은 (㉡)으로 대비한다.

① 부채, 비용
② 충당금, 비용
③ 부채, 자기자본
④ 충당금, 자기자본

[3과목] 직무윤리 및 법규/투자운용 및 전략 I /거시경제 및 분산투자(50문항)

51 이해상충의 방지의무에 대한 설명으로 옳지 않은 것은?

① 임원 및 직원을 겸직하는 행위는 금지되는데 이는 정보교류의 차단의무를 준수하는 것이다.
② 금융투자업자는 이해상충 발생 가능성을 파악하고 내부통제기준이 정하는 방법에 따라 적절히 관리해야 한다.
③ 이해상충의 발생 가능성을 낮추는 것이 곤란할 경우 준법감시인의 승인을 받은 후 매매 또는 그밖의 거래를 해야 한다.
④ 금융투자회사와 투자정보이용자 사이에 이익상충의 문제가 발생될 가능성이 있으므로 금융투자업자 자신이 발행한 조사분석자료의 공표와 제공은 원칙적으로 금지되어 있다.

52 다음 중 금융투자상품 판매 이후 금융소비자 보호 내용으로 옳지 않은 것은?

① 공정성 유지 의무
② 보고 및 기록 의무
③ Know-your-Customer-Rule
④ 정보의 누설 및 부당이용 금지

53 투자권유를 받은 투자자가 이를 거부하는 취지의 의사를 표시한 경우에는 투자권유를 계속하여서는 안 된다. 다만 예외적으로 허용되는 경우로 모두 묶인 것은?

> ㉠ 장외파생상품을 다시 권유하는 경우
> ㉡ 투자성 있는 보험계약에 대하여 다시 권유하는 경우
> ㉢ 다른 종류의 금융투자상품에 대하여 다시 권유하는 경우
> ㉣ 투자권유를 거부하는 취지의 의사를 표시한 후 1개월이 지난 후에 다시 투자권유하는 경우

① ㉠, ㉡
② ㉢, ㉣
③ ㉠, ㉡, ㉢
④ ㉠, ㉢, ㉣

54 금융소비자에게 중요 사실에 대한 정확한 표시의무를 준수할 때 고려해야 할 사항으로 옳지 않은 것은?

① 정보를 제공받는 대상의 지식 및 이해수준
② 당해 정보가 불필요한 오해를 유발할 소지가 있는지 여부
③ 투자정보가 정밀한 조사 및 분석에 의해 작성된 자료인지 여부
④ 정보의 전달방법이 상대방에게 정확하게 전달될 수 있는지 여부

55 준법감시인에 대한 설명으로 옳지 않은 것은?

① 준법감시인의 업무는 위임이 불가능하다.
② 준법감시인을 임면하기 위해서는 이사회의 의결을 거쳐야 한다.
③ 준법감시인은 이사회 및 대표이사의 지휘를 받아 금융투자회사 전반의 내부통제 업무를 수행한다.
④ 금융투자회사가 준법감시인을 임면한 때에 임면일로부터 7영업일 이내에 금융위원회에 보고해야 한다.

56 금융투자업에 대한 설명으로 옳지 않은 것은?

① 투자매매업자는 자기의 계산으로 금융투자상품을 매매한다.
② 투자매매업자는 타인의 계산으로 금융투자상품을 매입한다.
③ 집합투자업자는 투자자의 운용지시를 받고 자산을 취득·운용·처분한다.
④ 투자일임업은 투자자로부터 금융상품에 대한 투자판단의 전부 또는 일부를 일임받아 금융투자 상품을 운용한다.

57 금융투자상품에 대한 설명으로 옳은 것은?

① 증권은 원본 초과 손실 가능성이 존재한다.
② 증권의 발행주체는 내국인은 물론 외국인을 포함한다.
③ 원본 대비 손실률이 100% 이하인 경우 파생상품으로 분류한다.
④ 투자금액 산정 시 판매수수료, 보수, 위험보험료가 포함된다.

58 투자매매업자 및 투자중개업자의 불건전 영업행위 금지에 대한 설명으로 옳지 않은 것은?

① 인수업무와 관련된 조사분석자료의 작성자는 성과보수를 지급받을 수 없다.
② 증권시장과 파생상품 시장 간의 가격차이를 이용한 차익거래는 선행매매에 해당하지 않는다.
③ 조사분석자료의 내용이 사실상 확정된 때부터 공표 후 24시간이 경과하기 전까지 조사분석자료의 대상 금융투자상품을 자기의 계산으로 매매할 수 없다.
④ 전환사채의 모집 또는 매출 관련 계약을 체결한 날부터 그 증권이 증권시장에 상장된 후 14일 이내에 그 증권에 대한 조사분석자료를 특정인에게 제공할 수 없다.

59 집합투자업자가 자산운용보고서를 제출하지 않아도 되는 사유로 옳지 않은 것은?

① 투자자가 서면 등으로 수령거부 의사를 밝힌 경우
② MMF의 자산운용보고서를 3개월에 1회 이상 공시하는 경우
③ 집합투자규약에 10만 원 이하의 투자자에게 제공하지 않는다는 내용을 정한 경우
④ 상장된 환매금지형 집합투자기구의 자산운용보고서를 3개월에 1회 이상 공시한 경우

60 동일종목 증권에 집합투자 자산총액의 100%까지 투자가 가능한 경우로 옳지 않은 것은?

① 부동산 개발회사 발행증권
② 지방채, 특수채, 파생결합증권
③ 부동산 투자목적회사가 발행한 지분증권
④ 부동산 투자목적회사가 발행한 사업수익권

61 투자설명서의 사용방법으로 옳지 않은 것은?

① 증권신고서를 제출한 이후 곧바로 투자설명서를 사용할 수 있다.
② 증권신고서가 수리된 후 전자전달매체를 통하여 간이설명서를 사용할 수 있다.
③ 증권신고서가 수리된 후 신고의 효력이 발생하기 전에 예비투자설명서를 사용할 수 있다.
④ 집합투자증권은 투자자가 투자설명서의 사용을 별도로 요청하는 경우를 제외하고 간이투자설명서만을 사용할 수 있다.

62 집합투자업자의 이해관계인과의 거래제한의 예외로 옳지 않은 것은?

① 중개시장을 통한 거래
② 집합투자기구에게 유리한 거래
③ 이해관계인이 되기 6개월 전에 체결한 계약에 따른 거래
④ 이해관계인이 된 후 3개월 이내에 체결한 계약에 따른 거래

63 증권신고서 제출이 면제되는 증권으로 옳지 않은 것은?

① 국가가 지급 보증하는 채무증권
② 만기 3개월 이내인 전자단기사채
③ 한국주택금융공사의 주택저당증권
④ 주권 관련 사채권 및 이익참가부사채권

64 투자광고에 대한 설명으로 옳지 않은 것은?

① 금융투자협회 및 금융지주회사의 투자광고는 금지된다.
② 투자광고문에 협회 심사필 또는 준법감시인 심사필을 표시해야 한다.
③ 투자광고 시 최대수익을 표기하는 경우 그 최소 수익을 포함해야 한다.
④ 투자광고계획신고서와 투자광고안을 협회에 제출하여 심사를 받아야 한다.

65 금융투자업자의 이해상충 규제체계 중 일반 규제로 옳은 것은?

① 과당매매 금지
② 선관주의 의무
③ 선행매매 금지
④ 임직원 겸직 금지

66 신탁재산의 독립성에 대한 설명으로 옳지 않은 것은?

① 신탁재산은 수탁자의 상속재산에 속하지 않는다.
② 신탁재산에 속한 채권과 채무는 상계처리할 수 없다.
③ 수탁자의 채권자는 신탁재산에 대해 강제집행할 수 없다.
④ 신탁재산은 위탁자의 채권자에 의한 강제집행위험으로부터 자유로워진다.

67 다음 중 핵심설명서에 대한 금융투자협회의 규정으로 옳지 <u>않은</u> 것은?

① 금융투자회사가 핵심설명서를 교부하는 경우에는 일반투자자에게 그 내용을 충분히 설명해야 한다.
② 일반투자자가 신용융자거래를 할 경우 핵심설명서의 추가 교부의무가 면제된다.
③ 일반투자자가 파생결합증권을 거래하고자 할 때 핵심설명서를 추가로 교부해야 한다.
④ 일반투자자가 파생결합증권 매매 시 간이투자설명서를 교부한 경우 핵심설명서를 별도로 교부하지 않아도 된다.

68 금융투자협회 규정에서 투자광고 시 허용되는 행위로 옳은 것은?

① 수익률이 좋았던 기간의 수익률만을 대표로 표시하는 경우
② 운용성과나 수익률을 안내하면서 세전 수익률과 세후 수익률을 모두 기재하는 경우
③ 금융투자회사의 재무건전성 지표나 영업용순자본비율을 다른 회사와 직접 비교하는 경우
④ 투자자가 손실을 보전받거나 이익을 보장받는 것으로 오인할 수 있는 문구를 사용하는 경우

69 금융투자회사의 조사분석자료 작성에 대한 설명으로 옳지 <u>않은</u> 것은?

① 조사분석업무를 담당하는 금융투자분석사는 성실성과 주의의무를 다하여야 한다.
② 금융투자회사 자신이 발행한 금융투자상품에 대해서는 조사분석자료를 발표할 수 없다.
③ 안정조작이나 시장조성업무 대상 증권을 발행한 법인에 대해서는 조사분석자료를 공표할 수 없다.
④ 금융투자회사가 발행주식 총수의 100분의 5 이상을 보유한 법인에 대해서는 조사분석자료 공표가 가능하다.

70 다음 중 ㉠~㉢에 들어갈 내용을 순서대로 올바르게 나열한 것은?

> 금융투자회사가 약관을 제정하거나 변경하는 경우, 약관 제정·변경 (㉠) (㉡)일 이내에 협회에 (㉢)하여야 한다.

① 이전, 5, 신고
② 이후, 7, 보고
③ 이전, 10, 보고
④ 이후, 10, 신고

71 전략적 자산배분의 실행단계를 순서대로 나열한 것은?

> ㉠ 자산집단의 선택
> ㉡ 최적 자산구성의 선택
> ㉢ 투자자의 투자목적 및 투자제약조건의 파악
> ㉣ 자산종류별 기대수익, 위험, 상관관계의 추정

① ㉠ - ㉡ - ㉢ - ㉣
② ㉡ - ㉢ - ㉠ - ㉣
③ ㉢ - ㉠ - ㉣ - ㉡
④ ㉣ - ㉡ - ㉢ - ㉠

72 전술적 자산배분에 대한 설명으로 옳지 <u>않은</u> 것은?

① 자산배분의 변경으로 인한 운용성과에 대한 책임은 모두 투자자에게 귀속된다.
② 이미 정해진 자산배분을 운용담당자의 자산 가격에 대한 예측하에 투자비중을 변경한다.
③ 중단기적인 가격 착오(mis-pricing)를 적극적으로 활용하여 고수익을 지향하는 운용전략이다.
④ 투자자산의 과대 또는 과소 평가 여부를 판단할 수 없다면, 최초 수립된 전략적 자산배분을 그대로 유지해야 한다.

73 포트폴리오 보험 전략을 선호하는 투자자의 특성으로 옳지 않은 것은?

① 위험자산에 대한 투자를 하지 않는다.
② 일반적인 투자자들보다 하락 위험을 더 싫어한다.
③ 내부규정에 의해 최저투자 수익률을 달성해야 하는 기금에서 활용한다.
④ 정기적인 이자소득을 목표로 하면서 기대수익률이 높은 투자자들이 선호한다.

74 주가지수를 벤치마크로 구성할 때 종목별 가중치에 대한 설명으로 옳지 않은 것은?

① 주가 가중방식은 종목별로 1주씩만 보유하면 지수의 성과를 얻을 수 있는 단순함이 장점이다.
② 동일 가중방식은 모든 종목을 동일하게 취급하므로 거래비용이 발생하지 않으며 소형기업의 지수 영향력이 낮아진다.
③ 성숙기에 있는 기업의 주가가 과대평가됨에 따라 가중치가 높아지는 시가 가중방식의 문제점을 유동시가 가중방식으로 보완한다.
④ 주가 가중, 시가 가중, 유동주식 시가 가중, 동일 가중 등이 이용되며 최근에는 유동시가 가중방식을 인덱스 포트폴리오를 위한 표준으로 인식한다.

75 주식 포트폴리오 구성 과정을 순서대로 올바르게 나열한 것은?

> ㉠ 트레이딩
> ㉡ 투자 유니버스 선정
> ㉢ 성과측정 및 재조정
> ㉣ 모델 포트폴리오 구성
> ㉤ 실제 포트폴리오 구성

① ㉠ - ㉢ - ㉤ - ㉣ - ㉡
② ㉡ - ㉣ - ㉤ - ㉠ - ㉢
③ ㉢ - ㉣ - ㉠ - ㉡ - ㉤
④ ㉣ - ㉠ - ㉢ - ㉡ - ㉤

76 액면가 10,000원, 표면이율 10%, 만기가 3년인 3개월 단위 이자지급 금융복리채의 만기상환금액으로 옳은 것은?

① 12,449원 ② 12,899원
③ 13,449원 ④ 13,899원

77 변동금리채권에 대한 설명으로 옳지 않은 것은?

① 기준금리가 상승하면 현금흐름이 감소하도록 설계되었다.
② 변동금리채권의 가치는 시장이자율의 변화에 민감하지 않다.
③ 액면이자율은 기준금리에 연동되어 매 기간 초마다 정해진다.
④ 기준금리는 LIBOR, prime rate, 우리나라 91일 CD 수익률을 적용한다.

78 다음 중 주택저당채권(MBS)에 관한 설명으로 옳은 것을 모두 고른 것은?

> ㉠ 채무자의 부도 위험은 최종적으로 투자자에게 전가된다.
> ㉡ 투자자는 조기상환이 발생할 경우 현금흐름 변동 위험을 부담한다.
> ㉢ 원리금균등상환방식의 고정금리부 MBS는 시간이 지남에 따라 원금 상환 비중이 커지고 이자 상환 비중이 줄어든다.

① ㉠, ㉡ ② ㉠, ㉢
③ ㉡, ㉢ ④ ㉠, ㉡, ㉢

79 말킬(Malkeil)의 채권가격 정리가 성립한다고 가정할 때, 옳지 않은 것은?

① 표면이율이 높을수록 동일한 금리 변동에 따른 채권가격의 변동률은 작아진다.
② 이자 지급 횟수가 늘어날수록 금리 변동에 대한 채권가격의 민감도는 줄어든다.
③ 채권의 잔존만기가 길어질수록 동일한 금리 변동에 따른 채권가격의 민감도는 커진다.
④ 만기가 동일할 때 금리가 하락할 경우의 가격 상승폭은 같은 폭의 금리 상승에 따른 가격 하락폭보다 더 작다.

80 다음 중 이자율이 10%인 영구채권의 듀레이션 값으로 옳은 것은?

① 10년 ② 11년
③ 12년 ④ 알 수 없음

81 액면가가 10,000원인 채권이 있다. 이 채권의 가격은 6.8% 상승하였으며, 이때 시장이자율은 2% 하락하였다. 이 채권의 수정듀레이션이 3.1일 때 채권의 볼록성으로 옳은 것은?

① 20 ② 30
③ 60 ④ 80

82 선물거래 전략에 대한 설명으로 옳지 않은 것은?

① 투기적 거래는 방향성 베팅이 중요하다.
② 베이시스 위험으로 인해 완전헤지는 현실적으로 불가능하다.
③ 헤지를 위해서는 현물 포지션과 동일한 선물 포지션을 취해야 한다.
④ 랜덤 베이시스 헤지는 시장 리스크를 피하기 위해 베이시스 리스크를 취하는 전략이다.

83 KOSPI200지수 선물가격 3월물과 9월물의 스프레드가 앞으로 줄어들 것으로 예상된다면, 바람직한 전략으로 옳은 것은?

① 3월물 매수＋9월물 매수
② 3월물 매수＋9월물 매도
③ 3월물 매도＋9월물 매수
④ 3월물 매도＋9월물 매도

84 동일한 주식을 기초자산으로 발행된 콜옵션과 풋옵션이 있는데, 행사가격이 120원인 콜옵션 1개와 풋옵션 1개를 각각 매도하였다. 콜옵션 프리미엄은 4원, 풋옵션 프리미엄은 3원이다. 이 투자자가 이익이 발생할 수 있는 기초자산 가격의 범위로 옳은 것은?

① 113원＜P＜127원   ② 117원＜P＜123원
③ 119원＜P＜121원   ④ 113원＞P, P＜127원

85 선물거래의 개시증거금이 100이고, 유지증거금은 70이다. 오늘 거래를 한 후 일일정산하니 증거금이 85가 되었다. 증거금 변동으로 인해 납입해야 하는 추가 납입할 증거금으로 옳은 것은?

① 0   ② 15
③ 20   ④ 30

86 다음 중 옵션 민감도에 대한 설명으로 옳지 않은 것은?

① 콜옵션 매수포지션에서 쎄타와 로우의 부호는 다르다.
② 콜옵션 매수포지션과 풋옵션 매수포지션의 베가의 부호는 같다.
③ 콜옵션 매도포지션과 풋옵션 매수포지션의 델타의 부호는 같다.
④ 콜옵션 매수포지션의 감마와 풋옵션 매수포지션의 로우의 부호는 같다.

87 주식 A를 기초자산으로 하는 풋옵션이 있다. 행사가격은 800원, 현재 풋옵션 프리미엄은 12원이며 모두 시간가치로만 구성되어 있다. 다음 중 현재 주가가 될 수 있는 값으로 옳은 것은?

① 350원
② 650원
③ 750원
④ 850원

88 다음 펀드의 성과 자료로 샤프지수를 계산한 값으로 옳은 것은?

- 무위험이자율: 3%
- 벤치마크 수익률: 5%
- 연평균 수익률: 5.4%
- 표준편차: 12%

① 0.10
② 0.20
③ 0.30
④ 0.40

89 다음의 값들을 이용해 계산한 젠센의 알파값으로 옳은 것은?

- 포트폴리오의 베타: 1.2
- 무위험수익률: 2%
- 기준지표수익률: 7%
- 펀드의 실현된 수익률: 10%

① 1%
② 2%
③ 3%
④ 4%

90 다음 중 내부수익률(IRR)에 대한 설명으로 옳은 것만 모두 고른 것은?

㉠ 동일 포트폴리오라도 납입·환매 시점이 달라지면 IRR 값이 달라질 수 있다.
㉡ 운용기간 각 시점의 펀드매니저의 성과를 시장수익률과 비교하기에는 IRR이 가장 적합하다.
㉢ IRR은 투자자의 실제 현금 유입·유출 타이밍을 반영하므로 투자자 성과평가에 적합하다.
㉣ 전체 기간 성과를 세부기간별 수익률을 기하평균으로 연결하여 계산하는 것이 IRR이다.

① ㉠, ㉡
② ㉠, ㉢
③ ㉡, ㉢
④ ㉢, ㉣

91 투자금액이 모두 100억 원인 4개의 펀드의 정보가 다음과 같을 때, RAROC 기준으로 투자성과가 가장 높은 것으로 옳은 것은? (무위험이자율 정보는 주어지지 않음)

① 수익률 3%, VaR 1.5억 원
② 수익률 4%, VaR 3억 원
③ 수익률 5%, VaR 4억 원
④ 수익률 6%, VaR 5억 원

92 다음 중 경제지표에 대한 설명으로 옳은 것은?

① GDP 디플레이터는 실질GDP/명목GDP로 산출한다.
② 통화유통속도는 명목GDP를 통화량으로 나눈 값이다.
③ 경기종합지수는 개별 지표를 단순 산술 평균해 산출한다.
④ BSI가 100 미만이면 기업들이 경기를 긍정적으로 보고 있다는 의미이다.

93 거시경제 변수와 이자율 변동과 관련하여 ㉠과 ㉡에 들어갈 단어로 옳은 것은?

> 경상수지 흑자가 확대되면 해외부문을 통한 통화공급이 (㉠)하고, 시장금리는 (㉡)한다.

① ㉠: 증가, ㉡: 상승
② ㉠: 증가, ㉡: 하락
③ ㉠: 감소, ㉡: 상승
④ ㉠: 감소, ㉡: 하락

94 IS는 우하향하고, LM은 우상향한다고 가정하였을 때, 다음 중 IS-LM모형에 대한 설명으로 옳지 않은 것은?

① 물가가 상승하면 실질화폐공급이 줄어 소득이 감소한다.
② 정부지출이 증가하면 IS가 우측으로 이동하여 이자율이 상승한다.
③ 명목화폐공급이 감소하면 LM이 좌측으로 이동하여 이자율이 상승한다.
④ 조세가 감소하면 총수요가 늘어 IS가 우측으로 이동하지만 이자율은 하락한다.

95 다음 중 국민소득에 대한 설명으로 옳지 않은 것은?

① 국민총소득(GNI)은 GDP에 국외순지급 요소소득을 더한 값이다.
② 생산·분배·지출 국민소득은 삼면등가가 성립하므로 동일한 금액이다.
③ 국내총생산(GDP)은 최종생산물 가치의 합 또는 부가가치의 합으로 측정한다.
④ 실질GNI는 실질GDP에 실질 국외순수취 요소소득과 실질 무역소득을 더해 구한다.

96 다음 중 포트폴리오 위험 분산효과에 대한 설명으로 옳지 않은 것은?

① 분산투자를 통해 체계적 위험을 줄일 수 있다.
② 기대수익률을 희생하지 않고 위험을 줄일 수 있다.
③ 포트폴리오에 편입된 주식수가 늘어나더라도 줄일 수 없는 위험이 존재한다.
④ 포트폴리오의 위험 감소는 상관계수가 작은 증권 간의 결합을 통해 이루어진다.

97 A주식의 시장포트폴리오의 기대수익률은 12%, 무위험이자율은 6%, A주식의 추정된 기대수익률은 12.5%, 베타가 1.25일 때, CAPM모형을 이용한 A주식에 대한 설명으로 옳지 않은 것은?

① A주식의 알파는 -1%이다.
② A주식이 과대평가되어 있다.
③ A주식의 요구수익률은 13.5%이다.
④ A주식의 베타값이 1.1로 변경된다면 A주식의 알파는 0.1%로 과소평가되어 있다.

98 자본시장선과 증권시장선에 대한 다음 설명 중 옳지 않은 것은?

① 자본시장선은 개별증권의 기대수익률과 베타의 관계를 나타내며, 총위험과는 무관하다.
② 증권시장선은 개별증권 또는 임의의 포트폴리오 기대수익률과 베타의 선형 관계를 나타낸다.
③ 증권시장선은 효율·비효율 포트폴리오 모두에 적용되며, 그 기울기는 시장위험프리미엄이다.
④ 자본시장선은 시장포트폴리오와 무위험자산을 결합한 효율적 포트폴리오의 기대수익률과 총위험(표준편차)의 직선 관계를 나타낸다.

99 다음 중 CAPM에 대한 설명으로 옳지 <u>않은</u> 것은?

① CAPM은 투자자가 평균–분산 기준에서 높은 평균과 낮은 분산을 선호한다고 가정한다.
② CAPM은 자본시장이 균형 상태일 때 자본자산의 위험–기대수익 관계를 설명하는 모형이다.
③ CAPM은 모든 투자자가 서로 다른 투자기간을 가정하고 다기간 관점에서 의사결정을 한다고 본다.
④ CAPM은 무위험자산의 존재를 가정하며, 모든 투자자가 동일한 무위험이자율로 차입·대여할 수 있다고 본다.

100 두 자산 A와 B에 각각 50%씩 투자한 펀드가 있다. 다음 상황에서 이 펀드의 기대수익률로 옳은 것은?

미래 상황	확률	A자산		B자산	
		미래	기대 수익률	미래	기대 수익률
불황	25%	불황	2.0%	불황	6.0%
보통	50%	보통	8.0%	보통	4.0%
호황	25%	호황	14.0%	호황	-2.0%

① 4% ② 5.5%
③ 6% ④ 7.5%

에듀윌이
너를
지지할게

ENERGY

목표가 있는 사람은 성공한다.
어디로 가고 있는지 알기 때문이다.

– 얼 나이팅게일(Earl Nightingale)

투자자산운용사 실전 모의고사 1회 OMR 답안지

투자자산운용사 실전 모의고사 2회 OMR 답안지

여러분의 작은 소리
에듀윌은 크게 듣겠습니다.

본 교재에 대한 여러분의 목소리를 들려주세요.
공부하시면서 어려웠던 점, 궁금한 점,
칭찬하고 싶은 점, 개선할 점, 어떤 것이라도 좋습니다.

에듀윌은 여러분께서 나누어 주신 의견을
통해 끊임없이 발전하고 있습니다.

에듀윌 도서몰 book.eduwill.net
- 부가학습자료 및 정오표: 에듀윌 도서몰 → 도서자료실
- 교재 문의: 에듀윌 도서몰 → 문의하기 → 교재(내용, 출간) / 주문 및 배송

2026 에듀윌 투자자산운용사
과목별 빈출동형 900제(9회분) + 무료특강

발 행 일	2026년 1월 5일 초판
편 저 자	김범곤, 에듀자산테크
펴 낸 이	양형남
개 발	정상욱, 김진우, 신은빈
펴 낸 곳	(주)에듀윌
등록번호	제25100-2002-000052호
주 소	08378 서울특별시 구로구 디지털로34길 55 코오롱싸이언스밸리 2차 3층
I S B N	979-11-360-3966-8(13320)

* 이 책의 무단 인용 · 전재 · 복제를 금합니다.

www.eduwill.net
대표전화 1600-6700

2026 최신판

에듀윌 투자자산운용사
과목별 빈출동형 900제 (9회분)
출제예상문제를 반복 생성하는 <AI 듀봇> + 무료특강

김범곤, 에듀자산테크 편저

정답과 해설

정답과 해설

eduwill

1과목 금융상품 및 세제

1장 금융투자세제 및 절세전략 (043p)

01	③	02	②	03	②	04	④	05	③
06	①	07	③	08	①	09	③	10	④
11	②	12	②	13	②	14	④	15	①
16	②	17	①	18	②	19	②	20	①
21	③	22	④	23	②	24	②	25	①
26	①	27	②	28	②	29	①	30	②
31	①	32	②	33	②	34	③	35	④
36	④	37	③	38	②	39	②	40	①
41	②	42	②	43	①	44	④	45	②
46	④	47	①	48	②	49	④		

01 ③

| 정답해설 | 과세표준 단위에 따른 조세 분류에서는 가격을 과세표준으로 하는 종가세와 양(量)을 과세표준으로 하는 종량세로 나뉜다.

| 오답해설 |
① 국세는 과세 주체에 따른 분류이다.
② 직접세는 전가성에 따른 분류이다.
④ 보통세는 지출 목적성에 따른 분류이다.

개념 Plus⁺ 조세의 분류

분류기준	분류
과세 주체	• 국세: 국가가 과세권을 가지는 세금 • 지방세: 지방자치단체가 과세권을 가지는 세금
조세의 전가성	• 직접세: 세금 부담이 타인에게 전가되지 않는 세금 • 간접세: 조세금 부담이 타인에게 전가되는 세금(납세의무의 귀속자와 경제적 부담의 귀착자가 다른 조세)
지출의 목적성	• 보통세: 세금의 사용 목적이 특별히 정해지지 않은 세금(일반 재정에 사용) • 목적세: 세금이 특정한 목적을 위해 사용되는 세금(특정 목적 지출 충당)
과세표준 단위	• 종가세: 과세표준을 가격으로 하는 세금 • 종량세: 과세표준을 수량으로 하는 세금
세율의 구조	• 비례세: 과세표준과 상관없이 일정 세율이 적용되는 세금 • 누진세: 과세표준이 커질수록 세율이 올라가는 세금

02 ②

| 정답해설 | 조세 부담의 전가성에 따른 분류는 직접세와 간접세가 있으며, 세금 부담이 타인에게 전가되지 않는 세금은 직접세, 조세금 부담이 타인에게 전가되는 세금은 간접세로 구분된다.

03 ②

| 정답해설 | 우편으로 서류를 제출하는 경우 통신 날짜 도장이 찍힌 날에 신고된 것으로 본다.

| 오답해설 |
①③ 기한이 공휴일·토요일이거나 근로자의 날인 경우 그 다음 날을 기한으로 한다.
④ 국세정보통신망이 장애로 가동이 정지된 경우 그 장애가 복구되어 신고 또는 납부할 수 있게 된 날의 다음 날을 기한으로 한다.

개념 Plus⁺ 국세기본법상 기간과 기한

기간	어느 시점에서 어느 시점까지의 계속된 시간
기한	법률행위의 효력 발생·소멸·채무의 이행 등을 위해 정한 시점
특례 규정	• 기한이 공휴일·토요일이거나 근로자의 날인 경우 ▶ 그 다음 날을 기한으로 함 • 우편으로 서류를 제출한 경우 ▶ 통신 날짜 도장이 찍힌 날에 신고된 것으로 봄 • 국세정보통신망이 장애로 가동이 정지된 경우 ▶ 그 장애가 복구되어 신고 또는 납부할 수 있게 된 날의 다음 날을 기한으로 함

04 ④

| 정답해설 | 전자송달은 신청자에 한해 정보통신망으로 송달되며, 공시송달은 공고한 날부터 14일이 지나면 송달한 것으로 본다.

개념 Plus⁺ 국세 관련 서류의 송달 방법

교부 송달	해당 행정기관의 소속 공무원이 송달할 장소에서 송달받아야 할 자에게 서류를 교부하는 방법
우편 송달	• 우편을 이용해 서류를 송달하는 방법 • 등기우편으로 송달해야 하는 것이 원칙이며, 일반우편은 인정되지 않음
전자 송달	• 정보통신망(전자메일, 행정포털 등)을 통해 문서를 송달하는 방법 • 송달을 받아야 할 자가 신청한 경우에 한하여 가능함
공시 송달	• 송달이 곤란한 경우, 행정기관이 서류의 주요 내용을 게시판·관보·인터넷 등에 공고하고 일정 기간이 지나면 송달된 것으로 간주하는 방법 • 서류의 주요내용을 공고한 날부터 14일이 경과하면 서류가 송달된 것으로 간주함 • 공시송달이 가능한 경우 – 송달 장소가 국외에 있고 송달이 곤란한 경우 – 송달 장소가 분명하지 않은 경우 – 등기송달 또는 2회 이상 교부송달했지만 수취인 부재로 확인되어 납부기한 내에 송달이 곤란한 경우

05 ③

| 정답해설 | 전자송달은 정보통신망(전자메일, 행정포털 등)을 통해 문서를 송달하는 방법으로, 원칙적으로 송달받아야 할 자가 신청한 경우에만 가능하다.

06 ①

| 정답해설 | 증여세의 납세의무는 '증여에 의하여 재산을 취득하는 때'에 성립된다.

개념 Plus⁺ 납세의무의 성립 시기

소득세, 법인세, 부가가치세	과세기간이 끝나는 때
상속세	상속이 개시되는 때
증여세	증여에 의하여 재산을 취득하는 때
인지세	과세문서를 작성한 때
증권거래세	해당 매매거래가 확정되는 때
종합부동산세	과세기준일
원천징수하는 소득세·법인세	소득금액 또는 수입금액을 지급하는 때

07 ③

| 정답해설 | 일반적인 법인세는 과세기간이 끝나는 때 납세의무가 성립하며, 원천징수하는 법인세는 소득금액 또는 수입금액을 지급하는 때 납세의무가 성립된다.

08 ①

| 정답해설 | 증여세는 부과확정방식으로, 정부가 부과하고 결정하는 절차가 필요하다.

개념 Plus⁺ 납세의무의 확정

신고확정	납세의무자가 과세표준과 세액을 정부에 신고하여 확정 ▶ 소득세, 법인세, 부가가치세, 증권거래세, 교육세, 개별소비세 등
부과확정	정부가 과세표준과 세액을 결정하여 확정 ▶ 상속세, 증여세 등
자동확정	납세의무가 성립하는 때에 특별한 절차 없이 확정 ▶ 인지세, 원천징수하는 소득세 또는 법인세, 납세조합이 징수하는 소득세 등

09 ③

| 정답해설 | 국제거래가 수반되는 부정행위로 인한 상속·증여세의 부과제척기간은 15년으로 가장 길다.

| 오답해설 |
① 사기 등 부정행위의 부과제척기간은 일반조세 기준 10년, 상속·증여세 기준 15년이다.
② 법정신고기한까지 일반조세를 무신고한 경우에는 7년, 상속·증여세를 무신고한 경우에는 15년의 부과제척기간이 부여된다.
④ 부정행위로 상속·증여세를 포탈한 경우로 상속인의 명의이전 없이 재산가액 50억원 초과분을 취득한 경우의 부과제척기간은 안 날로부터 1년이 적용된다.

개념 Plus⁺ 국세의 부과제척기간

구분	일반조세	상속·증여세
사기 등 부정행위	10년	
법정신고기한까지 무신고(과세표준 신고서 미제출)	7년	15년
국제거래가 수반되는 부정행위	15년	
법정신고기한까지 상속 및 증여세 과세표준 신고서를 제출하였으나 허위, 누락 신고한 경우	–	
부정행위로 상속·증여세를 포탈한 경우로 상속인의 명의이전 없이 재산가액 50억원 초과분을 취득한 경우	–	안 날로부터 1년
기타	5년	10년

10 ④

| 정답해설 | 단순히 징수 절차가 시작되었다고 하여 납세의무가 소멸되는 것이 아니다.

개념 Plus⁺ 납세의무의 소멸

국세 및 강제징수비를 납부할 의무는 아래의 경우에 소멸한다.
- 납부·충당
- 국세부과의 제척기간이 끝난 때
- 국세징수권의 소멸시효가 완성된 때

11 ②

| 정답해설 | 사업의 양수인만 납세의무를 승계하며, 양도인은 기존 납세의무에서 해제된다.

개념 Plus⁺ 제2차 납세의무자

- 납세의무자의 재산을 체납처분해도 체납세액에 미치지 못하는 경우, 납세의무자와 법정 관계에 있는 자가 그 부족액을 부담하도록 하는 세법상의 고유한 의무를 제2차 납세의무라 한다.
- 제2차 납세의무의 유형

청산인 등	해산법인의 청산인 또는 잔여재산을 분배받은 자는 해당 법인의 국세 등에 대하여 제2차 납세의무를 짐
출자자	법인(상장법인 제외)의 재산으로 국세 등을 충당하지 못한 경우, 납세의무 성립일 현재의 무한책임사원(합명회사·합자회사의 무한책임사원)과 과점주주가 제2차 납세의무를 짐 ※ 과점주주: 주주 또는 유한책임사원 1명과 그의 특수관계인 중 그들의 소유주식의 합계 또는 출자액의 합계가 법인의 발행주식 총수에 50%를 초과하면서 법인의 경영에 지배적인 영향력을 행사하는 주주임
법인	국세 납부기한 만료일 현재 무한책임사원과 과점주주의 재산으로 국세 등을 충당하지 못하고, 이들의 소유 주식 또는 출자지분의 매각도 불가능한 경우, 당해 법인이 제2차 납세의무를 짐

| 사업 양수인 | 사업을 양도·양수한 경우, 양도일 이전에 확정된 그 사업에 관한 국세 등은 사업양수인이 제2차 납세의무를 짐 |

12 ②

| 정답해설 | 과세표준 및 세액을 과다하게 신고하거나 결손금 또는 환급세액을 과소신고한 때에는 수정신고가 아닌 경정청구를 할 수 있다.

> **개념 Plus⁺** 수정 및 경정청구를 할 수 있는 경우
> - 수정신고를 할 수 있는 경우
>   - 과세표준 및 세액을 미달하게 신고한 경우
>   - 원천징수 의무자가 연말정산 과정에서 근로소득만 있는 자의 소득을 누락하거나 세무조정 과정에서 누락한 경우
>   - 결손금 또는 환급세액을 과다하게 신고한 경우
> - 경정청구를 할 수 있는 경우
>   - 과세표준 및 세액을 과다신고한 경우
>   - 결손금 또는 환급세액을 과소신고한 경우

13 ③

| 정답해설 | 법정신고기한까지 과세표준 신고서를 제출하지 아니한 자는 관할 세무서장이 신고하지 아니한 과세표준과 세액을 결정하여 통지하기 전까지 기한 후 과세표준 신고서를 제출할 수 있다. 이 경우 납부해야 할 세액과 가산세를 신고와 함께 납부해야 한다. 또한, 과세표준 신고서를 법정신고기한이 지난 후 6개월 이내에 기한 후 신고한 경우에는 그 경과기간에 따라 해당 가산세액의 일부를 경감한다.

14 ④

| 정답해설 | 법정신고기한까지 과세표준 신고서를 제출하지 아니한 자는 세무서장이 과세표준과 세액을 결정하여 통지하기 전까지 기한 후 신고를 통해 과세표준 신고서를 제출할 수 있다.

> **개념 Plus⁺** 수정신고·경정청구·기한 후 신고
>
> | 수정
신고 | • 납세자가 과세표준과 세액을 과소신고(또는 환급세액 과다신고 등)한 경우, 관할 세무서장의 결정·경정 통지 전, 그리고 국세부과 제척기간 내에 과세표준 수정신고서를 제출할 수 있음
• 법정신고기한 경과 후 2년 이내에 수정신고를 하면 경과 기간에 따라 과소신고 가산세가 일부 경감됨 |
> |---|---|
> | 경정
청구 | 과세표준과 세액을 과다신고(또는 환급세액을 과소신고)한 경우, 법정신고기한 경과 후 5년 이내에 관할 세무서장에게 경정청구를 할 수 있음 |
> | 기한 후
신고 | • 법정신고기한 내에 과세표준 신고서를 제출하지 않은 경우, 세무서장의 결정·통지 전까지 기한 후 신고가 가능하며, 이때 세액과 가산세를 함께 납부해야 함
• 가산세 감면
 - 1개월 이내 신고: 50%
 - 1~3개월 이내 신고: 30%
 - 3~6개월 이내 신고: 20% |

15 ①

| 정답해설 | 임차보증금과 임금채권의 경우 우선변제임차보증금과 우선변제임금채권에 한하여 국세보다 우선하여 변제된다.

> **개념 Plus⁺** 국세우선의 원칙
> - 채무자의 재산이 부족할 때 원칙적으로 모든 채권자가 평등하게 변제받지만, 국세 등 공익채권은 다른 채권보다 우선적으로 징수된다.
> - 단, 국세채권은 등기나 등록으로 공시되지 않아 다른 채권자에게 예상치 못한 손실을 줄 수 있으므로, 이를 조정하기 위해 아래 채권에 대해서는 국세우선의 예외 규정을 두고 있다.
> - 국세우선의 예외 규정
>   - 선집행 지방세와 공과금의 체납처분금액에서 국세징수 시 그 지방세와 공과금의 체납처분비
>   - 강제집행, 경매 또는 파산절차에 따른 매각금액에서 국세징수 시 그 강제집행, 경매 또는 파산절차에 든 비용
>   - 법정기일 전에 설정된 전세권·질권 또는 저당권에 의하여 담보되는 채권(다만, 그 재산에 대해 부과된 국세와 체납처분비는 제외)
>   - 우선변제임차보증금
>   - 우선변제임금채권

16 ③

| 정답해설 | 채무자가 수인에 대해 채무를 지고, 채무자 재산이 모든 채무를 변제하기에 부족한 경우 채권자들 간에 채권자 평등주의가 적용된다. 그러나 체납한 납세자가 국세와 함께 다른 채무를 지고, 그의 총 재산이 경합하는 채무 전액을 변제하기에 부족할 경우 조세의 공익성을 감안하여 채권자 평등의 원칙을 깨뜨리고, 국세·가산금·체납처분비를 원칙적으로 다른 모든 채권에 우선해서 징수한다.

17 ①

| 정답해설 | 이의신청은 청구인의 선택에 따라 본 절차를 생략할 수 있다. 다만 심사청구와 심판청구는 취소소송의 전체 요건이 되어 본 절차를 거치지 아니하고는 행정(취소)소송을 제기할 수 없다.

> **개념 Plus⁺** 심사와 심판
> - 국세기본법 또는 세법에 따른 처분으로서 위법 또는 부당한 처분을 받거나, 필요한 처분을 받지 못하여 권리 또는 이익에 침해를 당한 경우를 위해 사법적 구제에 앞선 행정청 자체에 대한 시정 요구인 이의신청, 심사청구, 심판청구 제도를 두고 있다.
>   - 이의신청: 처분청에 재고를 요구하는 것
>   - 심사청구: 국세청·감사원에 불복을 제기하는 것
>   - 심판청구: 조세심판원에 불복을 제기하는 것
> - 이의신청은 청구인의 선택에 따라 본절차를 생략할 수 있고, 심사청구와 심판청구는 청구인의 선택에 따라 둘 중 하나를 선택하여야 한다.

- 이의신청, 심사청구, 심판청구는 처분을 안 날부터 90일 이내에 제기해야 하며, 심사청구, 심판청구절차는 (행정)취소소송의 전제 요건이 되어 있어 본 절차를 거치지 아니하고는 (행정)취소소송을 제기할 수 없다.

18 ②

| 정답해설 | 조세불복제도에는 이의신청, 심사청구, 심판청구가 있으며, 이 중 심사청구는 국세청 또는 감사원에 제기하는 절차이다. 반면, 이의신청은 처분청에게, 심판청구는 조세심판원에 제기한다.

19 ②

| 정답해설 | 현행 소득세법은 기본적으로 소득원천설을 따르며, 계속적·반복적으로 발생하는 소득을 과세한다. 다만, 이자·배당소득 등은 유사 소득까지 과세하여 순자산증가설의 요소도 일부 반영하고 있다.

개념 Plus⁺ 소득원천설과 순자산증가설

구분	소득원천설	순자산증가설
소득의 정의	토지·노동·자본 등 일정한 원천에서 정기적·반복적으로 발생하는 이익	일정 기간 동안 발생한 순자산의 모든 증가분
소득 범위	원천이 있는 소득만 해당	원천 불문하고 우발적·일시적 이익도 포함
장점	과세대상이 명확함	조세부담 능력을 포괄적으로 반영하며 과세 형평성 제고
단점	일시적·우발적 소득의 과세가 어려움	자본거래와 소득의 구분이 불명확함

20 ①

| 정답해설 | 현행 소득세법은 기본적으로 소득원천설의 입장을 취하고 있다. 소득원천설은 일정한 수입원천으로부터 계속적, 반복적으로 생기는 수입을 소득으로 보고 일시적, 우발적인 소득은 원천을 알 수 없기 때문에 과세소득에서 제외하자는 것이다. 다만, 이자소득과 배당소득과 같이 법령에 열거되지 않더라도 유사한 소득에 대해서 과세하는 예외사항을 감안할 때 현행 소득세법은 순자산증가설의 입장을 일부 수용하고 있다고 볼 수 있다.

21 ③

| 정답해설 | 우리나라는 소득세 과세에 있어 열거주의 과세방법을 채택하고 있다. 이는 법령에 명시된 특정 소득 항목(이자, 배당, 사업, 근로, 연금, 기타, 퇴직, 양도소득 등)에 한해서만 과세가 이루어진다는 원칙을 의미한다. 즉, 법에서 열거되지 않은 소득은 과세대상이 아니므로 과세할 수 없다.

| 오답해설 |
① 퇴직소득과 양도소득은 종합소득에 합산되지 않고 독립적으로 과세되는 분류과세 대상 소득이다.
② 현행 소득세법은 원칙적으로 개인을 과세단위로 하여 소득세를 과세한다.
④ 종합소득세 납세의무자는 과세기간의 다음 연도 5월 1일부터 5월 31일까지 과세표준을 확정신고함으로써 소득세의 납세의무가 확정되며, 근로소득만 있는 경우에는 과세기간의 다음 연도 2월에 연말정산으로 한 해의 납세의무가 종결되므로 5월에 종합소득세 확정신고의무가 없다.

개념 Plus⁺ 우리나라 소득세 제도의 특징

종합과세 제도	• 소득의 종류와 관계없이 일정한 기간을 단위로 합산하여 과세하는 방식 • 원칙: 종합과세 이자소득, 배당소득, 사업소득, 근로소득, 연금소득, 기타소득은 인별로 종합하여 과세 • 예외 − 분류과세: 다른 소득과 합산하지 않고 과세(퇴직소득, 양도소득) − 분리과세: 소득이 지급될 때 소득세를 원천징수하여 종결(금융소득)
열거주의 과세방법	구체적으로 열거된 소득만을 과세 대상으로 하며, 열거되지 않은 소득은 과세하지 않음
신고납세 제도	• 납세의무자의 신고에 의해 조세채권이 확정되는 방식 • 납세의무자가 과세기간의 다음 연도 5월 1일~5월 31일까지 과세표준을 확정신고한 경우 소득의 납세의무가 확정
개인단위 주의	• 현행 소득세법의 원칙으로 개인별 소득을 기준으로 과세하는 방식 • 원칙: 개인단위 주의 개인을 과세단위로 하여 소득세 과세 • 예외: 공동사업 합산과세 가족 구성원 중 2인 이상의 공동사업으로 손익분배비율을 허위로 정한 경우 손익분배비율이 큰 가족 구성원에게 과세
초과 누진세율 (6~45%)	부담능력에 따른 과세와 소득 재분배 기능 강조
주소지 과세제도	소득 발생지에도 불구하고 주소지를 납세지로 함

22 ④

| 정답해설 | 우리나라 소득세법은 부양가족 유무, 장애 여부 등 개인의 생활여건을 고려한 인적공제 제도를 두고 있으며, 이는 조세의 수평적 공평성을 실현하기 위한 장치이다. 또한, 우리나라 소득세는 개인별 과세를 원칙으로 하며, 동일 가족이라도 각자 소득에 따라 과세된다.

| 오답해설 |
㉠ 소득 발생지에도 불구하고 주소지를 납세지로 한다.
㉡ 납세의무자의 신고에 의해 조세채권이 확정되며, 이를 신고납세제도라 한다.

23 ②

| 정답해설 | 법인격 없는 단체는 거주자로 보아 소득세를 과세하므로, 법인격 없는 단체도 소득세 납세의무자가 된다.

| 오답해설 |
① 소득세의 납세의무자는 자연인이며, 소득세법은 자연인을 거주자와 비거주자로 구분한다.
③ 소득세법은 자연인을 거주자와 비거주자로 구분하여 납세의무의 범위 및 과세방법 등에 차이를 준다. 거주자란 국내에 주소를 두거나 183일 이상 거소를 둔 개인을 말하며, 비거주자란 거주자가 아닌 개인을 말한다.
④ 거주자와 비거주자 구분은 국적과는 관계가 없으며 국내에 주소 또는 183일 이상 거소를 두었는지에 따라 판단한다.

개념 Plus⁺ 납세의무자의 구분

거주자 및 비거주자	• 거주자: 국내에 주소를 두거나 183일 이상 거소를 둔 개인 • 비거주자: 거주자가 아닌 개인 • 거주자와 비거주자는 국내에 주소 또는 183일 이상 거소의 유무로 구분하며, 국적은 원칙적으로 고려하지 않음 • 거소란 주소 외에 상당 기간 거주하는 장소로, 주소와 같은 밀접한 생활관계가 형성되지 않은 곳을 의미함

주소 여부의 판정	• 주소를 가진 것으로 보는 경우
	  – 계속하여 183일 이상 국내 거주가 통상 요구되는 직업이 있는 경우
	  – 국내에 생계를 같이하는 가족이 있고, 직업·자산 상태로 보아 계속 183일 이상 거주할 것으로 인정되는 경우
	• 국내에 주소가 없는 것으로 보는 경우: 국외 거주 또는 근무자가 외국국적이거나 영주권자이며, 국내에 생계를 같이하는 가족이 없고, 직업·자산 상태로 보아 다시 입국하여 주로 국내에 거주할 것으로 인정되지 않는 경우
	• 외국을 항해하는 선박 또는 항공기의 승무원: 승무원 본인 또는 생계를 같이하는 가족의 거주지, 또는 근무 외 기간 중 통상 체재지를 기준으로 판정
	• 국외 근무: 공무원, 거주자 또는 내국법인 소속으로 국외 사업장 등에 파견된 임원·직원은 거주자로 봄

24 ②

| 정답해설 | 국외에서 근무하는 공무원 또는 거주자나 내국법인의 국외 사업장 또는 해외 현지법인(내국법인이 직·간접적으로 100% 출자한 경우로 한정) 등에 파견된 임원 또는 직원은 거주자로 본다.

25 ①

| 정답해설 | 이자소득과 배당소득은 연 2,000만 원 이하일 때 원천징수로써 과세를 종결하며, 연 2,000만 원 초과 시 다른 종합과세대상 소득과 합산하여 금융소득 종합과세된다.
| 오답해설 |
② 기타소득은 연 300만 원 이하일 때 분리과세를 선택하면 원천징수로써 과세를 종결한다.
③ 연금소득은 연간 1,500만 원 이하인 경우 저율 분리과세를 선택하고 연간 1,500만 원 초과 시 16.5% 분리과세 또는 종합과세를 선택해야 한다.
④ 배당소득은 연 2,000만 원 초과 시 다른 종합과세대상 소득과 합산하여 금융소득 종합과세된다.

26 ①

| 정답해설 | 원천징수대상이 아닌 소득은 다른 종합과세대상 소득과 합산하여 종합과세된다. 분류과세는 양도소득과 퇴직소득처럼 장기간에 걸쳐 발생한 소득이 일시에 실현되는 경우 종합과세하면 고율의 세율이 적용되어 세부담이 증가되므로 별도로 분류해서 과세하는 방식을 뜻한다.

개념 Plus⁺ 원천징수

완납적 원천징수	• 원천징수로 과세가 종결되어, 확정신고의무가 없음
	• 거주자의 경우
	  – 분리과세 이자소득
	  – 분리과세 배당소득
	  – 분리과세 근로소득(일용근로자의 급여)
	  – 분리과세 연금소득(연간 1,500만 원 이하 저율 분리과세 선택, 연간 1,500만 원 초과 시 16.5% 분리과세 또는 종합과세 선택)
	  – 분리과세 기타소득(연간 300만 원 이하 선택)
	• 비거주자의 경우: 원천징수대상이 되는 소득

예납적 원천징수	• 원천징수된 세액을 기납부세액으로 공제하여 소득세 납부액을 최종 정산하는 방식
	• 원천징수대상 소득
	  – 완납적 원천징수: 분리과세
	  – 예납적 원천징수: 종합과세
	• 원천징수대상이 아닌 소득: 종합과세

27 ④

| 정답해설 | ⓒ 소득세법상 과세기간은 원칙적으로 1년(1월 1일~12월 31일)이며, 거주자가 임의로 변경할 수 없다.
ⓒ 거주자가 출국하여 비거주자가 되는 경우, 해당 연도에는 출국일까지의 소득을 기준으로 과세하므로, 해당 시점까지를 과세기간으로 본다.
ⓔ 거주자가 사망하면 해당 과세연도는 사망일까지로 종료되며, 상속인이 사망자의 소득에 대해 신고·납부한다.
| 오답해설 |
㉠ 과세기간은 세금이 부과되는 기간으로 원칙적으로 1월 1일부터 12월 31일까지이다.

개념 Plus⁺ 과세기간

원칙	1월 1일~12월 31일까지
거주자의 사망·출국	1월 1일~사망·출국한 날까지 ※ 출국: 주소 또는 거소의 거주이전으로 인해 비거주자가 되는 경우
기타	• 소득세의 과세기간은 법인세와 달리 사업의 개시나 폐업 여부와 관계없이 적용됨 • 과세기간을 임의로 설정할 수 없음

28 ④

| 정답해설 | 퇴직·폐업·계약 종료는 과세기간 변경 사유가 아니다. 소득세법상 과세기간이 달라지는 특수한 경우는 '거주자가 사망한 경우'나 '거주자가 출국하여 비거주자가 되는 경우' 두 가지뿐이다.

29 ①

| 정답해설 | 종합소득세 계산구조
- 종합소득금액 − 종합소득공제 = 과세표준
- 과세표준 × 세율 = 산출세액
- 산출세액 − 세액공제, 세액감면 = 결정세액
- 결정세액 + 가산세 + 추가납부할 세액 = 총 결정세액
- 총 결정세액 − 기납부세액 = 차감납부할 세액

30 ③

| 정답해설 | 종합과세대상 소득은 이자소득, 배당소득, 사업(임대)소득, 근로소득, 연금소득, 기타소득으로 구별된다. 퇴직소득은 양도소득과 함께 분류과세되는 소득이다.

31 ①

| 정답해설 | 종합소득금액은 총수입금액에서 필요경비를 뺀 금액을 말하고, 비과세 소득이나 분리과세 소득은 포함되지 않는다.

개념 Plus+ 종합소득금액의 구분 및 계산 구조

	종합소득금액	• 총수입금액 − 필요경비 • 이자, 배당(gross-up), 사업, 근로, 연금, 기타 소득금액 ※ 이자소득과 배당소득은 유형별 포괄주의를 택하고 있으나 원칙은 열거주의임 • 금융소득종합과세(이자배당 등 2,000만 원 초과 시) • 소득금액 계산 특례(공동사업합산과세, 결손금과 이월결손금 공제 등)
−	종합소득공제	인적공제, 연금보험료공제, 특별공제, 기타 조세 특례제한법상공제 등
=	과세표준	−
×	세율	6~45% 초과누진세율
=	산출세액	금융소득에 관한 세액계산 특례
−	세액공제, 감면	• 외국납부세액공제, 배당세액공제, 근로소득세액공제, 재해손실세액공제, 기장세액공제, 조세특례제한법상세액공제 • 자녀세액공제, 연금계좌세액공제, 특별세액공제
=	결정세액	−
+	가산세	−
+	추가납부할 세액	−
=	총 결정세액	지방소득세 = 총 결정세액 × 10%
−	기납부세액	중간예납, 수시부과세액, 예정신고납부세액, 원천납부세액, 납세조합징수세액
=	차감납부할 세액	−

32 ①

| 정답해설 | 채권 보유 중 발생한 이자는 이자소득이 맞지만, 채권을 매매하면서 생긴 가격 차이(시세차익)은 이자소득이 아니다.

| 오답해설 |
② 개인이 영업 외적으로 타인에게 돈을 빌려주고 받는 이자는 '비영업대금의 이익'으로 이자소득에 해당한다.
③ DLS(파생결합증권), ELS 중 원금보장형 등은 이자소득으로 분류된다.
④ 직장공제회에서 적립금 외에 이자를 포함한 초과금액을 반환받을 경우, 그 초과분은 이자소득으로 간주되다.

개념 Plus+ 이자소득의 종류

채권·증권의 이자와 할인액	• 국채·지방채·특수채·금융채·회사채·예금증권(CD)·기업어음·표지어음 등 ※ 상업어음은 제외 • 채권 등을 중도매도한 경우에도 상환기간 중 발생한 보유기간의 이자상당액도 포함 • 채권 매매차익은 자본이득으로 보아 과세하지 않음
국내·외 예·적금 이자	• 국내·외에서 받는 예·적금의 이자(부금·예탁금·우편대체 포함) • 금전신탁 등 신탁계정상품은 신탁상품으로 분류
신용부금으로 인한 이익	상호저축은행법에 의한 신용계 또는 신용부금의 이익
채권 또는 증권의 환매조건부 매매 차익	• 금융기관이 환매기간에 따른 사전 약정이율을 적용해 결정된 가격으로 환매수·매도하는 조건으로 매매한 채권 또는 증권의 매매차익 • 일반적인 채권의 매매차익은 이자소득 × • 환매조건부 매매차익은 이자소득 O
직장공제회 초과반환금	직장공제회란 동일 직장 또는 직종의 근로자들이 생활안정과 복리증진, 상호부조를 위해 설립한 공제회·공제조합 등의 유사 단체를 말함
저축성 보험의 보험차익	• 보험계약에 의해 만기에 받는 보험금·공금금(또는 보험계약의 해지에 따라 받는 환급금)에서 납입보험료 및 공제료를 차감한 금액 • 비과세 요건 − 계약기간 10년 이상 납입보험료 1억 원 이하인 계약 (단, 계약기간이 10년 이상이나 경과 전 납입보험료를 확정된 기간 동안 연금형태로 받는 경우에는 과세) − 월적립식 저축성보험(조건 모두 충족 시 비과세) ① 계약기간 10년 이상, 납입기간 5년 이상 ② 기본보험료 균등, 선납기간 6개월 이내 ③ 계약자 1명당 월납입보험료 150만 원 이하 − 종신형 연금보험(조건 모두 충족 시 비과세) ① 사망 시 연금재원 소멸 ② 55세 이후 연금수령 및 사망 시까지 중도해지 불가 ③ 연금 외의 형태로 보험금 등을 지급하지 않는 계약 ④ 매년 연금수령한도 이내에서 연금을 수령할 것 ※ 연금수령한도: (연금수령 개시일 현재 연금평가액 / 연금수령 개시일 현재 기대여명연수)×3
비영업대금의 이익	대금업에 해당하지 않는 금전대여로 인해 받는 이자
유사 이자소득	위 소득과 유사한 소득(유형별 포괄주의)으로서, 금전의 사용에 따른 대가의 성격이 있는 소득 및 파생금융상품의 이자, 각종 공제회의 공제급여 등
파생결합상품의 이익	이자소득을 발생시키는 거래 또는 행위와 파생상품이 결합된 경우

※ **채권 또는 증권의 환매조건부 매매차익**

금융기관이 시장 가격에 의하지 않고 환매기간에 따른 사전 약정이율을 적용하여 결정된 가격으로 환매수 또는 환매도하는 조건으로 매매하는 채권 또는 증권의 매매차익을 말한다. 일반적인 채권의 매매차익은 이자소득에 해당되지 아니하나 환매조건부 매매차익은 이자소득으로 본다.

33 ①

| 정답해설 | (가): 이익배당이란 내국법인으로부터 받는 이익이나 잉여금의 배당 또는 분배금을 말한다.
(나): 의제배당이란 형식으로는 배당이 아니지만 사실상 회사의 이익이 주주 등에게 귀속되는 경우의 배당을 말한다.
(다): 인정배당이란 법인세법에 따라 배당으로 처분된 금액을 말한다.

개념 Plus⁺ 배당소득의 종류

이익배당	내국법인으로부터 받는 이익이나 잉여금의 배당 또는 분배금
법인으로 보는 단체로부터 받는 배당 또는 분배금	사단, 재단 등의 단체로부터 받는 배당 또는 분배금
의제배당	형식으로는 배당이 아니지만 사실상 회사의 이익이 주주 등에게 귀속되는 경우
국내·외 집합투자기구로부터의 이익	집합투자기구(펀드)로부터의 이익 ※ 집합투자기구(펀드) 이외의 신탁의 이익은 소득 내용별로 구분하여 과세
파생결합증권 또는 파생결합사채로부터의 이익	• 국내·외 파생결합증권·파생결합사채에서 발생하는 이익과 상장지수증권(ETN) 거래이익 • 단, 국내 주식형 상장지수증권(ETN)은 제외
인정배당	법인세법에 따라 배당으로 처분된 금액
외국법인으로부터의 배당	외국법인으로부터 받는 이익이나 잉여금의 배당 또는 분배금
특정 외국법인의 배당가능 유보소득 중 내국인이 배당받는 것으로 간주되는 금액	• 특정 외국법인: 법인의 부담세액이 실제 발생소득의 15% 이하인 국가 또는 지역에 본점 또는 주사무소를 둔 외국법인 • 내국인: 특정 외국법인의 발행주식 총수의 10% 이상을 직접 또는 간접적으로 보유한 자
출자공동사업자의 손익분배금	공동사업의 경영에 미참가하고 출자만 하는 자가 분배받은 금액 ※ 법인으로 보지 않는 공동사업자 단체로부터 받는 분배금 등은 사업소득에 해당함
수익분배의 성격이 있는 것	위와 유사한 소득으로서 단체의 구성원에 대한 수익 분배의 성격이 있는 것(유형별 포괄주의)
파생결합상품의 이익	배당소득을 발생시키는 거래 또는 행위와 파생상품이 결합된 경우

34 ③

| 정답해설 | 외국법인이 발행한 채권·증권에서 발생하는 이자·배당소득에 대해서 국내에서 그 지급을 대리하거나 위임·위탁받은 자가 있는 경우에는 그 이자·배당소득은 원천징수되는 소득이므로 조건부 종합과세소득에 해당한다.

개념 Plus⁺ 무조건 분리과세소득의 범위

거주자가 국내에서 지급받는 아래의 이자·배당소득은 종합소득에 합산하지 않고, 원천징수로 과세가 종결된다.

직장공제회 초과반환금	기본세율
비실명거래로 인한 이자 및 배당소득	• 금융기관을 통하지 않은 비실명거래: 45% • 금융기관을 통한 비실명거래: 90%
1거주자로 보는 단체의 이자소득 및 배당소득	14%
개인종합자산관리계좌(ISA)의 비과세 한도 초과 이자 및 배당소득	• 일반적으로 200만 원에 대해서 비과세, 서민형의 경우 400만 원에 대해서 비과세 • 비과세 한도 초과에 대해서는 9% 세율로 분리과세

35 ④

| 정답해설 | 종합과세되는 금융소득은 '이자소득 → Gross-up 대상이 아닌 배당소득 → Gross-up 대상인 배당소득' 순서로 구성된다.

개념 Plus⁺ 배당소득에 대한 이중과세의 조정(Gross-up)

- 법인 원천소득은 법인단계에서 법인세를 부과하고, 그 세후 소득이 주주에게 귀속되는 단계에서 소득세가 부과되는데, 이를 배당소득에 대한 이중과세라고 한다.
- 우리나라는 Imputation 방법(법인세 주주귀속법)을 적용해, 내국법인 배당소득 계산 시 귀속법인세를 가산하고, 가산한 금액만큼의 배당세액공제를 통해 이중과세를 조정한다.
- 배당소득 이중과세 조정(Gross-up) 적용 요건
  - 내국법인으로부터 받은 배당소득
  - 법인세가 과세되는 소득에서 지급된 배당소득
  - 종합소득 과세표준에 합산되는 배당소득으로서 연 2천만 원을 초과하는 금액
    ※ 즉, 이중과세 조정(Gross-up)은 종합과세되는 배당소득이 연 2천만 원을 초과하는 경우에만 적용되며, 분리과세 배당소득과 2천만 원 이하 부분은 해당되지 않는다.
- 배당소득 합산 순서
  - 여러 금융소득이 있을 경우, Gross-up 대상 배당소득이 2천만 원 초과분에 최대한 포함되도록 소득의 합산순서를 정함(납세자에게 이중과세 조정의 혜택이 최대한 돌아가도록 하기 위함)
  - ① 이자소득 → ② 본래 Gross-up 대상이 아닌 배당소득 → ③ 본래 Gross-up 대상인 배당소득
- 배당소득 이중과세 조정방법
  - 배당세액공제액=MIN(①, ②)
    ① 귀속법인세=조정대상 배당소득 총수입금액×10%
    ② 한도액=종합소득 산출세액－비교 산출세액(음수인 경우에는 0)

36 ④

| 정답해설 | 금융투자협회가 운영하는 장외매매거래(K-OTC)에서 벤처기업의 주식을 소액주주가 양도하는 경우에는 양도소득세가 과세되지 않는다.

개념 Plus⁺ 양도소득의 범위

토지와 건물	• 토지: 지적공부에 등록해야 할 지목에 해당하는 것 • 건물: 지붕과 벽 또는 기둥이 있는 토지 정착물(부속시설과 구축물 포함)
부동산 관련 권리	• 부동산 취득 가능 권리(분양권 등) • 전세권, 등기된 임차권 • 주택상환채권, 주택입주권 등
주식 및 출자지분	• 주권상장법인주식: 대주주의 양도, 장외거래 주식에 한하여 과세 • 코스닥(코넥스)상장법인주식: 대주주의 양도, 장외거래 주식에 한하여 과세 • 비상장법인주식: 모두 과세(단, 장외매매거래(K-OTC)에서 벤처기업의 주식을 소액주주가 양도하는 경우에는 양도소득세가 과세되지 않음) ※ 대주주란? 　– 지분율 기준: 1%(코스닥 상장법인: 2%, 코넥스 상장법인: 4%) 이상인 경우 　– 시가총액 기준: 직전 사업연도 말 종료일 현재 시가총액이 50억 원 이상인 경우
기타 자산	• 특정 시설이용권(골프회원권 등) • 영업권 • 특정 주식(과점주주가 소유하는 부동산 과다보유 법인의 주식 등) • 파생상품(주가지수선물, 옵션 등)

37 ③

| 정답해설 | 소득세법상 '양도'란 자산의 등기나 등록 여부와 무관하게, 매도, 교환, 현물출자 등 유상으로 사실상 자산이 이전되는 것을 말한다.

개념 Plus⁺ 양도의 개념

- 자산의 유상이전
  - 소득세법상 '양도'는 대가를 수반한 유상이전만을 의미하며, 무상이전은 제외된다.
  - 증여·상속으로 자산이 이전된 경우, 양도소득세가 아닌 증여세 또는 상속세가 과세된다.
  - 유상이전에는 매도, 교환, 현물출자, 대물변제, 공용수용 등이 포함된다.
  - 부담부증여의 경우 수증자가 채무를 인수하면 그 채무액은 양도로 간주하나, 배우자나 직계존비속 간에는 특별한 사정이 없는 한 양도로 보지 않는다.
- 자산의 사실상 이전
  소득세법은 등기·등록 여부와 관계없이 사실상 이전되면 양도로 간주하며, 취득·양도 시기는 원칙적으로 대금 청산일로 본다.

38 ④

| 정답해설 | 법인세와 이중과세 조정대상이 배당소득인 경우 총수입금액에 귀속법인세를 가산하여 배당소득금액을 계산한다.
※ 배당소득금액＝당해연도의 배당소득 총수입금액＋귀속법인세

39 ②

| 정답해설 | 양도가액 − 취득가액 − (필요경비) ＝ 양도차익 − (장기보유특별공제) ＝ 양도소득금액 − (양도소득 기본공제) ＝ 양도소득 과세표준

개념 Plus⁺ 양도소득세 과세표준 계산

　양도가액
− 취득가액
− 필요경비(자본적 지출액, 기타 필요경비 등)

＝ 양도차익(양도자산별로 계산)
− 장기보유특별공제(토지·건물로 3년 이상만 해당)

＝ 양도소득금액
− 양도소득 기본공제(부동산, 주식 각각 연 250만 원)

＝ 양도소득 과세표준

40 ①

| 정답해설 | 미등기자산을 양도한 경우의 양도소득세율은 70%를 적용한다.

개념 Plus⁺ 양도소득세율

미등기자산	70%
중소기업 발행주식 (대주주가 아닌 자가 양도하는 경우)	10%
중소기업 외의 주식으로서 대주주 1년 미만 보유주식	30%
그 밖의 주주	20% (단, 대주주 과세표준 3억 원 초과분은 25%)
파생상품	20% (탄력세율 10%)
일반자산(위 토지, 건물, 영업권 등에 해당하지 않는 것)	기본세율(6~45%)

41 ②

| 정답해설 | 상장주권의 양도가액이 확인되지 않은 경우 거래소가 공표하는 양도일의 매매거래 기준 가격을 과세표준으로 하여 증권거래세가 과세된다.

개념 Plus⁺ 증권거래세 세액 계산 및 납부 방법

과세표준	• 원칙: 주권 양도가액을 과세표준으로 함 • 예외 　– 특수관계자와 시가보다 낮게 거래 시: 시가 　– 비거주자, 외국법인과 거래 시: 법령상 정상 가격 　– 양도가액 확인 불가 장외거래 　　① 상장주권: 양도일 매매체결 기준가격 　　② K-OTC 주권: 금융투자협회가 공표하는 양도일 매매체결 기준가격 　　③ 기타 주권: 소득세법 시행령 기준
세율	• 유가증권시장 상장주권: 0.15%(세율은 0%이나, 농특세 0.15% 포함) • 코스닥/코넥스: 0.15%/0.10%(농특세 없음) • K-OTC: 0.15%(농특세 없음) • 장외거래 외 주권: 0.35%
거래징수	• 과세거래 발생 시 거래상대방에게 세액을 징수(중간징수) • 대체결제회사, 금융투자업자, 비거주자로부터 주권을 양수하는 양수인은 양도자의 증권거래세를 거래징수
신고 및 납부	• 예탁결제원/금융투자업자: 다음 달 10일까지 신고·납부 • 기타 납세의무자: 반기의 말일부터 2개월 이내에 신고·납부
가산세	미신고·과소신고·기한내 납부불이행 등: 가산세 부과

42 ④

| 정답해설 | 증권거래세 과세표준은 원칙적으로 양도가액이지만, 특수관계인 간 거래 등은 시가 또는 법령상 기준가액을 적용한다.

| 오답해설 |
① 증권거래세는 주권의 양도에 대해 과세되며, 취득 시점에는 과세하지 않는다.
② 장외거래에서 시가보다 낮은 거래가 확인되면 정상가액 또는 법령 기준으로 과세표준을 정한다.
③ 비거주자 간 거래라도 국내 원천성이 인정되면 과세될 수 있고, 과세 여부는 양도 방식에 따라 달라진다.

43 ①

| 정답해설 | 퇴직소득과 양도소득은 과세소득의 예외규정이 아닌 소득세법상 분류과세 대상에 해당하여, 종합소득에 합산하지 않고 각각 별도의 세율과 방식으로 과세한다.

| 오답해설 |
② 국내 사업장·부동산 임대사업소득이 없으면 분리과세(원천징수로 과세 종결)한다.
③ 국내 사업장·부동산 임대사업소득이 있으면 종합과세를 적용한다.
④ 원천징수 세율이 조세조약상 제한세율보다 높으면 더 낮은 세율인 제한세율을 적용한다.

개념 Plus⁺ 비거주자 등의 과세 방법 및 세율

과세방법	• 국내 사업장이나 부동산 임대사업소득이 있는 경우: 종합과세 • 국내사업장이나 부동산 임대사업소득이 없는 경우: 분리과세 • 퇴직·양도소득: 분류과세
원천징수 세율	• 이자·배당·사용료 등 소득: 20%(채권: 14%) • 선박임대·사업소득: 2% • 인적용역소득: 20% • 유가증권 양도소득 　– 원칙: 양도가액의 10% 　– 취득가액·양도비용확인 시: MIN(양도가액의 10%, 양도차익의 20%)
조세 조약상 제한세율	• 조세조약 체결국 거주자 등의 국내 투자소득에는 조세조약상의 제한세율이 적용(국내법상 적용 최고세율을 제한) • 국내 사업장이 없는 비거주자 및 외국법인에 투자소득을 지급 시, 조세조약상 제한세율과 국내법상 원천징수세율 중 낮은 세율을 적용해 원천징수

44 ④

| 정답해설 | 외국법인이 외국에서 지급하는 이자소득은 국내 원천소득에 해당하지 않는다.

| 오답해설 |
①②③ 모두 외국인이 국내에서 발생한 소득이므로 국내원천소득에 해당하여 과세 대상이 된다.

개념 Plus⁺ 비거주자 등의 과세 개요

과세대상	외국인(비거주자 및 외국법인)의 국내 원천소득
국내 원천소득의 범위	• 이자소득(국외 이자소득 제외) • 배당소득(외국법인의 배당소득 제외) • 부동산 임대·양도소득 • 선박·항공기 임대소득 • 국내 사업소득 • 인적용역소득 • 근로소득 • 퇴직·연금소득 • 양도소득 • 유가증권 양도소득 • 사용료 • 기타소득

45 ②

| 정답해설 | 신고세액공제 3%는 증여세를 자진신고하는 시점에 적용되며 신고 후 납부까지 한 경우에는 적용되는 것은 아니다.

| 오답해설 |
① 증여세는 10년간 동일인으로부터 받은 금액을 합산하므로, 10년 단위로 분산하면 각각 공제한도를 적용받아 세부담이 줄어든다.
③ 향후 크게 오를 자산을 미리 증여하면, 낮은 시가로 증여세를 내고 이후 이익은 수증자가 가져갈 수 있다.
④ 10년 주기로 분할 증여 시 증여공제를 반복 적용하고 누진세율을 낮출 수 있어, 정기적으로 증여세 절세효과를 기대할 수 있다.

개념 Plus⁺ 증여세 절세전략

구분	내용
증여자별·수증자별 과세체계 활용	• 증여세는 증여자·수증자별 과세 → 여러 명에게 분산 증여 시 과세표준을 낮추어 절세 가능
증여 시기 조절(10년 단위 활용)	• 직계비속에 대한 증여는 동일인에 대한 10년 이내의 증여를 합산하여 과세함 • 자녀가 어릴 때부터 분할 증여하면 장기적으로 절세 효과를 기대할 수 있음
증여재산 공제 활용	• 10년 이내의 증여 중 미성년자 자녀 2,000만 원, 성년 자녀 5,000만 원에 한하여 공제됨 • 증여재산공제 한도 내에서 증여하면 세금이 없으나, 한도를 초과하더라도 신고하는 것을 권장 → 자금 출처를 명확히 하여 향후 세무조사 리스크 감소
레버리지 증여전략 & 저평가 자산 증여	• 가치가 상승할 것으로 예상되는 자산을 사전에 증여하여 향후 재산증가에 대비 → 저평가된 자산(상장 직전 주식 등) 증여 후 가치 상승 시 절세 극대화 • 반면, 평가가 낮은 자산 증여 시 증여세 부담이 적으므로, 장기 보유 목적의 자산이 저평가되었을 경우 고려할 수 있음
자진신고 세액공제	산출세액의 3% 공제 가능

46 ④

| 정답해설 | 배우자 상속공제는 최소 5억 원에서 최대 30억 원까지 실제 상속받은 재산가액을 공제받을 수 있다. 만약 배우자가 상속을 포기한 경우 배우자 상속공제는 5억 원으로 축소되므로 재차 상속을 고려하더라도 여러가지 상황을 비교하여 상속재산을 상속인 간에 합리적으로 분배하는 것이 바람직하며, 배우자가 상속을 포기하는 것이 가장 유리한 것은 아니다.

개념 Plus⁺ 상속세 절세전략

구분	내용

사전 절세 전략	• 사전 증여 활용
	  – 미리 상속인에게 증여하여 상속재산 축소
	  – 증여세와 상속세 절세 효과 병행 가능
	• 상속개시 전 배우자 증여
	  – 배우자의 재산이 많을 경우, 피상속인의 배우자가 피상속인에게 재산을 증여
	  – 상속재산가액 감소로 상속세 절감

사망 후 절세전략	• 상속포기 활용
	  – 일부 상속인이 상속 포기 시 다른 상속인에게 배분 → 상속재산 분산, 절세 가능
	  – 상속인 간 협의 중요
	• 배분 전략
	  – 상속재산을 상속인 간 합리적으로 분배하여 세금 부담 최소화
	  – 일부 상속인의 상속포기나 지분 조정 필요

제도 활용 절세전략	• 배우자 상속공제
	  – 배우자 상속 시 최대 30억 원 공제
	  – 사전 증여 및 사후 상속조합으로 공제 극대화
	• 금융재산 상속공제
	  – 금융재산 2억 원까지 공제 가능
	  – 금융재산 비율이 높을 경우 적극 활용

특수 상황 전략	• 동시 사망 사례
	  – 첫째 자녀가 상속 후 사망 시 → 불필요한 중복 과세 가능성
	  – 사전 증여로 자산 이전 구조 최적화 필요

47 ①

| 정답해설 | 금융소득 기준금액까지는 원천징수세율 14%로 분리과세된다. 분류과세는 소득세 과세방법에 있어 소득의 종류별·발생원천별로 구분하여 과세표준과 세액을 계산하여 과세하는 방법을 말하며 대표적으로 양도소득과 퇴직소득이 있다.

개념 Plus⁺ 금융소득 종합과세

구분	내용
과세 방식 구분	분리과세와 종합과세로 구분
분리과세	• 금융소득(이자, 배당 등)에 대해 일정 세율 적용(원천징수로 납부 완료) • 기본세율: 14%(지방소득세 포함 시 15.4%) • 추가 신고·납부 필요 없음
종합과세 기준	• 금융소득 합계액이 연간 2천만 원 초과 시 • 다른 소득(근로, 사업 등)과 합산하여 종합소득세율 적용
종합과세 세율	종합소득세율에 따라 6~45%(소득구간에 따라 누진세율 적용)
기준금액 및 초과금액	• 기준금액: 2천만 원 • 초과금액: 2천만 원을 초과한 금융소득에 종합과세(누진세율 6~45%) 적용 • 2천만 원 이하일 경우 분리과세(원천징수)로 종결(소득세 14%+지방소득세 1.4%)
원천징수와 차이	금융기관에서 이미 원천징수한 세액과 종합과세로 계산한 세액의 차이만큼 추가로 납부하거나 환급
세부담 비교	• 종합과세가 적용되면 누진세율로 인해 세 부담이 증가함 • 금융소득이 크다면 종합과세가 불리할 수도 있음

48 ②

| 정답해설 | 만기 10년 이상 장기채권의 이자라고 하더라도 전액 종합과세 대상에서 제외되는 것은 아니다. 해당 이자에 대해 분리과세 신청을 해야 30% 분리과세가 적용되며, 신청하지 않으면 원천징수 후 종합과세 대상이 된다.

개념 Plus⁺ 만기가 10년 이상인 채권에 대한 과세

• 2004.1.1. 이후 발행된 채권 중 만기 10년 이상+보유기간 3년 이상이면, 이자소득의 30%(지방소득세 포함 시 33%)로 분리과세가 가능하며, 종합과세에서 제외된다(단, 2018.1.1. 이후 발행 채권부터는 분리과세 제도 폐지됨).
• 10년 이상 장기채권의 이자소득에 대해 분리과세를 적용받으려면, 이자 수령 시 금융기관에 반드시 분리과세 신청을 해야 한다. 신청하지 않으면 일반세율(14%)로 원천징수되며 종합과세 대상이 된다.
• 다만, 분리과세 신청이 모든 납세자에게 유리한 것은 아니며, 아래와 같은 내용을 고려해야 한다.
  – 금융소득 외에 사업소득·근로소득 등 주소득이 8,800만 원 이상이고, 종합과세 시 금융소득에 대해 35% 이상의 세율이 적용되는 경우, 장기채권이자에 대해서는 기준금액(2,000만 원)을 초과하는 부분에 한해 분리과세(30%)를 선택하는 것이 유리하다. 기준금액 이내는 일반 원천징수 세율(14%)로 과세된다.

– 주소득이 8,800만 원 미만이라도 금융소득이 많아 일부에 35% 이상의 세율이 적용되는 경우, 해당 고세율 구간에 해당하는 금액만 10년 만기 채권에 투자하고, 그 이자에 대해 분리과세(30%)를 신청하는 것이 유리하다.

49 ④

| 정답해설 | 비거주자라 하더라도 국내 고정사업장이 있고 금융소득이 해당 고정사업장에 귀속되는 경우, 그 금융소득은 종합과세 대상이 될 수 있다. 반대로 고정사업장이 없거나 금융소득이 고정사업장과 무관한 경우에는 조세조약상 제한세율 또는 14% 원천징수로 분리과세한다.

개념 Plus⁺ 비거주자의 과세

- 비거주자가 종합과세대상이 되는 경우
  - 조세협약 체결국 거주자: 국내 고정사업장 또는 부동산 임대소득과 직접 관련이 있을 경우 종합과세 대상이 된다(금융소득에 대한 2,000만 원 기준은 적용되지 않음).
  - 조세협약 미체결국 거주자: 국내 고정사업장이나 부동산 임대소득이 있는 경우, 비거주자의 금융소득이 당해 고정사업장과 관련이 없어도 항상 종합과세한다.
- 비거주자가 분리과세대상이 되는 경우
  - 조세협약 체결 국가의 거주자인 경우: 국내에 고정사업장이나 부동산 임대사업소득이 없거나, 있더라도 당해 금융소득이 국내 고정사업장 등에 관련성이 없는 경우에는 양국가 간에 체결된 제한세율로 분리과세한다.

2장 금융상품   075쪽

01	02	03	04	05
③	④	③	④	③
06	07	08	09	10
④	①	③	①	②
11	12	13	14	15
③	④	②	④	④
16	17	18	19	20
①	②	④	①	④
21	22	23	24	25
④	③	②	④	③
26	27	28	29	30
④	②	①	④	②
31	32	33	34	35
②	④	①	④	④
36	37	38	39	40
④	②	②	④	①
41	42	43	44	45
④	④	①	④	①
46	47	48	49	50
③	②	②	④	④
51	52	53	54	55
④	②	④	④	④
56				
①				

01 ③

| 정답해설 | 투자매매업자에 대한 설명이다.

개념 Plus⁺ 자본시장법상 금융투자업의 종류

집합투자업자	투자권유를 통해 2인 이상으로부터 모은 금전 등을 투자자의 일상적인 운용지시 없이 투자대상 자산에 운용하고 그 결과를 투자자에게 배분 및 귀속시키는 집합투자를 영업으로 하는 자
투자자문업자	금융투자상품의 가치나 투자에 대한 판단에 관해 조언을 제공하는 것을 업으로 삼는 자
투자일임업자	투자자로부터 금융상품에 대한 투자 결정을 전부 또는 일부 위임받아 금융투자상품을 매매하거나 운용하는 자
투자매매업자	누구의 명의로 하든지 자기의 계산으로 금융투자상품의 매도·매수 증권의 발행·인수 또는 청약, 청약의 승낙을 영업으로 하는 자
투자중개업자	누구의 명의이든 상관없이, 타인의 계산으로 금융투자상품의 매매, 중개, 청약 권유 및 승낙, 또는 증권의 발행·인수에 관한 청약 권유·청약·승낙을 영업으로 하는 자
신탁업자	금전 또는 재산을 고객(위탁자)으로부터 수탁받아 수익자(고객 또는 제3자)의 이익을 위해 운영·관리·처분하는 자

02 ④

| 정답해설 | 가입자의 소득에 따라 일반형·서민형·농어민형으로 구분되고, 가입 유형에 따라 200~400만 원까지 비과세되며, 비과세 초과분에 대해서는 9.9% 분리과세한다.

개념 Plus⁺ 개인종합자산관리계좌(ISA)

특징	• 한 계좌에서 다양한 금융상품을 운용 • 일정 기간 경과 후 운용결과로 발생한 순이익에 대해 세제 혜택 부여 • 기존 소장펀드나 재형저축보다 가입자격 완화 • 투자자는 중개형, 일임형, 신탁형 중 한 가지 계좌만 개설할 수 있음

가입 자격	• 만 19세 이상 또는 직전 연도 근로소득이 있는 만 15~19세 미만의 대한민국 거주자 • 직전 3개년 중 1회 이상 금융소득 종합과세 대상이 아닌 자 ※ 위 두 가지 요건을 모두 충족해야 가입 가능
가입 요건	• 일반형: 만 19세 이상 또는 직전 연도 근로소득이 있는 만 15세 이상 19세 미만 거주자 • 서민형: 총급여 5,000만 원 또는 종합소득 3,800만 원 이하의 거주자 • 농어민형: 종합소득 3,800만 원 이하 농어민
세제 혜택	• 일반형 – 운용수익(순이익)에 대해 200만 원까지 비과세 – 200만 원 초과 운용수익에 대해서는 9.9% 분리과세 • 서민형 및 농어민형 – 운용수익(순이익)에 대해 400만 원까지 비과세 – 400만 원 초과 운용수익에 대해서는 9.9% 분리과세
기타	• 의무가입기간 3년 • 납입한도는 연간 2,000만 원(당해 연도 미납분 납입한도는 다음 해로 이월 가능) • 납입원금한도 내에서 횟수에 제한 없이 중도인출 가능

03 ③

| 정답해설 | 중개형 ISA에는 예금 상품을 편입할 수 없다.
| 오답해설 |
① 납입한도는 연간 2,000만 원으로, 당해 연도 미납분 납입한도는 다음 해로 이월이 가능하다.
② ISA는 일반형, 서민형, 농어민형으로 구분되며, 의무가입기간은 3년이다.
④ 투자자는 중개형, 일임형, 신탁형 중 한 가지 계좌만 개설할 수 있으며, 1인 1계좌가 원칙이다.

개념 Plus⁺ 개인종합자산관리계좌(ISA)의 종류

중개형	• 가입자가 ISA에 담을 금융상품과 투자규모를 결정하면 금융회사가 가입자의 지시대로 상품을 편입·교체 • 투자 가능 상품: 국내상장주식, 펀드, ETF, 리츠, 상장형 수익증권, 파생결합증권(ELS, ELB 등), 사채, ETN, RP 등 → 예금은 투자 불가능 • 보수 및 수수료: 투자 상품별로 상이함
신탁형	• 가입자가 ISA에 담을 금융상품과 투자규모를 결정하면 금융회사가 가입자의 지시대로 상품을 편입·교체 • 투자 가능 상품: 펀드, ETF, 리츠, 상장형 수익증권, 파생결합증권(ELS, ELB 등), 사채, ETN, RP, 예금 • 보수 및 수수료: 신탁보수
일임형	• 금융회사가 가입자의 위험성향과 자금 운용 목표를 고려하여 제시하는 모델포트폴리오 중 하나를 선택하여 투자하는 방식 • 투자 가능 상품: 펀드, ETF • 보수 및 수수료: 일임수수료

04 ④

| 정답해설 | 개인형퇴직연금(IRP)과 연금저축을 합산하여 연간 최대 900만 원까지 세액공제가 가능하다.
| 오답해설 |
① 연금저축과 IRP 계좌는 연간 1,800만원까지 납입이 가능하며, 세액공제는 두 계좌를 합산하여 900만 원까지만 가능하다.
② 총급여 5,500만 원 이하 근로자의 세액공제율은 16.5%이다.
③ 연금저축의 세액공제 한도는 600만 원, IRP계좌는 900만 원이며, 연금저축과 IRP계좌를 합산하여 연간 최대 900만 원 한도로 세액공제가 가능하다.

개념 Plus⁺ 개인형퇴직연금(IRP)

가입대상	퇴직연금(DC, IRP) 가입자
납입한도	• 기본 한도: 연 1,800만 원 • 추가납입 허용 – ISA 계좌 만기금액 – 1주택 고령가구의 다운사이징 차액(1억 원 한도)
세액공제 한도	연간 900만 원+ISA 만기 전환금액의 10%(연간 최대 300만 원)
세액공제율	• 16.5%(종합소득 4,500만 원, 총급여 5,500만 원 이하) • 13.2%(종합소득 4,500만 원, 총급여 5,500만 원 초과)

05 ③

| 정답해설 | 원칙적으로 연금 외 수령 시 기타소득세율 16.5%로 과세하지만, 가입자의 사망, 해외이주, 파산선고 등 부득이한 사유로 인한 연금 외 수령 시에는 예외적으로 저율의 분리과세율(3.3%~5.5%)을 적용한다.
| 오답해설 |
① 증권사는 연금저축펀드계좌를 판매할 수 있다.
② 연금 수령 시 과세율은 연령별로 차등하여 적용한다. (3.3~5.5%)
④ 연금계좌상품의 연간 납입한도는 1,800만 원이다.

개념 Plus⁺ 연금저축상품

• 기관별 상품

구분	은행	증권사	생명보험	손해보험
상품	연금저축신탁	연금저축펀드계좌	연금저축보험	연금저축보험
예금자 보호법	적용	적용 X	적용	적용

• 가입대상: 제한 없음
• 납입한도
 – 기본 한도: 연 1,800만 원
 – 추가납입 허용
  ① ISA 계좌 만기금액 전환분
  ② 1주택 고령가구의 다운사이징 차액(1억 원 한도)
• 세액공제 한도: 연간 600만 원 + ISA 만기 전환금액의 10%(연간 최대 300만 원)
• 연금 수령 시 과세율
 – 만 55~69세: 5.5%
 – 만 70~79세: 4.4%
 – 만 80세 이상: 3.3%

06 ④

| 정답해설 | 저축성예금에 대한 설명이다. 저축성예금은 일정 기간 동안 회수하지 않을 것을 약속하고 일정 금액을 예치하여 이에 대

한 이자를 지급받는 예금으로, 거치식과 적립식으로 구분된다.

> **개념 Plus⁺ 요구불예금**
>
> - 요구불예금이란 예금주의 요구가 있을 때 언제든지 지급 가능한 통화성 예금으로, 수시입출금이 가능하고 유동성은 크나 이율은 낮다.
> - 요구불예금의 종류
>
> | | |
> |---|---|
> | 보통예금 | - 자유로운 입출금이 가능한 기본 예금상품으로, 예치기간이나 금액에 제한이 없음
- 거래 유연성이 높아 일반 개인 및 기업의 일상적 자금관리용으로 활용됨
- 이율은 낮으나 자금 조달비용 최소화 목적에서 금융기관이 적극적으로 유치 |
> | 당좌예금 | - 당좌수표, 자기앞수표 등 지급수단 발행이 가능한 예금
- 고객이 예금잔액 범위 내 또는 약정된 한도 내에서 수표 발행 가능
- 기업·법인·개인사업자 등 상거래 목적으로 주로 이용
- 이자 지급 없음(수표 발행을 위한 결제 기능 중심) |
> | 가계당좌
예금 | - 개인 소비자 전용 당좌예금으로, 가계수표 발행이 가능
- 자금 결제 편의성을 위한 목적이나 최근에는 체크카드·전자결제 확산으로 이용 감소
- 1인 1계좌만 개설 가능 |

07 ①

| 정답해설 | 단기금융집합투자기구(MMF)는 원칙적으로 증권의 대여와 차입이 금지된다.

> **개념 Plus⁺ MMF(단기금융집합투자기구)**
>
> | | |
> |---|---|
> | 개념 | 집합투자재산 전부를 대통령령으로 정하는 단기금융상품에 투자하는 집합투자기구 |
> | 단기금융
상품 | • 원화 표시 단기금융상품
- 만기 6개월 이내 양도성예금증서(CD)
- 만기 5년 이내 국채, 1년 이내 지방채·특수채·회사채·기업어음 등
※ 단, 환매조건부 매수는 만기 제한이 없음
- 만기 1년 이내 어음(기업어음 제외)
- 만기 30일 이내 금융회사 단기대출
- 만기 6개월 이내 금융기관·우체국예치금
- 타 MMF 투자증권
- 단기사채
• 외화표시 자산: 원화 표시 단기금융상품 또는 이에 준하는 것으로, 금융위원회가 고시하는 자산 |
> | 운용방법 | • 증권 차입·대여 금지
• 만기 1년 이상 국채는 자산의 5% 이내 편입 가능
• 환매조건부 매도는 총 보유증권의 5% 이내에서만 가능
• 잔존만기 가중평균 기간
- 개인 MMF: 75일
- 법인 MMF(비장부가격형): 120일
- 그 외: 60일
• MMF 최소 설정 규모 요건
- 개인 원화 MMF: 3천억 원 이상
- 개인 외화 MMF: 1천5백억 원 이상
- 법인 원화 MMF: 5천억 원 이상
- 법인 외화 MMF: 2천5백억 원 이상
- 원화·외화 혼합 투자 금지 |

> | | |
> |---|---|
> | 금융위원회
운용 규정 | • 변동성과 불확정성 자산 운용 금지: 환율·지수·신용사건 등에 따라 원리금이 변동되거나, 만기·거래기간 등이 확정되지 않은 자산은 편입할 수 없음
• 채무증권의 신용등급 요건: 편입 가능한 채무증권은 취득 시점 기준
- 최상위등급 또는 최상위등급의 차하위등급 이내여야 함
- 복수 신용평가사 등급이 존재할 경우, 낮은 등급을 기준으로 적용
• 동일인 발행 채권 한도
- 최상위등급: 총자산의 5% 이내
- 차상위등급: 총자산의 2% 이내
※ 단, 국채·정부보증채·지방채·특수채는 제외
• 위험관리기준 필수: 위험의 정의·측정방법·허용수준·조직 구성 등을 포함한 내부 '위험관리기준'을 제정하고 이를 준수해야 함 |

08 ③

| 정답해설 | 만기가 5년 이내인 국채, 6개월 이내인 양도성예금증서(CD), 30일 이내인 금융회사 단기대출은 단기금융집합투자기구(MMF)에 편입할 수 있다.

| 오답해설 |
나. 남은 만기가 1년 이내인 지방채·특수채·회사채·기업어음만 편입이 가능하다.

09 ①

| 정답해설 | 환매조건부 채권매도는 총 보유증권의 5% 이내에서만 가능하다.

| 오답해설 |
② 환매조건부로 지방채를 매입할 경우는 만기제한이 없다.
③ 남은 만기가 1년 이상인 국채에 대해서는 집합투자재산의 5% 이내에서 운용할 수 있다.
④ 단기금융집합투자기구(MMF)는 원칙적으로 증권의 대여와 차입이 금지된다.

10 ②

| 정답해설 | 가. 비과세종합저축은 65세 이상 거주자뿐만 아니라 관련 법령에서 정하는 장애인, 독립유공자 및 그 가족, 상이자, 국민기초생활보장 수급자, 고엽제후유증환자, 5·18민주화운동부상자 등이 가입 가능하다.
다. 양도성예금증서(CD), 환매조건부채권(RP), 랩어카운트, 주택청약종합저축은 모두 예금자보호 대상 금융상품이 아니다.

> **개념 Plus⁺ 요구불예금**
>
> | | |
> |---|---|
> | 가입대상 | • 가입 당시 국내 거주자
• 직전 과세기간 총 급여 5천만 원 이하의 근로소득자 또는 종합소득 3천5백만 원 이하 사업소득자 |
> | 계약기간 | 기본 7년(만기일 1영업일 전까지 연장 시 1년 단위로 연장 가능, 최대 10년) |
> | 적립방식 | 분기당 300만 원 이내에서 1만 원 단위로 자유롭게 적립 가능 |

세제혜택	• 7년 이상 유지 시 이자소득세 14%의 10%에 해당하는 농특세 1.4% 납부 • 조기 해지 시 일반세율(14%) 적용
기타사항	• 금융회사를 통한 점검으로 개인의 가입 가능 여부 조회 가능 • 감면세율적용 대상자는 매년 정기적으로 요건 충족 필요

개념 Plus⁺ 예금자 보호·비보호 금융상품

구분	보호대상	비보호대상
은행	• 요구불예금(보통예금, 당좌예금 등) • 저축성예금(정기예금, 저축예금, 외화예금 등) • 적립식예금(정기적금, 주택청약부금 등) • 원금 보전 신탁(연금신탁, 퇴직신탁 등)	• 양도성예금증서(CD), 환매조건부채권(RP) • 실적배당형 신탁(특정금전신탁 등) • 집합투자상품(수익증권, 펀드, MMF) • 은행 발행 채권, 청약저축 등
투자매매·중개업자	• 금융상품 매수에 사용되지 않은 고객계좌에 남은 현금 • 현금잔액(자기신용대주담보금 등) • 원금이 보전되는 금전신탁 등(예금자보호대상 상품으로 운용되는 DC형 퇴직연금 등)	• 수익증권, 뮤추얼펀드, MMF 등 • RP, 증권사 발행 채권 • CMA(RP형, MMF형, MMW형) • 랩어카운트, ELS, ELW 등
보험회사	• 보험계약(변액보험 제외), 퇴직보험계약 • 원금이 보전되는 금전신탁 등(예금자보호대상 상품으로 운용되는 DC형 퇴직연금 등)	• 법인보험계약, 보증보험계약, 재보험계약 등 • 변액보험계약 주계약 등
종합금융회사	발행어음, 표지어음, 종금형 CMA	• 금융투자상품(수익증권, 뮤추얼펀드, MMF 등) • RP, 종금사발행채권, 기업어음 등
상호저축은행	보통예금, 저축예금, 정기예금, 정기적금, 신용부금, 표지어음 등	저축은행 발행 채권(후순위채권) 등

11 ③

| 정답해설 | 적립식의 경우 2만 원 이상 50만 원 이하 금액을 5천 원 단위로 납입한다. 다만, 입금하려는 금액과 납입누계액의 합이 1,500만 원 이하인 경우에는 납입잔액 1,500만 원까지 월 한도 50만 원을 초과하여 일시예치가 가능하다.

개념 Plus⁺ 주택청약 종합저축

개요	국민주택 및 민영주택 공급을 위한 청약자격 확보용 저축 상품
가입대상	국내 거주 국민 및 재외동포, 외국인 거주자 ※ 1인 1통장만 가입 가능
저축방식	일시예치 또는 적립식(자유적립)
적립금액	• 월 납입액: 2~50만 원 이하 자유적립 • 일시예치 허용 - 잔액 1,500만 원 미만 → 1,500만 원까지 일시예치 가능 - 잔액 1,500만 원 이상 → 월 50만 원 한도 내에서만 추가 납입 가능
계약기간	입주자로 선정될 때까지(청약 당첨 시)

소득공제	• 대상: 총급여 7,000만 원 이하인 무주택 세대주 근로자 • 공제한도: 연간 납입액 중 최대 300만 원의 40%까지(최대 120만 원 공제)
예금자보호	예금자보호법에 의해 보호되지 않지만, 주택도시기금의 조성 재원으로부터 정부가 관리

12 ④

| 정답해설 | ELS(주가지수연동증권)는 중도해지가 가능하나 원금손실의 가능성이 존재한다.

개념 Plus⁺ 주가지수연동형 금융상품

구분	주가지수연동증권(ELS)	주가지수연동예금(ELD)	주가지수연동펀드(ELF)
발행주체	증권회사(인가증권사)	은행	자산운용사, 투신사
자금운용 구조	채권, 주식워런트증권, 주가지수 옵션·선물	대출금, 증권, 주가지수 옵션	펀드
수익 상환방법	사전에 정해진 조건에 따라 결정		운용성과에 따른 실적배당(원금보존추구형, 원금비보장형)
	원금보장형, 원금비보장형	원금보장형	
상환보장 여부	발행자가 지급보장	은행이 원금 100% 보장	신탁재산 신용도 및 운용성과에 따라 지급
중도해지 가능여부	가능(원금손실 발생 가능)	가능(원금손실 발생 가능)	중도환매 가능(원금손실 발생 가능)
예금자 보호	예금자 보호 ×	5천만 원 한도 내 보호	예금자 보호 ×

13 ②

| 정답해설 | ELS(주가지수연동증권)의 수익구조 중 Knock-Out형에 대한 설명이다.

개념 Plus⁺ ELS(주가지수연동증권)의 수익구조

Digital형	수익률을 미리 두 가지 수준으로 설정해두고, 만기 주가가 기준선을 넘으면 더 높은 수익률, 미달 시에는 낮은 고정 수익을 지급하는 구조
Knock-Out형	• 투자기간 중 기준 주가가 특정 수준 이상으로 상승하면 정해진 수익률로 조기 상환되며, 그렇지 않으면 만기 시점의 주가에 따라 최종 수익이 결정되는 방식 • 투자 중 일정 수준을 초과한 경우, 만기에는 주가와 무관하게 고정된 수익(리베이트)만 지급됨
Bull Spread형	• 만기 주가에 따라 수익이 정해지되, 일정 범위 내에서만 손익이 발생하도록 설계된 구조 • 수익과 손실의 한계가 사전에 정해져 있어, 큰 손실을 방지할 수 있음
Reverse Convertible형	옵션만기일의 주가지수가 사전에 약정한 수준 이하로만 하락하지 않으면 일정 수익을 보장하는 구조

14 ③

| 정답해설 | 가. ELS는 증권사에서 발행하지만 ELF는 운용사에서 발행한다.
라. ELD와 ELS(원금보장형)의 경우 만기까지 보유해야 이자수익이 가산되어 원금이 보장되는 구조이므로, 중도에 해지할 경우에는 원금 손실이 발생할 수 있다. ELF도 중도환매가 가능하지만, 중도환매 시 원금 손실이 발생할 수 있다.

| 오답해설 |
나. ELD는 기초자산인 주가지수가 하락하더라도 은행에서 원금 100%를 보장해주는 상품이다.
다. ELS와 ELD는 사전에 정해진 조건에 따라 수익 상환 방법이 결정된다.

15 ④

| 정답해설 | ㉠ 양도성예금증서(CD)의 가입 대상에는 제한이 없다.
㉢ 양도 가능한 무기명식 정기예금증서로, 액면금액에서 이자 차감 후 발행하고 만기 시 액면금액을 지급하는 할인식으로 발행된다.
㉣ 환금성과 안정성이 보장되는 금융상품으로 제3자에게 양도할 수 있으므로 유통시장에서도 매매가 이루어진다.
㉤ 자유금리상품으로, 수익률은 실세금리에 따라 매일 고시된다.

| 오답해설 |
㉡ 양도성예금증서(CD)는 증서 만기 전에 중도해지가 불가능하다. 단, 유통시장을 통해 매각하여 현금화할 수는 있다.

개념 Plus+ 양도성예금증서(CD)

의의	양도 가능한 무기명식 정기예금증서
특징	중도해지 불가(단, 유통시장에서 매각 가능)
가입대상	제한 없음
가입기간	30일 이상
예치한도	제한 없음(단, 은행별로 최소 가입금액 설정 가능)
수익률	실세금리에 따라 매일 고시되는 자유금리(확정금리 방식)
취급기관	은행(발행), 증권사·종금사(유통)
이자지급	할인식(액면금액에서 이자 차감 후 발행, 만기 시 액면금액 지급)

16 ①

| 정답해설 | 환매조건부채권(RP)은 예금자보호 대상이 아니다. 단, 정부, 지방자치단체 등이 발행한 국공채를 대상으로 투자되므로 안정성이 높은 편이다.

개념 Plus+ 환매조건부채권(RP)

의의	일정 기간 후 미리 정한 가격(원금+이자)으로 채권을 다시 매수·매도할 것을 조건으로 하는 채권매매계약
특징	• 자본손실 없이 단기 필요자금 조달 가능(RP 매도자 입장) • 확정이자 수취 가능(RP 매수자 입장) • 1998.7.25 이후 발행분은 예금자보호 대상 아님 • 국공채 위주의 투자로 인해 안정성은 비교적 높음

특징	• 대부분 통장거래로 이루어짐 • 30일 이내 중도환매 시 약정금리보다 낮은 금리가 적용됨
가입대상	제한 없음
약정기간	제한 없음
최소금액	제한 없음(500만 원~1,000만 원 이상이 일반적임)
취급기관	은행, 종금사, 증권사, 증권금융, 우체국 등
수익률	실세금리에 따라 매일 고시되는 자유금리(확정금리 방식)

17 ②

| 정답해설 | ㉢ 환매조건부채권(RP)은 예금자보호 대상이 아니다. 단, 정부, 지방자치단체 등이 발행한 국공채를 대상으로 투자되므로 안정성이 높은 편이다.
㉤ 후순위채권의 발행자가 파산하는 경우 다른 채권자보다 상환 순위가 늦어 원금손실을 볼 수도 있으나 상대적으로 금리가 높아 고수익을 올릴 수 있다는 장점이 있다.

| 오답해설 |
㉠ 표지어음은 만기 전에는 중도해지가 불가능하나 배서에 의한 양도는 가능하다.
㉡ 금융채는 원리금의 지급을 발행은행이 보증한다.
㉣ 양도성예금증서(CD)는 중도해지는 불가능하지만, 유통시장을 통해 매각하여 현금화할 수 있다.

개념 Plus+ 표지어음, 금융채, 후순위채권

• 표지어음

의의	은행이 보유한 상업어음 또는 외상매출채권을 분할·통합하여 새롭게 발행하는 은행 지급의 기명식 어음
특징	• 기명식 어음으로 안전성이 높고 배서에 의해 양도 가능 • 중도해지 불가(단, 양도는 가능) • 투자자는 은행이 보유한 전체 어음금액과 기간 내에서 원하는 금액·기간을 선택하여 거래 가능
가입대상	제한 없음
거래금액	제한 없음(은행별 금액 제한 가능)
가입기간	원어음의 최장 만기일 범위 내
수익률	실세금리에 따라 매일 고시되는 자유금리(확정금리 방식)
이자지급	할인식(액면금액에서 이자 차감 후 발행, 만기 시 액면금액 지급)
취급기관	은행, 종합금융회사, 상호저축은행

• 금융채

의의	산업은행, 중소기업은행, 일반은행 등이 장기자금 조달을 목적으로 발행하는 장기채권
특징	• 시중금리 연동형 자유금리 상품 • 이자지급 방식에 따라 할인채, 복리채, 이표채로 구분 • 중도해지 불가(단, 만기 전 증권사를 통해 매도 가능)
가입대상	제한 없음
투자단위	최소 투자금액만 충족하면, 특별한 제한 없이 자유롭게 투자 가능(일반 금융채는 10만 원 단위, 복리채는 10만 원 이상 1만 원 단위)
투자기간	1, 2, 3, 5년
이자계산	• 할인채: 액면금액에서 이자를 미리 공제한 금액으로 할인 발행하며, 만기 시에는 액면금액 전액 지급

이자계산	• 복리채: 이자는 3개월 단위로 복리 계산되며, 만기 시 원금과 이자를 합산하여 일괄 지급 • 이표채: 1개월 또는 3개월마다 이자를 분할 지급하고, 만기 시 원금 지급
취급기관	은행, 증권사

• 후순위채권

의의	채권 발행자 파산 시 주주보다는 우선하여 상환받을 수 있으나, 다른 채권자보다는 상환순위가 뒤지는 채권
특징	• 상환순위가 낮아 원금손실 가능성이 있으나, 상대적으로 높은 금리 제공 • 중도해지·담보대출 불가, 단 양·수도는 가능(지정된 양수자 또는 증권사를 통한 매도) • 만기 10년 이상 채권은 분리과세(33%) 신청 가능
가입대상	제한 없음
투자기간	일반적으로 5년 이상(발행기관별 상이)
투자단위	보통 1,000만 원 이상 10만 원 단위
이자계산	• 할인채: 할인 발행되며, 만기 시 액면금액 지급 • 복리채: 이자를 복리로 계산하여 만기 시 원금과 함께 일괄 지급 • 이표채: 1개월 또는 3개월마다 이자를 지급하고, 만기 시 원금 지급
취급기관	은행, 증권사

18 ④

| **정답해설** | 불특정금전신탁의 위탁자는 신탁재산(금전)의 운용방법을 지정하지 않고, 수탁자가 자유롭게 자산에 투자하여 운용수익을 위탁자에게 배분한다.

개념 Plus⁺ 특정금전신탁과 불특정금전신탁

• 특정금전신탁
 - 위탁자가 신탁재산(금전)의 운용대상과 방법을 지정하는 신탁
 - 수탁자는 위탁자의 지시에 따라 운용해야 하며, 다른 신탁상품과 합동운용할 수 없음
• 불특정금전신탁
 - 위탁자가 신탁재산(금전)의 운용대상과 방법을 지정하지 않는 신탁
 - 수탁자가 자유롭게 자산에 투자하여 운용수익을 위탁자에게 배분

19 ①

| **정답해설** | 예금은 실적배당 방식이 아니라, 약정이율에 따라 확정된 이자를 지급하는 방식이다. 실적배당은 금전신탁의 방식이다.

개념 Plus⁺ 금전신탁과 예금의 비교

구분	금전신탁	예금
재산관계	신탁재산(신탁법 적용)	고유재산(민법 적용)
계약관계인	위탁자, 수탁자, 수익자(3자관계)	예금주, 은행(2자관계)
계약의 성질	신탁행위(신탁법상계약)	소비임치계약(민법상 계약)
운용방법	신탁계약 및 관련 법령의 범위 내에서 정함	원칙적으로 제약 없음
이익분배	실적배당 방식: 운용수익 − 신탁보수를 수익자에게 배당	확정이자(약정이율) 지급
원금 및 이익보장	원칙적으로 원금 및 수익에 대한 보장 없음(특별금전신탁은 예외적으로 보장 가능)	원금과 약정이자의 지급 의무 있음

20 ④

| **정답해설** | 불특정금전신탁은 위탁자가 신탁재산인 금전의 운용방법을 지정하지 않는 금전신탁으로, 수탁자는 신탁재산을 자본시장법 등 관계법규에서 정한 대상 자산에 자유롭게 투자·운용하고, 그 운용수익을 위탁자에게 배당한다.

| **오답해설** |
① 재산신탁이란 신탁 인수 시 신탁재산으로 유가증권·금전채권·부동산 등을 수탁하여 신탁 내용에 따라 관리·처분·운용한 후 신탁 종료 시에 금전 또는 신탁재산의 운용 현상 그대로 수익자에게 교부하는 신탁이다.
② 금전신탁이란 수익자를 위해 금전채권의 추심 관리 처분을 목적으로 금전채권을 신탁하고 신탁 종료 시 수익자에게 원본과 수익을 금전으로 교부하는 신탁이다.
③ 실적배당신탁이란 신탁재산의 운용수익에 따라 배당금을 지급하기로 한 신탁이다.

개념 Plus⁺ 신탁의 분류

금전 신탁	• 불특정금전신탁: 위탁자가 자금의 운용 방식을 별도로 정하지 않는 금전신탁으로, 수탁자는 관계법규에서 허용하는 범위 내에서 자산을 자유롭게 투자·운용하며, 그에 따른 수익을 위탁자에게 분배하는 형태 • 특정금전신탁: 위탁자가 자금의 운용 방법을 지정하는 금전신탁으로, 위탁자는 관계법규에서 정한 운용방법을 지정하고, 수탁자는 위탁자가 지정한 방법에 따라 운용하는 형태 • 합동운용신탁: 신탁업자가 수탁한 금전을 공동으로 운용하고, 그 운용수익을 수익자에게 배당 • 단독운용신탁: 위탁자 및 수탁 건별로 구분하여 운용하는 신탁 • 약정배당신탁: 사전에 약정된 방식대로 수익을 배분하는 신탁 • 실적배당신탁: 신탁재산의 운용수익에 따라 배당금을 지급하기로 한 신탁
재산 신탁	• 유가증권신탁: 유가증권을 수탁받고 그 목적에 따라 관리·운용·처분하는 신탁 • 금전채권신탁: 수익자 이익을 위해 금전채권을 추심·관리·처분하는 신탁 • 부동산 신탁 - 부동산 토지신탁: 위탁자가 토지를 신탁회사에 맡기고 개발사업을 수행한 후 수익을 교부받는 신탁 - 부동산 관리신탁: 부동산에 대한 임대, 시설 유지관리, 수익금 처리 등 일체의 관리를 대행하는 신탁 - 부동산 처분신탁: 실수요자에게 부동산을 매각해주는 목적으로 설정된 신탁 - 부동산 담보신탁: 금융기관 대출을 위한 담보 제공 목적으로 부동산을 신탁하는 구조

21 ④

| **정답해설** | 생명보험의 구성원리는 대수의 법칙, 수지상등의 원칙, 사망률과 생명표 3가지이다.

개념 Plus⁺ 생명보험의 구성원리

대수의 법칙	일정한 모집단이 클수록 손해 발생률이 예측 가능해짐. 보험의 기초 통계 원리
수지상등의 원칙	보험료 수입과 보험금 및 비용 지출이 균형을 이뤄야 함. 보험회사의 건전한 운영 기반
사망률과 생명표	모집단의 생존·사망 확률을 계산해 보험료 산정의 기초로 활용. 생명보험의 위험률 기반

22 ③

| 정답해설 | 체증식 보험은 보험기간이 경과할수록 보험금이 점차 증가하는 형태의 보험으로, 대표적인 예로 물가지수연동보험이 있다. 이 보험은 일반적으로 소비자물가지수(CPI) 상승률에 따라 사망보험금이 자동으로 인상되며, 사망 시점이 늦을수록 더 많은 보험금을 수령할 수 있다.

| 오답해설 |
① 2인 이상을 피보험자로 하는 보험은 연생보험이라고 한다. 단체취급보험은 개인보험이나 단체보험의 중간 수준의 보험을 말한다.
② 종신보험은 일생을 보험기간으로 하여 사망 시 보험금을 지급한다. 반면, 정기보험은 일정기간 내에 사망 시 보험금을 지급한다.
④ 순보험료는 보험사고에 대비하기 위해 필요한 금액으로, 예정사망률과 예정이율을 바탕으로 산출된다. 이는 다시 위험보험료(사망 등 보험사고 보장을 위한 금액)와 저축보험료(만기 시 환급금을 위한 적립금)로 구분된다. 반면 부가보험료는 보험 계약의 체결과 유지에 소요되는 사업비를 충당하기 위한 금액으로, 예정사업비율을 기준으로 정해진다.

개념 Plus⁺ 생명보험의 분류

사망보험	• 피보험자가 사망 또는 제1급 장해 시 약정한 보험금이 지급되는 보험 • 정기보험: 일정 기간 내 사망 시 보험금 지급 • 종신보험: 일생을 보험기간으로 하여 사망 시 보험금 지급
생존보험	피보험자가 일정 기간 생존 시 보험금을 지급하는 보험
양로보험 (생사혼합보험)	피보험자가 일정 기간에 사망하거나 중도 또는 만기 생존 시 보험금이 지급되는 보험
체증식보험	기간이 지날수록 보험금이 증가하는 보험
체감식보험	기간이 지날수록 보험금이 감소하는 보험
감액보험	보장사고가 가입 시부터 일정 기간 내에 발생했을 경우 보험금을 감액하는 보험
변액보험	운용자금을 주식 등 실적자산에 투자하여 수익률에 따라 보험금이 변동하는 보험
연생보험	• 피보험자가 2인 이상인 보험 • 공동으로 생사와 관련된 사고에 대한 보험금 지급 보장
단생보험	피보험자가 1인인 보험
단체보험	일정한 요건을 갖춘 다수의 피보험자를 대상으로 1매의 보험증권으로 가입하는 보험(보험료가 저렴하고 행정 절차가 간편)
단체취급보험	개인보험이나 단체보험의 중간 수준의 보험

23 ②

| 정답해설 | 체감식 보험은 시간경과에 따라 '보험금'이 감소하는 보험이다. 보험료와 보험금은 서로 다른 개념이다. 보험료는 보험가입자가 보험계약을 유지하기 위해 보험회사에 납입하는 금액이며, 보험금은 보험사고가 발생했을 때 보험회사가 계약자 또는 수익자에게 지급하는 금액이다. 즉, 체감식 보험은 보험사고 발생 시 지급받을 수 있는 보장금액이 시간의 경과에 따라 줄어드는 보험이다.

24 ③

| 정답해설 | 손해보험은 정액보상방식이 아닌 실손보상방식으로 운영된다.

개념 Plus⁺ 손해보험의 개념

정의	피보험자의 우연한 사고로 인한 재산상의 손해를 보상하기 위한 보험계약
계약 당사자	보험계약자(보험료 납입) ↔ 보험자(보험금 지급)
대상 사고	우연한 사고(질병, 상해, 재산손해 등)
보상 기준	실제 손해액을 기준으로 보상(정액보험 아님) ※ 인보험과의 차이: 손해보험은 실손보상이지만, 생명·신체 손해에 대한 인보험은 정액보상임
특징	• 피보험이익: 손해보험은 금전적 가치가 있는 피보험이익이 존재해야 하며, 피보험이익이 없는 경우 계약은 무효임 • 보험가액과 보험금액: 손해보험에는 피보험이익을 금전으로 산정한 '보험가액'과, 당사자가 정한 '보험금액'이 모두 존재함 • 보험 목적의 양도: 피보험자가 보험 목적물을 제3자에게 이전(양도)하는 것으로, 보험계약의 대상이 바뀌는 상황에서 일시적인 무보험 상태를 방지하기 위한 제도 • 보험자 대위: 보험자가 보험금 지급 후 피보험자의 권리를 승계받는 제도로, 잔존물 대위와 청구권 대위가 있으며, 이득 금지 원칙에 근거함

25 ③

| 정답해설 | 손해보험이란 피보험자의 우연한 사고로 인한 '재산상의 손해'를 보상하기 위한 보험계약으로, 생존보험은 피보험자의 생명을 대상으로 한다는 점에서 생명보험에 해당한다.

개념 Plus⁺ 보험상품의 분류

생명보험	• 사망보험 • 생존보험 • 생사혼합보험
손해보험	• 화재보험 • 운송보험 • 해상보험 • 책임보험
사회보험	• 산업재해보상보험 • 국민연금 • 국민건강보험 • 고용보험

26 ④

| 정답해설 | 금융투자상품은 '투자성'과 '원금 손실 가능성'을 모두 충족해야 한다.

| 오답해설 |
① 금융상품은 원금 손실 가능성에 따라 금융투자상품과 비금융투자상품으로 구분한다. 또한, 금융투자상품은 원금 초과 손실 가능성에 따라 증권(원금 초과 손실 가능성 X)과 파생상품(원금 초과 손실 가능성 O)으로 분류된다.
② 금융투자상품은 '투자성'과 '원금 손실 가능성'을 모두 충족해야 한다.
③ 원화로 표시된 양도성예금증서(CD)는 금융투자상품에서 제외된다.

개념 Plus⁺ 금융투자상품

금융투자상품의 요건	'원금 손실 가능성'과 '투자성'이 모두 있어야 금융투자상품으로 분류됨
투자성판단기준	투자자가 손익을 직접 부담하는 구조여야 함
손실 가능성 판단기준	원금 손실의 가능성이 0% 이상 존재하면 해당됨
금융투자상품의 제외 사례	• 원화로 표시된 양도성예금증서(CD) • 수탁자에게 신탁재산의 처분권한이 부여되지 않은 관리형신탁의 수익권 • 주식매수선택권(스톡옵션)은 임직원의 성과에 대한 보상으로 취득 시 금전 등의 지급이 없고 유통 가능성도 없다는 점을 고려하여 금융투자상품으로 인정하지 않음

27 ②

| 정답해설 | ELS(주식연계증권)는 파생결합증권의 한 종류로, 파생결합증권은 증권 상품으로 구분된다.

| 오답해설 |
① 주식매수선택권(스톡옵션)은 임직원의 성과에 대한 보상으로 취득 시 금전 등의 지급이 없고 유통 가능성도 없다는 점을 고려하여 금융투자상품으로 인정하지 않는다.
③ 금융투자상품은 원금 초과 손실 가능성에 따라 증권과 파생상품으로 분류된다. 증권은 원금 초과 손실 가능성이 없는 상품으로, 어떤 명목으로든지 원금을 넘는 추가지급의무를 부담하지 않는다. 반대로 파생상품은 원금을 초과한 손실 가능성이 있는 상품이다.
④ ELW(주식워런트증권)는 매수뿐만 아니라 매도도 가능하다. ELW(주식워런트증권) 콜(Call)형과 풋(Put)형이 있으며, 콜 ELW는 기초자산이 상승할 때 수익이 발생하고 풋 ELW는 기초자산이 하락할 때 수익이 발생한다.

개념 Plus⁺ 금융투자상품의 종류

증권	• 채무증권: 국채증권, 지방채증권, 특수채증권 등 • 지분증권 • 수익증권 • 투자계약증권 • 파생결합증권: ELS(주식연계증권), ELW(주식워런트증권), DLS(파생결합증권), CLN(신용연계채권) 등 • 증권예탁증권
파생상품	• 장내거래: 통화선물, 통화선물옵션, 통화옵션, 금리선물, 금리선물옵션, 주식옵션, 주가지수선물, 주가지수 옵션, 주가지수 선물옵션 등 • 장외거래: 선물환, 통화스왑, 통화옵션, 선도금리계약, 금리스왑, 금리옵션, 스왑션, 주식옵션, 주식스왑 등

28 ①

| 정답해설 | 투자신탁은 신탁계약에 의해 설정되는 계약형 집합투자기구로서 지분증권을 발행하지 않고 '수익증권'을 발행한다. 반면 회사형(투자유한회사·투자합자회사)과 조합형(투자익명조합)은 지분증권 발행이 가능하다.

29 ①

| 정답해설 | 평가손실(과세기준가격 < 기준가격)이 발생했다 하더라도, 실현이익보다 과세표준 이익이 더 큰 경우 세액을 부담할 수 있다.

개념 Plus⁺ 집합투자재산의 평가

집합투자재산 평가	• 신뢰할 시가 있음: 증권시장 시세 또는 파생상품시장 공표가격으로 평가 • 신뢰할 시가 없음: 취득가격, 평가기관 가격, 기준가 등을 고려하여 공정가액으로 평가 • MMF 특례: 장부가 평가(단, 기준가격과의 차이가 0.5% 초과 시 시가 평가)
기준가격 산정	• 기준가격: 집합투자증권 매매나 추가발행 시 필요한 1,000좌당 순자산가치로 "(자산총액 − 부채 − 준비금)÷총좌수로 산정됨 • 추가 신탁금 산정의 기준이 됨

과세기준가격	• 과세기준가격: 세액 산정을 위한 기준가격으로, 실질 기준가와 다르게 과세대상 수익만 반영함
	• 주식 등 매매·평가손익은 비과세이나, 채권 등의 이자·매매차익은 과세대상임
	• 과세기준가격=(원본+과세대상 순이익)÷총좌수
	• 과세표준이익=과세대상 순이익 증가분(과표기준가격 상승액)×좌수
	• 기준가격과 과세기준가격의 관계
	  − 주식 등 매매·평가손익이 없는 경우: 기준가격=과세기준가격
	  − 손익이 (+)인 경우: 기준가격 > 과세기준가격
	  − 손익이 (−)인 경우: 기준가격 < 과세기준가격
	※ 손실이 났더라도 과세표준상 수익이 존재할 경우 세금이 원천징수될 수 있음. 이는 투자자가 실제 손실을 보더라도 세액을 부담하게 되는 경우가 발생할 수 있음을 의미

30 ④

| 정답해설 | 집합투자업자 등은 부동산 집합투자기구를 설정 또는 설립하는 경우, 특별자산 집합투자기구를 설정 또는 설립하는 경우, 혼합자산 집합투자기구를 설정 또는 설립하는 경우, 집합투자기구 자산총액의 20%를 초과하여 금융위원회가 정하여 고시하는 시장성 없는 자산에 투자할 수 있는 집합투자기구를 설정 또는 설립하는 경우에는 환매금지형 집합투자기구로 설정 또는 설립하여야 한다.

개념 Plus⁺ 환매금지형 집합투자기구

개념	• 투자자가 집합투자기구에 투자한 후, 해당 집합투자증권을 환매하여 자금을 회수할 수 없도록 설계된 집합투자기구 • 최초 발행 후 90일 이내에 증권시장에 상장해야 함
설정	• 집합투자업자 등은 존속기간이 정해진 집합투자기구에 한해 환매가 불가능한 집합투자기구를 설정·설립할 수 있음 • 환매금지형 집합투자기구로 설정·설립해야 하는 펀드 　- 부동산 집합투자기구 　- 특별자산 집합투자기구 　- 혼합자산 집합투자기구 　- 집합투자기구 자산총액의 20%를 초과하여 금융위원회가 정하여 고시하는 시장성 없는 자산에 투자할 수 있는 집합투자기구

31 ②

| 정답해설 | 집합투자기구는 투자자의 자산을 모아 운용하는 기구로, 법적으로는 투자신탁, 투자회사, 투자조합의 세 가지 형태로 분류된다. 반면 투자증권은 집합투자기구의 법적 형태가 아니라, 그 기구를 통해 발행되는 권리의 표현 방식일 뿐이다.

개념 Plus⁺ 집합투자기구의 개념

- 집합투자란 2인 이상의 투자자로부터 모은 금전 등을 투자자로부터 일상적인 운용지시를 받지 않고 재산적 가치가 있는 투자대상자산을 취득·처분하거나 기타 방식으로 운용하고 그 결과를 투자자 또는 각 기금관리주체에게 배분하여 귀속시키는 것을 말한다 (즉, 집합투자기구는 투자자들로부터 자금을 모아 운용하는 기구를 말함).
- 구성형태: 투자신탁, 투자회사(투자회사, 투자유한회사, 투자합자회사) 투자조합(투자조합, 투자익명조합)
- 사모집합투자기구: 집합투자증권을 사모로만 발행하는 집합투자기구로서 일반투자자가 49인 이하인 기구

32 ③

| 정답해설 | 집합투자재산의 50% 이상을 단기성 금융상품(만기 6개월 이하 예금증서, 5년 이하 국채 등)에 운용하는 것은 단기금융집합투자기구에 해당한다.

33 ①

| 정답해설 | 투자자는 그 집합투자증권을 판매한 투자매매업자 또는 투자중개업자에게 환매를 청구해야 한다. 다만, 해산, 인가취소 또는 업무정지, 천재지변 등으로 인한 전산장애, 그 밖에 이에 준하는 사유로 인하여 정상적 업무가 곤란하다고 금융위원회가 인정한 경우 등으로 투자매매업자 또는 투자중개업자가 환매청구에 응할 수 없는 경우에는 해당 집합투자기구의 집합투자업자에게 직접 청구할 수 있다.

개념 Plus⁺ 집합투자기구의 환매

환매 청구 대상	• 원칙적으로 투자자는 투자매매업자 또는 투자중개업자에게 환매를 청구해야 함 • 예외 　- 투자매매업자·중개업자가 환매 청구를 수령할 수 없는 경우 → 집합투자업자에게 직접 청구 　- 집합투자업자도 환매 청구를 수령할 수 없는 경우 → 신탁업자에게 청구
환매청구금 지급	환매 청구를 받은 투자매매업자·중개업자 수익증권·투자신탁의 집합투자업자에게 지체 없이 환매에 응할 것을 요구해야 함
주의사항	환매 청구는 집합투자증권 보유자 명의로만 가능하며, 대리청구 등은 제한될 수 있음
환매대금 지급 기한	투자자는 집합투자업자 또는 투자회사에게 환매 청구 → 집합투자업자 또는 투자회사는 환매청구일부터 15일 이내에 환매대금 지급 ※ 단, 시장성 없는 자산에 10% 초과 또는 외화자산에 50% 초과 투자한 집합투자기구는, 집합투자규약에서 정한 경우에 한해 환매일을 15일을 초과하여 지정할 수 있음

34 ①

| 정답해설 | 랩어카운트는 잔고평가금액에 근거하여 일정한 비율로 자산관리 수수료를 고객에게 부과한다.

개념 Plus⁺ 랩어카운트

개요	증권회사가 투자자의 성향과 목적을 정밀하게 분석한 뒤, 주식·채권·펀드 등 다양한 금융상품을 활용해 고객에게 가장 적합한 포트폴리오를 구성·운용하고, 이에 대해 거래 수수료가 아닌 일정한 자산관리 수수료를 받는 종합자산관리계좌
유형	• 자문형 랩어카운트: 증권사나 투자자문사의 자문만 받아 고객이 직접 투자를 결정하는 방식 • 일임형 랩어카운트: 증권사가 고객으로부터 자산운용을 전적으로 일임받아 고객 성향에 맞는 포트폴리오 구성부터 운용까지 전 과정을 대행하는 방식

35 ③

| 정답해설 | 랩어카운트는 자산운용의 방향과 종목선정이 본사 또는 운용전문가 중심으로 이루어지므로, 영업직원이 개별 판단이나 추천을 자율적으로 하기 어렵고, 회사의 운용 방침에 따르게 되어 독립성이 상대적으로 약화될 수 있다.

| 오답해설 |
① 랩어카운트는 잔고평가금액에 근거하여 일정한 자산관리 수수료를 고객에게 부과한다.
② 영업직원과 고객 간의 이해 상충 가능성이 적어 고객 설득에 크게 기여할 수 있다.
④ 자문형 랩어카운트에 대한 설명이다. 일임형 랩어카운트는 증권사가 고객으로부터 자산운용을 전적으로 일임받아 고객 성향에 맞는 포트폴리오 구성부터 운용까지 전 과정을 대행하는 방식을 말한다.

개념 Plus+ 랩어카운트의 장단점

구분	장점	단점
금융투자회사 (증권사)	• 자산규모를 근거로 운용수수료를 부과함으로써 증권회사의 전략과 일치시킴 • 안정적인 수익기반 확보 가능 • 이익 상충 가능성이 적음(고객의 신뢰 획득 가능) • 고객과의 관계 긴밀화, 장기화 • 투자상담사의 독립성 약화	• 영업직원의 재교육 등 Wrap 계정에 대응하기 위한 체제 구축 필요 • 수수료 수입총액이 감소할 가능성 존재
영업직원	고객과의 이익 상충 가능성이 적음(고객설득에 크게 기여)	• 증권회사에 대한 독립성 약화 • 고객에 대한 영향력이 상대적으로 약화 • 거래기준 시보다 보수가 감소
고객	• 이익 상충 가능성이 적음 • 비교적 소액으로 전문가의 서비스 가능 • 주문형 상품으로 고객 수요 부응 • 거래가 많아도 단일수수료를 부과 • 영업직원에 대한 의존 탈피	• 주가 하락 시 상대적으로 수수료 부담 증가 • 일괄 수수료로 불필요한 서비스 대가 지불
투자자문 업자	• 고객 저변의 확대 • 수수료에 관계없이 신축적 운용 가능 • 일부 사무비용 절감	• 운용보수의 감소 • 시장 상황에 관계없이 수수료 이상의 운용 성적요구 부담

36 ②

| 정답해설 | ELS는 법적으로 파생결합증권에 해당하지만, 별도의 금융위원회 등록이 요구되는 것은 아니다. 발행은 인가를 받은 증권사에서 가능하다.

개념 Plus+ 주가지수연계증권(ELS)

정의	주가지수나 개별 주식의 움직임에 연계된 수익이 결정되는 증권
기초자산	주가지수, 개별 주식 등
수익구조	사전에 정해진 조건(장벽조건 등)에 따라 만기 또는 조기 상환수익 결정
특징	• 투자성향 분석 후 설계 가능 • 일부 원금 손실 가능 • 백투백헤지(Back to Back Hedge) 구조 사용
위험요소	주가 급락 시 손실 발생 가능

37 ②

| 정답해설 | 해당 상품은 6개월 단위로 조기상환 조건(기초지수 10% 이상 상승)을 평가하며, 조건 충족 시 고수익을 지급하고 상품이 종료되며, 미충족 시 다음 회차로 넘어가는 구조이므로 조기상환형에 해당한다.

| 오답해설 |
① Digital형은 만기 시점에 주가가 기준을 초과했는지 여부에 따라 사전 정해진 두 수익률 중 하나를 지급하는 구조이다.
③ Knock-out형은 특정 조건 도달 시 조기 종료되는 구조이나, 이 문제의 조건처럼 반복적 평가와 만기지급 방식은 아니다.
④ Bull Spread형은 만기 기준 주가수준에 따라 수익과 손실 구간을 Cap/Floor로 제한하는 구조이다.

38 ①

| 정답해설 | 주식과 달리 주식워런트증권(ELW)은 높은 가격 변동성을 고려하여 가격제한폭을 적용하지 않는다.

개념 Plus+ 주식워런트증권(ELW)의 개요

개념	특정 주식이나 주가지수 등 기초자산을 미리 정한 조건에 따라 미래에 사거나 팔 수 있는 권리가 붙은 증권(상품)
콜워런트	(살 수 있는 권리가 부여된 상품) 기초자산을 발행자로부터 권리행사가격으로 인수하거나 그 차액(만기 결제가격-권리행사가격)을 수령할 수 있는 권리가 부여된 워런트로 기초자산 가격상승에 따라 이익이 발생함
풋워런트	(팔 수 있는 권리가 부여된 상품) 기초자산을 발행자에게 권리행사가격으로 인도하거나 그 차액(권리행사가격-만기결제가격)을 수령할 수 있는 권리가 부여된 워런트로 기초자산의 가격하락에 따라 이익이 발생함
특징	• 기초자산이 오를수록, 행사가격이 낮을수록 콜워런트는 상승(↑) 풋워런트는 하락(↓)함 • 상품구조가 복잡하고 레버리지(ELW 가격 변화율/기초자산 가격 변화율)를 이용한 매매수단으로 고수익이 가능하나 위험이 큼 • 자본소득 외에 이자 및 배당소득이 없으며 거래에 따른 매매손익만 존재함
ELW의 가격 결정 요인	기초자산의 가격, 권리행사가격, 기초자산의 가격변동성, 만기까지 잔존기간

39 ④

| 정답해설 | 주식워런트증권(ELW)은 손익 구조가 복잡하고 가격 변동 요인이 많아 투자자 판단이 어려운 편이다. 또한 주가보다 가격 예측이 더 어려우며, 분석 및 이해에 높은 난이도 요구된다.

개념 Plus+ 주식워런트증권(ELW)의 특징

레버리지 효과	• 실물자산에 대한 직접투자보다 큰 레버리지 효과가 있음 • ELW 가격 변화율/기초자산 가격 변화율=레버리지(배)를 이용한 매매수단
한정된 투자위험	투자자는 매수포지션만 보유하므로 손실은 주식워런트증권 가격에 한정되는 반면 이익은 무한대로 확대될 수 있음
위험헤지 기능	보유자산의 가격이 반대방향으로 변화함에 따라 발생하는 위험을 회피하고 보유 자산의 가치를 일정하게 유지 가능함
새로운 투자수단	활황장세, 침체장세 등 시장 상황과 무관하게 투자기회를 제공
높은 유동성	거래소에 상장되며 발행자의 유동성 공급으로 쉽게 거래 가능
상품의 복잡성	손익 구조가 복잡하고 가격 변동 요인이 많아 투자자 판단이 어렵고, 주가보다 가격 예측이 더 어려우며, 분석 및 이해에 높은 난이도 요구
높은 투자위험	• 레버리지 효과로 인해 수익·손실 폭이 큼 • 투자 방향이 틀릴 경우 손실이 더 크게 확대될 수 있음

소득	주식과 달리 배당금 등 직접 소득이 없으며, 수익은 전적으로 주가 변동에 의존
주주의 권리	발행회사의 주식과 직접 관련이 없어 의결권, 배당청구권 등 주주 권리를 행사할 수 없음

40 ①

| 정답해설 | ELW는 **원금 비보장 상품**으로, 기초자산의 움직임에 따라 손실이 확대될 수 있는 **고위험 파생상품**이다.
| 오답해설 |
② ELW는 실제 주식을 보유하지 않기 때문에 배당 및 의결권 등 주주권이 없다.
③ ELW는 구조가 복잡하고, 가격은 기초자산 외 요소(변동성, 잔존기간 등)로 결정되어 이해가 어렵다.
④ ELW는 레버리지 효과로 인해 수익과 손실 모두 크게 확대될 수 있다.

41 ④

| 정답해설 | **RP는 채권을 일정 기간 후 정해진 가격으로 환매(재매수 또는 재매도)할 것을 조건으로 하는 거래 방식**으로, 단기자금 운용에 자주 사용된다.
| 오답해설 |
① RP의 약정기간은 1일 이상으로도 가능하며, 오히려 은행이 15일 이상 유지 조건을 둔다.
② RP는 환매 조건이 있는 거래로, 단순 보유 후 매도하는 구조가 아니다.
③ 은행과 증권사 중에서 소액 개인 고객을 위한 RP 매도는 증권사만 가능하며, 은행·중금리는 대고객 RP만 가능하다.

개념 Plus⁺ 환매조건부채권(RP)

- 환매조건부채권(RP)의 의의
채권을 일정 기간 후에 일정한 가액으로 환매수할 것을 조건으로 매도(조건부매도)하는 것과 채권을 일정 기간 후에 일정 가액으로 환매도할 것을 조건으로 매수(조건부 채권 매수)하는 거래를 의미한다.
- 기능과 효과

투자자 측면	• 고수익성의 확보, 거래의 안전성 및 환금성의 보장 등 • 투자자에게 우량한 단기자금 운용수단을 제공하며 원하는 투자기간에 맞게 확정이자를 얻을 수 있음
증권회사 측면	환매조건부채권 매도를 통해 보유 상품 채권 중 매도가 곤란한 채권을 이용함으로써 자체 자금조달 능력을 향상시킬 수 있으며, CMA 계좌의 모계좌 역할을 통해 수시입출금 및 단기 확정고수익 제공과 자금이체 등 단기자금 운용상품임

- 환매조건부채권(RP) 상품

가입대상	개인, 법인 모두 가능
투자금액	1만원 이상 제한 없음(취급기관 자율 제한 가능)
투자기간	• 1일 이상(취급기간 자율 제한 가능, 약정기간 보통 1년 이내) • 은행은 15일 이상 투자 가능
투자수익률	가입 당시 약정이율

상품 종류	• 약정형: 원금, 투자기간, 약정이율, 약정 전·후 이율 등의 조건을 거래발생 시마다 건별로 약정 • 예금형: 투자기간에 따른 적용이율을 미리 확정
기타	입출금이 비교적 자유롭고 금액과 기간에 따라 차등 확정금리 적용

42 ④

| 정답해설 | CMA-MMF형은 실적배당형이고, 예금자보호는 되지 않지만 국공채·CP·CD 등 안전자산에 투자해 실적을 배분하는 상품이다.
| 오답해설 |
① MMF형, RP형은 수익률이 고정되지 않으며, 운용 성과에 따라 달라질 수 있다.
② CMA는 단기금융상품에 투자하는 계좌이며, 주식 매수나 배당과는 무관하다.
③ CMA는 입출금이 자유로운 구조이다.

개념 Plus⁺ CMA(Cash Management Account)

개념	고객의 자금을 단기금융상품(RP, MMF 등)에 자동 투자하여 수시입출금이 가능하면서 일반 예금보다 상대적으로 높은 수익을 추구할 수 있는 종합자산관리계좌
특징	• 입출금이 자유로운 상품에 각종 부가 서비스를 제공하여 편의성을 제고 • 투자성향에 맞게 자동투자상품 선택 가능 • 모계좌 유형에 따라 다양한 유형이 있으며, 취급하는 모계좌 유형은 증권사별로 상이
MMF형 CMA	• 국공채, 우량CP, CD등에 투자하여 운용성과에 따라 실적을 배당하는 MMF에 투자하는 상품 • 확정금리보다 실적배당을 선호하는 고객에게 적합 • 예금자 비보호 상품
RP형 CMA	• 단기 약정수익 상품으로 우량채권에 주로 투자하여 안전성이 높음 • 수익률은 금리 상황에 따라 변동됨 • 예금자 비보호 상품이지만 은행의 보통예금보다 수익이 높음
MMW형 CMA	• 랩어카운트 형태로 증권사 CMA의 운용방식 중 하나 • 우량한 금융회사(신용등급 AAA이상)의 예금·채권·발행어음 등 단기금융상품에 투자하고 그에 따른 성과를 지급하는 실적배당형 상품 • 기준금리·시장금리에 연동되기 때문에 금리 인상 시기에 유리 • 일복리로 계산되므로 예치 기간이 길수록 유리하며 안정적임

43 ①

| 정답해설 | 신용보강은 자산유동화증권의 신용도를 높이기 위한 장치이며, 내부 신용보강과 외부 신용보강으로 나뉜다.
- 내부보강: 순위 증권 발행, 초과 스프레드(자산 수익률과 증권 수익률 차이를 활용), 예치금(위험 대비용 자금 적립) 등
- 외부보강: 제3자의 보증, 보험, 은행의 신용공여 등

| 오답해설 |
② 자산유동화증권은 다양한 구조(structure)와 신용보강 등을 통해 자산보유자보다 높은 신용도를 지닌 증권으로 발행된다.
③ 신용카드채권은 만기가 매우 짧은 단기 자산이므로, 이를 기

초로 장기 자산유동화증권(ABS)을 발행할 때는 만기 불일치를 해소할 필요가 있다. 이때 사용되는 방식이 '리볼빙 구조'이며, 이는 기존 채권이 상환되면 새로운 채권을 편입해 자산 풀(pool)을 유지하는 방식이다. 리볼빙 구조를 통해 단기 자산을 지속적으로 교체하면서 장기 ABS 구조를 유지할 수 있다.

④ 자산유동화란 기업 또는 금융기관이 보유한 자산을 일정 기준에 따라 표준화하여 집합한 후, 이를 유동화전문회사에 양도하고, 해당 회사가 이를 기반으로 증권을 발행하여 기초자산의 현금흐름으로 상환하는 일련의 과정을 의미한다.

개념 Plus⁺ 자산유동화증권(Asset-Backed Securities)

개념	기업·금융기관이 보유하고 있는 자산을 표준화하고 특정 조건별로 집합(pooling)하여 이를 바탕으로 증권 발행 & 이후 기초자산의 현금흐름을 이용하여 증권을 상환하는 상품
유동화가 이루어지는 자산의 특성	• 자산의 동질성: 동질적이고 묶을 수 있는 자산 • 법적 분리가능성: 매매가 가능하고, 파산 시에도 분리 가능한 자산 • 예측 가능성과 분석 가능성: 현금흐름 예측이 가능하고, 신용도 분석이 쉬운 자산
자산유동화 증권의 기초자산	주택저당채권, 자동차할부금융, 대출채권, 신용카드계정, 리스채권, 기업대출, 회사채, 미래 현금흐름, 부실대출, 임대료, 무형자산 등
기초자산의 현금흐름 특성	• 상환확정형 자산: 사전에 상환 스케줄이 확정되어 있는 자산(주택저당채권, 자동차할부 및 기업대출 또는 채권 등) • 비상환확정형 자산: 사전에 상환 스케줄이 확정되지 않은 자산(신용카드자산, 기업의 매출채권 등)
현금수취 방식	• 지분이전증권(Pass-Through Securities): 유동화자산을 유동화중개기관에 매각한 후, 유동화중개기관이 이를 집합화하여 신탁 설정 후 이에 대해 지분권을 나타내는 일종의 주식형태로 발행되는 증권 • 원리금이체채권(Pay-Through Bond): 유동화자산에서 발행되는 현금흐름을 증권화하되, 그 현금흐름을 균등하게 배분하는 단일증권이 아닌 상환우선순위가 다른 채권을 발행하는 방식
신용보강	• 자산의 상환 불확실성을 제거하고, 증권의 신용도를 높이기 위해 신용보강 기법이 사용됨 • 내부 신용보강 방식: 후순위 증권 발행, 초과 스프레드(자산 수익률과 증권 수익률 차이를 활용), 예치금(위험 대비용 자금 적립) • 외부 신용보강 방식: 신용도 높은 외부기관이 보증 또는 신용공여(제3자의 보증, 보험, 은행의 신용공여 등)

44 ④

| 정답해설 | 자산유동화증권은 기초자산에서 발생하는 현금흐름을 바탕으로 증권화하며, 신용보강 장치 등을 통해 일반적으로 높은 신용등급을 갖는다. 투자자 수요에 따라 구조를 다양하게 설계할 수 있다.

| 오답해설 |
① ABS는 채권형 구조이지 파생상품이 아니며, 원리금 지급 구조가 명확하다.
② Pass-Through는 현금흐름을 그대로 전달하는 방식이며, 재구성은 Pay-Through 방식에 해당한다.
③ ABS는 보통 자산보유자보다 높은 신용등급으로 발행된다.

개념 Plus⁺ 자산유동화증권(ABS)의 특징

• 자산유동화증권은 자산보유자의 신용도와 분리되어, 자산 자체의 신용도로 발행된다.
• 자산유동화증권의 신용도는 기초자산의 신용도와 신용보강(credit enhancement) 등에 의해 결정된다.
• 투자자 수요에 맞춰 다계층(tranche) 구조로 맞춤형 설계된다.
• 다양한 구조(structure)와 신용보강 등을 통해 자산보유자보다 높은 신용도를 지닌 증권으로 발행된다.

45 ①

| 정답해설 | 지급보증과 신용공여는 외부 신용보강 방식에 해당한다.
| 오답해설 |
②③④는 내부 신용보강 방식에 해당한다.

46 ③

| 정답해설 | 유동화 과정에서 자산은 유동화전문회사(SPC)로 이전되며, 자산보유자는 해당 자산을 직접 관리하지 않는다. 이는 자산의 법적 분리성을 확보하기 위한 핵심 요소다.
| 오답해설 |
① 미래 현금흐름, 부실대출, 임대료, 무형자산 등도 기초자산으로 활용할 수 있다.
② 자산이 동질적이고 묶을 수 있는 자산일수록 유동화가 용이하다.
④ 자산유동화증권은 다양한 구조(structure)와 신용보강 등을 통해 자산보유자보다 높은 신용도를 지닌 증권으로 발행될 수 있다.

47 ③

| 정답해설 | ⓒ 신용대출에 비해 담보 감정평가, 실사 등 절차가 복잡하다.
② 저당대출(MBS)은 장기금융상품으로 운전자금보다는 주택담보대출 등 장기자금에 사용된다.
| 오답해설 |
㉠ 월 단위로 원리금이 함께 상환되는 할부상환(amortization) 구조로, 현금흐름이 비교적 안정적이라는 특징이 있다.
ⓒ 회수 비용 및 채무불이행 처리 비용이 크며, 이로 인해 담보가 있음에도 불구하고 대출금리는 무위험이자율보다 높게 책정된다.

개념 Plus⁺ 저당대출(Mortgage)

저당대출의 정의	부동산을 담보로 설정하여 이루어지는 대출로, 신용대출과 구분되는 대표적인 담보대출
저당대출의 특성	• 저당대출은 통상 20~30년의 장기금융상품으로, 금리 변동 위험과 조기상환 리스크에 노출될 수 있음 • 월 단위로 원리금이 함께 상환되는 할부상환 구조로, 현금흐름이 비교적 안정적임 • 차주의 신용평가, 담보물 감정 및 실사 등 복잡하고 많은 사무처리 절차가 요구되는 노동집약적 금융상품임 • 회수 비용 및 채무불이행 처리 비용이 크며, 이로 인해 담보가 있음에도 불구하고 대출금리는 무위험이자율보다 높게 책정됨

저당대출의 종류	• 원리금 균등상환 고정금리부 대출(Level Payment Fixed Rate Mortgage)
	  – 원리금 균등상환 방식으로, 만기까지 매월 동일한 금액의 원리금이 상환되는 가장 일반적인 형태의 대출
	  – 상환이 진행될수록 원금 잔액이 줄어들어 매월 이자 부담은 감소하고, 원금 상환액은 점차 증가함
	• 변동금리부 대출(Adjustable Rate Mortgage)
	  – 기준금리에 스프레드를 더해 금리가 정기적으로 조정되는 대출로, 자금조달비용이나 시장금리를 기준금리로 사용함
	  – 차주 유인을 위해 초기 금리는 일반 모기지보다 낮게 설정되며, 이후 기준금리 변동에 따라 재조정됨
	  – 금리 상승 리스크를 제한하기 위해 기간별 혹은 전체 대출기간 동안의 금리 상·하한(캡·플로어)이 설정되는 것이 일반적임

48 ②

| 정답해설 | 주택저당증권(MBS)은 주택저당대출의 만기와 대응하므로 통상 장기채로 발행된다.

개념 Plus+ 주택저당증권(MBS)

특징	• 주택저당대출의 만기와 대응하므로 통상 장기채로 발행됨 • 조기상환(prepayment) 발생 시, 투자자의 수익이 변동될 수 있음 • 채권구조가 복잡하고 현금흐름이 불확실하므로, 일반적으로 국채나 회사채보다 높은 수익률을 제공 • 기초자산인 주택저당대출의 형식에 따라 다양한 유형의 MBS 상품이 구성됨 • 담보 자산이 있고, 신용보강(credit enhancement)이 이루어지는 경우가 많아 회사채보다 높은 신용등급으로 발행되기도 함 • 매월 대출 원리금 상환액을 바탕으로, 투자자에게 매달 원리금이 지급되는 구조임 • 채권 상환 과정에서 자산관리수수료 등 각종 수수료가 발생

유형	• 저당대출지분이전증권(Pass-Through Securities): 저당대출집합(Mortgage Pool)에 대한 지분권을 나타내는 증권으로, 투자자는 대출 원리금에서 관리수수료·보증료 등을 제외한 금액을 자신의 지분 비율에 따라 매월 직접 상환받음(담보대출 중도상환 시 지분만큼 중도상환금이 지급)
	  ▶ 채무불이행 위험: 투자자 부담
	• 저당대출담보부채권(Mortgage Backed Bond): 발행기관이 보유한 저당대출을 담보로 하되, 현금흐름은 발행기관에 귀속되고 투자자에게는 정기 이자와 만기 원금이 지급되는 회사채 유사 구조
	  ▶ 채무불이행 위험: 투자자 또는 발행자 부담
	• 저당대출원리금이체증권(Pay-Through Securities): 기존의 Pass-through 증권과 달리, 저당대출채권의 현금흐름을 상환 우선순위나 조기상환 분배 방식에 따라 구분한 복수의 tranche(계층)로 나누어 발행하는 구조
	  ▶ 채무불이행 위험: 발행자 부담

49 ④

| 정답해설 | ㉠ MBS는 보통 저당대출의 소유권을 유동화전문회사(SPC) 등에 양도(True Sale)하여 발행되며, 이를 기초자산으로 삼는다.
㉡ 조기상환이 일어나면 예상보다 빠르게 원금이 회수되며, 이후의 이자수익이 줄어들어 투자수익률이 낮아질 수 있다.
㉢ 금리가 하락하면 차주가 기존 대출을 상환하고 더 낮은 금리로 재융자할 가능성이 높아져, 투자자는 조기상환 리스크를 안게 된다.
㉣ MBS는 기초자산의 성과에 따라 수익이 결정되므로, 채무불이행 발생 시 손실이 발생할 수 있으며, 신용보강 여부에 따라 손실 규모가 달라진다.
㉤ 원리금 균등상환 고정금리부 대출 방식에서는 초기에는 이자 비중이 크고, 시간이 지날수록 원금 상환 비중이 점차 커지는 구조이다.

50 ③

| 정답해설 | ㉠ 금리 변동은 MBS 가격에 영향을 미치며, 조기상환 리스크는 투자수익률에 불확실성을 더한다.
㉡ MBS는 부동산 담보대출을 기초로 발행되며, 해당 대출은 담보자산(주택 등)에 근거한 것이다.
㉢ 담보 자산이 있고, 신용보강이 이루어지는 경우가 많아 회사채보다 높은 신용등급으로 발행되기도 한다.

| 오답해설 |
㉣ 저당대출담보부채권(MBB)에서는 채무불이행위험(default risk)이 발행자에게 귀속된다.

51 ④

| 정답해설 | CMO는 다계층(tranche)구조이며, 투자자마다 상환 순서와 시점이 다르다.

개념 Plus+ 다계층증권(CMO)

정의	기존 pass-through의 단점인 조기상환위험(prepayment risk)을 보완하기 위해 등장한 다계층 구조의 모기지 증권
발행 방식	기초 자산인 저당대출집합(underlying mortgage pool)에서 발생하는 현금흐름을 tranche(계층)로 나누어 다양한 투자자의 요구에 맞게 재구성
구조적 특징	• 발행기관이 pass-through를 담보로 하여 복수 만기의 채권형(multiclass)으로 구성 • 선순위계층부터 원리금 상환, 후순위 계층은 이후 상환됨
대표 계층 종류	• Floating-rate CMO: 기준금리(LIBOR 등)에 연동된 변동금리 이자를 지급하는 계층으로, 금리 민감 투자자가 선호 • Inverse Floater: 금리와 반대로 이자율이 변동되어 금리 하락 시 수익이 증가하는 구조로, 금리 위험 헤지에 사용 • Super Floater: LIBOR 변동폭의 배수만큼 이자가 조정되어 금리 상승 시 일반 floater보다 높은 수익을 제공 • PAC(Planned Amortization Class): 예상 조기상환 범위 내에서는 안정적인 원금 상환이 가능하며, 조기상환 리스크는 companion tranche가 흡수 • TAC(Targeted Amortization Class): 조기상환 속도가 유지되면 안정적이지만, 속도가 느릴 경우 보호 기능이 부족하여 extension risk에 노출 • VADM(Very Accurately Defined Maturity Bond): Z-bond의 누적이자를 활용해 만기일이 명확히 정해지며, extension risk 방어에 유리
투자자 유인	다양한 만기 선택권, 선호하는 리스크 수준에 따라 투자 가능하며 일부는 레버리지투자나 중도상환 대응 목적으로 활용
Pass-through와의 차이점	• Pass-through는 단일 계층의 현금흐름을 비례 분배 • CMO는 다계층(tranch)구조로, 원리금 지급 순서와 시점이 조정됨

52 ②

| 정답해설 | 채권보험이란 보험사가 증권의 원리금 지급을 보장하는 외부 신용보강 수단에 해당한다.

| 오답해설 |
① CMO에 대한 설명이다.
③ 법인보증에 대한 설명이다.
④ 준비금 구조(내부보강)에 대한 설명이다.

개념 Plus⁺ 신용보강방법

외부 신용보강	• 법인보증: 발행기관이 자체 신용으로 증권을 직접 보증하는 방식 • 신용장: 금융기관이 제공하는 보증 방식(비용이 높아 활용도가 떨어짐) • 저당대출집합보험: 채무불이행이나 경매로 인한 손실을 보전하기 위한 보험 • 채권보험: 보험사가 증권의 원리금을 보증하는 형태로, 다른 신용보강 수단을 보완하는 용도로 사용됨(보증기관의 신용등급이 하락하면 증권의 신용등급도 함께 하락할 수 있음)
내부 신용보강	• 발행 구조에 의한 보강: 발행 채권 구조나 별도의 준비금 계정 등으로 내부적 신용을 보강 • 초과수익 계정: 이자, 관리수수료 등을 지급한 후 남는 초과수익(excess spread)을 준비금 계정에 적립하여, 이후 손실 발생 시 충당금으로 활용 • 선·후순위 구조: 후순위채가 담보 손실을 우선 흡수함으로써 선순위채의 신용을 보강하는 방식 • 준비금: 증권 발행 시 별도의 준비금(reserve fund)을 설정해 두고, 현금흐름 부족 시 이를 보완하는 데 사용

53 ④

| 정답해설 | 신용등급 평가에서는 대출 구조 및 담보 자산 자체에 중점을 두며, 대출자의 금융투자 성향이나 금융소득은 MBS 등 구조화채권의 개별 채권 신용평가 기준에는 포함되지 않는다.

개념 Plus⁺ 신용평가 시 고려요소

부동산 유형	단독주택, 아파트 등 담보자산의 종류
대출 형태	고정금리/변동금리, 원리금 균등상환, balloon 대출 등 상환 방식과 이자 구조
대출 기간	장·단기 대출 여부 및 상환 만기 구조
대출채권의 지역적 분산도	담보물 위치의 지리적 다양성 및 집중도
대출 목적	구입, 차환(refinancing) 등 대출금 사용 용도

54 ④

| 정답해설 | 남은 주택 가액이 연금 수령액보다 많을 경우, 상속인에게 잔액이 지급된다.

개념 Plus⁺ 역모기지

의의	본인 명의의 주택에 대해 담보 및 대출계약을 체결한 뒤 일정 금액을 연금의 형태로 수령하는 금융기법
특징	• 역모기지 계약이 체결되면, 금융기관은 대출자의 생존 기간 동안 상환을 청구할 수 없으며, 대출자는 중도상환 의무 없이 매월 연금 형태로 대출금을 수령 • 주택연금은 가입자 부부가 모두 사망한 후 주택을 처분해 정산하며, 연금 수령액이 주택 처분금액을 초과하더라도 상속인에게 추가 청구하지 않으며, 반대로 집값이 남을 경우 그 잔액은 상속인에게 지급
관련 위험	• 금융기관 관련 위험 　- 장수 위험: 대출자가 계약 당시 예상수명보다 장수함에 따라 총대출금액이 주택가격을 초과할 위험 　- 이자율 위험: 고정이자율의 경우 시장이자율변동에 따른 자산가치의 변동 위험, 변동이자율의 경우 대출시점에서 자산가치 산정의 어려움에 따른 불확실성 존재 　- 일반주택 가격평가 위험: 담보대상주택의 가격상승률예측과 미래가치 예측 어려움으로 인해 발생하는 위험 　- 특정주택 가격평가 위험: 담보대상주택의 미래 예상가격의 확률분포 중 손실이 발생할 수 있는 확률 　- 비용 위험: 역모기지 시장 형성과정에서 발생하는 마케팅 비용규제 관련 비용 및 효과적인 전략을 선택하는 과정에서 발생하는 시행착오 비용 • 대출자 관련 위험 　- 거래 금융기관의 파산 가능성 　- 역모기지의 주택 매매 시 구입가격과 매매가격의 차액에 대한 과세 여부

55 ②

| 정답해설 | IRP는 가입자가 퇴직 후 연금 수령을 신청해야 지급이 시작되는 제도이다. 즉, 퇴직과 동시에 자동으로 연금이 지급되는 것이 아니며, 가입자의 선택에 따라 연금 또는 일시금으로 수령할 수 있다.

| 오답해설 |
① DC형은 사전에 정해진 금액만 적립하므로, 미래 급여를 예측하거나 계리적 평가를 할 필요가 없다.
③ 두 제도 모두 가입자가 개인적으로 IRP에 추가 납입할 수 있으며, 세액공제 혜택도 받을 수 있다.
④ DC형은 사용자(기업)의 부담금만 확정되고, 근로자가 운용성과에 따라 퇴직급여를 받는 구조이다.

개념 Plus⁺ 퇴직연금제도의 특징 및 유형

특징	• 사내에 적립하던 기존의 퇴직금제도 대체 • 사외 금융기관에 매년 퇴직금 해당 금액을 적립하여 효과적으로 운영한 후 근로자가 퇴직할 때 퇴직급여를 받는 제도
확정급여형 (DB)	• 기존 법정퇴직급과 동일한 연금급여를 지급하는 형태 • 근로자의 근속기간 및 급여수준에 따라 근로자가 퇴직 시 받을 수 있는 퇴직금이 사전에 결정되는 제도 • 기업이 퇴직적립금의 운용주체가 되어 그 운영의 책임과 손익이 기업에 귀속됨
확정기여형 (DC)	• 매년 정산되어 적립된 급부금액을 근로자가 운용주체가 되어 운용 후 지급받는 형태 • 기업이 부담해야 할 부담금 수준이 사전에 확정되고 근로자가 운영주체가 되어 적립금을 운용한 후 그 손익에 따라 근로자의 퇴직급여가 변동되는 제도
개인형 퇴직연금 (IRP)	근로자가 이직 시 퇴직연금제도에서 수령한 퇴직금 또는 근로자 추가납입금에 대해 과세 유예를 받으면서 계속 적립·운용한 후 은퇴 시 노후자금으로 활용할 수 있는 제도

56 ①

| 정답해설 | ㉠ 확정기여형(DC)은 근로자가 직접 적립금을 운용하므로, 운용수익률이 높을수록 퇴직금 수령액도 증가한다. 반대로 확정급여형(DB)은 임금 상승률에 연동되므로, 운용수익률이 임금 상승률보다 높을 경우에는 확정기여형(DC)이 더 유리하다.
㉡ IRP는 근로자가 퇴직연금 외에 개인적으로 추가 납입할 수 있는 제도로, 확정급여형(DB)·확정기여형(DC) 가입자 모두 가입 가능하다.

| 오답해설 |
㉢ 확정급여형(DB)에 대한 설명이다. 확정기여형(DC)은 사용자의 납입금만 정해지고, 퇴직금은 운용성과에 따라 달라진다.
㉣ 확정급여형(DB)에 대한 설명이다. 확정기여형(DC)에서는 운용 책임이 근로자에게 있고, 사용자는 일정한 금액만 납부하면 된다.

개념 Plus⁺ 확정급여형(DB) vs 확정기여형(DC)

구분	확정급여형(DB)	확정기여형(DC)
개념	• 근로자가 받을 퇴직금 수준이 근속기간 및 급여수준에 따라 사전에 확정 • 기존 법정퇴직금과 동일한 연금급여를 지급 • 기업이 운용주체(운영손익이 기업에 귀속)	• 기업이 부담할 부담금 수준이 사전에 확정 • 매년 정산되어 적립된 급부 금액이 기업의 부담금이 되며, 근로자가 운용하여 손익에 따라 근로자의 퇴직급여가 변동됨 • 근로자가 운용주체(운영손익이 근로자에 귀속)
사용자 부담금	퇴직금 추계액 또는 연금계리방식에 따라 산출된 금액으로 대통령령에서 최저 90%*를 사외 적립해야 함 (적립금 운용 결과에 따라 부담금 변동) *2022년 1월 1일 이후 100%	개별 근로자 연간 임금총액의 1/12 이상 당해연도 전액 사외 적립해야 함
추가 납입 여부	개인형 IRP를 통해 가능(연간 1,800만 원 한도)	제도 또는 개인형 IRP를 통해 가능(연간 1,800만 원 한도)
대출 가능	담보대출 가능(중도인출 불가) ▶ 대통령령에서 정한 사유 해당 시	담보대출 및 중도인출 가능 ▶ 대통령령에서 정한 사유 해당 시
퇴직급여 수준	현행 퇴직일시금과 동일(근속연수×30일분 평균 임금)	근로자별 운용실적에 따라 상이
연금계리	필요	불필요
적립금 운용	원리금 비보장자산에 전체 적립금의 70%까지 투자 가능(단, 원리금 비보장자산이라도 증권에 대한 분산 투자 등으로 투자위험을 낮춘 운용 방법인 경우 적립금의 100%까지 투자 가능)	주식 등 위험자산 및 펀드에 대한 투자 금지
적합한 사업장	• 임금상승률이 높고, 꾸준한 임금상승이 기대되는 경우 • 장기근속을 유도하고자 하는 기업 • 연공급 임금체계, 누진제 적용 기업 • 경영이 안정적이고 영속적인 기업	• 연봉제, 임금피크제 적용 기업 • 재무구조 변동이 큰 기업 • 근로자들의 재테크 관심이 높은 기업

3장 부동산관련 상품 104쪽

01	②	02	④	03	③	04	①	05	②
06	②	07	②	08	②	09	④	10	②
11	③	12	③	13	②	14	③	15	④
16	②	17	①	18	③	19	③	20	③
21	④	22	④	23	②	24	①	25	②
26	①	27	③	28	②	29	②	30	④
31	②	32	④	33	④	34	①	35	④

01 ②

| 정답해설 | 부동산은 질권 설정이 불가능하며, 동산은 질권·유치권 설정이 모두 가능하다.

개념 Plus⁺ 부동산과 동산의 차이점

구분	부동산	동산
위치	고정성(비이동성)	유동성(이동성)
용도	다양한 용도로 활용 가능	용도가 제한적
가치	상대적으로 큼	상대적으로 작음
시장구조	추상적 시장, 불완전경쟁 시장	구체적 시장, 완전경쟁 시장 가능
가격형성	일물일가의 법칙 적용 ×	일물일가의 법칙 적용 O
공시방법	등기·등록	점유, 인도
공신력	불인정	인정(선의취득)
물권	용익·담보권 설정 가능, 단, 질권 설정 ×	질권·유치권 설정 가능, 용익물권 설정 ×
무주물 처리	국가의 소유	선점자의 소유
강제집행	법원을 통해 경매·관리 가능	집행관이 직접 압류 가능
환매기간	5년	3년

02 ④

| 정답해설 | 부증성(비생산성)이란 부동산, 특히 토지는 인위적으로 공급을 늘릴 수 없는 자원이라는 특성을 말한다. 즉, 수요가 아무리 증가하더라도 토지 자체는 더 만들어낼 수 없기 때문에 공급이 제한적이다.

| 오답해설 |
① 부증성과는 반대되는 설명이다.
② 부동산은 일반적으로 소비재가 아닌 내구재이다. 특히 토지는 시간이 지나도 감가되지 않으며, 오히려 위치나 개발 가능성에 따라 가치가 상승할 수도 있다.
③ 개별성(비동질성·비대체성)에 대한 설명이다. 부동산은 동일한 위치나 조건의 복수 자산이 존재하지 않아 개별성을 가지며, 이로 인해 일물일가의 법칙이 적용되지 않는다.

03 ③

| 정답해설 | 소유권은 배타적·포괄적으로 물건을 지배할 수 있는 권리로서, 담보물권에 해당하지 않는다. 담보물권에는 유치권, 질권, 저당권이 해당한다.
- 유치권: 타인의 물건을 점유한 채, 그 물건과 관련된 채권이 변제될 때까지 반환을 거절할 수 있는 권리
- 질권: 채권자가 채무자 또는 제3자의 동산이나 채권을 점유하고, 채무불이행 시 우선변제받을 수 있는 권리
- 저당권: 채권자가 채무자의 부동산 등을 점유하지 않고도 설정된 물건에 대해 우선변제를 받을 수 있는 권리

개념 Plus⁺ 민법상 물권의 구분

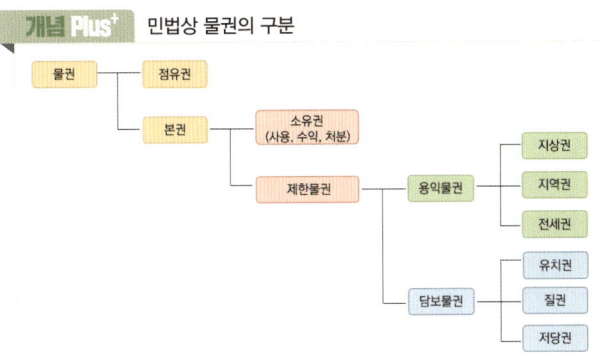

04 ①

| 정답해설 | 물권은 점유권과 본권으로 분류하고, 본권은 소유권과 제한물권으로 분류한다. 또한, 제한물권은 용익물권(지상권, 지역권, 전세권)과 담보물권(유치권, 질권, 저당권)으로 분류한다. 따라서 점유권은 제한물권에 해당하지 않는다.

05 ②

| 정답해설 | 하향시장에서는 부동산 가격이 하락하고, 거래가 둔화되며 매수자보다 매도자가 더 많아진다. 즉, 매수자의 입장에서는 선택권이 많아지므로 가격 협상에서도 우위를 점하게 된다. 반대로 매도자는 금리 상승, 공실률 증가 등으로 빨리 매도하기를 희망하므로 자연스레 매수자 중시 현상이 커진다.

개념 Plus⁺ 부동산 시장의 경기변동

하향시장	• 부동산 가격 ↓, 거래 ↓, 금리와 공실률 ↑ • 과거의 사례가격은 새로운 거래 가격의 상한선이 됨(매수자 중시 현상)
회복시장	• 부동산 가격 하락의 중단·반전으로 가격 상승 시작, 거래 ↑ • 개별 또는 지역별 회복, 과거의 사례가격은 새로운 거래가격의 기준가격 또는 하한선이 됨
상향시장	• 거래의 지속적 활발 & 부동산 가격의 지속적 상승 • 과거의 사례가격은 새로운 거래가격의 하한선이 됨(매도자 중시 현상)
후퇴시장	• 부동산 가격이 정점을 찍고 하향세로 전환 • 거래 ↓, 금리 ↑, 여유자금 ↓
안정시장	• 부동산 시장만의 특수한 국면으로, 시장이 점차 안정되어 감 • 위치가 좋고 적정규모의 주택 등의 부동산을 대상으로 한 부동산 가격의 가벼운 상승세 유지 및 안정 • 과거의 사례가격은 새롭게 신뢰할 수 있는 거래의 기준이 됨

06 ②

| 정답해설 | 거래 감소, 가격 하락, 금리 상승, 과거 가격이 기준으로 작용하는 점 등은 하향시장의 대표적인 특징이다.

07 ②

| 정답해설 | 용적률이란 대지면적에 대한 건축물 지상층 연면적의 비율을 말하며, 지하층 면적은 포함되지 않는다.

개념 Plus⁺ 건축의 종류

신축	• 기존에 건축물이 없던 대지(철거되거나 멸실된 경우 포함)에 새롭게 건축물을 세우는 행위 • 부속건축물만 있는 대지에 주된 건축물을 새로 짓는 경우도 신축에 해당함
증축	• 기존 건축물이 있는 대지에서 해당 건축물의 건축면적, 연면적, 층수, 높이를 늘리는 행위 • 기존 대지 내에 담장을 새로 설치하거나, 별도의 동을 추가로 짓는 경우, 1개 층을 2개 층으로 나누어 연면적을 증가시키는 경우 등도 증축에 해당함
개축	기존 건축물의 전부 또는 일부를 철거한 후, 동일한 대지 안에서 이전과 동일한 규모 범위 내에서 다시 건축하는 행위
재축	천재지변이나 그 밖의 재해로 인해 건축물의 전부 또는 일부가 멸실된 경우, 해당 대지 안에서 종전과 동일한 규모 범위 내에서 다시 건축하는 행위
이전	• 건축물의 주요 구조부를 해체하지 않고 같은 대지 내에서 옮기는 행위 • 대수선: 건축물의 주요 구조부(내력벽, 기둥, 보, 지붕틀, 주계단 등)에 대한 수선·변경이나 외부 형태를 변경하는 행위 • 건축물의 노후화 방지 또는 기능 향상을 목적으로 대수선·일부 증축·개축을 포함하는 행위

08 ②

| 정답해설 | 신축이란 기존에 건축물이 없던 대지(철거되거나 멸실된 경우 포함)에 새롭게 건축물을 세우는 것을 말한다. 만약, 부속건축물만 있는 대지에 주된 건축물을 새로 짓는 경우도 신축에 해당한다.

| 오답해설 |
① 용적률에 대한 설명이다. 건폐율은 대지면적에 대한 건축면적(여러 동일 경우 합산)의 비율을 의미한다.
③ 재축에 대한 설명이다. 증축은 기존 건축물이 있는 대지에서 해당 건축물의 건축면적, 연면적, 층수, 높이를 늘리는 것을 말한다.
④ 개축에 대한 설명이다. 이전은 건축물의 주요 구조부를 해체하지 않고 같은 대지 내에서 옮기는 것을 말한다.

09 ④

| 정답해설 | 용도지역별 용적률이 낮은 순서는 녹지지역(100% 이하) - 공업지역(400% 이하) - 주거지역(500% 이하) - 상업지역(1,500% 이하)이다.

개념 Plus+ 용도지역별 건폐율과 용적률

용도지역		건폐율	용적률
도시지역	주거지역	70% 이하	500% 이하
	상업지역	90% 이하	1,500% 이하
	공업지역	70% 이하	400% 이하
	녹지지역	20% 이하	100% 이하
관리지역	보전관리지역	20% 이하	80% 이하
	생산관리지역	20% 이하	80% 이하
	계획관리지역	40% 이하	100% 이하
농림지역		20% 이하	80% 이하
자연환경보전지역		20% 이하	80% 이하

10 ②

| 정답해설 |
㉠ 공실 등
㉡ 실제총소득(EGI) = 잠재총소득 - 공실 등 + 기타소득
㉢ 운용비용(OE)
㉣ 순운용소득 = 실제총소득(EGI) - 운용비용(OE)

11 ③

| 정답해설 | **내부수익률(IRR)이란 순현재가치(NPV)를 0으로 만드는 할인율**을 의미한다.

개념 Plus+ 부동산 투자의 타당성 지표(현금흐름 할인법)

순현재가치 (NPV)	• 현금유입의 현재가치 - 현금유출의 현재가치 • 현재가치가 0보다 크거나 같으면 투자안 채택, 작으면 기각
내부수익률 (IRR)	• 현금유입액의 현재가치와 현금유출액의 현재가치를 일치시키는 할인율 • 내부수익률이 요구수익률보다 크거나 같으면 투자안 채택, 작으면 기각
수익성지수 (PI)	• $\dfrac{\text{현금 흐름의 현재 가치}}{\text{최초 투자액}}$ • 수익성지수가 1보다 크거나 같으면 투자안 채택, 작으면 기각

12 ③

| 정답해설 | Cash on Cash 수익률은 각 기간의 순현금흐름을 투입된 자기자본으로 나눈 값으로 산정되며, 화폐의 시간적 가치는 반영되지 않는다.

개념 Plus+ 수익률의 종류

내부수익률	• 투자로 인한 순현재가치(NPV)가 0이 되는 할인율 • 투자금의 현재가치와 예상 현금유입의 현재가치가 일치할 때의 수익률 • 화폐의 시간가치를 고려함
Cash on Cash 수익률(CoC)	• 각 기간의 순현금흐름을 자기자본으로 나눈 값 • 화폐의 시간가치를 고려하지 않음

13 ②

| 정답해설 |

$$\text{수익성지수(PI)} = \frac{\text{투자로부터 발생하는 장래 현금 흐름의 가치}}{\text{투입액의 현재 가치}}$$

$$= \frac{(1{,}200억\ 원 \times 0.75) + 180억\ 원}{1{,}000억\ 원}$$

$$= 1.08$$

※ 수익성지수가 1보다 클수록 투자가치가 높으며, 1보다 크거나 같으면 투자안을 채택한다.

14 ③

| 정답해설 | 원가법은 전통적인 감정평가 방식 중 하나로, 대상 부동산의 재조달원가 또는 복제원가에서 감가누계액을 차감하여 가치를 산정하는 방법이다. 여기서 재조달원가란 현재 시점에서 동일한 용도와 기능을 갖는 건물을 새로 짓는 데 드는 비용을 의미하며, 감가누계액은 시간의 경과, 물리적 마모, 기능적 또는 경제적 진부화 등에 따른 가치 감소분을 말한다.

| 오답해설 |
① 내부수익률(IRR)은 현금 유입액과 유출액의 순현재가치를 0으로 만드는 할인율이다.
② 간편법은 계산이 간단하여 투자 초기 단계에서 빠르게 판단할 수 있는 유용한 기준이 될 수 있지만, 시간가치 개념이 반영되지 않기 때문에(미래 현금흐름을 할인하지 않음) 정밀성이 떨어지고 다른 할인기법으로 계산된 수익률과 직접 비교하기 어렵다는 한계가 있다.
④ 수익성지수는 현재가치를 기준으로 투자금 대비 이익률을 나타내며, 1보다 크거나 같으면 투자안은 채택된다.

15 ④

| 정답해설 | 부동산의 활용과 관련된 사항은 각기 다른 기준에 따라 표시된다. 면적에 관하여는 토지대장, 토지의 형상에 관하여는 지적도, 토지의 용도지역지구제 적용에 따른 활용 가능성에 대해서는 토지이용계획확인서를 통해 확인할 수 있다.

개념 Plus+ 부동산의 공부상 조사확인방법

구분	확인내용	관련 자료
토지 상태	소재지, 면적, 지목, 지번, 소유자, 개별공시지가 등	지적공부
건축물 정보	건축허가연월일, 사용승인일, 건축주, 구조, 용도, 층수, 면적, 소유자	건축물대장
공시지가 정보	신청인, 용도, 신청대상 토지, 확인내용, 직인	개별 공시지가 확인서
지형 및 위치	토지의 지세, 지형, 위치, 도로접근, 철도 인접 등	지형도, 위치도
공법상 제한	도시계획, 개발제한구역 등 토지 이용상의 제한	토지이용계획확인서

권리관계	• 표제부: 지번, 지목, 면적 • 甲(갑)구: 소유권에 대한 변동사항 (최초소유자, 중간소유자, 현 소유자, 압류, 가등기·가처분 등) • 乙(을)구: 소유권에 대한 제한물권, 기타권리	등기사항증명서 (등기부등본)

- 재해복구 또는 재난수습을 위한 응급조치
- 건축법에 의한 신고로 설치할 수 있는 건축물의 증축·개축·재축, 이에 필요한 범위 내에서의 토지의 형질변경
- 경작을 위한 토지의 형질변경
- 기타 허가가 불필요한 경미한 행위

16 ②

| 정답해설 | 제한물권(저당권, 지상권 등)은 등기사항증명서(등기부등본)에서 확인할 수 있으며, 건축물대장에서는 건축허가연월일, 사용승인일, 건축주, 구조, 용도, 면적, 소유자 등의 정보를 확인할 수 있다.

17 ①

| 정답해설 | 국토의 계획 및 이용에 관한 법률상 용도지역은 국토를 도시지역, 관리지역, 농림지역, 자연환경보전지역으로 구분한다.

개념 Plus⁺ 용도지역의 유형 및 구분

도시지역	• 인구와 산업이 밀집해 있거나 앞으로 밀집이 예상되는 지역으로, 체계적인 개발·정비·관리·보전이 필요한 지역 • 주거지역: 거주 안정을 위해 쾌적한 생활환경 보호 목적 • 상업지역: 업무 및 상업 활동의 편의 증진 목적 • 공업지역: 공업 기능의 편의 증진을 위한 지역 • 녹지지역: 녹지 보호를 통해 자연환경·보건위생 확보 및 도시의 무질서한 확산 방지
관리지역	• 도시·농림·자연환경 기능을 조화롭게 관리하기 위해 도시·농림·자연환경보전지역에 준하여 관리가 필요한 지역 • 보전관리지역: 자연환경 보전이 특히 필요한 지역으로, 산림·하천·습지·녹지공간·생태계 보호 목적 • 생산관리지역: 농림·어업 생산 등을 위해 관리가 필요한 지역 • 계획관리지역: 도시 편입이 예상되는 지역 중 자연환경을 고려한 제한적 이용 및 개발을 위한 체계적 관리가 필요한 지역
농림지역	농림업의 진흥과 산림의 보전을 위하여 필요한 지역
자연환경 보전지역	자연환경, 수자원, 해안, 생태계, 상수원 및 문화재, 수산자원 등을 보호·육성하기 위한 지역

18 ③

| 정답해설 | 경작을 위한 토지의 형질변경은 허가 제외 대상이다.

개념 Plus⁺ 개발행위의 허가

- 도시계획사업에 의하지 않고 다음의 개발행위를 하고자 하는 자는 특별시장·광역시장·시장 또는 군수의 허가를 받아야 한다.
  - 건축물의 건축 또는 공작물 설치
  - 토지의 형질변경
  - 토석채취
  - 토지분할
  - 녹지지역·관리지역·자연환경보전지역에 물건을 1개월 이상 쌓아놓는 행위
- 단, 아래의 개발행위는 별도의 허가를 받지 않아도 된다.

19 ④

| 정답해설 | 용도지구는 이미 지정된 용도지역이나 용도지구와는 관계없이 독자적으로 지정된다.

개념 Plus⁺ 용도지역·지구·구역

용도지역	• 전국의 토지를 대상으로 중복되지 않도록 지정
	• 순차적으로 지정도 가능하며, 지역의 지정이 없는 토지도 있음
	• 구분
	  - 도시지역(주거지역, 상업지역, 공업지역, 녹지지역)
	  - 관리지역(보전, 생산, 계획)
	  - 농림지역
	  - 자연환경보전지역

용도지구	• 용도지역을 보완하기 위해 건축물의 용도 또는 형태·구조 등을 규제 • 국지적으로 지정되며 중복지정 가능 • 경관지구, 미관지구, 고도지구, 방화지구, 방재지구, 보존지구, 시설보호지구, 취락지구, 개발진흥지구, 특정용도제한
용도구역	• 도시의 무질서한 확산·시가화 방지 및 개발행위의 유보·제한 또는 수자원의 보호·육성을 위하여 이미 지정된 용도지역이나 지구와 관계없이 독자적 지정 • 구분: 개발제한구역, 도시자연공원구역, 시가화조정구역, 수산자원보호구역

20 ③

| 정답해설 | 자기관리 부동산 투자회사가 자산을 투자·운용할 때에는 영업인가 시에는 3명 이상, 영업인가를 받은 후 6개월 경과 시에는 5명 이상의 자산운용 전문인력을 상근으로 두어야 한다.

21 ④

| 정답해설 |

$$수익환원법에 의한 수익가격 = \frac{순수익(총수익 - 총비용)}{환원이율}$$

$$= \frac{100억 원}{0.2}$$

$$= 500억 원$$

개념 Plus⁺ 순영업소득(NOI) 환원방법

수익환원법은 직접환원법과 할인현금수지분석법으로 구분된다. 해당 문제는 직접환원법을 통해 수익가격을 산정한 것으로, 직접환원법은 대상 부동산의 순영업소득(NOI)을 환원이율로 나누어 수익가격을 직접 산정하는 방식이다.

반면, 할인현금수지분석법은 예상되는 각 기간의 현금흐름을 적정 할인율로 현재가치로 환산하여 부동산의 가치를 평가하는 방법이다.

22 ④

| 정답해설 | 비교방식에 따라 거래사례를 기준으로 산정한 가격을 '비준가격'이라 하며, 원가방식에서 재조달원가에 감가수정을 적용하여 산정한 가격은 '적산가격'이라고 한다.

| 오답해설 |
① 토지평가 시 가장 적합한 것은 비교방식(거래사례비교법)이다. 토지는 사용 용도나 발생수익이 일정하지 않고 건물처럼 감가상각이 적용되는 대상도 아니므로, 실제 시장에서 유사한 토지의 거래 사례를 통해 가치를 추정하는 것이 가장 현실적이다.
② 수익방식(수익환원법)은 부동산이 창출할 미래 수익을 현재가치로 환산하여 평가하는 방식으로, 경제적 가치 중심의 분석에 용이하다. 반면, 원가방식(원가법)은 시장가치나 수익성 반영이 어렵다는 단점이 있다.
③ 수익방식(수익환원법)에 대한 설명이다. 비교방식(거래사례비교법)은 '사례 가격(단가)×사정보정×시점수정×지역요인보정×개별요인보정×면적'을 통해 비준가격을 산정한다.

개념 Plus⁺

부동산 감정평가 3방식

구분	개념	장점	단점
원가방식 (원가법)	해당 부동산과 유사한 자산을 새로 짓는 데 드는 비용(재조달원가)을 기준으로 감가수정하여 평가	• 재생산 가능한 자산(건물, 기계 등)평가에 적합 • 회사재산, 비상장 부동산 등에 활용 가능 • 토지조성지, 미개발지 평가에 유리	• 시장가치나 수익성 반영이 어려움 • 감가수정 기준이 모호해 오차 발생 가능 • 건물 노후 정도 등에 따라 평가 오차 발생 가능
비교방식 (거래사례비교법)	유사한 부동산의 실제 거래 사례를 바탕으로 비교·보정하여 평가	• 실거래 기반으로 현실성·신뢰도 높음 • 절차가 간단하고 빠름 • 토지평가 시 가장 적합한 방식	• 유사사례 부족 시 적용 어려움 • 비교 대상 선정 및 조정 과정에서 오류 발생 가능 • 가격 왜곡 또는 외부요인에 의한 오차 발생 가능
수익방식 (수익환원법)	부동산이 창출할 미래 수익을 현재 가치로 환산하여 평가	• 수익 중심 부동산(상가, 오피스 등)평가에 적합 • 경제적 가치 중심으로 분석 가능	• 노후도나 물리적 상태에 따른 가치 하락을 반영하기 어려움 • 비수익성 부동산에는 적용 어려움 • 시장 불안정 지역에서는 순수익과 환산이율 산정이 어려워 예측 정확도가 낮아짐

23 ③

| 정답해설 | 프로젝트 파이낸싱은 프로젝트로부터 발생하는 **미래의 현금흐름(Cash Flow)을 담보**로 하여 개발사업에 필요한 자금을 조달하는 금융기법이다.

| 오답해설 |
① PF는 일반적으로 특수목적법인(SPC)을 설립하여 그 법인이 자금을 조달하기 때문에, 모기업의 재무제표에 부채로 잡히지 않는 부외금융(off-balance) 효과가 있다.
② PF는 대규모 개발사업에 사용되므로 통상 수천억 원 규모이며, 사업 완공까지의 시간이 오래 걸리는 장기금융이다.
④ PF는 리스크가 크기 때문에, 시공사 지급보증, 책임준공 확약, 신탁 구조 등을 통해 금융기관의 리스크를 최소화한다.

24 ④

| 정답해설 | 부동산 담보신탁을 활용할 경우, 신규 임대차 계약에 대해 후순위 권리 설정을 배제하여 담보가치 유지에 유리할 수 있다.

| 오답해설 |
① 담보 설정은 저당권 설정뿐만 아니라 부동산 담보신탁 등기 방식으로도 이뤄질 수 있다.
② 부동산 담보신탁제도에 대한 설명이다. 부동산 저당제도에서는 채권기관에서 담보물을 관리한다.
③ 부동산 담보신탁에서는 신탁회사가 직접 공매를 하는 방법으로 채권을 실행한다.

개념 Plus⁺ 부동산 저당제도와 담보신탁제도의 비교

구분	저당	담보신탁제도
담보설정방식	저당권 설정	신탁 설정(등기)
담보물 관리 주체	채권기관	신탁회사
채권 실행 방법	법원을 통한 경매	신탁회사의 공매
채권실행비용	상대적으로 비용이 많이 소요	상대적으로 비용이 적게 소요
소요기간	비교적 장기	비교적 단기
환가액 (매각가액)	상대적으로 저가로 매각	상대적으로 고가로 매각
신규임대차·후순위권리 설정	배제 불가함	배제 가능 (담보가치 유지에 유리)

25 ②

| 정답해설 | 자금차입은 **자기자본의 2배**까지 가능하며 주주총회 특별결의가 있는 경우 자기자본의 10배 이내에서 자금차입이 가능하며 자금의 대여는 금지된다.

개념 Plus⁺ 부동산 투자회사(REITs)

개념	여러 투자자들로부터 모은 자금을 부동산에 투자하고 이를 운용하여 발생한 수익을 투자자에게 배분하는 제도(국토교통부 관리·감독)
도입 배경	부동산 시장의 가격 안정, 외환위기 이후 부실기업 구조조정 지원, 그리고 소액 투자자에게 부동산 투자 기회를 확대하기 위해 도입
법적 성격	단순한 자금 모임이 아닌 상법상 주식회사로서, 법인과 동일하게 주주총회·이사회·감사 등의 조직 구조를 갖춤
자산관리회사 (AMC)	리츠가 위탁한 보유 부동산을 관리·운영하며, 임대차, 유지보수, 사무수탁 등 다양한 부동산 서비스 업무를 수행

26 ①

| 정답해설 | 자기관리 부동산 투자회사에 대한 설명이다. 자기관리 부동산 투자회사란 자산운용 전문가를 포함한 임직원을 직접 고용(자체 인력)하여, 투자와 운용을 스스로 수행하는 부동산 투자회사를 말한다.

개념 Plus⁺ 부동산 투자회사(REITs)의 종류

자기관리 부동산 투자 회사	자산운용 전문가를 포함한 임직원을 직접 고용(자체 인력)하여, 투자와 운용을 스스로 수행하는 부동산 투자회사
위탁관리 부동산 투자 회사	투자와 운용업무를 외부 자산관리회사(AMC)에 위탁하여 운영하는 부동산 투자회사
기업구조조정 부동산 투자 회사	기업구조조정 관련 자산(부실채권, 기업부동산 등)을 투자대상으로 하며, 자산의 운용을 자산관리회사에 위탁하는 부동산 투자회사

27 ③

| 정답해설 | ⓒ 부동산 투자회사(REITs)의 종류에는 자기관리 부동산 투자회사, 위탁관리 부동산 투자회사, 기업구조조정 부동산 투자회사가 있다.
ⓔ 부동산 투자회사는 발기설립의 방법으로 하여야 하며, 현물출자에 의한 설립을 할 수 없다.
※ 자기관리 부동산 투자회사의 설립 자본금은 5억 원 이상, 위탁관리 부동산 투자회사 및 기업구조조정 부동산 투자회사의 설립 자본금은 3억 원 이상으로 한다.

| 오답해설 |
㉠ 자기관리 부동산 투자회사는 자산운용 전문가를 포함한 임직원을 직접 고용하는 형태이다.
ⓛ 부동산 투자회사는 국토교통부의 영업인가를 받아 설립해야 한다.

28 ④

| 정답해설 | 리츠는 상법상 주식회사이며, 자산관리회사(AMC)가 부동산의 실질 관리와 운용을 담당한다.

| 오답해설 |
① 부동산 펀드는 비상장일 수도 있으며, 주식분산요건에 제한은 없다.
② 부동산 펀드에 대한 설명이다. 리츠는 법인격을 가진 주식회사이다.
③ 리츠에 대한 설명이다. 부동산 펀드는 계약형으로 설립된다.

개념 Plus⁺ 부동산 펀드 vs 부동산 투자회사(REITs)

구분	부동산 펀드 (Real Estate Fund)	부동산 투자회사(REITs)
근거법	자본시장과 금융투자업에 관한 법률	부동산 투자회사법
설립	금융감독원 등록	발기설립 – 국토교통부의 영업인가
법적 성격	계약(법인격 없음)	상법상 주식회사
영업인가 최소자본금	제한 없음	50억(자기관리형 리츠: 70억)
자산운용	부동산 개발·대출·실물매입 및 운용(부동산 등에 50% 이상 투자)	부동산 개발·실물매입 및 운용(부동산 등에 70% 이상 투자)
주식분산	제한 없음	1인당 50% 이내(단, 연기금·공제회 등의 소유지분은 제한 없음)
운용보수	일반적으로 리츠보다 낮음	별도 관리조직 유지 등에 따라 다소 높음
자금차입	순자산의 2배 이내(일반 사모펀드는 4배 이내)	자기자본의 2배 가능(주총 특별결의 시 자기자본의 10배까지 가능)
자금대여	순자산의 100% 이내	금지
법인세	법인세 과세 대상 아님	• 자기관리형: 부과 • 위탁관리형, CR REITs: 면제

29 ②

| 정답해설 | 부동산의 가치는 부동산의 효용성, 부동산의 유효수요, 부동산의 상대적 희소성에 의해 발생한다.

개념 Plus⁺ 부동산 가치의 발생 요인

부동산의 효용성	부동산을 사용하거나 임대하여 얻을 수 있는 사용가치
부동산의 유효수요	부동산을 원하는 욕구와, 이를 실제로 구매·취득할 수 있는 재정적 능력을 동시에 갖춘 수요
부동산의 상대적 희소성	부동산은 공급량이 한정되어 있어, 그 제한된 자원으로 인해 가치가 형성되는 특성

30 ④

| 정답해설 | 포트폴리오의 수익률이란 개별 부동산의 수익률에 포트폴리오 전체에서 해당 자산이 차지하는 비중을 곱한 것을 더한 값, 즉, 가중평균한 값을 말한다.

| 오답해설 |
① 해당 투자대상의 부동산 고유한 특성에 의해서 발생하는 위험은 비체계적 위험이라고 한다.
② 부동산 포트폴리오의 위험은 단순히 두 부동산의 분산을 가중평균한 것이 아니라 거기에 두 자산 간의 공분산까지도 포함된다.
③ 비체계 위험은 분산이 가능하여 피할 수 있는 위험이고, 체계적 위험은 분산이 불가능하여 피할 수 없는 위험이다. 즉, 투자대상을 무한대로 늘릴 경우 비체계적 위험이 0에 수렴한다.

개념 Plus⁺	포트폴리오의 수익률과 위험의 측정
수익률	• 포트폴리오의 수익률은 개별 부동산의 수익률에 포트폴리오 전체에서 해당 자산이 차지하는 비중을 곱한 것을 더한(가중평균한) 값임 • a와 b 부동산으로 구성된 포트폴리오의 수익률(R_p) 　$=(W_a \times R_a)+(W_b \times R_b)$ 　– W_a=전체 포트폴리오에서 a가 차지하는 비중 　– W_b=전체 포트폴리오에서 b가 차지하는 비중 　– R_a=a 자산의 기대수익률 　– R_b=b 자산의 기대수익률
위험	• 부동산 포트폴리오의 위험(변동성)은 단순히 두 부동산의 분산을 가중평균한 것이 아닌 두 자산 간의 공분산까지도 포함됨 • a와 b 부동산으로 구성된 포트폴리오의 분산 　$=W_a^2\sigma_a^2+W_b^2\sigma_b^2+2W_aW_b \times \sigma_{ab}$ 　– σ_a^2: a 부동산의 분산 　– σ_b^2: b 부동산의 분산 　– σ_{ab}: a, b 부동산의 공분산

31 ②

| 정답해설 | 부동산 포트폴리오의 위험은 단순히 두 부동산의 분산을 가중평균한 것뿐만 아니라 두 자산 간의 공분산까지 포함된다.

32 ④

| 정답해설 | 체계적 위험은 분산투자로 제거 불가능한 시장 전반의 리스크로, 금리·환율 등 거시경제 요인이 포함된다.

| 오답해설 |
①②③ 모두 비체계적 위험(개별 위험)에 해당한다.

개념 Plus⁺	포트폴리오의 위험
총위험	부동산 투자의 전체 위험=체계적 위험+비체계적 위험
체계적 위험	• 시장의 불확실성으로 인한 시장 전체의 변동과 관련된 위험 • 분산이 불가능하여 피할 수 없는 위험
비체계적 위험	• 해당 투자대상의 부동산 고유한 특성에 의해서 발생하는 위험 • 분산이 가능하여 피할 수 있는 위험

33 ④

| 정답해설 | 최유효이용의 원칙은 가장 효율적인 사용 형태를 기준으로 부동산의 가치가 평가된다는 개념이다.

개념 Plus⁺	부동산 가치추계의 원칙
예측의 원칙	부동산의 가치는 현재나 과거의 편익보다 앞으로 기대되는 편익에 좌우된다는 원칙으로, 과거 자료는 향후 편익을 추정하는 근거로 활용됨
외부성의 원칙	대상 부동산은 주변 환경이나 외부 여건의 영향을 받는다는 원칙으로, 긍정적 영향은 외부경제, 부정적 영향은 외부불경제라 함
수요·공급의 원칙	부동산 가격은 수요와 공급의 관계에 따라 형성된다는 원칙으로, 감정 시 시장의 수급 현황을 분석해 반영해야 함
최유효 이용의 원칙	부동산의 평가는 가장 합리적이고 수익성이 높은 이용 상태를 기준으로 이루어진다는 원칙으로, 부동산에만 적용되는 원칙

34 ①

| 정답해설 | 수익방식(수익환원법)이란 부동산이 창출할 미래 수익을 현재가치로 환산하여 평가하는 것이며, 과거 거래가격을 평균하여 평가하는 방식이 아니다.

| 오답해설 |
② 비교방식은 유사한 부동산의 실제 거래 사례를 바탕으로 비교·보정하여 평가하여 실거래 기반으로 현실성과 신뢰도가 높다는 장점이 있다.
③ 수익방식은 부동산이 창출할 미래 수익을 현재가치로 환산하여 평가하는 방식이다.
④ 원가방식은 해당 부동산과 유사한 자산을 새로 짓는 데 드는 비용(재조달원가)을 기준으로 감가수정하여 평가하는 방식이다.

35 ④

| 정답해설 | 수익방식은 미래 순수익을 환원율로 나누어 현재가치를 구하는 방식이며, 임대용·기업용 등 수익형 부동산에 적합하다.

| 오답해설 |
① 원가방식(원가법)에 대한 설명이다.
② 수익방식은 거래 사례 부족 시 대안이 될 수 있지만, '가장 많이 활용된다'는 표현은 부정확하다.
③ 수익방식은 수익성이 있는 부동산에만 적용 가능하며, 수익이 없는 경우에는 적용이 불가하거나 부적절하다.

2과목 투자운용 및 전략 Ⅱ / 투자분석

1장 대안투자운용·투자전략 127쪽

01	②	02	②	03	①	04	④	05	③
06	②	07	④	08	①	09	④	10	②
11	④	12	③	13	①	14	③	15	①
16	④	17	③	18	④	19	④	20	②
21	④	22	②	23	④	24	②	25	①
26	②	27	④	28	②	29	④	30	④
31	④	32	③	33	①	34	①	35	③

01 ②

| 정답해설 | 부동산과 인프라스트럭처는 대안투자상품에 해당한다.

| 오답해설 |
채권과 MMF는 전통자산에 해당한다.

개념 Plus⁺ 투자상품

투자상품의 분류	투자상품은 자산군(asset class)에 따라 전통투자자산과 대안투자자산으로 구분함
전통자산	주식, 채권, 환율 등에 투자하는 자산군 ▶ 펀드 형태: 주식형, 채권형, 혼합형, MMF 등
대안자산 (Alternative Asset)	새로운 투자대상으로, 전통자산 외 다양한 실물 및 전략 자산 포함 ▶ 헤지펀드, 부동산, 원자재 등 일반상품, 사회간접시설 등 인프라스트럭처, PEF, Credit Structure 등

02 ②

| 정답해설 | 대안투자상품은 기존 매수 중심 투자 전략과 달리 차입, 공매도, 파생상품 등 다양한 전략을 활용한다.

개념 Plus⁺ 대안투자상품의 특징

전통자산과의 상관관계	• 기존에는 대안투자상품과 전통자산의 낮은 상관관계로 인해 포트폴리오 분산 효과가 있었음(전통자산 포트폴리오에 대안투자상품 포함 시 위험은 작아지고 기대수익은 높아짐) • 다만, 최근에는 두 자산 간의 상관관계가 높아지는 경향이 있어, 새로운 투자전략과 포트폴리오 전략이 필요함
유동성 (Liquidity)	• 장외시장 거래 → 유동성 ↓ • 환매금지기간 → 투자기간 ↑
거래 전략의 차이	• 기존 매수 중심 투자 전략과 달리 차입, 공매도, 파생상품 등 다양한 전략 활용 • 레버리지 및 복잡한 거래전략 사용으로 규제가 많음 → 기관투자가·고액자산가로 구성
투자자 구성	주로 기관투자자 중심(계약자산 또는 기탁자산형태로 구성)
성과자료 제약	과거 자료가 부족해 성과평가가 제한적이며, 고도의 운용 역량을 요구함
진입장벽	• 전통투자에 비해 운용자의 스킬이 중요시됨 • 보수율은 높은 수준이며, 성공보수가 함께 청구되는 경우가 많음 • 진입장벽이 높음

03 ①

| 정답해설 | 대안투자상품은 장외시장에서 거래되어 유동성과 환금성이 낮다.

04 ④

| 정답해설 | 대안투자상품은 전통적 투자와 달리 차입, 공매도, 파생상품, 레버리지 등 다양한 전략을 사용하는 복합적 구조의 상품이다.

| 오답해설 |
① 대안투자상품은 상장주식이나 국채와 같은 안전자산이 아니라, 비상장·실물자산·전략 중심의 자산이다.
② 복잡한 구조를 가진 상품은 대안투자상품이며, 전통적 투자상품은 구조가 비교적 단순하다.
③ 전통적 투자상품은 주식, 채권 중심의 매수 위주 전략이며, 공매도·레버리지를 중심으로 하지 않는다.

05 ③

| 정답해설 | 대안투자상품은 전통자산과 낮은 상관관계를 보여, 포트폴리오의 리스크 분산에 기여하는 자산군이다.

| 오답해설 |
① 대안투자상품은 대부분 장외시장 중심으로 거래되어 유동성이 낮고, 환매금지기간이 있어서 투자기간이 길다.
② 대부분은 비상장 및 장외시장에서 거래되므로 가격의 투명성이 낮고, 공시자료가 제한적이다.
④ 대안투자는 비교적 새로운 자산군이기 때문에 과거 성과자료가 부족하여 예측에 제약이 있다.

06 ②

| 정답해설 | 담보대출을 통해 현금흐름을 발생시키는 것은 주택금융이다. 수익형 부동산 금융은 일반적으로 보유하고 있는 부동

산을 임대해서 현금흐름을 창출한다.

| 오답해설 |
① 부동산 투자회사(REITs) 지분은 증권시장에 상장되므로 유동성이 높고, 일반 투자자도 적은 금액으로 부동산에 투자할 수 있다는 장점이 있다.
③ 주택저당증권(MBS)는 주택자금대출로부터 발생하는 채권과 저당권을 기초자산으로 발행하는 증권을 말한다.
④ 프로젝트 파이낸싱(PF)은 사업체와 독립된 프로젝트 자체에서 발생하는 미래 현금흐름을 담보로 자금을 조달하는 방식을 말한다.

개념 Plus⁺ 수익형 부동산 금융의 종류

자산담보부증권 (ABS)	• 보유하고 있는 자산을 담보로 증권화하는 상품 • 금융기관이나 일반기업이 보유한 자산(외상매출금, 대출채권, 부동산임대채권 등)을 유동화전문회사(SPC)에 양도하고, SPC는 그 자산을 담보로 ABS를 발행하여 투자자로부터 자금을 조달한 후 원자산보유자에게 전달함 • 구조: 자산보유자 → 채권 양도 → SPC → ABS 발행 → 투자자
주택저당증권 (MBS)	• 주택자금대출로부터 발생하는 채권과 저당권을 기초자산으로 발행하는 증권 • ABS의 일종이나, 주택저당채권을 전문적으로 유동화하는 기관이 존재함 • 구조: 대출기관 → 주택저당채권 양도 → SPC·유동화중개기관 → MBS 발행 → 투자자
부동산 투자회사 (REITs)	• 여러 투자자로부터 자금을 모아 상업용 부동산이나 개발사업에 투자하고 발생한 수익을 배당의 형태로 투자자에게 분배하는 회사 • REITs 지분은 증권시장에 상장되므로 유동성이 높고, 일반투자자도 적은 금액으로 부동산에 투자할 수 있음

07 ④

| 정답해설 | 부동산 금융은 부동산을 기반으로 자금을 조달하는 금융으로, 주택금융(담보대출)과 수익형 부동산 금융(ABS, MBS 등)으로 나뉜다.

| 오답해설 |
① 주택금융은 임대채권 유동화가 아닌 담보대출을 중심으로 한다.
② 부동산 금융은 개발사업뿐만 아니라 주택담보대출 등 다양한 영역을 포함한다.
③ 수익형 부동산 금융은 담보 없이 이뤄지는 것이 아니라 자산을 담보로 유동화한다.

개념 Plus⁺ 수익형 부동산 금융의 종류

부동산 금융의 개념	부동산을 기초로 하여 자금을 조달하거나 투자하는 금융기법으로, 주로 주택금융과 수익형 부동산에 대한 금융으로 구분됨
주택금융 (담보대출)	개인이나 기업이 부동산을 담보로 금융기관으로부터 직접 자금을 대출받는 형태로, 가장 전통적인 부동산 금융
수익형 부동산 금융	• 부동산에서 발생하는 미래의 수익을 기초로 자금을 조달하는 구조화 금융 • 주로 부동산 증권(자산유동화 방식)과 부동산 개발금융으로 구분

08 ①

| 정답해설 | 부동산 개발사업에서 부동산의 건축(건설)을 담당하는 주체는 시공사이다. 시행사는 사업의 주체로, 토지매입 및 자금 조달 등을 주도한다.

| 오답해설 |
② 지주수가 많은 토지의 경우 토지 확보 위험에 노출되므로, 사업부지 전체 지주와 일괄 계약하는 동시에 자금을 집행하면 토지매입 대금이 오르는 위험을 줄일 수 있다.
③ 대주단과 부동산 펀드 입장에서는 인허가가 완료된 후 프로젝트 파이낸싱을 시작하는 것이 가장 유리하다. 그러나 토지 대금, 중도금, 잔금은 인허가 이전에도 지급해야 하므로, 실제로는 인허가 완료 전에 자금 투입이 불가피한 상황이 발생하기 때문에 일정 기한까지 인허가 미승인 시 시공사 채무 승인 등 트리거 조건을 설정하여 위험에 대비할 수 있다.
④ 프로젝트 파이낸싱(PF)은 사업자와 법적으로 독립된 프로젝트에서 발생하는 미래 현금흐름을 담보로 자금을 조달하는 금융기법이다.

개념 Plus⁺ 프로젝트 금융(PF)의 주요 구성요소 및 역할

시행사	• 사업의 주체로, 토지매입 및 자금 조달 주도 • 보통 자금력과 신용등급이 낮은 중소업체 ※ 대부분의 시행사는 자본금이 적은 중소규모 업체로 신용등급이 낮아 일반적인 신용대출을 받기 어렵지만, 매입 예정 토지와 사업에서 발생할 미래 현금흐름을 담보로 프로젝트 파이낸싱(PF)을 통해 자금을 조달할 수 있음 • 사업을 총괄하는 주체로서 사업 전반의 위험을 부담하는 대신, 참여자 중 가장 큰 수익을 얻음
시공사	• 부동산 건설을 담당 • 완공에 대한 책임이 발생함에 따라, 시행사는 사업 수행 과정에서 대주단과 부동산 펀드로부터 받은 자금에 대해 필요 시 일정 금액 이상을 보증함 • 시공사의 신용은 시행사의 리스크를 보완하는 역할을 함
대주단 혹은 부동산 펀드	PF 자금을 공급하는 금융기관 또는 부동산 펀드
Escrow Account (에스크로 계좌)	• 분양수입금 등을 관리하는 별도 계좌(전원 동의 시 자금 인출 가능) • 출금 순서: 제세공과금 → 필수경비 → 대출 원리금 → 공사비 → 시행사 이익
개발 프로세스	토지매입 → 사업 인허가 → 분양/착공 → 준공 및 임대 등의 단계 진행

09 ④

| 정답해설 | 시행사는 사업의 주체로 토지매입 및 자금 조달 등을 주도하며, 일반적으로 자금력과 신용등급이 낮은 중소업체인 경우가 대부분이다.

| 오답해설 |
① 시공사의 보증은 필수 요건이 아니다.
② 시공사와 시행사는 별도의 법인이다.
③ 금융기관의 허가는 시행 조건에 해당하지 않는다.

10 ②

| 정답해설 | 지주 수가 많은 토지의 경우 사업부의 전체지주와 일괄계약하는 것이 바람직하다.

11 ④

| 정답해설 | 무한책임사원의 자기거래금지 및 무효조항은 무한책임사원의 도덕적 해이를 통제하는 보조적 수단이다.
| 오답해설 |
① PEF는 비상장기업 또는 사업 구조 개선이 필요한 기업에 투자하고, 해당 기업의 경영에 관여하여 기업가치를 높인 후 주식매각(IPO)이나 M&A 등을 통해 수익을 회수(Exit)하는 펀드로, 합자회사 형태의 무한책임사원과 유한책임사원으로 구성되어 있다.
② 무한책임사원은 펀드를 설립하고, 투자 대상 선정·운용·관리를 전담한다.
③ 유한책임사원은 자본만 출자하고 투자금 내에서만 책임을 지며, 운용에 직접 관여하지 않는다.

개념 Plus⁺ PEF의 무한책임사원과 유한책임사원

구분	무한책임사원(GP)	유한책임사원(LP)
책임 범위	투자로 인한 손실이 출자액을 넘어도 전액 책임	손실은 투자한 금액 한도 내에서만 부담
역할	펀드를 설립하고, 투자 대상 선정·운용·관리 전담	자본만 투자하며 펀드 운용에는 관여하지 않음
정보 공개	펀드 운용 주체로서 출자 비율·운용 실적 등을 투자자와 감독기관에 투명하게 공개하여 신뢰와 평판을 확보	자본만 출자하며 개별 출자 내역과 신원은 외부에 비공개
주요 대상	자산운용사·PEF 전문 운용사 등	소수의 고액 개인투자자·기관투자자

12 ③

| 정답해설 | PEF는 보유한 지분을 제3자에게 매각하여 자금을 회수할 수 있다.
| 오답해설 |
① 무한책임사원은 펀드를 설립하고, 투자 대상 선정·운용·관리를 전담한다.
② 유한책임사원은 자본만 출자하며, 개별 출자 내역과 신원은 외부에 비공개하는 것이 원칙이다.
④ 무한책임사원은 투자로 인한 손실이 출자액을 넘어도 전액 책임을 진다.

개념 Plus⁺ PEF의 투자 회수

매각 (Trade Sale)	• PEF가 보유한 지분을 제3자에게 매각하여 자금을 회수하는 방식 • 가장 전통적이며 일반적인 회수 전략으로 매수자는 일반 기업, 전략적 투자자, 다른 PEF 등 다양함 • 일반기업에 매각 시 시장가치 이상의 매각 가능성이 있고, 다른 PEF에 매각 시에는 할인 매각(secondary fund)이 일반적임
상장 (IPO)	• 공모절차를 거쳐 인수기업을 주식시장에 상장시켜 일반투자자에게 매각함으로써 자금을 회수하는 방식 • 매각과 달리 불특정 다수에게 매도하는 public exit 방식 • 일반적으로 매각보다 후순위 전략으로 활용되며, 기업가치가 일정 이상 확보되어야 가능
유상감자 및 배당 (Recapitalization)	• 기업이 차입 또는 자본 재조정을 통해 PEF에 현금배당 또는 감자대금을 지급하는 방식 • PEF가 기업에서 경영권은 유지한 채, 현금만 회수할 수 있는 방법 • 상장 이전 중간 회수 전략으로 활용되며, 지분율은 유지한 채 일부 투자금 회수가 가능 • 기업의 수명 단축, 장기 성장성 저해 등 부작용 초래
PEF 자체 상장	• PEF가 공개시장에서 직접 상장되는 방식 • 금리 상승, 유동성 경색기 등 전통적 회수 전략이 어려운 경우 사용 • 단순 인수기업 상장보다 PEF 전체 운용성과를 시장에 평가받는 구조이며, 투자자 측면에서도 유리

13 ①

| 정답해설 | 증자는 투자자금을 회수하는 방식이 아니라, 오히려 자본을 추가로 투입하는 행위이기 때문에 회수(Exit) 전략과는 성격이 다르다. 투자자금을 회수하기 위한 방법 중 하나로 유상감자 방식이 사용된다. 유상감자는 회사가 자본금을 줄이는 과정에서 주주에게 현금이나 다른 자산을 지급하는 방식이기 때문에, PEF 입장에서는 투자자금 회수(Exit) 수단 중 하나로 분류된다.

14 ③

| 정답해설 | 무한책임사원은 펀드 운용 주체로서 출자 비율·운용 실적 등을 투자자와 감독기관에 투명하게 공개하여 신뢰와 평판을 확보해야 한다. 하지만 유한책임사원은 자본만 출자하며 개별 출자 내역과 신원은 외부에 비공개하는 것이 원칙이다.
| 오답해설 |
① 유한책임사원의 손실은 PEF에 투자한 금액 한도 내에서만 부담한다.
② PEF는 세제 혜택이나 위험관리 등의 목적에 따라 특수목적기구(SPC)를 설립해 투자할 수 있다.
④ 무한책임사원은 펀드를 설립하고, 투자 대상 선정·운용·관리를 전담하며, 투자로 인한 손실이 출자액을 넘어도 전액 책임진다.

15 ①

| 정답해설 | PEF는 사모펀드이므로 사원 총수(총 투자자 수)는 100인 이하까지 모집이 가능하다.
| 오답해설 |
② PEF는 일반적으로 합자회사(limited partnership)로 운용되는데, 합자회사는 무한책임사원(GP)과 유한책임사원(LP)으로 구성되어 있다. 참고로 PEF는 운용자(무한책임사원)와 투자자(유한책임사원) 간의 본인-대리인 문제를 최소화하기 위해 합자회사 형태를 주로 사용한다. 이 구조에서는 운용자(무한책임사원)도 자금을 함께 투자하고, 목표 수익을 초과하면 인센티브를 부여하여 양측의 이

해관계를 일치시킨다. 여기에 더해 자기거래 금지, 유한책임사원의 감독권 부여 등의 장치를 통해 무한책임사원의 도덕적 해이를 방지한다.
③ 유한책임사원은 자본만 출자하며 개별 출자 내역과 신원은 외부에 비공개하는 것이 원칙이다.
④ 법으로 정한 연고자, 전문가 외에는 일반투자자(소액투자자)는 49인까지만 모집이 가능하며, 50인 이상 권유 시 공모펀드로 간주된다.

개념 Plus⁺ PEF의 설립 요건

사모펀드 정의 및 모집 제한	• 신문·잡지·방송 등 불특정 다수를 대상으로 한 모집 금지 • 총 투자자(전문 + 일반투자자) 수 100인 이하로부터 자금 모집 • 단, 일반투자자(소액투자자)는 49인까지만 모집 가능(50인 이상 권유 시 공모펀드로 간주됨)
PEF 정관 기재사항	목적, 상호, 회사 소재지, 사업의 출자목적·가격 기준, 해산 사유, 사원 성명·주민등록번호 및 주소, 책임사원(GP/LP) 구분, 작성연월일
등기·등록 요건	• 등기사항: 목적, 상호, 회사 소재지, 해산 사유, 무한책임사원(GP)의 상호 또는 명칭·사업자등록번호 및 주소 • 금융위원회 등록사항: 등기사항 + 업무집행사원에 관한 사항, PEF의 운용에 관한 사항, 전담중개업무를 제공받는 경우 서비스를 제공하는 종합금융투자사업자에 관한 사항(설립등기일로부터 2주 이내 금융위원회 등록 필요) ※ 무한책임사원(GP)은 운용 실질 책임자이므로 등기·등록 대상이지만, 유한책임사원(LP)은 출자자 역할이므로 등기·등록 대상이 아님

16 ④

| 정답해설 | 대부분의 PEF는 limited partnership(합자회사) 구조로 운영되며, GP는 무한책임사원으로 운용을 담당하고, LP는 유한책임사원으로 출자만 하고 책임은 제한적이다.

| 오답해설 |
① 금융감독원 승인이 반드시 필요한 것은 아니며, 등록 요건에 따라 다르다.
② GP와 LP는 역할과 책임의 범위가 명확히 다르다.
③ PEF는 사모펀드로, 사모펀드는 소수 투자자를 대상으로 비공개 방식으로 자금을 모집한다.

17 ④

| 정답해설 | 무한책임사원은 노무 또는 신용출자를 할 수 없도록 하고, 반드시 금전 또는 시장성 있는 유가증권을 출자하도록 하였다. 이는 PEF의 투자자로서의 자격을 부여받기 위해서는 현금 또는 이와 유사한 금전적 출자가 있어야 하기 때문이다.

개념 Plus⁺ PEF의 설립 요건

항목	내용	이유
일반회사의 무한책임사원(GP) 자격 허용	상법상 회사는 무한책임사원(GP)이 될 수 없으나, PEF는 예외적으로 가능	자산운용사, 투자자문사, 증권사, 은행 등 전문 기관도 PEF를 통해 자산운용이 가능해야 하기 때문
금전 출자 의무	무한책임사원(GP)은 일반적으로 노무 또는 신용 출자를 할 수 없고, 반드시 금전 또는 시장성 있는 유가증권을 출자해야 함	PEF의 투자자로서의 자격을 부여받기 위해서는 현금 또는 이와 유사한 금전적 출자가 있어야 함
경업금지 의무 면제	PEF의 무한책임사원(GP)은 상법상 경업금지의무가 면제됨	PEF의 산업 발전을 위해 하나의 무한책임사원(GP)이 여러 개의 펀드를 운용할 수 있어야 함
임의적 퇴사 금지	무한책임사원(GP)은 다른 사원의 동의 없이 임의로 퇴사 불가	무한책임사원(GP)의 임의 퇴사 시 펀드 운용 불확실성 및 유한책임사원(LP) 보호 약화 우려 때문

18 ④

| 정답해설 | ⓒ 사회간접자본시설에 대한 투자도 운용 방식 중 하나로 인정된다.
ⓒ 여유자금은 PEF 자산의 5% 이내에서 포트폴리오 투자나 금융기관 예치가 가능하다.
ⓔ PEF의 차입은 원칙적으로 금지되나, 일시적 자금 부족 시 PEF 자산의 10% 이내에서 예외적으로 허용된다.

| 오답해설 |
㉠ 지분 10% 이상을 투자하는 방식 외에도 지분 10% 미만이더라도 임원 선임 등 사실상 경영 지배권 행사 가능한 경우이거나 사회간접자본시설에 대한 투자도 허용된다.

개념 Plus⁺ PEF의 운용 요건

기본 원칙	• PEF는 다음 3가지 방식 중 1개 이상의 방식으로 1년(개정 후 2년) 이내에 전체 투자금의 50% 이상을 투자해야 함 – 지분 10% 이상 투자 – 지분 10% 미만이더라도 임원 선임 등 사실상 경영 지배권 행사 가능한 경우 – 사회간접자본시설에 대한 투자
공동투자 허용	• 다른 회사의 경영권 참여를 목적으로 자산 운용 시 다른 PEF와 공동으로 투자 가능 • 공동투자 인정 요건 – 지분증권 또는 주권 관련 사채권의 공동 취득·처분 – 지분증권 또는 주권 관련 사채권의 공동 양도·양수 – 의결권 공동 행사(의결권 위임 포함)
레버리지 규제	펀드 순자산의 400% 이내에서 차입·파생상품 활용 가능(단, 전문투자형 사모펀드에만 해당)
여유자금 운용	금융기관 예치, 포트폴리오 투자 등 PEF 자산의 5% 이내에서 가능
차입 가능 여부	• 원칙: 금지 • 단, 일시적 유동성 부족의 경우 PEF 자산의 10% 이내 한정 허용

19 ④

| 정답해설 | 이머징마켓 헤지펀드에 대한 설명이다. 섹터헤지펀드는 특정 산업 분야 기업의 증권을 대상으로 롱·숏 투자를 전문적으로 수행하며, 오락·통신·방송·금융 등 다양한 업종과 대형주·중형주·소형주·가치주·성장주를 폭넓게 포함한다.

개념 Plus⁺ 헤지펀드의 운용전략 중 방향성 전략의 종류

글로벌 매크로 (global macro)	• 금리, 경제정책, 인플레이션 등 거시경제 지표를 분석해 전 세계 경제 흐름을 예측하고, 이를 바탕으로 포트폴리오를 구성하는 투자 방식 • 개별 기업의 증권 가치보다는 전체 자산군(주식, 채권, 통화, 원자재 등)의 가치 변동에서 수익 기회를 찾는 것이 특징임
이머징마켓 헤지펀드 (emerging market hedge fund)	신흥시장에서 거래되는 다양한 증권에 투자하는 방향성 전략으로, 신흥국은 공매도가 제한적인 경우가 많아 주로 매수 중심 전략을 활용함
섹터헤지펀드 (sector hedge fund)	특정 산업 분야 기업의 증권을 대상으로 롱·숏 투자를 전문적으로 수행하며, 오락·통신·방송·금융 등 다양한 업종과 대형주·중형주·소형주·가치주·성장주를 폭넓게 포함함
매도전문펀드 (dedicated-short hedge fund)	주가 하락 시 이익을 얻기 위해 매도 포지션을 취하는 전략으로, 먼저 주식을 차입해 매도한 뒤, 이후 시장에서 더 낮은 가격에 다시 매입해 주식 대여자에게 반환함

20 ②

| 정답해설 | 헤지펀드 운용자 자신도 고액의 자기 자금을 투자할 수 있다.

개념 Plus⁺ 헤지펀드의 개념 및 특징

개념 및 특징	• 주식, 채권, 파생상품, 실물자산 등 다양한 상품에 투자해 목표 수익을 달성하는 것을 목적으로 함 • 불특정 다수로부터 자금을 유치하는 공모펀드와 달리 100인 이하(자본시장법은 49인 이하)의 소수 고액투자자들로부터 자금을 모아 파트너십을 구성한 뒤 국제적 조세회피 지역에서 주로 활동하는 사모펀드 형태가 일반적임 • 현물과 선물을 결합하여 다양한 투자전략을 사용하고 목표 이상의 수익을 내면 펀드 운용사는 높은 수준의 운용보수 및 성과보수를 받게 됨 • 헤지펀드는 단기투자자본으로 투자내용을 공개하지 않으며 거액의 차입도 가능한 특징을 가짐 • 통상적인 집합투자기구에 부과되는 차입(leverage)규제를 받지 않아 높은 수준의 차입을 활용할 수 있음 • 펀드 운용사에게 운용보수 및 성과보수를 부과함 • 분기, 반기 또는 연별로 정기적 펀드의 매각이 인정됨 • 헤지펀드 운용자 자신이 고액의 자기 자금을 투자할 수 있음 • 투기적 목적으로 파생상품을 활용할 뿐만 아니라 공매도(short-selling)가 가능함 • 다양한 리스크 또는 복잡한 구조의 상품에 투자하는 요소를 지님

21 ④

| 정답해설 | 상황의존전략(Event Driven 전략)에 대한 설명이다.

개념 Plus⁺ 헤지펀드의 운용전략

차익거래 전략	• 공매도와 차입을 활용해 시장의 비효율성과 분리된 시장 간 가격 차이를 기반으로 차익거래 기회를 포착하고, 동시에 시장 전체 흐름에 대한 노출을 최소화하여 변동성 영향을 줄이는 중립형 투자전략 • 전환사채 차익거래, 채권 차익거래, 주식시장 중립형(동일한 규모의 롱·숏 전략)
상황의존전략 (Event Driven 전략)	• 기업의 합병, 구조조정, 청산, 파산 등 기업 가치에 큰 영향을 미치는 사건을 사전에 예측하고, 그 과정에서 발생하는 가격 변동을 활용해 공매도와 차입 등으로 수익을 창출하는 방식 • 부실채권투자, 위험차익/합병 차익거래
방향성 전략	• 특정 종목이나 시장의 방향성에 근거해 매매 기회를 포착하는 전략으로, 시장 위험을 헤지한 종목 선별로 수익을 극대화하기보다는 공매도와 차입을 활용해 증권·시장 자체의 상승 또는 하락 흐름에 맞춰 투자하는 기법 • 주식의 롱숏, 글로벌 매크로, 이머징마켓 헤지펀드, 선물거래
펀드 오브 헤지펀드 전략	• 자금을 여러 개(보통 15~30개)의 헤지펀드에 배분하여 투자하는 펀드 • 위험을 분산할 수 있고, 구매 부담이 적으며, 접근이 용이하고, 전문가에 의한 운용이 가능하며, 사전에 자산이 배분되어 있는 등의 장점이 있음

22 ②

| 정답해설 | 글로벌 매크로와 이머징마켓 헤지펀드는 방향성 전략에 해당한다.
| 오답해설 |
㉠ 부실채권투자는 상황의존전략(Event Driven)에 해당한다.
㉢㉣ 주식시장 중립형과 전환사채 차익거래는 차익거래 전략에 해당한다.

23 ④

| 정답해설 | Long/Short Equity 전략은 시장 방향성과 무관하게 롱과 숏 포지션을 동시에 운용하여 중립적 수익을 추구한다.
| 오답해설 |
① 숏 전략만 사용하는 것은 단일 하락 대응 전략이며, Long/Short 전략은 양방향 모두에 투자하므로 상승장과 하락장 모두에서 수익을 낼 수 있다.
② 롱 포지션만 사용하는 전략은 시장 중립 전략이 아니며, 일반적인 상승장대응 전략이다.
③ 주가가 상승할 종목은 매수하고 하락할 종목은 매도하여 손실을 회피하는 전략이다.

개념 Plus⁺ Long/Short Equity 전략

• 매수(Long)와 매도(Short), 레버리지를 함께 사용하는 전략으로, 주가 상승이 예상되는 종목은 매수, 하락이 예상되는 종목은 매도하여 시장 방향과 무관하게 수익을 추구하는 전략이다(롱과 숏 포지션을 동일 금액 또는 비슷한 비율로 구성해 시장 상승과 하락 양방향에 투자하여 중립적 포지션을 구축).
• 공매도 가능성, 주식의 대차 거래 가능 여부 등 사전 확인이 필요하다.
• 수렴형(Convergence) 전략: 일시적으로 벌어진 두 자산의 가격 차이가 정상 범위로 되돌아가는 것을 노리는 전략이다(국내 지수 선물 차익거래).
• 발산형(Divergence) 전략: 두 자산의 가격 차이가 더 벌어질 것을 예상하고 투자하는 전략이다(Event driven, M&A 차익거래).

24 ②

| 정답해설 | 일반적으로 합병 차익거래에서는 피합병기업의 주식을 매수하고, 인수기업의 주식을 매도하는 포지션을 취한다. 이는 피합병기업의 주식이 M&A를 통해 얻게 될 이익에 비해 가격이 낮게 거래되는 성향을 갖기 때문이다. 이는 합병이 성사되지 않을 위험 때문에 발생하는 현상이다.

개념 Plus⁺ 합병 차익거래(Merger Arbitrage)

구분	내용
개념	M&A 발표, 공개매수, 자본 재구성, 분사(spin-off) 등의 기업 이벤트를 활용한 차익거래 전략
투자 목적	인수·합병이 완료될 경우 발생하는 주가의 변화에서 이익을 창출하는 것
기본 구조	• 일반적으로 피인수 합병 기업의 주식을 매수하고, 인수기업의 주식을 매도 ▶ 피인수 기업 주식은 합병 성사 실패 위험 등으로 예상 이익 대비 낮은 가격에 거래됨 • 합병 차익거래 스프레드(Merger Arbitrage Spread): 인수자가 발표한 인수 가격과 피인수 기업의 시장 가격 간 차이 ▶ 합병 차익거래 스프레드가 발생하는 이유는 합병이 성사되지 않을 위험(재무 문제, 법적 규제, 거래 구조의 불안정, 경영진 반대, 시장 악재 등) 때문
투자 원칙	• 반드시 공식 발표된 정보에 기반한 투자만 수행 • 루머나 추측 정보, 내부자 정보에 근거한 투자는 금지 • event risk에서 수익을 얻는 것을 목표로 하므로, event risk를 제외한 모든 다른 위험요소는 모두 헤지되어야 함
포지션 운용 전략	합병과 관련한 긍정적인 정보가 많은 경우 포지션을 확대하고, 부정적 정보가 존재할 경우 포지션 축소 또는 현금화

25 ①

| 정답해설 | 발표되지 않은 추측 정보에 의해 합병 차익거래를 하는 것은 매우 위험한 투자이며, 이는 내부자 정보와도 상관관계를 가질 수 있으므로 헤지펀드 매니저는 발표된 정보에만 집중해야 한다.

26 ②

| 정답해설 | 일반적으로 피인수 합병 기업의 주식을 매수하고, 인수기업의 주식을 매도한다. 피인수 기업의 주식은 합병 성사 실패 위험 등으로 인해 예상 이익 대비 낮은 가격에 거래된다.

| 오답해설 |
① 발표되지 않은 추측 정보에 의해 합병 차익거래를 하는 것은 매우 위험한 투자이며, 이는 내부자 정보와도 상관관계를 가질 수 있으므로 헤지펀드 매니저는 발표된 정보에만 집중해야 한다.
③ 합병 차익거래는 인수·합병이 완료될 때 예상되는 주가 변동을 활용해 수익을 노리는 전략으로, 이벤트 드리븐(Event-Driven) 투자형 차익거래 기법 중 하나이다.
④ 만약 합병이 취소된다면, 합병 차익거래자는 매수·매도 포지션 모두에서 손실을 본다. 따라서 포트폴리오를 구축한 후에도 event risk를 재평가하고, 합병 가능성, 합병까지의 소요 시간, 교환비율의 변화 등을 모니터링하면서 포트폴리오의 위험을 관리해야 한다.

27 ④

| 정답해설 | Stock Swap Mergers With Collar에서 합병 차익거래자는 종결 직전 평균 주가에 따라 최종 교환비율이 달라질 수 있으므로, 최소 및 최대 교환비율을 벗어나지 않도록 다양한 주가 시나리오를 가정하고 시뮬레이션 분석을 통해 예상 롱·숏 비중과 수익구조를 조정해야 한다.

개념 Plus⁺ 합병 차익거래(Merger Arbitrage)

구분	내용
Cash Merger	피인수 합병회사의 주식을 현금으로 인수하거나, 피인수 합병회사의 주식을 기초자산으로 하는 옵션에 투자하는 전략
Stock Swap Mergers	• 피합병회사의 주주가 합병회사의 주식을 정해진 교환비율에 따라 받는 방식 • 합병회사의 주가변동이 피합병회사의 주가에도 직접 영향을 줌 → 차익거래자는 합병 차익을 노리는 동시에 헤지 필요에 노출됨
Stock Swap Mergers With Collar	• 교환비율이 정해져 있지 않으며, 합병회사의 주가 변동에 따라 교환비율을 일정 범위 내에서 조정하는 방식 • 상·하한선 정함 → 합병 불확실성을 줄이려는 장치 • 차익거래자는 변동성과 합병 무산 위험을 모두 고려해 시나리오 분석을 수행해야 함

28 ②

| 정답해설 | 전환증권 차익거래는 전환사채는 (매수)하고 기초자산 주식을 (매도)하고, 이자율 변동 위험과 신용위험을 (헤지)하면서 전환사채의 이론가와 시장가격의 괴리에서 수익을 추구한다.

개념 Plus⁺ 전환증권 차익거래

구분	내용
개념	전환사채를 매수하고, 해당 전환사채의 기초자산(주식)을 공매도(숏포지션)하여 가격 차익을 추구하는 전략
수익 구조	전환사채의 이론 가치와 시장 가격 간의 차이를 이용해 수익을 창출하며, 동시에 이자율 변동 리스크와 신용 리스크를 회피
기초 원리	전환사채는 채권과 옵션의 결합상품으로, 이론적 가치보다 낮은 가격으로 거래되는 경우를 활용해 차익 기회를 얻음
헤지 방식	기초자산(주식)을 숏 포지션으로 보유함으로써, 주가 하락 시 손실을 줄이고 수익을 고정
전환증권 차익거래자가 선호하는 전환사채	• 델타·감마 트레이딩의 수익성이 높도록, 기초자산의 변동성이 크고 볼록성(convexity)이 큰 전환사채 • 유동성이 높고 기초주식을 손쉽게 차입할 수 있는 전환사채 • 전환 프리미엄(conversion premium)이 낮은 회사채 • 기초주식 숏 포지션 시 배당금 지급 부담을 줄이기 위해, 배당이 없거나 배당률이 낮은 기초자산의 전환사채 • 내재 변동성(implied volatility)이 낮은 전환사채

29 ④

| 정답해설 | 매도해야 하는 주식 수

$$= \frac{\text{전환사채의 가격}}{\text{전환가격}} \times \text{전환사채의 델타}$$

$$= \frac{\$2,000}{\$90} \times 0.7$$
$$= 15.556$$

> **개념 Plus⁺ 델타 헤징**
> - 전환증권의 델타는 기초주식가격의 변동에 따른 전환증권의 가격의 변동으로 표현된다.
> - 전환증권 차익거래는 전환증권의 매수와 델타만큼 매도되는 기초주식으로 구성되는데, 전환증권 매수는 이론가에서 할인되어 거래되는 것에서 수익기회를 찾고, 주식 매도 포지션은 주식시장의 노출을 줄여주는 역할을 한다.
> - 이때 헤지비율은 델타중립을 구축하기 위하여 매도되어야 하는 주식의 수를 말한다.

30 ④

| 정답해설 | Cash-flow Arbitrage에 대한 설명이다. Cash-flow Arbitrage는 기초자산(주식)을 매도하고, 매도로 생긴 현금흐름으로 전환사채를 매수하는 전략으로, 높은 현금흐름 확보를 목표로 하며, 수익률 개선이 가능한 전략이다.

> **개념 Plus⁺ 전환증권 차익거래의 종류**
>
> | 구분 | 개념 |
> |---|---|
> | Cash-flow arbitrage | 기초자산(주식)을 매도하고, 매도로 생긴 현금흐름으로 전환사채를 매수하는 전략 |
> | Volatility Trading | • 전환증권의 델타와 감마를 활용한 전략
• 델타 헤징(Delta Hedging): 전환증권의 가격이 기초주가의 변화에 얼마나 민감한지를 나타내는 델타를 기준으로, 매도해야 할 주식 수를 산정하고 지속적으로 조정
• Balanced Convertible: 델타가 50% 내외인 전환증권 2개를 매수하고, 해당 주식을 매도해 좌우대칭형 수익구조확보 |
> | Gamma Trading | 델타의 변화율인 감마(Gamma)를 활용해 기초자산 매매를 반복하며 수익을 추구하는 전략 |
> | Credit Arbitrage | 금리 상승 시 전환증권 가치가 하락하는 현상을 활용하여 이자율 위험은 금리스왑, 신용위험은 CDS로 각각 헤지하는 전략 |

31 ④

| 정답해설 | Super Senior 트랜치에서는 잔여이익을 수령하지 않으며, 잔여이익을 수령하는 것은 Equity 트랜치이다.

| 오답해설 |
① Equity 트랜치는 손실에 가장 먼저 노출되는 구간으로, 투자자는 수익을 초기에 일시금(up-front)으로 받고, 만기에는 남은 담보자산의 원금을 수령한다.
② Mezzanine 트랜치는 두 번째로 손실을 입는 트랜치로, Senior 트랜치(손실에 가장 마지막으로 노출)와 Equity 트랜치(손실에 가장 먼저 노출) 사이에 위치한다.
③ Senior 트랜치는 높은 신용등급과 구조적 신용보강으로 실제 현금 손실 가능성은 매우 낮지만, 시가평가 방식으로 가치가 산정되므로 금리·신용스프레드 변동, 유동성 축소 등 시장 환경 변화에 따라 평가손실이 발생할 수 있어 시가평가(Mark-to-Market) 위험이 존재한다.

> **개념 Plus⁺ CDO의 투자**
>
> | 구분 | 특징 | 위험/수익 |
> |---|---|---|
> | Super senior | senior 트랜치에서 추가적인 손실이 발생하는 경우를 가정 | 높은 신용위험과 재보험 위험의 상관관계가 낮아, 재보험사는 Super senior 트랜치를 위험 헤지와 분산투자 수단으로 봄 |
> | Senior | • 손실에 가장 마지막으로 노출
• 신용등급 높고 투자자 보호 강함 | 낮은 위험 / 낮은 수익 |
> | Mezzanine | • 중간 수준 손실 흡수
• 신용등급 중간 | 중간 위험 / 중간 수익 |
> | Equity | • 손실에 가장 먼저 노출되는 구간
• 초과수익이 기대되나 위험 큼
• Equity 트랜치는 부도율 상승 또는 자산 상관관계 하락 시 가장 먼저 가치 하락
• 초기에 한번에 받으며 만기에 잔여 담보자산 원금 수령 | 높은 위험 / 높은 수익 |

32 ③

| 정답해설 | 신용부도스왑CDS(Credit Default Swap)에 대한 설명이다.

> **개념 Plus⁺ 신용파생상품의 종류**
>
> | | |
> |---|---|
> | Credit Default Swap(CDS) | 채권 등 기초자산의 신용위험을 보장매도자에게 이전하고 프리미엄을 지급하는 계약 |
> | Total Return Swap(TRS) | 신용위험과 시장 위험을 거래 상대방에게 이전하는 계약 |
> | 신용스프레드옵션 (Credit Spread Option) | 신용스프레드를 일정한 행사 가격에 사거나 팔 수 있는 권리를 부여하는 계약 |
> | Basket Default Swap | 다수의 기초자산을 하나의 바스켓으로 묶고, 가장 먼저 부도나는 자산에 대해 보상하는 CDS의 확장형 |
> | 신용연계채권 CLN | CDS와 일반 채권을 결합한 구조로, 보장매입자는 신용위험을 CLN 발행자에게 전가하고, 발행자는 채권 매도의 형태로 해당 위험을 다시 투자자에게 전가함 |
> | 합성 CDO | 부채 포트폴리오로 구성된 준거자산에 의해 현금흐름이 담보되는 여러 개의 계층(tranche)으로 구성되는 증권 |
> | 신용지수(Credit Index) | 복수 기업의 신용위험을 지수화한 파생상품 |

33 ①

| 정답해설 | 합성 CDO는 보장매입자가 준거자산을 양도하는 것이 아니라 신용파생상품을 이용하여 자산에 내재된 신용위험을 SPC에 이전하는 유동화 방식이다.

개념 Plus⁺ CDO(Collateralized Debt Obligation)

정의	• 다양한 채권(회사채, 대출채권 등)이나 채무자산을 묶어 특수목적회사(SPV)에 담고, 이를 담보로 여러 트렌치(tranche)의 증권을 발행하는 구조화 금융상품 • 발행자 입장에서 CDO는 보유하고 있던 신용위험을 전가하는 거래가 됨 • 투자자 입장에서 CDO는 구조화된 형태의 신용위험과 시장가격의 괴리가 발생하였을 때 이익을 얻기 위한 거래를 할 수 있는 도구가 됨
구조	• CLO: 기업대출, 레버리지론(Leveraged Loan) 등 대출채권을 기초자산으로 발행되는 CDO로, 기업 신용위험을 기반으로 하며 대출 원리금 상환 흐름을 투자자에게 분배 • CBO: 투자·투기 등급의 채권을 기초자산으로 하는 CDO로, 채권의 이자와 원금 흐름을 구조화해 투자등급별로 분리 발행 • 합성 CDO: 실제 대출·채권을 보유하지 않고, CDS(신용부도스왑) 등 파생상품을 통해 기초자산의 신용위험에 투자하고 신용위험만 SPC에 이전하는 구조로, 실물자산 거래 없이 레버리지와 위험 노출이 가능
위험 구조	개별 자산의 위험보다 포트폴리오 전체의 위험을 구조화하여 투자자 등급에 따라 손실 분담
신용보강	CDO는 일부 구조화된 신용보강 기능(선순위 보호기능, 초과담보 설정)을 통해 투자등급 확보

34 ①

| 정답해설 | Arbitrage CDO는 기초자산의 수익률과 유동화증권 수익률 간의 차이(스프레드)에서 발생하는 차익을 추구하는 CDO이다.

개념 Plus⁺ CDO의 종류

Arbitrage CDO	기초자산의 수익률과 유동화증권 수익률 간의 차이(스프레드)에서 발생하는 차익을 추구
Balance Sheet CDO	거래를 통해 보유 중인 신용위험 자산을 이전하여 대차대조표상 위험자산을 줄이고 재무비율을 개선
Cash Flow CDO	실제 자산을 SPV(특수목적회사)에 양도하고, SPV가 이를 기초로 트랜치를 발행하여 자본 조달
Synthetic CDO	CDS(신용부도스왑)를 활용해 자산을 직접 양도하지 않고 신용위험만 이전
Static CDO	포트폴리오를 운용하지 않고 만기까지 보유
Dynamic CDO	지정된 운용자가 포트폴리오를 적극적으로 운용·교체
Hybrid CDO	초기 램프업(Ramp-up) 기간과 자산 선지급 구조를 포함하며, 운용자산을 교체·운용 가능

35 ③

| 정답해설 | Balance Sheet CDO는 위험 전가를 목적으로 하는 CDO로, 거래를 통해 보유 중인 신용위험 자산을 이전하여 대차대조표상 위험자산을 줄이고 재무비율을 개선할 수 있다.
Arbitrage CDO는 기초자산의 수익률과 유동화증권 수익률 간의 차이(스프레드)에서 발생하는 차익을 추구하는 CDO이다.

2장 해외증권투자운용·투자전략   143쪽

01	③	02	③	03	①	04	③	05	②
06	③	07	④	08	④	09	②	10	④
11	④	12	④	13	①	14	①	15	②
16	①	17	③	18	②	19	①	20	④
21	④	22	③	23	①	24	①	25	①
26	④	27	①	28	②	29	③	30	①
31	②	32	①	33	②	34	②	35	④

01 ③

| 정답해설 | 내재적 헤지에 대한 설명이다. 롤링헤지는 환헤지를 위해 만기가 도래하는 선물계약을 새로 갱신(roll-over)하는 방식으로, 만기가 짧은 경우 만기를 연장해 가며 지속적으로 해지하는 방법이다.

개념 Plus⁺ 해외투자 시 환위험 헤지 방법

파생상품을 이용한 헤징	• 선물환, 통화선물, 통화옵션, 롤링헤지 등 사용 • 주로 장내거래 중심, 선물환은 장외거래 • 단점: 주요 통화 외에는 유동성 부족, 일부 투자금만 헤지 가능
통화구성의 분산	투자자들은 정치적 위험 분산, 금리위험 헤지, 환율 위험 헤지 등의 이유로 인해 국제적으로 분산된 포트폴리오 구성을 선호함
기타 환위험 헤징 방식	• 미국 달러 강세가 예상될 경우 달러 표시 자산 보유 • 달러에 연동된 환율제도를 보유한 국가에 투자(달러화 기반 투자자에게는 환율 노출 없는 투자) • 내재적 헤지: 외국 주식시장과 개별 종목이 미 달러화 가치 변동에 얼마나 민감한지를 분석한 뒤, 달러 가치의 움직임에 따라 매수·매도 전략을 실행하는 방식

02 ③

| 정답해설 | 내재적 헤지는 외국 주식시장과 개별 종목이 미 달러화 가치 변동에 얼마나 민감한지를 분석한 뒤, 달러 가치의 움직임에 따라 매수·매도 전략을 실행하는 방식이다. 해당 문제와 같이 미 달러화가 강세일 때(달러 가치 상승 시), 달러 가치와 양의 상관관계를 가지는 주식을 매수하고 환차손을 주식 투자 이익으로 상쇄함으로써 투자 자체가 환위험에 대한 헤지 역할을 하도록 한다.

03 ①

| 정답해설 | 헤지를 전혀 하지 않는 것 역시 상황에 따라 하나의 환위험 관리 전략이 될 수 있다. 왜냐하면 장기적으로 특정 헤지 수단이 항상 더 좋은 성과를 보장하지 않으며, 오히려 지속적 비용을 수반하는 헤지의 특성상 장기 성과에서 불리하게 작용할 수도 있기 때문이다. 따라서 무헤지 전략(노출 유지 전략) 또한 환위험 관리의 선택지로 고려되어야 한다. 또한, 환율 변동은 위험요

인이자 동시에 수익 기회가 될 수 있으므로, 면밀한 분석을 바탕으로 의도적으로 환율 노출을 확대하여 초과수익을 추구하는 전략도 가능하다.

04 ③

| 정답해설 | 국내 기준금리 인상에 따른 예금 이자 수익을 극대화하기 위한 것은, 국내 투자와 관련된 동기로 해외투자의 목적이 아니다. 해외투자는 외화 자산, 외국시장, 다른 국가의 금리·세제 환경 등을 활용하는 것이며, 예금 이자 수익을 극대화하기 위한 목적은 일반적인 국내 고금리 투자 전략에 해당한다.

05 ②

| 정답해설 | 상관계수가 0에 가까울수록 두 국가의 자산 움직임이 비상관적이므로, 위험 분산 효과가 크다.

| 오답해설 |
① 세계 시장 동조화는 상관관계를 높여 위험 분산 효과를 감소시킨다.
③ 상관관계가 +1에 가까우면 자산 움직임이 동일해 분산 효과가 거의 없다.
④ 산업 구조가 유사하면 경제 사이클에 따라 동조화 가능성이 높아 상관관계가 커질 수 있다.

06 ③

| 정답해설 | FTSE 100 지수는 런던증권거래소(LSE)에 상장된 100개의 우량주식으로 구성된 지수이다.

| 오답해설 |
① 한국은 MSCI 선진국 지수가 아닌 MSCI 신흥시장 지수에 포함된다.
② MSCI 지수의 산출기준은 시가총액 방식이 아닌 유동주식 방식(Free floating)이다
④ MSCI지수는 유동주식 방식을 채택하고 있으며, 이는 정부 보유 및 계열사 보유 지분 등 시장에서 유통되기 어려운 주식을 제외한 실제 유동주식을 기준으로 비중을 계산한다.

개념 Plus⁺ 국제 주가지수

MSCI 지수	• 글로벌 펀드의 투자기준이 되는 대표적인 지수로 크게 미국, 유럽 등 선진국 중심의 세계지수와 아시아, 중남미 등의 신흥시장 지수로 나눌 수 있음 • 유동주식 방식으로 산출함 ▶ 실제 시장에서 거래되는 주식의 영향력을 제대로 반영하지 못하는 시가총액 방식에 비해, 유동주식 방식은 정부 및 계열사 보유지분처럼 시장에서 유통되기 어려운 지분을 제외하고 실제 거래 가능한 주식만을 기준으로 산출하므로, 시장 상황을 보다 정확하게 반영할 수 있음
FTSE 지수	• FTSE 인터내셔널에서 발표하는 글로벌 지수로, 주로 유럽계 자금의 투자 벤치마크 역할을 하고 있으며, 전세계 49개 국가를 선진국 시장, 준선진국시장, 신흥시장으로 분류함 • FTSE 100: 런던증권거래소(LSE)에 상장된 100개의 우량주식으로 구성된 지수
FTSE 지수	• FTSE All World Index: 전세계 49개국 주가지수를 포괄하며 선진시장, 선진신흥시장, 신흥시장으로 분류(우리나라는 선진시장에 편입)
WGBI INDEX	FTSE 러셀이 관리하는 주요 23개국의 국채로 구성한 투자지수로, 세계 주요 기관투자들이 추종하는 투자지표 역할을 함
Down Jones 산업지수	미국의 다우존스사가 가장 안정된 우량 30개 기업주를 표본으로 하여 시장가격을 평균 산출하는 세계적인 주가지수

07 ④

| 정답해설 | FTSE All World Index는 선진시장(developed), 선진신흥시장(advanced emerging), 신흥시장(emerging)으로 분류되는 3개 그룹으로 구성되며, 우리나라는 2008년 9월 선진시장에 편입되었다.

08 ④

| 정답해설 | ㉠ FTSE 100 지수는 런던증권거래소(LSE)에 상장된 100개의 우량주식으로 구성된 지수이다.
㉡ 한국 증시는 MSCI 신흥국 지수(EM)에 포함된다.
㉢ MSCI EM 지수는 한국을 포함한 주요 신흥시장 27개국의 기업을 기준으로 산출되며, 주가 등락과 환율 변동에 따라 각 국가별 편입비중이 매일 달라진다.
㉣ MSCI지수는 실제 거래 가능한 주식만 반영하는 유동주식 방식을 채택하고 있다. 유동주식 방식은 정부 보유 및 계열사 보유 지분 등 시장에서 유통되기 어려운 주식을 제외한 실제 유동주식을 기준으로 비중을 계산한다.

09 ②

| 정답해설 | 외국 주식에 투자하는 경우 투자대상 주식의 수익률은 대상국의 통화로 표시되는 반면 투자자의 투자수익률은 본국의 통화로 계산된다. 따라서 투자기간 동안 두 통화 간의 환율이 변하면 그로 인한 손익이 국제투자의 수익률에 큰 영향을 미친다.

| 오답해설 |
① 한 나라의 통화가치가 상승하면 외국인 투자자의 기대수익이 높아져 해당 국가 주식에 대한 투자 유인이 커지고, 이는 주가 상승으로 이어진다. 외국인 자금 유입 증가는 다시 그 나라 통화가치를 끌어올리는 선순환을 형성한다. 따라서 한 나라의 통화가치와 주가는 양(+)의 상관관계를 갖는다.
③ 오늘날 외국인 투자자의 비중이 커지면서 주가와 통화가치 간에는 일반적으로 양의 상관관계가 나타난다. 이에 따라 국제투자에서의 환위험은 단순한 환율 변동뿐 아니라, 환율과 주가의 상관관계에서 발생하는 위험도 중요한 요인으로 작용한다.
④ 투자자의 본국 통화로 표시되는 투자수익률의 분산은 자산수익률의 분산, 환율 변동률의 분산, 자산 가격과 환율 변동률 간 공분산의 세 요인의 합으로 표시된다. 즉, 국제 주식투자에서 위

험의 크기는 단순한 환율 변동뿐만 아니라 통화가치와 주가 간의 공분산에도 크게 좌우된다. 특히 주가와 통화가치가 음의 상관관계를 보일 경우 공분산이 음의 값을 가지게 되어, 전체 투자위험을 효과적으로 줄일 수 있다.

10 ④

| 정답해설 | 해외투자 수익률의 위험은 주가 수익률의 분산, 환율 변동률의 분산, 두 변수 간 공분산으로 구성된다.
| 오답해설 |
① 공분산이 음(-) 일수록 위험이 감소한다. 양(+)일 경우 위험이 커진다.
② 해외투자의 위험은 주가 수익률과 환율 변동률 모두에 영향을 받는다.
③ 환율 손익은 더해지는 항목이지 차감하는 개념이 아니다.

11 ④

| 정답해설 | 한 나라의 통화가치 변동을 해당 국가 기업의 국제경쟁력 변화로 해석한다면 통화가치와 그 나라 주가의 변동은 음의 상관관계를 가지게 된다. 통화가치의 하락은 환율의 상승을 의미하며, 이는 곧 수출가격 경쟁력이 강화되고 주가는 상승하게 된다.

12 ④

| 정답해설 | ⓒ 국가 간 상관계수가 낮을수록 분산효과가 크며, 높을수록 효과는 줄어든다.
ⓒ 국제분산투자는 각국의 경제 여건과 기업에 영향을 미치는 요인이 다르기 때문에, 서로 다른 국가의 특수 요인이 상쇄되면서 국내 투자만으로는 줄일 수 없었던 체계적 위험까지 완화할 수 있다.
| 오답해설 |
⊙ 국제시장이 동조화되면 즉, 상관관계가 높아진다면 각국의 시장이 비슷하게 움직이므로 분산 효과가 줄어든다.

개념 Plus⁺ 국제분산투자의 효과

기본 개념	국내 자산 외에 해외 자산까지 포함한 분산투자 전략
주요 효과	국내에서 분산되지 않던 체계적 위험까지 어느 정도 제거 가능
작동 원리	국가 간 경제 상황, 산업 구조, 정책 등이 상이하여 비상관적 자산 보유 가능
조건	국가 간 상관관계가 낮을수록 분산 효과가 큼
제한 요소	세계시장의 동조화(글로벌화)로 인해 국제분산투자의 효과가 줄어들 수 있음
그래프 해석	국제분산투자는 국내분산투자보다 위험 감소폭이 더 큼
시험 포인트 요약	• 체계적 위험 일부 제거 가능 • 상관계수가 중요하며 동조화가 일어날 경우 분산투자 효과는 감소됨

13 ③

| 정답해설 | 개별증권이 시장과 상관관계가 높다는 것은, 해당 증권의 변동이 시장 전반의 공통 요인과 크게 겹친다는 뜻이며, 따라서 그 증권은 체계적 위험이 크다는 것을 의미한다.
| 오답해설 |
① 국제시장이 동조화되면 즉, 상관관계가 높아진다면 각국의 시장이 비슷하게 움직이므로 분산 효과가 줄어든다.
② 개별 기업의 특수 요인은 개별 기업의 주가가 서로 다르게 움직이도록 작용하며, 포트폴리오를 구성할 경우 이러한 상이한 움직임이 상쇄되어 위험 분산 효과가 나타난다.
④ 국내적으로 분산이 불가능한 위험인 체계적 위험도 국제 분산투자를 할 경우 각 국가 간 거시 변수의 차이로 인해 위험 분산 효과를 얻는 것이 가능하다.

14 ①

| 정답해설 | 달러화 표시 해외 DR 발행이 미국과 미국 이외의 시장에서 동시에 이루어지면 이는 GDR(Global Depository Receipt)이 된다. EDR(Euro Depository Receipt)은 미국 달러로 표시되지만 유럽 등의 증권거래소에 상장된 DR을 말한다.
| 오답해설 |
② 우리나라 기업의 해외 상장의 경우에는 현지의 제도가 DR인지 원주상장인지 관계없이 DR의 형태로 상장 및 거래된다.
③ 일반적으로 상장을 원하는 기업이 발행 및 상장과 관련된 비용을 부담하며, 이를 Sponsored DR이라 한다.
④ DR(예탁증서)은 기업이 본국 은행에 주식을 맡기고, 이를 근거로 해외 증권거래소에서 거래될 수 있도록 발행되는 증권으로, 해외 투자 접근성을 높이고 유동성을 확대하는 역할을 한다.

15 ②

| 정답해설 | 복수상장은 오히려 여러 시장의 규제를 동시에 충족해야 하므로 회계·공시 비용, 법률 비용 등이 추가적으로 발생하여 총비용이 더 커지는 경우가 일반적이다.

개념 Plus⁺ 해외 복수상장

복수상장의 장점	• 외환자금 조달 가능: 해외 자금 유치 • 인지도 및 투명성 상승: 기업 평판 및 신뢰도 개선 • 기업의 자본비용 감소: 낮은 금리로 자금 조달 가능 • 비교적 저렴한 비용의 자금조달 경로 확보 • 글로벌 투자자 기반 확대: 기업 가치 재평가 가능
복수상장의 단점	• 해외시장에서의 유동성 집중: 가격결정권이 해외시장에 넘어갈 우려 • 해외시장 주도 시, 국내 리더십 약화 가능성 • M&A 등 주요 기업활동이 해외에서 진행될 가능성 • 기업의 국적 및 정체성 약화 우려 • 총상장비용의 증가

16 ①

| 정답해설 | 직상장이란 국내 거래소에 상장하지 않고 해외 거래소에 바로 상장하는 방식으로, 쿠팡은 2021년 3월 뉴욕증권거래소(NYSE)에 국내 상장을 거치지 않고 직접 상장(Direct Listing, 직상장)하는 방식을 선택했다.

| 오답해설 |
② 복수상장은 본국 거래소와 해외 거래소에 동시에 상장하는 방식을 말한다.
③ 원주상장은 본국에서 발행된 주식이 그대로 해외 거래소에 상장되는 방식을 말한다.
④ DR(예탁증서)은 기업이 본국 은행에 주식을 맡기고, 이를 근거로 해외 증권거래소에서 거래될 수 있도록 발행되는 증권이다.

17 ③

| 정답해설 | 달러화 표시 해외 DR 발행이 미국과 미국 이외의 시장에서 동시에 이루어지면 이는 GDR(Global Depository Receipt)이 된다. EDR(Euro Depository Receipt)은 미국 달러로 표시되지만 유럽 등의 증권거래소에 상장된 DR을 말한다.

| 오답해설 |
① 기업이 ADR을 발행한 경우, 배당금은 보관은행을 거쳐 해당 예탁증서를 발행한 은행으로 전달되며, 이후 미국 달러화로 환전되어 ADR 투자자에게 지급된다.
② DR(예탁증서)은 기업이 본국 은행에 주식을 맡기고, 이를 근거로 해외 증권거래소에서 거래될 수 있도록 발행되는 증권이다.
④ ADR은 보관은행(custodian bank)에 예치된 외국 주식을 기초로 발행되는 증권으로, 미국 증권거래위원회(SEC)에 등록된 후 뉴욕증권거래소(NYSE)나 나스닥(NASDAQ) 등 미국의 증권시장에 상장·거래된다.

18 ②

| 정답해설 | ⓒ 딤섬본드는 홍콩에서 외국기업이 위안화로 발행하는 채권이다.

| 오답해설 |
㉠ 양키본드는 미국에서 발행되는 외국채를 의미한다.
㉡ 유로채는 대부분 무기명식으로 발행된다. 따라서 투자자 관리가 어렵기에 쿠폰지급의 빈도가 상대적으로 낮은 편이다(1년에 1번).

개념 Plus⁺ 딤섬본드 vs 판다본드

	발행지역	발행자	표시통화	발행자격
딤섬본드	홍콩	외국기업	위안화	없음
판다본드	중국 본토			QFII

*QFII(Qualified Foreign Institutional Investor, 적격 외국인 기관투자자)는 중국 정부가 해외 자본의 중국 내 증권시장 투자를 허용하기 위해 만든 제도적 장치이다.

19 ①

| 정답해설 | 한국기업이 미국에서 발행한 미 달러표시의 채권은 양키본드이다.

개념 Plus⁺ 유로채와 외국채

구분	유로채	외국채
발행장소	표시통화국 외의 국가 (역외금융센터 등)	표시통화의 본국에서 발행
대표예시	유로달러채	양키본드(미국), 사무라이본드(일본), 김치본드(한국)
규제	• 자율 규제 중심 • 현재 감독당국의 규제가 거의 없음	발행지 국가의 규제가 엄격함 예) 미국 SEC 규제 및 공시·등록·신용등급 의무 등
채권형태	무기명 형태로 익명성 보장	기명 채권으로 투자자의 실명을 필요로 함
원천징수	이자소득세 원천징수가 없음 ▶ 투자 유인 ↑	이자소득세를 부과하는 종합과세 대상임
신용등급	발행자·투자자 합의로 자율 결정(의무는 아님)	S&P, Moody's 공인 신용등급 평가 의무

20 ④

| 정답해설 | 미국 달러 표시 채권이 미국 이외의 국가에서 발행될 경우 유로(달러)채가 되므로 한국기업이 런던에서 발행한 미달러화 표시 채권은 유로채이다.

| 오답해설 |
① 김치본드에 대한 설명이다.
② 딤섬본드에 대한 설명이다.
③ 양키본드에 대한 설명이다.

21 ④

| 정답해설 | 유로채 발행 시에는 공시나 신용등급 평가 등에 대한 법적 의무 규제가 없으며, 시장 참가자 간 합의에 따라 조건을 자유롭게 정할 수 있다. 또한 채권에서 발생하는 이자소득에 대해서도 원천징수를 하지 않는 것이 일반적이다.

| 오답해설 |
① 외국 기업이 중국 본토에서 위안화 표시통화로 발행하는 채권은 판다본드이다.
② 해당 국가의 표시통화 채권이 해당 국가에서 비거주자에 의해서 발행될 경우 외국채라고 한다.
③ 미국에서 발행되는 외국채를 양키본드, 일본에서 발행되는 외국채를 사무라이본드, 한국에서 발행되는 외국채를 김치본드라고 한다.

22 ③

| 정답해설 | 유로채 발행에서는 공시나 신용등급평가 등에 대한 규제가 없어 시장참가자의 합의에 따라 어떤 조건이든지 자유롭

게 선택할 수 있다. 이유는 유로채를 선택하는 가장 중요한 요인은 규제와 관련된 것인 만큼 유로채의 발행은 최소한의 규제가 적용되는 역외 금융 중심지를 선택하게 되며 투자자나 발행자나 발행지국의 거주자가 아닌 경우가 보통이다. 따라서 역외금융센터인 발행지의 금융당국은 자국 투자자 보호를 위한 특별한 규제의 필요성을 느끼지 않는다.

23 ①

| 정답해설 | 변동금리채(FRN)는 만기는 장기지만, 금리가 단기금리에 연동되므로 시장 금리 변동에 따라 이자율이 조정된다. 이는 고정금리채나 단기채권과 구별되는 특징이다.

| 오답해설 |
② 단기채권(CP, CD 등)에 대한 설명이다.
③ 고정금리채(CB, BW)에 대한 설명이다.
④ 장기채권의 일반적 설명이나, FRN과는 무관한 설명이다.

24 ④

| 정답해설 | 해외 주식을 직접 매매할 경우 거래 시간과 수수료는 핵심적인 체크사항이다. 또한, 펀드 환매 기간은 간접투자 시 고려 요소에 해당한다.

개념 Plus⁺ 해외 주식 직접투자 시 반드시 체크해야 할 사항
- 온라인 거래, 오프라인 거래 가능 여부
- 거래 시간
- 거래 수수료
- 거래통화
- 기타 제비용(인지세 부과 여부 등)
- 해외 주식 투자 세금

25 ①

| 정답해설 | 미국 국채 중 만기 1년 이하의 단기채는 T-bill이고, 이는 할인채로 분류된다.

개념 Plus⁺ 미국 국채의 종류

구분	만기구간	이자지급	특징
T-bill	1년 이하 단기채	없음 (할인발행)	할인된 가격에 발행 후 만기 상환(할인채)
T-Note	1년 초과 ~ 10년 이하 중기채	6개월마다 지급	1,000~100만 달러의 액면가를 가지며, 이표가 있어 6개월마다 이자를 받을 수 있음(이표채)
T-Bond	10년 초과(최장 30년) 장기채	6개월마다 지급	이표가 있어 6개월마다 이자를 받을 수 있으며(이표채), 벤치마크 채권으로 사용됨

26 ④

| 정답해설 | T-bond는 만기 10년 이상의 장기채이며, 6개월마다 이자를 지급한다.

27 ①

| 정답해설 | T-Bill은 할인된 가격에 발행 후 만기에 상환하는 할인채 방식으로 발행한다.

| 오답해설 |
ⓒ T-Bond는 만기 10년 초과의 장기채이며, 6개월마다 이자를 지급받는 이표채이다.
ⓒ T-Note는 6개월마다 이자를 지급받는 이표채이며, 만기는 1년 초과 10년 이하인 중기채에 속한다.

28 ②

| 정답해설 | 매매회전율이 높다는 것은 주식이 자주 사고 팔린다는 뜻으로, 시세 변동에 민감하게 반응하는 단기 차익 추구 투자자가 많음을 의미한다. 반대로 회전율이 낮으면 주식을 오래 보유하는 장기 투자자가 많아 거래 빈도가 적다.

| 오답해설 |
① 헤지펀드는 다양한 투자전략(롱·숏, 차익거래, 레버리지 등)을 활용하여 규모가 커질수록 운용효율을 높일 수 있다.
③ 경제 규모에 비해 주식시장이 큰 국가는 기업 자금 조달에서 자본시장의 비중이 크거나 증권시장이 효율적으로 운영되어 국제 증권 업무를 활발히 유치한 국가임을 알 수 있다.
④ 각 거래소의 규모는 상장 주식의 시가총액이나 거래량을 기준으로 파악할 수 있으며, 어떤 지표를 활용하느냐에 따라 시장 규모의 순위는 크게 달라질 수 있다.

29 ③

| 정답해설 | 공격적 전략은 환율과 주가전망 예측을 포트폴리오 구성에 적극 반영하여 위험을 부담하면서도 수익률을 극대화하고자 하는 전략이다.

개념 Plus⁺ 공격적 전략 vs 방어적 전략

공격적 전략	• 환율과 주가전망 예측을 포트폴리오 구성에 반영하여 위험을 부담하면서도 수익률을 극대화하고자 하는 전략 • 투자 대상국의 주가 및 환율을 전망하고 가장 전망이 밝은 국가의 투자비중을 높임으로써 수익률의 극대화를 꾀하는 전략 • 목표수익률을 벤치마크의 수익률보다 높게 설정 • 주가 및 환율의 예측을 적극적으로 포트폴리오의 구성에 이용한다는 것은 시장의 비효율성이 존재한다고 믿는 것을 의미함
방어적 전략	• 환율과 주가전망 예측을 투자 결정에 거의 반영하지 않고 벤치마크 지수의 구성을 모방함으로써, 잘 분산된 포트폴리오인 벤치마크와의 수익률 격차를 최소화하려는 소극적 전략 • 시장이 효율적인 상황에서 어떤 정보를 이용하여 예측을 하더라도 초과수익을 얻을 수 없다는 판단에 근거함 • 소극적 전략에서의 목표수익률의 상한은 벤치마크의 수익률이 됨 • 인덱스 펀드 등

30 ①

| 정답해설 | 공격적 전략은 투자자의 예측력을 바탕으로 환율, 주가 등 미래 전망을 반영하여 수익률을 극대화하려는 전략이다.

| 오답해설 |
②③④ 모두 방어적(소극적) 전략의 특징에 해당한다.

31 ②

| 정답해설 | 상향식 접근방법에 대한 설명이다. 상향식 접근방법은 세계 경제를 각국 경제가 통합된 결과로 형성된 글로벌화된 산업들의 집합체로 본다. 반면, 하향식 접근방법은 세계 경제를 아직 완전히 통합되지 않은, 분리된 국가 경제들의 결합체로 간주한다.

| 오답해설 |
① 해외투자에서 하향식 접근과 상향식 접근은 모두 공격적 투자방식에 해당한다.
③ 투자 대상 국가의 성장률, 물가, 환율 등 거시경제지표의 변화를 예측하고, 전망이 긍정적인 국가의 비중을 높인다.
④ 특정 시점의 거시경제 상황이 균형에서 괴리될 수 있으며, 이러한 괴리의 조정과정에서는 주가와 환율 등이 크게 변동할 수 있다. 주가와 환율의 변동은 위험을 증가시키는 동시에 투자국의 거시경제변수를 면밀히 분석함으로써 대폭적인 초과수익의 기회를 제공하기도 한다.

개념 Plus⁺

구분	상향식 접근방법	하향식 접근방법
출발점	기업 및 산업분석에서 시작	국가 및 거시경제 분석에서 시작
의사결정 순서	유망 기업 → 산업 → 국가 비중 순	국가 비중 → 산업 → 개별 기업 순
분석 중심	주요 산업과 기업을 글로벌 경쟁 관점에서 분석	투자대상국의 성장률, 물가, 환율 등 거시경제지표
세계경제 인식	세계경제=글로벌 산업들의 집합(통합된 구조로 봄)	세계경제=분리된 각국 경제의 결합체
장점	혁신 기업 발굴 가능. 산업·기업 차별화 기회	국가별 경제 전망 반영. 거시경제 추세 활용
위험 및 기회	• 특정 기업 및 산업의 리스크에 집중될 수 있음 • 주식 파생상품을 활용하여 낮은 거래비용으로 포지션 확대·축소 가능 • 옵션·선물 활용으로 소액 투자 대비 큰 수익·손실 가능	• 국가 전망이 빗나갈 경우 변동성이 커짐 • 특정 시점의 거시경제 상황이 균형에서 괴리될 수 있으며 괴리 조정 과정에서 주가와 환율 등이 크게 변동될 수 있음 → 초과수익의 기회를 제공하기도 함

32 ①

| 정답해설 | 상향식 접근은 산업 및 기업 분석에 기반하여 유망한 종목을 선별하는 방식이다. 즉, 개별 기업의 기술력과 성장성을 분석하여 글로벌 산업 내 경쟁력 있는 기업을 선별해 투자한다.

| 오답해설 |
ⓒⓔ은 하향식 접근 방법의 특징에 해당한다.

33 ②

| 정답해설 | 기업 → 산업 → 국가의 순서로 분석해 투자하는 방법은 상향식 투자방법이다. 반대로 하향식 투자방법은 국가 → 산업 → 기업의 순서로 분석한다.

34 ②

| 정답해설 | 투자대상국 통화로 단일화시키는 것은 환노출을 오히려 증가시킬 수 있어 적절하지 않으며, 분산하는 것이 바람직하다.

| 오답해설 |
① 통화 파생상품은 환율 변동 위험을 직접적으로 회피할 수 있는 대표적인 외재적 헤지 수단이다.
③ 통화 분산은 특정 통화에 대한 의존도를 낮추고 환노출을 줄이는 효과적인 방법이다.
④ 내재적 헤지는 환율과 상관관계를 갖는 자산에 투자하여 자연스럽게 환위험을 줄이는 전략이다.

35 ④

| 정답해설 | 내재적 헤지는 투자자산 자체가 환율과 상관관계를 가지는 경우 이를 이용해 환위험을 자연스럽게 낮추는 방식이다. 파생상품을 이용한 전략은 외재적 헤지이고, 아무런 헤지를 하지 않는 것은 비헤지전략이다.

| 오답해설 |
① 파생상품 전략은 외재적(외부 수단) 헤지에 해당한다.
② 환헤지ETF는 파생상품을 활용한 외재적 헤지 수단이다.
③ 아무런 헤지를 하지 않는 전략은 헤지 비용을 절감할 수 있지만 환위험을 그대로 감수하게 된다.

3장 투자분석기법

177쪽

01	②	02	②	03	③	04	①	05	②
06	①	07	②	08	③	09	③	10	④
11	④	12	②	13	③	14	③	15	③
16	④	17	③	18	④	19	③	20	①
21	①	22	②	23	②	24	④	25	②
26	②	27	②	28	②	29	②	30	①
31	②	32	④	33	②	34	②	35	③
36	②	37	④	38	②	39	②	40	②
41	④	42	③	43	③	44	②	45	④
46	③	47	③	48	④	49	③	50	②
51	②	52	①	53	④	54	②	55	③
56	②	57	②	58	④	59	④	60	④
61	①	62	②	63	④	64	③	65	④
66	②	67	①	68	④	69	④	70	③
71	④	72	④	73	②	74	②	75	④
76	②	77	②	78	②	79	③	80	②
81	③	82	②	83	②	84	②		

01 ②

정답해설 | 현금흐름은 세후 기준으로 추정되어야 한다.

개념 Plus⁺ 현금흐름 추정의 기본원칙

- 현금흐름은 증분기준으로 추정되어야 한다.
- 현금흐름은 세후기준으로 추정되어야 한다.
- 현금흐름의 추정에는 해당 투자안에 의한 모든 간접적 효과도 고려되어야 한다.
- 현금흐름을 추정할 때 현금유입과 현금유출의 시점을 정확히 추정해야 한다.
- 현금흐름을 추정할 때 매몰원가는 고려의 대상이 아니나 기회비용은 고려해야 한다.

02 ②

정답해설 | 매몰원가는 이미 과거에 지출되어 회수할 수 없는 비용으로, 투자 의사결정 시 고려하지 않는다. 반면 기회비용은 실제 자금 유출이 없더라도 자원의 다른 사용 가능성을 반영하므로 반드시 고려해야 한다.

03 ③

정답해설 | 최빈값은 산포경향이 아닌 중심위치에 해당한다.

개념 Plus⁺ 중심위치와 산포경향

의의	통계자료의 분포 특성을 하나의 수치로 요약하는 기준
중심 위치	• 자료가 어떤 값을 중심으로 분포하는가를 나타내는 대표치 • 산술평균: 변수들의 총합을 변수의 개수로 나눈 값 • 최빈값: 빈도수가 가장 높은 관찰치 • 중앙값: 관찰치의 크기를 순서대로 나열하였을 때 가장 가운데 있는 값
산포 경향	• 자료가 중심위치로부터 어느 정도 흩어져 있는가를 나타내는 지표 • 범위: 최대값 - 최소값 • 평균 편차: 각각이 평균으로부터 떨어진 거리들의 평균으로 측정 • 분산: 각각이 평균으로부터 떨어진 거리의 제곱들의 평균 • 표준편차: 분산의 제곱근

04 ①

정답해설 | 범위(range)는 중심위치가 아닌 산포경향에 해당한다.

05 ②

정답해설 | 공분산이 양수이면 두 변수는 양의 관계(같은 방향)를 가진다. 공분산이 음수일 때 음의 관계(다른 방향)를 나타낸다.

개념 Plus⁺ 공분산과 상관계수

항목	공분산(Covariance)	상관계수 (Correlation Coefficient)
의의	두 확률변수 간 관계의 방향(+, −)을 측정	두 변수 간 관계의 방향과 강도를 동시에 측정
정의식	$Cov(X, Y) = E[(X - \mu_X)(Y - \mu_Y)] = \sigma_{XY}$	$\rho = \sigma_{XY} \div \sigma_X \sigma_Y$
값의 범위	$-\infty \sim +\infty$ (제한 없음)	$-1 \leq \rho \leq +1$ (정규화된 값)
값의 해석	+: 양의 상관관계 −: 음의 상관관계 0: 선형관계 없음	+1: 완전 양의 선형관계 −1: 완전 음의 선형관계 0: 선형관계 없음
특징	단위에 영향을 받음 (크기 해석이 어려움)	무차원지표로 단위와 상관없이 비교 가능
시험 포인트	공분산은 값에 제한이 없음	상관계수는 공분산을 각 변수의 표준편차로 나눈 값

06 ①

정답해설 | 상관계수는 두 변수의 관계의 방향과 정도를 나타내주는 측정치로, 공분산을 각 변수의 표준편차의 곱으로 나누어 계산할 수 있다.

07 ②

정답해설 | 영구채권의 가치 = $\dfrac{\text{연간이자}}{\text{요구수익률}}$

$= \dfrac{4,800원}{0.08}$

$= 60,000원$

개념 Plus+ 채권의 가치평가

채권의 가치	미래에 지급될 이자 및 원금의 현금흐름을 현재가치로 할인한 값
일반채권의 가치 (만기가 있음)	• $P_0 = \sum_{t=1}^{n} \frac{I}{(1+K_d)^t} + \frac{F}{(1+K_d)^n}$ – P_0: 현재시점(t=0)에서의 채권가치 – i: 연간 이자지급액 – K: 요구수익률 – F: n기간 후에 상환하는 원금 – t: 시점(현재=0을 기준)
영구채권의 가치 (만기가 없음)	• $P_0 = \sum_{t=1}^{\infty} \frac{i}{(1+K_d)^t} = \frac{i}{K_d}$ – P_0: 현재시점에서의 채권가치 – i: 표면이자율에 따른 지급이자 – K: 요구수익률 ※ 영구채는 원금 상환 없이 매년 일정 이자만 지급하므로, F(상환원금)가 0인 채권임

08 ③

| 정답해설 | 영구채권의 가치 = $\frac{\text{연간이자}}{\text{요구수익률}}$

$= \frac{3,000원}{0.06}$

$= 50,000원$

09 ③

| 정답해설 | 만기수익률(YTM) = $\frac{\text{연간이자}}{\text{현재가격}}$

$= \frac{5,000원}{50,000원}$

$= 10\%$

개념 Plus+ 채권의 만기수익률

정의	• 채권을 현재 시장가격에 매입해서 만기까지 보유할 경우 예상되는 연평균 수익률 • 채권의 내재수익률로서, 투자자가 만기까지 보유할 때의 실질수익률을 의미
일반채권의 만기수익률 (만기가 있음)	• $P_0 = \sum_{t=1}^{n} \frac{i}{(1+YTM)^t} + \frac{F}{(1+YTM)^n}$ – P_0: 현재가격 – i: 이자 – F: 액면가 – YTM: 만기수익률
영구채권의 만기수익률 (만기가 없음)	• $P_0 = \frac{i}{YTM}$ (YTM $= \frac{i}{P_0}$) – P_0: 현재가격 – i: 이자 – YTM: 만기수익률

10 ④

| 정답해설 | 우선주의 가치는 연간 우선주 배당금을 우선주 주주들의 요구수익률로 나누어 계산한다.

| 오답해설 |
① 우선주 배당은 회사가 이익을 내지 못해도 약정된 경우 지급해야 하는 성격이 강하며, 보통주는 이익이 있어야만 배당된다.
② 우선주는 원칙적으로 만기와 원금상환이 없는 주식이므로 채권과 동일하게 평가하지 않는다.
③ 우선주는 만기가 없으므로, 우선주에 대한 현금흐름은 영구연금(perpetuity)으로 취급될 수 있다.

개념 Plus+ 우선주의 가치평가

우선주의 특성	• 우선주 배당은 일반적으로 경영성과와 무관하게 미리 약정된 배당률에 따라 지급됨 • 채권보다 위험도가 높고, 보통주보다는 낮음 • 회사채보다 요구수익률이 높음
기본 평가 원리	• 우선주에 대한 현금흐름은 영구연금(perpetuity)으로 취급 • 만기가 없고, 매년 동일한 배당금 지급 전제
우선주의 가치 평가식	• $P_0 = \sum_{t=1}^{n} \frac{D_p}{(1+k_p)^t} = \frac{D_p}{K_p}$ – D_p: 연간 우선주 배당금 – k_p: 우선주 주주들의 요구수익률

11 ④

| 정답해설 | 보통주의 일반가치평가 모형은 미래 배당금 흐름의 현재가치와 매각 시점 예상 주가의 현재가치의 합으로 산정한다.

| 오답해설 |
① 영구채는 만기 없이 일정이자만 지급하는 채권으로, 보통주와 달리 자본이득(capital gain)을 고려하지 않는다. 따라서 동일한 공식으로 계산되지 않는다.
② 보통주는 채권과 달리 만기가 정해져 있지 않고, 배당도 고정수익률로 확정되지 않는다.
③ 보통주 평가는 배당금뿐 아니라 매각 시점의 자본이득(주가 상승분)도 함께 고려해야 한다.

개념 Plus+ 우선주의 가치평가

유형	계산 공식
단기 보유 (1기)	$P_0 = \frac{D_1}{1+K_e} + \frac{P_1}{1+K_e}$ • P_0: 현재 주가(가치) • D_t: t기에 받을 예상 배당금 • P_n: 마지막 매각 시점의 주가 • K_e: 자기자본비용(요구수익률)
2기 보유	$P_0 = \frac{D_1}{1+K_e} + \frac{D_2}{(1+K_e)^2} + \frac{P_2}{(1+K_e)^2}$
n기 보유	$P_0 = \sum_{t=1}^{n} \frac{D_t}{(1+K_e)^t} + \frac{P_n}{(1+K_e)^n}$
일반형 (무기한 보유)	$P_0 = \sum_{t=1}^{\infty} \frac{D_t}{(1+K_e)^t}$

12 ②

| 정답해설 | k_e는 자기자본비용으로, 보통주 투자자가 해당 주식에 요구하는 기대수익률을 뜻한다.

| 오답해설 |
① 채권자에게 지급되는 이자율은 타인자본비용(부채비용)이고, k_e는 주주의 요구수익률이다.
③ 변동성 지표는 베타(β), 표준편차, 분산 등이지 k_e가 아니다.
④ 고정 배당금은 우선주와 관련된 개념으로, 보통주는 배당이 고정되지 않는다.

13 ③

| 정답해설 | 항상성장모형에 의한 적정주가$(P_0) = \dfrac{D_1}{k_e - g}$

$= \dfrac{10,000원 \times 20\%}{12\% - 10\%}$

$= 100,000원$

개념 Plus⁺ 항상성장모형

정의	배당금이 매년 일정한 비율(g)로 성장한다고 가정하는 주식 가치평가 모형
적용 조건	• 배당금이 매년 g% 만큼 지속적으로 증가 • 요구수익률(k_e) > 성장률(g)
항상성장모형에 의한 주가 계산 공식	• $P_0 = \dfrac{D_1}{K_e - g}$ – K: 요구수익률 – g: 성장률{내부유보율(RR) × 자기자본이익률(ROE)} – 내부유보율(RR): 1−배당성향(배당률) – 자기자본이익률(ROE): $\dfrac{순이익}{자기자본}$ – 차기년도배당금 D_1: $D_0 \times (1+g)$ 또는 $EPS_1 \times$ 배당성향(배당률)

14 ②

| 정답해설 |

항상성장모형에 의한 적정주가$(P_0) = \dfrac{D_1}{K_e - g}$

$23,000원 = \dfrac{3,000원 \times 1.04}{K_e - 4\%}$

$K_e - 4\% = \dfrac{3,120원}{23,000원}$

$K_e = 17.6\%$

15 ③

| 정답해설 | • 내년 주당순이익이 2,000원으로 예상되므로, 내년 배당금은 2,000원(EPS_1) × 30% = 600원(D_1)이 된다.

• 항상성장모형에 의한 적정주가$(P_0) = \dfrac{D_1}{K_e - g}$

$= \dfrac{600}{12\% - 8\%}$

$= 15,000원$

16 ④

| 정답해설 | • 차기 배당금 D_1 = EPS × 배당성향
$= 3,000 \times 0.4$
$= 1,200원$

• 항상성장모형에 의한 적정주가$(P_0) = \dfrac{D_1}{K_e - g}$

$= \dfrac{1,200}{11\% - 6\%}$

$= 24,000원$

17 ③

| 정답해설 | 초기 고속성장모형이란 기업이 일정 기간 동안 높은 성장률(g_1)을 유지하다가, 이후에는 정상 성장률(g_2)로 전환된다고 가정하는 주식 평가모형이다.

| 오답해설 |
① 기업의 미래 배당금이 매 기간 일정하고 전혀 성장하지 않는다는 것은 무성장모형의 가정이다.
② 배당이 일정한 비율로 영구히 성장하는 것은 항상성장모형의 가정이다.
④ 항상성장모형은 미래 배당금이 매 기간 일정한 비율로 지속적으로 성장하는 것을 가정한다.

개념 Plus⁺ 초기 고속성장모형

정의	기업이 일정 기간 동안 높은 성장률(g_1)을 유지하다가, 이후에는 정상 성장률(g_2)로 전환된다고 가정하는 주식 평가모형
적용 배경	• 신기술, 신시장 진입 등으로 초기에는 고성장 • 일정 시점 이후 성숙기로 접어들며 성장률 하락
성장구간 구분	• 초기 고속성장기(m기 동안 g_1의 성장률 적용) • 정상 성장기(m+1기부터 g_2의 성장률 적용)
기본 평가 방식	• 초기 성장기 동안 배당을 할인해 현재가치 계산 • 이후 정상 성장기부터는 항상성장모형으로 평가
주가 계산 논리	• $P_0 = \sum_{t=1}^{m} \dfrac{D_0(1+g_1)^t}{(1+K_e)^t} + \dfrac{P_m}{(1+K_e)^m}$

18 ④

| 정답해설 | 보통주의 가치(P_0)는 $\dfrac{D_1}{K_e - g}$이므로,

$\dfrac{500}{10\% - 5\%} = 10,000원$이다.

19 ③

| 정답해설 | 시장가격은 시장지수(PER, PBR 등)를 활용하는 평가 방법이며, 전통적인 재무제표 기반의 기업분석 방법에는 포함되지 않는다. 기업분석 방법은 자산, 이익, 현금흐름 기준으로 나뉜다.

개념 Plus⁺ 기업분석의 개념

기업분석의 정의	• 기업의 재무적 능력을 분석하여 주식의 가치를 평가하는 과정 • 정량적(수치) 중심 분석
기업분석 방법	• 자산에 기초한 방법 • 이익에 기초한 방법 • 현금흐름에 기초한 방법
자료의 원천	재무제표(재무상태표, 손익계산서 등)
분석 분야	• 경영현황: 경영스타일, 전략, 지배구조 등 • 재무현황: 사업구조, 산업 특성, 재무비율 등 • 이익현황: 수익성, 비용 구조, 이익 규모 등 • 시장승수: PER, PBR 등 가치 평가 지표
재무현황의 주요 지표	• 자본구조: 자산 조달 방식(부채, 우선주, 자기자본 비중) • 레버리지: 부채의존도(부채비율, 부채·자기자본 비율 등) • 유동성: 현금화 가능성(유동비율, 당좌비율, 현금비율 등)

20 ①

| 정답해설 | PER은 시장지수로서 주가를 주당순이익(EPS)으로 나눈 수치이며, 기업의 가치를 시장에서 평가하는 지표이다. 반면 자본구조, 레버리지, 유동성은 재무현황을 파악하기 위한 대표적인 지표이다.

21 ①

| 정답해설 | 이자보상비율은 손익계산서 항목으로 구성되어 있다.

개념 Plus⁺ 재무제표별 재무비율

- 재무상태표항목으로 구성된 것: 유동비율, 당좌비율, 현금비율, 부채비율
- 손익계산서 항목으로 구성된 것: 매출액순이익률, 매출액영업이익률, 이자보상비율
- 재무상태표와 손익계산서 항목이 혼합된 것: 총자산이익률, 자기자본이익률, 총자산회전율, 재고자산회전율

22 ③

| 정답해설 | ROE(자기자본이익률)는 자본 대비 수익을 나타내는 수익성 지표이다.

| 오답해설 |
① 당좌비율은 유동성 지표에 해당한다.
② 총자산회전율은 활동성 지표에 해당한다.
④ 고정부담보상환비율은 보상비율에 해당한다.

개념 Plus⁺ 수익성 지표

매출액 영업이익률 (OPM)	• $OPM = \dfrac{영업이익}{순매출액}$ • 기업의 영업 효율성을 나타내는 지표로, 법인세 차감 전 기준에서 매출 1단위가 얼마만큼의 영업이익을 창출하는지를 보여줌
총자산 이익률 (ROA)	• $ROA = \dfrac{순이익}{총자산}$ 또는 $\dfrac{순이익}{순매출액} \times \dfrac{순매출액}{총자산}$ • 기업이 보유한 자산을 얼마나 효율적으로 활용하여 이익을 창출하고 있는지를 보여주는 지표
자기자본 이익률 (ROE)	• $ROE = \dfrac{순이익}{자기자본}$ 또는 $\dfrac{ROA}{자기자본비율}$ 또는 $\dfrac{ROA}{1-\dfrac{총부채}{총자산}}$ • 주주가 투자한 자기자본을 얼마나 효율적으로 활용해 이익을 창출했는지를 나타내는 지표

23 ②

| 정답해설 | 부채-자산비율은 안정성 지표이며, 기업의 총자산 중에서 채권자들이 제공한 자금의 비율을 나타내는 지표이다.

개념 Plus⁺ 활동성 지표

비유동자 산회전율 (NAT)	• $NAT = \dfrac{순매출}{비유동자산}$ • 기업이 비유동자산에 투자한 자금을 얼마나 신속히 회전시키는지를 측정
재고자산 회전율 (IVT)	• $IVT = \dfrac{순매출}{재고자산}$ or $\dfrac{매출원가}{재고자산}$ • 기업이 보유하고 있는 재고자산이 판매되는 속도를 측정하는 지표
매출채권 회전율 (ART)	• $ART = \dfrac{순매출}{순매출채권}$ • 기업이 매출액을 얼마나 신속하게 현금화하는지를 나타내는 지표
평균 회수 기간(ACP)	• $ACP = \dfrac{순매출채권 \times 365일}{순매출액}$ • 기업이 매출액을 현금으로 전환하는 속도를 측정하는 지표

24 ④

| 정답해설 | 평균 회수기간은 외상매출금(매출채권)을 현금화하는 데 소요되는 기간을 의미하며, 계산식은 $\dfrac{매출채권 \times 365}{순매출}$이다.

| 오답해설 |
① 재고자산회전율에 대한 설명이다. 평균 회수기간은 매출채권에 관련된 지표이며, 재고와는 무관하다.
② 매출채권과 비유동자산을 합산한 개념은 존재하지 않으며, 유동성 지표는 유동비율, 당좌비율, 현금비율 등이 대표적이다.
③ 총자산회전율에 대한 설명으로, 총자산회전율은 총자산을 얼마나 효율적으로 매출로 전환했는지를 나타내는 활동성 지표이다.

25 ②

| 정답해설 | 총자산회전율은 자산의 활동성(효율성)과 관련된 지표이지, 수익성이나 안전성을 직접적으로 평가하는 지표는 아니다.

| 오답해설 |
① 총자산회전율은 순매출을 총자산으로 나누어 계산된다.
③ 총자산회전율이 낮을 경우, 자산을 잘 활용하지 못하고 있다는 신호가 될 수 있다.
④ 총자산회전율이 높다는 것은 자산이 효율적으로 매출을 창출하고 있다는 긍정적인 신호이다.

> **개념 Plus⁺ 총자산회전율(TAT)**
> - 총자산회전율(TAT) = $\dfrac{\text{순매출액}}{\text{총자산}}$
> - 기업이 투자한 자산에 의하여 창출되는 매출액을 측정하는 지표이다.
> - 총자산회전율이 높다는 것은 기업이 보유한 자산 1단위로 더 많은 매출을 창출하고 있다는 뜻이며, 이는 기업이 자산을 효율적으로 활용해 영업 활동을 수행하고 있음을 의미한다.

26 ②

| 정답해설 | 고정비용보상비율은 기업이 벌어들인 이익으로 이자·리스료 등 고정비용을 얼마나 충당할 수 있는지를 나타내는 지표로, 고정비용보상비율이 높으면 레버리지를 충분히 활용하지 못한 것으로 판단한다.

| 오답해설 |
① 기업의 성장률이 둔화되면 새로운 투자기회가 줄어들어 내부유보보다는 주주환원에 무게를 두게 된다. 따라서 이익을 재투자하기보다 배당으로 지급하는 비중이 높아져 배당성향이 일반적으로 상승하는 경향을 보인다. 즉, 성숙 단계에 접어든 기업일수록 성장률은 낮아지고 배당성향은 높아진다.
③ 총자산회전율이 지나치게 높다면 자산 규모가 상대적으로 작아 운용 여력이 부족하거나, 노후화로 인해 최소 자산만 운영 중일 가능성이 있다.
④ 매출채권회전율·재고자산회전율이 급격히 올라가면 외형상 긍정적으로 보일 수 있으나, 경우에 따라 과도한 회전율은 판매 정책 악화·재고 부족 등으로 자금 사정이 악화되는 신호일 수 있다.

27 ③

| 정답해설 | 부채비율이 높으면 채권자 위험이 증가하고, 주주의 위험도 커진다. 위험이 증가하면 주주의 요구수익률도 커지게 된다.

| 오답해설 |
① 유동비율은 유동자산을 유동부채로 나눈 값으로, 당좌비율은 유동자산에서 재고자산 등을 제외한 것을 유동부채로 나눈 값으로 계산된다. 따라서 유동비율은 높지만 당좌비율이 낮다면, 재고자산의 비중이 큰 경우라고 해석할 수 있다.
② 고정비용보상비율은 기업이 벌어들인 이익으로 이자·리스료 등 고정비용을 얼마나 충당할 수 있는지를 나타내는 지표로, 고정비용보상비율이 높으면 레버리지를 충분히 활용하지 못한 것으로 판단한다.
④ 매출채권회전율이 급격히 상승하는 경우 현금흐름에 어려움을 겪는 기업이 매출채권을 높은 할인율로 현금화하였을 가능성이 있다.

28 ③

| 정답해설 | 이자보상비율(ICR)은 영업이익 또는 법인세차감전 이익을 이자비용으로 나눈 값이며, 기업이 이자비용을 감당할 수 있는 지불 능력을 평가하는 지표이다.

| 오답해설 |
① 배당금은 이자보상비율 계산과 무관하며, 이는 배당성향(DPR)에 관련된 설명이다.
② 이자보상비율이 높을수록 이자지급 능력이 좋다는 뜻이지, 레버리지 위험이 크다는 의미는 아니다.
④ 이자보상비율이 1보다 낮으면 이자비용을 감당하지 못한다는 의미이므로 옳지 않다.

29 ②

| 정답해설 | 배당성향(DPR)은 보통주 배당금을 순이익으로 나누어 계산되며, 순이익 중 배당금으로 지급한 비중을 나타낸다.

| 오답해설 |
① 고정비용보상비율은 기업이 벌어들인 이익으로 이자·리스료 등 고정비용을 얼마나 충당할 수 있는지를 나타내는 지표로, 고정비용 및 법인세 차감 전 이익을 고정비용으로 나누어 계산한다.
③ 이자보상비율은 이자 및 법인세차감전 이익(또는 영업이익)을 이자비용으로 나누어 계산하며, 임차료는 포함되지 않는다.
④ 활동성 지표에 대한 설명이다. 보상비율은 현재 기업이 부담하고 있는 재무적 부담을 이행할 수 있는 능력을 측정하는 지표이다.

30 ①

| 정답해설 | 완전 희석 주당이익(FDE)에 대한 설명이다. EPS는 실제 보통주 기준으로 계산되며, 잠재적 주식 전환은 반영하지 않는다.

> **개념 Plus⁺ 이익지표**
>
> | | |
> |---|---|
> | 주당이익 (EPS) | • EPS = $\dfrac{\text{순이익} - \text{우선주 배당금}}{\text{총 보통주 발행주수}}$
• 기업이 창출한 이익 중 보통주 1주당 귀속되는 이익을 나타내는 지표 |
> | 완전희석 주당이익 (FDE) | • FDE = $\dfrac{\text{순이익} - \text{우선주 배당금} + \text{전환우선주 배당금} + \text{전환사채 이자} - \text{이자 법인세 조정액}}{\text{전환을 가정한 경우의 총 보통주 발행 주식수}}$
• 보통주 및 잠재적 보통주 1주당 귀속되는 이익을 나타내는 지표 |

31 ④

| 정답해설 | 완전 희석 주당이익(FDE)은 전환우선주, 스톡옵션 등으로 인해 발행 주식 수가 증가할 가능성을 반영해 EPS보다 보수적으로 계산된다.

| 오답해설 |
① 장기 채무 상환 능력을 평가하는 지표는 이자보상비율(ICR) 등이다.
② 주식 수가 줄어드는 경우가 아닌, 늘어나는 경우를 반영한다.
③ 일반적으로 FDE는 EPS보다 낮게 나타나며, 희석 가능성이 높을수록 낮아진다.

32 ④

| 정답해설 | 총자산투자수익률(ROA)는 당기순이익을 총자산으로 나누어 계산하는 것으로, 당기순이익은 손익계산서 항목에, 총자산은 재무상태표 항목에 해당한다.

| 오답해설 |
① 부채비율은 부채를 자기자본으로 나눈 것으로, 재무상태표의 항목으로만 이루어져 있다.
② 이자보상비율은 영업이익을 이자비용으로 나눈 것으로, 손익계산서의 항목으로만 이루어져 있다.
③ 매출액영업이익률은 영업이익을 매출액으로 나눈 것으로, 손익계산서의 항목으로만 계산할 수 있다.

33 ③

| 정답해설 | 부채비율이 높다는 것은 부채에 의존한 자금조달이 많다는 의미이며, 이는 재무 위험과 변동성 증가로 이어질 수 있다.

| 오답해설 |
① 부채비율이 높다는 것은 오히려 지급 능력에 대한 우려를 줄 수 있다.
② 부채비율과 배당성향 간에는 직접적인 관계가 없다.
④ 부채비율이 높다면 변동성은 커지고 신용등급은 하락할 수 있다.

34 ④

| 정답해설 | 부채–자기자본비율이 100%를 초과하면 과도한 부채 상태로 해석되며, 이는 재무구조의 불안정성을 나타낼 수 있다. 무조건 안정적이라고 해석할 수 없다.

| 오답해설 |
① 부채비율은 총자산 대비 부채 비중을 나타내며, 유동성과 안정성 판단에 사용된다.
② DER은 자기자본 대비 부채의 크기를 나타내며, 레버리지 효과와 동시에 재무위험 증가 가능성이 있다.
③ 부채가 많을수록 이자부담이 커지기 때문에 수익성 악화 요인이 될 수 있다.

35 ③

| 정답해설 | 재무레버리지도는 타인자본 의존도가 높을수록 크고 영업이익이 커질수록 낮아진다.

| 오답해설 |
① 영업레버리지도에 대한 설명이다. 재무레버리지도는 1주당 순이익 변동률을 영업이익 변동률로 나눈 값이다.
② 결합레버리지는 영업레버리지도와 재무레버리지도를 곱하여 산출된다.
④ 재무레버리지도에 대한 설명이다. 영업레버리지도는 영업이익 변동률을 판매량 변동률로 나눈 값이다.

개념 Plus⁺ 재무레버리지 분석

재무레버리지의 의미	• 기업이 경영활동을 위해 조달한 총자본 중 타인자본이 차지하는 비율을 나타내는 지표 • 기업이 부채를 사용하면 영업이익의 변화율에 비해 주당이익의 변화율이 확대되는데, 이를 재무레버리지 효과라 함 • 즉, 재무레버리지 효과는 고정 이자비용 때문에 영업이익(EBIT)의 변동이 순이익에 더 크게 증폭되어 반영되는 현상임
재무레버리지도 (DFL)	• 영업이익(EBIT)의 변동률이 주당이익(EPS)의 변동률에 얼마나 영향을 미치는지를 나타내는 비율 • 재무레버리지도(DFL)= $\dfrac{\text{주당이익의 변화율}}{\text{영업이익의 변화율}} = \dfrac{\Delta EPS/EPS}{\Delta EBIT/EBIT}$

36 ④

| 정답해설 | 재무레버리지도(DFL)는 영업이익(EBIT)의 변화가 주당순이익(EPS)에 얼마나 민감하게 반응하는지를 나타내는 비율이다. 고정적인 이자비용이 클수록 DFL은 커지며, 이는 레버리지 효과이자 위험을 의미한다.

| 오답해설 |
① 영업레버리지도(DOL)에 대한 설명이다.
② 고정영업비가 없으면 오히려 레버리지 효과가 작아져 DFL도 작아진다.
③ 영업이익 변동 시 매출이익률의 반응은 영업레버리지에 관한 개념이다.

개념 Plus⁺ 영업레버리지 분석

영업레버리지의 의미	• 기업의 고정영업비 비중으로 인해 매출액 변동이 영업이익에 증폭된 영향을 미치는 현상 • 매출이 증가하면 영업이익은 더 큰 폭으로 증가하고, 매출이 감소하면 영업이익은 더 큰 폭으로 감소 • 감가상각비, 임차료, 보수 등 고정영업비용의 존재로 인해 발생 ▶ 고정비를 부담하지 않는 기업에서는 영업레버리지 효과가 발생하지 않음 • 고정영업비 비중이 높을수록 영업레버리지가 커짐
영업레버리지도 (DOL)	• 매출(판매량)의 변화율에 대한 영업이익(EBIT)의 변화율을 나타내는 비율

영업레버리지도 (DOL)	· DOL = $\dfrac{\text{영업이익의 변화율}}{\text{판매량의 변화율}} = \dfrac{\dfrac{\triangle EBIT}{EBIT}}{\dfrac{\triangle Q}{Q}}$ - EBIT: 영업이익 - △EBIT: 영업이익의 변화분 - Q: 판매량 - △Q: 판매량의 변화분

37 ④

| 정답해설 | 영업고정비와 이자비용이 클수록 DOL, DFL이 커지고, DCL도 커진다. 따라서 비용 구조가 큰 기업일수록 DCL이 낮다는 설명은 옳지 않다.

| 오답해설 |
① 결합레버리지는 영업레버리지도와 재무레버리지도를 곱하여 산출된다.
② DCL이 클수록 매출 변화가 EPS에 미치는 영향이 더 크다는 의미이다.
③ 고정비·자본의존도가 높은 중화학공업·장치산업은 일반적으로 DCL이 높게 나타난다.

개념 Plus⁺ 결합레버리지 분석

결합레버리지의 의미	영업레버리지(DOL)와 재무레버리지(DFL)를 결합한 개념으로, 매출액(또는 판매량)의 변화가 주당이익(EPS)에 미치는 영향을 분석하는 지표
결합레버리지도	· 결합레버리지도(DCL) = 영업레버리지(DOL) × 재무레버리지(DFL) $= \dfrac{\dfrac{\triangle EPS}{EPS}}{\dfrac{\triangle Q}{Q}}$
특징	· 영업고정비와 이자비용이 존재하면 DCL은 항상 1보다 큼 · 영업고정비와 이자비용이 커지면 DCL도 함께 커짐 · 중화학공업, 장치산업 등 영업고정비의 지출이 크거나 타인자본 의존도 높은 기업에서 DCL이 높게 나타남

38 ③

| 정답해설 |
· 영업레버리지도(DOL) = $\dfrac{\text{영업이익의 변화율}}{\text{판매량의 변화율}} = \dfrac{\dfrac{\triangle EBIT}{EBIT}}{\dfrac{\triangle Q}{Q}}$

· 영업이익 변화율 = $\dfrac{120억\ 원-80억\ 원}{80억\ 원} = 0.5$

· 판매량 변화율 = $\dfrac{2,400-2,000}{2,000} = 0.2$

· 영업레버리지도(DOL) = $\dfrac{0.5}{0.2} = 2.5$

39 ③

| 정답해설 |
· 영업레버리지도(DOL) = $\dfrac{\text{영업이익의 변화율}}{\text{판매량의 변화율}}$
$= \dfrac{\dfrac{\triangle EBIT}{EBIT}}{\dfrac{\triangle Q}{Q}}$

· 영업이익 변화율 = $\dfrac{25억\ 원-10억\ 원}{10억\ 원} = 1.5$

· 판매량 변화율 = $\dfrac{250-200}{200} = 0.25$

· 영업레버리지도(DOL) = $\dfrac{1.5}{0.25} = 6$

40 ③

| 정답해설 |
· 결합레버리지도 = 영업레버리지도 × 재무레버리지도
  20 = 영업레버리지도 × 4
  = 영업레버리지도 = 5

· 영업레버리지도(DOL) = $\dfrac{\text{영업이익의 변화율}}{\text{판매량의 변화율}}$
$= \dfrac{\text{매출액} - \text{변동비}}{\text{매출액} - \text{변동비} - \text{고정비}}$
$5 = \dfrac{240억\ 원 - 180억\ 원}{240억\ 원 - 180억\ 원 - \text{고정비}}$

· 고정비 = 48억원

41 ④

| 정답해설 |
· 결합레버리지도(DCL) = 영업레버리지도(DOL)
  × 재무레버리지도(DFL)
  36 = 6 × 영업레버리지도(DFL)
  영업레버리지도(DFL) = 6

· 영업레버리지도(DOL) = $\dfrac{\text{영업이익의 변화율}}{\text{판매량의 변화율}}$
$= \dfrac{\text{매출액} - \text{변동비}}{\text{매출액} - \text{변동비} - \text{고정비}}$
$6 = \dfrac{200억\ 원 - 140억\ 원}{200억\ 원 - 140억\ 원 - \text{고정비}}$

∴ 고정비 = 50억원

42 ③

| 정답해설 |

- 재무레버리지도(DFL) = $\dfrac{\text{주당이익의 변화율}}{\text{영업이익의 변화율}}$

$$3 = \dfrac{\text{매출액} - \text{변동비} - \text{고정비}}{\text{매출액} - \text{변동비} - \text{고정비} - \text{이자비용}}$$

$$3 = \dfrac{\text{영업이익}}{\text{영업이익} - \text{이자비용}}$$

$$3 = \dfrac{4{,}500}{4{,}500 - \text{이자비용}}$$

이자비용 = 3,000원

43 ③

| 정답해설 | ㉡ 결합레버리지는 영업레버리지와 재무레버리지를 곱한 값으로 나타낸다.
㉣ 타인자본의존도가 높더라도 이자비용이 작으면 재무레버리지는 작아질 수 있다.

| 오답해설 |
㉠ 고정비용이 없다면 매출 변화가 이익 변화에 영향을 주지 않으므로, 영업레버리지는 1이 된다.
㉢ 고정비(영업고정비)와 이자비용이 존재하면 이익의 민감도가 증가하므로 결합레버리지는 커진다.

44 ②

| 정답해설 | 차입금의 차입이나 상환은 재무활동으로 인한 현금흐름에 속한다.

개념 Plus⁺ 현금흐름표 작성 방법

작성 방법	• 영업활동으로 인한 현금흐름 　- 원재료와 상품의 매입, 제품의 생산 및 판매에서 발생하는 현금흐름뿐만 아니라, 투자활동이나 재무활동에 해당하지 않는 모든 현금거래 　- 직접법: 현금 유입·유출 항목을 원천별·용도별로 구분하여 직접 표시하는 방식 　- 간접법: 당기순이익을 조정하여 현금흐름을 계산하는 방식으로, 수익·비용 중 현금 유입·유출이 없는 항목을 조정하고, 운전자산의 변동을 반영함 • 투자활동으로 인한 현금흐름 　- 현금의 대여와 회수, 그리고 유가증권·투자자산·비유동자산의 취득 및 처분 과정에서 발생하는 현금흐름 　- 설비자산의 취득과 처분, 유가증권의 매입과 처분, 대여금의 대여와 회수 등 • 재무활동으로 인한 현금흐름 　- 차입금의 조달과 상환, 자기주식의 취득 및 처분 등 재무활동에서 발생하는 현금흐름 　- 차입금의 차입과 상환, 자기주식의 취득과 처분, 유상증자 등

45 ④

| 정답해설 | 제품 판매로 인한 현금 수취는 영업활동에서 발생하는 매출현금 수취이다.

| 오답해설 |
① 공장설비의 처분은 투자활동으로 인한 현금유입에 해당한다.
② 유가증권의 매입은 투자활동으로 인한 현금유출에 해당한다.
③ 장기차입금의 상환은 재무활동으로 인한 현금유출에 해당한다.

46 ③

| 정답해설 | 설비자산 처분은 유형자산의 처분이므로 투자활동에 따른 유입에 해당한다.

| 오답해설 |
① 유상증자로 인한 자금조달은 재무활동으로 인한 유입에 해당한다.
② 회사채 발행은 자본 조달의 수단으로, 재무활동으로 인한 유입에 해당한다.
④ 자기주식의 취득은 자기자본의 변동이므로 재무활동으로 인한 유출에 해당한다.

47 ④

| 정답해설 | 유가증권 평가이익은 실제 현금이 유입되지 않은 수익이므로, 간접법 작성 시 당기순이익에서 차감(-)하여 현금흐름을 조정해야 한다.

| 오답해설 |
① 감가상각비는 현금 유출이 없는 비용으로, 당기순이익에 가산(+)해야 한다.
② 매입채무 증가는 부채 증가로 현금 유입 효과가 있어 가산(+)한다.
③ 재고자산 감소는 자산 감소로 현금 유입 효과가 있으므로 가산(+)한다.

48 ③

| 정답해설 | 자기주식 취득은 자본 감소로 인해 발생한 재무활동으로 인한 현금유출이다.

| 오답해설 |
① 대여금 대여는 타인에게 자금을 제공하는 투자활동으로 분류된다.
② 설비자산 취득은 투자활동으로 인한 현금유출이다.
④ 유가증권 매입은 투자활동에 해당하는 항목이다.

49 ②

| 정답해설 | 재고자산의 증가는 현금흐름 유출 항목이다.

개념 Plus⁺ 간접법(영업활동으로 인한 현금흐름)

- 영업활동으로 인한 자산 증가 및 부채 감소(현금유출항목): 매출채권의 증가, 재고자산의 증가, 매입 채무의 감소
- 영업활동으로 인한 자산 감소 및 부채 증가(현금유입항목): 매출채권의 감소, 재고 자산의 감소, 매입채무의 증가

- 투자와 재무활동으로 인한 처분손실(현금유입항목): 유가증권 처분손실, 실비자산처분손실
- 투자와 재무활동으로 인한 처분이익(현금유출항목): 유가증권처분이익, 실비자산처분이익

50 ③

| 정답해설 | 자기주식의 취득은 현금유출을 초래하고 나머지는 모두 현금유입을 가져온다. 공장설비의 처분은 투자활동으로 인한 현금유입, 은행에서 자금차입 및 유상증자 실시는 재무활동으로 인한 현금유입이며 자기주식 취득은 재무활동으로 인한 현금유출이다.

51 ④

| 정답해설 | 매출채권이 전기 대비 증가했다는 것은, 그만큼 매출은 인식되었지만 아직 현금으로 회수되지 않은 금액이 늘어났다는 의미이다. 즉, 기업 입장에서는 장부상 매출이 늘어났으나 실제 현금 유입은 발생하지 않았으므로 현금흐름표 작성 시 영업활동 현금흐름에서 차감해야 한다. 이는 매출채권 증가가 곧 운전자본(Working Capital) 항목 중 자산의 증가 → 현금 유출 효과로 반영되기 때문이다.

52 ①

| 정답해설 | 매입채무가 증가하면 현금이 아직 지출되지 않은 상태이므로 현금흐름에 가산(+), 매입채무가 감소하면 외상매입을 상환한 것이므로 현금흐름에서 차감(-)된다.

| 오답해설 |
② 매출채권이 증가하면 아직 현금이 유입되지 않은 매출이므로 현금흐름에서 차감(-), 매출채권이 감소하면 외상매출이 회수된 것이므로 현금흐름에 가산(+)된다.
③ 재고자산이 증가하면 재고를 구입하면서 현금이 투입된 것이므로 현금흐름에서 차감(-), 재고자산이 감소하면 재고가 줄어들며 현금으로 회수된 것이므로 현금흐름에 가산(+)된다.
④ 유가증권 평가이익의 증가는 비현금적 이익이 늘어난 것이므로 실제 현금흐름에서는 차감(-), 유가증권 평가이익의 감소는 비현금이익이 줄어든 것이므로 실제 현금흐름에는 가산(+)된다.

53 ④

| 정답해설 | PER은 주가(P)를 주당순이익(EPS)으로 나눈 값으로, 수익성에 기반한 투자 지표이다.

| 오답해설 |
① 일반적으로 PER이 낮으면 저평가로 볼 수 있지만, 성장 기대가 낮다고도 해석될 수 있다.
② PER은 수익성 관련 지표로, 재무 안정성과는 직접적인 관련이 없다.
③ PBR(주가순자산비율)에 대한 설명이다.

54 ③

| 정답해설 |
- $PER = \dfrac{1주당\ 가격(P_0)}{주당이익(EPS_1)} = \dfrac{1-b}{k-g}$
  - b(유보율): $1 - 0.4(배당성향) = 0.6$
  - g(성장률): $b \times ROE = 0.6 \times 0.12 = 0.072$
- $PER = \dfrac{1-0.6}{0.1-0.072} = 14.3(배)$

개념 Plus⁺ PER(주가수익비율)

- PER(주가수익비율)은 주가를 1주당 순이익(EPS)으로 나눈 값으로, 기업의 이익 대비 주가 수준을 나타낸다.
- $PER = \dfrac{1주당\ 가격(P_0)}{주당이익(EPS_1)} = \dfrac{1-b}{k-g}$
- 일반적으로 PER가 비교대상 기업보다 높으면 주가가 상대적으로 고평가된 것으로, 낮으면 저평가된 것으로 해석한다.
- PER는 기업의 성장률(g)과는 정(+)의 관계, 자본비용(k)과는 부(-)의 관계를 가진다.
- ROE > k인 경우 배당을 늘릴수록 성장 기회가 줄어 주가가 하락하고, 반대로 ROE < k일 때는 배당 확대가 투자자의 기대를 충족시켜 주가 상승 요인이 된다.

55 ③

| 정답해설 | PER은 수익성을 기준으로 한 평가 지표이며, 자산가치와 시장가치의 괴리를 평가하는 데는 PBR이나 Tobin's Q가 더 적합하다.

| 오답해설 |
① PER은 산업별·업종별 특성에 따라 적정 수준이 다르므로, 동일 산업군 내 기업 간 상대 비교에 가장 유용하다. 서로 다른 산업군 간 비교에는 왜곡이 발생할 수 있다.
② PER = 주가 ÷ EPS 이므로, PER이 높다는 것은 주가가 높거나 EPS가 낮다는 의미이다. 결국 이익에 비해 주가가 상대적으로 높다는 해석이 가능하다.
④ PER이 낮다는 것은 주가에 비해 이익이 상대적으로 크다는 의미로 저평가 신호일 수 있다. 그러나 동시에 시장이 해당 기업의 성장성 부족·수익성 저하를 반영했을 가능성도 있다. 따라서 PER 해석 시 한계가 존재한다.

56 ③

| 정답해설 | PER은 경기·이익 변동에 매우 민감하게 반응하는 지표로, 안정적이라 보기 어렵다. 오히려 경기 변동 시 주가와 이익의 변화로 인해 PER 변동성이 크다는 점이 한계로 지적된다.

| 오답해설 |
① PER은 주가 대비 이익 수준을 보여주는 지표로, 일반적으로 PER이 높으면 투자자들이 향후 이익 성장을 기대하고 있다는 의미로 해석된다.

② 배당성향이 커지면 유보이익이 줄어 성장률(g)이 낮아지고, PER과 성장률은 양(+)의 관계이므로 배당성향 ↑ → 성장률 ↓ → PER ↓ 의 경향이 나타난다.
④ PER은 주가를 EPS로 나눈 값으로, 기업의 이익에 비해 현재 주가가 어느 정도 수준인지 나타내는 대표적인 상대가치 지표다.

57 ②

| 정답해설 | PER이 높다는 것은 주가가 이익에 비해 상대적으로 높다는 것으로, 고평가 가능성을 의미한다.
| 오답해설 |
① PER과 성장률은 정(+)의 관계를 가진다. 성장률이 높을수록 미래 기대이익이 커지므로 PER이 높게 형성될 수 있다.
③ PER 산정 시 EPS는 과거 실적뿐만 아니라 다음 회계연도의 예상치를 적용하기도 한다.
④ PER은 특정 기업의 현재가를 기준으로 산출하지만, 상대평가 시 비교기업의 PER과 함께 분석할 수 있다. 이를 통해 고평가·저평가 여부를 진단한다.

58 ④

| 정답해설 | EV/EBITDA에 대한 설명이다. PER은 주가를 주당순이익(EPS)으로 나눈 값으로, 당기순이익을 기준으로 하기 때문에 기업의 자본구조나 감가상각 차이를 반영하지 못하는 한계가 있다. 이를 보완하기 위해 사용하는 지표가 EV/EBITDA이다. EV/EBITDA는 기업가치를 영업활동에서 발생하는 현금흐름과 직접 비교함으로써, 부채 규모와 자본구조의 차이를 반영할 수 있다.

개념Plus⁺ EV/EBITDA
- 기업의 전반적인 기업가치(EV)를 영업현금흐름에 가까운 수익성 지표(EBITDA)와 비교하여 평가하는 상대가치 평가 모형이다.
- EV(Enterprise Value)는 주주 가치와 채권자 가치를 합계한 금액을 의미한다.
  - EV=주주 가치+채권자 가치
  - EV=(주가×총발행주식수)+(이자지급성 부채−현금 및 유가증권)
- EBITDA는 이자 및 세금, 감가상각비 차감 전 영업이익을 의미하며, 영업이익에 감가상각비, 무형자산상각비를 더한 금액으로 계산한다.
- 상장기업의 시장가치 추정 시 유사기업의 EV/EBITDA를 산출하고 이를 상장기업의 EBITDA와 비교하여 추정이 가능하다.

59 ②

| 정답해설 | ROE가 요구수익률(k)보다 낮으면 기업의 수익성이 자본비용에 못 미치므로 시장에서는 자기자본을 저평가하여 PBR이 1보다 작게 나타난다.

개념Plus⁺ 주가순자산비율(PBR)
- $PBR = \dfrac{\text{자기 자본의 시가총액}(MV)}{\text{장부가액}(BV)}$

$= \dfrac{ROE_1 - g}{k - g}$ (성장모형 기반 유도식)
  - ROE와 양(+)의 관계
  - 위험과 음(−)의 관계
  - ROE > 자본비용(k): PBR은 1보다 크고 g가 높을수록 커짐
  - ROE < 자본비용(k): PBR은 1보다 작고 g가 높을수록 작아짐
- 기업이 보유한 순자산에 대해 시장이 얼마나 프리미엄을 부여했는지를 나타내는 지표이다.
- 재무상태표상의 보통주 1주당 순자산가치가 기업의 실질 가치를 정확히 반영한다면 PBR은 1이 되어야 하지만, 실제로는 아래의 이유로 인해 PBR은 1이 되지 않는다.
  - 시간성 차이: 주가는 미래가치를 반영하지만, 주당순자산(BPS)은 과거의 취득가액을 기준으로 하여 괴리 발생
  - 집합성 차이: 주가는 기업의 전체 가치를 포괄하지만, 주당순자산(BPS)은 자산·부채기준으로 한정
  - 회계기준 차이: 주당순자산(BPS)은 회계상의 장부가액을 기준으로 하므로, 감가상각, 역사적 원가주의 등으로 인해 실제 가치 반영이 제한됨
- PER과의 관계
  - $PBR = \dfrac{\text{순이익}}{\text{매출액}}(\text{마진}) \times \dfrac{\text{매출액}}{\text{총자산}}(\text{활동성}) \times \dfrac{\text{총자산}}{\text{자기 자본}}(\text{자기 자본 비율의 역수}) \times PER$
  - PBR은 PER에 기업의 수익성, 활동성, 부채비율까지 반영한 지표로, 자산가치뿐 아니라 수익가치까지 포괄적으로 평가할 수 있다는 점에서 활용 가치가 크다.

60 ④

| 정답해설 | PBR은 주가를 주당순자산(BPS)으로 나눈 값으로, 시장이 기업의 장부가 자기자본에 대해 얼마만큼의 가치를 인정(프리미엄 또는 할인)하는지를 나타낸다.
| 오답해설 |
① 현금흐름을 기준으로 기업가치를 평가하는 지표는 DCF(현금흐름할인법)이다.
② PBR은 시가총액÷자기자본 장부가치 또는 주가÷주당순자산(BPS)으로 계산한다. 총자산을 기준으로 하지 않는다.
③ PBR이 낮을수록 자산이 저평가되었거나 재무구조 불안정으로 해석된다.

61 ①

| 정답해설 | PBR은 $\dfrac{ROE_1 - g}{k - g}$로 계산된다. 즉, 기업의 위험이 높을수록 요구수익률(k)이 높아지게 되므로 이 경우 PBR은 작아지게 된다. 따라서 기업의 위험과는 음(−)의 관계이다. 또한, ROE가 요구수익률(k)보다 클 경우 PBR은 1보다 크고, 성장률(g)이 높을수록 PBR은 커진다.
※ 자본비용은 주주 입장에서 보면 '자본에 요구하는 최소한의 기대수익률'이므로 자본비용과 요구수익률은 대체해서 사용이 가능하다.

62 ④

| 정답해설 | 토빈의 Q가 낮을수록 시장에서 평가되는 기업가치가 자산의 대체원가보다 작다는 뜻이다. 즉, 기업의 시장가치가 저평가된 상태이므로, 이 경우 적대적 M&A(인수·합병)의 표적이 될 가능성이 커진다.

| 오답해설 |
① PBR은 자기자본 장부가치를 기준으로 하는 반면, 토빈의 Q는 자산 대체원가를 기준으로 하므로 단순한 역수 관계가 아니다.
② 자산의 대체원가는 장부가치(Book Value)가 아니라, 동일 자산을 새로 취득할 때 필요한 재취득원가(Replacement Cost)로 산정한다.
③ 토빈의 Q는 자본의 시장가치(MV)를 자산의 대체원가(RC)로 나눈 값이다.

개념 Plus⁺ Tobin's Q

- Tobin's Q = $\dfrac{\text{자기자본의 시가총액}(MV)}{\text{장부가액}(BV)}$
- 기업의 시장가치가 자산의 재취득비용 대비 고평가 또는 저평가되어 있는지를 평가하는 지표이다.
- 자산의 대체원가를 추정하기 어렵다는 단점에도 불구하고, 현재가치 기준을 사용함으로써 PBR의 한계 중 하나인 시간성의 차이를 극복할 수 있다.
- 지표 해석
  - Q > 1: 자본의 시장가치가 대체비용보다 높음
    ▶ 신규투자 유인, 고평가 상태 가능성
  - Q = 1: 적정 수준의 투자 가치
  - Q < 1: 자본의 시장가치가 대체비용보다 낮음
    ▶ 저평가 상태, M&A 대상 가능성
- PBR과의 유사점
  - 두 지표 모두 자산가치 대비 시장가치를 비교하여 기업 가치를 판단한다.
  - 토빈의 Q는 시장가치와 대체원가의 비교, PBR은 시장가치와 장부가치의 비교라는 차이점이 있다.

63 ④

| 정답해설 | Q 비율이 1보다 크면 투자수익성이 양호하고 경영을 효율적으로 하고 있음을 평가할 수 있고 Q 비율이 낮을수록 적대적 M&A의 대상이 되는 경향이 있다.

64 ③

| 정답해설 | 토빈의 Q는 기업의 시장가치 ÷ 자산의 대체원가로 계산되며, Q 값이 1보다 크면 시장에서 기업 자산을 대체원가보다 높게 평가하는 것이므로, 기업은 추가 투자 유인이 크다. 반면, Q 값이 1보다 작으면 시장가치가 대체원가보다 낮다는 뜻으로, 기업이 저평가된 상태이다. 이 경우 인수자가 기업을 싸게 매입해 자산을 재편할 유인이 커져 적대적 M&A 대상이 될 수 있다.

| 오답해설 |
① Q가 1.4라는 것은 자산의 시장가치가 대체원가보다 높다는 의미이다. 이는 기업이 자산에 투자할수록 더 큰 가치를 인정받을 수 있다는 뜻으로 투자 유인이 크다고 해석해야 한다.
② Q가 1보다 크면 시장에서 기업 자산이 장부가치보다 높은 가치를 인정받는 상황으로, 이는 곧 자본 효율성이 높은 상태를 뜻한다.
④ Q가 1.4인 기업 A는 자산 효율성이 낮아 구조조정 대상이 되는 것이 아니라, 오히려 투자 가치가 높아 신규 투자가 유리한 상태이다. 또한 Q가 0.6인 기업 B는 성장성이 높아서 투자 매력이 있는 것이 아니라, 자산이 저평가되어 있어 인수합병(M&A)의 대상이 될 가능성이 크다.

65 ④

| 정답해설 | EV/EBITDA는 기업가치(EV)를 EBITDA로 나누어, 수익창출능력 대비 기업 가치가 적정한지 평가하는 대표적인 상대가치지표이다.

| 오답해설 |
① EV/EBITDA는 순이익(Net Income)이 아니라 EBITDA(세전·이자·감가상각·무형자산상각 차감 전 영업이익)을 기준으로 한다. 즉, 순이익이 아니라 현금흐름 창출력에 초점을 맞춘다.
② EV(Enterprise Value, 기업가치)는 시가총액 + 순부채(총부채 − 현금성자산)으로 계산한다. 단순히 자산총계 − 부채총계가 아니다. EV는 기업의 전체 시장가치(자본가치 + 부채가치)를 의미한다.
③ EBITDA는 감가상각 전 영업이익으로, 현금 유출이 없는 감가상각비·무형자산상각비를 더해 계산한다. 따라서 자본지출(CapEx)은 반영되지 않는다.

66 ②

| 정답해설 |
- E기업의 EV = EBITDA × 비교기업 배수
  = 80억 원 × 15 = 1,200억 원
- EV(1,200억 원) = 주주가치 + 순채권자가치(500억 원)
- E기업의 1주당 주가 = $\dfrac{\text{주주가치}}{\text{발행주식 수}}$
  = $\dfrac{700억 원}{250만주}$
  = 28,000원

67 ①

| 정답해설 | EV/EBITDA는 기업의 시장가치(EV)를 현금흐름창출능력(EBITDA)과 비교하는 상대가치평가 지표이다. 자본비용을 반영해 기업가치를 직접 산출하는 절대가치평가(DCF, 배당할인모형 등)와는 다르다.

| 오답해설 |
② EV/EBITDA는 상장기업의 배수를 기준으로 비상장기업의 EBITDA에 적용하면 상대가치를 추정할 수 있다.
③ PER은 당기순이익 기반이어서 감가상각·부채구조 차이를 반영하지 못하는 한계가 있다. EV/EBITDA는 이를 보완하여 유사

기업 간 비교에 활용된다.
④ EV/EBITDA는 감가상각·회계처리 차이를 제거해 자산구조가 다른 기업들 간에도 비교 가능성을 높인다.

68 ④

| 정답해설 | EV/EBITDA는 기업 전체 가치(EV)를 현금창출능력(EBITDA)과 비교하는 지표이다. 이는 당기순이익을 기준으로 하는 PER의 한계를 보완한다. PER은 감가상각·부채 구조·법인세율 차이 등으로 왜곡될 수 있으나, EV/EBITDA는 영업활동의 현금창출 능력을 기준으로 하여 기업의 수익가치를 더 순수하게 반영한다.
| 오답해설 |
① PBR은 기업의 자기자본(순자산) 대비 시장가치를 나타내는 지표이다.
② PEGR은 PER을 성장률로 보정하여 기업의 성장성을 반영하는 지표이다.
③ Tobin's Q는 자산의 시장가치 ÷ 자산 대체원가로, 투자유인·M&A 가능성을 평가하는 지표이다.

69 ④

| 정답해설 | 상장기업의 시장가치 추정할 때는 유사기업의 EV/EBITDA를 산출하고, 이를 상장예정(공모)기업의 EBITDA와 비교하여 추정할 수 있다.
- 상장기업의 EV = 유사기업의 EV/EBITDA × 상장기업의 EBITDA
  6 × 500억 원 = 3,000억 원
- 예상 시가총액 추정 = 상장기업의 EV − 채권가치
  = 3,000억 원 − 400억 원 = 2,600억 원
- 주당 가치 추정 = 예상 시가총액 ÷ 공모 후 발행주식 수
  = 2,600억 원 ÷ 1,000만주 = 26,000원

70 ③

| 정답해설 | 공모기업의 시장가치를 추정할 때는 유사기업의 EV/EBITDA를 산출하고, 이를 공모기업의 EBITDA와 비교하여 추정할 수 있다.
- 유사기업의 EV/EBITDA × 상장기업의 EBITDA = 상장기업의 EV를 추정
  = 4 × 500억 원 = 2,000억 원
- 상장기업의 EV − 채권가치
  = 예상 시가총액 추정
  = 2,000억 원 − 400억 원
  = 1,600억 원
- 예상 시가총액 ÷ 공모 후 발행주식 수 = 주당 가치 추정
  = 1,600억 원 ÷ 1,000만주 = 16,000원

71 ④

| 정답해설 | EVA는 회계관습과 발생주의 회계원칙의 결과로 산출된 회계이익이 경제적 이익을 반영하도록 수정하는 대체적 회계처리 방법을 사용한다.
| 오답해설 |
① 주주자본비용의 기회비용적 성격을 명확히 설정할 수 있게 하는 것은 EVA이다. 당기순이익(Net Income)은 단순한 회계상의 이익으로, 자본비용(특히 자기자본비용)의 기회비용적 성격을 반영하지 않는다.
② EVA는 세전이 아니라 세후 순영업이익(NOPLAT, Net Operating Profit Less Adjusted Taxes)을 기준으로, 거기서 투하자본 × 가중평균자본비용(WACC)을 차감해 계산한다.
③ EVA는 세후 순영업이익(NOPLAT)에서 투하자본 × 가중평균자본비용(WACC)을 차감하여 계산된다. 여기서 WACC는 자기자본비용뿐만 아니라 타인자본비용까지 포함한 총자본비용을 의미한다. 따라서 EVA를 영업성과 측정의 도구로 사용할 경우 기업의 목표는 자기자본비용만 초과하는 이익이 아니라, 총자본비용(WACC)을 초과하는 경제적 부가가치 실현이 되어야 한다.

개념 Plus⁺ EVA

구분	내용
정의	EVA(Economic Value Added)는 세후 순영업이익에서 투자자본에 대한 기회비용을 차감한 경제적 부가가치
공식	EVA = IC × (ROIC − WACC)
IC (투하자본)	영업에 실제 사용된 자본 = 운전자본(유동자산 − 유동부채) + 유형·무형 고정자산 등 영업관련 자산
ROIC (투하자본 이익률)	• 세후 순영업이익(NOPLAT) ÷ IC * NOPLAT은 영업이익에서 법인세를 차감한 값 • ROIC가 WACC보다 클수록 기업이 경제적 가치를 창출하고 있음을 의미 • 기업의 자본 효율성을 측정하는 척도
WACC (가중평균 자본비용)	• 기업이 조달한 자본(부채 + 자기자본)에 대해 부담해야 하는 평균 자본비용 • ₩WACC = (타인자본비중 × 조달비용) + (자기자본비중 × 기회비용) • 투자자들이 제공한 투하자본에 대한 비용 • 외부차입에 의한 타인자본비용 외에도 주주가 제공한 자기자본비용까지 포함된 가중평균 자본비용의 개념 • 일반적으로 자기자본은 타인자본보다 위험에 대한 프리미엄이 높기 때문에 자기자본비용은 타인자본비용보다 높게 나타남

72 ④

| 정답해설 | EVA는 세후 순영업이익(NOPLAT) − (투하자본 × 가중평균자본비용, WACC)으로 계산된다. 이는 회계적 이익이 아닌, 자본비용을 반영한 경제적 부가가치의 창출 여부를 평가하는 대표적 지표다.
| 오답해설 |
① EVA가 음수라는 것은 기업이 세후 순영업이익(NOPLAT)으로 자본비용을 충당하지 못했다는 의미이다. 즉, 자본비용을 초과 달성한 상태가 아니라 자본비용에도 미달한 상태다.
② EVA는 회계상 당기순이익을 기준으로 하지 않는다. 대신 세

후 순영업이익(NOPLAT)을 기반으로 하여, 자본비용을 차감해 경제적 이익을 측정한다.
③ EVA의 가장 큰 특징은 자본비용을 반드시 고려한다는 점이다. 따라서 단순히 수익률 중심으로 성과를 보는 지표가 아니다.

73 ②

| 정답해설 | 당기순이익(Net Income)은 회계기준(발생주의, 회계원칙)에 따라 계산된 단순 회계상의 이익일 뿐, 자본비용은 반영되지 않는다. 따라서 EVA와 달리 주주의 기회비용이나 총자본비용을 고려할 수 없다.

| 오답해설 |
① EVA는 세후 순영업이익(NOPLAT)에서 자본비용(투하자본×WACC)을 차감하여 산출하므로, 자본제공자의 기대수익률(자본비용)을 명확히 고려한다.
③ EVA는 단순한 회계상의 이익이 아니라, 자본비용 차감을 통해 기업이 실제로 창출한 경제적 부가가치를 측정한다.
④ EVA는 자본비용을 반영하므로, 기업이 자본을 효율적으로 사용했는지 판단하는 데 적합하다. 따라서 성과평가 및 전략적 의사결정 지표로 활용 가능하다.

74 ④

| 정답해설 |
• 경제적 부가가치(EVA) = 투자자본(IC) × [투하자본이익률(ROIC) − 가중평균자본비용(WACC)]
  = 100억 원 × (18% − 8.4%) = 9.6억 원
• ROIC(투자자본이익률) = 18%
  = (매출액 × 투자자본) × (세후영업이익 ÷ 매출액)
• WACC(가중평균자본비용) = 8.4%
  = (타인자본비중 × 조달비용) + (자기자본비중 × 기회비용)
  = (0.4 × 0.06) + (0.6 × 0.1) = 8.4%

75 ④

| 정답해설 | EVA = 투하자본(IC) × (ROIC − WACC) = 100억 원 × (0.20 − 0.12) = 8억 원

76 ③

| 정답해설 | 주가 변동의 원인을 경제지표, 기업가치, 거시환경 등 근본적으로 분석하는 것은 기본적 분석(Fundamental Analysis)의 영역이다. 기술적 분석은 원인 규명보다는 결과(가격과 거래량)를 바탕으로 한 패턴 분석에 중점을 두며, 왜 주가가 변동하는지 그 원인을 알 수 없다는 한계점이 있다.

| 오답해설 |
① 기술적 분석은 주가에 시장참여자의 심리와 기대감이 반영된다고 본다. 따라서 투자자 심리를 차트와 패턴 속에서 읽어내려는 성격이 있다.
② 기술적 분석은 주가가 수요와 공급의 상호작용으로 형성된다고 가정한다. 따라서 시장참여자의 매수·매도세가 곧 주가 변동의 핵심 요인으로 본다.
④ 기술적 분석은 주가가 일정한 과거 패턴(차트·추세·형태 등)을 반복한다는 전제에 기반한다. 이를 분석해 미래 주가의 방향을 예측하려는 것이 핵심이다.

개념 Plus⁺ 기술적 분석

정의	주가의 매매 시점을 파악할 수 있도록 과거 시세 흐름과 패턴을 분석하여 향후 주가를 예측하려는 분석 기법
기본가정	• 증권의 시장가치는 수요와 공급에 의해 결정됨 • 주가는 추세에 따라 움직이는 경향이 있음 • 추세의 변화는 수요·공급의 변동에 의해 발생함 • 주가모형(패턴)은 스스로 반복함
장점	• 심리 반영: 계량화하기 어려운 심리적 요인까지 반영 가능 • 변화 시점 포착: 변화할 것이라는 예측과 변화의 방향을 알 수 있음 • 실전 투자 활용: 주가 흐름과 시장 분위기를 분석해 실전 매매 전략에 활용 가능
한계점	• 비현실적 반복성: 과거 주가 패턴의 반복을 전제로 하기 때문에 현실과 괴리될 수 있음 • 해석 주관성: 동일한 주가 흐름을 해석하는 시점이 사람마다 다를 수 있음 • 투자가치 무시: 시장의 본질적 가치보다 단기 변동성에만 집착하는 경향이 있음

77 ③

| 정답해설 | 추세 분석에 대한 설명이다. 추세 분석은 주가의 흐름을 동적으로 파악하는 기법이며, 이에 비해 패턴 분석은 주식시장을 정적으로 관찰하여 주가 전환 시점을 포착하는 데 초점을 둔다.

78 ②

| 정답해설 | 약세 국면에서 주가가 이동평균선 아래에 머무는 것은 추세적 하락 신호이지 상승 신호가 아니다.

개념 Plus⁺ 이동평균선

개념	일정 기간의 주가 평균 이동 방향을 파악하고, 이를 현재 주가의 흐름과 비교하여 향후 주가의 움직임을 예측하려는 지표
종류	단기(5일, 20일 평균선) / 중기(60일 평균선) / 장기(120일, 200일 이동평균선)
장·단점	• 장점: 계산이 용이하고 계산 결과와 모양에 따라 매수·매도 신호 객관적으로 도출이 가능 • 단점: 과거 주가를 평균하여 미래를 분석하는 후행성 문제
특징	• 주가가 이동평균선을 돌파하는 시점이 의미있는 매매 타이밍이며 장기 이동평균선 돌파 시 주가추세가 반전될 가능성이 큼 • 분석기간이 길수록 완만해지며, 분석기간이 짧을수록 가팔라짐 • 주가가 이동평균선과 괴리가 클 경우 이동평균선으로 회귀하는 성향이 있음 • 강세국면에서 주가가 이동평균선 위에서 움직일 경우 상승세 지속 → 이동평균선 하향 돌파 시 하락 반전 가능성 높아짐 • 약세국면에서 주가가 이동평균선 아래에서 움직일 경우 하락세 지속 → 이동평균선 상향 돌파 시 상승 반전 가능성 높아짐 • 이동평균선의 밀집·수렴은 투자자들의 평균 매수가가 비슷해져 작은 자극에도 큰 가격 변동이 일어날 가능성을 의미

79 ③

| 정답해설 | ㉠ 주가가 장기 이동평균선을 돌파할 경우에는 주요 추세가 반전될 가능성이 크다.
㉡ 일반적으로 주가가 이동평균선을 돌파하는 시점은 중요한 매매 타이밍으로 간주된다.
㉢ 이동평균을 하는 분석기간이 길수록 이동평균선은 완만해지며, 짧을수록 가팔라지는 경향이 있다.
㉥ 상승하고 있는 이동평균선을 주가가 하향 돌파할 경우 추세는 조만간 하락 반전할 가능성이 높다.
㉦ 하락하고 있는 이동평균선을 주가가 상향 돌파할 경우 추세는 조만간 상승 반전할 가능성이 높다.

| 오답해설 |
㉣ 약세 국면에서 주가가 이동평균선 아래에서 움직이면, 추세적 하락 신호로 판단한다.
㉤ 강세 국면에서 주가가 이동평균선 위에서 움직이면, 상승세가 유지되는 신호로 해석한다.
㉧ 주가와 이동평균선 사이의 괴리가 과도하게 벌어지면 주가는 이동평균선으로 회귀하려는 경향이 나타난다.

80 ③

| 정답해설 | MAO에 대한 설명이다.

개념 Plus⁺ 추세추종형 지표

- MACD
  - 장·단기 지수이동평균선(EMA) 간의 관계를 보여주는 추세형 모멘텀 지표('단기지수 이동 평균 − 장기지수 이동 평균'으로 계산)
  - MACD 값이 양수(+)이면 상승 추세, 음수(−)이면 하락 추세
  - MACD가 시그널선과 교차하는 시점을 매매 신호로 활용
- MAO
  - 단기 이동평균값에서 장기 이동평균값을 차감하여 그래프에 표시함으로써, 현재 주가 흐름의 진행 방향을 파악하는 추세 분석 기법('단기 이동평균값 − 장기 이동평균값'으로 계산)
  - MAO의 값이 양수(+)이면 현재 주가는 상승 추세, 음수(−)이면 하락 추세에 있음을 의미
  - MAO가 0선을 통과하는 시점은 장·단기 이동평균선이 교차하는 순간을 의미하므로, 이를 통해 매매 시점을 포착할 수 있음

81 ③

| 정답해설 | 해당 내용은 VR(Volume Ratio)에 대한 설명이다. 스토캐스틱 지표는 종가가 일정 수준 이하인 침체권(30% 이하)에 도달했다가 다시 상승하면 매수 신호로, 종가가 일정 수준 이상인 과열권(70% 이상)에 도달했다가 다시 하락하면 매도 신호로 해석한다.

개념 Plus⁺ 추세반전형 지표

- 스토캐스틱(Stochastics)
  - 일정 기간 동안의 주가 변동폭 중 금일 종가의 위치를 백분율로 나타낸 지표
  - 상승 국면에서는 종가가 변동폭의 최고가 부근에, 하락 국면에서는 종가가 변동폭의 최저가 부근에 형성
  - %K와 %D 두 선으로 구성되며, %K가 주요선이고, %K의 이동평균선이 %D임(%K선이 %D선을 상향 돌파하면 매수 신호, 하향 돌파하면 매도 신호)
  - 종가가 일정 수준 이하인 침체권(30% 이하)에 도달했다가 다시 상승하면 매수 신호로, 종가가 일정 수준 이상인 과열권(70% 이상)에 도달했다가 다시 하락하면 매도 신호로 해석
- RSI(Relative Strength Index)
  - 일정 기간 동안의 주가 상승폭과 하락폭을 비교하여, 주가의 상대적인 강도를 0~100 사이의 값으로 나타낸 모멘텀 지표
  - RSI는 0~100 범위에서 움직이며, 100 이상이나 음수 값을 가질 수 없음
  - RSI가 100에 가까울수록 절대적인 상승폭이 하락폭보다 훨씬 크다는 것으로, 과매수 상태를 의미
  - RSI가 0에 가까울수록 더 이상 하락할 수 없는 수준으로, 과매도 상태를 의미
  - RSI는 상승폭과 하락폭을 평균값으로 계산하기 때문에, 일시적으로 비정상적인 움직임을 보이더라도 분석에는 큰 영향이 없음

82 ②

| 정답해설 | 산업정책은 역사적으로 경제발전 속도가 뒤처진 후발국가에서 특히 강조되어 왔다. 자국 산업의 국제경쟁력을 높이고 선진국을 따라잡기 위해, 정부가 적극적으로 특정 산업을 지원·육성하는 방식이 사용된 것이다. 또한 이러한 산업정책은 단순히 후발국에 국한되지 않고, 어떠한 이유에서든 국민경제의 성장잠재력이 약화되거나 훼손되는 상황에서도 중요하게 강조되는 경향이 있다. 예를 들어, 구조적 경기침체, 산업 경쟁력 약화, 기술 혁신의 정체 등으로 인해 장기적 성장동력이 약화될 때 산업정책은 다시금 부각된다.

| 오답해설 |
① 산업정책은 경제성장을 직접적인 목적으로 하여 총공급관리에 초점을 맞추는 공급지향적 정책에 해당한다.
③ 산업정책은 각국의 경제 상황에 따라 구체적인 형태가 달라지며, 동일한 국가라 하더라도 경제발전 단계에 따라 효과적인 정책의 방향과 수단은 달라진다.
④ 해당 설명은 산업정책이 아니라 거시경제정책(총수요 관리정책)에 해당한다. 산업정책은 공급지향적 정책으로 잠재 생산수준 자체를 확충하여 경제성장을 도모하는 데 목적이 있다. 반면, 실제 생산수준을 잠재 생산수준에 근접시켜 실업 해소와 인플레이션 완화를 추구한다는 것은 케인즈적 거시경제정책의 특징이다.

83 ②

| 정답해설 | 포터의 다이아몬드 모형은 경쟁력 요인을 생산요소 조건, 수요 조건, 연간산업·지원 산업, 기업 전략·경쟁 여건의 4가지 직접 요인과, '정부'와 '우발적 요인'이라는 2가지 간접 요인으로 설명한다.

| 오답해설 |
① 헥셔−올린 모형은 생산요소를 노동과 자본으로 확장하여, 국가 간 생산요소의 상대적 부존도 차이가 무역패턴과 산업구조를

결정한다고 본다. 즉, 노동이 풍부한 국가는 노동의 가격이 상대적으로 저렴하기 때문에 노동집약적 산업에서 비교우위를 가지게 되고, 자본이 풍부한 국가는 자본집약적 산업에서 경쟁력을 확보하게 된다. 따라서 한 국가가 경제발전을 통해 자본축적이 이루어지면 산업구조는 노동집약적 산업에서 자본집약적 산업으로 전환되며, 생산요소 개념을 지식과 정보로까지 확장하면 지식집약적 산업으로의 구조 변화도 설명할 수 있다.

③ 리카도(D. Ricardo)의 비교우위론에서는 국가 간에 각 제품생산에 필요한 노동투입량(상대적 생산비)가 다르므로 각국은 상대적으로 생산비가 낮은(비교우위가 있는) 제품의 생산에 특화하여 이를 수출하는 것이 이익이다. 이 경우 수출산업은 빠르게 성장하여 산업구조 변화를 초래하게 된다.

④ 내생적 성장이론은 경제성장이 외부적 요인보다는 인적자본, 지식, 연구개발 등과 같은 요소의 내생적 축적에 의해 이루어진다고 본다. 즉, 국가 간 산업구조의 변화는 단순한 요소부존량 차이보다 새로운 요소를 창출하는 능력이 더욱 중요하다는 점을 강조한다. 또한, 제품수명주기 이론은 한 국가의 공급능력 변화 과정을 설명하면서, 기술혁신이나 신제품 개발이 산업구조 변화의 핵심 요인이라고 본다.

84 ②

| **정답해설** | 동일한 규모의 기업 수가 무한히 증가하게 되면 허핀달지수는 0으로 수렴한다. 완전경쟁시장에 가까워질수록 시장집중도는 0에 가까워지기 때문이다.

| **오답해설** |
① 허핀달지수(HHI)는 각 기업의 시장점유율을 제곱해 합산한 값이다. ($HHI = \sum_{i=1}^{n} S_i^2$)

시장점유율을 소수점으로 나타낼 경우, 한 기업이 시장을 독점하면 허핀달지수는 최대값인 1이 된다. (만약 동등기업의 수가 1,000개일 경우 $\frac{1}{HHI} = 0.001$이 된다. 즉, 동등기업의 수가 증가할수록 허핀달지수는 0에 수렴하게 된다.)

③ 만일 한 시장 내 모든 기업의 시장점유율이 같다면 허핀달지수의 역수는 동등 규모 기업 수로 해석될 수 있다.

④ 상위 n개 기업 집중률은 단순히 상위 기업 점유율을 더한 값이므로, 내부 분포가 변해도 일정할 수 있다. 반면 허핀달지수는 제곱 합 방식이어서 점유율 분포 변화에 민감하게 반응하므로 반드시 변동한다.

4장 리스크 관리   197쪽

01	②	02	①	03	④	04	①	05	④
06	③	07	①	08	②	09	②	10	①
11	④	12	③	13	②	14	②	15	①
16	②	17	③	18	②	19	②	20	①
21	④	22	②	23	②	24	②	25	④
26	②	27	③	28	②	29	②	30	②
31	④	32	②	33	③	34	①	35	①
36	①	37	③	38	①	39	①	40	①
41	④	42	①	43	②	44	①	45	②
46	②	47	④	48	④	49	①	50	③
51	④	52	①	53	①	54	②	55	④
56	②								

01 ②

| **정답해설** | 시장위험은 시장가격의 변동으로 인해 발생하는 손실 위험으로, 이자율위험, 환위험, 주식위험, 상품가격위험이 포함된다. 운영위험은 내부 시스템의 실패, 인적 오류 등으로 발생하는 손실 위험으로, 시장가격 변동과는 관련이 없다.

개념 Plus⁺ 재무위험의 종류

유형	설명	예시
시장위험	시장가격의 변동으로 발생하는 위험	이자율위험, 환위험, 주식위험, 상품가격위험 등
신용위험	거래 상대방이 약속한 금액을 지급하지 못할 때 발생하는 위험	기업 채권 투자 시 채무불이행(디폴트)
운영위험	내부 시스템, 관리 실패, 오류, 사기 등으로 인해 발생하는 손실 위험	직원의 실수, 전산 시스템 장애 등
유동성위험	자산을 제때 적절한 가격에 매각하지 못할 때 발생하는 위험	매수자가 없어 자산 매각 곤란한 경우
법적위험	계약 불이행 등 법적 문제로 인한 손실 위험	계약 불이행, 소송 등

02 ①

| **정답해설** | 운영위험에 관한 설명이다. 운영위험은 내부 시스템, 관리 실패, 오류, 사기 등으로 인해 발생하는 손실 위험으로, 직원의 실수, 전산 시스템 장애 등이 해당한다.

03 ④

| **정답해설** | 유동성위험에 관한 설명이다. 유동성위험은 자산을 제때 적절한 가격에 매각하지 못할 때 발생하는 위험으로, 매수자가 없어 자산 매각이 곤란한 경우가 대표적이다.

04 ①

| 정답해설 | 1995년 2월, 닉 리슨(Nicholas Leeson)의 파생상품 불법 거래로 인해 영국의 베어링은행이 파산하는 사건이 발생하였다. 그는 주가 상승을 예상하고 주가지수선물과 옵션에서 투기적 포지션을 유지했으나, 실제로는 주가가 하락하면서 막대한 손실을 입었다. 이 사건은 주어진 권한을 초과한 무분별한 투기거래로 인한 리스크 관리 실패 사례로 평가된다.

05 ④

| 정답해설 | VaR은 일정 기간 동안, 주어진 신뢰수준(95%, 99% 등) 하에서 발생 가능한 최대 손실 금액을 통계적으로 추정한 위험 지표이다.

| 오답해설 |
① 신뢰수준이 높을수록 손실을 더 보수적으로 가정하므로 VaR 값은 커진다.
② VaR은 자산 간 상관관계(correlation)를 반영하여 포트폴리오 차원에서 측정한다. 즉, 분산효과를 반영하여 개별 자산의 VaR의 단순 합보다 작게 나타난다.
③ VaR은 평균 손실값이 아니라 최대 손실 가능액을 확률적으로 추정한 수치이다.

06 ③

| 정답해설 | 신뢰수준 99%의 1일 VaR을 신뢰수준 95%의 9일 VaR로 환산해야 한다.
VaR = 투자금액 × 수익률의 표준편차 × Z × $\sqrt{기간}$으로 계산된다.
따라서 신뢰수준 95%는 99%보다 Z값이 낮고 보유 기간이 9일일 경우 1일 VaR을 아래와 같이 조정한다.

1일 VaR × $\frac{1.65}{2.33}$ × $\sqrt{9}$ = 5 × $\frac{1.65}{2.33}$ × 3 = 10.6억 원

07 ①

| 정답해설 | 일반적으로 VaR을 측정하는 방법에는 부분가치평가법인 델타분석법과 완전가치평가법인 역사적 시뮬레이션법, 스트레스 검증법, 몬테카를로 시뮬레이션 등이 있다.

개념 Plus⁺ 완전가치평가법과 부분가치평가법
- 완전가치평가법은 주식옵션의 경우 주가 변동 시 옵션 가치가 얼마나 변하는지를 측정하기 위해 Black-Scholes 모형에 주가 변동분을 대입하여 정확하게 계산할 수 있으며, 옵션이나 채권과 같은 비선형 상품의 VaR을 오차 없이 산출할 수 있는 방법이다.
- 부분가치평가법인 델타-노말분석법은 가치 변화를 주가 변동분의 선형 함수로 근사하여 정규분포를 적용하는 방식이므로, 옵션과 같이 비선형 수익구조를 가진 상품이 포함된 경우에는 시장 리스크 측정이 부정확해지는 단점이 있다. 이러한 한계를 보완하기 위해 델타뿐만 아니라 감마(델타의 민감도)까지 반영하여 시장 리스크를 평가하는 방법도 활용되고 있다.

08 ②

| 정답해설 | 델타-노말분석법은 부분가치평가법으로 별도의 가치평가모형이 필요하지 않다.

| 오답해설 |
① 델타-노말법은 부분가치평가법(Partial Valuation Method)으로 분류된다.
③ 옵션과 같은 비선형 상품의 가치는 델타-노말 분석법으로 정확히 반영하기 어렵다. 오히려 정확도를 떨어뜨릴 수 있으며, 이를 보완하기 위해 감마(Δ의 민감도)까지 고려하는 델타-감마 방법이 사용된다.
④ 몬테카를로 시뮬레이션은 확률적 모의실험 방식으로 비선형 구조까지 반영 가능하다. 따라서 델타-노말법으로 산출한 VaR 값과 반드시 일치하지 않는다.

개념 Plus⁺ 델타-노말분석법

개념	복잡한 포트폴리오(주식, 채권, 옵션, 스왑 등 포함)의 리스크를 계산할 때, 각 자산 가격 변동 요인(risk factor)에 대한 민감도(Δ, 델타)를 사용하여 전체 포트폴리오 가치 변동을 추정하는 방법
측정 절차	• 포지션에 포함된 각 자산의 리스크 요인 결정 • 각 리스크 요인의 변동성과 상관관계 추정 • 델타(민감도)를 이용해 포지션의 변동성 추정
한계점	• 델타에 의존하여 시장 리스크를 측정하기 때문에 옵션과 같은 비선형 수익구조를 가진 상품이 포트폴리오에 포함되어 있는 경우에는 측정된 시장 리스크가 부정확해진다는 단점이 있음 • 이러한 단점 보완을 위해 델타 외에 감마(델타의 민감도)까지 감안하여 시장 리스크를 측정하는 방법이 사용되고 있음
특징	• 정규분포를 가정하여 계산이 간단하고 빠름 • 포트폴리오 내 자산들의 공분산 행렬이 핵심 • 정교성은 떨어지나 실무에서 간편한 리스크 측정 수단으로 활용됨

계산 공식	• 공식: VaR = α × V × σ
	• α(알파): 신뢰 수준에 따른 계수
	  - 95% 신뢰수준 → 1.65
	  - 97.5% 신뢰수준 → 1.96
	  - 99% 신뢰수준 → 2.33
	• V: 보유 포지션의 현재 가치
	• σ(시그마): 해당 포지션의 변동성(표준편차)

09 ②

| 정답해설 | 몬테카를로 시뮬레이션에서 주가의 움직임을 설명하기 위해 가장 흔히 사용되는 확률 모형은 기하학적 브라운운동(Geometric Brownian Motion, GBM) 모형이다.

| 오답해설 |
① 부분가치평가법(델타-노말 등)과 달리, 몬테카를로는 완전가치평가(Full Valuation)로 각 시나리오마다 상품 가치를 직접 산출한다.
③ 역사적 시뮬레이션 방법에 대한 설명이다. 역사적 시뮬레이션 방법은 과거 일정 기간 동안 관찰된 위험요인의 변동을 미래에도 동일하게 발생할 것으로 가정하고, 이를 현재 보유 포지션에 적용하여 가치 변동을 산출한 뒤 그 분포로부터 VaR을 계산하는 방식이다. 반면 몬테카를로 시뮬레이션은 향후 위험요인의 변동을

몬테카를로 시뮬레이션을 이용하여 구한 후, 보유하고 있는 포지션의 가치 변동의 분포로부터 VaR을 측정한다.
④ 몬테카를로는 옵션 같은 비선형 상품도 정확히 반영 가능하다는 장점이 있다. 하지만 단일 표본구간만을 사용하기 때문에 변동성이 커질 경우 측정치가 부정확해질 수 있으며, 결과의 신뢰도가 표본기간의 길이에 지나치게 의존하는 한계를 지닌다.

개념 Plus+ 몬테카를로 분석법

개념	향후 위험요인의 변동을 몬테카를로 시뮬레이션을 통해 추정하고, 이를 현재 보유 포지션에 적용하여 가치 변동의 분포를 도출한 뒤 그 분포로부터 VaR을 산출하는 기법
특징	• 위험요인에 대한 확률분포를 사전에 설정 • 이 확률분포에 따라 무작위 수치를 생성하고, 이를 반복 적용하여 가치분포추정 • 기존 역사적 시뮬레이션과 달리, 과거 데이터가 아닌 이론적 분포 기반
장점	• 위험요인에 적절한 확률모형을 사용하면 가장 정교한 VaR측정 가능 • 비선형 구조를 가진 포지션에도 적용 용이(옵션 포함 포트폴리오 등)
단점	• 계산비용이 매우 큼(수천~수만 회 시뮬레이션 필요) • 확률모형가정이 부정확할 경우, VaR 결과가 왜곡될 위험 존재

10 ①

| 정답해설 | 역사적 시뮬레이션은 과거 데이터를 그대로 적용하는 비모수적 방법(non-parametric method)이다. 따라서 개념이 단순하고 과거의 가격 데이터만 있으면 비교적 손쉽게 VaR을 산출할 수 있다. 또한, 분산·공분산과 같은 모수 추정을 요구하지 않으며, 수익률의 정규분포 가정도 필요하지 않다.

| 오답해설 |
② 역사적 시뮬레이션은 포트폴리오 가치를 직접 재평가하는 완전가치평가법을 사용하므로, 위험요인이 변동할 때 포지션의 가치 변동을 측정하기 위한 가치 평가모형이 필요하다.
③ 옵션과 같은 비선형 상품도 실제 과거 시장 데이터에 따라 재평가되므로 적용이 가능하다.
④ 역사적 시뮬레이션 방법은 과거 일정 기간의 위험요인 변동이 미래에도 동일하게 나타날 것이라고 가정하여, 이를 현재 포트폴리오에 반영하고 그 분포로부터 VaR을 계산하는 것이다.

개념 Plus+ 역사적 시뮬레이션

개념	과거 일정 기간 동안 관찰된 위험요인의 변동을 미래에도 동일하게 발생할 것으로 가정하고, 이를 현재 보유 포지션에 적용하여 가치 변동을 산출한 뒤 그 분포로부터 VaR을 계산하는 기법
특징	• 분산, 공분산 등과 같은 모수(parameter)에 대한 추정을 요구하지 않음 • 수익률의 정규분포와 같은 가정이 필요하지 않음 • 옵션과 같은 비선형의 수익구조를 가진 상품이 포함된 경우에도 사용할 수 있음
장점	• 과거 가격데이터 있으면 비교적 쉽게 VaR 측정 가능 • 분산, 공분산, 정규분포 가정이 불필요함 • 비선형 수익구조를 가진 옵션 등에도 적용 가능 • 계산과 해석이 직관적이고 설명이 쉬움
단점	• 표본기간이 제한적이라 변동성이 임의적으로 확대될 경우 적절한 측정 어려움 • 결과의 질이 표본기간의 질에 의존 • 과거 자료가 부족하거나 수가 적을 경우 신뢰도 낮음 • 극단적인 시장상황(위기 등)에는 적용이 어려움

11 ④

| 정답해설 | 분산, 공분산 등과 같은 모수(parameter)에 대한 추정을 요구하지 않는 것은 역사적 시뮬레이션 방법의 장점이다. 델타-노말 분석법은 수익률이 정규분포를 따른다고 가정하며, 이를 위해 분산, 공분산 등의 모수 추정이 반드시 필요하다.

12 ③

| 정답해설 | 스트레스 테스트의 한계는 포트폴리오 리스크의 기본 요소인 상관관계를 충분히 반영하지 못한다는 점에 있다. 따라서 주로 금리 급등이나 주가 폭락과 같은 단일 충격 요인을 가정하여 극단적 상황에서 포트폴리오의 민감도를 측정하는 데 적합하다. 또한, 다른 VaR 측정법을 대체하기보다는 보완하는 수단으로서, 최악의 경우 발생할 수 있는 손실 규모를 추정하는 데 유용하다.

개념 Plus+ 스트레스 테스트

개념	• 포트폴리오의 주요 변수에 큰 변동이 발생했을 때 가치가 얼마나 변화하는지를 측정하기 위해 사용되며, 시나리오 분석(scenario analysis)이라고도 함 • VaR 측정방법의 보완적 기법(정규 VaR 방식과 병행 사용)
특징	• 최악의 상황의 시나리오를 작성해서 VaR를 측정하는 방법 • 비정상적인 시장에서 위험요인의 극단적인 변화가 포트폴리오에 미치는 손실을 측정하는 방법 • 극단적인 사건을 고려한 측정방법으로 VaR를 측정하는 대체수단이라기보다는 VaR 측정의 보완적인 방법 • 과거의 데이터가 없어도 VaR를 측정할 수 있음 • 시나리오의 가정이 주관적이므로 과학적으로 VaR를 계산하지 못함 • 시나리오가 잘못 작성된 경우 VaR의 측정치도 잘못 계산됨 • 포트폴리오 리스크의 상관관계를 충분히 반영하지 못하므로, 주로 단일 충격 요인을 가정하여 극단적 상황에서 포트폴리오의 민감도를 측정하는 데 적합함

13 ②

| 정답해설 | 델타-노말 방식으로 옵션의 VaR을 계산할 때는 옵션가치가 기초자산 가격 변동에 얼마나 민감하게 반응하는지를 나타내는 옵션의 델타, 변동 폭을 계산하기 위한 기초자산의 현재가격, 그리고 위험 요인의 변동성을 반영하는 기초자산 가치 변동의 표준편차가 필요하다. 그러나 무위험이자율은 옵션의 이론가치 산정에는 사용되지만, 델타-노말 방식에 의한 VaR 추정 과정에서는 직접적으로 필요하지 않다.

14 ②

| 정답해설 | 99% 신뢰도 1일 VaR $= 4.95억 \times \dfrac{2.33}{1.65} = 6.99억$

15 ②

| 정답해설 |
- 연간변동성 = 일별변동성 $\times \sqrt{연간거래일수}$
- 일별변동성 $= \dfrac{연간변동성}{\sqrt{연간거래일수}}$
- 연간변동성 $\dfrac{25\%}{\sqrt{260}} \times 100 = 1.55\%$

개념 Plus⁺ 보유기간별 VaR

상황에 따라 장기 VaR을 산출해야 할 필요가 있다. 예를 들어, 감독 규제기관은 2주일치 VaR 측정을 요구하기도 하며, 연기금과 같이 운용 기간이 장기인 기관은 1개월 또는 1년 단위의 VaR 추정치를 필요로 한다. 이러한 경우 일반적으로 1일 VaR을 계산한 뒤 여기에 $\sqrt{연간거래일수}$를 곱하여 장기 VaR을 산출하는 방식을 사용한다. 이는 위험요인(risk factor)들의 수익률의 분포가 시간에 따라 동일하고 서로 상관관계가 없다는 조건을 가정하는 것이다.

16 ②

| 정답해설 | 채권 VaR = 채권가치 × 만기수익률 변동의 표준편차 × Z × 수정듀레이션
$= 120억 원 \times 0.8\% \times 2.33 \times 3.5년 = 7.83억 원$

17 ③

| 정답해설 | 채권 VaR = 채권가치 × 1일 수익률 변동의 표준편차 × Z × 수정듀레이션
$= 800억 원 \times 1.5\% \times 2.33 \times 2.5년 = 69.9억 원$

18 ②

| 정답해설 | 99% 신뢰수준이라는 것은 손실이 VaR을 초과할 확률이 1%라는 의미이다. 따라서 예상 초과 횟수는 200일 × 1% = 2회이다. 이는 사후검증(back testing)시 사용되는 기준으로, VaR이 과대 또는 과소 추정되었는지 판단하는 데 활용된다.

19 ③

| 정답해설 | VaR = 코스피 200지수 × 주가지수 1일 수익률의 표준편차 × 신뢰구간의 Z값 × 델타
$= 380 \times 2.0\% \times 2.33 \times 0.6$
$= 10.62(Point)$

20 ③

| 정답해설 | 상관계수가 0일 때 포트폴리오 VaR $= \sqrt{VaR_A^2 + VaR_B^2}$이므로, 포트폴리오 VaR $= \sqrt{8^2 + 6^2} = 10억 원$이다. 참고로 상관계수가 +1일 때는 각 자산의 단순 합(8억 원+6억 원=14억 원)으로, 상관계수가 −1일 때는 각 자산의 차액(8억 원−6억 원=2억 원)으로 포트폴리오 VaR를 계산할 수 있다.

21 ④

| 정답해설 | 포트폴리오 VaR
$= \sqrt{VaR_A^2 + VaR_B^2 + 2\sigma VaR_A VaR_B}$이므로, 포트폴리오 VaR
$= \sqrt{10^2 + 7^2 + 2 \times 0.7 \times 10 \times 7} = 15.72억 원$이다.

22 ②

| 정답해설 | RAROC는 위험조정 성과지표로서, 값이 높을수록 성과가 우수함을 의미하므로 가장 뛰어난 포트폴리오는 ② 포트폴리오이다.

포트폴리오	①	②	③	④
RAROC ($\dfrac{순수익}{VaR}$)	$\dfrac{9}{6}=1.5$	$\dfrac{11}{7}=1.58$	$\dfrac{12}{10}=1.2$	$\dfrac{13}{9}=1.44$

개념 Plus⁺ RAROC(Risk Adjusted Return on Capital)

- 개념: 투자로부터 발생한 수익을 해당 투자에서 부담한 위험(위험자본, 주로 VaR 등)으로 조정하여 산출하는 지표이다. 즉, 위험 대비 수익 효율성을 평가하는 데 활용된다.
- 계산: $\dfrac{순수익}{VaR}$
- RAROC 역시 RAPM 지표의 일종으로, 값이 높을수록 위험 대비 성과가 우수함을 의미한다.

23 ④

| 정답해설 | OBV는 주가와 거래량의 방향성을 누적적으로 분석하여 매수·매도 우위 신호를 해석하는 대표적인 추세 추종형 지표이다.

| 오답해설 |

① OBV는 단순히 특정 시점 거래량만 보는 것이 아니라 주가가 상승한 날의 거래량은 더하고, 하락한 날의 거래량은 빼는 방식으로 누적하는 지표이다. 따라서 과열 여부를 단순 시점 거래량으로만 판단하는 것은 잘못된 설명이다.
② 상승일과 하락일 거래량의 차이를 누적하여 매일 갱신하는 추세 추종 지표는 OBV이다.
③ VR은 일정 기간 동안 상승일 거래량과 하락일 거래량의 비율을 통해 투자심리를 파악하는 지표이지, 역사이클 곡선과는 무관하다.

> **개념 Plus⁺** OBV와 VR 지표

OBV
(On-Balance Volume)
	• 주가 상승일 거래량에서 하락일 거래량을 차감해 누적·도표화한 지표
	• 주가가 횡보할 때 거래량 흐름을 통해 향후 매집·분산 여부와 방향성을 예측하는 기술적 지표의 하나로서 시장의 매집·분산 단계를 파악
	• 분석방법
	  – 강세장: OBV 선의 고점이 이전의 고점보다 높게 형성(U마크 표시)
	  – 약세장: OBV 선의 저점이 이전의 저점보다 낮게 형성(D마크 표시)
	  – OBV 상승 = 매수세 집중, OBV 하락 = 매도세 집중
	  – OBV선이 장기 추세선을 돌파하면 강세, 하회하면 약세 신호로 봄
	  – OBV와 주가가 반대로 움직이면 조만간 추세 전환이 예상됨

VR (Volume Ratio, 거래량 비율)	• OBV가 누적치라 과거 수치와 직접 비교하기 어려운 단점을 보완한 지표 • 일정 기간(주로 20거래일) 동안의 주가 상승일의 거래량과 주가 하락일의 거래량의 비율을 백분율로 나타낸 것 • $\frac{주가 상승일의 거래량 합계 + 변동이 없는 날의 거래량 합계}{주가 하락일의 거래량 합계 + 변동이 없는 날의 거래량 합계} \times 100$ • 일반적으로 주가는 하락할 때보다 상승할 때 거래량이 더 많으므로, VR의 정상 수준은 100%가 아닌 약 150% 정도를 보통 수준으로 봄 • VR이 450%를 초과하면 단기적으로 주가 경계 신호로, 70% 이하일 경우에는 단기 매수 시점으로 해석

24 ③

| 정답해설 | OBV는 기준일을 주가가 꾸준히 오르는 시기(활황장세)에 설정할 경우, 상승 거래량이 과도하게 반영되어 주가가 하락세로 전환되어도 신호가 늦게 발생하므로 분석 정확도가 떨어질 수 있다.

| 오답해설 |
① OBV선은 주가가 전일에 비해 상승한 날의 거래량 누계에서 하락한 날의 거래량 누계를 차감하여 이를 매일 누적적으로 집계·도표화한다.
② KOSPI 등 주가지수의 OBV는 저가주의 대량 거래가 시장 전체 거래량을 왜곡할 수 있으므로 주의가 필요하다. 이 경우 보완적으로 거래량 대신 거래대금을 기준으로 OBV를 산출하기도 한다.
④ VR의 보통 수준(균형 상태)은 거래량의 상승 편향을 감안해 일반적으로 150%로 보며, VR이 450%를 초과하면 단기적으로 주가 경계 신호로, 70% 이하일 경우 단기 매수 신호로 해석한다. 또한, VR 지표는 시세의 천장권보다는 바닥권을 판단하는데 신뢰도가 높다.

> **개념 Plus⁺** OBV 지표의 한계점
>
> • 상승·하락일 거래량은 심리적 요인으로 균형적이지 않아 왜곡될 수 있다.
> • 자전거래 발생 시 비정상적 거래량 급증으로 분석 유용성이 낮아진다.
> • KOSPI 등 지수의 OBV는 저가주 대량거래가 전체 거래량을 왜곡할 수 있다.
> • 기산일을 활황장세에 두면 하락 전환 시 매매신호가 늦게 발생한다.

• OBV는 주가 전환 후 따라 움직이므로 선행 신호보다 추세 확인용에 가깝다.
• 기준일 설정에 따라 과대·과소평가가 생겨, 단독 지표로 추세 전환을 판단하기 어렵다.

25 ④

| 정답해설 | 5파동 중 가장 강력한 상승세를 보이며, 가장 길고 급격한 상승을 보이는 것은 3번 파동이다.

> **개념 Plus⁺** 엘리어트 파동의 특징(상승파동)

파동	주요 특징	보완 설명
1번 파동	• 상승 추세의 초기 전환 시점에서 나타남 • 5개의 파동 구조로 구성되는 충격파(impulse wave)	• 상승 초기라 거래량이 적고 파동 길이가 짧은 경우가 많음 • 보통 외부 재료보다는 기술적 반등 성격이 강함
2번 파동	• 1파 상승분의 38.2% 또는 61.8% 수준까지 되돌림 • 100% 이상 되돌림은 없음	• 하락 반락(되돌림)으로 나타나며 조정파동에 해당 • 이익 실현 매물이나 의심스러운 시장 심리가 반영
3번 파동	• 5파동 중 가장 강력한 상승세를 보이며, 가장 길고 급격한 상승이 일반적	• 보통 호재(실적, 정책, 수급 등)가 반영되며 대중의 주목을 받음 • 가장 거래량이 활발하고, 가장 신뢰도 높은 충격파
4번 파동	• 3파를 38.2% 수준으로 되돌리는 것이 일반적 • 조정파동으로 복잡하고 시간이 오래 걸리는 경우 많음	• 2파와는 성격이 다름(보통 플랫형, 삼각형 등의 패턴 등장) • 상승 피로감 조정이나 차익실현 매물 출현구간
5번 파동	• 상승 마무리 단계로, 3파와 유사한 강도의 상승세 • 길이는 일반적으로 1파와 같거나 1~3파 전체의 61.8% 수준 형성	• 다이버전스(Divergence) 출현 시 꼭지 가능성 높음 • 투자자의 과열 기대 심리가 반영되며 실적과 괴리되기도 함

26 ③

| 정답해설 | 조정파동은 주가의 진행 방향과 반대 방향으로 움직이는 파동으로, 일반적으로 2파, 4파, B파가 조정파동에 해당된다. 반면 1파, 3파, 5파, A파, C파는 충격파동에 해당한다.

> **개념 Plus⁺** 엘리어트 파동의 특징(하락파동)

파동	특징	보완 설명
a 파동	• 상승 5파가 끝난 후, 추세가 반대로 전환되는 최초의 하락 파동 • 구조상 5개의 소파동으로 구성되는 충격파(impulse wave)	• 초기 하락 구간으로, '단기 조정'으로 착각되기 쉬움 • 상승세에 익숙해진 투자자들이 하락 신호를 무시하는 경향 많음
b 파동	• 일시적인 반등 구간, 많은 이들이 상승이 재개되었다고 착각하는 구간 • 매입 포지션을 청산할 수 있는 마지막 기회	• 상승처럼 보이지만 구조상 조정파동(correction) • 저항선에서 다시 하락 전환되는 경우가 많음 • 기술적으로 '속임수 반등'이라 부름

c 파동	• 가장 강한 하락세가 나타나며 거래량도 증가 • 충격파 형태로 진행되며, 하락의 본질이 드러나는 구간	• a파보다 하락 폭이 크고 속도도 빠름 • 하락 중 후반부로 갈수록 투매 현상 나타남 • 일반적으로 상승 5파의 전체 상승분을 상당 부분 되돌림

27 ③

| 정답해설 | 충격파동은 주가의 진행 방향과 같은 방향으로 움직이는 파동이며, 1, 3, 5, A, C파가 해당된다.

| 오답해설 |
① 조정파동(2, 4, B)은 주 추세와 반대 방향으로 움직이므로, 항상 상승 방향이라는 설명은 옳지 않다.
② 실제로 3파는 가장 강하고 길게 나타나는 파동으로, 거래량도 크게 증가하는 특징이 있다.
④ 기본 구조는 상승 5파, 하락 3파로 총 8개의 파동이 형성된다.

28 ②

| 정답해설 | b 파동은 이제까지의 상승 국면에서 가지고 있던 매입 포지션을 정리할 마지막 기회로, 일시적 반등 구간의 성격을 가진다.

| 오답해설 |
① a 파동은 하락 초기에 나타나는 충격파이며, 가장 강한 하락세는 c 파동에서 나타난다.
③ b 파동은 상승처럼 보이지만 구조상 충격파(impulse)가 아니라 조정파(correction)의 성격이다.
④ a 파동에 대한 설명이다. c 파동은 가장 강한 하락세가 나타나며 거래량도 증가하는 구간이다.

29 ①

| 정답해설 | 신용수익률은 시장수익률에 비하여 비대칭성이 매우 강하여 한 쪽으로 두꺼우면서도 긴 꼬리를 가진 분포를 한다. 즉, 손실분포는 정규분포가 아닌 경우가 많기 때문에, 단순히 평균·분산으로 추정하는 모수적 방법보다는 백분위수 기반 측정이 신용 리스크의 실제 위험(특히 극단적 손실 가능성)을 더 잘 포착할 수 있어서 바람직하다.

| 오답해설 |
② 신용수익률은 시장수익률에 비해 비대칭성이 강하여, 한 쪽으로 두꺼우면서도 긴 꼬리를 가진 분포를 보인다.
③ 신용 리스크는 신용손실 분포로부터 도출되는 예상외 손실(UL)로 정의되며, 사전 대비 가능한 예상되는 손실(EL)은 위험으로 보지 않는다. 따라서 신용 리스크의 측정치는 신용 리스크에 따른 손실의 불확실성, 즉 신용손실 분포에 의해 결정된다.
④ 신용 리스크는 신용손실 분포로부터 예상외 손실(UL)로서 정의되며, 예상되는 손실(EL)은 위험이라고 하지 않는다.

개념 Plus⁺ 신용 리스크와 신용손실 분포의 특징

신용 리스크의 개념	• 신용 리스크는 신용손실 분포로부터 도출되는 예상외 손실(UL: Unexpected Loss)로 정의 • 예상되는 손실(EL: Expected Loss)은 리스크가 아닌 비용으로 인식됨(대손충당금 등으로 사전 대비 가능) • 신용 리스크의 측정치는 신용 리스크에 따른 손실의 불확실성(신용손실 분포)에 의해 결정됨
신용손실 분포의 특징	• 비대칭성(skewed) 및 긴꼬리(fat-tail) 분포 　– 신용수익률은 시장수익률에 비해 비대칭성이 강하여, 한 쪽으로 두꺼우면서도 긴 꼬리를 가진 분포를 보임 　– 대부분은 작은 이익, 드물게 상당한 손실 발생 　– 이는 채무불이행이 드물지만 한 번 발생하면 손실 규모가 큼을 의미 　– 따라서 손실분포는 단순히 평균·분산으로 추정하는 모수적 방법보다는 백분위수 기반 측정이 신용 리스크의 실제 위험(특히 극단적 손실 가능성)을 더 잘 포착할 수 있음 • 금융기관의 대응 방식 　– 기대손실(EL)은 사전적으로 충당금 등으로 대응 　– 기대손실을 초과하는 부분(UL)은 자기자본 등으로 대응

30 ②

| 정답해설 | ㉠ 신용수익률은 시장수익률에 비해 비대칭성이 강하여, 한 쪽으로 두꺼우면서도 긴 꼬리를 가진 분포를 보인다.
㉡ 과거의 부도율, 손실률, 회수율 등 신용위험 데이터를 바탕으로 손실 규모와 발생 확률의 관계를 추정하여 신용손실 분포를 도출할 수 있다.

| 오답해설 |
㉢ 신용수익률은 시장수익률에 비하여 비대칭성이 매우 강하여 한 쪽으로 두꺼우면서도 긴 꼬리를 가진 분포를 한다. 즉, 손실분포는 정규분포가 아닌 경우가 많기 때문에, 단순히 평균·분산으로 추정하는 모수적 방법보다는 백분위수 기반 측정이 신용 리스크의 실제 위험(특히 극단적 손실 가능성)을 더 잘 포착할 수 있어서 바람직하다.

31 ④

| 정답해설 | 신용 리스크는 거래상대방이 계약상 의무를 이행하지 않거나 이행할 수 없는 경우 발생할 수 있는 손실 가능성을 의미한다. 이는 일반적으로 부도, 연체, 계약불이행 등의 형태로 나타날 수 있다.

| 오답해설 |
① 금리 변화로 인한 자산 가격 하락은 시장 리스크(Market Risk)에 해당한다.
② 회계 투명성 부족으로 발생하는 리스크는 운영 리스크 또는 경영 리스크에 가깝다.
③ 계약상 의무 초과 달성에 따른 초과 수익은 리스크가 아니라 기대수익에 해당한다.

32 ②

| 정답해설 | 부도거리는 기업의 자산가치가 채무불이행으로부터 떨어

진 거리를 표준화하여 구하는 것으로, $\dfrac{\text{기대자산 가치} - \text{부채가치}}{\text{표준편차}}$ 로 계산한다. 따라서 부도거리는 $\dfrac{50억원 - 35억원}{5억원} = 3$표준편차이다.

33 ③

정답해설 | KMV 모형의 개념과 무관한 설명이다. KMV 모형은 신용등급 하락 자체보다는 자산가치와 부채의 관계, 그리고 그 차이의 표준화인 부도거리(DD)를 중심으로 부도확률을 추정한다.

개념 Plus⁺ KMV의 부도율 측정모형

정의	• KMV의 부도율 측정모형(채무불이행 예측모형)은 자산가치와 표준편차를 이용하여 부도거리를 구하고 이 부도거리를 실제 부도율과 대응시켜 EDF(기대 채무불이행 빈도)를 구하는 실증적 EDF(기대 채무불이행 빈도)를 사용 • KMV는 특정 기간 내에 기업의 자산가치가 상환해야 할 부채 규모 이하로 떨어질 확률을 계산하고 이 확률과 실제 부도율과의 관계를 파악하여 기대 채무불이행 빈도(EDF)를 계산하는 모형
특징	• 주가의 옵션적 속성을 이용해 기업 도산 가능성 예측 • 기업의 주식가치를 자산가치가 기초자산이고, 부채금액이 행사 가격인 콜옵션으로 간주 • 자산가치가 부채를 상환할 수 있는지 여부에 따라 부도 여부 판단
핵심 개념	• 자산가치가 부채상환기일에 부채보다 작을 확률=부도확률 • 자산가치와 부채 사이의 거리를 표준화한 값=부도거리(DD, Distance to Default) • 부도거리로부터 기대 채무불이행 빈도(EDF)를 추정 • 부도거리(DD)란 기업의 자산가치가 채무불이행 점으로부터 떨어진 거리를 표준화하여 구하는 것으로, 2표준편차라는 것은 자산가치가 부채가치로부터 자산가치의 변동성(표준편차)의 2배 정도 멀리 떨어져 있다는 것임 • 부도거리상 표준편차 거리가 높게 나올수록 신용위험이 낮은 것을 의미함
수식 요약	• 부도거리(DD)=$\dfrac{A-D}{\sigma_A}$ – A: 기대자산 가치 – D: 부채가치 – σ_A: 표준편차
부도 모형에서 기대손실	• 기대손실=EAD(신용리스크 노출금액)×부도율×LGD(손실률) • 손실률=1−회수율

34 ①

정답해설 | KMV는 이론적 EDF를 사용하는 것이 아니고 실증적 EDF(기대 채무불이행 빈도)를 사용한다. 즉 자산가치와 표준편차를 이용하여 부도거리를 구하고 이 부도거리를 실제 부도율과 대응시켜 EDF(기대 채무불이행 빈도)를 구한다.

35 ①

정답해설 | 부도거리(DD)가 2표준편차라면 이는 자산가치가 부채를 초과할 확률이 매우 높다는 의미이다. 따라서 부도율은 표준정규분포에서 2표준편차 이외(꼬리 부분)의 확률을 의미하지, 이내의 확률이 아니다.

오답해설

② 이론적 EDF는 부도거리(DD)가 표준정규분포를 따른다는 가정에서 산출되지만, 실제 시장에서 부도거리의 분포는 정규분포와 다를 수 있다. 따라서 KMV 모형에서는 실증적 부도율 데이터를 활용해 부도거리와 실제 부도확률 간의 경험적 관계를 추정하고, 이를 바탕으로 실증적 EDF를 산출하여 사용한다. (실증적 EDF=$\dfrac{\text{부도거리(DD)가 }x\text{보다 큰 기업 중 실제 부도가 난 기업의 수}}{\text{부도거리(DD)가 }x\text{보다 큰 기업의 수}}$)

③ EDF 모형은 과거 회계자료에 의존하는 신용평가기관 평가와 달리, 실시간에 가까운 주가 정보를 반영하여 현재 기업의 상태를 더 정확히 반영할 수 있다.

④ KMV 모형의 핵심은 기업의 주식가치를 옵션 관점에서 해석하는 것이다. 따라서 자산가치를 기초자산, 부채를 행사가격으로 간주하고, 자산가치가 부채 수준 이하로 하락할 경우 채무불이행이 발생한다고 본다.

36 ①

정답해설 | 부도율은 베르누이 분포를 따른다. 베르누이 분포는 매 시행마다 오직 두 가지의 가능한 결과만 일어난다고 할 때, 이러한 실험을 1회 이상 시행하여 일어나 두 가지 결과에 의해 그 값이 각각 0과 1로 결정되는 확률분포를 의미한다.

개념 Plus⁺ 부도모형(Defalut Mode)

정의	• 부도가 발생한 경우에만 신용손실이 발생한다고 간주하여 리스크를 추정하는 모형 • 신용손실은 EAD(Exposure at default), 부도율(default probability)과 부도 시의 손실률(Loss Given Default: LGD)에 의해 결정됨
기대 (예상) 손실 (EL)	• 부도모형에서 신용 리스크는 EL의 불확실성으로 측정됨 • EL=EAD×부도율(p)×LGD – EAD: 신용 리스크에 노출된 금액(exposure) – 부도율(p): 신용 상대방이 일정 기간 동안에 부도가 날 확률 – LGD: 특정 포지션에 부도가 발생할 경우 입을 수 있는 경제적 손실의 크기(1−회수율)

37 ③

정답해설 | • EL=EAD×부도율(p)×LGD
– EAD: 신용 리스크에 노출된 금액(exposure)
– 부도율(p): 신용 상대방이 일정 기간 동안에 부도가 날 확률
– LGD: 특정 포지션에 부도가 발생할 경우 입을 수 있는 경제적 손실의 크기(1−회수율)
• EL=200억 원×5%×40%=4억 원

38 ①

정답해설 | 부도모형(Default Model)에서 기대손실(부도 위험, EL) 계산 시 신용등급은 필요하지 않다.

기대손실은 'EAD × 부도율(p) × LGD'로 계산되며, EDA는 부도 발생 시 신용 리스크에 노출된 금액(exposure), 부도율은 신용 상대방이 일정 기간 동안에 부도가 날 확률, LGD는 특정 포지션에 부도가 발생할 경우 입을 수 있는 경제적 손실의 크기를 말한다.

39 ③

| 정답해설 | 예상손실(EL)은 이미 확률적으로 예측 가능한 손실로서 리스크로 보지 않고, 은행은 이를 대손충당금으로 미리 반영한다. 반면, 예상치 못한 손실(UL)은 신용 리스크에 해당하며, 금융기관은 이를 흡수하기 위해 자기자본을 적립한다.

| 오답해설 |
① CreditMetrics 모형의 주요 입력 변수에는 노출 규모, 부도율, 상관계수 등이 포함된다.
② KMV의 채무불이행 예측모형은 블랙-숄즈의 옵션 가격결정 모형을 이용하여 기업의 자산가치를 평가하고, 이를 통해 이론적 EDF를 산출한다.
④ MTM 모형은 부도 발생뿐만 아니라 신용등급의 변화에 따른 손실 리스크까지도 신용 리스크에 포함시키는 모형이다.

40 ③

| 정답해설 | Credit VaR는 신용등급 하락, 부도 등 신용 이벤트로 인해 포트폴리오의 가치가 손실되는 최대 가능 손실 금액을 측정하는 지표이다.

| 오답해설 |
① 스트레스 테스트와는 별개의 개념이다.
② 자산 간 상관관계는 오히려 Credit VaR 산출 시 중요한 고려요소로 포함된다.
④ 단순히 신용등급을 예측하는 도구가 아닌 손실 규모를 산정하는 지표이다.

41 ④

| 정답해설 | 포트폴리오의 손실은 특정 자산의 과거 수익률로만 예측할 수 없으며, 포트폴리오 전체의 변동성과 상관관계를 고려한 접근이 필요하다.

42 ①

| 정답해설 | • 손실률 = 1 − 회수율(70%) = 30%
• 기대손실(EL) = EAD × 부도율 × 손실률
  = 100억 원 × 5% × 30%
  = 1.5억 원

43 ③

| 정답해설 | • 부도율은 신용 상대방이 일정 기간 동안에 부도가 날 확률로서 측정은 내부자료를 이용하거나, 외부신용평가기간의 신용등급자료를 이용하여 산출한다.
• 기대손실(EL) = EAD(신용리스크 노출금액) × 부도율 × LGD(손실률)
• 여기서 손실률(LGD) = 1 − 회수율로 계산되므로 6억 = 500억원 × 부도율 × (1 − 0.6)이므로 부도율은 3%이다.

44 ①

| 정답해설 | 기대손실(EL) = EAD(신용 리스크 노출금액) × 부도율 × LGD(손실률)
= 50억 원 × 15% × 50%
= 3.75억 원

45 ②

| 정답해설 | 신용수익률은 아주 높은 확률로 작은 크기의 순이자율 수익(NE, Net Interest Earnings)을 얻고 아주 낮은 확률로 투자금액의 상당분을 잃는다. 따라서 신용손실분포는 대체로 비대칭(한쪽으로 치우친, Skewed) 분포, 두꺼운 꼬리(Fat Tail)의 특성을 지닌다.

46 ①

| 정답해설 | 신용 리스크는 신용손실의 분포로부터 예상외 손실로서 정의된다. 즉, 예상되는 손실은 리스크로 구분하지 않는다. 이는 EL은 일반적으로 대손충당금 등으로 대비하고 있어 리스크라기보다는 비용으로 인식되고 있기 때문이다.

47 ④

| 정답해설 | 부도거리는 기업의 자산가치가 채무불이행으로부터 떨어진 거리를 표준화하여 구하는 것으로, $\frac{기대자산\ 가치 - 부채가치}{표준편차}$로 계산한다.

• $A = \frac{100-80}{5} = 4$
• $B = \frac{200-150}{10} = 5$
• $C = \frac{300-200}{20} = 5$
• $D = \frac{400-250}{25} = 6$

이 때 부도거리가 가장 큰 자산의 부도율이 가장 낮다. 따라서 부도율이 가장 낮은 자산은 D이다.

48 ④

| 정답해설 | 합격·불합격처럼 결과가 두 가지(성공 또는 실패)로만 나타나는 실험을 베르누이 시행이라고 하며, 이에 따른 확률 분

포를 베르누이 분포라고 한다. 신용위험에서도 결과는 '부도 발생' 또는 '부도 미발생' 두 가지로만 구분되므로, 부도확률분포는 베르누이 분포를 따른다.

49 ①

| 정답해설 | 부도율은 베르누이 분포를 따른다. 베르누이 분포는 매 시행마다 오직 두 가지의 가능한 결과만 일어난다고 할 때, 이러한 실험을 1회 이상 시행하여 일어나 두 가지 결과에 의해 그 값이 각각 0과 1로 결정되는 확률분포를 의미한다.

50 ③

| 정답해설 | 부도거리는 기업의 자산가치가 채무불이행으로부터 떨어진 거리를 표준화하여 구하는 것으로, $\frac{기대자산\ 가치 - 부채가치}{표준편차}$로 계산한다.

A기업의 부도거리 $= \frac{50억\ 원 - 20억\ 원}{10억원} = 3$

51 ④

| 정답해설 | 유동성위험에 대한 설명이다. 유동성위험이란 자산을 제때 적절한 가격에 매각하지 못할 때 발생하는 위험으로, 매수자가 없어 자산 매각이 곤란한 경우가 대표적이다.

52 ①

| 정답해설 | RAROC(Return Adjusted Risk on Capital)는 투자에서 발생한 순수익을 위험자본(VaR)으로 나누어 산출하는 지표이다. 본 문제에서는 투자금액이 동일하다고 가정하였으므로, 실제 순수익 금액이 주어지지 않더라도 수익률을 VaR로 나누어 계산해 비교할 수 있다.

① $RAROC = \frac{5}{4} = 1.25$

② $RAROC = \frac{6}{5} = 1.2$

③ $RAROC = \frac{7}{6} = 1.17$

④ $RAROC = \frac{8}{7} = 1.14$

53 ①

| 정답해설 | 두 자산의 기대수익률이 동일하므로, 위험 증가 폭이 더 작은 자산을 선택하는 것이 포트폴리오 성과에 유리하다. 자산 A를 편입할 경우 포트폴리오 VaR은 140억 원으로, 자산 B를 편입했을 때(150억 원)보다 낮다. 따라서 자산 A가 더 적절하며, 이때 VaR이 기존 100억 원에서 140억 원으로 증가하므로 한계 VaR은 40억 원이다.

54 ①

| 정답해설 | VaR은 보유기간에 따라 손실분포가 달라지므로 값도 변한다. 즉, 보유기간이 증가하면 VaR의 값도 증가한다.
| 오답해설 |
② 회계자료는 시장가격 변동에 따른 위험을 충분히 반영하지 못하지만, VaR은 잠재적 손실을 확률적·금액 단위로 제시하여 회계자료가 제공하지 못한 리스크 정보를 보완한다.
③ VaR은 위험을 하나의 수치로 표현하기 때문에 기업 내부에서의 리스크 측정이 구체적일 뿐 아니라, 기존에는 비교하기 어려웠던 다른 회사와의 리스크 수준도 동일 기준으로 비교할 수 있다.
④ VaR은 금융상품의 위험을 동일 척도(손실금액)로 표현하고 자산 간 상관관계에 따른 분산효과를 반영하기 때문에, 상품별 총량을 단순 제한하는 규제보다 더 정확하고 효율적인 거래한도 설정이 가능하다.

55 ④

| 정답해설 | Marginal VaR는 특정 포지션을 포트폴리오에 추가하거나 제외할 때 전체 VaR이 얼마나 변하는지를 측정하는 개념으로, 해당 포지션의 위험 기여도를 나타낸다.

56 ②

| 정답해설 | Marginal VaR이 작을수록 우월한 투자대안이 되므로 투자대안 A와 B의 한계 VaR을 비교하면 기대수익률은 동일하지만, 투자대안 A의 Marginal VaR(한계 VaR)는 30억 원, 투자대안 B의 Marginal VaR(한계 VaR)는 60억 원으로 투자대안 A의 Marginal VaR이 투자대안 B의 Marginal VaR(한계 VaR) 보다 작아 A가 우월한 투자대안이 된다.

3과목 직무윤리 및 법규 / 투자운용 및 전략 I 등

1장 직무윤리 222쪽

01	②	02	②	03	④	04	③	05	②
06	①	07	④	08	①	09	③	10	④
11	③	12	③	13	②	14	④	15	①
16	④	17	②	18	④	19	③	20	④
21	④	22	②	23	④	24	④	25	④
26	④	27	④	28	③	29	④	30	①
31	②	32	①	33	④	34	④	35	④

01 ②

| 정답해설 | 금융투자산업은 타인의 자산을 위탁받아 운용하는 특성상, 이해상충 가능성이 높아 직무윤리와 윤리경영의 중요성이 강조된다.

| 오답해설 |
① 금융투자상품은 원본손실 위험이 존재하며, 정부 보장 상품이 아니다.
③ 금융투자업 종사자의 업무는 법적 계약 및 설명의무를 동반한다.
④ 대부분의 일반 소비자는 상품 구조를 충분히 이해하기 어려우므로 금융투자업 종사자 혹은 법적 보호가 필요하다.

02 ②

| 정답해설 | 직무윤리를 준수하는 것은 투자자뿐만 아니라 금융투자업 종사자들을 보호하는 안전 장치의 역할을 한다.

03 ④

| 정답해설 | 신의성실의 원칙은 고객의 신뢰를 지키기 위한 법적 기준이며, 이를 위반하면 손해배상 등 법적 책임이 발생할 수 있다.

| 오답해설 |
① 신의성실의 원칙은 자신의 이익이 아니라 고객의 이익을 우선적으로 고려해야 하는 원칙이다.
② 신의성실의 원칙과 고객우선의 원칙은 직무윤리의 핵심 원칙으로 함께 적용된다.
③ 신의성실의 원칙은 단순한 윤리규범이 아니라 법적 의무이므로 위반 시 민사·형사 책임까지 발생할 수 있다.

04 ③

| 정답해설 | 이해상충 방지의무에 대한 설명이다. 금융투자업자는 금융투자업을 영위함에 있어서 정당한 사유 없이 투자자의 이익을 해하면서 자기가 이익을 얻거나 제3자가 이익을 얻도록 하여서는 아니 된다. 금융소비자의 이익을 최우선으로 한다는 것은 단순히 소비자의 희생을 피하는 수준이 아니라, 가능한 범위 내에서 소비자에게 최선의 이익을 적극적으로 추구하는 것(최선집행의무)이며, 이는 단순히 높은 수익률을 보장하는 것이 아니라 과정과 결과 모두에서 최선을 다해야 함을 의미한다.

개념 Plus⁺ 이해상충 방지의무

법적 근거	• [자본시장법 제37조 제2항] 금융투자업자는 금융투자업을 영위함에 있어서 정당한 사유 없이 투자자의 이익을 해하면서 자기가 이익을 얻거나 제3자가 이익을 얻도록 하여서는 아니 된다. • [금융소비자보호법 제14조 제2항] 금융상품판매업자 등은 금융상품판매업등을 영위할 때 업무의 내용과 절차를 공정히 하여야 하며, 정당한 사유없이 금융소비자의 이익을 해치면서 자기가 이익을 얻거나 제3자가 이익을 얻도록 해서는 아니 된다.
핵심 의무	• 금융투자업 종사자는 신의성실의 원칙에 입각하여 금융소비자의 이익을 최우선으로 하여 업무를 수행하여야 함 • 금융소비자의 이익을 최우선으로 한다는 것은 단순히 소비자의 희생을 피하는 수준이 아니라, 가능한 범위 내에서 소비자에게 최선의 이익을 적극적으로 추구하는 것(최선집행의무)이며, 이는 단순히 높은 수익률을 보장하는 것이 아니라 과정과 결과 모두에서 최선을 다해야 함을 의미함

05 ②

| 정답해설 | 자기거래(자기계약)는 투자매매업자 또는 투자중개업자가 자신이 본인이자 동시에 상대방인 거래를 하는 것으로, 투자자 보호를 위해 원칙적으로 금지되어 있다.

개념 Plus⁺ 이해상충의 방지체계

이해상충의 관리	• 금융투자업자는 이해상충 발생 가능성을 파악·평가하여 그 위험이 있다고 인정되면 이를 사전에 투자자에게 알리고, 내부통제기준에 따른 절차를 통해 금융소비자 보호에 지장이 없을 수준으로 낮춘 후에 매매 등 거래를 해야 함 • 그럼에도 이해상충 가능성을 충분히 낮출 수 없다고 판단되면, 금융투자업자는 해당 매매나 기타 거래를 해서는 안 됨
정보교류의 차단 (Chinese Wall) 의무	금융투자업자는 부수업무를 수행할 때 미공개 중요정보가 회사 내부나 계열사 등 제3자에게 유출되지 않도록, 이해상충을 방지할 수 있는 내부통제기준을 마련해 정보교류를 적절히 차단해야 함

조사분석 자료의 작성 대상 및 제공 제한	투자분석업무에서는 금융투자회사와 투자정보이용자 간 이해상충 가능성이 크므로, 금융투자업자가 자기와 관련된 법인에 대해 조사분석자료를 공표·제공하는 것을 금지함
자기계약 (자기거래)의 금지	투자매매업자 또는 투자중개업자는 금융투자상품에 관한 같은 매매에 있어 자신이 본인이 됨과 동시에 상대방의 투자중개업자가 되어서는 안 됨

06 ①

| 정답해설 | 금융투자업자는 이해상충 발생 가능성을 파악·평가하여 그 위험이 있다고 인정되면 이를 사전에 투자자에게 알리고, 내부통제기준에 따른 절차를 통해 금융소비자 보호에 지장이 없을 수준으로 낮춘 후에 매매 등 거래를 해야 한다. 그럼에도 이해상충 가능성을 충분히 낮출 수 없다고 판단되면, 금융투자업자는 해당 매매나 기타 거래를 해서는 안 된다.

07 ④

| 정답해설 | 외부 의견 청취 절차는 고객의 소리 VOC(Voice of Customer) 등 소비자 의견을 수집하여 관련 부서에 전달하고 상품에 반영하는 데 목적이 있다.

| 오답해설 |
① 사전협의는 말 그대로 상품 출시 전 단계에 이루어지는 사전 점검 절차이다. 민원 대응은 판매 이후 단계의 모니터링·시정 프로세스(해피콜, 재설명·청약철회 안내, 미스터리 쇼핑 등)에 해당한다.
② 금융소비자보호 총괄기관은 상품 개발의 마케팅뿐만 아니라 신상품(또는 금융서비스)의 개발·변경 여부, 약관 등 관련 서류의 적정성 등 소비자 보호 관점에서 상품 구조 전반을 검토한다.
③ 상품개발부서는 총괄기관이 제공한 점검항목에 따라 상품이 소비자보호 측면에서 적정한지 여부를 반드시 자체 점검해야 하며, 이후 사전협의 시 이 점검 결과를 제출하여 총괄기관으로부터 최종 판단을 받아야 한다.

개념 Plus⁺ 상품개발 단계의 금융소비자보호

사전협의 절차	• 사전협의는 금융상품 개발부서, 마케팅 부서, 금융소비자보호 총괄기관 간에 이루어짐 • 검토항목 　– 신상품(또는 금융서비스)의 개발·변경 여부 검토 　– 신상품의 개발 중단 또는 판매 중단 검토 　– 안내장, 약관, 신청서 등 관련 서류의 적정성 검토 　– 상품 판매절차의 개발·변경 검토 등
금융상품 개발 관련 점검 절차	• 금융소비자보호 총괄기관은 금융상품 개발 시 소비자에게 불리한 점이 없는지 점검할 항목을 마련해 상품개발부서에 제공해야 함 • 금융상품 개발과정 관련 내부규정에 포함되어야 하는 항목 　– 금융상품 개발부서명과 연락처를 상품설명 자료에 명시하여 책임성 강화 　– 금융상품 개발부서의 금융상품 판매자에 대한 충분한 정보 공유 책임 강화
외부 의견 청취	금융상품 개발 초기부터 민원, 소비자만족도 등 과거 소비자 의견을 반영하여 불만 예방과 신속한 피해 구제가 이루어지도록 업무절차를 마련·운영해야 함

08 ①

| 정답해설 | 금융소비자가 권유를 거부했더라도, 금융위원회가 정한 기간(1개월)이 지난 후에는 동일 금융상품에 대해 다시 권유가 가능하다.

| 오답해설 |
② 일반금융소비자에게는 고난도 금융투자상품, 고난도 투자일임계약, 고난도 금전신탁계약, 사모펀드, 장내·장외 파생상품에 대하여 요청 없는 투자권유가 허용되지 않는다.
③ 장외파생상품은 손실 위험이 크고 분쟁 소지가 높기 때문에, 일반금융소비자뿐만 아니라 전문금융소비자에게도 요청 없는 권유가 전면 금지된다.
④ 투자성 상품에 대하여 금융소비자의 요청이 없음에도 불구하고 자택·직장 방문, 길거리 호객행위, 무작위 전화 등을 통해 투자권유를 하는 행위는 원칙적으로 금지된다. 이는 사생활 침해와 충동적·불필요한 투자를 방지하기 위함이다.

개념 Plus⁺ 요청하지 않은 투자권유 금지

- 투자성 금융상품의 경우, 금융소비자의 요청이 없음에도 자택·직장 방문, 무작위 전화 등으로 투자권유를 해서는 안 된다.
- 다만, 투자권유 전에 개인정보 취득경로와 권유할 금융상품의 종류·내용 등을 금융소비자에게 안내하고, 금융소비자가 투자권유를 받겠다는 의사를 표시한 경우에는 투자권유가 가능하다. 그러나 다음 금융상품은 예외적으로 요청 없는 권유가 금지된다.
  – 일반금융소비자: 고난도 금융투자상품, 고난도 투자일임계약, 고난도 금전신탁계약, 사모펀드, 장내·장외 파생상품
  – 전문금융소비자: 장외파생상품
- 투자권유를 받은 금융소비자가 명확히 거부 의사를 표시한 경우에는 추가적인 투자권유를 해서는 안 된다. 다만 다음의 경우에는 예외적으로 허용된다.
  – 거부 의사 표시 후 금융위원회가 정하여 고시한 기간(1개월)이 지난 후 다시 권유하는 경우
  – 이전과는 다른 종류의 금융상품에 대해 권유하는 경우

09 ②

| 정답해설 | 적합성의 원칙, 적정성의 원칙, 설명의무는 일반금융소비자에게만 적용되지만, 부당권유 금지 의무는 전문금융소비자에게도 동일하게 적용된다.

개념 Plus⁺ 6대 판매원칙

적합성의 원칙	• 일반금융소비자와 면담, 질문 등을 통해 투자자의 투자성향을 파악하고 투자성향에 적합하지 않다고 인정되는 때에는 계약 체결을 권유할 수 없음 • 일반금융소비자에게만 적용됨
적정성의 원칙	• 금융소비자가 스스로 위험도가 높은 금융상품의 계약을 원할 경우에도, 금융회사는 투자자의 상황을 고려하여 적정 여부를 확인하고 부적정하다고 판단되면 그 사실을 반드시 알린 후 판매해야 함 • 일반금융소비자에게만 적용됨
설명의무	• 금융투자업자 등 금융상품 판매자는 상품 권유 여부와 관계없이, 금융소비자의 이해에 중대한 영향을 미칠 수 있는 사항을 알리고 소비자가 이를 이해할 수 있도록 설명해야 함

설명의무	• 일반금융소비자에게만 적용됨
불공정영업 행위의 금지	• 금융회사는 우월적 지위를 이용하여 소비자에게 불리한 조건을 강요하거나 부당한 거래를 유도해서는 안 됨 • 일반금융소비자 및 전문금융소비자 모두 적용됨
부당권유 행위 금지	• 금융상품을 권유할 때 사실과 다른 정보 제공, 단정적인 표현, 오인할 소지가 있는 설명 등은 금지됨 • 일반금융소비자 및 전문금융소비자 모두 적용됨
광고 관련 준수사항	금융상품 광고 시에는 법령상 필수사항을 포함하고, 허위·과장된 표현이나 소비자를 오인하게 하는 문구를 사용해서는 안 됨

10 ④

| 정답해설 | 일반금융소비자로부터 서명, 기명날인, 녹취 또는 그 밖에 대통령령으로 정하는 방법으로 확인을 받아 이를 유지·관리해야 하며, 확인받은 내용을 일반금융소비자에게 지체 없이 제공해야 한다.

| 오답해설 |
① 적합성 원칙은 일반금융소비자에게만 적용되며, 전문금융소비자에게는 적용되지 않는다.
② 투자권유를 하기에 앞서 먼저 해당 금융소비자가 투자권유를 원하는지 아니면 원하지 않는지를 확인해야 한다.
③ 금융투자업 종사자는 금융소비자의 정보를 바탕으로 가장 적합한 금융상품을 권유해야 하며, 해당 상품이 적합하지 않다고 판단될 경우에는 계약 체결을 권유해서는 안 된다(단, 예금성 상품은 제외됨).

개념 Plus⁺ 투자권유 전 실행해야 하는 절차
① 투자권유 전, 먼저 금융소비자가 권유를 희망하는지 여부를 확인한다.
② 금융소비자가 일반금융소비자인지, 전문금융소비자인지 구분한다.
③ 일반금융소비자인 경우, 금융소비자보호법 제17조 제2항에 따라 면담·질문 등을 통해 계약 체결 권유 상품별로 필요한 정보를 파악한다.
④ 파악된 정보를 바탕으로 투자성향을 분석하고, 그 결과를 설명한 후 확인서를 제공하며, 전자서명·기명날인·녹취·전자통신·우편·전화자동응답 등의 방법으로 확인을 받는다.
⑤ 투자자금의 성향을 파악하여, 원금보존 추구 여부 등 투자 목적을 확인한다.

11 ③

| 정답해설 | 금융소비자가 투자권유를 원하지 않고 자신의 정보를 제공하지 않는 경우, 판매 직원은 해당 금융소비자에게 적합성 원칙과 설명의무가 적용되지 않음을 명확히 안내해야 한다.

| 오답해설 |
① 금융소비자에게 투자성 상품을 권유하기 전, 사전에 투자성향을 파악해 적합성 여부를 먼저 판단해야 한다.
② 적합성 원칙은 일반금융소비자에게만 적용되므로 투자권유 전 금융소비자가 일반금융소비자인지, 전문금융소비자인지 구분하는 과정이 필요하다.

④ 적합성의 원칙에 따라 투자 목적, 재산 상황, 투자경험 등을 종합 고려해 적합한 상품만 권유해야 한다. 단, 예금성 상품은 제외된다.

12 ③

| 정답해설 | 적정성의 원칙에 대한 설명이다. 적정성의 원칙은 금융투자업자가 일반투자자에게 투자권유를 하지 않았음에도 일반투자자가 스스로 희망하여 파생상품 및 금융투자상품을 판매하려는 경우에는 면담과 질문 등을 통하여 그 일반투자자의 투자목적과 재산상황 및 투자경험 등의 정보를 파악해야 한다는 원칙이다.

13 ②

| 정답해설 | 적정성의 원칙은 소비자의 의사와 무관하게 적용된다. 즉, 일반금융소비자가 특정 상품을 스스로 선택하더라도 금융회사는 반드시 적정성 판단을 수행해야 하며, 그 결과 적정하지 않은 상품으로 판정된 경우에는 사전에 이를 고지하고 서명·녹취 등 확인 절차를 거쳐야 한다.

| 오답해설 |
① 적정성의 원칙은 금융투자업자가 계약체결을 권유하지 않고 일반 금융소비자가 스스로 투자성 상품 계약을 원하는 경우 적용된다.
③ 상품이 적정하지 않다고 판단되면, 금융상품판매업자는 반드시 그 사실을 알리고, 소비자로부터 서명·기명날인·녹취 등 법령이 정한 방법으로 확인을 받아야 한다.
④ 적정성 원칙은 대통령령에서 정한 보장성 상품·투자성 상품·대출성 상품에 대해, 권유가 없는 상태에서 일반금융소비자가 계약을 체결하려 할 때 적용된다.

개념 Plus⁺ 적합성의 원칙 vs 적정성의 원칙

구분	적합성의 원칙	적정성의 원칙
적용상황	금융투자업자가 계약체결을 권유할 때	금융소비자가 스스로 투자하려는 경우(비권유)
적용대상	일반금융소비자	
법적 근거	금융소비자보호법 제17조 제2항	금융소비자보호법 제18조
주요 의무	소비자 정보를 파악하고 성향을 분석하여 적합한 상품만 권유	소비자 정보를 파악하고, 부적정 상품이면 사전고지 및 서명으로 고지 사실 확인
목적	부적합한 투자권유의 사전 차단	자기판단 투자 시 경고 및 보호장치 제공

14 ②

| 정답해설 | 금융소비자가 적정성 원칙에 위반되는 계약을 체결한 경우, 위법계약 사실을 안 날로부터 1년 이내이면서, 계약 체결일로부터 5년 이내인 경우에 한하여 위법계약의 해지를 요구할 수 있다.

개념 Plus⁺ 위법계약해지권

- 금융회사가 적합성·적정성 원칙, 설명의무, 불공정영업행위 금지, 부당권유행위 금지 등을 위반하여 계약을 체결한 경우, 금융소비자가 그 계약을 해지할 수 있는 권리이다.
  ※ 청약철회권과는 달리 계약이 최종 체결된 이후에, 그리고 금융회사의 귀책사유가 있을 때 행사할 수 있다.
- 계속적 거래가 이루어지고 해지 시 재산상 불이익이 발생하는 금융상품에 적용한다.
- 계약 체결일로부터 5년 이내이면서 위법 사실을 안 날로부터 1년 이내에 행사해야 한다.
- 금융회사는 해지 요구를 받은 날로부터 10일 이내에 수락 여부를 통지해야 하며, 거절 시 사유를 명시해야 한다(정당한 사유 없이 거절 불가능).

15 ①

| 정답해설 | 설명의무는 금융상품판매업자 등이 일반금융소비자에게 계약체결을 권유하는 경우 또는 소비자가 설명을 요청한 경우에 적용된다.

| 오답해설 |
② 금융소비자보호법상 설명의무 대상은 예금성·대출성·보장성·투자성 상품으로 구분되어 있으며, 계약 권유 시 또는 소비자가 요청할 경우 반드시 각 상품별 중요사항을 설명해야 한다.
③ 설명의무는 대면뿐 아니라 비대면(서면, 우편, 이메일, 문자 등) 방식으로도 이행 가능하며, 반드시 사전에 금융소비자에게 설명서를 제공해야 한다.
④ 설명의 대상에는 민원·분쟁조정 절차, 청약철회권, 위법계약해지권, 자료열람요구권 등 금융소비자의 권리가 포함된다. 따라서 금융상품판매 종사자는 이러한 권리를 소비자가 충분히 이해할 수 있도록 안내해야 한다.

16 ④

| 정답해설 | 금융상품판매업자가 설명서를 반드시 사전에 제공해야 하는 것은 맞으나, 그 제공 방식은 서면만이 아니라 우편, 전자우편, 문자메시지 등 다양한 비대면 방법도 허용된다. 또한, 설명 이행에 대한 소비자의 확인 역시 서명에 한정되지 않고, 기명날인·녹취·전자적 확인 등 대통령령에서 정한 여러 방법이 인정된다.

| 오답해설 |
① 설명의무는 금융상품판매업자 등이 일반금융소비자에게 계약체결을 권유하는 경우 또는 소비자가 설명을 요청한 경우에 적용된다.
② 금융소비자보호법상 설명의무 대상은 예금성·대출성·보장성·투자성 상품으로 구분되어 있으며, 계약 권유 시 또는 소비자가 요청할 경우 반드시 각 상품별 중요사항을 설명해야 한다.
③ 금융회사가 중요한 사항을 설명하지 않거나, 설명서를 사전에 제공하지 않거나, 설명 이행 여부를 금융소비자로부터 확인받지 않은 경우, 해당 금융상품 계약으로부터 얻은 수입의 최대 50% 이내에서 과징금을 부과할 수 있으며, 별도로 최대 1억 원 이하의 과태료를 부과할 수 있다.

17 ③

| 정답해설 | 청약이 철회된 경우, 금융상품판매업자는 일반금융소비자에게 청약 철회와 관련된 손해배상이나 위약금 등 금전을 청구할 수 없다.

개념 Plus⁺ 청약철회권

- 일반금융소비자는 예금성 상품을 제외한 3가지 상품(투자성·대출성·보장성)에 대해 청약 후 일정 기간 내 서면으로 철회가 가능하다.
- 금융회사의 귀책사유 여부와 관계없이 행사할 수 있는 권리이다.
- 소비자는 정해진 기간 내 '청약철회요청서' 등 서면으로 철회를 요구해야 하며, 금융회사는 철회 접수일(대출성 상품은 반환일)로부터 3영업일 이내에 받은 금전·재화 등을 반환해야 하며, 지체 시 지연이자를 지급해야 한다.
  – 투자성상품, 금융상품자문: 계약서류를 제공받은 날 또는 계약 체결일로부터 7일 이내
  – 대출성상품: 계약서류를 제공받은 날 또는 계약체결일로부터 14일 이내
- 투자성 상품은 원금을 반환하며, 대출성 상품은 대출금+약정이자율에 의한 이자+제3자에게 지급한 수수료 등이 포함된다.
- 청약이 철회된 경우, 금융상품판매업자는 일반금융소비자에게 청약 철회와 관련된 손해배상이나 위약금 등 금전을 청구할 수 없다.

18 ④

| 정답해설 | 청약이 철회된 철회 접수일로부터 3영업일 이내에 받은 금전 및 재화 등을 반환해야 하며, 반환 지체 시 지연이자를 지급해야 한다.

| 오답해설 |
① 대출성 상품은 대출금＋약정이자율에 의한 이자 및 제3자에게 지급한 수수료 등을 포함하여 반환한다.
② 청약이 철회되면 이미 수령한 금전이나 재화도 반드시 반환해야 한다.
③ 금융회사는 철회 접수일(대출성 상품은 반환일)로부터 3영업일 이내에 받은 금전·재화 등을 반환해야 하며, 지체 시 지연이자를 지급해야 한다.

19 ④

| 정답해설 | 금융상품 광고는 금융소비자보호법상 등록된 금융상품판매업자 등만 할 수 있으며, 일반 법인은 원칙적으로 불가능하다.

| 오답해설 |
① 보장성, 투자성, 예금성 상품의 위험과 조건 등은 필수적으로 광고에 포함되어야 한다.
② 금융회사의 명칭과 금융상품의 주요 내용은 소비자 혼동 방지를 위해 반드시 포함되어야 한다.

③ 소비자가 오인하지 않도록 광고는 명확하고 공정하게 작성되어야 한다.

> **개념 Plus⁺ 광고 관련 준수사항**
> - 금융상품 광고는 금융소비자보호법상 등록된 금융상품판매업자 등만 할 수 있으며, 예외적으로 금융투자협회 등 업권별 협회나 금융회사를 자회사·손자회사로 두고 있는 일정한 지주회사도 광고를 할 수 있다.
> - 광고는 금융소비자가 금융상품의 내용을 오해하지 않도록 명확하고 공정하게 전달되어야 하며, 반드시 다음 사항을 포함해야 한다.
>   – 금융상품 계약 체결 전 설명서 및 약관 확인 권유
>   – 금융회사의 명칭과 금융상품의 주요 내용
>   – 보장성, 투자성, 예금성 상품의 위험과 조건 등 법에서 정한 주요 사항

20 ④

| 정답해설 | 투자자가 매매명세 통지를 원하지 않는 경우에 회사는 지점이나 기타 영업소에 관련 자료를 비치하거나 인터넷 홈페이지에서 수시로 조회할 수 있도록 하여 통지 의무를 갈음할 수 있다.

> **개념 Plus⁺ 매매명세의 통지**
> - 금융투자상품의 매매가 체결된 경우, 투자매매업자·투자중개업자는 대통령령이 정하는 방법에 따라 지체 없이 투자자에게 매매명세를 통지해야 한다.
> - 매매체결 시 통지사항
>   – 매매계약체결 후 매매 유형, 종목·품목, 수량, 가격, 수수료 등 거래내용을 즉시 통지
>   – 집합투자증권: 매월 말일까지 실질수익률, 투자원금, 환매예상금액 등 통지
>   – 집합투자증권 외의 상품: 체결일이 속하는 달의 다음 달 20일까지 월간 매매내역, 손익내역, 잔액현황, 미결제약정현황 등을 통지
> - 통지방법: 아래 방법 중 투자매매업자 또는 투자중개업자와 투자자 간에 미리 합의된 방법으로 통지
>   – 서면 교부, 전화, 전신, 팩스, 전자우편 및 유사한 전자통신 수단
>   – 예탁결제원·전자등록기관 전산망을 통한 교부
>   – 인터넷·모바일 시스템 조회 가능 방식
>   – 문자메시지 등 모바일 통지 방식 등
> - 투자자가 매매명세 통지를 원하지 않는 경우에 회사는 지점이나 기타 영업소에 관련 자료를 비치하거나 인터넷 홈페이지에서 수시로 조회할 수 있도록 하여 통지 의무를 갈음할 수 있음

21 ②

| 정답해설 | 투자자의 투자목적이나 자산현황은 매매명세 통지 항목에 포함되지 않는다. 통지항목에는 종목, 수량, 가격, 수수료, 매도·매수 구분, 결제일 등 실거래관련 내용만 포함된다.

22 ②

| 정답해설 | 금융소비자는 분쟁조정 또는 소송의 수행 등 권리구제를 위한 목적일 경우에 금융상품판매업자 등이 기록 및 유지관리하는 자료의 열람을 요구할 수 있다. 즉, 자료열람요구권은 법정 목적이 존재해야 한다.

> **개념 Plus⁺ 자료열람요구권**
> - 금융소비자가 분쟁조정이나 소송 등 권리구제를 위해 금융회사가 보관·관리하는 자료의 열람·제공·청취를 요구할 수 있는 권리이다.
> - 금융소비자는 열람요구서를 제출해야 하며, 금융회사는 요구를 받은 날로부터 6영업일 이내에 자료 열람이 가능하도록 해야 한다.
> - 만약, 정당한 사유로 6영업일 내 열람이 불가능한 경우에는 문서로 연기 사유를 알리고, 사유 해소 후 지체 없이 열람을 허용해야 한다.
> - 금융소비자의 요청이 영업비밀 침해 우려, 타인의 생명·신체·재산 등 권익 침해 우려가 있는 경우 등에는 자료 열람을 제한하거나 거절할 수 있다.

23 ①

| 정답해설 | 금융회사는 금융소비자의 요구를 받은 날로부터 6영업일 이내에 자료 열람이 가능하도록 해야 한다, 만약 정당한 사유로 6영업일 내 열람이 불가능한 경우에는 문서로 연기 사유를 알리고, 사유 해소 후 지체 없이 열람을 허용해야 한다.
| 오답해설 |
② 금융상품판매업자 등은 금융소비자가 열람을 요구하는 경우 대통령령으로 정하는 바에 따라 수수료와 우송료(사본의 우송을 청구하는 경우만 해당)를 청구할 수 있다.
③ 금융소비자의 요청이 영업비밀 침해 우려, 타인의 생명·신체·재산 등 권익 침해 우려가 있는 경우 등에는 자료 열람을 제한하거나 거절할 수 있다.
④ 금융소비자가 분쟁조정이나 소송 등 권리구제를 위해 금융회사가 보관·관리하는 자료의 열람·제공·청취를 요구할 수 있는 권리이다.

24 ④

| 정답해설 | 신용정보는 금융소비자의 신뢰를 기반으로 한 핵심정보로서, 유출될 경우 개인 피해는 물론 금융회사 전체의 업무 수행 능력과 조직 신뢰성에도 심각한 손상을 초래할 수 있다. 따라서 정보 보호의 중요성이 특히 강조된다.
| 오답해설 |
① 정보의 삭제도 보호 책임의 일환이므로 책임이 발생할 수 있다.
② 내부 승인만으로는 불충분하며, 금융소비자의 명시적인 동의가 필요하다.
③ 목적이 없는 정보 수집은 위법이다.

25 ④

| 정답해설 | 차례대로 7영업일, 5년 이내이다.

> **개념 Plus⁺** 상품판매 이후 단계의 금융소비자보호
>
> - **판매 후 모니터링 제도(해피콜)**: 계약 후 7영업일 이내에 제3자가 소비자에게 연락해 판매직원의 설명의무 이행 여부를 확인하는 절차이다.
> - **고객의 소리(VOC) 등**: 금융회사는 고객의 소리, 만족도 조사, 고객 패널 제도 등을 통해 소비자 의견을 반영하여 서비스와 만족도를 개선한다.
> - **미스터리 쇼핑(Mystery Shopping)**: 금융소비자로 가장한 평가자가 영업점을 방문해 불완전판매 여부와 규정 준수 상황을 점검하는 제도로, 회사 자체 또는 금융감독원 등 외부기관이 실시한다. (외부기관 실시 시 결과 공표)
> - **위법계약해지권**
>   – 금융회사가 적합성·적정성 원칙, 설명의무, 불공정영업행위 금지, 부당권유행위 금지 등을 위반하여 계약을 체결한 경우, 금융소비자가 그 계약을 해지할 수 있는 권리이다.
>   ※ 청약철회권과는 달리 계약이 **최종 체결된 이후**에, 그리고 **금융회사의 귀책사유가 있을 때** 행사

26 ④

| 정답해설 | 판매 후 모니터링 제도(해피콜 서비스)는 계약 체결 후 7영업일 이내, 해당 고객과의 통화를 통해 설명의무 이행 여부 등을 확인하는 절차이다.

| 오답해설 |
① 판매 후 모니터링 제도는 판매직원 평가 목적이 아니라, 금융소비자 보호 차원의 제도이다.
② 금융소비자가 요청해야만 시행되는 것이 아니라, 금융회사가 의무적으로 시행하는 제도이다.
③ 판매 후 모니터링 제도는 계약 전이 아니라 계약 후 실시하는 제도이다.

27 ④

| 정답해설 | 미스터리 쇼핑은 계약 해지 여부와 무관하게, 판매 과정 전반(설명의무 이행, 불완전판매 등)을 비공개로 점검하는 제도이다.

| 오답해설 |
① 미스터리 쇼핑은 소비자로 가장한 조사 요원이 실제 판매 현장을 조사한다.
② 조사 결과는 내부 자료로만 쓰일 수도 있고, 공표되어 시장 전체 개선 자료로도 활용된다.
③ 회사 자체 또는 금융감독원 등 외부기관이 실시한다.

28 ④

| 정답해설 | 금융소비자는 금융상품 계약을 체결한 경우, 위법계약 사실을 안 날로부터 1년 이내, 계약 체결일로부터 5년 이내라면 위법계약의 해지를 요구할 수 있다. 또한, 금융회사는 금융소비자가 해지를 요구한 날로부터 10일 이내에 수락 여부를 결정하고 그 결과를 금융소비자에게 통지해야 한다.

29 ④

| 정답해설 | 미공개 중요정보를 활용해 타인 명의로 거래한 사례로서 대표적인 선행매매에 해당하며, 이는 시장질서 교란행위 및 미공개 중요정보 이용 금지 위반으로 형사처벌 대상이 된다.

30 ①

| 정답해설 | 밝힐 수 없는 것은 아니다. 다만, 회사의 공식의견이 아닌 경우 사견임을 명백히 표현하여야 한다.

> **개념 Plus⁺** 대외활동
>
> - 외부 강연·교육·기고, 언론매체 접촉, 회사 외 커뮤니티·SNS 활동 등 회사 외부와 접촉하여 영향을 미칠 수 있는 활동을 말한다.
> - 금융투자업 종사자가 대외활동을 하려면 성격·목적·이해상충 정도 등을 고려해 소속 부점장·준법감시인·대표이사의 사전승인을 받아야 하며, 불가피한 경우 사후보고도 가능하다.
> - 미승인 중요자료를 배포하거나 불확실한 내용을 단정적으로 표현하는 등 오해 유발, 합리적 근거 없는 시장·상품·기업 관련 언급 등은 금지된다.
> - 대외활동으로 인해 본래 업무 수행에 지장을 주거나, 고객·회사와 이해상충이 확대되는 경우 회사는 활동 중단을 요구할 수 있으며, 임직원은 이에 따라야 한다.
> - 금융투자회사의 표준윤리준칙 제16조(대외활동)
>   임직원이 외부 강연, 기고, 언론매체 접촉, SNS 등 전자통신수단을 이용한 대외활동을 하는 경우 다음 사항을 준수하여야 한다.
>   – 회사의 공식 의견이 아닌 경우, 사견임을 명백히 표현하여야 한다.
>   – 대외활동으로 인하여 회사의 주요 업무 수행에 지장을 주어서는 안 된다.
>   – 대외활동으로 금전적 보상을 받을 경우 회사에 반드시 신고하여야 한다.
>   – 공정한 시장질서 유지와 건전한 투자문화 조성을 위해 최대한 노력해야 한다.
>   – 불확실한 사안을 단정적으로 표현하거나 타 금융투자회사를 비방해서는 안 된다.

31 ②

| 정답해설 | 임직원이 근무시간에 작성한 자료이더라도 회사가 승인하지 않은 중요자료나 홍보물 등을 배포하거나 사용하는 행위는 금지된다.

| 오답해설 |
① 금융투자회사의 임직원은 외부 강연, 연설, 교육, 기고 등의 활동을 할 수 있다. 다만 금융투자업 종사자가 대외활동을 하기 위해서는 해당 활동의 성격, 목적, 기대효과 등에 따라 소속 부점장, 준법감시인 혹은 대표이사의 사전승인을 받아야 하며, 부득이한 경우에는 사후에 즉시 보고해야 한다.
③ 회사의 공식 의견이 아닌 자신의 의견을 대외적으로 표현할 경우, 반드시 사견임을 명확히 밝혀야 한다.
④ 임직원이 인터넷 게시판이나 웹사이트 등에 특정 금융투자상품의 분석 또는 권유 관련 내용을 게시하려면, 사전에 준법감시

인이 정한 절차와 방법을 따라야 한다. 다만, 자료의 출처를 명확히 밝히고 그 내용을 단순 인용하는 경우나, 기술적 분석에 따른 투자 권유의 경우에는 예외로 한다.

32 ①

| 정답해설 | 시장질서 교란행위로 인한 과징금은 회피한 손실액의 최대 1.5배 또는 이익 중 큰 금액으로, 최대 5억 원 이하의 과징금까지 가능하다.

개념 Plus⁺ 시장질서 교란행위

- 시장질서 교란행위는 기존 불공정거래행위와 달리 제재 대상 범위가 확대되어 내부자·준내부자뿐 아니라 정보를 전달받거나 유통한 자, 부정한 방법으로 정보를 취득한 자까지 포함되고, 목적성 여부와 관계없이 시세에 부당한 영향을 주는 행위도 제재 대상이 된다.
- 시장질서 교란행위 대상 정보 요건
  - 상장증권·장내파생상품 및 관련 파생상품의 매매 여부나 조건에 중대한 영향을 줄 가능성이 있을 것
  - 금융소비자가 알지 못하는 사실로, 불특정 다수에게 공개되기 전의 정보일 것
- 시장질서 교란행위에 대한 과징금
  - 시장질서 교란행위에 따른 이익 또는 손실회피액 × 1.5 ≤ 5억 원: 5억 원 이하
  - 시장질서 교란행위에 따른 이익 또는 손실회피액 × 1.5 > 5억 원: 이익 또는 손실회피액

33 ④

| 정답해설 | 준법감시인에게 자산운용 관련 업무를 겸직하도록 한 경우에는 3천만 원 이하의 과태료를 부과할 수 있다.

개념 Plus⁺ 내부통제기준 위반 시 회사에 대한 조치

- 1억 원 이하 과태료
  - 내부통제기준을 마련하지 않은 경우
  - 준법감시인을 두지 않은 경우
  - 사내이사·업무집행책임자 중에서 선임하지 않은 경우
  - 이사회 의결 없이 준법감시인을 임면한 경우
  - 금융위원회의 제재조치를 이행하지 않은 경우
- 3천만 원 이하 과태료
  - 준법감시인 보수·평가기준을 마련·운영하지 않은 경우
  - 준법감시인이 자산운용, 본질적·부수업무, 겸영업무 등 겸직한 경우
  - 이해상충 우려로 내부통제·위험관리 전념이 어려운 업무를 겸직한 경우
- 2천만 원 이하 과태료: 준법감시인 임면 사실을 금융위원회에 보고하지 않은 경우

34 ④

| 정답해설 | 금융투자회사가 준법감시인을 임명 또는 해임하려는 경우에는 반드시 이사회의 의결을 거쳐야 하며, 해임 시에는 이사 총수의 3분의 2 이상의 찬성이 필요하다.

개념 Plus⁺ 준법감시인

- 준법감시인은 이사회 및 대표이사의 지휘를 받아 금융투자회사 전반의 내부통제 업무를 수행한다.
- 준법감시인 임면은 이사회 의결 사항이며, 해임은 이사 총수의 3분의 2 이상의 찬성이 필요하다.
- 임명은 사내이사 또는 임원급 이상에서 선임해야 하며, 임기는 2년 이상으로 보장된다.
- 임면 시 금융위원회에 7영업일 이내 보고해야 한다.
- 준법감시인의 권한·의무
  - 내부통제기준 준수 여부 정기·수시 점검
  - 전사적 업무 접근 및 자료 제출 요구권
  - 임직원 위법·부당행위에 대한 보고 및 시정 요구
  - 이사회·감사위원회 등 주요 회의 참석 및 의견 진술
  - 전문성 제고를 위한 연수 이수
  - 이사회가 인정하는 기타 사항 수행
- 금융투자회사는 준법감시인에 대하여 회사의 재무적 경영성과와 연동하지 아니하는 별도의 보수지급 및 평가 기준을 마련·운영해야 한다.

35 ④

| 정답해설 | 최근 사업연도말 현재 자산총액이 5조 원 미만인 금융투자업자 또는 자본시장법에 따른 종합금융회사는 예외적으로 내부통제위원회를 두지 않아도 된다. 하지만 금융투자업자의 운용재산 합계액이 20조 원 이상이거나 상장사 자산총액 2조 원 이상인 경우는 예외 대상에서 제외된다.

| 오답해설 |
① 내부통제위원회는 매 반기별 1회 이상 회의를 개최해야 한다.
② 최근 사업연도 말 기준 자산총액이 7천억 원 미만인 상호저축은행은 내부통제위원회를 설치하지 않아도 된다.
③ 금융투자회사는 대표이사를 위원장으로 하고, 준법감시인, 위험관리책임자 및 기타 내부통제 관련 업무 담당 임원을 위원으로 하는 내부통제위원회를 두어야 한다.

개념 Plus⁺ 내부통제위원회

- 금융회사는 대표이사를 위원장으로 하는 내부통제위원회를 설치해야 한다.
- 구성: 대표이사(위원장), 준법감시인, 위험관리책임자, 기타 내부통제 관련 임원
- 회의: 매 반기 1회 이상 개최
- 주요 역할: 내부통제 점검결과 공유 및 개선방안 검토, 금융사고 및 취약부분 점검·대응방안 마련, 임직원 윤리·준법 의식 제고 등
- 일정 규모 미만의 금융회사(최근 사업연도말 현재 자산총액 7천억 원 미만 상호저축은행, 최근 사업연도말 현재 5조 원 미만 금융투자업자·보험회사·여신전문금융회사 등)는 설치 의무 면제
  ※ 단, 최근 사업연도 말 현재 금융투자업자의 운용재산 합계액이 20조 원 이상이거나 상장사 자산총액 2조 원 이상인 경우는 예외 대상에서 제외됨

2장 자본시장 관련 법규 250쪽

01	④	02	④	03	③	04	②	05	④
06	④	07	③	08	④	09	③	10	①
11	④	12	③	13	④	14	③	15	④
16	④	17	④	18	①	19	④	20	④
21	②	22	④	23	②	24	②	25	③
26	③	27	③	28	④	29	③	30	②
31	④	32	①	33	④	34	④	35	④
36	④	37	③	38	③	39	②	40	④
41	②	42	④	43	④	44	①	45	②
46	④	47	③	48	③	49	①	50	②
51	④	52	④	53	②	54	④	55	④
56	④	57	③	58	④	59	②	60	③
61	②	62	④	63	④	64	③	65	④
66	②	67	④	68	④	69	④	70	④
71	④	72	④	73	②	74	①	75	①
76	④	77	①						

01 ④

| 정답해설 | 자본시장법은 금융투자상품의 종류를 구체적으로 나열하는 열거주의에서 금융투자상품의 개념을 추상적으로 정의하는 포괄주의로 규제체계를 전환하였다.

| 오답해설 |
① 과거에는 금융기관의 업종(증권사, 자산운용사 등)에 따라 규제를 달리했으나, 자본시장법은 금융기능(투자중개, 자문 등) 중심으로 규제한다.
② 자본시장법은 금융혁신을 위해 금융상품의 다양성을 확대하고, 규제 일관성을 강화하려는 취지로 제정되었다.
③ 기존의 칸막이식 규제를 개선하여 겸업을 허용하고, 부수업무 역시 열거주의에서 포괄주의로 바꾸어 업무 범위를 오히려 확대하였다.

개념 Plus⁺ 자본시장법의 특징

구분	주요 내용	보완 설명
열거주의에서 포괄주의로 전환	기존에는 금지된 행위 외에는 허용하는 방식(열거주의)이었으나 자본시장법에서는 금지된 것 외에는 허용하는 포괄주의로 전환	• 신상품 및 금융혁신 대응력을 높이기 위한 원칙 중심의 규제체계 구축 • 다양한 파생상품 및 구조화상품 출시 가능
기관별 규제에서 기능별 규제로 전환	기존에는 금융기관 종류(증권사, 자산운용사 등)에 따라 규제했으나 자본시장법에서는 금융기능(투자중개, 자문 등) 중심으로 규제	동일한 기능에는 동일한 규제를 적용하여 형평성과 효율성 제고
업무범위의 확장	금융투자업자의 영업 가능 범위 확대	• 증권회사가 자산운용, 투자자문, 신탁업무 등을 겸업 가능 • 복합 금융서비스 제공 기반 마련
투자자보호 제도 도입	투자자 보호를 위한 제도적 장치 마련	적합성·적정성 원칙, 설명의무, 불공정거래 금지 등 도입

02 ④

| 정답해설 | 자본시장법은 투자자 보호를 위해 설명의무, 적합성 원칙, 불공정거래 금지 등 제도적 장치를 도입하였다.

| 오답해설 |
① 기능별 규제는 금융기관의 종류가 아닌 기능에 따라 규제한다는 의미이다.
② 자본시장법의 핵심은 포괄주의 규율체계다. 즉, '원칙적 허용, 예외적 금지'의 방식으로 금융혁신을 촉진하고 규제 일관성을 확보하였다.
③ 기존의 칸막이식 규제를 개선하여 겸업을 허용하고, 부수업무 역시 열거주의에서 포괄주의로 바꾸어 업무 범위를 오히려 확대하였다.

03 ③

| 정답해설 | 금융감독원은 정책 입안 기능이 없는 무자본 특수법인으로서, 금융위원회와 증권선물위원회의 의결사항을 집행하는 기능을 수행한다.

04 ②

| 정답해설 | ㉠ 대표적인 금융투자업 공적규제기관으로는 금융위원회, 증권선물위원회, 금융감독원이 있다.
㉣ 증권금융회사는 증권시장 및 파생상품시장에서의 매매거래에 필요한 자금 또는 증권을 거래소를 통하여 대여하는 업무, 금융투자상품의 매도·매수, 증권의 발행·인수 또는 그 청약의 권유·청약·청약의 승낙과 관련하여 투자매매업자 또는 투자중개업자에 대하여 필요한 자금 또는 증권을 대여하는 업무 등을 담당한다.

| 오답해설 |
㉡ 금융감독원이 아닌 증권선물위원회의 역할이다.
㉢ 금융위원회가 아닌 금융감독원의 역할이다.

05 ④

| 정답해설 | ㉠ 금융위원회는 일정 사유에 따라 금융투자회사에게 1억 원·3천만 원·2천만 원 이하의 과태료를 부과할 수 있다.
㉡ 금융위원회는 아래 중 어느 하나에 해당하는 경우 금융투자업 인가 취소 또는 금융투자업 등록 취소의 권한을 가진다.
• 거짓·부정한 방법으로 인가·등록 받은 경우
• 인가조건 위반
• 인가·등록 요건 유지의무 위반
• 업무정지 기간 중 영업한 경우
• 금융위의 시정명령·중지명령 불이행
• 금융 관련 법령 위반(대통령령으로 정함)

- 투자자 이익 침해 우려 또는 업 영위 곤란(대통령령으로 정함)

ⓒⓓ 금융위원회는 금융투자업자의 임원 및 직원에 대해 아래와 같은 조치를 할 수 있다.
- 금융투자업자 임원 제재
  - 해임요구
  - 직무정지(최장 6개월) 또는 직무대행 관리인 선임
  - 문책경고, 주의적 경고, 주의
  - 기타 위법행위 시정·방지를 위한 필요한 조치
- 금융투자업자 직원 제재
  - 면직, 정직(최장 6개월)
  - 감봉, 견책, 경고, 주의
  - 기타 위법행위 시정·방지를 위한 필요한 조치(시행령 규정)

06 ④

| 정답해설 | 금융위원회의 처분이나 조치에 불복하는 경우, 당사자는 고지를 받은 날부터 30일 이내에 이유를 갖추어 금융위원회에 이의신청을 할 수 있다. 금융위원회는 이의신청을 받은 날로부터 60일 이내에 결정을 내려야 하며, 부득이한 사정이 있는 경우에는 30일 범위에서 그 기간을 연장할 수 있다.

| 오답해설 |
① 금융위원회는 금융투자업자의 임원 및 직원에 대해 각각 해임 및 면직을 요구할 수 있다.
② 금융위원회는 투자자 보호와 건전한 거래질서 유지를 위해 금융투자업자가 관계 법령을 준수하는지를 감독하며, 필요 시 다음 사항에 대해 금융투자회사에 조치를 명할 수 있다.
- 고유재산 운용에 관한 사항
- 투자자 재산의 보관·관리
- 경영 및 업무 개선
- 각종 공시
- 영업 질서 유지
- 영업 방법
- 장내·장외 파생상품 거래규모 제한
- 기타 대통령령으로 정하는 투자자 보호 및 건전한 거래질서 관련 사항

③ 금융위원회는 거짓·부정한 방법으로 인가·등록 받은 경우 등에 대해 금융투자업 인가 취소 또는 금융투자업 등록 취소의 권한을 가진다.

07 ③

| 정답해설 | 발행인에 의해 원금이 보장되나 유통 과정에서 원금 손실 발생 가능성을 가진 증권(국고채, 지방채, 특수채, 사채권, 기업어음증권 등)은 채무증권에 해당한다.

| 오답해설 |
① 증권이란 취득과 동시에 어떤 명목으로든 추가적인 지급의무를 부담하지 않는 금융투자상품이다. 반면, 파생상품이란 취득 이후에 추가적인 지급의무를 부담할 수 있는 금융투자상품이다. 즉, 증권은 원본 손실 가능성은 있지만 원본 초과 손실은 없고, 파생상품은 원본 초과 손실 가능성이 있다.
② 주식매수선택권은 임직원의 성과 보상을 위해 자기회사 주식을 매수할 수 있는 권리를 부여하는 제도이다. 그러나 취득 시 금전 지급이 없고 유통도 불가능하므로 금융투자상품으로 보지 않는다.
④ 금융상품은 원금 손실 가능성 즉, 투자성에 따라 금융투자상품과 비금융투자상품으로 구분하고, 금융투자상품은 투자성이 있는 상품을 말한다.

개념 Plus⁺ 금융투자상품

정의	• 이익을 얻거나 손실을 회피할 목적으로 현재 또는 장래의 특정 시점에 금전, 기타 재산적 가치가 있는 것을 지급하기로 약정함으로써 취득하는 권리로서, 그 권리를 취득하기 위해 지급하였거나 지급하여야 할 금전 등의 총액(판매수수료 등 제외)이 그 권리로부터 회수하였거나 회수할 수 있는 금전 등의 총액(해지수수료 등 포함)을 초과하게 될 위험이 있는 것 • 즉, 투자성이 있으면 금융투자상품, 투자성이 없으면 비금융투자상품으로 구분함
투자성 판단 기준	• 투자성 = 원금 손실 가능성 • 투자금액 산정 시 제외 항목: 투자자가 지급하는 판매수수료 및 보수, 보험계약에 따른 사업비 및 위험보험료 • 회수금액 산정 시 포함 항목: 중도해지 시 지급하는 환매·해지 수수료, 각종 세금, 발행인 또는 거래상대방의 채무불이행으로 인한 미지급액
금융투자상품 불인정 대상	양도성예금증서(CD), 관리형신탁의 수익권, 주식매수선택권(스톡옵션)

08 ④

| 정답해설 | 금융투자상품은 회수 가능한 금액(회수금액)이 투자금액(투자금액)을 초과할 가능성 즉, 원금 손실 위험이 있는 상품을 의미한다.

| 오답해설 |
① 양도성예금증서(CD)는 유통 과정에서 손실 위험이 있어 투자성이 있으나, 만기가 짧아 금리 변동에 따른 가치 변동이 크지 않고 사실상 예금에 준하여 취급되므로 금융투자상품에 포함되지 않는다.
② 투자자가 부담하는 판매수수료 및 보수는 투자금액산정 시 제외된다.
③ 금융상품은 원금 손실 가능성 즉, 투자성에 따라 금융투자상품과 비금융투자상품으로 구분하고, 금융투자상품은 투자성이 있는 상품을 말한다. 따라서 원금을 보장하는 상품은 비금융투자상품으로 구분된다.

09 ③

| 정답해설 | 파생결합증권에 대한 설명이다. 파생결합증권은 기초자산의 가격, 이자율, 지표, 단위 또는 이를 기초로 한 지수의 변동과 연계되어, 미리 정한 방법에 따라 지급금액이나 회수금액이 결정되는 권리가 표시된 증권을 말한다. 대표적인 예로 주가연계증권(ELS), 주가연계워런트(ELW), 파생연계증권(DLS), 신용연계증권(CLN), 재해연계증권(CAT Bond) 등이 있다.

개념 Plus⁺ 증권

정의	투자자가 취득 시 지급한 금전 외에 추가 지급 의무를 지지 않으며(즉, 원금 초과 손실 가능성이 없는), 내국인 또는 외국인이 발행한 금융투자상품
채무증권	발행인에 의해 원금이 보장되나 유통 과정에서 원금 손실 발생 가능성을 가진 증권(국고채, 지방채, 특수채, 사채권, 기업어음증권 등)
지분증권	법률에 의해 설립된 법인이 출자 증권 또는 출자지분 권리를 나타내는 증권(주식, 신주인수권증권, 출자지분증권 등)
수익증권	금전 신탁 또는 투자신탁의 수익권이 표시된 증권(한국주택금융공사 발행 주택저당증권(MBS), 유동화전문회사 발행 수익증권 등)
투자계약증권	타인과의 공동사업에 금전 등을 투자하고, 결과에 따른 손익을 귀속받는 계약상 권리를 표시한 증권
파생결합증권	기초자산의 가격, 이자율, 지표 등과 연계된 지급 또는 회수 권리가 있는 증권(ELS, ELW, DLS, CLN, 재해연계증권 등)
증권예탁증권	외국에서 발행된 증권을 예탁받아 국내에서 권리를 표시하여 발행한 증권(국내·외국 증권예탁증권)

10 ①

| 정답해설 | 신주인수권이 표시된 증권 또는 증서의 경우 실질적으로는 출자지분이 표시된 것으로 볼 수 없으나, 주권에 대한 인수권을 표시하는 것이므로 지분증권(금융투자상품)으로 분류된다. 다만, 원화표시 양도성예금증서(CD), 관리신탁의 수익권, 주식매수선택권(스톡옵션)은 금융투자상품에서 배제된다.

11 ④

| 정답해설 | 집합투자업은 투자자의 일상적인 운용지시 없이 자산을 취득·운용·처분하고, 그 결과를 투자자에게 귀속시키는 영업이다.

개념 Plus⁺ 금융투자업

투자매매업	명의에 관계없이 자기 계산으로 금융투자상품을 매매하거나, 증권의 발행·인수 또는 청약의 권유·청약·청약의 승낙을 영업으로 하는 것
투자중개업	명의에 관계없이 타인 계산으로 금융투자상품을 매매하거나, 증권의 발행·인수 또는 청약의 권유·청약·청약의 승낙을 영업으로 하는 것
집합투자업	2인 이상의 투자자로부터 금전 등을 모아 집합투자기구(펀드 등)로 운용하고, 그 결과를 투자자에게 귀속시키는 영업
신탁업	위탁자와 수탁자의 신임관계에 따라 특정 재산권을 수탁자에게 이전하거나 처분하게 하여, 수익자의 이익이나 특정 목적을 위해 재산권을 관리·처분하는 업무
투자자문업	금융투자상품 또는 그 외 자산의 가치에 대해 투자판단과 관련된 자문을 제공하는 것을 영업으로 하는 업무
투자일임업	투자자로부터 투자판단의 전부 또는 일부를 일임받아 자산을 취득·처분 등으로 운용하는 업무
전담중개업무 (프라임 브로커)	전문사모집합투자기구 등을 대상으로 증권의 대여, 대리업무, 재산 보관관리, 신용공여 등의 업무를 수행하며, 이들의 효율적인 업무수행을 위해 연계된 서비스를 제공하는 업무

온라인소액투자중개업	명의에 관계없이 온라인상에서 타인의 계산으로 채무증권, 지분증권, 투자계약증권의 모집 또는 사모에 관한 중개를 영업으로 하는 투자중개업자

12 ③

| 정답해설 | 투자중개업자가 투자자의 매매주문을 받아 이를 처리하는 과정에서 별도 대가 없이 투자판단의 전부 또는 일부를 일임받을 필요가 있는 경우에는 투자일임업 적용을 배제한다.

| 오답해설 |
① 투자중개업자가 투자자의 매매주문을 받아 이를 처리하는 과정에서 별도 대가 없이 투자판단의 전부 또는 일부를 일임받을 필요가 있는 경우에는 투자일임업 적용을 배제한다.
② 투자일임업은 원칙적으로 고객 재산을 보관·예탁할 수 없으며, 투자자로부터 투자판단의 전부 또는 일부를 일임받아 자산을 취득·처분 등으로 운용하는 권한만 가진다.
④ 투자일임재산으로 투자일임업자 또는 그 이해관계인의 고유재산과 거래하는 행위는 금지된다. 다만, 투자자 보호 및 건전한 거래질서를 해할 우려가 없는 경우로서 아래의 경우에는 가능하다.

- 이해관계인이 되기 6개월 이전에 체결한 계약에 따른 거래
- 증권시장 등 불특정 다수가 참여하는 공개시장에서의 거래
- 일반적 거래조건에 비추어 투자일임재산에 유리한 거래
- 환매조건부매매(RP)
- 투자일임업자·이해관계인이 단순히 일정 수수료만 받고 제3자와 연결해 주는 방식
- 이해관계인의 매매중개를 통한 채무증권, 원화표시 CD, 어음(단, 기업어음 제외) 거래(규정 제4-75조)
- 투자위험 회피를 위해 상장지수집합투자기구(ETF)의 집합투자증권을 차입해 매도하는 거래
- 투자자 이익 침해 우려가 없다고 금융위가 인정한 경우

개념 Plus⁺ 투자일임업

개념	투자자로부터 금융투자상품 등에 대한 투자판단의 전부 또는 일부를 위임받아, 투자자별로 구분된 재산상태와 투자목적 등을 고려하여 금융투자상품을 취득·처분하거나 그 밖의 방법으로 운용하는 영업
적용 배제	• 투자중개업자나 투자매매업자가 투자자의 매매 주문을 처리하는 과정에서 투자판단의 전부 또는 일부를 위임받을 필요가 있는 경우에는 투자일임업 적용을 배제함 • 배제 사유 – 투자자가 금융투자상품의 매매거래일(하루 한정)과 총매매수량 또는 총매매금액을 지정하고, 그 범위 내에서 수량·가격·시기에 대한 투자판단을 일임함 경우 – 투자자가 여행·질병 등으로 일시 부재 중 금융투자상품의 가격이 폭락하는 등 불가피한 사유가 발생하여, 약관 등에 따라 사전에 매도권한을 일임받은 경우 – 투자자가 금융투자상품의 매매나 결제, 증거금 추가 예탁 또는 법 제72조에 따른 신용공여와 관련한 담보비율 유지의무나 상환의무를 이행하지 않은 경우, 약관 등에 따라 매도권한을 일임받은 경우 – 외국 투자일임업자가 국외에서 국가, 한국은행, 한국투자공사, 법률에 따라 설립된 기금 및 그 관리·운용 법인을 상대로 투자권유 또는 광고를 하지 않고 해당 기관만을 상대로 투자일임업을 하는 경우

13 ④

| 정답해설 | 투자매매업이란 누구의 명의로 하든지 자기의 계산으로 금융투자상품의 매매, 증권의 발행·인수 또는 그 청약의 권유, 청약, 청약의 승낙을 영업으로 하는 것을 말한다.

| 오답해설 |
① 투자자문업이나 중개 브로커에 해당하는 포괄적 설명이다.
② 집합투자업이나 투자일임업에 해당하는 포괄적 설명이다.
③ 투자중개업에 대한 설명이다.

14 ③

| 정답해설 | 종합금융회사의 어음관리계좌(CMA)와 관련한 업무는 금융투자업 적용 배제 사유에 해당한다.

| 오답해설 |
① 누구의 명의로 하든지 자기의 계산으로 투자신탁의 수익증권을 발행하는 행위는 투자매매업에 해당한다. 단, 투자신탁 수익증권, 투자성 있는 예금·보험 및 특정 파생결합증권을 발행하는 경우를 제외하고 자기가 증권을 발행하는 경우는 투자매매업 적용 배제 사유에 해당한다.
② 투자권유대행인이 투자권유를 대행하는 경우는 투자중개업상 적용 배제 사유에 해당한다.
④ 집합투자기구평가회사, 채권평가회사, 공인회계사, 감정인, 신용평가업자, 변호사, 변리사, 세무사, 기타 해당 법령에 따라 자문용역을 제공하고 있는 자가 해당 업무와 관련된 분석정보 등을 제공하는 경우는 투자자문업상 적용 배제 사유에 해당한다.

개념 Plus+ 집합투자업

개념	2인 이상의 투자자로부터 금전 등을 모아 집합투자기구(펀드 등)로 운용하고, 그 결과를 투자자에게 귀속시키는 영업
적용 배제	• 다른 법률에 따른 펀드 중 사모펀드 • 투자자예탁금을 예치하거나 신탁하는 경우 • 종합금융투자사업자의 종합투자계좌업무 • 종합재산신탁의 효율적 운용을 위한 금전 공동 운용 • 투자목적회사 • 종합금융회사의 어음관리계좌(CMA) • 법인세법에 따른 프로젝트 파이낸싱 법인(PFV) • 지주회사 • 가맹사업(프랜차이즈) • 다단계판매사업 • 인적·물적 시설을 갖춘 사업자가 투자자 자금을 모아 사업을 운영하고 결과를 배분하는 경우(특정 사업결과만 배분하는 경우는 제외) • 비영리 목적의 계 • 종중 등 비영리사업 • 비영리법인의 정관 범위 내 사업 • 투자자 전원의 합의에 따른 운용·배분 • 기업인수목적회사(SPAC)가 일정 요건을 갖추어 목적 범위 내에서 행위를 하는 경우 • 금융위원회가 전문적 운용자의 필요성, 투자자의 투자동기, 운용 결과 배분 시기, 재산의 분리 필요성 등을 고려해 인정하는 경우

15 ④

| 정답해설 | 자발적 전문투자자는 요건(잔고 기준 등)을 갖춘 뒤 금융위원회에 신고함으로써 전문투자자 대우를 받을 수 있다.

개념 Plus+ 투자자의 구분

• 전문투자자
 − 금융투자상품에 대한 전문성이 있으며, 소유한 자산이 많아 투자에 따른 위험감수능력이 있다고 판단되는 투자자

절대적 전문투자자	• 전문성 있는 기관 및 단체 − 국가, 한국은행, 금융기관(은행·보험·증권 등) − 예금보험공사, 자산관리공사, 한국예탁결제원, 외국정부·국제기구 등 • 일반투자자 대우를 받을 수 없음
상대적 전문투자자	• 금융투자업자에게 일반투자자 대우를 받겠다는 의사를 서면으로 통지한 경우 일반투자자로 간주 • 주권상장법인, 지방자치단체, 기타 기관 및 자발적 전문투자자 − 주권상장법인 등이 장외파생상품 거래 시, 별도 의사를 표시하지 않으면 일반투자자로 대우 − 주권상장법인 등이 장외파생상품 거래 시 전문투자자 대우를 받기를 희망할 경우 금융투자업자에게 서면으로 통지하여야 함 • 금융투자업자는 정당한 사유 없이 상대적 전문투자자의 서면 요청 거부 불가
자발적 전문투자자	• 일정 요건을 갖춘 법인·개인이 전문투자자로 인정받고자 할 경우 금융위원회에 신고해야 함 • 법인 요건: 지정신청일 전일 기준 금융투자상품 잔고 100억 원 이상(외부감사 대상 법인은 50억 원 이상) • 개인 요건 − 투자경험: 최근 5년 중 1년 이상, 월말 평균 잔고 5천만 원 이상 보유 − 소득기준: 본인 직전연도 소득 1억 원 이상 또는 부부 합산 소득 1억5천만 원 이상 − 자산기준: 총자산−(거주부동산·임차보증금·총부채) ≥5억 원 − 전문성: 해당 분야에서 1년 이상 종사한 회계사·감평사·변호사·변리사·세무사, 투자운용인력, 재무위험관리사 등 시험 합격자, 금융투자업 주요 직무 종사자 − 위에 준하는 외국인

• 일반투자자

절대적 일반투자자	전문투자자(절대적·상대적)에 해당하지 않는 투자자
상대적 일반투자자	상대적 전문투자자로서 일반투자자 대우를 받겠다는 의사를 금융투자업자에게 서면으로 통지한 자

16 ④

| 정답해설 | 서면 제출만으로는 상대적 전문투자자가 될 수는 있으나, 자발적 전문투자자가 되기 위해서는 법령상 요건 충족과 금융위원회 신고가 반드시 필요하다.

17 ④

| 정답해설 | 인가대상 금융투자업에는 투자매매업, 투자중개업, 집합투자업, 신탁업이 있으며, 등록대상 금융투자업에는 투자자문업, 투자일임업, 온라인소액투자중개업, 일반사모집합투자업이 있다.

개념 Plus⁺ 금융투자업 인가·등록

진입규제 원칙	동일한 금융기능은 동일하게 규율하는 기능별 규제체계 적용
인가 대상 금융투자업	투자매매업, 투자중개업, 집합투자업, 신탁업
등록 대상 금융투자업	투자자문업, 투자일임업, 온라인소액투자중개업, 일반사모집합투자업

18 ①

| 정답해설 | 인가요건을 유지하지 못할 경우 금융위원회의 인가가 취소될 수 있다.

개념 Plus⁺ 금융투자업 인가 요건 유지 의무

의무 유지	금융투자업자는 인가·등록 후에도 인가 요건을 계속 유지해야 하며, 위반 시 금융위가 인가를 취소할 수 있음
자기자본 요건	매 회계연도 말 기준으로 자기자본이 인가업무단위별 최저 자기자본의 70% 이상 유지해야 함(다음 회계연도 말까지 보완되지 않으면 요건 미충족으로 간주)
대주주 요건	• 대주주의 출자능력, 재무건전성, 부채비율은 인가 요건 유지 의무에서 배제됨 • 최대주주의 경우 최근 5년간 벌금 5억 원 이상의 벌금형만을 적용 • 금산법에 따라 부실금융기관으로 지정된 금융기관의 최대주주, 주요주주, 특수관계인에 해당하지 않아야 함

19 ④

| 정답해설 | 금융투자업 인가 요건에는 법인 요건, 자기자본 요건, 인력 요건, 물적시설요건, 사업계획 요건, 대주주 요건, 이해상충 방지체계 요건이 포함된다. 지점 설치 요건은 별도로 명시된 인가요건이 아니다.

| 오답해설 |
① 법인 요건: 주식회사, 금융기관 및 외국 금융투자업자로서 지정되거나 영업소를 설치한 자
② 인력 요건: 임원의 요건 + 최소 전문인력 요건
③ 자기자본 요건: 금융투자업자의 자기자본이 인가업무 단위별 5억 원 또는 대통령령으로 정하는 금액 이상

20 ④

| 정답해설 | 이해상충 방지체계는 금융투자업인가 시 필수 인가 요건 중 하나이다.

| 오답해설 |
① 투자자문업과 투자일임업은 등록 대상이지 인가 대상이 아니다.
② 사업계획 요건은 실현 가능성, 건전성, 투자자 보호 등의 기준에 따라 심사된다.
③ 자기자본 요건은 인가 후에도 유지되어야 하며, 회계연도 말 기준 최소 70% 이상 유지해야 한다.

21 ②

| 정답해설 | 등록 신청은 금융위원회(자산운용과)에서 수행하며, 심사는 금융감독원(자산운용감독실)에서 수행한다.

| 오답해설 |
① 등록 심사와 관련된 통보는 금융위원회를 통해 이루어진다.
③ 등록 심사는 금융감독원이 수행하지만, 신청은 금융위원회에 한다.
④ 금융위원회는 신청을 받고 결과를 통보하지만 직접 심사는 하지 않는다.

22 ④

| 정답해설 | 최근 5년간 자본시장법 등 위반으로 벌금형 이상 형사처벌 이력이 있는 경우 금융투자업 등록 요건 중 대주주 요건에 위배된다.

| 오답해설 |
① 투자자문업과 투자일임업 모두 자기자본 요건이 있으며, 둘 다 영위할 경우 합산 기준을 적용한다.
② 채무불이행 이력이 있는 경우 등록이 제한되며, 단순 승인으로 면제되지 않는다.
③ 투자자문업은 1인 이상, 투자일임업 2인 이상의 전문인력을 확보해야 한다.

23 ④

| 정답해설 | 신탁자산의 소유 인정 기준에 따라, 금융투자업자가 자신의 계산과 판단으로 운용하거나 제3자 명의로 신탁한 경우에는 해당 자산을 금융투자업자가 실질적으로 소유한 것으로 간주한다.

| 오답해설 |
① 투자자 예탁재산과 자기자산은 반드시 구분하여 계리해야 한다.
② 신탁부문은 고유부문과 분리된 독립 계정으로 회계처리해야 하며, 단순 공시로는 부족하다.
③ 자체 작성 재무제표와 외부감사인 수정본이 다를 경우, 외부감사인 수정본을 기준으로 산정되므로 무시할 수 없다.

24 ②

| 정답해설 | 정상으로 분류된 자산에 대해서는 원칙적으로 해당 자산의 0.5% 이상을 대손충당금으로 적립해야 한다.

개념 Plus⁺ 자산건전성 규제

• 자산건전성의 분류
  – 금융투자업자는 매 분기마다 자산·부채를 정상·요주의·고정·회수의문·추정손실의 5단계로 분류하고, 분기 말 기준 '고정' 이하 자산에 대해서는 회수예상가액을 산정해야 한다.
  – 금융감독원장은 금융감독원장은 분류·충당금 적립의 적정성을 점검하고, 부적정 시 시정을 요구할 수 있다.
  – 금융투자업자는 '회수의문' 또는 '추정손실' 자산은 조기 상각을 통해 건전성을 확보해야 한다.

- 금융투자업자는 분류기준의 설정·변경, 분류 결과, 충당금 적립 결과를 금융감독원장에게 보고해야 한다.
• 충당금의 적립기준
  - 건전성 분류가 필요한 자산에 대해 한국채택국제회계기준(K-IFRS)에 따라 대손충당금을 적립해야 한다.
  - 대손충당금 적립액이 아래 합계액에 미달할 경우, 부족분은 대손준비금으로 추가 적립해야 한다.
    ① 정상 분류자산의 0.5%
    ② 요주의 분류자산의 2%
    ③ 고정 분류자산의 20%
    ④ 회수의문 분류자산의 75%
    ⑤ 추정손실 분류자산의 100%
• 예외: 채권중개전문회사와 다자간매매체결회사에는 자산건전성 분류 및 대손충당금 적립기준 규정이 적용되지 않는다.

25 ③

| 정답해설 | '추정손실'로 분류된 자산은 회수 가능성이 거의 없다고 판단되므로, 분류자산의 100%를 대손충당금으로 적립해야 한다.

| 오답해설 |
① '요주의'로 분류된 자산은 분류자산의 2%를 대손충당금으로 적립해야 한다.
② '고정'으로 분류된 자산은 분류자산의 20%를 대손충당금으로 적립해야 한다.
④ '회수의문'으로 분류된 자산은 분류자산의 75%를 대손충당금으로 적립해야 한다.

26 ③

| 정답해설 | 신탁부문은 고유부문과 반드시 분리하여, 독립된 계정으로 회계처리해야 한다.

27 ③

| 정답해설 | 순자본비율이 8% 이상 50% 미만일 경우에는 금융당국이 경영개선 요구 조치를 내릴 수 있다.

| 오답해설 |
① 순자본비율이 50% 이상일 경우 경영개선 권고 조치 대상이다.
② 순자본비율이 0% 미만일 경우 경영개선 명령 대상이다.
④ 순자본비율 규제는 금융투자업자가 보유한 자기자본으로 위험 대비 건전성을 유지하여 투자자를 보호하도록 하는 제도로, 금융감독당국의 주요 감독수단이자, 금융투자업자의 경영활동에 핵심적인 제도이다.

개념 Plus⁺ 순자본비율 규제

• 금융투자업자가 보유한 자기자본으로 위험 대비 건전성을 유지하여 투자자를 보호하도록 하는 제도이다(금융감독당국의 주요 감독수단이자, 금융투자업자의 경영활동에 핵심적인 제도).
• 적기시정조치
  - 금융투자업자는 순자본비율 100% 이상을 유지해야 함

- 순자본비율이 일정 수준에 미달하는 금융투자업자에 대해 단계별 경영개선조치
  ① 순자본비율 50% 이상~100% 미만: 경영개선 권고
  ② 순자본비율 0% 이상~50% 미만: 경영개선 요구
  ③ 순자본비율 0% 미만: 경영개선 명령
• 기본원칙
  - 순자본비율 산정의 기초가 되는 금융투자업자의 자산·부채·자본은 연결재무제표에 계상된 장부가액에서 평가성 충당금을 차감한 금액을 기준으로 한다.
  - 시장위험과 신용위험을 동시에 내포한 자산에 대해서는 시장위험액과 신용위험액을 모두 산정한다.
  - 원칙적으로 영업용순자본 차감항목에 대해서는 위험액을 산정하지 않는다.
  - 영업용순자본 차감항목과 위험액 산정대상 자산 간에 위험회피효과가 있는 경우, 해당 자산의 위험액은 감액 가능하다.
  - 원칙적으로 부외자산과 부외부채도 위험액을 산정한다.

28 ④

| 정답해설 | 영업의 전부 또는 일부 매각 명령은 경영개선 명령에 해당한다. 경영개선 명령은 순자본비율이 0%(영업용 순자본비율의 경우 100% 미만)인 경우나 부실금융기관에 해당하는 경우에 내려지는 조치이다. 반면, 경영실태평가에서 종합평가등급이 4등급 이하로 판정된 경우에는 경영개선 요구에 해당한다.

29 ③

| 정답해설 | 시장위험과 신용위험을 동시에 내포하는 자산에 대하여는 시장위험액과 신용위험액을 모두 산정한다.

| 오답해설 |
① 부외자산과 부외부채에 대해서도 위험액을 산정하는 것을 원칙으로 한다.
② 영업용순자본 차감항목에 대해서는 원칙적으로 위험액을 산정하지 않는다.
④ 영업용순자본의 차감항목과 위험액 산정대상 자산 사이에 위험회피효과가 있는 경우에는 위험액 산정대상 자산의 위험액을 감액할 수 있다.

30 ①

| 정답해설 | 영업용순자본 차감항목에 대해서는 원칙적으로 위험액을 산정하지 않는다.

31 ④

| 정답해설 | 순자본비율 50% 미만, 경영상태평가 결과 종합평가등급이 4등급 이하, 2년 연속 적자이며 레버리지 비율 1,100% 초과, 레버리지 비율 1,300% 초과일 경우 경영개선 요구의 대상에 해당한다.

| 오답해설 |
① 순자본비율 90%는 '50%~100%' 구간으로 경영개선 권고 대상에 해당하며, '요구'가 아니다. 또한, 자본적정성 2등급은 양호하여 강화 조치 요건을 충족하지 않는다.
② 경영개선 요구는 순자본비율 30~50% 구간에 해당하며, 0%~30%는 경영개선 명령(더 강한 조치) 대상이다. 또한, 레버리지 500% 기준은 순자본비율 기반 단계조치의 직접 요건이 아니다.
③ 임직원 윤리 위반은 검사·제재, 시정명령 등 내부통제·제재 사안이며, 순자본비율 하락을 전제로 하는 경영개선 '요구' 조치의 조건에 해당하지 않는다.

32 ①

| 정답해설 | 경영개선 권고 조치가 아닌 경영개선 명령 조치를 취할 수 있다.

개념 Plus⁺ 긴급조치

사유 (긴급조치 발동 요건)	• 발행한 어음이나 수표가 부도 처리되거나 은행과의 거래가 정지·금지된 경우 • 유동성이 급격히 악화되어 투자자 예탁금 등을 지급할 수 없는 상태에 이른 경우 • 휴업이나 영업정지 등 돌발사태로 정상적인 영업이 불가능하거나 곤란해진 경우
조치 (금융위가 명할 수 있는 조 치사항)	• 투자자예탁금 등의 일부 또는 전부 반환 방법 지정 또는 지급 정지 • 투자자예탁금 등의 수탁 금지 또는 타 금융투자업자로 이전 • 재무제표 작성 및 공시 금지 • 경영개선 명령 조치 • 증권 및 파생상품 매매 제한

33 ④

| 정답해설 | 긴급조치가 발동된 경우 금융위원회는 투자자예탁금 등의 수탁 금지 또는 타 금융투자업자로 이전을 명할 수 있다.
| 오답해설 |
① 긴급조치가 내려지더라도 금융위원회는 경영개선 계획의 제출이나 이행을 명할 수 있다.
② 경영개선 명령을 받았더라도 유동성 악화나 예탁금 지급 곤란 등의 사유가 발생하면 긴급조치가 병행될 수 있다.
③ 일시적 부족이라도 지급 불능 우려가 있으면 긴급조치가 가능하다.

34 ④

| 정답해설 | 금융투자업자가 계열회사가 발행한 증권을 한도 내에서 예외적으로 취득하거나, 대주주 및 그 특수관계인에게 예외적으로 신용공여를 하는 경우 재적 이사 전원의 찬성으로 이사회 결의를 거쳐야 한다. 또한 이러한 예외적 취득이나 신용공여가 이루어진 경우 금융위원회에 보고하고, 인터넷 홈페이지 등을 통해 공시해야 한다.
| 오답해설 |
① 금융투자업자는 원칙적으로 대주주가 발행한 증권을 소유할 수 없지만, 일부 예외가 허용되는 경우에는 금융위원회가 정하는 기간까지 소유할 수 있다.
② 금융투자업자는 원칙적으로 대주주 및 대주주의 특수관계인에 대해 신용공여가 금지되며, 대주주 및 대주주의 특수관계인은 금융투자업자로부터 신용공여를 받는 것이 금지된다.
③ 단일거래금액이 자기자본의 10/10,000과 10억 원 중 적은 금액의 범위인 경우에는 이사회의 결의를 받지 않아도 된다.

35 ④

| 정답해설 | 차익거래 등 투자자위험회피 거래는 계열회사 발행 증권 소유제한의 예외사유에 해당된다.

개념 Plus⁺ 대주주 발행 증권의 소유 제한

금융투자업자는 원칙적으로 대주주가 발행한 증권을 소유할 수 없지만 다음의 경우에는 금융위원회가 정하는 기간까지 소유할 수 있다.
• 담보권 실행 등 권리행사에 필요한 경우
• 안정조작이나 시장조성을 하는 경우
• 대주주가 변경됨에 따라 기존에 보유하던 증권이 대주주 발행 증권이 된 경우
• 인수와 관련하여 해당 증권을 취득한 경우
• 관련 법령에 따라 사채보증 업무를 할 수 있는 금융기관 등이 원리금 지급을 보증한 사채권을 취득한 경우
• 특수채증권을 취득한 경우 등

36 ③

| 정답해설 | 금융투자업자는 다른 금융업무를 겸영하고자 하는 경우 그 업무를 영위하기 시작한 날부터 2주 이내에 이 사실을 금융위원회에 보고해야 한다.
| 오답해설 |
① 금융투자업자가 아닌 자가 금융투자업자로 오인될 수 있는 문자를 상호에 사용하는 것을 금지한다. 예를 들어 투자자문업자가 아닌 자가 '투자자문'이라는 문자를 사용하는 것은 금지된다.
② 금융투자업자는 신의성실의무에 따라 투자자의 이익을 해하면서 자기 또는 제3자의 이익 도모를 하면 안 된다.
④ 부수업무는 사전 승인 사항이 아니며, 금융투자업자는 금융투자업에 부수하는 업무를 영위하고자 하는 경우 영위하기 시작한 날부터 2주 이내에 금융위원회에 보고해야 한다.

37 ③

| 정답해설 | 원칙적으로 재위탁은 금지되나, 단순업무 및 외화자산 운용·보관 업무는 위탁자의 동의를 받아 재위탁할 수 있다.
| 오답해설 |
① 준법감시인 및 위험관리책임자의 업무 등 내부통제업무는 위탁이 금지된다.
② 금융투자업자는 제3자에게 업무를 위탁 시 위탁계약을 체결해야 하며, 실제 업무 수행일의 7일 전까지 금융위원회에 보고해야 한다.
④ 금융투자업자는 금융투자업, 겸영업무, 부수업무 중 일부를 제3자에게 위탁할 수 있다. 다만, 금융투자업의 본질적 업무(인

가·등록과 직접 관련된 필수업무)를 위탁하는 경우에는, 수탁자가 해당 업무 수행에 필요한 인가나 등록을 보유한 자여야 한다.

38 ④

| 정답해설 | 금융투자업자는 제3자에게 업무를 위탁 시 위탁계약을 체결해야 하며, 실제 업무 수행일의 7일 전까지 금융위원회에 보고해야 한다.

| 오답해설 |
① 위탁기간의 유효기간의 제한에 대한 규정은 없다.
②③ 사전 동의에 대한 규정은 없다. 단, 금융투자업자는 업무위탁을 한 내용을 계약서류 및 투자설명서에 기재해야 하며, 사후에 그 내용을 변경한 경우 투자자에게 통보해야 한다.

39 ②

| 정답해설 | 정보교류 차단장치의 핵심은 미공개 중요정보의 외부 유출 금지에 있다. 해당 정보는 공시 전까지 특정인이 알 수 없도록 차단해야 한다.

40 ④

| 정답해설 | 일반적인 거래조건에 비추어 투자일임재산에 유리한 거래의 경우에는 예외적으로 허용된다.

개념 Plus⁺ 투자일임업자의 금지행위

- 정당한 사유 없이 투자자의 운용방법 변경 요구나 계약 해지 요구에 응하지 않는 행위
- 자기 또는 관계인수인이 인수한 증권을 투자일임재산으로 매수하는 행위(다만, 투자자 보호 및 건전한 거래질서를 해할 우려가 없는 경우에는 다음 거래는 예외적으로 허용)
  - 인수일로부터 3개월이 지난 후 매수하는 경우
  - 인수한 상장주권을 증권시장에서 매수하는 경우
  - 국채, 지방채, 통화안정증권, 특수채, 사채권을 매수하는 경우
- 자기 또는 관계인수인이 발행인이나 매출인으로부터 직접 증권 인수를 의뢰받아 인수조건 등을 정하는 업무를 담당한 법인의 특정 증권 등에 대해, 인위적으로 시세를 형성할 목적으로 투자일임재산으로 매매하는 행위
- 특정 투자자의 이익을 침해하면서 자기 또는 제3자의 이익을 도모하는 행위
- 투자일임재산으로 자신이 운용하는 다른 투자일임재산, 집합투자재산 또는 신탁재산과 거래하는 행위
- 투자일임재산으로 투자일임업자 또는 그 이해관계인의 고유재산과 거래하는 행위(다만, 투자자 보호 및 건전한 거래질서를 해할 우려가 없는 경우에는 다음 거래는 예외적으로 허용)
  - 이해관계인이 되기 6개월 이전에 체결한 계약에 따른 거래
  - 증권시장 등 불특정 다수가 참여하는 공개시장을 통한 거래
  - 일반적인 거래조건에 비추어 투자일임재산에 유리한 거래
  - 환매조건부매매
  - 투자일임업자 또는 이해 관계인의 중개·주선 또는 대리를 통하여 금융위가 정하여 고시하는 방법 등

41 ②

| 정답해설 | 투자자문업자 또는 투자일임업자는 투자권유인이나 일반인에게 업무 위임을 하거나 일반인에게 직접 투자권유를 하는 것이 금지된다. 단, 자동화된 전산설비를 통한 투자권유는 예외적으로 허용된다.

| 오답해설 |
① 원칙적으로 투자자문 또는 투자일임재산 운용과 관련해 중대한 투자판단이나 매매 의사를 결정한 후, 이를 실행하기 전에 자기 계산으로 매매하거나 제3자에게 매매를 권유하는 행위는 금지된다.
③ 원칙적으로 투자자로부터 금전·증권 등 재산을 보관·예탁하는 행위가 금지된다.
④ 투자자의 성향을 분석하지 않고 상품을 권유하는 것은 금지된다.

개념 Plus⁺ 투자자문업자 및 투자일임업자의 공통 금지행위

- 투자자로부터 금전·증권 등 재산을 보관·예탁하는 행위(단, 다른 금융투자업·금융업을 겸영하고 해당 법령에서 금지하지 않는 경우는 예외)
- 투자자에게 금전·증권 등 재산을 대여하거나, 제3자의 대여를 중개·주선·대리하는 행위(단, 다른 금융투자업·금융업을 겸영하고 법령에서 금지하지 않는 경우는 예외)
- 투자권유자문인력·투자운용인력이 아닌 자에게 투자자문업 또는 투자일임업을 수행하게 하는 행위(단, 요건을 갖춘 로보어드바이저를 활용하는 경우는 예외)
  - 전자적 장치를 통한 투자성향 분석 및 투자대상 자산의 분산 운용
  - 보안·재해 대응 체계 확보
  - 분기별 평가 및 필요 시 운용방법 변경
  - 유지·보수 전문인력 확보 및 외부 전문가 심의 절차 통과
- 계약으로 정한 수수료 외의 대가를 추가로 받는 행위
- 투자자문 또는 투자일임재산 운용과 관련해 중대한 투자판단이나 매매 의사를 결정한 후, 이를 실행하기 전에 자기 계산으로 매매하거나 제3자에게 매매를 권유하는 행위(단, 관련 정보를 이용하지 않았음을 입증하거나, 차익거래 등 정보 이용이 아님이 명백한 경우는 예외)

42 ④

| 정답해설 | 원칙적으로 투자자문이나 투자일임재산 운용과 관련해 중대한 투자판단이나 매매 의사를 결정한 뒤, 이를 실행하기 전에 자기 계산으로 매매하거나 제3자에게 매매를 권유하는 행위는 금지된다. 그러나 투자자 보호와 건전한 거래 질서를 해칠 우려가 없는 경우로서 해당 정보를 이용하지 않았음을 입증하거나, 차익거래와 같이 정보를 의도적으로 이용하지 않았음이 객관적으로 명백한 경우에는 예외적으로 허용된다.

43 ①

| 정답해설 | 정당한 사유 없이 투자일임계약의 변경이나 해지 요청에 응하지 않는 행위는 투자일임업자의 금지행위에 해당한다. 투자자는 일임계약을 해지할 권리가 있으며, 투자일임업자는 이를 부당하게 거부할 수 없다.

| 오답해설 |

② 투자자의 동의 없이 투자일임재산으로 투자일임업자 또는 그 이해관계인이 발행한 증권에 투자하는 행위는 금지된다. 다만, 투자자가 명시적으로 동의한 경우에는 관계인이 발행한 증권 매입이 예외적으로 허용된다.

③ 투자일임재산을 투자자별로 구분하여 운용하지 않고 여러 투자자의 자산을 합하여 운용하는 행위가 금지된다. 다만, 투자자 보호 및 건전한 거래질서를 해칠 우려가 없는 경우로서 개별 투자일임재산의 효율적 운용을 위하여 매매주문을 집합 처리하고, 그 결과를 사전에 정한 자산배분명세에 따라 공정하게 배분하는 경우에는 예외적으로 가능하다.

④ 투자자의 요청에 따라 계약을 해지하고 그 사유를 서면으로 통보하는 행위는 정상적인 절차이다.

44 ①

| 정답해설 | 투자매매업자 또는 투자중개업자의 총 신용공여 규모는 자기자본의 범위 이내로 한다.

개념 Plus⁺ 투자매매업자·투자중개업자의 신용공여

개요	• 신용공여란 증권과 관련하여 금전 융자 또는 증권 대여 방식으로 투자자에게 신용을 제공하는 행위를 말함(청약자금대출, 신용거래융자 등) • 신용공여는 원칙적으로 투자매매업자·투자중개업자의 고유업무가 아니나, 증권 관련인 경우에 한해 예외적으로 허용됨

기준과 방법	• 투자매매업자 또는 투자중개업자는 다음의 어느 하나에 해당하는 방법으로만 투자자에게 신용을 공여할 수 있음
	  – 증권 매매대금을 융자하거나 매도 증권을 대여
	  – 보유·예탁 증권을 담보로 금전 융자
	• 구체적인 기준과 담보비율 및 징수방법
	  – 신용공여 약정: 투자자와의 약정 체결 및 본인 확인(기명날인 또는 서명)
	  – 회사별 총 한도: 자기자본 범위 내
	  – 담보비율: 신용공여금액의 140% 이상(신용거래 대주는 105% 이상)
	• 담보 평가
	  – 청약주식: 취득가액(상장 후에는 당일 종가)
	  – 상장주권·ETF: 당일 종가
	  – 채권·ELS: 채권평가회사 2곳 이상이 제공한 정보로 산정한 가격
	  – 집합투자증권: 당일에 고시된 기준가격
	• 임의상환방법: 투자매매업자·투자중개업자는 투자자가 채무상환·추가담보·수수료 납입을 이행하지 않을 경우, 다음 영업일에 투자자 계좌의 현금을 우선 충당하고, 부족분은 담보증권 등 예탁증권을 임의 처분해 채무 변제에 사용할 수 있음
	• 신용거래 등의 제한: 신용거래로 매매할 수 있는 증권은 상장주권(관련 예탁증권 포함)과 상장지수집합투자증권(ETF)에 한함
	• 투자매매업자는 증권 인수일부터 3개월 이내에는 투자자에게 해당 증권 매수를 위한 금전 융자나 기타 신용공여를 할 수 없음

45 ②

| 정답해설 | 겸영금융투자업자(은행·산업은행·중소기업은행·보험회사)는 예외적으로 자기 자신을 신탁업자로 하여 투자자예탁금을 신탁·보관할 수 있다.

개념 Plus⁺ 투자자예탁금의 별도 예치

투자자 예탁금 별도 예치	• 투자자예탁금은 투자자로부터 금융투자상품의 매매 등 거래와 관련해 예탁받은 금전을 말하며, 투자매매업자와 투자중개업자는 이를 고유재산과 구분하여 증권금융회사에 예치하거나 신탁업자에 신탁해야 함 • 투자자예탁금을 신탁업자에 신탁할 수 있는 겸영금융투자업자(은행·산업은행·중소기업은행·보험회사)는 예외적으로 자기 자신을 신탁업자로 하여 투자자예탁금을 신탁·보관할 수도 있음 • 투자매매업자나 투자중개업자가 투자자예탁금을 예치기관에 예치 또는 신탁할 때에는, 해당 금전이 투자자의 재산임을 명시해야 함

상계 또는 압류의 금지	• 누구든지 예치기관에 예치 또는 신탁된 투자자예탁금을 상계하거나 압류(가압류 포함)할 수 없으며, 투자매매업자 또는 투자중개업자(예치 금융투자업자)는 시행령에서 정한 경우를 제외하고는 해당 투자자예탁금을 양도하거나 담보로 제공할 수 없음
	• 예외
	  – 예치 금융투자업자가 합병될 경우, 존속회사나 신설회사에 투자자예탁금을 양도하는 경우
	  – 예치 금융투자업자가 금융투자업의 전부 또는 일부를 양도하면서, 양수회사에 투자자예탁금을 양도하는 경우
	  – 자금이체업무와 관련하여 금융위가 정한 한도와 방법에 따라 은행이나 예치기관에 투자자예탁금을 담보로 제공하는 경우
	  – 기타 투자자 보호에 지장이 없다고 금융위가 인정·고시한 경우

투자자 예탁금의 우선지급	• 예치 금융투자업자는 다음의 경우에 해당하면, 예치기관에 예치 또는 신탁한 투자자예탁금을 인출하여 투자자에게 우선 지급해야 함
	  – 인가 취소, 해산 결의, 파산선고
	  – 투자매매업 또는 투자중개업의 전부 양도, 전부 폐지 승인, 또는 전부 정지명령을 받은 경우
	  – 기타 위에 준하는 사유가 발생한 경우
	• 예치 금융투자업자는 사유 발생일부터 2개월 이내(불가피한 경우 금융위원회 확인을 받아 1개월 연장 가능)에, 해당 사실과 투자자예탁금의 지급 시기 및 지급 장소 등을 둘 이상의 일간신문에 공고하고, 인터넷 홈페이지 등을 통해 공시해야 함
	• 예치기관 자체가 인가 취소, 파산 등 예치 금융투자업자의 우선지급 사유와 동일한 사유에 해당하는 경우, 해당 예치기관은 예치 금융투자업자로부터 예치 또는 신탁받은 투자자예탁금을 투자자에게 우선 지급해야 함

46 ④

| 정답해설 | 예치 금융투자업자가 다른 회사에 흡수합병되거나 금융투자업의 전부 또는 일부를 양도하는 경우, 예외적으로 예치기관에 예치된 투자자예탁금을 양도하거나 담보로 제공할 수 있다.

47 ③

| 정답해설 | 다른 회사에 흡수 합병된 경우는 투자자예탁금을 우선지급해야 할 사유에 해당하지 않고 이는 예치 금융회사가 예외적으로 투자자예탁금을 양도하거나 담보로 제공할 수 있는 사유에 해당된다.

48 ③

| 정답해설 | 집합투자업자는 자산운용보고서를 작성해 신탁업자의 확인을 받은 후, 3개월마다 1회 이상 투자자에게 제공해야 한다.

49 ①

| 정답해설 | 신탁재산은 수탁자의 고유재산이 아니므로 상속재산에 포함되지 않으며, 상속재산에 대해 발생하는 법적 절차와 무관하다.

| 오답해설 |
② 신탁재산에 속한 채권과 신탁재산에 속하지 않은 채무와는 상계할 수 없으나, 신탁재산에 속한 채권과 채무는 상계처리가 가능하다.
③ 신탁재산에 대하여는 강제집행 또는 경매를 할 수 없다.
④ 신탁이 설정되어 수탁자에게 이전된 재산은 형식상 수탁자 명의의 재산이 되지만, 독립된 목적재산으로서 수탁자의 고유재산과는 구분되어 관리되고 별도로 계산된다. 따라서 신탁재산은 수탁자의 채권자에 의한 강제집행의 대상이 되지 않으며, 수탁자가 도산하더라도 도산절차에서 제외된다.

50 ②

| 정답해설 | 수탁자가 신탁재산의 수익을 직접 취득하는 방식은 신탁 설정 방식이 아니라, 신탁재산 운용이나 수익과 관련된 사항이다. 신탁법상 신탁의 설정방법으로는 위탁자와 수탁자 간의 신탁계약에 의한 경우, 위탁자의 유언에 의한 경우, 신탁선언에 의한 경우가 있다.

51 ④

| 정답해설 | 증권신고서의 효력 발생은 금융위원회가 제출된 신고서와 첨부서류를 심사한 결과, 형식이나 내용에 특별한 문제가 없음을 의미할 뿐이다. 이는 기재 내용의 진실성이나 정확성을 인정하거나, 정부가 해당 증권의 가치를 보증·승인하는 효력을 갖는 것은 아니다.

52 ④

| 정답해설 | 일정한 방법에 따라 산출한 50인 이상의 투자자에게 새로 발행되는 증권의 취득을 청약하게 하는 행위를 모집이라고 한다.

| 오답해설 |
① 이미 발행된 증권을 매도하는 것은 유통시장 거래에 해당한다.
② 거래소(장내)에서 매매하는 것은 유통시장에서의 거래에 해당한다.
③ 50인 산정 시에는, 청약 권유일 이전 6개월 이내에 동일 종류의 증권에 대해 모집이나 매출이 아닌 방식으로 청약 권유를 받은 자를 합산한다. 다만, 발행인의 임원은 이 인원 합산에서 제외된다.

개념 Plus⁺ 모집과 매출

- 모집: 신규 발행 증권의 청약 권유
  일정한 방법에 따라 산출한 50인 이상의 투자자에게 새로 발행되는 증권의 취득을 청약하게 하는 행위
- 매출: 기존 발행 증권의 매도 권유
  증권시장 외부에서 일정한 방법에 따라 산출한 50인 이상의 투자자에게 이미 발행된 증권을 매도 또는 청약 권유하는 행위
- 50인 산정방법
  - 청약 권유일 이전 6개월 이내에, 해당 증권과 동일한 종류의 증권을 모집이나 매출 방식이 아닌 다른 방식으로 청약 권유받은 자는 모두 합산(동일 종류 증권을 분할하여 판매함으로써 사모의 형식을 가장하는 것을 방지하기 위한 취지)
  - 전문가(전문투자자, 회계법인, 신용평가업자, 회계사, 변호사, 세무사 등), 연고자(최대주주 및 지분 5% 이상 주주, 임원 및 우리사주조합원 등)는 합산 제외됨
- 청약 권유 대상이 50인 미만이라도, 발행 후 1년 이내에 50인 이상에게 양도될 가능성이 있으면 모집으로 간주(간주모집)

53 ②

| 정답해설 | 발행인에게 회계, 자문 등의 용역을 제공하고 있는 공인회계사, 감정인, 변호사, 변리사, 세무사 등 공인된 자격증을 가지고 있는 자는 50인 산정에서 제외된다.

54 ④

| 정답해설 | 간주모집이란 실질적으로 모집과 동일한 효과가 있다고 판단되는 경우, 금융위원회가 정한 기준에 따라 모집으로 간주하는 제도적 개념이다. 예를 들어, 청약 권유 대상이 50인 미만이더라도 발행일로부터 1년 이내에 50인 이상에게 양도될 수 있는 경우에는 간주모집에 해당한다.

55 ④

| 정답해설 | 금융위가 정하여 고시하는 전매기준에 해당하는 경우에는 모집으로 간주한다. 전환권이 있는 증권이라도 권리행사 금지기간이 1년 이상이면 유통이 제한되어 간주모집에 해당하지 않는다.

개념 Plus⁺ 금융위원회 전매가능성 판단기준

지분증권	동일한 종류의 증권이 이미 모집 또는 매출된 사례가 있거나, 해당 증권이 증권시장에 상장되어 있는 경우
지분증권 외의 증권	50매 이상으로 발행되었거나, 권면이 50매 이상으로 분할되어 거래가 가능한 경우
그 외 증권	• 전환권·신주인수권 등 권리가 부여된 증권의 기초가 되는 증권이 다음 중 어느 하나에 해당하는 경우 - 이미 모집 또는 매출된 실적이 있거나 증권시장에 상장된 경우 - 권면이 50매 이상으로 분할되어 거래될 수 있는 경우
기업어음 증권	• 50매 이상으로 발행되는 경우 • 기업어음의 만기가 365일 이상인 경우 • 기업어음이 특정금전신탁에 편입되는 경우

56 ④

| 정답해설 | 일괄신고서 제도는 동일 종류의 증권을 일정 기간 동안 반복 발행할 때 추가서류만 제출하여 효력을 발생시킬 수 있도록 하는 제도이다.

| 오답해설 |
① 파생결합증권·외국집합투자증권은 포함되지 않는다.
② 일괄신고는 단일발행에 적용되지 않으며, 매번 발행마다 일괄신고추가서류를 제출해야 한다.
③ 정정신고는 청약 전후에 관계없이 정정신고서 제출로 가능하며 철회신고로 갈음하는 것이 아니다.

57 ③

| 정답해설 | 금융위원회가 정정요구를 한 경우, 발행인은 3개월 이내에 정정신고서를 제출해야 하며 이를 넘기면 철회로 간주된다.

| 오답해설 |
① 금융위는 증권신고서에 형식상 하자, 중요사항의 허위·누락·불분명한 기재가 있어 투자 판단을 저해하거나 오해를 줄 우려가 있는 경우, 청약일 전일까지 정정신고서 제출을 요구할 수 있다.
② 이미 제출한 증권신고서(일괄신고 추가서류 포함)의 기재사항을 정정하거나, 금융위(또는 금감원장)의 정정 요구를 받은 경우 제출하는 것이 정정신고서이다.
④ 정정신고서가 제출된 경우에는 그 정정신고서가 수리된 날에 당초 제출한 증권신고서가 수리된 것으로 본다.

58 ④

| 정답해설 | 철회신고서 제도는 청약 전 단계에서만 제출 가능하며, 철회신고서가 제출되면 취득·청약·전환 등 행위는 모두 무효 처리된다.

| 오답해설 |
① 철회신고는 증권이 효력 발생되기 이전에만 가능하다.
② 청약이 시작된 이후에는 철회가 불가능하다.
③ 철회신고가 제출되면 모든 관련 행위는 무효 처리된다.

59 ②

| 정답해설 | 투자자가 서면, 전화, 팩스, 전자우편 등 금융위가 정한 방법으로 투자설명서 수령 거부 의사를 표시한 경우에는 투자설명서를 교부하지 않아도 된다.

| 오답해설 |
① 전문투자자 등 일정한 전문가는 충분한 정보 분석 능력이 있다고 보기 때문에 교부의무 면제 대상이다.
③ 예비투자설명서는 효력 발생 전에 투자자에게 제공되는 것으로, 사전 정보 제공 목적을 가진다.
④ 투자설명서에는 증권신고서에 기재된 내용과 다른 내용을 표시하거나 그 기재사항을 누락할 수 없다.

60 ③

| 정답해설 | 발행인은 증권신고서의 효력이 발생하는 날 금융위에 투자설명서 및 간이투자설명서를 제출해야 한다.

| 오답해설 |
① 투자설명서에는 증권신고서에 기재된 내용과 다른 내용을 표시하거나 그 기재사항을 누락할 수 없다.
② 개방형 집합투자증권과 파생결합증권의 발행인은 구분에 따라 투자설명서와 간이투자설명서를 금융위에 추가 제출해야 하며, 금융위·거래소 등 총리령으로 정한 장소에 비치하여 일반인이 열람할 수 있도록 해야 한다. 다만, 해당 증권의 모집이나 매출을 중지한 경우에는 제출·비치·공시 의무가 면제된다.
④ 투자설명서와 간이투자설명서는 제출 후 매 1년마다 1회 이상 수정본을 다시 제출해야 하며, 변경등록을 한 경우에는 변경 통지를 받은 날부터 5일 이내에 그 내용을 반영한 투자설명서와 간이투자설명서를 제출해야 한다.

61 ②

| 정답해설 | 투자설명서의 교부가 면제되는 자는 아래와 같다.
- 전문투자자 등 일정한 전문가
- 투자설명서를 받기를 거부한다는 의사를 서면 등으로 표시한 자
- 이미 취득한 것과 같은 집합투자증권을 계속하여 추가로 취득하려는 자

62 ④

| 정답해설 | 정기공시 대상은 상장 여부와 무관하게 일정 요건(공모, 다수 투자자 보유 등)을 충족한 법인을 포함한다.

개념 Plus⁺ 정기공시

제출 대상	• 주권상장법인 및 해당 법인은 사업보고서, 반기보고서, 분기보고서를 일정한 기한 내에 금융위와 거래소에 제출하여야 함 • 해당 법인 – 주권 외의 지분증권, 무보증사채권, 전환사채권 등을 증권시장에 상장한 발행인 – 기타 다른 증권을 모집 또는 매출한 발행인 – 외부감사대상 법인으로, 증권별로 금융위가 정하여 고시하는 방법에 따라 계산한 증권의 소유자 수가 500인 이상인 발행인
제출 면제	• 파산하거나 해산사유가 발생해 사업보고서 제출이 사실상 불가능한 경우 • 상장폐지 요건 충족 + 발행인에게 책임이 없는 사유로 제출 불가 시 금융위 확인을 받은 경우 • 모집·매출한 증권별 소유자 수가 모두 25인 미만인 경우(다만, 감소한 연도에는 제출) • 주주 500인 이상 발행인 중, 증권별 소유자 수가 모두 300인 미만인 경우(역시 감소한 연도의 보고서는 제출)

63 ④

| 정답해설 | 주식등을 6개월 동안 증권시장 밖에서 10인 이상으로부터 매수하여, 본인과 특별관계자의 보유 주식 합계가 해당 주

식 총수의 5% 이상이 되는 경우 공개매수 의무가 발생한다.

| 오답해설 |
① 공개매수 의무는 증권시장 밖에서 6개월 내 10인 이상으로부터 매수하여 본인과 특수관계인의 보유가 5% 이상이 되는 경우에 발생한다. '3%'나 '30일 경과'는 공개매수 요건과 무관하다.
② 자사주 매수는 발행회사(issuer)의 자본정책에 관한 사항으로, 일반적으로 공개매수 의무의 대상이 아니다. 특히 거래소를 통한 자사주 취득 등은 공개매수 의무와 별개로 취급되며, 적용 면제 사유에 해당할 수 있다.
③ 공개매수 의무는 증권시장 밖(off-market)에서 10인 이상에게서 매수하는 경우에 성립한다. 거래소 내 매수(on-market)는 공개매수 의무의 대상이 아니므로 해당하지 않는다.

64 ③

| 정답해설 | 주식공개매수는 증권시장 밖에서 그 주식등을 매수하는 것을 말한다.

| 오답해설 |
① 발행인은 주주 보호 차원에서 공개매수에 대한 의견을 제출할 수 있다.
② 공개매수기간은 공개매수신고서의 제출일로부터 20일 이상 60일 이내여야 한다.
④ 공개매수자는 공개매수신고서를 제출하거나 정정신고서를 제출한 경우 지체 없이 그 사본을 공개매수할 주식등의 발행인에게 송부해야 한다.

개념 Plus⁺ 주식 공개매수

정의	증권시장 외에서 불특정 다수를 대상으로 주식 등의 장외 매수에 대해 절차, 방법 등을 규정하고 내용을 공시하도록 하는 제도
공개매수 의무	주식 등을 6개월간 증권시장 밖에서 10인 이상으로부터 매수하려는 자가, 그 결과 본인과 특별관계자의 보유 주식 합계가 발행주식 총수의 5% 이상이 되는 경우 반드시 공개매수를 해야 함
적용대상 증권	• 주권상장법인이 발행한 증권 - 주권, 신주인수권 표시된 것, 전환사채권, 신주인수권부사채권 - 위와 교환 가능한 교환사채권 - 위와 기초자산으로 한 파생결합증권 • 주권상장법인 외의 자가 발행한 증권 - 위와 동일한 관련 증권들로서 교환·기초자산 기능이 있는 경우 포함
공개매수 의무자	• 특정인에 한정되지 않고, 본인과 일정한 관계가 있는 자까지 확대하여. 특별관계자는 특수관계인과 공동보유자를 말함 • 특수관계인이 보유한 주식 수가 1,000주 미만이거나, 공동보유자가 아님을 입증한 경우에는 공개매수 및 5% 보고제도 적용 시 특수관계인에서 제외됨
공개매수 적용 면제	• 소각 목적으로 주식을 매수하는 경우 • 주식매수청구권 행사에 응한 주식 매수 • 신주인수권·전환사채·신주인수권부사채·교환사채 권리행사에 따른 주식 매수 • 파생결합증권 권리행사에 따른 주식 매수 • 특수관계인으로부터의 주식 매수 • 그 밖에 다른 투자자의 이익을 해칠 우려가 없는 경우. 금융위가 정하여 고시한 주식 매수

65 ④

| 정답해설 | 경영권 확보를 위한 특수관계인으로부터의 매수는 면제 사유가 아니다.

66 ②

| 정답해설 | 보고의무자는 본인뿐 아니라 특별관계자의 보유 주식도 합산하여 5% 이상일 경우 보고의무가 발생한다.

| 오답해설 |
① 보고대상 증권은 '주식등'으로, 이는 공개매수에서의 '주식등' 개념과 동일하다.
③ 주식등의 대량보유상황 보고제도는 대량 취득이나 처분 정보를 신속히 공시하여 시장의 투명성을 높이고, 기존 대주주에 대한 적대적 M&A 시도를 공개함으로써 기업지배권 시장의 공정한 경쟁을 유도하는 것을 목적으로 한다.
④ 주식등의 대량보유상황 보고제도는 주권상장법인의 주식을 발행주식 총수의 5% 이상 보유하게 되거나, 보유 지분 변동 및 보유 목적 변경 등 M&A와 관련된 보유 상황을 공시하도록 하는 제도이다.

67 ④

| 정답해설 | 5% Rule은 주식등을 총수의 5% 이상 보유하거나 이후 보유비율이나 목적이 변경되는 경우 적용된다.

| 오답해설 |
① 보유비율이 1% 이상 변동될 때만 변동보고의무가 발생한다.
② 특별관계자와의 합산 기준이므로 단독 보유만 해당되는 것이 아니다.
③ 일반투자자도 5% 이상 보유 시 보고의무가 있다.

68 ②

| 정답해설 | • 본인과 특별관계자를 합하여 주권상장법인 주식 등을 (5)% 이상 보유하게 된 자 또는 보유하고 있는 자가 적용대상이며, 대량보유자는 그날부터 (5)일 이내에 보고해야 한다.
• 대량보유자의 보유비율이 (1)% 이상 변동된 경우에는 그 변동된 날부터 (5)일 이내에 보고해야 한다.

69 ②

| 정답해설 | 법인격이 없는 투자신탁과 투자익명조합은 집합투자업자가 등록주체가 되며, 법인격이나 단체로서의 성격이 인정되는 투자회사·투자유한회사·투자합자회사·투자유한책임회사·투자합자조합은 집합투자기구 자체가 등록주체가 된다.

70 ④

| 정답해설 | 공모 집합투자기구는 등록신청서와 증권신고서를 함께 제출하고, 증권신고의 효력 발생 시 등록된 것으로 간주된다.

71 ④

| 정답해설 | 각 집합투자기구 자산총액의 20%를 초과하여, 금융위원회가 정해 고시하는 시장성 없는 자산에 투자하는 경우 환매금지형으로 설정해야 한다.

개념 Plus⁺ 환매금지형 집합투자기구

- 환매금지형 집합투자기구란, 투자자가 투자한 후 집합투자증권의 환매청구에 의해 투자금을 회수할 수 없도록 설계된 집합투자기구이다.
- 환매금지형 집합투자기구는 존속기간을 정한 집합투자기구의 집합투자증권을 최초 발행한 날부터 90일 이내에 증권시장에 상장해야 한다.
- 환매금지형 집합투자기구에는 다음이 포함된다.
  - 부동산집합투자기구
  - 특별자산집합투자기구
  - 혼합자산집합투자기구
  - 각 집합투자기구 자산총액의 20%를 초과하여, 금융위원회가 정해 고시하는 시장성 없는 자산에 투자하는 경우

72 ④

| 정답해설 | 집합투자기구 평가회사는 집합투자기구를 평가하고, 이를 투자자에게 제공하는 업무를 영위하는 자이다.

| 오답해설 |
① 채권평가회사란 집합투자재산에 속하는 채권 등의 자산을 평가하고 그 결과를 집합투자기구에 제공하는 업무를 수행하는 회사를 말한다.
② 일반사무관리회사란 투자회사의 위탁을 받아 주식 발행 및 명의개서, 재산 계산, 법령·정관에 따른 통지·공고, 기준가격 산정 등 투자회사 운영에 필요한 사무를 처리하는 회사를 말한다.

73 ③

| 정답해설 | 수익자총회를 소집할 때에는 2주일 전에 각 수익자에게 서면 또는 전자문서로 통지를 발송해야 한다.

개념 Plus⁺ 수익자총회

- 수익자총회 결의 사항 및 소집권자
  - 투자신탁에는 모든 수익자로 구성된 수익자총회를 두어야 하며, 수익자총회는 자본시장법 또는 신탁계약에서 정한 사항에 대해서만 결의할 수 있다.
  - 소집권자(원칙): 투자신탁을 설정한 집합투자업자
  - 예외적으로 소집 가능한 자: 투자신탁재산을 보관·관리하는 신탁업자, 발행된 수익증권 총좌수의 5% 이상을 보유한 수익자
- 소집 통지 방법
  - 수익자총회는 개최일 2주 전까지 각 수익자에게 서면 또는 전자문서로 통지를 발송해야 한다.
  - 다만, 수익자 명부상의 주소로 3년간 통지가 도달하지 않은 경우, 집합투자업자는 해당 수익자에 대한 통지를 생략할 수 있다.
  - 통지서에는 반드시 회의 목적사항을 기재해야 한다.

74 ①

| 정답해설 | MMF는 이익금 분배를 유보할 수 없다.

개념 Plus⁺ 집합투자자산의 이익금 분배

- 이익금 분배의 원칙: 집합투자업자 또는 투자회사 등은 자산운용에 따라 발생한 이익금을 투자자에게 금전 또는 새로 발행하는 집합 투자증권으로 분배하여야 한다.
- 이익금 분배의 유보(예외): 집합투자기구(MMF 제외)는 그 특성을 고려하여 집합투자규약이 정하는 바에 따라 이익금 분배를 집합투자기구에 유보할 수 있다.
  - 이익금의 분배 방법과 시기는 집합투자규약에 따름
  - 투자회사가 이익금 전액을 신주 발행으로 분배하려는 경우, 정관에 따라 발행할 주식 수와 발행 시기 등 필요한 사항을 이사회 결의로 정해야 함
- 이익금의 초과분배: 집합투자업자 또는 투자회사는 집합투자기구의 특성에 따라 필요할 경우 이익금을 초과하여 분배할 수 있다.
  - 투자회사는 순자산액에서 최저 순자산액을 뺀 금액을 초과해 분배할 수 없음
  - 투자신탁이나 투자익명조합의 집합투자업자와 투자회사가 이익금을 초과해 금전으로 분배하려면, 집합투자규약에 그 내용을 명시하고 분배 방법·시기 등 필요한 사항을 미리 정해야 함

75 ①

| 정답해설 | 집합투자업자 또는 투자회사는 집합투자기구의 특성에 따라 필요할 경우 이익금을 초과하여 분배할 수 있다.

76 ④

| 정답해설 | 부정한 수단·기교를 사용하는 행위는 부정거래 유형에 해당한다.

개념 Plus⁺ 부정거래행위

- 부정거래의 유형
  - 부정한 수단·계획·기교를 사용하는 행위
  - 중요사항에 대해 거짓으로 기재·표시하거나, 필요한 사항을 누락하여 타인을 오해하게 함으로써 금전이나 재산상 이익을 얻고자 하는 행위
  - 금융투자상품의 매매나 거래를 유인할 목적으로 거짓된 시세를 이용하는 행위
  - 금융투자상품의 매매시 시세 변동을 목적으로 풍문을 퍼뜨리거나, 위계를 사용하거나, 폭행·협박을 하는 행위
- 위반 시 제재
  - 형사벌칙
    ① 부정거래행위 금지 규정을 위반한 자는 1년 이상 유기징역 또는 위반으로 얻은 이익·회피한 손실액의 3배 이상 5배 이하에 해당하는 벌금에 처함
    ② 다만, 이익이나 손실액이 없거나 산정하기 어려운 경우, 또는 그 5배에 해당하는 금액이 5억 원 이하인 경우 벌금 상한을 5억 원으로 함

- 손해배상책임: 부정거래행위 금지 규정을 위반한 자는 그 위반으로 금융투자상품의 매매나 거래를 한 자가 입은 손해를 배상할 책임을 짐

77 ①

정답해설 부정거래행위 금지 규정을 위반한 자는 형사처벌(징역 또는 벌금)과 민사상 손해배상 책임 모두 적용될 수 있다.

3장 한국금융투자협회 규정 268쪽

01	④	02	②	03	④	04	①	05	④
06	①	07	②	08	④	09	④	10	④
11	②	12	②	13	④	14	④	15	③
16	②	17	④	18	③	19	①	20	②
21	②								

01 ④

정답해설 금융투자회사는 일반투자자와 계약을 체결할 때 반드시 투자자 정보를 서면 등으로 확인해야 하며, 해당 상품이 투자자에게 적합하지 않은 경우에는 그 사실을 투자자에게 고지하고 서면 확인을 받아야 한다.

오답해설

① 투자자 정보는 면담·질문 등으로 파악한 뒤 반드시 서명·날인·녹취 등으로 확인을 받아야 한다.
② 일반투자자 정보에 비추어 상품이 적합하지 않다고 판단되는 경우, 그 사실을 일반투자자에게 알리고 서명 등 방법으로 확인을 받아야 한다.
③ 투자권유 불원 투자자에 대해서도 별도로 확인 절차가 필요하다.

02 ②

정답해설 일반투자자가 최초로 주식워런트증권이나 상장지수증권을 매매하고자 하는 경우에는 기존에 위탁매매거래계좌가 있더라도 서명 등의 방법으로 매매의사를 별도로 확인해야 한다.

개념 Plus⁺ ELW, ETN, ETF에 대한 투자자 보호 특례

- 별도 거래신청서 작성
  - 일반투자자가 최초로 주식워런트증권이나 상장지수증권 매매 희망 시 기존에 위탁매매거래계좌가 있더라도 별도로 서명 등의 방법으로 매매의사를 확인하여야 함
  - 일반투자자가 최초로 변동성지수선물 가격을 기초로 하는 상장지수증권 매매 희망 시 가격등락 발생 위험 등을 고지하고 매매의사를 추가로 확인하여야 함
- 사전 교육 실시
  - 일반투자자가 주식워런트증권, 1배를 초과하는 레버리지 ETN·ETF 매매 희망 시 협회 인정 교육을 사전에 이수토록 하며 이수 여부를 확인하여야 함
  - 사전교육 대상 제외: 법인·단체, 외국인, 투자일임계약 또는 비지정형 금전신탁계약에 따라 거래 희망하는 개인투자자

03 ④

정답해설 회사는 일중매매거래와 관련된 위험고지 내용을 인터넷 홈페이지 및 온라인 거래화면에 반드시 게시해야 한다.

04 ①

| 정답해설 | 금융투자분석사와 기업금융 업무 관련 부서 간의 의견 교환은 원칙적으로 제한되지만, 준법감시부서의 통제하에 예외적으로 허용하고 있다.

개념 Plus⁺ 조사분석자료

구분	내용
개요	• 조사분석자료: 금융투자회사의 명의로 공표되거나 제3자에게 제공되는 자료로서, 특정 금융투자상품(집합투자증권 제외)의 가치에 대한 주장과 예측이 담긴 자료 • 금융투자분석사: 금융투자회사 임직원 중 조사·분석자료의 작성, 심사 및 승인 업무를 수행 • 조사분석 담당부서: 조사분석자료의 작성, 심사 및 승인 등의 업무를 수행하는 부서
독립성 확보	• 금융투자회사 및 임직원은 금융투자분석사에게 부당한 압력이나 권한을 행사해서는 아니 됨 • 조사분석업무의 독립적 수행을 위해 내부통제기준 제정 등 필요한 조치를 이행해야 함 • 조사분석자료는 공표 전 내부기준에 따른 승인 절차를 거치지 않고 제3자에게 사전제공해서는 안 됨 • 조사분석자료 사전제공 금지대상을 명확히 규정해야 함 • 금융투자분석사와 기업금융 업무 관련 부서 간의 의견 교환은 원칙적으로 제한됨(준법감시부서의 통제하에 예외적으로 허용) • 조사분석 담당 임원은 기업금융·법인영업 및 고유계정 운용업무를 겸직할 수 없음(임원수의 제한 등으로 겸직이 불가피하다고 인정되는 경우에는 예외)
조사분석 대상법인의 제한	• 금융투자회사는 아래 금융투자상품에 대해 조사분석자료를 공표하거나 특정인에게 제공해서는 안 됨 　- 자신이 발행한 금융투자상품 　- 자신이 발행한 주식을 기초자산으로 하는 주식선물·주식옵션 및 주식워런트증권(ELW) 　- 자신이 안정조작 또는 시장조성 업무를 수행하고 있는 증권을 발행한 법인 등이 발행한 주식 및 주권 관련 사채권과 해당 주식을 기초자산으로 하는 주식선물·주식옵션 및 주식워런트증권
의무 공표	회사는 증권시장에 주권의 최초 상장을 목적으로 대표주관업무를 수행한 경우, 해당 법인에 대해 최초 거래일로부터 1년간 2회 이상 조사분석자료를 무료로 공표해야 함
공표 중단 사실 고지	• 금융투자회사가 최근 1년간 3회 이상 조사분석자료(투자의견·목표가격 등 상세 분석 포함)를 공표한 경우, 최종 공표일이 속하는 월말로부터 6개월 이내에 추가 공표해야 함 • 다만, 공표를 중단하려는 경우에는 중단 사실과 사유를 고지해야 함

05 ④

| 정답해설 | 금융투자회사가 최근 1년간 3회 이상 조사분석자료(투자의견·목표가격 등 상세 분석 포함)를 공표한 경우, 최종 공표일이 속한 월말로부터 6개월 이내에 추가로 공표해야 한다.

| 오답해설 |
① 금융투자분석사와 기업금융 업무 관련 부서 간의 의견 교환은 원칙적으로 제한되지만, 준법감시부서의 통제하에 예외적으로 허용하고 있다.
② 공표할 수 있다. 단, 금융투자회사가 자사 임직원이 아닌 제3자가 작성한 조사분석자료를 공표할 경우, 해당 제3자의 성명(법인인 경우 법인명)을 조사분석자료에 명시해야 한다.
③ 공표할 수 있다. 단, 금융투자회사가 채무이행을 보장하거나 발행주식총수의 1% 이상을 보유하는 등 이해관계가 있는 법인의 금융투자상품 또는 해당 법인의 주식을 기초자산으로 하는 주식선물·주식옵션·주식워런트증권에 대한 조사분석자료를 공표하거나 특정인에게 제공하는 경우, 반드시 회사와의 이해관계를 조사분석자료에 명시해야 한다.

06 ①

| 정답해설 | 조사분석자료는 제3자도 작성 가능하며, 이 경우에는 성명(법인명 포함)과 출처를 조사분석자료에 명시해야 한다.

| 오답해설 |
②③ 조사분석자료의 작성, 심사 및 승인 등의 업무를 수행하기 위해서는 협회가 인정하는 금융투자분석사 자격을 취득해야 한다.
④ 금융투자회사가 자사 임직원이 아닌 제3자가 작성한 조사분석자료를 공표할 경우, 해당 제3자의 성명(법인인 경우 법인명)을 조사분석자료에 명시해야 한다.

07 ②

| 정답해설 | 일반투자자가 고난도금융투자상품 이외의 공모 발행된 파생결합증권을 매매하는 경우 핵심설명서 추가 교부 대상이다. 다만, 주식워런트증권(ELW), 상장지수증권(ETN) 등은 제외된다.

| 오답해설 |
① 일반투자자가 신용융자거래를 하는 경우, 핵심설명서를 교부해야 한다.
③ 금융투자회사는 일반투자자가 주식워런트증권이나 1배를 초과하는 레버리지 ETN·ETF를 매매하려는 경우, 협회가 인정하는 사전 교육을 이수하도록 하고 그 이수 여부를 반드시 확인해야 한다.
④ 금융투자회사는 일반투자자가 최초로 주식워런트증권이나 상장지수증권을 매매하려는 경우, 기존에 위탁매매거래계좌가 있더라도 서명 등의 방법으로 별도 매매의사를 확인해야 하며, 일반투자자가 최초로 변동성지수선물을 기초로 한 상장지수증권을 매매하려는 경우에는 가격 변동성이 크다는 위험을 고지하고, 매매의사를 추가로 확인해야 한다.

08 ④

| 정답해설 | 원칙적으로 금융투자업자가 아닌 자는 투자광고를 할 수 없다. 다만, 금융투자업자가 아닌 자 중에서 협회, 금융지주회사, 해당 증권의 발행인·매출인은 예외적으로 투자광고를 허용한다.

| 오답해설 |
① 자본시장법상 투자권유는 특정 투자자를 상대로 금융투자상품의 매매 또는 일임·자문·신탁 계약 체결을 권유하는 행위이다.
② 펀드 투자광고 시 증권거래비용이 발생할 수 있다는 사실과 투자자가 직·간접적으로 부담하게 되는 각종 보수 및 수수료를 의무적으로 표시해야 한다.

③ 금융투자협회 규정상 투자광고는 금융투자회사가 금융투자회사의 영위업무 또는 투자성 상품, 대출성 상품 등을 널리 알리는 행위이다.

09 ④

| 정답해설 | 금융투자회사가 투자광고에 펀드 운용실적 또는 유형별 판매실적 등을 비교하고자 하는 경우에는 과거 1·2·3년 수익률과 설정일·설립일로부터 기준일까지의 수익률을 표시해야 한다(연 단위 비교대상 내의 백분위 순위 또는 서열 순위 등 병기).

개념 Plus⁺ 집합투자기구의 운용실적 표시

대상	• 설정일 또는 설립일로부터 1년 이상 경과하고 순자산총액이 100억 원 이상인 집합투자기구 • 적립식수익률 표시 희망 시, 설립일로부터 3년 이상 경과 필요
표시방법	• 과거 1개월 이상 수익률을 사용하되, 6개월·1년 수익률을 함께 표시 • 3년 이상된 펀드인 경우 1년·3년·설립일로부터 기준일까지의 수익률을 함께 표시 • 적립식은 기간말영업일로부터 연 단위로 과거 3년 이상의 적립식수익률과 기간말영업일로부터 과거 3년 수익률을 함께 표시
의무 표시사항	집합투자기구의 유형, 설정일, 기준일, 순자산총액, 수익률 산출기간, 세전·세후여부, 벤치마크 수익률(MMF, 부동산 펀드 등은 생략 가능)
준수사항	• 방송광고 금지 • 기준일 현재 가격으로 평가된 운용실적 사용 • 종류별 집합투자증권 간 수수료 차이 등의 정보 표시 • 과거 수익률 표시 시 '과거 수익률이 미래 성과를 보장하지 않음' 명시 필요
비교광고 준수사항	• 동일 유형의 집합투자기구 비교 • 협회·공시자료·평가회사 자료를 활용하며, 평가자료의 출처 및 공표일 명시 • 과거 1·2·3년 수익률과 설정일·설립일로부터 기준일까지의 수익률 표시(연 단위 비교대상 내의 백분위 순위 또는 서열 순위 등 병기)

10 ④

| 정답해설 | ㉠㉡㉢㉣㉤ 모두 집합투자기구의 투자광고에 반드시 표시해야 하는 항목에 해당한다.

11 ②

| 정답해설 | 인터넷 배너 광고의 경우 위험고지 내용을 3초 이상 표시해야 하며, 파생상품 등 투자위험성이 큰 거래와 관련된 경우에는 5초 이상 표시해야 한다.

개념 Plus⁺ 주요 매체별 위험고지 표시기준 강화

- 위험고지 시 바탕색과 구별되는 색상으로 선명하게 표시할 것
- A4용지 기준 9포인트 이상의 활자체를 사용하여 알아보기 쉽게 표시할 것(단, 신문에 전면 게재 시에는 10포인트 이상의 활자체 사용)
- 영상매체 투자광고의 경우 1회당 투자광고 시간의 3분의 1 이상을 할애하여 투자자가 쉽게 알아볼 수 있도록 해당 위험고지내용을 표시하거나 1회 이상 소비자가 명확하게 인식 가능하도록 적당한 속도의 음성과 자막으로 설명할 것
- 인터넷 배너 투자광고의 경우 3초 이상 위험고지 내용을 표시할 것(단, 파생상품, 기타 투자위험성이 큰 거래에 대한 위험고지 내용은 5초 이상 표시)

12 ②

| 정답해설 | 적립식은 기간말영업일로부터 연 단위로 과거 3년 이상의 적립식수익률과 기간말영업일로부터 과거 3년 수익률을 함께 표시해야 한다.

13 ④

| 정답해설 | 금융투자상품에 대한 가치분석 및 매매정보 제공을 위해 자체적으로 개발한 소프트웨어는 재산상의 이익으로 보지 않는다.

14 ④

| 정답해설 | 최근 5개 사업연도 합산 금액이 10억 원을 초과하여 특정 투자자 또는 거래상대방에게 금전·물품·편익 등을 제공하거나, 그로부터 제공받은 경우 인터넷 홈페이지 등에 공시해야 한다.

| 오답해설 |
① 금융투자회사는 재산상 이익의 제공현황 및 적정성 점검 결과 등을 매년 이사회에 보고해야 한다.
② 이사회가 정한 금액을 초과하는 재산상 이익을 제공하는 경우, 미리 이사회 의결을 거쳐야 한다.
③ 금융투자회사가 거래상대방과의 재산상 이익 제공 또는 수령한 내역(제공 목적, 내용, 일자, 거래상대방, 경제적 가치 등)은 5년 이상 기록·보관해야 한다.

15 ③

| 정답해설 | 접대의 경우 해당 접대에 소요된 비용으로 산정한다. 다만, 금융투자회사 임직원과 거래상대방이 함께 참석한 경우에는 전체 비용 중 거래상대방이 차지한 비율에 해당하는 금액으로 산정한다.

16 ②

| 정답해설 | 파생상품과 관련하여 추첨 및 기타 우연성을 이용하는 방법으로 일반투자자에게 1회당 제공할 수 있는 재산상의 이익은 300만 원을 초과할 수 없다.

17 ④

정답해설 | 배타적 사용권을 침해당한 금융투자회사는 금융투자협회 신상품 심의위원회에 침해배제를 신청할 수 있으며, 심의위원회 위원장은 침해배제 신청 접수일로부터 7영업일 이내에 심의위원회를 소집하여 배타적 사용권 침해배제 신청에 대하여 심의해야 한다.

개념 Plus⁺ 신상품 보호

정의	• 새로운 비즈니스 모델이 적용된 금융투자상품 또는 이에 준하는 서비스 • 금융공학 등 신금융기법을 활용해 개발된 금융투자상품 또는 이에 준하는 서비스 • 기존 금융투자상품과 차별화되는 독창성을 가진 금융투자상품 또는 이에 준하는 서비스
배타적 사용권	신상품을 개발한 금융투자회사가 일정 기간 동안 독점적으로 신상품을 판매할 수 있는 권리
배타적 사용권	배타적 사용권을 침해당한 금융투자회사는 협회 신상품 심의위원회에 침해배제를 신청할 수 있으며, 심의위원회 위원장은 침해배제 신청 접수일로부터 7영업일 이내에 심의위원회를 소집하여 배타적 사용권 침해배제 신청에 대하여 심의해야 함
금지행위	• 다른 금융투자회사의 배타적 사용권을 침해하는 행위 • 심의위원회에 제출하는 자료를 고의적으로 조작하는 행위 • 근거 없는 빈번한 이의신청으로 심의위원회의 업무나 배타적 사용권 행사를 방해하는 행위

18 ③

정답해설 | 금융감독원이 아닌 금융투자협회에 침해배제를 신청할 수 있다.

19 ①

정답해설 | 기업공개와 관련하여 불성실 수요예측 등 참여자로 지정된 자에 대하여 위반금액 규모에 따라 최대 24개월까지 수요예측 참여가 제한된다.

오답해설 |
② 위원회가 제재금 또는 금전의 납부를 부과하는 경우, 위원회는 불성실 수요예측 참여자로 지정된 자의 고유재산에 한하여 수요예측 등 참여제한을 병과할 수 있다.
③ 수요예측에 참여하여 공모주식을 배정받은 벤처기업투자신탁의 신탁계약이 설정일로부터 1년 이내에 해지되거나, 공모주식 배정일로부터 3개월 이내에 신탁 계약이 해지되는 경우에는 불성실 수요예측 등의 참여행위로 간주한다.
④ 사모의 방법으로 설정된 벤처기업투자신탁이 수요예측 등에 참여하여 공모주식을 배정받은 후 최초 설정일로부터 1년 6개월 이내에 환매되는 경우에는 불성실 수요예측 등의 참여행위로 간주한다.

개념 Plus⁺ 불성실 수요예측

• 불성실 수요예측 등 참여행위
  – 수요예측 등에 참여하여 주식·무보증사채를 배정받은 후 미청약 혹은 청약 후 납입금 미납하는 경우
  – 수요예측에 참여하여 기업공개 시 의무보유 확약, 주식을 배정받은 후 다음 중 어느 한 행위를 한 경우(의무보유기간 확약 준수 여부는 일별 잔고 기준으로 확인)
    – 해당 주식 처분 행위
    – 해당 주식을 대여 혹은 담보로 제공
    – 해당 주식 종목에 대하여 공매도를 하는 행위(일별 잔고에서 공매도 수량 차감)
  – 대리청약 행위
  – 투자일임회사, 신탁회사, 일반사모집합투자업을 등록한 집합투자회사가 규정 제5조의 제1~6항을 위반하여 수요예측 등에 참여한 경우
  – 수요예측에 참여하여 공모주식을 배정받은 벤처기업투자신탁의 신탁계약이 설정일로부터 1년 내 해지되거나 공모주식 배정일로부터 3개월 내에 신탁계약 해지 시
  – 사모의 방법으로 설정된 벤처기업 투자신탁이 수요예측 등에 참여하여 공모주식 배정받은 후 최초 설정일로부터 1년 6개월 이내 환매 시
  – 수요예측에 참여하여 공모주식을 배정받은 고위험고수익투자신탁 등의 설정일·설립일로부터 1년 이내 해지 혹은 배정받은 날로부터 3개월 이내 해지
  – 기업공개 시 수요예측 등 참여금액이 주금납입능력을 초과하는 경우
• 불성실 수요예측 등 참여자 지정 절차
  – 협회 정관 제41조에 의해 설치된 자율규제의원회의 의결을 거쳐 지정
• 수요예측 등 참여 제한
  – 기업공개 관련 불성실 수요예측 등 참여자로 지정된 자는 위반금액 규모에 따라 최대 24개월까지 수요예측 참여 제한
  – 무보증사채 공모 관련 불성실 수요예측 등 참여자로 지정된 자는 2~4개월간 참여 제한
  – 단, 참여행위 원인이 단순 착오·오류였거나 위원회가 필요 인정 시 참여자로 지정하지 않거나 제재금 부과로 종결
• 제재의 병과
  – 위원회가 제재금·금전의 납부 부과 시, 위원회는 불성실 수요예측 참여자로 지정된 자의 고유재산에 한해 참여제한을 병과할 수 있음

20 ②

정답해설 | 수요예측 등에 참여하여 주식 또는 무보증사채를 배정받은 후 청약을 하지 않거나 청약 후 주금 또는 무보증사채의 납입금을 납입하지 않은 경우에도 불성실 수요예측 참여행위로 본다.

오답해설 |
① 무보증사채 공모 시 불성실 수요예측 등 참여자로 지정된 자에 대해서는 1~4개월간 수요예측 등 참여가 제한된다.
③④ 수요예측에 참여하여 공모주식을 배정받은 벤처기업투자신

탁의 신탁계약이 설정일로부터 1년 이내에 해지되거나, 공모주식 배정일로부터 3개월 이내에 신탁 계약이 해지되는 경우에는 불성실 수요예측 등의 참여행위로 간주한다.

21 ②

| 정답해설 | FX마진거래는 장외에서 이루어지는 이종통화간 환율 변동을 이용한 파생상품 거래이다.

| 오답해설 |
① 표준화된 거래단위(100,000단위)가 존재한다.
③ 위탁증거금은 미화 달러만 가능하며, 거래단위는 기준통화당 100,000단위이다.
④ 동일 종목에 대한 양방향 포지션 보유는 금지된다.

개념 Plus⁺ 유사해외통화선물거래(FX마진거래)

구분	내용
거래제도	• 거래대상: 원화를 제외한 이종통화(달러–유로화, 유로–엔화 등) 이종통화간의 환율(원화–외국통화간 환율은 제외) • 거래단위: 기준통화의 100,000단위 • 위탁증거금: 거래단위당 미화 1만 달러 이상(미국달러만) • 유지증거금: 위탁증거금의 50% 이상의 미화 • 거래방법: 투자자가 유사해외통화선물거래 희망 시 금융투자회사는 금융투자회사의 명의와 투자자의 계산으로 거래 진행 • 양방향 포지션 보유 금지: 동일 투자자가 동일 통화상품에 대하여 매수·매도 양방향 포지션은 불가하며, 매도와 매수 약정수량 중 대등한 수량을 상계한 것으로 보아 소멸시켜야 함
호가정보 제공 의무화	금융투자회사는 투자자에게 복수 해외파생상품시장회원(FDM)이 제시하는 호가정보를 의무적으로 제공하여야 함 (선관주의의무)
부적합 설명·교육 금지	• 일반투자자의 투자경험, 금융지식 및 재산상황 등의 정보를 서명 등의 방법으로 확인 • 유사해외통화선물거래가 부적합하다 판단 시 해당 거래에 따르는 위험과 부적합 사실을 투자자에게 알린 후 서명 등의 방법으로 확인받아야 함
설명의무 강화	투자권유와 관계없이 FX마진거래에 따른 투자위험, 투자 구조 및 성격 등을 고지 후 확인을 받아야 함 ▶ 관련하여 핵심설명서 추가 교부 및 의무적으로 설명 필요
재무현황 공시	해외파생상품시장거래총괄계좌가 개설되어 있는 해외파생상품시장회원의 분기별 재무현황을 분기 종료 후 45일 이내 인터넷 홈페이지 등에 공시하여야 함

4장 주식투자운용 · 투자전략   290쪽

01	④	02	②	03	③	04	②	05	②
06	②	07	③	08	②	09	①	10	②
11	②	12	④	13	②	14	②	15	②
16	②	17	①	18	④	19	②	20	④
21	②	22	②	23	①	24	④	25	②
26	④	27	④	28	②	29	①	30	②
31	①	32	④	33	④	34	④	35	①
36	②	37	②	38	④	39	②	40	④
41	②	42	④						

01 ④

| 정답해설 | 자산운용조직은 기업리서치, 전략 수립, 매매, 리스크 관리, 사후관리 등 다양한 기능이 결합된 집단 운용체계이다.

02 ②

| 정답해설 | 약형 효율적 시장가설에 의하면 과거 주가의 움직임은 미래 주가의 방향이나 크기를 예측하는 데 아무런 정보를 제공하지 않으며, 따라서 기술적 분석은 의미가 없다.

| 오답해설 |
① 효율적 시장가설은 액티브 운용을 반대하는 논거로 이용된다.
③ 준강형 효율적 시장가설에 대한 내용이다. 강형 효율적 시장가설에 따르면 기업에 대해 알려졌거나 알 수 있는 정보는 주식의 분석에 도움이 되지 않는다. 알려진 정보나 예측 가능한 정보라면 이미 주가에 반영되었을 것이며, 예측할 수 없는 정보라면 그 효과 또한 불규칙적이다.
④ 강형 효율적 시장가설에 대한 내용이다. 준강형 효율적 시장가설에 따르면 일단 정보가 공개되면 즉각적으로 주가에 반영되기 때문에 공개된 정보는 종목을 선정하는 데 아무런 도움이 되지 않는다. 따라서 공개된 정보로부터 이익을 얻는 것은 불가능하다.

개념 Plus⁺ 효율적 시장가설과 포트폴리오 관리방식

구분	내용
효율적 시장 가설	• 시장가격에 정보가 얼마나 반영되어 있는지를 기준으로 약형, 준강형, 강형으로 구분 • 약형(weak form): 과거 주가의 움직임은 미래 주가의 방향이나 크기를 예측하는 데 아무런 정보를 제공하지 않으며, 따라서 기술적 분석은 의미가 없음 • 준강형(semi–strong form): 일단 정보가 공개되면 즉시 주가에 반영되므로, 공개된 정보는 종목 선정에 도움이 되지 않으며 이를 통해 이익을 얻는 것도 불가능함 • 강형(strong form): 기업에 대해 이미 알려졌거나 예측 가능한 정보(재무제표 등)는 주가에 반영되어 분석에 도움이 되지 않으며, 예측 불가능한 정보는 그 효과가 불규칙적임
시사점	• 강형 효율적 시장가설을 신뢰한다면 어떤 형태의 액티브 운용도 무의미하나 약형이나 준강형을 신뢰한다면 액티브 운용을 완전히 배제할 필요는 없음 • 불확실성이 커질수록 투자자들은 과잉반응을 보이며, 이로 인해 초과이익(알파)을 얻을 기회가 발생

03 ③

| 정답해설 | 준강형의 효율적 시장가설에 의하면, 일단 정보가 공개되면 즉시 주가에 반영되므로, 공개된 정보는 종목 선정에 도움이 되지 않으며 이를 통해 이익을 얻는 것도 불가능하다.

04 ②

| 정답해설 | 패시브 운용은 시장 예측을 하지 않으며, 시장 수익률을 추종하는 것이 목적이다.

개념 Plus⁺ 패시브(보수적) 운용과 액티브(적극적) 운용의 구분

액티브 운용	• 마켓타이밍, 테마선택, 종목선택 전략을 활용하여 벤치마크 이상의 초과수익(α)을 추구함 • 마켓타이밍: 주식시장에 진입/이탈할 시점을 결정하는 전략(자산배분 전략과 유사) • 테마선택: 특정 산업이나 주제에 따라 세부 자산군을 선택하는 전략(소형주 중심, 특정 국가·산업 집중 등) • 종목선택: 시장·업종지수 대비 수익성 높은 종목을 선정하여 포트폴리오 구성
패시브 운용	시장 예측보다는 광범위한 분산투자를 통해 벤치마크와 유사한 성과를 목표로 하는 전략(마켓타이밍, 테마·종목선택과는 무관)

05 ④

| 정답해설 | 전략적 자산배분은 투자목표 달성을 위해 사전에 자산군별 비중을 설정하는 장기 전략이다.

| 오답해설 |
① 시장전망에 따라 비중을 탄력적으로 조정하는 것은 전술적 자산배분(TAA)에 대한 설명이다.
② 위험자산 수익률 극대화와 종목 선택은 자산배분 전략보다는 액티브 운용 전략에 가깝다.
③ 단기 유동성 확보 목적은 유동성 관리이지 전략적 자산배분(SAA)의 본질이 아니다.

06 ②

| 정답해설 | 전술적 자산배분은 시장 전망이나 경제전망 등을 고려해 단기적으로 자산 비중을 조정하는 전략이다.

| 오답해설 |
① 기술적 분석은 개별 종목의 단기 매매 신호를 찾는 데 주로 활용되며, 자산군별 비중을 결정하는 자산배분 전략과는 본질적으로 다른 개념으로, 전략적 자산배분은 장기적 투자목표, 위험허용도, 시장환경 등을 고려한 포트폴리오 구조 수립에 초점을 둔다.
③ 전략적 자산배분은 투자 초기에 장기적 목표와 위험수용도에 따라 자산 비중을 설정하는 방식으로, 시장의 단기 변동에 따라 빈번히 조정하지 않으며, 필요하다면 장기적인 환경 변화에 따라 리밸런싱을 수행할 뿐, 단기적 수익 기회를 포착하는 전략이 아니다.
④ 투자자의 목표와 위험선호를 반영한 장기적 포트폴리오 구축은 전략적 자산배분의 핵심으로, 전술적 자산배분은 오히려 시장 전망이나 경기국면을 반영해 단기적으로 비중을 변경한다.

07 ③

| 정답해설 | 자산집단의 기본적인 성격은 동질성, 배타성, 분산가능성, 포괄성, 충분성이다.

개념 Plus⁺ 자산집단의 기본적인 성격

동질성	자산집단 내의 자산들은 상대적으로 동일한 특성을 가져야 함
배타성	자산집단이 서로 배타적이어서 겹치는 부분이 없어야 함을 의미
분산 가능성	각 자산집단은 분산투자를 통해 위험을 줄여서 효율적 포트폴리오를 구성하는데 기여해야 하며, 이를 위해서는 각 자산집단이 서로 독립적이어야 함
포괄성	자산배분 대상은 가능한 한 폭넓게 투자 가능한 자산을 포함해야 하며, 투자대상이 넓을수록 동일 위험 수준에서 더 높은 기대수익률을 얻을 수 있어 효율적 투자기회선이 확대됨
충분성	각 자산집단의 규모와 수가 충분히 커서 실제 투자 시 유동성 문제가 발생하지 않아야 함

08 ②

| 정답해설 | 포괄성에 대한 설명이다. 포괄성이란 자산배분 대상은 가능한 한 폭넓게 투자 가능한 자산을 포함해야 하며, 투자대상이 넓을수록 동일 위험 수준에서 더 높은 기대수익률을 얻을 수 있어 효율적 투자기회선이 확대된다는 것이다.

09 ①

| 정답해설 | 자산집단의 기대수익률을 추정하는 방법에는 추세분석법, 시나리오 분석법, 근본적 분석법, 시장공통 예측치 사용방법 등이 있다. GARCH는 기대수익률이 아니라 금융시계열의 변동성을 추정하는 모형이므로 기대수익률 추정 방법으로는 부적절하다.

개념 Plus⁺ 자산집단의 기대수익률 추정

추세분석법 (Technical Analysis)	• 자산집단의 과거 장기 수익률을 분석하여 미래 수익률을 추정하는 방법 • 과거 평균 수익률이 미래에도 지속된다는 가정에 기반 • 우리나라처럼 과거 데이터가 부족하고 변화의 폭이 큰 경우에는 적용 어려움
시나리오 분석법 (Multi-scenario Analysis)	• 다양한 시나리오를 설정하고 이에 따른 수익률을 예측한 뒤 가중평균하여 기대수익률을 추정하는 방법 • 경제상황 변화 등을 반영할 수 있으나, 시나리오 설정이 주관적일 수 있음 • 자산배분 전략의 모의분석 시 주로 사용
근본적 분석법 (Fundamental Analysis)	• 재무모형(CAPM, APT 등)을 활용하여 과거 자료를 기반으로 하면서 미래의 발생 가능 상황에 대한 기대치를 반영하여 수익률을 예측하는 방법 • 무위험 채권수익률을 추정한 뒤 신용리스크와 잔존만기에 따른 리스크 프리미엄을 가산하여 국채·회사채의 기대수익률을 산출하고, 주식은 이에 추가로 주식투자 리스크 프리미엄을 더해 기대수익률을 추정하는 벽돌쌓기 방식으로 진행됨 • 단, 이는 장기요구수익률로, 실제 기대수익률과는 다를 수 있음

시장공통 예측치 사용법	• 시장의 평균적 기대수익률을 활용하여 수익률 곡선(yield curve)이나 현재 자산 가격에 내재된 수익률(implied return) 등을 사용해 기대수익률을 역산하는 방법 • 채권의 기대수익률은 수익률 곡선(yield curve)에서 추정하며, 주식의 기대수익률은 배당할인모형이나 현금흐름할인법 등을 통해 산정
기타 방법	경기순환 접근법, 시장 타이밍 방법, 전문가의 주관적인 의견 등

10 ②

| 정답해설 | 시장공통 예측치 사용법에 대한 설명이다. 시나리오 분석법은 다양한 시나리오를 설정하고 이에 따른 수익률을 예측한 뒤 가중평균하여 기대수익률을 추정하는 방법이다.

11 ②

| 정답해설 | 재무모형(CAPM, APT 등)을 활용하여 과거 자료를 기반으로 하면서 미래의 발생 가능 상황에 대한 기대치를 반영하여 수익률을 예측하는 방법은 근본적 분석법에 해당한다.

12 ④

| 정답해설 | 시장공통 예측치 사용법에 대한 설명이다. 시장공통 예측치 사용법이란 시장참여자들이 공통적으로 보유한 미래 수익률 추정치를 활용하는 방법으로, 이는 현재 자산 가격에 반영된 수익률(implied return)을 의미한다.

13 ③

| 정답해설 | 주식의 기대수익률 = 실질금리 + 물가상승률 + 주식 리스크프리미엄
= 1.5% + 2.0% + 5.5%
= 9%

14 ③

| 정답해설 | 전략적 자산배분은 '투자자의 투자목적 및 제약조건 파악 → 자산군의 선택 → 자산군별 기대수익률, 위험, 상관관계 추정 → 최적 자산구성의 선택' 순으로 진행된다.

15 ④

| 정답해설 | 동일한 기대수익률이라면 가장 위험이 낮은 포트폴리오를 선택해야 한다.
| 오답해설 |
① 자산군 선택은 내부 규정이나 법적·제도적 요건에 의해 제한될 수 있다.
② 투자자의 제약조건은 연령, 투자성향, 세금, 유동성 필요 등 다양한 요소에 의해 결정된다.
③ 과거 데이터를 기반으로 한 수익률과 위험 추정 시 몬테카를로 시뮬레이션 등 다양한 기법이 활용될 수 있다.

16 ②

| 정답해설 | 효율적 투자기회선(efficient frontier)은 위험 대비 수익률이 가장 높은 포트폴리오들을 연결한 곡선을 말한다.
| 오답해설 |
① 효율적 투자기회선은 단순히 과거 평균과 분산만으로 작성된 것이 아니라, 기대수익률·위험(분산·표준편차) 및 상관관계를 고려하여 산출된다.
③ 고정 비중의 분산 포트폴리오를 의미하는 것이 아니라, 위험·수익 최적화 과정을 통해 도출된 포트폴리오의 집합을 의미한다.
④ 자산운용자의 주관적 판단이 아니라, 계량적 분석(평균-분산 최적화 등)을 기반으로 도출한다.

개념 Plus+ 효율적 투자기회선

개요	• 전략적 자산배분은 포트폴리오 이론을 기반으로 하며, 위험 대비 수익률이 가장 높은 포트폴리오를 '효율적 포트폴리오'라고 함 • 효율적 포트폴리오들을 위험과 수익률의 좌표상에서 연속적으로 연결한 선을 효율적 투자기회선(efficient frontier)이라 함
자산 배분에서의 의미	일반 포트폴리오 이론에서는 개별 종목을 대상으로 하지만, 전략적 자산배분에서는 자산집단(asset class)을 대상으로 하여 효율적 투자기회선을 구성함
한계	• 효율적 투자기회선을 정확히 규명하기 위해서는 기대수익률, 위험, 자산 간 상관관계를 정확히 추정해야 하지만, 입력자료의 불확실성(input error) 때문에 어려움이 존재함 • 평균-분산 최적화(mean-variance optimization)에 필요한 증권이나 자산집단의 기대수익률, 기대표준편차, 기대 상관관계가 정확하다면 효율적인 포트폴리오 구성이 가능하지만, 입력자료는 대부분 과거 자료를 기반으로 한 통계적 추정치이므로, 필연적으로 오류와 추정 오차가 내재되어 있음
최적 자산 배분의 선택	투자자의 최적 자산배분(optimal asset mix)은 효율적 투자기회선과 투자자의 무차별곡선(indifference curve)이 접하는 점에서 결정됨

17 ①

| 정답해설 | 효율적 투자선이 선이 아닌 밴드나 영역 형태로 표현되고, 그 안의 포트폴리오들을 모두 효율적으로 간주하는 개념은 퍼지 투자기회선이다.

개념 Plus+ 추정 오차를 반영한 효율적인 투자기회선(퍼지 투자기회선)

정의	변수 추정에 내재된 오류로 인해 미래 기대수익률과 위험을 정확히 추정할 수 없음을 반영하여, 효율적 투자기회선을 선이 아닌 영역 또는 밴드 형태로 표현한 개념
효과	진정한 효율적 포트폴리오는 퍼지 투자기회선내에 존재하게 되며, 이 영역 안의 포트폴리오들을 모두 효율적 포트폴리오로 간주할 수 있음
문제점 및 해결 방법	• 퍼지 투자기회선의 폭은 변수 추정치의 오류 크기에 따라 결정되며, 기대수익률, 표준편차, 상관관계 등의 추정치가 흔들리면 효율적 투자기회선도 상하좌우로 이동하여 밴드(영역)를 형성하게 됨

문제점 및 해결 방법	• 문제점 해결을 위해 제약조건을 반영한 제약 최적화(constrained optimization) 기법을 사용(특정 자산집단에 대한 최소·최대 투자비중 등의 제약조건을 설정하여 편향된 투자비중 배분 방지)
비교 효율적 포트폴리오	퍼지 투자기회선 내에서 가장 우월한 수익-위험 조합을 보여주는 여러 개의 포트폴리오가 존재하며, 이들은 실제 운용에서 유사한 성과를 보임

18 ④

| 정답해설 | 위험수익 최적화법은 기대수익률, 위험, 자산 간의 상관관계를 분석하여 동일 위험 수준 하에서 최대 기대수익을 얻을 수 있는 포트폴리오를 구성하는 전략이다.

| 오답해설 |
① 시장가치 접근방법에 해당하며, 시장 전체의 자산 시가총액 비중을 기준으로 구성한다.
② 다른 유사한 기관투자가의 자산배분 모방 방식에 해당한다.
③ 투자자별 특수상황을 고려하는 방법으로 각 기관의 고유한 제약과 요구수익률 등을 반영한 방식이다.

19 ④

| 정답해설 | 전술적 자산배분은 시장 변화 방향을 예측해 자산 구성 비중을 유동적으로 조정하는 전략이다.

| 오답해설 |
① 전략적 자산배분에 대한 설명이다.
② 전술적 자산배분은 일정한 주기가 아닌 시장 상황에 따라 탄력적으로 자산 비중을 조정한다.
③ 펀드매니저가 의사결정을 수행하고, 실행은 내부 임직원이 담당하는 구조이다.

20 ④

| 정답해설 | 전략적 자산배분은 효율적 시장 가정하에서 투자자의 장기 목표와 제약조건에 맞게 비중을 설정하는 방식이다. 반면 전술적 자산배분은 시장의 비효율성을 활용하여 단기적으로 자산 비중을 조정하는 전략이다.

21 ③

| 정답해설 | 전술적 자산배분(Tactical Asset Allocation, TAA)은 본질적으로 역투자 전략(contrarian strategy)으로, 시장가격이 내재가치보다 높으면 매도하고, 낮으면 매수한다.

22 ③

| 정답해설 | 과잉반응은 투자자들이 비합리적으로 반응하여 자산 가격이 과도하게 움직이는 현상을 의미한다.

23 ①

| 정답해설 | 위험허용도는 '투자위험 인내 과정'에서 고려되는 요소이며, '가치평가 과정'은 자산집단간 기대수익률과 가치 변화를 평가하는 데 중점을 둔다.

24 ④

| 정답해설 | 시장 상승기에는 실현수익률이 높아지고, 이로 인해 투자자의 인내력은 줄어들면서 위험 회피 성향이 커지는 경향이 있다.

| 오답해설 |
① 현실에서는 투자자의 태도(심리, 인내심, 위험회피 성향)가 크게 작용하며, 단순히 수익률 예측만으로 배분이 그대로 유지되지 않는다.
② 전략적 자산배분의 설명에 가깝다. '투자위험 인내 과정'에서는 가치평가, 시장 상황, 투자자 심리가 영향을 주며, 무관하게 고정된다는 건 옳지 않다.
③ 실현수익률의 급변은 오히려 자산 가치판단을 흔들리게 하여 객관적인 배분 유지가 어려워진다.

25 ②

| 정답해설 | 포뮬러 플랜은 일정한 규칙에 따라 주가가 하락하면 매수하고, 상승하면 매도하는 역투자전략에 해당한다.

| 오답해설 |
① 추세추종형 전략에 대한 설명이다.
③ 가치평가 기반의 전략에 대한 설명이다.
④ 자산배분의 기본 원칙이나, 포뮬러플랜의 정의와는 다르다.

26 ④

| 정답해설 | 포뮬러 플랜의 핵심은 사전에 정해둔 공식에 따라 기계적으로 비중을 조정하는 것이고, 시장 움직임에 역행(contrarian)하는 성격을 가진다.

개념 Plus⁺ 포뮬러 플랜

- 주가가 하락하면 주식을 매수하고, 주가가 상승하면 주식을 매도하는 역투자전략이다.
- 정액법: 일정 금액 단위로 주식을 사고파는 방식이다.
- 정률법: 전체 포트폴리오에서 일정 비율을 기준으로 조정한다.
- 장점: 주식과 채권 가격의 상대적 수익 움직임을 단순하게 활용할 수 있다.
- 단점
  - 주가가 하락했는데도 매수 신호가 발생하는 등 맹목적 대응 가능성이 존재한다.
  - 주가가 일정 박스권 내에 머무를 경우 큰 손실 가능성이 존재한다.

27 ④

| 정답해설 | 가치평가모형은 할인모형 등을 통해 자산의 내재가치를 추정하며, 정량적이고 체계적인 분석이 특징이다.

28 ④

| 정답해설 | 전술적 자산배분의 기본 가정은 '고정된 위험 허용 한도' 이지만, 실제 자금운용자는 시장 상황에 따라 위험 허용 범위를 유동적으로 조정하는 경향이 있다.
| 오답해설 |
① 시장 상승 시에는 공격적 투자가 나타나는 경향이 있다.
② 실제로는 일정한 위험 허용 한도를 지속적으로 유지하기가 어렵다.
③ 시스템 투자모형은 사전 설정된 투자원칙에 따라 자동화 실행된다.

29 ①

| 정답해설 | 가치평가모형은 객관적 평가도구로서 주관적 판단의 오류를 보완하고, 투자성과에 직접적 영향을 줄 수 있으므로 정밀도가 중요하다.
| 오답해설 |
② 시스템 투자모형은 가치평가모형을 임의로 바꾸지 않으며, 사전에 설계된 규칙에 따른다.
③ 정성적 판단이 아닌 객관적 평가가 중심이다.
④ 가치평가모형은 사전 설정된 원칙에 따라 운영되며, 심리적 유연성은 핵심이 아니다.

30 ③

| 정답해설 | 보험자산배분은 단기 가격 변화에 따라 자산을 변동시키며, 특정 목표수익률 달성을 위한 목표달성형 전략이다.

개념 Plus+ 보험자산배분의 정의 및 특징

정의	• 투자자가 목표하는 특정 투자성과를 달성하기 위해 기금이나 펀드의 자산 구성비율을 상황에 따라 동적으로 조정해 나가는 전략 • 자산배분을 초단기적으로 변경하는 전략으로, 미래 예측치를 활용하지 않고 시장 가격의 변화 추세만을 반영하여 운용하는 수동적 전략
특징	• 일정 기간 동안 반드시 목표수익률을 달성해야 하는 특수 목적 자금에 적용되는 전략 • 목표수익률을 제시하는 펀드, 최소 보장수익률이 있는 보장형 펀드에 적용 • 일반 펀드 중 투자기간 내 최소 수익을 확보하면서 동시에 주식시장의 상승에 참여할 수 있는 전략으로 이용 가능
투자자의 특성	• 포트폴리오 보험 전략은 정상적인 투자자보다 비정상적(비전통적) 투자자에게 적합 • 위험자산에 투자하면서 극단적인 손실 회피를 목표로 함

31 ①

| 정답해설 | 보험자산배분(Portfolio Insurance) 전략은 하방 위험(손실)을 방어하면서, 주가가 상승하면 일정 부분 수익을 취할 수 있도록 설계된 방식으로, A투자자에게 가장 적합한 전략이다.

32 ④

| 정답해설 | ㉠ 손절매는 포트폴리오 보험 전략의 주요 방식 중 하나이다.
㉢ 보험 전략은 정기 수익 추구형투자자에게 적합하다.
㉣ 보험자산배분은 동적 전략으로 목표수익률 달성을 추구한다.
| 오답해설 |
㉡ 포트폴리오 보험 전략은 극단적 손실 회피 성향의 비전통적 투자자에게 적합하다.

33 ④

| 정답해설 | 포트폴리오 가치가 하락하면 위험자산 비중을 감소시키는 방식으로 운용된다.

개념 Plus+ 보험자산배분의 실행 매커니즘

기본 방식	• 위험자산과 무위험자산 간에 투자비중을 조절하는 방식 • 포트폴리오의 가치 변화에 의존하며, 시장예측이나 투자성과 전망은 위험자산의 선택에만 영향을 줄 뿐 투자비중 결정에 반영하지 않음
비중 조절 원리	• 포트폴리오 가치 하락 시 무위험자산 비중 증가 • 포트폴리오 가치 상승 시 위험자산 비중 증가 ▶ 자산배분 비중이 포트폴리오 가치에 따라 자동 조절됨
리스크 관리	위험자산의 시장 가격이 하락하여 최저 보장수익이 어려워질 경우, 사전에 포트폴리오를 전부 무위험자산으로 전환
실행 방식	• 포트폴리오 보험방식은 위의 특성을 바탕으로 위험자산에서 주식가격 변화에 따라 자동 매매 수행 • 상승장에서는 매수, 하락장에서는 매도하는 전략
가치 투자자와의 차이	• 가치투자자는 저가 매수, 고가 매도 추구(buy low, sell high) • 포트폴리오 보험전략은 반대로 고가 매수, 저가 매도 성격을 띠므로 가치투자와 전략상 반대되는 점이 있음

34 ④

| 정답해설 | 보험자산배분 전략은 시장이 하락하여 최저 보장수익 확보가 어려워질 경우, 리스크 관리를 위해 무위험자산으로 전환한다.
| 오답해설 |
① 보험자산배분 전략은 자산가치에 따라 포트폴리오 비중을 자동 조절하는 방식이다.
② 자산가치 하락 시에는 위험자산 비중을 축소하고 무위험자산 비중을 확대해야 한다.
③ 시장 상승 시에는 위험자산 비중을 확대하는 것이 원칙이다.

35 ①

정답해설 | OBPI 전략은 채권과 주식의 구성 비율을 조정하여 풋옵션델타를 모사함으로써 손실을 방어하는 전략이다.

36 ④

정답해설 | 해당 전략은 델타에 따라 위험자산 비중을 조절하는 OBPI 전략의 전형적인 구조이다.

37 ④

정답해설 | CPPI는 선형 재조정 법칙에 따라 투자 비중을 조절하는 방식이다.

오답해설
① CPPI에서 복잡한 옵션모형이나 변동성 추정은 필요하지 않다.
② CPPI 전략은 투자기간을 사전에 명확히 설정하지 않아도 된다.
③ 시점별 보장가치는 무위험수익률만큼 매일 증가한다.

> **개념 Plus⁺ 고정비율 포트폴리오 보험(CPPI)**
> - 일정한 안전자산 비율을 유지하면서 위험자산의 투자 비중을 시장 상황에 따라 자동으로 조정하는 전략이다.
> - 특징
>   - 포트폴리오 가치는 사전에 정해진 각 시점별 최저 보장가치 이하로 하락하지 않는다.
>   - 각 시점별 최저 보장가치는 만기 시 최저 보장가치의 현재가치이며 최저 보장가치는 무위험수익률만큼 매일 증가한다.
>   - 계산이 매우 단순하여 합성 풋옵션 전략과 달리 블랙-숄즈 옵션모형이나 변동성 추정이 필요하지 않다.
>   - 투자기간은 사전에 정하지 않아도 된다.

38 ④

정답해설 | CPPI 전략은 계산이 단순하고 유연성 있는 전략이다.

오답해설
㉠ CPPI는 투자기간을 반드시 사전에 설정할 필요는 없다.
㉡ 옵션모형은 사용하지 않으며, 계산과정이 매우 단순하다.

39 ②

정답해설 |
- 주식투자금액 = 승수 × (포트폴리오 평가액 − 최저 보장수익의 현재가치)

$$= 4 \times \left(220억\ 원 - \frac{200억\ 원}{1.03}\right)$$

$$= 103.3억\ 원$$

> **개념 Plus⁺ 고정비율 포트폴리오 보험(CPPI)의 투자공식**
> - 주식투자금액 = 승수 × (포트폴리오 평가액 − 최저 보장수익의 현재가치)
> - 채권투자금액 = 전체 포트폴리오 평가액 − 주식투자금액

40 ②

정답해설 |
- 주식투자금액 = 승수 × (포트폴리오 평가액 − 최저 보장수익의 현재가치)

- 최저보장수익의 현재가치 = $\dfrac{\text{만기 시 최소 보장가치(100억 원)}}{1+0.04}$

  = 96.15억 원

- 쿠션(cushion)계산 = 포트폴리오 평가액 − 보장금액의 현재가치
  = 100억 원 − 96.15억 원
  = 3.85억 원

- 주식투자금액 = 쿠션 × 승수
  = 3.85억 원 × 1
  = 3.85억 원

- 채권투자금액 = 투자금액 − 주식투자금액
  = 100억 원 − 3.85억 원
  = 96.15억 원

41 ②

정답해설 | 준액티브 운용의 추적오차(잔차위험)는 액티브보다 낮은 수준이다.

> **개념 Plus⁺ 준액티브 운용**
> - 준액티브 운용전략은 추가적인 위험을 크게 늘리지 않으면서 벤치마크 대비 초과수익을 추구하는 전략이다.
> - 액티브 운용과 달리 벤치마크와의 괴리 위험을 적절히 통제하는 것이 특징이며, 잔차위험(추적오차)은 불가피하게 발생하지만, 증가된 수익률이 그 위험을 상쇄하고도 남아야 한다.
> - 인핸스드 인덱스펀드(준액티브 운용)는 일반적으로 연 0.5%~2.0% 수준의 초과수익을 목표로 하며, 지수 대비 추적오차는 연 1.5% 이내로 유지하는 것을 원칙으로 한다. 따라서 준액티브 운용의 추적오차는 액티브 운용(2% 이상)보다 낮고, 정보비율은 더 높게 나타난다.
> - 액티브 운용자는 가치 판단이 불가능한 종목은 아예 편입하지 않는 반면, 준액티브 운용자는 분석되지 않은 종목이라도 벤치마크 지수에서 차지하는 비중만큼은 보유한다. 이 점에서 패시브 운용의 성격이 일부 포함된다.
> - 준액티브 운용은 특정 종목에서 월등한 성과를 기대하기보다는 작은 성과를 낼 수 있는 종목이나 사건을 다수 발굴하는 데 초점을 둔다.
> - 과거 데이터를 활용한 계량적 시뮬레이션을 통해 도출된 최적의 운용전략에 따라 운용하는 방식 역시 준액티브 운용에 속한다. 이는 기술적 분석을 계량적으로 표현한 것이며, 기술적 분석이 가진 한계도 동시에 내포한다.

42 ④

| 정답해설 | 준액티브 운용전략 중 계량분석방법에 대한 설명이다.

개념 Plus⁺ 계량분석방법

- 과거 데이터를 이용한 계량적 시뮬레이션 분석을 통해 최적의 운용전략을 수립하는 방식이다.
- 전략의 특징
  - 과거 전략의 성공을 미래에도 적용 가능하다는 전제가 있다.
  - 명시적이고 계량적인 전략이다.
  - 과거 데이터로 최적 전략 확인이 가능하다.
- 주가가 평균으로 회귀한다는 가정이 계량적 투자 전략의 기초가 되며, 이를 통해 과거 자료를 분석하여 가장 효율적인 전략을 도출할 수 있다.

5장 채권투자운용 · 투자전략 315쪽

01	④	02	②	03	③	04	①	05	①
06	②	07	③	08	③	09	②	10	④
11	①	12	④	13	①	14	④	15	④
16	①	17	②	18	③	19	④	20	①
21	②	22	④	23	②	24	②	25	②
26	②	27	③	28	①	29	③	30	③
31	②	32	②	33	③	34	④	35	④
36	②	37	①	38	①	39	④	40	②
41	①	42	③						

01 ④

| 정답해설 | 변동금리채권은 이자금액의 변동 유무에 따른 분류이다.

개념 Plus⁺ 채권의 분류

분류 기준	채권 종류
발행주체	국채, 지방채, 특수채, 회사채
이자지급 방법	이표채, 할인채, 복리채, 거치분할상환채
통화표시	자국 통화표시 채권, 외화표시 채권
상환기간	단기채, 중기채, 장기채
이자금액 변동 유무	변동금리채권, 역변동금리채권
원리금 지급 형태	만기일시상환채권, 액면분할상환채권
기타	감채기금사채

02 ②

| 정답해설 | 할인채, 이표채, 복리채는 모두 채권의 이자지급 방식(형태)에 따른 구분이다. 반면, 회사채는 발행주체(기업)에 따른 구분으로, 나머지 3개와 분류 기준이 다르다.

03 ③

| 정답해설 |

금융복리채 만기상환금액 = 액면가 $\times (1 + \dfrac{\text{표면이율}}{\text{연이자 지급 횟수}})^{\text{전체이자지급횟수}}$

$= 10,000원 \times (1 + \dfrac{0.1}{4})^{12}$

$= 13,449원$

04 ①

| 정답해설 | 기준금리가 상승하면 현금흐름이 감소하도록 설정된 채권은 역변동금리채권이다.

개념 Plus⁺ 변동금리채권과 역변동금리채권

변동금리채권 (FRN)	• 일정 기간마다 기준금리 + 스프레드에 따라 이자율이 변동되는 채권 • LIBOR, CD금리 등 기준 • 이자지급은 보통 분기말 또는 반기말에 이루어짐
역변동금리채권 (Inverse FRN)	• 기준금리와 반대로 움직이는 채권 • 기준금리가 오르면 이자율이 낮아지고, 기준금리가 내리면 이자율이 상승함 • 고정금리채와 변동금리채의 가격 차이를 이용하여 수익률을 확보하는 구조

05 ①

| 정답해설 | 할인채는 만기 이전에는 이자 지급이 없으므로 재투자 위험에 노출되지 않는다. 다만, 금리 변동에 따라 만기 현금흐름의 현재가치가 변하기 때문에 가격 변동 위험에는 노출된다. 복리채 역시 만기까지 이자와 원금을 함께 지급하므로, 만기 전에는 현금흐름이 발생하지 않는다. 따라서 할인채와 마찬가지로 재투자 위험은 없으며, 금리 변동에 따른 가격 변동에만 영향을 받는다.

06 ②

| 정답해설 | ⓒ 주식으로 전환되면 부채가 줄고 자본금이 늘어 부채비율 개선 효과가 있다.

ⓒ 패리티(Parity)는 $\frac{주가}{전환가격} \times 100$으로, 패리티 > 100이면, 전환권의 가치가 크다는 뜻이며 주가 움직임이 CB 가격에 큰 영향을 미친다는 것을 의미한다.

| 오답해설 |
㉠ 발행자 측면에서 일반사채보다 낮은 금리로 발행된다.
㉣ 괴리율이 음의 값이 나온다는 것은 전환사채에 투자한 후 곧바로 전환하여 전환차익을 볼 수 있는 차익거래가 가능함을 의미한다.

07 ③

| 정답해설 | 패리티(Parity)는 $\frac{주가}{전환가격} \times 100$으로 계산된다. 전환가격이 고정되어 있으므로 주가가 상승하면 패리티도 함께 오르고, 주가가 하락하면 패리티도 떨어지는 등 주가와 정(+)의 상관관계를 가진다. 따라서 전환사채 투자에서 가장 중요한 지표 중 하나로 활용된다. 일반적으로 패리티가 100을 초과(즉, 주가가 전환가격을 상회)하면 주식가치의 비중이 커지며, 이로 인해 주가가 전환사채의 시장가격을 좌우하는 주요 요인이 된다.

08 ③

| 정답해설 | 주식으로 전환할 경우 자본금의 증가가 수반되지 않고 고정부채가 자기자본이 되므로 재무구조 개선효과를 지닌다.

09 ②

| 정답해설 |

• 패리티 가격 $= \frac{주가}{전환 가격} \times 10{,}000$

$= \frac{18{,}000원}{20{,}000원} \times 10{,}000$

$= 9{,}000원$

• 패리티 $= \frac{주가}{전환 가격} \times 100$

$= \frac{18{,}000원}{20{,}000원} \times 100$

$= 90\%$

• 괴리 = 전환사채 시장가격 − 패리티 가격(전환가치)
$= 11{,}000원 - 9{,}000원$
$= 2{,}000원$

• 괴리율 $= \frac{전환사채\ 시장가격 - 패리티\ 가격}{패리티\ 가격} \times 100$

$= \frac{2{,}000원}{9{,}000원} \times 100$

$= 22.2\%$

10 ④

| 정답해설 | 패리티(parity) 가격은 전환된 주식의 시장가치를 의미하며, 주가와 정의 관계를 가진다. 따라서 주가가 오르면 패리티 가치가 상승하고, 주가가 내리면 패리티 가치가 하락한다.

| 오답해설 |
① 전환사채는 주식으로 전환할 수 있는 옵션이 포함되어 있어 투자자에게 유리하다. 따라서 일반사채보다 낮은 금리로 발행된다.
② 만약 일반채권 가치가 전환가치보다 큰 경우에는 일반채권처럼 거래되지만, 일반채권 가치가 전환가치보다 작을 때에는 주식가치가 반영되어 거래된다.
③ 전환권을 행사하면 자본(주식발행) 증가와 부채(채권 소멸) 감소가 동시에 일어나므로, 자산의 총액에는 변화가 없다.

11 ①

| 정답해설 | • 패리티(%) $= \frac{19{,}000원}{20{,}000원} \times 100 = 95\%$

• 패리티 가격(원) $= 95\% \times 10{,}000원 = 9{,}500원$

개념 Plus⁺ 전환사채 공식 정리

• 패리티(%) $= \frac{주가}{전환가격} \times 100$

• 패리티 가격(원) = 패리티 × 액면가

• 괴리(원) = 전환사채 시장가격 − 패리티 가격(전환가치)

• 괴리율(%) $= \frac{전환사채\ 시장가격 - 패리티\ 가격}{패리티\ 가격} \times 100$

12 ④

| 정답해설 | 국채의 발행방법은 경쟁입찰, 첨가소화, 교부발행이 있다. 공모발행은 불특정 다수의 투자자를 대상으로 채권을 발행하는 방법으로 국채를 발행하는 방식과 거리가 멀다.

> **개념 Plus⁺ 국채 발행방법**
> - 경쟁입찰: 외평채권, 국고채권 등의 국채 발행 시 주로 이용되는 방법이다.
> - 첨가소화: 법령에 의해 첨가소화되는 방법으로, 국민주택 채권이 여기에 속한다
> - 교부발행: 공공용지 보상채권의 발행방법으로 이용된다.

13 ①

| 정답해설 | 채권은 주식과는 달리 개인투자자에 의해 소화되기는 어렵기 때문에 대부분 금융기관이나 법인 등 기관투자가 간의 대량매매 형태로 거래되고 개별 경쟁매매보다는 상대매매에 의해 거래가 이루어지므로 장내거래보다는 장외거래가 더 높은 비중을 가지고 있다.

> **개념 Plus⁺ 채권유통시장의 기능**
> - 채권의 양도를 통하여 유통성과 시장성을 부여
> - 투자자에게 투자원본의 회수와 투자수익의 실현을 가능하게 함
> - 채권의 공정한 가격 형성을 가능하게 함
> - 채권의 담보력을 높여줌
> - 발행시장에서 발행되는 채권의 가격의 결정을 도와줌

14 ④

| 정답해설 | 수의상환청구채권에 관한 내용이다. 수의상환채권의 가치는 일반채권의 가치에 콜옵션의 가치가 더해지므로 시장금리가 하락할 경우 발행자는 채권을 중도상환하고 새롭게 채권을 발행하는 것이 유리하다(금리하락 = 낮은 금리로 자금 조달 가능).

> **개념 Plus⁺ 수의상환채권과 수의상환청구채권**
>
> | | |
> |---|---|
> | 수의상환 채권 | • 발행기업이 일정 기간 동안 미리 정해진 가격(콜 가격)으로 채권을 상환할 수 있는 권리가 부여된 채권
• 특징
  – 시장금리가 하락하면 발행기업은 콜 옵션을 행사하여 기존 채권을 상환하고, 더 낮은 금리로 재발행할 수 있음
  – 이는 투자자에게 불리하므로, 수의상환채권은 일반채권보다 더 높은 액면이자율과 만기수익률을 제공하는 것이 일반적
  – 가치 계산식: 일반채권가치 − 콜옵션가치
• 투자자 불리 요인
  – 현금흐름이 일정하지 않음
  – 금리 하락 시 조기상환으로 인해 재투자위험에 노출 |
> | 수의상환 청구채권 | • 채권 보유자가 일정 기간 동안 정해진 가격(풋 가격)으로 발행자에게 상환을 청구할 수 있는 권리가 부여된 채권
• 특징
  – 시장금리가 상승해 채권 가격이 풋 가격 이하로 하락하면 투자자는 풋 옵션을 행사하여 원금 상환을 청구
  – 가치 계산식: 일반채권가치 + 풋옵션가치 |

15 ④

| 정답해설 | 자산유동화증권(ABS)은 기초자산에서 발생하는 현금흐름을 기반으로 발행되는 증권으로, 투자자에게 안정적인 현금흐름을 제공하고 발행자의 신용도보다 높은 신용등급을 획득할 수 있는 구조를 갖는다. 이를 위해 기초자산은 반드시 발행자의 재무상태와 독립된 SPC(특수목적회사)에 양도되어야 한다. 이러한 양도 구조는 발행자가 파산하더라도 자산이 발행사와 분리되어 보호되도록 하며, 상위 트랜치의 신용보강과 결합되어 ABS의 신용등급 향상에 기여한다.

| 오답해설 |
① ABS는 자산을 따로 떼어내서 발행하므로, 발행회사의 신용등급보다 더 높은 등급을 받을 수 있다.
② ABS는 유형자산뿐만 아니라 무형자산을 기초로 하는 자산유동화증권 발행도 가능하다.
③ 유동화 대상 자산의 조건으로는 유동성이 낮지만 현금흐름 예측이 가능한 자산, 자산의 동질성이 어느 정도 보장되는 자산, 자산 양도가 가능한 자산이 해당한다.

16 ①

| 정답해설 | 통화안정증권(할인채)의 매매단가(P)

$$= \frac{S}{(1+r)^n(1+r \times \frac{d}{365})}$$

$$= \frac{10,000}{(1+0.05) \times (1+0.05 \times \frac{145}{365})} = 9,338원$$

17 ②

| 정답해설 | 실효수익률은 복리 방식으로 계산한 채권의 실제 연수익률을 의미하며, 채권 가격을 산출하기 위해 사용되는 할인율은 만기수익률이다.

18 ③

| 정답해설 | 시간이 지날수록, 만기가 짧아질수록 채권의 가격은 액면가에 수렴한다.

> **개념 Plus⁺ 채권가격결정의 특성**
>
> | | |
> |---|---|
> | 가격과 수익률의 관계 | 채권 가격과 수익률은 서로 역의 관계를 가지며 볼록(convex)한 형태를 가짐 |
> | 이표율과 수익률의 관계 | • 이표율 = 수익률: 액면가에 거래
• 이표율 > 수익률: 액면가보다 비싸게 거래
• 이표율 < 수익률: 액면가보다 저렴하게 거래 |
> | 시간 경과에 따른 채권 가격의 진행 경로 | 시간이 지날수록 즉, 만기가 짧아질수록 채권의 가격은 액면가에 수렴(pull-to-par 현상) |

19 ④

| 정답해설 | 채권가격은 시장이자율과 반대 방향으로 움직이며, 이 관계는 직선이 아닌 볼록한 곡선 형태를 가진다. 따라서 동일한 크기의 이자율 변동이 발생할 경우, 이자율이 상승할 때의 채권가격 하락폭보다 이자율이 하락할 때의 채권가격 상승폭이 더 크게 나타난다.

20 ①

| 정답해설 | 채권의 가격변동성은 듀레이션이 클수록, 표면이율은 낮을수록, 잔존만기는 길수록, 만기수익률은 낮을수록 커진다.

21 ②

| 정답해설 | 표면이자율이 높을수록 동일한 크기의 수익률 변동에 대한 가격변동률은 작아진다.

개념 Plus⁺ 말킬의 채권가격 정리

수익률과 가격의 관계	채권의 가격은 수익률과 반대로 움직이며, 수익률이 상승하면 채권 가격은 하락하고, 수익률이 하락하면 가격은 상승함
잔존기간의 영향	채권의 잔존기간이 길수록 동일한 수익률 변동에 대한 가격 변동폭은 증가
잔존기간과 변동률의 체감효과	채권 수익률 변동에 따른 가격 변동은 만기가 길수록 증가하지만, 변동률은 점차 체감되어 지나치게 됨 → 지나치게 긴 만기의 채권은 시세차익 전략에서 필요성이 낮아짐
볼록성 (Convexity)	동일한 폭의 수익률 변동이라도 수익률 하락으로 인한 가격 상승폭이 수익률 상승으로 인한 가격 하락폭보다 큼
표면이자율과 이자 지급주기 영향	표면이자율이 높을수록 동일한 수익률 변동에 따른 가격변동률은 작아지고, 이자지급주기가 짧을수록 가격 변동률 역시 감소

22 ④

| 정답해설 | 채권의 잔존기간이 길수록 동일한 수익률 변동에 대한 가격 변동폭이 커진다. 또한, 표면이자율이 높을수록 동일한 수익률 변동에 따른 가격 변동률은 작아지고, 이자 지급주기가 짧을수록 가격 변동률 역시 줄어든다.

23 ②

| 정답해설 | 채권은 표면이율(이표율)이 낮을수록, 만기가 길어질수록, 만기수익률의 수준이 낮을수록 채권의 가격 변동성은 커지며 채권의 수익률 변화에 따른 채권 가격의 변화를 채권가격의 변동성이라고 한다.

24 ④

| 정답해설 | 채권은 금리 변화에 대해 볼록성(convexity)을 가지므로, 수익률이 하락할 때 채권 가격 상승폭이 수익률이 상승할 때의 가격 하락폭보다 더 크게 나타난다.

25 ②

| 정답해설 |

영구채권의 듀레이션은 $\dfrac{(1+i)}{i}$ 이므로, $\dfrac{(1+0.1)}{0.1} = 11$년이다.

26 ②

| 정답해설 |
- 매기의 현금흐름 현가
  - 1차년도: $\dfrac{800}{(1+0.1)^1} = 727.27$
  - 2차년도: $\dfrac{800}{(1+0.1)^2} = 661.15$
  - 3차년도: $\dfrac{10,800}{(1+0.1)^3} = 8,114.19$
- 합계: 9,502.61
- 기간가중현금흐름의 현가
  - 1차년도: $\dfrac{800}{(1+0.1)^1} \times 1 = 727.27 \times 1 = 727.27$
  - 2차년도: $\dfrac{800}{(1+0.1)^2} \times 2 = 661.15 \times 2 = 1,322.31$
  - 3차년도: $\dfrac{10,800}{(1+0.1)^3} \times 3 = 8,114.19 \times 3 = 24,342.59$
- 합계: 26,392.18
- 듀레이션

$\dfrac{\text{기간가중현금흐름의 현가 } 26,392.18}{\text{매기의 현금흐름의 현가 } 9,502.61} = 2.777$(년)

27 ③

| 정답해설 | 표면금리가 낮고 잔존만기가 긴 채권의 듀레이션이 크다. 또한 이표채보다는 할인채와 복리채의 듀레이션이 길다.

28 ①

| 정답해설 |

- 수정듀레이션 $= \dfrac{\text{듀레이션}}{1+\left(\dfrac{\text{채권수익률}}{\text{연간이자 지급횟수}}\right)}$

$= \dfrac{2.78}{1+0.06}$

$= 2.6226$ (연단위 후급 이표채는 1년에 1회 이자 지급)
- 채권가격 변화율 = −수정듀레이션 × 채권가격 변화율
  $= -2.6226 \times -0.01 = 0.0262$
- 채권가격 상승분 = 채권가격 × 채권가격 변화율
  $= 9,700 \times 0.0262$
  $= 254.14$원

29 ④

| 정답해설 | ㉠㉡㉢㉣ 모두 맥컬레이 듀레이션의 특징으로 옳은 내용이다.

개념 Plus⁺ 맥컬레이 듀레이션의 의의와 특징

면역 전략과의 관계	듀레이션은 투자자가 최초 투자 시의 만기수익률에 따른 수익을 수익률 변동 위험 없이 실현할 수 있는 투자 회수의 가중평균 기간으로도 활용됨
등가 전환 관점	듀레이션은 시점이 다른 일련의 현금흐름을 가진 채권을 현금흐름이 한 번만 발생하는 채권으로 등가 전환했을 때의 잔존만기와 동일하게 해석 가능
무게 중심 역할	듀레이션은 채권 현금흐름 현재가치들의 무게 중심 역할을 하는 균형점으로 작용
특수 사례	무액면채권의 경우 만기와 듀레이션이 같음
이표채권	이표채권은 액면금리가 낮을수록 듀레이션이 길어짐
채권의 만기	• 만기가 길수록 듀레이션이 길어짐 • 단, 액면가(원금) 대비 매입가격이 매우 낮게 형성된 할인채는 예외가 될 수 있음
영구채권	이자율이 i인 영구채권의 듀레이션 = $\frac{1+i}{i}$로 계산함

30 ③

| 정답해설 | ㉠ 할인채는 만기 시점에 원금만 지급되므로, 현금흐름이 모두 만기에 집중되어 듀레이션은 만기와 동일하다.
㉡ 복리채는 원금과 이자를 만기에 지급하므로 듀레이션과 만기가 동일하다.
㉣ 표면이자율이 높을수록 조기 회수되는 현금흐름 비중이 커지므로 듀레이션은 감소한다.

| 오답해설 |
㉢ 영구채의 듀레이션 = $\frac{(1+i)}{i}$
$= \frac{(1+0.08)}{0.08}$
$= 13.5$년

31 ②

| 정답해설 | 불편 기대이론(Expectation Theory)은 모든 투자자가 미래 이자율을 정확히 예측할 수 있으며, 투자자의 위험선호를 고려하지 않는다는 가정을 전제로 한다. 반면, 유동성 프리미엄 이론(Liquidity Premium Theory)은 미래 금리 예측의 불확실성으로 인해 채권 투자 시 만기가 길수록 위험이 커지고, 현금화 가능한 유동성은 낮아지는 경향이 있다는 점을 고려한다. 따라서 투자자들은 장기채권에 대해 추가적인 유동성 프리미엄을 요구한다.

32 ②

| 정답해설 | ㉠ 선호 영역 가설은 시장분할이론을 현실적으로 보완한 형태로, 투자자가 특정 만기를 선호하되 충분한 보상이 있으면 다른 만기 채권에도 투자할 수 있다는 점에서 완화된 구조의 시장분할이론으로 볼 수 있다.
㉣ 유동성 프리미엄 이론(Liquidity Premium Theory)에서는 장기채권이 단기채권에 비해 위험과 유동성 부담이 크므로, 만기가 서로 다른 채권이 완전한 대체재가 될 수 없다고 본다.

| 오답해설 |
㉡ 불편 기대 이론에 의하면 장기채권과 단기채권은 완전 대체관계이다.
㉢ 편중 기대 이론은 낙타형 모습의 수익률 곡선이 잘 설명할 수 있다.

개념 Plus⁺ 채권수익률의 기간구조이론

- 불편 기대 이론: 투자자들이 미래 이자율에 대하여 정확한 동질적 기대를 가지면 수익률 구조는 이에 따른 기대수익률에 의해 결정된다는 이론이다.
- 유동성 선호 가설(유동성 프리미엄 이론): 모든 투자가들은 기본적으로 유동성을 선호하기 때문에 만기가 길수록 증가하는 위험에 대한 유동성 프리미엄을 요구하게 된다는 이론이다.
- 편중 기대 이론: 수익률 곡선이 단순히 기대 이자율만 반영하는 것이 아니라, 특정 시기의 기대 선도 이자율과 유동성 프리미엄을 동시에 반영한다는 이론으로, 수익률 곡선이 처음엔 우상향하다가, 일정 시점 이후 최고점을 찍고 하락하는 '낙타형' 곡선(humped curve)을 잘 설명한다.
- 시장분할 이론: 채권시장을 단기, 중기, 장기 시장으로 나누어 설명하며, 금융기관들이 이자율 변동 위험을 회피하기 위해 부채와 만기가 일치하는 채권에 투자한다는 점에서 이론적 근거를 가지는 이론이다.

33 ③

| 정답해설 | 시장분할 이론에 대한 설명이다.

개념 Plus⁺ 시장분할 이론

의의	• 채권시장을 단기, 중기, 장기 시장으로 나누어 설명하며, 금융기관들이 이자율 변동 위험을 회피하기 위해 부채와 만기가 일치하는 채권에 투자한다는 점에서 이론적 근거를 가짐 • 컬버슨(Culbertson) 등에 의해 제시되었고, 불편 기대 이론과 대조됨
기본 가정	• 투자자는 각자의 선호 만기에 따라 특정 만기의 채권만 선호하며, 다른 만기로 대체하지 않음 • 또한, 시장은 완전히 분할되어 있고, 투자자는 위험회피 성향을 가짐
주요 특징	• 수익률은 각 만기별 시장의 수요와 공급에 의해 독립적으로 결정됨

주요 특징	• 장단기 금리 간의 관계는 체계적이지 않으며, 각 만기 시장 외 수급 상황에 따라 달라짐
수익률 곡선 해석	수익률곡선은 각 만기 시장의 수요와 공급 요인에 따라 우상향, 우하향, 수평 등 다양한 형태로 나타날 수 있음

34 ④

| 정답해설 | • 채권가격

$$= \frac{1년\ 이자}{(1+1년\ 만기\ 현물이자율)^1} + \frac{2년\ 이자 + 원금}{(1+2년\ 만기\ 현물이자율)^2}$$

$$102,000 = \frac{12,000}{(1+0.0874)^1} + \frac{112,000}{(1+2년\ 만기\ 현물이자율)^2}$$

$$102,000 - 11,035.49 = \frac{112,000}{(1+2년\ 만기\ 현물이자율)^2}$$

$$(1+2년\ 만기\ 현물이자율)^2 = \frac{122,000}{90,964.50}$$

$$\sqrt{\frac{112,000}{90,964.50}} - 1 = 0.1096(10.96\%)$$

35 ④

| 정답해설 | 스프레드(Spread) 운용전략이란 서로 다른 두 채권의 수익률 차이가 일시적으로 확대되거나 축소되었다가 시간이 지나면서 정상적인 수준으로 회복되는 현상을 활용하는 전략이다.

36 ①

| 정답해설 | 채권교체전략(동종 채권교체, 이종 채권교체)전략은 적극적 운용전략에 해당한다.

개념 Plus⁺ 채권 운용전략

• 적극적 채권 운용전략
  - 금리예측 전략(듀레이션조절전략)
  - 수익률 곡선타기 전략(롤링효과, 숄더효과)
  - 채권교체전략(동종채권교체전략, 이종채권교체전략)
  - 스프레드전략
  - 수익률 곡선타기 전략(바벨형, 블릿형)
• 소극적 채권운용전략
  - 만기보유전략
  - 사다리형 만기 전략
  - 채권면역전략
  - 현금흐름 일치 전략
  - 채권인덱싱전략

37 ①

| 정답해설 | ㉠ 금리 상승이 예상될 때, 현금 비중을 늘리거나 듀레이션이 짧고 표면금리가 높은 금리연동부 채권을 매입하면 금리 상승으로 인한 채권 가격 하락을 어느 정도 방어할 수 있다.
㉢ 미래 상황에 따라 상대적으로 저평가된 다른 성격의 채권으로 교체하는 전략은 이종 채권 교체 전략에 해당한다.

| 오답해설 |
㉡ 잔존기간이 단축됨에 따라 수익률이 하락하는 효과를 이용하는 전략은 롤링효과이다.
㉣ 단기채권과 장기채권은 매도하고 중기채권만을 보유하는 전략을 바벨(barbell)형 전략이라고 한다.

38 ①

| 정답해설 | 롤링효과에 대한 설명이다.

개념 Plus⁺ 롤링 효과(Rolling Effect)

• 일정한 금리 수준에서 장기 채권을 보유할 경우 시간이 지나 잔존기간이 짧아지면서 수익률이 낮아지고 채권 가격이 오르는 현상을 활용하는 전략적 투자 효과이다.
• 투자자는 이를 이용해 잔존기간이 줄어든 시점에서 채권을 매각하고 다시 장기 채권에 투자함으로써 투자 효율을 높일 수 있다.

39 ④

| 정답해설 | 이자율이 하락하면 채권에서 앞으로 받을 현금흐름의 현재가치는 상승하지만, 이미 받은 현금흐름을 재투자할 때 얻는 수익률은 낮아진다. 면역 전략은 이러한 가격 상승 효과와 재투자 수익 감소 효과를 균형 있게 설계하여 채권 포트폴리오의 가치를 안정적으로 유지하도록 하는 투자 전략이다.

40 ②

| 정답해설 | 현금흐름 일치 전략은 소극적 채권운용전략에 해당한다.

41 ①

| 정답해설 | 사다리형 만기 전략은 각 잔존기간별로 채권을 균등하게 편입하여 시세 변동 위험을 분산시키고, 만기 상환금으로 장기채에 재투자하여 평균 수익률을 높이는 전략이다. 따라서 중기채를 제외한다는 것은 옳지 않다.

| 오답해설 |
② 순자산가치 면역 전략은 자산과 부채의 시장가치 가중 듀레이션을 일치시켜 순자산 가치 변동성을 최소화하는 전략으로, 금리 변화에 따라 자산과 부채 가치 변동이 상쇄되도록 관리한다.
③ 전통적 채권 면역 전략은 투자자가 목표 투자기간 동안 금리 변동에 관계없이 목표 수익률을 실현하도록 채권 포트폴리오를 구성하는 전략이다.
④ 채권 인덱싱 전략은 채권시장의 전체 흐름을 그대로 따라가는 포트폴리오를 구성하여 시장 평균 수익률을 달성하려는 방법으로, 효율적 시장 가설을 전제로 한다.

42 ③

| 정답해설 | 국채 전문 딜러는 각 지표종목에 대해 매수·매도 호가를 각 10개 이상씩 장내시장 개장 시간 동안 제출해야 한다.

> **개념 Plus⁺** 국채 전문 유통시장(IDM)과 국채 전문 딜러(PD) 제도
>
> - 국채 전문 유통시장(IDM)과 국채 전문 딜러(PD) 제도의 의의
>   - 우리나라 채권시장은 장외 상대매매 중심으로 거래가 이루어져 왔기 때문에, 장내시장의 활성화를 위해 국채 전문 유통시장(IDM, Inter Dealer Market)이 개설되었다.
>   - IDM에서 딜러로 활동하려면 반드시 국채 전문 딜러(PD) 자격을 보유해야 한다.
> - 국채 전문 딜러의 지정 요건
>   - 자본시장법상 투자매매업 인가를 받은 금융기관 가운데 재무 건전성, 국채 관련 실적 등을 충족하면 기획재정부로부터 PD 지정을 받을 수 있다.
>   - 정식 PD가 되기 위해서는 먼저 PPD로 지정되는 절차를 거쳐야 한다.
> - 국채 전문 딜러의 주요 의무
>   - 인수의무: 지표종목별로 매월 경쟁입찰 발행물량의 최소 10% 이상을 인수해야 하며, 최대 30%까지 인수할 권한이 있다(PPD는 최대 15%).
>   - 호가의무: 지표종목별로 매수·매도 호가를 각각 일정 수 이상, 장내시장 개장 시간 동안 제시해야 한다.
>   - 유통의무: 기관별 평균 국고채 거래량의 110% 이상을 매매해야 한다.
>   - 보유의무: 자기매매용 국고채 보유잔액을 분기 평균 1조 원 이상 유지해야 한다.
>   - 매입·교환의무: 매입 또는 교환 물량의 5% 이상을 낙찰받아야 한다.

6장 파생상품투자운용·투자전략 338쪽

01	①	02	④	03	②	04	②	05	④
06	①	07	③	08	②	09	②	10	②
11	②	12	③	13	②	14	②	15	②
16	③	17	①	18	②	19	③	20	①
21	①	22	②	23	①	24	②	25	①
26	②	27	②	28	②	29	②	30	②
31	④	32	④	33	③	34	③	35	①
36	④	37	④	38	②	39	④	40	②
41	②	42	③						

01 ①

| 정답해설 | 원래 포지션을 그대로 둔 채 추가 포지션을 취하여 전체적으로 손익을 중립적으로 만드는 기법을 헤징(hedging)이라 하며, 이는 헤지거래에 대한 설명이다.

> **개념 Plus⁺** 파생상품 투자전략
>
> - 투기거래: 선물시장에만 참여하여 선물계약의 매입 또는 매도 중 한 가지 포지션만 취함으로써 이득을 얻고자 하는 거래
> - 헤지거래: 현물시장에서 가격변동 위험을 회피할 목적으로 선물시장에 참여하여 현물시장에서와 반대포지션을 취하는 거래
> - 차익거래: 선물과 선물의 일시적 가격 차이를 이용하여 현물과 선물 중 고평가된쪽은 매도하고 저평가된 쪽은 매수함으로써 거의 위험이 없는 이득을 취하고자 하는 거래
> - 스프레드 거래: 선물시장에서 두개의 선물간의 가격차이를 이용하여 동시에 한쪽은 매수하고 한쪽은 매도하여 이득을 얻고자 하는 거래

02 ④

| 정답해설 | 일일정산 제도는 만기가 되기 전의 임의의 거래일에 매수나 매도 포지션을 취하고 나서 반대매매를 하지 않고 포지션을 다음날로 넘길 경우 당일 선물 종가로 정산을 해야 하는 제도이다. 이때 매일 포지션을 정산 후 증거금이 유지증거금 아래로 하락했을 경우에는 변동증거금을 개시증거금 수준까지 납부해야 한다. 따라서 변동증거금으로 100만 원을 납입해야 한다.

03 ②

| 정답해설 | 현물가격과 선물가격 간의 관계에서 선물가격이 현물가격보다 높은 한편, 선물가격 내에서 만기가 먼 원월물(deferred futures)의 가격이 만기가 가까운 근월물(nearby futures)의 가격보다 높은 경우 콘탱고(contango) 상태 또는 정상시장(normal market)이라고 표현한다. 선물시장이 콘탱고 상태일 때는 선물가격이 현물가격보다 높게 형성되므로, 현물을 매수하고 선물을 매도하는 차익거래 포지션을 통해 무위험 차익을 얻을 수 있다.

04 ②

| 정답해설 | 균형선물가격은 $F=S_t\left(1+(r-d)\times\dfrac{T-t}{365}\right)$이므로, $200+200(0.04-0.01)\times\dfrac{3}{12}=201.5pt$이다.

05 ④

| 정답해설 |
- 선물 계약 수 $=\dfrac{\text{포트폴리오 금액}\times\text{베타}}{KOSPI200\ \text{선물지수}\times 25\text{만 원}}$

  $=\dfrac{100\text{억 원}\times 1.2}{250\times 25\text{만 원}}$

  $=192$계약

- 주식 포트폴리오를 보유하였으므로 가격하락 위험이 있기 때문에 선물 매도 포지션이다.

06 ①

| 정답해설 |
- 균형선물환율 $F=S_t(1+(\text{원화 }r-\text{외화 }r)\times\dfrac{T-t}{365}$

  $=1,200\times(1+(0.04-0.02)\times\dfrac{365}{365}$

  $=1,224$원

- 현재 선물환율은 균형가격대비 고평가상태이다(균형선물환율을 기준으로 고평가·저평가 여부를 따짐).
  =균형선물환율 1,224원<선물환 가격 1,230원이므로 균형환율은 저평가, 선물환율은 고평가 상태이다.
- 매수차익거래(저평가 된 균형선물환율(현물달러)을 매수+고평가된 선물환 시장 달러 매도)
  =현물달러 매수+선물환시장 달러 매각

07 ③

| 정답해설 | 헤지를 위해서는 현물포지션과 반대되는 선물포지션을 취해야 한다.

08 ②

| 정답해설 | 시간스프레드는 동일한 품목 내에서 서로 만기가 다른 두 선물계약에 대해 각각 매수와 매도 포지션을 동시에 취하는 전략으로서, 만기가 다른 선물계약의 가격들이 서로 변동폭이 다르다는 것을 전제로 하여 포지션을 구축하게 된다는 특징이 있다.

09 ②

| 정답해설 |
- 스프레드 축소 전략(근월물 매수/원월물 매도)
  - 스프레드가 줄어들 것이라고 예상되면, 상대적으로 저렴한 근월물을 매수하고, 비싼 원월물을 매도한다.
  - 즉, 강세장에서 근월물은 원월물보다 더 크게 오르거나, 약세장에서 근월물은 원월물보다 덜 떨어질 것으로 예상하는 것이다. 이렇게 근월물이 상대적으로 강세를 보이면 두 선물 간 가격 차이가 축소된다. 이 전략은 강세 스프레드(bull spread)라고 부른다.
- 스프레드 확대 전략(근월물 매도/원월물 매수)
  - 반대로, 스프레드가 벌어질 것으로 예상된다면, 근월물을 매도하고 원월물을 매수한다.
  - 즉, 강세장에서는 원월물이 근월물보다 더 크게 오르고, 약세장에서는 원월물이 근월물보다 더 크게 떨어질 것으로 예상할 때 사용하는 전략이다. 이는 약세 스프레드(bear spread)라고 한다.
- 따라서 문제에서 제시된 상황은 3월물 200, 9월물 220으로 원월물(9월물)이 더 비싼 상태에서, 향후 가격 차이가 축소될 것으로 예상되는 경우이다. 이때 투자자는 상대적으로 저평가된 근월물(3월물)을 매수하고, 고평가된 원월물(9월물)을 매도하는 포지션을 취해야 한다. 이 전략을 통해 스프레드가 실제로 축소되면, 근월물의 매수가격 상승분과 원월물의 매도가격 하락분에서 동시에 이익을 얻게 된다.

10 ②

| 정답해설 | 풋옵션 매수는 가격 하락을 예상할 때 취하는 전략이며, 나머지 보기들은 가격 상승이 예상될 때 취하는 전략이다.

개념 Plus⁺ 가격 상승 및 하락에 따른 옵션 전략
- 가격 상승 예상: 콜옵션 매수, 풋옵션 매도, 강세콜(풋) 스프레드
- 가격 하락 예상: 풋옵션 매수, 콜옵션 매도, 약세콜(풋) 스프레드

11 ①

| 정답해설 | 풋옵션의 내재가치는 기초자산 가격 > 행사가격이므로 내재가치는 0이다. 이때 시간가치는 옵션 프리미엄 2.5이며 현재 풋옵션의 가격상태는 내재가치는 없고 시간가치만 있는 외가격(OTM) 상태이다.

12 ③

| 정답해설 | 풋옵션은 매도할 권리이므로 행사가격이 기초자산 가격보다 크다면 이는 내가격옵션(권리행사 시 이익)이다.
- 내가격(ITM)옵션: 현재 권리행사 시 이익
- 외가격(OTM)옵션: 현재 권리행사 시 손실
- 등가격(ATM)옵션: 현재 기초자산 가격과 행사가격이 동일한 경우

개념 Plus⁺ 옵션의 가격 상태 구분(내가격·등가격·외가격)

구분	콜옵션	풋옵션
내가격 옵션	S > X	S < X
등가격 옵션	S = X	S = X
외가격 옵션	S < X	S > X

※ S=기초자산 가격, X=행사가격

13 ②

| 정답해설 | 내가격상태일 때(기초자산 > 행사가격) 시간가치는 다음과 같이 계산된다.
옵션 프리미엄 5 = 내재가치(기초자산 가격 − 행사가격) + 시간가치
　　　　　　　 = 3 + 시간가치
∴ 시간가치 = 2

14 ③

| 정답해설 |
- 내재가치 = Max[{현재 주가지수(S) − 행사가격(X)}, 0]
　　　　　 = Max(250 − 253, 0) = 0
- 콜옵션의 시간가치 = (옵션가격 − 내재가치)
　　　　　　　　　 = 2 − 0
　　　　　　　　　 = 2

15 ②

| 정답해설 | 콜옵션 매수는 살 수 있는 권리이므로 행사가격+옵션 프리미엄의 값보다 만기 시 기초자산의 값이 높을 때 가치를 가진다. 문제의 콜옵션은 행사가격 250p보다 만기 시 기초자산 가격이 더 높아서 콜옵션 매수자는 프리미엄을 지불하고 1계약당 3.5p(255p − 251.5p)의 이익을 본다. 따라서 3.5p × 25만원 = 87.5만 원의 이익을 본다.

16 ③

| 정답해설 | 콜 불 스프레드(Call Bull Spread)는 행사가격이 낮은 콜옵션을 매수하고, 행사가격이 높은 콜옵션을 매도하는 전략이다.

개념 Plus⁺ 옵션 합성전략

콜 불 스프레드 (Call Bull Spread)	• 구성: 행사가격이 낮은 콜옵션 매수 + 행사가격이 높은 콜옵션 매도 • 시장 전망: 기초자산 가격 상승 시 수익 • 초기 프리미엄: 비싼 옵션을 매수하고 싼 옵션을 매도 → 순지출 발생
풋 불 스프레드 (Put Bull Spread)	• 구성: 행사가격이 낮은 풋옵션 매수 + 행사가격이 높은 풋옵션 매도 • 시장 전망: 기초자산 가격 상승 시 수익 • 초기 프리미엄: 싼 옵션 매수 + 비싼 옵션 매도 → 순유입 발생 • 참고: 콜불스프레드 포지션에서 콜옵션을 풋옵션으로 바꾸면 풋불스프레드가 됨
스트래들 매수 (Long Straddle)	• 구성: 동일 행사가격 콜옵션 + 풋옵션 동시 매수 • 시장 전망: 변동성 확대 시 수익 • 특징: 변동성 매수 전략
스트랭글 매도 (Short Strangle)	• 구성: 행사가격이 다른 외가격 콜옵션 + 외가격 풋옵션 동시 매도 　예) 등가격 100 → 콜 110 매도, 풋 80 매도 • 시장 전망: 변동성 축소 시 수익 • 특징: 변동성 매도 전략

17 ①

| 정답해설 | 스트래들 매수 포지션(long straddle)에 대한 설명이다. 스트래들 매수는 동일한 만기와 동일한 행사 가격을 가지는 두 개의 옵션, 즉 콜과 풋옵션을 동시에 매수함으로써 구성되는 포지션이다. 이는 기초자산 가격이 현재 시점에 비해 크게 상승하거나 하락할 경우에 이익을 보게 되고 횡보할 경우 손실을 보게 되는 포지션이다. 예를 들어 행사 가격이 80인 콜과 풋옵션을 동시에 매수할 경우 두 옵션의 프리미엄의 합이 4 정도라면 이 포지션을 구축한 투자자는 80을 기준으로 기초자산 가격이 4 이상 떨어지거나 올라가야만 이익을 볼 수 있는 것이다.

18 ②

| 정답해설 | 동일한 행사 가격을 가진 풋옵션과 콜옵션을 동시에 매도하는 경우 이를 숏 스트래들(short straddle)이라 하는데, 이는 변동성이 작을 것이라는 예상을 토대로 취하는 포지션이다.

19 ③

| 정답해설 | 스트래들 매수 포지션에서 행사가격이 200pt인 콜옵션과 풋옵션의 프리미엄 합이 5pt이므로 콜옵션의 경우 기초자산의 가격이 205pt 이상, 풋옵션의 경우 기초자산의 가격이 195pt 이하일 때 이익을 볼 수 있다.

20 ③

| 정답해설 | 콜 매수와 풋 매도 전략은 방향성 전략으로 기초자산 시장가격이 상승할 것을 예상할 때 적합한 전략이다. 반대로 스트래들 매수와 스트랭글 매수는 변동성 전략으로 변동성이 크게 증가할 것으로 예상될 때 적합한 전략이다.

21 ①

| 정답해설 | 풋−콜 패리티 = P(풋옵션) 매수 + S(주식) 매수 = C(콜옵션) 매수 + B(채권) 매수

22 ③

| 정답해설 |

$$\text{풋-콜 패리티} = P + S = C + \frac{X}{(1+r)}$$
$$= P + 206 = 10 + \frac{206}{(1+0.04)}$$
$$= P + 206 = 208.07$$

P = 2.07pt

23 ①

| 정답해설 | 컨버전 전략은 합성 매도 포지션과 현물 매수 포지션을 동시에 취하는 전략을 말한다. 여기서 합성 매도란 동일한 행사가격의 풋옵션 매수와 콜옵션 매도를 결합하여 기초자산 가격 하락 시 이익이 발생하도록 구축하는 포지션을 의미한다. 예를 들어 행사가격이 100인 풋옵션을 매수하고 동시에 같은 행사가격의 콜옵션을 매도할 경우, 기초자산 가격이 100 이하로 떨어지면 하락한 만큼 이익이 발생하고, 100 이상으로 오르면 상승한 만큼 손실이 발생한다. 이는 곧 행사가 100인 선물 매도 포지션과 동일한 효과를 갖게 되며, 이를 합성 매도 포지션이라고 부른다. 이러한 합성 매도와 현물 매수를 동시에 수행하면, 옵션 만기와 동일한 시점에 만기가 도래하는 가상의 선물을 이용한 매수 차익거래 포지션이 형성되는데, 이를 바로 컨버전 전략이라 한다.

24 ④

| 정답해설 | 스트랭글 매수 전략은 기본적으로 스트래들과 거의 동일한 포지션으로서 콜옵션과 풋옵션을 동시에 매수하는 전략으로 옵션의 변동성 전략에 속한다.

25 ①

| 정답해설 | 등가격(ATM)일수록 절대값 0.5에 가까워진다. 예를 들어 행사 가격이 100인 콜옵션의 경우 현재가가 100이라면 등가격(ATM) 상태가 되는데 이 경우 델타 값은 약 0.5가 된다. 또한, ITM옵션의 경우 기울기가 0.5보다 커지면서 내가격의 경우 1까지 증가한다. 반대로 외가격의 경우 기울기는 0까지 감소한다. 따라서 콜옵션의 델타는 0에서 1 사이의 값을 가지게 되며, 반대로 풋옵션의 경우 1에서 0까지의 값을 가지게 된다.

26 ③

| 정답해설 | 금리의 변화에 따른 옵션 프리미엄의 민감도를 나타내는 지표는 로우이다.

개념 Plus⁺ 옵션 프리미엄의 민감도 지표

델타(Δ)	• 기초자산 가격 변동에 따른 옵션 가격 변화 정도 • 콜옵션의 델타는 0~1 사이의 값을, 풋옵션의 델타는 -1~0까지의 값을 가짐 • 옵션가격을 기초자산가격으로 미분한 값으로, 그래프상 '기울기'로 해석됨 • 헤지비율 및 델타중립 전략의 핵심요소로 활용
감마(Γ)	• 기초자산 가격 변화에 따른 델타의 변화율 • 옵션 프리미엄의 기초자산 가격에 대한 2차 미분치 • 콜옵션·풋옵션의 매수 포지션과 같이 프리미엄 구조 그래프가 아래로 볼록할 경우 감마값은 양수임 • 감마=델타의 변화 속도 ▶ 기초자산의 변화에 따른 옵션 프리미엄 변화의 가속도 • 만기에 근접할수록 감마값의 첨도가 커져서 뾰족한 형태가 됨
쎄타(Θ)	• 시간 경과에 따른 옵션 가치 감소 속도 • 감마와 쎄타는 서로 반대부호를 가지며, 절대치는 서로 정의 관계를 가짐
베가(V)	• 변동성 변화에 따른 옵션 가격 민감도 • 콜옵션·풋옵션 모두 베가는 양수이며, 베가는 기초자산 가격이 행사가격 부근일 때 가장 큼
로우(P)	• 금리 변동에 따른 옵션 가격 민감도 • 금리가 상승하면 콜옵션의 로우는 증가하고, 풋옵션의 로우는 감소함

27 ④

| 정답해설 | 풋옵션 매수의 로우 포지션의 부호는 (-)이고, 나머지는 모두 (+)이다.

개념 Plus⁺ 옵션 민감도 지표의 부호

구분	콜옵션	풋옵션
델타(Δ)	+	-
감마(Γ)	+	+
쎄타(Θ)	-	-
베가(V)	+	+
로우(P)	+	-

28 ①

| 정답해설 | 감마는 만기가 짧고 등가격 옵션일수록 크다. 그 이유는 콜옵션의 프리미엄 구조를 그래프로 나타내면 그래프의 기울기 변화가 가장 큰 지점 즉, 볼록한 지점은 바로 기초자산 가격이 행사 가격과 비슷한 지점이 되는데 이는 옵션이 등가격(ATM)일 때 볼록도가 커지기 때문이다.

29 ④

| 정답해설 | 다른 요인 변화 없이 시간만 경과하면 손실이 발생한다.

개념 Plus⁺ 콜옵션 매수·매도 포지션

- 콜옵션 매수 포지션
  - 기초자산 가격 상승 시 이익 발생
  - 상승폭이 커질수록 이익 증가 속도가 가속됨
  - 다른 요인 변화 없이 시간만 경과하면 손실 발생(프리미엄 감소)
  - 변동성 증가 시 옵션 가치 상승으로 이익
  - 이자율 상승 시 옵션 가치 상승으로 이익
- 콜옵션 매도 포지션
  - 기초자산 가격 상승 시 옵션 프리미엄 증가만큼 손실 발생
  - 상승폭이 커질수록 손실 증가 속도가 가속됨
  - 다른 요인 변화 없이 시간만 경과하면 프리미엄 하락분만큼 이익
  - 변동성 증가 시 옵션 가치 상승으로 손실
  - 이자율 상승 시 옵션 가치 상승으로 손실

30 ①

| 정답해설 | 스트래들 매도 포지션은 등가격 콜옵션과 등가격 풋옵션을 동시에 매도하는 전략이다. 분석대상 함수는 C+P이므로 콜옵션 델타는 −0.5, 풋옵션 델타는 +0.5로 포지션 델타는 0이 되며 나머지 민감도는 일반 옵션매도포지션과 동일하다.

31 ④

| 정답해설 | 행사가격이 동일한 콜옵션과 풋옵션을 동시에 매수했으므로 이는 스트래들 매수 포지션이다. 이 포지션을 구축하기 위해 총 8의 프리미엄(콜 5 + 풋 3)을 지급했으므로, 현재 행사가격 200을 기준으로 주가가 투자원금 8보다 더 하락하거나 상승해야 이익이 발생한다. 따라서 주가지수가 192보다 낮거나 208보다 높을 때 순이익이 발생한다.

32 ④

| 정답해설 | 강세 스프레드(Bull Spread)는 근월물 가격을 매수하고 원월물 가격을 매도하는 전략으로, 근월물과 원월물의 가격 차이가 줄어들 것으로 예상될 때 사용한다. 즉, 비싼 원월물을 매도하고 상대적으로 싼 근월물을 매수하여 스프레드가 축소될 때 이익이 발생한다.

33 ③

| 정답해설 | 기초자산 가격이 상승할 것으로 예상될 경우 콜옵션 매수, 풋옵션 매도, 강세콜(풋) 스프레드 등의 전략을 취한다.

개념 Plus⁺ 가격 상승 및 하락에 따른 옵션 전략

- 가격 상승 예상: 콜옵션 매수, 풋옵션 매도, 강세콜(풋) 스프레드
- 가격 하락 예상: 풋옵션 매수, 콜옵션 매도, 약세콜(풋) 스프레드

34 ③

| 정답해설 | 거래소 파생상품과 달리 장외파생상품은 중앙 가격이 존재하지 않으며, 개별 거래 당사자 간 합의로 가격이 결정된다.
| 오답해설 |
① 금리, 환율, 주식, 신용 등 다양한 기초자산 기반 상품이 거래된다.
② OTC 거래에서는 상대방이 계약을 이행하지 못할 위험(신용위험)이 존재한다.
④ 거래 조건, 만기, 기초자산 등 원하는 대로 설계 가능하여 유연성이 높다.

35 ①

| 정답해설 | 남아 있는 증거금이 유지증거금(70) 이상인 경우 추가 증거금 납입이 필요 없다.

개념 Plus⁺ 선물거래의 증거금 납입

- 개시증거금: 선물 포지션을 처음 개설할 때 계좌에 넣어야 하는 금액
- 유지증거금: 포지션 보유 중 최소한으로 유지해야 하는 금액
- 일일정산 후 계좌 잔액이 유지증거금 아래로 떨어지면 추가 증거금(마진콜) 요구
- 계좌 잔액이 유지증거금 이상이면 추가 납입 불필요

36 ④

| 정답해설 | 현물가격이 선물가격보다 높은 상태는 백워데이션(역조시장)이다. 일반적으로 현물 수요가 많거나 공급이 제한적일 때 나타난다.

37 ④

| 정답해설 | 쎄타는 시간 경과에 따른 옵션 가치 감소 속도를 나타낸다.

개념 Plus⁺ 옵션 프리미엄의 민감도 지표

델타(Δ)	기초자산 가격 변동에 따른 옵션 가격 변화 정도
감마(Γ)	기초자산 가격 변화에 따른 델타의 변화율
쎄타(Θ)	시간 경과에 따른 옵션 가치 감소 속도
베가(V)	변동성 변화에 따른 옵션 가격 민감도
로우(P)	금리 변동에 따른 옵션 가격 민감도

38 ③

| 정답해설 | 풋−콜 패리티에 따르면, 동일한 행사가와 만기를 가진 콜옵션(C)과 풋옵션(P), 기초자산(S), 그리고 행사가액에 해당하는 현재가치 채권(PV(X)) 사이에는 다음 관계가 성립한다.
$$C + PV(X) = P + S$$

이를 풋옵션 매수 관점에서 정리하면 아래와 같다.
$$C - P + S - PV(X)$$
즉, 풋옵션 매수+주식 매수+채권 매도의 포지션이 콜옵션 매수와 동일한 위험·수익 구조를 만든다.
- 풋옵션 매수: 기초자산 가격 하락에 대비
- 주식 매수: 기초자산 보유
- 채권 매도: 채권 발행과 동일한 효과로 현금 확보

따라서 풋옵션을 매수한 효과를 얻기 위해서는 '콜옵션 매수+채권 매수+주식 대차거래' 전략을 활용한다.

39 ④

| 정답해설 | 콜-불 스프레드는 행사가격이 낮은 (콜)옵션을 매수하고, 행사가격이 높은 콜옵션을 매도하여 구축하는 전략이다. 동일한 조건에서는 낮은 행사가격의 (콜)옵션 가치가 높기 때문에 매수 시 초기 비용이 발생하며, 높은 행사가격의 콜옵션을 매도해 일부 비용을 상쇄할 수 있지만, 전체적으로는 포지션을 구축할 때 현금 유출이 발생한다.

40 ②

| 정답해설 | 이자추출 전략은 만기 시 필요한 금액의 현재가치만큼 무위험 채권을 매수하고, 남은 자금으로 콜옵션을 매수하는 전략이다. 즉, 주가 상승 시 콜옵션의 가치 상승을 통해 이익을 얻고, 주가 하락 시에도 채권을 통해 자산가치를 방어할 수 있다.

개념 Plus⁺ 이자추출 전략
- 채권 매수 + 콜옵션 매수를 병행하는 전략이다.
- 목적: 원금을 보존하면서 주식 가격 상승 시 이익을 추구한다.
- 방법: 채권 투자로 원금 보장, 남는 자금을 콜옵션 등 레버리지 상품에 투자한다.
- 특징: 주가 상승 포텐셜은 옵션으로 확보, 하락 위험은 채권으로 방어한다.
- 응용: 전환사채(CB) 투자도 이 전략으로 해석이 가능하다.

41 ②

| 정답해설 | 콜옵션 매수자는 만기에 행사가격을 지불하고 기초자산을 매입할 수 있는 권리를 갖는다. 반대로, 풋옵션 매도자는 풋옵션 행사 시 기초자산을 매도해야 할 의무를 지므로, 결과적으로 콜옵션 매수와 풋옵션 매도를 결합하면 만기에 행사가격으로 기초자산을 매입하는 것과 동일한 손익 구조가 형성된다. 즉, 이 조합은 기초자산을 직접 매수한 것과 같은 효과를 낸다.

42 ③

| 정답해설 | 블랙-숄즈 모형에서 옵션 가치를 계산할 때는 총 5가지 변수가 필요하다. 이는 기초자산 가격, 기초자산 가격의 변동성, 옵션의 만기, 무위험이자율, 그리고 옵션의 행사가격이다.

7장 투자운용결과분석 360쪽

01	②	02	④	03	③	04	④	05	④
06	④	07	③	08	④	09	③	10	①
11	④	12	④	13	①	14	④	15	④
16	④	17	②	18	④	19	④	20	④
21	④	22	④	23	④	24	④	25	②
26	④	27	④	28	③				

01 ②

| 정답해설 | 펀드의 평가는 발생주의 회계를 기반으로 수행해야 한다. 이는 손익에 영향을 주는 거래가 발생하면, 현금의 수입이나 지출과 관계없이 거래 발생 시점에서 손익을 인식하는 방식이다. 반대로 현금주의 회계는 현금이 실제로 수입되거나 지출될 때 수익과 비용을 인식한다. 만약 펀드에 현금주의를 적용하면, 펀드의 수익과 그 수익을 창출하기 위한 비용이 정확히 대응되지 못하고, 손익 인식 시점이 지나치게 지연되는 문제가 발생할 수 있다.

02 ④

| 정답해설 | 공정가치 평가는 시장가격 존재 시 해당 가격을 적용하며, 시장가격이 없으면 최근 거래가격이나 이론가격(현금흐름 할인 등)을 사용한다.

| 오답해설 |
① 비상장주식 등은 시장가격 산정이 어렵지만, 그렇다고 항상 원가로만 평가하는 것은 아니다.
② 시장가격이 존재하면 시장가격을 우선 적용한다.
③ 시장가격이 존재하지 않는 경우, 무조건 원가가 아닌 최근 거래가격 또는 이론가격 등으로 평가한다.

개념 Plus⁺ 공정가치 평가(fair value)
- 시장가격이 존재하면 해당 가격을 적용한다.
- 거래가 활발하지 않거나 시장가격이 없는 경우, 최근 거래가격(최근 종가 등) 또는 이론가격을 사용한다.
- 이론가격: 미래 현금흐름을 할인한 가격 또는 일정 기간 내 매도 가능한 예상가격 등
- 채권의 경우, 거래 가능 시가로 평가한다(거래가 드물면 공정가격 산정 곤란).
- 비상장주식·부동산·실물자산 등은 시장가격 측정이 어렵다는 한계가 있다.
- 자산·부채를 시장에서 거래되는 공정한 가격으로 평가한다.
- 시장가격이 없으면, 최근 거래가격이나 이론가격(현금흐름 할인 등)을 사용한다.

03 ③

| 정답해설 | 발생주의 원칙은 현금 수수 여부와 관계없이, 발생이 확실하면 해당 시점에 수익·비용을 인식한다.

| 오답해설 |
① 결제 기준 회계 처리 방식의 특징이다.
② 이자나 배당은 실제 지급되지 않아도 발생이 확실하면 수익으로 인식한다.
④ 현금주의 원칙에 대한 설명이다.

04 ④

| 정답해설 | 발생주의 원칙에 따라 이익창출과 관련된 결정적 사건이나 거래가 발생하면 결제 여부와 관계없이 해당 시점에 수익을 인식할 수 있다.

| 오답해설 |
① 신뢰할 만한 시장가격이 없으면 공정가격으로 평가한다.
② 유가증권 거래는 결제일을 기준으로 회계에 반영한다.
③ 현금주의 회계처리는 현금흐름 발생 시점에 수익과 비용을 인식한다.

05 ④

| 정답해설 | 발생주의 회계는 확정이자부 증권과 이자수입을 얻는 모든 투자상품에 대해 사용되어야 하고, 확정이자부 증권의 가치는 미수수익을 포함하여야 한다.

개념 Plus⁺ GIPS(Global Investment Performance Standards)의 회계처리 규칙

- 국제 성과평가기준 준수를 위해 필요한 모든 자료와 정보는 확보·유지해야 한다.
- 포트폴리오는 공정가치 정의와 부합하며 GIPS 평가원칙과 일치하도록 가치평가되어야 한다.
- 최소 월간 단위로, 모든 대량현금흐름 발생일에 포트폴리오 가치가 평가되어야 한다.
- 체결일 기준(trade date) 회계를 사용해야 한다.
- 발생주의 회계는 확정 이전 증권·이자수익을 포함한 모든 투자상품에 적용된다.
- 확정 이전 증권의 가치는 미수수익을 포함해야 한다.
- 컴포지트(Composite, 운용사통합계정)는 연 단위로 일관된 가치평가 시작일과 종료일을 가져야 하며, 달력연도가 아닌 회계연도로 보고하는 경우에도 종료일은 반드시 해당 연도의 말일 또는 마지막 영업일이어야 한다.

06 ④

| 정답해설 | 금액가중 수익률은 투자자의 현금흐름(추가 투자, 인출 시점·규모 등)에 따라 계산되므로 투자자의 행동이 반영된다.
| 오답해설 |
①②③은 시간가중 수익률의 특징에 해당한다.

개념 Plus⁺ 시간가중 수익률과 금액가중 수익률

- 시간가중 수익률
  - 펀드매니저가 통제할 수 없는 투자금의 유출·유입에 따른 수익률 왜곡을 제거하고, 펀드매니저의 운용능력을 측정하기 위해 사용하는 방법이다.
  - 총 투자기간을 세부기간으로 구분하여 각 세부기간별 수익률을 계산하고, 이를 기하평균으로 연결하여 총수익률을 산출한다.
    ▶ 세부기간이 짧을수록 수익률 왜곡 현상 감소
  - 펀드 기준가격(투자단위당 순자산가치)의 변화율과 동일하다.
  - 기준가격을 활용하면 시간가중 수익률을 지속적으로 측정 가능하다.
- 금액가중 수익률
  - 펀드에 투자한 현금흐름(현금유출·현금유입)의 현재가치와 펀드로부터 발생한 수익의 현재가치를 일치시키는 할인율이다. (IRR, 내부수익률)
  - 펀드매니저의 능력 + 투자자의 판단(추가투자·인출 시점·규모) 결과가 반영된 수익률로, 투자자 관점에서 직접투자 성과 측정에 가장 적합하고 펀드매니저의 순수한 운용성과 측정에는 부적합하다(투자자의 행동이 반영되기 때문).

07 ③

| 정답해설 | ⓒ 시간가중 수익률은 펀드매니저의 운용능력을 측정하기 위해 사용하는 방법이다.
ⓔ 시간가중 수익률은 총 투자기간을 세부기간으로 구분하여 각 세부기간별 수익률을 계산하고, 이를 기하평균으로 연결하여 총 수익률 산출하는 방법으로, 투자자금의 유출입에 따른 수익률 왜곡현상을 해결한 방법이다.
| 오답해설 |
㉠ⓒ은 금액가중 수익률에 대한 설명이다.

08 ④

| 정답해설 | 금액가중 수익률은 IRR(내부수익률) 계산 방식으로 투자자의 현금흐름(유입·유출)을 반영하며, 투자자 관점에서 직접투자 성과 측정에 적합하다.
| 오답해설 |
① 시간가중 수익률은 IRR 방식이 아니라 세부기간별 수익률을 기하평균하는 방식이며, 펀드 기준가격과 밀접하게 관련된다.
② 시간가중 수익률은 투자자의 행동 영향을 제거하므로 직접투자 성과 측정에는 적합하지 않다.
③ 시간가중 수익률의 특징에 해당한다.

09 ③

| 정답해설 | 산술평균 수익률은 단순 평균 방식이므로 변동성을 반영하지 못해 포트폴리오 성과 측정에 적합하지 않다.
| 오답해설 |
① 장기성과 측정 시 기하평균 활용이 바람직하다.
② 산술평균은 변동성 효과를 고려하지 않으므로 기하평균보다 항상 크다.
④ 기하평균은 복리효과를 반영하므로 성과 측정에 적합하다.

10 ①

| 정답해설 |

• 각 기간수익률 계산

- 1기간 수익률 $= \dfrac{18,000 + 300}{15,000} = 1.22$

- 2기간 수익률 $= \dfrac{19,000 + 350}{18,000} = 1.075$

• 산술평균수익률 $= \dfrac{22\% + 7.5\%}{2} = 14.75\%$

• 기하평균수익률 $= \sqrt{1.22 \times 1.075} - 1 = 0.1452(14.52\%)$

11 ④

| 정답해설 | 대표펀드의 문제는 선정된 일부 펀드만으로 전체 성과를 판단하는 오류를 의미한다.

| 오답해설 |
① '기간별 성과 변동 문제'에 해당한다.
② '성과의 이전 가능성 문제'에 해당한다.
③ '생존계정의 오류 문제'에 해당한다.

개념 Plus⁺ 운용사의 수익률 측정 시 주요 문제점

대표펀드의 문제	여러 펀드 중 대표로 선정된 펀드만 보고 전체 성과를 판단하는 오류로, 대표펀드가 실제 운용성과를 왜곡할 수 있음
생존계정의 편의	• 성과 측정 시 현재 운용 중인 펀드만 평가하면, 과거 부진하여 청산된 펀드가 제외되어 실제보다 성과가 좋게 나타남 • 생존계정의 오류를 피하기 위해서는 성과평가 기간 동안 운용되었던 모든 펀드를 평가 대상으로 하여야 함
성과의 이전 가능성	• 펀드매니저가 다른 운용사로 이직 시 운용능력을 어느 시점에서 측정할지 불명확 • 환경·지원·리스크 관리 등도 성과에 영향을 주며, 환경의 동질성을 담보할 수 없다면 성과의 연속성을 주장하기 어려움
기간별 성과 변동	• 측정 기간에 따라 성과의 차이가 큼 • 특정 기간만 보면 편향된 결론이 나올 수 있으므로 적정 기간 설정이 필요

12 ④

| 정답해설 | 시간에 따른 성과 변동 문제는 평가 기간을 임의로 선택해 성과를 측정할 경우, 특정 시점의 유리한 시장 상황이 반영되어 실제보다 운용성과가 좋게 보일 수 있는 오류를 말한다.

13 ①

| 정답해설 | 내부수익률(IRR, Internal Rate of Return)은 투자안의 현금유출액의 현재가치와 현금유입액의 현재가치를 같게 만드는 할인율이다. 즉, 투자로 인해 발생하는 순현재가치(NPV)가 0이 되는 할인율을 말하며, 투자수익성을 나타내는 대표적인 지표다.

| 오답해설 |
② 평균 수익률이란 일정 기간 동안의 산술평균 또는 기하평균으로 산출한 수익률이며, 현금흐름의 시점을 고려하지 않는다.
③ 총자산이익률(ROA)이란 기업이 총자산을 활용해 얼마나 이익을 창출했는지 나타내는 비율이다.
④ 자기자본이익률(ROE)이란 기업이 보유한 자기자본 대비 순이익의 비율을 나타내는 경영성과 지표이다.

14 ④

| 정답해설 | 투자위험은 수익률 변동성뿐만 아니라 기대수익률 미달 가능성, 현금흐름 부족 가능성, 미래 불확실성 등 다양한 요소를 포함하며, 수익-위험 차원(return-risk basis)에서 평가한다.

15 ②

| 정답해설 | 상대 VaR은 상대적 위험의 하락 위험 측정 지표로, 기준지표 대비 펀드가 정해진 기간 동안 특정 확률 수준에서 입을 수 있는 최대 손실액을 측정하는 지표이다.

| 오답해설 |
①③④는 절대적 위험의 하락 위험 지표에 해당한다.

16 ④

| 정답해설 | 표준편차는 수익률의 변동성을 나타내며, 정규분포 가정 시 ±2 표준편차 범위 내의 확률은 약 95.5%이다.

| 오답해설 |
① 표준편차가 0이더라도 변동성이 없을 뿐 무위험자산이라고 단정할 수는 없다.
② 표준편차는 수익률이 평균에서 벗어난 절대적인 거리를 나타내며, 값이 작을수록 변동성은 작다.
③ 연간표준편차는 월간표준편차 $\times \sqrt{12}$로 계산한다.

17 ②

| 정답해설 | 첨도가 3보다 작으면 봉우리가 낮고 꼬리가 가벼워 평균보다 높은 수익이 발생할 가능성이 높다.

| 오답해설 |
① 첨도 > 3이면 꼬리가 두꺼워 하방위험이 커진다.
③ 왜도가 양(+)이면 분포가 왼쪽으로 치우쳐 있어, 평균 기준으로 오른쪽 꼬리가 길어지고 평균보다 높은 수익이 나타날 가능성이 커진다.
④ 왜도가 음(-)이면 분포가 오른쪽으로 치우쳐 있어, 평균 기준으로 왼쪽 꼬리가 길어지고 평균보다 낮은 수익이 나타날 가능성이 커진다.

18 ④

| 정답해설 | 비정규분포일 경우 표준편차만으로는 실제 위험을 제대로 반영하지 못하므로 하락 위험 지표가 필요하다.
| 오답해설 |
① 옵션 외에도 구조화 상품, 헤지펀드 등 다양한 투자전략 평가에 활용된다.
② 정규분포여도 하락 위험 측정이 유효할 수 있다.
③ 표준편차는 전체 변동성 지표이며 하락 위험과 동일하지 않다.

19 ④

| 정답해설 | 절대 VaR은 신뢰수준(예: 95%, 99%) 하에서 일정 기간 동안 발생할 수 있는 최대 손실액을 추정하는 지표이며, 투자자산 규모를 기준으로 위험을 수치화한다.
| 오답해설 |
① 하락편차(Downside Deviation)에 대한 설명이다.
② 적자 위험(Shortfall Risk)에 대한 설명이다.
③ 반편차(Downside Semi-Deviation)나 하락 위험에 대한 설명이다.

20 ④

| 정답해설 | 표준편차는 절대적 위험을 측정하는 척도에 해당한다.

개념 Plus⁺ 위험의 종류

구분	세부유형	지표
절대적 위험 (absolute risk)	전체 위험	표준편차
	하락 위험	• 절대 VaR • 하락 편차 • 반편차 • 절대 위험
상대적 위험 (relative risk)	전체 위험	• 베타 • 잔차위험 • 추적오차
	하락 위험	상대 VaR

21 ④

| 정답해설 | 운용 목표를 절대적인 수익률의 안전성에 둔다면 바람직한 위험지표는, 전체위험을 고려하여 절대적인 위험을 측정하는 수익률의 변동성을 나타내는 표준편차이다.

22 ④

| 정답해설 | 기준지표는 시장 전체 평균 수익률만을 사용하지 않으며, 운용 전략과 방법에 따라 지표가 달라질 수 있다.

23 ④

| 정답해설 | 벤치마크가 없을 때, 동류 집단 수익률은 같은 위험구조내에서 상대적 성과를 비교할 수 있는 공정한 기준을 제공한다.
| 오답해설 |
① 동류 집단 수익률에 미래 수익률 예측 기능은 없다.
② 절대 수익률 평가는 동류 집단 수익률의 주된 목적이 아니다.
③ 동일 스타일 강제는 불가능하다.

24 ④

| 정답해설 | 트레이너비율은 베타(체계적 위험)를 사용하고, 샤프비율은 표준편차(총위험)를 사용한다.

25 ②

| 정답해설 | $TR_p = \dfrac{R_p - R_f}{\beta_p} = \dfrac{0.10 - 0.03}{1.4} = 0.05(5\%)$

26 ②

| 정답해설 |
$$IR = \frac{(펀드\ 수익률 - 기준\ 수익률)}{잔차위험}$$
$$= \frac{(10\% - 6\%)}{2\%}$$
$$= \frac{4\%}{2\%}$$
$$= 2.0$$

27 ④

| 정답해설 | 포트폴리오 분석은 결과가 아니라 포트폴리오 자체의 특성을 분석하며, 투자 비중과 배분 구조 파악이 출발점이다.
| 오답해설 |
① 펀드 스타일 파악은 분석 이유 중 하나이며, 반드시 결과 분석 이후만 하는 것이 아니다.
② 거래 빈도와 매매패턴 분석도 주요 분석 대상에 포함된다.
③ 결과(수익률·위험) 분석이 아니라 특성 분석이 핵심이다.

28 ③

| 정답해설 | 매매회전율과 거래빈도는 스타일 분석의 분류 기준이 아니라 포트폴리오 분석에서 거래 특성 파악에 쓰이는 항목이다.

8장 거시경제 383쪽

01	①	02	④	03	②	04	②	05	①
06	②	07	①	08	①	09	③	10	③
11	②	12	②	13	②	14	④	15	④
16	③	17	②	18	②	19	③	20	②
21	②	22	②	23	④	24	②	25	①
26	②	27	④	28	④				

01 ①

| 정답해설 | 조세가 증가하면 가처분소득이 감소하여 소비가 줄고, 총수요가 감소하게 된다. 따라서 국민소득이 줄어 IS곡선은 좌측으로 이동하며, 우측 이동 요인에는 해당하지 않는다.

| 오답해설 |
② 기업의 독립투자가 증가하면 총수요가 늘어나 국민소득이 상승하게 된다. 이로 인해 같은 금리에서 균형 소득이 증가하므로 IS곡선은 우측으로 이동한다.
③ 절대소비가 증가하면 가처분소득과 관계없이 소비가 늘어나 총수요가 증가한다. 그 결과 IS곡선은 우측으로 이동하게 된다.
④ 정부가 재화와 서비스를 더 많이 구매하면 총수요가 확대되어 국민소득이 증가한다. 이에 따라 IS곡선은 우측으로 이동하게 된다.

개념 Plus⁺ IS 곡선에서 변수 간 관계

- Y와 R
  - 국민소득(Y)이 증가하면 투자(I)가 감소하여 수요가 줄어든다.
  - 균형 회복을 위해 이자율(R)이 하락해야 하므로 Y와 R은 반비례 관계이다.
- Y와 G: 정부지출(G)이 증가하면 총수요가 늘어나고, 균형 회복을 위해 국민소득(Y)도 증가하므로 Y와 G는 정비례 관계이다.
- Y와 T: 조세(T)가 증가하면 가처분소득이 줄어 소비가 감소하고, 균형 회복을 위해 Y도 감소하므로 Y와 T는 반비례 관계이다.

02 ④

| 정답해설 | 확대재정정책이 국민소득에 미치는 효과가 가장 크게 나타나는 경우는 IS곡선은 수직(투자가 이자율에 완전비탄력적)이고, LM곡선은 수평(화폐수요가 이자율에 완전탄력적)인 경우이다. IS곡선이나 LM곡선은 모두 이자율에 탄력적일수록 수평선에 가깝고, 이자율에 비탄력적일수록 수직선에 가깝다.

03 ②

| 정답해설 | 재정정책이 가장 효과적인 경우는 투자의 이자율 탄력성이 매우 작아서 IS곡선이 수직선에 가깝고(IS곡선의 음의 기울기가 클수록), 화폐수요의 이자율 탄력성이 매우 커서 LM곡선이 수평선에 가까운(LM곡선의 양의 기울기가 작을수록) 경우이다. 예를 들어 정부가 정부지출을 늘리는 확장적 재정정책을 실시하는 경우 정부지출 증가로 국민소득이 증가하면서 이자율 상승하게 되는데, 이자율이 상승하면 기업의 투자가 줄어들 수 있다 (구축효과).
그런데 투자가 이자율에 비탄력적이라면 이자율 상승으로 인한 투자의 감소는 아주 작기 때문에 정부지출을 늘리는 재정정책의 효과가 커진다. IS곡선과 LM곡선은 가로축이 국민소득(Y)이고 세로축이 이자율(r)이므로, 주어진 식을 r에 대하여 다시 정리하면 기울기를 쉽게 파악할 수 있다.
IS곡선과 LM곡선의 기울기를 모두 구해보면, ① (−1/50, 1/200), ② (−1/50, 1/300), ③ (−1/100, 1/100), ④ (−1/200, 1/100)이다. 따라서 IS곡선의 음의 기울기가 가장 크고(수직선에 가장 가깝고, LM곡선의 양의 기울기가 가장 작은(수평선에 가까운) ②의 경우에 재정정책의 효과가 가장 크다.

04 ②

| 정답해설 | 조세를 감소시키면 IS곡선이 우측으로 평행 이동하므로 시장이자율은 상승한다.

| 오답해설 |
① 물가가 하락하면 실질화폐공급이 증가하여 LM곡선이 우측으로 평행 이동하므로 시장이자율은 하락한다.
③ 통화량이 증가하면 LM곡선이 우측으로 평행 이동하여 시장이자율은 하락한다.
④ 정부지출이 감소하면 IS곡선이 좌측으로 평행 이동하여 시장이자율은 하락한다.

개념 Plus⁺ IS곡선과 LM곡선의 이동 요인

구분	우측 이동 요인(확대)	좌측 이동 요인(축소)
IS곡선 (재화 시장)	• 정부지출(G) 증가 • 조세(T) 감소 • 민간투자(I) 증가: 금리하락, 기대수익 상승 등 • 소비(C) 증가: 가처분소득 증가, 소비 상승 • 순수출(X−M) 증가: 해외소득 증가, 환율 하락	• 정부지출(G) 감소 • 조세(T) 증가 • 민간투자(I) 감소: 금리상승, 경기 침체 등 • 소비(C) 감소: 가처분소득 감소, 소비 위축 • 순수출(X−M) 감소: 해외소득 감소, 환율 상승

LM곡선
(화폐
시장)
	• 실질화폐공급(M/P) 증가
	  − 중앙은행의 통화량 확대
	  − 물가 하락
	• 화폐수요(L) 감소
	  − 결제수단 혁신
	  − 금융거래 효율화 등
		• 실질화폐(M/P) 감소
		  − 중앙은행의 통화량 감소
		  − 물가 상승
		• 화폐수요(L) 증가
		  − 소득 증가
		  − 거래빈도 상승
		  − 불확실성 확대 등

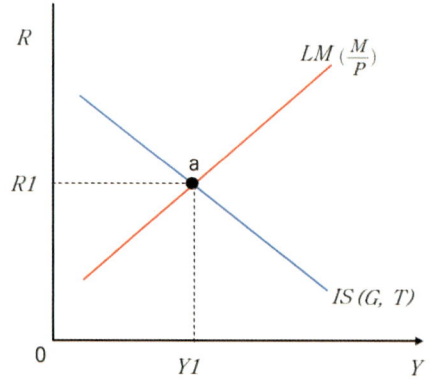

05 ①

| 정답해설 | 케인즈학파는 완전 구축효과가 아니라 부분 구축효과를 주장했다. 즉, 정부지출 증가로 이자율이 오르면 민간투자가 줄어드는 효과가 있지만, 이 감소분이 정부지출 증가분 전체를 상쇄하지 못한다고 주장했다.

| 오답해설 |
② 고전학파는 LM곡선을 수직으로 가정하여 화폐수요가 이자율에 무관하다고 본다. 따라서 정부지출 증가 시 이자율이 크게 상승하고 민간투자가 전부 줄어드는 완전 구축효과가 발생한다. 즉, 케인지언 모형보다 고전학파 모형에서 구축효과가 더 크게 나타난다.
③ IS-LM 모형에서 LM곡선이 가파를수록 즉, 이자율에 대해 화폐수요가 비탄력적일수록 정부지출 증가가 소득을 크게 늘리지 못한다. 이 경우 이자율은 크게 오르고 민간투자 감소 효과가 크므로 구축효과가 커진다.
④ LM곡선이 수평일수록 즉, 이자율에 대해 화폐수요가 탄력적일수록 정부지출 증가 시 이자율은 거의 오르지 않는다. 따라서 민간투자 감소가 발생하지 않고 소득이 크게 증가하여 재정정책의 효과가 극대화된다.

개념 Plus⁺ 케인지언 모형, 고전학파 모형

케인지언 모형	고전학파 모형

• LM곡선이 수평
  → 유동성 함정 상황
• 이자율이 거의 변하지 않으면서 재정정책(정부지출 증가 등)에 의해 소득(Y)이 쉽게 변동
• 부분 구축효과
	• LM곡선이 수직
	  → 화폐수요가 금리에 무관, 완전고용 수준에서 고정
	• 재정정책으로 국민소득(Y)이 변하지 않고 대신 이자율(R)만 변동
	• 완전 구축효과

06 ②

| 정답해설 | 일반적으로 유동성 함정은 경제가 극심한 불황 상태에 있을 때 발생한다. 그 결과 통화정책은 아무 효과가 없게 되고, 재정정책의 효과가 극대화된다. 이 경우 경기확대정책으로서 정부 지출을 늘리거나 세금을 낮추는 등 확대재정정책을 시행하게 되면, 유동성 함정하에서 IS곡선이 우측으로 이동하여 이자율은 불변인 채로 국민소득을 크게 증가시킬 수 있다.

07 ①

| 정답해설 | 유동성 함정에서는 이자율에 대한 화폐수요의 탄력성이 매우 커서 이자율이 조금만 낮아져도 화폐수요가 크게 증가한다.

08 ①

| 정답해설 | 유동성 함정 구간에서는 이자율이 매우 낮아 추가적인 하락이 어렵기 때문에 사람들이 화폐를 무한히 보유하려고 한다. 따라서 이 구간에서 화폐수요는 이자율 변화에 대해 완전탄력적이 되며, 화폐수요의 이자율 탄력성은 무한대이다. 이로 인해 통화정책은 효과가 없고, 재정정책만이 국민소득을 증대시킬 수 있다.

개념 Plus⁺ 구축효과와 유동성 함정

• 구축효과(Crowding Out Effect)
  – 확대재정정책을 실시하면 IS곡선이 우측으로 이동하여 국민소득은 증가하고 이자율은 상승하게 됨
  – 이자율이 오르면 민간투자가 줄어드는데, 투자는 이자율에 대한 감소함수이므로 이자율 상승이 투자 축소를 유발함
  – 결국 정부지출 증가로 국민소득이 늘어나지만 동시에 민간투자 감소로 국민소득이 줄어드는 상반된 효과가 나타남
  – 이처럼 정부지출 확대가 이자율 상승을 통해 민간투자를 위축시키는 현상을 구축효과라고 함
• 유동성 함정(Liquidity Trap)
  – 케인즈에 따르면 이자율이 일정 수준 이하로 하락하면, 경제주체는 채권을 더 이상 보유하지 않고 화폐를 무한히 보유하려고 함
  – 이 경우 화폐수요가 폭발적으로 증가하여 화폐수요의 이자율 탄력성이 무한대가 되며, LM곡선은 수평 형태를 띠게 됨
  – 따라서 통화정책으로 LM곡선을 우측 이동시켜도 이자율은 변하지 않으므로 통화정책은 무력화됨
  – 반면, 이 상황에서는 재정정책을 실시해도 이자율이 오르지 않으므로 구축효과가 발생하지 않으며, 국민소득은 크게 증가함
  – 유동성 함정은 대체로 극심한 경기 침체 시 나타나며, 이때는 재정정책의 효과가 극대화되는 반면 통화정책은 아무런 힘을 발휘하지 못함

09 ③

| 정답해설 | 피구(Pigou) 효과에 대한 설명이다. 피구 효과란 경기 불황이 심해질 때 물가가 급속히 하락하면서 경제주체들이 보유한 화폐의 실질가치가 증가하는 현상으로, 실질 부(wealth)가 증가함에 따라 민간 소비가 늘어나고 총수요가 증가한다.

개념 Plus⁺ 외부 효과, 리카르도 불변의 정리

• 외부 효과
  – 경제주체의 행위가 시장가격에 반영되지 않고, 제3자에게 의도치 않은 편익이나 피해를 주는 현상
  – 긍정적 외부효과(예방접종, 연구개발 등)와 부정적 외부효과(공해, 소음 등)로 구분
  – 외부 효과 존재 시 시장은 효율적 자원배분 달성 불가
    → 세금·보조금·규제 등 정부의 개입이 필요
• 리카르도 불변 정리(Ricardian Equivalence)
  – 정부지출 증가와 세금 감소 여부를 비교
    → 정부지출(G) 증가는 총수요에 직접적으로 영향을 미침
    → 세금(T) 감소는 총수요에 간접적으로 영향을 미치며, 소비가 증가하는지 여부가 핵심

10 ③

| 정답해설 | 통화주의자는 소비가 항상소득 즉, 영구소득에만 의존한다고 본다. 이에 따라 세금 감소가 일시적이면 영구소득을 변동시키지 못하므로 소비에는 변화가 없지만, 영구적 세금 감소는 영구소득을 증가시켜 소비에 영향을 준다. 따라서 케인즈학파의 확대재정정책은 대부분 일시적 세금 변동이므로 총수요에는 큰 변동을 주지 못한다.

한편 합리적 기대학파는 리카르도 불변 정리(Ricardian Equivalence Theorem, RET)를 주장하며, 경제주체는 현재의 세금 감소를 미래의 세금 증가로 인식하기 때문에 세금 감소는 민간 저축을 늘릴 뿐 소비를 늘리지 않아 총수요에는 변동이 없다고 본다. 즉, 합리적 기대학파에서는 정부의 공채를 부(wealth)로 간주하지 않기 때문에 소비 증가가 발생하지 않는다.

11 ②

| 정답해설 | 케인즈는 고전학파와 달리 이자율을 한계생산물의 소비를 미래로 연기한 것에 대한 보상으로 보지 않았다. 케인즈는 이자율을 현재 혹은 과거에 소비하지 않고 축적한 소득을 화폐가 아닌 다른 금융자산의 형태로 보유함으로써 유동성을 희생시킨 데에 대한 보상으로 생각했다.

12 ②

| 정답해설 | 케인즈학파는 이자율 수준이 통화량의 영향을 받는다고 보고 있지만 고전학파는 이자율이 통화량과 관계없이 결정된다고 본다.

13 ①

| 정답해설 | 불편기대 이론에 관한 설명이다. 불편기대 이론은 장단기 채권 간에 완전한 대체관계가 있다고 본다. 즉, 3년 만기 채권에 투자한 수익률과 1년 채권에 투자한 후 2년 만기 채권에 투자한 수익률이나, 2년 채권에 투자한 후 1년 만기채권에 투자한 수익률이 같아진다는 논리이다.

14 ④

| 정답해설 | 우하향하는 수익률 곡선(전도된 수익률곡선) 즉, 단기채권의 수익률은 높고 장기채권의 수익률이 낮은 상황은 어떤 경제체제의 소득 수준이 높아서 금융당국이 긴축정책을 실시하는 경우에 발생한다.

15 ④

| 정답해설 |
• 정책당국이 이자율을 일정한 수준으로 조절하기 위해 통화량을 증가시키면 단기적으로 명목이자율은 하락하게 되는데 이를 유동성 효과라고 한다.
• 이자율 하락은 투자를 증가시키므로 국민소득이 증대되고 이는 화폐수요를 증가시켜 명목이자율은 다시 상승하게 되는데, 이를 소득 효과라고 부른다.
• 통화량이 증가하여 기대인플레이션이율이 상승하고 물가가 상승하면 명목이자율이 상승하는데 이를 피셔 효과라고 한다.

16 ③

| 정답해설 | 특정 시장 선호 이론은 장단기 채권 간의 불완전한 대체관계를 가정하며, 기대 이론과 시장분할 이론을 결합한 형태이다. 이 이론은 투자자가 만기가 서로 다른 채권들의 예상수익률을 동시에 고려하면서도 특정 만기의 채권을 선호할 수 있음을 의미한다. 따라서 장기채권의 금리는 만기까지 예상된 단기이자율의 평균(기대이론)과 기간프리미엄(term premium)의 합으로 나타낼 수 있다.

17 ②

| 정답해설 | 국민총소득(GNI: Gross National Income)은 한 나라 국민이 생산활동에 참여하여 얻은 소득의 합을 의미하며, 해외로부터 국민(거주자)이 받은 소득(국외수취 요소소득)은 포함되고, 국내총생산 중 외국인에게 지급한 소득(국외지급 요소소득)은 제외된다. 반면 국내총생산(GDP)은 국내에 거주하는 모든 생산자가 창출한 부가가치를 합산한 것으로, 국외에서 발생한 생산은 고려하지 않는다. 따라서 GNI와 GDP 사이에는 국외순수취 요소소득만큼의 차이가 발생하며, GNI는 GDP에서 국외순수취 요소소득을 더하여 산출된다.

18 ③

| 정답해설 | 겨울철에 농사일이 없어서 쉬고 있는 농민은 계절적 노동수요 변화에 따라 발생하는 실업 즉, 계절적 실업에 해당하며, 나머지 사람들은 모두 비경제활동인구로 분류된다.

개념 Plus⁺ 경제활동인구와 비경제활동인구

• 만 15세 이상 노동가능인구(생산가능인구)는 경제활동인구와 비경제활동인구로 나눌 수 있다.
• 경제활동인구는 15세 이상 인구 중 경제활동에 참여하고 있는 사람으로, 취업자와 적극적으로 구직활동을 한 실업자를 포함한다. 여기서 실업자는 일자리를 구하려고 노력했으나 취업하지 못한 사람을 의미하며, 일시적으로 해고되어 다시 취업하기를 기다리는 사람도 포함된다.
• 비경제활동인구는 15세 이상 인구 중 일할 능력이 없거나 취업 의사가 없는 사람으로 구성된다. 예를 들어, 가사와 육아를 전담하는 전업주부, 학생, 진학 준비자, 취업 준비생, 연로자, 심신장애자, 구직 활동을 하다 취업을 포기한 사람 등이 이에 해당한다.

19 ③

| 정답해설 |
- 15세 이상 인구 3,500명에서 비경제활동인구 1,000명을 제외한 2,500명이 경제활동인구가 된다. 따라서 경제활동참가율은 71.4%(=2,500/3,500)이다.
- 실업률은 경제활동인구에서 실업자가 차지하는 비율이다. 실업자수와 취업자수를 더한 것이 경제활동인구이므로 실업자는 취업자수 2,250명을 제외한 나머지 250명이다. 따라서 실업률은 (250÷2,500)×100=10%이다.

20 ②

| 정답해설 |

- 실업률 = $\dfrac{\text{실업자}}{\text{경제활동가능인구(취업자 + 실업자)}} \times 100\%$

  $= \dfrac{10\text{명}}{30\text{명}} \times 100\%$

  $= 33.3\%$

- 경제활동참가율 = $\dfrac{\text{경제활동인구}}{\text{생산활동가능인구}} \times 100\%$

  $= \dfrac{30\text{명}}{40\text{명}} \times 100\%$

  $= 75\%$

21 ②

| 정답해설 | 장단기 금리차는 선행 종합지수에 해당한다.

개념 Plus⁺ 경기종합지수(CI)
- 선행 종합지수: 재고순환지표, 경제심리지수, 가계류내수출하지수, 건설수주액(실질), 수출입물가비율, 코스피, 장단기 금리차
- 동행 종합지수: 비농림어업취업자수, 광공업생산지수, 서비스업생산지수, 소매판매액지수, 내수출하지수, 건설기성액(실질), 수입액(실질)
- 후행 종합지수: 취업자수, 생산자제품재고지수, 소비자물가지수변화율(서비스), 소비재수입액(실질), CP 유통수익률

22 ②

| 정답해설 | 경기변동의 요인은 계절요인, 불규칙 요인, 추세요인, 순환요인 등으로 구분할 수 있으며, 넓은 의미의 경기순환은 추세 요인과 순환요인에 의해서 발생되는 경기변동을 의미한다.

23 ④

| 정답해설 | ⓒ 경기확산지수(DI)가 50% 이상이면 경기는 상승국면, 50% 이하이면 하강국면으로 판단한다.
ⓔ 경기확산지수(DI)는 경기변동의 진폭이나 속도는 측정하지 않고, 경기변동의 방향과 전환점을 식별하는 데 사용된다.

| 오답해설 |
㉠ 경기종합지수(CI)는 각 지표의 전월 대비 변화율을 통계적으로 종합하여 산출하는 지표로, 전월 대비 변화율이 (+)이면 경기상승, (−)이면 경기하강을 나타낸다.
㉡ 경기종합지수(CI)에서 증감률의 크기는 경기변동의 진폭을 반영하며, 변화 방향뿐만 아니라 속도도 분석 가능하다.

개념 Plus⁺ 경기확산지수(DI)와 경기종합지수(CI)
- 경기확산지수(Diffusion Index, DI)
  - 경제 특정 부문에서 발생한 경기동향 요인이 다른 부문으로 확산·파급되는 과정을 파악하기 위한 지표이다.
  - 경기변동의 진폭이나 속도는 측정하지 않고, 경기변동의 방향과 전환점을 식별하는 데 사용된다.
  - 경기확산지수(DI)

    $= \dfrac{\text{전월비 증가지표의 수} + \dfrac{1}{2} \times \text{보합지표의 수}}{\text{구성지표의 수}}$

  - DI가 50% 이상이면 상승국면, 50% 이하이면 하강국면으로 판단한다.
- 경기종합지수(Composite Index, CI)
  - 경기에 민감한 대표 지표들을 선정하여, 각 지표의 움직임을 통계적으로 종합한 지수형태의 종합경기지표이다.
  - 전월 대비 변화율이 (+)이면 경기상승, (−)이면 경기하강을 나타낸다.
  - 증감률의 크기는 경기변동의 진폭을 반영하며, 변화 방향뿐만 아니라 속도도 분석 가능하다.
  - 경기국면과 상관관계에 따라 선행, 동행, 후행 지수로 구분된다.
    ① 선행지수: 경기 예측
    ② 동행·후행지수: 경기 동향 확인

24 ②

| 정답해설 |
- 기업경기실사지수(BSI) = (긍정 업체 수 − 부정 업체수) + 100
  $= (25 - 75) + 100$
  $= 50$
- BSI가 100 이상이면 확장국면, 100 이하이면 수축국면으로 판단한다.

25 ①

| 정답해설 | 경기확산지수(DI)가 50% 이상이면 상승국면, 50% 이하이면 하강국면으로 판단한다.

26 ②

| 정답해설 | 전문가 B는 재고순환지표가 꾸준히 호조를 보이고 있으므로 향후 경기 상승이 이어질 것으로 예측했는데, 이는 가장 타당한 견해이다. 재고순환지표는 CI의 선행지표로서, 향후 경기의 단기 변화를 예측하는 데 적합하다.

| 오답해설 |

① 전문가 A는 최근 소비재 수입액이 급증하고 있으므로 조만간 경기가 상승할 것으로 예상한다고 말했지만, 이는 옳지 않다. 소비재수입액은 경기종합지수(CI)의 후행지표로, 과거 경기 변화를 확인하는 용도로 사용되기 때문에 미래 경기 예측에는 적합하지 않다.

③ 전문가 C는 CSI가 전월 180에서 금월 150으로 하락했으므로 경기가 본격적으로 하락국면에 진입했다고 판단했지만, 이는 부적절하다. CSI(경기종합지수)는 경기 수준을 종합적으로 나타내는 지표로, 단순히 한 달간 하락한 수치만으로 본격적인 하락국면을 판단하는 것은 과도하다.

④ 전문가 D는 BSI가 전월 75에서 금월 90으로 상승했으므로 이 달부터 본격적으로 상승국면에 진입했다고 판단했으나, 이 역시 옳지 않다. BSI는 기준이 100이며, 100 미만 구간에서는 여전히 경기 하락국면으로 보아야 하므로, 75에서 90으로 상승했다고 해서 본격 상승국면으로 볼 수 없다.

27 ④

| 정답해설 |

기업경기실사지수(BSI) = (긍정 업체 수 − 부정 업체수) + 100
$\qquad\qquad\qquad\quad$ = (30 − 70) + 100
$\qquad\qquad\qquad\quad$ = 60

| 오답해설 |

① 실업률은 경제활동인구 중에서 일할 의사와 능력이 있으나 일자리를 갖지 못한 사람의 비율을 나타내며 실업자 수를 경제활동인구로 나누어 계산한다.

② 통화유통속도(V)는 경제에서 통화가 얼마나 빨리 순환하는지를 나타내며, 명목 GDP를 통화량으로 나누어 산출한다.

③ GDP 디플레이터는 물가수준 변화를 반영한 지표로, 명목 GDP를 실질 GDP로 나누어 계산하고 100을 곱해 표현한다.

28 ④

| 정답해설 | 경기확산지수(DI) 해석 시 지난달보다 수치가 낮다고 무조건 경기가 하강국면이라 할 수 없으며, DI가 30%일 때보다 60%일 때 경기가 2배로 좋은 것도 아니고 40%일 때보다 20%일 때가 2배로 경기가 나빠졌다는 의미도 아니라는 점에 유의하여야 한다. 50%는 경기가 상승이나 하강의 전환점을 맞았음을 의미한다.

9장 분산투자기법 402쪽

01	②	02	②	03	③	04	③	05	③
06	①	07	②	08	②	09	③	10	③
11	③	12	①	13	③	14	③	15	③
16	④	17	③	18	④	19	③	20	③
21	②	22	①	23	③	24	①	25	③
26	④	27	④	28	③	29	③	30	③
31	①	32	②	33	④	34	①	35	①

01 ②

| 정답해설 | 통합적 포트폴리오 관리 과정은 투자목표의 설정 → 거시경제 및 시장예측 → 투자실행 → 사후통제 순으로 이루어진다.

02 ②

| 정답해설 | 개별주식에 대한 기대수익률은 포트폴리오의 기대수익률을 계산할 때 필요한 요소이다.

03 ③

| 정답해설 | • 먼저 개별자산의 기대수익률을 계산한다. 개별자산의 기대수익률은 특정한 사건이 일어날 확률에 그 사건이 일어날 경우 예상되는 수익률을 곱하고 모든 경우의 수를 합하여 산출한다.

− 주식 A의 기대수익률 = (0.5 × 0.2) + (0.5 × 0.05)
$\qquad\qquad\qquad\qquad$ = 0.1250(12.5%)
− 주식 B의 기대수익률 = (0.5 × 0.3) + (0.5 × 0.03)
$\qquad\qquad\qquad\qquad$ = 0.1650(16.5%)

• 그 다음 포트폴리오 기대수익률을 계산한다. 포트폴리오 기대수익률은 두개의 자산일 때 (A비중×A기대수익률)+(B비중×B기대수익률)로 계산한다.

− 포트폴리오 기대수익률 = (0.4 × 0.125) + (0.6 × 0.165)
$\qquad\qquad\qquad\qquad\quad$ = 0.1490(14.90%)

04 ③

| 정답해설 | • 포트폴리오의 기대수익률은 개별자산의 기대수익을 투자비중으로 가중평균하여 계산한다.

• 포트폴리오의 기대수익률 = (주식형펀드의 비중 70% × 기대수익률 15%) + (채권형펀드의 비중 30% × 기대수익률 7%) = 12.6%

• 포트폴리오의 표준편차는 무위험자산의 표준편차가 0이므로 위험자산의 비중 70% × 표준편차 10% = 7%이다.

05 ③

| 정답해설 | 포트폴리오 위험(분산)은 단순히 각 자산의 위험 합이 아니라, 자산 간 공분산·상관계수까지 반영해야 정확히 계산할 수 있다.

| 오답해설 |
① 상관계수가 낮을수록(특히 음(−)의 값일수록) 분산투자 효과가 커지며, 상관계수가 1이면 분산효과가 없다.
② 종목 수가 많아질수록 분산효과로 인해 비체계적 위험은 감소하지만, 기대수익은 단순히 종목 수와 직접적인 관련은 없다.
④ 분산투자를 통해 줄일 수 없는 위험은 체계적 위험(시장위험)이며, 분산으로 제거 가능한 위험은 비체계적 위험(기업고유위험, 개별위험)이다.

06 ①

| 정답해설 | 포트폴리오의 기대수익은 단순히 각 자산 기대수익률의 투자비중 가중평균으로 계산된다.

| 오답해설 |
② 위험은 단순 가중평균이 아닌 자산 간 공분산과 상관계수가 반영된다.
③ 상관계수가 낮을수록(특히 음(−)의 값일수록) 분산투자 효과가 커져 위험이 감소하며, 상관계수가 1이면 분산투자효과가 없다.
④ 투자비중은 위험 계산 시 중요한 요소이며, 비중이 클수록 그 자산의 위험 기여도가 커진다.

07 ②

| 정답해설 |

- 베타(β) = $\dfrac{공분산}{분산}$

  = $\dfrac{0.03}{0.02}$

  = 1.5

- 주식 A의 요구수익률 $K = R_f + \beta(R_m - R_f)$
  = $0.08 + 1.5(0.15 - 0.08)$
  = $0.185(18.5\%)$

- A주식의 내재가치 = $\dfrac{D_1}{(k-g)}$

  = $\dfrac{1,500}{(0.185 - 0.1)}$

  = 17,647원

08 ②

| 정답해설 | $\sigma_{XY} = \sigma_X \times \sigma_Y \times \rho_{XY} = 0.3 \times 0.2 \times 0 = 0$
※ 참고로 이 문제는 따로 계산할 필요가 없다. 상관계수가 0이면 공분산도 0이기 때문이다.

09 ③

| 정답해설 | 개인투자자는 자본시장에서 가격 결정자(Price Maker)가 아닌 오로지 정해진 가격에 따라 행동하는 가격 순응자(Price Taker)이다.

개념 Plus⁺ 자본자산 가격결정 모형(CAPM)의 기본 가정

- 평균·분산 기준의 가정
  - 투자자는 수익률의 평균과 분산만을 고려하여 투자 결정을 내린다.
  - 상대적으로 높은 평균, 상대적으로 낮은 분산을 가진 자산을 선택한다.
- 동일한 투자기간의 가정: 모든 투자자는 동일한 단일 투자기간을 갖고, 이후 발생하는 결과는 무시한다.
- 완전시장 가정: 개인투자자는 가격 수용자(price taker)이며, 거래비용과 세금이 없고 자본과 정보의 흐름에 마찰이 없다.
- 무위험자산 존재 가정
  - 투자대상은 공개적으로 거래되는 금융자산에 한정된다.
  - 무위험자산(risk-free asset)이 존재하며, 모든 투자자는 동일한 무위험이자율로 자유롭게 차입·대여 가능하다.
- 균형시장 가정: 자본시장은 수요와 공급이 일치하는 균형 상태이다.
- 동질적 미래예측 가정
  - 모든 투자자는 동일한 방법으로 증권을 분석하고 경제상황을 예측한다.
  - 미래 증권 수익률의 확률분포에 대해 동질적 기대(homogeneous expectation)를 가진다.

10 ③

| 정답해설 | 이성적 투자자는 위험선호도와 관계없이 모두 동일하게 시장 포트폴리오를 선택한다. 하지만 투자자들의 위험선호도에 따라 무위험자산과 시장 포트폴리오에 대한 투자비율을 결정하여 최적 포트폴리오를 구성한다.

11 ③

| 정답해설 | 자본시장선(CML)은 투자자금이 무위험자산과 위험자산에 분산 투자될 때 형성되는 관계를 설명한다. 투자자가 무위험자산과 완전 분산된 효율적 위험자산 포트폴리오에 자금을 배분하면, 자본시장은 균형 상태에 도달하게 된다. 이때 효율적 포트폴리오의 기대수익률과 위험(표준편차) 사이에는 일정한 선형적 관계가 성립하며, 이를 그래프로 나타낸 것이 자본시장선이다. 즉, 시장포트폴리오(M)와 무위험자산을 조합하여 얻을 수 있는 포트폴리오들의 집합을 나타내는 직선을 의미한다.

12 ①

| 정답해설 | 자본시장은 수요와 공급이 일치하는 균형상태에 있으며 자본자산 가격결정 모형은 자본시장이 균형 상태를 이룰 때 자본·자산의 가격(기대수익)과 위험과의 관계를 예측하는 모형이다.

13 ③

| 정답해설 | ⓒ 자본시장선(CML)은 기대수익률과 총위험(표준편차)의 관계를 나타낸다.
㉣ 자본시장선(CML)은 무위험자산과 시장포트폴리오의 결합으로 형성된 효율적 투자선을 나타내며, 이 선 위에 위치하는 포트폴리오들은 체계적 위험만 남고 비체계적 위험이 제거된 '완전 분산된 효율적 포트폴리오'이다.

| 오답해설 |
㉠ 증권시장선(SML)에 대한 설명으로, SML은 기대수익률과 체계적 위험(베타)의 관계를 나타낸다.
ⓒ 체계적 위험만 고려하는 것은 증권시장선(SML)이며, 자본시장선(CML)은 총위험(표준편차)을 기준으로 한다.

개념 Plus⁺ 자본자산가격결정모형(CAPM)의 기본 가정

구분	자본시장선(CML)	증권시장선(SML)
공식	기대수익률 E(R) - 표준편차 σ	기대수익률 E(R) - 베타 β
대상	효율적 포트폴리오	모든 개별 자산 및 포트폴리오
위험 척도	총위험	체계적 위험
절편	무위험수익률	무위험수익률
기울기	시장 포트폴리오의 위험보상률	시장 포트폴리오 초과수익률
특징	완전 분산 투자된 효율적 포트폴리오만 위치	개별 증권은 비체계적 위험 포함

14 ①

| 정답해설 | 최적 포트폴리오의 구성은 별개의 두 단계로 분리하여 이루어지게 되는데, 첫째 단계에서는 위험자산들의 효율적 결합은 개별 투자자들의 위험선호도에 관계없이 이루어지며, 그 결과로 얻어지는 시장포트폴리오는 모든 투자자들의 동일한 투자대상이 된다(증권 선택). 둘째 단계는 투자자들의 위험선호도에 따라 무위험자산과 시장 포트폴리오에 대한 투자비율을 결정하여 최적 포트폴리오를 구성하는 것이다(자본 배분).

15 ②

| 정답해설 | 위험자산들의 효율적 결합은 투자자의 위험선호와 관계없이 동일하게 형성된다. 이때 만들어지는 시장포트폴리오는 모든 투자자가 공통으로 선택하는 투자대상이 된다. 그러나 개별 투자자는 위험선호도에 따라 무위험자산과 시장포트폴리오의 투자비율을 달리하여 최적 포트폴리오를 구성한다. 따라서 위험자산의 효율적 결합은 일정하게 유지되며, 변동하는 것은 무위험자산과 시장포트폴리오 간의 배분 비율이다.

16 ④

| 정답해설 | 기대수익률이 베타에 의하여 선형적으로 결정되는 것은 자본시장선(CML)이 아니라 증권시장선(SML)이다.

17 ③

| 정답해설 | 알파는 증권의 과소·과대평가 여부를 판단하기 위한 것으로 증권분석이나 시계열 분석결과 추정된 기대수익률에서 증권시장선(SML)으로 계산된 요구수익률(체계적 위험을 감안한 적정균형수익률)을 뺀 값으로 나타낸다. 이 값이 양(+)이면 과소평가된 증권이며, 음(-)이면 과대평가된 증권이다. 증권 A에 대한 요구수익률은 '무위험이자율(8%) + 베타(1.25) × [기대수익률(15%) - 무위험이자율(8%)] = 16.75%'이다. 따라서 알파는 '기대수익률 17% - 요구수익률 16.75% = 0.25%'로, 알파 값이 양이므로 해당 증권은 과소평가되어 있다.

18 ④

| 정답해설 |
- 주식 A의 요구수익률은 $K = R_f + \beta(R_m - R_f)$
  - 베타가 1.25일 때 = $0.06 + 1.25(0.12 - 0.06)$
    $= 0.135(13.5\%)$
  - 베타 1.1일 때 = $0.06 + 1.1(0.12 - 0.06)$
    $= 0.126(12.6\%)$
- 베타가 1.25일 때 A주식의 알파 = A주식의 기대수익률 12.5% - A주식의 요구수익률 13.5% = -1%
- 베타가 1.1일 때 A주식의 주식의 알파 = A주식의 기대수익률 12.5% - A주식의 요구수익률 12.6% = -0.1%
- 베타가 1.25일 때 A주식의 알파 값은 음수(-)로 과대평가 되어 있다고 평가할 수 있다.
- 베타 1.1일 때 A주식의 알파 값은 음수(-)로 과대평가 되어있다고 평가할 수 있다.

19 ③

| 정답해설 |
- 베타 = $\dfrac{K\text{주식과 시장 포트폴리오의 공분산}}{\text{시장포트폴리오의 분산}} = \dfrac{0.03}{0.02} = 1.5$
- K주식의 요구수익률 = 무위험이자율(6%) + 베타(1.5) × [시장포트폴리오의 기대수익률(15%) - 무위험이자율(6%)]
  $= 19.5\%$

20 ③

| 정답해설 |
- 베타 = $\dfrac{\text{공분산}}{\text{분산}} = \dfrac{0.03}{0.02} = 1.5$

- K(요구수익률) $= R_f + \beta(R_m - R_f)$
  $= 0.04 + 1.5(0.15 - 0.04)$
  $= 0.205(20.5\%)$

21 ③

| 정답해설 |
- A 주식의 요구수익률은 $K = R_f + \beta(R_m - R_f)$
  $= 0.08 + 1.5(0.12 - 0.08)$
  $= 0.14(14\%)$
- A주식의 내재가치 $= \dfrac{D_1}{(k-g)}$
  $= \dfrac{2,000}{(0.14 - 0.06)}$
  $= 25,000원$

22 ①

| 정답해설 | 개별 증권 가격 변동은 개별 기업 고유 요인에 연관된 가격 변동뿐만 아니라 시장 전체(공통요인)에 연관된 가격 변동도 포함된다.

| 오답해설 |
② 단일 지표 모형은 일반적으로 증권의 수익률을 단 하나의 공통 요인인 시장수익률과 선형적인 관계를 갖는 것으로 표시한다.
③ 포트폴리오 베타는 개별 주식 베타를 투자비율로 가중평균하여 계산할 수 있다.
④ 증권특성선의 기울기 즉, 베타가 1.5이면 시장수익률 변화에 따라 평균적으로 1.5배 수익률이 변동한다.

23 ③

| 정답해설 | 시장수익률과 개별주식 수익률간의 관계를 설명하는 식은 증권특성선(SCL)이다.

24 ①

| 정답해설 | 개별 증권의 분산(위험)은 체계적 위험과 비체계적 위험으로 구분할 수 있다.

25 ③

| 정답해설 |
- Y자산의 기대수익률이 균형수익률이므로 이를 이용하여 시장포트폴리오의 기대수익률을 산출하고, 산출된 값을 CAPM식에 대입하여 X자산의 베타를 계산한다.
- CAPM 기본식: $E(R_i) = R_f + \beta_i \times (E(R_m) - R_f)$
- Y자산의 기대수익률 = 무위험수익률 + $\beta_Y \times$ (시장포트폴리오 수익률 - 무위험수익률)
  $9\% = 4\% + 0.6$(시장포트폴리오 수익률 - 4%)
  시장포트폴리오 수익률 $= 12.33\%$
- X자산의 기대수익률$(10\%) = 4\% + \beta_X(12.33\% - 4\%)$
  $\beta_X = 0.72$

26 ④

| 정답해설 | 주식 A의 요구수익률은 $K = R_f + \beta(R_m - R_f)$으로 계산된다. 따라서 주식 A의 기대수익률은 $0.04 + 1.7(0.12 - 0.04) = 0.176(17.6\%)$로 기대수익률 17.5%와 비교하여 과대평가 되어있다.

27 ④

| 정답해설 | 시장수익률 변동에 대한 개별주식 수익률 변동의 민감도를 나타내는 지표로 베타를 사용한다.

28 ①

| 정답해설 | 증권특성선에서 시장수익률의 계수는 베타계수이다. 따라서 $\beta_A = 0.7$, $\beta_B = 1.2$이다. 단일지표모형에서 공분산은 $\beta_A \times \beta_B \times \sigma^2_m$으로 계산된다. 따라서 주식 A와 B의 공분산은 $0.7 \times 1.2 \times (20\%)^2 = 0.0336$이다.

29 ④

| 정답해설 | 최소분산포트폴리오는 다음과 같이 계산된다.
$$W_X = \dfrac{\sigma^2_Y - \sigma_{XY}}{\sigma^2_X + \sigma^2_Y - 2\sigma_{XY}} = \dfrac{0.16 - 0.1 \times 0.4 \times -0.25}{0.01 + 0.16 + -2 \times 0.1 \times 0.4 \times -0.25}$$
$$= \dfrac{0.17}{0.19} = 89\%$$

30 ③

| 정답해설 | 지배원리에 따르면, 기대수익률이 동일할 경우 표준편차가 더 낮은 자산이 선택되며, 표준편차가 동일할 경우 기대수익률이 더 높은 자산이 선택된다. 즉, 위험은 낮추고 수익은 높이는 자산이 우선적으로 효율적 자산으로 평가된다.
- ① vs ② 비교
기대수익률이 동일한 두 자산 ①(3%, 4%)과 ②(3%, 5%)를 비교하면, 위험(표준편차)이 더 작은 ①이 ②를 지배한다. 따라서 ②는 효율적 선택에서 제외된다.
- ③ vs ④ 비교
기대수익률이 동일한 두 자산 ③(7%, 4%)과 ④(7%, 5%)를 비교하면, 위험이 더 작은 ③이 ④를 지배한다. 따라서 ④는 효율적 선택에서 제외된다.
- ① vs ③ 비교
자산 ①과 ③을 비교하면, 표준편차가 동일한 상황에서 ③이 기대수익률이 더 높다. 따라서 ③이 ①을 완전히 지배한다. 결국, 모든 비교를 고려하면, 지배원리에 따라 가장 효율적인 자산은

③(기대수익률 7%, 표준편차 4%)이 된다.

31 ①

| 정답해설 | • 단일요인 모형이 성립하고 자산 X의 베타 정보가 주어졌으므로 시장모형(CAPM)이 성립한다고 판단할 수 있다.
• 자산 X와 Y가 차익거래가 발생하지 않기 위해서는 두 자산 모두 균형수익률로 거래되어야 한다. 즉, CAPM을 이용하여 각 자산의 균형수익률을 계산해야 하며, 계산에는 베타, 무위험수익률, 시장포트폴리오 수익률이 필요하다.
• 문제에서 자산 X의 기대수익률이 주어졌으므로 이를 이용하여 시장포트폴리오 수익률을 먼저 계산할 수 있다.
- $E(R_X) = R_f + \beta_X \times (E(R_M) - R_f)$
- $0.09 = 0.04 + 0.6 \times (E(R_M) - 0.04)$
∴ $E(R_M) = 12.33\%$
• 계산된 시장포트폴리오 수익률을 이용하여 자산 Y의 베타를 구할 수 있다.
- $E(R_Y) = R_f + \beta_Y \times (E(R_M) - R_f)$
- $0.115 = 0.04 + \beta_Y \times 0.0833$
∴ $\beta_Y = 0.90$

32 ②

| 정답해설 | 위험자산과 무위험자산으로 구성된 포트폴리오이므로, 포트폴리오의 위험은 위험자산의 표준편차에 해당 자산의 편입 비중을 곱한 값으로 결정된다. 따라서 새로운 포트폴리오의 위험(표준편차)은 '$\sigma_P = 0.4 \times 0.03 = 1.2\%$'이다.

개념 Plus⁺ 새로운 포트폴리오의 기대수익률과 위험 계산

• 기대수익률: 포트폴리오의 기대수익률은 위험자산과 무위험자산의 기대수익률을 편입 비중에 따라 가중평균하여 계산할 수 있다.
$E(R_P) = w \times E(R_A) + (1-w) \times R_f$
= $0.4 \times 0.07 + 0.6 \times 0.02$
= 0.04
따라서 포트폴리오의 기대수익률은 4.0%이다.
• 위험: 위험자산과 무위험자산으로 구성된 포트폴리오의 위험(표준편차)은 일반적인 포트폴리오 위험 공식으로 계산할 수 있다.
$\sigma_P = \sqrt{w^2 \sigma_A^2} = w \times \sigma_A$
= 0.4×0.03
= 1.2%
따라서 포트폴리오의 위험(표준편차)은 1.2%이다.

33 ④

| 정답해설 | 모든 자산의 기대수익률과 위험이 동일한 경우, 포트폴리오의 전체 위험을 줄이려면 상호 상관관계가 낮은 자산을 조합하는 분산투자 전략이 효과적이다. 주어진 상관계수 행렬을 보면, Y자산과 Z자산의 상관계수가 가장 낮으므로, 이 두 자산에 균등하게 투자하면 포트폴리오 위험을 최소화할 수 있다.
포트폴리오의 위험(분산 또는 표준편차)은 다음 공식으로 나타낼 수 있다.
$\sigma_P^2 = w_1^2 \sigma_1^2 + w_2^2 \sigma_2^2 + 2w_1 w_2 \rho_{12} \sigma_1 \sigma_2$
여기서 w_1, w_2는 각각의 자산 비중이고, σ_1, σ_2는 자산 표준편차, ρ_{12}는 두 자산 간 상관계수이다. 포트폴리오 위험을 최소화하려면, ρ_{12} 값이 낮을수록 유리하다. 상관계수가 낮으면 자산 간 수익률 변동이 서로 상쇄되어 위험이 줄어들고, 상관계수가 높으면 분산투자 효과가 줄어든다. 상관계수가 -1이면 분산투자 효과가 최대가 되고, +1이면 분산투자 효과가 사라진다. 따라서 주어진 보기에서 최소분산 포트폴리오에 해당하는 조합은 Y자산과 Z자산을 50%씩 편입한 포트폴리오가 된다.

34 ①

| 정답해설 | • 포트폴리오 기대수익률은 아래와 같이 계산된다.
$E(R_P) = w_a \times E(R_a) + w_b \times R_f$
= $0.6 \times 0.12 + 0.4 \times 0.04$
= 8.8%
• 포트폴리오 표준편차: 무위험자산과 결합된 포트폴리오의 위험은 위험자산 비중에 비례한다.
$\sigma_P = w_a \times \sigma_A$
= $0.6 \times 5\%$
= 3%
• 변동성보상비율(샤프비율) 계산
$변동성보상비율(샤프비율) = \dfrac{R_P - R_f}{\sigma_P}$
$= \dfrac{0.088 - 0.04}{0.03}$
$= 1.6$

35 ①

| 정답해설 | ㉠ 소극적 투자전략은 시장평균 수준의 수익률과 위험을 목표로 하는 전략으로, 시장평균 정도의 위험을 감수하는 전략이다.
㉡ 적극적 투자전략은 시장수익률을 초과하려는 목표로, 정보비용과 거래비용이 상대적으로 많이 발생하는 전략이다.

| 오답해설 |
㉢ 포트폴리오 리밸런싱에 대한 설명이다. 포트폴리오 리밸런싱은 상황 변화가 있을 경우 구성종목의 상대 가격의 변동에 따른 투자비율의 변화를 원래대로의 비율로 환원시키는 방법 등을 통해 포트폴리오가 갖는 원래의 특성을 그대로 유지하는 것을 목적으로 한다. 반면, 포트폴리오 업그레이딩이란, 위험 대비 더 높은 기대수익을 추구하거나 기대수익 대비 더 낮은 위험을 부담하도록 포트폴리오 구성을 조정·개선하는 것을 의미한다.
㉣ 시장 투자적기 포착법(market timing)에 대한 설명이다. 시장 투자적기 포착법이란 자본자산 가격결정 모형이 성립한다면, 위험자산으로는 시장 포트폴리오를 구성하여 일부 자금을 투자하고 나머지 자금은 무위험자산인 단기 국공채, 정기 예금에 투자하면 가장 좋은 투자성과가 기대되는 효율적 포트폴리오를 구성하는

것이다. 반면, 포뮬러 플랜(formula plan)은 일정한 규칙에 따라 기계적으로 자산배분을 수행하는 투자방법으로, 공격적 투자수단인 주식과 방어적 투자수단인 채권 사이를 경기 변동에 따라 번갈아가면서 투자하는 방식이다. 구체적으로 주가가 낮을 때 주식을 매입하고 주가가 높을 때 매각하도록 운용하며, 최소한의 위험 부담으로 경기 변동에 탄력적으로 적응하는 것을 기본 목적으로 한다.

정답과 해설

실전 모의고사

1회   410쪽

01	②	02	①	03	③	04	②	05	④
06	②	07	④	08	④	09	③	10	②
11	④	12	④	13	④	14	①	15	③
16	①	17	④	18	②	19	④	20	①
21	③	22	②	23	②	24	①	25	③
26	②	27	②	28	②	29	②	30	②
31	②	32	③	33	②	34	③	35	③
36	④	37	③	38	②	39	①	40	②
41	④	42	①	43	②	44	①	45	①
46	②	47	④	48	①	49	③	50	①
51	③	52	②	53	④	54	④	55	①
56	②	57	③	58	③	59	②	60	③
61	④	62	②	63	②	64	②	65	②
66	②	67	④	68	②	69	②	70	②
71	④	72	②	73	②	74	②	75	②
76	②	77	③	78	②	79	③	80	④
81	④	82	①	83	②	84	②	85	②
86	②	87	②	88	②	89	①	90	②
91	③	92	③	93	②	94	②	95	④
96	②	97	①	98	④	99	②	100	②

[1과목] 금융상품 및 세제(20문항)

01 ②

| 정답해설 | 과세표준 및 세액을 과다하게 신고하거나 결손금 또는 환급세액을 과소신고한 때에는 법정신고기한이 지난 후 5년 이내에 관할 세무서장에게 경정청구를 할 수 있다.

개념 Plus⁺ 수정신고·경정청구·기한 후 신고

수정 신고	• 납세자가 과세표준과 세액을 과소신고(또는 환급세액 과다신고 등)한 경우, 관할 세무서장의 결정·경정 통지 전, 그리고 국세부과 제척기간 내에 과세표준 수정신고서를 제출할 수 있음 • 법정신고기한 경과 후 2년 이내에 수정신고를 하면 경과 기간에 따라 과소신고 가산세가 일부 경감됨
경정 청구	과세표준과 세액을 과다신고(또는 환급세액을 과소신고)한 경우, 법정신고기한 경과 후 5년 이내에 관할 세무서장에게 경정청구를 할 수 있음

기한 후
신고
	• 법정신고기한 내에 과세표준 신고서를 제출하지 않은 경우, 세무서장의 결정·통지 전까지 기한 후 신고가 가능하며, 이때 세액과 가산세를 함께 납부해야 함
	• 가산세 감면
	  – 1개월 이내 신고: 50%
	  – 1~3개월 이내 신고: 30%
	  – 3~6개월 이내 신고: 20%

02 ①

| 정답해설 | 현행 소득세법은 기본적으로 소득원천설의 입장을 취하고 있으며, 예외적으로 이자·배당소득과 같이 법령에 열거되지 않더라도 유사한 소득에 대해서 과세하는 경우에 한해 순자산증가설을 일부 수용하고 있다.

개념 Plus⁺ 소득원천설

일정한 수입원천으로부터 계속적·반복적으로 생기는 수입을 소득으로 보고, 일시적·우발적인 소득은 원천을 알 수 없으므로 과세소득에서 제외한다.

03 ③

| 정답해설 | 거주자와 비거주자는 국내에 주소를 두거나 183일 이상 거소를 두고 있는지의 여부에 따라 구분하므로, 국적과는 관계가 없다.

개념 Plus⁺ 주소 여부의 판정

• 주소를 가진 것으로 보는 경우
  – 계속하여 183일 이상 국내에 거주할 것을 통상 필요로 하는 직업을 가진 때
  – 국내에 생계를 같이 하는 가족이 있고, 그 직업 및 자산상태에 비추어 계속하여 183일 이상 국내에 거주할 것으로 인정되는 때
• 국내에 주소가 없는 것으로 보는 경우: 국외에 거주 또는 근무하는 자가 외국국적을 가졌거나 외국법령에 의하여 그 외국의 영주권을 얻은 자로서 국내에 생계를 같이하는 가족이 없고 그 직업 및 자산상태에 비추어 다시 입국하여 주로 국내에 거주하리라고 인정되지 않는 때

04 ②

| 정답해설 | 종합소득세 계산구조에서 과세표준에 세율을 곱한 것을 산출세액이라 하며, 산출세액에서 세액공제·세액감면액을 차감한 것이 결정세액이다.

> **개념 Plus⁺** 소득의 구분 및 계산 구조

	종합소득금액	• 총수입금액 − 필요경비 • 이자, 배당(gross-up), 사업, 근로, 연금, 기타 소득금액 ※ 이자소득과 배당소득은 유형별 포괄주의를 택하고 있으나 원칙은 열거주의임 • 금융소득종합과세(이자배당 등 2,000만 원 초과 시) • 소득금액 계산 특례(공동사업합산과세, 결손금과 이월결손금 공제 등)
−	종합소득공제	인적공제, 연금보험료공제, 특별공제, 기타조세특례제한법상공제 등
=	과세표준	−
×	세율	6~45% 초과누진세율
=	산출세액	금융소득에 관한 세액계산 특례
−	세액공제, 감면	• 외국납부세액공제, 배당세액공제, 근로소득세액공제, 재해손실세액공제, 기장세액공제, 조세특례제한법상세액공제 • 자녀세액공제, 연금계좌세액공제, 특별세액공제
=	결정세액	−
+	가산세	
+	추가납부할 세액	−
=	총 결정세액	지방소득세=총 결정세액 × 10%
−	기납부세액	중간예납, 수시부과세액, 예정신고납부세액, 원천납부세액, 납세조합징수세액
=	차감납부할 세액	

05 ④

| 정답해설 | 이자소득에 대해서는 필요경비가 인정되지 않는다. 따라서 이자소득금액은 해당 과세기간의 총수입금액으로 한다.

06 ②

| 정답해설 | 외국법인으로부터 받은 배당소득에 대하여는 외국납부세액 공제의 방법으로 이중과세 조정을 하게 된다. 따라서 이중과세 조정대상 배당소득의 요건에 해당하지 않는다.

> **개념 Plus⁺** 이중과세 조정대상(Gross-up) 배당소득의 요건
> • 내국법인으로부터 받은 배당소득
> • 법인세가 과세되는 소득에서 지급되는 배당소득
> • 종합과세되는 배당소득으로서 기본세율을 적용받는(2천만 원을 초과하는) 배당소득

07 ④

| 정답해설 | 투자한 원금은 통보 내용에 포함되지 않는다. 다만, 투자기간과 이자금액을 이미 알고 있으므로 원금에 대한 환산은 가능하다.

> **개념 Plus⁺** 금융거래 통보 내용
> • 소득자의 인적사항: 성명, 주민등록번호, 주소, 거주 구분
> • 소득 지급 내역: 지급일자, 소득 종류, 소득 발생 기간, 소득 지급액
> • 원천징수 내역: 세율, 소득세액, 농특세액, 지방소득세액
> • 기타 관리항목: 계좌번호 및 증서번호, 신탁 이익 여부 등

08 ④

| 정답해설 | 주택청약종합저축은 소득공제 대상이며, 총급여액이 7,000만 원 이하 근로자인 무주택 세대주일 경우 해당 과세연도의 납부분(300만 원 한도)의 40%(120만 원)까지 공제가 가능하다.

09 ③

| 정답해설 | 만 65세 이상인 거주자가 가입 가능하다.

> **개념 Plus⁺** 비과세종합저축 가입대상자
> • 만 65세 이상의 거주자
> • 장애인, 독립유공자 및 가족, 상이자
> • 국민기초생활보장 수급자, 고엽제후유증환자, 5·18민주화운동부상자 등

10 ②

| 정답해설 | ELS는 원금보장형과 원금비보장형으로 나누어 발행되며, 발행사가 지급을 보장하므로 발행사의 신용도가 중요한 상품이다.

> **개념 Plus⁺** 주가지수연동형 금융상품

구분	주가지수연동증권 (ELS)	주가지수연동예금 (ELD)	주가지수연동펀드 (ELF)
발행주체	증권회사 (인가증권사)	은행	자산운용사, 투신사
자금운용 구조	채권, 주식워런트증권, 주가지수 옵션·선물	대출금, 증권, 주가지수 옵션	펀드
수익 상환방법	사전에 정해진 조건에 따라 결정		운용성과에 따른 실적배당 (원금보존추구형, 원금비보장형)
	원금보장형, 원금비보장형	원금보장형	
상환보장 여부	발행자가 지급보장	은행이 원금 100% 보장	신탁재산 신용도 및 운용성과에 따라 지급
중도해지 가능여부	가능(원금손실 발생 가능)	가능(원금손실 발생 가능)	중도환매 가능 (원금손실 발생 가능)
예금자 보호	예금자 보호 ×	5천만 원 한도 내 보호	예금자 보호 ×

11 ②

정답해설 | 예금은 원칙적으로 운용방법에 제한이 없으나, 금전신탁은 신탁계약 및 법령 범위 내에서 운용방법을 정해야 한다.

12 ④

정답해설 | 증권사 발행 채권은 예금자보호대상에서 제외된다.

개념 Plus⁺ 예금자보호대상 상품

- 은행: 보통예금, 별단예금 등 요구불예금, 저축성예금, 적립식예금, 연금신탁·퇴직신탁 등 원금 보전 신탁
- 투자매매업자, 투자중개업자: 금융상품 중 매수에 미사용된 고객 계좌의 잔액, 자기신용대주담보금, 원금이 보전되는 금전신탁 등
- 보험회사: 개인이 가입한 보험계약, 원금이 보전되는 금전신탁 등
- 종합금융회사: 발행어음, 표지어음, 종금형 등
- 상호저축은행: 보통예금, 저축예금, 정기예·적금, 신용부금, 표지어음 등

13 ④

정답해설 | 보험금이 항상 일정액인 보험을 정액보험, 보험금이 일정하게 확정되어 있지 않은 보험을 부정액보험이라 한다.

개념 Plus⁺ 생명보험의 분류

사망보험	• 피보험자가 사망 또는 제1급 장해 시 약정한 보험금이 지급되는 보험 • 정기보험: 일정 기간 내 사망 시 보험금 지급 • 종신보험: 일생을 보험기간으로 하여 사망 시 보험금 지급
생존보험	피보험자가 일정 기간 생존 시 보험금을 지급하는 보험
양로보험 (생사혼합보험)	피보험자가 일정 기간에 사망하거나 중도 또는 만기 생존 시 보험금이 지급되는 보험
체증식보험	기간이 지날수록 보험금이 증가하는 보험
체감식보험	기간이 지날수록 보험금이 감소하는 보험
감액보험	보장사고가 가입 시부터 일정 기간 내에 발생했을 경우 보험금을 감액하는 보험
변액보험	운용자금을 주식 등 실적자산에 투자하여 수익률에 따라 보험금이 변동하는 보험
연생보험	• 피보험자가 2인 이상인 보험 • 공동으로 생사와 관련된 사고에 대한 보험금 지급 보장
단생보험	피보험자가 1인인 보험
단체보험	일정한 요건을 갖춘 다수의 피보험자를 대상으로 1매의 보험증권으로 가입하는 보험(보험료가 저렴하고 행정 절차가 간편)
단체취급보험	개인보험이나 단체보험의 중간 수준의 보험

14 ①

정답해설 | 장기손해보험의 보험료는 순보험료과 부가보험료로 구성되며, 순보험료는 위험보험료와 저축보험료로, 부가보험료는 신계약비, 유지비, 수금비로 구분된다.

개념 Plus⁺ 생명보험상품의 가격 구성요소

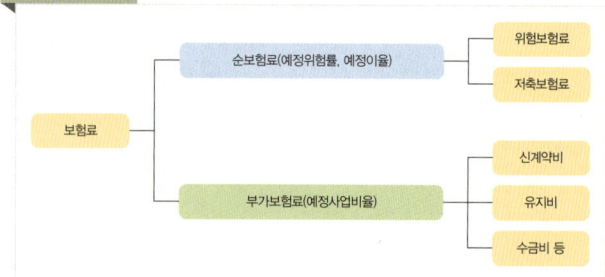

15 ③

정답해설 | 집합투자기구는 투자신탁, 투자조합, 투자회사로 구성된다.

16 ①

정답해설 | 저당권은 채무자 또는 제3자가 부동산을 담보로 맡겨 두었을 때, 채무 불이행 시 해당 부동산의 가치에서 다른 채권자보다 우선변제를 받을 수 있는 권리이다. 별도의 점유를 필요로 하지 않는 대신 반드시 등기를 해야 한다.

오답해설
② 점유권에 대한 설명이다. 소유권은 소유물을 법률의 범위 내에서 사용, 수익, 처분할 수 있는 권리이다.
③ 유치권이란 타인의 물건 또는 유가증권을 점유한 자가 그 물건·유가증권과 관련해 발생한 채권이 변제기에 이른 경우, 채권을 변제받을 때까지 해당 물건·유가증권을 유치할 수 있는 법정담보물권으로서, 점유만으로 공시되며 등기가 필요하지 않다. 유치권이 성립하려면 목적물이 반드시 타인의 물건 또는 유가증권일 것, 피담보채권이 그 목적물과 동일한 법률관계에서 발생하여 직접적·밀접한 관련성을 가질 것(견련관계), 채권이 변제기에 도달해 있을 것 등의 요건을 충족해야 한다.
④ 소유권에 대한 설명이다. 점유권은 점유라는 사실을 법률요건으로 하여 점유자에게 인정되는 물권이다.

17 ④

정답해설 | 투기현상이 심한 경우에는 지가의 상승이 활발하더라도 건축활동은 별도의 양상을 보이는 경우도 있으므로, 투기현상이 있다고 해서 부동산 경기가 호황이라고 속단하기는 어렵다.

18 ③

정답해설 | 내부수익률에 대한 설명으로, 내부수익률은 투자안의 현금유입의 현재가치와 현금유출의 현재가치를 일치시키는 할인율이다. 따라서 순현재가치를 0으로 만드는 할인율과 같다. 요구수익률은 투자로부터 얻어져야 할 최소한의 수익률을 의미한다.

만약 내부수익률이 요구수익률보다 크거나 같으면 그 투자안은 채택되고, 내부수익률이 요구수익률보다 작으면 기각된다.

> **개념 Plus⁺** 간편법, 수익성지수, 요구수익률, 내부수익률
>
> - 간편법의 공식
>   - 순소득승수 = $\dfrac{총투자액}{순운용소득}$
>   - 투자이율 = $\dfrac{순운용소득}{총투자액}$
>   - 자기자본이율 = $\dfrac{순운용소득}{자기자본투자액}$
> - 수익성지수
>   - 수익성지수 = $\dfrac{미래에 회수할 수 있는 금액의 현재가치}{초기 투자금액의 현재가치}$
> - 요구수익률과 내부수익률
>   - 요구수익률 < 내부수익률 → 투자안 채택
>   - 요구수익률 > 내부수익률 → 투자안 기각

19 ④

| 정답해설 | 최유효이용의 원칙은 부동산에만 적용되는 원칙으로, 부동산 가격은 최유효이용을 전제로 파악되는 가격을 표준으로 하여 형성된다는 원칙이다. 부동산 가치추계 원칙들 중에서 가장 중추적인 기능을 담당한다.

> **개념 Plus⁺** 부동산 가치추계 원칙
>
> - 예측의 원칙
> - 외부성의 원칙
> - 수요·공급의 원칙
> - 최유효이용의 원칙

20 ①

| 정답해설 | 개발관리 부동산 투자회사는 부동산 투자회사법상 부동산 투자회사와 관련이 없다.

> **개념 Plus⁺** 부동산 투자회사의 종류
>
> - 자기관리 부동산 투자회사
> - 위탁관리 부동산 투자회사
> - 기업구조조정 부동산 투자회사

[2과목] 투자운용 및 전략 II (30문항)

21 ③

| 정답해설 | 펀드 출자자의 내역을 비공개하는 자본시장법 원칙에 따라 PEF의 등기·등록사항에서 유한책임사원의 내역은 제외된다. 반면, 업무 집행을 수행하는 무한책임사원은 PEF의 실질적인 운용자로서 대외적인 책임을 지게 되므로 등기·등록의 대상으로 규정하고 있다.

> **개념 Plus⁺** PEF의 설립 요건
>
> | 사모펀드 정의 및 모집 제한 | • 신문·잡지·방송 등 불특정 다수를 대상으로 한 모집 금지
• 총 투자자(전문+일반투자자) 수 100인 이하로부터 자금 모집
• 단, 일반투자자(소액투자자)는 49인까지만 모집 가능(50인 이상 권유 시 공모펀드로 간주됨) |
> |---|---|
> | PEF 정관 기재사항 | 목적, 상호, 회사 소재지, 사업의 출자목적·가격 기준, 해산 사유, 사원 성명·주민등록번호 및 주소, 책임사원(GP/LP) 구분, 작성연월일 |
> | 등기·등록 요건 | • 등기사항: 목적, 상호, 회사 소재지, 해산 사유, 무한책임사원(GP)의 상호 또는 명칭·사업자등록번호 및 주소
• 금융위원회 등록사항: 등기사항+업무집행사원에 관한 사항, PEF의 운용에 관한 사항, 전담중개업무를 제공받는 경우 서비스를 제공하는 종합금융투자사업자에 관한 사항(설립등기일로부터 2주 이내 금융위원회 등록 필요)
※ 무한책임사원(GP)은 운용 실질 책임자이므로 등기·등록 대상이지만, 유한책임사원(LP)은 출자자 역할이므로 등기·등록 대상이 아님 |

22 ②

| 정답해설 | 펀드 순자산의 400% 이내에서 차입 및 파생상품을 활용할 수 있는 것은 전문투자형 사모펀드에 한정된다.

> **개념 Plus⁺** PEF의 운용 요건
>
> | 기본 원칙 | 자산의 일부는 다른 회사 지분 10% 이상 취득이나 임원 선임 등 경영참여를 목적으로 운용하고, 나머지 자산은 재무적 투자에도 활용할 수 있음 |
> |---|---|
> | 공동투자 허용 | • 다른 회사의 경영권 참여를 목적으로 자산 운용 시 다른 PEF와 공동으로 투자 가능
• 공동투자 인정 요건
  – 지분증권 또는 주권 관련 사채권의 공동 취득·처분
  – 지분증권 또는 주권 관련 사채권의 공동 양도·양수
  – 의결권 공동 행사(의결권 위임 포함) |
> | 레버리지 규제 | 펀드 순자산의 400% 이내에서 차입·파생상품 활용 가능(단, 전문투자형 사모펀드에만 해당) |
> | 여유자금 운용 | 금융기관 예치, 포트폴리오 투자 등 PEF 자산의 5% 이내에서 가능 |
> | 차입 가능 여부 | • 원칙: 금지
• 단, 일시적 유동성 부족의 경우 PEF 자산의 10% 이내 한정 허용 |

23 ③

| 정답해설 | 글로벌 매크로 전략은 전 세계 여러 시장에 투자를 하고, 수익률과 시장 포지션의 확보를 위해 파생상품이나 차입을 이용하므로 수익률과 위험이 다른 전략에 비해 크다.

| 오답해설 |
① Long-short 전략에 대한 설명이다.
② 펀드 오브 헤지펀드에 대한 설명이다.
④ 매도전문 펀드에 대한 설명이다.

24 ①

| 정답해설 | 전환증권 차익거래자는 공매도 시 기초주식의 배당금을 원보유자에게 보전해 주어야 하므로, 배당이 없거나 낮은 주식을 기초로 한 전환사채를 이용하면 그 부담을 줄일 수 있기 때문에 배당률이 낮은 주식을 기초자산으로 한 전환사채를 선호한다.

개념 Plus⁺ 전환증권 차익거래자가 선호하는 전환사채

- 델타 트레이딩, 감마 트레이딩에서 수익을 얻을 수 있도록 기초자산의 변동성이 크고 볼록록성이 큰 전환사채
- 유동성이 높은 전환사채
- 기초주식을 쉽게 빌릴 수 있는 전환사채
- 낮은 전환프리미엄을 가진 회사채
- 배당이 없거나 낮은 배당률을 가진 주식을 기초자산으로 한 전환사채
- 낮은 내재변동성으로 발행된 전환사채

25 ③

| 정답해설 | 천연자원 기업에 대한 투자는 실물자산의 가격 움직임에 낮은 베타를 가지고 있다. 즉, 실물자산의 가격 하락이 기업 주가에 큰 영향을 주지 않는다. 이는 기업의 주가는 전체 주식시장의 움직임에 의존적이며, 기업이 가지고 있는 고유한 위험과 운용위험이 반영되기 때문이다.

개념 Plus⁺ 특별자산펀드의 유형

실물자산 직접 투자	실물자산과 관련된 소유로부터 발생되는 지정비용 부담
천연자원 기업	기업의 주식투자는 기업 고유의 위험뿐만 아니라 체계적 또는 시장위험에 노출되어 있음
실물자산 선물거래	• 거래소에서 거래되므로 주식과 동일한 장점을 가짐 • 기초자산 거래금액의 10%만 지급하면 됨
실물스왑, 선도거래	투자자에게 맞춤형 상품을 제공하나 유동성이 적음
Commodity Linked Notes	• 선물계약을 롤링할 걱정을 하지 않아도 됨 • 채무증서를 통해 투자제한 없이 실물자산에 대한 투자 수행 가능 • 개별 실물자산 가격, 바스켓 가격에 대한 추적오차를 걱정할 필요가 없음(발행자가 부담)

26 ②

| 정답해설 | MSCI는 글로벌 펀드의 투자기준이 되는 대표적인 국제주가지수이다. 크게 유럽, 미국 등 선진국 중심의 세계지수(World Index)와 아시아, 중남미 등의 신흥시장 지수(Emerging Markets Index)로 나눌 수 있다. 미국의 대표적인 주가지수로는 S&P500, Dow Jones 산업지수, NASDAQ 지수 등이 있다.

27 ②

| 정답해설 | 복수상장은 해외 투자자 기반이 넓어지고 주식 유동성이 높아지므로 주식 유동성이 높아지므로 기업의 자본비용을 절감시키는 효과가 있다. 반면, 복수상장은 상장 유지비용과 공시의무 등으로 거래비용이 증가하므로 기업 입장에서 거래비용은 절감되지 않는다.

28 ①

| 정답해설 | 해외에서 직접 주식투자한 세금에 대하여 양도소득 기본공제 연 250만 원을 적용한다.

| 오답해설 |
ⓛ 해외주식에 대한 양도소득세는 양도소득 과세표준의 22%(지방소득세 포함)이다.
ⓒ 주식을 투자한 해당 국가에서 이미 세금을 냈다고 하더라도 국내에서 양도소득세를 신고해야 한다. 다만, 외국에서 이미 세금을 납부했다면 외국납부세액공제를 적용받을 수 있다.
ⓔ 국내 거주자가 해외주식시장에 상장된 외국법인 또는 비상장법인의 주식을 매매하고 발생한 양도차익은 양도소득세 과세대상으로 반드시 신고해야 한다.

29 ①

| 정답해설 | 딤섬본드는 이자(쿠폰)가 낮아 대부분의 수익이 환차익에서 발생하므로, 표면이율보다 위안화 가치의 방향성이 더 중요하다.

30 ③

| 정답해설 | 해외 투자 시에는 통화를 분산시켜서 환노출을 최소화해야 한다.

개념 Plus⁺ 해외 투자 시 환노출 헤지방법

- 선물환, 통화선물, 통화옵션, 통화스왑 등과 같은 통화 파생상품을 이용
- 투자대상국의 주식 파생상품, 금리 파생상품을 이용하여 해당국 통화에 대한 노출은 최소화하고 투자자산가격 노출은 보유
- 투자대상 증권과 환율간의 상관관계를 이용한 내재적 헤지
- 통화의 분산
- 아무런 헤지도 하지 않음(헤지를 하면 헤지비용만 초래하는 결과를 가져올 수도 있기 때문)

31 ②

| 정답해설 | 차입금의 상환은 현금유입이 아닌 현금유출 항목에 해당한다.

개념 Plus⁺ 재무활동으로 인한 현금흐름

현금유입	차입금 차입, 유상증자, 자기주식 처분
현금유출	차입금 상환, 자기주식 취득, 신주·사채 등의 발행비용

32 ③

| 정답해설 |
- 총자산이익률(ROA) = $\dfrac{순이익}{총자산}$

  = $\dfrac{순이익}{순매출액} \times \dfrac{순매출액}{총자산}$

  = 매출액순이익률 × 총자산회전률

- 총자산이익률 20% = 매출액순이익률 × 2
  매출액순이익률 = 10%

33 ③

| 정답해설 | 부채-자기자본의 비율이 낮으면 낮을수록 기업의 이익은 더욱 안정적이다. 따라서 이 회사가 발행한 주식의 위험 역시 그만큼 낮아지며, 주주들의 기대수익률도 낮아지므로, 부채-자기자본의 비율은 주주들의 기대수익률과 정(+)의 관계이다.

34 ③

| 정답해설 | $\dfrac{영업이익}{순매출액}$은 매출액영업이익률(OPM)을 구하는 공식으로, 자기자본이익률(ROE)을 결정하는 구성요소와 거리가 멀다.

- 자기자본이익률(ROE) = $\dfrac{순이익}{자기자본} = \dfrac{순이익}{매출액} \times \dfrac{매출액}{총자산} \times \dfrac{총자산}{자기자본}$

- 자기자본이익률(ROE) = $\dfrac{ROA}{자기자본비율}$ 또는 $\dfrac{ROA}{1-\dfrac{총부채}{총자산}}$

35 ③

| 정답해설 |
- 배당성향 = 1 − 사내유보율 = 1 − 0.4 = 0.6
- k(요구수익률) = $R_f + \beta(R_m - R_f) = 0.12$
- g(성장률) = 사내유보율 × ROE = 0.4 × 0.2 = 0.08

∴ PER = $\dfrac{배당성향}{(k-g)} = \dfrac{0.6}{(0.12-0.08)} = 15$

36 ④

| 정답해설 |
- WACC(가중평균자본비용) = (투하자본 대비 타인자본 비율 × 조달비용) + (투하자본 대비 자기자본 비율 × 기회비용)
  = (50% × 0.08) + (50% × 0.12) = 10%
- 경제적 부가가치(EVA) = 투자자본(IC) × (투하자본이익률 − 가중평균자본비용)
  = 100억 × (0.2−0.1)
  = 10억 원

또는

- 경제적 부가가치(EVA) = 세후순영업이익 − (투자자본 × 가중평균자본비용)
  = 20억 − (100억 × 10%)
  = 10억 원

개념 Plus⁺ 경제적 부가가치(EVA) 모형

정의	EVA(Economic Value Added)는 세후순영업이익에서 투자자본에 대한 기회비용을 차감한 경제적 부가가치
공식	EVA = IC × (ROIC − WACC)
IC (투하자본, Invested Capotal)	영업에 실제 사용된 자본 = 운전자본(유동자산 − 유동부채) + 유형 · 무형 고정자산 등 영업관련 자산
ROIC (투하자본이익률)	세후순영업이익(NOPLAT) ÷ IC ※ NOPLAT은 영업이익에서 법인세를 차감한 값임
WACC (가중평균자본비용)	• 기업이 조달한 자본(부채+자기자본)에 대해 부담해야 하는 평균 자본비용 • (타인자본비용 × 조달비용) + (자기자본비용 × 기회비용) • 투자자들이 제공한 투하자본에 대한 비용 • 외부차입에 의한 타인자본비용 외에도 주주가 제공한 자기자본비용까지 포함된 가중평균자본비용의 개념 • 일반적으로 자기자본은 타인자본보다 위험에 대한 프리미엄이 높기 때문에 자기자본비용은 타인자본비용보다 높게 나타남

37 ①

| 정답해설 | 거래량 분석은 이동평균선을 이용한 분석방법과 거리가 멀다.

개념 Plus⁺ 이동평균선을 이용한 분석방법

방향성 분석	• 5일, 20일, 60일, 120일 이동평균선의 방향이 상승중인지 하락중인지 확인하는 방법 • 쉽게 추세 전환 판단 가능
배열도 분석	• 특정 시점에서 주가와 이동평균선들의 수직적 배열상태인 배열도를 분석하는 방법 • 정배열: 상승종목 / 역배열: 하락종목
지지선 · 저항선 분석	일정 기간 동안의 매도세와 매수세의 평균가격으로 분석
크로스 분석	• 데드크로스: 단기 이동평균선이 장기 이동평균선을 위에서 아래로 하향 돌파 • 골든크로스: 단기 이동평균선이 장기 이동평균선을 아래에서 위로 상향 돌파
이격도 분석	• 이격도: 현재의 주가와 이동평균선의 괴리도가 어느 정도인가를 나타내는 지표 • 현 주가의 과열이나 침체 정도 파악에 중요한 척도로 작용
밀집도 분석	이동평균선의 밀집화 → 투자기간이 다른 투자자들의 평균 매수가격이 유사한 수준으로 수렴되고 있음을 의미

38 ②

| 정답해설 | 삼각형 패턴에 대한 설명이다. 삼각형은 반복적인 등

락을 하는 동안 주가의 등락 폭이 점차 줄어들며 형성되는 대표적 시속형 패턴으로, 고점 추세선은 저항선, 저점 추세선은 지지선 역할을 한다. 최소 4번 이상의 등락으로 밑변과 꼭지점을 이루며, 보통 밑변과 꼭지점 거리의 2/3 지점 이후 추세선을 돌파한다.

39 ①

| 정답해설 | ROC(Rate of Chance)는 금일 주가와 n일 전 주가 사이의 차이를 나타내는 지표이다. 기본적으로 0선을 상향 돌파하면 매수하고, 0선을 하향 돌파하면 매도하는 투자 전략을 사용한다.

개념 Plus⁺ 스토캐스틱

스토캐스틱은 %K와 %D 두 지표로 나타내는데, 주요선은 %K이며, %K의 이동평균선을 %D라 부른다. %K선이 %D선을 상향 돌파하여 상승할 때를 매수신호로 본다.

40 ①

| 정답해설 | 산업연관분석은 산업 간 연관관계를 수량적으로 파악하는 분석기법으로, 통계적 기법인 회귀모형을 이용하지 않는다. 산업관련분석은 한 나라에서 생산되는 모든 재화와 서비스의 산업 간 거래관계를 체계적으로 기록한 통계표인 산업연관표를 사용하여 분석한다.

41 ④

| 정답해설 | 경제발전단계 중 구조조정기에 대한 설명이다.

개념 Plus⁺ 경제발전에 따른 요소 경쟁력의 변화

성장기	경제개발이 활발하고, 잉여 노동으로 임금은 낮아 단순·고급요소 모두 경쟁력이 상승함
1차 전환점	잉여 노동이 줄어 임금이 오르며 단순 요소 경쟁력이 약화되기 시작함
구조조정기	고급 요소 경쟁력은 강화되지만 임금 상승으로 단순 요소 경쟁력은 빠르게 하락함
2차 전환점	단순 요소 경쟁력 하락은 완만해지고, 고급 요소 경쟁력은 더욱 강화됨
성숙기	안정적 성장 단계로, 단순 요소 경쟁력 하락은 멈추고, 고급 요소 경쟁력이 지속 상승하여 높은 성과와 경쟁력 축적의 선순환이 이루어짐

42 ①

| 정답해설 | 허핀달(HHI) 지수에 대한 설명이다.

개념 Plus⁺ 허핀달 지수

허핀달 지수는 시장 내에서 특정 주체가 갖는 집중도를 파악해 시장의 경쟁도를 평가하는 지수이다. 해당 기업의 시장점유율을 퍼센트로 계산해 이들 점유율의 제곱을 모두 합산하여 계산하며 이 값이 클수록 산업의 집중도가 높은 것으로 보며 낮을수록 경쟁이 치열하다는 것을 의미한다.

43 ②

| 정답해설 | 시장위험이란 시장가격의 변동으로부터 발생하는 위험으로, 이자율위험, 환위험, 주식위험, 상품 가격위험 등이 있다. 반면, 신용위험은 거래 상대방이 약속한 금액을 지급하지 못할 때 발생하는 위험을 말한다.

개념 Plus⁺ 재무위험의 종류

유형	설명	예시
시장위험	시장가격의 변동으로 발생하는 위험	이자율위험, 환위험, 주식위험, 상품 가격위험 등
신용위험	거래 상대방이 약속한 금액을 지급하지 못할 때 발생하는 위험	기업 채권 투자 시 채무불이행(디폴트)
운용위험	내부 시스템, 관리 실패, 오류, 사기 등으로 인해 발생하는 손실 위험	직원의 실수, 전산 시스템 장애 등
유동성위험	자산을 제때 적절한 가격에 매각하지 못할 때 발생하는 위험	매수자가 없어 자산 매각이 곤란한 경우
법적위험	계약불이행 등 법적 문제로 인한 손실 위험	계약불이행, 소송 등

44 ①

| 정답해설 | 95% 신뢰구간에서 계산한 1일 VaR이 10억 원이라는 것은 이 회사의 포트폴리오를 보유함으로써 향후 1일 동안에 10억 원을 초과하여 손실을 볼 확률이 5%임을 의미한다. 따라서 95% 신뢰수준으로 향후 1일 동안에 발생할 최대손실금액은 10억 원이다.

45 ①

| 정답해설 | 오차 없이 측정하는 방법은 완전가치평가법이며, 델타분석법은 부분가치평가법에 해당한다.

개념 Plus⁺ VaR의 측정방법

부분가치 평가법	• 모수적 방법(평균과 분산)을 이용해 VaR 측정 • 시장에 있는 자료 중 일부만 추출해서 측정하기 때문에 완전하게 측정은 불가능 • 델타분석법 등
완전가치 평가법	• 비모수적인 방법인 가치평가모형을 통해 VaR 측정 • 옵션모형에 주가변동문을 대입하는 등의 방법으로 옵션포지션의 가치변화를 정확하게 측정 가능 • 스트레스 검증법, 역사적 시뮬레이션, 몬테카를로 시뮬레이션 등

46 ③

| 정답해설 | 등가격에 가까운 콜옵션과 풋옵션을 동시에 매도한 스트래들 매도 포지션의 경우, 콜옵션의 (+)의 델타가 풋옵션의

(−)의 델타에 의하여 상쇄되기 때문에 델타중립에 가까운 상태가 될 수 있다. 이와 같이 델타중립에 가까운 포지션을 취한 경우의 델타분석법에 의한 VaR는 0에 가깝게 수렴한다. 또한 옵션포지션의 VaR을 델타분석법에 의해서 측정할 경우, 옵션 매입 포지션의 위험은 실제보다 과대평가되고, 옵션 매도 포지션의 위험은 실제보다 과소평가된다.

47 ④

| 정답해설 | 포트폴리오 VaR_p 공식에서 상관계수는 최저 −1에서 최고 +1까지의 범위를 가진다. 각 자산과의 상관계수가 +1이면 포트폴리오 VaR은 개별 포지션 VaR의 합으로 계산하고, 각 자산과의 상관계수가 −1이면 포트폴리오 VaR은 개별 포지션 VaR을 차감하여 계산한다. 또한 상관계수가 0일 때 포트폴리오의 VaR은 $\sqrt{3억 원^2 + 2억 원^2} = 3.6056$억 원으로 계산된다.

개념 Plus⁺ 포트폴리오 VaR_p 공식

$$VaR_p = \sqrt{VaR^{2A} + VaR^{2B} \times 2 \times \rho \times VaR_A \times VaR_B}$$

48 ①

| 정답해설 |

- 99% 신뢰도 1일 VaR = 1일 VaR × $\frac{변경\ 후\ 신뢰상수}{변경\ 전\ 신뢰상수}$

  = 3억 원 × $\frac{2.33}{1.65}$

  = 4.2364억 원

- 99% 신뢰도 10일 VaR

  = 1일 VaR × $\frac{변경\ 후\ 신뢰상수}{변경\ 전\ 신뢰상수}$ × $\frac{\sqrt{10}}{\sqrt{1}}$

  = 3억 원 × $\frac{2.33}{1.65}$ × $\sqrt{10}$

  = 13.3966억 원

∴ 4.23억 원 + 13.39억 원 = 17.62억 원

개념 Plus⁺ 보유기간별 VaR 계산

- 보유기간 1일 가정

  보유기간 VaR = 1일 Var × $\sqrt{보유기간}$

- 보유기간 1일에서 10일로 변경

  보유기간 VaR = 1일 Var × $\frac{\sqrt{변경\ 후\ 기간}}{\sqrt{변경\ 전\ 기간}}$

- 보유기간 1일 가정, 신뢰수준 95%에서 99%로 변경

  보유기간 VaR

  = 1일 Var × $\frac{\sqrt{변경\ 후\ 신뢰상수}}{\sqrt{변경\ 전\ 신뢰상수}}$

49 ③

| 정답해설 | VaR의 사용 시 유의해야 할 점은 VaR 측정이 과거의 데이터에 의존하여 추정된다는 사실이다. 따라서 VaR 추정치의 신뢰성은 과거의 역사적 자료를 이용하여 추정치가 얼마나 안정적인가에 달려 있다.

50 ①

| 정답해설 | 단 한 개의 리스크 요소에 주로 의존하는 경우에는 이 분석법이 적절히 사용될 수 있다. 따라서 다른 측정법의 대체방법이라기 보다는 보완적 방법으로 최악의 경우의 변화를 측정하는 데 유용하다.

개념 Plus⁺ 스트레스 검증법

- 최악의 상황에서 혹은 최악의 상황을 가정한 시나리오에서 VaR와 위험을 측정하는 방법이다(시나리오 기법이라고도 함).
- 시나리오가 잘못 작성되면 VaR도 잘못 측정된다.
- 비정상적인 시장에서 위험요인의 극단적인 변화가 포트폴리오에 미치는 손실을 측정하는 방법이다.
- 과거의 데이터가 없어도 VaR을 측정할 수 있다.
- VaR를 측정하는 대체수단이라기보다는 VaR 측정의 보완적 방법이라 할 수 있다.

[3과목] 직무윤리 및 법규/투자운용 및 전략Ⅰ/거시경제 및 분산투자(50문항)

51 ③

| 정답해설 | 고객바로알기 제도에 의하여 얻어진 금융소비자의 정보를 토대로 적합한 투자권유를 해야 한다.

| 오답해설 |
① 일반투자자만을 대상으로 한다.
② 금융소비자 보호의무 중 금융상품판매 이전 단계에 해당한다.
④ 고객의 투자목적, 재산상황, 투자경험 등의 정보를 파악하고 서명(전자서명 포함), 기명날인, 녹취, 그밖에 전자우편 또는 이와 비슷한 전자통신, 우편, 전화자동응답시스템의 방법으로 확인받아야 한다.

52 ②

| 정답해설 | 투자자의 이해수준에 따라 설명의 정도를 달리할 수 있다.

| 오답해설 |
① 금융투자상품은 일반투자자가 정보나 전문성이 부족하기 때문에, 정보 비대칭을 해소하고 공정거래를 보장하기 위해 설명의무가 부과된다.
③ 금융회사가 금융소비자보호법을 위반하여 금융소비자와 금융상품 계약체결을 하고, 그로 인해 금융소비자에게 손해가 발생했다면 그 위반의 정도 등을 감안하여 금융회사가 손해배상책임을 진다.

④ 설명의무를 위반한 약관조항은 투자자에게 효력이 미치지 않으며, 금융기관이 이를 계약 내용으로 주장할 수 없다.

53 ④

| 정답해설 | 회사의 위법행위 여부가 불명확할 때, 사전 화해의 방법으로 손실을 보상하는 행위는 예외적으로 허용되는 행위에 포함된다.

개념 Plus⁺

- 손실보전 등의 금지원칙

사전 약속	투자자가 입을 손실의 전부 또는 일부를 보전하겠다고 미리 약속하는 행위
사후 보전	실제 손실 발생 후 이를 보전해주는 행위
사전 이익 보장	일정한 이익을 보장하겠다고 미리 약속하는 행위
사후 이익 제공	실제로 이익을 보장하여 제공하는 행위

- 손실보전 등과 관련하여 예외적으로 인정되는 행위
  - 회사의 위법행위 여부가 불명확할 때, 사전 화해의 방법으로 보상 가능(단, 자기책임원칙을 침해하는 경우는 불가)
  - 회사의 위법행위로 인해 손해가 발생한 경우, 손해배상 가능
  - 분쟁조정 또는 재판상 화해절차에 따라 손실 보상이나 손해배상 가능

54 ④

| 정답해설 | 판매 후 모니터링 제도는 금융소비자와 판매계약을 맺은 날로부터 7영업일 이내에 판매직원이 아닌 제3자가 금융소비자와 통화하여 설명의무 이행여부를 확인해야 한다.

55 ①

| 정답해설 | ㉠ 회사가 특정 금융소비자를 위하여 전용 공간을 제공하는 경우, 해당 공간은 직원과 물리적으로 분리되어야 하며, 영업점장 및 영업점 영업관리자가 통제하기 용이한 위치에 두어야 한다.
㉡ 영업점장 및 영업관리자는 사이버룸 등 고객 전용 공간에서 이루어지는 매매거래의 적정성을 상시 모니터링하고, 이상매매 발견 시 지체 없이 준법감시인에게 보고하여야 한다.

| 오답해설 |
㉢ 다른 고객이 사이버룸 사용 고객을 직원으로 오해하지 않도록 사이버룸 사용 고객에게 명패, 명칭, 개별 직통전화 등을 사용하도록 하거나 제공하여서는 안 된다.
㉣ 외부에서 내부를 관찰할 수 있도록 개방형 형태로 설치되어야 한다.

개념 Plus⁺ 특정 금융소비자를 위하여 전용공간을 제공할 경우 준수해야 할 사항

공간 설치 요건	• 사이버룸은 직원 근무 공간과 분리되어야 함 • 영업장 및 영업관리자의 통제가 용이한 위치에 설치
표시 및 개방성	• 외부에서 '사이버룸'임을 알 수 있도록 문패 부착 • 외부에서 내부를 볼 수 있도록 개방형 구조로 설치
고객 오인 방지	명패, 명칭, 개별 직통전화 등 제공 X
영업점장의 모니터링 의무	• 영업점장 및 영업관리자는 사이버룸에서 이루어지는 거래의 적정성을 상시 모니터링해야 함 • 이상매매 발견 시 즉시 준법감시인에게 보고

56 ③

| 정답해설 | 금융투자업자는 자산건전성 분류기준의 설정 및 변경, 동 기준에 따른 자산건전성 분류 결과 및 대손충당금 등 적립 결과를 금융감독원장에게 보고해야 한다.

| 오답해설 |
① 금융투자업자는 매 분기마다 자산 및 부채에 대한 건전성을 '정상', '요주의', '고정', '회수의문', '추정손실'의 5단계로 분류해야 한다.
②④ 금융투자업자는 '회수의문' 또는 '추정손실'로 분류된 자산을 조기에 상각하여 자산의 건전성을 확보해야 하며, 매 분기 말 현재 '고정' 이하로 분류된 채권에 대해 적정한 회수예상가액을 산정해야 한다.

57 ③

| 정답해설 | 순자본비율이 100% 미만 또는 영업용 순자본비율이 150% 미만이 된 경우에는 지체없이 금융감독원장에게 보고해야 한다.

개념 Plus⁺ 순자본비율 및 적기 시정조치

- 순자본비율 공식

순자본비율	$\dfrac{\text{영업용 순자본} - \text{총 위험액}}{\text{필요 유지 자기자본}}$
영업용 순자본비율	$\dfrac{\text{영업용 순자본}}{\text{총위험액}} \times 100$
영업용순자본	순재산액 − 차감항목 + 가산항목
차감항목	재무상태표상 자산 중 즉시 현금화가 곤란한 자산
가산항목	재무상태표에서 부채로 계상되었으나 실질적인 채무이행 의무가 없거나 실질적으로 자본의 보완적 기능을 하는 항목 등

- 적기 시정조치

경영개선 권고	순자본비율 100% 미만
경영개선 요구	순자본비율 50% 미만
경영개선 명령	순자본비율 0% 미만

58 ③

| 정답해설 | ㉢ 금융투자업자는 인가 취소, 해산 결의, 파산선고 등의 사유가 발생한 경우, 예치기관에 예치 또는 신탁한 투자자예탁금을 인출하여 투자자에게 우선적으로 지급하여야 한다.
㉣ 투자자예탁금을 신탁할 수 있는 금융투자업자는 은행·한국산업은행·중소기업은행·보험회사이며, 신탁법 제2조에도 불구하

고 자기계약이 허용된다.

| 오답해설 |
㉠ 적격요건을 갖춘 자와의 장외파생상품 매매는 허용된다.
㉡ 예치금융투자업자가 다른 회사에 흡수합병되거나 신설합병 또는 예치금융투자업자가 금융투자업의 전부나 일부를 양도하는 경우 예외적으로 투자자예탁금을 양도하거나 담보로 제공할 수 있다.

59 ②

| 정답해설 | 투자자의 자산을 집합하여 운용하는 행위는 투자일임업자에게만 적용되는 금지행위이다.

개념 Plus⁺ 투자자문업자 및 투자일임업자의 영업행위 규칙

• 공통금지행위

투자자 재산 보관·예탁 금지	금전·재산을 직접 보관하거나 예탁받는 행위
대여 관련 금지	투자자에게 금전·증권·재산을 빌려주거나, 제3자의 대여를 중개·주선·대리하는 행위
무자격자 활용 금지	투자권유자문인력, 투자운용인력이 아닌 자에게 자문·일임업무를 맡기는 행위
부당한 수수료 요구 금지	계약으로 정한 수수료 외에 별도의 대가를 받는 행위
자기거래·미공개 정보 이용 금지	자문이나 매매 의사결정을 내린 후 실행 전에 자기 예산으로 매매 또는 제3자에게 매매를 권하는 행위 (선행매매)

• 투자일임업자의 금지행위

투자자의 정당한 요구 거부 금지	정당한 사유 없이 투자자의 운용방법 변경·계약 해지 요구에 불응하는 행위
자기인수증권 매입 금지	자기 또는 관계인이 인수한 증권을 투자일임재산으로 매수하는 행위
시세조종 관련 금지	자신 또는 관계인이 발행인·매출인으로부터 직접 인수업무를 담당한 특정증권 등에 대해 인위적으로 시세를 형성하여 투자일임재산으로 거래하는 행위
이해상충 행위 금지	특정 투자자의 이익을 해치면서 자기 또는 제3자의 이익을 추구하는 행위
자기재산 및 관계 재산과의 거래 금지	• 자기운용 투자일임재산, 집합투자재산, 신탁재산과 상호 거래 금지 • 자기 또는 이해관계인의 고유재산과 거래 금지
집합 운용	투자일임재산을 각각의 투자자별로 운용하지 않고 여러 투자자의 자산을 집합하여 운용하는 행위

60 ③

| 정답해설 | 투자일임업자는 보고기간 종료 후 2개월 이내에 투자일임보고서를 교부해야 하며, 일반투자자가 동의하면 전자우편으로도 발송할 수 있다.

61 ④

| 정답해설 | 금융투자업자가 계열사 증권 취득이나 대주주 등에 대한 신용공여를 할 때는 재직이사 전원 찬성의 이사회 결의가 필요하다. 단, 거래금액이 자기자본의 10/10,000 또는 10억 원 중 작은 금액 이하이면 결의가 면제된다.

62 ③

| 정답해설 | 집합투자재산으로 부동산을 취득할 때는 금전차입이 예외적으로 허용된다. 부동산 집합투자기구는 순자산의 200%까지, 기타집합투자기구는 부동산 가액의 70%까지 가능하다. 차입금은 원칙적으로 부동산 운용에 사용해야 하지만, 불가피할 경우 일시적으로 현금성 자산에 투자할 수 있다.

63 ④

| 정답해설 | 투자자가 소유한 집합투자증권의 평가금액이 10만 원 이하인 경우 교부의무가 면제된다.

64 ②

| 정답해설 | 회계감사는 경영공시 사유에 해당하지 않는다.

개념 Plus⁺ 금융투자업자의 경영공시

• 동일 기업집단별(동일 기업집단이 아닐 경우 개별 기업별)로 금융투자업자의 직전 분기 말 자기자본의 100분의 10에 상당하는 금액을 초과하는 부실채권의 발생
• 금융사고 등으로 금융투자업자의 직전 분기 말 자기자본의 100분의 2에 상당하는 금액을 초과하는 손실이 발생하였거나 손실이 예상되는 경우
• 민사소송의 패소 등의 사유로 금융투자업자의 직전 분기 말 자기자본의 100분의 1에 상당하는 금액을 초과하는 손실이 발생한 경우
• 적기시정조치, 인가 또는 등록의 취소 등의 조치를 받은 경우
• 회계기간 변경을 결정한 경우
• 상장법인이 아닌 금융투자업자에게 재무구조, 채권·채무관계 경영환경 손익구조 등에 중대한 변경을 초래하는 사실이 발생하는 경우

65 ②

| 정답해설 | 증권의 대차거래 내역을 협회를 통하여 당일에 공시하여야 한다.

66 ②

| 정답해설 | 매매유인이나 부당이득을 얻을 목적 등이 없다고 할지라도 허수성 주문을 대량으로 제출하거나, 가장성 매매, 통정성 매매, 풍문유포 등을 하여 시세에 부당한 영향을 주거나 줄 우려가 있다고 판단되면 해당 행위자에게 과징금을 부과할 수 있다.

개념 Plus⁺ 시장질서 교란행위 규제

- 정보이용 교란행위
  다음에 해당하는 자가 상장증권, 장내파생상품 또는 이를 기초자산으로 하는 파생상품의 매매, 그 밖의 거래에 미공개정보를 이용하거나 타인에게 이용하게 하는 행위
  ① 내부자 등으로부터 나온 미공개(중요) 정보인 점을 알면서 이를 받거나 전득한(전하여 얻은) 자
  ② 직무와 관련하여 미공개정보를 생산하거나 알게 된 자
  ③ 해킹, 절취, 기망, 협박 등 부정한 방법으로 정보를 알게 된 자
  ④ ②, ③들로부터 나온 정보인 점을 알면서 이를 받거나 전득한 자

- 시세관여 교란행위
  - 거래 성립 가능성이 희박한 호가를 대량으로 제출하거나 호가를 제출한 후 해당 호가를 반복적으로 정정·취소
  - 권리이전을 목적으로 하지 않고 거짓으로 꾸민 매매
  - 손익이전 또는 조세회피 목적으로 타인과 서로 짜고 하는 매매
  - 풍문을 유포하거나 거짓으로 계책을 꾸며 상장증권 등의 수급 상황이나 가격에 대하여 오해를 유발하거나 가격을 왜곡할 우려가 있는 행위

67 ④

정답해설 일반투자자가 고난도금융투자상품 이외의 공모 방법으로 발행된 파생결합증권을 매매하는 경우 핵심설명서를 추가로 교부하고 그 내용을 충분히 설명해야 한다. 다만 파생결합증권 중 주식워런트증권, 상장지수증권, 금적립계좌 등은 제외된다.

68 ①

정답해설 조사분석자료는 금융투자회사의 임직원 및 제3자의 작성이 가능하다. 다만 제3자가 작성한 분석 자료를 공표하는 경우 제3자의 성명을 조사분석자료에 기재해야 한다.

69 ③

정답해설 기업공개를 위한 주식의 공모가격 산정에 대한 방법은 협회가 구체적인 가격평가모형을 제시하지 않고 있으며 수요예측 등을 통해 결정한다.

개념 Plus⁺ 주식가격의 공모가격 산정 방법

- 인수회사와 발행회사가 합의하여 단일 가격으로 정하는 방법
- 기관투자자를 대상으로 수요예측을 실시하고 그 결과를 감안하여 인수회사와 발행회사가 합의하여 정하는 방법
- 대표주관회사가 사전에 정한 방법에 따라 기관투자자들로부터 경매의 방식으로 입찰가격과 수량을 제출받은 후 최저 공모가격 이상의 입찰에 대해 해당 입찰자가 제출한 가격으로 정하는 방법
- 대표주관회사가 사전에 정한 방법에 따라 기관투자자들로부터 경매의 방식으로 입찰가격과 수량을 제출받은 후 산정한 단일 가격으로 정하는 방법

70 ③

정답해설 준강형 효율적 시장가설에 대한 설명이다.

개념 Plus⁺ 효율적 시장가설

약형 효율적 시장가설	과거 주가의 움직임은 미래 주가의 움직임의 방향이나 크기에 어떠한 정보도 제공하지 않으므로 기술적 분석은 가치가 없음
준강형 효율적 시장가설	일반 정보가 공개되면 즉각적으로 주가에 반영되기 때문에 공개된 정보는 종목을 선정하는 데 아무런 도움이 되지 않음. 즉 공개된 정보로부터 이익을 얻는 것은 불가능함
강형의 효율적 시장가설	알려진 정보나 예측 가능한 정보라면 이미 주가에 반영되어 있을 것이며, 예측할 수 없는 정보라면 그 효과 또한 불규칙적임
비효율 시장가설	위험기피적인 투자자의 성향, 투자자들의 과민반응과 과소반응, 프레이밍효과, 군비현상, 차익거래의 제약 등으로 효율적 시장가설이 성립하지 않는 이유를 설명함

71 ④

정답해설 연기금, 생명보험, 자산운용회사 등의 기관투자가들이 시장에서 실행하고 있는 자산배분을 모방하여 전략을 구성하는 방법은 많은 전략적 자산배분의 출발점으로, 타 기관투자가의 자산배분을 참고로 하고 있기 때문에 보편화된 방법이다.

개념 Plus⁺ 전략적 자산배분 실행방법

시장가치 접근방법	여러가지 투자자들의 포트폴리오 내 구성비중을 각 자산이 시장에서 차지하는 시가총액의 비율과 동일하게 포트폴리오를 구성
위험수익 최적화 방법	기대수익과 위험 간의 관계를 고려하여, 동일한 위험수준 하에서 최대한으로 보상받을 수 있는 지배원리에 의하여 포트폴리오를 구성
투자자별 특수상황 고려	운용기관의 위험, 최소 요구수익률, 다른 자산들과의 잠재적인 결합 등을 고려하여 수립하는 투자전략
다른 유사 기관투자가들 모방	연기금, 생명보험, 자산운용회사 등의 기관투자가들의 시장에서 실행하고 있는 자산배분을 모방하여 전략적 자산 구성을 하는 방법

72 ④

정답해설 보험자산배분 전략은 포트폴리오의 가치에 따라 위험자산과 무위험자산 간의 비율을 자동적으로 조정하는 방식으로, 미래 시장전망이나 투자성과 예측은 어떤 위험자산을 선택할지에는 영향을 주지만 자금 배분 비율에는 영향을 미치지 못하며, 포트폴리오 가치가 기준선보다 높으면 위험자산 비중을 확대하고 기준선에 가까워질수록 무위험자산으로 옮겨가는 보수적 운용전략이다.

73 ①

| 정답해설 | 동일 가중방식은 모든 종목을 동일하게 취급하나, 실제로 시장에는 소형기업의 수가 훨씬 많이 존재하기 때문에 소형기업의 가중치가 높아지는 경향을 가진다. 또한 이 방식에 따라 인덱스 포트폴리오를 구성하면 가중치를 일치시키기 위해 주기적으로 거래가 발생하면서 결과적으로 많은 거래비용이 발생하게 된다.

개념 Plus⁺ 패시브 운용 주가지수 가중치

주가가중방식	• $\frac{\text{각 주가의 합}}{\text{주식수}}$ • 절대적인 주당가격이 가중치가 됨
시가가중 주가지수	• 주가 × 발행주식수 • 시가총액이 가중치가 됨 • 지수를 구성하는 모든 종목의 모든 발행주식을 보유했을 때의 성과를 나타냄
유동시가 가중방식	• 주가 × 유동주식수 • 정부나 지배주주 등이 보유하고 있는 주식을 제외하고 실제로 거래 가능한 주식인 유동주식 수에 주가를 곱한 값인 유동시가총액을 가중치로 사용

74 ②

| 정답해설 | 시장 전체를 대상으로 하는 지수가 아닌, 성과를 보일 것으로 기대되는 세부 자산군에 집중된 지수를 이용하는 세부 자산군을 선택하는 전략을 사용한다.

75 ①

| 정답해설 | 델타 헤징전략은 투자기간에 대한 제한이 없다.

개념 Plus⁺ 델타 헤징 운용의 장·단점

장점	• 투자기간에 대한 제한이 없음 • 사전에 지불해야 하는 비용이 없음 • 운용기간 동안 실제 시장 상황을 반영하여 수익·위험구조가 결정됨 • 현물 운용 시 액티브 운용을 통해 추가적인 수익 기대
단점	• 사전에 수익·위험구조가 확정되지 않아 운용능력에 따른 변동성이 큼 • 델타 헤징에 따른 매매수수료가 과다하게 발생하여 파생상품의 거래수수료보다 높은 비용이 발생할 수 있음 • 실제의 모수가 미래의 모수보다 불리할 경우 수익률이 낮아질 수 있음

76 ②

| 정답해설 |

- 패리티 가격 = $\frac{\text{주가}}{\text{전환가격}} \times$ 액면가

$= \frac{18,000}{20,000} \times 10,000 = 9,000$

- 패리티 $= \frac{\text{주가}}{\text{전환가격}} \times 100$

$= \frac{18,000}{20,000} \times 100 = 90\%$

- 괴리 = 전환사채 시장가격 − 패리티 가격
$= 11,000 - 9,000 = 2,000$

- 괴리율 $= \frac{\text{괴리}}{\text{패리티 가격}} \times 100$

$= \frac{2,000}{9,000} \times 100 = 22.22$

77 ③

| 정답해설 | 패리티에 대한 설명이다. 패리티는 '$\frac{\text{주가}}{\text{전환가격}} \times 100$'으로 계산되며, 전환가격이 일정하기 때문에 주가가 상승하면 패리티도 상승, 주가가 하락하면 패리티도 하락한다. 일반적으로 패리티가 100을 초과하면 할수록 주식가치가 크게 되어, 주가가 전환사채 시장 가격을 변동시키는 큰 요인으로 작용한다.

개념 Plus⁺ 전환사채 용어

괴리(원)	= 전환사채 시장가격 − 패리티 가격
괴리율	$= \frac{\text{전환사채 시장 가격} - \text{패리티 가격}}{\text{패리티 가격} \times 100}$
전환가치 (패리티가격)	= 전환대상 주식의 시장가격 × 전환 주수

78 ④

| 정답해설 | 신주인수권부사채는 신주인수권이 행사된 후에도 사채권이 존재한다. 대주주 지분의 하락 우려가 존재하며, 주가 변동에 따른 행사시기의 불확실에 따른 자본구조가 불확실하다는 단점이 있다. 투자자 측면에서는 주가 약세 시 불이익을 받을 수 있으며, 인수권 행사 후에는 낮은 이율의 사채만 존속하게 된다.

개념 Plus⁺ 신종채권

교환사채	일정 기간 경과 후 발행회사가 보유 중인 다른 회사의 유가증권으로 교환할 수 있는 권리가 있는 채권
전환사채	• 일정한 조건에 따라 채권을 발행한 회사의 주식으로 전환할 수 있는 권리가 부여된 채권 • 전환 전에는 사채로서의 확정이자를 받으며, 전환 후에는 주식으로서 이익을 얻을 수 있다
이익참가부 사채	일정한 채권 이자 이외에도 채권보유자에게 회사의 이익분배에 참여할 권리가 부여된 채권

79 ③

| 정답해설 | 시간이 지날수록, 만기가 짧아질수록 채권의 가격은 액면가에 수렴한다.

개념 Plus⁺ 채권가격결정

가격과 수익률	서로 역의 관계로 볼록한 형태
이표율과 수익률	이표율 > 수익률 → 액면가보다 비쌈 이표율 < 수익률 → 액면가보다 저렴
시간 경과에 따른 채권 가격 진행 경로	시간이 지날수록, 만기가 짧아질수록 채권의 가격은 액면가에 수렴 → pull-to-par현상

80 ④

| 정답해설 | ㉠㉡㉢㉣ 모두 맥컬레이 듀레이션의 특징에 해당한다.

개념 Plus⁺ 맥컬레이 듀레이션의 의의와 특징

면역 전략과의 관계	듀레이션은 투자자가 최초 투자 시의 만기수익률에 따른 수익을 수익률 변동 위험 없이 실현할 수 있는 투자 회수의 가중평균 기간으로도 활용됨
등가 전환 관점	듀레이션은 시점이 다른 일련의 현금흐름을 가진 채권을 현금흐름이 한 번만 발생하는 채권으로 등가 전환했을 때의 잔존만기와 동일하게 해석 가능
무게 중심 역할	듀레이션은 채권 현금흐름 현재가치들의 무게 중심 역할을 하는 균형점으로 작용
특수 사례	무액면채권의 경우 만기와 듀레이션이 같음
이표채권	이표채권은 액면금리가 낮을수록 듀레이션이 길어짐
채권의 만기	• 만기가 길수록 듀레이션이 길어짐 • 단, 액면가(원금) 대비 매입가격이 매우 낮게 형성된 할인채는 예외가 될 수 있음
영구채권	이자율이 i인 영구채권의 듀레이션은 $\frac{1+i}{i}$로 계산함

81 ④

| 오답해설 |
㉠ 잔존기간이 단축됨에 따라 수익률이 하락하는 효과를 이용하는 전략은 롤링효과이다.

82 ①

| 정답해설 | 콘탱고는 선물가격보다 현물가격이 높은 상태를 의미하며, 이를 정상시장(normal market)이라고 부른다. 선물가격이 이론선물가격보다 높은 경우 매수차익거래가 발생하므로, '현물 매수+선물 매도'를 통해 차익거래를 할 수 있다.

83 ④

| 정답해설 | • 선물 계약 수

$$= \frac{(포트폴리오 금액 \times 베타)}{(KOSPI200 선물지수 \times 25만 원)}$$

$$= \frac{(100억 원 \times 1.2)}{(250 \times 25만 원)}$$

$$= 192$$

∴ 주식 포트폴리오를 보유하고 있으며, 가격하락 위험이 있기 때문에 선물 매도 포지션이다.

84 ③

| 정답해설 | • 풋-콜 패리티
= 풋옵션 + 기초자산
= 콜옵션 + 행사가격(잔존만기 + 이자율)

$$= P + S = \frac{C+X}{(1+r)}$$

$$= P + 206 = \frac{10+206}{(1+0.04)}$$

$$= P + 206 = 208.07$$

$$P = 2.07$$

∴ 선물 계약 수 $= \frac{(포트폴리오 금액 \times 베타)}{(KOSPI200 선물지수 \times 거래승수)}$

85 ④

| 정답해설 | 풋-콜 패리티 = P(풋옵션 매수) + S(주식) 매수
= C(콜옵션 매수) + X(B채권 매수)

86 ②

| 정답해설 | 컨버전 전략은 합성 선물포지션과 현물포지션을 조합하여 차익거래를 하는 전략이다. 합성 매도포지션(풋옵션 매수+콜옵션 매도)을 만든 뒤 현물매수와 결합하며, 결과적으로 '현물 매수+선물 매도'와 동일한 효과를 갖는다. 이러한 포지션을 통해 옵션 만기 시점과 동일한 시점에서 만기가 되는 가상적인 선물을 이용한 매수차익거래 포지션을 만들어낼 수 있다.

개념 Plus⁺ 옵션의 포지션

콜옵션 매수	기초자산 상승시 이익 무한, 기초자산 하락 시 손실 프리미엄
콜옵션 매도	기초자산 상승시 손실 무한, 기초자산 하락 시 이익 프리미엄
풋옵션 매수	기초자산 하락시 이익 무한, 기초자산 상승 시 손실 프리미엄
풋옵션 매도	기초자산 하락시 손실 무한, 기초자산 하락 시 손실 프리미엄

87 ①

| 정답해설 | 감마는 만기가 짧고 등가격 옵션일수록 크다. 콜옵션의 프리미엄 구조를 그래프로 나타내면 그래프의 기울기 변화가 가장 큰 지점(볼록한 지점)의 기초자산 가격이 행사 가격과 비슷한 지점이 되면서 옵션이 등가격(ARM)일 때 볼록도가 커지기 때문이다.

개념 Plus⁺ 옵션 프리미엄의 민감도 지표

델타(Δ)	• 기초자산 가격 변동에 따른 옵션 가격 변화 정도 • 콜옵션의 델타는 0~1 사이의 값을, 풋옵션의 델타는 −1~0까지의 값을 가짐
감마(Γ)	• 기초자산 가격 변화에 따른 델타의 변화율 • 옵션 프리미엄의 기초자산 가격에 대한 2차 미분치 • 콜옵션·풋옵션의 매수 포지션과 같이 프리미엄 구조 그래프가 아래로 볼록할 경우 감마값은 양수임
쎄타(Θ)	• 시간 경과에 따른 옵션 가치 감소 속도 • 감마와 쎄타는 서로 반대부호를 가지며, 절대치는 서로 정의 관계를 가짐
베가(V)	• 변동성 변화에 따른 옵션 가격 민감도 • 콜옵션·풋옵션 모두 베가는 양수이며, 베가는 기초자산 가격이 행사가격 부근일 때 가장 큼
로우(ρ)	• 금리 변동에 따른 옵션 가격 민감도 • 금리가 상승하면 콜옵션의 로우는 증가하고, 풋옵션의 로우는 감소함

88 ②

| 정답해설 | 유가증권 등의 거래는 보통 주문, 체결, 결제의 과정을 거치는데 이러한 과정이 동시에 일어나지 않고 지연된다. 우리나라 주식거래의 경우 체결일로부터 제3영업일에 결제가 발생, 채권의 거래는 익영업일에 주로 결제가 일어난다. 이러한 이유때문에 체결일에 회계처리를 모두 하는 것이 체결일 기준 회계처리방식이다.

89 ①

| 정답해설 | 정상 포트폴리오는 일반적인 상황에서 구성하는 포트폴리오로, 채권형 BM으로 많이 활용한다.

| 오답해설 |
② 시장지수는 펀드운용에 특이한 제약조건이 없는 일반적인 경우에 적합하다.
③ 맞춤 포트폴리오는 일반성이 적은 펀드를 평가하기 위한 기준지표이다.
④ 섹터/style 지수는 특정 분야에 집중 투자하는 경우에 적합하다.

개념 Plus⁺ 기준지표의 종류

정상 포트폴리오 (Normal Portfolio)	• 일반적인 상황에서 설정하는 포트폴리오임 • 채권형 벤치마크로 주로 활용됨 • KOBI120, KOBI30 등이 이에 해당함
시장지수 (Market Index)	• 특정 자산군에 속하는 모든 종목을 포함하는 가장 포괄적인 지수임 • 운용 시 특별한 제약이 없는 경우에 활용 적합함
시장지수 (Market Index)	• 종합주가지수, 종합채권지수 등이 이에 해당함
섹터/style지수	• 자산유형 중 특정 분야나 성격을 가진 종목만을 포함한 지수임 • 특정 분야에 집중 투자할 때 적합함 • 중소형주, 가치주, 성장주, 국공채, 회사채 등이 이에 해당함
합성지수 (Synthesized Index)	• 둘 이상의 시장지수나 섹터지수를 결합하여 산출한 지수임 • 다양한 자산군에 동시 투자할 때 적합함 • 혼합형 펀드의 벤치마크로 활용됨
맞춤 포트폴리오 (Customized PF)	• 특정 펀드의 운용 및 평가 목적으로 구성된 포트폴리오임 • 일반성이 적은 펀드를 평가할 때 사용됨 • 보험형, 펀드평가용 포트폴리오 등이 이에 해당함

90 ②

| 정답해설 | 위험조정 성과지표는 수익률과 위험을 함께 고려하여 성과를 평가하는 지표로, 대표적으로 샤프비율, 트레이너비율, 젠센의 알파가 있다. 반면, 잔차위험은 이러한 성과지표가 아니라 초과수익의 표준편차를 의미하며, 정보비율을 계산할 때 분모로 사용된다. 정보비율은 적극적인 운용으로 얻은 초과성과를 위험과 함께 평가하려는 지표로, 이는 투자자가 수익은 추구하면서도 위험은 회피한다는 기본 가정 위에서 성립한다. 따라서 정보비율은 펀드 성과가 단순히 분산 가능한 위험 노출 때문인지, 위험을 조정한 이후에도 의미 있는 초과성과인지를 파악하는 데 의의가 있다.

91 ③

| 정답해설 | 펀드 내 자산의 배분비율 및 배분비율 변화 추이를 분석하는 것은 포트폴리오 분석이다.

개념 Plus⁺ 스타일 분석

의의	• 펀드의 특징과 성과 원인을 가장 명확하게 설명하는 분석 기법 • 성과에 가장 큰 영향을 주는 변수를 찾아 이를 기준으로 펀드를 분류함 • 주식펀드: 보유 주식의 규모(대형주, 중형주, 소형주), 가치평가 정도(가치주, 성장주 등) 등으로 분류 • 채권펀드: 보유 채권의 평균 신용등급(높고 낮음), 평균 만기(듀레이션)의 길고 짧음 등으로 분류
특징	• 향후 상승이 예상되는 스타일의 펀드에 투자할 경우 성공 가능성이 높음 • 장·단기적인 스타일 선택은 펀드매니저 개인 선택보다 펀드 성과에 더 큰 영향을 미침

92 ③

| 정답해설 | 확대통화정책은 금리를 낮추는 정책으로 이자율이 오히려 하락한다. 확대재정정책은 국민소득을 증가시키지만, 이자율 상승으로 인해 민간투자가 위축되어 국민소득이 감소하기도

한다. 이와 같이 확대재정정책이 이자율을 상승시켜 민간투자를 위축시키는 현상을 구축효과라 한다.

93 ③

| 정답해설 | 리카르도 불변 정리는 세금 감면을 미래의 세금 증가로 인식해 저축이 증가하고 총수요는 변동하지 않는다고 본다.

| 오답해설 |
① 피셔 효과는 예상 인플레이션율 상승 시 명목이자율도 상승하며, 실질이자율은 일정하게 유지된다고 본다.
② 피구 효과는 물가 하락 시 실질잔액이 증가하여 소비가 늘고 총수요가 증가하는 효과를 말한다.
④ 고전학파의 정책무용성 정리는 정부의 재정·통화정책이 임금과 가격의 즉각적 조정으로 실질변수에 영향을 미치지 못한다는 주장이다.

94 ②

| 정답해설 | 상용근로자수는 경기후행지수에 해당한다.

개념 Plus⁺ 경기종합지수 개별경제지표(금융투자협회 기본서 기준)

선행 종합지수	구인구직비율, 재고순환지표, 소비자기대지수, 기계류내수출하지수, 건설수주액(실질), 수출입물가비율, 코스피지수, 장단기 금리차
동행 종합지수	비농림어업취업자수, 광공업생산지수, 서비스업생산지수, 소매판매액지수, 내수출하지수, 건설기성액(실질), 수입액(실질)
후행 종합지수	상용근로자수, 생산자제품재고지수, 도시가계소비지출(실질), 소비재수입액(실질), 회사채 유통수익률

95 ④

| 정답해설 | 경기확산지수가 90에서 60으로 하락하더라도 상승국면으로 본다. 경기확산지수는 경기변동의 변화방향을 지수형태로 나타낸 것으로, 기준선인 50을 넘는 경기는 확장국면, 50을 넘지 않으면 수축국면에 들어간다고 볼 수 있다.

개념 Plus⁺ 경기확산지수(DI)와 경기종합지수(CI)

- 경기확산지수(Diffusion Index, DI)
  - 경제 특정 부문에서 발생한 경기동향 요인이 다른 부문으로 확산·파급되는 과정을 파악하기 위한 지표이다.
  - 경기변동의 진폭이나 속도는 측정하지 않고, 경기변동의 방향과 전환점을 식별하는 데 사용된다.
  - 경기확산지수(DI)

  $$= \frac{전월비\ 증가지표의\ 수 + \frac{1}{2} \times 보합지표의\ 수}{구성지표의\ 수}$$

  - DI가 50% 이상이면 상승국면, 50% 이하이면 하강국면으로 판단한다.
- 경기종합지수(Composite Index, CI)
  - 경기에 민감한 대표 지표들을 선정하여, 각 지표의 움직임을 통계적으로 종합한 지수형태의 종합경기지표이다.

- 전월 대비 변화율이 (+)이면 경기상승, (−)이면 경기하강을 나타낸다.
- 증감률의 크기는 경기변동의 진폭을 반영하며, 변화 방향뿐만 아니라 속도도 분석 가능하다.
- 경기국면과 상관관계에 따라 선행, 동행, 후행 지수로 구분된다.
  ① 선행지수: 경기 예측
  ② 동행·후행지수: 경기 동향 확인

96 ②

| 정답해설 |
- 베타$(\beta) = \dfrac{공분산}{분산}$

  $= \dfrac{0.05}{0.04} = 1.25$

- 주식 A의 요구수익률 $k = R_f + \beta(R_m - R_f)$
  $= 0.1 + 1.25(0.16 - 0.1)$
  $= 0.175$

- A주식의 내재가치 $= \dfrac{D_1}{(k-g)}$

  $= \dfrac{2,500}{(0.175 - 0.12)}$

  $= 45,455원$

97 ①

| 정답해설 | ㉠ 체계적 위험은 시장수익률 변동과 시장 전체의 변동에 따라 발생하는 위험으로, 경기·금리·환율 등 시장 요인에 의해 결정되는 위험을 말한다.
㉡ 체계적 위험은 베타(β)로 측정되며, 이는 개별 자산과 시장수익률 간의 공분산을 의미한다.

| 오답해설 |
㉢ 분산투자를 통해 제거 가능한 위험은 비체계적 위험이다.
㉣ 개별 기업의 재무상태, 경영전략, 사건 등 기업 고유 요인에 따른 위험은 비체계적 위험이다.

98 ④

| 정답해설 | 요구수익률이 기대수익률보다 작을 때 자산은 증권시장선(SML) 위에 위치하므로 과소평가된 상태이다. 반대로 요구수익률이 기대수익률보다 클 경우는 과대평가된 상태이다.

99 ②

| 정답해설 | 포트폴리오의 베타는 개별자산의 베타를 투자비중으로 가중평균하여 구한다. 해당 문제에서 무위험자산의 베타는 0이므로 포트폴리오의 베타는 $0.3 \times 1.2 + 0.7 \times 0 = 0.36$이다.

100 ②

| 정답해설 | 단순매입·보유유전략은 의도적 노력 없이 무작위로 선택한 증권을 매입하여 보유하는 투자전략으로, 보유하는 포트폴리오의 구성 종목수가 많아지면 시장 전체의 평균적 위험, 즉 체계적 위험만 부담하게 된다. 해당 전략은 무작위적으로 포트폴리오를 구성하고 분산투자의 종목수를 증가시키면 시장 전체의 평균적인 기대수익률을 얻을 수 있다는 포트폴리오 이론에 근거한다.

2회
426쪽

01	①	02	④	03	④	04	③	05	②
06	④	07	②	08	①	09	②	10	④
11	③	12	②	13	③	14	②	15	②
16	④	17	①	18	③	19	②	20	④
21	④	22	③	23	①	24	②	25	②
26	①	27	②	28	④	29	④	30	②
31	④	32	③	33	③	34	③	35	④
36	③	37	③	38	③	39	③	40	③
41	②	42	②	43	①	44	②	45	③
46	②	47	④	48	④	49	③	50	②
51	③	52	③	53	②	54	③	55	①
56	②	57	②	58	④	59	②	60	②
61	①	62	④	63	②	64	①	65	②
66	②	67	②	68	②	69	④	70	②
71	③	72	①	73	①	74	②	75	②
76	②	77	①	78	④	79	④	80	②
81	②	82	③	83	②	84	②	85	①
86	④	87	④	88	②	89	②	90	②
91	①	92	②	93	②	94	④	95	①
96	②	97	④	98	①	99	③	100	②

[1과목] 금융상품 및 세제(20문항)

01 ①

| 정답해설 | 증여세의 납세의무 성립시기는 '증여에 의하여 재산을 취득하는 때'이다.

02 ④

| 정답해설 | 근로소득만 있고 회사에서 다음 해 2월에 정상적으로 연말정산을 진행했다면 5월 종합소득세 확정신고 의무가 없다.

03 ④

| 오답해설 |
㉠ 과세기간은 세금이 부과되는 기간으로, 소득세법의 과세기간은 원칙적으로 1월 1일부터 12월 31일까지이다.

04 ③

| 정답해설 | 비거주자의 국내 주식 양도에 대한 과세는 대주주 여부, 종목·거래 형태에 따라 과세와 비과세로 나눌 수 있다.

> **개념 Plus⁺** 비거주자의 유가증권 양도소득의 과세 요건
> - 나음 이외의 내국법인의 주식 또는 출자지분
>   - 특정 주식·시설물 이용권
>   - 부동산 과다 보유 법인의 주식
>   - 5년 내 25% 미만 소유주가 거래소를 통하여 양도하는 주식
> - 국내 사업장이 있는 비거주자가 주식·출자지분 외의 유가증권을 양도함으로써 생기는 소득 중 이자소득 이외의 소득
> - 국내 사업장이 없는 비거주자가 주식·출자지분 외의 유가증권을 내국법인·거주자·외국법인의 국내사업장에게 양도함으로써 발생하는 소득 중 이자소득 이외의 소득

05 ②

| 정답해설 | 의제배당은 감자, 해산, 합병, 잉여금의 자본전입 등으로 형식상 배당이 아닌데 회사의 이익이 주주에게 귀속되는 경우를 말한다. 그 중 해산의 경우 잔여재산가액을 확정하는 날이 의제배당의 수입시기이다.

> **개념 Plus⁺** 잔여재산가액 확정일
> 잔여재산의 추심 또는 환가처분을 완료한 날 또는 잔여재산을 그대로 분배하는 경우 그 분배를 완료한 날

06 ④

| 정답해설 | 채권의 양도차익은 원칙적으로 양도소득세 과세대상에서 제외된다.

> **개념 Plus⁺** 양도소득의 범위
>
> | 토지와 건물 | • 토지: 지적공부에 등록해야 할 지목에 해당하는 것
• 건물: 지붕과 벽 또는 기둥이 있는 토지 정착물(부속시설과 구축물 포함) |
> |---|---|
> | 부동산 관련 권리 | • 부동산 취득 가능 권리(분양권 등)
• 지상권, 전세권, 등기된 임차권
• 주택상환채권, 주택입주권 등 |
> | 주식 및 출자 지분 | • 주권상장법인 주식: 대주주의 양도, 장외거래 주식에 한하여 과세
• 코스닥(코넥스)상장법인 주식: 대주주의 양도, 장외거래 주식에 한하여 과세
• 비상장법인 주식: 모두 과세 |
> | 기타 자산 | • 특정 시설이용권(골프회원권 등), 영업권
• 특정 주식(과점주주의 소유주식 등), 파생상품(주가지수선물, 옵션 등) |

07 ②

| 정답해설 | 해외 거래소에서 체결되는 주식매매는 국내 증권거래세 과세대상이 아니다.

> **개념 Plus⁺** 외국 증권시장
> - 뉴욕증권거래소
> - 전미증권업협회 중개시장(Nasdaq)
> - 도쿄증권거래소
> - 런던증권거래소
> - 도이치증권거래소
> - 자본시장법 제406조 제1항 제2호의 외국 거래소

08 ①

| 정답해설 | 증권업은 자본시장법 시행 전 금융부사업의 기능별 분류에 속한다.

> **개념 Plus⁺** 자본시장법상 금융투자업의 분류
> - 투자매매업
> - 투자중개업
> - 집합투자업
> - 투자자문업
> - 투자일임업
> - 신탁업

09 ②

| 정답해설 | 의무보유기간 3년 이전에 중도해지할 경우 세제혜택을 받을 수 없으며, 기존에 세제혜택을 받았던 금액은 추징한다.

10 ④

| 정답해설 | ELS(주가연계증권)는 자본시장법상 파생결합증권으로 분류된다.

| 오답해설 |
① ELW는 콜·풋 매수가 모두 가능하므로 기초자산 가격 하락 시에도 수익을 낼 수 있다.
② 금융상품의 분류에서 원본 한도 내 손실 구조는 증권, 원본 초과 손실은 파생상품·레버리지 등으로 분류한다.
③ 임직원 보상용 스톡옵션은 통상 금융투자상품으로 보지 않는다.

11 ③

| 정답해설 | 정기예금은 요구불예금이 아닌, 저축성예금에 해당한다.

> **개념 Plus⁺** 요구불예금의 종류
>
> | 보통 예금 | • 자유로운 입출금이 가능한 기본 예금상품으로, 예치기간이나 금액에 제한이 없음
• 거래 유동성이 높아 일반 개인 및 기업의 일상적 자금관리용으로 활용됨
• 이율은 낮으나, 자금 조달비용 최소화 목적에서 금융기관이 적극적으로 유치 |
> |---|---|
> | 당좌 예금 | • 당좌수표, 자기앞수표 등 지급수단 발행이 가능한 예금
• 고객이 예금잔액 범위 내 또는 약정된 한도 내에서 수표 발행 가능
• 기업·법인·개인사업자 등 상거래 목적으로 주로 이용
• 이자 지급 없음(수표 발행을 위한 결제 기능 중심) |
> | 가계 당좌예금 | • 개인 소비자 전용 당좌예금으로, 가계수표 발행이 가능
• 자금 결제 편의성을 위한 목적이나, 최근에는 체크카드·전자결제 확산으로 이용 감소
• 1인1계좌만 개설 가능 |

12 ②

| 정답해설 | DC형(확정기여형)의 운용성과는 근로자 급여채무에 귀속되며, 금융회사의 귀속이 아니다.

13 ③

| 정답해설 | 특정금전신탁에 대한 설명으로, 특정금전신탁에서 투자자(위탁자)는 은행(수탁자)에게 운용대상, 운용방법 및 운용조건 등을 지시할 수 있다.

개념 Plus⁺ 신탁상품의 종류

재산 신탁	신탁 인수 시 신탁재산으로 유가증권, 금천채권, 부동산 등을 수탁하여 신탁 내용에 따라 관리, 처분, 운용한 후 신탁 종료 시에 금전 또는 신탁재산의 운용 현상을 그대로 수익자에게 교부하는 신탁
특정금전 신탁	위탁자가 신탁재산인 금전의 운용방법을 지정하는 금전신탁
불특정 금전신탁	위탁자가 신탁재산인 금전의 운용방법을 지정하지 않는 금전신탁으로, 수탁자는 신탁재산을 자본시장법 등 관계법규에서 정한 대상 자산에 자유롭게 투자 및 운용하며 그 운용수익을 위탁자에게 배당
금전채권 신탁	수익자를 위해 금전채권의 추심, 관리, 처분을 목적으로 금전 채권을 신탁하고 신탁 종료 시 수익자에게 원본과 수익을 금전으로 교부하는 신탁

14 ②

| 정답해설 | 영업보험료는 순보험료+부가보험료로 구성된다.

개념 Plus⁺ 보험료 가격의 구성요소

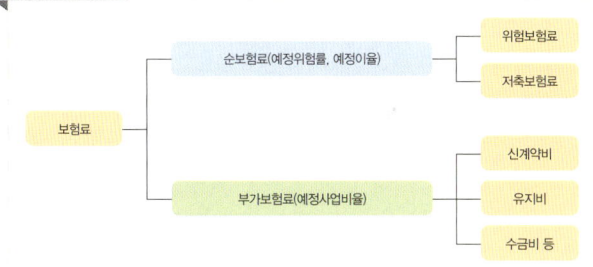

15 ①

| 정답해설 | 신용연계채권(CLN)은 신용부도스왑(CDS)을 증권화한 채권으로, 기초자산의 신용위험을 투자자에게 이전한다.

개념 Plus⁺ 파생결합증권 종류

주가연계 상품	• 특정 주식·주가지수 변동에 따라 원리금 지급조건이 달라지는 상품 • 예금·채권+주가옵션의 결합 구조 • 옵션 비중이 클수록 원금 보존 수준이 낮아짐
환율연계 상품	• 환율 변동 또는 상이한 통화 지급 조건에 따라 원리금이 변동되는 상품 • 원금·이자 상환 시 통화를 선택할 수 있는 옵션 포함 • 환율 수준에 따라 원리금 변동
금리연계 상품	• 금리 변동에 연계된 지급 구조 • 역변동 금리상품: 금리 하락 시 이자 상승 • 이중지표변동금리상품: 장·단기 금리 차이를 반영 • CMT 이자지급상품: 장기지표금리에 따라 이자 지급, 수익률 곡선 변화에 민감
디지털옵션 내재상품	• 특정 범위 조건의 충족 여부에 따라 이자가 결정되는 구조 • 발행자가 투자자에게 옵션을 매입하게 하여 상대적으로 높은 수익률 제공
신용연계 채권	• 특정 기업이나 국가의 신용위험(부도, 채무불이행, 신용등급 하락 등)과 연계된 채권 • 채권+신용파생상품(CDS) 결합 구조 • 기초자산에 신용사건이 발생하면 원금·이자 손실 발생 가능 • 투자자는 높은 금리를 얻지만, 신용위험을 부담

16 ④

| 정답해설 | 청구권 보존의 효력은 부동산 등기법상 가등기의 효력에 해당한다.

개념 Plus⁺ 부동산의 본등기와 가등기

- **부동산 등기법상 본등기의 효력**

• 물권 변동적 효력	• 순위 확정적 효력
• 형식적 확정력	• 대항적 효력
• 권리존재 추정력	• 점유적 효력

- **부동산 등기법상 가등기의 효력**
  - 실체법상 요건이 제대로 다 갖추어져 있지 않을 때 권리의 설정, 이전, 변경, 소멸의 청구권을 보전하기 위한 등기
  - 본등기 전에는 청구권 보전의 효력을 가지며 본등기 후에는 순위 보전적 효력을 갖는다.

17 ①

| 정답해설 | 부동산 경기는 일반경기의 변동에 비해 저점이 깊고(낮고) 정점이 높다. 이는 부동산 경기가 일반경기의 변동에 대응하여 민감하게 적용하지 못하는 타성이 있기 때문이다. 또한 일반경기보다 시간적으로도 뒤쳐지는 경향이 있다.

18 ③

| 정답해설 | PF는 특정사업의 사업성과 장래의 현금흐름을 보고 자금을 지원하는 금융기법으로, 그 안정성을 확보하기 위해 다양한 채권보전 수단을 갖추고 있으며, 그 중 부동산 담보신탁은 사업대상 부지 및 공사 중인 건물에 대한 물적 담보를 확보하는 방법에 해당한다.

개념 Plus⁺ PF 사업의 대표적인 안정성 확보 수단

사업대상 부지 및 건물에 대한 물적 담보	• 저당권 설정 • 부동산 담보신탁
시공업체를 통한 추가 담보	• 책임준공 약정 • 차주에 대한 자금 보충 • 차주에 대한 연대보증 또는 채무 인수 • 책임분양 • 사업참여자의 책임임대차 약정
제3자를 활용한 채권보전장치	• 주택도시보증공사(HUG)의 주택사업 금융보증 • 한국주택금융공사의 PF 보증 • 건설공제조합 및 서울보증보험의 이행보증

19 ②

| 정답해설 | 토지와 같이 재생산이 불가능한 자산에 적용하기 어려운 감정평가방식은 원가방식(비용접근법)이다. 비교방식은 토지평가에 적합하여 감정평가의 세 가지 방식(시장접근법, 비용접근법, 소득접근법) 중 가장 중추적인 역할을 수행한다.

개념 Plus⁺ 부동산 감정평가의 3방식

구분	시장성	비용성	수익성
평가방식	비교방식 (시장접근법)	원가방식 (비용접근법)	수익방식 (소득접근법)
평가특징	균형가격 (수요와 공급이 일치하는 시장가격)	공급가격	수요가격
평가방법	거래사례비교법 (매매사례비교법)	원가법 (복성식 평가법)	수익환원법
시산가격	비준가격 (시장사례를 기준으로 조정)	적산가격 또는 복성가격 (건물원가+감가 등)	수익가격

20 ④

| 정답해설 | 부동산 개발사업으로 조성하거나 설치한 토지·건축물을 분양하는 경우 혹은 부동산 투자회사가 합병·해산·분할 또는 분할합병을 하는 경우에는 제한기간 없이 부동산을 처분할 수 있다.

[2과목] 투자운용 및 전략Ⅱ/투자분석(30문항)

21 ④

| 정답해설 | 신탁회사는 담보신탁된 부동산을 직접 공매하거나 처분할 수 있는 권한을 가진다.

22 ③

| 정답해설 | ⓒ 전문투자형 사모펀드에 한해 PEF는 순자산의 최대 400%까지 차입이나 채무보증을 할 수 있다.
ⓒ PEF는 경영 참여를 목적으로 자산의 일부를 타회사 지분의 10% 이상 취득할 수 있다.
| 오답해설 |
㉠ PEF가 경영 참여를 목적으로 자산의 일부를 타회사 지분의 10% 이상 취득하는 경우, 단독뿐만 아니라 다른 PEF와 공동으로 투자할 수도 있다.
㉣ 동일한 상호출자제한기업집단에 속하는 금융회사가 동일 PEF에 출자하는 경우 그 PEF 출자총액의 30%를 초과하여 출자할 수 없다.

23 ①

| 정답해설 | 헤지펀드의 방향성 전략으로는 주식 롱숏, 글로벌 매크로, 이머징마켓 헤지펀드, 선물거래, 섹터펀드, 매도전문펀드 등이 있다.

개념 Plus⁺ 헤지펀드의 운용전략

차익거래 전략	전환사채 차익거래, 채권 차익거래(이자율 스프레드 거래), 주식시장중립형 등
상황의존(Event Driven)전략	부실채권투자, 위험·합병 차익거래 등
방향성 전략	주식 롱숏, 글로벌 매크로, 이머징마켓 헤지펀드, 선물거래 등
펀드 오브 헤지 펀드 전략	15~30개의 헤지펀드 포트폴리오에 투자

24 ②

| 정답해설 | Stock Swap Merger에 대한 설명이다.
| 오답해설 |
① Cash Merger는 피인수 합병회사의 주식을 사거나 해당 주식을 기초자산으로 하는 옵션에 투자하는 전략이다(피인수기업은 현금으로만 인수).
③ Convertible Arbitrage는 전환증권 차익거래를 말하며, 합병 차익거래에는 포함되지 않는다.
④ Stock Swap Mergers With Collar는 교환비율과 확률을 가지고 시나리오 분석을 하는 전략이다.

25 ②

| 정답해설 | 주식이나 채권과 같은 자본자산은 미래 현금흐름의 순현재가치로 평가할 수 있지만, 실물자산은 순자산가치로 평가되지 않으며, 이자율 또한 큰 영향을 미치지 않는다.

개념 Plus⁺ 특별자산 펀드의 특징

정의	펀드 자산의 50% 이상을 특별자산(증권과 부동산을 제외한 자산으로, 주로 실물자산)에 투자하는 펀드
주요 투자 대상	농산물, 축산물, 임산물, 광산물, 에너지 등
주요 특징	• 인플레이션 헤지 수단으로 활용됨 • 실물자산은 이자율이 아닌 수요·공급에 따라 가격이 결정됨 • 최근 수년간 중국, 인도 등 이머징마켓의 높은 경제성장으로 높은 가격 상승을 보여주고 있음
시장 특성	• 대부분의 실물자산은 달러 기준으로 거래됨 • 가격은 글로벌 시장의 수요와 공급의 불균형에 영향 받음 • 공산품의 원자재나 식량으로 사용되어 공급 제한성이 존재
투자 방식	실물자산에 직접 투자하기보다는, 선물 파생상품 또는 실물자산 관련 기업(광산업체, 에너지 기업 등)의 주식에 간접 투자함

26 ①

| 정답해설 | 분산투자로 제거할 수 없는 위험은 체계적 위험이다. 체계적 위험은 정치적 요인이나 경기변동, 금융·재정·외환·정책 등 한 국가 내의 모든 기업에 공통적으로 영향을 미치는 요인에 의해 발생하는 위험을 의미한다.

27 ②

| 정답해설 | 한국거래소에 상장된 주식을 해외시장에 상장하기 위해서 대부분 DR 형태로 상장하며, 뉴욕거래소에 상장하기 위해서는 ADR 발행을 하면 가능하다.

| 오답해설 |
ⓒ GDR에 대한 설명이다. EDR은 미국 이외의 거래소에 상장하는 경우에 발행한다.
ⓓ EDR에 대한 설명이다. GDR은 달러화 표시 해외 DR 발행이 미국과 미국 이외의 시장에서 동시에 이루어질 때에 해당한다.

개념 Plus⁺ DR의 종류

ADR	• 미국 상장 • 외국주식이 미국의 증권으로 등록되고 미국 증시에 상장되어 거래되도록 하는 제도적 장치 • 보관은행에 보관한 외국 주식을 바탕으로 발행하는 증권의 형태 • 뉴욕증권거래소나 나스닥 등의 미국거래소에서 거래됨
EDR	• 미국 외 국가 상장 • 달러표시로 전환하여 미국 이외의 거래소에 상장하는 것
GDR	• 미국+미국 외 국가 상장 • 달러표시로 전환하여 미국과 미국 이외의 시장에서 동시에 상장이 이루어지는 것

28 ④

| 정답해설 | T-Bond는 대표적인 장기채권이다. 장기채권으로는 장기국채(T-Bond), 회사채, 사모채, Martgate-Backed, MTN(Medium Term-Note) 등이 있다.

29 ④

| 정답해설 | 벤치마크보다 높은 수익률을 추구하는 것이 공격적 전략의 특징이지만, 거래비용을 줄이는 것은 방어적 전략의 특징이다.

개념 Plus⁺ 해외투자의 공격적 전략 vs 방어적 전략

공격적 전략	• 환율과 주가전망 예측을 포트폴리오 구성에 적극 반영하여 위험을 부담하면서도 초과수익을 추구하는 전략 • 투자 대상국의 주가 및 환율을 전망하고 가장 전망이 밝은 국가의 투자비중을 높임으로써 수익률의 극대화를 꾀하는 전략 • 목표수익률을 벤치마크의 수익률보다 높게 설정 • 주가 및 환율의 예측을 적극적으로 포트폴리오의 구성에 이용한다는 것은 시장의 비효율성이 존재한다고 믿는 것을 의미함
방어적 전략	• 환율과 주가전망을 투자 결정에 거의 반영하지 않고 벤치마크 지수의 구성을 모방함으로써 잘 분산된 포트폴리오인 벤치마크와의 수익률 격차를 최소화하려는 소극적 전략 • 모방은 하되 그에 따른 거래비용은 줄이는 것이 목표 • 시장이 효율적인 상황에서 어떤 정보를 이용하여 예측하더라도 초과수익을 얻을 수 없다는 판단에 근거함 • 소극적 전략에서의 목표수익률의 상한선은 벤치마크의 수익률이 됨 • 인덱스 펀드 등

30 ③

| 정답해설 | 국가의 비중이 산업 및 기술분석의 결과로써 결정된다고 보는 것은 상향식 접근방법이다.

개념 Plus⁺ 하향식 분석 vs 상향식 분석

하향식 분석 (국가 분석)	• 국가분석을 중요하게 생각함 • 투자 대상국의 성장률과 물가, 환율 등 거시경제지표의 변화를 예측하고 낙관적으로 전망하는 국가의 투자비중을 높임 • 세계경제를 완전히 통합되지 않고 분리된 각국 경제의 결합체로 봄
상향식 분석 (산업 분석)	• 주요 산업과 기업을 글로벌 경쟁의 관점에서 분석하고 성장성 있는 산업 및 각 산업에서 혁신을 선도하는 기업을 선정하여 투자 • 국가의 비중은 산업 및 기술분석의 결과로써 결정됨 • 각국 경제의 통합이 진전되어 세계 경제를 글로벌화된 산업들의 집합으로 봄 • 글로벌화된 산업들과 세계 경제에서 전망이 좋은 기업들을 선정하는 것이 의사결정의 중심

31 ④

| 정답해설 | • 배당성향 40% = 순이익의 40%를 배당으로 지급
- 유보율 = 1 − 배당성향 = 60%
- 성장률(g) = 유보율 × 자기자본이익률 = 0.6 × 0.08 = 0.048
- 보통주의 가치(P_0)

$$= \frac{D_0(1+g)}{k-g} = \frac{D_1}{k-g} = \frac{4,000(1+0.048)}{0.12-0.048} = \frac{4,192}{0.12-0.048}$$

∴ 58,222원

32 ③

| 정답해설 | 총자산이익률은 순이익을 총자산으로 나눈 값이고, 이자보상비율은 영업이익을 이자비용으로 나눈 값이다.

| 오답해설 |

㉠ 유동비율 = $\frac{유동자산}{유동부채}$

㉢ 총자산회전율 = $\frac{순매출}{총자산}$

33 ③

| 정답해설 | 기업의 재무적 부담을 이행할 수 있는 능력을 측정하는 데 사용하는 재무비율은 보상비율이다. 배당성향은 보통주 주주들의 몫인 이익에서 실제로 그들에게 지불된 금액을 측정하는 지표이며, 이자보상비율은 기업이 창출하고 있는 이익으로 지불해야 하는 이자비용을 어느 정도 보상할 수 있는지 그 지불능력을 측정할 때 사용된다. 고정비용보상비율은 기업이 부담하고 있는 고정비용을 이익에서 보상하는 정도를 측정하는 데 사용한다.

34 ③

| 정답해설 | 결합레버리지도(DOL)는 매출액 또는 판매량의 변화율에 대한 주당순이익의 변화율의 비율로 정의된다. 결합레버리지도는 영업레버리지도와 재무레버리지도의 곱으로 얻어지므로, 영업고정비용과 이자비용이 하나라도 존재한다면 결합레버리지는 항상 1보다 크다.

35 ④

| 정답해설 | EPS 계산 시 발행주식수에는 전환증권 발행 등으로 희석되는 주식을 포함시킬 수 있다. 주가이익비율(PER)은 1주당 가격/주당이익(EPS)로 계산된다. 주당이익은 순이익을 기업이 보통주 주주들에게 모두 지급한다고 가정 시 보통주 1주당 분배될 수 있는 이익의 규모를 의미한다.

36 ③

| 정답해설 | EV/EBITDA 비율은 당기순이익으로 평가하는 PER의 한계점을 보완하고, Tobin'Q 비율은 자기자본을 시가로 평가함으로써, PBR의 장부가 평가 문제를 보완한다.

개념 Plus⁺ PBR과 Tobin's Q

- PBR(주가순자산비율) = $\frac{주가}{주당순자산가치(BPS)}$

- 시간성의 차이
  - 주가는 미래 현금흐름의 현재가치로 미래지향적이나, 주당순자산(BPS)은 과거 취득원가의 기준으로 과거지향적이다.
  - 토빈의 Q는 대체원가를 장부가가 아니라 자산들의 현재가치에 기반을 두고 있으므로 PBR의 문제점 중 하나인 '시간성의 차이'를 극복하고 있는 지표이다.

37 ③

| 정답해설 | 기술적 분석의 한계에 대한 설명으로 다우 이론의 한계점과는 관계가 없다.

개념 Plus⁺ 다우 이론

- 주가의 움직임과 주식시장의 반복되는 패턴 또는 추세를 분석하여 체계적으로 정리한 것
- 주가예측에 있어 기술적 분석의 시초가 된 이론
- 주가가 어떤 방향을 잡으면 그 추세가 꺾여 반대방향으로 전환하는 신호가 나타날 때까지 관성적으로 그 방향을 유지한다는 가설로, 주식시장은 주기적 추세에 의해 영향을 받고 평균주가 개념은 전체적인 주가 추세를 반영함

38 ③

| 정답해설 | 이동평균선은 과거 주가를 평균한 값으로 계산되므로 미래 분석에서 후행적 성격을 가진다.

| 오답해설 |
① 주가가 이동평균선을 하향 돌파하면 하락 전환 신호이다.
② 약세장에서 이동평균선 아래 주가는 하락세 지속의 신호이다.
④ 괴리가 커질수록 오히려 평균선 쪽으로 회귀하려는 성향이 있다.

39 ②

| 정답해설 | 구조조정기에는 단순요소의 경쟁력이 빠르게 하락한다. 고급요소의 경쟁력 상승이 가속화되는 것은 2차 전환점이다.

40 ③

| 정답해설 | ㉠ 포터의 다이아몬드 모형은 산업경쟁력 분석에서 널리 활용된다.
㉢ 산업경쟁력 요인은 요소조건·수요조건·기업전략과 경쟁여건·지원사업 등으로 구성되며 정부와 우발적 요인은 간접적 요인으로 본다.

| 오답해설 |
㉡ 산업경쟁력 분석에서 경쟁자산은 산업의 경쟁력을 뒷받침하는 가장 기본적인 요소이자 잠재적인 산업경쟁력을 의미한다.

개념 Plus⁺ 포터의 다이아몬드 모형

의의	국가의 산업경쟁력은 혁신과 요소 축적 등을 통해 경쟁우위를 확충함으로써 얻을 수 있음
직접적 요인	요소조건, 기업전략 경쟁여건, 수요조건, 연관산업 및 지원사업
간접적 요인	우발적 요인, 정부

41 ②

| 정답해설 | 산업연관표에서 총산출액은 총투입액과 항상 일치한다.

개념 Plus⁺ 산업연관표

구조	• 한 해 동안 모든 재화서비스의 총공급(총산출+수입)과 총수요(중간수요+최종수요)를 산업별로 표시 • 국민경제 전체 및 산업별 공급·수요 구조 파악 가능
분석 기능	• 생산유발효과: 최종수요 증가 시 각 산업에서 유발되는 생산 규모 • 수입유발효과: 최종수요 증가가 수입에 미치는 영향 • 부가가치유발효과: 소득·GDP 증가 효과 • 고용유발효과: 신규 일자리 창출 효과
활용 분야	• 경제예측 및 정책 수립(중장기 개발계획, 경제 시뮬레이션 등) • 특정 산업 수요 변화 시 전체 산업 생산 파급효과 분석 • 에너지 구조 변화 시 산업구조 변화 예측
예측 활용	최종 수요 목표가 주어졌을 때 필요한 생산규모, 수입규모, 고용 창출 효과 등을 계량적으로 산출
가격 분석	투입계수를 이용해 원자재·임금·세금·환율 변동이 각 산업 가격에 미치는 영향 분석
기타 활용	공공투자 효과 분석: 원자력발전소 건설, 산업단지·신도시 조성, 도로·교량 건설 등 대규모 프로젝트 파급효과 측정

42 ②

| 정답해설 | • 시장집중률=산업 내 시장점유율 상위 3개 기업이 차지하는 누적시장점유율
• 1위 기업 30%+2위 기업 20%+3위 기업 10%
∴ 시장집중률=30+20+10=60%

43 ①

| 정답해설 | 메탈게젤샤프트사 파산사건은 원유를 장기공급(10년)하는 Short(매도) 포지션에 대해 단기헤지를 함으로써 장기간의 롤링위험에 노출되어 헤지기법의 부적절성과 시장의 불운이 겹쳐 대규모 손실을 입고 회사가 파산한 사건이다. 이 사건은 장기 현물공급계약에 따른 리스크를 단기 선물계약에 의해 헤지하려는 전략을 실행함으로써 갱신 리스크(Rollover Risk), 자금조달 리스크(Funding Risk), 신용 리스크(Credit Risk) 등의 리스크를 내포하고 있다.

44 ②

| 정답해설 | VaR 측정 방법에는 부분가치평가법인 델타분석법과, 완전가치평가법인 역사적 시뮬레이션, 몬테카를로 시뮬레이션, 스트레스 검증법 등이 있다.

45 ③

| 정답해설 | • 보유기간 N일의 VaR=1일 VaR×$\sqrt{N}$이므로
• 1일 VaR×$\sqrt{22}$=1억 원×4.6904
 =4.69억 원

46 ④

| 오답해설 |
㉠ 역사적 시뮬레이션은 모수 추정이 필요하지 않으며, 과거 수익률 데이터만 이용하여 계산한다.

47 ④

| 정답해설 | • 포트폴리오 VaR_p
$=\sqrt{VaR_A^2+VaR_B^2+2\rho VaR_A \times VaR_B}$
$=\sqrt{300억 원^2+400억 원^2+2\times0.7\times300억 원\times400억 원}$
$=646.52$억 원

개념 Plus⁺ 상관계수에 따른 포트폴리오 VaR_p

• p(상관계수)=−1: $VaR_p=VaR_A-VaR_B$
• p(상관계수)=+1: $VaR_p=VaR_A+VaR_B$
• p(상관계수)=0: $VaR_p=\sqrt{VaR_A^2+VaR_B^2}$

48 ④

| 정답해설 | 등가격에 가까운 콜옵션과 풋옵션을 동시에 매도한 스트래들 매도 포지션의 경우 콜옵션의 (+)의 델타가 풋옵션의 (−)의 델타에 의하여 상쇄되기 때문에 델타중립에 가까운 상태가 된다. 델타중립에 가까운 포지션을 취한 경우, 델타분석법에 의한 VaR은 0에 가까운 상태가 된다. 그러나 지수 움직임에 따라 상당한 손실이 발생할 수 있기 때문에 실질적으로는 0에 가깝다고 하기 어렵다.

49 ③

| 정답해설 | • RAROC는 투자에서 얻은 수익을 그 수익을 얻기 위해 사용한 리스크로 조정한 것으로, 순수익을 VaR수치로 나눈 값 역시 RAROC에 포함된다.

• $RAROC = \dfrac{순이익(0.5억)}{VaR(2억)}$
$= 0.25 (= 25\%)$

50 ④

| 정답해설 | 충당금은 장래에 발생할 것으로 예상되는 비용이나 손실에 대하여 그 원인이 되는 사실은 이미 발생했다고 보고 당해 비용 내지는 손실의 전부 또는 일부를 미리 계상하는 금액이다. 따라서 기대손실은 충당금으로 대비하고, 예상을 초과하는 손실에 대해서는 자기자본으로 대비한다.

[3과목] 직무윤리 및 법규/투자운용 및 전략 I (50문항)

51 ③

| 정답해설 | 이해상충이 발생할 가능성을 낮추는 것이 곤란할 경우 매매 또는 그밖의 거래를 중단해야 한다.

개념 Plus⁺ 이해상충 방지 체계
- 이해상충 발생 가능성의 파악 등 관리의무
- 이해상충 발생 가능성 고지 및 저감 후 거래의무
- 이해상충 발생 회피 의무
- 정보교류의 차단(Chinese Wall 구축)
- 조사분석자료의 작성 대상 및 제공의 제한
- 자기계약(자기거래)의 금지

52 ③

| 정답해설 | 고객알기제도 KYC(Know-your-Customer-Rule)는 금융투자상품 판매 전 금융소비자보호 의무를 위한 제도이다.

개념 Plus⁺ 금융투자상품 판매 전/후 금융소비자보호 의무
- 금융투자상품 판매 전 금융소비자보호 의무
  - 고객알기제도 KYC(Know-Your-Customer-Rule)
  - 적합성의 원칙
  - 적정성의 원칙
  - 설명의무
  - 손해배상책임
  - 부당권유의 금지
- 금융투자상품 판매 후 금융소비자보호 의무
  - 보고 및 기록 의무
  - 정보의 누설 및 부당이용 금지
  - 공정성 유지 의무

53 ②

| 정답해설 | 예외적으로 투자를 허용하는 경우는 ⓒ 다른 종류의 금융투자상품에 대하여 다시 권유하거나 ⓔ 투자권유를 거부하는 취지의 의사를 표시한 후 1개월이 지난 후에 다시 투자권유를 하는 경우이다.

54 ③

| 정답해설 | 합리적 근거 제공의무와 관련된 내용이며, 금융소비자에게 중요 사실에 대한 정확한 표시의무를 준수할 때 고려해야 할 사항과는 거리가 먼 내용이다.

55 ①

| 정답해설 | 준법감시인은 위임의 범위와 책임이 명확히 구분된 경우 준법감시업무 중 일부를 준법감시업무를 담당하는 임직원에게 위임할 수 있다.

개념 Plus⁺ 준법감시인의 권한 및 의무
- 내부통제기준 준수 여부 등에 대한 정기·수시 점검
- 업무 전반에 대한 접근 및 임직원에 대한 각종 자료나 정보의 제출 요구권
- 임직원의 위법, 부동행위 등과 관련하여 이사회, 대표이사, 감사(위원회)에 대한 보고 및 시정 요구
- 이사회, 감사위원회, 기타 주요 회의에 대한 참석 및 의견진술
- 준법감시 업무의 전문성 제고를 위한 연수프로그램의 이수
- 기타 이사회가 필요하다고 인정하는 사항에 대한 업무

56 ③

| 정답해설 | 집합투자업자는 투자자로부터 일상적인 운용 지시를 받지 않고, 재산적 가치가 있는 투자대상 자산을 취득·처분 그 밖의 방법으로 운용하고 그 결과를 투자자 또는 기금관리주체 등에게 배분하여 귀속시킨다.

57 ②

| 정답해설 | 증권이란 내국인 또는 외국인이 발행한 것으로, 투자자가 취득과 동시에 지급한 금전 등 외에 어떠한 명목으로든지 추가로 지급의무를 부담하지 않는 금융투자상품이다.

| 오답해설 |
①③ 증권은 원본 대비 손실률이 100% 이하인 경우로 원본 초과 손실 가능성이 없으며, 원본 대비 손실률이 100%를 초과하는 경우는 파생상품으로 분류한다.
④ 판매수수료, 보수, 보험계약에 따른 사업비, 위험보험료 등은 투자금액에 포함하지 않는다.

58 ④

| 정답해설 | 투자매매업자 또는 투자중개업자는 주권 등 일정한 증권의 모집 또는 매출과 관련된 계약을 체결한 날로부터 그 증권이 최초로 증권시장에 상장된 후 40일 이내에 그 증권에 대한 조사분석자료를 공표하거나 특정인에게 제공할 수 없으며, 대상 증권에는 주권, 전환사채, 신주인수권부사채, 교환사채이자가 있다.

개념 Plus⁺ 불건전 영업행위의 금지

- 선행매매의 금지
- 조사분석자료 공표 후 매매금지
- 조사분석자료 작성자에 대한 성과보수 금지
- 모집·매출과 관련된 조사분석자료의 공표·제공 금지
- 투자권유대행인·투자권유자문인력 이외의 자의 투자권유 금지
- 일임매매의 금지 등

59 ②

| 정답해설 | 집합투자업자는 자산운용보고서를 작성하여 신탁업자의 확인을 받아 3개월에 1회 이상 투자자에게 제공해야 한다. 다만 MMF의 자산운용보고서를 1개월에 1회 공시하는 경우 자산운용보고서를 제공하지 않아도 된다.

개념 Plus⁺ 자산운용보고서 제공의 예외

- 투자자가 수령거부 의사를 서면, 전환, 팩스, 전자우편 또는 이와 비슷한 전자통신의 방법으로 표시한 경우
- MMF의 자산운용보고서를 1개월에 1회 이상 공시하는 경우
- 상장된 환매금지형 집합투자기구의 자산운용보고서를 3개월에 1회 이상 공시하는 경우
- 집합투자규약에 10만 원 이하의 투자자에게 제공하지 아니한다는 내용을 정한 경우

60 ②

| 정답해설 | 지방채, 특수채, 파생결합증권은 집합투자 자산총액의 30%까지만 투자가 가능한 항목이다.

개념 Plus⁺ 동일종목 증권 투자 제한의 예외

동일종목 100% 투자 가능	• 국채, 통안채, 정부보증채 • 부동산 및 부동산 관련자산을 기초로 발행된 ABS로 그 기초자산의 합계액이 유동화자산 가액의 70% 이상인 경우 • 부동산 투자목적회사가 발행한 지분증권 • 사업수익권 • 특별자산 투자목적회사가 발행한 지분증권 등
동일종목 30% 투자 가능	• 지방채, 특수채, 법률에 의하여 직접 설립된 법인이 발행한 어음, 파생결합증권 • 금융기관이 발행한 어음 또는 CD·채권 • 금융기관이 지급보증한 채권 및 어음 • OECD 가입국가 또는 중국이 발행한 채권 • 지분증권의 시가총액이 10%를 초과하는 경우 그 시가총액 비중까지 투자 가능 • 동일종목의 증권에 ETF 자산총액의 30%까지 투자 가능

61 ①

| 정답해설 | 증권신고서를 제출하고 효력이 발행한 후에 투자설명서의 사용이 가능하다.

62 ④

| 정답해설 | 집합투자업자는 이해관계인과의 거래는 원칙적으로 금지된다. 다만 이해관계인이 되기 6개월 이전에 체결한 계약에 따른 거래는 이해관계인 거래 제한의 예외로 인정된다.

63 ④

| 정답해설 | CB(전환사채), BW(신주인수권부사채), EB(교환사채) 등 주권 관련 사채권 및 이익참가부사채권은 일괄 신고 제출 가능 증권으로 증권신고서 제출이 면제되는 것은 아니다.

개념 Plus⁺ 증권신고서 적용 면제 증권

채무증권, 도시철도 건설·운영 및 주택건설사업 목적으로 설립한 지방공사가 발행하는 채권, 국제금융기구가 발행하는 증권, 주택저당증권, 학자금 대출증권, 만기가 3개월 이내인 증권 등

64 ①

| 정답해설 | 금융투자업자가 아닌 자는 금융투자업자의 영위업무 또는 금융투자상품에 관한 광고를 해서는 안 된다. 다만 협회, 금융지주회사는 투자광고를 할 수 있으며, 증권의 발행인 및 매출인은 그 증권의 투자광고를 할 수 있다.

65 ②

| 정답해설 | 선관주의 의무는 일반 규제에 속하고, 선행매매 금지, 과당매매 금지는 직접 규제, 임직원 겸직 금지는 정보교류 차단장치(Chinese Wall)에 해당된다.

개념 Plus⁺ 이해상충 관리 규제체계

- 일반 규제: 신의성실의무, 투자자의 이익을 해하면서 자기 또는 제3자의 이익도모 금지, 직무 관련 정보이용금지, 선관주의 의무(자산관리업자에게만 적용)
- 직접 규제: 선행매매 금지, 과당매매 금지, 이해관계인의 투자자재산(집합투자재산, 신탁재산, 투자일임재산) 거래 제한 등
- 정보교류 차단장치(Chinese Wall): 사내 외 정보차단벽 간 정보 제공, 임직원 겸직, 사무공간·전산설비 공동이용 등 정보교류 금지

66 ②

| 정답해설 | 신탁재산에 속한 채권과 채무는 상계처리가 가능하다. 다만 신탁재산에 속한 채권과 신탁재산에 속하지 않은 채무와는 상계할 수 없다.

67 ②

| 정답해설 | 일반투자자가 신용융자거래 또는 유사해외통화선물거래를 하고자 하는 경우 핵심설명서를 추가로 교부하고 그 내용을 충분히 설명해야 한다.

> **개념 Plus⁺** 핵심설명서 추가 교부 사유
> - 일반투자자가 고난도 금융투자상품 이외의 공모 방법으로 발행된 파생결합증권을 매매하는 경우(단, 간이 투자설명서를 사용할 경우 투자설명서를 추가 교부하지 않아도 됨)
> - 일반투자자가 개인전문투자자가 공모·사모의 방법으로 발행한 고난도금융투자상품을 매매하거나 고난도금전신탁계약, 고난도투자일임계약을 체결하는 경우
> - 일반투자자가 신용융자거래 또는 유사해외통화선물거래를 하고자 하는 경우

68 ②

| 정답해설 | 수익률이나 성과를 표시할 때 세전과 세후를 구분해 함께 기재하는 것은 허용된다. 반대로 세전·세후 여부를 누락하는 것은 금지된다.

| 오답해설 |
①③④는 투자광고 시 금지행위에 해당한다.

69 ④

| 정답해설 | 금융투자회사가 발행주식 총수의 100분의 5 이상을 보유한 법인에 대해서는 이해상충 우려로 조사분석자료를 공표할 수 없다.

70 ②

| 정답해설 | 약관은 제정 또는 변경 이후 7일 이내에 협회에 보고하도록 규정되어 있다.

71 ③

| 정답해설 | 전략적 자산배분은 ⓒ 투자자의 투자목적 및 투자제약조건의 파악 → ㉠ 자산집단의 선택 → ㉣ 자산종류별 기대수익, 위험, 상관관계의 추정 → ⓛ 최적 자산구성의 선택 순서로 진행된다.

72 ①

| 정답해설 | 자산배분의 변경으로 인한 운용성과에 대한 책임은 의사결정자가 책임진다. 전략적 자산배분과는 달리 전술적 자산배분은 기금운용자들이 독자적 판단에 의해 자산구성을 변경하게 되므로, 그 성공 여부에 대한 책임도 기금운용자들에게 있다.

73 ①

| 정답해설 | 포트폴리오 보험 전략은 위험자산에 투자하면서 극단적으로 위험을 회피하려고 하는 비정상적인 투자자들이 선호한다.

> **개념 Plus⁺** 포트폴리오 보험을 선호하는 투자자의 특성
> - 위험자산에 투자하면서 극단적으로 위험을 회피하는 전략을 사용하는 비정상적인 투자자들이다.
> - 일반적인 투자자들보다 하락위험을 더 싫어하는 특성을 가진다.
> - 정기적인 이자소득이나 최소수익률 달성을 목표로 하는 보험·기금·연금 투자자들은 기대수익률이 높은 유형의 투자에서 보험자산배분을 활용한다.

74 ②

| 정답해설 | 동일 가중 방식은 모든 종목을 동일하게 취급하는데, 시장에 소형기업이 훨씬 많이 존재하기 때문에 소형기업의 가중치가 높아진다. 또한 가중치를 일치시키기 위해 주기적으로 거래가 발생하면서 거래비용 또한 많이 발생하게 된다.

75 ②

| 정답해설 | 주식 포트폴리오 구성은 ⓛ 투자 유니버스를 선정하고 ㉣ 모델 포트폴리오를 구성한 뒤 ㉥ 실제 포트폴리오를 구성해서 ㉠ 트레이딩을 진행하고 ⓒ 성과 측정 및 재조정의 순서로 실행된다.

> **개념 Plus⁺** 주식 포트폴리오 구성 순서
> - 1단계: 투자 유니버스 선정
>   - 투자대상 종목군 선정 기준
>   - 투자제외 기준
>   - 투자대상 종목 1차 스크리닝 과정
> - 2단계: 모델 포트폴리오 구성
>   - 업종배분 전략
>   - style 투자
>   - Passive(소극적) vs Active(적극적)
> - 3단계: 실제 포트폴리오 구성
>   - 모델 포트폴리오 복제
>   - 운용재량권 한도 내 펀드 스타일별 특화
> - 4단계: 트레이딩
> - 5단계: 성과측정 및 재조정
>   - 모델 포트폴리오 성과 및 실제 포트폴리오 성과 비교 및 포트폴리오 업그레이딩, 리밸런싱

76 ③

| 정답해설 | 금융복리채 만기상환금액

$= 액면가 \times (1 + \dfrac{표면이율}{연이자지급횟수})^{전체이자지급횟수}$

$= 10,000원 \times (1 + \dfrac{0.1}{4})^{0.1/4)^{12}}$

$= 13,449원$

77 ①

| 정답해설 | 기준금리가 상승하면 현금흐름이 감소하도록 설정된 채권은 역변동금리채권이다.

78 ④

| 정답해설 | ㉠ㄴㄷ 모두 주택저당채권(MBS)에 대한 옳은 설명이다.

개념 Plus⁺ 주택저당채권(MBS)

구분	내용
개념	• 차주의 채무변제를 담보하기 위해 부동산에 설정되는 저당권 또는 우선변제권 • 저당(Mortgage)은 저당대출, 저당증서, 저당금융제도 등 다양한 의미로 사용됨 • Mortgage 자체는 주택금융과 동일하지 않지만, 미국에서는 Mortgage 제도가 주택금융제도로 발전하여 일반적으로 동일하게 이해됨
특징	• 주택저당대출(Mortgage Loan)을 기초자산으로 하여 발행되는 유동화증권 • 장기 발행: 주택저당대출 만기와 대응 • 담보 기반: 기초자산이 담보되어 있어 일반 회사채보다 높은 신용등급과 미국 기준 높은 유동성 확보 • 현금흐름 변동: 조기상환(prepayment)으로 인해 수익과 현금흐름이 불확실 • 콜옵션과 유사: 금리 하락에도 조기상환으로 인해 가치 상승이 제한될 수 있음 • 조기상환 위험 완화: 다단계화(tranching)를 통해 CMO(Collateralized Mortgage Obligation) 발행 • 상환 구조: 매월 대출 원리금 상환액에 따라 증권 원리금 상환(자산관리수수료 등 각종 수수료 발생)

79 ④

| 정답해설 | 채권가격은 이자율에 대해 볼록(convex)한 성질을 가진다. 따라서 금리가 하락할 때의 가격 상승폭이, 같은 폭의 금리 상승에 따른 가격 하락폭보다 더 크다.

80 ②

| 정답해설 | 영구채권의 듀레이션은 $\frac{(1+i)}{i}$ 이므로,

$\frac{(1+0.10)}{0.10} = 11$년이다.

81 ②

| 정답해설 |
- $\frac{\Delta P}{P} = -D_m \times (\Delta R) + \frac{1}{2}C(\Delta R)^2$

$6.80\% = -3.1 \times (-2\%) + \frac{1}{2}C(-2\%)^2$

$= 6.20\% + 0.0002C$

$\therefore C = 30$

82 ③

| 정답해설 | 헤지를 위해서는 현물 포지션과 반대되는 선물 포지션을 취해야 한다.

83 ②

| 정답해설 | 스프레드가 축소되는 약세장에서는 근월물(3월물) 가격이 원월물(9월물) 가격에 비해 덜 떨어질 것으로 예상하므로 근월물을 매입하고 원월물을 매도하는 스프레드 축소전략이 바람직하다.

개념 Plus⁺ 스프레드 축소·확대전략

- **스프레드 축소전략(근월물 매입+원월물 매도)**
  근월물이 원월물에 비해 상대적으로 강세를 보임에 따라 두 선물 계약의 가격차이가 지금보다는 더 작아지게 된다는 예상에 근거하여 구축되는 포지션으로, 강세 스프레드라고 부른다.

- **스프레드 확대전략(근월물 매도+원월물 매입)**
  근월물이 원월물에 비해 약세를 보여 두 계약의 가격차이가 지금보다 더 벌어질 것이라는 예상에 근거하여 구축되는 포지션으로, 약세 스프레드라고 부른다.

84 ①

| 정답해설 | 동일 행사가격의 콜옵션과 풋옵션을 모두 매도(숏 스트래들)하면 초기 순유입 프리미엄은 4+3=7원이다. 손익분기점은 K±(프리미엄합)이므로 113원<P<127원일 때 이익이 발생한다.

85 ①

| 정답해설 | 일일정산 후 증거금 수준이 유지증거금 이하로 하락하면 증거금 납입요청(마진콜)을 받고, 이때 증거금은 개시증거금 수준까지 납입해야 한다. 현재 증거금은 85인데 유지증거금은 70이므로 추가 납입할 증거금은 없다.

개념 Plus⁺ 증거금

구분	정의 및 역할
증거금	선물거래 계약자가 결제를 이행하지 않을 위험을 방지하기 위해 거래소에 예탁해야 하는 보증금
개시증거금	거래를 시작할 때 필요한 최소한의 자금
유지증거금	일일정산 결과 잔고가 이 수준 이하로 떨어지면 추가 납입이 필요한 기준선
변동증거금	일일정산 결과로 인해 유지증거금 미만이 되었을 때 추가로 납부해야 하는 금액
추가증거금	증거금이 개시증거금보다 더 낮아진 경우, 계좌를 원래 상태로 회복하기 위해 요구되는 금액

86 ④

| 정답해설 | 콜옵션 매수포지션의 감마는 기초자산가치 변화에 대한 델타의 민감도로서 항상 양수인 반면, 풋옵션 매수포지션의 로우는 이자율 상승이 행사가격의 현재가치를 낮추어 풋가치를 감소시키므로 음수가 된다. 따라서 콜옵션 매수포지션의 감마와 풋옵션 매수포지션의 로우의 부호는 같지 않다.

개념 Plus⁺ 옵션 프리미엄

- 옵션 프리미엄의 민감도 지표

델타(Δ)	기초자산 가격 변동에 따른 옵션 가격 변화 정도
감마(Γ)	기초자산 가격 변화에 따른 델타의 변화율
쎄타(Θ)	시간 경과에 따른 옵션 가치 감소 속도
베가(V)	변동성 변화에 따른 옵션 가격 민감도
로우(P)	금리 변동에 따른 옵션 가격 민감도

- 옵션 민감도 지표와 포지션의 관계

구분	콜옵션	풋옵션
델타(Δ)	+	−
감마(Γ)	+	+
쎄타(Θ)	−	−
베가(V)	+	+
로우(P)	+	−

87 ④

| 정답해설 | 풋옵션의 내재가치는 MAX[K−S, 0]이므로 프리미엄이 전부 시간가치라는 조건은 내재가치가 0임을 의미한다. 풋옵션에서 내재가치가 0이 되려면 현재 주가 S가 행사가격 K 이상이 되어야 하므로, 행사가격 800원 이상의 조건을 충족하는 850원이 정답이다.

88 ②

| 정답해설 | 샤프지수 = $\dfrac{(포트폴리오\ 수익률 - 무위험수익률)}{표준편차}$

$= \dfrac{(0.054 - 0.030)}{0.12}$

$= \dfrac{0.024}{0.12}$

∴ 샤프지수 = 0.20

89 ②

| 정답해설 |
- CAPM으로 계산한 포트폴리오 기대수익률
= 무위험수익률 + {포트폴리오의 베타 × (기준지표수익률 − 무위험수익률)}
= 2 + {1.2 × (7 − 2)}
= 8

- 젠센의 알파 = 포트폴리오 수익률 − CAPM으로 계산한 포트폴리오 기대수익률
= 10 − 8
= 2

90 ②

| 정답해설 | 내부수익률(IRR)은 금액가중 수익률로서 투자자의 현금흐름 시점을 반영하므로 투자자 관점 평가에 적합하며 시점이 달라질 경우 IRR의 값도 달라질 수 있다.

| 오답해설 |
ⓒ 펀드매니저의 운용 역량 비교에는 내부수익률보다는 시간가중 수익률이 더 적합하다.
ⓔ 기하연결 방식은 시간가중수익률에 대한 내용이다.

91 ①

| 정답해설 | RAROC(위험조정수익률) = $\dfrac{투자수익}{VaR}$

투자금액이 100억 원으로 동일할 경우 각 보기의 수익금액은 수익률에 100억 원을 곱한 값이다. 따라서 수익금액이 3억일 때 VaR이 1.5억 원인 RAROC의 값이 2.0으로 가장 크다.

| 오답해설 |
② $\dfrac{수익금액\ 4억\ 원}{VaR\ 3억\ 원} = 1.33$

③ $\dfrac{수익금액\ 5억\ 원}{VaR\ 4억\ 원} = 1.25$

④ $\dfrac{수익금액\ 6억\ 원}{VaR\ 5억\ 원} = 1.20$

92 ②

| 정답해설 | 통화유통속도는 명목GDP를 통화량 M으로 나누어 구한다.

| 오답해설 |
① GDP 디플레이터는 명목GDP를 실질GDP로 나누어 계산한다.
③ 경기종합지수는 선택 및 가중·정규화 과정을 거친 가중지수로 산출한다.
④ BSI가 100 미만이면 경기에 대해 비관적으로 인식한다고 볼 수 있다.

93 ②

| 정답해설 | 경상수지 흑자가 확대된다는 것은 순외화유입이 확대된다는 것을 의미하며, 환전 과정에서 국내 통화공급이 증가한다. 통화공급의 증가는 금리하락 압력으로 이어져 시장금리는 하락한다.

94 ④

| 정답해설 | 조세의 감소는 가처분소득 증가를 통해 IS를 우측으로 이동시켜 소득과 이자율을 동시에 상승시킨다.

개념 Plus⁺ IS곡선과 LM곡선의 이동 요인

구분	우측 이동 요인(확대)	좌측 이동 요인(축소)
IS곡선 (재화 시장)	• 정부지출(G) 증가 • 조세(T) 감소 • 민간투자(I) 증가: 금리하락, 기대수익 상승 등 • 소비(C) 증가: 가처분소득 증가, 소비 상승 • 순수출(X-M) 증가: 해외소득 증가, 환율 하락	• 정부지출(G) 감소 • 조세(T) 증가 • 민간투자(I) 감소: 금리상승, 경기침체 등 • 소비(C) 감소: 가처분소득 감소, 소비 위축 • 순수출(X-M) 감소: 해외소득 감소, 환율 상승
LM곡선 (화폐 시장)	• 실질화폐공급(M/P) 증가 - 중앙은행의 통화량 확대 - 물가 하락 • 화폐수요(L) 감소 - 결제수단 혁신 - 금융거래 효율화 등	• 실질화폐(M/P) 감소 - 중앙은행의 통화량 감소 - 물가 상승 • 화폐수요(L) 증가 - 소득 증가 - 거래빈도 상승 - 불확실성 확대 등

95 ①

| 정답해설 | GNI는 GDP에 국외순수취 요소소득을 더하여 산출한다.

개념 Plus⁺ 국민소득

• 국민소득의 측정 방식

생산국민소득	기업이 생산활동을 통해 창출한 부가가치
분배국민소득	생산에 참여한 경제주체에게 분배된 소득(임금, 이자, 임대료, 이윤 등)
지출국민소득	분배된 소득이 소비, 투자 등으로 지출되어 최종 수요로 나타난 금액

▶ 생산·분배·지출국민소득은 각각 다른 관점에서 계산한 것일 뿐, 그 금액은 동일함(국민소득 3면 등가의 원칙)

• 국민소득의 주요 지표

국내총생산 (GDP)	국내에 거주하는 모든 생산자가 생산한 최종 부가가치의 합계
국내총소득 (GNI)	국내총생산+국외순수취 요소소득(해외수취소득－외국인 지급소득)

96 ①

| 정답해설 | 분산투자의 핵심 효과는 개별자산의 비체계적(특수) 위험을 상쇄하여 총위험을 낮추는 데 있다. 하지만 시장 전반에 공통으로 작용하는 체계적 위험은 분산으로 제거할 수 없다.

개념 Plus⁺ 체계적 위험과 비체계적 위험

체계적 위험	• 시장 전체와 연동된 위험으로, 개별 증권 수익률의 변동 중 증권특성선 상에서 설명되는 부분임 • 분산 계산 시 시장 포트폴리오의 변동성과 해당 증권의 베타 계수에 의해 결정됨
비체계적 위험	• 특정 주식 고유의 위험으로, 시장 요인과 무관한 증권수익률의 잔차 부분에 해당함 • 개별 기업의 특성이나 사건에 의해 발생하며, 분산 계산 시 증권특성선으로부터의 편차 크기로 측정됨

97 ④

| 정답해설 |

• A 주식의 요구수익률 ＝ 무위험이자율 ＋ 베타 × (기대수익률 － 무위험이자율)
  ＝ 0.06 ＋ 1.25(0.12 － 0.06)
  ＝ 0.135(13.5%)

• A 주식의 알파 ＝ 추정 기대수익률 12.5% － 주식의 요구수익률 13.5% ＝ －1%이므로 A 주식은 과대평가되어 있다.

• A주식의 베타값이 1.1일 경우 A 주식의 요구수익률
  ＝ 무위험이자율 ＋ 베타 × (기대수익률 － 무위험이자율)
  ＝ 0.06 ＋ 1.1(0.12 － 0.06)
  ＝ 0.126(12.6%)

• A주식의 요구수익률이 12.6%일 때, A주식의 알파는 －0.1% (12.5% － 12.6%)로 여전히 과대평가되어 있다고 판단한다.

98 ①

| 정답해설 | 개별증권의 기대수익률과 베타의 관계를 나타내는 것은 증권시장선에 대한 내용이다. 자본시장선은 기대수익률과 총위험(표준편차)과의 관계를 나타낸다.

99 ③

| 정답해설 | CAPM의 핵심 가정은 모든 투자자가 동일한 단일 투자기간을 가진다는 것이므로 서로 다른 투자기간을 가진다고 가정하는 것은 바람직하지 않다.

100 ②

| 정답해설 | • A자산의 기대수익률
= 불황 확률 × 기대수익률 + 보통 확률 × 기대수익률 + 호황 확률 × 기대수익률
= 0.25 × 2.0% + 0.50 × 8.0% + 0.25 × 14.0%
= 0.5% + 4.0% + 3.5%
= 8.0%

• B자산의 기대수익률
= 불황 확률 × 기대수익률 + 보통 확률 × 기대수익률 + 호황 확률 × 기대수익률
= 0.25 × 6.0% + 0.50 × 4.0% + 0.25 × −2.0%
= 1.5% + 2.0% − 0.5%
= 3.0%

• 포트폴리오 기대수익률(각 50%)
= 0.5 × A자산의 기대수익률 + 0.5 × B자산의 기대수익률
= 0.5 × 8.0% + 0.5 × 3.0%
= 5.5%